中国利用外资法律法规文件汇编

（2013—2014年）

商务部外国投资管理司
商务部投资促进事务局 编

北京大学出版社
PEKING UNIVERSITY PRESS

图书在版编目(CIP)数据

中国利用外资法律法规文件汇编.2013~2014年/商务部外国投资管理司,商务部投资促进事务局编.—北京:北京大学出版社,2014.8
ISBN 978-7-301-24601-6

Ⅰ.①中… Ⅱ.①商…②商… Ⅲ.①外资利用-法规-汇编-中国-2013~2014 Ⅳ.①D922.295.9

中国版本图书馆 CIP 数据核字(2014)第 176479 号

书　　　名:中国利用外资法律法规文件汇编(2013—2014年)
著作责任者:商务部外国投资管理司　商务部投资促进事务局　编
责 任 编 辑:王建君
标 准 书 号:ISBN 978-7-301-24601-6/D·3643
出 版 发 行:北京大学出版社
地　　　址:北京市海淀区成府路 205 号　100871
网　　　址:http://www.yandayuanzhao.com
新 浪 微 博:@北京大学出版社　@北大出版社燕大元照法律图书
电 子 信 箱:yandayuanzhao@163.com
电　　　话:邮购部 62752015　发行部 62750672　编辑部 62117788　出版部 62754962
印 　刷 　者:北京宏伟双华印刷有限公司
经 　销 　者:新华书店
　　　　　　787 毫米×1092 毫米　16 开本　50.25 印张　1222 千字
　　　　　　2014 年 8 月第 1 版　2014 年 8 月第 1 次印刷
定　　　价:168.00 元

未经许可,不得以任何方式复制或抄袭本书之部分或全部内容。
版权所有,侵权必究
举报电话:010-62752024　电子信箱:fd@pup.pku.edu.cn

目　录

一、综合

国务院关于晋陕豫黄河金三角区域合作规划的批复
　　国函〔2014〕40号　2014年3月31日 …………………………………（001）
国家发展改革委关于云南省普洱市建设国家绿色经济试验示范区发展规划的批复
　　发改环资〔2014〕434号　2014年3月12日 ……………………………（002）
国务院关于赣闽粤原中央苏区振兴发展规划的批复
　　国函〔2014〕32号　2014年3月11日 …………………………………（003）
国务院关于支持福建省深入实施生态省战略加快生态文明先行示范区建设的若干意见
　　国发〔2014〕12号　2014年3月10日 …………………………………（004）
最高人民法院关于修改关于适用《中华人民共和国公司法》若干问题的规定的
决定（2014）
　　法释〔2014〕2号　2014年2月20日 ……………………………………（008）
中华人民共和国公司法（2013年修订）
　　中华人民共和国主席令第8号　2013年12月28日 ……………………（009）
国务院关于在中国（上海）自由贸易试验区内暂时调整有关行政法规和国务院文件
规定的行政审批或者准入特别管理措施的决定
　　国发〔2013〕51号　2013年12月21日 …………………………………（036）
国务院关于发布政府核准的投资项目目录（2013年本）的通知
　　国发〔2013〕47号　2013年12月2日 …………………………………（046）
关于印发全国物流园区发展规划的通知
　　发改经贸〔2013〕1949号　2013年9月30日 …………………………（050）
国务院关于印发中国（上海）自由贸易试验区总体方案的通知
　　国发〔2013〕38号　2013年9月18日 …………………………………（057）
全国人民代表大会常务委员会关于修改《中华人民共和国商标法》的决定
　　中华人民共和国主席令第6号　2013年8月30日 ………………………（064）
《内地与澳门关于建立更紧密经贸关系的安排》补充协议十
　　2013年8月30日 …………………………………………………………（071）
《内地与香港关于建立更紧密经贸关系的安排》补充协议十
　　2013年8月29日 …………………………………………………………（074）

工业和信息化部关于印发信息化和工业化深度融合专项行动计划（2013—2018年）的通知
　　工信部信〔2013〕317号　2013年8月23日 ……………………………………（076）
国家发展改革委关于印发黑龙江和内蒙古东北部地区沿边开发开放规划的通知
　　发改地区〔2013〕1532号　2013年8月9日 …………………………………（076）
国家发展改革委关于印发2012年西部大开发工作进展情况和2013年工作安排的通知
　　发改西部〔2013〕1529号　2013年8月8日 …………………………………（077）
国家发展改革委、中国科学院关于印发科技助推西部地区转型发展行动计划
（2013—2020年）的通知
　　发改西部〔2013〕1280号　2013年7月2日 …………………………………（086）
国务院办公厅关于金融支持经济结构调整和转型升级的指导意见
　　国办发〔2013〕67号　2013年7月1日 ………………………………………（093）
国家发展改革委关于印发2012年振兴东北地区等老工业基地工作进展情况和2013年
工作要点的通知
　　发改东北〔2013〕1242号　2013年6月26日 …………………………………（097）
国家发展改革委贯彻落实主体功能区战略推进主体功能区建设若干政策的意见
　　发改规划〔2013〕1154号　2013年6月18日 …………………………………（097）
国务院办公厅关于印发深化流通体制改革加快流通产业发展重点工作部门分工
方案的通知
　　国办函〔2013〕69号　2013年5月30日 ………………………………………（102）
国家发展改革委关于印发2013年促进中部地区崛起工作要点的通知
　　发改地区〔2013〕993号　2013年5月28日 ……………………………………（108）
中西部地区外商投资优势产业目录（2013年修订）
　　国家发展和改革委员会、商务部令第1号　2013年5月9日 …………………（112）
国家发展改革委关于印发苏南现代化建设示范区规划的通知
　　发改地区〔2013〕814号　2013年4月25日 ……………………………………（131）

二、行业

医疗器械监督管理条例
　　国务院令第650号　2014年3月7日 ……………………………………………（133）
国内水路运输管理规定
　　交通运输部令2014年第2号　2014年1月3日 …………………………………（146）
交通运输部、商务部关于修改《外商投资道路运输业管理规定》的决定（2014）
　　交通运输部令2014年第4号　2014年1月11日 ………………………………（154）
船舶行业规范条件
　　中华人民共和国工业和信息化部公告2013年第55号　2013年11月4日 ……（157）
页岩气产业政策
　　国家能源局公告2013年第5号　2013年10月22日 ……………………………（157）

工业和信息化部关于印发《内燃机再制造推进计划》的通知
　　　工信部节〔2013〕406号　2013年10月12日 ……………………………………………(160)
关于简化典当行备案工作流程的通知
　　　商流通司函〔2013〕172号　2013年9月30日 ……………………………………………(166)
国务院关于促进健康服务业发展的若干意见
　　　国发〔2013〕40号　2013年9月28日 …………………………………………………………(168)
国务院关于加快发展养老服务业的若干意见
　　　国发〔2013〕35号　2013年9月6日 ……………………………………………………………(174)
关于修改《中华人民共和国国际海运条例实施细则》的决定
　　　中华人民共和国交通运输部令2013年第9号　2013年8月29日 …………………………(180)
国务院关于印发船舶工业加快结构调整促进转型升级实施方案（2013—2015年）
的通知
　　　国发〔2013〕29号　2013年7月31日 …………………………………………………………(194)
文化部关于印发《对港澳文化交流重点项目扶持办法（试行）》的通知
　　　文港澳台发〔2013〕34号　2013年7月15日 ………………………………………………(199)
国务院关于促进光伏产业健康发展的若干意见
　　　国发〔2013〕24号　2013年7月4日 ……………………………………………………………(203)
养老机构管理办法
　　　中华人民共和国民政部令第49号　2013年6月28日 ………………………………………(207)
养老机构设立许可办法
　　　中华人民共和国民政部令第48号　2013年6月28日 ………………………………………(211)
中华人民共和国旅游法
　　　中华人民共和国主席令第3号　2013年4月25日 ……………………………………………(215)
关于修改《快递业务经营许可管理办法》的决定
　　　中华人民共和国交通运输部令2013年第4号　2013年4月12日 …………………………(228)

三、工商

公司注册资本登记管理规定
　　　国家工商行政管理总局令第64号　2014年2月20日 ………………………………………(229)
国家工商行政管理总局关于修改《中华人民共和国企业法人登记管理条例施行细则》、
《外商投资合伙企业登记管理规定》、《个人独资企业登记管理办法》、《个体工商户
登记管理办法》等规章的决定
　　　国家工商行政管理总局令第63号　2014年2月20日 ………………………………………(231)
国务院关于印发注册资本登记制度改革方案的通知
　　　国发〔2014〕7号　2014年2月7日 ……………………………………………………………(241)
工商总局关于同意中国（上海）自由贸易试验区试行新的营业执照方案的批复
　　　工商外企字〔2013〕148号　2013年9月26日 ………………………………………………(245)

关于印发《国家工商行政管理总局关于支持中国（上海）自由贸易试验区建设的若干意见》的通知

  工商外企字〔2013〕147号　2013年9月26日 …………………………（247）

四、海关

关于执行《中华人民共和国海关加工贸易货物监管办法》有关问题的公告

  海关总署公告2014年第21号　2014年3月24日 …………………（251）

中华人民共和国海关报关单位注册登记管理规定

  海关总署第221号令　2014年3月13日 ……………………………（254）

海关总署关于修改部分规章的决定

  海关总署第218号令　2014年3月13日 ……………………………（260）

中华人民共和国海关进口货物直接退运管理办法

  海关总署第217号令　2014年3月12日 ……………………………（266）

中华人民共和国海关加工贸易货物监管办法

  海关总署第219号令　2014年3月12日 ……………………………（268）

关于公布2014年进口许可证管理货物目录的公告

  商务部、海关总署、质检总局公告2013年第97号　2013年12月31日……（273）

公布2014年出口许可证管理货物目录

  商务部、海关总署公告2013年第96号　2013年12月31日 ………（278）

关于公布2014年两用物项和技术进出口许可证管理目录的公告

  商务部、海关总署公告2013年第95号　2013年12月30日 ………（280）

公布2014年自动进口许可管理货物目录

  商务部、海关总署公告2013年第98号　2013年12月30日 ………（281）

中华人民共和国海关审定进出口货物完税价格办法（2013）

  海关总署第213号令　2013年12月25日 …………………………（304）

海关总署关于修改《中华人民共和国海关暂时进出境货物管理办法》的决定

  海关总署第212号令　2013年12月25日 …………………………（315）

关于2014年关税实施方案的通知

  税委会〔2013〕36号　2013年12月11日 …………………………（321）

关于公布2014年1月1日起新增香港澳门享受零关税货物原产地标准及相关事宜的公告

  海关总署公告2013年第66号　2013年11月28日 …………………（323）

关于公布《中华人民共和国进出口税则本国子目注释（2013年新增和调整部分）》的公告

  海关总署公告2013年第65号　2013年11月27日 …………………（324）

关于全面深化区域通关业务改革的公告

  海关总署公告2013年第58号　2013年10月29日 …………………（325）

关于执行《中西部地区外商投资优势产业目录（2013年修订）》的公告
  海关总署公告2013年第50号　2013年8月20日 ……………………… (327)
海关总署关于修改《中华人民共和国海关最不发达国家特别优惠关税待遇进口货物原产地管理办法》的决定
  海关总署第210号令　2013年7月1日 ……………………………… (328)
关于埃塞俄比亚等最不发达国家95%税目产品实施零关税的公告
  海关总署公告2013年第34号　2013年6月28日 ……………………… (334)
中华人民共和国海关对横琴新区监管办法（试行）
  海关总署第209号令　2013年6月27日 …………………………… (335)
中华人民共和国海关对平潭综合实验区监管办法（试行）
  海关总署第208号令　2013年6月27日 …………………………… (340)
关于公布香港、澳门享受零关税货物原产地标准表
  海关总署公告2013年第28号　2013年5月28日 ……………………… (344)
关于公布2013年商品归类决定（Ⅰ）的公告
  海关总署公告2013年第26号　2013年5月17日 ……………………… (345)

五、外汇

国家外汇管理局关于边境地区贸易外汇管理有关问题的通知
  汇发〔2014〕12号　2014年3月5日 ……………………………… (363)
国家外汇管理局关于印发《外债转贷款外汇管理规定》的通知
  汇发〔2014〕5号　2014年1月21日 ……………………………… (365)
国家外汇管理局关于进一步改进和调整资本项目外汇管理政策的通知
  汇发〔2014〕2号　2014年1月10日 ……………………………… (369)
国家外汇管理局关于调整人民币外汇衍生产品业务管理的通知
  汇发〔2013〕46号　2013年12月16日 …………………………… (373)
国家外汇管理局关于完善银行贸易融资业务外汇管理有关问题的通知
  汇发〔2013〕44号　2013年12月6日 …………………………… (374)
国家外汇管理局关于改进海关特殊监管区域经常项目外汇管理有关问题的通知
  汇发〔2013〕22号　2013年5月22日 …………………………… (376)
国家外汇管理局关于印发《外国投资者境内直接投资外汇管理规定》及配套文件的通知
  汇发〔2013〕21号　2013年5月11日 …………………………… (378)
国家外汇管理局关于加强外汇资金流入管理有关问题的通知
  汇发〔2013〕20号　2013年5月5日 ……………………………… (383)
国家外汇管理局关于发布《外债登记管理办法》的通知
  汇发〔2013〕19号　2013年4月28日 …………………………… (384)

国家外汇管理局关于印发《海关特殊监管区域外汇管理办法》的通知
　　汇发〔2013〕15号　2013年4月23日 ································· (388)
国家外汇管理局关于修订《银行间外汇市场做市商指引》的通知
　　汇发〔2013〕13号　2013年4月12日 ································· (390)

六、金融

优先股试点管理办法
　　中国证券监督管理委员会令第97号　2014年3月21日 ··············· (395)
金融租赁公司管理办法
　　中国银监会令2014年第3号　2014年3月13日 ······················ (404)
关于印发修订《企业会计准则第2号——长期股权投资》的通知
　　财会〔2014〕14号　2014年3月13日 ································· (411)
中国保险监督管理委员会关于修改《中国保险监督管理委员会行政许可实施办法》
的决定
　　保监会令2014年第2号　2014年2月14日 ··························· (412)
商业银行服务价格管理办法
　　中国银监会、国家发展改革委令2014年第1号　2014年2月14日 ····· (416)
中国保监会关于加强和改进保险资金运用比例监管的通知
　　保监发〔2014〕13号　2014年1月23日 ······························ (421)
商业银行流动性风险管理办法（试行）
　　中国银监会令2014年第2号　2014年1月17日 ······················ (424)
关于下放境外会计师事务所在中国内地临时执行审计业务审批项目有关政策衔接
问题的通知
　　财会〔2013〕25号　2013年12月27日 ······························ (435)
同业存单管理暂行办法
　　中国人民银行公告〔2013〕第20号　2013年12月7日 ··············· (437)
关于跨境人民币直接投资有关问题的公告
　　商务部公告2013年第87号　2013年12月3日 ······················· (438)
消费金融公司试点管理办法
　　中国银监会令2013年第2号　2013年11月14日 ····················· (439)
中国保险监督管理委员会关于修改《保险公估机构监管规定》的决定
　　保监会令2013年第10号　2013年9月29日 ·························· (444)
中国银监会关于中国（上海）自由贸易试验区银行业监管有关问题的通知
　　银监发〔2013〕40号　2013年9月28日 ······························ (455)
证券公司参与股指期货、国债期货交易指引
　　中国证券监督管理委员会公告〔2013〕34号　2013年8月21日 ······· (456)

基金管理公司固有资金运用管理暂行规定
　　中国证券监督管理委员会公告〔2013〕33号　2013年8月2日 …………(459)
中国银监会关于印发商业银行公司治理指引的通知
　　银监发〔2013〕34号　2013年7月19日 ……………………………(461)
银行卡收单业务管理办法
　　中国人民银行公告〔2013〕第9号　2013年7月5日 …………………(476)
中国银监会、国家林业局关于林权抵押贷款的实施意见
　　银监发〔2013〕32号　2013年7月5日 ………………………………(482)
关于修改《证券公司客户资产管理业务管理办法》的决定
　　中国证券监督管理委员会令第93号　2013年6月26日 ………………(485)
关于修改《证券公司集合资产管理业务实施细则》的决定
　　中国证券监督管理委员会公告〔2013〕28号　2013年6月26日 ……(487)
保险机构投资设立基金管理公司试点办法
　　中国证券监督管理委员会公告〔2013〕27号　2013年6月7日 ………(489)
保险机构销售证券投资基金管理暂行规定
　　中国证券监督管理委员会公告〔2013〕25号　2013年6月3日 ………(491)
最高人民法院关于适用《中华人民共和国保险法》若干问题的解释（二）
　　法释〔2013〕14号　2013年5月31日 …………………………………(496)
国务院关于修改《中华人民共和国外资保险公司管理条例》的决定
　　中华人民共和国国务院令第636号　2013年5月30日 ………………(498)
中国保监会关于进一步贯彻落实《农业保险条例》做好农业保险工作的通知
　　保监发〔2013〕45号　2013年5月29日 ………………………………(499)
关于进一步明确保险专业中介机构市场准入有关问题的通知
　　保监发〔2013〕44号　2013年5月16日 ………………………………(502)
保监会关于印发《保险公司业务范围分级管理办法》的通知
　　保监发〔2013〕41号　2013年5月2日 …………………………………(503)
中国保险监督管理委员会关于修改《保险经纪机构监管规定》的决定
　　保监会令2013年第6号　2013年4月27日 ……………………………(507)
中国保险监督管理委员会关于修改《保险专业代理机构监管规定》的决定
　　保监会令2013年第7号　2013年4月27日 ……………………………(519)
中国保监会关于印发《人身保险电话销售业务管理办法》的通知
　　保监发〔2013〕40号　2013年4月25日 ………………………………(531)
国家发展改革委办公厅关于进一步改进企业债券发行审核工作的通知
　　发改办财金〔2013〕957号　2013年4月19日 …………………………(538)
中国保监会关于规范有限合伙式股权投资企业投资入股保险公司有关问题的通知
　　保监发〔2013〕36号　2013年4月17日 ………………………………(540)
中国保监会关于《保险公司股权管理办法》第四条有关问题的通知
　　保监发〔2013〕29号　2013年4月9日 …………………………………(542)

中国保监会关于加强农业保险业务经营资格管理的通知
　　保监发〔2013〕26号　2013年4月7日……………………………………（543）
证券投资基金托管业务管理办法
　　中国证券监督管理委员会、中国银行业监督管理委员会令第92号
　　2013年4月2日……………………………………………………………（544）
关于进一步完善证券公司缴纳证券投资者保护基金有关事项的补充规定
　　中国证券监督管理委员会公告〔2013〕22号　2013年4月2日…………（551）

七、进出口

关于印发鼓励进口技术和产品目录（2014年版）的通知
　　发改产业〔2014〕426号　2014年3月13日……………………………（553）
关于调整重大技术装备进口税收政策的通知
　　财关税〔2014〕2号　2014年2月18日…………………………………（553）
进口饲料和饲料添加剂登记管理办法（2014）
　　中华人民共和国农业部令2014年第2号　2014年1月13日……………（556）
关于中国（上海）自由贸易试验区有关进口税收政策的通知
　　财关税〔2013〕75号　2013年10月15日………………………………（560）
关于平潭综合实验区有关进口税收政策的通知
　　财关税〔2013〕62号　2013年9月3日…………………………………（561）
关于调整进口飞机有关增值税政策的通知
　　财关税〔2013〕53号　2013年8月29日…………………………………（565）
质检总局关于发布《出入境检验检疫企业信用管理办法》的公告
　　国家质量监督检验检疫总局公告2013年第93号　2013年7月16日……（565）
关于横琴开发有关进口税收政策的通知
　　财关税〔2013〕17号　2013年5月20日…………………………………（570）

八、财税

国家税务总局关于《中华人民共和国政府和厄瓜多尔共和国政府对所得避免双重征税和防止偷漏税的协定》及议定书生效执行的公告
　　国家税务总局公告2014年第16号　2014年3月10日……………………（575）
国家税务总局关于《中华人民共和国政府和比利时王国政府对所得避免双重征税和防止偷漏税的协定》及议定书生效执行的公告
　　国家税务总局公告2014年第8号　2014年1月21日……………………（575）
国家税务总局关于《中华人民共和国政府和大不列颠及北爱尔兰联合王国政府对所得和财产收益避免双重征税和防止偷漏税的协定》及议定书生效执行的公告
　　国家税务总局公告2014年第4号　2014年1月13日……………………（576）

关于国家大学科技园税收政策的通知

  财税〔2013〕118号　2013年12月31日 …………………………………………（577）

关于动漫产业增值税和营业税政策的通知

  财税〔2013〕98号　2013年11月28日 ……………………………………………（578）

（一）所得税

国家税务总局、国家发展改革委关于落实节能服务企业合同能源管理项目企业
所得税优惠政策有关征收管理问题的公告

  国家税务总局、国家发展改革委公告2013年第77号　2013年12月17日 ………（580）

关于中国（上海）自由贸易试验区内企业以非货币性资产对外投资等资产重组行为
有关企业所得税政策问题的通知

  财税〔2013〕91号　2013年11月15日 ……………………………………………（582）

国家税务总局关于技术转让所得减免企业所得税有关问题的公告

  国家税务总局公告2013年第62号　2013年10月21日 …………………………（583）

国家税务总局关于执行软件企业所得税优惠政策有关问题的公告

  国家税务总局公告2013年第43号　2013年7月25日 …………………………（584）

国家税务总局关于企业混合性投资业务企业所得税处理问题的公告

  国家税务总局公告2013年第41号　2013年7月15日 …………………………（585）

国家税务总局关于电网企业电网新建项目享受所得税优惠政策问题的公告

  国家税务总局公告2013年第26号　2013年5月24日 …………………………（586）

国家税务总局关于苏州工业园区有限合伙制创业投资企业法人合伙人企业所得税政策
试点有关征收管理问题的公告

  国家税务总局公告2013年第25号　2013年5月24日 …………………………（587）

国家税务总局关于非居民企业派遣人员在中国境内提供劳务征收企业所得税有关
问题的公告

  国家税务总局公告2013年第19号　2013年4月19日 …………………………（588）

（二）增值税

关于利用石脑油和燃料油生产乙烯芳烃类产品有关增值税政策的通知

  财税〔2014〕17号　2014年2月17日 ……………………………………………（590）

国家税务总局关于营业税改征增值税试点有关文化事业建设费登记与申报事项的公告

  国家税务总局公告2013年第64号　2013年11月11日 …………………………（591）

关于重新印发《总分机构试点纳税人增值税计算缴纳暂行办法》的通知

  财税〔2013〕74号　2013年10月24日 ……………………………………………（592）

关于光伏发电增值税政策的通知

  财税〔2013〕66号　2013年9月23日 ……………………………………………（594）

国家税务总局关于发布《营业税改征增值税跨境应税服务增值税免税管理办法（试行）》的公告
　　国家税务总局公告 2013 年第 52 号　2013 年 9 月 13 日 ………………………………（594）
国家税务总局关于在全国开展营业税改征增值税试点有关征收管理问题的公告
　　国家税务总局公告 2013 年第 39 号　2013 年 7 月 10 日 ………………………………（597）
国家税务总局关于进一步做好土地增值税征管工作的通知
　　税总发〔2013〕67 号　2013 年 6 月 20 日 ……………………………………………（600）
国家税务总局关于油气田企业开发煤层气 页岩气增值税有关问题的公告
　　国家税务总局公告 2013 年第 27 号　2013 年 5 月 30 日 ………………………………（601）
国家税务总局关于营业税改征增值税总分机构试点纳税人增值税纳税申报有关事项的公告
　　国家税务总局公告 2013 年第 22 号　2013 年 5 月 7 日 …………………………………（602）
国家税务总局关于旅店业和饮食业纳税人销售非现场消费食品增值税有关问题的公告
　　国家税务总局公告 2013 年第 17 号　2013 年 4 月 22 日 ………………………………（603）
关于享受资源综合利用增值税优惠政策的纳税人执行污染物排放标准有关问题的通知
　　财税〔2013〕23 号　2013 年 4 月 1 日 …………………………………………………（603）

（三）进出口退（免）税

国家税务总局关于外贸综合服务企业出口货物退（免）税有关问题的公告
　　国家税务总局公告 2014 年第 13 号　2014 年 2 月 27 日 ………………………………（605）
国家税务总局关于调整出口退（免）税申报办法的公告
　　国家税务总局公告 2013 年第 61 号　2013 年 10 月 15 日 ……………………………（606）
国家税务总局关于出口企业申报出口货物退（免）税提供收汇资料有关问题的公告
　　国家税务总局公告 2013 年第 30 号　2013 年 6 月 9 日 …………………………………（607）

（四）营业税

国家税务总局关于金融商品转让业务有关营业税问题的公告
　　国家税务总局公告 2013 年第 63 号　2013 年 11 月 6 日 ………………………………（611）
国家税务总局关于纳税人投资政府土地改造项目有关营业税问题的公告
　　国家税务总局公告 2013 年第 15 号　2013 年 4 月 15 日 ………………………………（611）

（五）消费税

国家税务总局关于消费税有关政策问题补充规定的公告
　　国家税务总局公告 2013 年第 50 号　2013 年 9 月 9 日 …………………………………（613）
国家税务总局、海关总署关于石脑油 燃料油生产乙烯 芳烃类化工产品消费税退税问题的公告
　　国家税务总局、海关总署公告 2013 年第 29 号　2013 年 5 月 29 日 …………………（615）

九、知识产权

国家知识产权局关于修改《专利审查指南》的决定
　　国家知识产权局令第68号　2014年3月12日 ················(621)

国务院办公厅关于印发2013年全国打击侵犯知识产权和制售假冒伪劣商品工作要点的通知
　　国办发〔2013〕36号　2013年5月17日 ····················(622)

最高人民法院关于修改《最高人民法院关于审理专利纠纷案件适用法律问题的若干规定》的决定
　　法释〔2013〕9号　2013年4月1日 ·······················(626)

十、环境保护

国务院关于印发大气污染防治行动计划的通知
　　国发〔2013〕37号　2013年9月10日 ·····················(627)

国务院关于加快发展节能环保产业的意见
　　国发〔2013〕30号　2013年8月1日 ······················(635)

国家发展改革委关于推动碳捕集、利用和封存试验示范的通知
　　发改气候〔2013〕849号　2013年4月27日 ·················(642)

十一、土地

国土资源部办公厅关于下放部分建设项目用地预审权限的通知
　　国土资厅发〔2013〕44号　2013年10月8日 ·················(647)

十二、其他

机电产品国际招标投标实施办法（试行）
　　商务部令2014年第1号　2014年2月21日 ··················(649)

国务院关于废止和修改部分行政法规的决定
　　国务院令第648号　2014年2月19日 ······················(670)

关于公布取消和下放行政审批项目的通知
　　财法〔2014〕1号　2014年2月19日 ······················(673)

国家税务总局关于公开行政审批事项等相关工作的公告
　　国家税务总局公告2014年第10号　2014年2月13日 ············(675)

国务院关于取消和下放一批行政审批项目的决定
　　国发〔2014〕5号　2014年1月28日 ······················(676)

国家税务总局关于贯彻落实《国务院关于取消和下放一批行政审批项目的决定》的通知
  税总发〔2014〕6号　2014年1月13日 ……………………………………………（688）

全国人大常委会关于修改《中华人民共和国海洋环境保护法》等七部法律的决定
  中华人民共和国主席令第8号　2013年12月28日 ……………………………（689）

关于废止和修改部分规章规范性文件的决定
  中华人民共和国国家发展和改革委员会令第5号　2013年12月16日 ………（692）

国务院关于修改部分行政法规的决定
  中华人民共和国国务院令第645号　2013年12月7日 ………………………（693）

征信机构管理办法
  中国人民银行令〔2013〕第1号　2013年11月15日 …………………………（695）

国务院关于修改《国际收支统计申报办法》的决定
  中华人民共和国国务院令第642号　2013年11月9日 ………………………（701）

国务院关于取消和下放一批行政审批项目的决定
  国发〔2013〕44号　2013年11月8日 …………………………………………（704）

商品现货市场交易特别规定（试行）
  商务部、中国人民银行、证券监督管理委员会令2013年第3号
  2013年11月8日 …………………………………………………………………（714）

文化部关于实施中国（上海）自由贸易试验区文化市场管理政策的通知
  文市发〔2013〕47号　2013年9月29日 ………………………………………（717）

最高人民法院关于适用《中华人民共和国企业破产法》若干问题的规定（二）
  法释〔2013〕22号　2013年9月5日 ……………………………………………（718）

关于废止和修改部分规章和规范性文件的决定
  国家发展和改革委员会令第4号　2013年8月20日 …………………………（725）

国务院关于印发"宽带中国"战略及实施方案的通知
  国发〔2013〕31号　2013年8月1日 ……………………………………………（725）

国务院关于废止和修改部分行政法规的决定
  中华人民共和国国务院令第638号　2013年7月18日 ………………………（736）

国务院关于取消和下放50项行政审批项目等事项的决定
  国发〔2013〕27号　2013年7月13日 …………………………………………（740）

中华人民共和国外国人入境出境管理条例
  中华人民共和国国务院令第637号　2013年7月12日 ………………………（745）

国家税务总局关于贯彻落实《国务院关于取消和下放一批行政审批项目等事项的决定》的通知
  税总发〔2013〕73号　2013年7月11日 ………………………………………（752）

全国人民代表大会常务委员会关于修改《中华人民共和国文物保护法》等十二部法律的决定
  中华人民共和国主席令第5号　2013年6月29日 ……………………………（754）

质检总局关于公布现行有效规范性文件和废止部分规范性文件的公告
　　国家质量监督检验检疫总局公告2013年第75号　2013年6月8日 …………(756)
国家发展改革委办公厅关于做好第一批取消和下放投资审批事项后续工作的通知
　　发改办投资〔2013〕1226号　2013年5月24日 ………………………………(757)
国务院关于取消和下放一批行政审批项目等事项的决定
　　国发〔2013〕19号　2013年5月15日 ……………………………………………(757)
公布商务部现行有效规章目录及规范性文件目录
　　商务部公告2013年第23号　2013年5月6日 ……………………………………(758)
公布《零售企业服务管理规范》等50项国内贸易行业标准
　　商务部公告2013年第21号　2013年4月16日 …………………………………(759)

附　录

中国利用外资法律法规中英文名称与北大法宝引证码对照表 ……………………(761)
"北大法宝"法律专业数据库介绍 …………………………………………………(784)

一、综合

国务院关于晋陕豫黄河金三角区域合作规划的批复

国函〔2014〕40号

山西、陕西、河南省人民政府，发展改革委：

发展改革委《关于报送晋陕豫黄河金三角区域合作规划（送审稿）的请示》（发改地区〔2014〕169号）收悉。现批复如下：

一、原则同意《晋陕豫黄河金三角区域合作规划》（以下简称《规划》），请认真组织实施。

二、《规划》实施要以邓小平理论、"三个代表"重要思想、科学发展观为指导，深入学习领会党的十八大和十八届三中全会精神，贯彻落实党中央和国务院的各项决策部署，深入实施西部大开发战略和促进中部地区崛起战略，以实现合作共赢、共同发展为目标，以整合区域优势资源、创新区域合作机制、协调区际利益关系为重点，以共建承接产业转移示范区为抓手，着力加快基础设施互联互通，着力促进产业分工协作，着力加强生态环境共保共治，着力推动基本公共服务共建共享，着力推进改革开放，全面提升整体经济实力和协调发展水平，努力把晋陕豫黄河金三角建设成为中西部地区新的经济增长极和欠发达地区实现一体化发展、跨越式发展的示范区。

三、山西、陕西、河南三省要切实加强组织领导和统筹协调，落实工作责任，完善合作机制，合力解决区域合作中的重大问题。要根据《规划》要求制定具体实施方案，编制实施重点领域专项规划，落实区域合作协调推进机制，抓紧推进重点工作和相关项目实施，探索实施推动一体化发展的绩效考核和奖惩激励措施。完善社会监督，定期向社会公布《规划》实施进展情况。《规划》实施中涉及的重要政策和重大建设项目要按规定程序报批。

四、国务院有关部门要按照职能分工，切实加强工作指导，在专项规划编制、项目安排、体制创新等方面给予必要支持，协助解决晋陕豫黄河金三角区域合作发展中遇到的困难和问题。发展改革委要加强综合协调和督促检查，会同山西、陕西、河南三省人民政府开展《规划》实施情况评估，总结推广好经验好做法，研究解决新情况新问题，重大事项及时向国务院报告。

推动晋陕豫黄河金三角地区合作发展，是深入实施西部大开发战略和促进中部地区崛起战略的重大举措,对于探索省际交界地区合作发展新路径、推动我国欠发达地区加快发展、推进区域一体化进程具有重要意义。各有关方面要提高认识、紧密合作、扎实工作,共同推动《规划》的落实,努力实现晋陕豫黄河金三角地区经济社会持续健康发展。

国务院

2014 年 3 月 31 日

国家发展改革委关于云南省普洱市建设国家绿色经济试验示范区发展规划的批复

发改环资〔2014〕434 号

云南省人民政府：

你省报来《云南省人民政府关于请审查批准普洱市建设国家绿色经济试验示范区发展规划的函》（云政函〔2013〕111 号）收悉。现批复如下：

一、原则同意《普洱市建设国家绿色经济试验示范区发展规划》（以下简称《规划》），请认真组织实施。

二、《规划》实施要以邓小平理论、"三个代表"重要思想和科学发展观为指导，深入贯彻落实党的十八大和十八届三中全会精神，坚持"生态立市、绿色发展"战略，优化国土空间开发格局，全面推行绿色循环低碳生产方式和生活方式，加强能力建设，创新体制机制，建设国家特色生物产业、清洁能源、现代林产业和休闲度假四大产业基地，探索边疆民族欠发达地区立足自身优势转变经济发展方式、实现跨越式发展的道路，为我国发展绿色经济、建设生态文明积累经验、提供示范。

三、云南省和普洱市人民政府要切实加强对《规划》实施的组织领导，按照《规划》确定的发展目标、功能定位和主要任务，制定具体实施方案，合理安排有关重大项目和重点工程建设，统筹推进规划各项任务的落实；要明确任务分工，落实工作责任，健全体制机制，加强改革创新，确保试验示范区建设取得切实成效。

四、《规划》实施过程中，要加强与国家有关规划的衔接，《规划》实施涉及的政策措施和建设项目需按程序另行报批。我委将会同有关部门和你省加强对《规划》实施情况的跟踪分析，并予以指导和支持。

附件：普洱市建设国家绿色经济试验示范区发展规划（略——编者注①）

国家发展改革委
2014 年 3 月 12 日

国务院关于赣闽粤原中央苏区振兴发展规划的批复

国函〔2014〕32 号

江西、福建、广东省人民政府，发展改革委：

发展改革委《关于报送赣闽粤原中央苏区振兴发展规划（送审稿）的请示》（发改地区〔2014〕35 号）收悉。现批复如下：

一、原则同意《赣闽粤原中央苏区振兴发展规划》（以下简称《规划》），请认真组织实施。

二、《规划》实施要以邓小平理论、"三个代表"重要思想、科学发展观为指导，深入贯彻党中央、国务院各项决策部署，全面落实《国务院关于支持赣南等原中央苏区振兴发展的若干意见》（国发〔2012〕21 号）精神，进一步解放思想、深化改革、扩大开放，着力承接沿海地区产业转移，推动产业结构优化升级；着力加快基础设施建设，增强发展的支撑能力；着力加快新型城镇化进程，促进城乡一体化发展；着力推进生态文明建设，提高生态保障能力；着力保障和改善民生，切实提高公共服务能力，努力走出一条欠发达地区实现跨越式发展的新路子，使原中央苏区广大人民早日过上富裕幸福的生活，确保与全国同步实现全面建成小康社会的奋斗目标。

三、江西、福建、广东省人民政府要切实加强对《规划》实施的组织领导，完善工作机制，落实工作责任，制定实施意见和具体工作方案，推进重点领域改革和体制机制创新，确保《规划》确定的目标任务如期实现。重要政策和重大建设项目要按规定程序报批。

四、国务院有关部门要按照职能分工，落实工作任务，加强协调指导和信息沟通，在政策实施、项目建设、资金投入、体制创新等方面给予积极支持，帮助解决《规划》实施中遇到的困难和问题，为赣闽粤原中央苏区振兴发展营造良好政策环境。

五、发展改革委要加强对《规划》实施情况的跟踪分析和督促检查，适时组织开展《规划》实施情况评估，重大问题及时向国务院报告。

加快赣闽粤原中央苏区振兴发展，对于探索革命老区扶贫攻坚新路子、推动实现跨越式发展、全国同步实现全面建成小康社会的奋斗目标，具有十分重要的意义。各有关方面要进

---

① 本书所收录的法律规范性文件，包括所略内容，可据本书附录"中国利用外资法律法规中英文名称与北大法宝引证码对照表"提供的"北大法宝引证码"至北大法宝引证码查询系统（www.pkulaw.cn/fbm）查询。

一步统一思想认识,大力弘扬苏区精神,坚定信心、密切协作,加大支持力度、奋力攻坚克难,狠抓《规划》落实,不断开创赣闽粤原中央苏区振兴发展的新局面。

国务院
2014 年 3 月 11 日

国务院关于支持福建省深入实施生态省战略加快生态文明先行示范区建设的若干意见

国发〔2014〕12 号

各省、自治区、直辖市人民政府,国务院各部委、各直属机构:

福建省是我国南方地区重要的生态屏障,生态文明建设基础较好。为支持福建省深入实施生态省战略,加快生态文明先行示范区建设,增强引领示范效应,现提出以下意见:

一、总体要求

(一)指导思想。以邓小平理论、"三个代表"重要思想、科学发展观为指导,充分发挥福建省生态优势和区位优势,坚持解放思想、先行先试,以体制机制创新为动力,以生态文化建设为支撑,以实现绿色循环低碳发展为途径,深入实施生态省战略,着力构建节约资源和保护环境的空间格局、产业结构、生产方式、生活方式,成为生态文明先行示范区。

(二)战略定位。

——国土空间科学开发先导区。优化生产、生活、生态空间结构,率先形成与主体功能定位相适应,科学合理的城镇化格局、农业发展格局、生态安全格局。

——绿色循环低碳发展先行区。加快"绿色转型",把发展建立在资源能支撑、环境可容纳的基础上,率先实现生产、消费、流通各环节绿色化、循环化、低碳化。

——城乡人居环境建设示范区。加强自然生态系统保护和修复,深入实施造林绿化和城乡环境综合整治,增强生态产品生产能力,打造山清水秀、碧海蓝天的美丽家园。

——生态文明制度创新实验区。建立体现生态文明要求的评价考核体系,大力推进自然资源资产产权、集体林权、生态补偿等制度创新,为全国生态文明制度建设提供有益借鉴。

(三)主要目标。

到 2015 年,单位地区生产总值能源消耗和二氧化碳排放均比全国平均水平低 20% 以上,非化石能源占一次能源消费比重比全国平均水平高 6 个百分点;城市空气质量全部达到或优于二级标准;主要水系I—III类水质比例达到 90% 以上,近岸海域达到或优于二类水质标准的面积占 65%;单位地区生产总值用地面积比 2010 年下降 30%;万元工业增加值用水量比

2010年下降35%；森林覆盖率达到65.95%以上。

到2020年，能源资源利用效率、污染防治能力、生态环境质量显著提升，系统完整的生态文明制度体系基本建成，绿色生活方式和消费模式得到大力推行，形成人与自然和谐发展的现代化建设新格局。

二、优化国土空间开发格局

（四）加快落实主体功能区规划。健全省域空间规划体系，划定生产、生活、生态空间开发管制界限，落实用途管制。沿海城市群等重点开发区域要加快推进新型工业化、城镇化，促进要素、产业和人口集聚，支持闽江口金三角经济圈建设。闽西北等农产品主产区要因地制宜发展特色生态产业，提高农业可持续发展能力。重点生态功能区要积极开展生态保护与修复，实施有效保护。坚持陆海统筹，合理开发利用岸线、海域、海岛等资源，保护海洋生态环境，支持海峡蓝色经济试验区建设。

（五）推动城镇化绿色发展。坚持走以人为本、绿色低碳的新型城镇化道路。深入实施宜居环境建设行动计划，保护和扩大绿地、水域、湿地，提高城镇环境基础设施建设与运营水平，大力发展绿色建筑、绿色交通，建设一批美丽乡村示范村。

三、加快推进产业转型升级

（六）着力构建现代产业体系。全面落实国家产业政策，严控高耗能、高排放项目建设。推进电子信息、装备制造、石油化工等主导产业向高端、绿色方向发展，加快发展节能环保等战略性新兴产业。积极发展现代种业、生态农业和设施农业。推动远洋渔业发展，推广生态养殖，建设一批海洋牧场。发展壮大林产业，推进商品林基地建设，积极发展特色经济林、林下种养殖业、森林旅游等产业。加快发展现代物流、旅游、文化、金融等服务业。

（七）调整优化能源结构。稳步推进宁德、福清等核电项目建设。加快仙游、厦门等抽水蓄能电站建设。有序推进莆田平海湾、漳浦六鳌、宁德霞浦等海上风电场建设。积极发展太阳能、地热能、生物质能等非化石能源，推广应用分布式能源系统。加快天然气基础设施建设。

（八）强化科技支撑。完善技术创新体系，加强重点实验室、工程技术（研究）中心建设，开展高效节能电机、烟气脱硫脱硝、有机废气净化等关键技术攻关。健全科技成果转化机制，促进节能环保、循环经济等先进技术的推广应用。

四、促进能源资源节约

（九）深入推进节能降耗。全面实施能耗强度、碳排放强度和能源消费总量控制，建立煤炭消费总量控制制度，强化目标责任考核。突出抓好重点领域节能，实施节能重点工程，推广高效节能低碳技术和产品。开展重点用能单位节能低碳行动和能效对标活动，实施能效"领跑者"制度。

（十）合理开发与节约利用水资源。严格实行用水总量控制，统筹生产、生活、生态用水，大力推广节水技术和产品，强化水资源保护。科学规划建设一批跨区域、跨流域水资源配置工程，研究推进宁德上白石、罗源霍口等大中型水库建设。

（十一）节约集约利用土地资源。严守耕地保护红线，从严控制建设用地。严格执行工业用地招拍挂制度，探索工业用地租赁制。适度开发利用低丘缓坡地，积极稳妥推进农村土地整治试点和旧城镇旧村庄旧厂房、低效用地等二次开发利用，清理处置闲置土地。鼓励和规范城镇地下空间开发利用。

（十二）积极推进循环经济发展。加快构建覆盖全社会的资源循环利用体系，提高资源产出率。加强产业园区循环化改造，实现产业废物交换利用、能量梯级利用、废水循环利用和污染物集中处理。大力推行清洁生产。加快再生资源回收体系建设，支持福州、厦门、泉州等城市矿产示范基地建设。推进工业固体废弃物、建筑废弃物、农林废弃物、餐厨垃圾等资源化利用。支持绿色矿山建设。

五、加大生态建设和环境保护力度

（十三）加强生态保护和修复。划定生态保护红线，强化对重点生态功能区和生态环境敏感区域、生态脆弱区域的有效保护。加强森林抚育，持续推进城市、村镇、交通干线两侧、主要江河干支流及水库周围等区域的造林绿化，优化树种、林分结构，提升森林生态功能。加强自然保护区建设和湿地保护，维护生物多样性。支持以小流域、坡耕地、崩岗为重点的水土流失治理。推进矿山生态环境恢复治理。实施沿海岸线整治与生态景观恢复。完善防灾减灾体系，提高适应气候变化能力。

（十四）突出抓好重点污染物防治。深入开展水环境综合整治和近岸海域环境整治，抓好畜禽养殖业等农业面源污染防治，推进重点行业废水深度治理，完善城乡污水处理设施。加大大气污染综合治理力度，实施清洁能源替代，加快重点行业脱硫、脱硝和除尘设施建设，强化机动车尾气治理，进一步提高城市环境空气质量。加快生活垃圾、危险废物、放射性废物等处理处置设施建设。加强铅、铬等重金属污染防治和土壤污染治理。

（十五）加强环境保护监管。严格执行环境影响评价和污染物排放许可制度，实施污染物排放总量控制。加快重点污染源在线监测装置建设，完善环境监测网络。加强危险化学品、核设施和放射源安全监管，强化环境风险预警和防控。严格海洋倾废、船舶排污监管。全面推行环境信息公开，完善举报制度，强化社会监督。

六、提升生态文明建设能力和水平

（十六）建立健全生态文明管理体系。加强基层生态文明管理能力建设，重点推进资源节约和环境保护领域执法队伍建设。推进能源、温室气体排放、森林碳汇等统计核算能力建设，支持开展资源产出率统计试点。

（十七）推进生态文化建设。将生态文明内容纳入国民教育体系和干部培训机构教学计划，推进生态文明宣传教育示范基地建设。依托森林文化、海洋文化、茶文化等，创作一批优秀生态文化作品。开展世界地球日、环境日以及全国节能宣传周、低碳日等主题宣传活动，倡导文明、绿色的生活方式和消费模式，引导全社会参与生态文明建设，打造"清新福建"品牌。

（十八）开展两岸生态环境保护交流合作。推动建立闽台生态科技交流与产业合作机制，推进节能环保、新能源等新兴产业对接。鼓励和支持台商扩大绿色经济投资。协同开展增殖放流等活动，共同养护海峡水生生物资源。加强台湾海峡海洋环境监测，推进海洋环境及重大灾害监测数据资源共享。

七、加强生态文明制度建设

（十九）健全评价考核体系。完善经济社会评价体系和考核体系，根据主体功能定位实行差别化的评价考核制度，提高资源消耗、环境损害、生态效益等指标权重。对禁止开发区域，实行领导干部考核生态环境保护"一票否决"制；对限制开发区域，取消地区生产总值考核。实行领导干部生态环境损害责任终身追究制。

（二十）完善资源环境保护与管理制度。加快建立国土空间开发保护制度和生态保护红线管控制度，建立资源环境承载能力监测预警机制。完善耕地保护、节约集约用地等制度。完善水资源总量控制、用水效率控制、水功能区限制纳污等制度。建立陆海统筹的生态系统保护修复和污染防治区域联动机制。健全环境保护目标责任制。建立生态环境损害赔偿制度、企业环境行为信用评价制度。

（二十一）建立健全资源有偿使用和生态补偿机制。健全对限制开发、禁止开发区域的生态保护财力支持机制。建立有效调节工业用地和居住用地合理比价机制。完善流域、森林生态补偿机制，研究建立湿地、海洋、水土保持等生态补偿机制。完善海域、岸线和无居民海岛有偿使用制度。积极开展节能量、排污权、水权交易试点，探索开展碳排放权交易，推行环境污染第三方治理。完善用电、用水、用气阶梯价格制度，健全污水、垃圾处理和排污收费制度。

八、保障措施

（二十二）加大政策支持力度。中央财政加大转移支付力度，支持福建省生态文明建设和经济社会发展。中央预算内投资对福建原中央苏区和闽东苏区按照西部地区政策执行，对福建其他革命老区按照中部地区政策执行。研究将以武夷山—玳瑁山山脉为核心的生态功能区列为国家限制开发的重点生态功能区。

加大中央投资对福建省生态建设、节能环保、水土保持、循环经济、污水垃圾处理、水利工程、新能源、能力建设等项目的支持力度。支持福建大型灌区续建配套与节水改造、中小河流治理、病险水库除险加固等项目建设。支持闽江、九龙江流域污染治理。加大对空气自动监测站建设的支持力度。

鼓励和引导金融机构加大对福建省资源节约、环境保护和生态建设项目的资金支持，创新金融产品和服务方式，在风险可控的前提下，探索开展采矿权、海域和无居民海岛使用权等抵（质）押贷款。支持大型节能环保企业设立财务公司，鼓励符合条件的企业通过发行债券或股票上市融资。探索开展碳金融业务。

合理布局重大产业项目和基础设施，研究推进漳州古雷炼化一体化、浦城至梅州铁路、吉安至泉州铁路、福建与广东电网联网、平潭及闽江口水资源配置工程等项目建设，强化生态文明建设物质保障。

（二十三）支持福建省开展先行先试。国家在福建省开展生态文明建设评价考核试点，探索建立生态文明建设指标体系。率先开展森林、山岭、水流、滩涂等自然生态空间确权登记，编制自然资源资产负债表，开展领导干部自然资源资产离任审计试点。开展生态公益林管护体制改革、国有林场改革、集体商品林规模经营等试点，支持三明林区开展生态文明建设配套改革。在闽江源、九龙江开展生态补偿试点，研究建立汀江（韩江）跨省流域生态补偿机制。推进电力等能源价格市场化改革。整合资源节约、环境保护、循环经济等方面中央预算内投资，开展项目统筹管理试点。开展城镇低效用地再开发、农村集体经营性建设用地流转试点。

（二十四）加强组织协调。福建省人民政府要切实加强组织领导，细化目标任务，完善工作机制，落实工作责任，确保本意见各项任务措施落到实处。国务院有关部门要结合各自职能，加大对福建省生态文明建设的支持力度，指导和帮助解决实施过程中遇到的困难和问题。发展改革委要会同有关部门加强对本意见实施情况的督促检查，重大问题及时向国务院报告。

国务院
2014 年 3 月 10 日

最高人民法院关于修改关于适用《中华人民共和国公司法》若干问题的规定的决定（2014）

法释〔2014〕2 号

《最高人民法院关于修改关于适用〈中华人民共和国公司法〉若干问题的规定的决定》已于 2014 年 2 月 17 日由最高人民法院审判委员会第 1607 次会议通过，现予公布，自 2014 年 3 月 1 日起施行。

最高人民法院
2014 年 2 月 20 日

根据 2013 年 12 月 28 日第十二届全国人民代表大会常务委员会第六次会议的决定和修改后重新公布的《中华人民共和国公司法》，最高人民法院审判委员会第 1607 次会议决定：

一、《最高人民法院关于适用〈中华人民共和国公司法〉若干问题的规定（一）》（法释〔2006〕3 号，以下简称《规定（一）》）第三条中的"第七十五条"修改为"第七十四条"。

二、《规定（一）》第四条中的"第一百五十二条"修改为"第一百五十一条"。

三、《最高人民法院关于适用〈中华人民共和国公司法〉若干问题的规定（二）》（法释〔2008〕6 号，以下简称《规定（二）》）第一条第一款中的"第一百八十三条"修改为"第一百八十二条"。

四、《规定（二）》第二条、第七条第一款中的"第一百八十四条"修改为"第一百八十三条"。

五、《规定（二）》第十一条中的"第一百八十六条"修改为"第一百八十五条"。

六、《规定（二）》第二十二条第一款中的"第八十一条"修改为"第八十条"。

七、《规定（二）》第二十三条第二款、第三款中的"第一百五十二条"修改为"第一百五十一条"。

八、删去《最高人民法院关于适用〈中华人民共和国公司法〉若干问题的规定（三）》（法释〔2011〕3号，以下简称《规定（三）》）第十二条第一项，并将该条修改为"公司成立后，公司、股东或者公司债权人以相关股东的行为符合下列情形之一且损害公司权益为由，请求认定该股东抽逃出资的，人民法院应予支持：（一）制作虚假财务会计报表虚增利润进行分配；（二）通过虚构债权债务关系将其出资转出；（三）利用关联交易将出资转出；（四）其他未经法定程序将出资抽回的行为。"

九、《规定（三）》第十三条第四款中的"第一百四十八条"修改为"第一百四十七条"。

十、删去《规定（三）》第十五条。

十一、《规定（三）》第二十四条改为第二十三条。该条中的"第三十二条、第三十三条"修改为"第三十一条、第三十二条"。

十二、对《规定（三）》条文顺序作相应调整。

十三、本决定施行后尚未终审的股东出资相关纠纷案件，适用本决定；本决定施行前已经终审的，当事人申请再审或者按照审判监督程序决定再审的，不适用本决定。

《规定（一）》《规定（二）》《规定（三）》根据本决定作相应修改，重新公布。

中华人民共和国公司法（2013年修订）

中华人民共和国主席令第8号

目 录

第一章 总则
第二章 有限责任公司的设立和组织机构
 第一节 设立
 第二节 组织机构
 第三节 一人有限责任公司的特别规定
 第四节 国有独资公司的特别规定
第三章 有限责任公司的股权转让

第四章　股份有限公司的设立和组织机构
　　第一节　设立
　　第二节　股东大会
　　第三节　董事会、经理
　　第四节　监事会
　　第五节　上市公司组织机构的特别规定
第五章　股份有限公司的股份发行和转让
　　第一节　股份发行
　　第二节　股份转让
第六章　公司董事、监事、高级管理人员的资格和义务
第七章　公司债券
第八章　公司财务、会计
第九章　公司合并、分立、增资、减资
第十章　公司解散和清算
第十一章　外国公司的分支机构
第十二章　法律责任
第十三章　附则

第一章　总　　则

第一条　为了规范公司的组织和行为，保护公司、股东和债权人的合法权益，维护社会经济秩序，促进社会主义市场经济的发展，制定本法。

第二条　本法所称公司是指依照本法在中国境内设立的有限责任公司和股份有限公司。

第三条　公司是企业法人，有独立的法人财产，享有法人财产权。公司以其全部财产对公司的债务承担责任。

有限责任公司的股东以其认缴的出资额为限对公司承担责任；股份有限公司的股东以其认购的股份为限对公司承担责任。

第四条　公司股东依法享有资产收益、参与重大决策和选择管理者等权利。

第五条　公司从事经营活动，必须遵守法律、行政法规，遵守社会公德、商业道德，诚实守信，接受政府和社会公众的监督，承担社会责任。

公司的合法权益受法律保护，不受侵犯。

第六条　设立公司，应当依法向公司登记机关申请设立登记。符合本法规定的设立条件的，由公司登记机关分别登记为有限责任公司或者股份有限公司；不符合本法规定的设立条件的，不得登记为有限责任公司或者股份有限公司。

法律、行政法规规定设立公司必须报经批准的，应当在公司登记前依法办理批准手续。

公众可以向公司登记机关申请查询公司登记事项，公司登记机关应当提供查询服务。

第七条　依法设立的公司，由公司登记机关发给公司营业执照。公司营业执照签发日期为公司成立日期。

公司营业执照应当载明公司的名称、住所、注册资本、经营范围、法定代表人姓名等事项。

公司营业执照记载的事项发生变更的，公司应当依法办理变更登记，由公司登记机关换发营业执照。

第八条 依照本法设立的有限责任公司，必须在公司名称中标明有限责任公司或者有限公司字样。

依照本法设立的股份有限公司，必须在公司名称中标明股份有限公司或者股份公司字样。

第九条 有限责任公司变更为股份有限公司，应当符合本法规定的股份有限公司的条件。股份有限公司变更为有限责任公司，应当符合本法规定的有限责任公司的条件。

有限责任公司变更为股份有限公司的，或者股份有限公司变更为有限责任公司的，公司变更前的债权、债务由变更后的公司承继。

第十条 公司以其主要办事机构所在地为住所。

第十一条 设立公司必须依法制定公司章程。公司章程对公司、股东、董事、监事、高级管理人员具有约束力。

第十二条 公司的经营范围由公司章程规定，并依法登记。公司可以修改公司章程，改变经营范围，但是应当办理变更登记。

公司的经营范围中属于法律、行政法规规定须经批准的项目，应当依法经过批准。

第十三条 公司法定代表人依照公司章程的规定，由董事长、执行董事或者经理担任，并依法登记。公司法定代表人变更，应当办理变更登记。

第十四条 公司可以设立分公司。设立分公司，应当向公司登记机关申请登记，领取营业执照。分公司不具有法人资格，其民事责任由公司承担。

公司可以设立子公司，子公司具有法人资格，依法独立承担民事责任。

第十五条 公司可以向其他企业投资；但是，除法律另有规定外，不得成为对所投资企业的债务承担连带责任的出资人。

第十六条 公司向其他企业投资或者为他人提供担保，依照公司章程的规定，由董事会或者股东会、股东大会决议；公司章程对投资或者担保的总额及单项投资或者担保的数额有限额规定的，不得超过规定的限额。

公司为公司股东或者实际控制人提供担保的，必须经股东会或者股东大会决议。

前款规定的股东或者受前款规定的实际控制人支配的股东，不得参加前款规定事项的表决。该项表决由出席会议的其他股东所持表决权的过半数通过。

第十七条 公司必须保护职工的合法权益，依法与职工签订劳动合同，参加社会保险，加强劳动保护，实现安全生产。

公司应当采用多种形式，加强公司职工的职业教育和岗位培训，提高职工素质。

第十八条 公司职工依照《中华人民共和国工会法》组织工会，开展工会活动，维护职工合法权益。公司应当为本公司工会提供必要的活动条件。公司工会代表职工就职工的劳动报酬、工作时间、福利、保险和劳动安全卫生等事项依法与公司签订集体合同。

公司依照宪法和有关法律的规定，通过职工代表大会或者其他形式，实行民主管理。

公司研究决定改制以及经营方面的重大问题、制定重要的规章制度时，应当听取公司工会的意见，并通过职工代表大会或者其他形式听取职工的意见和建议。

第十九条 在公司中，根据中国共产党章程的规定，设立中国共产党的组织，开展党的活动。公司应当为党组织的活动提供必要条件。

第二十条 公司股东应当遵守法律、行政法规和公司章程，依法行使股东权利，不得滥用股东权利损害公司或者其他股东的利益；不得滥用公司法人独立地位和股东有限责任损害公司债权人的利益。

公司股东滥用股东权利给公司或者其他股东造成损失的，应当依法承担赔偿责任。

公司股东滥用公司法人独立地位和股东有限责任，逃避债务，严重损害公司债权人利益的，应当对公司债务承担连带责任。

第二十一条 公司的控股股东、实际控制人、董事、监事、高级管理人员不得利用其关联关系损害公司利益。

违反前款规定，给公司造成损失的，应当承担赔偿责任。

第二十二条 公司股东会或者股东大会、董事会的决议内容违反法律、行政法规的无效。

股东会或者股东大会、董事会的会议召集程序、表决方式违反法律、行政法规或者公司章程，或者决议内容违反公司章程的，股东可以自决议作出之日起六十日内，请求人民法院撤销。

股东依照前款规定提起诉讼的，人民法院可以应公司的请求，要求股东提供相应担保。

公司根据股东会或者股东大会、董事会决议已办理变更登记的，人民法院宣告该决议无效或者撤销该决议后，公司应当向公司登记机关申请撤销变更登记。

第二章　有限责任公司的设立和组织机构

第一节　设　　立

第二十三条 设立有限责任公司，应当具备下列条件：

（一）股东符合法定人数；

（二）有符合公司章程规定的全体股东认缴的出资额；

（三）股东共同制定公司章程；

（四）有公司名称，建立符合有限责任公司要求的组织机构；

（五）有公司住所。

第二十四条 有限责任公司由五十个以下股东出资设立。

第二十五条 有限责任公司章程应当载明下列事项：

（一）公司名称和住所；

（二）公司经营范围；

（三）公司注册资本；

（四）股东的姓名或者名称；

（五）股东的出资方式、出资额和出资时间；
（六）公司的机构及其产生办法、职权、议事规则；
（七）公司法定代表人；
（八）股东会会议认为需要规定的其他事项。

股东应当在公司章程上签名、盖章。

第二十六条 有限责任公司的注册资本为在公司登记机关登记的全体股东认缴的出资额。

法律、行政法规以及国务院决定对有限责任公司注册资本实缴、注册资本最低限额另有规定的，从其规定。

第二十七条 股东可以用货币出资，也可以用实物、知识产权、土地使用权等可以用货币估价并可以依法转让的非货币财产作价出资；但是，法律、行政法规规定不得作为出资的财产除外。

对作为出资的非货币财产应当评估作价，核实财产，不得高估或者低估作价。法律、行政法规对评估作价有规定的，从其规定。

第二十八条 股东应当按期足额缴纳公司章程中规定的各自所认缴的出资额。股东以货币出资的，应当将货币出资足额存入有限责任公司在银行开设的账户；以非货币财产出资的，应当依法办理其财产权的转移手续。

股东不按照前款规定缴纳出资的，除应当向公司足额缴纳外，还应当向已按期足额缴纳出资的股东承担违约责任。

第二十九条 股东认足公司章程规定的出资后，由全体股东指定的代表或者共同委托的代理人向公司登记机关报送公司登记申请书、公司章程等文件，申请设立登记。

第三十条 有限责任公司成立后，发现作为设立公司出资的非货币财产的实际价额显著低于公司章程所定价额的，应当由交付该出资的股东补足其差额；公司设立时的其他股东承担连带责任。

第三十一条 有限责任公司成立后，应当向股东签发出资证明书。

出资证明书应当载明下列事项：

（一）公司名称；
（二）公司成立日期；
（三）公司注册资本；
（四）股东的姓名或者名称、缴纳的出资额和出资日期；
（五）出资证明书的编号和核发日期。

出资证明书由公司盖章。

第三十二条 有限责任公司应当置备股东名册，记载下列事项：

（一）股东的姓名或者名称及住所；
（二）股东的出资额；
（三）出资证明书编号。

记载于股东名册的股东，可以依股东名册主张行使股东权利。

公司应当将股东的姓名或者名称向公司登记机关登记；登记事项发生变更的，应当办理变更登记。未经登记或者变更登记的，不得对抗第三人。

第三十三条 股东有权查阅、复制公司章程、股东会会议记录、董事会会议决议、监事会会议决议和财务会计报告。

股东可以要求查阅公司会计账簿。股东要求查阅公司会计账簿的，应当向公司提出书面请求，说明目的。公司有合理根据认为股东查阅会计账簿有不正当目的，可能损害公司合法利益的，可以拒绝提供查阅，并应当自股东提出书面请求之日起十五日内书面答复股东并说明理由。公司拒绝提供查阅的，股东可以请求人民法院要求公司提供查阅。

第三十四条 股东按照实缴的出资比例分取红利；公司新增资本时，股东有权优先按照实缴的出资比例认缴出资。但是，全体股东约定不按照出资比例分取红利或者不按照出资比例优先认缴出资的除外。

第三十五条 公司成立后，股东不得抽逃出资。

第二节 组织机构

第三十六条 有限责任公司股东会由全体股东组成。股东会是公司的权力机构，依照本法行使职权。

第三十七条 股东会行使下列职权：

（一）决定公司的经营方针和投资计划；
（二）选举和更换非由职工代表担任的董事、监事，决定有关董事、监事的报酬事项；
（三）审议批准董事会的报告；
（四）审议批准监事会或者监事的报告；
（五）审议批准公司的年度财务预算方案、决算方案；
（六）审议批准公司的利润分配方案和弥补亏损方案；
（七）对公司增加或者减少注册资本作出决议；
（八）对发行公司债券作出决议；
（九）对公司合并、分立、解散、清算或者变更公司形式作出决议；
（十）修改公司章程；
（十一）公司章程规定的其他职权。

对前款所列事项股东以书面形式一致表示同意的，可以不召开股东会会议，直接作出决定，并由全体股东在决定文件上签名、盖章。

第三十八条 首次股东会会议由出资最多的股东召集和主持，依照本法规定行使职权。

第三十九条 股东会会议分为定期会议和临时会议。

定期会议应当依照公司章程的规定按时召开。代表十分之一以上表决权的股东，三分之一以上的董事，监事会或者不设监事会的公司的监事提议召开临时会议的，应当召开临时会议。

第四十条 有限责任公司设立董事会的，股东会会议由董事会召集，董事长主持；董事长不能履行职务或者不履行职务的，由副董事长主持；副董事长不能履行职务或者不履行职务的，由半数以上董事共同推举一名董事主持。

有限责任公司不设董事会的,股东会会议由执行董事召集和主持。

董事会或者执行董事不能履行或者不履行召集股东会会议职责的,由监事会或者不设监事会的公司的监事召集和主持;监事会或者监事不召集和主持的,代表十分之一以上表决权的股东可以自行召集和主持。

第四十一条 召开股东会会议,应当于会议召开十五日前通知全体股东;但是,公司章程另有规定或者全体股东另有约定的除外。

股东会应当对所议事项的决定作成会议记录,出席会议的股东应当在会议记录上签名。

第四十二条 股东会会议由股东按照出资比例行使表决权;但是,公司章程另有规定的除外。

第四十三条 股东会的议事方式和表决程序,除本法有规定的外,由公司章程规定。

股东会会议作出修改公司章程、增加或者减少注册资本的决议,以及公司合并、分立、解散或者变更公司形式的决议,必须经代表三分之二以上表决权的股东通过。

第四十四条 有限责任公司设董事会,其成员为三人至十三人;但是,本法第五十条另有规定的除外。

两个以上的国有企业或者两个以上的其他国有投资主体投资设立的有限责任公司,其董事会成员中应当有公司职工代表;其他有限责任公司董事会成员中可以有公司职工代表。董事会中的职工代表由公司职工通过职工代表大会、职工大会或者其他形式民主选举产生。

董事会设董事长一人,可以设副董事长。董事长、副董事长的产生办法由公司章程规定。

第四十五条 董事任期由公司章程规定,但每届任期不得超过三年。董事任期届满,连选可以连任。

董事任期届满未及时改选,或者董事在任期内辞职导致董事会成员低于法定人数的,在改选出的董事就任前,原董事仍应当依照法律、行政法规和公司章程的规定,履行董事职务。

第四十六条 董事会对股东会负责,行使下列职权:

(一)召集股东会会议,并向股东会报告工作;

(二)执行股东会的决议;

(三)决定公司的经营计划和投资方案;

(四)制订公司的年度财务预算方案、决算方案;

(五)制订公司的利润分配方案和弥补亏损方案;

(六)制订公司增加或者减少注册资本以及发行公司债券的方案;

(七)制订公司合并、分立、解散或者变更公司形式的方案;

(八)决定公司内部管理机构的设置;

(九)决定聘任或者解聘公司经理及其报酬事项,并根据经理的提名决定聘任或者解聘公司副经理、财务负责人及其报酬事项;

(十)制定公司的基本管理制度;

(十一)公司章程规定的其他职权。

第四十七条 董事会会议由董事长召集和主持;董事长不能履行职务或者不履行职务

的,由副董事长召集和主持;副董事长不能履行职务或者不履行职务的,由半数以上董事共同推举一名董事召集和主持。

第四十八条 董事会的议事方式和表决程序,除本法有规定的外,由公司章程规定。

董事会应当对所议事项的决定作成会议记录,出席会议的董事应当在会议记录上签名。

董事会决议的表决,实行一人一票。

第四十九条 有限责任公司可以设经理,由董事会决定聘任或者解聘。经理对董事会负责,行使下列职权:

(一)主持公司的生产经营管理工作,组织实施董事会决议;

(二)组织实施公司年度经营计划和投资方案;

(三)拟订公司内部管理机构设置方案;

(四)拟订公司的基本管理制度;

(五)制定公司的具体规章;

(六)提请聘任或者解聘公司副经理、财务负责人;

(七)决定聘任或者解聘除应由董事会决定聘任或者解聘以外的负责管理人员;

(八)董事会授予的其他职权。

公司章程对经理职权另有规定的,从其规定。

经理列席董事会会议。

第五十条 股东人数较少或者规模较小的有限责任公司,可以设一名执行董事,不设董事会。执行董事可以兼任公司经理。

执行董事的职权由公司章程规定。

第五十一条 有限责任公司设监事会,其成员不得少于三人。股东人数较少或者规模较小的有限责任公司,可以设一至二名监事,不设监事会。

监事会应当包括股东代表和适当比例的公司职工代表,其中职工代表的比例不得低于三分之一,具体比例由公司章程规定。监事会中的职工代表由公司职工通过职工代表大会、职工大会或者其他形式民主选举产生。

监事会设主席一人,由全体监事过半数选举产生。监事会主席召集和主持监事会会议;监事会主席不能履行职务或者不履行职务的,由半数以上监事共同推举一名监事召集和主持监事会会议。

董事、高级管理人员不得兼任监事。

第五十二条 监事的任期每届为三年。监事任期届满,连选可以连任。

监事任期届满未及时改选,或者监事在任期内辞职导致监事会成员低于法定人数的,在改选出的监事就任前,原监事仍应当依照法律、行政法规和公司章程的规定,履行监事职务。

第五十三条 监事会、不设监事会的公司的监事行使下列职权:

(一)检查公司财务;

(二)对董事、高级管理人员执行公司职务的行为进行监督,对违反法律、行政法规、公司章程或者股东会决议的董事、高级管理人员提出罢免的建议;

(三)当董事、高级管理人员的行为损害公司的利益时,要求董事、高级管理人员予以纠正；

（四）提议召开临时股东会会议，在董事会不履行本法规定的召集和主持股东会会议职责时召集和主持股东会会议；

（五）向股东会会议提出提案；

（六）依照本法第一百五十一条的规定，对董事、高级管理人员提起诉讼；

（七）公司章程规定的其他职权。

第五十四条 监事可以列席董事会会议，并对董事会决议事项提出质询或者建议。

监事会、不设监事会的公司的监事发现公司经营情况异常，可以进行调查；必要时，可以聘请会计师事务所等协助其工作，费用由公司承担。

第五十五条 监事会每年度至少召开一次会议，监事可以提议召开临时监事会会议。

监事会的议事方式和表决程序，除本法有规定的外，由公司章程规定。

监事会决议应当经半数以上监事通过。

监事会应当对所议事项的决定作成会议记录，出席会议的监事应当在会议记录上签名。

第五十六条 监事会、不设监事会的公司的监事行使职权所必需的费用，由公司承担。

第三节 一人有限责任公司的特别规定

第五十七条 一人有限责任公司的设立和组织机构，适用本节规定；本节没有规定的，适用本章第一节、第二节的规定。

本法所称一人有限责任公司，是指只有一个自然人股东或者一个法人股东的有限责任公司。

第五十八条 一个自然人只能投资设立一个一人有限责任公司。该一人有限责任公司不能投资设立新的一人有限责任公司。

第五十九条 一人有限责任公司应当在公司登记中注明自然人独资或者法人独资，并在公司营业执照中载明。

第六十条 一人有限责任公司章程由股东制定。

第六十一条 一人有限责任公司不设股东会。股东作出本法第三十七条第一款所列决定时，应当采用书面形式，并由股东签名后置备于公司。

第六十二条 一人有限责任公司应当在每一会计年度终了时编制财务会计报告，并经会计师事务所审计。

第六十三条 一人有限责任公司的股东不能证明公司财产独立于股东自己的财产的，应当对公司债务承担连带责任。

第四节 国有独资公司的特别规定

第六十四条 国有独资公司的设立和组织机构，适用本节规定；本节没有规定的，适用本章第一节、第二节的规定。

本法所称国有独资公司，是指国家单独出资、由国务院或者地方人民政府授权本级人民政府国有资产监督管理机构履行出资人职责的有限责任公司。

第六十五条 国有独资公司章程由国有资产监督管理机构制定，或者由董事会制订报国有资产监督管理机构批准。

第六十六条 国有独资公司不设股东会，由国有资产监督管理机构行使股东会职权。国有资产监督管理机构可以授权公司董事会行使股东会的部分职权，决定公司的重大事项，但公司的合并、分立、解散、增加或者减少注册资本和发行公司债券，必须由国有资产监督管理机构决定；其中，重要的国有独资公司合并、分立、解散、申请破产的，应当由国有资产监督管理机构审核后，报本级人民政府批准。

前款所称重要的国有独资公司，按照国务院的规定确定。

第六十七条 国有独资公司设董事会，依照本法第四十六条、第六十六条的规定行使职权。董事每届任期不得超过三年。董事会成员中应当有公司职工代表。

董事会成员由国有资产监督管理机构委派；但是，董事会成员中的职工代表由公司职工代表大会选举产生。

董事会设董事长一人，可以设副董事长。董事长、副董事长由国有资产监督管理机构从董事会成员中指定。

第六十八条 国有独资公司设经理，由董事会聘任或者解聘。经理依照本法第四十九条规定行使职权。

经国有资产监督管理机构同意，董事会成员可以兼任经理。

第六十九条 国有独资公司的董事长、副董事长、董事、高级管理人员，未经国有资产监督管理机构同意，不得在其他有限责任公司、股份有限公司或者其他经济组织兼职。

第七十条 国有独资公司监事会成员不得少于五人，其中职工代表的比例不得低于三分之一，具体比例由公司章程规定。

监事会成员由国有资产监督管理机构委派；但是，监事会成员中的职工代表由公司职工代表大会选举产生。监事会主席由国有资产监督管理机构从监事会成员中指定。

监事会行使本法第五十三条第（一）项至第（三）项规定的职权和国务院规定的其他职权。

第三章 有限责任公司的股权转让

第七十一条 有限责任公司的股东之间可以相互转让其全部或者部分股权。

股东向股东以外的人转让股权，应当经其他股东过半数同意。股东应就其股权转让事项书面通知其他股东征求同意，其他股东自接到书面通知之日起满三十日未答复的，视为同意转让。其他股东半数以上不同意转让的，不同意的股东应当购买该转让的股权；不购买的，视为同意转让。

经股东同意转让的股权，在同等条件下，其他股东有优先购买权。两个以上股东主张行使优先购买权的，协商确定各自的购买比例；协商不成的，按照转让时各自的出资比例行使优先购买权。

公司章程对股权转让另有规定的，从其规定。

第七十二条 人民法院依照法律规定的强制执行程序转让股东的股权时，应当通知公司及全体股东,其他股东在同等条件下有优先购买权。其他股东自人民法院通知之日起满二十日不行使优先购买权的,视为放弃优先购买权。

第七十三条 依照本法第七十一条、第七十二条转让股权后,公司应当注销原股东的出资证明书,向新股东签发出资证明书,并相应修改公司章程和股东名册中有关股东及其出资额的记载。对公司章程的该项修改不需再由股东会表决。

第七十四条 有下列情形之一的,对股东会该项决议投反对票的股东可以请求公司按照合理的价格收购其股权:

(一)公司连续五年不向股东分配利润,而公司该五年连续盈利,并且符合本法规定的分配利润条件的;

(二)公司合并、分立、转让主要财产的;

(三)公司章程规定的营业期限届满或者章程规定的其他解散事由出现,股东会会议通过决议修改章程使公司存续的。

自股东会会议决议通过之日起六十日内,股东与公司不能达成股权收购协议的,股东可以自股东会会议决议通过之日起九十日内向人民法院提起诉讼。

第七十五条 自然人股东死亡后,其合法继承人可以继承股东资格;但是,公司章程另有规定的除外。

第四章 股份有限公司的设立和组织机构

第一节 设 立

第七十六条 设立股份有限公司,应当具备下列条件:

(一)发起人符合法定人数;

(二)有符合公司章程规定的全体发起人认购的股本总额或者募集的实收股本总额;

(三)股份发行、筹办事项符合法律规定;

(四)发起人制订公司章程,采用募集方式设立的经创立大会通过;

(五)有公司名称,建立符合股份有限公司要求的组织机构;

(六)有公司住所。

第七十七条 股份有限公司的设立,可以采取发起设立或者募集设立的方式。

发起设立,是指由发起人认购公司应发行的全部股份而设立公司。

募集设立,是指由发起人认购公司应发行股份的一部分,其余股份向社会公开募集或者向特定对象募集而设立公司。

第七十八条 设立股份有限公司,应当有二人以上二百人以下为发起人,其中须有半数以上的发起人在中国境内有住所。

第七十九条 股份有限公司发起人承担公司筹办事务。

发起人应当签订发起人协议,明确各自在公司设立过程中的权利和义务。

第八十条 股份有限公司采取发起设立方式设立的,注册资本为在公司登记机关登记的全体发起人认购的股本总额。在发起人认购的股份缴足前,不得向他人募集股份。

股份有限公司采取募集方式设立的，注册资本为在公司登记机关登记的实收股本总额。

法律、行政法规以及国务院决定对股份有限公司注册资本实缴、注册资本最低限额另有规定的，从其规定。

第八十一条 股份有限公司章程应当载明下列事项：

（一）公司名称和住所；

（二）公司经营范围；

（三）公司设立方式；

（四）公司股份总数、每股金额和注册资本；

（五）发起人的姓名或者名称、认购的股份数、出资方式和出资时间；

（六）董事会的组成、职权和议事规则；

（七）公司法定代表人；

（八）监事会的组成、职权和议事规则；

（九）公司利润分配办法；

（十）公司的解散事由与清算办法；

（十一）公司的通知和公告办法；

（十二）股东大会会议认为需要规定的其他事项。

第八十二条 发起人的出资方式，适用本法第二十七条的规定。

第八十三条 以发起设立方式设立股份有限公司的，发起人应当书面认足公司章程规定其认购的股份，并按照公司章程规定缴纳出资。以非货币财产出资的，应当依法办理其财产权的转移手续。

发起人不依照前款规定缴纳出资的，应当按照发起人协议承担违约责任。

发起人认足公司章程规定的出资后，应当选举董事会和监事会，由董事会向公司登记机关报送公司章程以及法律、行政法规规定的其他文件，申请设立登记。

第八十四条 以募集设立方式设立股份有限公司的，发起人认购的股份不得少于公司股份总数的百分之三十五；但是，法律、行政法规另有规定的，从其规定。

第八十五条 发起人向社会公开募集股份，必须公告招股说明书，并制作认股书。认股书应当载明本法第八十六条所列事项，由认股人填写认购股数、金额、住所，并签名、盖章。认股人按照所认购股数缴纳股款。

第八十六条 招股说明书应当附有发起人制订的公司章程，并载明下列事项：

（一）发起人认购的股份数；

（二）每股的票面金额和发行价格；

（三）无记名股票的发行总数；

（四）募集资金的用途；

（五）认股人的权利、义务；

（六）本次募股的起止期限及逾期未募足时认股人可以撤回所认股份的说明。

第八十七条 发起人向社会公开募集股份，应当由依法设立的证券公司承销，签订承销协议。

第八十八条 发起人向社会公开募集股份，应当同银行签订代收股款协议。

代收股款的银行应当按照协议代收和保存股款,向缴纳股款的认股人出具收款单据,并负有向有关部门出具收款证明的义务。

第八十九条 发行股份的股款缴足后,必须经依法设立的验资机构验资并出具证明。发起人应当自股款缴足之日起三十日内主持召开公司创立大会。创立大会由发起人、认股人组成。

发行的股份超过招股说明书规定的截止期限尚未募足的,或者发行股份的股款缴足后,发起人在三十日内未召开创立大会的,认股人可以按照所缴股款并加算银行同期存款利息,要求发起人返还。

第九十条 发起人应当在创立大会召开十五日前将会议日期通知各认股人或者予以公告。创立大会应有代表股份总数过半数的发起人、认股人出席,方可举行。

创立大会行使下列职权:

(一)审议发起人关于公司筹办情况的报告;

(二)通过公司章程;

(三)选举董事会成员;

(四)选举监事会成员;

(五)对公司的设立费用进行审核;

(六)对发起人用于抵作股款的财产的作价进行审核;

(七)发生不可抗力或者经营条件发生重大变化直接影响公司设立的,可以作出不设立公司的决议。

创立大会对前款所列事项作出决议,必须经出席会议的认股人所持表决权过半数通过。

第九十一条 发起人、认股人缴纳股款或者交付抵作股款的出资后,除未按期募足股份、发起人未按期召开创立大会或者创立大会决议不设立公司的情形外,不得抽回其股本。

第九十二条 董事会应于创立大会结束后三十日内,向公司登记机关报送下列文件,申请设立登记:

(一)公司登记申请书;

(二)创立大会的会议记录;

(三)公司章程;

(四)验资证明;

(五)法定代表人、董事、监事的任职文件及其身份证明;

(六)发起人的法人资格证明或者自然人身份证明;

(七)公司住所证明。

以募集方式设立股份有限公司公开发行股票的,还应当向公司登记机关报送国务院证券监督管理机构的核准文件。

第九十三条 股份有限公司成立后,发起人未按照公司章程的规定缴足出资的,应当补缴;其他发起人承担连带责任。

股份有限公司成立后,发现作为设立公司出资的非货币财产的实际价额显著低于公司章程所定价额的,应当由交付该出资的发起人补足其差额;其他发起人承担连带责任。

第九十四条 股份有限公司的发起人应当承担下列责任:

（一）公司不能成立时，对设立行为所产生的债务和费用负连带责任；

（二）公司不能成立时，对认股人已缴纳的股款，负返还股款并加算银行同期存款利息的连带责任；

（三）在公司设立过程中，由于发起人的过失致使公司利益受到损害的，应当对公司承担赔偿责任。

第九十五条 有限责任公司变更为股份有限公司时，折合的实收股本总额不得高于公司净资产额。有限责任公司变更为股份有限公司，为增加资本公开发行股份时，应当依法办理。

第九十六条 股份有限公司应当将公司章程、股东名册、公司债券存根、股东大会会议记录、董事会会议记录、监事会会议记录、财务会计报告置备于本公司。

第九十七条 股东有权查阅公司章程、股东名册、公司债券存根、股东大会会议记录、董事会会议决议、监事会会议决议、财务会计报告，对公司的经营提出建议或者质询。

第二节 股东大会

第九十八条 股份有限公司股东大会由全体股东组成。股东大会是公司的权力机构，依照本法行使职权。

第九十九条 本法第三十七条第一款关于有限责任公司股东会职权的规定，适用于股份有限公司股东大会。

第一百条 股东大会应当每年召开一次年会。有下列情形之一的，应当在两个月内召开临时股东大会：

（一）董事人数不足本法规定人数或者公司章程所定人数的三分之二时；

（二）公司未弥补的亏损达实收股本总额三分之一时；

（三）单独或者合计持有公司百分之十以上股份的股东请求时；

（四）董事会认为必要时；

（五）监事会提议召开时；

（六）公司章程规定的其他情形。

第一百零一条 股东大会会议由董事会召集，董事长主持；董事长不能履行职务或者不履行职务的，由副董事长主持；副董事长不能履行职务或者不履行职务的，由半数以上董事共同推举一名董事主持。

董事会不能履行或者不履行召集股东大会会议职责的，监事会应当及时召集和主持；监事会不召集和主持的，连续九十日以上单独或者合计持有公司百分之十以上股份的股东可以自行召集和主持。

第一百零二条 召开股东大会会议，应当将会议召开的时间、地点和审议的事项于会议召开二十日前通知各股东；临时股东大会应当于会议召开十五日前通知各股东；发行无记名股票的，应当于会议召开三十日前公告会议召开的时间、地点和审议事项。

单独或者合计持有公司百分之三以上股份的股东，可以在股东大会召开十日前提出临时提案并书面提交董事会；董事会应当在收到提案后二日内通知其他股东，并将该临时提案提交股东大会审议。临时提案的内容应当属于股东大会职权范围,并有明确议题和具体决议事项。

股东大会不得对前两款通知中未列明的事项作出决议。

无记名股票持有人出席股东大会会议的,应当于会议召开五日前至股东大会闭会时将股票交存于公司。

第一百零三条 股东出席股东大会会议,所持每一股份有一表决权。但是,公司持有的本公司股份没有表决权。

股东大会作出决议,必须经出席会议的股东所持表决权过半数通过。但是,股东大会作出修改公司章程、增加或者减少注册资本的决议,以及公司合并、分立、解散或者变更公司形式的决议,必须经出席会议的股东所持表决权的三分之二以上通过。

第一百零四条 本法和公司章程规定公司转让、受让重大资产或者对外提供担保等事项必须经股东大会作出决议的,董事会应当及时召集股东大会会议,由股东大会就上述事项进行表决。

第一百零五条 股东大会选举董事、监事,可以依照公司章程的规定或者股东大会的决议,实行累积投票制。

本法所称累积投票制,是指股东大会选举董事或者监事时,每一股份拥有与应选董事或者监事人数相同的表决权,股东拥有的表决权可以集中使用。

第一百零六条 股东可以委托代理人出席股东大会会议,代理人应当向公司提交股东授权委托书,并在授权范围内行使表决权。

第一百零七条 股东大会应当对所议事项的决定作成会议记录,主持人、出席会议的董事应当在会议记录上签名。会议记录应当与出席股东的签名册及代理出席的委托书一并保存。

第三节 董事会、经理

第一百零八条 股份有限公司设董事会,其成员为五人至十九人。

董事会成员中可以有公司职工代表。董事会中的职工代表由公司职工通过职工代表大会、职工大会或者其他形式民主选举产生。

本法第四十五条关于有限责任公司董事任期的规定,适用于股份有限公司董事。

本法第四十六条关于有限责任公司董事会职权的规定,适用于股份有限公司董事会。

第一百零九条 董事会设董事长一人,可以设副董事长。董事长和副董事长由董事会以全体董事的过半数选举产生。

董事长召集和主持董事会会议,检查董事会决议的实施情况。副董事长协助董事长工作,董事长不能履行职务或者不履行职务的,由副董事长履行职务;副董事长不能履行职务或者不履行职务的,由半数以上董事共同推举一名董事履行职务。

第一百一十条 董事会每年度至少召开两次会议,每次会议应当于会议召开十日前通知全体董事和监事。

代表十分之一以上表决权的股东、三分之一以上董事或者监事会,可以提议召开董事会临时会议。董事长应当自接到提议后十日内，召集和主持董事会会议。

董事会召开临时会议，可以另定召集董事会的通知方式和通知时限。

第一百一十一条 董事会会议应有过半数的董事出席方可举行。董事会作出决议，必须经全体董事的过半数通过。

董事会决议的表决，实行一人一票。

第一百一十二条 董事会会议，应由董事本人出席；董事因故不能出席，可以书面委托其他董事代为出席，委托书中应载明授权范围。

董事会应当对会议所议事项的决定作成会议记录，出席会议的董事应当在会议记录上签名。

董事应当对董事会的决议承担责任。董事会的决议违反法律、行政法规或者公司章程、股东大会决议，致使公司遭受严重损失的，参与决议的董事对公司负赔偿责任。但经证明在表决时曾表明异议并记载于会议记录的，该董事可以免除责任。

第一百一十三条 股份有限公司设经理，由董事会决定聘任或者解聘。

本法第四十九条关于有限责任公司经理职权的规定，适用于股份有限公司经理。

第一百一十四条 公司董事会可以决定由董事会成员兼任经理。

第一百一十五条 公司不得直接或者通过子公司向董事、监事、高级管理人员提供借款。

第一百一十六条 公司应当定期向股东披露董事、监事、高级管理人员从公司获得报酬的情况。

第四节 监 事 会

第一百一十七条 股份有限公司设监事会，其成员不得少于三人。

监事会应当包括股东代表和适当比例的公司职工代表，其中职工代表的比例不得低于三分之一，具体比例由公司章程规定。监事会中的职工代表由公司职工通过职工代表大会、职工大会或者其他形式民主选举产生。

监事会设主席一人，可以设副主席。监事会主席和副主席由全体监事过半数选举产生。监事会主席召集和主持监事会会议；监事会主席不能履行职务或者不履行职务的，由监事会副主席召集和主持监事会会议；监事会副主席不能履行职务或者不履行职务的，由半数以上监事共同推举一名监事召集和主持监事会会议。

董事、高级管理人员不得兼任监事。

本法第五十二条关于有限责任公司监事任期的规定，适用于股份有限公司监事。

第一百一十八条 本法第五十三条、第五十四条关于有限责任公司监事会职权的规定，适用于股份有限公司监事会。

监事会行使职权所必需的费用，由公司承担。

第一百一十九条 监事会每六个月至少召开一次会议。监事可以提议召开临时监事会会议。

监事会的议事方式和表决程序，除本法有规定的外，由公司章程规定。

监事会决议应当经半数以上监事通过。

监事会应当对所议事项的决定作成会议记录，出席会议的监事应当在会议记录上签名。

第五节 上市公司组织机构的特别规定

第一百二十条 本法所称上市公司，是指其股票在证券交易所上市交易的股份有限公司。

第一百二十一条 上市公司在一年内购买、出售重大资产或者担保金额超过公司资产总额百分之三十的，应当由股东大会作出决议，并经出席会议的股东所持表决权的三分之二以上通过。

第一百二十二条 上市公司设独立董事，具体办法由国务院规定。

第一百二十三条 上市公司设董事会秘书，负责公司股东大会和董事会会议的筹备、文件保管以及公司股东资料的管理，办理信息披露事务等事宜。

第一百二十四条 上市公司董事与董事会会议决议事项所涉及的企业有关联关系的，不得对该项决议行使表决权，也不得代理其他董事行使表决权。该董事会会议由过半数的无关联关系董事出席即可举行，董事会会议所作决议须经无关联关系董事过半数通过。出席董事会的无关联关系董事人数不足三人的，应将该事项提交上市公司股东大会审议。

第五章 股份有限公司的股份发行和转让

第一节 股份发行

第一百二十五条 股份有限公司的资本划分为股份，每一股的金额相等。

公司的股份采取股票的形式。股票是公司签发的证明股东所持股份的凭证。

第一百二十六条 股份的发行，实行公平、公正的原则，同种类的每一股份应当具有同等权利。

同次发行的同种类股票，每股的发行条件和价格应当相同；任何单位或者个人所认购的股份，每股应当支付相同价额。

第一百二十七条 股票发行价格可以按票面金额，也可以超过票面金额，但不得低于票面金额。

第一百二十八条 股票采用纸面形式或者国务院证券监督管理机构规定的其他形式。

股票应当载明下列主要事项：

（一）公司名称；

（二）公司成立日期；

（三）股票种类、票面金额及代表的股份数；

（四）股票的编号。

股票由法定代表人签名，公司盖章。

发起人的股票，应当标明发起人股票字样。

第一百二十九条 公司发行的股票，可以为记名股票，也可以为无记名股票。

公司向发起人、法人发行的股票，应当为记名股票，并应当记载该发起人、法人的名称或者姓名,不得另立户名或者以代表人姓名记名。

第一百三十条 公司发行记名股票的,应当置备股东名册,记载下列事项:

(一)股东的姓名或者名称及住所;

(二)各股东所持股份数;

(三)各股东所持股票的编号;

(四)各股东取得股份的日期。

发行无记名股票的,公司应当记载其股票数量、编号及发行日期。

第一百三十一条 国务院可以对公司发行本法规定以外的其他种类的股份,另行作出规定。

第一百三十二条 股份有限公司成立后,即向股东正式交付股票。公司成立前不得向股东交付股票。

第一百三十三条 公司发行新股,股东大会应当对下列事项作出决议:

(一)新股种类及数额;

(二)新股发行价格;

(三)新股发行的起止日期;

(四)向原有股东发行新股的种类及数额。

第一百三十四条 公司经国务院证券监督管理机构核准公开发行新股时,必须公告新股招股说明书和财务会计报告,并制作认股书。

本法第八十七条、第八十八条的规定适用于公司公开发行新股。

第一百三十五条 公司发行新股,可以根据公司经营情况和财务状况,确定其作价方案。

第一百三十六条 公司发行新股募足股款后,必须向公司登记机关办理变更登记,并公告。

第二节 股份转让

第一百三十七条 股东持有的股份可以依法转让。

第一百三十八条 股东转让其股份,应当在依法设立的证券交易场所进行或者按照国务院规定的其他方式进行。

第一百三十九条 记名股票,由股东以背书方式或者法律、行政法规规定的其他方式转让;转让后由公司将受让人的姓名或者名称及住所记载于股东名册。

股东大会召开前二十日内或者公司决定分配股利的基准日前五日内,不得进行前款规定的股东名册的变更登记。但是,法律对上市公司股东名册变更登记另有规定的,从其规定。

第一百四十条 无记名股票的转让,由股东将该股票交付给受让人后即发生转让的效力。

第一百四十一条 发起人持有的本公司股份,自公司成立之日起一年内不得转让。公司公开发行股份前已发行的股份,自公司股票在证券交易所上市交易之日起一年内不得转让。

公司董事、监事、高级管理人员应当向公司申报所持有的本公司的股份及其变动情况,在任职期间每年转让的股份不得超过其所持有本公司股份总数的百分之二十五;所持本公司股份自公司股票上市交易之日起一年内不得转让。上述人员离职后半年内,不得转让其所持有的本公司股份。公司章程可以对公司董事、监事、高级管理人员转让其所持有的本公司股份作出其他限制性规定。

第一百四十二条 公司不得收购本公司股份。但是,有下列情形之一的除外:
(一)减少公司注册资本;
(二)与持有本公司股份的其他公司合并;
(三)将股份奖励给本公司职工;
(四)股东因对股东大会作出的公司合并、分立决议持异议,要求公司收购其股份的。

公司因前款第(一)项至第(三)项的原因收购本公司股份的,应当经股东大会决议。公司依照前款规定收购本公司股份后,属于第(一)项情形的,应当自收购之日起十日内注销;属于第(二)项、第(四)项情形的,应当在六个月内转让或者注销。

公司依照第一款第(三)项规定收购的本公司股份,不得超过本公司已发行股份总额的百分之五;用于收购的资金应当从公司的税后利润中支出;所收购的股份应当在一年内转让给职工。

公司不得接受本公司的股票作为质押权的标的。

第一百四十三条 记名股票被盗、遗失或者灭失,股东可以依照《中华人民共和国民事诉讼法》规定的公示催告程序,请求人民法院宣告该股票失效。人民法院宣告该股票失效后,股东可以向公司申请补发股票。

第一百四十四条 上市公司的股票,依照有关法律、行政法规及证券交易所交易规则上市交易。

第一百四十五条 上市公司必须依照法律、行政法规的规定,公开其财务状况、经营情况及重大诉讼,在每会计年度内半年公布一次财务会计报告。

第六章 公司董事、监事、高级管理人员的资格和义务

第一百四十六条 有下列情形之一的,不得担任公司的董事、监事、高级管理人员:
(一)无民事行为能力或者限制民事行为能力;
(二)因贪污、贿赂、侵占财产、挪用财产或者破坏社会主义市场经济秩序,被判处刑罚,执行期满未逾五年,或者因犯罪被剥夺政治权利,执行期满未逾五年;
(三)担任破产清算的公司、企业的董事或者厂长、经理,对该公司、企业的破产负有个人责任的,自该公司、企业破产清算完结之日起未逾三年;
(四)担任因违法被吊销营业执照、责令关闭的公司、企业的法定代表人,并负有个人责任的,自该公司、企业被吊销营业执照之日起未逾三年;
(五)个人所负数额较大的债务到期未清偿。

公司违反前款规定选举、委派董事、监事或者聘任高级管理人员的,该选举、委派或者聘任无效。

董事、监事、高级管理人员在任职期间出现本条第一款所列情形的,公司应当解除其职务。

第一百四十七条　董事、监事、高级管理人员应当遵守法律、行政法规和公司章程，对公司负有忠实义务和勤勉义务。

董事、监事、高级管理人员不得利用职权收受贿赂或者其他非法收入，不得侵占公司的财产。

第一百四十八条　董事、高级管理人员不得有下列行为：

（一）挪用公司资金；

（二）将公司资金以其个人名义或者以其他个人名义开立账户存储；

（三）违反公司章程的规定，未经股东会、股东大会或者董事会同意，将公司资金借贷给他人或者以公司财产为他人提供担保；

（四）违反公司章程的规定或者未经股东会、股东大会同意，与本公司订立合同或者进行交易；

（五）未经股东会或者股东大会同意，利用职务便利为自己或者他人谋取属于公司的商业机会，自营或者为他人经营与所任职公司同类的业务；

（六）接受他人与公司交易的佣金归为己有；

（七）擅自披露公司秘密；

（八）违反对公司忠实义务的其他行为。

董事、高级管理人员违反前款规定所得的收入应当归公司所有。

第一百四十九条　董事、监事、高级管理人员执行公司职务时违反法律、行政法规或者公司章程的规定，给公司造成损失的，应当承担赔偿责任。

第一百五十条　股东会或者股东大会要求董事、监事、高级管理人员列席会议的，董事、监事、高级管理人员应当列席并接受股东的质询。

董事、高级管理人员应当如实向监事会或者不设监事会的有限责任公司的监事提供有关情况和资料，不得妨碍监事会或者监事行使职权。

第一百五十一条　董事、高级管理人员有本法第一百四十九条规定的情形的，有限责任公司的股东、股份有限公司连续一百八十日以上单独或者合计持有公司百分之一以上股份的股东，可以书面请求监事会或者不设监事会的有限责任公司的监事向人民法院提起诉讼；监事有本法第一百四十九条规定的情形的，前述股东可以书面请求董事会或者不设董事会的有限责任公司的执行董事向人民法院提起诉讼。

监事会、不设监事会的有限责任公司的监事，或者董事会、执行董事收到前款规定的股东书面请求后拒绝提起诉讼，或者自收到请求之日起三十日内未提起诉讼，或者情况紧急、不立即提起诉讼将会使公司利益受到难以弥补的损害的，前款规定的股东有权为了公司的利益以自己的名义直接向人民法院提起诉讼。

他人侵犯公司合法权益，给公司造成损失的，本条第一款规定的股东可以依照前两款的规定向人民法院提起诉讼。

第一百五十二条　董事、高级管理人员违反法律、行政法规或者公司章程的规定，损害股东利益的，股东可以向人民法院提起诉讼。

第七章 公司债券

第一百五十三条 本法所称公司债券，是指公司依照法定程序发行、约定在一定期限还本付息的有价证券。

公司发行公司债券应当符合《中华人民共和国证券法》规定的发行条件。

第一百五十四条 发行公司债券的申请经国务院授权的部门核准后，应当公告公司债券募集办法。

公司债券募集办法中应当载明下列主要事项：

（一）公司名称；

（二）债券募集资金的用途；

（三）债券总额和债券的票面金额；

（四）债券利率的确定方式；

（五）还本付息的期限和方式；

（六）债券担保情况；

（七）债券的发行价格、发行的起止日期；

（八）公司净资产额；

（九）已发行的尚未到期的公司债券总额；

（十）公司债券的承销机构。

第一百五十五条 公司以实物券方式发行公司债券的，必须在债券上载明公司名称、债券票面金额、利率、偿还期限等事项，并由法定代表人签名，公司盖章。

第一百五十六条 公司债券，可以为记名债券，也可以为无记名债券。

第一百五十七条 公司发行公司债券应当置备公司债券存根簿。

发行记名公司债券的，应当在公司债券存根簿上载明下列事项：

（一）债券持有人的姓名或者名称及住所；

（二）债券持有人取得债券的日期及债券的编号；

（三）债券总额，债券的票面金额、利率、还本付息的期限和方式；

（四）债券的发行日期。

发行无记名公司债券的，应当在公司债券存根簿上载明债券总额、利率、偿还期限和方式、发行日期及债券的编号。

第一百五十八条 记名公司债券的登记结算机构应当建立债券登记、存管、付息、兑付等相关制度。

第一百五十九条 公司债券可以转让，转让价格由转让人与受让人约定。

公司债券在证券交易所上市交易的，按照证券交易所的交易规则转让。

第一百六十条 记名公司债券，由债券持有人以背书方式或者法律、行政法规规定的其他方式转让；转让后由公司将受让人的姓名或者名称及住所记载于公司债券存根簿。

无记名公司债券的转让，由债券持有人将该债券交付给受让人后即发生转让的效力。

第一百六十一条 上市公司经股东大会决议可以发行可转换为股票的公司债券，并在公司债券募集办法中规定具体的转换办法。上市公司发行可转换为股票的公司债券，应当报国务院证券监督管理机构核准。

发行可转换为股票的公司债券，应当在债券上标明可转换公司债券字样，并在公司债券存根簿上载明可转换公司债券的数额。

第一百六十二条 发行可转换为股票的公司债券的，公司应当按照其转换办法向债券持有人换发股票，但债券持有人对转换股票或者不转换股票有选择权。

第八章 公司财务、会计

第一百六十三条 公司应当依照法律、行政法规和国务院财政部门的规定建立本公司的财务、会计制度。

第一百六十四条 公司应当在每一会计年度终了时编制财务会计报告，并依法经会计师事务所审计。

财务会计报告应当依照法律、行政法规和国务院财政部门的规定制作。

第一百六十五条 有限责任公司应当依照公司章程规定的期限将财务会计报告送交各股东。

股份有限公司的财务会计报告应当在召开股东大会年会的二十日前置备于本公司，供股东查阅；公开发行股票的股份有限公司必须公告其财务会计报告。

第一百六十六条 公司分配当年税后利润时，应当提取利润的百分之十列入公司法定公积金。公司法定公积金累计额为公司注册资本的百分之五十以上的，可以不再提取。

公司的法定公积金不足以弥补以前年度亏损的，在依照前款规定提取法定公积金之前，应当先用当年利润弥补亏损。

公司从税后利润中提取法定公积金后，经股东会或者股东大会决议，还可以从税后利润中提取任意公积金。

公司弥补亏损和提取公积金后所余税后利润，有限责任公司依照本法第三十四条的规定分配；股份有限公司按照股东持有的股份比例分配，但股份有限公司章程规定不按持股比例分配的除外。

股东会、股东大会或者董事会违反前款规定，在公司弥补亏损和提取法定公积金之前向股东分配利润的，股东必须将违反规定分配的利润退还公司。

公司持有的本公司股份不得分配利润。

第一百六十七条 股份有限公司以超过股票票面金额的发行价格发行股份所得的溢价款以及国务院财政部门规定列入资本公积金的其他收入，应当列为公司资本公积金。

第一百六十八条 公司的公积金用于弥补公司的亏损、扩大公司生产经营或者转为增加公司资本。但是，资本公积金不得用于弥补公司的亏损。

法定公积金转为资本时，所留存的该项公积金不得少于转增前公司注册资本的百分之二十五。

第一百六十九条 公司聘用、解聘承办公司审计业务的会计师事务所，依照公司章程的规定，由股东会、股东大会或者董事会决定。

公司股东会、股东大会或者董事会就解聘会计师事务所进行表决时，应当允许会计师事

第一百七十条 公司应当向聘用的会计师事务所提供真实、完整的会计凭证、会计账簿、财务会计报告及其他会计资料，不得拒绝、隐匿、谎报。

第一百七十一条 公司除法定的会计账簿外，不得另立会计账簿。

对公司资产，不得以任何个人名义开立账户存储。

第九章 公司合并、分立、增资、减资

第一百七十二条 公司合并可以采取吸收合并或者新设合并。

一个公司吸收其他公司为吸收合并，被吸收的公司解散。两个以上公司合并设立一个新的公司为新设合并，合并各方解散。

第一百七十三条 公司合并，应当由合并各方签订合并协议，并编制资产负债表及财产清单。公司应当自作出合并决议之日起十日内通知债权人，并于三十日内在报纸上公告。债权人自接到通知书之日起三十日内，未接到通知书的自公告之日起四十五日内，可以要求公司清偿债务或者提供相应的担保。

第一百七十四条 公司合并时，合并各方的债权、债务，应当由合并后存续的公司或者新设的公司承继。

第一百七十五条 公司分立，其财产作相应的分割。

公司分立，应当编制资产负债表及财产清单。公司应当自作出分立决议之日起十日内通知债权人，并于三十日内在报纸上公告。

第一百七十六条 公司分立前的债务由分立后的公司承担连带责任。但是，公司在分立前与债权人就债务清偿达成的书面协议另有约定的除外。

第一百七十七条 公司需要减少注册资本时，必须编制资产负债表及财产清单。

公司应当自作出减少注册资本决议之日起十日内通知债权人，并于三十日内在报纸上公告。债权人自接到通知书之日起三十日内，未接到通知书的自公告之日起四十五日内，有权要求公司清偿债务或者提供相应的担保。

第一百七十八条 有限责任公司增加注册资本时，股东认缴新增资本的出资，依照本法设立有限责任公司缴纳出资的有关规定执行。

股份有限公司为增加注册资本发行新股时，股东认购新股，依照本法设立股份有限公司缴纳股款的有关规定执行。

第一百七十九条 公司合并或者分立，登记事项发生变更的，应当依法向公司登记机关办理变更登记；公司解散的，应当依法办理公司注销登记；设立新公司的，应当依法办理公司设立登记。

公司增加或者减少注册资本，应当依法向公司登记机关办理变更登记。

第十章 公司解散和清算

第一百八十条 公司因下列原因解散：

（一）公司章程规定的营业期限届满或者公司章程规定的其他解散事由出现；

（二）股东会或者股东大会决议解散；

（三）因公司合并或者分立需要解散；

（四）依法被吊销营业执照、责令关闭或者被撤销；

（五）人民法院依照本法第一百八十二条的规定予以解散。

第一百八十一条 公司有本法第一百八十条第（一）项情形的，可以通过修改公司章程而存续。

依照前款规定修改公司章程，有限责任公司须经持有三分之二以上表决权的股东通过，股份有限公司须经出席股东大会会议的股东所持表决权的三分之二以上通过。

第一百八十二条 公司经营管理发生严重困难，继续存续会使股东利益受到重大损失，通过其他途径不能解决的，持有公司全部股东表决权百分之十以上的股东，可以请求人民法院解散公司。

第一百八十三条 公司因本法第一百八十条第（一）项、第（二）项、第（四）项、第（五）项规定而解散的，应当在解散事由出现之日起十五日内成立清算组，开始清算。有限责任公司的清算组由股东组成，股份有限公司的清算组由董事或者股东大会确定的人员组成。逾期不成立清算组进行清算的，债权人可以申请人民法院指定有关人员组成清算组进行清算。人民法院应当受理该申请，并及时组织清算组进行清算。

第一百八十四条 清算组在清算期间行使下列职权：

（一）清理公司财产，分别编制资产负债表和财产清单；

（二）通知、公告债权人；

（三）处理与清算有关的公司未了结的业务；

（四）清缴所欠税款以及清算过程中产生的税款；

（五）清理债权、债务；

（六）处理公司清偿债务后的剩余财产；

（七）代表公司参与民事诉讼活动。

第一百八十五条 清算组应当自成立之日起十日内通知债权人，并于六十日内在报纸上公告。债权人应当自接到通知书之日起三十日内，未接到通知书的自公告之日起四十五日内，向清算组申报其债权。

债权人申报债权，应当说明债权的有关事项，并提供证明材料。清算组应当对债权进行登记。

在申报债权期间，清算组不得对债权人进行清偿。

第一百八十六条 清算组在清理公司财产、编制资产负债表和财产清单后，应当制定清算方案，并报股东会、股东大会或者人民法院确认。

公司财产在分别支付清算费用、职工的工资、社会保险费用和法定补偿金，缴纳所欠税款，清偿公司债务后的剩余财产，有限责任公司按照股东的出资比例分配，股份有限公司按照股东持有的股份比例分配。

清算期间，公司存续，但不得开展与清算无关的经营活动。公司财产在未依照前款规定清偿前，不得分配给股东。

一、综合　033

第一百八十七条　清算组在清理公司财产、编制资产负债表和财产清单后,发现公司财产不足清偿债务的,应当依法向人民法院申请宣告破产。

公司经人民法院裁定宣告破产后,清算组应当将清算事务移交给人民法院。

第一百八十八条　公司清算结束后,清算组应当制作清算报告,报股东会、股东大会或者人民法院确认,并报送公司登记机关,申请注销公司登记,公告公司终止。

第一百八十九条　清算组成员应当忠于职守,依法履行清算义务。

清算组成员不得利用职权收受贿赂或者其他非法收入,不得侵占公司财产。

清算组成员因故意或者重大过失给公司或者债权人造成损失的,应当承担赔偿责任。

第一百九十条　公司被依法宣告破产的,依照有关企业破产的法律实施破产清算。

第十一章　外国公司的分支机构

第一百九十一条　本法所称外国公司是指依照外国法律在中国境外设立的公司。

第一百九十二条　外国公司在中国境内设立分支机构,必须向中国主管机关提出申请,并提交其公司章程、所属国的公司登记证书等有关文件,经批准后,向公司登记机关依法办理登记,领取营业执照。

外国公司分支机构的审批办法由国务院另行规定。

第一百九十三条　外国公司在中国境内设立分支机构,必须在中国境内指定负责该分支机构的代表人或者代理人,并向该分支机构拨付与其所从事的经营活动相适应的资金。

对外国公司分支机构的经营资金需要规定最低限额的,由国务院另行规定。

第一百九十四条　外国公司的分支机构应当在其名称中标明该外国公司的国籍及责任形式。

外国公司的分支机构应当在本机构中置备该外国公司章程。

第一百九十五条　外国公司在中国境内设立的分支机构不具有中国法人资格。

外国公司对其分支机构在中国境内进行经营活动承担民事责任。

第一百九十六条　经批准设立的外国公司分支机构,在中国境内从事业务活动,必须遵守中国的法律,不得损害中国的社会公共利益,其合法权益受中国法律保护。

第一百九十七条　外国公司撤销其在中国境内的分支机构时,必须依法清偿债务,依照本法有关公司清算程序的规定进行清算。未清偿债务之前,不得将其分支机构的财产移至中国境外。

第十二章　法律责任

第一百九十八条　违反本法规定,虚报注册资本、提交虚假材料或者采取其他欺诈手段隐瞒重要事实取得公司登记的,由公司登记机关责令改正,对虚报注册资本的公司,处以虚报注册资本金额百分之五以上百分之十五以下的罚款;对提交虚假材料或者采取其他欺诈手段隐瞒重要事实的公司,处以五万元以上五十万元以下的罚款;情节严重的,撤销公司登记或者吊销营业执照。

第一百九十九条 公司的发起人、股东虚假出资,未交付或者未按期交付作为出资的货币或者非货币财产的,由公司登记机关责令改正,处以虚假出资金额百分之五以上百分之十五以下的罚款。

第二百条 公司的发起人、股东在公司成立后,抽逃其出资的,由公司登记机关责令改正,处以所抽逃出资金额百分之五以上百分之十五以下的罚款。

第二百零一条 公司违反本法规定,在法定的会计账簿以外另立会计账簿的,由县级以上人民政府财政部门责令改正,处以五万元以上五十万元以下的罚款。

第二百零二条 公司在依法向有关主管部门提供的财务会计报告等材料上作虚假记载或者隐瞒重要事实的,由有关主管部门对直接负责的主管人员和其他直接责任人员处以三万元以上三十万元以下的罚款。

第二百零三条 公司不依照本法规定提取法定公积金的,由县级以上人民政府财政部门责令如数补足应当提取的金额,可以对公司处以二十万元以下的罚款。

第二百零四条 公司在合并、分立、减少注册资本或者进行清算时,不依照本法规定通知或者公告债权人的,由公司登记机关责令改正,对公司处以一万元以上十万元以下的罚款。

公司在进行清算时,隐匿财产,对资产负债表或者财产清单作虚假记载或者在未清偿债务前分配公司财产的,由公司登记机关责令改正,对公司处以隐匿财产或者未清偿债务前分配公司财产金额百分之五以上百分之十以下的罚款;对直接负责的主管人员和其他直接责任人员处以一万元以上十万元以下的罚款。

第二百零五条 公司在清算期间开展与清算无关的经营活动的,由公司登记机关予以警告,没收违法所得。

第二百零六条 清算组不依照本法规定向公司登记机关报送清算报告,或者报送清算报告隐瞒重要事实或者有重大遗漏的,由公司登记机关责令改正。

清算组成员利用职权徇私舞弊、谋取非法收入或者侵占公司财产的,由公司登记机关责令退还公司财产,没收违法所得,并可以处以违法所得一倍以上五倍以下的罚款。

第二百零七条 承担资产评估、验资或者验证的机构提供虚假材料的,由公司登记机关没收违法所得,处以违法所得一倍以上五倍以下的罚款,并可以由有关主管部门依法责令该机构停业、吊销直接责任人员的资格证书,吊销营业执照。

承担资产评估、验资或者验证的机构因过失提供有重大遗漏的报告的,由公司登记机关责令改正,情节较重的,处以所得收入一倍以上五倍以下的罚款,并可以由有关主管部门依法责令该机构停业、吊销直接责任人员的资格证书,吊销营业执照。

承担资产评估、验资或者验证的机构因其出具的评估结果、验资或者验证证明不实,给公司债权人造成损失的,除能够证明自己没有过错的外,在其评估或者证明不实的金额范围内承担赔偿责任。

第二百零八条 公司登记机关对不符合本法规定条件的登记申请予以登记,或者对符合本法规定条件的登记申请不予登记的,对直接负责的主管人员和其他直接责任人员,依法给予行政处分。

第二百零九条 公司登记机关的上级部门强令公司登记机关对不符合本法规定条件的登

记申请予以登记，或者对符合本法规定条件的登记申请不予登记的，或者对违法登记进行包庇的，对直接负责的主管人员和其他直接责任人员依法给予行政处分。

第二百一十条 未依法登记为有限责任公司或者股份有限公司，而冒用有限责任公司或者股份有限公司名义的，或者未依法登记为有限责任公司或者股份有限公司的分公司，而冒用有限责任公司或者股份有限公司的分公司名义的，由公司登记机关责令改正或者予以取缔，可以并处十万元以下的罚款。

第二百一十一条 公司成立后无正当理由超过六个月未开业的，或者开业后自行停业连续六个月以上的，可以由公司登记机关吊销营业执照。

公司登记事项发生变更时，未依照本法规定办理有关变更登记的，由公司登记机关责令限期登记；逾期不登记的，处以一万元以上十万元以下的罚款。

第二百一十二条 外国公司违反本法规定，擅自在中国境内设立分支机构的，由公司登记机关责令改正或者关闭，可以并处五万元以上二十万元以下的罚款。

第二百一十三条 利用公司名义从事危害国家安全、社会公共利益的严重违法行为的，吊销营业执照。

第二百一十四条 公司违反本法规定，应当承担民事赔偿责任和缴纳罚款、罚金的，其财产不足以支付时，先承担民事赔偿责任。

第二百一十五条 违反本法规定，构成犯罪的，依法追究刑事责任。

第十三章 附 则

第二百一十六条 本法下列用语的含义：

（一）高级管理人员，是指公司的经理、副经理、财务负责人，上市公司董事会秘书和公司章程规定的其他人员。

（二）控股股东，是指其出资额占有限责任公司资本总额百分之五十以上或者其持有的股份占股份有限公司股本总额百分之五十以上的股东；出资额或者持有股份的比例虽然不足百分之五十，但依其出资额或者持有的股份所享有的表决权已足以对股东会、股东大会的决议产生重大影响的股东。

（三）实际控制人，是指虽不是公司的股东，但通过投资关系、协议或者其他安排，能够实际支配公司行为的人。

（四）关联关系，是指公司控股股东、实际控制人、董事、监事、高级管理人员与其直接或者间接控制的企业之间的关系，以及可能导致公司利益转移的其他关系。但是，国家控股的企业之间不仅因为同受国家控股而具有关联关系。

第二百一十七条 外商投资的有限责任公司和股份有限公司适用本法；有关外商投资的法律另有规定的，适用其规定。

第二百一十八条 本法自 2006 年 1 月 1 日起施行。

国务院关于在中国（上海）自由贸易试验区内暂时调整有关行政法规和国务院文件规定的行政审批或者准入特别管理措施的决定

国发〔2013〕51号

各省、自治区、直辖市人民政府，国务院各部委、各直属机构：

为加快政府职能转变，创新对外开放模式，进一步探索深化改革开放的经验，根据《全国人民代表大会常务委员会关于授权国务院在中国（上海）自由贸易试验区暂时调整有关法律规定的行政审批的决定》和《中国（上海）自由贸易试验区总体方案》的规定，国务院决定在中国（上海）自由贸易试验区内暂时调整下列行政法规和国务院文件规定的行政审批或者准入特别管理措施：

一、改革外商投资管理模式，对国家规定实施准入特别管理措施之外的外商投资，暂时调整《中华人民共和国外资企业法实施细则》、《中华人民共和国中外合资经营企业法实施条例》、《中华人民共和国中外合作经营企业法实施细则》、《指导外商投资方向规定》、《外国企业或者个人在中国境内设立合伙企业管理办法》、《中外合资经营企业合营期限暂行规定》、《中外合资经营企业合营各方出资的若干规定》、《〈中外合资经营企业合营各方出资的若干规定〉的补充规定》、《国务院关于投资体制改革的决定》、《国务院关于进一步做好利用外资工作的若干意见》规定的有关行政审批。

二、扩大服务业开放，暂时调整《中华人民共和国船舶登记条例》、《中华人民共和国国际海运条例》、《征信业管理条例》、《营业性演出管理条例》、《娱乐场所管理条例》、《中华人民共和国中外合作办学条例》、《外商投资电信企业管理规定》、《国务院办公厅转发文化部等部门关于开展电子游戏经营场所专项治理意见的通知》规定的有关行政审批以及有关资质要求、股比限制、经营范围限制等准入特别管理措施。

国务院有关部门、上海市人民政府要根据法律、行政法规和国务院文件调整情况，及时对本部门、本市制定的规章和规范性文件作相应调整，建立与试点要求相适应的管理制度。

根据《全国人民代表大会常务委员会关于授权国务院在中国（上海）自由贸易试验区暂时调整有关法律规定的行政审批的决定》和试验区改革开放措施的试验情况，本决定内容适时进行调整。

附件：国务院决定在中国（上海）自由贸易试验区内暂时调整有关行政法规和国务院文件规定的行政审批或者准入特别管理措施目录

国务院
2013年12月21日

附件：

国务院决定在中国（上海）自由贸易试验区内暂时调整有关行政法规和国务院文件规定的行政审批或者准入特别管理措施目录

序号	名称	行政法规、国务院文件规定	内容
1	外商投资项目核准（国务院规定对国内投资项目保留核准的除外）	1.《指导外商投资方向规定》 第十二条第一款的有关规定：根据现行审批权限，外商投资项目按照项目性质分别由发展计划部门和经贸部门审批、备案。 2.《外国企业或者个人在中国境内设立合伙企业管理办法》 第十三条：外国企业或者个人在中国境内设立合伙企业涉及须经政府核准的投资项目的，依照国家有关规定办理投资项目核准手续。 3.《国务院关于投资体制改革的决定》（国发〔2004〕20号） 第二部分第二项的有关规定：对于外商投资项目，政府还要从市场准入、资本项目管理等方面进行核准。 4.《国务院关于进一步做好利用外资工作的若干意见》（国发〔2010〕9号） 第四部分第十六项的有关规定：《外商投资产业指导目录》中总投资（包括增资）3亿美元以下的鼓励类、允许类项目，除《政府核准的投资项目目录》规定需由国务院有关部门核准之外，由地方政府有关部门核准。	在负面清单之外的领域，暂时停止实施该项行政审批，改为备案管理
2	外资企业设立审批	1.《中华人民共和国外资企业法实施细则》 第七条：设立外资企业的申请，由中华人民共和国对外贸易经济合作部（以下简称对外贸易经济合作部）审查批准后，发给批准证书。 设立外资企业的申请属于下列情形的，国务院授权省、自治区、直辖市和计划单列市、经济特区人民政府审查批准后，发给批准证书： （一）投资总额在国务院规定的投资审批权限以内的； （二）不需要国家调拨原材料，不影响能源、交通运输、外贸出口配额等全国综合平衡的。 省、自治区、直辖市和计划单列市、经济特区人民政府在国务院授权范围内批准设立外资企业，应当在批准后15天内报对外贸易经济合作部备案（对外贸易经济合作部和省、自治区、直辖市和计划单列市、经济特区人民政府，以下统称审批机关）。	在负面清单之外的领域，暂时停止实施该项行政审批，改为备案管理

（续表）

序号	名称	行政法规、国务院文件规定	内容
		第十六条：外资企业的章程经审批机关批准后生效，修改时同。 2.《指导外商投资方向规定》 第十二条第一款的有关规定：外商投资企业的合同、章程由外经贸部门审批、备案。其中，限制类限额以下的外商投资项目由省、自治区、直辖市及计划单列市人民政府的相应主管部门审批，同时报上级主管部门和行业主管部门备案，此类项目的审批权不得下放。属于服务贸易领域逐步开放的外商投资项目，按照国家有关规定审批。 3.《国务院关于进一步做好利用外资工作的若干意见》（国发〔2010〕9号） 第四部分第十六项的有关规定：服务业领域外商投资企业的设立（金融、电信服务除外）由地方政府按照有关规定进行审批。 4.《政府核准的投资项目目录（2013年本）》 第十二条第三款：外商投资企业的设立及变更事项，按现行有关规定由商务部和地方政府核准。	
3	外资企业分立、合并或者其他原因导致资本发生重大变动审批	《中华人民共和国外资企业法实施细则》 第十七条：外资企业的分立、合并或者由于其他原因导致资本发生重大变动，须经审批机关批准，并应当聘请中国的注册会计师验证和出具验资报告；经审批机关批准后，向工商行政管理机关办理变更登记手续。	在负面清单之外的领域，暂时停止实施该项行政审批，改为备案管理
4	外资企业注册资本减少、增加、转让审批	《中华人民共和国外资企业法实施细则》 第二十一条：外资企业在经营期内不得减少其注册资本。但是，因投资总额和生产经营规模等发生变化，确需减少的，须经审批机关批准。 第二十二条：外资企业注册资本的增加、转让，须经审批机关批准，并向工商行政管理机关办理变更登记手续。	在负面清单之外的领域，暂时停止实施该项行政审批，改为备案管理
5	外资企业财产或者权益对外抵押、转让审批	《中华人民共和国外资企业法实施细则》 第二十三条：外资企业将其财产或者权益对外抵押、转让，须经审批机关批准并向工商行政管理机关备案。	在负面清单之外的领域，暂时停止实施该项行政审批，改为备案管理
6	外国投资者出资审批	《中华人民共和国外资企业法实施细则》 第二十五条第二款：经审批机关批准，外国投资者也可以用其从中国境内举办的其他外商投资企业获得的人民币利润出资。	在负面清单之外的领域，暂时停止实施该项行政审批，改为备案管理

一、综合　039

（续表）

序号	名称	行政法规、国务院文件规定	内容
7	外国投资者延期出资审批	《中华人民共和国外资企业法实施细则》 第三十一条第二款：外国投资者有正当理由要求延期出资的，应当经审批机关同意，并报工商行政管理机关备案。	在负面清单之外的领域，暂时停止实施该项行政审批，改为备案管理
8	外资企业经营期限审批	《中华人民共和国外资企业法实施细则》 第四十条：外资企业的土地使用年限，与经批准的该外资企业的经营期限相同。 第七十条：外资企业的经营期限，根据不同行业和企业的具体情况，由外国投资者在设立外资企业的申请书中拟订，经审批机关批准。 第七十一条第二款：外资企业经营期满需要延长经营期限的，应当在距经营期满180天前向审批机关报送延长经营期限的申请书。审批机关应当在收到申请书之日起30天内决定批准或者不批准。	在负面清单之外的领域，暂时停止实施该项行政审批，改为备案管理
9	外资企业终止核准	《中华人民共和国外资企业法实施细则》 第七十二条第二款：外资企业如存在前款第（二）、（三）、（四）项所列情形，应当自行提交终止申请书，报审批机关核准。审批机关作出核准的日期为企业的终止日期。 第七十三条：外资企业依照本实施细则第七十二条第（一）、（二）、（三）、（六）项的规定终止的，应当在终止之日起15天内对外公告并通知债权人，并在终止公告发出之日起15天内，提出清算程序、原则和清算委员会人选，报审批机关审核后进行清算。	在负面清单之外的领域，暂时停止实施该项行政审批，改为备案管理
10	中外合资经营企业设立审批	《中华人民共和国中外合资经营企业法实施条例》 第六条第一款、第二款、第三款： 在中国境内设立合营企业，必须经中华人民共和国对外贸易经济合作部（以下简称对外贸易经济合作部）审查批准。批准后，由对外贸易经济合作部发给批准证书。 凡具备下列条件的，国务院授权省、自治区、直辖市人民政府或者国务院有关部门审批： （一）投资总额在国务院规定的投资审批权限以内，中国合营者的资金来源已经落实的； （二）不需要国家增拨原材料，不影响燃料、动力、交通运输、外贸出口配额等方面的全国平衡的。 依照前款批准设立的合营企业，应当报对外贸易经济合作部备案。 第十四条：合营企业协议、合同和章程经审批机构批准后生效，其修改时同。	在负面清单之外的领域，暂时停止实施该项行政审批，改为备案管理
11	中外合资经营企业转让股权审批	《中华人民共和国中外合资经营企业法实施条例》 第二十条第一款：合营一方向第三者转让其全部或者部分股权的，须经合营他方同意，并报审批机构批准，向登记管理机构办理变更登记手续。	在负面清单之外的领域，暂时停止实施该项行政审批，改为备案管理

（续表）

序号	名称	行政法规、国务院文件规定	内容
12	中外合资经营企业增加、减少注册资本审批	《中华人民共和国中外合资经营企业法实施条例》 第十九条：合营企业在合营期内不得减少其注册资本。因投资总额和生产经营规模等发生变化，确需减少的，须经审批机构批准。 第二十一条：合营企业注册资本的增加、减少，应当由董事会会议通过，并报审批机构批准，向登记管理机构办理变更登记手续。	在负面清单之外的领域，暂时停止实施该项行政审批，改为备案管理
13	中外合资经营企业出资方式审批	《中华人民共和国中外合资经营企业法实施条例》 第二十七条：外国合营者作为出资的机器设备或者其他物料、工业产权或者专有技术，应当报审批机构批准。	在负面清单之外的领域，暂时停止实施该项行政审批，改为备案管理
14	中外合资经营企业经营期限审批	《中外合资经营企业合营期限暂行规定》 第四条：合营各方在合营合同中不约定合营期限的合营企业，按照国家规定的审批权限和程序审批。除对外经济贸易部直接审批的外，其他审批机关应当在批准后30天内报对外经济贸易部备案。 第六条第一款：在本规定施行之前已经批准设立的合营企业，按照批准的合营合同约定的期限执行，但属本规定第三条规定以外的合营企业，合营各方一致同意将合营合同中合营期限条款修改为不约定合营期限的，合营各方应当申报理由，签订修改合营合同的协议，并提出申请，报原审批机关审查。	在负面清单之外的领域，暂时停止实施该项行政审批，改为备案管理
15	中外合资经营企业解散审批	1.《中华人民共和国中外合资经营企业法实施条例》 第九十条第二款：前款第（二）、（四）、（五）、（六）项情况发生的，由董事会提出解散申请书，报审批机构批准；第（三）项情况发生的，由履行合同的一方提出申请，报审批机构批准。 2.《中外合资经营企业合营各方出资的若干规定》 第七条第一款：合营一方未按照合营合同的规定如期缴付或者缴清其出资的，即构成违约。守约方应当催告违约方在一个月内缴付或者缴清出资。逾期仍未缴付或者缴清的，视同违约方放弃在合营合同中的一切权利，自动退出合营企业。守约方应当在逾期后一个月内，向原审批机关申请批准解散合营企业或者申请批准另找合营者承担违约方在合营合同中的权利和义务。守约方可以依法要求违约方赔偿因未缴付或者缴清出资造成的经济损失。	在负面清单之外的领域，暂时停止实施该项行政审批，改为备案管理
16	中外合资经营、中外合作经营、外商独资经营企业出资审批	《〈中外合资经营企业合营各方出资的若干规定〉的补充规定》的全部条文	在负面清单之外的领域，暂时停止实施该项行政审批，改为备案管理

一、综合　041

（续表）

序号	名称	行政法规、国务院文件规定	内容
17	中外合作经营企业设立审批	《中华人民共和国中外合作经营企业法实施细则》 第六条：设立合作企业由对外贸易经济合作部或者国务院授权的部门和地方人民政府审查批准。 　　设立合作企业属于下列情形的，由国务院授权的部门或者地方人民政府审查批准： 　　（一）投资总额在国务院规定由国务院授权的部门或者地方人民政府审批的投资限额以内的； 　　（二）自筹资金，并且不需要国家平衡建设、生产条件的； 　　（三）产品出口不需要领取国家有关主管部门发放的出口配额、许可证，或者虽需要领取，但在报送项目建议书前已征得国家有关主管部门同意的； 　　（四）有法律、行政法规规定由国务院授权的部门或者地方人民政府审查批准的其他情形的。	在负面清单之外的领域，暂时停止实施该项行政审批，改为备案管理
18	中外合作经营企业协议、合同、章程重大变更审批	《中华人民共和国中外合作经营企业法实施细则》 第十一条：合作企业协议、合同、章程自审查批准机关颁发批准证书之日起生效。在合作期限内，合作企业协议、合同、章程有重大变更的，须经审查批准机关批准。	在负面清单之外的领域，暂时停止实施该项行政审批，改为备案管理
19	中外合作经营企业注册资本减少审批	《中华人民共和国中外合作经营企业法实施细则》 第十六条第二款：合作企业注册资本在合作期限内不得减少。但是，因投资总额和生产经营规模等变化，确需减少的，须经审查批准机关批准。	在负面清单之外的领域，暂时停止实施该项行政审批，改为备案管理
20	中外合作经营企业转让合作企业合同权利审批	《中华人民共和国中外合作经营企业法实施细则》 第二十三条第一款：合作各方之间相互转让或者合作一方向合作他方以外的他人转让属于其在合作企业合同中全部或者部分权利的，须经合作他方书面同意，并报审查批准机关批准。	在负面清单之外的领域，暂时停止实施该项行政审批，改为备案管理
21	中外合作经营企业委托经营管理合同审批	《中华人民共和国中外合作经营企业法实施细则》 第三十五条第二款：合作企业应当将董事会或者联合管理委员会的决议、签订的委托经营管理合同，连同被委托人的资信证明等文件，一并报送审查批准机关批准。审查批准机关应当自收到有关文件之日起30天内决定批准或者不批准。	在负面清单之外的领域，暂时停止实施该项行政审批，改为备案管理
22	外国合作者先行回收投资报审查批准机关审批	《中华人民共和国中外合作经营企业法实施细则》 第四十五条第一款：外国合作者依照本实施细则第四十四条第二项和第三项的规定提出先行回收投资的申请，应当具体说明先行回收投资的总额、期限和方式，经财政税务机关审查同意后，报审查批准机关审批。	在负面清单之外的领域，暂时停止实施该项行政审批，改为备案管理

（续表）

序号	名称	行政法规、国务院文件规定	内容
23	中外合作经营企业延长合作期限审批	《中华人民共和国中外合作经营企业法实施细则》 第四十七条第二款：合作企业期限届满，合作各方协商同意要求延长合作期限的，应当在期限届满的180天前向审查批准机关提出申请，说明原合作企业合同执行情况，延长合作期限的原因，同时报送合作各方就延长的期限内各方的权利、义务等事项所达成的协议。审查批准机关应当自接到申请之日起30天内，决定批准或者不批准。 第四十七条第四款：合作企业合同约定外国合作者先行回收投资，并且投资已经回收完毕，合作企业期限届满不再延长；但是，外国合作者增加投资的，经合作各方协商同意，可以依照本条第二款的规定向审查批准机关申请延长合作期限。	在负面清单之外的领域，暂时停止实施该项行政审批，改为备案管理
24	中外合作经营企业解散审批	1.《中华人民共和国中外合作经营企业法实施细则》 第四十八条第二款：前款第二项、第四项所列情形发生，应当由合作企业的董事会或者联合管理委员会做出决定，报审查批准机关批准。在前款第三项所列情形下，不履行合作企业合同、章程规定的义务的中外合作者一方或者数方，应当对履行合同的他方因此遭受的损失承担赔偿责任；履行合同的一方或者数方有权向审查批准机关提出申请，解散合作企业。 2.《中外合资经营企业合营各方出资的若干规定》 第七条第一款：合营一方未按照合营合同的规定如期缴付或者缴清其出资的，即构成违约。守约方应当催告违约方在一个月内缴付或者缴清出资。逾期仍未缴付或者缴清的，视同违约方放弃在合营合同中的一切权利，自动退出合营企业。守约方应当在逾期后一个月内，向原审批机关申请批准解散合营企业或者申请批准另找合营者承担违约方在合营合同中的权利和义务。守约方可以依法要求违约方赔偿因未缴付或者缴清出资造成的经济损失。 第十条：中外合作经营企业合作各方的出资参照本规定执行。	在负面清单之外的领域，暂时停止实施该项行政审批，改为备案管理
25	放宽中外合资、中外合作国际船舶运输企业的外资股比限制	1.《中华人民共和国船舶登记条例》 第二条第一款第二项：依据中华人民共和国法律设立的主要营业所在中华人民共和国境内的企业法人的船舶。但是，在该法人的注册资本中有外商出资的，中方投资人的出资额不得低于50%。 2.《中华人民共和国国际海运条例》 第二十九条第二款、第三款、第四款： 经营国际船舶运输、国际船舶代理业务的中外合资经营企业，企业中外商的出资比例不得超过49%。 经营国际船舶运输、国际船舶代理业务的中外合作经营企业，企业中外商的投资比例比照适用前款规定。 中外合资国际船舶运输企业和中外合作国际船舶运输企业的董事会主席和总经理，由中外合资、合作双方协商后由中方指定。	暂时停止实施相关规定内容，由国务院交通运输主管部门制定相关管理办法

(续表)

序号	名称	行政法规、国务院文件规定	内容
26	允许设立外商独资国际船舶管理企业	《中华人民共和国国际海运条例》 第二十九条第一款：经国务院交通主管部门批准，外商可以依照有关法律、行政法规以及国家其他有关规定，投资设立中外合资经营企业或者中外合作经营企业，经营国际船舶运输、国际船舶代理、国际船舶管理、国际海运货物装卸、国际海运货物仓储、国际海运集装箱站和堆场业务；并可以投资设立外资企业经营国际海运货物仓储业务。	暂时停止实施相关规定内容，由国务院交通运输主管部门制定相关管理办法
27	允许设立外商投资资信调查公司	《征信业管理条例》 第四十五条：外商投资征信机构的设立条件，由国务院征信业监督管理部门会同国务院有关部门制定，报国务院批准。 境外征信机构在境内经营征信业务，应当经国务院征信业监督管理部门批准。	暂时停止实施相关规定内容，由国务院征信业监督管理部门制定相关管理办法
28	取消外资演出经纪机构的股比限制，允许设立外商独资演出经纪机构，为上海市提供服务	《营业性演出管理条例》 第十一条第一款、第二款： 外国投资者可以与中国投资者依法设立中外合资经营、中外合作经营的演出经纪机构、演出场所经营单位；不得设立中外合资经营、中外合作经营、外资经营的文艺表演团体，不得设立外资经营的演出经纪机构、演出场所经营单位。 设立中外合资经营的演出经纪机构、演出场所经营单位，中国合营者的投资比例应当不低于51%；设立中外合作经营的演出经纪机构、演出场所经营单位，中国合作者应当拥有经营主导权。	暂时停止实施相关规定内容，由国务院文化主管部门制定相关管理办法
29	允许设立外商独资的娱乐场所，在试验区内提供服务	《娱乐场所管理条例》 第六条：外国投资者可以与中国投资者依法设立中外合资经营、中外合作经营的娱乐场所，不得设立外商独资经营的娱乐场所。	暂时停止实施相关规定内容，由国务院文化主管部门制定相关管理办法
30	允许举办中外合作的经营性教育培训机构和经营性职业技能培训机构	《中华人民共和国中外合作办学条例》 第六十条：在工商行政管理部门登记注册的经营性的中外合作举办的培训机构的管理办法，由国务院另行规定。	暂时停止实施相关规定内容，由上海市制定发布相关管理办法

（续表）

序号	名称	行政法规、国务院文件规定	内容
31	在保障网络信息安全的前提下，允许外资企业经营特定形式的部分增值电信业务	《外商投资电信企业管理规定》 第二条：外商投资电信企业，是指外国投资者同中国投资者在中华人民共和国境内依法以中外合资经营形式，共同投资设立的经营电信业务的企业。 第六条第二款：经营增值电信业务（包括基础电信业务中的无线寻呼业务）的外商投资电信企业的外方投资者在企业中的出资比例，最终不得超过50%。 第十二条：设立外商投资电信企业经营省、自治区、直辖市范围内增值电信业务，由中方主要投资者向省、自治区、直辖市电信管理机构提出申请并报送下列文件： （一）本规定第十条规定的资格证明或者有关确认文件； （二）电信条例规定的经营增值电信业务应当具备的其他条件的证明或者确认文件。 省、自治区、直辖市电信管理机构应当自收到申请之日起60日内签署意见。同意的，转报国务院工业和信息化主管部门；不同意的，应当书面通知申请人并说明理由。 国务院工业和信息化主管部门应当自收到省、自治区、直辖市电信管理机构签署同意的申请文件之日起30日内审查完毕，作出批准或者不予批准的决定。予以批准的，颁发《外商投资经营电信业务审定意见书》；不予批准的，应当书面通知申请人并说明理由。 第十四条：设立外商投资电信企业，按照国家有关规定，其投资项目需要经国务院发展改革部门核准的，国务院工业和信息化主管部门应当在颁发《外商投资经营电信业务审定意见书》前，将申请材料转送国务院发展改革部门核准。转送国务院发展改革部门核准的，本规定第十一条、第十二条规定的审批期限可以延长30日。 第十五条：设立外商投资电信企业，属于经营基础电信业务或者跨省、自治区、直辖市范围增值电信业务的，由中方主要投资者凭《外商投资经营电信业务审定意见书》向国务院商务主管部门报送拟设立外商投资电信企业的合同、章程；属于经营省、自治区、直辖市范围内增值电信业务的，由中方主要投资者凭《外商投资经营电信业务审定意见书》向省、自治区、直辖市人民政府商务主管部门报送拟设立外商投资电信企业的合同、章程。 国务院商务主管部门和省、自治区、直辖市人民政府商务主管部门应当自收到报送的拟设立外商投资电信企业的合同、章程之日起90日内审查完毕，作出批准或者不予批准的决定。予以批准的，颁发《外商投资企业批准证书》；不予批准的，应当书面通知申请人并说明理由。	暂时停止实施相关规定内容，由国务院工业和信息化主管部门制定相关管理办法

（续表）

序号	名称	行政法规、国务院文件规定	内容
		第十六条：外商投资电信企业的中方主要投资者凭《外商投资企业批准证书》，到国务院工业和信息化主管部门办理《电信业务经营许可证》手续。 外商投资电信企业的中方主要投资者凭《外商投资企业批准证书》和《电信业务经营许可证》，向工商行政管理机关办理外商投资电信企业注册登记手续。 第十八条：违反本规定第六条规定的，由国务院工业和信息化主管部门责令限期改正，并处10万元以上50万元以下的罚款；逾期不改正的，由国务院工业和信息化主管部门吊销《电信业务经营许可证》，并由原颁发《外商投资企业批准证书》的商务主管部门撤销其《外商投资企业批准证书》。 第十九条：违反本规定第十七条规定的，由国务院工业和信息化主管部门责令限期改正，并处20万元以上100万元以下的罚款；逾期不改正的，由国务院工业和信息化主管部门吊销《电信业务经营许可证》，并由原颁发《外商投资企业批准证书》的商务主管部门撤销其《外商投资企业批准证书》。 第二十条：申请设立外商投资电信企业，提供虚假、伪造的资格证明或者确认文件骗取批准的，批准无效，由国务院工业和信息化主管部门处20万元以上100万元以下的罚款，吊销《电信业务经营许可证》，并由原颁发《外商投资企业批准证书》的商务主管部门撤销其《外商投资企业批准证书》。	
32	允许外资企业从事游戏游艺设备的生产和销售，通过文化主管部门内容审查的游戏游艺设备可面向国内市场销售	《国务院办公厅转发文化部等部门关于开展电子游戏经营场所专项治理意见的通知》（国办发〔2000〕44号） 二、自本意见发布之日起，各地要立即停止审批新的电子游戏经营场所，也不得审批现有的电子游戏经营场所增添或更新任何类型的电子游戏设备。 六、自本意见发布之日起，面向国内的电子游戏设备及其零、附件生产、销售即行停止。任何企业、个人不得再从事面向国内的电子游戏设备及其零、附件的生产、销售活动。一经发现向电子游戏经营场所销售电子游戏设备及其零、附件的，由经贸、信息产业部门会同工商行政管理等部门依照有关规定进行处理。 除加工贸易方式外，严格限制以其他贸易方式进口电子游戏设备及其零、附件（海关商品编号95041000、95043010、95049010）。对电子游戏设备及其零、附件的加工贸易业务，列入限制类加工贸易产品，并实行加工贸易保证金台账实转制度，外经贸部门要严格审批和管理，海关加强实际监管，其产品只能返corporations出境；逾期不能出口的，由海关依法予以收缴，或监督有关企业予以销毁。各地海关要加大查验力度，实施重点查控，坚决打击通过伪报、夹藏等方式走私电子游戏设备及其零、附件的非法行为。	暂时停止实施相关规定内容，由国务院文化主管部门制定相关管理办法

国务院关于发布政府核准的投资项目目录（2013年本）的通知

国发〔2013〕47号

各省、自治区、直辖市人民政府，国务院各部委、各直属机构：

为进一步深化投资体制改革和行政审批制度改革，加大简政放权力度，切实转变政府投资管理职能，使市场在资源配置中起决定性作用，确立企业投资主体地位，更好发挥政府作用，加强和改进宏观调控，现发布《政府核准的投资项目目录（2013年本）》，并就有关事项通知如下：

一、企业投资建设本目录内的固定资产投资项目，须按照规定报送有关项目核准机关核准。企业投资建设本目录外的项目，实行备案管理。事业单位、社会团体等投资建设的项目，按照本目录执行。

二、法律、行政法规和国家制定的发展规划、产业政策、总量控制目标、技术政策、准入标准、用地政策、环保政策、信贷政策等是企业开展项目前期工作的重要依据，是项目核准机关和国土资源、环境保护、城乡规划、行业管理等部门以及金融机构对项目进行审查的依据。

对于钢铁、电解铝、水泥、平板玻璃、船舶等产能严重过剩行业的项目，国务院有关部门和地方政府要按照国务院关于化解产能严重过剩矛盾指导意见的要求，严格控制新增产能。

三、项目核准机关要改进完善管理办法，提高工作效能，认真履行核准职责，严格按照规定权限、程序和时限等要求进行审查。有关部门要密切配合，按照职责分工，相应改进管理办法，依法加强对投资活动的监管。对不符合法律法规规定以及未按规定权限和程序核准或者备案的项目，有关部门不得办理相关手续，金融机构不得提供信贷支持。

四、按照规定由国务院核准的项目，由发展改革委审核后报国务院核准。核报国务院核准的项目、国务院投资主管部门核准的项目，事前必须征求国务院行业管理部门的意见。由地方政府核准的项目，省级政府可以根据本地实际情况具体划分地方各级政府的核准权限。由省级政府核准的项目，核准权限不得下放。

五、法律、行政法规和国家有专门规定的，按照有关规定执行。

六、本目录自发布之日起执行，《政府核准的投资项目目录（2004年本）》即行废止。

国务院
2013年12月2日

政府核准的投资项目目录（2013年本）

一、农业水利

农业：涉及开荒的项目由省级政府核准。

水库：在跨界河流、跨省（区、市）河流上建设的项目由国务院投资主管部门核准，其余项目由地方政府核准。

其他水事工程：涉及跨界河流、跨省（区、市）水资源配置调整的项目由国务院投资主管部门核准，其余项目由地方政府核准。

二、能源

水电站：在主要河流上建设的项目由国务院投资主管部门核准，其余项目由地方政府核准。

抽水蓄能电站：由国务院行业管理部门核准。

火电站：分布式燃气发电项目由省级政府核准，其余项目由国务院投资主管部门核准。

热电站：燃煤背压热电项目由省级政府核准，其余燃煤热电项目由国务院投资主管部门核准；其余热电项目由地方政府核准。

风电站：由地方政府核准。

核电站：由国务院核准。

电网工程：跨境、跨省（区、市）±400千伏及以上直流项目，跨境、跨省（区、市）500千伏、750千伏、1000千伏交流项目，由国务院投资主管部门核准；非跨境、跨省（区、市）±400千伏及以上直流项目，非跨境、跨省（区、市）750千伏、1000千伏交流项目，由国务院行业管理部门核准；其余项目由地方政府核准。

煤矿：国家规划矿区内新增年生产能力120万吨及以上煤炭开发项目由国务院行业管理部门核准，国家规划矿区内的其余煤炭开发项目由省级政府核准；其余一般煤炭开发项目由地方政府核准。国家规定禁止新建的煤与瓦斯突出、高瓦斯和中小型煤炭开发项目，不得核准。

煤制燃料：年产超过20亿立方米的煤制天然气项目，年产超过100万吨的煤制油项目由国务院投资主管部门核准。

原油：油田开发项目由具有石油开采权的企业自行决定，报国务院行业管理部门备案。

天然气：气田开发项目由具有天然气开采权的企业自行决定，报国务院行业管理部门备案。

液化石油气接收、存储设施（不含油气田、炼油厂的配套项目）：由省级政府核准。

进口液化天然气接收、储运设施：由国务院行业管理部门核准。

输油管网（不含油田集输管网）：跨境、跨省（区、市）干线管网项目由国务院投资主管部门核准，其余项目由省级政府核准。

输气管网（不含油气田集输管网）：跨境、跨省（区、市）干线管网项目由国务院投资主管部门核准，其余项目由省级政府核准。

炼油：新建炼油及扩建一次炼油项目由国务院投资主管部门核准。

变性燃料乙醇：由省级政府核准。

三、交通运输

新建（含增建）铁路：跨省（区、市）项目和国家铁路网中的干线项目由国务院投资主管部门核准，国家铁路网中的其余项目由中国铁路总公司自行决定并报国务院投资主管部门备案；其余地方铁路项目由省级政府按照国家批准的规划核准。

公路：国家高速公路网项目由国务院投资主管部门核准，国家高速公路网外的干线项目由省级政府核准；地方高速公路项目由省级政府按照国家批准的规划核准，其余项目由地方政府核准。

独立公路桥梁、隧道：跨境、跨重要海湾、跨大江大河（三级及以上通航段）的项目由国务院投资主管部门核准，其余项目由地方政府核准。

煤炭、矿石、油气专用泊位：在沿海（含长江南京及以下）新建港区和年吞吐能力1 000万吨及以上项目由国务院投资主管部门核准，其余项目由省级政府核准。

集装箱专用码头：在沿海（含长江南京及以下）建设的项目由国务院投资主管部门核准，其余项目由省级政府核准。

内河航运：千吨级及以上通航建筑物项目由国务院投资主管部门核准，其余项目由地方政府核准。

民航：新建机场项目由国务院核准，扩建军民合用机场项目由国务院投资主管部门会商军队有关部门核准。

四、信息产业

电信：国际通信基础设施项目由国务院投资主管部门核准；国内干线传输网（含广播电视网）以及其他涉及信息安全的电信基础设施项目，由国务院行业管理部门核准。

五、原材料

稀土、铁矿、有色矿山开发：已查明资源储量5 000万吨及以上规模的铁矿开发项目，由国务院投资主管部门核准；稀土矿山开发项目，由国务院行业管理部门核准；其余项目由省级政府核准。

钢铁：新增生产能力的炼铁、炼钢、热轧项目由国务院投资主管部门核准。

有色：新增生产能力的电解铝项目，新建氧化铝项目，由国务院投资主管部门核准。

石化：新建乙烯项目由国务院投资主管部门核准。

化工：年产超过50万吨的煤经甲醇制烯烃项目，年产超过100万吨的煤制甲醇项目，新建对二甲苯（PX）项目，由国务院投资主管部门核准；新建二苯基甲烷二异氰酸酯（MDI）项目由国务院行业管理部门核准。

化肥：钾矿肥、磷矿肥项目由省级政府核准。

水泥：由省级政府核准。

稀土：冶炼分离项目由国务院行业管理部门核准，稀土深加工项目由省级政府核准。

黄金：采选矿项目由省级政府核准。

六、机械制造

汽车：按照国务院批准的《汽车产业发展政策》执行。

船舶：新建10万吨级及以上造船设施（船台、船坞）项目由国务院投资主管部门核准。

七、轻工

烟草：卷烟、烟用二醋酸纤维素及丝束项目由国务院行业管理部门核准。

八、高新技术

民用航空航天：民用飞机（含直升机）制造、民用卫星制造、民用遥感卫星地面站建设项目，由国务院投资主管部门核准。

九、城建

城市快速轨道交通项目：由省级政府按照国家批准的规划核准。

城市供水：跨省（区、市）日调水50万吨及以上项目由国务院投资主管部门核准。

城市道路桥梁、隧道：跨重要海湾、跨大江大河（三级及以上通航段）的项目由国务院投资主管部门核准。

其他城建项目：由地方政府核准。

十、社会事业

主题公园：特大型项目由国务院核准，大型项目由国务院投资主管部门核准，中小型项目由省级政府核准。

旅游：国家级风景名胜区、国家自然保护区、全国重点文物保护单位区域内总投资5000万元及以上旅游开发和资源保护项目，世界自然和文化遗产保护区内总投资3000万元及以上项目，由省级政府核准。

其他社会事业项目：除国务院已明确改为备案管理的项目外，按照隶属关系由国务院行业管理部门、地方政府自行确定实行核准或者备案。

十一、金融

印钞、造币、钞票纸项目：由中国人民银行核准。

十二、外商投资

《外商投资产业指导目录》中有中方控股（含相对控股）要求的总投资（含增资）3亿美元及以上鼓励类项目，总投资（含增资）5000万美元及以上限制类（不含房地产）项目，由国务院投资主管部门核准。《外商投资产业指导目录》限制类中的房地产项目和总投资（含增资）小于5000万美元的其他限制类项目，由省级政府核准。《外商投资产业指导目录》中有中方控股（含相对控股）要求的总投资（含增资）小于3亿美元的鼓励类项目，由地方政府核准。

前款规定之外的属于本目录第一至十一条所列项目，按照本目录第一至十一条的规定核准。

外商投资企业的设立及变更事项，按现行有关规定由商务部和地方政府核准。①

---

① 本篇法规中的第十二条第三款已被国务院《关于在中国（上海）自由贸易试验区内暂时调整有关行政法规和国务院文件规定的行政审批或者准入特别管理措施的决定》（发布日期：2013年12月21日，实施日期：2013年12月21日）宣布在负面清单之外的领域，暂时停止实施该项行政审批，改为备案管理。

十三、境外投资

中方投资 10 亿美元及以上项目，涉及敏感国家和地区、敏感行业的项目，由国务院投资主管部门核准。

前款规定之外的中央管理企业投资项目和地方企业投资 3 亿美元及以上项目报国务院投资主管部门备案。

国内企业在境外投资开办企业（金融企业除外）事项，涉及敏感国家和地区、敏感行业的，由商务部核准；其他情形的，中央管理企业报商务部备案，地方企业报省级政府备案。

关于印发全国物流园区发展规划的通知

发改经贸〔2013〕1949 号

各省、自治区、直辖市发展改革委、国土资源主管部门、住房城乡建设厅（委）、交通运输厅（局、委）、商务主管部门、科技厅（委、局）、工业和信息化主管部门、铁路主管部门、民航地区管理局、邮政管理局、质量监督局，海关总署广东分署，天津、上海特派办，各直属海关：

根据《中华人民共和国国民经济和社会发展第十二个五年规划纲要》和《国务院办公厅关于印发促进物流业健康发展政策措施的意见》（国办发〔2011〕38 号），国家发展改革委会同有关部门组织编制了《全国物流园区发展规划》（以下简称《规划》）。现将《规划》印发给你们，请结合本地区实际，切实加强对《规划》实施的组织工作，制定并完善政策措施，促进我国物流园区健康有序发展。

附件：全国物流园区发展规划

国家发展改革委
国土资源部
住房城乡建设部
交通运输部
商务部
海关总署
科技部
工业和信息化部
铁路局
民航局
邮政局
国家标准委
2013 年 9 月 30 日

全国物流园区发展规划

物流园区是物流业规模化和集约化发展的客观要求和必然产物,是为了实现物流运作的共同化,按照城市空间合理布局的要求,集中建设并由统一主体管理,为众多企业提供物流基础设施和公共服务的物流产业集聚区。物流园区作为重要的物流基础设施,具有功能集成、设施共享、用地节约的优势,促进物流园区健康有序发展,对于提高社会物流服务效率、促进产业结构调整、转变经济发展方式、提高国民经济竞争力具有重要意义。

根据《中华人民共和国国民经济和社会发展第十二个五年规划纲要》、《国务院办公厅关于印发促进物流业健康发展政策措施的意见》(国办发〔2011〕38号),为促进我国物流园区健康有序发展,特制定本规划。规划期为2013—2020年。

一、发展形势

(一)现实基础。"十一五"期间,国家高度重视物流业发展,实施《物流业调整和振兴规划》,综合交通运输体系逐步完善,规模化物流需求快速增长,物流业区域布局进一步优化,为物流园区的健康发展奠定了基础。

1. 物流园区总量较快增长。"十一五"时期,我国物流规模不断扩大,社会物流总额和物流业增加值年均分别增长21%和16.7%,物流业增加值占国内生产总值的比重由2005年的6.6%提高到2010年的6.9%。为适应物流业快速发展趋势,各级地方政府积极推进物流园区规划和建设,全国物流园区数量稳步增长,物流业呈现集聚发展态势。据中国物流与采购联合会第三次全国物流园区调查,2012年全国共有各类物流园区754个,其中已经运营的348个,在建和规划中的分别为241个和165个。

2. 物流园区类型不断丰富。各地因地制宜建设发展了不同类型的物流园区。在交通枢纽城市,具备多式联运条件、提供大宗货物转运的货运枢纽型物流园区不断涌现;面向大城市商圈和批发市场,提供仓储配送功能的商贸服务型物流园区蓬勃发展;毗邻工业园区,提供供应链一体化服务的生产服务型物流园区配套而建;在口岸城市,提供转运、保税等功能的口岸服务型物流园区快速发展;特大城市周边,出现了不少融合上述功能的综合服务型物流园区。总体上看,全国初步形成了定位准确、类型齐全的物流园区体系。

3. 物流园区功能日趋完善。园区基础设施建设不断加快,集疏运通道逐步完善,仓储、转运设施水平显著提高;信息平台建设稳步推进,园区信息化和智能化水平明显提升。园区通过不断完善各项功能,打造形成坚实的硬件基础和高效的软件平台,为园区入驻企业提供完善的公共服务,使物流企业能够专注从事物流业务,进一步提高物流效率和服务水平。

4. 物流园区集聚效应初步显现。园区利用设施优势集聚物流企业,减少了货物无效转运,优化了装卸和处理流程,提高了物流效率;利用信息平台匹配物流供需信息,提高了货物运输组织化程度,降低了车辆空驶率;通过整合分散的仓储物流设施,节约了土地资源,优化了城市空间布局;通过为园区周边生产制造、商贸等企业提供一体化物流服务,促进了区域经济转型升级。

(二)存在问题。从总体来看,我国物流业发展水平还比较低,物流园区在规划、建设、运营、管理以及政策方面还存在一些问题。一是建设发展有待规范。由于缺乏统一规划和管理，一些地方脱离实际需求，盲目建设物流园区，片面追求占地面积和投资规模。另一方面，由于缺乏对物流园区内涵的认识，一些市场和物流企业也冠以物流园区的名称。二是设施能力有待提高。从已建成的园区看，多数物流园区水、电、路、网络、通信等基础设施建设滞后，集疏运通道不畅，路网配套能力较差，普遍缺少铁路和多式联运中转设施。另外，在一些重要物流节点，仍然缺少设施齐全、服务能力较强的物流园区。三是服务功能有待提升。多数物流园区虽然具备了运输、装卸、仓储配送和信息服务等功能，但与物流发展的市场需求相比，仍然存在着专业化程度不高、设施装备配套性差、综合服务能力不强、信息联通不畅等问题，多式联运和甩挂作业、冷链物流服务、信息管理、流程优化、一站式服务等功能亟待完善和提高。四是经营管理体制有待健全。有的物流园区缺乏政府的协调和推动，面临规划、用地、拆迁、建设等方面的困难；有的物流园区缺乏市场化的运作机制和盈利模式，园区服务和可持续发展能力不足。五是政策扶持体系有待完善。由于缺少针对物流园区发展的优惠政策和建设标准，物流园区普遍存在"落地难"、"用地贵"和基础设施投资不足的问题。

（三）发展要求。今后几年，是我国物流业发展的重要时期。科学规划、合理布局物流园区，充分发挥物流园区的集聚优势和基础平台作用，构建与区域经济、产业体系和居民消费水平相适应的物流服务体系，是促进物流业发展方式转变、带动其他产业结构调整以及建设资源节约型和环境友好型社会的必然选择。

1. 科学规划物流园区是提高物流服务效率的客观要求。加快转变经济发展方式给我国物流业发展提出了新的更高的要求，物流园区作为连接多种运输方式、集聚多种服务功能的基础设施和公共服务平台，已经成为提升物流运行质量与效率的关键环节。科学规划物流园区有利于发挥物流设施的集聚效应，在满足规模化物流需求的同时，提升物流效率，降低物流成本；有利于促进多式联运发展，发挥我国综合交通运输体系的整体效能；有利于促进社会物流的有效组织和有序管理，优化布局和运作模式，更好地适应产业结构调整的需要，为其他产业优化升级提供必要支撑。

2. 科学规划物流园区是节约集约利用土地资源的迫切需要。科学规划一批具有较强公共服务能力的物流园区，一方面可以适度整合分散于各类运输场站、仓房、专用线、码头等物流设施及装卸、搬运等配套设施的用地，增加单位物流用地的物流承载量，提高土地利用率；另一方面能够有效促进专业化、社会化物流企业承接制造业和商贸业分离外包的物流需求，减少原有分散在各类企业内部的仓储设施用地。科学规划物流园区，已经成为当前促进物流业节约集约利用土地资源的重要途径。

3. 科学规划物流园区是推进节能减排和改善环境的重要举措。面对日趋严峻的资源和环境约束，物流业亟需加快节能减排步伐，增强可持续发展能力。科学规划物流园区，有利于优化仓储、配送、转运等物流设施的空间布局，促进物流资源优势互补、共享共用，减少设施闲置，降低能耗；有利于提升物流服务的组织化水平，优化运输线路，降低车辆空驶率，缓解交通干线的通行压力和城市交通拥堵，减少排放，改善环境。

二、指导思想、基本原则和发展目标

（一）指导思想

以邓小平理论、"三个代表"重要思想和科学发展观为指导，按照加快转变经济发展方式、促进产业结构调整的要求，以市场需求为导向，以促进物流要素聚集、提升物流运行效率和服务水平、节约集约利用土地资源为目标，以物流基础设施的整合和建设为重点，加强统筹规划和管理，加大规范和扶持力度，优化空间布局，完善经营管理体制和服务功能，促进我国物流园区健康有序发展，为经济社会发展提供物流服务保障。

（二）基本原则

——科学规划，合理布局。根据国家重点产业布局和区域发展战略，立足经济发展水平和实际物流需求，依托区位交通优势，符合城市总体规划和土地利用总体规划，注重与行业规划相衔接，科学规划、合理布局物流园区，避免盲目投资和重复建设。

——整合资源，集约发展。优先整合利用现有物流设施资源，充分发挥存量物流设施的功能。按照规模适度、用地节约的原则，制定物流园区规划、建设标准，合理确定物流园区规模，促进物流园区集约发展，吸引企业向园区集聚。

——完善功能，提升服务。促进物流园区设施建设配套衔接，完善物流园区的基本服务功能。注重运用现代物流和供应链管理理念，创新运营管理机制，拓展增值服务，提升物流园区的运作和服务水平。

——市场运作，政府监管。充分发挥市场机制的作用，坚持投资主体多元化、经营管理企业化、运作方式市场化。积极发挥政府的规划、协调作用，规范物流园区建设管理制度，制定和完善支持物流园区发展的各项政策，推动物流园区有序建设、健康发展。

（三）发展目标

到2015年，基本建立物流园区建设及管理的有关制度，物流园区发展步入健康有序的轨道，全国物流园区规划布局得到优化，物流园区设施条件不断改善，服务能力明显增强，初步建成一批布局合理、运营规范、具有一定经济社会效益的示范园区。

到2020年，物流园区的集约化水平大幅提升，设施能力显著增强，多式联运得到广泛应用，管理水平和运营效率明显提高，资源集聚和辐射带动作用进一步增强，基本形成布局合理、规模适度、功能齐全、绿色高效的全国物流园区网络体系，对推动经济结构调整和转变经济发展方式发挥更加重要的作用。

三、物流园区总体布局

物流园区是提供物流综合服务的重要节点，也是重要的城市基础设施。全国物流园区总体布局的基本思路是：根据物流需求规模和区域发展战略等因素，确定物流园区布局城市；按照城乡规划、综合交通体系规划和产业发展规划等，合理确定城市物流园区建设数量、规划布局和用地规模；研究制定物流园区详细规划，因地制宜、合理确定物流园区的发展定位、功能布局、建设分期、配套要求等。

（一）物流园区布局城市

确定物流园区布局城市，主要依据以下条件：一是物流需求规模，主要参考城市的国内生产总值、货运总量、工业总产值、社会消费品零售总额和进出口总额等经济指标的预测值。二是与物流业发展总体规划以及铁路、公路、水运、民航等相关交通运输规划相衔接。三是结合国家重点区域发展战略和产业布局规划，考虑相关城市的经济发展潜力、物流需求增长空间以及对周边地区的辐射带动作用。

根据上述条件，按照物流需求规模大小以及在国家战略和产业布局中的重要程度，本规划将物流园区布局城市分为三级，确定一级物流园区布局城市 29 个，二级物流园区布局城市 70 个（见专栏），三级物流园区布局城市具体由各省（区、市）参照以上条件，根据本省物流业发展规划具体确定，原则上应为地级城市。

专栏
一级物流园区布局城市（共 29 个） 北京、天津、唐山、呼和浩特、沈阳、大连、长春、哈尔滨、上海、南京、苏州、杭州、宁波、厦门、济南、青岛、郑州、合肥、武汉、长沙、广州、深圳、南宁、重庆、成都、昆明、西安、兰州、乌鲁木齐
二级物流园区布局城市（共 70 个） 石家庄、邯郸、秦皇岛、沧州、太原、大同、临汾、通辽、包头、鄂尔多斯、鞍山、营口、吉林、延边（珲春）、大庆、牡丹江、齐齐哈尔、无锡、徐州、南通、泰州、连云港、温州、金华（义乌）、舟山、嘉兴、湖州、安庆、阜阳、马鞍山、芜湖、福州、泉州、南昌、赣州、上饶、九江、烟台、潍坊、临沂、菏泽、日照、洛阳、南阳、安阳、许昌、宜昌、襄阳、岳阳、娄底、衡阳、佛山、东莞、湛江、柳州、钦州、玉林、贵港、海口、绵阳、达州、泸州、贵阳、拉萨、榆林、宝鸡、咸阳、西宁、银川、伊犁（霍尔果斯）

（二）物流园区选址要求

在布局城市选址建设物流园区，应遵循以下原则：一是与综合交通体系和运输网络相配套。依托主要港口、铁路物流中心、公路货运枢纽、枢纽机场及主要口岸，具有交通区位优势，便于发展多式联运。二是与相关规划和现有设施相衔接。符合土地利用总体规划、城市总体规划和区域发展总体规划，充分利用现有仓储、配送、转运等物流设施。三是突出功能定位。紧密结合产业布局和区位优势，突出专业服务特点，明确物流园区功能定位。

依据以上原则，物流园区布局城市可根据实际需要建设不同类型的物流园区：

——货运枢纽型物流园区。依托交通枢纽，具备两种（含）以上运输方式，能够实现多式联运，具有提供大批量货物转运的物流设施，为国际性或区域性货物中转服务。

——商贸服务型物流园区。依托城市大型商圈、批发市场、专业市场，能够为商贸企业提供运输、配送、仓储等物流服务以及商品展示、电子商务、融资保险等配套服务，满足一般商业和大宗商品贸易的物流需求。

——生产服务型物流园区。毗邻工业园区或特大型生产制造企业，能够为制造企业提供采购供应、库存管理、物料计划、准时配送、产能管理、协作加工、运输分拨、信息服务、分销贸易及金融保险等供应链一体化服务，满足生产制造企业的物料供应与产品销售等物流需求。

——口岸服务型物流园区。依托口岸，能够为进出口货物提供报关、报检、仓储、国际采购、分销和配送、国际中转、国际转口贸易、商品展示等服务，满足国际贸易企业物流需求。

——综合服务型物流园区。具有两种（含）以上运输方式，能够实现多式联运和无缝衔接，至少能够提供货运枢纽、商贸服务、生产服务、口岸服务中的两种以上服务，满足城市和区域的规模物流需求。

四、主要任务

（一）推动物流园区资源整合。打破地区和行业界限，充分整合现有物流园区及物流基础设施，提高设施、土地等资源利用效率。一是整合需求不足和同质化竞争明显的物流园区。引导需求不足的园区转型，对于同质化竞争明显的园区，通过明确功能定位和分工，推动整合升级。二是整合依托交通枢纽建设的物流园区。加强枢纽规划之间的衔接，统筹铁路、公路、水运、民航等多种交通运输枢纽和周边的物流园区建设，大力发展多式联运，形成综合交通枢纽，促进多种运输方式之间的顺畅衔接和高效中转。三是整合分散的物流设施资源。发挥物流园区设施集约和统一管理的优势，引导分散、自用的各类工业和商业仓储配送资源向物流园区集聚，有效整合制造业分离外包的物流设施资源。大力推广共同配送、集中配送等先进配送组织模式，为第三方物流服务企业搭建基础平台。

（二）合理布局新建物流园区。物流园区布局城市应综合考虑本区域的物流需求规模及增长潜力，并结合现有物流园区布局情况及设施能力，合理规划本地区物流园区。现有设施能力不足的地区，应基于当地产业结构和区位条件及选址要求，布局新建规模适当、功能完善的物流园区，充分发挥园区的集聚效应和辐射带动作用，服务当地经济发展和产业转型升级。

（三）加强物流园区基础设施建设。优化物流园区所在地区控制性详细规划，加强物流园区详细规划编制工作，科学指导园区水、电、路、通信等设施建设，强化与城市道路、交通枢纽的衔接。大力推进园区铁水联运、公铁联运、公水联运、空地联运等多式联运设施建设，注重引入铁路专用线，完善物流园区的公路、铁路周边通道。提高仓储、中转设施建设水平，改造装卸搬运、调度指挥等配套设备，统一铁路、公路、水运、民航各种运输方式一体化运输相关基础设施和运输装备的标准。推广甩挂运输方式、集装技术和托盘化单元装载技术。推广使用自动识别、电子数据交换、可视化、货物跟踪、智能交通、物联网等先进技术的物流设施和装备。

（四）推动物流园区信息化建设。加强物流园区信息基础设施建设，整合物流园区现有信息资源，提升物流园区信息服务能力。研究制定统一的物流信息平台接口规范，建立物流园区的信息采集、交换和共享机制，促进入驻企业、园区管理和服务机构、相关政府部门之间信息互联互通和有序交换，创新园区管理和服务。

（五）完善物流园区服务功能。结合货运枢纽、生产服务、商贸服务、口岸服务和综合服务等不同类型物流园区的特点，有针对性地提升服务功能，为入驻企业提供专业化服务。鼓励园区在具备仓储、运输、配送、转运、货运代理、加工等基本物流服务以及物业、停车、维修、加油等配套服务的基础上，进一步提供工商、税务、报关、报检等政务服务和供应链设计、管理咨询、金融、保险、贸易会展、法律等商务服务功能。

（六）聚集和培育物流企业。充分发挥物流园区的设施优势和集聚效应，引导物流企业向园区集中，实现园区内企业的功能互补和资源共享，提高物流组织效率。优化园区服务环境，培育物流企业，打造以园区物流企业为龙头的产业链，提升物流企业的核心竞争力。支持运输企业向综合物流服务商和全球物流经营人转变。按照提升重点行业物流企业专业配套能力的要求，有针对性地发展专业类物流园区，为农产品、钢铁、汽车、医药、冷链、快递、危货等物流企业集聚发展创造有利条件。

（七）建立适应物流园区发展的规范和标准体系。按照适用性强、涵盖面广、与国际接轨的要求，建立和完善物流园区标准体系。修订《物流园区分类与基本要求》国家标准，制定《物流园区服务规范及评估指标》国家标准，进一步明确园区概念内涵，规范物流园区功能定位，防止盲目发展。按照既要保障物流园区发展，又要节约利用土地的原则，建立物流园区规划设计、建设和服务规范，明确园区内部各功能区建设标准和要求，促进物流园区规范化发展。

（八）完善物流园区经营管理体制。根据各地物流园区发展实际，借鉴国内外物流园区管理经验，建立完善政府规划协调、市场化运作的物流园区开发建设模式和经营管理体制。在政府规划指导下，成立物流园区管理机构，开展物流园区基础设施建设，并选择具有物流园区经营管理经验的企业参与管理运营。鼓励园区研究开发物流与商贸和金融协同发展等新型业态，创新物流园区发展模式。通过企业化运作，提高管理水平，形成良性发展机制，为园区物流企业提供优质服务，实现可持续发展。

五、保障措施

（一）做好综合协调。国家发展改革委、国土资源部、住房城乡建设部要会同交通运输部、商务部、海关总署、科技部、工业和信息化部、铁路局、民航局、邮政局、国家标准委等部门，加强对全国物流园区发展的指导和管理。各省级人民政府有关部门也要协调配合，统筹推进规划实施工作。

（二）加强规范管理。各地有关部门要加强对物流园区的规范和管理，提出本地区物流园区布局规划，严格控制园区数量和规模，防止盲目建设或以物流园区名义圈占土地。布局城市要按照城乡规划和相关行业规划，加强和加快现有物流设施的整合和清理，因地制宜合理新建物流园区，做到既符合城市和产业发展实际，满足物流发展需求，又防止出现重复建设。

（三）开展示范工程。各地要结合实际，选择一批发展条件好、带动作用大的园区，作为省级示范物流园区加以扶持推广，具体由各省有关部门研究制定管理办法并组织评定。在此基础上，开展国家级物流园区示范工程，由国家发展改革委、国土资源部、住房城乡建设部会同交通运输部、商务部、工业和信息化部、海关总署、科技部等有关部门和行业协会组织国家级示范物流园区评定工作。对于列入国家级示范的物流园区，有关部门可给予土地、资金等政策扶持。国家级物流园区示范工程的具体管理办法另行制定。

（四）完善配套设施。支持连接物流园区的铁路专用线、码头岸线和园区周边道路等交通配套设施建设和改造，进一步发挥物流园区的中转服务功能，提高运输服务水平。支持物流园区信息平台建设，鼓励企业建设立体仓库，提高园区物流设施信息化和智能化水平。

（五）落实用地政策。研究制定物流园区规划设计规范，科学指导物流园区规划建设。各地应及时将物流园区纳入所在城市的各类城市规划和土地利用总体规划，统筹规划和建设，涉及新增建设用地的，合理安排土地利用计划指标。对于示范物流园区新增建设用地，优先列入国家和地方建设用地供应计划。

（六）改善投融资环境。鼓励物流园区运营主体通过银行贷款、股票上市、发行债券、增资扩股、合资合作、吸引外资和民间投资等多种途径筹集建设资金，支持物流园区及入驻企业与金融机构联合打造物流金融服务平台，形成多渠道、多层次的投融资环境。各地要适当放宽对物流园区投资强度和税收强度的要求，鼓励物流企业入驻物流园区。对于国家级和省级示范物流园区，有关部门可根据项目情况予以投融资支持。

（七）优化通关环境。优化口岸通关作业流程，适应国际中转、国际采购、国际配送、国际转口贸易等业务的要求，研究适应口岸服务型物流园区发展的通关便利化政策，提高通关效率。

（八）发挥行业协会作用。物流及相关行业协会应认真履行行业服务、自律、协调和引导职能，及时向政府有关部门反映物流园区发展中存在的问题和企业诉求，积极配合相关部门做好物流园区相关标准制修订、建立实施统计制度、总结推广先进经验、引导推动科技创新等相关工作，促进物流园区健康有序发展。

国务院关于印发中国（上海）自由贸易试验区总体方案的通知

国发〔2013〕38号

各省、自治区、直辖市人民政府，国务院各部委、各直属机构：

国务院批准《中国（上海）自由贸易试验区总体方案》（以下简称《方案》），现予印发。

一、建立中国（上海）自由贸易试验区，是党中央、国务院作出的重大决策，是深入贯彻党的十八大精神，在新形势下推进改革开放的重大举措，对加快政府职能转变、积极探索管理模式创新、促进贸易和投资便利化，为全面深化改革和扩大开放探索新途径、积累新经验，具有重要意义。

二、上海市人民政府要精心组织好《方案》的实施工作。要探索建立投资准入前国民待遇和负面清单管理模式，深化行政审批制度改革，加快转变政府职能，全面提升事中、事后监管水平。要扩大服务业开放、推进金融领域开放创新，建设具有国际水准的投资贸易便利、监管高效便捷、法制环境规范的自由贸易试验区，使之成为推进改革和提高开放型经济水平的"试验田"，形成可复制、可推广的经验，发挥示范带动、服务全国的积极作用，促进各地区共同发展。有关部门要大力支持，做好协调配合、指导评估等工作。

三、根据《全国人民代表大会常务委员会关于授权国务院在中国（上海）自由贸易试验区暂时调整有关法律规定的行政审批的决定》，相应暂时调整有关行政法规和国务院文件的部分规定。具体由国务院另行印发。

《方案》实施中的重大问题，上海市人民政府要及时向国务院请示报告。

国务院
2013年9月18日

中国（上海）自由贸易试验区总体方案

建立中国（上海）自由贸易试验区（以下简称试验区）是党中央、国务院作出的重大决策，是深入贯彻党的十八大精神，在新形势下推进改革开放的重大举措。为全面有效推进试验区工作，制定本方案。

一、总体要求

试验区肩负着我国在新时期加快政府职能转变、积极探索管理模式创新、促进贸易和投资便利化，为全面深化改革和扩大开放探索新途径、积累新经验的重要使命，是国家战略需要。

（一）指导思想。

高举中国特色社会主义伟大旗帜，以邓小平理论、"三个代表"重要思想、科学发展观为指导，紧紧围绕国家战略，进一步解放思想，坚持先行先试，以开放促改革、促发展，率先建立符合国际化和法治化要求的跨境投资和贸易规则体系，使试验区成为我国进一步融入经济全球化的重要载体，打造中国经济升级版，为实现中华民族伟大复兴的中国梦作出贡献。

（二）总体目标。

经过两至三年的改革试验，加快转变政府职能，积极推进服务业扩大开放和外商投资管理体制改革，大力发展总部经济和新型贸易业态，加快探索资本项目可兑换和金融服务业全面开放，探索建立货物状态分类监管模式，努力形成促进投资和创新的政策支持体系，着力培育国际化和法治化的营商环境，力争建设成为具有国际水准的投资贸易便利、货币兑换自由、监管高效便捷、法制环境规范的自由贸易试验区，为我国扩大开放和深化改革探索新思路和新途径，更好地为全国服务。

（三）实施范围。

试验区的范围涵盖上海外高桥保税区、上海外高桥保税物流园区、洋山保税港区和上海浦东机场综合保税区等4个海关特殊监管区域，并根据先行先试推进情况以及产业发展和辐射带动需要，逐步拓展实施范围和试点政策范围，形成与上海国际经济、金融、贸易、航运中心建设的联动机制。

二、主要任务和措施

紧紧围绕面向世界、服务全国的战略要求和上海"四个中心"建设的战略任务，按照先行先试、风险可控、分步推进、逐步完善的方式，把扩大开放与体制改革相结合、把培育功能与政策创新相结合，形成与国际投资、贸易通行规则相衔接的基本制度框架。

（一）加快政府职能转变。

1. 深化行政管理体制改革。加快转变政府职能，改革创新政府管理方式，按照国际化、法治化的要求，积极探索建立与国际高标准投资和贸易规则体系相适应的行政管理体系，推进政府管理由注重事先审批转为注重事中、事后监管。建立一口受理、综合审批和高效运作的服务模式，完善信息网络平台，实现不同部门的协同管理机制。建立行业信息跟踪、监管和归集的综合性评估机制，加强对试验区内企业在区外经营活动全过程的跟踪、管理和监督。建立集中统一的市场监管综合执法体系，在质量技术监督、食品药品监管、知识产权、工商、税务等管理领域，实现高效监管，积极鼓励社会力量参与市场监督。提高行政透明度，完善体现投资者参与、符合国际规则的信息公开机制。完善投资者权益有效保障机制，实现各类投资主体的公平竞争，允许符合条件的外国投资者自由转移其投资收益。建立知识产权纠纷调解、援助等解决机制。

（二）扩大投资领域的开放。

2. 扩大服务业开放。选择金融服务、航运服务、商贸服务、专业服务、文化服务以及社会服务领域扩大开放（具体开放清单见附件），暂停或取消投资者资质要求、股比限制、经营范围限制等准入限制措施（银行业机构、信息通信服务除外），营造有利于各类投资者平等准入的市场环境。

3. 探索建立负面清单管理模式。借鉴国际通行规则，对外商投资试行准入前国民待遇，研究制订试验区外商投资与国民待遇等不符的负面清单，改革外商投资管理模式。对负面清单之外的领域，按照内外资一致的原则，将外商投资项目由核准制改为备案制（国务院规定对国内投资项目保留核准的除外），由上海市负责办理；将外商投资企业合同章程审批改为由上海市负责备案管理，备案后按国家有关规定办理相关手续；工商登记与商事登记制度改革相衔接，逐步优化登记流程；完善国家安全审查制度，在试验区内试点开展涉及外资的国家安全审查，构建安全高效的开放型经济体系。在总结试点经验的基础上，逐步形成与国际接轨的外商投资管理制度。

4. 构筑对外投资服务促进体系。改革境外投资管理方式，对境外投资开办企业实行以备案制为主的管理方式，对境外投资一般项目实行备案制，由上海市负责备案管理，提高境外投资便利化程度。创新投资服务促进机制，加强境外投资事后管理和服务，形成多部门共享的信息监测平台，做好对外直接投资统计和年检工作。支持试验区内各类投资主体开展多种形式的境外投资。鼓励在试验区设立专业从事境外股权投资的项目公司，支持有条件的投资者设立境外投资股权投资母基金。

（三）推进贸易发展方式转变。

5. 推动贸易转型升级。积极培育贸易新型业态和功能，形成以技术、品牌、质量、服务为核心的外贸竞争新优势，加快提升我国在全球贸易价值链中的地位。鼓励跨国公司建立亚太地区总部，建立整合贸易、物流、结算等功能的营运中心。深化国际贸易结算中心试点，拓展专用账户的服务贸易跨境收付和融资功能。支持试验区内企业发展离岸业务。鼓励企业统筹开展国际国内贸易，实现内外贸一体化发展。探索在试验区内设立国际大宗商品交易和资源配置平台，开展能源产品、基本工业原料和大宗农产品的国际贸易。扩大完善期货保税交割试点，拓展仓单质押融资等功能。加快对外文化贸易基地建设。推动生物医药、软件信息、管理咨询、数据服务等外包业务发展。允许和支持各类融资租赁公司在试验区内设立项目子公司并开展境内外租赁服务。鼓励设立第三方检验鉴定机构，按照国际标准采信其检测结果。试点开展境内外高技术、高附加值的维修业务。加快培育跨境电子商务服务功能，试点建立与之相适应的海关监管、检验检疫、退税、跨境支付、物流等支撑系统。

6. 提升国际航运服务能级。积极发挥外高桥港、洋山深水港、浦东空港国际枢纽港的联动作用，探索形成具有国际竞争力的航运发展制度和运作模式。积极发展航运金融、国际船舶运输、国际船舶管理、国际航运经纪等产业。加快发展航运运价指数衍生品交易业务。推动中转集拼业务发展，允许中资公司拥有或控股拥有的非五星旗船，先行先试外贸进出口集装箱在国内沿海港口和上海港之间的沿海捎带业务。支持浦东机场增加国际中转货运航班。充分发挥上海的区域优势，利用中资"方便旗"船税收优惠政策，促进符合条件的船舶在上海落户登记。在试验区实行已在天津试点的国际船舶登记政策。简化国际船舶运输经营许可流程，形成高效率的船籍登记制度。

（四）深化金融领域的开放创新。

7. 加快金融制度创新。在风险可控前提下，可在试验区内对人民币资本项目可兑换、金融市场利率市场化、人民币跨境使用等方面创造条件进行先行先试。在试验区内实现金融机构资产方价格实行市场化定价。探索面向国际的外汇管理改革试点，建立与自由贸易试验区相适应的外汇管理体制，全面实现贸易投资便利化。鼓励企业充分利用境内外两种资源、两个市场，实现跨境融资自由化。深化外债管理方式改革，促进跨境融资便利化。深化跨国公司总部外汇资金集中运营管理试点，促进跨国公司设立区域性或全球性资金管理中心。建立试验区金融改革创新与上海国际金融中心建设的联动机制。

8. 增强金融服务功能。推动金融服务业对符合条件的民营资本和外资金融机构全面开放，支持在试验区内设立外资银行和中外合资银行。允许金融市场在试验区内建立面向国际的交易平台。逐步允许境外企业参与商品期货交易。鼓励金融市场产品创新。支持股权托管交易机构在试验区内建立综合金融服务平台。支持开展人民币跨境再保险业务，培育发展再保险市场。

（五）完善法制领域的制度保障。

9. 完善法制保障。加快形成符合试验区发展需要的高标准投资和贸易规则体系。针对试点内容，需要停止实施有关行政法规和国务院文件的部分规定的，按规定程序办理。其中，经全国人民代表大会常务委员会授权，暂时调整《中华人民共和国外资企业法》、《中华人民共和国中外合资经营企业法》和《中华人民共和国中外合作经营企业法》规定的有关行政审批，自2013年10月1日起在三年内试行。各部门要支持试验区在服务业扩大开放、实施准入前国民待遇和负面清单管理模式等方面深化改革试点，及时解决试点过程中的制度保障问题。上海市要通过地方立法，建立与试点要求相适应的试验区管理制度。

三、营造相应的监管和税收制度环境

适应建立国际高水平投资和贸易服务体系的需要，创新监管模式，促进试验区内货物、服务等各类要素自由流动，推动服务业扩大开放和货物贸易深入发展，形成公开、透明的管理制度。同时，在维护现行税制公平、统一、规范的前提下，以培育功能为导向，完善相关政策。

（一）创新监管服务模式。

1. 推进实施"一线放开"。允许企业凭进口舱单将货物直接入区，再凭进境货物备案清单向主管海关办理申报手续，探索简化进出境备案清单，简化国际中转、集拼和分拨等业务进出境手续；实行"进境检疫，适当放宽进出口检验"模式，创新监管技术和方法。探索构建相对独立的以贸易便利化为主的货物贸易区域和以扩大服务领域开放为主的服务贸易区域。在确保有效监管的前提下，探索建立货物状态分类监管模式。深化功能拓展，在严格执行货物进出口税收政策的前提下，允许在特定区域设立保税展示交易平台。

2. 坚决实施"二线安全高效管住"。优化卡口管理，加强电子信息联网，通过进出境清单比对、账册管理、卡口实货核注、风险分析等加强监管，促进二线监管模式与一线监管模式相衔接，推行"方便进出，严密防范质量安全风险"的检验检疫监管模式。加强电子账册管理，推动试验区内货物在各海关特殊监管区域之间和跨关区便捷流转。试验区内企业原则上不受地域限制，可到区外再投资或开展业务，如有专项规定要求办理相关手续，仍应按照专项规定办理。推进企业运营信息与监管系统对接。通过风险监控、第三方管理、保证金要求等方式实行有效监管，充分发挥上海市诚信体系建设的作用，加快形成企业商务诚信管理和经营活动专属管辖制度。

3. 进一步强化监管协作。以切实维护国家安全和市场公平竞争为原则，加强各有关部门与上海市政府的协同，提高维护经济社会安全的服务保障能力。试验区配合国务院有关部门严格实施经营者集中反垄断审查。加强海关、质检、工商、税务、外汇等管理部门的协作。加快完善一体化监管方式，推进组建统一高效的口岸监管机构。探索试验区统一电子围网管理，建立风险可控的海关监管机制。

（二）探索与试验区相配套的税收政策。

4. 实施促进投资的税收政策。注册在试验区内的企业或个人股东，因非货币性资产对外投资等资产重组行为而产生的资产评估增值部分，可在不超过5年期限内，分期缴纳所得税。对试验区内企业以股份或出资比例等股权形式给予企业高端人才和紧缺人才的奖励，实行已在中关村等地区试点的股权激励个人所得税分期纳税政策。

5. 实施促进贸易的税收政策。将试验区内注册的融资租赁企业或金融租赁公司在试验区内设立的项目子公司纳入融资租赁出口退税试点范围。对试验区内注册的国内租赁公司或租赁公司设立的项目子公司，经国家有关部门批准从境外购买空载重量在25吨以上并租赁给国内航空公司使用的飞机，享受相关进口环节增值税优惠政策。对设在试验区内的企业生产、加工并经"二线"销往内地的货物照章征收进口环节增值税、消费税。根据企业申请，试行对该内销货物按其对应进口料件或按实际报验状态征收关税的政策。在现行政策框架下，对试验区内生产企业和生产性服务业企业进口所需的机器、设备等货物予以免税，但生活性服务业等企业进口的货物以及法律、行政法规和相关规定明确不予免税的货物除外。完

善启运港退税试点政策,适时研究扩大启运地、承运企业和运输工具等试点范围。

此外,在符合税制改革方向和国际惯例,以及不导致利润转移和税基侵蚀的前提下,积极研究完善适应境外股权投资和离岸业务发展的税收政策。

四、扎实做好组织实施

国务院统筹领导和协调试验区推进工作。上海市要精心组织实施,完善工作机制,落实工作责任,根据《方案》明确的目标定位和先行先试任务,按照"成熟的可先做,再逐步完善"的要求,形成可操作的具体计划,抓紧推进实施,并在推进过程中认真研究新情况、解决新问题,重大问题要及时向国务院请示报告。各有关部门要大力支持,积极做好协调配合、指导评估等工作,共同推进相关体制机制和政策创新,把试验区建设好、管理好。

附件:中国(上海)自由贸易试验区服务业扩大开放措施

附件

中国(上海)自由贸易试验区服务业扩大开放措施

一、金融服务领域

1. 银行服务(国民经济行业分类:J 金融业——6620 货币银行服务)	
开放措施	(1)允许符合条件的外资金融机构设立外资银行,符合条件的民营资本与外资金融机构共同设立中外合资银行。在条件具备时,适时在试验区内试点设立有限牌照银行。 (2)在完善相关管理办法,加强有效监管的前提下,允许试验区内符合条件的中资银行开办离岸业务。
2. 专业健康医疗保险(国民经济行业分类:J 金融业——6812 健康和意外保险)	
开放措施	试点设立外资专业健康医疗保险机构。
3. 融资租赁(国民经济行业分类:J 金融业——6631 金融租赁服务)	
开放措施	(1)融资租赁公司在试验区内设立的单机、单船子公司不设最低注册资本限制。 (2)允许融资租赁公司兼营与主营业务有关的商业保理业务。

二、航运服务领域

4. 远洋货物运输(国民经济行业分类:G 交通运输、仓储和邮政业——5521 远洋货物运输)	
开放措施	(1)放宽中外合资、中外合作国际船舶运输企业的外资股比限制,由国务院交通运输主管部门制定相关管理试行办法。 (2)允许中资公司拥有或控股拥有的非五星旗船,先行先试外贸进出口集装箱在国内沿海港口和上海港之间的沿海捎带业务。
5. 国际船舶管理(国民经济行业分类:G 交通运输、仓储和邮政业——5539 其他水上运输辅助服务)	
开放措施	允许设立外商独资国际船舶管理企业。

三、商贸服务领域

6. 增值电信（国民经济行业分类：I 信息传输、软件和信息技术服务业——6319 其他电信业务，6420 互联网信息服务，6540 数据处理和存储服务，6592 呼叫中心）	
开放措施	在保障网络信息安全的前提下，允许外资企业经营特定形式的部分增值电信业务，如涉及突破行政法规，须国务院批准同意。
7. 游戏机、游艺机销售及服务（国民经济行业分类：F 批发和零售业——5179 其他机械及电子商品批发）	
开放措施	允许外资企业从事游戏游艺设备的生产和销售，通过文化主管部门内容审查的游戏游艺设备可面向国内市场销售。

四、专业服务领域

8. 律师服务（国民经济行业分类：L 租赁和商务服务业——7221 律师及相关法律服务）	
开放措施	探索密切中国律师事务所与外国（港澳台地区）律师事务所业务合作的方式和机制。
9. 资信调查（国民经济行业分类：L 租赁和商务服务业——7295 信用服务）	
开放措施	允许设立外商投资资信调查公司。
10. 旅行社（国民经济行业分类：L 租赁和商务服务业——7271 旅行社服务）	
开放措施	允许在试验区内注册的符合条件的中外合资旅行社，从事除台湾地区以外的出境旅游业务。
11. 人才中介服务（国民经济行业分类：L 租赁和商务服务业——7262 职业中介服务）	
开放措施	（1）允许设立中外合资人才中介机构，外方合资者可以拥有不超过70%的股权；允许港澳服务提供者设立独资人才中介机构。 （2）外资人才中介机构最低注册资本金要求由30万美元降低至12.5万美元。
12. 投资管理（国民经济行业分类：L 租赁和商务服务业——7211 企业总部管理）	
开放措施	允许设立股份制外资投资性公司。
13. 工程设计（国民经济行业分类：M 科学研究与技术服务企业——7482 工程勘察设计）	
开放措施	对试验区内为上海市提供服务的外资工程设计（不包括工程勘察）企业，取消首次申请资质时对投资者的工程设计业绩要求。
14. 建筑服务（国民经济行业分类：E 建筑业——47 房屋建筑业，48 土木工程建筑业，49 建筑安装业，50 建筑装饰和其他建筑业）	
开放措施	对试验区内的外商独资建筑企业承揽上海市的中外联合建设项目时，不受建设项目的中外方投资比例限制。

五、文化服务领域

15. 演出经纪（国民经济行业分类：R 文化、体育和娱乐业——8941 文化娱乐经纪人）	
开放措施	取消外资演出经纪机构的股比限制，允许设立外商独资演出经纪机构，为上海市提供服务。
16. 娱乐场所（国民经济行业分类：R 文化、体育和娱乐业——8911 歌舞厅娱乐活动）	
开放措施	允许设立外商独资的娱乐场所，在试验区内提供服务。

六、社会服务领域

17. 教育培训、职业技能培训（国民经济行业分类：P 教育——8291 职业技能培训）	
开放措施	（1）允许举办中外合作经营性教育培训机构。 （2）允许举办中外合作经营性职业技能培训机构。
18. 医疗服务（国民经济行业分类：Q 卫生和社会工作——8311 综合医院，8315 专科医院，8330 门诊部〔所〕）	
开放措施	允许设立外商独资医疗机构。

注：以上各项开放措施只适用于注册在中国（上海）自由贸易试验区内的企业。

全国人民代表大会常务委员会关于修改《中华人民共和国商标法》的决定

中华人民共和国主席令第 6 号

《全国人民代表大会常务委员会关于修改〈中华人民共和国商标法〉的决定》已由中华人民共和国第十二届全国人民代表大会常务委员会第四次会议于 2013 年 8 月 30 日通过，现予公布，自 2014 年 5 月 1 日起施行。

中华人民共和国主席　习近平
2013 年 8 月 30 日

第十二届全国人民代表大会常务委员会第四次会议决定对《中华人民共和国商标法》作如下修改：

一、将第四条第一款、第二款合并，修改为："自然人、法人或者其他组织在生产经营活动中，对其商品或者服务需要取得商标专用权的，应当向商标局申请商标注册。"

二、将第六条修改为："法律、行政法规规定必须使用注册商标的商品，必须申请商标注册，未经核准注册的，不得在市场销售。"

三、在第七条中增加一款，作为第一款："申请注册和使用商标，应当遵循诚实信用原则。"

四、将第八条修改为："任何能够将自然人、法人或者其他组织的商品与他人的商品区别开的标志，包括文字、图形、字母、数字、三维标志、颜色组合和声音等，以及上述要素的组合，均可以作为商标申请注册。"

五、将第十条第一款第一项至第三项修改为："（一）同中华人民共和国的国家名称、国旗、国徽、国歌、军旗、军徽、军歌、勋章等相同或者近似的，以及同中央国家机关的名称、标志、所在地特定地点的名称或者标志性建筑物的名称、图形相同的；

"（二）同外国的国家名称、国旗、国徽、军旗等相同或者近似的，但经该国政府同意的除外；

"（三）同政府间国际组织的名称、旗帜、徽记等相同或者近似的，但经该组织同意或者不易误导公众的除外"。

将第一款第七项修改为："（七）带有欺骗性，容易使公众对商品的质量等特点或者产地产生误认的"。

六、将第十一条第一款第二项中的"仅仅"修改为"仅"。

将第一款第三项修改为："（三）其他缺乏显著特征的。"

七、在第十三条中增加一款，作为第一款："为相关公众所熟知的商标，持有人认为其权利受到侵害时，可以依照本法规定请求驰名商标保护。"

八、将第十四条修改为："驰名商标应当根据当事人的请求，作为处理涉及商标案件需要认定的事实进行认定。认定驰名商标应当考虑下列因素：

"（一）相关公众对该商标的知晓程度；

"（二）该商标使用的持续时间；

"（三）该商标的任何宣传工作的持续时间、程度和地理范围；

"（四）该商标作为驰名商标受保护的记录；

"（五）该商标驰名的其他因素。

"在商标注册审查、工商行政管理部门查处商标违法案件过程中，当事人依照本法第十三条规定主张权利的，商标局根据审查、处理案件的需要，可以对商标驰名情况作出认定。

"在商标争议处理过程中，当事人依照本法第十三条规定主张权利的，商标评审委员会根据处理案件的需要，可以对商标驰名情况作出认定。

"在商标民事、行政案件审理过程中，当事人依照本法第十三条规定主张权利的，最高人民法院指定的人民法院根据审理案件的需要，可以对商标驰名情况作出认定。

"生产、经营者不得将'驰名商标'字样用于商品、商品包装或者容器上，或者用于广告宣传、展览以及其他商业活动中。"

九、在第十五条中增加一款，作为第二款："就同一种商品或者类似商品申请注册的商标与他人在先使用的未注册商标相同或者近似，申请人与该他人具有前款规定以外的合同、业务往来关系或者其他关系而明知该他人商标存在，该他人提出异议的，不予注册。"

十、将第十八条修改为："申请商标注册或者办理其他商标事宜，可以自行办理，也可以委托依法设立的商标代理机构办理。

"外国人或者外国企业在中国申请商标注册和办理其他商标事宜的，应当委托依法设立的商标代理机构办理。"

十一、增加一条，作为第十九条："商标代理机构应当遵循诚实信用原则，遵守法律、行政法规，按照被代理人的委托办理商标注册申请或者其他商标事宜；对在代理过程中知悉的被代理人的商业秘密，负有保密义务。

"委托人申请注册的商标可能存在本法规定不得注册情形的，商标代理机构应当明确告知委托人。

"商标代理机构知道或者应当知道委托人申请注册的商标属于本法第十五条和第三十二条规定情形的，不得接受其委托。

"商标代理机构除对其代理服务申请商标注册外，不得申请注册其他商标。"

十二、增加一条，作为第二十条："商标代理行业组织应当按照章程规定，严格执行吸纳会员的条件，对违反行业自律规范的会员实行惩戒。商标代理行业组织对其吸纳的会员和对会员的惩戒情况，应当及时向社会公布。"

十三、增加一条，作为第二十一条："商标国际注册遵循中华人民共和国缔结或者参加的有关国际条约确立的制度，具体办法由国务院规定。"

十四、将第十九条、第二十条合并，作为第二十二条，修改为："商标注册申请人应当按规定的商品分类表填报使用商标的商品类别和商品名称，提出注册申请。

"商标注册申请人可以通过一份申请就多个类别的商品申请注册同一商标。

"商标注册申请等有关文件，可以以书面方式或者数据电文方式提出。"

十五、将第二十一条改为第二十三条，修改为："注册商标需要在核定使用范围之外的商品上取得商标专用权的，应当另行提出注册申请。"

十六、将第二十三条改为第四十一条。

十七、将第二十七条改为第二十八条，修改为："对申请注册的商标，商标局应当自收到商标注册申请文件之日起九个月内审查完毕，符合本法有关规定的，予以初步审定公告。"

十八、增加一条，作为第二十九条："在审查过程中，商标局认为商标注册申请内容需要说明或者修正的，可以要求申请人做出说明或者修正。申请人未做出说明或者修正的，不影响商标局做出审查决定。"

十九、将第三十条改为第三十三条，修改为："对初步审定公告的商标，自公告之日起三个月内，在先权利人、利害关系人认为违反本法第十三条第二款和第三款、第十五条、第十六条第一款、第三十条、第三十一条、第三十二条规定的，或者任何人认为违反本法第十条、第十一条、第十二条规定的，可以向商标局提出异议。公告期满无异议的，予以核准注册，发给商标注册证，并予公告。"

二十、将第三十一条改为第三十二条。

二十一、将第三十二条改为第三十四条，修改为："对驳回申请、不予公告的商标，商标局应当书面通知商标注册申请人。商标注册申请人不服的，可以自收到通知之日起十五日内向商标评审委员会申请复审。商标评审委员会应当自收到申请之日起九个月内做出决定，并书面通知申请人。有特殊情况需要延长的，经国务院工商行政管理部门批准，可以延长三个月。当事人对商标评审委员会的决定不服的，可以自收到通知之日起三十日内向人民法院起诉。"

二十二、将第三十三条改为第三十五条，修改为："对初步审定公告的商标提出异议的，商标局应当听取异议人和被异议人陈述事实和理由，经调查核实后，自公告期满之日起十二个月内做出是否准予注册的决定，并书面通知异议人和被异议人。有特殊情况需要延长的，经国务院工商行政管理部门批准，可以延长六个月。

"商标局做出准予注册决定的，发给商标注册证，并予公告。异议人不服的，可以依照本法第四十四条、第四十五条的规定向商标评审委员会请求宣告该注册商标无效。

"商标局做出不予注册决定,被异议人不服的,可以自收到通知之日起十五日内向商标评审委员会申请复审。商标评审委员会应当自收到申请之日起十二个月内做出复审决定,并书面通知异议人和被异议人。有特殊情况需要延长的,经国务院工商行政管理部门批准,可以延长六个月。被异议人对商标评审委员会的决定不服的,可以自收到通知之日起三十日内向人民法院起诉。人民法院应当通知异议人作为第三人参加诉讼。

"商标评审委员会在依照前款规定进行复审的过程中,所涉及的在先权利的确定必须以人民法院正在审理或者行政机关正在处理的另一案件的结果为依据的,可以中止审查。中止原因消除后,应当恢复审查程序。"

二十三、将第三十四条改为第三十六条,修改为:"法定期限届满,当事人对商标局做出的驳回申请决定、不予注册决定不申请复审或者对商标评审委员会做出的复审决定不向人民法院起诉的,驳回申请决定、不予注册决定或者复审决定生效。

"经审查异议不成立而准予注册的商标,商标注册申请人取得商标专用权的时间自初步审定公告三个月期满之日起计算。自该商标公告期满之日起至准予注册决定做出前,对他人在同一种或者类似商品上使用与该商标相同或者近似的标志的行为不具有追溯力;但是,因该使用人的恶意给商标注册人造成的损失,应当给予赔偿。"

二十四、将第四章章名修改为"注册商标的续展、变更、转让和使用许可"。

二十五、将第三十八条改为第四十条,修改为:"注册商标有效期满,需要继续使用的,商标注册人应当在期满前十二个月内按照规定办理续展手续;在此期间未能办理的,可以给予六个月的宽展期。每次续展注册的有效期为十年,自该商标上一届有效期满次日起计算。期满未办理续展手续的,注销其注册商标。

"商标局应当对续展注册的商标予以公告。"

二十六、将第三十九条改为第四十二条,增加两款,作为第二款、第三款:"转让注册商标的,商标注册人对其在同一种商品上注册的近似的商标,或者在类似商品上注册的相同或者近似的商标,应当一并转让。

"对容易导致混淆或者有其他不良影响的转让,商标局不予核准,书面通知申请人并说明理由。"

二十七、将第四十条改为第四十三条,第三款修改为:"许可他人使用其注册商标的,许可人应当将其商标使用许可报商标局备案,由商标局公告。商标使用许可未经备案不得对抗善意第三人。"

二十八、将第五章章名修改为"注册商标的无效宣告"。

二十九、将第四十一条、第四十三条合并,改为第四十四条、第四十五条,修改为:

"第四十四条 已经注册的商标,违反本法第十条、第十一条、第十二条规定的,或者是以欺骗手段或者其他不正当手段取得注册的,由商标局宣告该注册商标无效;其他单位或者个人可以请求商标评审委员会宣告该注册商标无效。

"商标局做出宣告注册商标无效的决定,应当书面通知当事人。当事人对商标局的决定不服的,可以自收到通知之日起十五日内向商标评审委员会申请复审。商标评审委员会应当自收到申请之日起九个月内做出决定,并书面通知当事人。有特殊情况需要延长的,经国务院工商行政管理部门批准,可以延长三个月。当事人对商标评审委员会的决定不服的,可以自收到通知之日起三十日内向人民法院起诉。

"其他单位或者个人请求商标评审委员会宣告注册商标无效的,商标评审委员会收到申请后,应当书面通知有关当事人,并限期提出答辩。商标评审委员会应当自收到申请之日起九个月内做出维持注册商标或者宣告注册商标无效的裁定,并书面通知当事人。有特殊情况需要延长的,经国务院工商行政管理部门批准,可以延长三个月。当事人对商标评审委员会的裁定不服的,可以自收到通知之日起三十日内向人民法院起诉。人民法院应当通知商标裁定程序的对方当事人作为第三人参加诉讼。

"第四十五条 已经注册的商标,违反本法第十三条第二款和第三款、第十五条、第十六条第一款、第三十条、第三十一条、第三十二条规定的,自商标注册之日起五年内,在先权利人或者利害关系人可以请求商标评审委员会宣告该注册商标无效。对恶意注册的,驰名商标所有人不受五年的时间限制。

"商标评审委员会收到宣告注册商标无效的申请后,应当书面通知有关当事人,并限期提出答辩。商标评审委员会应当自收到申请之日起十二个月内做出维持注册商标或者宣告注册商标无效的裁定,并书面通知当事人。有特殊情况需要延长的,经国务院工商行政管理部门批准,可以延长六个月。当事人对商标评审委员会的裁定不服的,可以自收到通知之日起三十日内向人民法院起诉。人民法院应当通知商标裁定程序的对方当事人作为第三人参加诉讼。

"商标评审委员会在依照前款规定对无效宣告请求进行审查的过程中,所涉及的在先权利的确定必须以人民法院正在审理或者行政机关正在处理的另一案件的结果为依据的,可以中止审查。中止原因消除后,应当恢复审查程序。"

三十、删除第四十二条。

三十一、增加一条,作为第四十六条:"法定期限届满,当事人对商标局宣告注册商标无效的决定不申请复审或者对商标评审委员会的复审决定、维持注册商标或者宣告注册商标无效的裁定不向人民法院起诉的,商标局的决定或者商标评审委员会的复审决定、裁定生效。"

三十二、增加一条,作为第四十七条:"依照本法第四十四条、第四十五条的规定宣告无效的注册商标,由商标局予以公告,该注册商标专用权视为自始即不存在。

"宣告注册商标无效的决定或者裁定,对宣告无效前人民法院做出并已执行的商标侵权案件的判决、裁定、调解书和工商行政管理部门做出并已执行的商标侵权案件的处理决定以及已经履行的商标转让或者使用许可合同不具有追溯力。但是,因商标注册人的恶意给他人造成的损失,应当给予赔偿。

"依照前款规定不返还商标侵权赔偿金、商标转让费、商标使用费,明显违反公平原则的,应当全部或者部分返还。"

三十三、增加一条,作为第四十八条:"本法所称商标的使用,是指将商标用于商品、商品包装或者容器以及商品交易文书上,或者将商标用于广告宣传、展览以及其他商业活动中,用于识别商品来源的行为。"

三十四、将第四十四条改为第四十九条,修改为:"商标注册人在使用注册商标的过程中,自行改变注册商标、注册人名义、地址或者其他注册事项的,由地方工商行政管理部门责令限期改正；期满不改正的，由商标局撤销其注册商标。

"注册商标成为其核定使用的商品的通用名称或者没有正当理由连续三年不使用的，任何单位或者个人可以向商标局申请撤销该注册商标。商标局应当自收到申请之日起九个月内做出决定。有特殊情况需要延长的，经国务院工商行政管理部门批准，可以延长三个月。"

三十五、删除第四十五条。

三十六、将第四十六条改为第五十条，修改为："注册商标被撤销、被宣告无效或者期满不再续展的，自撤销、宣告无效或者注销之日起一年内，商标局对与该商标相同或者近似的商标注册申请，不予核准。"

三十七、将第四十七条改为第五十一条，将其中的"可以并处罚款"修改为"违法经营额五万元以上的，可以处违法经营额百分之二十以下的罚款，没有违法经营额或者违法经营额不足五万元的，可以处一万元以下的罚款"。

三十八、将第四十八条改为第五十二条，修改为："将未注册商标冒充注册商标使用的，或者使用未注册商标违反本法第十条规定的，由地方工商行政管理部门予以制止，限期改正，并可以予以通报，违法经营额五万元以上的，可以处违法经营额百分之二十以下的罚款，没有违法经营额或者违法经营额不足五万元的，可以处一万元以下的罚款。"

三十九、增加一条，作为第五十三条："违反本法第十四条第五款规定的，由地方工商行政管理部门责令改正，处十万元罚款。"

四十、将第四十九条改为第五十四条，修改为："对商标局撤销或者不予撤销注册商标的决定，当事人不服的，可以自收到通知之日起十五日内向商标评审委员会申请复审。商标评审委员会应当自收到申请之日起九个月内做出决定，并书面通知当事人。有特殊情况需要延长的，经国务院工商行政管理部门批准，可以延长三个月。当事人对商标评审委员会的决定不服的，可以自收到通知之日起三十日内向人民法院起诉。"

四十一、增加一条，作为第五十五条："法定期限届满，当事人对商标局做出的撤销注册商标的决定不申请复审或者对商标评审委员会做出的复审决定不向人民法院起诉的，撤销注册商标的决定、复审决定生效。

"被撤销的注册商标，由商标局予以公告，该注册商标专用权自公告之日起终止。"

四十二、删除第五十条。

四十三、将第五十二条改为第五十七条，第一项改为两项，作为第一项、第二项，修改为："（一）未经商标注册人的许可，在同一种商品上使用与其注册商标相同的商标的；

"（二）未经商标注册人的许可，在同一种商品上使用与其注册商标近似的商标，或者在类似商品上使用与其注册商标相同或者近似的商标，容易导致混淆的"。

增加一项，作为第六项："（六）故意为侵犯他人商标专用权行为提供便利条件，帮助他人实施侵犯商标专用权行为的"。

四十四、增加一条，作为第五十八条："将他人注册商标、未注册的驰名商标作为企业名称中的字号使用，误导公众，构成不正当竞争行为的，依照《中华人民共和国反不正当竞争法》处理。"

四十五、增加一条，作为第五十九条："注册商标中含有的本商品的通用名称、图形、型号，或者直接表示商品的质量、主要原料、功能、用途、重量、数量及其他特点，或者含有的地名，注册商标专用权人无权禁止他人正当使用。

"三维标志注册商标中含有的商品自身的性质产生的形状、为获得技术效果而需有的商品形状或者使商品具有实质性价值的形状，注册商标专用权人无权禁止他人正当使用。

"商标注册人申请商标注册前，他人已经在同一种商品或者类似商品上先于商标注册人使用与注册商标相同或者近似并有一定影响的商标的，注册商标专用权人无权禁止该使用人在原使用范围内继续使用该商标，但可以要求其附加适当区别标识。"

四十六、将第五十三条改为第六十条，修改为："有本法第五十七条所列侵犯注册商标专用权行为之一，引起纠纷的，由当事人协商解决；不愿协商或者协商不成的，商标注册人或者利害关系人可以向人民法院起诉，也可以请求工商行政管理部门处理。

"工商行政管理部门处理时，认定侵权行为成立的，责令立即停止侵权行为，没收、销毁侵权商品和主要用于制造侵权商品、伪造注册商标标识的工具，违法经营额五万元以上的，可以处违法经营额五倍以下的罚款，没有违法经营额或者违法经营额不足五万元的，可以处二十五万元以下的罚款。对五年内实施两次以上商标侵权行为或者有其他严重情节的，应当从重处罚。销售不知道是侵犯注册商标专用权的商品，能证明该商品是自己合法取得并说明提供者的，由工商行政管理部门责令停止销售。

"对侵犯商标专用权的赔偿数额的争议，当事人可以请求进行处理的工商行政管理部门调解，也可以依照《中华人民共和国民事诉讼法》向人民法院起诉。经工商行政管理部门调解，当事人未达成协议或者调解书生效后不履行的，当事人可以依照《中华人民共和国民事诉讼法》向人民法院起诉。"

四十七、将第五十五条改为第六十二条，将第一款第二项中的"帐簿"修改为"账簿"。

增加一款，作为第三款："在查处商标侵权案件过程中，对商标权属存在争议或者权利人同时向人民法院提起商标侵权诉讼的，工商行政管理部门可以中止案件的查处。中止原因消除后，应当恢复或者终结案件查处程序。"

四十八、将第五十六条第一款、第二款改为第六十三条，修改为："侵犯商标专用权的赔偿数额，按照权利人因被侵权所受到的实际损失确定；实际损失难以确定的，可以按照侵权人因侵权所获得的利益确定；权利人的损失或者侵权人获得的利益难以确定的，参照该商标许可使用费的倍数合理确定。对恶意侵犯商标专用权，情节严重的，可以在按照上述方法确定数额的一倍以上三倍以下确定赔偿数额。赔偿数额应当包括权利人为制止侵权行为所支付的合理开支。

"人民法院为确定赔偿数额，在权利人已经尽力举证，而与侵权行为相关的账簿、资料主要由侵权人掌握的情况下，可以责令侵权人提供与侵权行为相关的账簿、资料；侵权人不提供或者提供虚假的账簿、资料的，人民法院可以参考权利人的主张和提供的证据判定赔偿数额。

"权利人因被侵权所受到的实际损失、侵权人因侵权所获得的利益、注册商标许可使用费难以确定的，由人民法院根据侵权行为的情节判决给予三百万元以下的赔偿。"

四十九、增加一条，作为第六十四条，第一款为："注册商标专用权人请求赔偿，被控侵权人以注册商标专用权人未使用注册商标提出抗辩的，人民法院可以要求注册商标专用权人提供此前三年内实际使用该注册商标的证据。注册商标专用权人不能证明此前三年内实际使用过该注册商标,也不能证明因侵权行为受到其他损失的,被控侵权人不承担赔偿责任。"

将第五十六条第三款改为第六十四条第二款,修改为:"销售不知道是侵犯注册商标专用权的商品,能证明该商品是自己合法取得并说明提供者的,不承担赔偿责任。"

五十、将第五十七条改为第六十五条,修改为:"商标注册人或者利害关系人有证据证明他人正在实施或者即将实施侵犯其注册商标专用权的行为,如不及时制止将会使其合法权益受到难以弥补的损害的,可以依法在起诉前向人民法院申请采取责令停止有关行为和财产保全的措施。"

五十一、将第五十八条改为第六十六条,修改为:"为制止侵权行为,在证据可能灭失或者以后难以取得的情况下,商标注册人或者利害关系人可以依法在起诉前向人民法院申请保全证据。"

五十二、增加一条,作为第六十八条:"商标代理机构有下列行为之一的,由工商行政管理部门责令限期改正,给予警告,处一万元以上十万元以下的罚款;对直接负责的主管人员和其他直接责任人员给予警告,处五千元以上五万元以下的罚款;构成犯罪的,依法追究刑事责任:

"(一)办理商标事宜过程中,伪造、变造或者使用伪造、变造的法律文件、印章、签名的;

"(二)以诋毁其他商标代理机构等手段招徕商标代理业务或者以其他不正当手段扰乱商标代理市场秩序的;

"(三)违反本法第十九条第三款、第四款规定的。

"商标代理机构有前款规定行为的,由工商行政管理部门记入信用档案;情节严重的,商标局、商标评审委员会并可以决定停止受理其办理商标代理业务,予以公告。

"商标代理机构违反诚实信用原则,侵害委托人合法利益的,应当依法承担民事责任,并由商标代理行业组织按照章程规定予以惩戒。"

五十三、将第六十二条改为第七十一条,将其中的"行政处分"修改为"处分"。

本决定自2014年5月1日起施行。

《中华人民共和国商标法》根据本决定作相应修改并对条文顺序作相应调整,重新公布。

《内地与澳门关于建立更紧密经贸关系的安排》补充协议十

为进一步提高内地[①]与澳门特别行政区(以下简称"澳门")经贸交流与合作的水平,根据:

2003年10月17日签署的《内地与澳门关于建立更紧密经贸关系的安排》(以下简称

---

① 《安排》中,内地系指中华人民共和国的全部关税领土。

"《安排》");

2004年10月29日签署的《〈安排〉补充协议》;
2005年10月21日签署的《〈安排〉补充协议二》;
2006年6月26日签署的《〈安排〉补充协议三》;
2007年7月2日签署的《〈安排〉补充协议四》;
2008年7月30日签署的《〈安排〉补充协议五》;
2009年5月11日签署的《〈安排〉补充协议六》;
2010年5月28日签署的《〈安排〉补充协议七》;
2011年12月14日签署的《〈安排〉补充协议八》;
2012年7月2日签署的《〈安排〉补充协议九》;

双方决定,就内地在服务贸易领域对澳门扩大开放、加强金融合作、促进贸易投资便利化签署本协议。

一、服务贸易

(一)自2014年1月1日起,内地在《安排》、《〈安排〉补充协议》、《〈安排〉补充协议二》、《〈安排〉补充协议三》、《〈安排〉补充协议四》、《〈安排〉补充协议五》、《〈安排〉补充协议六》、《〈安排〉补充协议七》、《〈安排〉补充协议八》和《〈安排〉补充协议九》开放服务贸易承诺的基础上,在法律、建筑、计算机及其相关服务、房地产、市场调研、技术检验和分析、人员提供与安排、建筑物清洁、摄影、印刷、会展、笔译和口译、电信、视听、分销、环境、银行、证券、医院服务、社会服务、旅游、文娱、体育、海运、航空运输、公路运输、货代、商标代理等28个领域进一步放宽市场准入的条件,新增加复制服务和殡葬设施的开放措施。具体内容载于本协议附件。

(二)本协议附件是《安排》附件4表1《内地向澳门开放服务贸易的具体承诺》、《〈安排〉补充协议》附件3《内地向澳门开放服务贸易的具体承诺的补充和修正》、《〈安排〉补充协议二》附件2《内地向澳门开放服务贸易的具体承诺的补充和修正二》、《〈安排〉补充协议三》附件《内地向澳门开放服务贸易的具体承诺的补充和修正三》、《〈安排〉补充协议四》附件《内地向澳门开放服务贸易的具体承诺的补充和修正四》、《〈安排〉补充协议五》附件《内地向澳门开放服务贸易的具体承诺的补充和修正五》、《〈安排〉补充协议六》附件《内地向澳门开放服务贸易的具体承诺的补充和修正六》、《〈安排〉补充协议七》附件《内地向澳门开放服务贸易的具体承诺的补充和修正七》、《〈安排〉补充协议八》附件《内地向澳门开放服务贸易的具体承诺的补充和修正八》和《〈安排〉补充协议九》附件《内地向澳门开放服务贸易的具体承诺的补充和修正九》的补充和修正。与前十者条款产生抵触时,以本协议附件为准。

(三)本协议附件中的"服务提供者",应符合《安排》附件5《关于"服务提供者"定义及相关规定》的有关规定。

(四)本协议附件中的"合同服务提供者",是为履行雇主从内地获取的服务合同,进入内地提供临时性服务的持有澳门特别行政区身份证明文件的自然人。其雇主为在内地无商业存在的澳门服务提供者。合同服务提供者在内地期间报酬由雇主支付。合同服务提供者应具备与所提供服务相关的学历和技术（职业）资格。在内地停留期间不得从事与合同无关的服务活动。

二、金融合作

积极支持符合资格的澳门保险业者参与经营内地交通事故责任强制保险业务。对澳门保险业者提出的申请，将根据有关规定积极考虑，并提供便利。

三、贸易投资便利化

（一）双方同意进一步加强商品检验、动植物检验检疫、食品安全、卫生检疫、认证认可及标准化管理领域的合作，并据此将《安排》附件6第五条第（二）款第4项认证认可及标准化管理增加以下内容：

"（1）推动粤澳第三方检测和认证服务的检测认证结果互认。

（2）按照具体认证的要求，推动粤澳自愿认证的认证检测结果互认。

（3）对于推动强制性产品认证（CCC认证）检测认证结果互认问题，遵照《中华人民共和国认证认可条例》、《安排》等国家相关法律法规、条约的相关规定执行。

（4）促进粤澳商品贸易供应链效率，对澳门特别行政区的商品条码系统成员开放商品信息平台，享受与内地系统成员相同的服务。

（5）加强粤澳商品信息资源共享，借助商品条码的全球唯一性，实现两地流通商品信息的相互核实查验，以共同打击假冒商品，优化营商环境。"

（二）双方采取以下措施，进一步加强知识产权保护领域的合作：

支持研究粤澳共同推进知识产权交易与融资，探讨粤澳两地合作开展知识产权评估互认等业务的可行性。

四、附件

本协议的附件构成本协议的组成部分。

五、生效

本协议自双方代表正式签署之日起生效。

本协议以中文书就，一式两份。

本协议于二〇一三年八月三十日在澳门签署。

附件：内地向澳门开放服务贸易的具体承诺的补充和修正十（略——编者注）

中华人民共和国	中华人民共和国
商务部副部长	澳门特别行政区经济财政司司长
高　燕	谭伯源
（签署）	（签署）

《内地与香港关于建立更紧密经贸关系的安排》补充协议十

为进一步提高内地①与香港特别行政区（以下简称香港）经贸交流与合作的水平，根据：

2003年6月29日签署的《内地与香港关于建立更紧密经贸关系的安排》（以下简称《安排》）及于2003年9月29日签署的《安排》附件；

2004年10月27日签署的《〈安排〉补充协议》；

2005年10月18日签署的《〈安排〉补充协议二》；

2006年6月27日签署的《〈安排〉补充协议三》；

2007年6月29日签署的《〈安排〉补充协议四》；

2008年7月29日签署的《〈安排〉补充协议五》；

2009年5月9日签署的《〈安排〉补充协议六》；

2010年5月27日签署的《〈安排〉补充协议七》；

2011年12月13日签署的《〈安排〉补充协议八》；

2012年6月29日签署的《〈安排〉补充协议九》；

双方决定，就内地在服务贸易领域对香港扩大开放、加强金融合作、促进贸易投资便利化签署本协议。

一、服务贸易

（一）自2014年1月1日起，内地在《安排》、《〈安排〉补充协议》、《〈安排〉补充协议二》、《〈安排〉补充协议三》、《〈安排〉补充协议四》、《〈安排〉补充协议五》、《〈安排〉补充协议六》、《〈安排〉补充协议七》、《〈安排〉补充协议八》和《〈安排〉补充协议九》开放服务贸易承诺的基础上，在法律、建筑、计算机及其相关服务、房地产、市场调研、技术检验和分析、人员提供与安排、建筑物清洁、摄影、印刷、会展、笔译和口译、电信、视听、分销、环境、银行、证券、医院服务、社会服务、旅游、文娱、体育、海运、航空运输、公路运输、货代、商标代理等28个领域进一步放宽市场准入的条件，新增加复制服务和殡葬设施的开放措施。具体内容载于本协议附件。

（二）本协议附件是《安排》附件4表1《内地向香港开放服务贸易的具体承诺》、《〈安排〉补充协议》附件3《内地向香港开放服务贸易的具体承诺的补充和修正》、《〈安排〉补充协议二》附件2《内地向香港开放服务贸易的具体承诺的补充和修正二》、《〈安排〉补充协议三》附件《内地向香港开放服务贸易的具体承诺的补充和修正三》、《〈安排〉补充协议四》附件《内地向香港开放服务贸易的具体承诺的补充和修正四》、《〈安排〉补充协议五》附件《内地向香港开放服务贸易的具体承诺的补充和修正五》、《〈安排〉补充协议六》附件《内地向香港开放服务贸易的具体承诺的补充和修正六》、《〈安排〉补充协议七》附件《内

---

① 《安排》中，内地系指中华人民共和国的全部关税领土。

地向香港开放服务贸易的具体承诺的补充和修正七》、《〈安排〉补充协议八》附件《内地向香港开放服务贸易的具体承诺的补充和修正八》和《〈安排〉补充协议九》附件《内地向香港开放服务贸易的具体承诺的补充和修正九》的补充和修正。与前十者条款产生抵触时，以本协议附件为准。

（三）本协议附件中的"服务提供者"，应符合《安排》附件5《关于"服务提供者"定义及相关规定》的有关规定。

（四）本协议附件中的"合同服务提供者"，是为履行雇主从内地获取的服务合同，进入内地提供临时性服务的持有香港特别行政区身份证明文件的自然人。其雇主为在内地无商业存在的香港服务提供者。合同服务提供者在内地期间报酬由雇主支付。合同服务提供者应具备与所提供服务相关的学历和技术（职业）资格。在内地停留期间不得从事与合同无关的服务活动。

二、金融合作

（一）积极研究内地与香港基金产品互认。

（二）积极支持符合资格的香港保险业者参与经营内地交通事故责任强制保险业务。对香港保险业者提出的申请，将根据有关规定积极考虑，并提供便利。

三、贸易投资便利化

（一）双方同意进一步加强商品检验检疫、食品安全、质量标准领域的合作，并据此将《安排》附件6第五条第（二）款第4项认证认可及标准化管理增加以下内容：

"（1）推动粤港第三方检测和认证服务的检测认证结果互认。

（2）按照具体认证的要求，推动粤港自愿认证的认证检测结果互认。

（3）对于推动强制性产品认证（CCC认证）检测认证结果互认问题，遵照《中华人民共和国认证认可条例》、《安排》等国家相关法律法规、条约的相关规定执行。

（4）促进粤港商品贸易供应链效率，对香港特别行政区的商品条码系统成员开放商品信息平台，享受与内地系统成员相同的服务。

（5）加强粤港商品信息资源共享，借助商品条码的全球唯一性，实现两地流通商品信息的相互核实查验，以共同打击假冒商品，优化营商环境。"

（二）双方采取以下措施，进一步加强知识产权保护领域的合作：

支持研究粤港共同推进知识产权交易与融资，探讨粤港两地合作开展知识产权评估互认等业务的可行性。

四、附件

本协议的附件构成本协议的组成部分。

五、生效

本协议自双方代表正式签署之日起生效。

本协议以中文书就，一式两份。

本协议于二〇一三年八月二十九日在香港签署。

附件：内地向香港开放服务贸易的具体承诺的补充和修正十（略——编者注）

<table>
<tr><td align="center">中华人民共和国
商务部副部长
高 燕
（签署）</td><td align="center">中华人民共和国
香港特别行政区财政司司长
曾俊华
（签署）</td></tr>
</table>

工业和信息化部关于印发信息化和工业化深度融合专项行动计划（2013—2018年）的通知

工信部信〔2013〕317号

各省、自治区、直辖市及新疆生产建设兵团工业和信息化主管部门，各省、自治区、直辖市通信管理局，有关行业协会，有关单位：

现将《信息化和工业化深度融合专项行动计划（2013—2018年）》印发给你们，请结合本地区、本单位实际，认真贯彻执行。

附件：信息化和工业化深度融合专项行动计划（2013—2018年）（略——编者注）

工业和信息化部
2013年8月23日

国家发展改革委关于印发黑龙江和内蒙古东北部地区沿边开发开放规划的通知

发改地区〔2013〕1532号

黑龙江省、内蒙古自治区人民政府，国务院有关部门、直属机构：

根据《国务院关于黑龙江和内蒙古东北部地区沿边开发开放规划的批复》（国函

[2013] 81号),现将《黑龙江和内蒙古东北部地区沿边开发开放规划》(以下简称《规划》)印发你们,并就有关事项通知如下:

一、《规划》实施要高举中国特色社会主义伟大旗帜,以邓小平理论、"三个代表"重要思想、科学发展观为指导,积极实施国家沿边开放战略,以开放促开发,着力转变发展方式,完善沿边城镇体系,构筑外向型产业体系,推进基础设施内外对接,加快边疆社会事业发展,加强生态建设和环境保护,努力将黑龙江和内蒙古东北部地区建设成为我国对俄罗斯及东北亚开放的桥头堡和枢纽站,在新一轮沿边开发开放中作出更大贡献。

二、请黑龙江省、内蒙古自治区人民政府加强对《规划》实施的组织领导,制定实施方案,明确分工,落实责任,完善机制,推动规划实施。要建立黑龙江省和内蒙古自治区人民政府主要负责同志牵头的区域协作机制,协调解决《规划》实施过程中的重大问题。要加强地方总体规划、专项规划、区域规划与本规划的衔接,全面落实《规划》明确的各项任务。《规划》实施涉及的重大政策和建设项目按程序另行报批。

三、请国务院有关部门结合各自职能分工,制定具体政策措施,加强对规划实施的指导,做好与相关专项规划的衔接协调,在政策实施、项目建设、资金投入、体制创新等方面给予积极支持,帮助解决《规划》实施中遇到的重大问题,为促进黑龙江和内蒙古东北部地区沿边开发开放营造良好的政策环境。

四、我委将按照国务院的批复精神,加强对《规划》实施的统筹协调和跟踪分析,会同黑龙江省和内蒙古自治区人民政府开展规划实施情况的评估工作,及时向国务院报告实施情况。

附件:黑龙江和内蒙古东北部地区沿边开发开放规划(略——编者注)

国家发展改革委
2013年8月9日

国家发展改革委关于印发2012年西部大开发工作进展情况和2013年工作安排的通知

发改西部〔2013〕1529号

各省、自治区、直辖市人民政府、新疆生产建设兵团,国务院西部地区开发领导小组成员单位、国资委、知识产权局、证监会、保监会、邮政局、铁路总公司,军队参加和支援西部大开发领导小组办公室:

《2012年西部大开发工作进展情况和2013年工作安排》已经国务院领导同志审定同意,

现印发你们,请结合实际情况认真贯彻执行。

附件:2012年西部大开发工作进展情况和2013年工作安排

国家发展改革委
2013 年 8 月 8 日

附件:

2012年西部大开发工作进展情况和2013年工作安排

一、2012年进展情况

2012年,各地区、各部门、各单位认真贯彻落实党中央、国务院关于深入实施西部大开发的战略部署,以西部大开发2012年工作安排为指导,完善落实政策措施,强化资金项目支持,努力营造西部大开发良好发展环境。西部地区各族干部群众紧抓战略机遇,有效应对各种挑战,奋力推动经济社会继续保持良好发展态势,为全国经济持续健康发展做出了新的贡献。

(一)西部地区经济持续健康发展。2012年,西部地区实现生产总值113 915亿元,增长12.5%,占全国国内生产总值比重由上年的19.2%提高到19.8%。完成固定资产投资(不含农户)86 150亿元,增长24.7%。实现社会消费品零售总额36 614亿元,增长15.8%。进出口总额达到2 364亿美元,增长28.5%。地方公共财政收入12 765亿元,增长18.0%。城乡居民收入大幅提高,增长速度与经济发展基本保持同步。到2012年末,西部地区人民币贷款余额12.1万亿元,增速比全国高2.7个百分点。自2007年起,西部地区主要经济指标增速已连续6年超过东部地区和全国平均水平,基本扭转了与其他地区发展差距不断扩大的势头,并成为我国经济增长潜力最大的区域。

(二)规划引导和政策支持力度不断加大。国务院批复实施《西部大开发"十二五"规划》,明确了"十二五"期间西部开发工作思路和主要目标任务。国务院印发进一步促进贵州经济社会又好又快发展的若干意见,批复同意了云南面向西南开放桥头堡、陕甘宁革命老区、呼包银榆经济区、天山北坡经济带等重点区域发展规划,以及乌蒙山、秦巴山等西部5个片区区域发展与扶贫攻坚规划。《西部大开发水利发展"十二五"规划》等一批专项规划编制实施。多层次的对口支援、对口帮扶体系初步建立,对新疆、西藏、青海等省藏区以及贵州困难市州的扶持力度进一步加大。中央财政对西部地区均衡性转移支付4 020亿元,增长13.0%,对西部专项扶贫资金转移支付增长22.8%。利用国际金融组织贷款15.42亿美元,支持西部地区经济社会事业发展。鼓励类产业及优势产业项目在投资总额内进口的自用设备在政策规定范围内免征关税以及企业所得税优惠政策得到有效落实。对西部企业申请首次公开发行股票和并购重组实行优先审核的特殊政策,西部担保机构申报中小企业信用担保资金条件进一步放宽。新设立9家非银行金融机构，组建287家新型农村金融机构。实行中央分成新增建设用地有偿使用费向西部地区倾斜的政策，安排71.7亿元支持西部地区实施土地整治和高标准基本农田建设。甘肃舟曲灾后恢复重建胜利完成，青海玉树重建工作稳步推进。

（三）特色优势产业发展步伐加快。 工业化进程扎实推进。完成一批重要矿区勘查开发专项规划编制，青藏高原等地区获得重要找矿新发现。启动建设甘肃金川等19家矿产资源综合利用示范基地。批复一批煤炭矿区总体规划，新核准煤矿项目的年生产能力达到2660万吨。石油天然气产量占全国产量比重进一步提高，鄂尔多斯盆地东缘煤层气产业化基地初具规模，重庆等省（市）煤矿瓦斯抽采量均超过3亿立方米，新疆伊犁煤制天然气、内蒙古10万吨甜高粱秸秆燃料乙醇等重大项目获得核准，宁夏煤炭间接液化等项目前期工作进展顺利。核准火电项目1205万千瓦，向家坝等大型水电站投产发电，观音岩等一批大中型水电项目开工建设。核准哈密东南部、酒泉风电基地二期等百万千瓦级风电项目，批复实施吐鲁番新能源微电网示范项目，推进宁夏新能源综合示范区建设。重庆钢铁节能减排环保搬迁等重点项目顺利实施。国家产业振兴和技术改造专项、智能制造装备发展专项等重大产业专项继续加大对西部地区支持力度。安排战略性新兴产业发展专项资金6.5亿元，支持西部地区100多个项目建设。西部地区的老工业基地调整改造工作有序推进，25个地级市和省会城市的9个老工业区列入《全国老工业基地调整改造规划（2013—2020年）》。中央财政安排西部地区资源枯竭城市转移支付40.8亿元，中央预算内投资支持转型项目21个。

特色农业和现代服务业稳步发展。中央投入180多亿元，专项用于支持西部地区加强粮棉油、畜产品生产能力建设以及农业机械化推广。农业综合开发、小型农田水利和种业基地建设等惠农工程稳步实施，以黄土高原苹果、新疆棉花和水果、桂滇甘蔗等为代表的特色农业产业带初步形成。现代物流技术应用、城市共同配送和"万村千乡市场工程"、"西果东送"农产品现代流通等试点项目有序推进。文化创意、现代物流、知识产权服务等现代服务业加快发展。旅游基础设施建设和产品开发力度继续加大，到西部地区旅游人数达到1923.5万人次，比上年增加18.1%；旅游外汇收入达到84.4亿美元，比上年增加20.6%。

（四）基础设施建设深入推进。 新开工西部大开发重点工程22项，投资总规模5778亿元。设立西部大开发重点项目前期工作专项补助资金，加强重大项目储备。加快推进西部地区对外联系通道、区域开发性铁路建设，新建铁路投产里程1793公里，增建铁路复线投产里程1428公里。西部地区"八纵八横"骨架公路建设加快，公路建设补助标准显著提高，新增公路通车里程3.7万公里，其中高速公路3335公里，农村公路3.2万公里。民航航线网络和机场布局进一步优化，新建遵义机场，迁建昆明机场，改扩建成都、西安等机场，民用运输机场数达到91个。长江干线、西江航运干线等高等级航道和航运枢纽及港口建设项目取得新进展。城市轨道交通规划建设有序推进。一批重点水利枢纽工程开工建设和投产运营，大中型水库及城市水源工程建设加快推进。江河治理、灌区续建配套与节水改造、病险水库水闸除险加固、农村饮水安全等工程和山洪灾害监测预警系统建设全面推进。新增农村水电装机154万千瓦，重庆、广西农村水电增效扩容改造工程试点取得明显成效。藏中电网、新疆750千伏主网架、西南水电外送、新疆和内蒙古风电外送、农网改造升级和无电地区电力建设等重点工程进展顺利。西气东输三线、中卫—贵阳管线等重点输气项目开工建设。补建2 229个乡镇邮政局所。92%的20户以上自然村通电话，67%的行政村通宽带。基础设施建设用地得到及时保障，批准单独选址建设项目用地412件、面积310.5万亩。

（五）**生态建设和环境保护取得新进展**。安排中央林业投资440.2亿元，继续实施天然林资源保护、京津风沙源治理、石漠化综合治理、湿地保护等重点生态工程。巩固退耕还林成果专项安排基本口粮田建设770万亩、户用沼气17万口、生态移民17万人，特色种植业1 183万亩，补植补造480万亩。安排草原生态保护补助奖励资金139亿元。退牧还草工程安排围栏建设6 606万亩，退化草原补播2 191万亩，人工饲草地建设83万亩，舍饲圈棚建设6.5万户。小水电代燃料生态保护工程建设装机19万千瓦，解决16.8万户农村居民的生活燃料问题。治理水土流失面积6 553.2平方公里，实施坡改梯68.8万亩。建立健全生态补偿机制，中央财政安排重点生态功能区转移支付371亿元。深入开展生态文明市（县）示范工程试点，批复内蒙古乌兰察布等13个市（州、盟）和重庆巫山县等74个县（市、区、旗、团）为生态文明工程示范试点市县，批复贵阳建设全国生态文明示范城市。继续实施重点流域污染治理、重金属污染综合防治、重点区域大气污染防治、良好湖泊生态环境保护、尾矿库闭库治理等环保工程。继续支持重点节能工程和园区循环化改造示范试点、鄂尔多斯等城市工业固废综合利用试点、"城市矿产"示范基地建设，启动资源综合利用"双百工程"。稳步推进历史文化名城名镇名村、风景名胜区和世界遗产保护，新建古日格斯台等12个国家自然保护区和青格达湖国家城市湿地公园。

（六）**教育科技人才事业得到加强**。继续把教育放在优先地位。学前教育投入进一步加大，重点支持利用农村闲置校舍改扩建幼儿园和在农村中小学增设附属幼儿园，积极支持民办幼儿园和城市集体企事业单位开办幼儿园。中央安排资金590多亿元，全面实施农村初中校舍改造、农村义务教育薄弱学校改造、农村义务教育学生营养改善计划等项目。民族地区普通高中建设不断加强。中职教育示范校建设加快实施，东西部地区职校联合招生、合作办学和对口支援工作扎实推进。新设立32所普通高校，东部支援中西部地区招生协作计划比上年增加2万人。中西部地区高校基础能力建设工程启动实施。对口支援西部高校的受援范围进一步扩大。国家助学金、奖学金和中职教育免学费政策向西部地区倾斜，继续实施西部开发助学工程，免费师范生招生规模进一步增加。农村学校教育硕士师资培养计划、农村义务教育阶段学校教师特设岗位计划、中小学教师国家级培训计划稳步实施。累计新建改扩建边远艰苦地区农村学校教师周转宿舍6.4万套。

科技支撑能力继续增强。相关国家科技计划专项基金继续向西部地区倾斜。新建新疆荒漠与绿洲生态等国家重点试验室以及重点实验室培育基地、国家野外科学观测研究站。累计支持西部地区建设70多个国家工程实验室、国家认定企业技术中心、国家地方联合工程研究中心（实验室）。"西部行动计划"、"院地合作西部专项工程"、"西部行动高技术项目计划"等取得新进展。云南玉溪等4个省级产业园区升级为国家级高新区。乌鲁木齐获批为国家创新型试点城市，重庆、成都、兰州、西安成为首批国家文化和科技融合示范基地。科技富民强县专项行动计划、科普惠农兴村行动专项、科技惠民计划试点、科技特派员农村创业行动等深入开展。知识产权投融资服务体系逐步健全，发明、实用新型和外观设计等专利的全年申请受理20.6万件，同比增长34.2%。

人才开发扎实推进。组织实施西部地区人才培养特别项目、少数民族高层骨干人才培养计划和边远贫困地区、边疆民族地区和革命老区人才支持计划等工程,"千人计划"、"长江学者奖励计划"、"春晖计划"继续向西部地区倾斜。深入开展党政领导干部双向交流,安排一批西部地区干部到中央、国家机关和经济相对发达地区挂职锻炼。博士服务团、"西部之光"人才培训计划、东部城市对口支援西部地区人才培训计划、西部地区管理人才创新培训工程等工作继续推进。举办公务员对口培训班31期,培训2 200余人。组织高级专家和留学回国人员赴西部基层一线开展技术咨询服务活动。引智规模进一步增大,聘请外国专家6 681人次,资助专业人才出国(境)培训2 991人次。艰苦边远地区津贴动态调整机制逐步完善,事业单位岗位设置管理实施工作全面完成。

(七)社会事业薄弱环节进一步改善。就业和社会保障水平稳步提高。"春风行动"、"雨露计划"等就业服务项目深入实施。在126个县(市、区)开展基层就业和社会保障服务设施建设试点。继续鼓励高校毕业生到西部地区就业,"三支一扶"、"西部计划"等项目有序推进,招募毕业生15万人。开展通过职业教育实现就业和脱贫试点,指导西部地区落实职业培训有关政策,做好各类职业技能培训。在67个县(市、区)开展农民创业促进工程试点,农民创业环境逐步改善。继续实施下岗失业人员小额担保贷款贴息政策,支持就业困难人员创业再就业。城镇职工基本养老、基本医疗、失业、工伤、生育保险参保人数较上年分别增长7.8%、27.4%、6.3%、10.9%、10.1%。实现新型农村和城镇居民社会养老保险制度全覆盖,3 700多万城乡老年居民按月领取基础养老金。研究企业职工基本养老保险与城乡居民社会养老保险转移接续办法。社会保障卡实际持卡人数达到7 234万人。城镇职工、居民医保初步实现市级统筹,新农合参合率达到97.7%,居民医保和新农合财政补助标准提高到每人每年240元。重特大疾病医疗救助试点稳步推进。城乡居民最低生活保障基本实现应保尽保,保障标准进一步提高。中央财政下达城镇保障性安居工程建设补助资金770亿元,较上年增加80亿元;住房公积金贷款支持保障性住房建设试点城市增加到31个,新增贷款238.8亿元。城镇保障性安居工程建成220万套,农村危房改造竣工218.9万户。社会福利事业投入明显增加,社会治安防控体系建设深入推进,综合应急救援体系初步建立,防灾减灾救灾工作进一步加强。

医疗卫生和文化事业进一步加强。中央财政投入西部地区公共卫生和医改专项经费149亿元,城乡卫生服务网络不断完善,医疗卫生服务条件得到改善,应急能力显著提高。重点传染病防控、地方病和重性精神疾病防治工作扎实推进。医疗人才培养和对口支援力度进一步加大,"万名医师支援农村卫生"、"县级医院骨干医师培训"、农村订单定向医学生免费培养、全科医生转岗培训等项目深入开展。农村部分计划生育家庭奖励扶助制度、"少生快富"工程和计划生育特别扶助不断完善,基层计划生育服务体系建设继续推进,638个县(市、区)纳入国家免费孕前优生健康检查项目试点范围。农村孕产妇住院分娩补助、妇女"两癌"筛查等项目全面展开,贫困地区儿童营养改善项目启动实施。广播电视"村村通"、直播卫星公共服务、文化信息资源共享、西新工程、流动舞台车等项目继续实施,公益性文化设施免费开放和国家公共文化示范区创建稳步推进。数字图书馆推广工程全面启动。非物质文化遗产和代表性传承人保护得到加强。基层公共体育设施建设得到加强。加大基层科普行动专项资金投入。

(八)改革开放不断深化。重点领域和关键环节改革继续推进。成都、重庆统筹城乡综合配套改革不断深入，积极探索创新体制机制的新路子。集体林权制度改革进展顺利，已确权集体林占纳入改革范围总面积的98.6%，4 072万农户拿到林权证。城乡水务一体化管理稳步推进，内蒙古等7省（区）开展农业水价综合改革。重庆等3省（市、区）开展排污权交易试点。启动低丘缓坡荒滩等未利用地开发利用试点和工矿废弃地复垦利用试点。高校专业学位研究生教育综合改革试点取得进展。

区域合作和对内对外开放成效明显。西部地区承接产业转移速度加快，重庆、四川、云南、陕西、青海、宁夏等省份实际利用外来资金增幅均达两位数，一批电子、汽车、家电、装备制造等大型企业落户西部，广西桂东、重庆沿江、宁夏银川承接产业转移示范区示范效果不断显现。内陆开发开放全面展开。宁夏内陆开放型经济试验区批准设立。中国—马来西亚钦州产业园区等5家国家级经济技术开发区和银川、西安高新2个综合保税区获得批准，遂宁等7个省级开发区升级为国家级开发区，乌鲁木齐、石河子国家级开发区和广西北海出口加工区完成扩区。批准贵阳、南宁、桂林等地口岸签证业务。陆续开放重庆、成都、西安为大陆居民赴台湾个人旅游试点城市。中哈霍尔果斯国际边境合作中心投入运营，广西东兴、云南瑞丽、内蒙古满洲里重点开发开放试验区建设实施方案获得批准，内蒙古阿尔山公路口岸获准开放。兴边富民行动深入推进。西部地区与东中部和周边地区的经济合作稳步加强。修订《中西部地区外商投资优势产业目录》。全年实际利用外商直接投资99.2亿美元，占全国利用外资总量的8.9%，韩国三星12寸存储器生产线落户西安。

二、2013年工作安排

2013年做好西部大开发工作，要全面贯彻落实党的十八大精神和党中央、国务院关于深入实施西部大开发的战略部署，进一步细化完善政策措施，进一步加大支持力度，加强对西部地区发展形势的预判、政策措施预研和重大项目储备，不断改善投资发展环境，不断增强经济发展的内生动力，不断提高经济增长的质量和效益，不断改善城乡居民生产生活条件，实现西部地区经济持续健康发展和社会和谐稳定。

（一）**落实和完善西部大开发政策措施**。进一步完善西部大开发政策措施，研究制定向西开放政策性文件。进一步加大中央财政对西部地区均衡性转移支付力度，已有专项转移支付继续向西部地区倾斜。中央预算内资金年度投资计划要加强对西部地区的支持，认真落实中央安排的公益性建设项目取消西部地区县以下（含县）以及集中连片特殊困难地区市地级配套资金的政策。支持西部地区创新型区域和城市发展，研究制定科技助推西部地区转型发展行动计划。实施差别化土地政策，新增建设用地计划指标继续适当向西部地区倾斜，严格规范西部地区城乡建设用地增减挂钩试点。深化金融改革与创新，积极推动以多种方式筹集西部开发建设资金。继续积极利用国际金融组织优惠资金。扎实推进对口援疆、援藏、援助青海等省藏区和对口帮扶贵州工作，加大对特殊困难的民族自治州政策扶持力度。坚持正确舆论导向，做好优先推进西部大开发宣传报道。

加强规划指导。深入实施《西部大开发"十二五"规划》及重点专项、区域发展规划，进一步加强规划实施的督促检查，切实把规划确定的目标、任务落到实处。组织开展兰（州）西（宁）格（尔木）经济区等区域规划的编制工作，启动编制攀西—六盘水资源富集地区等一批区域发展规划前期工作。全力实施集中连片特殊困难地区区域发展与扶贫攻坚规划，编制省级实施规划，促进贫困地区加快发展。研究推动西部地区特色小城镇发展。扎实推进重庆两江新区和甘肃兰州新区建设，规范城市新区发展。

（二）**大力发展特色优势产业**。继续加大农业投入力度。推进高标准农田和农田水利建设，着力提高农业综合生产能力。加强优势产区粮食、棉花、油料、糖料、桑蚕等农作物生产，支持生猪、奶牛、肉羊等标准化规模养殖场（小区）建设，鼓励发展林产业、沙产业。加强农业科技推广和公共服务。改善农业设施装备条件，积极推进农业产业化。大力支持农民合作组织发展，推动支农项目与农民合作组织对接，开展农民专业合作示范社建设。提高农产品流通效率，继续实施"西果东送"、万村千乡市场工程、新农村现代流通网络等工程。强化重大动物疫病防控和农产品质量安全监管。严守耕地红线，建立健全基本农田保护补偿机制。大力推进农村土地整治，实施土地整治重大工程。

调整优化能源结构和项目布局。合理安排火电项目，发展低热值煤发电项目，抓好在建的重点水电项目建设，进一步推进重点流域梯级电站前期工作。优化风电、太阳能发电布局，研究哈密风电基地项目规划和哈密、宁夏风电外送技术方案，深入研究酒泉基地风电与黄河上游水电协调运行。加强矿区总体规划管理，合理安排新建、改扩建煤矿项目，鼓励煤矿企业兼并重组和淘汰落后产能，加快煤炭、煤层气、页岩气勘探开发与综合利用。稳步推进大型炼油、煤制燃料和生物燃料项目建设。支持重大能源装备技术改造和国家能源研发中心（实验室）建设。加强国土资源调查评价，加快矿产资源接续基地建设。实施鄂尔多斯盆地矿产资源勘查开采专项规划，积极推进矿产资源节约与综合利用。加强土地和矿业权市场建设，改善矿业勘探开发投资环境，加强与周边国家矿业合作。

积极推进产业转型升级。在国家产业振兴和技术改造专项资金中安排中西部地区专题，支持优势矿产资源开发利用和民族医药产业发展。中小企业发展等专项资金继续向西部地区倾斜。加强政策引导，化解产能过剩矛盾。加快培育具有区域特色的战略性新兴产业，实施国家重大科技计划和重大科技工程，积极支持新能源、节能环保、新材料、生物产业等领域的技术研发和创新活动。部署一批重大关键技术研发任务，推进科技资源开放共享、科技成果转化、技术产权交易和科技金融发展。强化企业技术创新主体地位，鼓励优势企业牵头实施国家技术创新项目。深入实施知识产权战略。进一步落实老工业城市调整改造和资源枯竭城市转型发展扶持政策，加快城区老工业区搬迁改造，促进独立工矿区转型发展。

大力发展现代服务业。积极推进市场体系建设与商贸流通业发展，推动完成一批现代物流、电子商务、信息服务等方面的试点项目，加快居民服务业、人力资源服务业、展览业等发展。促进文化传媒产业发展，加强非物质文化遗产保护，推动文化产业与旅游、体育等产业融合发展，文化与科技融合发展。支持传统媒体发展新媒体新业务，推动西部地区出版业"走出去"。加快培育、打造一批知名旅游产品和品牌。

（三）**加快推进基础设施建设**。研究提出2013年西部大开发新开工重点工程，做好在建项目进展情况跟踪及协调推进工作。继续加强交通建设。抓好兰新铁路第二双线、成渝客专、贵广铁路、云桂铁路等在建重大项目，积极推进区际间联系通道、路网开发性新线以及既有线扩能改造前期工作。加快国家高速公路剩余路段、瓶颈路段建设，加大国省干线公路改扩建投资力度，继续扶持农村公路发展，重点支持建制村通沥青（水泥）路和口岸、红色旅游公路及公路运输客货运站场等建设。加强市政公用基础设施建设。全面推进内河高等级航道建设，继续实施长江三峡库尾航道整治、西江航运干线扩能、岷江梯级开发等工程。加快重庆港等内河港口规模化、专业化建设。完善机场网络布局，加强机场设施建设，扩大民航服务覆盖面，增强民航运输保障能力。有序推进重点城市轨道交通建设。完善电网主网架，推进农网改造升级和无电地区电力建设。

推进水利工程建设。加快渭河、四川五江一河等江河治理项目和四川小井沟、亭子口等重点工程建设，力争尽早开工引汉济渭、夹岩水利枢纽等工程，在慎重研究、科学决策的基础上稳步推进西江大藤峡、黄河古贤、滇中引水等重点工程前期工作。全面推进水资源配置、农村饮水安全、中小河流治理和病险水库水闸除险加固、山洪灾害、农村水电等工程及抗旱应急备用水源工程体系建设。

深入推进农村电信普遍服务。加快实施通信"村村通"工程和信息下乡活动，支持宽带基础设施建设，强化信息安全。实施西部农村地区邮政普遍服务基础设施建设项目，继续推进空白乡镇邮政局所补建工作和"村邮户箱"工程。

（四）**积极开展生态文明建设**。完善生态文明试点示范政策，修订生态文明评价指标和考核办法。加快实施主体功能区战略，进一步加大对西部地区国家重点生态功能区转移支付力度。加快建立生态补偿机制。实施《西部地区重点生态区综合治理规划纲要》。巩固退耕还林成果，统筹安排新的退耕还林任务。继续实施草原生态保护补助奖励、退牧还草、天然林保护、京津风沙源治理、水土流失和石漠化综合治理等重点生态工程。继续开展生物物种资源试点调查和生物多样性保护等工作。

加大环境保护和资源节约力度。深入推进重点流域水污染治理、重金属污染防治、城市群大气污染联防联控等重点环保工程。加快推进湖泊生态环境保护。加快城镇供水、污水处理、生活垃圾处理设施建设，开展存量垃圾治理、城市餐厨废弃物资源化利用和无害化处理试点。发展循环经济，加快国家"城市矿产"示范基地建设，推进园区循环化改造示范试点，深入推动资源综合利用百个示范基地和百家骨干企业建设。严格落实节能减排目标责任制，加强对重点地区和企业的节能考核评价，推行主要污染物总量指标预算管理制度，稳步推进排污权交易试点。大力实施节能技术改造、合同能源管理等重点节能工程。支持西部地区城市创建节水型城市。实施农村清洁工程，积极开展农产品产地重金属污染防治和农业面源污染监测，加快农村河道、水环境综合治理。开展西部山区美丽家园综合试点。加大对国家级自然保护区、历史文化名城名镇名村、风景名胜区、湿地公园的保护力度。积极推进沙化土地封禁保护区建设试点工作。

（五）**稳步提高社会事业水平**。促进教育均衡发展。积极发展学前教育，继续实施支持学前教育发展重大项目，做好学前教育三年行动计划的收尾工作。完善农村义务教育经费保障机制，加快推进义务教育学校标准化建设，深入实施中西部农村初中校舍改造工程、普通高中改造计划、农村义务教育薄弱学校改造计划、农村义务教育学生营养改善计划、示范性综合实践基地建设等。加快发展现代职业教育，调整中等职业教育学校和专业布局，加强基础能力和特色优势专业建设。全面实施《中西部高等教育振兴计划（2012—2020年）》，推进西部地区高水平大学和重点学科建设。完善支援中西部地区招生协作计划，新增高等教育招生计划继续向西部高等教育资源短缺地区倾斜。深入开展职业教育、高等教育对口支援西部工作。继续实施中小学教师国家级培训计划、农村义务教育阶段学校教师特设岗位计划等重点师资培养项目，进一步扩大西部地区免费师范生招生规模。继续开展科技富民强县专项行动计划、科普惠农兴村行动专项、科技惠民计划和科技特派员农村科技创业行动，加强先进适用技术研发和成果示范推广，提高农民科学文化素质和依靠科技脱贫致富的能力。中央补助地方科技基础条件专项资金适当向西部地区倾斜。继续实施边远贫困地区、边疆民族地区和革命老区人才支持计划和公务员对口培训等工作。深入实施西部大开发引智项目。

积极提高医疗卫生水平。加强基层医疗卫生、儿童医疗服务体系建设，进一步完善农村急救、食品安全、重大疾病防治等公共卫生服务网络。加快全科医生培养和临床基地建设。继续组织开展技术支援帮扶工作，实施县级医院骨干医师培训、万名医师支援农村卫生工程、东西部地区医院省际对口支援等项目。做好人口计生服务，提高计划生育优质服务创建水平，实现国家免费孕前优生健康检查全覆盖。

推进就业服务和社会保障。强化公共就业服务体系建设，推动就业信息全国联网。继续鼓励高校毕业生到西部地区就业。稳步推进通过职业教育实现就业脱贫试点和西部地区农民创业促进工程试点工作。加快建设覆盖城乡居民的社会保障体系，扩大各项社会保险覆盖范围，进一步提高城乡居民基本医疗保险人均筹资水平和中央财政补助标准。加快推进社会保障一卡通。整合城乡居民养老保险制度，完善城乡最低生活保障等社会救助制度，继续推进重特大疾病医疗救助试点。加快社会养老服务体系、残疾人康复和托养设施等建设，进一步提高优抚对象抚恤补助标准。加快保障性安居工程建设，稳步推进农村危房及各类棚户区改造，全面完成游牧民定居工程建设任务。加强救灾应急体系和地质灾害监测预警体系建设，实施山洪灾害防治项目。全面完成青海玉树灾后恢复重建。加强社区工作者培训。

积极发展文化事业。建立健全基层文化单位经费保障机制，加强地市级公共文化设施建设，推进美术馆、公共图书馆、文化馆（站）免费开放。深入实施文化信息资源共享、广播电视村村通、农村电影放映、农家书屋等文化惠民工程。继续做好西部开发助学工程和绿色电脑进西部工程。加强非物质文化遗产保护。加大传统村落、少数民族特色村寨保护与发展扶持力度。加强公共体育设施建设。

（六）**深化改革扩大开放**。稳步推进资源性产品价格和环保收费改革。积极推进煤炭资源税费改革。在保护生态环境和科学论证前提下，积极推进未利用土地综合开发利用。深化土地审批制度和征地制度改革，加快推进农村集体土地确权登记颁证，规范集体建设用地流转。积极稳妥推进集体林权制度改革和草原确权承包工作。深化小型农田水利工程管理体制改革。推进农业水价综合改革，探索实行农民用水定额内优惠、超定额累进的水价制度。落实草原生态保护补助奖励机制。稳步开展排污权交易试点、碳排放权交易试点和小城镇分散型污水处理试点。积极稳妥地推进户籍管理制度改革，落实放宽中小城市和小城镇落户条件的政策。深化农村信用社改革，改善农村支付服务环境。稳步扩大中小企业私募债试点，将条件比较成熟的国家级经济技术开发区、国家级高新技术园区纳入非上市公司股份转让扩大试点范围。促进企业开展跨境贸易和投资人民币结算业务，探索开展个人跨境人民币业务试点。

提高对外开放水平。促进区域间互动合作，推动西部地区积极承接产业转移。实施新修订的《中西部地区外商投资优势产业目录》，积极引导外商向西部地区有序转移和增加投资。规范和促进开发区发展。推动沿边地区加快开发开放，积极建设东兴、瑞丽、满洲里等沿边重点开发开放试验区。通过开展兴边富民行动,支持边境地区发展特色优势产业。支持宁夏内陆开放型经济试验区建设,在条件具备的地区开展内陆开放型经济试点。提高对外贸易质量和效益,提升服务业和服务贸易发展水平,支持西部地区发展会展业。

(七)科学开展芦山地震灾后恢复重建。按照以人为本、尊重自然、统筹兼顾、立足当前、着眼长远的科学重建要求,突出绿色发展、可持续发展理念,创新体制机制,发扬自力更生、艰苦奋斗精神,认真做好《芦山地震灾后恢复重建总体规划》实施工作。

国家发展改革委、中国科学院关于印发科技助推西部地区转型发展行动计划(2013—2020年)的通知

发改西部〔2013〕1280号

重庆、四川、贵州、云南、西藏、陕西、甘肃、宁夏、新疆、内蒙古、广西、青海省(区、市)发展改革委、新疆生产建设兵团发展改革委,中国科学院各有关局、分院、研究所:

为深入实施创新驱动发展战略和西部大开发战略,加强科技创新对西部地区经济社会发展的支撑能力,助推西部地区转型发展,国家发展改革委和中国科学院联合制定了《科技助推西部地区转型发展行动计划(2013—2020年)》。现印发给你们,请认真组织实施。

附件:科技助推西部地区转型发展行动计划(2013—2020年)

国家发展改革委
中国科学院
2013年7月2日

附件:

科技助推西部地区转型发展行动计划(2013—2020年)

实施西部大开发战略13年来,西部地区经济社会发生巨大变化,城乡居民生活明显改善,基础设施、生态环境、特色产业、社会民生等各项事业发展取得显著成绩,正处于加快发展、加速转型、实现跨越的关键阶段。但西部地区社会生产力总体水平仍然不高,发展中不平衡、不协调、不可持续问题依然突出,加快推进产业结构升级、实现经济社会转型发展的需求十分迫切。科技创新是提高社会生产力和综合国力的战略支撑,是实现国民经济转型

发展的核心驱动力。大力促进科技创新，探索具有中国特色、西部特点的科技助推区域发展的有效途径，已成为深入实施西部大开发战略的重要任务。为此，国家发展和改革委员会（以下简称国家发改委）与中国科学院（以下简称中科院）联合制定科技助推西部地区转型发展行动计划（2013—2020年）（以下简称"行动计划"）。

一、总体要求

（一）指导思想

认真贯彻落实党的十八大精神，以邓小平理论、"三个代表"重要思想、科学发展观为指导，深入实施创新驱动发展战略和西部大开发战略，坚持解放思想、开拓创新，以市场需求为导向，以提升区域创新能力为核心，以重大科技工程和项目为抓手，以构建区域特色高技术产业链和产业集群为支撑，着力加大科技投入力度，建设科技创新支撑平台；着力推进产学研协调发展，构建区域创新体系和技术创新体系；着力加强创新创业人才培养，打造本土化、高水平人才队伍；着力深化体制机制改革，探索国家科研机构与地方合作新模式，促进科技创新与经济社会发展深度融合，为西部地区全面建成小康社会提供有力的科技支撑。

（二）基本原则

坚持需求牵引，统筹规划。根据国家发展战略导向和西部地区自身发展要求，围绕全局性、关键性重大科技问题，加强顶层设计，集聚多方资源，促进产学研协同创新。

坚持市场导向，政府引导。充分发挥市场在配置创新要素中的基础性作用，加强政府的政策引导和协调服务，加快科技成果向现实生产力转化。

坚持重点突破，示范带动。选择重点区域、重点领域和关键环节，突破核心技术，开展技术创新和示范应用，促进西部地区基础设施、生态环境、特色产业和社会民生全面发展。

坚持着眼长远，稳步推进。开展重大前瞻性问题研究，在相关领域抢占创新发展制高点，扎实有序做好各项科技创新规划的落地工作，夯实科技发展基础。

（三）行动目标

至2015年：产学研协同创新体制机制初步建立，人才激励、科技成果转移和产业化、科研院所等方面的改革取得突破。重点区域创新能力大幅提升，以成渝、关中—天水经济区等为代表的区域创新体系初步形成。科研基础条件和服务水平明显提升，科技助推地方经济转型发展能力显著增强。以中科院系统为代表的科技基础创新和以企业为主导的产业化创新人才队伍建设取得显著进展。

至2020年：区域创新体系更加完善，创新活力显著增强，科技资源布局更加合理，创新效率和效益明显提高，建成若干具有重要影响力的创新产业集群和科技研发基地，培育一批掌握核心关键技术、拥有自主品牌、在行业上具有重要影响力的领军企业，科技创新在西部地区转型发展中发挥重要支撑作用。

二、区域创新重点布局

（一）西北片区

聚焦生态建设环境保护、资源深度开发利用和装备制造业转型升级等主题，开展荒漠化与沙漠化防治、水土保持与生态修复、内陆河流域水资源管理，以及矿产资源勘探、油气和煤炭资源高值清洁转化、风光电等新能源开发、先进装备制造等技术集成、示范与推广，支持在关中—天水、天山北坡、兰州—西宁、呼包银榆等重点区域开展科技创新改革示范。

（二）西南片区

聚焦生物多样性保育、山地灾害防治、石漠化综合治理、资源深度开发利用、装备制造业转型升级等主题，重点开发农业种质资源转化、生物医药、生物能源等生物产业技术，开展滑坡泥石流监控防治技术示范与推广，实施喀斯特地区农业和生态保育综合技术应用示范，提高矿产资源综合利用效率，支持在成渝、滇中、黔中、北部湾等重点区域开展科技创新改革示范。

（三）青藏高原片区

聚焦生态安全屏障建设、特色资源开发、高原农牧民增收等主题，重点建立高原生态安全屏障监测与综合评估体系、地质灾害勘查与综合防治体系，开展盐湖资源与高原特色生物资源综合利用技术示范，加强水资源研究及开发利用，推动南水北调西线工程科学研究，构建高原农牧结合技术体系，服务青藏高原经济社会可持续发展。

三、主要任务

（一）深化基础科研协作

围绕西部区域经济社会发展科技需求，稳步提升科教基础能力，支持各类重点实验室、工程实验室、工程研究中心及企业技术中心建设发展。推动科研院所、高等院校开放科教资源，加强重大科学装置、科研仪器、文献信息、野外台站等科研基础设施共享。鼓励科研院所、高等院校与企业共建技术研发平台，整合科技创新资源，增强企业技术创新能力。

（二）推动科技成果转化

围绕西部地区传统产业改造升级、战略性新兴产业培育、生态环境建设和民生工程等重大科技需求，重点支持科研院所、高等院校和企业合作开展协同创新，突破关键核心技术，实现技术系统集成，推进工程化示范。通过项目合作，引导各类创新要素向企业集聚，提升企业自主创新能力。加强科技成果转移转化平台建设。到2015年，重点支持建设科技成果转移转化平台40个，实施科技成果转移转化项目1 000项。

（三）构建区域创新体系和创新型产业集群

坚持政府引导和市场配置相结合，整合创新资源，集聚创新要素，强化创新功能，建设特色鲜明和优势突出的区域创新体系。支持西安统筹科技资源改革示范基地、成渝和关中—天水创新型区域、绵阳科技城、贵州科学城等发展，推进创新型区域和创新型城市建设。依托高新技术开发区、经济技术开发区、高新技术产业基地、产业技术创新与育成中心等，积极承接国家重大科技项目和重大科技成果转化项目，大力扶持创新型企业，重点支持在四川攀西和德阳、云南滇中、陕西杨凌和阎良、青海海西、宁夏宁东、新疆乌（鲁木齐）昌（吉）石（河子）、广西南宁以及重庆两江、四川天府、贵州贵安、陕西西咸、甘肃兰州等城市新区建设创新型产业集群。

（四）加大人才培养力度

充分发挥科研院所和高等院校的科教资源优势，加大各类人才培养力度，大力实施"西部之光"等专项人才培养计划，着力培养重点领域急需紧缺人才，构筑人才资源聚集高地。

积极推动跨区域人才交流，通过互派挂职干部、开展研修培训、参加国际学术交流等多种形式，鼓励和吸引各类人才参与西部开发建设。到 2015 年，通过中科院系统为西部地区培训培养科技和管理骨干 2 000 人次、各类专业技术人才 5 000 人次；向西部地区派遣科技副职、科技特派员和各类科技服务人员累计超过 5 000 人次。

（五）优化创新体制机制

鼓励因地制宜开展科技创新管理体制改革试点，探索建立政府部门间统筹配置科技资源的机制。发挥中科院系统的示范带动作用，依托全国科学院联盟平台，深化院地协商机制，共同凝炼合作主题，充分发挥各类创新主体积极性，建设协同创新、开放共享的创新发展新模式。建立健全科技成果转移转化机制，鼓励重大科技成果在西部地区优先示范推广，鼓励科研人员以科研成果入股参与企业经营。

（六）开展战略咨询服务

充分发挥中科院学部、科研院所及教育机构院士专家智力优势，围绕西部地区工业化、信息化、城镇化和农业现代化等建设中的重大科技问题，扎实做好"院士专家西部行"、"专家工作站"等战略咨询和科技服务活动。围绕区域产业发展、科技创新、人才培养、生态保护等重大课题及相关专项规划，根据地方实际需求，开展专题研究和咨询论证，为相关部门和地方政府提供科学决策依据。

四、重点专项

（一）生态建设环境保护重大技术集成与示范

1. 西北荒漠化防治与黄土高原水土保持

重点围绕内陆河流域荒漠化综合防治、黄土高原水土保持、水资源与土地管理、大型工矿区环境保护、草原生态保护等，开展区域生态建设规划与重大生态建设工程动态综合评价，开展关键技术集成创新，构建应用推广模式，开展典型示范，为干旱半干旱地区生态环境保护治理提供系统工程技术解决方案。

2. 西南生物多样性及喀斯特脆弱生态系统保育

针对西南生物多样性保护及石漠化综合治理等现实问题，重点突破表层水资源优化配置、土壤流失阻控、实用生态型水窖设计等技术难题。积极构建西南特色植物园体系和高原国家公园体系，开展干热河谷地区生态修复、干旱灾害防控研究，探索生物多样性持续利用新模式，促进区域生态、生产、生活三位一体可持续和谐发展。

3. 青藏高原生态安全屏障监测与评估体系

围绕气候变化和人类活动影响辨识、区域生态安全调控机制等问题，加强青藏高原生态系统可持续管理体系研究，开展高原生态系统对气候变化的适应及其功能提升的技术集成示范，构建青藏高原生态安全屏障监测与评估体系和管理模式。

4. 三峡库区可持续发展技术体系建设

围绕三峡库区在生态环境诊断、污染治理、灾害防治、综合管理等需求，建立三峡及上游流域生态水文模型系统，构建三峡库区综合监测体系与数据共享服务平台，建设三峡库区生态环境保护技术试验示范区。

(二）煤炭高值清洁转化利用

1. 煤制烯烃

通过专用催化剂制备及流化床反应器优化等关键技术集成和工程化试验，开发具有自主知识产权的煤制烯烃生产工艺和装置，开展工业化示范，适时推广应用。

2. 煤制乙二醇

重点研发解决部分替代石油产品的新一代特种催化剂、核心生产装备等工程化关键技术与工艺，开展煤制乙二醇成套技术工业化示范，适时推广应用。

3. 煤制油

重点研发新型铁基催化剂、浆态床反应器、煤加氢热解等关键工程化技术和工艺，开展铁基浆态床百万吨级煤制油工业化示范，以及钴基固定床10万吨级煤制油规模产业化示范。

（三）特色能源矿产资源综合开发利用

1. 矿产资源勘探新技术

大力推进成矿理论、找矿方法和勘查开发关键技术的自主创新，做好新增矿产资源勘查勘探工作，有效增加可供开发的矿产资源储备，加快战略性资源接续基地建设。

2. 有色金属资源综合利用

围绕有色金属高效清洁转化科技需求，开发新产品、新技术、新工艺，实现钒钛磁铁矿中铁、钒、钛、铬等有价元素高效利用，强化铝土矿和赤泥、钽铌铍钛等稀有金属、钾尾渣等综合利用，以及氧化镍矿多元素综合提取。推进攀西战略资源创新开发试验区建设。

3. 盐湖资源综合利用

加强盐湖水循环、固体矿与液体矿转化规律研究，突破钾、镁、锂、硼综合利用关键技术，提供卤水矿床优化开采系统解决方案，开展钾、镁、锂、硼等化工产品高值清洁利用工程化验证与产业化示范。

4. 稀土资源高值转化

针对西部地区稀土资源冶炼中尾渣污染及部分稀贵有价元素难以回收利用等问题，研发尾渣中稀贵元素分离、提取、制备新技术与新工艺，提高稀土矿产综合利用效率。推动在内蒙古设立稀土研究院等科研机构。

5. 新能源开发利用

重点开展风电装备整机及零部件制造，加快光伏储能材料及光伏配套装置和产品、非晶硅太阳能发电技术及工艺等关键技术的研究开发。

（四）先进制造技术集成应用

1. 高端智能装备

重点面向能源装备、石油化工、工程机械等产业中的大型水电、大型锅炉、空气储能、数控机床、仪器仪表、光电加工等关键装备，突破蒸发冷却、超临界循环流化床、信息感知传输与建模仿真、激光加工等关键技术，加强系统集成，提升装备制造业生产水平和效率。

2. 工业智能控制与机器人

面向汽车摩托车、工程机械等自动化生产企业和大型铸件制造企业信息化改造需要，重点突破工业生产总线、多传感器融合与网络化控制、伺服驱动、机器视觉等关键核心技术，开展系统集成和工业化应用，促进工业生产的智能化、自动化和数字化，提升企业精益和柔性制造能力。

3. 关键基础材料与器件

重点面向关键部件制造、节能环保、新型发光显示、光伏储能、电力传输等产业对材料的需求，以轻量化、绿色化、高性能为目标，突破特种合金、特种工程塑料、纳米隔热材料、晶体材料、石墨烯、高性能陶瓷、稀土新材料等制备和生产关键技术，并实现产业化。

4. 智能工业设计

重点做好三维数字设计、仿真分析、虚拟现实、数据安全、快速成形、远程教育、科研协同等模块开发工作，搭建集科研、教学与产品试制功能于一体、实时交互的虚拟现实设计制造平台，培训培养产业技术骨干人才，为企业提供公共技术支撑服务。

（五）特色生物资源综合高效利用

1. 西北特色生物资源综合利用

开展引种繁育和活性成分提取制备先进工艺等技术集成，搭建技术孵化平台，建设道地中药材和油料作物等特色生物资源规模化种植、民族医药生产示范和特色生物资源产业化及精深加工基地。

2. 西南特色生物资源深度发掘与可持续利用

利用现代生物技术和加工手段，开展名特优动植物新品种挖掘与繁育、天然有效成分的提取制备生产等关键技术集成与产业化示范，建立生物质能源与高档油料植物、名贵花卉、道地中药材等规范种植和精深加工工程化示范基地。建设云南生物产业创新集聚区。

3. 青藏特色生物资源综合利用

综合运用先进分析、提取和制备等技术手段，开展特色生物资源品质综合评价，突破藏药材及特色产品深度开发的关键工艺技术，提高资源利用率和产品附加值，促进产品多样化、高值化和品牌化。

（六）特色农牧业

1. 现代农业可持续发展关键技术示范

围绕大面积作物高产栽培、土壤调控、绿色肥料、生物农药、集约化生产等关键环节，开展先进技术集成、示范与推广，建立生产体系与生态环境协调发展的现代农业可持续发展模式，带动西部地区农业特色化、高值化、生态化发展。

2. 农作物新品种选育和农副产品深加工

利用传统种植技术、分子生物技术和重离子辐照诱变技术等手段，因地制宜重点培育或驯化小麦、水稻、玉米、甜高粱、蓖麻、青稞、马铃薯、茶叶、中药材、油料作物等新品种，开展标准化种植示范，建立一批规模化生产与深加工基地。

3. 畜牧业良种优化及配套技术示范推广

重点在良种及配套技术提升、育种新材料和品种创制、良种种质和活畜生产供应等领域，集成基因工程、胚胎工程、营养及环境调控、健康养殖等技术，开展育种、繁殖、推广一体化的良种产业体系和综合示范，构建集天然草地和退化草地减压增效型、农牧耦合型、城郊循环增效型为一体的生态集约化畜牧养殖业发展模式。

4. 高端牧草产业化关键技术集成和示范

开发具有自主知识产权的特色牧草新品种，系统解决现有牧草抽穗率低、结实率低、发芽率低等问题，推进建设新品种可持续利用示范区，探索生态保护和特色农牧业同步发展的绿色经济模式。

5. 特色林果产业技术示范推广

研究建立林果引种、繁育及栽培技术体系，开展新品种引进及区域适应性试验、产业化系列新技术示范与推广，建设林果新品种产业化及加工示范基地，通过构建产业化技术标准体系，促进西部地区林果产业集约化、规模化发展。

（七）基于物联网技术的现代物流

1. 基于物联网技术的制造企业物流管理

突破物品有效识别、定位和跟踪技术，以及数据采集系统与生产执行系统、仓库管理系统的无缝衔接技术，实现对物料补给、仓库管理等生产环节的实时监控与跟踪，在有条件的制造企业进行示范应用。

2. 特种物品物流管理中的物联网技术示范应用

开发超高频射频识别系统、智能温控电子标签、远距离读写器等物品信息感知技术，以及运输车辆车载北斗导航终端，建设特种物品、危险物品自动跟踪多方预警信息综合服务平台，实现对生产、运输、流通全过程的动态安全管理。

3. 云计算在现代物流业中的应用

重点开发基于云计算的海量物流数据处理技术，通过广域网专线互联，使物流企业、物流园区、配送中心与云计算数据中心实现实时信息共享。研究搭建物流企业云平台，形成便捷、可靠的物流信息网络。

4. 基于物联网技术的食品物流信息系统

建立基于物联网技术的食品跟踪管理及溯源系统，形成绿色食品物流信息采集、处理和服务的交换共享机制，实现食品物流全程跟踪管理，为食品信息追溯和食品安全提供物流技术保障。

5. 区域性联运物流园区应用示范

开发基于物联网的物品管理与追溯、智能安全防护、软件系统等技术，选择典型物流园区试点示范，建设西部区域性综合物流园区信息管理平台，实现智能仓储管理、海陆空联运等物流信息的一站式服务。

（八）科技惠民

1. 科技服务西部医疗卫生

面向边远乡村医疗、社区基层医疗和肿瘤治疗等需要，着力解决低成本诊断仪器、智能医学和特种治疗装备的关键技术问题，研发多功能、便携式医疗诊断仪器及智能医疗服务系统，开展低成本、高可靠的健康基层医疗服务试点工作，推动建设重离子应用加速器产业化及应用示范基地。发挥远程会诊作用，提高西部地区基层医疗机构技术服务能力，降低病患转诊率。

2. 信息技术服务少数民族教育与社会管理

利用双语学习语音评测、图像识别与智能视频分析、人脸识别等关键技术，开发少数民族语音语料库、双语教学资源库及管理系统、千万级人脸对比系统、多属性视频检索系统，开展应用示范和规模化推广。搭建全国优质教育资源平台，开展多媒体远程教学及教师培训。

五、保障措施

（一）加强组织领导

国家发改委（西部开发司）和中科院（科技促进发展局）牵头，建立联席工作机制，指导西部地区各省（自治区、直辖市）发改委和中科院院属单位共同做好"行动计划"的组织实施工作，积极协调国务院有关部门、各省（自治区、直辖市）人民政府共同参与、支持"行动计划"。国家发改委（西部开发司）和中科院（科技促进发展局）要加强对"行动计划"中部署的重点任务、专项工程实施情况监督检查，对实施中出现的重大问题，及时协调督促有关地区、部门认真解决。中科院（科技促进发展局）要依据"行动计划"组织编制重点储备项目和平台建设目录，并在科学论证基础上动态调整。

（二）加大投入力度

探索建立促进科技投入增长的长效机制，在充分利用现有资源的基础上，强化政府对公共科技创新投入的保障。积极争取利用国家资金支持"行动计划"内的重点任务和项目。中科院在安排科研经费时，要继续加大对西部地区所属科研院所的倾斜力度，要进一步提高西部行动计划和西部专项工程的资金安排规模。国家发改委和中科院从现有课题研究经费中，每年联合支持若干涉及西部大开发战略、规划、政策方面的重点课题研究。西部地区各级发改委要积极协调有关部门，在安排相关投资时，依据"行动计划"优先安排资金支持。中科院积极联合其他科研力量，组织技术、项目、人才、平台等相关科技资源向西部地区集聚，吸引社会多元化资金投入。

（三）强化政策支持

认真落实《科学技术进步法》及相关法律法规，加大对科技创新活动和科技创新成果的法律保护力度。国家重点人才计划进一步向西部地区倾斜。鼓励各类人才在企业、科研院所、高等院校之间双向流动。适度增加科研院所面向西部地区的研究生招生指标。认真落实国家关于科技成果转化的激励和奖励政策，探索建立国家重大科技成果转化新机制，鼓励采取知识产权转让、许可、质押等方式，实现知识产权的市场价值。完善促进新技术和新产品应用引导政策，鼓励新技术新成果在西部地区优先转化、应用示范。鼓励金融机构和社会资本支持科技创新型企业发展。

国务院办公厅关于金融支持经济结构调整和转型升级的指导意见

国办发〔2013〕67号

各省、自治区、直辖市人民政府，国务院各部委、各直属机构：

当前，我国经济运行总体平稳，但结构性矛盾依然突出。金融运行总体是稳健的，但资金分布不合理问题仍然存在,与经济结构调整和转型升级的要求不相适应。为深入贯彻党的十八大、中央经济工作会议和国务院常务会议精神,更好地发挥金融对经济结构调整和转型升级的支持作用,更好地发挥市场配置资源的基础性作用,更好地发挥金融政策、财政政策和产业政策的协同作用,优化社会融资结构,持续加强对重点领域和薄弱环节的金融支持,切实防范化解金融风险,经国务院同意,现提出以下指导意见。

一、继续执行稳健的货币政策,合理保持货币信贷总量

统筹兼顾稳增长、调结构、控通胀、防风险,合理保持货币总量。综合运用数量、价格等多种货币政策工具组合,充分发挥再贷款、再贴现和差别存款准备金动态调整机制的引导作用,盘活存量资金,用好增量资金,加快资金周转速度,提高资金使用效率。对中小金融机构继续实施较低的存款准备金率,增加"三农"、小微企业等薄弱环节的信贷资金来源。稳步推进利率市场化改革,更大程度发挥市场在资金配置中的基础性作用,促进企业根据自身条件选择融资渠道、优化融资结构,提高实体经济特别是小微企业的信贷可获得性,进一步加大金融对实体经济的支持力度。(人民银行牵头,发展改革委、工业和信息化部、财政部、银监会、证监会、保监会、外汇局等参加)

二、引导、推动重点领域与行业转型和调整

坚持有扶有控、有保有压原则,增强资金支持的针对性和有效性。大力支持实施创新驱动发展战略。加大对有市场发展前景的先进制造业、战略性新兴产业、现代信息技术产业和信息消费、劳动密集型产业、服务业、传统产业改造升级以及绿色环保等领域的资金支持力度。保证重点在建续建工程和项目的合理资金需求,积极支持铁路等重大基础设施、城市基础设施、保障性安居工程等民生工程建设,培育新的产业增长点。按照"消化一批、转移一批、整合一批、淘汰一批"的要求,对产能过剩行业区分不同情况实施差别化政策。对产品有竞争力、有市场、有效益的企业,要继续给予资金支持;对合理向境外转移产能的企业,要通过内保外贷、外汇及人民币贷款、债权融资、股权融资等方式,积极支持增强跨境投资经营能力;对实施产能整合的企业,要通过探索发行优先股、定向开展并购贷款、适当延长贷款期限等方式,支持企业兼并重组;对属于淘汰落后产能的企业,要通过保全资产和不良贷款转让、贷款损失核销等方式支持压产退市。严禁对产能严重过剩行业违规建设项目提供任何形式的新增授信和直接融资,防止盲目投资加剧产能过剩。(发展改革委、工业和信息化部、财政部、商务部、人民银行、国资委、银监会、证监会、保监会、外汇局等按职责分工负责)

三、整合金融资源支持小微企业发展

优化小微企业金融服务。支持金融机构向小微企业集中的区域延伸服务网点。根据小微企业不同发展阶段的金融需求特点,支持金融机构向小微企业提供融资、结算、理财、咨询等综合性金融服务。继续支持符合条件的银行发行小微企业专项金融债,所募集资金发放的小微企业贷款不纳入存贷比考核。逐步推进信贷资产证券化常规化发展,盘活资金支持小微企业发展和经济结构调整。适度放开小额外保内贷业务,扩大小微企业境内融资来源。适当提高对小微企业贷款的不良贷款容忍度。加强对科技型、创新型、创业型小微企业的金融支

持力度。力争全年小微企业贷款增速不低于当年各项贷款平均增速，贷款增量不低于上年同期水平。鼓励地方人民政府建立小微企业信贷风险补偿基金，支持小微企业信息整合，加快推进中小企业信用体系建设。支持地方人民政府加强对小额贷款公司、融资性担保公司的监管，对非融资性担保公司进行清理规范。鼓励地方人民政府出资设立或参股融资性担保公司，以及通过奖励、风险补偿等多种方式引导融资性担保公司健康发展，帮助小微企业增信融资，降低小微企业融资成本，提高小微企业贷款覆盖面。推动金融机构完善服务定价管理机制，严格规范收费行为，严格执行不得以贷转存、不得存贷挂钩、不得以贷收费、不得浮利分费、不得借贷搭售、不得一浮到顶、不得转嫁成本，公开收费项目、服务质价、效用功能、优惠政策等规定，切实降低企业融资成本。（发展改革委、科技部、工业和信息化部、财政部、人民银行、工商总局、银监会、证监会、保监会、外汇局等按职责分工负责）

四、加大对"三农"领域的信贷支持力度

优化"三农"金融服务，统筹发挥政策性金融、商业性金融和合作性金融的协同作用，发挥直接融资优势，推动加快农业现代化步伐。鼓励涉农金融机构在金融服务空白乡镇设立服务网点，创新服务方式，努力实现农村基础金融服务全覆盖。支持金融机构开发符合农业农村新型经营主体和农产品批发商特点的金融产品和服务，加大信贷支持力度，力争全年"三农"贷款增速不低于当年各项贷款平均增速，贷款增量不低于上年同期水平。支持符合条件的银行发行"三农"专项金融债。鼓励银行业金融机构扩大林权抵押贷款，探索开展大中型农机具、农村土地承包经营权和宅基地使用权抵押贷款试点。支持农业银行在总结试点经验的基础上，逐步扩大县域"三农金融事业部"试点省份范围。支持经中央批准的农村金融改革试点地区创新农村金融产品和服务。（财政部、国土资源部、农业部、商务部、人民银行、林业局、法制办、银监会等按职责分工负责）

五、进一步发展消费金融促进消费升级

加快完善银行卡消费服务功能，优化刷卡消费环境，扩大城乡居民用卡范围。积极满足居民家庭首套自住购房、大宗耐用消费品、新型消费品以及教育、旅游等服务消费领域的合理信贷需求。逐步扩大消费金融公司的试点城市范围，培育和壮大新的消费增长点。加强个人信用管理。根据城镇化过程中进城务工人员等群体的消费特点，提高金融服务的匹配度和适应性，促进消费升级。（人民银行牵头，发展改革委、工业和信息化部、商务部、银监会等参加）

六、支持企业"走出去"

鼓励政策性银行、商业银行等金融机构大力支持企业"走出去"。以推进贸易投资便利化为重点，进一步推动人民币跨境使用，推进外汇管理简政放权，完善货物贸易和服务贸易外汇管理制度。逐步开展个人境外直接投资试点，进一步推动资本市场对外开放。改进外债管理方式，完善全口径外债管理制度。加强银行间外汇市场净额清算等基础设施建设。创新外汇储备运用，拓展外汇储备委托贷款平台和商业银行转贷款渠道，综合运用多种方式为用汇主体提供融资支持。（人民银行牵头，外交部、发展改革委、财政部、商务部、海关总署、

银监会、证监会、保监会、外汇局等参加）

七、加快发展多层次资本市场

进一步优化主板、中小企业板、创业板市场的制度安排，完善发行、定价、并购重组等方面的各项制度。适当放宽创业板对创新型、成长型企业的财务准入标准。将中小企业股份转让系统试点扩大至全国。规范非上市公众公司管理。稳步扩大公司（企业）债、中期票据和中小企业私募债券发行，促进债券市场互联互通。规范发展各类机构投资者，探索发展并购投资基金，鼓励私募股权投资基金、风险投资基金产品创新，促进创新型、创业型中小企业融资发展。加快完善期货市场建设，稳步推进期货市场品种创新，进一步发挥期货市场的定价、分散风险、套期保值和推进经济转型升级的作用。（证监会牵头，发展改革委、科技部、工业和信息化部、财政部、人民银行、工商总局、法制办等参加）

八、进一步发挥保险的保障作用

扩大农业保险覆盖范围，推广菜篮子工程保险、渔业保险、农产品质量保证保险、农房保险等新型险种。建立完善财政支持的农业保险大灾风险分散机制。大力发展出口信用保险，鼓励为企业开展对外贸易和"走出去"提供投资、运营、劳动用工等方面的一揽子保险服务。深入推进科技保险工作。试点推广小额信贷保证保险，推动发展国内贸易信用保险。拓宽保险覆盖面和保险资金运用范围，进一步发挥保险对经济结构调整和转型升级的积极作用。（保监会牵头，发展改革委、科技部、工业和信息化部、财政部、农业部、商务部、人民银行、林业局、银监会、外汇局等参加）

九、扩大民间资本进入金融业

鼓励民间资本投资入股金融机构和参与金融机构重组改造。允许发展成熟、经营稳健的村镇银行在最低股比要求内，调整主发起行与其他股东持股比例。尝试由民间资本发起设立自担风险的民营银行、金融租赁公司和消费金融公司等金融机构。探索优化银行业分类监管机制，对不同类型银行业金融机构在经营地域和业务范围上实行差异化准入管理，建立相应的考核和评估体系，为实体经济发展提供广覆盖、差异化、高效率的金融服务。（银监会牵头，人民银行、工商总局、法制办等参加）

十、严密防范金融风险

深入排查各类金融风险隐患，适时开展压力测试，动态分析可能存在的风险触点，及时锁定、防控和化解风险，严守不发生系统性区域性金融风险的底线。继续按照总量控制、分类管理、区别对待、逐步化解的原则，防范化解地方政府融资平台贷款等风险。认真执行房地产调控政策，落实差别化住房信贷政策，加强名单制管理，严格防控房地产融资风险。按照理财与信贷业务分离、产品与项目逐一对应、单独建账管理、信息公开透明的原则，规范商业银行理财产品，加强行为监管，严格风险管控。密切关注并积极化解"两高一剩"（高耗能、高污染、产能过剩）行业结构调整时暴露的金融风险。防范跨市场、跨行业经营带来的交叉金融风险，防止民间融资、非法集资、国际资本流动等风险向金融系统传染渗透。支持银行开展不良贷款转让，扩大银行不良贷款自主核销权，及时主动消化吸收风险。稳妥有序处置风险，加强疏导，防止因处置不当等引发新的风险。加快信用立法和社会信用体系建设，培育社会诚信文化，为金融支持经济结构调整和转型升级营造良好环境。（人民银行牵头，发展改革委、工业和信息化部、财政部、住房城乡建设部、法制办、银监会、证监会、保监会、外汇局等参加）

国务院办公厅
2013 年 7 月 1 日

国家发展改革委关于印发 2012 年振兴东北地区等老工业基地工作进展情况和 2013 年工作要点的通知

发改东北〔2013〕1242 号

各省、自治区、直辖市及计划单列市、副省级省会城市人民政府，国务院有关部门、直属机构：

《2012 年振兴东北地区等老工业基地工作进展情况和 2013 年工作要点》已经国务院审定，现印发你们，请认真贯彻执行。

附件：《2012 年振兴东北地区等老工业基地工作进展情况和 2013 年工作要点》（略——编者注）

国家发展改革委
2013 年 6 月 26 日

国家发展改革委贯彻落实主体功能区战略推进主体功能区建设若干政策的意见

发改规划〔2013〕1154 号

各省、自治区、直辖市及计划单列市、新疆生产建设兵团发展改革委：

实施主体功能区战略，推进主体功能区建设，是党中央国务院作出的重大战略决策。为深入贯彻党的十八大精神，全面落实《国务院关于印发全国主体功能区规划的通知》要求，完善推进主体功能区建设的配套政策，现提出以下政策意见。

一、总体政策方向

制定实施主体功能区配套政策，要按照党的十八大精神和部署，坚持以科学发展观为指导，加快实施主体功能区战略，围绕推进主体功能区建设这一战略任务，分类调控，突出重点，在发挥市场机制作用的基础上，充分发挥政策导向作用，引导资源要素按照主体功能区优化配置，为主体功能区建设创造良好的政策环境，着力构建科学合理的城市化格局、农业发展格局和生态安全格局，促进城乡、区域以及人口、经济、资源环境协调发展。

（一）加大政策力度。要加大改革创新力度，积极完善各项相关政策。在推进经济结构战略性调整、促进城乡区域协调发展、引导产业发展布局、保障和改善民生、促进城乡区域基本公共服务均等化、强化节能减排和应对气候变化等各项工作中，都要按照主体功能区建设的需要，把相关政策区域化和具体化，充分发挥在实施主体功能区战略中的引领和带动作用。

（二）突出政策重点。要从各类主体功能区的功能定位和发展方向出发，把握不同区域的资源禀赋与发展特点，明确不同的政策方向和政策重点。对优化开发区域，要着力引导提升国际竞争力；对重点开发区域，要促进新型工业化城镇化进程；对农产品主产区，要大力提高农产品供给能力；对重点生态功能区，要增强生态服务功能；对禁止开发区域，要加强监管。

（三）优化政策组合。要把投资支持等激励政策与空间管制等限制、禁止性措施相结合，明确支持、限制和禁止性政策措施，引导各类主体功能区把开发和保护更好的结合起来。通过激励性政策和管制性措施，引导各类区域按照主体功能定位谋发展，约束各地不合理的空间开发行为，切实把科学发展和加快转变经济发展方式的要求落到实处。

（四）注重政策合力。推进主体功能区建设是一项系统工程，需要有关部门多方协作、相互配合、统筹推进。要按照《全国主体功能区规划》明确的任务分工和要求，从发展改革部门的职能出发，突出政策方向和重点，注重把握政策边界，与其他部门配套政策相互支撑，形成政策合力，增强政策综合效应。

（五）提高政策效率。要正确处理政府与市场的关系，充分发挥市场配置资源的基础性作用。要针对各类主体功能区的不同功能定位，确定不同的调控方向和调控重点，充分发挥政府投资等政策的导向作用，充分调动中央和地方、政府与社会的积极性，引导社会资金按照主体功能区的功能要求进行配置，逐步完善国土空间科学开发的利益导向机制。

二、引导优化开发区域提升国际竞争力

支持优化开发区域率先转变经济发展方式，推动产业结构向高端、高效、高附加值转变，引导城市集约紧凑、绿色低碳发展，提高资源集约化利用水平，提升参与全球分工与竞争的层次。

（一）在企业技术创新平台和公共创新平台建设布局、项目审批、资金安排等方面予以优先支持，加快培育创新型城市，提升区域自主创新能力。

（二）政府投资加强对具有竞争优势和市场潜力的高技术产业、战略性新兴产业、先进制造业和现代服务业发展的引导，合理引导劳动密集型产业向中西部和东北地区重点开发区域转移，加快产业升级步伐。

（三）严格控制开发强度，控制城市建成区蔓延扩张、工业遍地开花和开发区过度分散布局，按照工业集中、产业集聚、用地集约要求，引导开发区向城市功能区转型，确保城郊农业用地特别是"菜篮子工程"用地不被侵占。

（四）鼓励城市政府有序推进农业转移人口市民化，对吸纳农业转移人口规模较大的城市，政府投资对教育、医疗、保障性住房等公共服务设施建设给予适当补助。

（五）加大节能减排的监管力度，强化单位国内生产总值能耗和二氧化碳排放降低等指标的约束性作用，减少经济增长的资源消耗和环境损害，提高经济增长的质量和效益。加快完善城镇污水、垃圾处理等环境基础设施。适当控制新建火电项目，稳步发展沿海核电项目。积极开展适应气候变化工作，提升城市综合适应能力。

（六）加快建设交通基础设施，尤其是城际铁路、市域铁路等大能力运输方式及综合交通枢纽。强化优化开发区域城市群内城市之间的内在联系与分工协作，适当分散特大城市中心城区的功能。

三、促进重点开发区域加快新型工业化城镇化进程

在优化结构、提高效益、降低消耗、保护环境的基础上，支持重点开发区域优化发展环境，增强产业配套能力，加快形成现代产业体系，促进产业和人口集聚，推进新型工业化和城镇化进程。

（一）政府投资侧重于改善基础设施和对产业结构调整的引导，鼓励发展战略性新兴产业、高技术产业，支持产业振兴和技术改造，引导各类要素向重点行业、重点领域集聚，增强产业配套能力。支持国家优化开发区域和重点开发区域开展产业转移对接，鼓励在中西部和东北地区重点开发区域共同建设承接产业转移示范区，遏制低水平产业扩张。

（二）依托国内能源和矿产资源重大项目，以及主要利用陆路进口资源的重大项目，优先在中西部地区重点开发区域布局。高技术重大专项、重大工程和重大制造业项目原则上在国家优化开发和重点开发区域布局，优先在中西部国家重点开发区域布局。

（三）在保持并增强粮食生产能力的同时，鼓励发展都市农业、城郊农业和休闲农业，保障"菜篮子工程"建设和农产品供给能力。

（四）合理控制开发强度，避免盲目开发、无序开发。鼓励按照产城融合、循环经济和低碳经济的要求改造开发区，限制大规模、单一工业园区的布局模式，支持开展园区循环化改造以及低碳园区、低碳城市和低碳社区建设，防止工业、生活污染向限制开发、禁止开发区域扩散。

（五）引导重点开发区域吸纳限制开发区域和禁止开发区域人口转移，按照基本公共服务常住人口全覆盖的要求，支持加大教育、医疗、保障性住房等基本公共服务设施建设力度，使基本公共服务设施布局、供给规模与吸纳人口规模相适应。

（六）支持发展城际铁路，加快推进综合交通网络建设，引导和支撑城市群优化布局。

（七）支持加强水利基础设施建设，政府对规划内重大水利基础设施项目予以投资支持，

因地制宜科学实施一批重大水资源配置工程建设,提高区域水资源调控水平和供水保障能力。

（八）支持煤炭资源丰富的重点开发区域积极推行煤、电、化、热一体化开发,加快建设大型煤电基地及煤电外送通道。

四、提高农产品主产区农产品供给能力

从保障国家粮食安全和重要农产品供给的大局出发,加大强农惠农富农政策力度,鼓励限制开发的农产品主产区加强耕地保护,稳定粮食生产,发展现代农业,构建循环型农业体系,增强农业综合生产能力,加大社会主义新农村建设投入力度。

（一）逐步加大政府投资对农业建设的支持力度,重点向农产品主产区特别是中西部和东北地区农产品主产区倾斜。对农产品主产区国家支持的建设项目,适当提高中央政府补助或贴息比例,降低省级政府投资比例,逐步降低市县级政府投资比例。

（二）支持农产品主产区加快发展现代农业,加强粮食综合生产能力建设,建设田间设施齐备、服务体系健全、集中连片的商品粮基地。支持优势产区加强棉花、油料、糖料生产基地建设,大力推进畜牧、水产的标准化规模养殖。推进农业结构和种植制度调整,加强适应技术研发推广,增强农业适应气候变化能力。

（三）加大扶持力度,引导农产品加工、流通、储运等企业向农产品主产区集聚发展。鼓励依托优势产业和板块基地,发展农产品深加工,推进农业产业化示范区建设。支持发展具有地域特色的绿色生态产品,培育地理标志品牌。

（四）鼓励发展农业循环经济,支持农产品主产区实施资源综合利用重点工程,加强农业清洁生产和农作物秸秆等废弃物综合利用,控制农业领域温室气体排放。

（五）控制城镇和开发区扩张对耕地的过多占用,控制农产品主产区开发强度。围绕农产品主产区的县城和重点镇,强化基础设施和公共服务设施建设,引导人口和产业集聚。

（六）积极发展普通铁路,为大宗农产品提供大能力运输通道。支持连接重点县城和中心镇的国道公路建设和养护,发展农村公路,提高公路普遍服务水平。推广沼气、风能、太阳能等清洁能源,实施新一轮农村电网升级改造工程,保障农业生产和农村居民生活用能。

五、增强重点生态功能区生态服务功能

要把增强提供生态产品能力作为首要任务,保护和修复生态环境,增强生态服务功能,保障国家生态安全。因地制宜地发展适宜产业、绿色经济,引导超载人口有序转移。

（一）逐步加大政府投资对生态环境保护方面的支持力度,重点用于国家重点生态功能区特别是中西部重点生态功能区的发展。对重点生态功能区内国家支持的建设项目,适当提高中央政府补助比例,逐步降低市县级政府投资比例。实施好天然林资源保护、京津风沙源治理等重大生态修复工程,推进荒漠化、石漠化、水土流失综合治理,扩大森林、湖泊、湿地面积,保护生物多样性。

（二）对各类开发活动进行严格管制,开发矿产资源、发展适宜产业和建设基础设施,须开展主体功能适应性评价,不得损害生态系统的稳定性和完整性。

（三）实行更加严格的产业准入环境标准和碳排放标准,在不损害生态系统功能的前提下,鼓励因地制宜地发展旅游、农林牧产品生产和加工、观光休闲农业等产业。对不符合主

体功能定位的现有产业，通过设备折旧补贴、设备贷款担保、迁移补贴、土地置换、关停补偿等手段，进行跨区域转移或实施关闭。

（四）严格控制开发强度，城镇建设和工业开发要集中布局、点状开发，控制各类开发区数量和规模扩张，支持已有工业开发区改造成"零污染"的生态型工业区。鼓励与重点开发区域共建共办开发区，积极发展"飞地经济"。

（五）政府在基本公共服务领域的投资以促进基本公共服务均等化为目标，优先向基本公共服务基础薄弱的国家重点生态功能区倾斜。

（六）选择培育若干县城和重点镇，作为引导人口集中、产业集聚的载体和提供公共服务的重要平台，以及生态移民点集中布局所在地。

（七）以完善公共服务和发展适宜产业为导向，有序推进基础设施建设。支持旅游景区建设必要的通景交通基础设施，根据需要建设用于旅游、森林草原防火、应急救援等通用航空机场，支持点状开发的县城和重点镇完善城镇基础设施及对外交通设施。在严格生态环境影响评价的基础上，在水能资源丰富的地区有序开展水电流域梯级开发。从严控制火电建设，逐步关闭或迁移不符合重点生态功能区主体功能定位的能源基础设施。

六、加强禁止开发区域监管

依据法律法规和相关规划实施强制性保护，严格控制人为因素对自然生态和文化自然遗产原真性、完整性的干扰，加强对有代表性的自然生态系统、珍稀濒危野生动植物物种、有特殊价值的自然遗迹和文化遗址等自然文化资源的保护。

（一）严禁开展不符合主体功能定位的各类开发活动，引导人口逐步有序转移，实现污染物"零排放"，提高环境质量。

（二）在不损害主体功能的前提下，允许保持适度的旅游和农牧业等活动，支持在旅游、林业等领域推行循环型生产方式。

（三）从保护生态出发，严格控制基础设施建设。除文化自然遗产保护、森林草原防火、应急救援和必要的旅游基础设施外，不得在禁止开发区域建设交通基础设施。新建铁路、公路等交通基础设施，严格执行环境影响评价，严禁穿越自然保护区核心区，避免对重要自然景观和生态系统的分割。

（四）加强国家级自然保护区、国家森林公园等禁止开发区域的自然生态系统保护和修复，不断提高保护和管理能力。

七、建立实施保障机制

（一）优化完善主体功能区的中央预算内投资安排。按照《全国主体功能区规划》的要求，重点支持国家重点生态功能区和农产品主产区特别是中西部国家重点生态功能区和农产品主产区的发展，加强对主体功能区建设的支持和引导。中央投资安排，要符合各区域的主体功能定位和发展方向。各省、自治区、直辖市要相应做好相关工作。

（二）开展主体功能区建设试点示范。按照分类探索、整体规划、重点引导、协同推进的原则，优先在国家重点生态功能区和农产品主产区，选择一批具有典型代表性的市县开展主体功能区建设试点示范，探索限制开发区域转型发展、科学发展的新模式、新路径。

（三）组织编制实施重点地区区域规划和政策文件。要按照《全国主体功能区规划》的要求，编制和实施重点地区区域规划和政策文件，贯彻落实主体功能定位，推进主体功能区建设。加强区域规划和政策文件实施中期评估，根据评估结果适时开展规划修编，进一步加强与《全国主体功能区规划》的衔接。

（四）开展主体功能适应性评价。编制产业发展专项规划和重大项目布局，要与主体功能区规划相衔接，视需要开展主体功能适应性评价，使之符合各区域的主体功能定位。

（五）健全生态补偿机制。着力推进国家重点生态功能区、禁止开发区域开展生态补偿，引导生态受益地区与生态保护地区、下游地区与上游地区开展横向补偿。探索建立主要污染物排放权交易、生态产品标志等市场化生态补偿模式。开展碳排放权交易试点，逐步建立全国碳交易市场。优先将重点生态功能区的林业碳汇、可再生能源开发利用纳入碳排放权交易试点。

（六）加强监督检查工作。要加强对《全国主体功能区规划》贯彻落实情况的监督检查，加强对配套政策落实情况的跟踪分析，强化主体功能区建设进展情况的跟踪评估。通过监督检查和评估，注重研究新情况，不断解决新问题，扎实推进主体功能区建设。

各级发展改革部门，要把实施主体功能区战略、推进主体功能区建设，作为贯彻党的十八大精神，加快转变经济发展方式、实现科学发展的重大战略举措和重要抓手，进一步转变观念，提高认识，强化责任，贯彻落实好相关政策措施，切实推动全国主体功能区规划的贯彻落实，推动各地区严格按照主体功能定位发展。

国家发展改革委
2013 年 6 月 18 日

国务院办公厅关于印发深化流通体制改革加快流通产业发展重点工作部门分工方案的通知

国办函〔2013〕69 号

国务院有关部门：

《深化流通体制改革加快流通产业发展重点工作部门分工方案》（以下简称《分工方案》）已经国务院同意，现印发给你们，请认真落实。

有关部门要认真贯彻落实《国务院关于深化流通体制改革加快流通产业发展的意见》（国发〔2012〕39 号）精神，按照《分工方案》的要求，将涉及本部门的工作进一步分解和细化，抓紧制定具体落实措施。同一项工作涉及多个部门的，牵头部门要加强协调，部门间要主动密切协作。商务部要认真做好统筹协调、督促检查工作。工作落实中的重大问题及时向国务院报告。

国务院办公厅
2013 年 5 月 30 日

深化流通体制改革加快流通产业
发展重点工作部门分工方案

一、加强现代流通体系建设

（一）依托交通枢纽、生产基地、中心城市和大型商品集散地，构建全国骨干流通网络，建设一批辐射带动能力强的商贸中心、专业市场以及全国性和区域性配送中心。（商务部、发展改革委、交通运输部、农业部、供销合作总社。列第一位者为牵头部门，下同）

（二）推动大宗商品交易市场向现货转型，增加期货市场交易品种。（商务部、证监会按职责分工负责）

（三）优化城市流通网络布局，有序推进贸易中心城市和商业街建设，支持特色商业适度集聚，鼓励便利店、中小综合超市等发展，构建便利消费、便民生活服务体系。鼓励大型流通企业向农村延伸经营网络，增加农村商业网点，拓展网点功能，积极培育和发展农村经纪人，提升农民专业合作社物流配送能力和营销服务水平。支持流通企业建立城乡一体化的营销网络，畅通农产品进城和工业品下乡的双向流通渠道。（商务部、农业部、工商总局、供销合作总社）

（四）大力发展第三方物流，促进企业内部物流社会化。加强城际配送、城市配送、农村配送的有效衔接，推广公路不停车收费系统，规范货物装卸场站建设和作业标准。（发展改革委、商务部、交通运输部、工业和信息化部按职责分工负责）

（五）加快建设完整先进的废旧商品回收体系，健全旧货流通网络，促进循环消费。（商务部、发展改革委、工业和信息化部、供销合作总社）

二、积极创新流通方式

（六）大力推广并优化供应链管理，鼓励流通企业拓展设计、展示、配送、分销、回收等业务。（商务部、工业和信息化部、发展改革委按职责分工负责）

（七）加快发展电子商务，普及和深化电子商务应用，完善认证、支付等支撑体系，鼓励流通企业建立或依托第三方电子商务平台开展网上交易。创新网络销售模式，发展电话购物、网上购物、电视购物等网络商品与服务交易。（商务部、发展改革委、工商总局、工业和信息化部、农业部、供销合作总社按职责分工负责）

（八）统筹农产品集散地、销地、产地批发市场建设，构建农产品产销一体化流通链条，积极推广农超对接、农批对接、农校对接以及农产品展销中心、直销店等产销衔接方式，在

大中城市探索采用流动售卖车。（发展改革委、商务部、农业部、粮食局、供销合作总社按职责分工负责）

（九）鼓励商业企业采购和销售绿色产品，促进节能环保产品消费，支持发展信用消费。（财政部、发展改革委、商务部、工业和信息化部按职责分工负责）

（十）围绕节能环保、流通设施、流通信息化等关键领域，大力推进流通标准应用。推动商品条码在流通领域的广泛应用，健全全国统一的物品编码体系。（质检总局、商务部）

三、提高保障市场供应能力

（十一）支持建设和改造一批具有公益性质的农产品批发市场、农贸市场、菜市场、社区菜店、农副产品平价商店以及重要商品储备设施、大型物流配送中心、农产品冷链物流设施等，发挥公益性流通设施在满足消费需求、保障市场稳定、提高应急能力中的重要作用。（发展改革委、商务部、农业部、粮食局、供销合作总社按职责分工负责）

（十二）完善中央与地方重要商品储备制度，优化储备品种和区域结构，适当扩大肉类、食糖、边销茶和地方储备中的小包装粮油、蔬菜等生活必需品储备规模。（发展改革委、商务部、财政部、粮食局按职责分工负责）

（十三）强化市场运行分析和预测预警，增强市场调控的前瞻性和预见性。加强市场应急调控骨干企业队伍建设，提高迅速集散应急商品能力，综合运用信息引导、区域调剂、收储投放、进出口等手段保障市场供求基本平衡。（发展改革委、商务部、农业部、财政部、粮食局按职责分工负责）

四、全面提升流通信息化水平

（十四）将信息化建设作为发展现代流通产业的战略任务，加强规划和引导，推动营销网、物流网、信息网的有机融合。鼓励流通领域信息技术的研发和集成创新，加快推广物联网、互联网、云计算、全球定位系统、移动通信、地理信息系统、电子标签等技术在流通领域的应用。（工业和信息化部、商务部、发展改革委、粮食局）

（十五）推进流通领域公共信息服务平台建设，提升各类信息资源的共享和利用效率。（商务部、发展改革委、工业和信息化部、粮食局）

（十六）支持流通企业利用先进信息技术提高仓储、采购、运输、订单等环节的科学管理水平。鼓励流通企业与供应商、信息服务商加强合作，支持开发和推广适用于中小流通企业的信息化解决方案。（商务部、发展改革委、工业和信息化部、粮食局、供销合作总社）

（十七）加强流通领域信息安全保障。（工业和信息化部、公安部）

五、培育流通企业核心竞争力

（十八）积极培育大型流通企业，支持有实力的流通企业跨行业、跨地区兼并重组。支持中小流通企业特别是小微企业专业化、特色化发展，健全中小流通企业服务体系，扶持发展一批专业服务机构，为中小流通企业提供融资、市场开拓、科技应用和管理咨询等服务。（商务部、发展改革委、农业部、粮食局、供销合作总社）

（十九）鼓励发展直营连锁和特许连锁，支持流通企业跨区域拓展连锁经营网络。（商务

部、供销合作总社）

（二十）积极推进批发市场建设改造和运营模式创新，增强商品吞吐能力和价格发现功能。推动零售企业转变营销方式，提高自营比重。（商务部、发展改革委、农业部、粮食局、供销合作总社按职责分工负责）

（二十一）支持流通企业建设现代物流中心，积极发展统一配送。（发展改革委、商务部、粮食局、供销合作总社按职责分工负责）

（二十二）加强知识产权保护，鼓励流通品牌创新发展。（商务部、工商总局、质检总局）

六、大力规范市场秩序

（二十三）加强对关系国计民生、生命安全等商品的流通准入管理，形成覆盖准入、监管、退出的全程管理机制。（商务部、工商总局、质检总局、公安部、工业和信息化部、食品药品监管总局、粮食局按职责分工负责）

（二十四）充分利用社会检测资源，建立涉及人身健康与安全的商品检验制度。加大流通领域商品质量监督检查力度，改进监管手段和检验检测技术条件。细化部门职责分工，堵塞监管漏洞。（质检总局、工商总局、商务部、公安部、粮食局）

（二十五）建立健全肉类、水产品、蔬菜、水果、酒类、中药材、农资等商品流通追溯体系。（商务部、农业部、供销合作总社）

（二十六）依法严厉打击侵犯知识产权、制售假冒伪劣商品、商业欺诈和商业贿赂等违法行为。加强网络商品交易的监督管理。规范零售商、供应商交易行为，建立平等和谐的零供关系。（商务部、发展改革委、公安部、工商总局、质检总局）

（二十七）加快商业诚信体系建设，完善信用信息采集、利用、查询、披露等制度，推动行业管理部门、执法监管部门、行业组织和征信机构、金融监管部门、银行业金融机构信息共享。（商务部、发展改革委、公安部、工商总局、质检总局、人民银行、银监会）

七、深化流通领域改革开放

（二十八）建立分工明确、权责统一、协调高效的流通管理体制，健全部门协作机制，强化政策制定、执行与监督相互衔接，提高管理效能。加快流通管理部门职能转变，强化社会管理和公共服务职能。在有条件的地区开展现代流通综合试点，加强统筹协调，加快推进大流通、大市场建设。（商务部、发展改革委、粮食局）

（二十九）消除地区封锁和行业垄断，严禁阻碍、限制外地商品、服务和经营者进入本地市场。（商务部、税务总局会同发展改革委、工商总局等部门负责）

（三十）严厉查处经营者通过垄断协议等方式排除、限制竞争的行为。（发展改革委、工商总局等部门按职责分工负责）

（三十一）鼓励民间资本进入流通领域，保障民营企业合法权益，促进民营企业健康发展。（商务部、发展改革委）

（三十二）进一步提高流通产业利用外资的质量和水平，引进现代物流和信息技术带动传统流通产业升级改造。支持有条件的流通企业"走出去"，通过新建、并购、参股、增资

等方式建立海外分销中心、展示中心等营销网络和物流服务网络。(发展改革委、商务部按职责分工负责)

(三十三)积极培育国内商品市场的对外贸易功能,推进内外贸一体化。(商务部牵头)

八、制定完善流通网络规划

(三十四)制定全国流通节点城市布局规划,做好各层级、各区域之间规划衔接。(商务部牵头)

(三十五)科学编制商业网点规划,确定商业网点发展建设需求,将其纳入城市总体规划和土地利用总体规划。乡镇商业网点建设纳入小城镇建设规划。各地制定控制性详细规划和修建性详细规划时应充分考虑商业网点建设需求,做好与商业网点规划的相互衔接。完善社区商业网点配置,新建社区(含廉租房、公租房等保障性住房小区、棚户区改造和旧城改造安置住房小区)商业和综合服务设施面积占社区总建筑面积的比例不得低于10%。严格社区商业网点用途监管,不得随意改变必备商业网点的用途和性质,拆迁改建时应保证其基本服务功能不缺失。各地可根据实际发布商业网点建设指导目录,引导社会资金投向。(住房城乡建设部、商务部、国土资源部)

九、加大流通业用地支持力度

(三十六)按照土地利用总体规划和流通业建设项目用地标准,在土地利用年度计划和土地供应计划中统筹安排流通业各类用地。鼓励利用旧厂房、闲置仓库等建设符合规划的流通设施,涉及原划拨土地使用权转让或租赁的,经批准可采取协议方式供应。鼓励各地以租赁方式供应流通业用地。支持依法使用农村集体建设用地发展流通业。依法加强流通业用地管理,禁止以物流中心、商品集散地等名义圈占土地,防止土地闲置浪费。(国土资源部、商务部、住房城乡建设部、发展改革委、农业部)

(三十七)制定政府鼓励的流通设施目录,对纳入目录的项目用地予以支持。(商务部、国土资源部、住房城乡建设部、发展改革委)

十、完善财政金融支持政策

(三十八)积极发挥中央政府相关投资的促进作用,完善促进消费的财政政策,扩大流通促进资金规模,重点支持公益性流通设施、农产品和农村流通体系、流通信息化建设,以及家政和餐饮等生活服务业、中小流通企业发展、绿色流通、扩大消费等。(发展改革委、财政部、商务部、农业部、工业和信息化部、粮食局、供销合作总社按职责分工负责)

(三十九)鼓励银行业金融机构针对流通产业特点,创新金融产品和服务方式,开展动产、仓单、商铺经营权、租赁权等质押融资。改进信贷管理,发展融资租赁、商圈融资、供应链融资、商业保理等业务。充分发挥典当等行业对中小和微型企业融资的补充作用。拓宽流通企业融资渠道,支持符合条件的大型流通企业上市融资、设立财务公司及发行公司(企业)债券和中期票据等债务融资工具。引导金融机构创新消费信贷产品,改进消费信贷业务管理方式,培育和巩固消费信贷增长点。(人民银行、银监会、发展改革委、商务部、证监会按职责分工负责)

十一、减轻流通产业税收负担

（四十）在一定期限内免征农产品批发市场、农贸市场城镇土地使用税和房产税。将免征蔬菜流通环节增值税政策扩大到有条件的鲜活农产品。加快制定和完善促进废旧商品回收体系建设的税收政策。完善并落实家政服务企业免征营业税政策，促进生活服务业发展。落实总分支机构汇总纳税政策，促进连锁经营企业跨地区发展。积极推进营业税改增值税试点，完善流通业税制。（财政部、税务总局）

十二、降低流通环节费用

（四十一）抓紧出台降低流通费用综合性实施方案。优化银行卡刷卡费率结构，降低总体费用水平，扩大银行卡使用范围。加快推进工商用电用水同价。切实规范农产品市场收费、零售商供应商交易收费等流通领域收费行为。（发展改革委、人民银行、银监会、商务部、粮食局）

（四十二）落实好鲜活农产品运输"绿色通道"政策，确保所有整车合法装载运输鲜活农产品车辆全部免缴车辆通行费，结合实际完善适用品种范围。（交通运输部、发展改革委、财政部、商务部）

（四十三）深入推进收费公路专项清理，坚决取缔各种违规及不合理收费，降低偏高的通行费收费标准。从严审批一级及以下公路和独立桥梁、隧道收费项目。按照逐步有序的原则，加快推进国家确定的西部地区省份取消政府还贷二级公路收费工作进度。（交通运输部、发展改革委、财政部、监察部、国务院纠正行业不正之风办公室）

十三、完善流通领域法律法规和标准体系

（四十四）推动制定、修改流通领域的法律法规，提升流通立法层级。抓紧修订报废汽车回收管理办法，积极推动修改商标法、反不正当竞争法、广告法和消费者权益保护法等法律，研究制定典当管理、商业网点管理、农产品批发市场管理等方面的行政法规。全面清理和取消妨碍公平竞争、设置行政壁垒、排斥外地产品和服务进入本地市场的规定。（法制办、商务部、发展改革委、公安部、工商总局、农业部、质检总局、粮食局）

（四十五）积极完善流通标准化体系，加大流通标准的制定、实施与宣传力度。（质检总局、商务部）

十四、健全统计和监测制度

（四十六）加快建立全国统一科学规范的流通统计调查体系和信息共享机制，不断提高流通统计数据质量和工作水平。加强零售、电子商务、居民服务、生产资料流通等重点流通领域的统计数据开发应用，提高服务宏观调控和企业发展的能力。（统计局、商务部、发展改革委、粮食局、供销合作总社）

（四十七）扩大城乡市场监测体系覆盖面，优化样本企业结构，推进信息采集智能化发展，保证数据真实、准确、及时，加快监测信息成果转化。（商务部、粮食局）

十五、加强组织领导

(四十八)建立由商务部牵头的全国流通工作部际协调机制,加强对流通工作的协调指导和监督检查,及时研究解决流通产业发展中的重大问题。(商务部牵头)

国家发展改革委关于印发2013年促进中部地区崛起工作要点的通知

发改地区〔2013〕993号

山西、安徽、江西、河南、湖北、湖南省人民政府,国务院有关部门、直属机构:

为认真贯彻党的十八大精神和党中央、国务院关于今年经济工作的总体部署,全面落实《国务院关于大力实施促进中部地区崛起战略的若干意见》(国发〔2012〕43号)的要求,现将《2013年促进中部地区崛起工作要点》印发你们,请根据自身实际和部门职责分工,狠抓工作落实,努力做好今年的促进中部地区崛起工作。

附件:2013年促进中部地区崛起工作要点

国家发展改革委
2013年5月28日

附件

2013年促进中部地区崛起工作要点

2013年是全面贯彻落实党的十八大精神的开局之年,是实施"十二五"规划承前启后的关键一年,要按照党中央、国务院关于今年经济工作的总体部署,牢牢抓住全面实施《国务院关于大力实施促进中部地区崛起的若干意见》(国发〔2012〕43号,以下简称《若干意见》)的契机,以加快"三基地、一枢纽"建设和推动重点地区发展为重要抓手,以促进工业化、信息化、城镇化、农业现代化同步发展为主要任务,以深化体制创新和扩大开放为根本动力,促进中部地区加快崛起、全面崛起,努力开创中部崛起工作新局面。

一、以贯彻《若干意见》为重点,狠抓各项政策措施落实

(一)认真抓好《若干意见》贯彻落实工作。继续做好《若干意见》的宣传贯彻工作,

抓紧研究制定部门分工方案，明确各项政策措施的责任部门，协调落实有关政策。高度关注中部地区扩大开放、县域经济发展、城市群发展等重点领域，研究制定相应的政策措施。

（二）继续落实好促进中部地区崛起规划和"两个比照"政策。进一步加大规划实施力度，落实好规划明确的各项主要任务和政策措施。密切跟踪分析和监督规划实施情况，开展规划实施中期评估工作。进一步加大"两个比照"政策实施力度，完善实施细则，确保各项政策落到实处。

（三）加强对中部地区重大问题的分析研究。进一步做好中部地区经济形势分析工作，跟踪研判中部地区经济形势，及时发现经济运行中的苗头性、趋势性问题，提出因应之策。组织开展重大问题研究，深入分析制约中部地区发展的体制性、机制性和结构性问题，提出有针对性的政策建议。

二、加快发展现代农业，增强农村发展活力

（一）稳定发展农业生产。继续实施新增千亿斤粮食生产能力规划，进一步加强农田水利设施建设，加快建设高标准农田。继续落实好种粮直补、农资综合补贴、良种补贴、测土配方施肥和防灾减灾稳产增产关键技术补助等政策，加大对产粮（油）大县的奖励力度。加强畜牧标准化规模养殖场（小区）建设，鼓励和指导中部有条件地区建设现代渔业示范园区。

（二）继续改善农业生产条件。继续支持实施河南省南水北调渠首及沿线、湖北省南水北调沿江沿线和湖南省洞庭湖区土地整治重大工程，支持河南和湖北两省实施南水北调丹江口库区移民培肥及坡改梯土地整治重大工程。加快建立农产品质检体系，建设一批综合性农产品质检中心。继续加大农机购置补贴支持力度。支持中部开展农业标准化示范县创建工作。

（三）创新农业生产经营体制。积极培育壮大龙头企业，努力推进农业产业化示范基地建设。推进农民合作社标准化生产，引导合作社开展"农社"对接。组织实施好土地流转规范化管理和试点，推动土地承包经营权向种养大户、家庭农场、农业合作社等新型主体有序流转。

三、进一步优化产业结构，增强发展整体实力

（一）加快改造提升传统产业。继续落实好工业转型升级规划，加大对中部地区钢铁、石化、有色金属、造船等产业升级改造的支持力度。加大对技术改造和关键技术研发的支持，推动中部地区汽车、大型机械、特高压输变电设备、轨道交通设备、船舶等装备制造业升级发展。扎实推进中部地区国家新型工业化产业示范基地建设。继续开展中部重点成矿带基础地质调查和矿产资源潜力评价。

（二）大力发展战略性新兴产业和高技术产业。通过国家科技重大专项、战略性新兴产业发展专项等支持中部地区大力发展战略性新兴产业和高技术产业，促进产业集聚。推动中部地区深入实施技术创新工程。继续支持在中部地区建设和完善一批工程实验室、工程中心等创新平台。扎实推进武汉东湖国家自主创新示范区建设，深入开展安徽国家技术创新工程试点。

（三）进一步发展壮大服务业。组织实施科技成果产业化示范工程，加快发展高技术服务业，支持中部地区培育新型服务业态。加快发展金融保险业，鼓励中外资金融公司到中部地区设立营业机构，加快发展民营金融机构和面向小微企业、"三农"的中小金融机构，引导金融机构支持中部地区新兴产业创业投资发展。大力发展旅游业，新设一批国家级风景名胜区。积极发展体育产业和养老服务业。支持发展农产品物流业，推进农产品批发市场升级改造。

四、继续推进基础设施建设，增强发展的支撑能力

（一）推进交通基础设施建设。建成投产向塘至莆田、衡茶吉、阜阳至六安等铁路，继续推进杭州至长沙至昆明、合肥至福州、大同至西安等重大项目建设，推进既有线扩能改造和新建项目前期工作。加快实施国家高速公路剩余路段建设，对部分国家高速公路拥挤路段实施扩容改造，加强国省干线改造。加快长江等内河高等级航道和武汉长江中游航运中心建设。完成合肥机场迁建、阜阳机场改扩建和九华山机场新建等项目建设，积极推进衡阳等机场新建。

（二）实施重大能源工程。继续推进中部地区大型煤炭基地建设。结合蒙西至华中铁路煤运通道建设，组织开展"两湖一江"地区火电布局研究。加快山西沁水盆地煤层气产业化基地建设，加大河南、安徽等地区煤层气勘查力度。实施皖电东送淮南经浙北至上海特高压交流输电工程、新疆哈密至河南特高压直流输电工程建设。促进中部风资源较好地区的风电开发建设，指导中部地区城市实施新能源示范和分布式光伏发电规模化示范工程。推进新疆煤制气外输管道前期工作，开工建设西三线中段、陕京四线天然气管道工程，仪征—长岭原油管道复线工程，以及部分省内油气管道工程。

（三）加强水利和防灾减灾体系建设。推进洞庭湖区、汉江干流等重点河湖综合规划审批进程。抓紧推动淮水北调、引江济淮、安徽下浒山水库等重点水利工程，加快江西峡江、浯溪口、河南河口村、湖南涔天河等骨干水利枢纽工程建设。实施长江中下游河势控制和崩岸治理，推进中小河流治理和山洪地质灾害防治，继续实施淮干滩区居民迁建。全面完成规划内重点小（2）型病险水库除险加固。加快南水北调中线配套工程和防洪影响工程建设。提高中部地区适应气候变化能力。

五、推动重点地区加快发展，培育壮大经济增长极

（一）推动重点经济区加快发展。继续推进太原城市圈、皖江城市带、鄱阳湖生态经济区、中原经济区、武汉城市圈、环长株潭城市群等重点区域发展。推动洞庭湖生态经济区建设，适时编制洞庭湖生态经济区规划。支持晋中南、皖南、湘南和汉江流域等区域加快发展。

（二）推进老工业基地调整改造和资源型城市转型。贯彻落实《全国老工业基地调整改造规划（2013—2022年）》，开展城区老工业区整体搬迁改造试点。支持资源枯竭城市转型，在符合条件的独立工矿区组织实施改造搬迁工程。加大东北地区等老工业基地调整改造及产业结构调整专项资金和资源型城市专项资金对中部地区的支持力度。

（三）加大对欠发达地区扶持力度。全面落实支持赣南等原中央苏区振兴发展的若干意见，启动中央国家机关对口支援和中央企业帮扶赣南等原中央苏区有关县（市、区）工作，编制实施赣闽粤原中央苏区振兴发展规划。研究编制大别山革命老区发展振兴规划。实施丹江口库区经济社会发展规划，落实完善对口协作工作方案。全面实施秦巴山区、武陵山区、燕山—太行山区、吕梁山区、大别山区、罗霄山区集中连片特殊困难地区区域发展与扶贫攻坚规划，加大以工代赈、易地扶贫、农村危房改造对中部贫困地区的支持。

六、着力保障和改善民生，全面推进社会事业建设

（一）加快推进重点民生工程。加快推进保障性安居工程建设，全面落实城镇保障性安居工程建设目标任务，加快城市和国有工矿棚户区及中央下放地方煤矿棚户区、林业棚户区（危旧房）和垦区危房改造，继续推动中部地区利用住房公积金贷款支持保障性住房建设试点。加大福利彩票公益金对中部地区社会福利机构和县级流浪未成年人救助保护设施建设支持力度。稳步推进水电新农村电气化县、小水电代燃料和农村水电增效扩容改造项目建设。

（二）切实做好就业和社会保障工作。落实积极就业政策，做好高校毕业生、农民工等重点群体就业工作。继续支持建设一批县乡级就业和社会保障服务设施，推动中部地区开展省、地级人力资源市场、社会保障服务中心和职业技能实训基地建设，促进就业信息互联互通。进一步推进中部地区城乡居民社会养老保险制度合并实施，扩大覆盖范围。指导中部六省进一步扩大失业保险覆盖面，适当提高失业保险金等待遇发放标准。加快推进医疗保险城乡统筹，稳步推进城乡居民大病保险试点工作。加快中部地区社会保障信息网络建设，继续推进中部六省社会保障"一卡通"建设。

（三）推动教育、卫生、文化事业发展。继续实施农村初中校舍改造、艰苦边远地区农村学校教师周转宿舍建设、中西部高校基础能力建设等专项工程和"对口支援中西部部分地区招生协作计划"。推进地市级医院、儿童医疗服务体系等建设，开展重大疾病防治设施等专业公共卫生机构建设。加强人口和计生、社会养老、社区服务体系建设，推进公共体育设施、残疾人康复和托养设施建设。继续加大广播电视村村通、地市级公共文化设施建设、国家文化和自然遗产保护、红色旅游、文化工程对中部地区的支持力度。

七、加强资源节约和环境保护，增强可持续发展能力

（一）大力推进节能减排。加快实施节能减排重点工程。深入开展循环经济"十百千"示范行动，继续组织第四批国家"城市矿产"示范基地建设。实施资源综合利用"双百工程"。支持在山西朔州、河南平顶山、江西丰城等试点地区建设一批工业固体废物综合利用重点工程。继续推动山西大同塔山、安徽淮北煤炭资源，河南灵宝—卢氏金银多金属、栾川钨钼铁资源，安徽铜陵铜矿、马鞍山铁矿等综合利用示范基地建设。继续支持开展工矿废弃地复垦利用试点。

（二）加大生态建设力度。继续组织实施好天保工程二期，巩固退耕还林成果。加强三峡库区及上游、丹江口库区及上游、鄱阳湖和洞庭湖湖区防护林建设。加大京津风沙源治理力度，推进湖北、湖南省石漠化综合治理，实施好江西、安徽、湖北省崩岗治理试点项目。继续实施湿地保护工程，开展湿地保护补偿工作。加大对自然保护区建设和地质遗迹保护工作的支持力度。编制实施南水北调中线一期工程干线生态带建设规划。

（三）加大环境污染防治力度。推动湘江重金属污染治理、无主尾矿库隐患综合治理和重点流域工业点源治理。继续推进三峡库区和丹江口库区及上游水污染防治工作。推进矿山地质环境治理示范工程建设。大力支持中部地区开展农产品产地重金属污染防治和农业面源污染监测。加快城镇供水、污水处理和再生利用、生活垃圾处理设施建设，开展存量垃圾治理和餐厨垃圾资源化利用和无害化处理试点工作。指导中部地区城市群建立健全大气联防联控机制。

八、深化改革扩大开放，加强区域经济合作

（一）推进重点领域改革。深入推进武汉城市圈、长株潭城市群"两型"社会建设和山西省资源型经济转型改革试点。积极推进中部六省煤炭资源税从价计征改革，有序扩大营业税改征增值税试点范围。加快国有大型企业公司股份制改革，推动具备条件的企业实现整体上市。深化农村集体产权制度改革，加快推进农村宅基地使用权和集体建设用地使用权确权登记发证，开展宅基地制度改革试点。继续推进湖南省、安徽省国有林场改革试点。推进户籍制度改革试点，有序推进农业转移人口市民化。继续推进非时政类报刊出版单位体制改革。

（二）发展内陆开放型经济。支持中部六省省会等中心城市深化涉外经济体制改革。大力发展对外贸易，研究出台促进中部地区加工贸易转型升级和承接产业转移的政策措施。贯彻实施《中西部地区外商投资优势产业目录（2013修订）》，积极引导外商投资中部地区。深化中部地区与上海、福建等沿海省市的口岸区域通关合作。规范和促进中部地区开发区发展，支持符合条件的省级开发区升级。做好中部地区设立海关特殊监管区域的规划和指导工作，继续支持郑州保税物流中心开展跨境贸易电子商务服务试点。深入推进武汉、郑州市国家电子商务示范城市建设。全面实施郑州航空港经济综合实验区发展规划。

（三）深化区域合作。鼓励中部地区加强与长江三角洲、珠江三角洲等地区的合作。支持晋陕豫黄河金三角地区开展区域协调发展试验，研究编制区域合作规划。鼓励和支持长江中游城市群一体化发展，做好一体化发展规划编制前期研究工作。推动长江中上游地区与俄罗斯伏尔加河中上游地区（沿岸联邦区）合作。指导和推进安徽皖江城市带、湖南湘南、湖北荆州、晋陕豫黄河金三角承接产业转移示范区建设，支持设立江西赣南承接产业转移示范区。

中西部地区外商投资优势产业目录（2013年修订）

国家发展和改革委员会、商务部令第1号

《中西部地区外商投资优势产业目录（2013年修订）》已经国务院批准，现予以发布，自 2013 年 6 月 10 日起施行。2008 年 12 月 23 日国家发展和改革委员会、商务部发布的《中西部地区外商投资优势产业目录（2008 年修订）》（国家发展和改革委员会、商务部令 2008 年第 4 号）同时废止。

根据《指导外商投资方向规定》（国务院令 2002 年第 346 号）的规定，属于本目录的外商投资项目，享受鼓励类外商投资项目优惠政策。符合本目录规定的外商投资在建项目，可按照本目录的有关政策执行。

国家发展和改革委员会主任：徐绍史
商务部部长：高虎城
2013 年 5 月 9 日

中西部地区外商投资优势产业目录（2013 年修订）

山西省

1. 牧草饲料作物种植及深加工
2. 小杂粮、马铃薯种植及产品开发、生产
3. 退耕还林还草、天然林保护等国家重点生态工程后续产业开发
4. 节水灌溉和旱作节水技术、保护性耕作技术开发与应用
5. 采煤矿区采空、塌陷区域生态系统恢复与重建工程
6. 非金属矿（高岭土、石灰石、硅石、石英砂）综合利用（勘探、开采除外）
7. 煤层气和煤炭伴生资源综合开发利用
8. 焦炭副产品综合利用
9. 高档棉、毛、麻、丝、化纤的纺织、针织及服装加工生产
10. 天然药、原料药、中成药的深加工（列入《外商投资产业指导目录》限制类、禁止类的除外）
11. 包装装潢印刷品印刷
12. 高档玻璃制品、高技术陶瓷（含工业陶瓷）技术开发和产品生产
13. 特殊品种（超白、超薄、在线 Low-E、中空、超厚）优质浮法玻璃技术开发及深加工
14. 不锈钢制品生产
15. 高速列车用钢、非晶带材等钢铁新材料
16. 铝合金材料及制品生产
17. 钢丝绳芯橡胶输运带生产
18. 液压技术系统及模具生产
19. 旱地、山地中小农业机械及配套机具制造
20. 三轴以上联动的高速、精密数控机床及配套数控系统、伺服电机及驱动装置、功能

部件、刀具、量具、量仪及高档磨具磨料生产

21. 大型煤矿综采设备和防爆机电产品生产
22. 第三代及后续移动通信系统手机零部件生产
23. 洗中煤、焦炉煤气余热发电、供热等综合利用
24. 云计算、物联网、移动互联网等新一代信息技术开发、应用
25. 宽带业务和增值电信业务（需在我国入世承诺框架内）
26. 公路旅客运输公司
27. 城市燃气、热力和供排水管网建设、经营（人口50万以上城市中方控股）
28. 医疗和养老服务机构
29. 艺术表演培训和中介服务及文化用品、设备等产业化开发
30. 旅游景区（点）保护、开发和经营及其配套设施建设

内蒙古自治区

1. 绿色农畜产品（乳、肉、绒、皮毛、马铃薯、蔬菜）生产及加工（列入《外商投资产业指导目录》限制类、禁止类的除外）
2. 松香深加工
3. 盐湖生物养殖加工与综合利用
4. 退耕还林还草、退牧还草、天然林保护等国家重点生态工程后续产业开发
5. 节水灌溉和旱作节水技术、保护性耕作、中低产田改造等技术开发与应用
6. 日处理甜菜3 000吨及以上甜菜糖精深加工及副产品综合利用
7. 优质酿酒葡萄基地建设
8. 铜、铅、锌、镁等金属精深加工（限于合资、合作）
9. 非金属矿（高岭土、红柱石、膨润土、白云石、晶质石墨、珍珠岩、沸石）综合利用及精细加工（勘探、开采除外）
10. 毛纺织、针织品高新技术产品开发
11. 煤层气和煤炭伴生资源综合开发利用
12. 稀土高端应用产品加工
13. 天然气下游化工产品开发和利用（列入《天然气利用政策》限制类和禁止类的除外）
14. 利用乙烯与氯气通过氧氯化法生产30万吨/年以上PVC，废盐酸制氯气等综合利用技术开发及利用
15. 高性能硅油、硅橡胶、树脂，高品质氟树脂，高性能氟橡胶，含氟精细化学品和高品质含氟无机盐等
16. 硅材料及其应用
17. 动植物药材资源开发、保护和可持续利用（列入《外商投资产业指导目录》限制类、禁止类的除外）
18. 少数民族特需用品、工艺美术品、包装容器材料及日用玻璃制品生产
19. 特殊品种（超白、超薄、在线Low-E、中空、超厚）优质浮法玻璃技术开发及深

加工

20. 碳纤维产品生产及其应用
21. 天然气压缩机（含煤层气压缩机）制造
22. 汽车整车制造（外资比例不高于50%），专用汽车（不包括普通半挂车、自卸车、罐式车、厢式车和仓栅式汽车）制造（外资比例不高于50%）
23. 大型储能技术研发与生产应用（蓄能电池、抽水蓄能技术、空气储能技术、风电与后夜供热等）
24. 太阳能发电设备及零部件制造
25. 洗中煤、焦炉煤气余热发电、供热等综合利用
26. 宽带业务和增值电信业务（需在我国入世承诺框架内）
27. 公路旅客运输公司
28. 城市燃气、热力和供排水管网建设、经营（人口50万以上城市中方控股）
29. 医疗和养老服务机构
30. 广播电视节目、电影的制作业务（限于合作）
31. 冰雪、森林、草原生态旅游资源开发、建设和经营
32. 旅游景区（点）保护、开发和经营及其配套设施建设

辽宁省

1. 肉鸡、生猪、肉牛和肉羊饲养及产品深加工
2. 节水灌溉和旱作节水技术、保护性耕作技术开发与应用
3. 退耕还林还草等国家重点生态工程后续产业开发
4. 镁、锆石加工及综合利用（中方相对控股）
5. 高档棉、毛、麻、丝、化纤的纺织、针织及服装加工生产
6. 天然药、原料药、中成药的深加工（列入《外商投资产业指导目录》限制类、禁止类的除外）
7. 高性能子午线轮胎的生产。包括无内胎载重子午胎，低断面和扁平化（低于55系列）、大轮辋高性能轿车子午胎（15吋以上），航空轮胎及农用子午胎的生产
8. 金属包装、自动化立体仓库及仓储物流设备制造
9. 汽车零部件制造：六档以上自动变速箱、商用车用高功率密度驱动桥、随动前照灯系统、LED前照灯、轻量化材料应用（高强钢、铝镁合金、复合塑料、粉末冶金、高强度复合纤维等）、离合器、液压减震器、中控盘总成、座椅
10. 飞行员培训、航空俱乐部（限于合资、合作）
11. 医疗设备及关键部件开发及生产
12. 高精度铜、铝及合金板带材深加工
13. 大型储能技术研发与生产应用（蓄能电池、抽水蓄能技术、空气储能技术、风电与后夜供热等）
14. 宽带业务和增值电信业务（需在我国入世承诺框架内）
15. 城市燃气、热力和供排水管网建设、经营（人口50万以上城市中方控股）

16. 医疗和养老服务机构
17. 旅游景区（点）保护、开发和经营及其配套设施建设
18. 经国家投资主管部门批准的资源枯竭型城市的精深加工和接续产业等项目

吉林省
1. 节水灌溉和旱作节水技术、保护性耕作技术开发与应用
2. 肉鸡、肉鹅、生猪、肉牛、肉羊和梅花鹿饲养及产品深加工
3. 人参、鹿茸、山葡萄、果仁、山野菜、菌类、林蛙、柞蚕、蜂蜜等长白山特色生态食品、饮品的开发和加工
4. 饮用天然矿泉水生产（中方控股）
5. 硅藻土资源开发及综合利用（勘探、开采除外）
6. 高档棉、毛、麻、丝、化纤的纺织、针织及服装加工生产
7. 褐煤蜡萃取
8. 动植物药材资源开发、保护和可持续利用（列入《外商投资产业指导目录》限制类、禁止类的除外）
9. 特殊品种（超白、超薄、在线Low-E、中空、超厚）优质浮法玻璃技术开发及深加工
10. 碳纤维原丝、碳纤维生产及其生产所需辅助材料、碳纤维复合材料及其制品生产
11. 高性能子午线轮胎的生产。包括无内胎载重子午胎，低断面和扁平化（低于55系列）、大轮辋高性能轿车子午胎（15吋以上），航空轮胎及农用子午胎的生产
12. 医疗设备及关键部件开发及生产
13. 汽车零部件制造：六档以上自动变速箱、商用车用高功率密度驱动桥、随动前照灯系统、LED前照灯、轻量化材料应用（高强钢、铝镁合金、复合塑料、粉末冶金、高强度复合纤维等）、离合器、液压减震器、中控盘总成、座椅
14. 生物质能发电设备制造（限于合资、合作）
15. 宽带业务和增值电信业务（需在我国入世承诺框架内）
16. 公路旅客运输公司
17. 汽车金融服务
18. 城市燃气、热力和供排水管网建设、经营（人口50万以上城市中方控股）
19. 医疗和养老服务机构
20. 动漫创作、制作（广播影视动漫制作业务限于合作）及衍生品开发
21. 冰雪旅游资源开发及滑雪场建设、经营
22. 旅游景区（点）保护、开发和经营及其配套设施建设
23. 经国家投资主管部门批准的资源枯竭型城市的精深加工和接续产业等项目

黑龙江省
1. 退耕还林还草、天然林保护等国家重点生态工程后续产业开发
2. 节水灌溉和旱作节水技术、保护性耕作技术开发与应用
3. 利用境外资源的木材加工

4. 饮用天然矿泉水生产（中方控股）
5. 日处理甜菜 3 000 吨及以上甜菜制糖及副产品综合利用
6. 马铃薯深加工
7. 肉鹅、肉鸡、生猪、肉牛和肉羊饲养及产品加工
8. 天然药、原料药、中成药的深加工（列入《外商投资产业指导目录》限制类、禁止类的除外）
9. 特殊品种（超白、超薄、在线 Low-E、中空、超厚）优质浮法玻璃技术开发及深加工
10. 硅基及光伏新材料
11. 钛矿冶炼及钛制品加工（限于合资、合作）
12. 切削刀具、量具、刃具制造
13. 高性能子午线轮胎的生产。包括无内胎载重子午胎，低断面和扁平化（低于55系列）、大轮辋高性能轿车子午胎（15 吋以上），航空轮胎及农用子午胎的生产
14. 汽车零部件制造：六档以上自动变速箱、商用车用高功率密度驱动桥、随动前照灯系统、LED 前照灯、轻量化材料应用（高强钢、铝镁合金、复合塑料、粉末冶金、高强度复合纤维等）、离合器、液压减震器、中控盘总成、座椅
15. 医疗设备及关键部件开发及生产
16. 电网智能管理控制系统设备制造
17. 宽带业务和增值电信业务（需在我国入世承诺框架内）
18. 公路旅客运输公司
19. 医疗和养老服务机构
20. 城市燃气、热力和供排水管网建设、经营（人口 50 万以上城市中方控股）
21. 动漫创作、制作（广播影视动漫制作业务限于合作）及衍生品开发
22. 森林、冰雪旅游资源开发及滑雪场建设、经营
23. 旅游景区（点）保护、开发和经营及其配套设施建设
24. 经国家投资主管部门批准的资源枯竭型城市的精深加工和接续产业等项目

安徽省
1. 节水灌溉和旱作节水技术、保护性耕作技术开发与应用
2. 高岭土、煤层气（瓦斯）、矿井水及天然焦等煤炭伴生资源综合利用（勘探、开采除外）
3. 非金属矿（方解石、膨润土、高岭土、凹凸棒粘土、石灰石、石英砂）综合利用（勘查、开采除外）
4. 高档棉、毛、麻、丝、化纤的纺织、针织及服装加工生产
5. 天然药、原料药、中成药的深加工（列入《外商投资产业指导目录》限制类、禁止类的除外）
6. 铜、锌、铝等有色金属精深加工及综合利用（限于合资、合作）
7. 高档无缝钢管、石油油井管制造
8. 包装装潢印刷品印刷

9. 特殊品种（超白、超薄、在线 Low-E、中空、超厚）优质浮法玻璃技术开发及深加工

10. 利用木薯、麻风树、橡胶籽等非粮植物为原料的生物液体燃料（燃料乙醇、生物柴油）生产（中方控股）

11. 高性能子午线轮胎的生产。包括无内胎载重子午胎，低断面和扁平化（低于 55 系列）、大轮辋高性能轿车子午胎（15 吋以上），航空轮胎及农用子午胎的生产

12. 汽车零部件制造：六档以上自动变速箱、商用车用高功率密度驱动桥、随动前照灯系统、LED 前照灯、轻量化材料应用（高强钢、铝镁合金、复合塑料、粉末冶金、高强度复合纤维等）、离合器、液压减震器、中控盘总成、座椅

13. 新型干法水泥成套设备制造

14. 电动叉车、30 吨以上液压挖掘机及零部件开发与制造

15. 500 万吨/年及以上矿井、薄煤层综合采掘设备，1 000 万吨级/年及以上大型露天矿关键装备；大型冶金成套设备等重大技术装备用分散型控制系统（DCS）

16. 医疗设备及关键部件开发及生产

17. 家用电器、家电用板材及零部件制造

18. 半导体照明材料上下游产品及相关设备的研发与制造

19. 大型、高压、高纯度工业气体的生产和供应

20. 宽带业务和增值电信业务（需在我国入世承诺框架内）

21. 公路旅客运输公司

22. 水上运输公司（中方控股）

23. 医疗和养老服务机构

24. 动漫创作、制作（广播影视动漫制作业务限于合作）及衍生品开发

25. 城市燃气、热力和供排水管网建设、经营（人口 50 万以上城市中方控股）

26. 旅游景区（点）保护、开发和经营及其配套设施建设

江西省

1. 脐橙、苎麻、竹、山药、莲、葛等特色、优势植物种植及深加工

2. 铜矿选矿、伴生元素提取及精深加工（限于合资、合作）及循环利用

3. 高岭土、粉石英、硅灰石、海泡石、化工用白云石等非金属矿选冶、应用及深加工

4. 高档棉、毛、麻、丝、化纤的纺织、针织及服装加工生产

5. 利用境外钨、镍、钴、钽、铌等稀有金属资源深加工、应用产品生产及循环利用

6. 利用乙烯与氯气通过氧氯化法生产 30 万吨/年以上 PVC，废盐酸制氯气等综合利用技术开发及利用

7. 稀土高端应用产品加工

8. 天然药、原料药、中成药的深加工（列入《外商投资产业指导目录》限制类、禁止类的除外）

9. 艺术陶瓷、日用陶瓷、工业陶瓷、特种陶瓷等高技术陶瓷的研发与生产

10. 高性能子午线轮胎的生产。包括无内胎载重子午胎，低断面和扁平化（低于 55 系列）、大轮辋高性能轿车子午胎（15 吋以上），航空轮胎及农用子午胎的生产

11. 包装装潢印刷品印刷

12. 汽车零部件制造：六档以上自动变速箱、商用车用高功率密度驱动桥、随动前照灯系统、LED 前照灯、轻量化材料应用（高强钢、铝镁合金、复合塑料、粉末冶金、高强度复合纤维等）、离合器、液压减震器、中控盘总成、座椅

13. 医疗设备及关键部件开发及生产

14. 空调、高效节能压缩机及零部件生产

15. 太阳能发电设备及零部件制造

16. 半导体照明材料上下游产品及相关设备的研发与制造

17. 锂电池等锂产品生产专用设备的研发与制造

18. 光学部件及镀膜技术的研发、应用及制造

19. 宽带业务和增值电信业务（需在我国入世承诺框架内）

20. 公路旅客运输公司

21. 医疗和养老服务机构

22. 城市燃气、热力和供排水管网建设、经营（人口 50 万以上中方控股）

23. 动漫创作、制作（广播影视动漫制作业务限于合作）及衍生品开发

24. 旅游景区（点）保护、开发和经营及其配套设施建设

河南省

1. 生猪、肉牛、肉羊、小家禽饲养
2. 退耕还林还草、天然林保护等国家重点生态工程后续产业开发
3. 节水灌溉和旱作节水技术、保护性耕作技术开发与应用
4. 镁、锌精深加工（限于合资、合作）
5. 高档棉、毛、麻、丝、化纤的纺织、针织及服装加工生产
6. 煤层气（煤矿瓦斯）抽采和利用技术产品开发与生产
7. 超硬材料产品生产
8. 铝合金材料及制品生产
9. 天然药、原料药、中成药的深加工（列入《外商投资产业指导目录》限制类、禁止类的除外）
10. 包装装潢印刷品印刷
11. 特殊品种（超白、超薄、在线 Low-E、中空、超厚）优质浮法玻璃技术开发及深加工
12. 高性能子午线轮胎的生产。包括无内胎载重子午胎，低断面和扁平化（低于 55 系列）、大轮辋高性能轿车子午胎（15 吋以上），航空轮胎及农用子午胎的生产
13. 汽车零部件制造：六档以上自动变速箱、商用车用高功率密度驱动桥、随动前照灯系统、LED 前照灯、轻量化材料应用（高强钢、铝镁合金、复合塑料、粉末冶金、高强度复合纤维等）、离合器、液压减震器、中控盘总成、座椅
14. 三轴以上联动的高速、精密数控机床及配套数控系统、伺服电机及驱动装置、功能部件、刀具、量具、量仪及高档磨具磨料生产

15. 300马力以上配备无级变速器轮式拖拉机，300马力以上拖拉机关键零部件：无级变速拖拉机发动机、变速箱、液力联合控制系统、双输入双输出无级调速装置

16. 500万吨/年及以上矿井、薄煤层综合采掘设备，1 000万吨级/年及以上大型露天矿关键装备；12 000米及以上深井钻机、极地钻机、高位移性深井沙漠钻机、沼泽难进入区域用钻机、海洋钻机、车装钻机、特种钻井工艺用钻机等钻机成套设备

17. 电能综合管理自动化设备制造
18. LCoS、DLP、液晶等新型投影显示技术产品开发及生产
19. 空调、电冰箱、高效节能压缩机及零部件制造
20. 宽带业务和增值电信业务（需在我国入世承诺框架内）
21. 公路旅客运输公司
22. 医疗和养老服务机构
23. 城市燃气、热力和供排水管网建设、经营（人口50万以上城市中方控股）
24. 旅游景区（点）保护、开发和经营及其配套设施建设

湖北省

1. 保护性耕作技术开发与应用
2. 高档纺织品及服装工艺技术开发
3. 无纺布及医用纺织品生产
4. 动植物药材资源的开发、保护和可持续利用（列入《外商投资产业指导目录》限制类、禁止类的除外）
5. 高档棉、毛、麻、丝、化纤的纺织、针织及服装加工生产
6. 包装装潢印刷品印刷
7. 特殊品种（超白、超薄、在线Low-E、中空、超厚）优质浮法玻璃技术开发及深加工
8. 空调、高效节能压缩机及零部件制造
9. 汽车零部件制造：六档以上自动变速箱、商用车用高功率密度驱动桥、随动前照灯系统、LED前照灯、轻量化材料应用（高强钢、铝镁合金、复合塑料、粉末冶金、高强度复合纤维等）、离合器、液压减震器、中控盘总成、座椅
10. 高性能子午线轮胎的生产。包括无内胎载重子午胎，低断面和扁平化（低于55系列）、大轮辋高性能轿车子午胎（15吋以上），航空轮胎及农用子午胎的生产
11. 三轴以上联动的高速、精密数控机床及配套数控系统、伺服电机及驱动装置、功能部件、刀具、量具、量仪及高档磨具磨料生产
12. 特种钢丝绳、钢缆（平均抗拉强度>2 200MPa）制造
13. 激光医疗设备开发与制造
14. 光电子技术和产品（含光纤预制棒、半导体发光二极管LED）开发
15. 宽带业务和增值电信业务（需在我国入世承诺框架内）
16. 公路旅客运输公司
17. 汽车加气站建设和经营
18. 医疗和养老服务业

19. 城市燃气、热力和供排水管网建设、经营（人口 50 万以上城市中方控股）
20. 旅游景区（点）保护、开发和经营及其配套设施建设

湖南省
1. 蔬菜、水果、畜禽产品的生产及深加工
2. 锌精深加工（限于合资、合作）
3. 铋化合物生产（中方控股）
4. 艺术陶瓷、日用陶瓷、工业陶瓷、特种陶瓷等高技术陶瓷的研发与生产
5. 激素类药物深度开发（列入《外商投资产业指导目录》限制类、禁止类的除外）
6. 包装装潢印刷品印刷
7. 大口径钢管材加工
8. 硬质合金精深加工
9. 30 吨以上液压挖掘机、6 米及以上全断面掘进机、320 马力及以上履带推土机、6 吨及以上装载机、600 吨及以上架桥设备（含架桥机、运梁车、提梁机）、400 吨及以上履带起重机、100 吨及以上全地面起重机、钻孔 100 毫米以上凿岩台车、400 千瓦及以上砼冷热再生设备、1 米宽及以上铣刨机；关键零部件：动力换挡变速箱、湿式驱动桥、回转支承、液力变矩器、为电动叉车配套的电机、电控、压力 25 兆帕以上液压马达、泵、控制阀
10. 60C 及以上混凝土输送泵、50 米及以上混凝土泵车、混凝土布料机、混凝土搅拌运输车、混凝土喷射机械手；起升机械：塔式起重机、50 米及以上高空作业车、50 吨级以上轮胎吊；路面机械：12 米及以上沥青路面摊铺机、4 吨以上沥青混凝土搅拌设备、26 吨以上全液压压路机、垃圾收运和处理设备及系统等产品
11. 大型工程机械关键零部件：动力换挡变速箱、湿式驱动桥、回转支承、液力变矩器、为电动叉车配套的电机、电控、压力 25 兆帕以上液压马达、泵、控制阀
12. 新型橡胶机械成套设备制造
13. 消费类电子产品整机、光电子、电子材料、电子元器件的开发和制造
14. 宽带业务和增值电信业务（需在我国入世承诺框架内）
15. 公路旅客运输公司
16. 广播电视节目、电影制作业务（限于合作）
17. 医疗和养老服务机构
18. 城市燃气、热力和供排水管网建设、经营（人口 50 万以上城市中方控股）
19. 旅游景区（点）保护、开发和经营及其配套设施建设

广西自治区
1. 退耕还林还草等国家重点生态工程后续产业开发
2. 动植物药材资源开发生产（列入《外商投资产业指导目录》限制类、禁止类的除外）
3. 日处理甘蔗 5 000 吨及以上的蔗糖精深加工及副产品综合利用
4. 单线 5 万立方米/年以上的普通刨花板、高中密度纤维板生产装置；单线 5 万立方米/年以上的木质刨花板生产装置；5 万立方米/年以上的胶合板和细木工板生产线

5. 松香深加工
6. 锌、锡、锑、钨、锰等金属精深加工（限于合资、合作）
7. 少数民族特需用品、民族特色工艺品及包装容器材料生产
8. 艺术陶瓷、日用陶瓷、工业陶瓷、特种陶瓷等高技术陶瓷的研发与生产
9. 特殊品种（超白、超薄、在线 Low-E、中空、超厚）优质浮法玻璃技术开发及深加工
10. 利用木薯、麻风树、橡胶籽等非粮植物为原料的生物液体燃料（燃料乙醇、生物柴油）生产（中方控股）
11. 高性能子午线轮胎的生产。包括无内胎载重子午胎，低断面和扁平化（低于 55 系列）、大轮辋高性能轿车子午胎（15 吋以上），航空轮胎及农用子午胎的生产
12. 汽车整车制造（外资比例不高于 50%），专用汽车（不包括普通半挂车、自卸车、罐式车、厢式车和仓栅式汽车）制造（外资比例不高于 50%）
13. 汽车零部件制造：六档以上自动变速箱、商用车用高功率密度驱动桥、随动前照灯系统、LED 前照灯、轻量化材料应用（高强钢、铝镁合金、复合塑料、粉末冶金、高强度复合纤维等）、离合器、液压减震器、中控盘总成、座椅
14. 大型工程机械关键零部件：动力换挡变速箱、湿式驱动桥、回转支承、液力变矩器、为电动叉车配套的电机、电控、压力 25 兆帕以上液压马达、泵、控制阀
15. 宽带业务和增值电信业务（需在我国入世承诺框架内）
16. 公路旅客运输公司
17. 水上运输公司（中方控股）
18. 医疗和养老服务机构
19. 城市燃气、热力和供排水管网建设、经营（人口 50 万以上城市中方控股）
20. 文化演出场所的建设、经营（中方控股）
21. 旅游景区（点）保护、开发和经营及其配套设施建设

重庆市

1. 动植物优良品种选育、繁育、保种、开发及产品深加工（列入《外商投资产业指导目录》限制类和禁止类的除外）
2. 退耕还林还草、天然林保护等国家重点生态工程后续产业开发
3. 节水灌溉技术开发及应用
4. 高档棉、毛、麻、丝、化纤的纺织、针织及服装加工生产
5. 天然气下游化工产品生产和开发（列入《天然气利用政策》限制类和禁止类的除外）
6. 高性能、高附加值聚氨酯和工程塑料产品开发和生产
7. 铝、镁精深加工（限于合资、合作）
8. 排气量 250ml 及以上高性能摩托车整车（外资比例不高于 50%）
9. 汽车整车制造（外资比例不高于 50%），专用汽车（不包括普通半挂车、自卸车、罐式车、厢式车和仓栅式汽车）制造（外资比例不高于 50%）
10. 高性能子午线轮胎的生产。包括无内胎载重子午胎，低断面和扁平化（低于 55 系列）、大轮辋高性能轿车子午胎（15 吋以上），航空轮胎及农用子午胎以及列入《当前优先

发展的高技术产业化重点领域指南》的子午线轮胎关键原材料生产

11. 汽车零部件制造：六档以上自动变速箱、商用车用高功率密度驱动桥、随动前照灯系统、LED前照灯、轻量化材料应用（高强钢、铝镁合金、复合塑料、粉末冶金、高强度复合纤维等）、离合器、液压减震器、中控盘总成、座椅

12. 太阳能发电设备及零部件制造

13. 线宽0.25微米以下大规模数字集成电路制造

14. 500千伏及以上高压直流换流变压器研发及制造

15. 三级能效以上节能环保型家电整机，压缩机、电机、变频器、液晶面板等关键零部件生产，无线输电、裸眼3D、体感输入等新技术开发

16. 半导体照明材料上下游产品及相关设备的研发与制造

17. 二氧化碳回收、一氧化碳等特殊工业气体制备及应用

18. FINEX技术及高速、无头连轧

19. 宽带业务和增值电信业务（需在我国入世承诺框架内）

20. 公路旅客运输公司

21. 医疗和养老服务机构

22. 城市燃气、热力和供排水管网建设、经营（人口50万以上城市中方控股）

23. 旅游景区（点）保护、开发和经营及其配套设施建设

四川省

1. 红薯及非粮作物加工和副产物综合利用

2. 生猪、肉牛、肉羊、小家禽畜（含高原畜产品）饲养和深加工

3. 退耕还林还草、天然林保护等国家重点生态工程后续产业开发

4. 节水灌溉和旱作节水技术、保护性耕作技术开发与应用

5. 葡萄酒及特色水果酿酒

6. 利用木薯、麻风树、橡胶籽等非粮植物为原料的生物液体燃料（燃料乙醇、生物柴油）生产（中方控股）

7. 高档棉、毛、麻、丝、化纤的纺织、针织及服装加工生产

8. 以境外木、藤为原材料的高端家具生产

9. 稀土高端应用产品加工

10. 钒钛资源综合利用新技术和新产品开发（限于合资、合作）

11. 天然气下游化工产品生产和开发（列入《天然气利用政策》限制类和禁止类的除外）

12. 含氟精细化学品和高品质含氟无机盐生产

13. 动植物药材资源开发、保护及可持续利用（列入《外商投资产业指导目录》限制类、禁止类的除外）

14. 包装装潢印刷品印刷

15. 特殊品种（超白、超薄、在线Low-E、中空、超厚）优质浮法玻璃技术开发及深加工

16. 汽车整车制造（外资比例不高于50%），专用汽车（不包括普通半挂车、自卸车、罐式车、厢式车和仓栅式汽车）制造（外资比例不高于50%）
17. 高性能子午线轮胎的生产。包括无内胎载重子午胎，低断面和扁平化（低于55系列）、大轮辋高性能轿车子午胎（15吋以上），航空轮胎及农用子午胎的生产
18. 汽车零部件制造：六档以上自动变速箱、商用车用高功率密度驱动桥、随动前照灯系统、LED前照灯、轻量化材料应用（高强钢、铝镁合金、复合塑料、粉末冶金、高强度复合纤维等）、离合器、液压减震器、中控盘总成、座椅
19. 30吨以上液压挖掘机、6米及以上全断面掘进机、320马力及以上履带推土机、6吨及以上装载机、600吨及以上架桥设备（含架桥机、运梁车、提梁机）、400吨及以上履带起重机、100吨及以上全地面起重机、钻孔100毫米以上凿岩台车、400千瓦及以上砼冷热再生设备、1米宽及以上铣刨机；关键零部件：动力换挡变速箱、湿式驱动桥、回转支承、液力变矩器、为电动叉车配套的电机、电控、压力25兆帕以上液压马达、泵、控制阀
20. 太阳能发电设备及零部件制造
21. 大型储能技术研发与生产应用（蓄能电池、抽水蓄能技术、空气储能技术、风电与后夜供热等）
22. 3 000KW以上大型、重型燃气轮机高温部件及控制系统研发制造
23. 半导体照明材料上下游产品及相关设备的研发与制造
24. 精密电子注塑产品开发及生产
25. 液晶电视、数字电视、节能环保电冰箱、智能洗衣机等高档家用电器制造
26. 医疗设备及关键部件开发及生产
27. 天然气压缩机（含煤层气压缩机）制造
28. 物流业务相关的仓储设施建设和商贸服务
29. 宽带业务和增值电信业务（需在我国入世承诺框架内）
30. 公路旅客运输公司
31. 医疗和养老服务机构
32. 城市燃气、热力和供排水管网建设、经营（人口50万以上城市中方控股）
33. 动漫创作、制作（广播影视动漫制作业务限于合作）及衍生品开发
34. 艺术表演培训和中介服务及文化用品、设备等产业化开发
35. 旅游景区（点）保护、开发和经营及其配套设施建设

贵州省
1. 退耕还林还草、天然林保护等国家重点生态工程后续产业开发
2. 节水灌溉和旱作节水技术开发与应用
3. 马铃薯、魔芋等产品深加工
4. 畜禽、辣椒、苦荞、山药、核桃深加工
5. 高档棉、毛、麻、丝、化纤的纺织、针织及服装加工生产
6. 钛冶炼（限于合资、合作）
7. 用先进技术对固定层合成氨装置进行优化节能技改

8. 利用甲醇开发M100新型动力燃料及合成氨生产尾气发展新能源
9. 利用工业生产二氧化碳废气发展工业级、食品级二氧化碳
10. 己二酸生产
11. 采用先进技术建设30万吨/年及以上煤制合成氨及配套尿素项目
12. 动植物药材资源开发、保护和可持续利用（列入《外商投资产业指导目录》限制类、禁止类的除外）
13. 特殊品种（超白、超薄、在线Low-E、中空、超厚）优质浮法玻璃技术开发及深加工
14. 铝等有色金属精深加工（限于合资、合作）
15. 高性能铝合金系列产品开发
16. 新型短流程钢铁冶炼技术开发及应用
17. 非高炉冶炼技术（直接还原）
18. 磨料磨具产品生产
19. 新型凿岩钎具的开发及用钢材料生产
20. 汽车整车制造（外资比例不高于50%），专用汽车（不包括普通半挂车、自卸车、罐式车、厢式车和仓栅式汽车）制造（外资比例不高于50%）
21. 汽车零部件制造：六档以上自动变速箱、商用车用高功率密度驱动桥、随动前照灯系统、LED前照灯、轻量化材料应用（高强钢、铝镁合金、复合塑料、粉末冶金、高强度复合纤维等）、离合器、液压减震器、中控盘总成、座椅
22. 有特色优势的特种工程机械、架桥铺路机械、破碎机械、液压基础件、数控机床、节能环保装备、4MW燃汽轮机及以下产品等开发及制造
23. 复式永磁电机抽油机系列化开发和产业化
24. 复杂地质条件的矿用开采、掘进、提升、井下运输等特种设备及产品的开发与制造
25. 适用于西部山区的轻便、耐用、低耗中小型耕种收和植保、节水灌溉、小型抗旱设备及粮油作物、茶叶、特色农产品等农业机械开发与制造
26. 太阳能发电设备及零部件制造
27. 宽带业务和增值电信业务（需在我国入世承诺框架内）
28. 公路旅客运输公司
29. 医疗和养老服务机构
30. 城市燃气、热力和供排水管网建设、经营（人口50万以上城市中方控股）
31. 茅台生态带综合保护及赤水河流域遥感技术应用示范
32. 旅游景区（点）保护、开发和经营及其配套设施建设

云南省
1. 退耕还林还草、天然林保护等国家重点生态工程后续产业开发
2. 节水灌溉和旱作节水技术开发与应用
3. 铜、锌有色金属精深加工（限于合资、合作）
4. 特色食用资源开发及应用

5. 符合生态与环保要求的亚麻加工、开发及副产品综合利用

6. 利用木薯、麻风树、橡胶籽等非粮植物为原料的生物液体燃料（燃料乙醇、生物柴油）生产（中方控股）

7. 高档棉、毛、麻、丝、化纤的纺织、针织及服装加工生产

8. 动植物药材资源开发、保护和可持续利用（列入《外商投资产业指导目录》限制类、禁止类的除外）

9. 包装装潢印刷品印刷

10. 特殊品种（超白、超薄、在线 Low-E、中空、超厚）优质浮法玻璃技术开发及深加工

11. 汽车整车制造（外资比例不高于 50%），专用汽车（不包括普通半挂车、自卸车、罐式车、厢式车和仓栅式汽车）制造（外资比例不高于 50%）

12. 宽带业务和增值电信业务（需在我国入世承诺框架内）

13. 公路旅客运输公司

14. 医疗和养老服务机构

15. 城市燃气、热力和供排水管网建设、经营（人口 50 万以上城市中方控股）

16. 广播电视节目、电影的制作业务（限于合作）

17. 旅游景区（点）保护、开发和经营及其配套设施建设

西藏自治区

1. 退耕还林还草、天然林保护等国家重点生态工程后续产业开发

2. 节水灌溉和旱作节水技术开发与应用

3. 盐湖资源的开发利用（中方控股）

4. 饮用天然矿泉水生产（中方控股）

5. 牛羊绒、皮革产品深加工及藏毯生产

6. 花卉与苗圃基地的建设经营

7. 林下资源的培植技术研发和林下产品深加工

8. 青稞、牧草等农作物新技术的开发利用

9. 高原特色食品资源开发利用

10. 天然药、原料药、中成药的深加工（列入《外商投资产业指导目录》限制类、禁止类的除外）

11. 藏药新品种、新剂型产品生产（列入《外商投资产业指导目录》禁止类的除外）

12. 少数民族特需用品、工艺美术品、包装容器材料、日用玻璃制品及极具藏民族特色的旅游商品纪念品生产

13. 物流业务相关的仓储设施建设和商贸服务

14. 宽带业务和增值电信业务（需在我国入世承诺框架内）

15. 公路旅客运输公司

16. 医疗和养老服务机构

17. 城市燃气、热力和供排水管网建设、经营（人口 50 万以上城市中方控股）

18. 旅游景区（点）保护、开发和经营及其配套设施建设

陕西省
1. 退耕还林还草、天然林保护、水源地保护等国家重点生态工程后续产业开发
2. 节水灌溉和旱作节水技术、保护性耕作技术开发与应用
3. 高档棉、毛、麻、丝、化纤的纺织、针织及服装加工生产
4. 动植物药材资源开发、保护和可持续利用（列入《外商投资产业指导目录》限制类、禁止类的除外）
5. 天然气下游化工产品的生产与开发（列入《天然气利用政策》限制类和禁止类的除外）
6. 特殊品种（超白、超薄、在线Low-E、中空、超厚）优质浮法玻璃技术开发及深加工
7. 钛金属精深加工（限于合资、合作）
8. 高炉煤气能量回收透平装置设计制造
9. 大型、高压、高纯度工业气体的生产和供应
10. 汽车整车制造（外资比例不高于50%），专用汽车（不包括普通半挂车、自卸车、罐式车、厢式车和仓栅式汽车）制造（外资比例不高于50%）
11. 一般商品的批发、零售（列入《外商投资产业指导目录》限制类、禁止类的除外）
12. 宽带业务和增值电信业务（需在我国入世承诺框架内）
13. 公路旅客运输公司
14. 医疗和养老服务机构
15. 城市燃气、热力和供排水管网建设、经营（人口50万以上城市中方控股）
16. 旅游景区（点）保护、开发和经营及其配套设施建设

甘肃省
1. 节水灌溉和旱作节水技术、保护性耕作技术开发与应用
2. 瓜果、蔬菜、花卉种子的开发生产（中方控股）
3. 优质酿酒葡萄基地建设
4. 优质啤酒原料种植、加工
5. 天然气下游化工产品生产和开发（列入《天然气利用政策》限制类和禁止类的除外）
6. 稀土高端应用产品加工
7. 铝、铜、镍等有色金属精深加工（限于合资、合作）
8. 汽车整车制造（外资比例不高于50%），专用汽车（不包括普通半挂车、自卸车、罐式车、厢式车和仓栅式汽车）制造（外资比例不高于50%）
9. 三轴以上联动的高速、精密数控机床及配套数控系统、伺服电机及驱动装置、功能部件、刀具、量具、量仪及高档磨具磨料
10. 太阳能发电及设备制造业
11. 宽带业务和增值电信业务（需在我国入世承诺框架内）
12. 公路旅客运输公司

13. 医疗和养老服务机构
14. 城市燃气、热力和供排水管网建设、经营（人口 50 万以上城市中方控股）
15. 旅游景区（点）保护、开发和经营及其配套设施建设

宁夏自治区
1. 节水灌溉和旱作节水技术、保护性耕作技术开发与应用
2. 枸杞、葡萄等种植及深加工
3. 沙生中药材、沙区生态经济林、沙区瓜果、沙区设施农业、沙料建材、沙区新能源和沙漠旅游休闲等沙产业
4. 少数民族特需用品及清真食品开发加工
5. 碳基材料开发及生产
6. 石膏和陶瓷粘土的深加工
7. 钽、铌等金属精深加工（中方控股）
8. 氢氧化镍生产及深加工
9. 铝合金、镁合金等材料的研发及生产
10. 熔体直纺及切片纺彩色涤纶的研发及生产
11. 高性能子午线轮胎的生产。包括无内胎载重子午胎，低断面和扁平化（低于 55 系列）、大轮辋高性能轿车子午胎（15 吋以上），航空轮胎及农用子午胎的生产
12. 汽车整车制造（外资比例不高于 50%），专用汽车（不包括普通半挂车、自卸车、罐式车、厢式车和仓栅式汽车）制造（外资比例不高于 50%）
13. 三轴以上联动的高速、精密数控机床及配套数控系统、伺服电机及驱动装置、功能部件、刀具、量具、量仪及高档磨具磨料
14. 500 万吨/年及以上矿井、薄煤层综合采掘设备，1 000 万吨级/年及以上大型露天矿关键装备
15. 太阳能发电设备研发及制造生产
16. 宽带业务和增值电信业务（需在我国入世承诺框架内）
17. 公路旅客运输公司
18. 医疗和养老服务机构
19. 城市燃气、热力和供排水管网建设、经营（人口 50 万以上城市中方控股）
20. 旅游景区（点）保护、开发和经营及其配套设施建设

青海省
1. 高原动植物资源保护、种养与加工利用（列入《外商投资产业指导目录》限制类、禁止类的除外）
2. 退耕还林还草、天然林保护、水源地保护等国家重点生态工程后续产业开发
3. 节水灌溉和旱作节水技术、保护性耕作技术开发与应用
4. 有机天然农畜产品基地建设和产品精深加工
5. 铜、铝、镁等有色金属精深加工（限于合资、合作）

6. 中、藏药新品种、新剂型产品生产（列入《外商投资产业指导目录》限制类、禁止类的除外）

7. 特殊品种（超白、超薄、在线 Low-E、中空、超厚）优质浮法玻璃技术开发及深加工

8. 聚甲醛、聚苯硫醚等工程塑料生产

9. 工业尾矿及工业生产废弃物及低品位、复杂、难处理矿的资源化利用

10. 汽车整车制造（外资比例不高于 50%），专用汽车（不包括普通半挂车、自卸车、罐式车、厢式车和仓栅式汽车）制造（外资比例不高于 50%）

11. 宽带业务和增值电信业务（需在我国入世承诺框架内）

12. 公路旅客运输公司

13. 医疗和养老服务机构

14. 城市燃气、热力和供排水管网建设、经营（人口 50 万以上城市中方控股）

15. 体育竞赛表演、体育场馆设施建设及运营，大众体育健身休闲服务

16. 旅游景区（点）保护、开发和经营及其配套设施建设

新疆自治区（含新疆生产建设兵团）

1. 退耕还林、退牧还草、天然林保护等国家重点生态工程后续产业开发

2. 节水灌溉和旱作节水技术、保护性耕作技术、设施农业、有机农业的开发与应用

3. 优质番茄、甜菜、香梨、葡萄、西甜瓜、红枣、核桃、杏子、石榴和枸杞等优质特色农产品的种植及深加工

4. 优质酿酒葡萄基地建设及葡萄酒生产

5. 亚麻、沙棘、薰衣草的种植及其制品生产

6. 高档棉、毛、麻、丝、化纤的纺织、针织及服装加工生产

7. 蛭石、云母、石棉、菱镁矿、石墨、石灰石、红柱石、石材等非金属矿产的综合利用（勘探、开发除外）

8. 煤炭加工应用技术开发（中方控股）

9. 油气伴生资源综合利用

10. 放空天然气回收利用

11. 民族特色药用植物种植、加工和制药新工艺开发（列入《外商投资产业指导目录》限制类、禁止类的除外）

12. 民族特需用品、工艺美术品、包装容器材料及日用玻璃制品生产

13. 特殊品种（超白、超薄、在线 Low-E、中空、超厚）优质浮法玻璃技术开发及深加工

14. 直径 200mm 以上硅单晶及抛光片、多晶硅生产

15. 铜、锌、铝等有色金属精深加工（限于合资、合作）

16. 汽车整车制造（外资比例不高于 50%），专用汽车（不包括普通半挂车、自卸车、罐式车、厢式车和仓栅式汽车）制造（外资比例不高于 50%）

17. 石油及采矿等特种设备制造

18. 智能电网设备、电气成套控制系统设备制造

19. 小型清雪设备制造

20. 小电网范围内，单机容量 30 万千瓦及以下燃煤凝汽火电站、单机容量 10 万千瓦及以下燃煤凝汽抽汽两用热电联产电站的建设、经营

21. 宽带业务和增值电信业务（需在我国入世承诺框架内）

22. 公路旅客运输公司

23. 医疗和养老服务机构

24. 城市燃气、热力和供排水设施建设、经营（人口 50 万以上城市中方控股）

25. 旅游景区（点）保护、开发和经营及其配套设施建设

海南省

1. 畜、禽规模化养殖

2. 海防林恢复、天然林保护、节水灌溉和旱作节水等技术、开发与应用

3. 日处理甘蔗 5 000 吨及以上蔗糖精深加工及副产品综合利用

4. 饮用天然矿泉水生产（中方控股）

5. 海南省中药、民族药的研发、生产（列入《外商投资产业指导目录》限制类、禁止类的除外）

6. 天然气下游化工产品开发和利用（列入《天然气利用政策》限制类和禁止类的除外）

7. 锆、钛精深加工（限于合资、合作）

8. 高性能子午线轮胎的生产。包括无内胎载重子午胎，低断面和扁平化（低于 55 系列）、大轮辋高性能轿车子午胎（15 吋以上），航空轮胎及农用子午胎的生产

9. 包装装潢印刷品印刷

10. 邮轮制造（中方控股）

11. 深水海洋工程设备制造

12. 高尔夫用具制造

13. 宽带业务和增值电信业务（需在我国入世承诺框架内）

14. 公路旅客运输公司

15. 船舶代理（中方控股）、外轮理货（限于合资、合作）

16. 医疗和养老服务机构

17. 城市燃气、热力和供排水管网建设、经营（人口 50 万以上城市中方控股）

18. 电影院的建设、经营（中方控股）

19. 广播电视节目制作、电影制作（限于合作）

20. 观光农业、休闲农业的开发和经营及其配套设施建设

21. 旅游景区（点）保护、开发和经营及其配套设施建设

22. 海洋、热带雨林生态旅游资源（国家禁止外商投资的自然保护区等除外）开发、经营及其配套设施建设（中方控股）

国家发展改革委关于印发苏南现代化建设示范区规划的通知

发改地区〔2013〕814号

江苏省人民政府，国务院有关部门、直属机构：

经国务院同意，现将《苏南现代化建设示范区规划》（以下简称《规划》）印发你们，并就有关事项通知如下：

一、《规划》实施要以邓小平理论、"三个代表"重要思想、科学发展观为指导，深入贯彻落实党的十八大精神，进一步解放思想，坚持改革开放和创新驱动，牢牢把握发展的阶段性特征，全面落实五位一体总体布局，充分借鉴国际先进经验，着力推进经济现代化、城乡现代化、社会现代化和生态文明、政治文明建设，促进人的全面发展，努力将苏南地区建成自主创新先导区、现代产业集聚区、城乡发展一体化先行区、开放合作引领区、富裕文明宜居区，推动苏南现代化建设走在全国前列，为我国实现现代化积累经验和提供示范。

二、请江苏省人民政府加强组织领导，明确工作分工，完善工作机制，落实工作责任，制定实施方案，推进《规划》实施。要充分利用长三角区域合作协调机制，协调解决跨区域的重大问题。要加强地方规划与本规划的衔接，建立健全规划实施的市场主体参与机制。《规划》实施涉及的重大建设项目、重大支持政策和重大改革发展事项按程序另行报批。

三、请国务院有关部门结合各自职能，加强对《规划》实施的指导，在有关专项规划编制、政策实施、项目安排、体制创新等方面给予积极支持。我委将加强对《规划》实施情况的跟踪分析和督促检查，会同江苏省人民政府开展规划实施情况评估，及时向国务院报告实施情况。

推进苏南现代化建设示范区建设，事关国家区域协调发展大局和我国现代化建设"三步走"战略实施。各有关方面要以《规划》实施为契机，解放思想，抢抓机遇，勇担重任，锐意创新，在新的起点上开创苏南地区科学发展新局面，谱写现代化建设新篇章。

附件：苏南现代化建设示范区规划（略——编者注）

国家发展改革委

2013年4月25日

二、行业

医疗器械监督管理条例

国务院令第 650 号

《医疗器械监督管理条例》已经 2014 年 2 月 12 日国务院第 39 次常务会议修订通过，现将修订后的《医疗器械监督管理条例》公布，自 2014 年 6 月 1 日起施行。

总理　李克强

2014 年 3 月 7 日

医疗器械监督管理条例

第一章　总　则

第一条　为了保证医疗器械的安全、有效，保障人体健康和生命安全，制定本条例。

第二条　在中华人民共和国境内从事医疗器械的研制、生产、经营、使用活动及其监督管理，应当遵守本条例。

第三条　国务院食品药品监督管理部门负责全国医疗器械监督管理工作。国务院有关部门在各自的职责范围内负责与医疗器械有关的监督管理工作。

县级以上地方人民政府食品药品监督管理部门负责本行政区域的医疗器械监督管理工作。县级以上地方人民政府有关部门在各自的职责范围内负责与医疗器械有关的监督管理工作。

国务院食品药品监督管理部门应当配合国务院有关部门，贯彻实施国家医疗器械产业规划和政策。

第四条　国家对医疗器械按照风险程度实行分类管理。

第一类是风险程度低，实行常规管理可以保证其安全、有效的医疗器械。

第二类是具有中度风险，需要严格控制管理以保证其安全、有效的医疗器械。

第三类是具有较高风险，需要采取特别措施严格控制管理以保证其安全、有效的医疗器械。

评价医疗器械风险程度，应当考虑医疗器械的预期目的、结构特征、使用方法等因素。

国务院食品药品监督管理部门负责制定医疗器械的分类规则和分类目录，并根据医疗器械生产、经营、使用情况，及时对医疗器械的风险变化进行分析、评价，对分类目录进行调整。制定、调整分类目录，应当充分听取医疗器械生产经营企业以及使用单位、行业组织的意见，并参考国际医疗器械分类实践。医疗器械分类目录应当向社会公布。

第五条 医疗器械的研制应当遵循安全、有效和节约的原则。国家鼓励医疗器械的研究与创新，发挥市场机制的作用，促进医疗器械新技术的推广和应用，推动医疗器械产业的发展。

第六条 医疗器械产品应当符合医疗器械强制性国家标准；尚无强制性国家标准的，应当符合医疗器械强制性行业标准。

一次性使用的医疗器械目录由国务院食品药品监督管理部门会同国务院卫生计生主管部门制定、调整并公布。重复使用可以保证安全、有效的医疗器械，不列入一次性使用的医疗器械目录。对因设计、生产工艺、消毒灭菌技术等改进后重复使用可以保证安全、有效的医疗器械，应当调整出一次性使用的医疗器械目录。

第七条 医疗器械行业组织应当加强行业自律，推进诚信体系建设，督促企业依法开展生产经营活动，引导企业诚实守信。

第二章 医疗器械产品注册与备案

第八条 第一类医疗器械实行产品备案管理，第二类、第三类医疗器械实行产品注册管理。

第九条 第一类医疗器械产品备案和申请第二类、第三类医疗器械产品注册，应当提交下列资料：

（一）产品风险分析资料；

（二）产品技术要求；

（三）产品检验报告；

（四）临床评价资料；

（五）产品说明书及标签样稿；

（六）与产品研制、生产有关的质量管理体系文件；

（七）证明产品安全、有效所需的其他资料。

医疗器械注册申请人、备案人应当对所提交资料的真实性负责。

第十条 第一类医疗器械产品备案，由备案人向所在地设区的市级人民政府食品药品监督管理部门提交备案资料。其中，产品检验报告可以是备案人的自检报告；临床评价资料不包括临床试验报告，可以是通过文献、同类产品临床使用获得的数据证明该医疗器械安全、有效的资料。

向我国境内出口第一类医疗器械的境外生产企业，由其在我国境内设立的代表机构或者指定我国境内的企业法人作为代理人，向国务院食品药品监督管理部门提交备案资料和备案人所在国（地区）主管部门准许该医疗器械上市销售的证明文件。

备案资料载明的事项发生变化的，应当向原备案部门变更备案。

第十一条 申请第二类医疗器械产品注册，注册申请人应当向所在地省、自治区、直辖市人民政府食品药品监督管理部门提交注册申请资料。申请第三类医疗器械产品注册，注册申请人应当向国务院食品药品监督管理部门提交注册申请资料。

向我国境内出口第二类、第三类医疗器械的境外生产企业，应当由其在我国境内设立的代表机构或者指定我国境内的企业法人作为代理人，向国务院食品药品监督管理部门提交注册申请资料和注册申请人所在国（地区）主管部门准许该医疗器械上市销售的证明文件。

第二类、第三类医疗器械产品注册申请资料中的产品检验报告应当是医疗器械检验机构出具的检验报告；临床评价资料应当包括临床试验报告，但依照本条例第十七条的规定免于进行临床试验的医疗器械除外。

第十二条 受理注册申请的食品药品监督管理部门应当自受理之日起3个工作日内将注册申请资料转交技术审评机构。技术审评机构应当在完成技术审评后向食品药品监督管理部门提交审评意见。

第十三条 受理注册申请的食品药品监督管理部门应当自收到审评意见之日起20个工作日内作出决定。对符合安全、有效要求的，准予注册并发给医疗器械注册证；对不符合要求的，不予注册并书面说明理由。

国务院食品药品监督管理部门在组织对进口医疗器械的技术审评时认为有必要对质量管理体系进行核查的，应当组织质量管理体系检查技术机构开展质量管理体系核查。

第十四条 已注册的第二类、第三类医疗器械产品，其设计、原材料、生产工艺、适用范围、使用方法等发生实质性变化，有可能影响该医疗器械安全、有效的，注册人应当向原注册部门申请办理变更注册手续；发生非实质性变化，不影响该医疗器械安全、有效的，应当将变化情况向原注册部门备案。

第十五条 医疗器械注册证有效期为5年。有效期届满需要延续注册的，应当在有效期届满6个月前向原注册部门提出延续注册的申请。

除有本条第三款规定情形外，接到延续注册申请的食品药品监督管理部门应当在医疗器械注册证有效期届满前作出准予延续的决定。逾期未作决定的，视为准予延续。

有下列情形之一的，不予延续注册：

（一）注册人未在规定期限内提出延续注册申请的；

（二）医疗器械强制性标准已经修订，申请延续注册的医疗器械不能达到新要求的；

（三）对用于治疗罕见疾病以及应对突发公共卫生事件急需的医疗器械，未在规定期限内完成医疗器械注册证载明事项的。

第十六条 对新研制的尚未列入分类目录的医疗器械，申请人可以依照本条例有关第三类医疗器械产品注册的规定直接申请产品注册，也可以依据分类规则判断产品类别并向国务院食品药品监督管理部门申请类别确认后依照本条例的规定申请注册或者进行产品备案。

直接申请第三类医疗器械产品注册的，国务院食品药品监督管理部门应当按照风险程度确定类别,对准予注册的医疗器械及时纳入分类目录。申请类别确认的,国务院食品药品监督管理部门应当自受理申请之日起 20 个工作日内对该医疗器械的类别进行判定并告知申请人。

第十七条　第一类医疗器械产品备案,不需要进行临床试验。申请第二类、第三类医疗器械产品注册,应当进行临床试验;但是,有下列情形之一的,可以免于进行临床试验:

(一)工作机理明确、设计定型,生产工艺成熟,已上市的同品种医疗器械临床应用多年且无严重不良事件记录,不改变常规用途的;

(二)通过非临床评价能够证明该医疗器械安全、有效的;

(三)通过对同品种医疗器械临床试验或者临床使用获得的数据进行分析评价,能够证明该医疗器械安全、有效的。

免于进行临床试验的医疗器械目录由国务院食品药品监督管理部门制定、调整并公布。

第十八条　开展医疗器械临床试验,应当按照医疗器械临床试验质量管理规范的要求,在有资质的临床试验机构进行,并向临床试验提出者所在地省、自治区、直辖市人民政府食品药品监督管理部门备案。接受临床试验备案的食品药品监督管理部门应当将备案情况通报临床试验机构所在地的同级食品药品监督管理部门和卫生计生主管部门。

医疗器械临床试验机构资质认定条件和临床试验质量管理规范,由国务院食品药品监督管理部门会同国务院卫生计生主管部门制定并公布;医疗器械临床试验机构由国务院食品药品监督管理部门会同国务院卫生计生主管部门认定并公布。

第十九条　第三类医疗器械进行临床试验对人体具有较高风险的,应当经国务院食品药品监督管理部门批准。临床试验对人体具有较高风险的第三类医疗器械目录由国务院食品药品监督管理部门制定、调整并公布。

国务院食品药品监督管理部门审批临床试验,应当对拟承担医疗器械临床试验的机构的设备、专业人员等条件,该医疗器械的风险程度,临床试验实施方案,临床受益与风险对比分析报告等进行综合分析。准予开展临床试验的,应当通报临床试验提出者以及临床试验机构所在地省、自治区、直辖市人民政府食品药品监督管理部门和卫生计生主管部门。

第三章　医疗器械生产

第二十条　从事医疗器械生产活动,应当具备下列条件:
(一)有与生产的医疗器械相适应的生产场地、环境条件、生产设备以及专业技术人员;
(二)有对生产的医疗器械进行质量检验的机构或者专职检验人员以及检验设备;
(三)有保证医疗器械质量的管理制度;
(四)有与生产的医疗器械相适应的售后服务能力;
(五)产品研制、生产工艺文件规定的要求。

第二十一条　从事第一类医疗器械生产的,由生产企业向所在地设区的市级人民政府食品药品监督管理部门备案并提交其符合本条例第二十条规定条件的证明资料。

第二十二条　从事第二类、第三类医疗器械生产的,生产企业应当向所在地省、自治区、直辖市人民政府食品药品监督管理部门申请生产许可并提交其符合本条例第二十条规定条件的证明资料以及所生产医疗器械的注册证。

受理生产许可申请的食品药品监督管理部门应当自受理之日起 30 个工作日内对申请资料进行审核，按照国务院食品药品监督管理部门制定的医疗器械生产质量管理规范的要求进行核查。对符合规定条件的，准予许可并发给医疗器械生产许可证；对不符合规定条件的，不予许可并书面说明理由。

医疗器械生产许可证有效期为 5 年。有效期届满需要延续的，依照有关行政许可的法律规定办理延续手续。

第二十三条 医疗器械生产质量管理规范应当对医疗器械的设计开发、生产设备条件、原材料采购、生产过程控制、企业的机构设置和人员配备等影响医疗器械安全、有效的事项作出明确规定。

第二十四条 医疗器械生产企业应当按照医疗器械生产质量管理规范的要求，建立健全与所生产医疗器械相适应的质量管理体系并保证其有效运行；严格按照经注册或者备案的产品技术要求组织生产，保证出厂的医疗器械符合强制性标准以及经注册或者备案的产品技术要求。

医疗器械生产企业应当定期对质量管理体系的运行情况进行自查，并向所在地省、自治区、直辖市人民政府食品药品监督管理部门提交自查报告。

第二十五条 医疗器械生产企业的生产条件发生变化，不再符合医疗器械质量管理体系要求的，医疗器械生产企业应当立即采取整改措施；可能影响医疗器械安全、有效的，应当立即停止生产活动，并向所在地县级人民政府食品药品监督管理部门报告。

第二十六条 医疗器械应当使用通用名称。通用名称应当符合国务院食品药品监督管理部门制定的医疗器械命名规则。

第二十七条 医疗器械应当有说明书、标签。说明书、标签的内容应当与经注册或者备案的相关内容一致。

医疗器械的说明书、标签应当标明下列事项：

（一）通用名称、型号、规格；
（二）生产企业的名称和住所、生产地址及联系方式；
（三）产品技术要求的编号；
（四）生产日期和使用期限或者失效日期；
（五）产品性能、主要结构、适用范围；
（六）禁忌症、注意事项以及其他需要警示或者提示的内容；
（七）安装和使用说明或者图示；
（八）维护和保养方法，特殊储存条件、方法；
（九）产品技术要求规定应当标明的其他内容。

第二类、第三类医疗器械还应当标明医疗器械注册证编号和医疗器械注册人的名称、地址及联系方式。

由消费者个人自行使用的医疗器械还应当具有安全使用的特别说明。

第二十八条 委托生产医疗器械，由委托方对所委托生产的医疗器械质量负责。受托方应当是符合本条例规定、具备相应生产条件的医疗器械生产企业。委托方应当加强对受托方生产行为的管理，保证其按照法定要求进行生产。

具有高风险的植入性医疗器械不得委托生产，具体目录由国务院食品药品监督管理部门制定、调整并公布。

第四章　医疗器械经营与使用

第二十九条　从事医疗器械经营活动，应当有与经营规模和经营范围相适应的经营场所和贮存条件，以及与经营的医疗器械相适应的质量管理制度和质量管理机构或者人员。

第三十条　从事第二类医疗器械经营的，由经营企业向所在地设区的市级人民政府食品药品监督管理部门备案并提交其符合本条例第二十九条规定条件的证明资料。

第三十一条　从事第三类医疗器械经营的，经营企业应当向所在地设区的市级人民政府食品药品监督管理部门申请经营许可并提交其符合本条例第二十九条规定条件的证明资料。

受理经营许可申请的食品药品监督管理部门应当自受理之日起30个工作日内进行审查，必要时组织核查。对符合规定条件的，准予许可并发给医疗器械经营许可证；对不符合规定条件的，不予许可并书面说明理由。

医疗器械经营许可证有效期为5年。有效期届满需要延续的，依照有关行政许可的法律规定办理延续手续。

第三十二条　医疗器械经营企业、使用单位购进医疗器械，应当查验供货者的资质和医疗器械的合格证明文件，建立进货查验记录制度。从事第二类、第三类医疗器械批发业务以及第三类医疗器械零售业务的经营企业，还应当建立销售记录制度。

记录事项包括：

（一）医疗器械的名称、型号、规格、数量；

（二）医疗器械的生产批号、有效期、销售日期；

（三）生产企业的名称；

（四）供货者或者购货者的名称、地址及联系方式；

（五）相关许可证明文件编号等。

进货查验记录和销售记录应当真实，并按照国务院食品药品监督管理部门规定的期限予以保存。国家鼓励采用先进技术手段进行记录。

第三十三条　运输、贮存医疗器械，应当符合医疗器械说明书和标签标示的要求；对温度、湿度等环境条件有特殊要求的，应当采取相应措施，保证医疗器械的安全、有效。

第三十四条　医疗器械使用单位应当有与在用医疗器械品种、数量相适应的贮存场所和条件。

医疗器械使用单位应当加强对工作人员的技术培训，按照产品说明书、技术操作规范等要求使用医疗器械。

第三十五条　医疗器械使用单位对重复使用的医疗器械，应当按照国务院卫生计生主管部门制定的消毒和管理的规定进行处理。

一次性使用的医疗器械不得重复使用，对使用过的应当按照国家有关规定销毁并记录。

第三十六条　医疗器械使用单位对需要定期检查、检验、校准、保养、维护的医疗器械，应当按照产品说明书的要求进行检查、检验、校准、保养、维护并予以记录，及时进行分析、评估，确保医疗器械处于良好状态，保障使用质量；对使用期限长的大型医疗器械，应当逐台建立使用档案，记录其使用、维护、转让、实际使用时间等事项。记录保存期限不得少于医疗器械规定使用期限终止后5年。

第三十七条 医疗器械使用单位应当妥善保存购入第三类医疗器械的原始资料，并确保信息具有可追溯性。

使用大型医疗器械以及植入和介入类医疗器械的，应当将医疗器械的名称、关键性技术参数等信息以及与使用质量安全密切相关的必要信息记载到病历等相关记录中。

第三十八条 发现使用的医疗器械存在安全隐患的，医疗器械使用单位应当立即停止使用，并通知生产企业或者其他负责产品质量的机构进行检修；经检修仍不能达到使用安全标准的医疗器械，不得继续使用。

第三十九条 食品药品监督管理部门和卫生计生主管部门依据各自职责，分别对使用环节的医疗器械质量和医疗器械使用行为进行监督管理。

第四十条 医疗器械经营企业、使用单位不得经营、使用未依法注册、无合格证明文件以及过期、失效、淘汰的医疗器械。

第四十一条 医疗器械使用单位之间转让在用医疗器械，转让方应当确保所转让的医疗器械安全、有效，不得转让过期、失效、淘汰以及检验不合格的医疗器械。

第四十二条 进口的医疗器械应当是依照本条例第二章的规定已注册或者已备案的医疗器械。

进口的医疗器械应当有中文说明书、中文标签。说明书、标签应当符合本条例规定以及相关强制性标准的要求，并在说明书中载明医疗器械的原产地以及代理人的名称、地址、联系方式。没有中文说明书、中文标签或者说明书、标签不符合本条规定的，不得进口。

第四十三条 出入境检验检疫机构依法对进口的医疗器械实施检验；检验不合格的，不得进口。

国务院食品药品监督管理部门应当及时向国家出入境检验检疫部门通报进口医疗器械的注册和备案情况。进口口岸所在地出入境检验检疫机构应当及时向所在地设区的市级人民政府食品药品监督管理部门通报进口医疗器械的通关情况。

第四十四条 出口医疗器械的企业应当保证其出口的医疗器械符合进口国（地区）的要求。

第四十五条 医疗器械广告应当真实合法，不得含有虚假、夸大、误导性的内容。

医疗器械广告应当经医疗器械生产企业或者进口医疗器械代理人所在地省、自治区、直辖市人民政府食品药品监督管理部门审查批准，并取得医疗器械广告批准文件。广告发布者发布医疗器械广告，应当事先核查广告的批准文件及其真实性；不得发布未取得批准文件、批准文件的真实性未经核实或者广告内容与批准文件不一致的医疗器械广告。省、自治区、直辖市人民政府食品药品监督管理部门应当公布并及时更新已经批准的医疗器械广告目录以及批准的广告内容。

省级以上人民政府食品药品监督管理部门责令暂停生产、销售、进口和使用的医疗器械，在暂停期间不得发布涉及该医疗器械的广告。

医疗器械广告的审查办法由国务院食品药品监督管理部门会同国务院工商行政管理部门制定。

第五章 不良事件的处理与医疗器械的召回

第四十六条 国家建立医疗器械不良事件监测制度，对医疗器械不良事件及时进行收集、分析、评价、控制。

第四十七条 医疗器械生产经营企业、使用单位应当对所生产经营或者使用的医疗器械开展不良事件监测；发现医疗器械不良事件或者可疑不良事件，应当按照国务院食品药品监督管理部门的规定，向医疗器械不良事件监测技术机构报告。

任何单位和个人发现医疗器械不良事件或者可疑不良事件，有权向食品药品监督管理部门或者医疗器械不良事件监测技术机构报告。

第四十八条 国务院食品药品监督管理部门应当加强医疗器械不良事件监测信息网络建设。

医疗器械不良事件监测技术机构应当加强医疗器械不良事件信息监测，主动收集不良事件信息；发现不良事件或者接到不良事件报告的，应当及时进行核实、调查、分析，对不良事件进行评估，并向食品药品监督管理部门和卫生计生主管部门提出处理建议。

医疗器械不良事件监测技术机构应当公布联系方式，方便医疗器械生产经营企业、使用单位等报告医疗器械不良事件。

第四十九条 食品药品监督管理部门应当根据医疗器械不良事件评估结果及时采取发布警示信息以及责令暂停生产、销售、进口和使用等控制措施。

省级以上人民政府食品药品监督管理部门应当会同同级卫生计生主管部门和相关部门组织对引起突发、群发的严重伤害或者死亡的医疗器械不良事件及时进行调查和处理，并组织对同类医疗器械加强监测。

第五十条 医疗器械生产经营企业、使用单位应当对医疗器械不良事件监测技术机构、食品药品监督管理部门开展的医疗器械不良事件调查予以配合。

第五十一条 有下列情形之一的，省级以上人民政府食品药品监督管理部门应当对已注册的医疗器械组织开展再评价：

（一）根据科学研究的发展，对医疗器械的安全、有效有认识上的改变的；

（二）医疗器械不良事件监测、评估结果表明医疗器械可能存在缺陷的；

（三）国务院食品药品监督管理部门规定的其他需要进行再评价的情形。

再评价结果表明已注册的医疗器械不能保证安全、有效的，由原发证部门注销医疗器械注册证，并向社会公布。被注销医疗器械注册证的医疗器械不得生产、进口、经营、使用。

第五十二条 医疗器械生产企业发现其生产的医疗器械不符合强制性标准、经注册或者备案的产品技术要求或者存在其他缺陷的，应当立即停止生产，通知相关生产经营企业、使用单位和消费者停止经营和使用，召回已经上市销售的医疗器械，采取补救、销毁等措施，记录相关情况，发布相关信息，并将医疗器械召回和处理情况向食品药品监督管理部门和卫生计生主管部门报告。

医疗器械经营企业发现其经营的医疗器械存在前款规定情形的，应当立即停止经营，通知相关生产经营企业、使用单位、消费者，并记录停止经营和通知情况。医疗器械生产企业认为属于依照前款规定需要召回的医疗器械，应当立即召回。

医疗器械生产经营企业未依照本条规定实施召回或者停止经营的，食品药品监督管理部门可以责令其召回或者停止经营。

第六章 监督检查

第五十三条 食品药品监督管理部门应当对医疗器械的注册、备案、生产、经营、使用活动加强监督检查，并对下列事项进行重点监督检查：

（一）医疗器械生产企业是否按照经注册或者备案的产品技术要求组织生产；

（二）医疗器械生产企业的质量管理体系是否保持有效运行；

（三）医疗器械生产经营企业的生产经营条件是否持续符合法定要求。

第五十四条 食品药品监督管理部门在监督检查中有下列职权：

（一）进入现场实施检查、抽取样品；

（二）查阅、复制、查封、扣押有关合同、票据、账簿以及其他有关资料；

（三）查封、扣押不符合法定要求的医疗器械，违法使用的零配件、原材料以及用于违法生产医疗器械的工具、设备；

（四）查封违反本条例规定从事医疗器械生产经营活动的场所。

食品药品监督管理部门进行监督检查，应当出示执法证件，保守被检查单位的商业秘密。

有关单位和个人应当对食品药品监督管理部门的监督检查予以配合，不得隐瞒有关情况。

第五十五条 对人体造成伤害或者有证据证明可能危害人体健康的医疗器械，食品药品监督管理部门可以采取暂停生产、进口、经营、使用的紧急控制措施。

第五十六条 食品药品监督管理部门应当加强对医疗器械生产经营企业和使用单位生产、经营、使用的医疗器械的抽查检验。抽查检验不得收取检验费和其他任何费用，所需费用纳入本级政府预算。

省级以上人民政府食品药品监督管理部门应当根据抽查检验结论及时发布医疗器械质量公告。

第五十七条 医疗器械检验机构资质认定工作按照国家有关规定实行统一管理。经国务院认证认可监督管理部门会同国务院食品药品监督管理部门认定的检验机构，方可对医疗器械实施检验。

食品药品监督管理部门在执法工作中需要对医疗器械进行检验的，应当委托有资质的医疗器械检验机构进行，并支付相关费用。

当事人对检验结论有异议的，可以自收到检验结论之日起7个工作日内选择有资质的医疗器械检验机构进行复检。承担复检工作的医疗器械检验机构应当在国务院食品药品监督管理部门规定的时间内作出复检结论。复检结论为最终检验结论。

第五十八条　对可能存在有害物质或者擅自改变医疗器械设计、原材料和生产工艺并存在安全隐患的医疗器械，按照医疗器械国家标准、行业标准规定的检验项目和检验方法无法检验的，医疗器械检验机构可以补充检验项目和检验方法进行检验；使用补充检验项目、检验方法得出的检验结论，经国务院食品药品监督管理部门批准，可以作为食品药品监督管理部门认定医疗器械质量的依据。

第五十九条　设区的市级和县级人民政府食品药品监督管理部门应当加强对医疗器械广告的监督检查；发现未经批准、篡改经批准的广告内容的医疗器械广告，应当向所在地省、自治区、直辖市人民政府食品药品监督管理部门报告，由其向社会公告。

工商行政管理部门应当依照有关广告管理的法律、行政法规的规定，对医疗器械广告进行监督检查，查处违法行为。食品药品监督管理部门发现医疗器械广告违法发布行为，应当提出处理建议并按照有关程序移交所在地同级工商行政管理部门。

第六十条　国务院食品药品监督管理部门建立统一的医疗器械监督管理信息平台。食品药品监督管理部门应当通过信息平台依法及时公布医疗器械许可、备案、抽查检验、违法行为查处情况等日常监督管理信息。但是，不得泄露当事人的商业秘密。

食品药品监督管理部门对医疗器械注册人和备案人、生产经营企业、使用单位建立信用档案，对有不良信用记录的增加监督检查频次。

第六十一条　食品药品监督管理等部门应当公布本单位的联系方式，接受咨询、投诉、举报。食品药品监督管理等部门接到与医疗器械监督管理有关的咨询，应当及时答复；接到投诉、举报，应当及时核实、处理、答复。对咨询、投诉、举报情况及其答复、核实、处理情况，应当予以记录、保存。

有关医疗器械研制、生产、经营、使用行为的举报经调查属实的，食品药品监督管理等部门对举报人应当给予奖励。

第六十二条　国务院食品药品监督管理部门制定、调整、修改本条例规定的目录以及与医疗器械监督管理有关的规范，应当公开征求意见；采取听证会、论证会等形式，听取专家、医疗器械生产经营企业和使用单位、消费者以及相关组织等方面的意见。

第七章　法律责任

第六十三条　有下列情形之一的，由县级以上人民政府食品药品监督管理部门没收违法所得、违法生产经营的医疗器械和用于违法生产经营的工具、设备、原材料等物品；违法生产经营的医疗器械货值金额不足1万元的，并处5万元以上10万元以下罚款；货值金额1万元以上的，并处货值金额10倍以上20倍以下罚款；情节严重的，5年内不受理相关责任人及企业提出的医疗器械许可申请：

（一）生产、经营未取得医疗器械注册证的第二类、第三类医疗器械的；
（二）未经许可从事第二类、第三类医疗器械生产活动的；
（三）未经许可从事第三类医疗器械经营活动的。

有前款第一项情形、情节严重的，由原发证部门吊销医疗器械生产许可证或者医疗器械经营许可证。

第六十四条 提供虚假资料或者采取其他欺骗手段取得医疗器械注册证、医疗器械生产许可证、医疗器械经营许可证、广告批准文件等许可证件的，由原发证部门撤销已经取得的许可证件，并处 5 万元以上 10 万元以下罚款，5 年内不受理相关责任人及企业提出的医疗器械许可申请。

伪造、变造、买卖、出租、出借相关医疗器械许可证件的，由原发证部门予以收缴或者吊销，没收违法所得；违法所得不足 1 万元的，处 1 万元以上 3 万元以下罚款；违法所得 1 万元以上的，处违法所得 3 倍以上 5 倍以下罚款；构成违反治安管理行为的，由公安机关依法予以治安管理处罚。

第六十五条 未依照本条例规定备案的，由县级以上人民政府食品药品监督管理部门责令限期改正；逾期不改正的，向社会公告未备案单位和产品名称，可以处 1 万元以下罚款。

备案时提供虚假资料的，由县级以上人民政府食品药品监督管理部门向社会公告备案单位和产品名称；情节严重的，直接责任人员 5 年内不得从事医疗器械生产经营活动。

第六十六条 有下列情形之一的，由县级以上人民政府食品药品监督管理部门责令改正，没收违法生产、经营或者使用的医疗器械；违法生产、经营或者使用的医疗器械货值金额不足 1 万元的，并处 2 万元以上 5 万元以下罚款；货值金额 1 万元以上的，并处货值金额 5 倍以上 10 倍以下罚款；情节严重的，责令停产停业，直至由原发证部门吊销医疗器械注册证、医疗器械生产许可证、医疗器械经营许可证：

（一）生产、经营、使用不符合强制性标准或者不符合经注册或者备案的产品技术要求的医疗器械的；

（二）医疗器械生产企业未按照经注册或者备案的产品技术要求组织生产，或者未依照本条例规定建立质量管理体系并保持有效运行的；

（三）经营、使用无合格证明文件、过期、失效、淘汰的医疗器械，或者使用未依法注册的医疗器械的；

（四）食品药品监督管理部门责令其依照本条例规定实施召回或者停止经营后，仍拒不召回或停止经营医疗器械的；

（五）委托不具备本条例规定条件的企业生产医疗器械，或者未对受托方的生产行为进行管理的。

第六十七条 有下列情形之一的，由县级以上人民政府食品药品监督管理部门责令改正，处 1 万元以上 3 万元以下罚款；情节严重的，责令停产停业，直至由原发证部门吊销医疗器械生产许可证、医疗器械经营许可证：

（一）医疗器械生产企业的生产条件发生变化、不再符合医疗器械质量管理体系要求，未依照本条例规定整改、停止生产、报告的；

（二）生产、经营说明书、标签不符合本条例规定的医疗器械的；

（三）未按照医疗器械说明书和标签标示要求运输、贮存医疗器械的；

（四）转让过期、失效、淘汰或者检验不合格的在用医疗器械的。

第六十八条 有下列情形之一的，由县级以上人民政府食品药品监督管理部门和卫生计生主管部门依据各自职责责令改正，给予警告；拒不改正的，处 5 000 元以上 2 万元以下罚款；情节严重的，责令停产停业，直至由原发证部门吊销医疗器械生产许可证、医疗器械经营许可证：

（一）医疗器械生产企业未按照要求提交质量管理体系自查报告的；

（二）医疗器械经营企业、使用单位未依照本条例规定建立并执行医疗器械进货查验记录制度的；

（三）从事第二类、第三类医疗器械批发业务以及第三类医疗器械零售业务的经营企业未依照本条例规定建立并执行销售记录制度的；

（四）对重复使用的医疗器械，医疗器械使用单位未按照消毒和管理的规定进行处理的；

（五）医疗器械使用单位重复使用一次性使用的医疗器械，或者未按照规定销毁使用过的一次性使用的医疗器械的；

（六）对需要定期检查、检验、校准、保养、维护的医疗器械，医疗器械使用单位未按照产品说明书要求检查、检验、校准、保养、维护并予以记录，及时进行分析、评估，确保医疗器械处于良好状态的；

（七）医疗器械使用单位未妥善保存购入第三类医疗器械的原始资料，或者未按照规定将大型医疗器械以及植入和介入类医疗器械的信息记载到病历等相关记录中的；

（八）医疗器械使用单位发现使用的医疗器械存在安全隐患未立即停止使用、通知检修，或者继续使用经检修仍不能达到使用安全标准的医疗器械的；

（九）医疗器械生产经营企业、使用单位未依照本条例规定开展医疗器械不良事件监测，未按照要求报告不良事件，或者对医疗器械不良事件监测技术机构、食品药品监督管理部门开展的不良事件调查不予配合的。

第六十九条　违反本条例规定开展医疗器械临床试验的，由县级以上人民政府食品药品监督管理部门责令改正或者立即停止临床试验，可以处5万元以下罚款；造成严重后果的，依法对直接负责的主管人员和其他直接责任人员给予降级、撤职或者开除的处分；有医疗器械临床试验机构资质的，由授予其资质的主管部门撤销医疗器械临床试验机构资质，5年内不受理其资质认定申请。

医疗器械临床试验机构出具虚假报告的，由授予其资质的主管部门撤销医疗器械临床试验机构资质，10年内不受理其资质认定申请；由县级以上人民政府食品药品监督管理部门处5万元以上10万元以下罚款；有违法所得的，没收违法所得；对直接负责的主管人员和其他直接责任人员，依法给予撤职或者开除的处分。

第七十条　医疗器械检验机构出具虚假检验报告的，由授予其资质的主管部门撤销检验资质，10年内不受理其资质认定申请；处5万元以上10万元以下罚款；有违法所得的，没收违法所得；对直接负责的主管人员和其他直接责任人员，依法给予撤职或者开除的处分；受到开除处分的，自处分决定作出之日起10年内不得从事医疗器械检验工作。

第七十一条　违反本条例规定，发布未取得批准文件的医疗器械广告，未事先核实批准文件的真实性即发布医疗器械广告，或者发布广告内容与批准文件不一致的医疗器械广告的，由工商行政管理部门依照有关广告管理的法律、行政法规的规定给予处罚。

篡改经批准的医疗器械广告内容的，由原发证部门撤销该医疗器械的广告批准文件，2年内不受理其广告审批申请。

发布虚假医疗器械广告的，由省级以上人民政府食品药品监督管理部门决定暂停销售该医疗器械,并向社会公布;仍然销售该医疗器械的,由县级以上人民政府食品药品监督管理部门没收违法销售的医疗器械,并处 2 万元以上 5 万元以下罚款。

第七十二条 医疗器械技术审评机构、医疗器械不良事件监测技术机构未依照本条例规定履行职责,致使审评、监测工作出现重大失误的,由县级以上人民政府食品药品监督管理部门责令改正,通报批评,给予警告;造成严重后果的,对直接负责的主管人员和其他直接责任人员,依法给予降级、撤职或者开除的处分。

第七十三条 食品药品监督管理部门及其工作人员应当严格依照本条例规定的处罚种类和幅度,根据违法行为的性质和具体情节行使行政处罚权,具体办法由国务院食品药品监督管理部门制定。

第七十四条 违反本条例规定,县级以上人民政府食品药品监督管理部门或者其他有关部门不履行医疗器械监督管理职责或者滥用职权、玩忽职守、徇私舞弊的,由监察机关或者任免机关对直接负责的主管人员和其他直接责任人员依法给予警告、记过或者记大过的处分;造成严重后果的,给予降级、撤职或者开除的处分。

第七十五条 违反本条例规定,构成犯罪的,依法追究刑事责任;造成人身、财产或者其他损害的,依法承担赔偿责任。

第八章 附 则

第七十六条 本条例下列用语的含义:

医疗器械,是指直接或者间接用于人体的仪器、设备、器具、体外诊断试剂及校准物、材料以及其他类似或者相关的物品,包括所需要的计算机软件;其效用主要通过物理等方式获得,不是通过药理学、免疫学或者代谢的方式获得,或者虽然有这些方式参与但是只起辅助作用;其目的是:

(一)疾病的诊断、预防、监护、治疗或者缓解;

(二)损伤的诊断、监护、治疗、缓解或者功能补偿;

(三)生理结构或者生理过程的检验、替代、调节或者支持;

(四)生命的支持或者维持;

(五)妊娠控制;

(六)通过对来自人体的样本进行检查,为医疗或者诊断目的提供信息。

医疗器械使用单位,是指使用医疗器械为他人提供医疗等技术服务的机构,包括取得医疗机构执业许可证的医疗机构,取得计划生育技术服务机构执业许可证的计划生育技术服务机构,以及依法不需要取得医疗机构执业许可证的血站、单采血浆站、康复辅助器具适配机构等。

第七十七条 医疗器械产品注册可以收取费用。具体收费项目、标准分别由国务院财政、价格主管部门按照国家有关规定制定。

第七十八条 非营利的避孕医疗器械管理办法以及医疗卫生机构为应对突发公共卫生事件而研制的医疗器械的管理办法,由国务院食品药品监督管理部门会同国务院卫生计生主管部门制定。

中医医疗器械的管理办法，由国务院食品药品监督管理部门会同国务院中医药管理部门依据本条例的规定制定；康复辅助器具类医疗器械的范围及其管理办法，由国务院食品药品监督管理部门会同国务院民政部门依据本条例的规定制定。

第七十九条 军队医疗器械使用的监督管理，由军队卫生主管部门依据本条例和军队有关规定组织实施。

第八十条 本条例自2014年6月1日起施行。

国内水路运输管理规定

交通运输部令2014年第2号

《国内水路运输管理规定》已于2013年12月30日经第14次部务会议通过，现予公布，自2014年3月1日起施行。

部长 杨传堂
2014年1月3日

国内水路运输管理规定

第一章 总 则

第一条 为规范国内水路运输市场管理，维护水路运输经营活动各方当事人的合法权益，促进水路运输事业健康发展，依据《国内水路运输管理条例》制定本规定。

第二条 国内水路运输管理适用本规定。

本规定所称水路运输，是指始发港、挂靠港和目的港均在中华人民共和国管辖的通航水域内使用船舶从事的经营性旅客运输和货物运输。

第三条 水路运输按照经营区域分为沿海运输和内河运输，按照业务种类分为货物运输和旅客运输。

货物运输分为普通货物运输和危险货物运输。危险货物运输分为包装、散装固体和散装液体危险货物运输。散装液体危险货物运输包括液化气体船运输、化学品船运输、成品油船运输和原油船运输。普通货物运输包含拖航。

旅客运输包括普通客船运输、客货船运输和滚装客船运输。

第四条 交通运输部主管全国水路运输管理工作，并按照本规定具体实施有关水路运输管理工作。

县级以上地方人民政府交通运输主管部门主管本行政区域的水路运输管理工作。县级以上地方人民政府负责水路运输管理的部门或者机构（以下统称水路运输管理部门）具体实施水路运输管理工作。

第二章　水路运输经营者

第五条　申请经营水路运输业务，除个人申请经营内河普通货物运输业务外，申请人应当符合下列条件：

（一）具备企业法人资格。

（二）有明确的经营范围，包括经营区域和业务种类。经营水路旅客班轮运输业务的，还应当有班期、班次以及拟停靠的码头安排等可行的航线营运计划。

（三）有符合本规定要求的船舶，且自有船舶运力应当符合附件1的要求。

（四）有符合本规定要求的海务、机务管理人员。

（五）有符合本规定要求的与其直接订立劳动合同的高级船员。

（六）有健全的安全管理机构及安全管理人员设置制度、安全管理责任制度、安全监督检查制度、事故应急处置制度、岗位安全操作规程等安全管理制度。

第六条　个人只能申请经营内河普通货物运输业务，并应当符合下列条件：

（一）经工商行政管理部门登记的个体工商户；

（二）有符合本规定要求的船舶，且自有船舶运力不超过600总吨；

（三）有安全管理责任制度、安全监督检查制度、事故应急处置制度、岗位安全操作规程等安全管理制度。

第七条　水路运输经营者投入运营的船舶应当符合下列条件：

（一）与水路运输经营者的经营范围相适应。从事旅客运输的，应当使用普通客船、客货船和滚装客船（统称为客船）运输；从事散装液体危险货物运输的，应当使用液化气体船、化学品船、成品油船和原油船（统称为危险品船）运输；从事普通货物运输、包装危险货物运输和散装固体危险货物运输的，可以使用普通货船运输。

（二）持有有效的船舶所有权登记证书、船舶国籍证书、船舶检验证书以及按照相关法律、行政法规规定证明船舶符合安全与防污染和入级检验要求的其他证书。

（三）符合交通运输部关于船型技术标准、船龄以及节能减排的要求。

第八条　除个体工商户外，水路运输经营者应当配备满足下列要求的专职海务、机务管理人员：

（一）海务、机务管理人员数量满足附件2的要求；

（二）海务、机务管理人员的从业资历与其经营范围相适应：

1. 经营普通货船运输的，应当具有不低于大副、大管轮的从业资历；

2. 经营客船、危险品船运输的，应当具有船长、轮机长的从业资历。

（三）海务、机务管理人员所具备的业务知识和管理能力与其经营范围相适应，身体条件与其职责要求相适应。

第九条　除个体工商户外，水路运输经营者按照有关规定应当配备的高级船员中，与其直接订立一年以上劳动合同的高级船员的比例应当满足下列要求：

（一）经营普通货船运输的，高级船员的比例不低于25%；

（二）经营客船、危险品船运输的，高级船员的比例不低于50%。

第十条　交通运输部具体实施下列水路运输经营许可：

（一）省际客船运输、省际危险品船运输的经营许可；

（二）外商投资企业的经营许可；

（三）国务院国有资产监督管理机构履行出资人职责的水路运输企业及其控股公司的经营许可。

省级人民政府水路运输管理部门具体实施省际普通货船运输的经营许可。省内水路运输经营许可的具体权限由省级人民政府交通运输主管部门决定，向社会公布。但个人从事内河省际、省内普通货物运输的经营许可由设区的市级人民政府水路运输管理部门具体实施。

第十一条　申请经营水路运输业务或者变更水路运输经营范围，应当向其所在地设区的市级人民政府水路运输管理部门提交申请书和证明申请人符合本规定要求的相关材料。

第十二条　受理申请的水路运输管理部门不具有许可权限的，当场核实申请材料中的原件与复印件的内容一致后，在5个工作日内提出初步审查意见并将全部申请材料转报至具有许可权限的部门。

第十三条　具有许可权限的部门，对符合条件的，应当在20个工作日内作出许可决定，向申请人颁发《国内水路运输经营许可证》，并向其投入运营的船舶配发《船舶营业运输证》。申请经营水路旅客班轮运输业务的，还应当向申请人颁发该班轮航线运营许可证件。不符合条件的，不予许可，并书面通知申请人不予许可的理由。

《国内水路运输经营许可证》和《船舶营业运输证》应当通过全国水路运政管理信息系统核发，并逐步实现行政许可网上办理。

第十四条　除购置或者光租已取得相应水路运输经营资格的船舶外，水路运输经营者新增客船、危险品船运力，应当经其所在地设区的市级人民政府水路运输管理部门向具有许可权限的部门提出申请。

具有许可权限的部门根据运力运量供求情况对新增运力申请予以审查。根据运力供求情况需要对新增运力予以数量限制时，依据经营者的经营规模、管理水平、安全记录、诚信经营记录等情况，公开竞争择优作出许可决定。

水路运输经营者新增普通货船运力，应当在船舶开工建造后15个工作日内向所在地设区的市级人民政府水路运输管理部门备案。

第十五条　交通运输部在特定的旅客班轮运输和散装液体危险货物运输航线、水域出现运力供大于求状况，可能影响公平竞争和水路运输安全的情形下，可以决定暂停对特定航线、水域的旅客班轮运输和散装液体危险货物运输新增运力许可。

暂停新增运力许可期间，对暂停范围内的新增运力申请不予许可，对申请投入运营的船舶，不予配发《船舶营业运输证》，但暂停决定生效前已取得新增运力批准且已开工建造、购置或者光租的船舶除外。

第十六条　交通运输部对水路运输市场进行监测，分析水路运输市场运力状况，定期公布监测结果。

对特定的旅客班轮运输和散装液体危险货物运输航线、水域暂停新增运力许可的决定，应当依据水路运输市场监测分析结果作出。

采取暂停新增运力许可的运力调控措施，应当符合公开、公平、公正的原则，在开始实施的 60 日前向社会公告，说明采取措施的理由以及采取措施的范围、期限等事项。

第十七条 《国内水路运输经营许可证》的有效期为 5 年。《船舶营业运输证》的有效期按照交通运输部的有关规定确定。水路运输经营者应当在证件有效期届满前的 30 日内向原许可机关提出换证申请。原许可机关应当依照本规定进行审查，符合条件的，予以换发。

第十八条 发生下列情况后，水路运输经营者应当在 15 个工作日内以书面形式向原许可机关备案，并提供相关证明材料：

（一）法定代表人或者主要股东发生变化；

（二）固定的办公场所发生变化；

（三）海务、机务管理人员发生变化；

（四）与其直接订立一年以上劳动合同的高级船员的比例发生变化；

（五）经营的船舶发生重大以上安全责任事故；

（六）委托的船舶管理企业发生变更或者委托管理协议发生变化。

第十九条 水路运输经营者终止经营的，应当自终止经营之日起 15 个工作日内向原许可机关办理注销手续，交回许可证件。

已取得《船舶营业运输证》的船舶报废、转让或者变更经营者，应当自发生上述情况之日起 15 个工作日内向原许可机关办理《船舶营业运输证》注销、变更手续。

第三章 水路运输经营行为

第二十条 水路运输经营者应当保持相应的经营资质条件，按照《国内水路运输经营许可证》核定的经营范围从事水路运输经营活动。

已取得省际水路运输经营资格的水路运输经营者和船舶，可凭省际水路运输经营资格从事相应种类的省内水路运输，但旅客班轮运输除外。

已取得沿海水路运输经营资格的水路运输经营者和船舶，可在满足航行条件的情况下，凭沿海水路运输经营资格从事相应种类的内河运输。

第二十一条 水路运输经营者不得出租、出借水路运输经营许可证件，或者以其他形式非法转让水路运输经营资格。

第二十二条 从事水路运输的船舶应当随船携带《船舶营业运输证》，不得转让、出租、出借或者涂改。《船舶营业运输证》遗失或者损毁的，应当及时向原配发机关申请补发。

第二十三条 水路运输经营者应该按照《船舶营业运输证》标定的载客定额、载货定额和经营范围从事旅客和货物运输，不得超载。

水路运输经营者使用客货船或者滚装客船载运危险货物时，不得载运旅客，但按照相关规定随船押运货物的人员和滚装车辆的司机除外。

第二十四条 水路运输经营者不得擅自改装客船、危险品船增加载客定额、载货定额或者变更从事散装液体危险货物运输的种类。

第二十五条 水路运输经营者应当使用规范的、符合有关法律法规和交通运输部规定的客票和运输单证。

第二十六条 水路旅客运输业务经营者应当拒绝携带国家规定的危险物品及其他禁止携带的物品的旅客乘船。船舶开航后发现旅客随船携带有危险物品及其他禁止携带的物品的，应当妥善处理，旅客应当予以配合。

第二十七条 水路旅客班轮运输业务经营者应当自取得班轮航线经营许可之日起60日内开航，并在开航的15日前通过媒体并在该航线停靠的各客运站点的明显位置向社会公布所使用的船舶、班期、班次、票价等信息，同时报原许可机关备案。

旅客班轮应当按照公布的班期、班次运行。变更班期、班次、票价的，水路旅客班轮运输业务经营者应当在变更的15日前向社会公布，并报原许可机关备案。停止经营部分或者全部班轮航线的，经营者应当在停止经营的30日前向社会公布，并报原许可机关备案。

第二十八条 水路货物班轮运输业务经营者应当在班轮航线开航的7日前，向社会公布所使用的船舶以及班期、班次和运价，并报原许可机关备案。

货物班轮运输应当按照公布的班期、班次运行；变更班期、班次、运价或者停止经营部分或者全部班轮航线的，水路货物班轮运输业务经营者应当在变更或者停止经营的7日前向社会公布，并报原许可机关备案。

第二十九条 水路旅客运输业务经营者应当以公布的票价销售客票，不得对相同条件的旅客实施不同的票价，不得以搭售、现金返还、加价等不正当方式变相变更公布的票价并获取不正当利益，不得低于客票载明的舱室或者席位等级安排旅客。

第三十条 水路运输经营者从事水路运输经营活动，应当依法经营，诚实守信，禁止以不合理的运价或者其他不正当方式、不规范行为争抢客源、货源及提供运输服务。

水路旅客运输业务经营者为招揽旅客发布信息，必须真实、准确，不得进行虚假宣传，误导旅客，对其在经营活动中知悉的旅客个人信息，应当予以保密。

第三十一条 水路旅客运输业务经营者应当就运输服务中的下列事项，以明示的方式向旅客作出说明或者警示：

（一）不适宜乘坐客船的群体；

（二）正确使用相关设施、设备的方法；

（三）必要的安全防范和应急措施；

（四）未向旅客开放的经营、服务场所和设施、设备；

（五）可能危及旅客人身、财产安全的其他情形。

第三十二条 水路运输经营者应当依照法律、行政法规和国家有关规定，优先运送处置突发事件所需物资、设备、工具、应急救援人员和受到突发事件危害的人员，重点保障紧急、重要的军事运输。

水路运输经营者应当服从交通运输主管部门对关系国计民生物资紧急运输的统一组织协调，按照要求优先、及时运输。

水路运输经营者应当按照交通运输主管部门的要求建立运输保障预案，并建立应急运输、军事运输和紧急运输的运力储备。

第三十三条 水路运输经营者应当按照国家统计规定报送运输经营统计信息。

第四章 外商投资企业和外国籍船舶的特别规定

第三十四条 外商投资企业申请从事水路运输,除满足本规定第五条规定的经营资质条件外,还应当符合下列条件:
(一)拟经营的范围内,国内水路运输经营者无法满足需求;
(二)应当具有经营水路运输业务的良好业绩和运营记录。

第三十五条 交通运输部可以根据国内水路运输实际情况,决定是否准许外商投资企业经营国内水路运输。

经批准取得水路运输经营许可的外商投资企业外方投资者或者外方投资股比等事项发生变化的,应当报原许可机关批准。原许可机关发现外商投资企业不再符合本规定要求的,应当撤销其水路运输经营资质。

第三十六条 符合下列情形并经交通运输部批准,水路运输经营者可以租用外国籍船舶在中华人民共和国港口之间从事不超过两个连续航次或者期限为30日的临时运输:
(一)没有满足所申请的运输要求的中国籍船舶;
(二)停靠的港口或者水域为对外开放的港口或者水域。

第三十七条 租用外国籍船舶从事临时运输的水路运输经营者,应当向交通运输部提交申请书、运输合同、拟使用的外籍船舶及船舶登记证书、船舶检验证书等相关证书和能够证明符合本规定规定情形的相关材料。申请书应当说明申请事由、承运的货物、运输航次或者期限、停靠港口。

交通运输部应当自受理申请之日起20个工作日内,对申请事项进行审核。对符合规定条件的,作出许可决定并且颁发许可文件;对不符合条件的,不予许可,并书面通知申请人不予许可的理由。

第三十八条 临时从事水路运输的外国籍船舶,应当遵守水路运输管理的有关规定,按照批准的范围和期限进行运输。

第五章 监督检查

第三十九条 交通运输部和水路运输管理部门依照有关法律、法规和本规定对水路运输市场实施监督检查。

第四十条 对水路运输市场实施监督检查,可以采取下列措施:
(一)向水路运输经营者了解情况,要求其提供有关凭证、文件及其他相关材料。
(二)对涉嫌违法的合同、票据、账簿以及其他资料进行查阅、复制。
(三)进入水路运输经营者从事经营活动的场所、船舶实地了解情况。

水路运输经营者应当配合监督检查,如实提供有关凭证、文件及其他相关资料。

第四十一条 水路运输管理部门对水路运输市场依法实施监督检查中知悉的被检查单位的商业秘密和个人信息应当依法保密。

第四十二条 实施现场监督检查的,应当当场记录监督检查的时间、内容、结果,并与被检查单位或者个人共同签署名章。被检查单位或者个人不签署名章的,监督检查人员对不签署的情形及理由应当予以注明。

第四十三条 水路运输管理部门在监督检查中发现水路运输经营者不符合本规定要求的经营资质条件的,应当责令其限期整改,并在整改期限结束后对该经营者整改情况进行复查,并作出整改是否合格的结论。

对运力规模达不到经营资质条件的整改期限最长不超过 6 个月,其他情形的整改期限最长不超过 3 个月。水路运输经营者在整改期间已开工建造但尚未竣工的船舶可以计入自有船舶运力。

第四十四条 水路运输管理部门应当建立健全水路运输市场诚信监督管理机制和服务质量评价体系,建立水路运输经营者诚信档案,记录水路运输经营者及从业人员的诚信信息,定期向社会公布监督检查结果和经营者的诚信档案。

水路运输管理部门应当建立水路运输违法经营行为社会监督机制,公布投诉举报电话、邮箱等,及时处理投诉举报信息。

水路运输管理部门应当将监督检查中发现或者受理投诉举报的经营者违法违规行为及处理情况、安全责任事故情况等记入诚信档案。违法违规情节严重可能影响经营资质条件的,对经营者给予提示性警告。不符合经营资质条件的,按照本规定第四十三条的规定处理。

第四十五条 水路运输管理部门应当与当地海事管理机构建立联系机制,按照《国内水路运输管理条例》的要求,做好《船舶营业运输证》查验处理衔接工作,及时将本行政区域内水路运输经营者的经营资质保持情况通报当地海事管理机构。

海事管理机构应当将有关水路运输船舶重大以上安全事故情况及结论意见及时书面通知该船舶经营者所在地设区的市级人民政府水路运输管理部门。水路运输管理部门应当将其纳入水路运输经营者诚信档案。

第六章 法律责任

第四十六条 水路运输经营者未按照本规定要求配备海务、机务管理人员的,由其所在地县级以上人民政府水路运输管理部门责令改正,处 1 万元以上 3 万元以下的罚款。

第四十七条 水路运输经营者或其船舶在规定期限内,经整改仍不符合本规定要求的经营资质条件的,由其所在地县级以上人民政府水路运输管理部门报原许可机关撤销其经营许可或者船舶营运证件。

第四十八条 从事水路运输经营的船舶超出《船舶营业运输证》核定的经营范围,或者擅自改装客船、危险品船增加《船舶营业运输证》核定的载客定额、载货定额或者变更从事散装液体危险货物运输种类的,按照《国内水路运输管理条例》第三十四条第一款的规定予以处罚。

第四十九条 水路运输经营者违反本规定,有下列行为之一的,由其所在地县级以上人民政府水路运输管理部门责令改正,处 2 000 元以上 1 万元以下的罚款;一年内累计三次以上违反的,处 1 万元以上 3 万元以下的罚款:

（一）未履行备案义务；
（二）未以公布的票价或者变相变更公布的票价销售客票；
（三）进行虚假宣传，误导旅客或者托运人；
（四）以不正当方式或者不规范行为争抢客源、货源及提供运输服务扰乱市场秩序；
（五）使用的运输单证不符合有关规定。

第五十条 水路运输经营者拒绝管理部门根据本规定进行的监督检查或者隐匿有关资料或瞒报、谎报有关情况的，由其所在地县级以上人民政府水路运输管理部门予以警告，并处2 000元以上1万元以下的罚款。

第五十一条 违反本规定的其他规定应当进行处罚的，按照《国内水路运输管理条例》执行。

第七章 附 则

第五十二条 本规定下列用语的定义：
（一）自有船舶，是指水路运输经营者将船舶所有权登记为该经营者且归属该经营者的所有权份额不低于51%的船舶。
（二）班轮运输，是指在固定港口之间按照预定的船期向公众提供旅客、货物运输服务的经营活动。

第五十三条 依法设立的水路运输行业组织可以依照法律、行政法规和章程的规定，制定行业经营规范和服务标准，组织开展职业道德教育和业务培训，对其会员的经营行为和服务质量进行自律性管理。

水路运输行业组织可以建立行业诚信监督、约束机制，提高行业诚信水平。对守法经营、诚实信用的会员以及从业人员，可以给予表彰、奖励。

第五十四条 经营内地与香港特别行政区、澳门特别行政区，以及大陆与台湾地区之间的水路运输，不适用于本规定。

在香港特别行政区、澳门特别行政区进行船籍登记的船舶临时从事内地港口之间的运输，在台湾地区进行船籍登记的船舶临时从事大陆港口之间的运输，参照适用本规定关于外国籍船舶的有关规定。

第五十五条 载客12人以下的客船运输、乡镇客运渡船运输以及与外界不通航的公园、封闭性风景区内的水上旅客运输不适用本规定。

第五十六条 本规定自2014年3月1日起施行。2008年5月26日交通运输部以交通运输部令2008年第2号公布的《国内水路运输经营资质管理规定》、1987年9月22日交通部以（87）交河字680号文公布、1998年3月6日以交水发〔1998〕107号文修改、2009年6月4日交通运输部以交通运输部令2009年第6号修改的《水路运输管理条例实施细则》、1990年9月28日交通部以交通部令1990年第22号公布、2009年交通运输部令2009年第7号修改的《水路运输违章处罚规定》同时废止。

交通运输部、商务部关于修改《外商投资道路运输业管理规定》的决定（2014）

交通运输部令 2014 年第 4 号

2014 年第 4 号《关于修改〈外商投资道路运输业管理规定〉的决定》已于 2013 年 12 月 16 日经交通运输部第 13 次部务会议通过，现予公布，自 2014 年 1 月 11 日起施行。

部长 杨传堂
2014 年 1 月 11 日

一、将条文中所有"交通主管部门"统一修改为"交通运输主管部门"，所有"对外贸易经济主管部门"统一修改为"商务主管部门"，将第四条、第十四条、第十八条中"国务院交通主管部门"修改为"省级交通运输主管部门"，将第四条中"国务院对外贸易经济主管部门"修改为"省级商务主管部门"，将第十八条中"对外贸易经济部门或其授权部门"修改为"商务主管部门"。

二、删除第九条第（二）项，将第（三）项修改为第（二）项，将"国务院交通主管部门"修改为"省级交通运输主管部门"。

三、将第十一条修改为"省级商务主管部门收到申请材料后，在 45 日内作出是否批准的书面决定。符合规定的，颁发或者变更外商投资企业批准证书；不符合规定的，退回申请，书面通知申请人并说明理由。"

四、将第十七条修改为"申请延长经营期限的外商投资道路运输企业，应当在经营期满 6 个月前向企业所在地的省级交通运输主管部门提出申请，并上报企业经营资质（质量信誉）考核记录等有关材料，由省级交通运输主管部门商商务主管部门后批复。"

五、在第十九条后增加一条作为第二十条："省级交通运输主管部门应当于每年 3 月 31 日前将本省上年度外商投资审批情况报交通运输部。"

此外，对条文的顺序作相应的调整和修改。

本决定自 2014 年 1 月 11 日起施行。

《外商投资道路运输业管理规定》根据本决定作相应的修改，重新发布。

外商投资道路运输业管理规定（2014 修正）

第一条 为促进道路运输业的对外开放和健康发展，规范外商投资道路运输业的审批管理，根据《中华人民共和国中外合资经营企业法》、《中华人民共和国中外合作经营企业法》、《中华人民共和国外资企业法》以及有关法律、行政法规的规定，制定本规定。

第二条 外商在中华人民共和国境内投资道路运输业适用本规定。

本规定所称道路运输业包括道路旅客运输、道路货物运输、道路货物搬运装卸、道路货物仓储和其他与道路运输相关的辅助性服务及车辆维修。

第三条 允许外商采用以下形式投资经营道路运输业：

（一）采用中外合资形式投资经营道路旅客运输；

（二）采用中外合资、中外合作形式投资经营道路货物运输、道路货物搬运装卸、道路货物仓储和其他与道路运输相关的辅助性服务及车辆维修。

（三）采用独资形式投资经营道路货物运输、道路货物搬运装卸、道路货物仓储和其他与道路运输相关的辅助性服务及车辆维修。

本条第（三）项所列道路运输业务对外开放时间由国务院商务主管部门和交通运输主管部门另行公布。

第四条 外商投资道路运输业的立项及相关事项应当经省级交通运输主管部门批准。

外商投资设立道路运输企业的合同和章程应当经省级商务主管部门批准。

第五条 外商投资道路运输业应当符合国务院交通运输主管部门制定的道路运输发展政策和企业资质条件，并符合拟设立外商投资道路运输企业所在地的交通运输主管部门制定的道路运输业发展规划的要求。

投资各方应当以自有资产投资并具有良好的信誉。

第六条 外商投资从事道路旅客运输业务，还应当符合以下条件：

（一）主要投资者中至少一方必须是在中国境内从事5年以上道路旅客运输业务的企业；

（二）外资股份比例不得多于49%；

（三）企业注册资本的50%用于客运基础设施的建设与改造；

（四）投放的车辆应当是中级及以上的客车。

第七条 设立外商投资道路运输企业，应当向拟设企业所在地的市（设区的市，下同）级交通运输主管部门提出立项申请，并提交以下材料：

（一）申请书，内容包括投资总额、注册资本和经营范围、规模、期限等；

（二）项目建议书；

（三）投资者的法律证明文件；

（四）投资者资信证明；

（五）投资者以土地使用权、设施和设备等投资的，应提供有效的资产评估证明；

（六）审批机关要求的其他材料；

拟设立中外合资、中外合作企业，除应当提交上述材料以外，还应当提交合作意向书；提交的外文资料须同时附中文翻译件。

第八条 外商投资企业扩大经营范围从事道路运输业，外商投资道路运输企业扩大经营范围或者扩大经营规模超出原核定标准的，外商投资道路运输企业拟合并、分立、迁移和变更投资主体、注册资本、投资股比，应由该企业向其所在地的市级交通运输主管部门提出变更申请并提交以下材料：

（一）申请书；

（二）企业法人营业执照复印件；

（三）外商投资企业批准证书复印件；

（四）外商投资企业立项批件复印件；

（五）资信证明。

第九条 交通运输主管部门按下列程序对外商投资道路运输业立项和变更申请进行审核和审批：

（一）市级交通运输主管部门自收到申请材料之日起15个工作日内，依据本规定提出初审意见，并将初审意见和申请材料报省级交通运输主管部门；

（二）省级交通运输主管部门自收到前项材料之日起30个工作日内，对申请材料进行审核。符合规定的，颁发立项批件或者变更批件；不符合规定的，退回申请，书面通知申请人并说明理由。

第十条 申请人收到批件后，应当在30日内持批件和以下材料向省级商务主管部门申请颁发或者变更外商投资企业批准证书：

（一）申请书；

（二）可行性研究报告；

（三）合同、章程（外商独资道路运输企业只需提供章程）；

（四）董事会成员及主要管理人员名单及简历；

（五）工商行政管理部门出具的企业名称预核准通知书；

（六）投资者所在国或地区的法律证明文件及资信证明文件；

（七）审批机关要求的其他材料。

第十一条 省级商务主管部门收到申请材料后，在45日内作出是否批准的书面决定。符合规定的，颁发或者变更外商投资企业批准证书；不符合规定的，退回申请，书面通知申请人并说明理由。

第十二条 申请人在收到外商投资企业批准证书后，应当在30日内持立项批件和批准证书向拟设立企业所在地省级交通运输主管部门申请领取道路运输经营许可证，并依法办理工商登记后，方可按核定的经营范围从事道路运输经营活动。

第十三条 申请人收到变更的外商投资企业批准证书后，应当在30日内持变更批件、变更的外商投资企业批准证书和其他相关的申请材料向省级交通运输主管部门和工商行政管理部门办理相应的变更手续。

第十四条 申请人在办理完有关手续后，应将企业法人营业执照、外商投资企业批准证书以及道路运输经营许可证影印件报省级交通运输主管部门备案。

第十五条 取得外商投资道路运输业立项批件后18个月内未完成工商注册登记手续的，立项批件自行失效。

第十六条 外商投资道路运输企业的经营期限一般不超过12年。但投资额中有50%以上的资金用于客货运输站场基础设施建设的，经营期限可为20年。

经营业务符合道路运输产业政策和发展规划，并且经营资质（质量信誉）考核合格的外商投资道路运输企业，经原审批机关批准，可以申请延长经营期限，每次延长的经营期限不超过20年。

第十七条 申请延长经营期限的外商投资道路运输企业，应当在经营期满6个月前向企业所在地的省级交通运输主管部门提出申请，并上报企业经营资质（质量信誉）考核记录等有关材料,由省级交通运输主管部门商商务主管部门后批复。

第十八条 外商投资道路运输企业停业、歇业或终止,应当及时到省级交通运输主管部门、商务主管部门和工商行政管理部门办理相关手续。

第十九条 香港特别行政区、澳门特别行政区和台湾省的投资者以及海外华侨在中国内地投资道路运输业参照适用本规定。

第二十条 省级交通运输主管部门应当于每年3月31日前将本省上年度外商投资审批情况报交通运输部。

第二十一条 本规定自2001年11月20日起施行。交通部1993年颁布的《中华人民共和国交通部外商投资道路运输业立项审批暂行规定》(交运发〔1993〕1178号)同时废止。

船舶行业规范条件

中华人民共和国工业和信息化部公告2013年第55号

为进一步加强船舶行业管理,化解产能过剩矛盾,加快结构调整,提升技术水平,促进转型升级,引导船舶工业持续健康发展,我们制定了《船舶行业规范条件》,现予发布。

附件:船舶行业规范条件(略——编者注)

中华人民共和国工业和信息化部
2013年11月4日

页岩气产业政策

国家能源局公告2013年第5号

为深入贯彻落实科学发展观,加快发展页岩气产业,根据《页岩气发展规划(2011—2015年)》及相关法律法规,国家能源局制定了《页岩气产业政策》,现予以发布。

国家能源局
2013年10月22日

页岩气产业政策

为全面贯彻落实科学发展观，合理、有序开发页岩气资源，推进页岩气产业健康发展，提高天然气供应能力，促进节能减排，保障能源安全，根据国家相关法律法规，特制定本政策。

第一章 总 则

第一条 页岩气是指赋存于富有机质泥页岩及其夹层中，以吸附或游离状态为主要存在方式的非常规天然气。

第二条 页岩气勘探开发利用按照统一规划、合理布局、示范先行、综合利用的原则。依靠科技进步，走资源利用率高、经济效益好、环境污染少的可持续发展道路，为全面建设小康社会提供清洁能源保障。

第三条 通过规划引导，逐步形成与环境保护、储运、销售和利用等外部条件相适应、与区域经济发展相协调的页岩气开发布局。

第四条 加快页岩气勘探开发利用，鼓励包括民营企业在内的多元投资主体投资页岩气勘探开发，通过规范产业准入和监管，确保页岩气勘探开发健康发展。

第五条 加强页岩气关键技术自主研发，立足实际，结合国情，形成具有自主知识产权的关键技术体系，促进页岩气发展。

第六条 依靠科技进步，推进井场集约化建设和无水、少水储层改造及水资源循环使用，实现安全、高效、清洁生产，建设资源节约、环境友好、协调发展的页岩气资源勘探开发利用体系。

第二章 产业监管

第七条 从事页岩气勘探开发的企业应具备与项目勘探开发相适应的投资能力，具有良好的财务状况和健全的财务会计制度，能够独立承担民事责任。页岩气勘探开发企业应配齐地质勘查、钻探开采等专业技术人员。从事页岩气建设项目勘查、设计、施工、监理、安全评价等业务，应具备相应资质。

第八条 建立健全监管机制，加强页岩气开发生产过程监管。页岩气勘探开发生产活动必须符合现行页岩气相关技术标准和规范；如无专门针对页岩气的相关管理标准和规范，参照石油天然气行业管理规范执行。

第九条 鼓励从事页岩气勘探开发的企业与国外拥有先进页岩气技术的机构、企业开展技术合作或勘探开发区内的合作，引进页岩气勘探开发技术和生产经营管理经验。

第十条 鼓励页岩气资源地所属地方企业以合资、合作等方式，参与页岩气勘探开发。

第三章 示范区建设

第十一条 鼓励建立页岩气示范区。示范区应具有一定的规模和代表性，示范的理论、方法和技术应具有推广应用前景。鼓励页岩气生产企业多家联合进行示范区建设。做好示范区经验总结推广工作。

第十二条 支持在国家级页岩气示范区内优先开展页岩气勘探开发技术集成应用，探索工厂化作业模式，完善页岩气勘探开发利用的理论和技术体系，推动页岩气低成本规模开发，为新技术推广应用奠定基础。

第十三条 加快示范区用地审批，支持示范区其他相关配套设施建设。

第十四条 加强对示范区页岩气勘探开发一体化管理，实现安全生产和资源高效有序开发。

第四章 产业技术政策

第十五条 鼓励页岩气勘探开发企业应用国际成熟的高新、适用技术提高页岩气勘探成功率、开发利用率和经济效益。包括页岩气分析测试技术、水平井钻完井技术、水平井分段压裂技术、增产改造技术、微地震监测技术、开发环境影响控制技术等关键技术。

第十六条 鼓励页岩气勘探开发技术自主化，加快页岩气关键装备研制，形成适合我国国情的轻量化、车载化、易移运、低污染、低成本、智能化的页岩气装备体系，促进油气装备制造业转型升级。

第十七条 发展以企业为主体、产学研用相结合的页岩气技术创新机制。加强国家能源页岩气研发（实验）中心和其他研发平台的建设，推进页岩气勘探开发理论与技术攻关。

第十八条 加强国家页岩气专业教学、基地建设和人才培养。鼓励企业开展全方位、多层次的职工安全、技术教育培训。

第十九条 为促进页岩气资源有序开发，国家能源主管部门负责制定页岩气勘探开发技术的行业标准和规范。

第五章 市场与运输

第二十条 鼓励各种投资主体进入页岩气销售市场，逐步形成以页岩气开采企业、销售企业及城镇燃气经营企业等多种主体并存的市场格局。

第二十一条 页岩气出厂价格实行市场定价。制定公平交易规则，鼓励供、运、需三方建立合作关系，引导合理生产、运输和消费。

第二十二条 鼓励页岩气就近利用和接入管网。鼓励企业在基础设施缺乏地区投资建设天然气输送管道、压缩天然气（CNG）与小型液化天然气（LNG）等基础设施。基础设施对页岩气生产销售企业实行非歧视性准入。

第六章 节约利用与环境保护

第二十三条 加强节能和能效管理。页岩气勘探开发利用项目必须按照节能设计规范和标准建设，推广使用符合国家能效标准、经过认证的节能产品。引进技术、设备等应达到国际先进水平。

第二十四条 坚持页岩气勘探开发与生态保护并重的原则。钻井、压裂等作业过程和地面工程建设要减少占地面积、及时恢复植被、节约利用水资源，落实各类废弃物处置措施，保护生态环境。

第二十五条 钻井液、压裂液等应做到循环利用。采取节水措施，减少耗水量。鼓励采用先进的工艺、设备，开采过程逸散气体禁止直接排放。

第二十六条 加强对地下水和土壤的保护。钻井、压裂、气体集输处理等作业过程必须采取各项对地下水和土壤的保护措施，防止页岩气开发对地下水和土壤的污染。

第二十七条 页岩气勘探开发利用必须依法开展环境影响评价，环保设施与主体工程要严格实行项目建设"三同时"制度。

第二十八条 加强页岩气勘探开发环境监管。页岩气开发过程排放的污染物必须符合相关排放标准，钻井、井下作业产生的各类固体废物必须得到有效处置，防止二次污染。

第二十九条 国家对页岩气勘探开发利用开展战略环境影响评价或规划影响评价，从资源环境效率、生态环境承载力及环境风险水平等多方面，优化页岩气勘探开发的时空布局。禁止在自然保护区、风景名胜区、饮用水源保护区和地质灾害危险区等禁采区内开采页岩气。

第七章 支持政策

第三十条 页岩气开发纳入国家战略性新兴产业，加大对页岩气勘探开发等的财政扶持力度。

第三十一条 依据《页岩气开发利用补贴政策》，按页岩气开发利用量，对页岩气生产企业直接进行补贴。对申请国家财政补贴的页岩气生产企业年度报告实行审核制度和公示制度。对于存在弄虚作假行为的企业，国家将收回补贴并依法予以处置。

第三十二条 鼓励地方财政根据情况对页岩气生产企业进行补贴，补贴额度由地方财政自行确定。

第三十三条 对页岩气开采企业减免矿产资源补偿费、矿权使用费，研究出台资源税、增值税、所得税等税收激励政策。

第三十四条 页岩气勘探开发等鼓励类项目项下进口的国内不能生产的自用设备（包括随设备进口的技术），按现行有关规定免征关税。

第八章 附则

第三十五条 本政策由国家能源局负责解释。

第三十六条 本政策自发布之日起实施。

工业和信息化部关于印发
《内燃机再制造推进计划》的通知

工信部节〔2013〕406号

各省、自治区、直辖市及计划单列市、新疆生产建设兵团工业和信息化主管部门，中国内燃机工业协会，有关企业，有关单位：

为贯彻落实《国务院办公厅关于加强内燃机工业节能减排的意见》（国办发〔2013〕12号），推动内燃机再制造产业规模化、规范化发展，促进内燃机工业形成循环型生产方式和消费模式，我们组织编制了《内燃机再制造推进计划》。现印发你们，请结合本地区、本企业实际组织实施。

工业和信息化部
2013 年 10 月 12 日

内燃机再制造推进计划

为贯彻科学发展观，落实《国务院办公厅关于加强内燃机工业节能减排的意见》（国办发〔2013〕12号），加快推进循环经济发展和节约型社会建设，促进内燃机工业形成循环型生产方式和消费模式，推动内燃机工业节能降耗，提升国际竞争力，根据《工业转型升级规划（2011—2015年）》，结合内燃机行业实际，制定本计划。

一、推进内燃机再制造产业发展的重要意义

内燃机再制造是指将失效的内燃机进行集中拆解、零部件清洗、检测分类，按照原新产品技术规范要求，通过一定的工艺重新加工制造后，使再制造后内燃机产品的使用寿命及其动力性、经济性、环保性、可靠性等指标不低于原型机新机的标准要求。

内燃机是交通运输、工程机械、农业机械以及国防装备的主导动力。内燃机工业是我国重要基础产业，产业链长、关联度高、就业面广、消费拉动大。我国已成为世界内燃机制造大国，社会保有量巨大。"十一五"期间，内燃机产量年平均增长约10%，累计产量约3亿台。2012年总产量7760万台，总功率约15亿千瓦，预计"十二五"产量将超过4亿台。随着内燃机产量和保有量快速增长，推进内燃机再制造具备基础和条件，是内燃机行业绿色循环发展方向。

实施内燃机再制造利国利民，既可实现大量失效产品资源化利用，也有利于培育新的经济增长点，以加快发展循环经济及建设资源节约型、环境友好型社会。国内外产业实践表明，报废内燃机的缸体、曲轴等重要零部件多数为局部失效，通过成形、修复等再制造加工，在不改变形状和本体材质的情况下能够恢复其尺寸、精度和性能。与传统废金属回收利用处置方式相比，再制造能够回收报废产品所蕴含附加值的70%左右；与原始制造相比，再制造可节约能源消耗80%、节约材料70%以上，降低制造成本30%~50%；内燃机再制造不仅可以减少废弃物，环境效益可观，而且节能节材，经济效益、社会效益也十分显著。

内燃机再制造是一项复杂的系统工程。近年来，国家有关部门积极引领及试点探索推进再制造产业发展，但相对于欧美发达国家，我国再制造起步晚、发展历程短、产业基础薄弱。企业在再制造的认识水平、技术能力、生产规模、管理模式、销售渠道等方面参差不齐；部分关键技术仍需进一步攻关，相关专用设备亟待研发与推广；再制造旧件回收体系尚未建立，回收难度大；产品标准、生产制造工艺标准不健全，检验检测能力整体不强；市场准入机制缺失，缺乏规范管理；相关财政、税收、信贷等支持不足，甚至存在政策障碍。再制造企业经营困难，行业发展亟待加强政策引导和支持。

"十二五"是我国实现工业转型升级的关键时期。加快发展内燃机再制造产业，将有力推动我国内燃机产业进一步转变生产方式，从"大量生产、大量消费、大量废弃"的单向型直线生产模式向"资源—产品—失效—再制造"的循环型产业模式转变，有利于加快推进行业技术进步和产品更新换代，提升产业可持续发展能力，引导形成节约型、循环型的生产方式和生活方式。实施内燃机再制造是当前内燃机工业面临的一项艰巨而紧迫的任务，对提升我国产业竞争力、促进内燃机制造行业持续发展、推进节能减排和建设"两型"社会具有重要现实意义和深远战略意义。

二、指导思想和主要目标

（一）指导思想。以科学发展观为指导，按照建设"两型"社会要求，综合发挥政府引领、协会主导、企业推进的作用，以再制造试点企业实践经验为基础，组织行业内一批理念领先、技术水平高、经济效益好、创新能力强、市场占有率领先、回收体系完善的企业，围绕内燃机再制造产业发展的关键共性问题，突出重点、分工协作，加快创新、联合攻关，分类指导、示范引领、统筹推进，通过实施内燃机再制造重点工程，提升内燃机再制造技术装备水平和产业化能力，加快推进内燃机再制造产业规模化、规范化、市场化，提高内燃机再制造产品市场占有率，提升内燃机工业再制造水平和国际竞争力，促进行业转型升级。

（二）主要目标。到"十二五"末，内燃机工业再制造生产能力、企业规模、技术装备水平显著提升。全行业形成35万台各类内燃机整机再制造生产能力，3万台以上规模的整机再制造企业6—8家，3万台以下规模的整机再制造企业6家以上；增压器、发电机、起动机、机油泵、燃油泵、水泵等关键零部件规模化配套企业30家以上。建立一批乘用汽车、中重型商用车、工程机械、农业机械、发电设备、船舶动力、石油机械、铁路机车等内燃机再制造示范工程。初步建立全行业旧件逆向物流体系，一批核心企业建成旧件回收网络系统。再制造成形及检测等共性关键技术在行业内广泛使用，内燃机再制造工艺、技术及装备达到国际先进水平。再制造产业规模达到300亿元，再制造产品配套服务产业规模达到100亿元。全行业实现年节约金属40万吨，节能35万吨标准煤，新增就业岗位2.5万个，降低终端消费者使用成本100亿元。

三、发展方向和主要任务

（一）突出重点领域，尽快形成内燃机再制造产业化规模。根据内燃机工业发展现状，结合再制造技术特点，内燃机整机产品再制造重点领域是汽车发动机、工程机械发动机、农用机械发动机、船用发动机、石油钻井发动机、铁路内燃机车用发动机、固定式内燃机发电机组等，其中以柴油机为主；关键零部件再制造重点是气缸体、气缸盖、曲轴、连杆、凸轮轴、齿轮室、飞轮壳等；内燃机配套件再制造重点是增压器、发电机、起动机、机油泵、燃油泵、水泵等附加值较高的零部件。以整机、关键零部件和配套件再制造为基础，重点提升汽车、工程机械、农业机械、船舶动力、石油钻井动力、铁路机车用发动机及固定式内燃机发电机组等整机再制造产业化水平，积极推动内燃机配套部件再制造专业化、规模化发展。

（二）加快技术创新，大力提升再制造技术能力和装备水平。紧紧围绕"再制造产品质量不低于原型机新品、最大化旧件利用率"两大核心目标，依靠科技创新，以高新技术为支撑，产学研相结合，加快建立具有中国特色的内燃机再制造技术装备体系（附件1）。以恢复尺寸、提升性能、提高再制造率为准则，加快推进内燃机再制造工艺装备研发及材料应用研究。在失效产品拆解清洗、无损检测与寿命评估、修复、加工、质量检测与性能考核等再制造生产关键环节，加快关键共性技术的研发、推广和产业化步伐，尽快掌握、推广一批核心关键技术（附件2）；加快推广应用纳米复合电刷镀、高速电弧喷涂、微脉冲冷焊、微弧等离子熔覆等成熟的表面成形技术。重点突破内燃机再制造急需的损伤检测与评估、损伤修复及表面强化、产品性能提升及再制造产品检测等技术。大力发展纳米复合电刷镀、等离子喷涂、高速电弧喷涂、微弧等离子熔覆、激光熔覆等自动化装备；组织研发无损拆解、绿色清洗、快速检测、寿命评估等专用装备；丰富完善适用于不同产品类型的再制造成形加工装备及专用材料；提升内燃机及其零部件再制造过程智能化程度和自动化水平，提高再制造技术装备水平、生产效率及产品质量稳定性。

（三）发展逆向物流，保障再制造旧件稳定供应。充分认识再制造逆向物流的复杂性和不确定性，借鉴国外多年实践经验，加快探索有利于旧件回收利用的政策和市场机制，大力发展内燃机再制造逆向物流，加快形成新品分销正向物流与旧件回收逆向物流相结合的物流体系。大力扶持和激励内燃机整机及关键零部件企业重点依托新品销售维修网络，支持和鼓励经销商实施以旧换新，拓展旧件回收服务，健全旧件回收体系；探索内燃机产品生产企业通过设备租赁、押金模式建立旧件回收逆向物流体系；加快建立中小企业同行业联合逆向物流回收系统的运作模式，逐步建立社会化旧件专业回收渠道；引导再制造企业与内燃机用户、经销维修服务企业、回收拆解企业等建立协议采购、以旧换再、替代大修等长期稳定的旧件回收模式。积极探索实施逆向物流业务外包模式，鼓励第三方物流企业发挥其专业物流优势，为再制造企业提供专业化逆向物流服务。探索建立内燃机再制造公共信息服务和交易平台，畅通内燃机旧件及再制造产品流通信息渠道，促进旧件及再制造产品交易。充分利用无线射频识别（RFID）等信息技术手段，实现再制造物流体系的规范化管理，构建传统物流与再制造物流一体化的信息管理系统。

（四）完善标准体系，加强信息监管，规范再制造生产行为。建立健全内燃机再制造标准体系，重点研究制定内燃机再制造工艺技术、产品质量、生产管理、产品标识、企业管理等标准，组织开展再制造标准研究及推广应用。完善以再制造产品认定为核心的评价体系，提高再制造生产行为和再制造产品鉴别能力，严格区分简单翻新与再制造，规范再制造产品生产，确保再制造产品质量。积极推动建立再制造旧件溯源及产品追踪系统，逐步实现对旧件及再制造产品信息登记，推进再制造企业与终端消费者间的信息透明与共享，引导市场消费，强化监督管理，提升再制造产品社会认知度。

四、重点工程

重点实施内燃机整机及关键零部件、配套件再制造，内燃机高效清洁升级再制造，再制造工艺技术及装备提升、再制造逆向物流体系建设等专项重点工程和内燃机再制造配套服务体系建设（见附件3），形成35万台内燃机整机再制造生产能力和关键配套件规模化、批量化再制造生产能力，初步建立内燃机行业旧件回收等再制造逆向物流体系。

（一）内燃机整机及关键零部件再制造示范工程。主要在中重型商用车发动机、乘用车发动机、工程机械发动机、农业机械发动机以及固定式发电用、船用、石油钻井用、铁路机车用发动机等领域开展再制造示范。支持潍柴动力（潍坊）再制造有限公司（以下简称"潍柴"）、无锡大豪动力有限公司（以下简称"锡柴"）、中国重汽集团济南复强动力有限公司（以下简称"复强"）、东风康明斯发动机有限公司（以下简称"东康"）等建设中重型商用车发动机再制造示范工程，上海幸福瑞贝德动力总成有限公司（以下简称"瑞贝德"）、大众一汽发动机（大连）有限公司（以下简称"大众一汽"）等建设乘用车发动机再制造示范工程，玉柴再制造工业（苏州）有限公司（以下简称"玉柴"）、上柴发动机再制造有限公司（以下简称"上柴"）、潍柴以及卡特彼勒再制造工业（上海）有限公司（以下简称"卡特彼勒"）、康明斯（襄樊）机加工有限公司（以下简称"康明斯"）等建设工程机械发动机再制造示范工程，一拖（洛阳）柴油机有限公司（以下简称"一拖"）、昆明云内动力股份有限公司（以下简称"云内动力"）、锡柴等建设农业机械发动机再制造示范工程，中国石油集团济柴动力总厂再制造中心（以下简称"济柴"）、淄博柴油机总公司（以下简称"淄柴"）、潍柴、北京二七轨道交通装备有限公司（以下简称"二七轨道"）等建设固定式发电用、船用和铁路机车用发动机再制造示范工程。重点示范内燃机整机再制造的高效无损拆解组装、绿色清洗、性能优化匹配和升级等关键共性技术的创新研究成果，推进再制造企业技术中心建设，带动产业链关键零部件企业再制造能力提升，形成内燃机整机再制造示范效应。力争到2015年，中重型商用车发动机、乘用车发动机、工程机械发动机、农业机械发动机以及固定式发电用、船用、石油钻井用、铁路机车用发动机等领域分别形成18万台、7万台、6万台、2万台和2万台整机再制造生产能力。

（二）关键配套件再制造示范工程。主要在增压器、发电机、起动机、机油泵、燃油泵、水泵等领域开展示范。支持山东康跃科技股份有限公司（以下简称"康跃"）、湖南天雁机械有限责任公司（以下简称"天雁"）等建设增压器再制造示范工程，三立（厦门）汽车配件有限公司（以下简称"三立"）、柏科（常熟）电机有限公司（以下简称"柏科"）、东风汽车电器有限公司（以下简称"东风电器"）等建设发动机用发电机、起动机再制造示范工程，湖南机油泵股份有限公司（以下简称"湖南机油泵"）、河南省西峡汽车水泵股份有限公司（以下简称"西峡水泵"）、盛瑞传动股份有限公司（以下简称"盛瑞传动"）、无锡威孚高科技集团股份有限公司（以下简称"威孚高科"）、龙口龙泵燃油喷射有限公司（以下简称"龙口龙泵"）等建设机油泵、水泵、燃油泵再制造示范工程。重点示范内燃机关键零部件性能质量检测、寿命评估、过程质量控制等技术的研究和应用成果；开展测量、装配、平衡工艺研究和示范应用，制定再制造相关管理流程，形成较大产业规模和完整技术规范。力争到2015年，增压器、发电机和起动机分别形成50万台、150万台再制造生产能力，燃油泵、机油泵和水泵共形成80万台再制造生产能力。

（三）内燃机高效清洁升级再制造示范工程。重点支持潍柴、锡柴、张家港富瑞特种装备股份有限公司（以下简称"富瑞特装"）等整机企业联合相关高校、科研院所等建设内燃机高效清洁再制造示范工程。在内燃机整机再制造过程中，综合运用燃油系统升级、替代燃料适应性改造、动力优化匹配等技术，对存量内燃机实施高效化、清洁化改造，提升再制造产品主要性能参数，提高燃料经济性，实现排放水平显著升级，形成示范推广效应。到2015年，建立先进的燃气发动机优化设计及电控系统开发平台，初步形成批量化内燃机高效清洁再制造生产能力。

（四）再制造工艺技术及装备提升工程。重点支持《关于印发〈机电产品再制造技术及装备目录〉的通知》（工信部联节〔2012〕198号）所列再制造成形与加工、拆解与清洗、无损检测与寿命评估等技术以及典型机电产品再制造技术及装备的研究开发、产业化示范和应用推广。支持机械产品国家再制造工程研究中心（以下简称"国家工程中心"）、装备再制造技术国防科技重点实验室（以下简称"重点实验室"）、大连海事大学董氏镀铁有限公司（以下简称"董氏镀铁"）、沈阳大陆激光技术有限公司（以下简称"大陆激光"）、长沙一派数控机床有限公司（以下简称"长沙一派"）等单位加快内燃机再制造工艺技术及装备的研发、应用和推广，提升内燃机及其零部件再制造过程智能化程度和自动化水平，提高再制造装备技术水平、生产效率及产品再制造率，保障产品质量的稳定性。到2015年，内燃机再制造先进适用工艺技术及装备得到广泛推广和应用，再制造产业技术水平大幅提升。

（五）再制造逆向物流体系示范工程。重点支持潍柴、玉柴、锡柴等整机企业建设内燃机再制造逆向物流体系示范工程，拓展回收渠道，形成稳定的旧件回收网络体系。依托内燃机整机销售维修网络，充分利用其他社会化回收渠道，构建具有规模化、专业化、信息化、标准化等现代物流特征的优质、高效、低成本内燃机再制造逆向物流体系，引导再制造企业与内燃机用户、专业物流服务机构、维修服务企业等建立以旧换再、协议采购、替代大修等长期稳定的回收模式。力争到2015年，主要内燃机和关键零部件企业依托自身网络，初步建立起相对完善的旧件回收体系，形成300万台件/年的内燃机整机及关键零部件回收能力。

五、政策措施

（一）积极推进内燃机再制造产品认定。根据《关于印发〈再制造产品认定管理暂行办法〉的通知（工信部节〔2010〕303号）》、《关于印发〈再制造产品认定实施指南〉的通知》（工信厅节〔2010〕192号）要求，严格按程序实施生产流程现场审验、再制造产品执行标准审验、再制造产品质量检验报告审核、申报文件审查等，加快推进内燃机再制造产品认定，将通过认定的产品列入《再制造产品目录》，向社会公告，提升认知度，扩大市场需求。严格再制造产品标志标识要求，优化再制造产品市场环境。

（二）推动完善再制造相关政策。积极推进再制造产品认定制度与再制造优惠扶持、再制造产品和旧件进出口监管等政策的衔接互动。抓紧落实再制造产品"以旧换再"试点实施方案，积极推动扩大"以旧换再"政策覆盖面，促进内燃机再制造产品销售和旧件回收，鼓励消费者使用再制造产品。

（三）加强内燃机再制造技术支撑体系建设。在统筹考虑现有科研布局和相关科研资源的基础上，推进产学研用相结合的内燃机再制造技术创新与应用平台建设，鼓励实施关键共性技术联合攻关，支持骨干企业建设内燃机再制造技术研究中心。把再制造作为推进内燃机工业转型升级的重要内容，加大技术改造支持力度，实施内燃机再制造技术改造。组织编制内燃机再制造技术目录，制订再制造技术推广实施方案，加快推进内燃机再制造工艺、技术和装备研发及推广应用。加快研究提出内燃机再制造知识产权准则。

（四）严格再制造产品质量监管。依托行业协会、中介组织建立内燃机再制造公共信息服务平台，推进再制造产品旧件来源、回收、生产、服务、技术和交易等信息共享。建设再制造旧件溯源、产品查询及追踪等信息化系统，进一步健全再制造产品质量反馈机制，充分发挥终端消费者和社会监督作用，完善退出机制，推动企业规范再制造生产行为，引导再制造产业健康规范发展，营造有利市场环境。建立再制造检测分析技术服务平台，开展内燃机再制造零部件缺陷检测与失效分析、磨损量检测与寿命评估、再制造产品质量检测评估等技术服务，加强产品质量监测。

（五）扩大国际交流与合作。充分利用政府及国际组织合作平台，加强政策及产业层面互动交流和务实合作，协同提高再制造产品甄别和检测能力，完善再制造产品评价体系。支持技术实力强、国际影响力大、产品市场占有率高的国外再制造企业与国内企业开展多层次、多方位合作，延伸再制造产品线，提升协作水平。鼓励具备条件的产业集聚区按战略性新兴产业等有关政策吸引外商投资内燃机再制造产业。

（六）强化组织实施和领导。地方工业和信息化主管部门应加强内燃机再制造行业管理，结合本地区实际，加大对计划实施单位的指导和政策资金支持力度。中国内燃机工业协会负责联合相关行业、企业及科研院所共同研究编制落实本计划的工作方案，协调推进内燃机再制造示范工程建设、技术攻关、产品认定、标准制定等工作，建立经常性交流沟通机制，促进优势互补、合作共赢，完善行业自律机制，推动产业健康有序发展。各实施单位应加强组织领导，按照工作方案要求，抓紧编制本单位实施方案，细化工作计划和标志性目标，落实责任人，分解确定工作任务、重点及进度安排；并将实施方案分别报送本地区工业和信息化主管部门及中国内燃机工业协会。

附件：
1. 中国特色内燃机再制造技术装备体系图（略——编者注）
2. 内燃机再制造工程关键技术（略——编者注）
3. 内燃机再制造重点工程汇总表（略——编者注）
4. 相关单位名录（略——编者注）

关于简化典当行备案工作流程的通知

商流通司函〔2013〕172号

各省、自治区、直辖市、计划单列市及新疆建设兵团商务主管部门：

为进一步推进政府职能和作风转变，提高工作效率和服务质量，经研究，我们将对典当行备案工作流程进行简化，现将有关事项通知如下：

一、省级商务主管部门审批通过企业的变更申请，可直接打印证书，然后通过全国典当

行业监督管理信息系统（以下简称"管理信息系统"）完成备案。（具体流程附后）

二、我司将按号段提前发放一定数量的空白典当经营许可证至省级商务主管部门，由省级商务主管部门管理和使用。省级商务主管部门可根据需要随时向我司申请领取空白典当经营许可证。

三、典当行备案工作流程简化后，省级商务主管部门要进一步完善审批制度，建立"谁审批谁负责"的责任制度；增强服务意识，优化审批程序，及时为企业办理变更，提高工作效率和服务质量；同时，要加强证书管理，建立证书使用登记制度，新证要严格按照管理信息系统分配的流水号打印，旧证要及时收回，由省级商务主管部门登记后进行销毁。

四、管理信息系统目前正在进行调整，预计10月21日前完成调整，在此之前省级商务主管部门仍按照原办法将已完成的变更审批报我司备案，10月21日起按照新的典当行变更备案工作流程开展有关工作。

五、新增典当行备案工作流程也将进行简化，进一步提高效率，有关具体事项待今年新增典当行审批备案工作开展时另行通知。

附件：典当行变更备案工作流程图

商务部流通业发展司
2013年9月30日

附件：

典当行变更备案工作流程图

商务部登录管理信息系统分配许可证号段，发放许可证至省级商务主管部门

↓

企业通过管理信息系统向省级商务主管部门或经省级商务主管部门授权的县级以上人民政府商务主管部门提交变更申请，并提交书面变更材料

↓

省级商务主管部门或经省级商务主管部门授权的县级以上人民政府商务主管部门审核企业网上申请和书面变更材料，出具批准文书，并通过管理信息系统确认审核批准

↓

省级商务主管部门或经省级商务主管部门授权的县级以上人民政府商务主管部门通过管理信息系统打印许可证

↓

省级商务主管部门或经省级商务主管部门授权的县级以上人民政府商务主管部门通过管理信息系统进行备案

国务院关于促进健康服务业发展的若干意见

国发〔2013〕40号

各省、自治区、直辖市人民政府，国务院各部委、各直属机构：

新一轮医药卫生体制改革实施以来，取得重大阶段性成效，全民医保基本实现，基本医疗卫生制度初步建立，人民群众得到明显实惠，也为加快发展健康服务业创造了良好条件。为实现人人享有基本医疗卫生服务的目标，满足人民群众不断增长的健康服务需求，要继续贯彻落实《中共中央国务院关于深化医药卫生体制改革的意见》（中发〔2009〕6号），坚定不移地深化医药卫生体制改革，坚持把基本医疗卫生制度作为公共产品向全民提供的核心理念，按照保基本、强基层、建机制的基本原则，加快健全全民医保体系，巩固完善基本药物制度和基层运行新机制，积极推进公立医院改革，统筹推进基本公共卫生服务均等化等相关领域改革。同时，要广泛动员社会力量，多措并举发展健康服务业。

健康服务业以维护和促进人民群众身心健康为目标，主要包括医疗服务、健康管理与促进、健康保险以及相关服务，涉及药品、医疗器械、保健用品、保健食品、健身产品等支撑产业，覆盖面广，产业链长。加快发展健康服务业，是深化医改、改善民生、提升全民健康素质的必然要求，是进一步扩大内需、促进就业、转变经济发展方式的重要举措，对稳增长、调结构、促改革、惠民生，全面建成小康社会具有重要意义。为促进健康服务业发展，现提出以下意见：

一、总体要求

（一）指导思想。

以邓小平理论、"三个代表"重要思想、科学发展观为指导，在切实保障人民群众基本医疗卫生服务需求的基础上，转变政府职能，加强政策引导，充分调动社会力量的积极性和创造性，大力引入社会资本，着力扩大供给、创新服务模式、提高消费能力，不断满足人民群众多层次、多样化的健康服务需求，为经济社会转型发展注入新的动力，为促进人的全面发展创造必要条件。

（二）基本原则。

坚持以人为本、统筹推进。把提升全民健康素质和水平作为健康服务业发展的根本出发点、落脚点，切实维护人民群众健康权益。区分基本和非基本健康服务，实现两者协调发展。统筹城乡、区域健康服务资源配置，促进均衡发展。

坚持政府引导、市场驱动。强化政府在制度建设、规划和政策制定及监管等方面的职责。发挥市场在资源配置中的基础性作用，激发社会活力，不断增加健康服务供给，提高服务质量和效率。

坚持深化改革、创新发展。强化科技支撑，拓展服务范围，鼓励发展新型业态，提升健康服务规范化、专业化水平，建立符合国情、可持续发展的健康服务业体制机制。

（三）发展目标。

到 2020 年，基本建立覆盖全生命周期、内涵丰富、结构合理的健康服务业体系，打造一批知名品牌和良性循环的健康服务产业集群，并形成一定的国际竞争力，基本满足广大人民群众的健康服务需求。健康服务业总规模达到 8 万亿元以上，成为推动经济社会持续发展的重要力量。

——医疗服务能力大幅提升。医疗卫生服务体系更加完善，形成以非营利性医疗机构为主体、营利性医疗机构为补充，公立医疗机构为主导、非公立医疗机构共同发展的多元办医格局。康复、护理等服务业快速增长。各类医疗卫生机构服务质量进一步提升。

——健康管理与促进服务水平明显提高。中医医疗保健、健康养老以及健康体检、咨询管理、体质测定、体育健身、医疗保健旅游等多样化健康服务得到较大发展。

——健康保险服务进一步完善。商业健康保险产品更加丰富，参保人数大幅增加，商业健康保险支出占卫生总费用的比重大幅提高，形成较为完善的健康保险机制。

——健康服务相关支撑产业规模显著扩大。药品、医疗器械、康复辅助器具、保健用品、健身产品等研发制造技术水平有较大提升，具有自主知识产权产品的市场占有率大幅提升，相关流通行业有序发展。

——健康服务业发展环境不断优化。健康服务业政策和法规体系建立健全，行业规范、标准更加科学完善，行业管理和监督更加有效，人民群众健康意识和素养明显提高，形成全社会参与、支持健康服务业发展的良好环境。

二、主要任务

（一）大力发展医疗服务。

加快形成多元办医格局。切实落实政府办医责任，合理制定区域卫生规划和医疗机构设置规划，明确公立医疗机构的数量、规模和布局，坚持公立医疗机构面向城乡居民提供基本医疗服务的主导地位。同时，鼓励企业、慈善机构、基金会、商业保险机构等以出资新建、参与改制、托管、公办民营等多种形式投资医疗服务业。大力支持社会资本举办非营利性医疗机构、提供基本医疗卫生服务。进一步放宽中外合资、合作办医条件，逐步扩大具备条件的境外资本设立独资医疗机构试点。各地要清理取消不合理的规定，加快落实对非公立医疗机构和公立医疗机构在市场准入、社会保险定点、重点专科建设、职称评定、学术地位、等级评审、技术准入等方面同等对待的政策。对出资举办非营利性医疗机构的非公经济主体的上下游产业链项目，优先按相关产业政策给予扶持。鼓励地方加大改革创新力度，在社会办医方面先行先试，国家选择有条件的地区和重点项目作为推进社会办医联系点。

优化医疗服务资源配置。公立医院资源丰富的城市要加快推进国有企业所办医疗机构改制试点；国家确定部分地区进行公立医院改制试点。引导非公立医疗机构向高水平、规模化方向发展，鼓励发展专业性医院管理集团。二级以上医疗机构检验对所有医疗机构开放，推动医疗机构间检查结果互认。各级政府要继续采取完善体制机制、购买社会服务、加强设施建设、强化人才和信息化建设等措施，促进优质资源向贫困地区和农村延伸。各地要鼓励以城市二级医院转型、新建等多种方式，合理布局、积极发展康复医院、老年病医院、护理院、临终关怀医院等医疗机构。

推动发展专业、规范的护理服务。推进临床护理服务价格调整，更好地体现服务成本和护理人员技术劳动价值。强化临床护理岗位责任管理，完善质量评价机制，加强培训考核，提高护理质量，建立稳定护理人员队伍的长效机制。科学开展护理职称评定，评价标准侧重临床护理服务数量、质量、患者满意度及医德医风等。加大政策支持力度，鼓励发展康复护理、老年护理、家庭护理等适应不同人群需要的护理服务，提高规范化服务水平。

（二）加快发展健康养老服务。

推进医疗机构与养老机构等加强合作。在养老服务中充分融入健康理念，加强医疗卫生服务支撑。建立健全医疗机构与养老机构之间的业务协作机制，鼓励开通养老机构与医疗机构的预约就诊绿色通道，协同做好老年人慢性病管理和康复护理。增强医疗机构为老年人提供便捷、优先优惠医疗服务的能力。推动二级以上医院与老年病医院、老年护理院、康复疗养机构等之间的转诊与合作。各地要统筹医疗服务与养老服务资源，合理布局养老机构与老年病医院、老年护理院、康复疗养机构等，形成规模适宜、功能互补、安全便捷的健康养老服务网络。

发展社区健康养老服务。提高社区为老年人提供日常护理、慢性病管理、康复、健康教育和咨询、中医保健等服务的能力，鼓励医疗机构将护理服务延伸至居民家庭。鼓励发展日间照料、全托、半托等多种形式的老年人照料服务，逐步丰富和完善服务内容，做好上门巡诊等健康延伸服务。

（三）积极发展健康保险。

丰富商业健康保险产品。在完善基本医疗保障制度、稳步提高基本医疗保障水平的基础上，鼓励商业保险公司提供多样化、多层次、规范化的产品和服务。鼓励发展与基本医疗保险相衔接的商业健康保险，推进商业保险公司承办城乡居民大病保险，扩大人群覆盖面。积极开发长期护理商业险以及与健康管理、养老等服务相关的商业健康保险产品。推行医疗责任保险、医疗意外保险等多种形式医疗执业保险。

发展多样化健康保险服务。建立商业保险公司与医疗、体检、护理等机构合作的机制，加强对医疗行为的监督和对医疗费用的控制，促进医疗服务行为规范化，为参保人提供健康风险评估、健康风险干预等服务，并在此基础上探索健康管理组织等新型组织形式。鼓励以政府购买服务的方式委托具有资质的商业保险机构开展各类医疗保险经办服务。

（四）全面发展中医药医疗保健服务。

提升中医健康服务能力。充分发挥中医医疗预防保健特色优势，提升基层中医药服务能力，力争使所有社区卫生服务机构、乡镇卫生院和70%的村卫生室具备中医药服务能力。推动医疗机构开展中医医疗预防保健服务，鼓励零售药店提供中医坐堂诊疗服务。开发中医诊疗、中医药养生保健仪器设备。

推广科学规范的中医保健知识及产品。加强药食同用中药材的种植及产品研发与应用，开发适合当地环境和生活习惯的保健养生产品。宣传普及中医药养生保健知识，推广科学有效的中医药养生、保健服务，鼓励有资质的中医师在养生保健机构提供保健咨询和调理等服务。鼓励和扶持优秀的中医药机构到境外开办中医医院、连锁诊所等，培育国际知名的中医药品牌和服务机构。

（五）支持发展多样化健康服务。

发展健康体检、咨询等健康服务。引导体检机构提高服务水平，开展连锁经营。加快发展心理健康服务，培育专业化、规范化的心理咨询、辅导机构。规范发展母婴照料服务。推进全科医生服务模式和激励机制改革试点，探索面向居民家庭的签约服务。大力开展健康咨询和疾病预防，促进以治疗为主转向预防为主。

发展全民体育健身。进一步开展全民健身运动，宣传、普及科学健身知识，提高人民群众体育健身意识，引导体育健身消费。加强基层多功能群众健身设施建设，到2020年，80%以上的市（地）、县（市、区）建有"全民健身活动中心"，70%以上的街道（乡镇）、社区（行政村）建有便捷、实用的体育健身设施。采取措施推动体育场馆、学校体育设施等向社会开放。支持和引导社会力量参与体育场馆的建设和运营管理。鼓励发展多种形式的体育健身俱乐部和体育健身组织，以及运动健身培训、健身指导咨询等服务。大力支持青少年、儿童体育健身，鼓励发展适合其成长特点的体育健身服务。

发展健康文化和旅游。支持健康知识传播机构发展，培育健康文化产业。鼓励有条件的地区面向国际国内市场，整合当地优势医疗资源、中医药等特色养生保健资源、绿色生态旅游资源，发展养生、体育和医疗健康旅游。

（六）培育健康服务业相关支撑产业。

支持自主知识产权药品、医疗器械和其他相关健康产品的研发制造和应用。继续通过相关科技、建设专项资金和产业基金，支持创新药物、医疗器械、新型生物医药材料研发和产业化，支持到期专利药品仿制，支持老年人、残疾人专用保健用品、康复辅助器具研发生产。支持数字化医疗产品和适用于个人及家庭的健康检测、监测与健康物联网等产品的研发。加大政策支持力度，提高具有自主知识产权的医学设备、材料、保健用品的国内市场占有率和国际竞争力。

大力发展第三方服务。引导发展专业的医学检验中心和影像中心。支持发展第三方的医疗服务评价、健康管理服务评价，以及健康市场调查和咨询服务。公平对待社会力量提供食品药品检测服务。鼓励药学研究、临床试验等生物医药研发服务外包。完善科技中介体系，大力发展专业化、市场化的医药科技成果转化服务。

支持发展健康服务产业集群。鼓励各地结合本地实际和特色优势，合理定位、科学规划，在土地规划、市政配套、机构准入、人才引进、执业环境等方面给予政策扶持和倾斜，打造健康服务产业集群，探索体制创新。要通过加大科技支撑、深化行政审批制度改革、产业政策引导等综合措施，培育一批医疗、药品、医疗器械、中医药等重点产业，打造一批具有国际影响力的知名品牌。

（七）健全人力资源保障机制。

加大人才培养和职业培训力度。支持高等院校和中等职业学校开设健康服务业相关学科专业，引导有关高校合理确定相关专业人才培养规模。鼓励社会资本举办职业院校，规范并加快培养护士、养老护理员、药剂师、营养师、育婴师、按摩师、康复治疗师、健康管理师、健身教练、社会体育指导员等从业人员。对参加相关职业培训和职业技能鉴定的人员，符合条件的按规定给予补贴。建立健全健康服务业从业人员继续教育制度。各地要把发展健康服务业与落实各项就业创业扶持政策紧密结合起来，充分发挥健康服务业吸纳就业的作用。

促进人才流动。加快推进规范的医师多点执业。鼓励地方探索建立区域性医疗卫生人才充分有序流动的机制。不断深化公立医院人事制度改革，推动医务人员保障社会化管理，逐步变身份管理为岗位管理。探索公立医疗机构与非公立医疗机构在技术和人才等方面的合作机制，对非公立医疗机构的人才培养、培训和进修等给予支持。在养老机构服务的具有执业资格的医护人员，在职称评定、专业技术培训和继续医学教育等方面，享有与医疗机构医护人员同等待遇。深入实施医药卫生领域人才项目，吸引高层次医疗卫生人才回国服务。

（八）夯实健康服务业发展基础。

推进健康服务信息化。制定相关信息数据标准，加强医院、医疗保障等信息管理系统建设，充分利用现有信息和网络设施，尽快实现医疗保障、医疗服务、健康管理等信息的共享。积极发展网上预约挂号、在线咨询、交流互动等健康服务。以面向基层、偏远和欠发达地区的远程影像诊断、远程会诊、远程监护指导、远程手术指导、远程教育等为主要内容，发展远程医疗。探索发展公开透明、规范运作、平等竞争的药品和医疗器械电子商务平台。支持研制、推广适应广大乡镇和农村地区需求的低成本数字化健康设备与信息系统。逐步扩大数字化医疗设备配备，探索发展便携式健康数据采集设备，与物联网、移动互联网融合，不断提升自动化、智能化健康信息服务水平。

加强诚信体系建设。引导企业、相关从业人员增强诚信意识，自觉开展诚信服务，加强行业自律和社会监督，加快建设诚信服务制度。充分发挥行业协会、学会在业内协调、行业发展、监测研究，以及标准制订、从业人员执业行为规范、行业信誉维护等方面的作用。建立健全不良执业记录制度、失信惩戒以及强制退出机制，将健康服务机构及其从业人员诚信经营和执业情况纳入统一信用信息平台。加强统计监测工作，加快完善健康服务业统计调查方法和指标体系，健全相关信息发布制度。

三、政策措施

（一）放宽市场准入。建立公开、透明、平等、规范的健康服务业准入制度，凡是法律法规没有明令禁入的领域，都要向社会资本开放，并不断扩大开放领域；凡是对本地资本开放的领域，都要向外地资本开放。民办非营利性机构享受与同行业公办机构同等待遇。对连锁经营的服务企业实行企业总部统一办理工商注册登记手续。各地要进一步规范、公开医疗机构设立的基本标准、审批程序，严控审批时限，下放审批权限，及时发布机构设置和规划布局调整等信息，鼓励有条件的地方采取招标等方式确定举办或运行主体。简化对康复医院、老年病医院、儿童医院、护理院等紧缺型医疗机构的立项、开办、执业资格、医保定点等审批手续。研究取消不合理的前置审批事项。放宽对营利性医院的数量、规模、布局以及大型医用设备配置的限制。

（二）加强规划布局和用地保障。各级政府要在土地利用总体规划和城乡规划中统筹考虑健康服务业发展需要，扩大健康服务业用地供给，优先保障非营利性机构用地。新建居住区和社区要按相关规定在公共服务设施中保障医疗卫生、文化体育、社区服务等健康服务业相关设施的配套。支持利用以划拨方式取得的存量房产和原有土地兴办健康服务业，土地用途和使用权人可暂不变更。连续经营1年以上、符合划拨用地目录的健康服务项目可按划拨土地办理用地手续；不符合划拨用地目录的，可采取协议出让方式办理用地手续。

（三）优化投融资引导政策。鼓励金融机构按照风险可控、商业可持续原则加大对健康服务业的支持力度，创新适合健康服务业特点的金融产品和服务方式，扩大业务规模。积极支持符合条件的健康服务企业上市融资和发行债券。鼓励各类创业投资机构和融资担保机构对健康服务领域创新型新业态、小微企业开展业务。政府引导、推动设立由金融和产业资本共同筹资的健康产业投资基金。创新健康服务业利用外资方式，有效利用境外直接投资、国际组织和外国政府优惠贷款、国际商业贷款。大力引进境外专业人才、管理技术和经营模式，提高健康服务业国际合作的知识和技术水平。

（四）完善财税价格政策。建立健全政府购买社会服务机制，由政府负责保障的健康服务类公共产品可通过购买服务的方式提供，逐步增加政府采购的类别和数量。创新财政资金使用方式，引导和鼓励融资性担保机构等支持健康服务业发展。将健康服务业纳入服务业发展引导资金支持范围并加大支持力度。符合条件、提供基本医疗卫生服务的非公立医疗机构，其专科建设、设备购置、人才队伍建设纳入财政专项资金支持范围。完善政府投资补助政策，通过公办民营、民办公助等方式，支持社会资本举办非营利性健康服务机构。经认定为高新技术企业的医药企业，依法享受高新技术企业税收优惠政策。企业、个人通过公益性社会团体或者县级以上人民政府及其部门向非营利性医疗机构的捐赠，按照税法及相关税收政策的规定在税前扣除。发挥价格在促进健康服务业发展中的作用。非公立医疗机构用水、用电、用气、用热实行与公立医疗机构同价政策。各地对非营利性医疗机构建设免予征收有关行政事业性收费，对营利性医疗机构建设减半征收有关行政事业性收费。清理和取消对健康服务机构不合法、不合理的行政事业性收费项目。纠正各地自行出台的歧视性价格政策。探索建立医药价格形成新机制。非公立医疗机构医疗服务价格实行市场调节价。

（五）引导和保障健康消费可持续增长。政府进一步加大对健康服务领域的投入，并向低收入群体倾斜。完善引导参保人员利用基层医疗服务、康复医疗服务的措施。着力建立健全工伤预防、补偿、康复相结合的工伤保险制度体系。鼓励地方结合实际探索对经济困难的高龄、独居、失能老年人补贴等直接补助群众健康消费的具体形式。企业根据国家有关政策规定为其员工支付的补充医疗保险费，按税收政策规定在企业所得税税前扣除。借鉴国外经验并结合我国国情，健全完善健康保险有关税收政策。

（六）完善健康服务法规标准和监管。推动制定、修订促进健康服务业发展的相关法律、行政法规。以规范服务行为、提高服务质量和提升服务水平为核心，健全服务标准体系，强化标准的实施，提高健康服务业标准化水平。在新兴的健康服务领域，鼓励龙头企业、地方和行业协会参与制订服务标准。在暂不能实行标准化的健康服务行业，广泛推行服务承诺、服务公约、服务规范等制度。完善监督机制，创新监管方式，推行属地化管理，依法规范健康服务机构从业行为，强化服务质量监管和市场日常监管，严肃查处违法经营行为。

（七）营造良好社会氛围。充分利用广播电视、平面媒体及互联网等新兴媒体深入宣传健康知识，鼓励开办专门的健康频道或节目栏目，倡导健康的生活方式，在全社会形成重视和促进健康的社会风气。通过广泛宣传和典型报道，不断提升健康服务业从业人员的社会地位。规范药品、保健食品、医疗机构等方面广告和相关信息发布行为，严厉打击虚假宣传和不实报道，积极营造良好的健康消费氛围。

各地区、各部门要高度重视,把发展健康服务业放在重要位置,加强沟通协调,密切协作配合,形成工作合力。各有关部门要根据本意见要求,各负其责,并按职责分工抓紧制定相关配套文件,确保各项任务措施落实到位。省级人民政府要结合实际制定具体方案、规划或专项行动计划,促进本地区健康服务业有序快速发展。发展改革委要会同有关部门对落实本意见的情况进行监督检查和跟踪分析,重大情况和问题及时向国务院报告。国务院将适时组织专项督查。

国务院
2013 年 9 月 28 日

(此件有删减)

国务院关于加快发展养老服务业的若干意见

国发〔2013〕35 号

各省、自治区、直辖市人民政府,国务院各部委、各直属机构:

近年来,我国养老服务业快速发展,以居家为基础、社区为依托、机构为支撑的养老服务体系初步建立,老年消费市场初步形成,老龄事业发展取得显著成就。但总体上看,养老服务和产品供给不足、市场发育不健全、城乡区域发展不平衡等问题还十分突出。当前,我国已经进入人口老龄化快速发展阶段,2012 年底我国 60 周岁以上老年人口已达 1.94 亿,2020 年将达到 2.43 亿,2025 年将突破 3 亿。积极应对人口老龄化,加快发展养老服务业,不断满足老年人持续增长的养老服务需求,是全面建成小康社会的一项紧迫任务,有利于保障老年人权益,共享改革发展成果,有利于拉动消费、扩大就业,有利于保障和改善民生,促进社会和谐,推进经济社会持续健康发展。为加快发展养老服务业,现提出以下意见:

一、总体要求

(一)指导思想。以邓小平理论、"三个代表"重要思想、科学发展观为指导,从国情出发,把不断满足老年人日益增长的养老服务需求作为出发点和落脚点,充分发挥政府作用,通过简政放权,创新体制机制,激发社会活力,充分发挥社会力量的主体作用,健全养老服务体系,满足多样化养老服务需求,努力使养老服务业成为积极应对人口老龄化、保障和改善民生的重要举措,成为扩大内需、增加就业、促进服务业发展、推动经济转型升级的重要力量。

(二)基本原则。

深化体制改革。加快转变政府职能,减少行政干预,加大政策支持和引导力度,激发各类服务主体活力，创新服务供给方式，加强监督管理，提高服务质量和效率。

坚持保障基本。以政府为主导，发挥社会力量作用，着力保障特殊困难老年人的养老服务需求，确保人人享有基本养老服务。加大对基层和农村养老服务的投入，充分发挥社区基层组织和服务机构在居家养老服务中的重要作用。支持家庭、个人承担应尽责任。

注重统筹发展。统筹发展居家养老、机构养老和其他多种形式的养老，实行普遍性服务和个性化服务相结合。统筹城市和农村养老资源，促进基本养老服务均衡发展。统筹利用各种资源，促进养老服务与医疗、家政、保险、教育、健身、旅游等相关领域的互动发展。

完善市场机制。充分发挥市场在资源配置中的基础性作用，逐步使社会力量成为发展养老服务业的主体，营造平等参与、公平竞争的市场环境，大力发展养老服务业，提供方便可及、价格合理的各类养老服务和产品，满足养老服务多样化、多层次需求。

（三）发展目标。到2020年，全面建成以居家为基础、社区为依托、机构为支撑的，功能完善、规模适度、覆盖城乡的养老服务体系。养老服务产品更加丰富，市场机制不断完善，养老服务业持续健康发展。

——服务体系更加健全。生活照料、医疗护理、精神慰藉、紧急救援等养老服务覆盖所有居家老年人。符合标准的日间照料中心、老年人活动中心等服务设施覆盖所有城市社区，90%以上的乡镇和60%以上的农村社区建立包括养老服务在内的社区综合服务设施和站点。全国社会养老床位数达到每千名老年人35—40张，服务能力大幅增强。

——产业规模显著扩大。以老年生活照料、老年产品用品、老年健康服务、老年体育健身、老年文化娱乐、老年金融服务、老年旅游等为主的养老服务业全面发展，养老服务业增加值在服务业中的比重显著提升，全国机构养老、居家社区生活照料和护理等服务提供1 000万个以上就业岗位。涌现一批带动力强的龙头企业和大批富有创新活力的中小企业，形成一批养老服务产业集群，培育一批知名品牌。

——发展环境更加优化。养老服务业政策法规体系建立健全，行业标准科学规范，监管机制更加完善，服务质量明显提高。全社会积极应对人口老龄化意识显著增强，支持和参与养老服务的氛围更加浓厚，养老志愿服务广泛开展，敬老、养老、助老的优良传统得到进一步弘扬。

二、主要任务

（一）统筹规划发展城市养老服务设施。

加强社区服务设施建设。各地在制定城市总体规划、控制性详细规划时，必须按照人均用地不少于0.1平方米的标准，分区分级规划设置养老服务设施。凡新建城区和新建居住（小）区，要按标准要求配套建设养老服务设施，并与住宅同步规划、同步建设、同步验收、同步交付使用；凡老城区和已建成居住（小）区无养老服务设施或现有设施没有达到规划和建设指标要求的，要限期通过购置、置换、租赁等方式开辟养老服务设施，不得挪作他用。

综合发挥多种设施作用。各地要发挥社区公共服务设施的养老服务功能，加强社区养老服务设施与社区服务中心（服务站）及社区卫生、文化、体育等设施的功能衔接，提高使用率，发挥综合效益。要支持和引导各类社会主体参与社区综合服务设施建设、运营和管理，提供养老服务。各类具有为老年人服务功能的设施都要向老年人开放。

实施社区无障碍环境改造。各地区要按照无障碍设施工程建设相关标准和规范，推动和扶持老年人家庭无障碍设施的改造，加快推进坡道、电梯等与老年人日常生活密切相关的公共设施改造。

（二）大力发展居家养老服务网络。

发展居家养老便捷服务。地方政府要支持建立以企业和机构为主体、社区为纽带、满足老年人各种服务需求的居家养老服务网络。要通过制定扶持政策措施，积极培育居家养老服务企业和机构，上门为居家老年人提供助餐、助浴、助洁、助急、助医等定制服务；大力发展家政服务，为居家老年人提供规范化、个性化服务。要支持社区建立健全居家养老服务网点，引入社会组织和家政、物业等企业，兴办或运营老年供餐、社区日间照料、老年活动中心等形式多样的养老服务项目。

发展老年人文体娱乐服务。地方政府要支持社区利用社区公共服务设施和社会场所组织开展适合老年人的群众性文化体育娱乐活动，并发挥群众组织和个人积极性。鼓励专业养老机构利用自身资源优势，培训和指导社区养老服务组织和人员。

发展居家网络信息服务。地方政府要支持企业和机构运用互联网、物联网等技术手段创新居家养老服务模式，发展老年电子商务，建设居家服务网络平台，提供紧急呼叫、家政预约、健康咨询、物品代购、服务缴费等适合老年人的服务项目。

（三）大力加强养老机构建设。

支持社会力量举办养老机构。各地要根据城乡规划布局要求，统筹考虑建设各类养老机构。在资本金、场地、人员等方面，进一步降低社会力量举办养老机构的门槛，简化手续、规范程序、公开信息，行政许可和登记机关要核定其经营和活动范围，为社会力量举办养老机构提供便捷服务。鼓励境外资本投资养老服务业。鼓励个人举办家庭化、小型化的养老机构，社会力量举办规模化、连锁化的养老机构。鼓励民间资本对企业厂房、商业设施及其他可利用的社会资源进行整合和改造，用于养老服务。

办好公办保障性养老机构。各地公办养老机构要充分发挥托底作用，重点为"三无"（无劳动能力，无生活来源，无赡养人和扶养人、或者其赡养人和扶养人确无赡养和扶养能力）老人、低收入老人、经济困难的失能半失能老人提供无偿或低收费的供养、护理服务。政府举办的养老机构要实用适用，避免铺张豪华。

开展公办养老机构改制试点。有条件的地方可以积极稳妥地把专门面向社会提供经营性服务的公办养老机构转制成为企业，完善法人治理结构。政府投资兴办的养老床位应逐步通过公建民营等方式管理运营，积极鼓励民间资本通过委托管理等方式，运营公有产权的养老服务设施。要开展服务项目和设施安全标准化建设，不断提高服务水平。

（四）切实加强农村养老服务。

健全服务网络。要完善农村养老服务托底的措施，将所有农村"三无"老人全部纳入五保供养范围，适时提高五保供养标准，健全农村五保供养机构功能，使农村五保老人老有所养。在满足农村五保对象集中供养需求的前提下，支持乡镇五保供养机构改善设施条件并向社会开放，提高运营效益，增强护理功能，使之成为区域性养老服务中心。依托行政村、较大自然村，充分利用农家大院等，建设日间照料中心、托老所、老年活动站等互助性养老服务设施。农村党建活动室、卫生室、农家书屋、学校等要支持农村养老服务工作，组织与老年人相关的活动。充分发挥村民自治功能和老年协会作用,督促家庭成员承担赡养责任,组织开展邻里互助、志愿服务,解决周围老年人实际生活困难。

拓宽资金渠道。各地要进一步落实《中华人民共和国老年人权益保障法》有关农村可以将未承包的集体所有的部分土地、山林、水面、滩涂等作为养老基地,收益供老年人养老的要求。鼓励城市资金、资产和资源投向农村养老服务。各级政府用于养老服务的财政性资金应重点向农村倾斜。

建立协作机制。城市公办养老机构要与农村五保供养机构等建立长期稳定的对口支援和合作机制,采取人员培训、技术指导、设备支援等方式,帮助其提高服务能力。建立跨地区养老服务协作机制,鼓励发达地区支援欠发达地区。

(五)繁荣养老服务消费市场。

拓展养老服务内容。各地要积极发展养老服务业,引导养老服务企业和机构优先满足老年人基本服务需求,鼓励和引导相关行业积极拓展适合老年人特点的文化娱乐、体育健身、休闲旅游、健康服务、精神慰藉、法律服务等服务,加强残障老年人专业化服务。

开发老年产品用品。相关部门要围绕适合老年人的衣、食、住、行、医、文化娱乐等需要,支持企业积极开发安全有效的康复辅具、食品药品、服装服饰等老年用品用具和服务产品,引导商场、超市、批发市场设立老年用品专区专柜;开发老年住宅、老年公寓等老年生活设施,提高老年人生活质量。引导和规范商业银行、保险公司、证券公司等金融机构开发适合老年人的理财、信贷、保险等产品。

培育养老产业集群。各地和相关行业部门要加强规划引导,在制定相关产业发展规划中,要鼓励发展养老服务中小企业,扶持发展龙头企业,实施品牌战略,提高创新能力,形成一批产业链长、覆盖领域广、经济社会效益显著的产业集群。健全市场规范和行业标准,确保养老服务和产品质量,营造安全、便利、诚信的消费环境。

(六)积极推进医疗卫生与养老服务相结合。

推动医养融合发展。各地要促进医疗卫生资源进入养老机构、社区和居民家庭。卫生管理部门要支持有条件的养老机构设置医疗机构。医疗机构要积极支持和发展养老服务,有条件的二级以上综合医院应当开设老年病科,增加老年病床数量,做好老年慢病防治和康复护理。要探索医疗机构与养老机构合作新模式,医疗机构、社区卫生服务机构应当为老年人建立健康档案,建立社区医院与老年人家庭医疗契约服务关系,开展上门诊视、健康查体、保健咨询等服务,加快推进面向养老机构的远程医疗服务试点。医疗机构应当为老年人就医提供优先优惠服务。

健全医疗保险机制。对于养老机构内设的医疗机构,符合城镇职工(居民)基本医疗保险和新型农村合作医疗定点条件的,可申请纳入定点范围,入住的参保老年人按规定享受相应待遇。完善医保报销制度,切实解决老年人异地就医结算问题。鼓励老年人投保健康保险、长期护理保险、意外伤害保险等人身保险产品,鼓励和引导商业保险公司开展相关业务。

三、政策措施

(一)完善投融资政策。要通过完善扶持政策,吸引更多民间资本,培育和扶持养老服务机构和企业发展。各级政府要加大投入，安排财政性资金支持养老服务体系建设。金融机构要加快金融产品和服务方式创新，拓宽信贷抵押担保物范围，积极支持养老服务业的信贷需求。积极利用财政贴息、小额贷款等方式，加大对养老服务业的有效信贷投入。加强养老服务机构信用体系建设，增强对信贷资金和民间资本的吸引力。逐步放宽限制，鼓励和支持保险资金投资养老服务领域。开展老年人住房反向抵押养老保险试点。鼓励养老机构投保责任保险，保险公司承保责任保险。地方政府发行债券应统筹考虑养老服务需求，积极支持养老服务设施建设及无障碍改造。

（二）完善土地供应政策。各地要将各类养老服务设施建设用地纳入城镇土地利用总体规划和年度用地计划，合理安排用地需求，可将闲置的公益性用地调整为养老服务用地。民间资本举办的非营利性养老机构与政府举办的养老机构享有相同的土地使用政策，可以依法使用国有划拨土地或者农民集体所有的土地。对营利性养老机构建设用地，按照国家对经营性用地依法办理有偿用地手续的规定，优先保障供应，并制定支持发展养老服务业的土地政策。严禁养老设施建设用地改变用途、容积率等土地使用条件搞房地产开发。

（三）完善税费优惠政策。落实好国家现行支持养老服务业的税收优惠政策，对养老机构提供的养护服务免征营业税，对非营利性养老机构自用房产、土地免征房产税、城镇土地使用税，对符合条件的非营利性养老机构按规定免征企业所得税。对企事业单位、社会团体和个人向非营利性养老机构的捐赠，符合相关规定的，准予在计算其应纳税所得额时按税法规定比例扣除。各地对非营利性养老机构建设要免征有关行政事业性收费，对营利性养老机构建设要减半征收有关行政事业性收费，对养老机构提供养老服务也要适当减免行政事业性收费，养老机构用电、用水、用气、用热按居民生活类价格执行。境内外资本举办养老机构享有同等的税收等优惠政策。制定和完善支持民间资本投资养老服务业的税收优惠政策。

（四）完善补贴支持政策。各地要加快建立养老服务评估机制，建立健全经济困难的高龄、失能等老年人补贴制度。可根据养老服务的实际需要，推进民办公助，选择通过补助投资、贷款贴息、运营补贴、购买服务等方式，支持社会力量举办养老服务机构，开展养老服务。民政部本级彩票公益金和地方各级政府用于社会福利事业的彩票公益金，要将50%以上的资金用于支持发展养老服务业，并随老年人口的增加逐步提高投入比例。国家根据经济社会发展水平和职工平均工资增长、物价上涨等情况，进一步完善落实基本养老、基本医疗、最低生活保障等政策，适时提高养老保障水平。要制定政府向社会力量购买养老服务的政策措施。

（五）完善人才培养和就业政策。教育、人力资源社会保障、民政部门要支持高等院校和中等职业学校增设养老服务相关专业和课程，扩大人才培养规模，加快培养老年医学、康复、护理、营养、心理和社会工作等方面的专门人才，制定优惠政策，鼓励大专院校对口专业毕业生从事养老服务工作。充分发挥开放大学作用，开展继续教育和远程学历教育。依托院校和养老机构建立养老服务实训基地。加强老年护理人员专业培训，对符合条件的参加养老护理职业培训和职业技能鉴定的从业人员按规定给予相关补贴，在养老机构和社区开发公益性岗位，吸纳农村转移劳动力、城镇就业困难人员等从事养老服务。养老机构应当积极改善养老护理员工作条件，加强劳动保护和职业防护，依法缴纳养老保险费等社会保险费，提高职工工资福利待遇。养老机构应当科学设置专业技术岗位，重点培养和引进医生、护士、康复医师、康复治疗师、社会工作者等具有执业或职业资格的专业技术人员。对在养老机构就业的专业技术人员，执行与医疗机构、福利机构相同的执业资格、注册考核政策。

（六）鼓励公益慈善组织支持养老服务。引导公益慈善组织重点参与养老机构建设、养老产品开发、养老服务提供，使公益慈善组织成为发展养老服务业的重要力量。积极培育发展为老服务公益慈善组织。积极扶持发展各类为老服务志愿组织，开展志愿服务活动。倡导机关干部和企事业单位职工、大中小学学生参加养老服务志愿活动。支持老年群众组织开展自我管理、自我服务和服务社会活动。探索建立健康老人参与志愿互助服务的工作机制，建立为老志愿服务登记制度。弘扬敬老、养老、助老的优良传统，支持社会服务窗口行业开展"敬老文明号"创建活动。

四、组织领导

（一）健全工作机制。各地要将发展养老服务业纳入国民经济和社会发展规划，纳入政府重要议事日程，进一步强化工作协调机制，定期分析养老服务业发展情况和存在问题，研究推进养老服务业加快发展的各项政策措施，认真落实养老服务业发展的相关任务要求。民政部门要切实履行监督管理、行业规范、业务指导职责，推动公办养老机构改革发展。发展改革部门要将养老服务业发展纳入经济社会发展规划、专项规划和区域规划，支持养老服务设施建设。财政部门要在现有资金渠道内对养老服务业发展给予财力保障。老龄工作机构要发挥综合协调作用，加强督促指导工作。教育、公安消防、卫生计生、国土、住房城乡建设、人力资源社会保障、商务、税务、金融、质检、工商、食品药品监管等部门要各司其职，及时解决工作中遇到的问题，形成齐抓共管、整体推进的工作格局。

（二）开展综合改革试点。国家选择有特点和代表性的区域进行养老服务业综合改革试点，在财政、金融、用地、税费、人才、技术及服务模式等方面进行探索创新，先行先试，完善体制机制和政策措施，为全国养老服务业发展提供经验。

（三）强化行业监管。民政部门要健全养老服务的准入、退出、监管制度，指导养老机构完善管理规范、改善服务质量，及时查处侵害老年人人身财产权益的违法行为和安全生产责任事故。价格主管部门要探索建立科学合理的养老服务定价机制，依法确定适用政府定价和政府指导价的范围。有关部门要建立完善养老服务业统计制度。其他各有关部门要依照职责分工对养老服务业实施监督管理。要积极培育和发展养老服务行业协会，发挥行业自律作用。

（四）加强督促检查。各地要加强工作绩效考核，确保责任到位、任务落实。省级人民政府要根据本意见要求，结合实际抓紧制定实施意见。国务院相关部门要根据本部门职责，制定具体政策措施。民政部、发展改革委、财政部等部门要抓紧研究提出促进民间资本参与养老服务业的具体措施和意见。发展改革委、民政部和老龄工作机构要加强对本意见执行情况的监督检查，及时向国务院报告。国务院将适时组织专项督查。

国务院
2013年9月6日

（此件有删减）

关于修改《中华人民共和国国际海运条例实施细则》的决定

中华人民共和国交通运输部令 2013 年第 9 号

《关于修改〈中华人民共和国国际海运条例实施细则〉的决定》已于 2013 年 8 月 22 日经第 10 次部务会议通过，现予公布，自公布之日起施行。

部长　杨传堂
2013 年 8 月 29 日

交通运输部决定对《中华人民共和国国际海运条例实施细则》作如下修改：

一、将第七条修改为："在中国境内设立企业经营国际船舶代理业务，或者中国企业法人经营国际船舶代理业务，应当有固定的营业场所和必要的营业设施，其高级业务管理人员中至少应当有 2 人具有 3 年以上从事国际海上运输经营活动的经历。

从事国际船舶代理业务的企业，应当在开业后 30 日内持营业场所证明文件和有关人员资历证明文件向交通运输部备案。

从事国际船舶代理业务的企业变更企业信息或者不再从事国际船舶代理经营活动的，应当在信息变更或者停止经营活动的 15 日内，向交通运输部备案"。

二、将第九条修改为："国际船舶管理经营者在中国境内的分支机构经营相关业务的，应当符合《海运条例》第九条的规定，并按照《海运条例》第十条和本实施细则第八条的规定进行登记。登记申请材料应当包括：

（一）申请书；

（二）可行性分析报告；

（三）母公司的商业登记文件；

（四）母公司的《国际海运辅助业经营资格登记证》副本；

（五）母公司确定该分支机构经营范围确认文件；

（六）营业场所的证明文件；

（七）《海运条例》第九条规定的人员的从业资历或者资格的证明文件"。

三、删去第二十一条第一款中的"国际船舶代理经营者"。

四、将第三十条修改为："国际班轮运输经营者委托代理人接受订舱、代签提单、代收运费等项业务的，委托的代理人应当是依法成立的国际船舶代理经营者"。

五、删去第三十三条。

六、将第四十二条改为第四十一条，并修改为："设立外商投资企业经营国际船舶代理业务，应当通过拟设立企业所在地的省、自治区、直辖市人民政府交通运输主管部门向交通运输部提交符合本实施细则第七条第一款规定条件的申请材料。有关省、自治区、直辖市人民政府交通运输主管部门收到完整齐备的上述材料后,应当于10个工作日内将有关材料及意见转报交通运输部。

交通运输部应当自收到转报的上述材料和意见之日起30个工作日内,按照本实施细则第七条第一款的规定进行审核,作出批准或者不予批准的决定。决定批准的,发给批准文件;不予批准的,应当书面通知申请人并告知理由。

获得批准的申请人应当持交通运输部批准文件,按照国家有关外商投资企业的法律、法规的要求到有关部门办理相应的设立外商投资企业的审批手续。取得相应的批准文件后,到交通运输部领取《国际船舶代理经营资格登记证书》"。

七、删去第四十八条、第四十九条、第五十条、第五十一条。

八、将第六十三条改为第五十八条,并修改为:"班轮公会协议、运营协议和运价协议、国际船舶代理经营者未按规定向交通运输部备案的,由交通运输部依照《海运条例》第四十五条的规定,对本实施细则第七条、第三十二条规定的备案人实施处罚。班轮公会不按规定报备的,可对其公会成员予以处罚"。

此外,对条文的顺序和部分文字作相应的调整和修改。

本决定自公布之日起施行。

《中华人民共和国国际海运条例实施细则》根据本决定作相应修改,重新发布。

中华人民共和国国际海运条例实施细则(2013修正)

第一章 总 则

第一条 根据《中华人民共和国国际海运条例》(以下简称《海运条例》)的规定,制定本实施细则。

第二条 交通运输部和有关地方人民政府交通运输主管部门应当依照《海运条例》和本实施细则的规定,按照公平、高效、便利的原则,管理国际海上运输经营活动和与国际海上运输相关的辅助性经营活动,鼓励公平竞争,禁止不正当竞争。

第三条 《海运条例》和本实施细则中下列用语的含义是:

(一)国际船舶运输业务,是指国际船舶运输经营者使用自有或者经营的船舶、舱位,提供国际海上货物运输和旅客运输服务以及为完成这些服务而围绕其船舶、所载旅客或者货物开展的相关活动,包括签订有关协议、接受定舱、商定和收取运费、签发提单及其他相关运输单证、安排货物装卸、安排保管、进行货物交接、安排中转运输和船舶进出港等活动。

(二)国际船舶运输经营者,包括中国国际船舶运输经营者和外国国际船舶运输经营者。其中,中国国际船舶运输经营者是指依据《海运条例》和本实施细则规定取得《国际船舶运输经营许可证》经营国际船舶运输业务的中国企业法人;外国国际船舶运输经营者是指依据外国法律设立经营进出中国港口国际船舶运输业务的外国企业。

（三）国际班轮运输业务，是指以自有或者经营的船舶，或者以《海运条例》第十四条第三款规定的方式，在固定的港口之间提供的定期国际海上货物或旅客运输。

（四）无船承运业务，是指《海运条例》第七条第二款规定的业务，包括为完成该项业务围绕其所承运的货物开展的下列活动：

（1）以承运人身份与托运人订立国际货物运输合同；

（2）以承运人身份接收货物、交付货物；

（3）签发提单或者其他运输单证；

（4）收取运费及其他服务报酬；

（5）向国际船舶运输经营者或者其他运输方式经营者为所承运的货物订舱和办理托运；

（6）支付港到港运费或者其他运输费用；

（7）集装箱拆箱、集拼箱业务；

（8）其他相关的业务。

（五）无船承运业务经营者，包括中国无船承运业务经营者和外国无船承运业务经营者。其中中国无船承运业务经营者是指依照《海运条例》和本实施细则规定取得无船承运业务经营资格的中国企业法人；外国无船承运业务经营者是指依照外国法律设立并依照《海运条例》和本实施细则的相关规定取得经营进出中国港口货物无船承运业务资格的外国企业。

（六）国际船舶代理经营者，是指依照中国法律设立从事《海运条例》第二十六条规定业务的中国企业法人。

（七）国际船舶管理经营者，是指依照中国法律设立从事《海运条例》第二十七条规定业务的中国企业法人。

（八）国际海运货物仓储业务经营者，是指依照中国法律设立，提供海运货物仓库保管、存货管理以及货物整理、分装、包装、分拨等服务的中国企业法人。

（九）国际海运集装箱站与堆场业务经营者，是指依照中国法律设立，提供海运货物集装箱的堆存、保管、清洗、修理以及集装箱货物的存储、集拼、分拨等服务的中国企业法人。

（十）外商投资企业，是指依照中国法律投资设立的中外合资经营企业、中外合作经营企业和外商独资企业。

（十一）外商常驻代表机构，是指外国企业或者其他经济组织在中国境内依法设立的，为其派出机构开展宣传、推介、咨询和联络活动的非营业性机构。

（十二）企业商业登记文件，是指企业登记机关或者企业所在国有关当局签发的企业营业执照或者企业设立的证明文件。企业商业登记文件为复印件的，须有企业登记机关在复印件上的确认或者证明复印件与原件一致的公证文书。

（十三）专用发票，是指由国家税务总局批准统一印制的票据，它是证明付款人向国际船舶运输经营者或者其代理人、无船承运业务经营者或者其代理人支付运费或者其他相关费用的凭证，包括《国际海运业运输专用发票》和《国际海运业船舶代理专用发票》。

（十四）班轮公会协议，是指符合联合国《1974年班轮公会行动守则公约》定义的，由班轮公会成员之间以及班轮公会之间订立的各类协议。

（十五）运营协议，是指两个或者两个以上国际班轮运输经营者为稳定或者控制运价订立的关于在一条或者数条航线上增加或者减少船舶运力协议，以及其他协调国际班轮运输经营者共同行动的协议，包括具有上述性质内容的会议纪要；两个或者两个以上国际班轮运输经营者为提高运营效率订立的关于共同使用船舶、共同使用港口设施及其他合作经营协议和各类联盟协议、联营体协议。

（十六）运价协议，是指两个或者两个以上国际班轮运输经营者之间订立的关于收费项目及其费率、运价或者附加费等内容的协议，包括具有上述内容的会议纪要。

（十七）公布运价，是指国际班轮运输经营者和无船承运业务经营者运价本上载明的运价。运价本由运价、运价规则、承运人和托运人应当遵守的规定等内容组成。

（十八）协议运价，指国际班轮运输经营者与货主、无船承运业务经营者约定的运价，包括运价及其相关要素。协议运价以合同或者协议形式书面订立。

（十九）从业资历证明文件，是指被证明人具有 3 年以上从事国际海上运输或者国际海上运输辅助性经营活动经历的个人履历表。个人履历表须经公证机关公证。

第二章　国际海上运输及其辅助性业务的经营者

第四条　在中国境内设立企业经营国际船舶运输业务，或者中国企业法人申请经营国际船舶运输业务，应当符合《海运条例》第五条规定的条件，考虑交通运输部公布的国际海运市场竞争状况和国家关于国际海上运输业发展的政策。

交通运输部应当在其政府网站和其他适当媒体上及时公布国际海运市场竞争状况和国家关于国际海上运输业发展的政策。上述状况和政策未经公布，不得作为拒绝申请的理由。

第五条　在中国境内设立企业经营国际船舶运输业务，或者中国企业法人申请经营国际船舶运输业务，申请人应当向交通运输部提出申请，报送相关材料，并应同时将申请材料抄报企业所在地的省、自治区、直辖市人民政府交通运输主管部门。申请材料应当包括：

（一）申请书；

（二）可行性分析报告、投资协议；

（三）申请人的企业商业登记文件（拟设立企业的，主要投资人的商业登记文件或者身份证明）；

（四）船舶所有权证书、国籍证书和法定检验证书的副本或者复印件；

（五）提单、客票或者多式联运单证样本；

（六）符合交通运输部规定的高级业务管理人员的从业资格证明。

有关省、自治区、直辖市人民政府交通运输主管部门自收到上述抄报材料后，应当就有关材料进行审核，提出意见，并应当自收到有关材料之日起 10 个工作日内将有关意见报送交通运输部。

交通运输部收到申请人的申请材料后，应当在申请材料完整齐备之日起 30 个工作日内按照《海运条例》第五条和第六条的规定进行审核，作出许可或者不许可的决定。决定许可的，向申请人颁发《国际船舶运输经营许可证》；决定不许可的，应当书面通知申请人并告知理由。

第六条 中国国际船舶运输经营者在中国境内设立分支机构的，适用本实施细则第五条规定的程序。申请材料应当包括：

（一）申请书；

（二）可行性分析报告；

（三）母公司的商业登记文件；

（四）母公司的《国际船舶运输经营许可证》副本；

（五）母公司对该分支机构经营范围的确认文件；

（六）符合交通运输部要求的高级业务管理人员的从业资格证明。

中国国际船舶运输经营者的分支机构可为其母公司所有或者经营的船舶提供办理船舶进出港口手续、安排港口作业、接受订舱、签发提单、收取运费等服务。

第七条 在中国境内设立企业经营国际船舶代理业务，或者中国企业法人经营国际船舶代理业务，应当有固定的营业场所和必要的营业设施，其高级业务管理人员中至少应当有2人具有3年以上从事国际海上运输经营活动的经历。

从事国际船舶代理业务的企业，应当在开业后30日内持营业场所证明文件和有关人员资历证明文件向交通运输部备案。

从事国际船舶代理业务的企业变更企业信息或者不再从事国际船舶代理经营活动的，应当在信息变更或者停止经营活动的15日内，向交通运输部备案。

第八条 中国企业法人申请经营国际船舶管理业务或者在中国境内设立企业经营国际船舶管理业务，应当向拟经营业务所在地的省、自治区、直辖市人民政府交通运输主管部门提出申请，申请材料应当包括：

（一）申请书；

（二）可行性分析报告、投资协议；

（三）申请人的商业登记文件（拟设立企业的，主要投资人的商业登记文件或者身份证明）；

（四）固定营业场所的证明文件；

（五）《海运条例》第九条第（一）项规定的高级业务管理人员的从业资历证明文件；

（六）《海运条例》第九条第（二）项规定的人员的船长、轮机长适任证书复印件。

有关省、自治区、直辖市人民政府交通运输主管部门收到申请人的申请材料后，应当在申请材料完整齐备之日起15个工作日内进行审核。材料真实且符合《海运条例》第九条规定条件的，予以资格登记，并颁发《国际海运辅助业经营资格登记证》；材料不真实或者不符合《海运条例》第九条规定条件的，不予登记，书面通知申请人并告知理由。申请人持《国际海运辅助业经营资格登记证》向企业登记机关办理企业登记，向税务部门和外汇管理部门指定的银行办理相关手续。

第九条 国际船舶管理经营者在中国境内的分支机构经营相关业务的，应当符合《海运条例》第九条的规定，并按照《海运条例》第十条和本实施细则第八条的规定进行登记。登记申请材料应当包括：

（一）申请书；

（二）可行性分析报告；

（三）母公司的商业登记文件；
（四）母公司的《国际海运辅助业经营资格登记证》副本；
（五）母公司确定该分支机构经营范围确认文件；
（六）营业场所的证明文件；
（七）《海运条例》第九条规定的人员的从业资历或者资格的证明文件。

第十条 国际船舶运输经营者申请经营进出中国港口国际班轮运输业务，应当向交通运输部提出申请，并报送《海运条例》第十五条规定的材料。交通运输部应当按照《海运条例》第十五条的规定进行审核。予以登记的，颁发《国际班轮运输经营资格登记证》。申请材料不真实、不齐备的，不予登记，应当书面通知申请人并告知理由。

国际船舶运输经营者依法取得经营进出中国港口国际班轮运输业务资格后，交通运输部在其政府网站公布国际班轮运输经营者名称及其提单格式样本。

第十一条 申请办理无船承运业务经营者提单登记的，应当向交通运输部提出提单登记申请，报送相关材料，并应当同时将申请材料抄报企业所在地或者外国无船承运业务经营者指定的联络机构所在地的省、自治区、直辖市人民政府交通运输主管部门。申请材料应当包括：

（一）申请书；
（二）可行性分析报告；
（三）企业商业登记文件；
（四）提单格式样本；
（五）保证金已交存的银行凭证复印件。

申请人为外国无船承运业务经营者的，还应当提交本实施细则第二十五条规定的其指定的联络机构的有关材料。

有关省、自治区、直辖市人民政府交通运输主管部门自收到上述抄报材料后，应当就有关材料进行审核，提出意见，并应当自收到抄报的申请材料之日起7个工作日内将有关意见报送交通运输部。

交通运输部收到申请人的材料后，应当在申请材料完整齐备之日起15个工作日内按照《海运条例》第七条和第八条的规定进行审核。审核合格的，予以提单登记，并颁发《无船承运业务经营资格登记证》；不合格的，应当书面通知当事人并告知理由。

中国的申请人取得《无船承运业务经营资格登记证》，并向原企业登记机关办理企业相应登记手续后，方可从事无船承运业务经营活动。

第十二条 外国无船承运业务经营者按照外国法律已取得经营资格且有合法财务责任保证的，在按照《海运条例》和本实施细则申请从事进出中国港口无船承运业务时，可以不向中国境内的银行交存保证金。但为了保证外国无船承运业务经营者清偿因其不履行承运人义务或者履行义务不当所产生的债务以及支付罚款，满足《海运条例》第八条第三款的规定，该外国无船承运业务经营者的政府主管部门与中国政府交通运输主管部门应就财务责任保证实现方式签订协议。

第十三条 没有在中国港口开展国际班轮运输业务，但在中国境内承揽货物、签发提单或者其他运输单证、收取运费，通过租赁国际班轮运输经营者船舶舱位提供进出中国港口国际货物运输服务；或者利用国际班轮运输经营者提供的支线服务，在中国港口承揽货物后运抵外国港口中转的，应当按照本实施细则的有关规定，取得无船承运业务经营资格。但有《海运条例》第十四条第三款规定情形的除外。

第十四条 中国的无船承运业务经营者在中国境内的分支机构，应当按照《海运条例》第八条第二款的规定交纳保证金，并按照本实施细则第十一条的规定进行登记，取得《无船承运业务经营资格登记证》。申请登记应当提交下列材料：

（一）申请书；

（二）母公司的企业商业登记文件；

（三）母公司的《无船承运业务经营资格登记证》副本；

（四）母公司确认该分支机构经营范围的确认文件；

（五）保证金已交存的银行凭证复印件。

第十五条 无船承运业务经营者申请提单登记时，提单台头名称应当与申请人名称相一致。

提单台头名称与申请人名称不一致的，申请人应当提供说明该提单确实为申请人制作、使用的相关材料，并附送申请人对申请登记提单承担承运人责任的书面申明。

第十六条 无船承运业务经营者使用两种或者两种以上提单的，各种提单均应登记。

国际班轮运输经营者和无船承运业务经营者的登记提单发生变更的，应当于新的提单使用之日起 15 日前将新的提单样本格式向交通运输部备案。

第十七条 无船承运业务经营申请者交纳保证金并办理提单登记，依法取得无船承运业务经营资格后，交通运输部在其政府网站公布无船承运业务经营者名称及其提单格式样本。

第十八条 无船承运业务经营者应当依法在交通运输部指定的商业银行开设的无船承运业务经营者专门账户上交存保证金，保证金利息按照中国人民银行公布的活期存款利率计息。

第十九条 无船承运业务经营者交存的保证金，受国家法律保护。除下列情形外，保证金不得动用：

（一）因无船承运业务经营者不履行承运人义务或者履行义务不当，根据司法机关已生效的判决或者司法机关裁定执行的仲裁机构裁决应当承担赔偿责任的；

（二）被交通运输主管部门依法处以罚款的。

有前款（一）、（二）项情形需要从保证金中划拨的，应当依法进行。

无船承运业务经营者的保证金不符合《海运条例》规定数额的，交通运输部应当书面通知其补足。无船承运业务经营者自收到交通运输部书面通知之日起 30 日内未补足的，交通运输部应当按照《海运条例》第十三条的规定取消其经营资格。

第二十条 无船承运业务经营者被交通运输部依法取消经营资格、申请终止经营或者因其他原因终止经营的，可向交通运输部申请退还保证金。交通运输部应将该申请事项在其政府网站上公示 30 日。

在公示期内，有关当事人认为无船承运业务经营者有本实施细则第十九条第一款第（一）项情形需要对其保证金采取保全措施的，应当在上述期限内取得司法机关的财产保全裁定。自保证金被保全之日起，交通运输部依照《海运条例》对保证金账户的监督程序结束。有关纠纷由当事双方通过司法程序解决。

公示期届满未有前款规定情形的，交通运输部应当通知保证金开户银行退还无船承运业务经营者保证金及其利息，并收缴该无船承运业务经营者的《无船承运业务经营资格登记证》。

第二十一条 中国国际船舶运输经营者、中国无船承运业务经营者、国际船舶管理经营者有下列变更情形之一的，应当向原资格许可、登记机关备案：

（一）变更企业名称；

（二）企业迁移；

（三）变更出资人；

（四）歇业、终止经营。

变更企业名称的，由原资格许可、登记机关换发相关经营许可证或者经营资格登记证；企业终止经营的，应当将有关许可、登记证书交回原许可、登记机关。

第二十二条 除《海运条例》和本实施细则第四章规定的外商投资企业外，经营国际海运货物仓储、国际海运集装箱站与堆场业务的经营者应当自开始从事上述经营活动之日起30日内将有关情况向企业所在地的省、自治区、直辖市人民政府交通运输主管部门报备。

第三章　国际海上运输及其辅助性业务经营活动

第二十三条 国际班轮运输经营者新开或者停开国际班轮运输航线，或者变更国际班轮运输船舶、班期的，应当按照《海运条例》第十七条的规定在交通运输部指定媒体上公告，并按规定报备。

第二十四条 中国国际船舶运输经营者增加运营船舶，包括以光船租赁方式租用船舶增加运营船舶的，应当于投入运营前15日向交通运输部备案，取得备案证明文件。备案材料应当载明公司名称、注册地、船名、船舶国籍、船舶类型、船舶吨位、拟运营航线。

交通运输部收到备案材料后，应当在3个工作日内出具备案证明文件。

第二十五条 在中国港口开展国际班轮运输业务的外国国际船舶运输经营者，以及在中国委托代理人提供进出中国港口国际货物运输服务的外国无船承运业务经营者，应当在中国境内委托一个联络机构，负责代表该外国企业与中国政府有关部门就《海运条例》和本实施细则规定的有关管理及法律事宜进行联络。联络机构可以是该外国企业在中国境内设立的外商投资企业或者常驻代表机构，也可以是其他中国企业法人或者在中国境内有固定住所的其他经济组织。委托的联络机构应当向交通运输部备案，并提交下列文件：

（一）联络机构说明书，载明联络机构名称、住所、联系方式及联系人；

（二）委托书副本或者复印件；

（三）委托人与联络机构的协议副本；

（四）联络机构的工商登记文件复印件。

联络机构为该外国企业在中国境内的外商投资企业或者常驻代表机构的，不须提供本条第一款第（二）项、第（三）项文件。

联络机构或者联络机构说明书所载明的事项发生改变的,应当自发生改变之日起15日内向交通运输部备案。

第二十六条 任何单位和个人不得擅自使用国际班轮运输经营者和无船承运业务经营者已经登记的提单。

第二十七条 无船承运业务经营者需要委托代理人签发提单或者相关单证的,应当委托依法取得经营资格的国际船舶运输经营者、无船承运业务经营者和国际海运辅助业务经营者代理上述事项。

前款规定的经营者不得接受未办理提单登记并交存保证金的无船承运业务经营者的委托,为其代理签发提单。

第二十八条 国际班轮运输经营者与货主和无船承运业务经营者协议运价的,应当采用书面形式。协议运价号应当在提单或者相关单证上显示。

第二十九条 国际船舶运输经营者不得接受未办理提单登记并交纳保证金的无船承运业务经营者提供的货物或者集装箱。

第三十条 国际班轮运输经营者委托代理人接受订舱、代签提单、代收运费等项业务的,委托的代理人应当是依法成立的国际船舶代理经营者。

第三十一条 国际班轮运输经营者和无船承运业务经营者应当将其在中国境内的船舶代理人、签发提单代理人在交通运输部指定的媒体上公布。公布事项包括代理人名称、注册地、住所、联系方式。代理人发生变动的,应当于有关代理协议生效前7日内公布上述事项。

国际班轮运输经营者、无船承运业务经营者应当及时将公布代理事项的媒体名称向交通运输部备案。

第三十二条 国际船舶运输经营者之间订立的涉及中国港口的班轮公会协议、运营协议、运价协议等,应当自协议订立之日起15日内,按下列规定向交通运输部备案:

(一)班轮公会协议,由班轮公会代表其所有经营进出中国港口海上运输的成员备案。班轮公会备案时,应当同时提供该公会的成员名单。

(二)国际船舶运输经营者之间订立的运营协议、运价协议,由参加订立协议的国际船舶运输经营者分别备案。

第三十三条 下列经营者在中国境内收取运费、代为收取运费以及其他相关费用,应当向付款人出具专用发票:

(一)中国国际船舶运输经营者及其分支机构;

(二)中国无船承运业务经营者及其分支机构;

(三)国际船舶代理经营者及其分支机构;

(四)《海运条例》第三十条规定的企业。

前款所列经营者应当向公司所在地的省、自治区、直辖市人民政府交通运输主管部门办理专用发票使用证明后,向公司所在地的税务机关申请领取专用发票。国家税务总局另有规定的,从其规定。

第三十四条 国际船舶管理经营者应当根据合同的约定和国家有关规定,履行有关船舶安全和防止污染的义务。

第三十五条　经营进出中国港口国际班轮运输业务的国际班轮运输经营者，应当填报《中华人民共和国海上国际运输业信息表（航运公司基本情况）》《中华人民共和国海上国际运输业信息表（航运公司集装箱出口重箱运量）》和《中华人民共和国海上国际运输业信息表（航运公司集装箱进口重箱运量）》，于当年3月31日前报送交通运输部。

外国国际船舶运输经营者的上述材料由其委托的联络机构报送。

第三十六条　中国国际船舶运输经营者、国际船舶代理经营者以及国际集装箱运输港口经营人，应当分别填报《中华人民共和国海上国际运输业信息表（航运公司基本情况）》《中华人民共和国海上国际运输业信息表（国际船舶代理）》和《中华人民共和国海上国际运输业信息表（港口集装箱吞吐量）》，于当年3月15日前报送公司所在地省、自治区、直辖市人民政府交通运输主管部门。

各有关省、自治区、直辖市人民政府交通运输主管部门应当将上述信息表及其汇总信息于当年3月31日前报送交通运输部。

第三十七条　国际船舶代理经营者、国际船舶管理经营者、国际海运货物仓储业务经营者以及国际集装箱站与堆场业务经营者，不得有下列行为：

（一）以非正常、合理的收费水平提供服务，妨碍公平竞争；

（二）在会计账簿之外暗中给予客户回扣，以承揽业务；

（三）滥用优势地位，限制交易当事人自主选择国际海运辅助业务经营者，或者以其相关产业的垄断地位诱导交易当事人，排斥同业竞争；

（四）其他不正当竞争行为。

第三十八条　外国国际船舶运输经营者以及外国国际海运辅助企业的常驻代表机构不得从事经营活动，包括不得：

（一）代表其境外母公司接受订舱，签发母公司提单或者相关单证；

（二）为母公司办理结算或者收取运费及其他费用；

（三）开具境外母公司或者其母公司在中国境内设立的《海运条例》第三十条规定的企业的票据；

（四）以托运人身份向国际班轮运输经营者托运货物；

（五）以外商常驻代表机构名义与客户签订业务合同。

第四章　外商投资经营国际海上运输及其辅助性业务

第三十九条　设立中外合资、合作经营企业经营国际船舶运输业务，应当通过拟设立企业所在地的省、自治区、直辖市人民政府交通运输主管部门向交通运输部提出申请。申请材料应当包括：

（一）申请书；

（二）可行性分析报告；

（三）合资或者合作协议；

（四）投资者的企业商业登记文件或者身份证件；

（五）符合交通运输部规定的高级业务管理人员的从业资格证明。

有关省、自治区、直辖市人民政府交通运输主管部门应当自收到完整齐备的材料之日起 10 个工作日内将申请材料及意见转报交通运输部。

交通运输部应当自收到转报的上述材料和意见之日起 30 个工作日内，按照《海运条例》第二十九条第二款、第三款和第四款的规定以及交通运输部公布的国际海运市场竞争状况和国家关于国际海上运输业发展的政策进行审核，作出批准或者不予批准的决定。决定批准的，发给批准文件；不予批准的，应当书面通知申请人并告知理由。

获得批准的申请人应当持交通运输部批准文件，按照国家有关外商投资企业的法律、法规的要求，到有关部门办理相应的设立外商投资企业的审批手续。取得相应的审批手续后，应当持有关部门许可设立企业的文件和本实施细则第五条第一款（四）至（六）项的相关材料，按照本实施细则第五条规定的程序向交通运输部领取相应的《国际船舶运输经营许可证》。

第四十条　设立《海运条例》第三十条规定的外商投资企业，应当按照交通运输部和对外贸易经济合作部的有关规定办理。

第四十一条　设立外商投资企业经营国际船舶代理业务，应当通过拟设立企业所在地的省、自治区、直辖市人民政府交通运输主管部门向交通运输部提交符合本实施细则第七条第一款规定条件的申请材料。有关省、自治区、直辖市人民政府交通运输主管部门收到完整齐备的上述材料后，应当于 10 个工作日内将有关材料及意见转报交通运输部。

交通运输部应当自收到转报的上述材料和意见之日起 30 个工作日内，按照本实施细则第七条第一款的规定进行审核，作出批准或者不予批准的决定。决定批准的，发给批准文件；不予批准的，应当书面通知申请人并告知理由。

获得批准的申请人应当持交通运输部批准文件，按照国家有关外商投资企业的法律、法规的要求到有关部门办理相应的设立外商投资企业的审批手续。取得相应的批准文件后，到交通运输部领取《国际船舶代理经营资格登记证书》。

第四十二条　设立外商投资企业经营国际船舶管理业务，应当通过拟设立企业所在地的省、自治区、直辖市人民政府交通运输主管部门向交通运输部提交本实施细则第八条规定的申请材料。有关省、自治区、直辖市人民政府交通运输主管部门收到完整齐备的上述材料后，应当于 10 个工作日内将有关材料及意见转报交通运输部。

交通运输部应当自收到转报的上述材料和意见之日起 30 个工作日内，按照《海运条例》第九条的规定进行审核，作出批准或者不予批准的决定。决定批准的，发给批准文件；不予批准的，应当书面通知申请人并告知理由。

获得批准的申请人应当持交通运输部批准文件，按照国家有关外商投资企业的法律、法规的要求到有关部门办理相应的设立外商投资企业的审批手续。取得相应的审批手续后，应当持有关部门的批准文件按照本实施细则第八条规定的程序向企业所在地的省、自治区、直辖市人民政府交通运输主管部门办理登记，领取《国际海运辅助业经营资格登记证》。

第四十三条　经营国际海运货物仓储业务，应当具备下列条件：

（一）有固定的营业场所；

（二）有与经营范围相适应的仓库设施；

（三）高级业务管理人员中至少2人具有3年以上从事相关业务的经历；

（四）法律、法规规定的其他条件。

第四十四条 经营国际海运集装箱站及堆场业务，应当具备下列条件：

（一）有固定的营业场所；

（二）有与经营范围相适应的车辆、装卸机械、堆场、集装箱检查设备、设施；

（三）高级业务管理人员中至少2人具有3年以上从事相关业务的经历；

（四）法律、法规规定的其他条件。

第四十五条 设立外商投资企业，经营国际海运货物仓储业务或者设立中外合资、合作企业经营国际集装箱站与堆场业务，应当通过拟设立企业所在地的省、自治区、直辖市人民政府交通运输主管部门向交通运输部提出申请。申请材料应当包括：

（一）申请书；

（二）可行性分析报告；

（三）合资或者合营协议；

（四）投资者的企业商业登记文件或者身份证件。

有关省、自治区、直辖市人民政府交通运输主管部门收到完整齐备的上述材料后，应当于10个工作日内将有关材料及意见转报交通运输部。

交通运输部应当在收到转报的上述材料和意见之日起30个工作日内，按照本实施细则第四十三条或者第四十四条的规定进行审核，作出批准或者不批准的决定。决定批准的，予以登记，并发给相应的批准文件；不予批准的，应当书面通知申请人并告知理由。

获得批准的申请人应当持交通运输部批准文件，按照国家有关外商投资企业的法律、法规的要求到有关部门办理设立外商投资企业的审批手续。取得相应的批准文件后，向交通运输部办理登记，换领《国际海运辅助业经营资格登记证》。

第四十六条 国际海运货物仓储业务经营者、国际集装箱站与堆场业务经营者，须持交通运输部颁发的资格登记证明文件，向监管地海关办理登记手续后，方可存放海关监管货物或者集装箱。

第五章 调查与处理

第四十七条 利害关系人认为国际海上运输业务经营者、国际海运辅助业务经营者有《海运条例》第三十二条和本实施细则第三十七条规定情形的，可依照《海运条例》第三十二条的规定请求交通运输部实施调查。请求调查时，应当提出书面调查申请，并阐述理由，提供必要的证据。

交通运输部对调查申请应当进行评估，在自收到调查申请之日起60个工作日内作出实施调查或者不予调查的决定：

（一）交通运输部认为调查申请理由不充分或者证据不足的，决定不予调查并通知调查申请人。申请人可补充理由或者证据后再次提出调查申请。

（二）交通运输部根据评估结论认为应当实施调查或者按照《海运条例》第三十二条规定自行决定调查的，应当将有关材料和评估结论通报国务院工商行政管理部门和价格部门。

第四十八条　调查的实施由交通运输部会同国务院工商行政管理部门和价格部门（以下简称调查机关）共同成立的调查组进行。

调查机关应当将调查组组成人员、调查事由、调查期限等情况通知被调查人。被调查人应当在调查通知送达后 30 日内就调查事项作出答辩。

被调查人认为调查组成员同调查申请人、被调查人或者调查事项有利害关系的，有权提出回避请求。调查机关认为回避请求成立的，应当对调查组成员进行调整。

第四十九条　被调查人接受调查时，应当根据调查组的要求提供相关数据、资料及文件等。属于商业秘密的，应当向调查组提出。调查组应当以书面形式记录备查。

调查机关和调查人员对被调查人的商业秘密应当予以保密。

被调查人发现调查人员泄露其商业秘密并有充分证据的，有权向调查机关投诉。

第五十条　调查机关对被调查人"低于正常、合理水平运价"的认定，应当考虑下列因素：

（一）同一行业内多数经营者的运价水平以及与被调查人具有同等规模经营者的运价水平；

（二）被调查人实施该运价水平的理由，包括成本构成、管理水平和盈亏状况等；

（三）是否针对特定的竞争对手并以排挤竞争对手为目的。

第五十一条　调查机关对"损害公平竞争"或者"损害交易对方"的认定，应当考虑下列因素：

（一）对托运人自由选择承运人造成妨碍；

（二）影响货物的正常出运；

（三）以账外暗中回扣承揽货物，扭曲市场竞争规则。

第五十二条　调查机关作出调查结论前，可举行专家咨询会议，对"损害公平竞争"或者"损害交易对方"的程度进行评估。

聘请的咨询专家不得与调查申请人、被调查人具有利害关系。

第五十三条　调查结束时，调查机关应当作出调查结论，并书面通知调查申请人和被调查人：

（一）基本事实不成立的，调查机关应当决定终止调查；

（二）基本事实存在但对市场公平竞争不造成实质损害的，调查机关可决定不对被调查人采取禁止性、限制性措施；

（三）基本事实清楚且对市场公平竞争造成实质损害的，调查机关应当根据《海运条例》的规定，对被调查人采取限制性、禁止性措施。

第五十四条　调查机关在作出采取禁止性、限制性措施的决定前，应当告知当事人有举行听证的权利；当事人要求举行听证的，应当在自调查机关通知送达之日起 10 日内，向调查机关书面提出；逾期未提出听证请求的，视为自动放弃请求听证的权利。

第五十五条　就本实施细则第三十七条所列情形实施调查的，调查组成员中应当包括对被调查人的资格实施登记的有关省、自治区、直辖市交通主管部门的人员。

对有本实施细则第三十七条第（三）项所列违法行为并给交易当事人或者同业竞争者

造成实质损害的，调查机关可采取限制其在一定时期内扩大业务量的限制性措施。

第六章 法律责任

第五十六条 违反《海运条例》和本实施细则的规定应当予以处罚的，交通运输部或授权的省、自治区、直辖市人民政府交通运输主管部门应当按照《海运条例》第六章和本章的规定予以处罚。

第五十七条 外商常驻代表机构有本实施细则第三十八条规定情形的，交通运输部或者有关省、自治区、直辖市人民政府交通运输主管部门可将有关情况通报有关工商行政管理部门，由工商行政管理部门按照《海运条例》第四十九条的规定处罚。

第五十八条 班轮公会协议、运营协议和运价协议、国际船舶代理经营者未按规定向交通运输部备案的，由交通运输部依照《海运条例》第四十五条的规定，对本实施细则第七条、第三十二条规定的备案人实施处罚。班轮公会不按规定报备的，可对其公会成员予以处罚。

第五十九条 调查人员违反规定，泄露被调查人保密信息的，依法给予行政处分；造成严重后果，触犯刑律的，依法追究刑事责任。

第七章 附 则

第六十条 《海运条例》和本实施细则规定的许可、登记事项，申请人可委托代理人办理。代理人办理委托事项的，应当提供授权委托书。外国申请人或者投资者提交的公证文书，应当由申请人或者投资者所在国公证机关或者执业律师开出。

本实施细则所要求的各类文字资料应当用中文书写，如使用其他文字的，应随附中文译文。

第六十一条 对《海运条例》和本实施细则规定的备案事项的具体要求、报备方式和方法应当按照交通运输部的规定办理。

第六十二条 香港特别行政区、澳门特别行政区和台湾地区的投资者在内地投资从事国际海上运输和与国际海上运输相关的辅助性业务，比照适用《海运条例》第四章和本实施细则第四章的有关规定。

第六十三条 《海运条例》第十八条规定的公布运价和协议运价备案的具体办法，由交通运输部另行规定。

第六十四条 经营港口国际海运货物装卸、港口内国际海运货物仓储业务和国际海运集装箱码头和堆场业务的，按国家有关港口管理的法律、行政法规的规定办理。

第六十五条 本实施细则自2003年3月1日起施行。交通部1985年4月11日发布的《交通部对从事国际海运船舶公司的暂行管理办法》、1990年3月2日发布的《国际船舶代理管理规定》、1990年6月20日发布的《国际班轮运输管理规定》、1992年6月9日发布的《中华人民共和国海上国际集装箱运输管理规定实施细则》和1997年10月17日发布的《外国水路运输企业常驻代表机构管理办法》同时废止。

国务院关于印发船舶工业加快结构调整促进转型升级实施方案（2013—2015年）的通知

国发〔2013〕29号

各省、自治区、直辖市人民政府，国务院各部委、各直属机构：

现将《船舶工业加快结构调整促进转型升级实施方案（2013—2015年）》印发给你们，请结合本地区、本部门实际，认真贯彻执行。

国务院
2013年7月31日

船舶工业加快结构调整促进转型升级实施方案（2013—2015年）

船舶工业是为海洋运输、海洋开发及国防建设提供技术装备的综合性产业。受国际金融危机的深层次影响，国际航运市场持续低迷，新增造船订单严重不足，新船成交价格不断走低，产能过剩矛盾加剧，我国船舶工业发展面临前所未有的严峻挑战。按照稳增长、调结构、促转型的工作要求，为保持产业持续健康发展，特制定本实施方案。

一、面临形势

（一）主要成就。新世纪以来，在党中央、国务院的领导下，我国船舶工业抓住难得的市场机遇，进入了历史上发展最快的时期，取得显著成就。2006年，国务院批准《船舶工业中长期发展规划（2006—2015年）》，明确了发展方向和重点任务，全面启动环渤海湾、长江口、珠江口地区等三大造船基地建设。2009年，国务院印发《船舶工业调整和振兴规划》，提出了船舶工业应对国际金融危机，保增长、扩内需、调结构的一揽子政策措施，我国船舶工业在极其不利的市场形势下，保持了平稳较快发展。产业规模迅速扩大，造船完工量、新承接订单量、手持订单量占世界市场比重显著提高；结构调整步伐加快，主流船型形成品牌，高技术船舶、海洋工程装备研发制造取得新进展，船用配套能力不断增强；产业布局得到优化，城市船厂搬迁有序推进，三大造船基地形成规模，发展质量明显改善。我国已经成为世界最具影响力的造船大国之一。

（二）挑战和机遇。受国际金融危机深层次影响，国际船舶市场需求大幅下降，手持订单持续减少，产业发展下行压力不断加大；国际航运和造船新规范、新公约、新标准密集出台，船舶产品节能、安全、环保要求不断升级；需求结构加快调整，节能环保船舶、高技术船舶、海洋工程装备等高端产品逐渐成为新的市场增长点。世界船舶工业已经进入了新一轮深刻调整期，围绕技术、产品、市场的全方位竞争日趋激烈。同时，我国船舶工业创新能力不强、高端产品薄弱、配套产业滞后等结构性问题依然存在，特别是产能过剩矛盾加剧，"十二五"后三年面临的形势十分严峻，加快结构调整、促进转型升级的任务十分迫切。但也应该看到，我国已经建成了一批高水平的造船基础设施，上下游产业齐全，劳动力资源充裕，国内市场潜力巨大，比较优势依然突出。必须抓住机遇，采取有力措施，深入推进结构调整，不断提高质量效益，为建成造船强国、实施海洋战略积蓄力量和创造条件。

二、总体要求

（一）指导思想。

全面贯彻落实党的十八大精神，以邓小平理论、"三个代表"重要思想、科学发展观为指导，立足当前，着眼长远，以加快转变船舶工业发展方式为主线，以提高发展质量和效益为中心，适应国际船舶技术和产品发展新趋势，着力改善需求结构，实施创新驱动，推动技术和产品结构升级；发挥企业市场主体作用，加强宏观调控和引导，着力推进兼并重组和转型转产，优化产业组织结构和产能结构；积极应对国际船舶市场变化，着力加强企业管理和行业服务，稳定和巩固国际市场，提高产业国际竞争力，为实现船舶工业由大到强的转变奠定坚实基础。

（二）基本原则。

强化需求引导，调整产品结构。发展技术含量高、市场潜力大的绿色环保船舶、专用特种船舶、高技术船舶，发展海洋工程装备，提高船用设备配套能力，扩大国内有效需求，推动船舶产品结构升级。

实施创新驱动，提高竞争能力。推进技术创新，全面满足国际新规范、新公约、新标准要求，提高船舶设计制造水平，增强产品国际竞争力，稳定国际市场份额。实施海外投资和产业重组，开展全球产业布局，积极拓展对外发展新空间。

控制新增产能，优化产能结构。遏制产能盲目扩张，利用骨干企业现有造船、修船、海洋工程装备基础设施能力，推进大型企业重组和调整，整合优势产能；调整业务结构，鼓励中小企业转型转产，淘汰落后产能。

完善政策体系，创新体制机制。尊重市场经济规律，顺应世界船舶工业深刻调整新形势，完善船舶工业转型发展的政策体系；推进重点领域改革和体制机制创新，加强企业管理，改善行业服务，不断增强船舶工业自身发展活力。

（三）发展目标。

——产业实现平稳健康发展。"十二五"后三年，国内市场保持稳定增长，国际市场份额得到巩固，骨干企业生产经营稳定，船舶工业实现平稳健康发展。

——创新发展能力明显增强。新建散货船、油船、集装箱船三大主流船型全面满足国际新规范、新公约、新标准的要求，船用设备装船率进一步提高。高技术船舶、海洋工程装备主要产品国际市场占有率分别达到25%和20%以上。

——产业发展质量不断提高。产业布局调整优化，建成环渤海湾、长江口、珠江口三大世界级造船和海洋工程装备基地。骨干企业建立现代造船模式,造船效率达到15工时/修正总吨,单位工业增加值能耗下降20%,平均钢材一次利用率达到90%以上。

——海洋开发装备明显改善。运输船队结构得到优化,渔业装备水平明显提高,科学考察、资源调查等装备配置得到加强,海洋油气资源勘探开发装备满足国内需求,邮轮游艇产品适应海洋旅游产业发展需要。

——海洋保障能力显著提升。行政执法船舶配置大幅提升,调配使用效率明显提高,适应海上维权执法需要;救助、打捞船舶升级换代,航海保障能力及海上综合应急救援能力显著增强。

——化解过剩产能取得进展。产能盲目扩张势头得到遏制,产能总量不增加;企业兼并重组稳步推进,产业集中度不断提高;一批大型造船基础设施得到整合,产业布局更加合理;一批中小企业转型转产,落后产能退出市场。

三、主要任务

(一)加快科技创新,实施创新驱动。

开展船舶和海洋工程装备关键技术攻关,培育提高科技创新能力,增强创新驱动发展新动力。加大主流船型符合国际新规范、新公约、新标准的节能安全环保技术开发,做好宣传、培训和推广,积极参与国际标准制订,支持数字化智能设计系统等重点技术研究和应用。开展液化天然气存储技术研究,突破液化天然气船双燃料、纯气体动力技术;组织豪华邮轮总体布置、减振降噪、海上舒适度等技术以及工程项目组织管理和特殊建造工艺研究。开展深海浮式结构物水动力性能、疲劳强度分析等关键共性技术攻关,提升钻井船、半潜式平台、液化天然气浮式生产储卸装置、水下生产系统等核心装备的概念设计和基本设计水平,掌握大型功能模块的设计制造技术。突破磷虾捕捞加工船、大型拖网加工船等大型远洋渔船设计建造技术,提高金枪鱼延绳钓船、金枪鱼围网船、秋刀鱼捕捞船等远洋渔船设计建造能力。加快产品开发,建立标准化船型库,加强防撞击、适航性等技术集成应用和创新,提高行政执法和公务船舶设计制造水平。

(二)提高关键配套设备和材料制造水平。

重点依托国内市场需求,推进关键船用配套设备、海洋工程装备专用系统和设备以及特种材料的制造,提高产业核心竞争力。培育中高速柴油机、小缸径低速柴油机、甲板机械等优势产品自有品牌,加快转叶式舵机、污水处理装置、压载水处理系统、油水分离机等产品产业化,提高通信导航和自动化系统制造水平。加快液化天然气船动力推进系统、低温冷藏系统、低温液货装卸系统等关键系统的研制。开展透平和原油发电机组、单点系泊系统、动力定位系统、电力推进系统、海洋平台吊机、水下井口装置、铺管专业设备等海洋工程装备专用系统和设备研制技术攻关。推进渔船探渔、诱渔、捕捞、加工、冷藏等专用设备制造。推进行政执法和公务船舶电子、通信、导航设备产业化。发展耐腐蚀、超低温、高强度、超宽超长超薄和异形船板、海洋工程装备、海洋油气输送管线用钢等特种钢材。

(三)调整优化船舶产业生产力布局。

严把市场准入关口,严格控制新增造船、修船、海洋工程装备基础设施(船台、船坞、舾装码头),坚决遏制盲目投资加剧产能过剩矛盾。通过优化产业组织结构,推进企业兼并重组，集中资源、突出主业，整合一批大型造船、修船及海洋工程装备基础设施资源，发展具有国际竞争力的船舶企业集团。通过调整中小船厂业务结构，发展中间产品制造、修船、拆船等业务，开拓非船产品市场，淘汰一批落后产能。在不增加产能的前提下，加快实施城市老旧船厂搬迁。依托环渤海湾、长江口和珠江口地区三大造船基地发展海洋工程装备，重点发展海洋工程装备专用系统和设备，形成造船、海洋工程装备、配套设备协调发展的产业格局。

（四）改善需求结构，加快高端产品发展。

鼓励老旧船舶提前报废更新。加快淘汰更新老旧远洋、沿海运输船舶，推进内河船型标准化，发展满足国际新规范、新公约、新标准的节能安全环保船舶，优化船队结构，提高航运业竞争力。

大力发展海洋工程装备。加大海洋油气资源勘探开发力度，发展钻井平台、作业平台、勘察船、工程船等海洋工程装备。鼓励骨干油气、造船企业和科研院所等成立专业化企业或联合体，培育海洋工程装备设计、系统集成和总承包能力。

加强行政执法船舶配置。增加海上行政执法船舶数量，提高配置水平，开工建造一批海上行政执法船舶，改善装备条件，充实执法力量，尽快提高海上维权执法能力。

加快海洋综合开发和应急保障船舶建造。建设专业化海上应急救援队伍，开工建造一批大型救助、打捞船舶，提高海上综合救援能力。加快开发建造一批资源勘察、环境监测、科学考察船舶，改善海上科研条件，提高海洋科考能力。依托重大海洋基础设施工程，建造一批水上工程船舶，形成规模化海上施工能力。

开拓高技术船舶市场。大力发展大型液化天然气船，提高专业化设计制造能力和配套水平。加快培育邮轮市场，逐步掌握大中型邮轮设计建造技术。完善游艇产业链条，培育豪华游艇自有品牌。

实施渔船更新改造。逐步淘汰老、旧、木质渔船，发展选择性好、高效节能的捕捞渔船。加快老旧远洋渔船更新步伐，提升远洋渔业装备水平。发挥船舶工业研发和制造优势，整合科研生产要素，提高渔船开发设计和制造水平。

（五）稳定国际市场份额，拓展对外发展新空间。

加强对国际船舶市场态势、产品发展趋势以及主要造船企业发展战略的分析和研究，加大国际市场开拓力度，稳定和努力扩大国际市场份额。

支持引进船舶和海洋工程装备开发、设计核心人才和团队。支持有条件的企业通过自建、并购、合资、合作等多种方式在海外设立研发中心，支持开展海外产业重组，掌握海洋工程装备、高技术船舶、配套设备等领域的先进技术。支持大型船舶和配套企业开展全球产业布局，在海外建立营销网络和维修服务基地。

（六）推进军民融合发展。

促进军用与民用科研条件、资源和成果共享，促进船舶军民通用设计、制造先进技术的合作开发，加强军用与民用基础技术、产品的统筹和一体化发展，推动军用标准与民用标准的互通互用。引导造船企业发挥技术优势积极开拓民用特种、专用船舶市场。立足民用船舶工业基础，依托重大民品研制项目，突破关键产品、材料、加工制造设备等军工能力建设瓶颈。

（七）加强企业管理和行业服务。

引导船舶企业深化内部改革，加强制度创新，夯实管理基础。加强成本和风险控制，增强应对市场变化和抵御市场风险能力。全面建立现代造船模式,加快信息化建设,推进精益造船,应用节能、节材技术和工艺,降低资源和能源消耗,提高发展质量和效益。加强船员人才队伍建设,建立严格的船员培养、选拔、考核、退出机制,提高船员综合素质,满足可持续发展需要。加强船舶行业管理,完善行业准入条件,加强国际新规范、新公约、新标准的宣传、培训和推广,发挥行业协会、专业机构等在行业自律、信息咨询、技术服务、检验检测、宣传培训等方面的重要作用。

四、支持政策

(一)鼓励老旧运输船舶提前报废更新。

调整延续实施促进老旧运输船舶和单壳油轮提前报废更新政策至2015年12月31日。鼓励老旧远洋、沿海运输船舶提前报废并建造符合国际新规范、新公约、新标准要求的绿色环保型船舶。

(二)支持行政执法、公务船舶建造和渔船更新改造。

支持海上行政执法船舶以及救助打捞、资源调查、科学考察等公务船舶建造,支持航海保障设施、设备的配备,支持海洋渔船更新改造,满足船舶建造和更新改造资金需求。

(三)鼓励开展船舶买方信贷业务。

鼓励金融机构加大船舶出口买方信贷资金投放,对在国内骨干船厂订造船舶和海洋工程装备的境外船东提供出口买方信贷。鼓励银行业金融机构积极拓展多元化融资渠道,通过多种方式募集资金。

(四)加大信贷融资支持和创新金融支持政策。

鼓励金融机构按照商业原则,做好对在国内订造船舶且船用柴油机、曲轴在国内采购的船东的融资服务,加大对船舶企业兼并重组、海外并购以及中小船厂业务转型和产品结构调整的信贷融资支持。研究开展骨干船舶企业贷款证券化业务。积极引导和支持骨干船舶企业发行非金融企业债务融资工具、企业债券等。积极利用出口信用保险支持船舶出口。优化船舶出口买方信贷保险政策,创新担保方式,简化办理流程。鼓励有条件的地方开展船舶融资租赁试点。

(五)加强企业技术进步和技术改造。

引导企业加大科研开发和技术改造投入,增强高技术船舶、海洋工程装备创新能力,开展生产工艺流程改造,加强高技术船舶、海洋工程装备、船用设备专业化能力建设,以及技术引进、消化吸收再创新和填补国内空白的产业化项目建设。

(六)控制新增产能,支持产能结构调整。

地方各级人民政府及其有关部门不得以任何名义核准、备案新增产能的造船、修船和海洋工程装备基础设施(船台、船坞、舾装码头)项目,国土、交通、环保等部门不得办理土地和岸线供应、环评审批等相关业务,金融机构不得提供任何形式的新增授信支持。地方各级人民政府要立即组织对船舶行业违规在建项目进行认真清理,对未批先建、边批边建、越权核准的违规项目,尚未开工建设的,不准开工,正在建设的项目,要停止建设;国土、交通、环保部门和金融机构依法依规进行处理。对停建的违规在建项目,按照谁违规谁负责的原则,做好债务、人员安置等善后工作,区分不同情况,采取相应的措施,进行分类处理。

对已经建成的违规产能,根据有关法律法规和行业准入条件等进行处理。在满足总量调控、布局规划、兼并重组等要求的条件下,推动整合提升大型基础设施能力。加快淘汰落后产能,支持企业转型转产。

五、实施保障

各地区、各部门、各单位要进一步提高对化解产能过剩矛盾、加快结构调整、促进转型升级、保持船舶工业持续健康发展重要性和紧迫性的认识,加强组织领导,抓好工作落实。

国务院各有关部门要加强沟通,密切配合,尽快制订和完善各项配套政策措施,切实做好有关指导和服务工作。各有关地区要按照本实施方案确定的目标、任务和政策措施,结合实际抓紧制订具体落实方案,确保按时完成各项任务目标。实施过程中出现的新情况、新问题及时反馈发展改革委等有关部门。

文化部关于印发《对港澳文化交流重点项目扶持办法(试行)》的通知

文港澳台发〔2013〕34号

各省、自治区、直辖市文化厅(局):

香港、澳门回归祖国以来,内地与港澳地区的文化交流日益密切。为适应新时期对港澳工作的需要,加强对港澳文化工作"部省(自治区、直辖市)"合作机制建设,统筹全国文化资源,形成对港澳文化工作合力,特制订《对港澳文化交流重点项目扶持办法(试行)》。现将该办法印发给你们,请遵照执行。

《对港澳文化交流重点项目扶持办法(试行)》将同时在文化部门户网站(www.mcprc.gov.cn)上公布,申请单位可直接下载《对港澳文化交流重点项目申报表》。

请各省(自治区、直辖市)文化厅(局)将初审合格后的申报材料于2013年9月30日前报送至文化部港澳台办公室(北京市东城区朝阳门北大街10号,邮编:100020)。

联系人:文化部港澳台办公室 汪勤

电话:010-59881922 传真:010-59881923

特此通知。

文化部

2013年7月15日

对港澳文化交流重点项目扶持办法(试行)

第一章 总 则

第一条 为进一步贯彻落实新形势下对港澳工作的战略部署和总体要求,统筹全国文化资源,形成对港澳文化工作合力,文化部将在全国范围内筛选"对港澳文化交流重点项目",为此特制订本办法。

第二条 对港澳文化交流重点项目面向全国,公平竞争,择优立项。

第二章 扶持领域

第三条 鼓励全国各地各部门、各企事业单位围绕中央对港澳工作大局,充分发挥各自的文化资源和人才优势,自主策划和实施思想内涵丰富、艺术质量上乘、时代特色鲜明、符合港澳社会需求的文化项目,包括:

1. 演出展览。鼓励各地各部门、各企事业单位创作和推动一批制作精良、经过市场检验的演出、展览项目,进入港澳重要艺术节、主流场馆及商业渠道。

2. 人员交流。鼓励各地各部门、各企事业单位发挥人文资源优势,通过考察、参观、访问等多种形式,加强与港澳文化界人士、青少年和基层民众的沟通与交流,使其全面、公正、客观地认识内地的文化建设和发展情况。

3. 人才合作。鼓励各地各部门、各企事业单位发挥文化专业人才的优势,促进人才的双向交流,鼓励开展合作策划、共同创作、联合演出,携手打造艺术精品。

4. 产业贸易。鼓励各地各部门、各企事业单位利用港澳在管理、区位、人才、经验等方面的优势,开展在文化贸易、文化产业和文化市场等领域合作,实现优势互补,共同推动中华文化产品走出去。

第三章 项目要求

第四条 项目规划应符合以下要求:

1. 目标和方案。项目目标应紧紧围绕中央和文化部对港澳工作的重点,结合各地方、各部门和港澳地区的实际情况,提出切实可行的实施方案和项目预算。

2. 质量和内涵。项目内容力求内涵丰富、创意新颖、艺术表现力强,要在突出传统文化和地方特色的同时,积极融入新鲜元素、反映时代特点,展现内地当代文化艺术成就。

3. 效益和影响。项目策划要讲求实效,增强活动的感染力、吸引力和影响力,扩大社会和民众的关注度和参与度,在讲求社会效益的同时提升经济效益。

4. 形式和方法。项目形式上要尊重当地欣赏习惯,针对受众群体的不同特点,采用对方喜闻乐见的方式开展交流合作。在工作方法上,积极尝试新的思路和办法,努力开拓新渠道,探索新模式,推动市场化、商业化运作。

5. 宣传和推广。项目推广上要加大宣传力度,积极与港澳地区主流媒体合作,力求实现平面、广播电视、移动等各类媒体的全方位覆盖，尤其重视在网络、手机等新媒体上的宣传作用，有效扩大活动效果。

第四章 申报程序

第五条 文化部将于每年 5 月 30 日前在文化部门户网站（www.mcprc.gov.cn）上发布第二年度对港澳文化交流重点项目申报通知及报表。各地方文化厅（局）负责将该通知转发给本辖区内的各级文化行政机关和企事业文化单位。

第六条 各申请单位于公告发布之日起可登陆文化部网站，下载《对港澳文化交流重点项目申报表》，按要求认真填报后于 8 月 30 日前向各地方文化厅（局）申报。各地方文化厅（局）负责初审选优并于每年 9 月 30 日前将下一年度项目统一报文化部港澳台办公室。

第七条 申报材料：

各地方文化厅（局）向文化部提交关于申报重点项目的请示，同时附上对所报项目及其申请单位的初审评议及下列材料：

1. 由申报单位签字盖章的《年度对港澳文化交流重点项目申报表》（见附件）。
2. 完整详细、可操作性强的活动方案。
3. 港澳合作方邀请函、双方协议书或合同。
4. 项目预算表。

第五章 审核程序

第八条 文化部港澳台办公室将对申报材料汇总后组织专家进行统筹研究，于每年 11 月 30 日前确定《年度对港澳文化交流重点项目》，并在文化部网站上公示后正式立项。

第九条 重点项目一经立项，其申报表、活动方案等相关材料即成为具有约束力的项目协议，申报单位必须严格履行，活动内容不得违背该协议。

第六章 经费管理和使用

第十条 对港澳文化交流重点项目扶持经费实行"专项核定、分期支付、专款专用、厉行节约"的原则，管理和使用严格执行国家有关法律法规和财务规章制度，并接受财务、审计等相关部门的监督检查。

第十一条 文化部港澳台办公室在确定年度对港澳文化交流重点项目的同时，提出对各申报项目的扶持金额；文化部财务司将对项目扶持金额、预算开支范围、有关费用标准等进行审核。重点项目扶持金额一次核定，视额度分期拨付，超支不补：

1. 扶持总额 20 万元人民币以下（含 20 万），于正式立项后 60 天内，一次性拨付予各地方文化厅（局）。
2. 扶持总额 20 万元人民币以上（不含 20 万），分两期拨付。首期经费不高于总额的 80%，余款待结项考核合格后拨付。

第十二条 重点项目扶持经费的使用范围主要包括：

1. 赴港澳出访项目的创作费用、策展费用、制作费用和推介费用等。
2. 人员往返港澳旅费、展品、道具等的运输费用。
3. 港澳来访项目的内地接待费用等。
4. 展品、道具等的保险费用。

第十三条 各地方文化厅（局）在文化部港澳台办公室的指导下，对本辖区内重点项目经费的使用进行监督、检查和指导。各申报单位的财务管理部门对扶持经费实施具体管理。文化部财务司将对经费的使用情况进行跟踪检查，检查结果作为以后年度安排资助经费的重要依据。

第十四条 为促进各地方开展对港澳文化工作，文化部拨付的扶持经费不高于项目预算总额的60%。同时，各地方文化厅（局）应为项目争取地方配套资金，配套资金不低于我部扶持经费的50%。

第十五条 项目经费的筹集、使用和管理必须符合国家有关财务制度。自筹经费由各申报单位管理。

第七章 结项考核

第十六条 项目完成后，各申报单位应在项目结束后10个工作日内上报活动总结、据实填报的经费决算表和证明地方配套资金到账的银行单据复印件。各申报单位经各地方文化厅（局）上报文化部港澳台办公室。文化部港澳台办公室根据上报文件进行结项考核。

总结内容应包括基本情况、主要特点、媒体反映、受众反馈、经验体会、工作建议等，并附上相关的当地采访报道、照片、观众调查问卷统计、音频、视频等材料。

第十七条 文化部港澳台办公室将适时派人监督、检查活动效果，并适时委托专业机构评估活动的质量和影响。已批准的项目预算必须严格执行，一般不做调整，如遇特殊情况确需调整的，必须报文化部审批。有以下情形之一的，文化部港澳台办公室将视情况进行通报批评，取消该申报单位三年内的申报资格，情节严重者将追回全部资助经费，并依法追究有关人员的责任：

1. 对于评估未达要求或延迟上报、不报总结及决算的；
2. 弄虚作假申报重点项目扶持的；
3. 擅自变更项目实施内容的；
4. 截留、挪用和挤占资助经费的；
5. 因管理不善，给国家财产造成损失和浪费的。

第十八条 申报项目存在重大法律纠纷，或申请单位曾因违法行为被执法部门处罚未满2年的，不予扶持。

第十九条 对于活动规模变化较大、延期或不能举办的项目，各地方文化厅（局）应提前30天正式来函说明原因。项目因故取消或推迟执行3个月以上，应全额退回已拨付的资助经费。

第二十条 本办法自发布之日起施行。

附件：（　　）年度对港澳文化交流重点项目申报表（略——编者注）

国务院关于促进光伏产业健康发展的若干意见

国发〔2013〕24号

各省、自治区、直辖市人民政府，国务院各部委、各直属机构：

发展光伏产业对调整能源结构、推进能源生产和消费革命、促进生态文明建设具有重要意义。为规范和促进光伏产业健康发展，现提出以下意见：

一、充分认识促进光伏产业健康发展的重要性

近年来，我国光伏产业快速发展，光伏电池制造产业规模迅速扩大，市场占有率位居世界前列，光伏电池制造达到世界先进水平，多晶硅冶炼技术日趋成熟，形成了包括硅材料及硅片、光伏电池及组件、逆变器及控制设备的完整制造产业体系。光伏发电国内应用市场逐步扩大，发电成本显著降低，市场竞争力明显提高。

当前，在全球光伏市场需求增速减缓、产品出口阻力增大、光伏产业发展不协调等多重因素作用下，我国光伏企业普遍经营困难。同时，我国光伏产业存在产能严重过剩、市场无序竞争，产品市场过度依赖外需、国内应用市场开发不足，技术创新能力不强、关键技术装备和材料发展缓慢，财政资金支持需要加强、补贴机制有待完善，行业管理比较薄弱、应用市场环境亟待改善等突出问题，光伏产业发展面临严峻形势。

光伏产业是全球能源科技和产业的重要发展方向，是具有巨大发展潜力的朝阳产业，也是我国具有国际竞争优势的战略性新兴产业。我国光伏产业当前遇到的问题和困难，既是对产业发展的挑战，也是促进产业调整升级的契机，特别是光伏发电成本大幅下降，为扩大国内市场提供了有利条件。要坚定信心，抓住机遇，开拓创新，毫不动摇地推进光伏产业持续健康发展。

二、总体要求

（一）指导思想。

深入贯彻党的十八大精神，以邓小平理论、"三个代表"重要思想、科学发展观为指导，创新体制机制，完善支持政策，通过市场机制激发国内市场有效需求，努力巩固国际市场；健全标准体系，规范产业发展秩序，着力推进产业重组和转型升级；完善市场机制，加快技术进步，着力提高光伏产业发展质量和效益，为提升经济发展活力和竞争力作出贡献。

（二）基本原则。

远近结合，标本兼治。在扩大光伏发电应用的同时，控制光伏制造总产能，加快淘汰落后产能，着力推进产业结构调整和技术进步。

统筹兼顾，综合施策。统筹考虑国内外市场需求、产业供需平衡、上下游协调等因素，采取综合措施解决产业发展面临的突出问题。

市场为主，重点扶持。发挥市场机制在推动光伏产业结构调整、优胜劣汰、优化布局以

及开发利用方面的基础性作用。对不同光伏企业实行区别对待,重点支持技术水平高、市场竞争力强的骨干优势企业发展,淘汰劣质企业。

协调配合,形成合力。加强政策的协调配合和行业自律,支持地方创新发展方式,调动地方、企业和消费者的积极性,共同推动光伏产业发展。

(三)发展目标。

把扩大国内市场、提高技术水平、加快产业转型升级作为促进光伏产业持续健康发展的根本出路和基本立足点,建立适应国内市场的光伏产品生产、销售和服务体系,形成有利于产业持续健康发展的法规、政策、标准体系和市场环境。2013—2015年,年均新增光伏发电装机容量1 000万千瓦左右,到2015年总装机容量达到3 500万千瓦以上。加快企业兼并重组,淘汰产品质量差、技术落后的生产企业,培育一批具有较强技术研发能力和市场竞争力的龙头企业。加快技术创新和产业升级,提高多晶硅等原材料自给能力和光伏电池制造技术水平,显著降低光伏发电成本,提高光伏产业竞争力。保持光伏产品在国际市场的合理份额,对外贸易和投融资合作取得新进展。

三、积极开拓光伏应用市场

(一)大力开拓分布式光伏发电市场。鼓励各类电力用户按照"自发自用,余量上网,电网调节"的方式建设分布式光伏发电系统。优先支持在用电价格较高的工商业企业、工业园区建设规模化的分布式光伏发电系统。支持在学校、医院、党政机关、事业单位、居民社区建筑和构筑物等推广小型分布式光伏发电系统。在城镇化发展过程中充分利用太阳能,结合建筑节能加强光伏发电应用,推进光伏建筑一体化建设,在新农村建设中支持光伏发电应用。依托新能源示范城市、绿色能源示范县、可再生能源建筑应用示范市(县),扩大分布式光伏发电应用,建设100个分布式光伏发电规模化应用示范区、1 000个光伏发电应用示范小镇及示范村。开展适合分布式光伏发电运行特点和规模化应用的新能源智能微电网试点、示范项目建设,探索相应的电力管理体制和运行机制,形成适应分布式光伏发电发展的建设、运行和消费新体系。支持偏远地区及海岛利用光伏发电解决无电和缺电问题。鼓励在城市路灯照明、城市景观以及通讯基站、交通信号灯等领域推广分布式光伏电源。

(二)有序推进光伏电站建设。按照"合理布局、就近接入、当地消纳、有序推进"的总体思路,根据当地电力市场发展和能源结构调整需要,在落实市场消纳条件的前提下,有序推进各种类型的光伏电站建设。鼓励利用既有电网设施按多能互补方式建设光伏电站。协调光伏电站与配套电网规划和建设,保证光伏电站发电及时并网和高效利用。

(三)巩固和拓展国际市场。积极妥善应对国际贸易摩擦,推动建立公平合理的国际贸易秩序。加强对话协商,推动全球产业合作,规范光伏产品进出口秩序。鼓励光伏企业创新国际贸易方式,优化制造产地分布,在境外开展投资生产合作。鼓励企业实施"引进来"和"走出去"战略,集聚全球创新资源,促进光伏企业国际化发展。

四、加快产业结构调整和技术进步

(一)抑制光伏产能盲目扩张。严格控制新上单纯扩大产能的多晶硅、光伏电池及组件项目。光伏制造企业应拥有先进技术和较强的自主研发能力,新上光伏制造项目应满足单晶硅光伏电池转换效率不低于20%、多晶硅光伏电池转换效率不低于18%、薄膜光伏电池转换效率不低于12%，多晶硅生产综合电耗不高于100千瓦时/千克。加快淘汰能耗高、物料循环利用不完善、环保不达标的多晶硅产能，在电力净输入地区严格控制建设多晶硅项目。

（二）加快推进企业兼并重组。利用"市场倒逼"机制，鼓励企业兼并重组。加强政策引导和推动，建立健全淘汰落后产能长效机制，加快关停淘汰落后光伏产能。重点支持技术水平高、市场竞争力强的多晶硅和光伏电池制造企业发展，培育形成一批综合能耗低、物料消耗少、具有国际竞争力的多晶硅制造企业和技术研发能力强、具有自主知识产权和品牌优势的光伏电池制造企业。引导多晶硅产能向中西部能源资源优势地区聚集，鼓励多晶硅制造企业与先进化工企业合作或重组，降低综合电耗、提高副产品综合利用率。

（三）加快提高技术和装备水平。通过实施新能源集成应用工程，支持高效率晶硅电池及新型薄膜电池、电子级多晶硅、四氯化硅闭环循环装置、高端切割机、全自动丝网印刷机、平板式镀膜工艺、高纯度关键材料等的研发和产业化。提高光伏逆变器、跟踪系统、功率预测、集中监控以及智能电网等技术和装备水平，提高光伏发电的系统集成技术能力。支持企业开发硅材料生产新工艺和光伏新产品、新技术，支持骨干企业建设光伏发电工程技术研发和试验平台。支持高等院校和企业培养光伏产业相关专业人才。

（四）积极开展国际合作。鼓励企业加强国际研发合作，开展光伏产业前沿、共性技术联合研发。鼓励有条件的国内光伏企业和基地与国外研究机构、产业集群建立战略合作关系。支持有关科研院所和企业建立国际化人才引进和培养机制，重点培养创新能力强的高端专业技术人才和综合管理人才。积极参与光伏行业国际标准制定，加大自主知识产权标准体系海外推广，推动检测认证国际互认。

五、规范产业发展秩序

（一）加强规划和产业政策指导。根据光伏产业发展需要，编制实施光伏产业发展规划。各地区可根据国家光伏产业发展规划和本地区发展需要，编制实施本地区相关规划及实施方案。加强全国规划与地方规划、制造产业与发电应用、光伏发电与配套电网建设的衔接和协调。加强光伏发电规划和年度实施指导。完善光伏电站和分布式光伏发电项目建设管理制度，促进光伏发电有序发展。

（二）推进标准化体系和检测认证体系建设。建立健全光伏材料、电池及组件、系统及部件等标准体系，完善光伏发电系统及相关电网技术标准体系。制定完善适合不同气候区及建筑类型的建筑光伏应用标准体系，在城市规划、建筑设计和旧建筑改造中统筹考虑光伏发电应用。加强硅材料及硅片、光伏电池及组件、逆变器及控制设备等产品的检测和认证平台建设，健全光伏产品检测和认证体系，及时发布符合标准的光伏产品目录。开展太阳能资源观测与评价，建立太阳能信息数据库。

（三）加强市场监管和行业管理。制定完善并严格实施光伏制造行业规范条件，规范光伏市场秩序，促进落后产能退出市场，提高产业发展水平。实行光伏电池组件、逆变器、控制设备等关键产品检测认证制度，未通过检测认证的产品不准进入市场。严格执行光伏电站设备采购、设计监理和工程建设招投标制度，反对不正当竞争，禁止地方保护。完善光伏发电工程建设、运行技术岗位资质管理。加强光伏发电电网接入和运行监管。建立光伏产业发展监测体系，及时发布产业发展信息。加强对《中华人民共和国可再生能源法》及配套政策的执法监察。地方各级政府不得以征收资源使用费等名义向太阳能发电企业收取法律法规规定之外的费用。

六、完善并网管理和服务

（一）加强配套电网建设。电网企业要加强与光伏发电相适应的电网建设和改造，保障配套电网与光伏发电项目同步建成投产。积极发展融合先进储能技术、信息技术的微电网和智能电网技术，提高电网系统接纳光伏发电的能力。接入公共电网的光伏发电项目，其接网工程以及接入引起的公共电网改造部分由电网企业投资建设。接入用户侧的分布式光伏发电，接入引起的公共电网改造部分由电网企业投资建设。

（二）完善光伏发电并网运行服务。各电网企业要为光伏发电提供并网服务，优化系统调度运行，优先保障光伏发电运行，确保光伏发电项目及时并网，全额收购所发电量。简化分布式光伏发电的电网接入方式和管理程序，公布分布式光伏发电并网服务流程，建立简捷高效的并网服务体系。对分布式光伏发电项目免收系统备用容量费和相关服务费用。加强光伏发电电网接入和并网运行监管。

七、完善支持政策

（一）大力支持用户侧光伏应用。开放用户侧分布式电源建设，支持和鼓励企业、机构、社区和家庭安装、使用光伏发电系统。鼓励专业化能源服务公司与用户合作，投资建设和经营管理为用户供电的光伏发电及相关设施。对分布式光伏发电项目实行备案管理，豁免分布式光伏发电应用发电业务许可。对不需要国家资金补贴的分布式光伏发电项目，如具备接入电网运行条件，可放开规模建设。分布式光伏发电全部电量纳入全社会发电量和用电量统计，并作为地方政府和电网企业业绩考核指标。自发自用发电量不计入阶梯电价适用范围，计入地方政府和用户节能量。

（二）完善电价和补贴政策。对分布式光伏发电实行按照电量补贴的政策。根据资源条件和建设成本，制定光伏电站分区域上网标杆电价，通过招标等竞争方式发现价格和补贴标准。根据光伏发电成本变化等因素，合理调减光伏电站上网电价和分布式光伏发电补贴标准。上网电价及补贴的执行期限原则上为20年。根据光伏发电发展需要，调整可再生能源电价附加征收标准，扩大可再生能源发展基金规模。光伏发电规模与国家可再生能源发展基金规模相协调。

（三）改进补贴资金管理。严格可再生能源电价附加征收管理，保障附加资金应收尽收。完善补贴资金支付方式和程序，对光伏电站，由电网企业按照国家规定或招标确定的光伏发电上网电价与发电企业按月全额结算；对分布式光伏发电，建立由电网企业按月转付补贴资金的制度。中央财政按季度向电网企业预拨补贴资金，确保补贴资金及时足额到位。鼓励各级地方政府利用财政资金支持光伏发电应用。

（四）加大财税政策支持力度。完善中央财政资金支持光伏产业发展的机制，加大对太阳能资源测量、评价及信息系统建设、关键技术装备材料研发及产业化、标准制定及检测认证体系建设、新技术应用示范、农村和牧区光伏发电应用以及无电地区光伏发电项目建设的支持。对分布式光伏发电自发自用电量免收可再生能源电价附加等针对电量征收的政府性基金。企业研发费用符合有关条件的，可按照税法规定在计算应纳税所得额时加计扣除。企业符合条件的兼并重组，可以按照现行税收政策规定，享受税收优惠政策。

（五）完善金融支持政策。金融机构要继续实施"有保有压"的信贷政策，支持具有自主知识产权、技术先进、发展潜力大的企业做优做强，对有市场、有订单、有效益、有信誉的光伏制造企业提供信贷支持。根据光伏产业特点和企业资金运转周期，按照风险可控、商业可持续、信贷准入可达标的原则，采取灵活的信贷政策，支持优质企业正常生产经营，支持技术创新、兼并重组和境外投资等具有竞争优势的项目。创新金融产品和服务，支持中小企业和家庭自建自用分布式光伏发电系统。严禁资金流向盲目扩张产能项目和落后产能项目建设，对国家禁止建设的、不符合产业政策的光伏制造项目不予信贷支持。

（六）完善土地支持政策和建设管理。对利用戈壁荒滩等未利用土地建设光伏发电项目的，在土地规划、计划安排时予以适度倾斜，不涉及转用的，可不占用土地年度计划指标。探索采用租赁国有未利用土地的供地方式，降低工程的前期投入成本。光伏发电项目使用未利用土地的，依法办理用地审批手续后，可采取划拨方式供地。完善光伏发电项目建设管理并简化程序。

八、加强组织领导

各有关部门要根据本意见要求，按照职责分工抓紧制定相关配套文件，完善光伏发电价格、税收、金融信贷和建设用地等配套政策，确保各项任务措施的贯彻实施。各省级人民政府要加强对本地区光伏产业发展的管理，结合实际制定具体实施方案，落实政策，引导本地区光伏产业有序协调发展。健全行业组织机构，充分发挥行业组织在加强行业自律、推广先进技术和管理经验、开展统计监测和研究制定标准等方面的作用。加强产业服务，建立光伏产业监测体系，及时发布行业信息，搭建银企沟通平台，引导产业健康发展。

国务院
2013 年 7 月 4 日

（此件有删减）

养老机构管理办法

中华人民共和国民政部令第 49 号

《养老机构管理办法》已经 2013 年 6 月 27 日民政部部务会议通过，现予公布，自 2013 年 7 月 1 日起施行。

部长：李立国
2013 年 6 月 28 日

养老机构管理办法

第一章 总 则

第一条 为了规范对养老机构的管理,促进养老事业健康发展,根据《中华人民共和国老年人权益保障法》和有关法律、行政法规,制定本办法。

第二条 本办法所称养老机构是指依照《养老机构设立许可办法》设立并依法办理登记的为老年人提供集中居住和照料服务的机构。

第三条 国务院民政部门负责全国养老机构的指导、监督和管理,县级以上地方人民政府民政部门负责本行政区域内养老机构的指导、监督和管理。其他有关部门依照职责分工对养老机构实施监督。

第四条 养老机构应当依法保障收住老年人的合法权益。

入住养老机构的老年人应当遵守养老机构的规章制度。

第五条 县级以上地方人民政府民政部门应当根据本级人民政府经济社会发展规划和相关规划,会同有关部门编制养老机构建设规划,并组织实施。

第六条 政府投资兴办的养老机构,应当优先保障孤老优抚对象和经济困难的孤寡、失能、高龄等老年人的服务需求。

第七条 民政部门应当会同有关部门采取措施,鼓励、支持企业事业单位、社会组织或者个人兴办、运营养老机构。

鼓励公民、法人或者其他组织为养老机构提供捐赠和志愿服务。

第八条 民政部门对在养老机构服务和管理工作中做出显著成绩的单位和个人,依照国家有关规定给予表彰和奖励。

第二章 服 务 内 容

第九条 养老机构按照服务协议为收住的老年人提供生活照料、康复护理、精神慰藉、文化娱乐等服务。

第十条 养老机构提供的服务应当符合养老机构基本规范等有关国家标准或者行业标准和规范。

第十一条 养老机构为老年人提供服务,应当与接受服务的老年人或者其代理人签订服务协议。

服务协议应当载明下列事项:

(一)养老机构的名称、住所、法定代表人或者主要负责人、联系方式;

(二)老年人及其代理人和老年人指定的经常联系人的姓名、住址、身份证明、联系方式;

(三)服务内容和服务方式;

(四)收费标准以及费用支付方式;

(五)服务期限和地点;

(六)当事人的权利和义务;

（七）协议变更、解除与终止的条件；

（八）违约责任；

（九）意外伤害责任认定和争议解决方式；

（十）当事人协商一致的其他内容。

服务协议示范文本由国务院民政部门另行制定。

第十二条 养老机构应当提供满足老年人日常生活需求的吃饭、穿衣、如厕、洗澡、室内外活动等服务。

养老机构应当提供符合老年人居住条件的住房，并配备适合老年人安全保护要求的设施、设备及用具，定期对老年人活动场所和物品进行消毒和清洗。

养老机构提供的饮食应当符合卫生要求、有利于老年人营养平衡、符合民族风俗习惯。

第十三条 养老机构应当建立入院评估制度，做好老年人健康状况评估，并根据服务协议和老年人的生活自理能力，实施分级分类服务。

养老机构应当为老年人建立健康档案，组织定期体检，做好疾病预防工作。

养老机构可以通过设立医疗机构或者采取与周边医疗机构合作的方式，为老年人提供医疗服务。养老机构设立医疗机构的，应当依法取得医疗机构执业许可证，按照医疗机构管理相关法律法规进行管理。

第十四条 养老机构在老年人突发危重疾病时，应当及时通知代理人或者经常联系人并转送医疗机构救治；发现老年人为疑似传染病病人或者精神障碍患者时，应当依照传染病防治、精神卫生等相关法律法规的规定处理。

第十五条 养老机构应当根据需要为老年人提供情绪疏导、心理咨询、危机干预等精神慰藉服务。

第十六条 养老机构应当开展适合老年人的文化、体育、娱乐活动，丰富老年人的精神文化生活。

养老机构开展文化、体育、娱乐活动时，应当为老年人提供必要的安全防护措施。

第三章 内部管理

第十七条 养老机构应当按照国家有关规定建立健全安全、消防、卫生、财务、档案管理等规章制度，制定服务标准和工作流程，并予以公开。

第十八条 养老机构应当配备与服务和运营相适应的工作人员，并依法与其签订聘用合同或者劳动合同。

养老机构中从事医疗、康复、社会工作等服务的专业技术人员，应当持有关部门颁发的专业技术等级证书上岗；养老护理人员应当接受专业技能培训，经考核合格后持证上岗。

养老机构应当定期组织工作人员进行职业道德教育和业务培训。

第十九条 养老机构应当依照其登记类型、经营性质、设施设备条件、管理水平、服务质量、护理等级等因素确定服务项目的收费标准。

养老机构应当在醒目位置公示各类服务项目收费标准和收费依据，并遵守国家和地方政府价格管理有关规定。

第二十条　养老机构应当按照国家有关规定接受、使用捐赠物资，接受志愿服务。

第二十一条　养老机构应当实行24小时值班，做好老年人安全保障工作。

第二十二条　养老机构应当依法履行消防安全职责，健全消防安全管理制度，实行消防工作责任制，配置、维护消防设施、器材，开展日常防火检查，定期组织灭火和应急疏散消防安全培训。

第二十三条　养老机构应当制定突发事件应急预案。

突发事件发生后，养老机构应当立即启动应急处理程序，根据突发事件应对管理职责分工向有关部门报告，并将应急处理结果报实施许可的民政部门和住所地民政部门。

第二十四条　鼓励养老机构投保责任保险，降低机构运营风险。

第二十五条　养老机构应当建立老年人信息档案，妥善保存相关原始资料。

养老机构应当保护老年人的个人信息。

第二十六条　养老机构应当经常听取老年人的意见和建议，发挥老年人对养老机构服务和管理的监督促进作用。

第二十七条　养老机构因变更或者终止等原因暂停、终止服务的，应当于暂停或者终止服务60日前，向实施许可的民政部门提交老年人安置方案，方案中应当明确收住老年人的数量、安置计划及实施日期等事项，经批准后方可实施。

民政部门应当自接到安置方案之日起20日内完成审核工作。

民政部门应当督促养老机构实施安置方案，并及时为其妥善安置老年人提供帮助。

第四章　监督检查

第二十八条　民政部门应当按照实施许可权限，通过书面检查或者实地查验等方式对养老机构进行监督检查，并向社会公布检查结果。上级民政部门可以委托下级民政部门进行监督检查。

养老机构应当于每年3月31日之前向实施许可的民政部门提交上一年度的工作报告。年度工作报告内容包括服务范围、服务质量、运营管理等情况。

第二十九条　民政部门应当建立养老机构评估制度，定期对养老机构的人员、设施、服务、管理、信誉等情况进行综合评价。

养老机构评估工作可以委托第三方实施，评估结果应当向社会公布。

第三十条　民政部门应当定期开展养老服务行业统计工作，养老机构应当及时准确报送相关信息。

第三十一条　民政部门应当建立对养老机构管理的举报和投诉制度。

民政部门接到举报、投诉后，应当及时核实、处理。

第三十二条　上级民政部门应当加强对下级民政部门的指导和监督，及时纠正养老机构管理中的违规违法行为。

第五章　法律责任

第三十三条　养老机构有下列行为之一的，由实施许可的民政部门责令改正；情节严重的，处以 3 万元以下的罚款；构成犯罪的，依法追究刑事责任：

（一）未与老年人或者其代理人签订服务协议，或者协议不符合规定的；

（二）未按照国家有关标准和规定开展服务的；

（三）配备人员的资格不符合规定的；

（四）向负责监督检查的民政部门隐瞒有关情况、提供虚假材料或者拒绝提供反映其活动情况真实材料的；

（五）利用养老机构的房屋、场地、设施开展与养老服务宗旨无关的活动的；

（六）歧视、侮辱、虐待或遗弃老年人以及其他侵犯老年人合法权益行为的；

（七）擅自暂停或者终止服务的；

（八）法律、法规、规章规定的其他违法行为。

第三十四条 民政部门及其工作人员违反本办法有关规定，由上级行政机关责令改正；情节严重的，对直接负责的主管人员和其他责任人员依法给予行政处分；构成犯罪的，依法追究刑事责任。

第六章 附 则

第三十五条 国家对光荣院、农村五保供养服务机构等养老机构的管理有特别规定的，依照其规定办理。

第三十六条 本办法自 2013 年 7 月 1 日起施行。

养老机构设立许可办法

中华人民共和国民政部令第 48 号

《养老机构设立许可办法》已经 2013 年 6 月 27 日民政部部务会议通过，现予公布，自 2013 年 7 月 1 日起施行。

部长：李立国

2013 年 6 月 28 日

养老机构设立许可办法

第一章 总 则

第一条 为了规范养老机构设立许可，促进养老机构健康发展，根据《中华人民共和国老年人权益保障法》和有关法律、行政法规，制定本办法。

第二条 养老机构设立许可的申请、受理、审查、决定和监督检查，适用本办法。

第三条 本办法所称养老机构，是指为老年人提供集中居住和照料服务的机构。

第四条 国务院民政部门负责全国养老机构设立许可工作。

县级以上地方人民政府民政部门负责本行政区域内养老机构设立许可工作。

第五条 实施养老机构设立许可，应当遵循公开、公平、公正原则。

第二章 条件和程序

第六条 设立养老机构，应当符合下列条件：

（一）有名称、住所、机构章程和管理制度；

（二）有符合养老机构相关规范和技术标准，符合国家环境保护、消防安全、卫生防疫等要求的基本生活用房、设施设备和活动场地；

（三）有与开展服务相适应的管理人员、专业技术人员和服务人员；

（四）有与服务内容和规模相适应的资金；

（五）床位数在10张以上；

（六）法律、法规规定的其他条件。

第七条 依法成立的组织或者具有完全民事行为能力的自然人可以向养老机构住所地县级以上人民政府民政部门申请设立养老机构。

第八条 县、不设区的市、直辖市的区人民政府民政部门实施本行政区域内养老机构的设立许可。

设区的市人民政府民政部门实施住所在市辖区的养老机构的设立许可。

设区的市人民政府民政部门可以委托市辖区人民政府民政部门实施许可。

第九条 省级以上人民政府投资兴办的发挥实训、示范功能的养老机构，可以到同级人民政府民政部门申请设立许可。

前款规定的许可事项，可以委托下一级人民政府民政部门实施许可。

第十条 外国的组织、个人独资或者与中国的组织、个人合资、合作设立养老机构的，香港、澳门、台湾地区的组织、个人以及华侨独资或者与内地（大陆）的组织、个人合资、合作设立养老机构的，由住所地省级人民政府民政部门或者其委托的设区的市级人民政府（行政公署）民政部门实施许可。

法律、法规对投资者另有规定的，从其规定。

第十一条 许可机关根据申请人筹建养老机构的需要和条件，在设立条件、提交材料等方面提供指导和支持。

第十二条 申请设立养老机构，应当向许可机关提交下列文件、资料：

（一）设立申请书；

（二）申请人、拟任法定代表人或者主要负责人的资格证明文件；

（三）符合登记规定的机构名称、章程和管理制度；

（四）建设单位的竣工验收合格证明，卫生防疫、环境保护部门的验收报告或者审查意见，以及公安消防部门出具的建设工程消防设计审核、消防验收合格意见，或者消防备案凭证；

（五）服务场所的自有产权证明或者房屋租赁合同；

（六）管理人员、专业技术人员、服务人员的名单、身份证明文件和健康状况证明；

（七）资金来源证明文件、验资证明和资产评估报告；

（八）依照法律、法规、规章规定，需要提供的其他材料。

第十三条 许可机关应当自受理设立申请之日起 20 个工作日内，对申请人提交的文件、材料进行书面审查并实地查验。符合条件的，颁发养老机构设立许可证（以下简称设立许可证）；不符合条件的，应当书面通知申请人并说明理由。

第十四条 养老机构应当取得许可并依法登记。未获得许可和依法登记前，养老机构不得以任何名义收取费用、收住老年人。

第三章 许可管理

第十五条 设立许可证应当载明机构名称、住所、法定代表人或者主要负责人、服务范围、有效期限等事项。

设立许可证分为正本和副本，正本和副本具有同等法律效力。设立许可证的式样由国务院民政部门统一规定。

第十六条 设立许可证有效期 5 年。设立许可证有效期届满 30 日前，养老机构应当持设立许可证、登记证书副本、养老服务提供情况报告到原许可机关申请换发许可证。

许可机关应当在有效期限届满前按照设立条件作出是否准予延续的决定，逾期未做决定的，视为准予延续。

第十七条 养老机构设立分支机构，应当依照本办法第八条、第九条和第十条的规定，到分支机构住所地的县级以上人民政府民政部门办理申请设立许可手续。相关法律、行政法规对分支机构另有规定的，从其规定。

第十八条 养老机构变更名称、法定代表人或者主要负责人、服务范围的，应当到原许可机关办理变更手续。

养老机构变更住所的，应当重新办理申请设立许可手续。

第十九条 养老机构自行解散，或者无法继续提供服务的，应当终止，并将设立许可证交回原许可机关，办理注销手续。

终止服务的养老机构应当按照有关规定进行清算。

第二十条 养老机构因分立、合并、改建、扩建等原因暂停服务的，或者因解散等原因终止服务的，应当向原许可机关提出申请，并提交老年人安置方案，经批准后实施。未经批准，不得擅自暂停或者终止服务。

第二十一条 许可机关应当建立健全养老机构设立许可信息管理制度，及时公布养老机构设立许可相关信息。

第四章 监督检查

第二十二条 许可机关依法对养老机构的名称、住所、法定代表人或者主要负责人、服务范围等设立许可证载明事项的变化情况进行监督检查，养老机构应当接受和配合监督检查。

许可机关实施养老机构设立许可和对有关事项进行监督检查，不得收取任何费用。

第二十三条 有下列情形之一的，许可机关或者其上级机关，根据利害关系人的请求或者依据职权，可以撤销许可：

（一）许可机关工作人员滥用职权、玩忽职守作出准予许可决定的；
（二）超越法定职权作出准予许可决定的；
（三）违反法定程序作出准予许可决定的；
（四）对不符合法定条件的养老机构准予许可的；
（五）依法可以撤销许可的其他情形。

许可机关发现养老机构以欺骗、贿赂等不正当手段取得许可的，应当予以撤销。

许可机关依法撤销许可后，应当告知相关登记管理机关。

第二十四条 养老机构有下列情形之一的，许可机关应当注销许可，并予以公告：

（一）设立许可证有效期届满未延续的；
（二）养老机构依法终止的；
（三）许可被依法撤销、撤回的；
（四）被登记管理机关依法吊销登记证书的；
（五）因不可抗力导致许可事项无法实施的；
（六）法律、法规规定的应当注销许可的其他情形。

许可机关依法注销许可后，应当告知相关登记管理机关。

第二十五条 任何单位和个人对违反本办法的行为，有权向许可机关举报，许可机关应当及时核实、处理。

第五章 法律责任

第二十六条 养老机构有下列情形之一的，许可机关应当依法给予警告，并处以3万元以下罚款；构成犯罪的，依法追究刑事责任：

（一）未依法履行变更、终止手续的；
（二）涂改、倒卖、出租、出借、转让设立许可证的。

第二十七条 未经许可设立养老机构的，由许可机关责令改正；造成人身、财产损害的，依法承担民事责任；违反治安管理规定的，由公安机关依照《中华人民共和国治安管理处罚法》的有关规定予以处罚；构成犯罪的，依法追究刑事责任。

第二十八条 许可机关及其工作人员在养老机构设立许可申请、受理、审查、决定和监督检查中滥用职权、玩忽职守、徇私舞弊的，由上级机关责令改正；造成严重后果的，对直接负责的主管人员和其他直接责任人员依法给予处分；构成犯罪的，依法追究刑事责任。

第六章 附 则

第二十九条 本办法实施前设立的养老机构，符合本办法规定条件的，应当按照本办法的规定办理有关手续。

本办法实施前设立的养老机构，不符合设立条件的，应当在本办法实施后1年内完成整改，其中农村五保供养服务机构应当在实施后2年内完成整改。

第三十条 城乡社区日间照料和互助型养老场所等不适用本办法。

第三十一条 本办法自2013年7月1日起施行。

中华人民共和国旅游法

中华人民共和国主席令第3号

《中华人民共和国旅游法》已由中华人民共和国第十二届全国人民代表大会常务委员会第二次会议于2013年4月25日通过，现予公布，自2013年10月1日起施行。

中华人民共和国主席 习近平
2013年4月25日

中华人民共和国旅游法

目 录

第一章 总 则
第二章 旅游者
第三章 旅游规划和促进
第四章 旅游经营
第五章 旅游服务合同
第六章 旅游安全

第七章　旅游监督管理
第八章　旅游纠纷处理
第九章　法律责任
第十章　附则

第一章　总　　则

第一条　为保障旅游者和旅游经营者的合法权益，规范旅游市场秩序，保护和合理利用旅游资源，促进旅游业持续健康发展，制定本法。

第二条　在中华人民共和国境内的和在中华人民共和国境内组织到境外的游览、度假、休闲等形式的旅游活动以及为旅游活动提供相关服务的经营活动，适用本法。

第三条　国家发展旅游事业，完善旅游公共服务，依法保护旅游者在旅游活动中的权利。

第四条　旅游业发展应当遵循社会效益、经济效益和生态效益相统一的原则。国家鼓励各类市场主体在有效保护旅游资源的前提下，依法合理利用旅游资源。利用公共资源建设的游览场所应当体现公益性质。

第五条　国家倡导健康、文明、环保的旅游方式，支持和鼓励各类社会机构开展旅游公益宣传，对促进旅游业发展做出突出贡献的单位和个人给予奖励。

第六条　国家建立健全旅游服务标准和市场规则，禁止行业垄断和地区垄断。旅游经营者应当诚信经营，公平竞争，承担社会责任，为旅游者提供安全、健康、卫生、方便的旅游服务。

第七条　国务院建立健全旅游综合协调机制，对旅游业发展进行综合协调。

县级以上地方人民政府应当加强对旅游工作的组织和领导，明确相关部门或者机构，对本行政区域的旅游业发展和监督管理进行统筹协调。

第八条　依法成立的旅游行业组织，实行自律管理。

第二章　旅　游　者

第九条　旅游者有权自主选择旅游产品和服务，有权拒绝旅游经营者的强制交易行为。

旅游者有权知悉其购买的旅游产品和服务的真实情况。

旅游者有权要求旅游经营者按照约定提供产品和服务。

第十条　旅游者的人格尊严、民族风俗习惯和宗教信仰应当得到尊重。

第十一条　残疾人、老年人、未成年人等旅游者在旅游活动中依照法律、法规和有关规定享受便利和优惠。

第十二条　旅游者在人身、财产安全遇有危险时，有请求救助和保护的权利。

旅游者人身、财产受到侵害的，有依法获得赔偿的权利。

第十三条　旅游者在旅游活动中应当遵守社会公共秩序和社会公德，尊重当地的风俗习惯、文化传统和宗教信仰，爱护旅游资源，保护生态环境，遵守旅游文明行为规范。

第十四条 旅游者在旅游活动中或者在解决纠纷时，不得损害当地居民的合法权益，不得干扰他人的旅游活动，不得损害旅游经营者和旅游从业人员的合法权益。

第十五条 旅游者购买、接受旅游服务时，应当向旅游经营者如实告知与旅游活动相关的个人健康信息，遵守旅游活动中的安全警示规定。

旅游者对国家应对重大突发事件暂时限制旅游活动的措施以及有关部门、机构或者旅游经营者采取的安全防范和应急处置措施，应当予以配合。

旅游者违反安全警示规定，或者对国家应对重大突发事件暂时限制旅游活动的措施、安全防范和应急处置措施不予配合的，依法承担相应责任。

第十六条 出境旅游者不得在境外非法滞留，随团出境的旅游者不得擅自分团、脱团。

入境旅游者不得在境内非法滞留，随团入境的旅游者不得擅自分团、脱团。

第三章 旅游规划和促进

第十七条 国务院和县级以上地方人民政府应当将旅游业发展纳入国民经济和社会发展规划。

国务院和省、自治区、直辖市人民政府以及旅游资源丰富的设区的市和县级人民政府，应当按照国民经济和社会发展规划的要求，组织编制旅游发展规划。对跨行政区域且适宜进行整体利用的旅游资源进行利用时，应当由上级人民政府组织编制或者由相关地方人民政府协商编制统一的旅游发展规划。

第十八条 旅游发展规划应当包括旅游业发展的总体要求和发展目标，旅游资源保护和利用的要求和措施，以及旅游产品开发、旅游服务质量提升、旅游文化建设、旅游形象推广、旅游基础设施和公共服务设施建设的要求和促进措施等内容。

根据旅游发展规划，县级以上地方人民政府可以编制重点旅游资源开发利用的专项规划，对特定区域内的旅游项目、设施和服务功能配套提出专门要求。

第十九条 旅游发展规划应当与土地利用总体规划、城乡规划、环境保护规划以及其他自然资源和文物等人文资源的保护和利用规划相衔接。

第二十条 各级人民政府编制土地利用总体规划、城乡规划，应当充分考虑相关旅游项目、设施的空间布局和建设用地要求。规划和建设交通、通信、供水、供电、环保等基础设施和公共服务设施，应当兼顾旅游业发展的需要。

第二十一条 对自然资源和文物等人文资源进行旅游利用，必须严格遵守有关法律、法规的规定，符合资源、生态保护和文物安全的要求，尊重和维护当地传统文化和习俗，维护资源的区域整体性、文化代表性和地域特殊性，并考虑军事设施保护的需要。有关主管部门应当加强对资源保护和旅游利用状况的监督检查。

第二十二条 各级人民政府应当组织对本级政府编制的旅游发展规划的执行情况进行评估，并向社会公布。

第二十三条 国务院和县级以上地方人民政府应当制定并组织实施有利于旅游业持续健康发展的产业政策，推进旅游休闲体系建设，采取措施推动区域旅游合作，鼓励跨区域旅游线路和产品开发，促进旅游与工业、农业、商业、文化、卫生、体育、科教等领域的融合，扶持少数民族地区、革命老区、边远地区和贫困地区旅游业发展。

第二十四条　国务院和县级以上地方人民政府应当根据实际情况安排资金，加强旅游基础设施建设、旅游公共服务和旅游形象推广。

第二十五条　国家制定并实施旅游形象推广战略。国务院旅游主管部门统筹组织国家旅游形象的境外推广工作，建立旅游形象推广机构和网络，开展旅游国际合作与交流。

县级以上地方人民政府统筹组织本地的旅游形象推广工作。

第二十六条　国务院旅游主管部门和县级以上地方人民政府应当根据需要建立旅游公共信息和咨询平台，无偿向旅游者提供旅游景区、线路、交通、气象、住宿、安全、医疗急救等必要信息和咨询服务。设区的市和县级人民政府有关部门应当根据需要在交通枢纽、商业中心和旅游者集中场所设置旅游咨询中心，在景区和通往主要景区的道路设置旅游指示标识。

旅游资源丰富的设区的市和县级人民政府可以根据本地的实际情况，建立旅游客运专线或者游客中转站，为旅游者在城市及周边旅游提供服务。

第二十七条　国家鼓励和支持发展旅游职业教育和培训，提高旅游从业人员素质。

第四章　旅游经营

第二十八条　设立旅行社，招徕、组织、接待旅游者，为其提供旅游服务，应当具备下列条件，取得旅游主管部门的许可，依法办理工商登记：

（一）有固定的经营场所；

（二）有必要的营业设施；

（三）有符合规定的注册资本；

（四）有必要的经营管理人员和导游；

（五）法律、行政法规规定的其他条件。

第二十九条　旅行社可以经营下列业务：

（一）境内旅游；

（二）出境旅游；

（三）边境旅游；

（四）入境旅游；

（五）其他旅游业务。

旅行社经营前款第二项和第三项业务，应当取得相应的业务经营许可，具体条件由国务院规定。

第三十条　旅行社不得出租、出借旅行社业务经营许可证，或者以其他形式非法转让旅行社业务经营许可。

第三十一条　旅行社应当按照规定交纳旅游服务质量保证金，用于旅游者权益损害赔偿和垫付旅游者人身安全遇有危险时紧急救助的费用。

第三十二条　旅行社为招徕、组织旅游者发布信息，必须真实、准确，不得进行虚假宣传，误导旅游者。

第三十三条 旅行社及其从业人员组织、接待旅游者，不得安排参观或者参与违反我国法律、法规和社会公德的项目或者活动。

第三十四条 旅行社组织旅游活动应当向合格的供应商订购产品和服务。

第三十五条 旅行社不得以不合理的低价组织旅游活动，诱骗旅游者，并通过安排购物或者另行付费旅游项目获取回扣等不正当利益。

旅行社组织、接待旅游者，不得指定具体购物场所，不得安排另行付费旅游项目。但是，经双方协商一致或者旅游者要求，且不影响其他旅游者行程安排的除外。

发生违反前两款规定情形的，旅游者有权在旅游行程结束后三十日内，要求旅行社为其办理退货并先行垫付退货货款，或者退还另行付费旅游项目的费用。

第三十六条 旅行社组织团队出境旅游或者组织、接待团队入境旅游，应当按照规定安排领队或者导游全程陪同。

第三十七条 参加导游资格考试成绩合格，与旅行社订立劳动合同或者在相关旅游行业组织注册的人员，可以申请取得导游证。

第三十八条 旅行社应当与其聘用的导游依法订立劳动合同，支付劳动报酬，缴纳社会保险费用。

旅行社临时聘用导游为旅游者提供服务的，应当全额向导游支付本法第六十条第三款规定的导游服务费用。

旅行社安排导游为团队旅游提供服务的，不得要求导游垫付或者向导游收取任何费用。

第三十九条 取得导游证，具有相应的学历、语言能力和旅游从业经历，并与旅行社订立劳动合同的人员，可以申请取得领队证。

第四十条 导游和领队为旅游者提供服务必须接受旅行社委派，不得私自承揽导游和领队业务。

第四十一条 导游和领队从事业务活动，应当佩戴导游证、领队证，遵守职业道德，尊重旅游者的风俗习惯和宗教信仰，应当向旅游者告知和解释旅游文明行为规范，引导旅游者健康、文明旅游，劝阻旅游者违反社会公德的行为。

导游和领队应当严格执行旅游行程安排，不得擅自变更旅游行程或者中止服务活动，不得向旅游者索取小费，不得诱导、欺骗、强迫或者变相强迫旅游者购物或者参加另行付费旅游项目。

第四十二条 景区开放应当具备下列条件，并听取旅游主管部门的意见：

（一）有必要的旅游配套服务和辅助设施；

（二）有必要的安全设施及制度，经过安全风险评估，满足安全条件；

（三）有必要的环境保护设施和生态保护措施；

（四）法律、行政法规规定的其他条件。

第四十三条 利用公共资源建设的景区的门票以及景区内的游览场所、交通工具等另行收费项目，实行政府定价或者政府指导价，严格控制价格上涨。拟收费或者提高价格的，应当举行听证会，征求旅游者、经营者和有关方面的意见，论证其必要性、可行性。

利用公共资源建设的景区，不得通过增加另行收费项目等方式变相涨价；另行收费项目已收回投资成本的，应当相应降低价格或者取消收费。

公益性的城市公园、博物馆、纪念馆等，除重点文物保护单位和珍贵文物收藏单位外，应当逐步免费开放。

第四十四条 景区应当在醒目位置公示门票价格、另行收费项目的价格及团体收费价格。景区提高门票价格应当提前六个月公布。

将不同景区的门票或者同一景区内不同游览场所的门票合并出售的，合并后的价格不得高于各单项门票的价格之和，且旅游者有权选择购买其中的单项票。

景区内的核心游览项目因故暂停向旅游者开放或者停止提供服务的，应当公示并相应减少收费。

第四十五条 景区接待旅游者不得超过景区主管部门核定的最大承载量。景区应当公布景区主管部门核定的最大承载量，制定和实施旅游者流量控制方案，并可以采取门票预约等方式，对景区接待旅游者的数量进行控制。

旅游者数量可能达到最大承载量时，景区应当提前公告并同时向当地人民政府报告，景区和当地人民政府应当及时采取疏导、分流等措施。

第四十六条 城镇和乡村居民利用自有住宅或者其他条件依法从事旅游经营，其管理办法由省、自治区、直辖市制定。

第四十七条 经营高空、高速、水上、潜水、探险等高风险旅游项目，应当按照国家有关规定取得经营许可。

第四十八条 通过网络经营旅行社业务的，应当依法取得旅行社业务经营许可，并在其网站主页的显著位置标明其业务经营许可证信息。

发布旅游经营信息的网站，应当保证其信息真实、准确。

第四十九条 为旅游者提供交通、住宿、餐饮、娱乐等服务的经营者，应当符合法律、法规规定的要求，按照合同约定履行义务。

第五十条 旅游经营者应当保证其提供的商品和服务符合保障人身、财产安全的要求。

旅游经营者取得相关质量标准等级的，其设施和服务不得低于相应标准；未取得质量标准等级的，不得使用相关质量等级的称谓和标识。

第五十一条 旅游经营者销售、购买商品或者服务，不得给予或者收受贿赂。

第五十二条 旅游经营者对其在经营活动中知悉的旅游者个人信息，应当予以保密。

第五十三条 从事道路旅游客运的经营者应当遵守道路客运安全管理的各项制度，并在车辆显著位置明示道路旅游客运专用标识，在车厢内显著位置公示经营者和驾驶人信息、道路运输管理机构监督电话等事项。

第五十四条 景区、住宿经营者将其部分经营项目或者场地交由他人从事住宿、餐饮、购物、游览、娱乐、旅游交通等经营的，应当对实际经营者的经营行为给旅游者造成的损害承担连带责任。

第五十五条 旅游经营者组织、接待出入境旅游，发现旅游者从事违法活动或者有违反本法第十六条规定情形的，应当及时向公安机关、旅游主管部门或者我国驻外机构报告。

第五十六条 国家根据旅游活动的风险程度，对旅行社、住宿、旅游交通以及本法第四十七条规定的高风险旅游项目等经营者实施责任保险制度。

第五章　旅游服务合同

第五十七条　旅行社组织和安排旅游活动，应当与旅游者订立合同。

第五十八条　包价旅游合同应当采用书面形式，包括下列内容：

（一）旅行社、旅游者的基本信息；

（二）旅游行程安排；

（三）旅游团成团的最低人数；

（四）交通、住宿、餐饮等旅游服务安排和标准；

（五）游览、娱乐等项目的具体内容和时间；

（六）自由活动时间安排；

（七）旅游费用及其交纳的期限和方式；

（八）违约责任和解决纠纷的方式；

（九）法律、法规规定和双方约定的其他事项。

订立包价旅游合同时，旅行社应当向旅游者详细说明前款第二项至第八项所载内容。

第五十九条　旅行社应当在旅游行程开始前向旅游者提供旅游行程单。旅游行程单是包价旅游合同的组成部分。

第六十条　旅行社委托其他旅行社代理销售包价旅游产品并与旅游者订立包价旅游合同的，应当在包价旅游合同中载明委托社和代理社的基本信息。

旅行社依照本法规定将包价旅游合同中的接待业务委托给地接社履行的，应当在包价旅游合同中载明地接社的基本信息。

安排导游为旅游者提供服务的，应当在包价旅游合同中载明导游服务费用。

第六十一条　旅行社应当提示参加团队旅游的旅游者按照规定投保人身意外伤害保险。

第六十二条　订立包价旅游合同时，旅行社应当向旅游者告知下列事项：

（一）旅游者不适合参加旅游活动的情形；

（二）旅游活动中的安全注意事项；

（三）旅行社依法可以减免责任的信息；

（四）旅游者应当注意的旅游目的地相关法律、法规和风俗习惯、宗教禁忌，依照中国法律不宜参加的活动等；

（五）法律、法规规定的其他应当告知的事项。

在包价旅游合同履行中，遇有前款规定事项的，旅行社也应当告知旅游者。

第六十三条　旅行社招徕旅游者组团旅游，因未达到约定人数不能出团的，组团社可以解除合同。但是，境内旅游应当至少提前七日通知旅游者，出境旅游应当至少提前三十日通知旅游者。

因未达到约定人数不能出团的，组团社经征得旅游者书面同意，可以委托其他旅行社履行合同。组团社对旅游者承担责任，受委托的旅行社对组团社承担责任。旅游者不同意的，可以解除合同。

因未达到约定的成团人数解除合同的，组团社应当向旅游者退还已收取的全部费用。

第六十四条　旅游行程开始前，旅游者可以将包价旅游合同中自身的权利义务转让给第三人，旅行社没有正当理由的不得拒绝，因此增加的费用由旅游者和第三人承担。

第六十五条 旅游行程结束前，旅游者解除合同的，组团社应当在扣除必要的费用后，将余款退还旅游者。

第六十六条 旅游者有下列情形之一的，旅行社可以解除合同：

（一）患有传染病等疾病，可能危害其他旅游者健康和安全的；

（二）携带危害公共安全的物品且不同意交有关部门处理的；

（三）从事违法或者违反社会公德的活动的；

（四）从事严重影响其他旅游者权益的活动，且不听劝阻、不能制止的；

（五）法律规定的其他情形。

因前款规定情形解除合同的，组团社应当在扣除必要的费用后，将余款退还旅游者；给旅行社造成损失的，旅游者应当依法承担赔偿责任。

第六十七条 因不可抗力或者旅行社、履行辅助人已尽合理注意义务仍不能避免的事件，影响旅游行程的，按照下列情形处理：

（一）合同不能继续履行的，旅行社和旅游者均可以解除合同。合同不能完全履行的，旅行社经向旅游者作出说明，可以在合理范围内变更合同；旅游者不同意变更的，可以解除合同。

（二）合同解除的，组团社应当在扣除已向地接社或者履行辅助人支付且不可退还的费用后，将余款退还旅游者；合同变更的，因此增加的费用由旅游者承担，减少的费用退还旅游者。

（三）危及旅游者人身、财产安全的，旅行社应当采取相应的安全措施，因此支出的费用，由旅行社与旅游者分担。

（四）造成旅游者滞留的，旅行社应当采取相应的安置措施。因此增加的食宿费用，由旅游者承担；增加的返程费用，由旅行社与旅游者分担。

第六十八条 旅游行程中解除合同的，旅行社应当协助旅游者返回出发地或者旅游者指定的合理地点。由于旅行社或者履行辅助人的原因导致合同解除的，返程费用由旅行社承担。

第六十九条 旅行社应当按照包价旅游合同的约定履行义务，不得擅自变更旅游行程安排。

经旅游者同意，旅行社将包价旅游合同中的接待业务委托给其他具有相应资质的地接社履行的，应当与地接社订立书面委托合同，约定双方的权利和义务，向地接社提供与旅游者订立的包价旅游合同的副本，并向地接社支付不低于接待和服务成本的费用。地接社应当按照包价旅游合同和委托合同提供服务。

第七十条 旅行社不履行包价旅游合同义务或者履行合同义务不符合约定的，应当依法承担继续履行、采取补救措施或者赔偿损失等违约责任；造成旅游者人身损害、财产损失的，应当依法承担赔偿责任。旅行社具备履行条件，经旅游者要求仍拒绝履行合同，造成旅游者人身损害、滞留等严重后果的，旅游者还可以要求旅行社支付旅游费用一倍以上三倍以下的赔偿金。

由于旅游者自身原因导致包价旅游合同不能履行或者不能按照约定履行，或者造成旅游者人身损害、财产损失的,旅行社不承担责任。

在旅游者自行安排活动期间,旅行社未尽到安全提示、救助义务的,应当对旅游者的人身损害、财产损失承担相应责任。

第七十一条 由于地接社、履行辅助人的原因导致违约的,由组团社承担责任;组团社承担责任后可以向地接社、履行辅助人追偿。

由于地接社、履行辅助人的原因造成旅游者人身损害、财产损失的,旅游者可以要求地接社、履行辅助人承担赔偿责任,也可以要求组团社承担赔偿责任;组团社承担责任后可以向地接社、履行辅助人追偿。但是,由于公共交通经营者的原因造成旅游者人身损害、财产损失的,由公共交通经营者依法承担赔偿责任,旅行社应当协助旅游者向公共交通经营者索赔。

第七十二条 旅游者在旅游活动中或者在解决纠纷时,损害旅行社、履行辅助人、旅游从业人员或者其他旅游者的合法权益的,依法承担赔偿责任。

第七十三条 旅行社根据旅游者的具体要求安排旅游行程,与旅游者订立包价旅游合同的,旅游者请求变更旅游行程安排,因此增加的费用由旅游者承担,减少的费用退还旅游者。

第七十四条 旅行社接受旅游者的委托,为其代订交通、住宿、餐饮、游览、娱乐等旅游服务,收取代办费用的,应当亲自处理委托事务。因旅行社的过错给旅游者造成损失的,旅行社应当承担赔偿责任。

旅行社接受旅游者的委托,为其提供旅游行程设计、旅游信息咨询等服务的,应当保证设计合理、可行,信息及时、准确。

第七十五条 住宿经营者应当按照旅游服务合同的约定为团队旅游者提供住宿服务。住宿经营者未能按照旅游服务合同提供服务的,应当为旅游者提供不低于原定标准的住宿服务,因此增加的费用由住宿经营者承担;但由于不可抗力、政府因公共利益需要采取措施造成不能提供服务的,住宿经营者应当协助安排旅游者住宿。

第六章 旅游安全

第七十六条 县级以上人民政府统一负责旅游安全工作。县级以上人民政府有关部门依照法律、法规履行旅游安全监管职责。

第七十七条 国家建立旅游目的地安全风险提示制度。旅游目的地安全风险提示的级别划分和实施程序,由国务院旅游主管部门会同有关部门制定。

县级以上人民政府及其有关部门应当将旅游安全作为突发事件监测和评估的重要内容。

第七十八条 县级以上人民政府应当依法将旅游应急管理纳入政府应急管理体系,制定应急预案,建立旅游突发事件应对机制。

突发事件发生后,当地人民政府及其有关部门和机构应当采取措施开展救援,并协助旅游者返回出发地或者旅游者指定的合理地点。

第七十九条 旅游经营者应当严格执行安全生产管理和消防安全管理的法律、法规和国家标准、行业标准,具备相应的安全生产条件,制定旅游者安全保护制度和应急预案。

旅游经营者应当对直接为旅游者提供服务的从业人员开展经常性应急救助技能培训，对提供的产品和服务进行安全检验、监测和评估，采取必要措施防止危害发生。

旅游经营者组织、接待老年人、未成年人、残疾人等旅游者，应当采取相应的安全保障措施。

第八十条 旅游经营者应当就旅游活动中的下列事项，以明示的方式事先向旅游者作出说明或者警示：

（一）正确使用相关设施、设备的方法；

（二）必要的安全防范和应急措施；

（三）未向旅游者开放的经营、服务场所和设施、设备；

（四）不适宜参加相关活动的群体；

（五）可能危及旅游者人身、财产安全的其他情形。

第八十一条 突发事件或者旅游安全事故发生后，旅游经营者应当立即采取必要的救助和处置措施，依法履行报告义务，并对旅游者作出妥善安排。

第八十二条 旅游者在人身、财产安全遇有危险时，有权请求旅游经营者、当地政府和相关机构进行及时救助。

中国出境旅游者在境外陷于困境时，有权请求我国驻当地机构在其职责范围内给予协助和保护。

旅游者接受相关组织或者机构的救助后，应当支付应由个人承担的费用。

第七章 旅游监督管理

第八十三条 县级以上人民政府旅游主管部门和有关部门依照本法和有关法律、法规的规定，在各自职责范围内对旅游市场实施监督管理。

县级以上人民政府应当组织旅游主管部门、有关主管部门和工商行政管理、产品质量监督、交通等执法部门对相关旅游经营行为实施监督检查。

第八十四条 旅游主管部门履行监督管理职责，不得违反法律、行政法规的规定向监督管理对象收取费用。

旅游主管部门及其工作人员不得参与任何形式的旅游经营活动。

第八十五条 县级以上人民政府旅游主管部门有权对下列事项实施监督检查：

（一）经营旅行社业务以及从事导游、领队服务是否取得经营、执业许可；

（二）旅行社的经营行为；

（三）导游和领队等旅游从业人员的服务行为；

（四）法律、法规规定的其他事项。

旅游主管部门依照前款规定实施监督检查，可以对涉嫌违法的合同、票据、账簿以及其他资料进行查阅、复制。

第八十六条 旅游主管部门和有关部门依法实施监督检查，其监督检查人员不得少于二人，并应当出示合法证件。监督检查人员少于二人或者未出示合法证件的，被检查单位和个人有权拒绝。

监督检查人员对在监督检查中知悉的被检查单位的商业秘密和个人信息应当依法保密。

第八十七条 对依法实施的监督检查，有关单位和个人应当配合，如实说明情况并提供文件、资料，不得拒绝、阻碍和隐瞒。

第八十八条 县级以上人民政府旅游主管部门和有关部门，在履行监督检查职责中或者在处理举报、投诉时，发现违反本法规定行为的，应当依法及时作出处理；对不属于本部门职责范围的事项，应当及时书面通知并移交有关部门查处。

第八十九条 县级以上地方人民政府建立旅游违法行为查处信息的共享机制，对需要跨部门、跨地区联合查处的违法行为，应当进行督办。

旅游主管部门和有关部门应当按照各自职责，及时向社会公布监督检查的情况。

第九十条 依法成立的旅游行业组织依照法律、行政法规和章程的规定，制定行业经营规范和服务标准，对其会员的经营行为和服务质量进行自律管理，组织开展职业道德教育和业务培训，提高从业人员素质。

第八章 旅游纠纷处理

第九十一条 县级以上人民政府应当指定或者设立统一的旅游投诉受理机构。受理机构接到投诉，应当及时进行处理或者移交有关部门处理，并告知投诉者。

第九十二条 旅游者与旅游经营者发生纠纷，可以通过下列途径解决：

（一）双方协商；

（二）向消费者协会、旅游投诉受理机构或者有关调解组织申请调解；

（三）根据与旅游经营者达成的仲裁协议提请仲裁机构仲裁；

（四）向人民法院提起诉讼。

第九十三条 消费者协会、旅游投诉受理机构和有关调解组织在双方自愿的基础上，依法对旅游者与旅游经营者之间的纠纷进行调解。

第九十四条 旅游者与旅游经营者发生纠纷，旅游者一方人数众多并有共同请求的，可以推选代表人参加协商、调解、仲裁、诉讼活动。

第九章 法律责任

第九十五条 违反本法规定，未经许可经营旅行社业务的，由旅游主管部门或者工商行政管理部门责令改正，没收违法所得，并处一万元以上十万元以下罚款；违法所得十万元以上的，并处违法所得一倍以上五倍以下罚款；对有关责任人员，处二千元以上二万元以下罚款。

旅行社违反本法规定，未经许可经营本法第二十九条第一款第二项、第三项业务，或者出租、出借旅行社业务经营许可证，或者以其他方式非法转让旅行社业务经营许可的，除依照前款规定处罚外，并责令停业整顿；情节严重的，吊销旅行社业务经营许可证；对直接负责的主管人员，处二千元以上二万元以下罚款。

第九十六条 旅行社违反本法规定，有下列行为之一的，由旅游主管部门责令改正，没收违法所得,并处五千元以上五万元以下罚款;情节严重的,责令停业整顿或者吊销旅行社业务经营许可证;对直接负责的主管人员和其他直接责任人员,处二千元以上二万元以下罚款:

(一)未按照规定为出境或者入境团队旅游安排领队或者导游全程陪同的;
(二)安排未取得导游证或者领队证的人员提供导游或者领队服务的;
(三)未向临时聘用的导游支付导游服务费用的;
(四)要求导游垫付或者向导游收取费用的。

第九十七条　旅行社违反本法规定,有下列行为之一的,由旅游主管部门或者有关部门责令改正,没收违法所得,并处五千元以上五万元以下罚款;违法所得五万元以上的,并处违法所得一倍以上五倍以下罚款;情节严重的,责令停业整顿或者吊销旅行社业务经营许可证;对直接负责的主管人员和其他直接责任人员,处二千元以上二万元以下罚款:

(一)进行虚假宣传,误导旅游者的;
(二)向不合格的供应商订购产品和服务的;
(三)未按照规定投保旅行社责任保险的。

第九十八条　旅行社违反本法第三十五条规定的,由旅游主管部门责令改正,没收违法所得,责令停业整顿,并处三万元以上三十万元以下罚款;违法所得三十万元以上的,并处违法所得一倍以上五倍以下罚款;情节严重的,吊销旅行社业务经营许可证;对直接负责的主管人员和其他直接责任人员,没收违法所得,处二千元以上二万元以下罚款,并暂扣或者吊销导游证、领队证。

第九十九条　旅行社未履行本法第五十五条规定的报告义务的,由旅游主管部门处五千元以上五万元以下罚款;情节严重的,责令停业整顿或者吊销旅行社业务经营许可证;对直接负责的主管人员和其他直接责任人员,处二千元以上二万元以下罚款,并暂扣或者吊销导游证、领队证。

第一百条　旅行社违反本法规定,有下列行为之一的,由旅游主管部门责令改正,处三万元以上三十万元以下罚款,并责令停业整顿;造成旅游者滞留等严重后果的,吊销旅行社业务经营许可证;对直接负责的主管人员和其他直接责任人员,处二千元以上二万元以下罚款,并暂扣或者吊销导游证、领队证:

(一)在旅游行程中擅自变更旅游行程安排,严重损害旅游者权益的;
(二)拒绝履行合同的;
(三)未征得旅游者书面同意,委托其他旅行社履行包价旅游合同的。

第一百零一条　旅行社违反本法规定,安排旅游者参观或者参与违反我国法律、法规和社会公德的项目或者活动的,由旅游主管部门责令改正,没收违法所得,责令停业整顿,并处二万元以上二十万元以下罚款;情节严重的,吊销旅行社业务经营许可证;对直接负责的主管人员和其他直接责任人员,处二千元以上二万元以下罚款,并暂扣或者吊销导游证、领队证。

第一百零二条　违反本法规定,未取得导游证或者领队证从事导游、领队活动的,由旅游主管部门责令改正,没收违法所得,并处一千元以上一万元以下罚款,予以公告。

导游、领队违反本法规定,私自承揽业务的,由旅游主管部门责令改正,没收违法所得，处一千元以上一万元以下罚款，并暂扣或者吊销导游证、领队证。

导游、领队违反本法规定，向旅游者索取小费的，由旅游主管部门责令退还，处一千元以上一万元以下罚款；情节严重的，并暂扣或者吊销导游证、领队证。

第一百零三条 违反本法规定被吊销导游证、领队证的导游、领队和受到吊销旅行社业务经营许可证处罚的旅行社的有关管理人员，自处罚之日起未逾三年的，不得重新申请导游证、领队证或者从事旅行社业务。

第一百零四条 旅游经营者违反本法规定，给予或者收受贿赂的，由工商行政管理部门依照有关法律、法规的规定处罚；情节严重的，并由旅游主管部门吊销旅行社业务经营许可证。

第一百零五条 景区不符合本法规定的开放条件而接待旅游者的，由景区主管部门责令停业整顿直至符合开放条件，并处二万元以上二十万元以下罚款。

景区在旅游者数量可能达到最大承载量时，未依照本法规定公告或者未向当地人民政府报告，未及时采取疏导、分流等措施，或者超过最大承载量接待旅游者的，由景区主管部门责令改正，情节严重的，责令停业整顿一个月至六个月。

第一百零六条 景区违反本法规定，擅自提高门票或者另行收费项目的价格，或者有其他价格违法行为的，由有关主管部门依照有关法律、法规的规定处罚。

第一百零七条 旅游经营者违反有关安全生产管理和消防安全管理的法律、法规或者国家标准、行业标准的，由有关主管部门依照有关法律、法规的规定处罚。

第一百零八条 对违反本法规定的旅游经营者及其从业人员，旅游主管部门和有关部门应当记入信用档案，向社会公布。

第一百零九条 旅游主管部门和有关部门的工作人员在履行监督管理职责中，滥用职权、玩忽职守、徇私舞弊，尚不构成犯罪的，依法给予处分。

第一百一十条 违反本法规定，构成犯罪的，依法追究刑事责任。

第十章 附 则

第一百一十一条 本法下列用语的含义：

（一）旅游经营者，是指旅行社、景区以及为旅游者提供交通、住宿、餐饮、购物、娱乐等服务的经营者。

（二）景区，是指为旅游者提供游览服务、有明确的管理界限的场所或者区域。

（三）包价旅游合同，是指旅行社预先安排行程，提供或者通过履行辅助人提供交通、住宿、餐饮、游览、导游或者领队等两项以上旅游服务，旅游者以总价支付旅游费用的合同。

（四）组团社，是指与旅游者订立包价旅游合同的旅行社。

（五）地接社，是指接受组团社委托，在目的地接待旅游者的旅行社。

（六）履行辅助人，是指与旅行社存在合同关系，协助其履行包价旅游合同义务，实际提供相关服务的法人或者自然人。

第一百一十二条 本法自 2013 年 10 月 1 日起施行。

关于修改《快递业务经营许可管理办法》的决定

中华人民共和国交通运输部令 2013 年第 4 号

《关于修改〈快递业务经营许可管理办法〉的决定》已于 2013 年 4 月 3 日经第 3 次部务会议通过，现予公布，自公布之日起施行。

部长　杨传堂

2013 年 4 月 12 日

交通运输部决定对《快递业务经营许可管理办法》（交通运输部令 2009 年第 12 号）作如下修改：

一、将第三条修改为："国务院邮政管理部门和省、自治区、直辖市邮政管理机构以及按照国务院规定设立的省级以下邮政管理机构（以下统称邮政管理部门）负责快递业务经营许可的管理工作。"

二、将第十五条修改为："取得快递业务经营许可的企业设立分公司、营业部等非法人分支机构，凭企业法人快递业务经营许可证（副本）及所附分支机构名录，到分支机构所在地工商行政管理部门办理注册登记。企业分支机构取得营业执照之日起二十日内到所在地省级以下邮政管理机构办理备案手续。

经营快递业务的企业合并、分立或者撤销分支机构的，应当向邮政管理部门备案。"

本决定自公布之日起施行。

《快递业务经营许可管理办法》根据本决定作相应修正，重新公布。

三、工商

公司注册资本登记管理规定

国家工商行政管理总局令第 64 号

《公司注册资本登记管理规定》已经中华人民共和国国家工商行政管理总局局务会审议通过，现予公布，自 2014 年 3 月 1 日起施行。

局长　张　茅

2014 年 2 月 20 日

公司注册资本登记管理规定

第一条　为规范公司注册资本登记管理，根据《中华人民共和国公司法》（以下简称《公司法》）、《中华人民共和国公司登记管理条例》（以下简称《公司登记管理条例》）等有关规定，制定本规定。

第二条　有限责任公司的注册资本为在公司登记机关依法登记的全体股东认缴的出资额。

股份有限公司采取发起设立方式设立的，注册资本为在公司登记机关依法登记的全体发起人认购的股本总额。

股份有限公司采取募集设立方式设立的，注册资本为在公司登记机关依法登记的实收股本总额。

法律、行政法规以及国务院决定规定公司注册资本实行实缴的，注册资本为股东或者发起人实缴的出资额或者实收股本总额。

第三条　公司登记机关依据法律、行政法规和国家有关规定登记公司的注册资本，对符合规定的，予以登记；对不符合规定的，不予登记。

第四条　公司注册资本数额、股东或者发起人的出资时间及出资方式应当符合法律、行政法规的有关规定。

第五条 股东或者发起人可以用货币出资,也可以用实物、知识产权、土地使用权等可以用货币估价并可以依法转让的非货币财产作价出资。

股东或者发起人不得以劳务、信用、自然人姓名、商誉、特许经营权或者设定担保的财产等作价出资。

第六条 股东或者发起人可以以其持有的在中国境内设立的公司(以下称股权所在公司)股权出资。

以股权出资的,该股权应当权属清楚、权能完整、依法可以转让。

具有下列情形的股权不得用作出资:

(一)已被设立质权;

(二)股权所在公司章程约定不得转让;

(三)法律、行政法规或者国务院决定规定,股权所在公司股东转让股权应当报经批准而未经批准;

(四)法律、行政法规或者国务院决定规定不得转让的其他情形。

第七条 债权人可以将其依法享有的对在中国境内设立的公司的债权,转为公司股权。

转为公司股权的债权应当符合下列情形之一:

(一)债权人已经履行债权所对应的合同义务,且不违反法律、行政法规、国务院决定或者公司章程的禁止性规定;

(二)经人民法院生效裁判或者仲裁机构裁决确认;

(三)公司破产重整或者和解期间,列入经人民法院批准的重整计划或者裁定认可的和解协议。

用以转为公司股权的债权有两个以上债权人的,债权人对债权应当已经作出分割。

债权转为公司股权的,公司应当增加注册资本。

第八条 股东或者发起人应当以自己的名义出资。

第九条 公司的注册资本由公司章程规定,登记机关按照公司章程规定予以登记。

以募集方式设立的股份有限公司的注册资本应当经验资机构验资。

公司注册资本发生变化,应当修改公司章程并向公司登记机关依法申请办理变更登记。

第十条 公司增加注册资本的,有限责任公司股东认缴新增资本的出资和股份有限公司的股东认购新股,应当分别依照《公司法》设立有限责任公司和股份有限公司缴纳出资和缴纳股款的有关规定执行。股份有限公司以公开发行新股方式或者上市公司以非公开发行新股方式增加注册资本的,还应当提交国务院证券监督管理机构的核准文件。

第十一条 公司减少注册资本,应当符合《公司法》规定的程序。

法律、行政法规以及国务院决定规定公司注册资本有最低限额的,减少后的注册资本应当不少于最低限额。

第十二条 有限责任公司依据《公司法》第七十四条的规定收购其股东的股权的,应当依法申请减少注册资本的变更登记。

第十三条 有限责任公司变更为股份有限公司时,折合的实收股本总额不得高于公司净资产额。有限责任公司变更为股份有限公司,为增加资本公开发行股份时,应当依法办理。

第十四条 股东出资额或者发起人认购股份、出资时间及方式由公司章程规定。发生变化的,应当修改公司章程并向公司登记机关依法申请办理公司章程或者公司章程修正案备案。

第十五条 法律、行政法规以及国务院决定规定公司注册资本实缴的公司虚报注册资本,取得公司登记的,由公司登记机关依照《公司登记管理条例》的相关规定予以处理。

第十六条 法律、行政法规以及国务院决定规定公司注册资本实缴的,其股东或者发起人虚假出资,未交付作为出资的货币或者非货币财产的,由公司登记机关依照《公司登记管理条例》的相关规定予以处理。

第十七条 法律、行政法规以及国务院决定规定公司注册资本实缴的,其股东或者发起人在公司成立后抽逃其出资的,由公司登记机关依照《公司登记管理条例》的相关规定予以处理。

第十八条 公司注册资本发生变动,公司未按规定办理变更登记的,由公司登记机关依照《公司登记管理条例》的相关规定予以处理。

第十九条 验资机构、资产评估机构出具虚假证明文件的,公司登记机关应当依照《公司登记管理条例》的相关规定予以处理。

第二十条 公司未按规定办理公司章程备案的,由公司登记机关依照《公司登记管理条例》的相关规定予以处理。

第二十一条 撤销公司变更登记涉及公司注册资本变动的,由公司登记机关恢复公司该次登记前的登记状态,并予以公示。

对涉及变动内容不属于登记事项的,公司应当通过企业信用信息公示系统公示。

第二十二条 外商投资的公司注册资本的登记管理适用本规定,法律另有规定的除外。

第二十三条 本规定自2014年3月1日起施行。2005年12月27日国家工商行政管理总局公布的《公司注册资本登记管理规定》、2009年1月14日国家工商行政管理总局公布的《股权出资登记管理办法》、2011年11月23日国家工商行政管理总局公布的《公司债权转股权登记管理办法》同时废止。

国家工商行政管理总局关于修改《中华人民共和国企业法人登记管理条例施行细则》、《外商投资合伙企业登记管理规定》、《个人独资企业登记管理办法》、《个体工商户登记管理办法》等规章的决定

国家工商行政管理总局令第63号

《国家工商行政管理总局关于修改〈中华人民共和国企业法人登记管理条例施行细则〉、

《外商投资合伙企业登记管理规定》、《个人独资企业登记管理办法》、《个体工商户登记管理办法》等规章的决定》已经中华人民共和国国家工商行政管理总局局务会审议通过,现予公布,自2014年3月1日起施行。

局长　张　茅

2014年2月20日

为贯彻实施国务院批准的《注册资本登记制度改革方案》,根据2013年12月28日第十二届全国人民代表大会常务委员会第六次会议通过的修改公司法的决定,国家工商行政管理总局决定对《中华人民共和国企业法人登记管理条例施行细则》、《外商投资合伙企业登记管理规定》、《个人独资企业登记管理办法》、《个体工商户登记管理办法》作如下修改:

一、中华人民共和国企业法人登记管理条例施行细则

(一)将第十四条第一款第(七)项修改为:"有符合规定数额并与经营范围相适应的注册资金,国家对企业注册资金数额有专项规定的按规定执行"。

(二)删去第三十二条第六款。

(三)删去第三十六条第一款中的"核实开办条件"。

(四)删去第五十三条第(二)项中的"并核实有关登记事项和开办条件"。

删去第(五)项。

(五)将第九章标题修改为:"公示和证照管理"。

(六)将第五十四条修改为:"登记主管机关应当将企业法人登记、备案信息通过企业信用信息公示系统向社会公示。"

(七)将第五十五条修改为:"企业法人应当于每年1月1日至6月30日,通过企业信用信息公示系统向登记主管机关报送上一年度年度报告,并向社会公示。

年度报告公示的内容及监督检查按照国务院的规定执行。"

(八)删去第五十六条第二款,增加一款作为第二款:"国家推行电子营业执照。电子营业执照与纸质营业执照具有同等法律效力。"

(九)将第五十九条第(三)项修改为:"监督企业是否按照规定报送、公示年度报告"。

(十)删去第六十三条第一款第(七)项中的"擅自复印营业执照的,收缴复印件,予以警告,处以2 000元以下的罚款。"

删去第(十)项。

二、外商投资合伙企业登记管理规定

(一)将第七章标题修改为:"年度报告公示和证照管理"。

(二)将第四十七条修改为:"外商投资合伙企业应当于每年1月1日至6月30日,通过企业信用信息公示系统向企业登记机关报送上一年度年度报告,并向社会公示。"

(三)删去第五十七条、第五十八条。

三、个人独资企业登记管理办法

（一）将第六章标题修改为"公示和证照管理"。

（二）增加一条作为第二十九条："登记机关应当将个人独资企业登记、备案信息通过企业信用信息公示系统向社会公示。"

（三）将第二十九条修改为第三十条："个人独资企业应当于每年1月1日至6月30日，通过企业信用信息公示系统向登记机关报送上一年度年度报告，并向社会公示。

年度报告公示的内容和监督检查按照国务院的规定执行。"

（四）删去第三十条、第四十条。

四、个体工商户登记管理办法

（一）将第二十三条修改为："个体工商户应当于每年1月1日至6月30日向登记机关报送上一年度年度报告，并对其年度报告的真实性、合法性负责。

个体工商户年度报告、公示办法由国家工商行政管理总局另行制定。"

（二）删去第三十三条第（二）项。

（三）删去第三十八条。

此外，对上述规章的条文顺序和部分文字做了相应调整和修改。

本决定自2014年3月1日起施行。

《中华人民共和国企业法人登记管理条例施行细则》、《外商投资合伙企业登记管理规定》、《个人独资企业登记管理办法》、《个体工商户登记管理办法》根据本决定作相应修改，重新公布。

附件1：中华人民共和国企业法人登记管理条例施行细则（2014修订）（略——编者注）
附件2：外商投资合伙企业登记管理规定（2014修订）
附件3：个体工商户登记管理办法（2014修订）（略——编者注）
附件4：个人独资企业登记管理办法（2014修订）（略——编者注）

附件2：

外商投资合伙企业登记管理规定（2014修订）

第一章 总 则

第一条 为了规范外国企业或者个人在中国境内设立合伙企业的行为，便于外国企业或者个人以设立合伙企业的方式在中国境内投资，扩大对外经济合作和技术交流，依据《中华人民共和国合伙企业法》（以下简称《合伙企业法》）、《外国企业或者个人在中国境内设立合伙企业管理办法》和《中华人民共和国合伙企业登记管理办法》（以下简称《合伙企业登记管理办法》),制定本规定。

第二条 本规定所称外商投资合伙企业是指 2 个以上外国企业或者个人在中国境内设立的合伙企业,以及外国企业或者个人与中国的自然人、法人和其他组织在中国境内设立的合伙企业。

外商投资合伙企业的设立、变更、注销登记适用本规定。

申请办理外商投资合伙企业登记,申请人应当对申请材料的真实性负责。

第三条 外商投资合伙企业应当遵守《合伙企业法》以及其他有关法律、行政法规、规章的规定,应当符合外商投资的产业政策。

国家鼓励具有先进技术和管理经验的外国企业或者个人在中国境内设立合伙企业,促进现代服务业等产业的发展。

《外商投资产业指导目录》禁止类和标注"限于合资"、"限于合作"、"限于合资、合作"、"中方控股"、"中方相对控股"和有外资比例要求的项目,不得设立外商投资合伙企业。

第四条 外商投资合伙企业经依法登记,领取《外商投资合伙企业营业执照》后,方可从事经营活动。

第五条 国家工商行政管理总局主管全国的外商投资合伙企业登记管理工作。

国家工商行政管理总局授予外商投资企业核准登记权的地方工商行政管理部门(以下称企业登记机关)负责本辖区内的外商投资合伙企业登记管理。

省、自治区、直辖市及计划单列市、副省级市工商行政管理部门负责以投资为主要业务的外商投资合伙企业的登记管理。

第二章 设立登记

第六条 设立外商投资合伙企业,应当具备《合伙企业法》和《外国企业或者个人在中国境内设立合伙企业管理办法》规定的条件。

国有独资公司、国有企业、上市公司以及公益性的事业单位、社会团体不得成为普通合伙人。

第七条 外商投资合伙企业的登记事项包括:

(一)名称;

(二)主要经营场所;

(三)执行事务合伙人;

(四)经营范围;

(五)合伙企业类型;

(六)合伙人姓名或者名称、国家(地区)及住所、承担责任方式、认缴或者实际缴付的出资数额、缴付期限、出资方式和评估方式。

合伙协议约定合伙期限的,登记事项还应当包括合伙期限。

执行事务合伙人是外国企业、中国法人或者其他组织的,登记事项还应当包括外国企业、中国法人或者其他组织委派的代表(以下简称委派代表)。

第八条 外商投资合伙企业的名称应当符合国家有关企业名称登记管理的规定。

第九条 外商投资合伙企业主要经营场所只能有一个，并且应当在其企业登记机关登记管辖区域内。

第十条 合伙协议未约定或者全体普通合伙人未决定委托执行事务合伙人的，全体普通合伙人均为执行事务合伙人。

有限合伙人不得成为执行事务合伙人。

第十一条 外商投资合伙企业类型包括外商投资普通合伙企业（含特殊的普通合伙企业）和外商投资有限合伙企业。

第十二条 设立外商投资合伙企业，应当由全体合伙人指定的代表或者共同委托的代理人向企业登记机关申请设立登记。

申请设立外商投资合伙企业，应当向企业登记机关提交下列文件：

（一）全体合伙人签署的设立登记申请书；

（二）全体合伙人签署的合伙协议；

（三）全体合伙人的主体资格证明或者自然人身份证明；

（四）主要经营场所证明；

（五）全体合伙人指定代表或者共同委托代理人的委托书；

（六）全体合伙人对各合伙人认缴或者实际缴付出资的确认书；

（七）全体合伙人签署的符合外商投资产业政策的说明；

（八）与外国合伙人有业务往来的金融机构出具的资信证明；

（九）外国合伙人与境内法律文件送达接受人签署的《法律文件送达授权委托书》；

（十）本规定规定的其他相关文件。

法律、行政法规或者国务院规定设立外商投资合伙企业须经批准的，还应当提交有关批准文件。

外国合伙人的主体资格证明或者自然人身份证明和境外住所证明应当经其所在国家主管机构公证认证并经我国驻该国使（领）馆认证。香港特别行政区、澳门特别行政区和台湾地区合伙人的主体资格证明或者自然人身份证明和境外住所证明应当依照现行相关规定办理。

《法律文件送达授权委托书》应当明确授权境内被授权人代为接受法律文件送达，并载明被授权人姓名或者名称、地址及联系方式。被授权人可以是外国合伙人在中国境内设立的企业、拟设立的外商投资合伙企业（被授权人为拟设立的外商投资合伙企业的，外商投资合伙企业设立后委托生效）或者境内其他有关单位或者个人。

第十三条 外商投资合伙企业的经营范围中有属于法律、行政法规或者国务院规定在登记前须经批准的行业的，应当向企业登记机关提交批准文件。

第十四条 外国合伙人用其从中国境内依法获得的人民币出资的，应当提交外汇管理部门出具的境内人民币利润或者其他人民币合法收益再投资的资本项目外汇业务核准件等相关证明文件。

第十五条 以实物、知识产权、土地使用权或者其他财产权利出资，由全体合伙人协商作价的，应当向企业登记机关提交全体合伙人签署的协商作价确认书；由全体合伙人委托法定评估机构评估作价的，应当向企业登记机关提交中国境内法定评估机构出具的评估作价证明。

外国普通合伙人以劳务出资的，应当向企业登记机关提交外国人就业许可文件，具体程序依照国家有关规定执行。

第十六条 法律、行政法规规定设立特殊的普通合伙企业，需要提交合伙人的职业资格证明的，应当依照相关法律、行政法规规定，向企业登记机关提交有关证明。

第十七条 外商投资合伙企业营业执照的签发日期，为外商投资合伙企业成立日期。

第三章 变更登记

第十八条 外商投资合伙企业登记事项发生变更的，该合伙企业应当自作出变更决定或者发生变更事由之日起15日内，向原企业登记机关申请变更登记。

第十九条 外商投资合伙企业申请变更登记，应当向原企业登记机关提交下列文件：

（一）执行事务合伙人或者委派代表签署的变更登记申请书；

（二）全体普通合伙人签署的变更决定书或者合伙协议约定的人员签署的变更决定书；

（三）本规定规定的其他相关文件。

法律、行政法规或者国务院规定变更事项须经批准的，还应当提交有关批准文件。

变更执行事务合伙人、合伙企业类型、合伙人姓名或者名称、承担责任方式、认缴或者实际缴付的出资数额、缴付期限、出资方式和评估方式等登记事项的，有关申请文书的签名应当经过中国法定公证机构的公证。

第二十条 外商投资合伙企业变更主要经营场所的，应当申请变更登记，并提交新的主要经营场所使用证明。

外商投资合伙企业变更主要经营场所在原企业登记机关辖区外的，应当向迁入地企业登记机关申请办理变更登记；迁入地企业登记机关受理的，由原企业登记机关将企业登记档案移送迁入地企业登记机关。

第二十一条 外商投资合伙企业执行事务合伙人变更的，应当提交全体合伙人签署的修改后的合伙协议。

新任执行事务合伙人是外国企业、中国法人或者其他组织的，还应当提交其委派代表的委托书和自然人身份证明。

执行事务合伙人委派代表变更的，应当提交继任代表的委托书和自然人身份证明。

第二十二条 外商投资合伙企业变更经营范围的，应当提交符合外商投资产业政策的说明。

变更后的经营范围有属于法律、行政法规或者国务院规定在登记前须经批准的行业的，合伙企业应当自有关部门批准之日起30日内，向原企业登记机关申请变更登记。

外商投资合伙企业的经营范围中属于法律、行政法规或者国务院规定须经批准的项目被吊销、撤销许可证或者其他批准文件，或者许可证、其他批准文件有效期届满的，合伙企业应当自吊销、撤销许可证、其他批准文件或者许可证、其他批准文件有效期届满之日起30日内，向原企业登记机关申请变更登记或者注销登记。

第二十三条 外商投资合伙企业变更合伙企业类型的，应当按照拟变更企业类型的设立条件，在规定的期限内向企业登记机关申请变更登记，并依法提交有关文件。

第二十四条　外商投资合伙企业合伙人变更姓名（名称）或者住所的，应当提交姓名（名称）或者住所变更的证明文件。

外国合伙人的姓名（名称）、国家（地区）或者境外住所变更证明文件应当经其所在国家主管机构公证认证并经我国驻该国使（领）馆认证。香港特别行政区、澳门特别行政区和台湾地区合伙人的姓名（名称）、地区或者境外住所变更证明文件应当依照现行相关规定办理。

第二十五条　合伙人增加或者减少对外商投资合伙企业出资的，应当向原企业登记机关提交全体合伙人签署的或者合伙协议约定的人员签署的对该合伙人认缴或者实际缴付出资的确认书。

第二十六条　新合伙人入伙的，外商投资合伙企业应当向原登记机关申请变更登记，提交的文件参照本规定第二章的有关规定。

新合伙人通过受让原合伙人在外商投资合伙企业中的部分或者全部财产份额入伙的，应当提交财产份额转让协议。

第二十七条　外商投资合伙企业的外国合伙人全部退伙，该合伙企业继续存续的，应当依照《合伙企业登记管理办法》规定的程序申请变更登记。

第二十八条　合伙协议修改未涉及登记事项的，外商投资合伙企业应当将修改后的合伙协议或者修改合伙协议的决议送原企业登记机关备案。

第二十九条　外国合伙人变更境内法律文件送达接受人的，应当重新签署《法律文件送达授权委托书》，并向原企业登记机关备案。

第三十条　外商投资合伙企业变更登记事项涉及营业执照变更的，企业登记机关应当换发营业执照。

第四章　注销登记

第三十一条　外商投资合伙企业解散，应当依照《合伙企业法》的规定由清算人进行清算。清算人应当自被确定之日起10日内，将清算人成员名单向企业登记机关备案。

第三十二条　外商投资合伙企业解散的，清算人应当自清算结束之日起15日内，向原企业登记机关办理注销登记。

第三十三条　外商投资合伙企业办理注销登记，应当提交下列文件：

（一）清算人签署的注销登记申请书；

（二）人民法院的破产裁定、外商投资合伙企业依照《合伙企业法》作出的决定、行政机关责令关闭、外商投资合伙企业依法被吊销营业执照或者被撤销的文件；

（三）全体合伙人签名、盖章的清算报告（清算报告中应当载明已经办理完结税务、海关纳税手续的说明）。

有分支机构的外商投资合伙企业申请注销登记，还应当提交分支机构的注销登记证明。

外商投资合伙企业办理注销登记时，应当缴回营业执照。

第三十四条　经企业登记机关注销登记，外商投资合伙企业终止。

第五章 分支机构登记

第三十五条 外商投资合伙企业设立分支机构，应当向分支机构所在地的企业登记机关申请设立登记。

第三十六条 分支机构的登记事项包括：分支机构的名称、经营场所、经营范围、分支机构负责人的姓名及住所。

分支机构的经营范围不得超出外商投资合伙企业的经营范围。

外商投资合伙企业有合伙期限的，分支机构的登记事项还应当包括经营期限。分支机构的经营期限不得超过外商投资合伙企业的合伙期限。

第三十七条 外商投资合伙企业设立分支机构，应当向分支机构所在地的企业登记机关提交下列文件：

（一）分支机构设立登记申请书；
（二）全体合伙人签署的设立分支机构的决定书；
（三）加盖合伙企业印章的合伙企业营业执照复印件；
（四）全体合伙人委派执行分支机构事务负责人的委托书及其身份证明；
（五）经营场所证明；
（六）本规定规定的其他相关文件。

第三十八条 分支机构的经营范围中有属于法律、行政法规或者国务院规定在登记前须经批准的行业的，应当向分支机构所在地的企业登记机关提交批准文件。

第三十九条 外商投资合伙企业申请分支机构变更登记或者注销登记，比照本规定关于外商投资合伙企业变更登记、注销登记的规定办理。

第四十条 外商投资合伙企业应当自分支机构设立登记之日起 30 日内，持加盖印章的分支机构营业执照复印件，到原企业登记机关办理备案。

分支机构登记事项变更的，隶属企业应当自变更登记之日起 30 日内到原企业登记机关办理备案。

申请分支机构注销登记的，外商投资合伙企业应当自分支机构注销登记之日起 30 日内到原企业登记机关办理备案。

第四十一条 分支机构营业执照的签发日期，为外商投资合伙企业分支机构的成立日期。

第六章 登记程序

第四十二条 申请人提交的登记申请材料齐全、符合法定形式，企业登记机关能够当场登记的，应予当场登记，发给（换发）营业执照。

除前款规定情形外，企业登记机关应当自受理申请之日起 20 日内，作出是否登记的决定。予以登记的，发给（换发）营业执照；不予登记的，应当给予书面答复，并说明理由。

对于《外商投资产业指导目录》中没有法定前置审批的限制类项目或者涉及有关部门职

责的其他项目，企业登记机关应当自受理申请之日起 5 日内书面征求有关部门的意见。企业登记机关应当在接到有关部门书面意见之日起 5 日内，作出是否登记的决定。予以登记的，发给（换发）营业执照；不予登记的，应当给予书面答复，并说明理由。

第四十三条 外商投资合伙企业涉及须经政府核准的投资项目的，依照国家有关规定办理投资项目核准手续。

第四十四条 外商投资合伙企业设立、变更、注销的，企业登记机关应当同时将企业设立、变更或者注销登记信息向同级商务主管部门通报。

第四十五条 企业登记机关应当将登记的外商投资合伙企业登记事项记载于外商投资合伙企业登记簿上，供社会公众查阅、复制。

第四十六条 企业登记机关吊销外商投资合伙企业营业执照的，应当发布公告。

第七章 年度报告公示和证照管理

第四十七条 外商投资合伙企业应当于每年 1 月 1 日至 6 月 30 日，通过企业信用信息公示系统向企业登记机关报送上一年度年度报告，并向社会公示。

第四十八条 营业执照分为正本和副本，正本和副本具有同等法律效力。

外商投资合伙企业及其分支机构根据业务需要，可以向企业登记机关申请核发若干营业执照副本。

营业执照正本应当置放在经营场所的醒目位置。

第四十九条 任何单位和个人不得涂改、出售、出租、出借或者以其他方式转让营业执照。

营业执照遗失或者毁损的，应当在企业登记机关指定的报刊上声明作废，并向企业登记机关申请补领或者更换。

第五十条 外商投资合伙企业及其分支机构的登记文书格式和营业执照的正本、副本样式，由国家工商行政管理总局制定。

第八章 法律责任

第五十一条 未领取营业执照，而以外商投资合伙企业名义从事合伙业务的，由企业登记机关依照《合伙企业登记管理办法》第三十六条规定处罚。

从事《外商投资产业指导目录》禁止类项目的，或者未经登记从事限制类项目的，由企业登记机关和其他主管机关依照《无照经营查处取缔办法》规定处罚。法律、行政法规或者国务院另有规定的，从其规定。

第五十二条 提交虚假文件或者采取其他欺骗手段，取得外商投资合伙企业登记的，由企业登记机关依照《合伙企业登记管理办法》第三十七条规定处罚。

第五十三条 外商投资合伙企业登记事项发生变更，未依照本规定规定办理变更登记的，由企业登记机关依照《合伙企业登记管理办法》第三十八条规定处罚。

第五十四条 外商投资合伙企业在使用名称中未按照企业登记机关核准的名称标明"普

通合伙"、"特殊普通合伙"或者"有限合伙"字样的，由企业登记机关依照《合伙企业登记管理办法》第三十九条规定处罚。

第五十五条 外商投资合伙企业未依照本规定办理不涉及登记事项的协议修改、分支机构及清算人成员名单备案的，由企业登记机关依照《合伙企业登记管理办法》第四十条规定处罚。

外商投资合伙企业未依照本规定办理外国合伙人《法律文件送达授权委托书》备案的，由企业登记机关责令改正；逾期未办理的，处2000元以下的罚款。

第五十六条 外商投资合伙企业的清算人未向企业登记机关报送清算报告，或者报送的清算报告隐瞒重要事实，或者有重大遗漏的，由企业登记机关依照《合伙企业登记管理办法》第四十一条规定处罚。

第五十七条 外商投资合伙企业未将其营业执照正本置放在经营场所醒目位置的，由企业登记机关依照《合伙企业登记管理办法》第四十四条规定处罚。

第五十八条 外商投资合伙企业涂改、出售、出租、出借或者以其他方式转让营业执照的，由企业登记机关依照《合伙企业登记管理办法》第四十五条规定处罚。

第五十九条 外商投资合伙企业的分支机构有本章规定的违法行为的，适用本章有关规定。

第六十条 企业登记机关违反产业政策，对于不应当登记的予以登记，或者应当登记的不予登记的，依法追究其直接责任人或者主要负责人的行政责任。

企业登记机关的工作人员滥用职权、徇私舞弊、收受贿赂、侵害外商投资合伙企业合法权益的，依法给予处分。

第九章 附 则

第六十一条 中国的自然人、法人和其他组织在中国境内设立的合伙企业，外国企业或者个人入伙的，应当符合本规定，并依法向企业登记机关申请变更登记。

第六十二条 以投资为主要业务的外商投资合伙企业境内投资的，应当依照国家有关外商投资的法律、行政法规、规章办理。

第六十三条 外商投资的投资性公司、外商投资的创业投资企业在中国境内设立合伙企业或者加入中国自然人、法人和其他组织已经设立的合伙企业的，参照本规定。

第六十四条 外商投资合伙企业依照本规定办理相关登记手续后，应当依法办理外汇、税务、海关等手续。

第六十五条 香港特别行政区、澳门特别行政区、台湾地区的企业或者个人在内地设立合伙企业或者加入内地自然人、法人和其他组织已经设立的合伙企业的，参照本规定。

第六十六条 本规定自2010年3月1日起施行。

国务院关于印发注册资本登记制度改革方案的通知

国发〔2014〕7号

各省、自治区、直辖市人民政府，国务院各部委、各直属机构：

国务院批准《注册资本登记制度改革方案》（以下简称《方案》），现予印发。

一、改革工商登记制度，推进工商注册制度便利化，是党中央、国务院作出的重大决策。改革注册资本登记制度，是深入贯彻党的十八大和十八届二中、三中全会精神，在新形势下全面深化改革的重大举措，对加快政府职能转变、创新政府监管方式、建立公平开放透明的市场规则、保障创业创新，具有重要意义。

二、改革注册资本登记制度涉及面广、政策性强，各级人民政府要加强组织领导，统筹协调解决改革中的具体问题。各地区、各部门要密切配合，加快制定完善配套措施。工商行政管理机关要优化流程、完善制度，确保改革前后管理工作平稳过渡。要强化企业自我管理、行业协会自律和社会组织监督的作用，提高市场监管水平，切实让这项改革举措"落地生根"，进一步释放改革红利，激发创业活力，催生发展新动力。

三、根据全国人民代表大会常务委员会关于修改公司法的决定和《方案》，相应修改有关行政法规和国务院决定。具体由国务院另行公布。

《方案》实施中的重大问题，工商总局要及时向国务院请示报告。

国务院
2014年2月7日

注册资本登记制度改革方案

根据《国务院机构改革和职能转变方案》，为积极稳妥推进注册资本登记制度改革，制定本方案。

一、指导思想、总体目标和基本原则

（一）指导思想。

高举中国特色社会主义伟大旗帜，以邓小平理论、"三个代表"重要思想、科学发展观为指导，坚持社会主义市场经济改革方向，按照加快政府职能转变、建设服务型政府的要求，推进公司注册资本及其他登记事项改革，推进配套监管制度改革，健全完善现代企业制度，服务经济社会持续健康发展。

（二）总体目标。

通过改革公司注册资本及其他登记事项，进一步放松对市场主体准入的管制，降低准入门槛，优化营商环境，促进市场主体加快发展；通过改革监管制度，进一步转变监管方式，强化信用监管，促进协同监管，提高监管效能；通过加强市场主体信息公示，进一步扩大社会监督，促进社会共治，激发各类市场主体创造活力，增强经济发展内生动力。

（三）基本原则。

1. 便捷高效。按照条件适当、程序简便、成本低廉的要求，方便申请人办理市场主体登记注册。鼓励投资创业，创新服务方式，提高登记效率。

2. 规范统一。对各类市场主体实行统一的登记程序、登记要求和基本等同的登记事项，规范登记条件、登记材料，减少对市场主体自治事项的干预。

3. 宽进严管。在放宽注册资本等准入条件的同时，进一步强化市场主体责任，健全完善配套监管制度，加强对市场主体的监督管理，促进社会诚信体系建设，维护宽松准入、公平竞争的市场秩序。

二、放松市场主体准入管制，切实优化营商环境

（一）实行注册资本认缴登记制。公司股东认缴的出资总额或者发起人认购的股本总额（即公司注册资本）应当在工商行政管理机关登记。公司股东（发起人）应当对其认缴出资额、出资方式、出资期限等自主约定，并记载于公司章程。有限责任公司的股东以其认缴的出资额为限对公司承担责任，股份有限公司的股东以其认购的股份为限对公司承担责任。公司应当将股东认缴出资额或者发起人认购股份、出资方式、出资期限、缴纳情况通过市场主体信用信息公示系统向社会公示。公司股东（发起人）对缴纳出资情况的真实性、合法性负责。

放宽注册资本登记条件。除法律、行政法规以及国务院决定对特定行业注册资本最低限额另有规定的外，取消有限责任公司最低注册资本3万元、一人有限责任公司最低注册资本10万元、股份有限公司最低注册资本500万元的限制。不再限制公司设立时全体股东（发起人）的首次出资比例，不再限制公司全体股东（发起人）的货币出资金额占注册资本的比例，不再规定公司股东（发起人）缴足出资的期限。

公司实收资本不再作为工商登记事项。公司登记时，无需提交验资报告。

现行法律、行政法规以及国务院决定明确规定实行注册资本实缴登记制的银行业金融机构、证券公司、期货公司、基金管理公司、保险公司、保险专业代理机构和保险经纪人、直销企业、对外劳务合作企业、融资性担保公司、募集设立的股份有限公司，以及劳务派遣企业、典当行、保险资产管理公司、小额贷款公司实行注册资本认缴登记制问题，另行研究决定。在法律、行政法规以及国务院决定未修改前，暂按现行规定执行。

已经实行申报（认缴）出资登记的个人独资企业、合伙企业、农民专业合作社仍按现行规定执行。

鼓励、引导、支持国有企业、集体企业等非公司制企业法人实施规范的公司制改革，实行注册资本认缴登记制。

积极研究探索新型市场主体的工商登记。

（二）改革年度检验验照制度。将企业年度检验制度改为企业年度报告公示制度。企业应当按年度在规定的期限内，通过市场主体信用信息公示系统向工商行政管理机关报送年度报告，并向社会公示，任何单位和个人均可查询。企业年度报告的主要内容应包括公司股东（发起人）缴纳出资情况、资产状况等，企业对年度报告的真实性、合法性负责，工商行政管理机关可以对企业年度报告公示内容进行抽查。经检查发现企业年度报告隐瞒真实情况、弄虚作假的，工商行政管理机关依法予以处罚，并将企业法定代表人、负责人等信息通报公安、财政、海关、税务等有关部门。对未按规定期限公示年度报告的企业，工商行政管理机关在市场主体信用信息公示系统上将其载入经营异常名录，提醒其履行年度报告公示义务。企业在三年内履行年度报告公示义务的，可以向工商行政管理机关申请恢复正常记载状态；超过三年未履行的，工商行政管理机关将其永久载入经营异常名录，不得恢复正常记载状态，并列入严重违法企业名单（"黑名单"）。

改革个体工商户验照制度，建立符合个体工商户特点的年度报告制度。

探索实施农民专业合作社年度报告制度。

（三）简化住所（经营场所）登记手续。申请人提交场所合法使用证明即可予以登记。对市场主体住所（经营场所）的条件，各省、自治区、直辖市人民政府根据法律法规的规定和本地区管理的实际需要，按照既方便市场主体准入，又有效保障经济社会秩序的原则，可以自行或者授权下级人民政府作出具体规定。

（四）推行电子营业执照和全程电子化登记管理。建立适应互联网环境下的工商登记数字证书管理系统，积极推行全国统一标准规范的电子营业执照，为电子政务和电子商务提供身份认证和电子签名服务保障。电子营业执照载有工商登记信息，与纸质营业执照具有同等法律效力。大力推进以电子营业执照为支撑的网上申请、网上受理、网上审核、网上公示、网上发照等全程电子化登记管理方式，提高市场主体登记管理的信息化、便利化、规范化水平。

三、严格市场主体监督管理，依法维护市场秩序

（一）构建市场主体信用信息公示体系。完善市场主体信用信息公示制度。以企业法人国家信息资源库为基础构建市场主体信用信息公示系统，支撑社会信用体系建设。在市场主体信用信息公示系统上，工商行政管理机关公示市场主体登记、备案、监管等信息；企业按照规定报送、公示年度报告和获得资质资格的许可信息；个体工商户、农民专业合作社的年度报告和获得资质资格的许可信息可以按照规定在系统上公示。公示内容作为相关部门实施行政许可、监督管理的重要依据。加强公示系统管理，建立服务保障机制，为相关单位和社会公众提供方便快捷服务。

（二）完善信用约束机制。建立经营异常名录制度，将未按规定期限公示年度报告、通过登记的住所（经营场所）无法取得联系等的市场主体载入经营异常名录，并在市场主体信用信息公示系统上向社会公示。进一步推进"黑名单"管理应用，完善以企业法人法定代表人、负责人任职限制为主要内容的失信惩戒机制。建立联动响应机制，对被载入经营异常名录或"黑名单"、有其他违法记录的市场主体及其相关责任人，各有关部门要采取有针对性的信用约束措施，形成"一处违法，处处受限"的局面。建立健全境外追偿保障机制，将违反认缴义务、有欺诈和违规行为的境外投资者及其实际控制人列入"重点监控名单"，并严格审查或限制其未来可能采取的各种方式的对华投资。

（三）强化司法救济和刑事惩治。明确政府对市场主体和市场活动监督管理的行政职责，区分民事争议与行政争议的界限。尊重市场主体民事权利，工商行政管理机关对工商登记环节中的申请材料实行形式审查。股东与公司、股东与股东之间因工商登记争议引发民事纠纷时，当事人依法向人民法院提起民事诉讼，寻求司法救济。支持配合人民法院履行民事审判职能，依法审理股权纠纷、合同纠纷等经济纠纷案件，保护当事人合法权益。当事人或者利害关系人依照人民法院生效裁判文书或者协助执行通知书要求办理工商登记的，工商行政管理机关应当依法办理。充分发挥刑事司法对犯罪行为的惩治、威慑作用，相关部门要主动配合公安机关、检察机关、人民法院履行职责，依法惩处破坏社会主义市场经济秩序的犯罪行为。

（四）发挥社会组织的监督自律作用。扩大行业协会参与度，发挥行业协会的行业管理、监督、约束和职业道德建设等作用，引导市场主体履行出资义务和社会责任。积极发挥会计师事务所、公证机构等专业服务机构的作用，强化对市场主体及其行为的监督。支持行业协会、仲裁机构等组织通过调解、仲裁、裁决等方式解决市场主体之间的争议。积极培育、鼓励发展社会信用评价机构，支持开展信用评级，提供客观、公正的企业资信信息。

（五）强化企业自我管理。实行注册资本认缴登记制，涉及公司基础制度的调整，公司应健全自我管理办法和机制，完善内部治理结构，发挥独立董事、监事的监督作用，强化主体责任。公司股东（发起人）应正确认识注册资本认缴的责任，理性作出认缴承诺，严格按照章程、协议约定的时间、数额等履行实际出资责任。

（六）加强市场主体经营行为监管。要加强对市场主体准入和退出行为的监管，大力推进反不正当竞争与反垄断执法，加强对各类商品交易市场的规范管理，维护公平竞争的市场秩序。要强化商品质量监管，严厉打击侵犯商标专用权和销售假冒伪劣商品的违法行为，严肃查处虚假违法广告，严厉打击传销，严格规范直销，维护经营者和消费者合法权益。各部门要依法履行职能范围内的监管职责，强化部门间协调配合，形成分工明确、沟通顺畅、齐抓共管的工作格局，提升监管效能。

（七）加强市场主体住所（经营场所）管理。工商行政管理机关根据投诉举报，依法处理市场主体登记住所（经营场所）与实际情况不符的问题。对于应当具备特定条件的住所（经营场所），或者利用非法建筑、擅自改变房屋用途等从事经营活动的，由规划、建设、国土、房屋管理、公安、环保、安全监管等部门依法管理；涉及许可审批事项的，由负责许可审批的行政管理部门依法监管。

四、保障措施

（一）加强组织领导。注册资本登记制度改革，涉及部门多、牵涉面广、政策性强。按照国务院的统一部署，地方各级人民政府要健全政府统一领导，部门各司其职、相互配合，集中各方力量协调推进改革的工作机制。调剂充实一线登记窗口人员力量，保障便捷高效登记。有关部门要加快制定和完善配套监管制度，统筹推进，同步实施，强化后续监管。建立健全部门间信息沟通共享机制、信用信息披露机制和案件协查移送机制，强化协同监管。上级部门要加强指导、监督，及时研究解决改革中遇到的问题，协调联动推进改革。

（二）加快信息化建设。充分利用信息化手段提升市场主体基础信息和信用信息的采集、整合、服务能力。要按照"物理分散、逻辑集中、差异屏蔽"的原则，加快建设统一规范的市场主体信用信息公示系统。各省、自治区、直辖市要将建成本地区集中统一的市场主体信用信息公示系统，作为本地区实施改革的前提条件。工商行政管理机关要优化完善工商登记管理信息化系统，确保改革前后工商登记管理业务的平稳过渡。有关部门要积极推进政务服务创新，建立面向市场主体的部门协同办理政务事项的工作机制和技术环境，提高政务服务综合效能。各级人民政府要加大投入，为构建市场主体信用信息公示系统、推行电子营业执照等信息化建设提供必要的人员、设施、资金保障。

（三）完善法制保障。积极推进统一的商事登记立法，加快完善市场主体准入与监管的法律法规，建立市场主体信用信息公示和管理制度，防范市场风险，保障交易安全。各地区、各部门要根据法律法规修订情况，按照国务院部署开展相关规章和规范性文件的"立、改、废"工作。

（四）注重宣传引导。坚持正确的舆论导向，充分利用各种媒介，做好注册资本登记制度改革政策的宣传解读，及时解答和回应社会关注的热点问题，引导社会正确认识注册资本认缴登记制的意义和股东出资责任、全面了解市场主体信用信息公示制度的作用，广泛参与诚信体系建设，在全社会形成理解改革、关心改革、支持改革的良好氛围，确保改革顺利推进。

附件：暂不实行注册资本认缴登记制的行业（略——编者注）

工商总局关于同意中国（上海）自由贸易试验区试行新的营业执照方案的批复

工商外企字〔2013〕148号

上海市工商行政管理局：

你局《关于恳请批准中国（上海）自由贸易试验区试行新的营业执照方案的请示》（沪工商外〔2013〕317号）收悉。现批复如下：

原则同意《中国（上海）自由贸易试验区试行新的营业执照方案》，并在中国（上海）自由贸易试验区（以下简称"试验区"）试行新的营业执照。

你局要根据《中国（上海）自由贸易试验区总体方案》要求，结合试验区实际，进一步加强组织领导，完善登记规则，强化后续监管，努力营造有利于试验区内各类企业健康发展、有利于市场秩序稳定有序的市场主体准入环境，在试验区早日形成可复制、可推广的经验，高质量地服务企业健康发展。

试验区试行新的营业执照遇到的新情况、新问题，请及时报告总局外资注册局。

附件：中国（上海）自由贸易试验区试行新的营业执照方案

国家工商行政管理总局
2013年9月26日

附件

中国（上海）自由贸易试验区试行新的营业执照方案

为推进中国（上海）自由贸易试验区（以下简称"试验区"）工商登记制度改革试点，规范统一各类企业营业执照，创造公平竞争的营商环境，提升工商登记管理效能，结合试验区建设的实际需要，制定以下新营业执照试行方案。

一、新营业执照的种类及适用范围

除《农民专业合作社法人营业执照》、《个体工商户营业执照》外，将各类企业的营业执照统一成一种样式，即中国（上海）自由贸易试验区《企业营业执照》（以下简称"试验区营业执照"）。

试验区营业执照适用于在试验区内登记的公司及分公司、非公司企业法人及其分支机构、个人独资企业及其分支机构、合伙企业及其分支机构、中外合作非法人企业、外国（地区）企业在中国境内从事生产经营活动。

二、新营业执照的记载内容

（一）试验区营业执照正本正上方印有中华人民共和国国徽图案。

（二）试验区营业执照名称下方显示"注册号"。注册号按照国家工商总局相关规定和标准生成，"注册号"后标注"中国（上海）自由贸易试验区"。

（三）试验区营业执照内容区域留白，记载事项及其内容根据企业不同类型由系统自动打印生成。公司实行认缴登记制的，注册资本栏目中加注"（认缴，股东以其认缴的出资额或认购的股份为限对公司承担责任）"字样；公司实行实缴登记制的，注册资本栏目中加注"（实缴）"字样。公司营业执照上不再记载实收资本。其他各企业类型营业执照记载事项不变。

（四）试验区营业执照右下方加盖登记机关印章；在印章下方记载"　　年　　月　　日"，显示企业最后一次登记日期。

（五）试验区营业执照右下方统一印"中华人民共和国国家工商行政管理总局监制"字样。

（六）试验区营业执照副本下方印有"须知"字样。内容为："1.《企业营业执照》是企业主体资格和合法经营的凭证。2.《企业营业执照》分为正本和副本，正本和副本具有同等法律效力。"

三、新营业执照规格

（一）试验区营业执照分为正本和副本，均为竖版。正本规格为标准 A3 幅面（420×297mm），副本规格为标准 A4 幅面（297×210mm）。营业执照副本在执照名称下方加注"（副本）"字样，并增加"须知"栏，其他内容与正本相同。

（二）试验区营业执照用防伪底纹设计，采用水印纸印制。

四、关于其他特殊类型登记证的说明

考虑到外国（地区）企业常驻代表机构、企业集团的特殊性，上述主体或组织的登记证按照现行样式保持不变。

试验区营业执照样式见附件。

附：试验区营业执照样式（空白样张正副本）（略——编者注）

关于印发《国家工商行政管理总局关于支持中国（上海）自由贸易试验区建设的若干意见》的通知

工商外企字〔2013〕147 号

上海市工商行政管理局：

《国家工商行政管理总局关于支持中国（上海）自由贸易试验区建设的若干意见》已经 2013 年 9 月 16 日国家工商行政管理总局局务会议审议通过，现印发给你局，请认真贯彻执行。

国家工商行政管理总局
2013 年 9 月 26 日

国家工商行政管理总局关于支持中国（上海）自由贸易试验区建设的若干意见

建立中国（上海）自由贸易试验区（下称"试验区"）是深入贯彻党的十八大精神、实行更加积极主动开放战略的重要举措。试验区肩负着我国在新时期更加深入参与国际竞争、全面提高开放型经济水平、加快转变经济发展方式的重要使命，是国家战略需要。充分发挥

工商行政管理职能作用，对推动试验区建设，实现以开放促发展、促改革、促创新，形成可复制、可推广的经验具有重要意义。根据《国务院关于印发中国（上海）自由贸易试验区总体方案的通知》精神和试验区的实际需要，本着改革创新、先试先行的原则，提出如下意见。

一、试点工商登记制度改革，优化试验区营商环境

（一）试行注册资本认缴登记制。除法律、行政法规对公司注册资本实缴另有规定的外，其他公司试行注册资本认缴登记制。

试行认缴登记制后，工商部门登记公司全体股东、发起人认缴的注册资本或认购的股本总额（即公司注册资本），不登记公司实收资本。公司股东（发起人）应当对其认缴出资额、出资方式、出资期限等自主约定，并记载于公司章程。有限责任公司的股东以其认缴的出资额为限对公司承担责任；股份有限公司的股东以其认购的股份为限对公司承担责任。公司应当将股东认缴出资额或者发起人认购股份、出资方式、出资期限、缴纳情况通过市场主体信用信息公示系统向社会公示。公司股东（发起人）对缴纳出资情况的真实性、合法性负责。

放宽注册资本登记条件，除法律、行政法规、国务院决定对特定行业注册资本最低限额另有规定的外，取消有限责任公司最低注册资本3万元、一人有限责任公司最低注册资本10万元、股份有限公司最低注册资本500万元的规定；不再限制公司设立时全体股东（发起人）的首次出资额及比例；不再限制公司全体股东（发起人）的货币出资金额占注册资本的比例；不再规定公司股东（发起人）缴足出资的期限。

（二）试行"先照后证"登记制。除法律、行政法规、国务院决定规定的企业登记前置许可事项外，在试验区内试行"先照后证"登记制度。试验区内企业向工商部门申请登记、取得营业执照后即可从事一般生产经营活动；经营项目涉及企业登记前置许可事项的，在取得许可证或者批准文件后，向工商部门申领营业执照；申请从事其他许可经营项目的，应当在领取营业执照及许可证或者批准文件后，方可从事经营活动。

（三）试行年度报告公示制。试验区内试行将企业年度检验制度改为企业年度报告公示制度。企业应当按年度在规定的期限内，通过市场主体信用信息公示系统向工商部门报送年度报告，并向社会公示，任何单位和个人均可查询。企业对年度报告的真实性、合法性负责。建立经营异常名录制度，通过市场主体信用信息公示系统，记载未按规定期限公示年度报告的企业。

（四）试行外商投资广告企业项目备案制。在试验区内申请设立外商投资广告企业的，在试验区内的外商投资企业申请增加广告经营业务的，以及在试验区内的外商投资广告企业申请设立分支机构的，不再受现行《外商投资广告企业管理规定》第九条、第十条和第十一条的限制，同时取消对试验区内外商投资广告企业的项目审批和设立分支机构的审批，改为备案制；试验区内外商投资广告企业设立后需要更换合营方或转让股权、变更广告经营范围和变更注册资本的，无需另行报批，改为备案制，可直接办理企业变更登记。

二、优化企业设立流程，提升试验区登记效能

（五）授予试验区工商部门外资登记管理权。试验区工商部门负责辖区内由上海市人民政府及其授权部门批准设立及备案的外商投资企业的登记注册和监督管理。

（六）试验区内实行企业设立"一口受理"。支持试验区工商部门按照上海市人民政府的要求，企业设立可以通过电子数据交换或者现场办理的方式申报材料，由工商部门统一接收申请人向各职能部门提交的申请材料，统一送达许可决定、备案文书和相关证照。

（七）试行新的营业执照样式。除《农民专业合作社法人营业执照》、《个体工商户营业执照》以外，将其他各类企业营业执照统一成一种样式。

三、转变市场主体监管方式，维护试验区市场秩序

（八）强化信用信息公示，完善信用约束机制。建立以工商部门经济户籍库为基础的市场主体信用信息公示系统，推动社会诚信体系建设。工商部门通过系统公示市场主体登记、备案、监管信息。企业按照规定通过系统公示年度报告、获得资质资格的许可信息，工商部门可以对年度报告公示内容进行抽查。对被载入经营异常名录的企业、有违法记录的市场主体及其相关责任人，工商部门采取有针对性的信用监管措施。

（九）创新市场主体监管方式，提升行政执法水平。强化工商部门市场监管和行政执法的职能作用，探索建立与国际高标准投资和贸易规则体系相适应的市场主体监管方式。强化部门间协调配合，形成监管部门分工明确、沟通顺畅、齐抓共管的工作格局，增强监管合力，提升监管效能，共同营造统一开放、公平诚信、竞争有序的市场环境。

国家工商行政管理总局关于支持试验区建设的意见，由总局职能司局会同上海市工商行政管理局具体落实。上海市工商行政管理局要在上海市委、市政府的领导下，深入贯彻落实科学发展观，围绕中心、服务大局，切实履行法定职责，加强改革创新，拓展服务领域，提升服务水平，为推动试验区建设作出积极贡献。

四、海关

关于执行《中华人民共和国海关加工贸易货物监管办法》有关问题的公告

海关总署公告 2014 年第 21 号

根据《中华人民共和国海关法》、《中华人民共和国海关加工贸易货物监管办法》（海关总署令第 219 号，以下简称《办法》）及其他相关法律、行政法规、规章，现将海关加工贸易监管中有关问题公告如下：

一、加工贸易备案（变更）、外发加工、深加工结转、余料结转、核销、放弃核准等业务不再按照《中华人民共和国行政许可法》的要求办理行政许可手续，其名称相应变更为加工贸易手册设立、外发加工备案、深加工结转申报、余料结转申报、核销申报，同时取消放弃核准。企业按照《办法》及本公告有关规定办理海关手续。

二、经营企业应当在手册有效期内办理保税料件或者成品内销、结转、退运等海关手续。

三、关于《办法》第六条

（一）有下列情形之一的，不予办理抵押手续：

1. 抵押影响加工贸易货物生产正常开展的；
2. 抵押加工贸易货物或者其使用的保税料件涉及进出口许可证件管理的；
3. 抵押加工贸易货物属来料加工货物的；
4. 以合同为单元管理的，抵押期限超过手册有效期限的；
5. 以企业为单元管理的，抵押期限超过一年的；
6. 经营企业或者加工企业涉嫌走私、违规，已被海关立案调查、侦查，案件未审结的；
7. 经营企业或者加工企业因为管理混乱被海关要求整改，在整改期内的；
8. 海关认为不予批准的其他情形。

（二）经营企业在申请办理加工贸易货物抵押手续时，应向主管海关提交以下材料：

1. 正式书面申请；
2. 银行抵押贷款书面意向材料；
3. 海关认为必要的其他单证。

（三）经审核符合条件的，经营企业在缴纳相应保证金或者银行、非银行金融机构保函

(以下简称"保证金或者保函")后,主管海关准予其向境内银行办理加工贸易货物抵押,并将抵押合同、贷款合同复印件留存主管海关备案。

保证金或者保函按抵押加工贸易保税货物对应成品所使用全部保税料件应缴税款金额收取。

四、关于《办法》第十条

(一)"分开管理"是指加工贸易货物应与非加工贸易货物分开存放,分别记帐。对确实无法实现货物分开存放的,须经主管海关在审核企业内部信息化管理系统、确认其能够通过联网监管系统实现加工贸易货物与非加工贸易货物数据信息流分开后,认定其符合"分开管理"的监管条件。企业应当确保保税货物流与数据信息流的一致性。

(二)"海关备案的场所"是指加工贸易企业在办理海关注册登记以及加工贸易业务时向海关备案的经营场所。

(三)加工贸易企业改变或者增加存放场所,应经主管海关批准。主管海关应要求加工贸易企业提交注明存放地址、期限等有关内容的书面申请和存放场所的所有权证明复印件,如属租赁场所还需提交租赁合同。

除外发加工等业务需要外,加工贸易货物不得跨直属海关辖区进行存放。

五、关于《办法》第二十三条

(一)企业在办理深加工结转业务时,有未按照有关规定进行收发货申报及报关情形的,在补办有关手续前,海关不再受理新的《深加工结转申报表》,并可根据实际情况暂停已办理《深加工结转申报表》的使用。

(二)企业应按照有关规定撤销或者修改深加工结转报关单;对已放行的深加工结转报关单,不能修改,只能撤销。

(三)转出、转入企业违反有关规定的,海关按照《中华人民共和国海关法》及《中华人民共和国海关行政处罚实施条例》的规定处理;构成犯罪的,依法追究其刑事责任。

六、关于《办法》第二十四条

(一)企业应当在货物首次外发之日起3个工作日内向海关备案外发加工基本情况;企业应当在货物外发之日起10日内向海关申报实际收发货情况,同一手(账)册、同一承揽者的收、发货情况可合并办理。

企业外发加工备案信息发生变化的,应当向海关变更有关信息。

(二)以合同为单元管理的,首次外发是指在本手册项下对同一承揽者第一次办理外发加工业务;以企业为单元管理的,首次外发是指本核销周期内对同一承揽者第一次办理外发加工业务。

(三)对全工序外发的,企业应当在外发加工备案时缴纳相当于外发加工货物应缴税款金额的保证金或者保函。企业变更外发加工信息时,涉及企业应缴纳外发加工保证金数量增加的,企业应补缴保证金或者保函。

(四)企业未按规定向海关办理外发加工手续,或者实际外发情况与申报情况不一致的,按照《中华人民共和国海关行政处罚实施条例》有关规定予以处罚。

七、关于《办法》第二十七条

企业申请内部料件串换的,应遵循以下原则:

（一）保税料件之间以及保税料件和进口非保税料件之间的串换，必须符合同品种、同规格、同数量的条件。

（二）保税料件和国产料件（不含深加工结转料件）之间的串换必须符合同品种、同规格、同数量、关税税率为零，且商品不涉及进出口许可证件管理的条件。

（三）经营企业因保税料件与非保税料件之间发生串换，串换下来同等数量的保税料件，经主管海关批准后，由企业自行处置。

八、关于《办法》第二十九条

经营企业因加工贸易出口产品售后服务需要而申请出口加工贸易手册项下进口的未加工保税料件的，可以按"进料料件复出"或者"来料料件复出"的贸易方式直接申报出口。

九、关于《办法》第三十三条

经营企业申请办理加工贸易货物内销手续，除特别规定外，应当向海关提交下列单证：

（一）主管部门签发的《加工贸易保税进口料件内销批准证》；

（二）经营企业申请内销加工贸易货物的材料；

（三）提交与归类和审价有关的材料。

经营企业申请办理加工贸易货物内销手续，应当如实申报《加工贸易货物内销征税联系单》，凭以办理通关手续。

十、关于《办法》第三十五条

加工贸易料件、成品无法复出口的，按照《中华人民共和国海关关于加工贸易边角料、剩余料件、残次品、副产品和受灾保税货物的管理办法》（海关总署令第111号公布，海关总署令第218号修订）中对剩余料件的有关规定办理。

十一、经营企业申报剩余料件结转的，应当向海关提交下列单证：

（一）经营企业申报剩余料件结转的材料；

（二）经营企业拟结转的剩余料件清单；

（三）海关需要收取的其他单证和材料。

经营企业应当如实申报《加工贸易剩余料件结转联系单》，凭以办理通关手续。

十二、经营企业应当在手册有效期限内进行报核，对经营企业到期手册未报核的，经海关审查，按照《中华人民共和国海关行政处罚实施条例》的有关规定进行处理。

十三、关于《办法》第四十二条

经营企业应按照《中华人民共和国海关报关单位注册登记管理规定》（海关总署令第221号）办理海关注册登记手续。

十四、在启用计算机系统办理相关业务前，暂使用原纸质单证办理。

本公告内容自公布之日起执行。海关总署公告2005年第9号、2010年第93号同时废止。

特此公告。

海关总署
2014年3月24日

中华人民共和国海关报关单位注册登记管理规定

海关总署第 221 号令

《中华人民共和国海关报关单位注册登记管理规定》已于 2014 年 2 月 13 日经海关总署署务会议审议通过，现予公布，自公布之日起施行。2005 年 3 月 31 日以海关总署令第 127 号发布的《中华人民共和国海关对报关单位注册登记管理规定》同时废止。

署长
2014 年 3 月 13 日

中华人民共和国海关报关单位注册登记管理规定

第一章 总 则

第一条 为了规范海关对报关单位的注册登记管理，根据《中华人民共和国海关法》（以下简称《海关法》）以及其他有关法律和行政法规，制定本规定。

第二条 中华人民共和国海关是报关单位注册登记管理的主管机关。

第三条 报关单位办理报关业务应当遵守国家有关法律、行政法规和海关规章的规定，承担相应的法律责任。

报关单位对其所属报关人员的报关行为应当承担相应的法律责任。

第四条 除法律、行政法规或者海关规章另有规定外，办理报关业务的报关单位，应当按照本规定到海关办理注册登记。

第五条 报关单位注册登记分为报关企业注册登记和进出口货物收发货人注册登记。

报关企业应当经所在地直属海关或者其授权的隶属海关办理注册登记许可后，方能办理报关业务。

进出口货物收发货人可以直接到所在地海关办理注册登记。

报关单位应当在每年 6 月 30 日前向注册地海关提交《报关单位注册信息年度报告》。

报关单位所属人员从事报关业务的，报关单位应当到海关办理备案手续，海关予以核发证明。

报关单位可以在办理注册登记手续的同时办理所属报关人员备案。

第六条 进出口货物收发货人应当通过本单位所属的报关人员办理报关业务，或者委托海关准予注册登记的报关企业，由报关企业所属的报关人员代为办理报关业务。

海关可以将报关单位的报关业务情况以及所属报关人员的执业情况予以公布。

第七条 已经在海关办理注册登记的报关单位，再次向海关提出注册登记申请的，海关不予受理。

第二章 报关企业注册登记

第八条 报关企业应当具备下列条件：
（一）具备境内企业法人资格条件；
（二）法定代表人无走私记录；
（三）无因走私违法行为被海关撤销注册登记许可记录；
（四）有符合从事报关服务所必需的固定经营场所和设施；
（五）海关监管所需要的其他条件。

第九条 申请报关企业注册登记许可，应当提交下列文件材料：
（一）《报关单位情况登记表》；
（二）企业法人营业执照副本复印件以及组织机构代码证书副本复印件；
（三）报关服务营业场所所有权证明或者使用权证明；
（四）其他与申请注册登记许可相关的材料。
申请人按照本条第一款规定提交复印件的，应当同时向海关交验原件。

第十条 申请人应当到所在地海关提出申请并递交申请注册登记许可材料。
直属海关应当对外公布受理申请的场所。

第十一条 申请人可以委托代理人提出注册登记许可申请。
申请人委托代理人代为提出申请的，应当出具授权委托书。

第十二条 对申请人提出的申请，海关应当根据下列情况分别作出处理：
（一）申请人不具备报关企业注册登记许可申请资格的，应当作出不予受理的决定；
（二）申请材料不齐全或者不符合法定形式的，应当当场或者在签收申请材料后五日内一次告知申请人需要补正的全部内容，逾期不告知的，自收到申请材料之日起即为受理；
（三）申请材料仅存在文字性或者技术性等可以当场更正的错误的，应当允许申请人当场更正，并且由申请人对更正内容予以签章确认；
（四）申请材料齐全、符合法定形式，或者申请人按照海关的要求提交全部补正申请材料的，应当受理报关企业注册登记许可申请，并作出受理决定。

第十三条 所在地海关受理申请后，应当根据法定条件和程序进行全面审查，并且于受理注册登记许可申请之日起20日内审查完毕。
直属海关未授权隶属海关办理注册登记许可的，应当自收到所在地海关报送的审查意见之日起20日内作出决定。
直属海关授权隶属海关办理注册登记许可的，隶属海关应当自受理或者收到所在地海关报送的审查意见之日起20日内作出决定。

第十四条 申请人的申请符合法定条件的，海关应当依法作出准予注册登记许可的书面决定，并送达申请人，同时核发《中华人民共和国海关报关单位注册登记证书》。
申请人的申请不符合法定条件的，海关应当依法作出不准予注册登记许可的书面决定，并且告知申请人享有依法申请行政复议或者提起行政诉讼的权利。

第十五条　报关企业在取得注册登记许可的直属海关关区外从事报关服务的,应当依法设立分支机构,并且向分支机构所在地海关备案。

报关企业在取得注册登记许可的直属海关关区内从事报关服务的,可以设立分支机构,并且向分支机构所在地海关备案。

报关企业分支机构可以在备案海关关区内从事报关服务。备案海关为隶属海关的,报关企业分支机构可以在备案海关所属直属海关关区内从事报关服务。

报关企业对其分支机构的行为承担法律责任。

第十六条　报关企业设立分支机构应当向其分支机构所在地海关提交下列备案材料:

(一)《报关单位情况登记表》;

(二)报关企业《中华人民共和国海关报关单位注册登记证书》复印件;

(三)分支机构营业执照副本复印件以及组织机构代码证书副本复印件;

(四)报关服务营业场所所有权证明复印件或者使用权证明复印件;

(五)海关要求提交的其他备案材料。

申请人按照本条第一款规定提交复印件的,应当同时向海关交验原件。

经审查符合备案条件的,海关应当核发《中华人民共和国海关报关单位注册登记证书》。

第十七条　报关企业注册登记许可期限为2年。被许可人需要延续注册登记许可有效期的,应当办理注册登记许可延续手续。

报关企业分支机构备案有效期为2年,报关企业分支机构应当在有效期届满前30日持本规定第十六条规定的材料到分支机构所在地海关办理换证手续。

第十八条　报关企业的企业名称、法定代表人发生变更的,应当持《报关单位情况登记表》、《中华人民共和国海关报关单位注册登记证书》、变更后的工商营业执照或者其他批准文件及复印件,以书面形式到注册地海关申请变更注册登记许可。

报关企业分支机构企业名称、企业性质、企业住所、负责人等海关备案内容发生变更的,应当自变更生效之日起30日内,持变更后的营业执照副本或者其他批准文件及复印件,到所在地海关办理变更手续。

所属报关人员备案内容发生变更的,报关企业及其分支机构应当在变更事实发生之日起30日内,持变更证明文件等相关材料到注册地海关办理变更手续。

第十九条　对被许可人提出的变更注册登记许可申请,注册地海关应当参照注册登记许可程序进行审查。经审查符合注册登记许可条件的,应当作出准予变更的决定,同时办理注册信息变更手续。

经审查不符合注册登记许可条件的,海关不予变更其注册登记许可。

第二十条　报关企业办理注册登记许可延续手续,应当在有效期届满40日前向海关提出申请,同时提交本规定第九条第一款第(一)项至第(四)项规定的文件材料。依照海关规定提交复印件的,还应当同时交验原件。

报关企业应当在办理注册登记许可延续的同时办理换领《中华人民共和国海关报关单位注册登记证书》手续。

报关企业未按照本条第一款规定的时限提出延续申请的,海关不再受理其注册登记许可延续申请。

第二十一条 海关应当参照注册登记许可程序在有效期届满前对报关企业的延续申请予以审查。经审查认定符合注册登记许可条件，以及法律、行政法规、海关规章规定的延续注册登记许可应当具备的其他条件的，应当依法作出准予延续2年有效期的决定。

海关应当在注册登记许可有效期届满前作出是否准予延续的决定。有效期届满时仍未作出决定的，视为准予延续，海关应当依法为其办理注册登记许可延续手续。

海关对不再具备注册登记许可条件，或者不符合法律、行政法规、海关规章规定的延续注册登记许可应当具备的其他条件的报关企业，不准予延续其注册登记许可。

第二十二条 有下列情形之一的，海关应当依法注销注册登记许可：

（一）有效期届满未申请延续的；

（二）报关企业依法终止的；

（三）注册登记许可依法被撤销、撤回，或者注册登记许可证件依法被吊销的；

（四）由于不可抗力导致注册登记许可事项无法实施的；

（五）法律、行政法规规定的应当注销注册登记许可的其他情形。

海关依据本条第一款规定注销报关企业注册登记许可的，应当同时注销该报关企业设立的所有分支机构。

第三章 进出口货物收发货人注册登记

第二十三条 进出口货物收发货人应当按照规定到所在地海关办理报关单位注册登记手续。

进出口货物收发货人在海关办理注册登记后可以在中华人民共和国关境内口岸或者海关监管业务集中的地点办理本企业的报关业务。

第二十四条 进出口货物收发货人申请办理注册登记，应当提交下列文件材料，另有规定的除外：

（一）《报关单位情况登记表》；

（二）营业执照副本复印件以及组织机构代码证书副本复印件；

（三）对外贸易经营者备案登记表复印件或者外商投资企业（台港澳侨投资企业）批准证书复印件；

（四）其他与注册登记有关的文件材料。

申请人按照本条第一款规定提交复印件的，应当同时向海关交验原件。

第二十五条 注册地海关依法对申请注册登记材料进行核对。经核对申请材料齐全、符合法定形式的，应当核发《中华人民共和国海关报关单位注册登记证书》。

第二十六条 除海关另有规定外，进出口货物收发货人《中华人民共和国海关报关单位注册登记证书》长期有效。

第二十七条 下列单位未取得对外贸易经营者备案登记表，按照国家有关规定需要从事非贸易性进出口活动的，应当办理临时注册登记手续：

（一）境外企业、新闻、经贸机构、文化团体等依法在中国境内设立的常驻代表机构；

（二）少量货样进出境的单位；

（三）国家机关、学校、科研院所等组织机构；

（四）临时接受捐赠、礼品、国际援助的单位；

（五）其他可以从事非贸易性进出口活动的单位。

第二十八条　临时注册登记单位在向海关申报前，应当向所在地海关办理备案手续。特殊情况下可以向拟进出境口岸或者海关监管业务集中地海关办理备案手续。

第二十九条　办理临时注册登记，应当持本单位出具的委派证明或者授权证明以及非贸易性活动证明材料。

第三十条　临时注册登记的，海关可以出具临时注册登记证明，但是不予核发注册登记证书。

临时注册登记有效期最长为1年，有效期届满后应当重新办理临时注册登记手续。

已经办理报关注册登记的进出口货物收发货人，海关不予办理临时注册登记手续。

第三十一条　进出口货物收发货人企业名称、企业性质、企业住所、法定代表人（负责人）等海关注册登记内容发生变更的，应当自变更生效之日起30日内，持变更后的营业执照副本或者其他批准文件以及复印件，到注册地海关办理变更手续。

所属报关人员发生变更的，进出口货物收发货人应当在变更事实发生之日起30日内，持变更证明文件等相关材料到注册地海关办理变更手续。

第三十二条　进出口货物收发货人有下列情形之一的，应当以书面形式向注册地海关办理注销手续。海关在办结有关手续后，应当依法办理注销注册登记手续。

（一）破产、解散、自行放弃报关权或者分立成两个以上新企业的；

（二）被工商行政管理机关注销登记或者吊销营业执照的；

（三）丧失独立承担责任能力的；

（四）对外贸易经营者备案登记表或者外商投资企业批准证书失效的；

（五）其他依法应当注销注册登记的情形。

进出口货物收发货人未依照本条第一款主动办理注销手续的，海关可以在办结有关手续后，依法注销其注册登记。

第四章　报关单位的管理

第三十三条　报关单位有权向海关查询其办理的报关业务情况。

第三十四条　报关单位应当妥善保管海关核发的注册登记证书等相关证明文件。发生遗失的，报关单位应当及时书面向海关报告并说明情况。

海关应当自收到情况说明之日起20日内予以补发相关证明文件。遗失的注册登记证书等相关证明文件在补办期间仍然处于有效期间的，报关单位可以办理报关业务。

第三十五条　报关单位向海关提交的纸质进出口货物报关单应当加盖本单位的报关专用章。

报关专用章应当按照海关总署统一规定的要求刻制。

报关企业及其分支机构的报关专用章仅限在其取得注册登记许可或者备案的直属海关关区内使用。

进出口货物收发货人的报关专用章可以在全关境内使用。

第三十六条 报关单位在办理注册登记业务时，应当对所提交的申请材料以及所填报信息内容的真实性负责并且承担法律责任。

第三十七条 海关依法对报关单位从事报关活动及其经营场所进行监督和实地检查，依法查阅或者要求报关单位报送有关材料。报关单位应当积极配合，如实提供有关情况和材料。

第三十八条 海关对报关单位办理海关业务中出现的报关差错予以记录，并且公布记录情况的查询方式。

报关单位对报关差错记录有异议的，可以自报关差错记录之日起15日内向记录海关以书面方式申请复核。

海关应当自收到书面申请之日起15日内进行复核，对记录错误的予以更正。

第五章 附 则

第三十九条 报关单位、报关人员违反本规定，构成走私行为、违反海关监管规定行为或者其他违反《海关法》行为的，由海关依照《海关法》和《中华人民共和国海关行政处罚实施条例》的有关规定予以处理；构成犯罪的，依法追究刑事责任。

第四十条 报关单位有下列情形之一的，海关予以警告，责令其改正，可以处1万元以下罚款：

（一）报关单位企业名称、企业性质、企业住所、法定代表人（负责人）等海关注册登记内容发生变更，未按照规定向海关办理变更手续的；

（二）向海关提交的注册信息中隐瞒真实情况、弄虚作假的。

第四十一条 《中华人民共和国海关报关单位注册登记证书》、《报关单位情况登记表》、《报关单位注册信息年度报告》等法律文书以及格式文本，由海关总署另行制定公布。

第四十二条 本规定规定的期限以工作日计算，不含法定节假日、休息日。

第四十三条 本规定中下列用语的含义：

报关单位，是指按照本规定在海关注册登记的报关企业和进出口货物收发货人。

报关企业，是指按照本规定经海关准予注册登记，接受进出口货物收发货人的委托，以委托人的名义或者以自己的名义，向海关办理代理报关业务，从事报关服务的中华人民共和国关境内的企业法人。

进出口货物收发货人，是指依法直接进口或者出口货物的中华人民共和国关境内的法人、其他组织或者个人。

报关人员，是指经报关单位向海关备案，专门负责办理所在单位报关业务的人员。

报关差错率，是指报关单位被记录报关差错的总次数，除以同期申报总次数的百分比。

第四十四条 海关特殊监管区域内企业可以申请注册登记成为特殊监管区域双重身份企业，海关按照报关企业有关规定办理注册登记手续。

特殊监管区域双重身份企业在海关特殊监管区域内拥有进出口货物收发货人和报关企业双重身份，在海关特殊监管区外仅具报关企业身份。

除海关特殊监管区域双重身份企业外，报关单位不得同时在海关注册登记为进出口货物收发货人和报关企业。

第四十五条　本规定由海关总署负责解释。

第四十六条　本规定自公布之日起施行。2005年3月31日以海关总署令第127号发布的《中华人民共和国海关对报关单位注册登记管理规定》同时废止。

海关总署关于修改部分规章的决定

海关总署第218号令

《海关总署关于修改部分规章的决定》已于2014年2月13日经海关总署署务会议审议通过，现予公布，自公布之日起施行。

署长
2014年3月13日

海关总署关于修改部分规章的决定

为了有效推动简政放权、转变职能，深化行政审批制度改革，根据《全国人民代表大会常务委员会关于修改〈中华人民共和国海洋环境保护法〉等七部法律的决定》（主席令第8号）以及《国务院关于修改部分行政法规的决定》（国务院令第645号）、《国务院关于取消和下放一批行政审批项目的决定》（国发〔2013〕44号），海关总署决定对《中华人民共和国海关对进料加工保税集团管理办法》等15部规章进行修改，具体内容如下：

一、《中华人民共和国海关对进料加工保税集团管理办法》（海关总署令第41号公布）作如下修改：

（一）将第八条"保税集团在为加工出口产品所需进口料、件前，其牵头企业应持凭经贸主管部门颁发的《进料加工批准书》连同合同副本或订货卡片向海关办理合同登记备案手续。海关审核无误后，向其签发《进料加工登记手册》（以下简称《登记手册》），并在右上角加盖'保税集团货物'戳记。"修改为"保税集团在为加工出口产品所需进口料、件前，其牵头企业应当凭经贸主管部门颁发的《进料加工批准书》连同合同副本或者订货卡片向海关办理手册设立手续，海关发放《进料加工登记手册》（以下简称《登记手册》），并在右上角加盖'保税集团货物'戳记。"

（二）将第十条"海关对保税集团进口的料、件予以全额保税，集团的牵头企业应按规定向海关交纳监管手续费。进口的料、件应存入指定的保税仓库，料、件出库加工时，海关按对保税仓库及所存货物的管理办法进行监管。保税进口料、件进入加工环节时，海关按对保税工厂的管理办法进行监管。加工的成品出口，免征出口关税，如属出口许可证管理商品，还应向海关交验出口货物许可证。"修改为"海关对保税集团进口的料、件予以全额保税，集团的牵头企业应当按照规定向海关办理手续。进口的料、件应存入指定的保税仓库，料、件出库加工时，海关按照对保税仓库及所存货物的管理办法进行监管。保税进口料、件进入加工环节时，海关按照对保税工厂的管理办法进行监管。加工的成品出口，免征出口关税，如果属于出口许可证管理商品，还应当向海关交验出口货物许可证。"

（三）将第十四条"保税进口的料、件，应自进口之日起一年内加工成品返销出口。如有特殊情况需要延长期限的，保税集团的牵头企业应向海关提出书面申请，但延期最长不得超过一年。如期满仍未加工成品复出口或转为进口的，由海关按《海关法》有关规定处理。"修改为"保税进口的料、件，应当自进口之日起一年内加工成品返销出口。如果有特殊情况需要延长期限的，保税集团的牵头企业应当向海关办理延期变更手续，但是延期最长不得超过一年。如果期满仍未加工成品复出口或者转为进口的，由海关按照有关规定依法处理。"

二、对《中华人民共和国海关关于异地加工贸易的管理办法》（海关总署令第74号发布）作如下修改：

（一）将第五条"经营单位开展异地加工贸易，须凭其所在地外经贸主管部门核发的《加工贸易业务批准证》和加工企业所在地外经贸主管部门出具的《加工贸易加工企业生产能力证明》，填制《中华人民共和国海关异地加工贸易申请表》（格式见附件1，以下简称《申请表》），向经营单位主管海关提出异地加工申请。"修改为"经营单位开展异地加工贸易，应当凭其所在地外经贸主管部门核发的《加工贸易业务批准证》和加工企业所在地外经贸主管部门出具的《加工贸易加工企业生产能力证明》，填制《中华人民共和国海关异地加工贸易申报表》（格式见附件1，以下简称《申报表》），向经营单位主管海关办理异地加工手续。"

（二）将第六条"经营单位主管海关在核准其异地加工申请时，对于办理过异地加工贸易业务的经营单位，须查阅由加工企业主管海关反馈的《中华人民共和国海关异地加工贸易回执》（格式见附件2，以下简称《回执》）。经核实合同执行情况正常的，在《申请表》（一式二联）内批注签章，与《加工贸易业务批准证》、《加工贸易加工企业生产能力证明》一并制作关封，交经营单位凭以向加工企业主管海关办理合同登记备案。"修改为"经营单位主管海关在办理异地加工手续时，对于办理过异地加工贸易业务的经营单位，应当查阅由加工企业主管海关反馈的《中华人民共和国海关异地加工贸易回执》（格式见附件2，以下简称《回执》）。经核实合同执行情况正常的，在《申报表》（一式二联）内批注签章，与《加工贸易业务批准证》、《加工贸易加工企业生产能力证明》一并制作关封，交经营单位凭以向加工企业主管海关办理手册设立手续。"

（三）将第七条"加工企业主管海关凭经营单位提供的《加工贸易业务批准证》、'委托加工合同'、《加工贸易加工企业生产能力证明》、《申请表》及其他有关单证办理合同登记备案。如由加工企业向海关办理合同备案手续的，必须持有经营单位出具的委托书。"修改为"加工企业主管海关凭经营单位提供的《加工贸易业务批准证》、委托加工合同、《加工贸易加工企业生产能力证明》、《申报表》及其他有关单证办理手册设立手续。如果由加工企业向海关办理手册设立手续的，应当持有经营单位出具的委托书。"

（四）将附件中"申请表"修改为"申报表"，"办理了合同登记备案"修改为"设立手册"。

三、对《中华人民共和国海关关于转关货物监管办法》（海关总署令第89号公布）作如下修改：

将第八条第一款的"转关货物申报的电子数据与书面单证具有同等的法律效力。对确因填报或传输错误的数据，有正当理由并经海关同意，可作修改或者撤销。对海关已决定查验的转关货物，不再允许修改或撤销申报内容。"修改为"转关货物申报的电子数据与书面单证具有同等的法律效力。对确因填报或者传输错误的数据，符合进出口货物报关单修改和撤销管理相关规定的，可以进行修改或者撤销。对海关已经决定查验的转关货物，不再允许修改或者撤销申报内容。"

四、对《中华人民共和国海关关于超期未报关进口货物、误卸或者溢卸的进境货物和放弃进口货物的处理办法》（海关总署令第91号发布）作如下修改：

将第三条第一款的"由进境运输工具载运进境并因故卸至海关监管区或者其他经海关批准的场所，未列入进口载货清单、运单向海关申报进境的误卸或者溢卸的进境货物，经海关审定确实的，由载运该货物的原运输工具负责人，自该运输工具卸货之日起三个月内，向海关申请办理退运出境手续；或者由该货物的收发货人，自该运输工具卸货之日起三个月内，向海关申请办理退运或者申报进口手续。"修改为"由进境运输工具载运进境并因故卸至海关监管区或者其他经海关批准的场所，未列入进口载货清单、运单向海关申报进境的误卸或者溢卸的进境货物，经海关审定确实的，由载运该货物的原运输工具负责人，自该运输工具卸货之日起三个月内，向海关办理直接退运出境手续；或者由该货物的收发货人，自该运输工具卸货之日起三个月内，向海关办理退运或者申报进口手续。"

五、对《中华人民共和国海关进出口货物申报管理规定》（海关总署令第103号公布）作如下修改：

（一）将第六条"为进出口货物的收发货人、受委托的报关企业办理申报手续的人员，应当是取得报关员资格并在海关注册的报关员。未取得报关员资格且未在海关注册的人员不得办理进出口货物申报手续。报关员应当按照国家和海关的法律法规规定和要求开展报关活动。除法律、行政法规和规章另有规定外，报关员及其所属企业应对报关员的申报行为承担相应的法律责任。"修改为"为进出口货物的收发货人、受委托的报关企业办理申报手续的人员，应当是在海关备案的报关人员。"

（二）将第十条第二款的"海关已接受申报的报关单电子数据，经人工审核后，需要对部分内容修改的，进出口货物收发货人、受委托的报关企业应当按照海关规定进行修改并重新发送，申报日期仍为海关原接受申报的日期。"修改为"海关已接受申报的报关单电子数据，人工审核确认需要退回修改的，进出口货物收发货人、受委托的报关企业应当在10日内完成修改并重新发送报关单电子数据，申报日期仍为海关接受原报关单电子数据的日期；超过10日的，原报关单无效，进出口货物收发货人、受委托的报关企业应当另行向海关申报，申报日期为海关再次接受申报的日期。"

（三）将第十四条"海关接受进出口货物的申报后，申报内容不得修改，报关单证不得撤销；确有如下正当理由的，收发货人、受委托的报关企业向海关递交书面申请，经海关审核批准后，可以进行修改或撤销：

1. 由于计算机、网络系统等方面的原因导致电子数据申报错误的；

2. 海关在办理出口货物的放行手续后，由于装运、配载等原因造成原申报货物部分或全部退关需要修改或撤销报关单证及其内容的；

3. 报关人员由于操作或书写失误造成申报差错，但未对国家贸易管制政策的实施、税费征收及海关统计指标等造成危害的；

4. 海关审价、归类审核或专业认定后需对原申报数据进行修改的；

5. 根据贸易惯例先行采用暂时价格成交、实际结算时按商检品质认定或国际市场实际价格付款方式需要修改原申报数据的；海关已经决定布控、查验进出口货物的，进出口货物的收发货人、受委托的报关企业不得修改报关单内容或撤销报关单证。"修改为"海关接受进出口货物的申报后，报关单证及其内容不得修改或者撤销；符合规定情形的，应当按照进出口货物报关单修改和撤销的相关规定办理。"

六、对《中华人民共和国海关关于加工贸易边角料、剩余料件、残次品、副产品和受灾保税货物的管理办法》（海关总署令第111号发布）作如下修改：

（一）将第五条修改为"加工贸易企业申报将剩余料件结转到另一个加工贸易合同使用，限同一经营企业、同一加工企业、同样进口料件和同一加工贸易方式。凡具备条件的，海关按规定核定单耗后，企业可以办理该合同核销及其剩余料件结转手续。剩余料件转入合同已经商务主管部门审批的，由原审批部门按变更方式办理相关手续，如剩余料件的转入量不增加已批合同的进口总量，则免于办理变更手续；转入合同为新建合同的，由商务主管部门按现行加工贸易审批管理规定办理。

加工贸易企业申报剩余料件结转有下列情形之一的，企业缴纳不超过结转保税料件应缴纳税款金额的风险担保金后，海关予以办理：

（一）同一经营企业申报将剩余料件结转到另一加工企业的；

（二）剩余料件转出金额达到该加工贸易合同项下实际进口料件总额50%及以上的；

（三）剩余料件所属加工贸易合同办理两次以及两次以上延期手续的；

剩余料件结转涉及不同主管海关的，在双方海关办理相关手续，并由转入地海关收取风险担保金。

前款所列须缴纳风险担保金的加工贸易企业有下列情形之一的，免于缴纳风险担保金：

（一）适用加工贸易A类管理的；

（二）已实行台账实转的合同，台账实转金额不低于结转保税料件应缴税款金额的；

（三）原企业发生搬迁、合并、分立、重组、改制、股权变更等法律规定的情形，且现企业继承原企业主要权利义务或者债权债务关系的，剩余料件结转不受同一经营企业、同一加工企业、同一贸易方式限制。"

（二）将第八条第一款的"加工贸易企业在加工生产过程中产生或者经回收能够提取的副产品，未复出口的，加工贸易企业在向海关备案或者核销时应当如实申报。"修改为"加工贸易企业在加工生产过程中产生或者经回收能够提取的副产品，未复出口的，加工贸易企业在向海关办理手册设立或者核销手续时应当如实申报。"

（三）将第九条第（一）项中的"报请核销"修改为"报核"。

（四）将第十一条修改为"加工贸易企业因故无法内销或者退运的边角料、剩余料件、残次品、副产品或者受灾保税货物，由加工贸易企业委托具有法定资质的单位进行销毁处置,海关凭相关单证、处置单位出具的接收单据和处置证明等资料办理核销手续。

海关可以派员监督处置,加工贸易企业以及有关处置单位应当给予配合。加工贸易企业因处置获得的收入,应当向海关如实申报,海关比照边角料内销征税的管理规定办理征税手续。"

七、对《中华人民共和国海关实施〈中华人民共和国行政许可法〉办法》(海关总署令第117号公布)作如下修改:

删去第四十八条第(一)项、第四十九条。

八、对《中华人民共和国海关进出口货物征税管理办法》(海关总署令第124号公布)作如下修改:

(一)将第二十四条第一款的"纳税义务人因不可抗力或者国家税收政策调整不能按期缴纳税款的,应当在货物进出口前向办理进出口申报纳税手续的海关所在的直属海关提出延期缴纳税款的书面申请并随附相关材料,同时还应当提供缴税计划。"修改为"纳税义务人因不可抗力或者国家税收政策调整不能按期缴纳税款的,应当在货物进出口前向申报地的直属海关或者其授权的隶属海关提出延期缴纳税款的书面申请并随附相关材料,同时还应当提供缴税计划。"

(二)将第二十五条第一款的"直属海关应当自接到纳税义务人延期缴纳税款的申请之日起10日内审核情况是否属实,情况属实的,应当立即将有关申请材料报送海关总署。海关总署接到申请材料后,应当在20日内作出是否同意延期缴纳税款的决定以及延期缴纳税款的期限,并通知报送申请材料的直属海关。因特殊情况在20日内不能作出决定的,可以延长10日。"修改为"直属海关或者其授权的隶属海关应当自接到纳税义务人延期缴纳税款的申请之日起30日内审核情况是否属实,并作出是否同意延期缴纳税款的决定以及延期缴纳税款的期限。由于特殊情况在30日内不能作出决定的,可以延长10日。"

(三)将第二十六条第一款的"经海关总署审核未批准延期缴纳税款的,直属海关应当自接到海关总署未批准延期缴纳税款的决定之日起3个工作日内通知纳税义务人,并填发税款缴款书。"修改为"直属海关或者其授权的隶属海关经审核未批准延期缴纳税款的,应当自作出决定之日起3个工作日内通知纳税义务人,并填发税款缴款书。"

九、对《中华人民共和国海关征收进口货物滞报金办法》(海关总署令第128号公布)作如下修改:

(一)将第六条"进口货物收货人在向海关传送报关单电子数据申报后,未在规定期限或核准的期限内递交纸质报关单,海关予以撤销电子数据报关单处理、进口货物收货人重新向海关申报,产生滞报的,按照本办法第四条规定计算滞报金起征日。进口货物收货人申报并经海关依法审核,必须撤销原电子数据报关单重新申报的,经进口货物收货人申请并经海关审核同意,以撤销原报关单之日起第十五日为起征日。"修改为"进口货物收货人向海关传送报关单电子数据申报后,未在规定期限或者核准的期限内递交纸质报关单以及随附单证,海关予以撤销报关单电子数据处理。进口货物收货人重新向海关申报,产生滞报的,按照本办法第四条规定计算滞报金起征日。

进口货物收货人申报后依法撤销原报关单电子数据重新申报的,以撤销原报关单之日起第十五日为起征日"。

(二)将第十二条中的"进口货物收货人可以向海关申请减免滞报金"修改为"进口货物收货人可以向申报地海关申请减免滞报金"。

第十二条第（四）项中的"因海关及相关执法部门工作原因致使收货人无法在规定期限内申报，从而产生滞报的"修改为"因海关及相关司法、行政执法部门工作原因致使收货人无法在规定期限内申报，从而产生滞报的"。

（三）删去第十四条，其他条款次序作相应调整。

（四）对第十五条作以下修改：

1. 将第十五条第（三）项的"进口货物收货人申报并经海关依法审核，必须撤销原电子数据报关单重新申报，因删单重报产生滞报的"修改为"进口货物收货人申报后依法撤销原报关单电子数据重新申报，因删单重报产生滞报的"。

2. 将第十五条第（四）项的"进口货物经海关批准直接退运的"修改为"进口货物办理直接退运的"。

相应将本条的条款顺序调整为第十四条。

（五）将第十七条"本办法规定的滞报金起征日如遇法定节假日，则顺延至其后第一个工作日。"修改为"本办法规定的滞报金起征日遇有休息日或者法定节假日的，顺延至休息日或者法定节假日之后的第一个工作日。国务院临时调整休息日与工作日的，海关应当按照调整后的情况确定滞报金的起征日。"

相应将本条的条款顺序调整为第十六条。

十、对《中华人民共和国海关行政处罚听证办法》（海关总署令第145号公布）作如下修改：

删去第三条中"暂停报关执业"和"取消报关从业资格"的表述。

十一、对《中华人民共和国海关加工贸易单耗管理办法》（海关总署令第155号公布）作如下修改：

将第四条"加工贸易企业应当在加工贸易备案环节向海关进行单耗备案。"修改为"加工贸易企业应当在加工贸易手册设立环节向海关进行单耗备案。"

十二、对《中华人民共和国海关进出口货物商品归类管理规定》（海关总署令第158号公布）作如下修改：

将第十三条"收发货人或者其代理人申报的商品编码需要修改的，应当按照《中华人民共和国海关进出口货物报关单修改和撤销管理办法》等规定向海关提出申请。"修改为"收发货人或者其代理人申报的商品编码需要修改的，应当按照进出口货物报关单修改和撤销的相关规定办理。"

十三、对《中华人民共和国海关办理行政处罚案件程序规定》（海关总署令第159号公布）作如下修改：

（一）删去第六十条第二款中"暂停报关执业"和"取消报关从业资格"的表述。

（二）删去第七十五条第二款中"或者执业"和"取消报关从业资格"的表述。

十四、对《中华人民共和国海关行政复议办法》（海关总署令第166号公布）作如下修改：

删去第九条第（一）项中"或者执业"和"取消报关从业资格"的表述。

十五、对《中华人民共和国海关进出口货物集中申报管理办法》（海关总署令第169号公布）作如下修改：

将第十二条"收发货人在清单申报后申请修改或者撤销《集中申报清单》的，比照《中华人民共和国海关报关单修改和撤销管理办法》的相关规定办理。"修改为"收发货人在清单申报后修改或者撤销集中申报清单的,参照进出口货物报关单修改和撤销的相关规定办理。"

本决定自公布之日起施行。

《中华人民共和国海关对进料加工保税集团管理办法》、《中华人民共和国海关关于异地加工贸易的管理办法》、《中华人民共和国海关关于转关货物监管办法》、《中华人民共和国海关关于超期未报关进口货物、误卸或者溢卸的进境货物和放弃进口货物的处理办法》、《中华人民共和国海关进出口货物申报管理规定》、《中华人民共和国海关关于加工贸易边角料、剩余料件、残次品、副产品和受灾保税货物的管理办法》、《中华人民共和国海关实施〈中华人民共和国行政许可法〉办法》、《中华人民共和国海关进出口货物征税管理办法》、《中华人民共和国海关征收进口货物滞报金办法》、《中华人民共和国海关行政处罚听证办法》、《中华人民共和国海关加工贸易单耗管理办法》、《中华人民共和国海关进出口货物商品归类管理规定》、《中华人民共和国海关办理行政处罚案件程序规定》、《中华人民共和国海关行政复议办法》、《中华人民共和国海关进出口货物集中申报管理办法》根据本决定作相应修改,重新公布。

中华人民共和国海关进口货物直接退运管理办法

海关总署第 217 号令

《中华人民共和国海关进口货物直接退运管理办法》已于 2014 年 2 月 13 日经海关总署署务会议审议通过,现予公布,自公布之日起施行。2007 年 2 月 2 日以海关总署令第 156 号公布的《中华人民共和国海关进口货物直接退运管理办法》同时废止。

署长
2014 年 3 月 12 日

中华人民共和国海关进口货物直接退运管理办法

第一条 为了加强对进口货物直接退运的管理,保护公民、法人或者其他组织的合法权益,根据《中华人民共和国海关法》(以下简称《海关法》)制定本办法。

第二条 货物进境后、办结海关放行手续前,进口货物收发货人、原运输工具负责人或者其代理人(以下统称当事人)将全部或者部分货物直接退运境外,以及海关根据国家有关规定责令直接退运的,适用本办法。

进口转关货物在进境地海关放行后,当事人办理退运手续的,不适用本办法,当事人应当按照一般退运手续办理。

第三条 货物进境后、办结海关放行手续前,有下列情形之一的,当事人可以向货物所在地海关办理直接退运手续：

（一）因为国家贸易管理政策调整，收货人无法提供相关证件的；

（二）属于错发、误卸或者溢卸货物，能够提供发货人或者承运人书面证明文书的；

（三）收发货人双方协商一致同意退运，能够提供双方同意退运的书面证明文书的；

（四）有关贸易发生纠纷，能够提供已生效的法院判决书、仲裁机构仲裁决定书或者无争议的有效货物所有权凭证的；

（五）货物残损或者国家检验检疫不合格，能够提供国家检验检疫部门出具的相关检验证明文书的。

第四条 办理直接退运手续的进口货物未向海关申报的，当事人应当向海关提交《进口货物直接退运表》以及证明进口实际情况的合同、发票、装箱清单、提运单或者载货清单等相关单证、证明文书，按照本办法第十条的规定填制报关单，办理直接退运的申报手续。

第五条 办理直接退运手续的进口货物已向海关申报的，当事人应当向海关提交《进口货物直接退运表》、原报关单或者转关单以及证明进口实际情况的合同、发票、装箱清单、提运单或者载货清单等相关单证、证明文书，先行办理报关单或者转关单删除手续。

本条第一款规定情形下，海关依法删除原报关单或者转关单数据的，当事人应当按照本办法第十条的规定填制报关单，办理直接退运的申报手续。

对海关已经确定布控、查验或者认为有走私违规嫌疑的货物，不予办理直接退运。布控、查验或者案件处理完毕后，按照海关有关规定处理。

第六条 货物进境后、办结海关放行手续前，有下列情形之一的，海关应当责令当事人将进口货物直接退运境外：

（一）货物属于国家禁止进口的货物，已经海关依法处理的；

（二）违反国家检验检疫政策法规，已经国家检验检疫部门处理并且出具《检验检疫处理通知书》或者其他证明文书的；

（三）未经许可擅自进口属于限制进口的固体废物，已经海关依法处理的；

（四）违反国家有关法律、行政法规，应当责令直接退运的其他情形。

第七条 责令进口货物直接退运的，由海关根据相关政府行政主管部门出具的证明文书，向当事人制发《海关责令进口货物直接退运通知书》（以下简称《责令直接退运通知书》）。

第八条 当事人收到《责令直接退运通知书》之日起 30 日内，应当按照海关要求向货物所在地海关办理进口货物直接退运的申报手续。

第九条 当事人办理进口货物直接退运申报手续的，除另有规定外，应当先行填写出口报关单向海关申报，然后填写进口报关单办理直接退运申报手续，进口报关单应当在"关联报关单"栏填报出口报关单号。

第十条 进口货物直接退运的，除《中华人民共和国海关进出口货物报关单填制规范》外，还应当按照下列要求填制进出口货物报关单：

（一）"监管方式"栏均填写"直接退运"（代码"4500"）；

（二）"备注"栏填写《进口货物直接退运表》或者《责令直接退运通知书》编号。

第十一条 直接退运的货物，海关不验核进出口许可证或者其他监管证件，免予征收进出口环节税费及滞报金，不列入海关统计。

第十二条 由于承运人的责任造成货物错发、误卸或者溢卸的，当事人办理直接退运手续时可以免予填制报关单。

第十三条 进口货物直接退运应当从原进境地口岸退运出境。由于运输原因需要改变运输方式或者由另一口岸退运出境的，应当经由原进境地海关批准后，以转关运输方式出境。

第十四条 保税区、出口加工区以及其他海关特殊监管区域和保税监管场所进口货物的直接退运参照本办法有关规定办理。

第十五条 违反本办法，构成走私行为、违反海关监管规定行为或者其他违反《海关法》行为的，由海关依照《海关法》和《中华人民共和国海关行政处罚实施条例》的有关规定予以处理；构成犯罪的，依法追究刑事责任。

第十六条 《进口货物直接退运表》、《海关责令进口货物直接退运通知书》等法律文书，由海关总署另行制发公告。

第十七条 本办法由海关总署负责解释。

第十八条 本办法自公布之日起施行。2007年2月2日以海关总署令第156号公布的《中华人民共和国海关进口货物直接退运管理办法》同时废止。

中华人民共和国海关加工贸易货物监管办法

海关总署第219号令

《中华人民共和国海关加工贸易货物监管办法》已于2014年2月13日经海关总署署务会议审议通过，现予公布，自公布之日起施行。2004年2月26日以海关总署令第113号发布，并以海关总署令第168号、195号修改的《中华人民共和国海关对加工贸易货物监管办法》同时废止。

署长
2014年3月12日

中华人民共和国海关加工贸易货物监管办法

第一章 总 则

第一条 为了促进加工贸易健康发展，规范海关对加工贸易货物管理，根据《中华人民共和国海关法》（以下简称《海关法》）以及其他有关法律、行政法规，制定本办法。

第二条 本办法适用于办理加工贸易货物手册设立、进出口报关、加工、监管、核销手续。

加工贸易经营企业、加工企业、承揽者应当按照本办法规定接受海关监管。

第三条 本办法所称"加工贸易"是指经营企业进口全部或者部分原辅材料、零部件、元器件、包装物料（以下统称料件），经过加工或者装配后，将制成品复出口的经营活动，包括来料加工和进料加工。

第四条 除国家另有规定外，加工贸易进口料件属于国家对进口有限制性规定的，经营企业免于向海关提交进口许可证件。

加工贸易出口制成品属于国家对出口有限制性规定的，经营企业应当向海关提交出口许可证件。

第五条 加工贸易项下进口料件实行保税监管的，加工成品出口后，海关根据核定的实际加工复出口的数量予以核销。

加工贸易项下进口料件按照规定在进口时先行征收税款的，加工成品出口后，海关根据核定的实际加工复出口的数量退还已征收的税款。

加工贸易项下的出口产品属于应当征收出口关税的，海关按照有关规定征收出口关税。

第六条 海关按照国家规定对加工贸易货物实行担保制度。

未经海关批准，加工贸易货物不得抵押。

第七条 海关对加工贸易实行分类监管，具体管理办法由海关总署另行制定。

第八条 海关可以对加工贸易企业进行核查，企业应当予以配合。

海关核查不得影响企业的正常经营活动。

第九条 加工贸易货物的手册设立、进出口报关、核销，应当采用纸质单证、电子数据的形式。

第十条 加工贸易企业应当根据《中华人民共和国会计法》以及海关有关规定，设置符合海关监管要求的账簿、报表以及其他有关单证，记录与本企业加工贸易货物有关的进口、存储、转让、转移、销售、加工、使用、损耗和出口等情况，凭合法、有效凭证记账并且进行核算。

加工贸易企业应当将加工贸易货物与非加工贸易货物分开管理。加工贸易货物应当存放在经海关备案的场所，实行专料专放。企业变更加工贸易货物存放场所的，应当经海关批准。

第二章 加工贸易货物手册设立

第十一条 经营企业应当向加工企业所在地主管海关办理加工贸易货物的手册设立手续。

经营企业与加工企业不在同一直属海关管辖的区域范围的，应当按照海关对异地加工贸易的管理规定办理手册设立手续。

第十二条 除另有规定外，经营企业办理加工贸易货物的手册设立，应当向海关如实申报贸易方式、单耗、进出口口岸，以及进口料件和出口成品的商品名称、商品编号、规格型号、价格和原产地等情况，并且提交下列单证：

（一）主管部门签发的同意开展加工贸易业务的有效批准文件；

（二）经营企业自身有加工能力的，应当提交主管部门签发的《加工贸易加工企业生产能力证明》；

（三）经营企业委托加工的，应当提交经营企业与加工企业签订的委托加工合同、主管部门签发的加工企业《加工贸易加工企业生产能力证明》；

（四）经营企业对外签订的合同；

（五）海关认为需要提交的其他证明文件和材料。

第十三条 经营企业按照本办法第十一条、第十二条规定，提交齐全、有效的单证材料，申报设立手册的，海关应当自接受企业手册设立申报之日起5个工作日内完成加工贸易手册设立手续。

需要办理担保手续的，经营企业按照规定提供担保后，海关办理手册设立手续。

第十四条 有下列情形之一的，海关应当在经营企业提供相当于应缴税款金额的保证金或者银行、非银行金融机构保函后办理手册设立手续：

（一）涉嫌走私，已经被海关立案侦查，案件尚未审结的；

（二）由于管理混乱被海关要求整改，在整改期内的。

第十五条 有下列情形之一的，海关可以要求经营企业在办理手册设立手续时提供相当于应缴税款金额的保证金或者银行、非银行金融机构保函：

（一）租赁厂房或者设备的；

（二）首次开展加工贸易业务的；

（三）加工贸易手册延期两次（含两次）以上的；

（四）办理异地加工贸易手续的；

（五）涉嫌违规，已经被海关立案调查，案件尚未审结的。

第十六条 加工贸易企业有下列情形之一的，不得办理手册设立手续：

（一）进口料件或者出口成品属于国家禁止进出口的；

（二）加工产品属于国家禁止在我国境内加工生产的；

（三）进口料件不宜实行保税监管的；

（四）经营企业或者加工企业属于国家规定不允许开展加工贸易的；

（五）经营企业未在规定期限内向海关报核已到期的加工贸易手册，又重新申报设立手册的。

第十七条 经营企业办理加工贸易货物的手册设立，申报内容、提交单证与事实不符的，海关应当按照下列规定处理：

（一）货物尚未进口的，海关注销其手册；

（二）货物已进口的，责令企业将货物退运出境。

本条第一款第（二）项规定情形下，经营企业可以向海关申请提供相当于应缴税款金额的保证金或者银行、非银行金融机构保函，并且继续履行合同。

第十八条 已经办理加工贸易货物的手册设立手续的经营企业可以向海关领取加工贸易手册分册、续册。

第十九条 加工贸易货物手册设立内容发生变更的，经营企业应当在加工贸易手册有效期内办理变更手续。

需要报原审批机关批准的，还应当报原审批机关批准，另有规定的除外。

第三章 加工贸易货物进出口、加工

第二十条 经营企业进口加工贸易货物，可以从境外或者海关特殊监管区域、保税监管场所进口，也可以通过深加工结转方式转入。

经营企业出口加工贸易货物，可以向境外或者海关特殊监管区域、保税监管场所出口，也可以通过深加工结转方式转出。

第二十一条 经营企业应当凭加工贸易手册、加工贸易进出口货物专用报关单等有关单证办理加工贸易货物进出口报关手续。

第二十二条 经营企业以加工贸易方式进出口的货物，列入海关统计。

第二十三条 加工贸易企业开展深加工结转的，转入企业、转出企业应当向各自的主管海关申报，办理实际收发货以及报关手续。具体管理规定由海关总署另行制定并公布。

有下列情形之一的，加工贸易企业不得办理深加工结转手续：

（一）不符合海关监管要求，被海关责令限期整改，在整改期内的；

（二）有逾期未报核手册的；

（三）由于涉嫌走私已经被海关立案调查，尚未结案的。

加工贸易企业未按照海关规定进行收发货的，不得再次办理深加工结转手续。

第二十四条 经营企业开展外发加工业务，应当按照外发加工的相关管理规定自外发之日起3个工作日内向海关办理备案手续。

经营企业开展外发加工业务，不得将加工贸易货物转卖给承揽者；承揽者不得将加工贸易货物再次外发。

经营企业将全部工序外发加工的，应当在办理备案手续的同时向海关提供相当于外发加工货物应缴税款金额的保证金或者银行、非银行金融机构保函。

第二十五条 外发加工的成品、剩余料件以及生产过程中产生的边角料、残次品、副产品等加工贸易货物，经营企业向所在地主管海关办理相关手续后，可以不运回本企业。

第二十六条 海关对加工贸易货物实施监管的，经营企业和承揽者应当予以配合。

第二十七条 加工贸易货物应当专料专用。

经海关核准，经营企业可以在保税料件之间、保税料件与非保税料件之间进行串换，但是被串换的料件应当属于同一企业，并且应当遵循同品种、同规格、同数量、不牟利的原则。

来料加工保税进口料件不得串换。

第二十八条 由于加工工艺需要使用非保税料件的，经营企业应当事先向海关如实申报使用非保税料件的比例、品种、规格、型号、数量。

经营企业按照本条第一款规定向海关申报的，海关核销时应当在出口成品总耗用量中予以核扣。

第二十九条 经营企业进口料件由于质量存在瑕疵、规格型号与合同不符等原因，需要返还原供货商进行退换，以及由于加工贸易出口产品售后服务需要而出口未加工保税料件的，可以直接向口岸海关办理报关手续。

已经加工的保税进口料件不得进行退换。

第四章 加工贸易货物核销

第三十条 经营企业应当在规定的期限内将进口料件加工复出口，并且自加工贸易手册项下最后一批成品出口或者加工贸易手册到期之日起30日内向海关报核。

经营企业对外签订的合同提前终止的,应当自合同终止之日起30日内向海关报核。

第三十一条 经营企业报核时应当向海关如实申报进口料件、出口成品、边角料、剩余料件、残次品、副产品以及单耗等情况,并且按照规定提交相关单证。

经营企业按照本条第一款规定向海关报核,单证齐全、有效的,海关应当受理报核。

第三十二条 海关核销可以采取纸质单证核销、电子数据核销的方式,必要时可以下厂核查,企业应当予以配合。

海关应当自受理报核之日起30日内予以核销。特殊情况需要延长的,经直属海关关长或者其授权的隶属海关关长批准可以延长30日。

第三十三条 加工贸易保税进口料件或者成品因故转为内销的,海关凭主管部门准予内销的有效批准文件,对保税进口料件依法征收税款并且加征缓税利息,另有规定的除外。

进口料件属于国家对进口有限制性规定的,经营企业还应当向海关提交进口许可证件。

第三十四条 经营企业因故将加工贸易进口料件退运出境的,海关凭有关退运单证核销。

第三十五条 经营企业在生产过程中产生的边角料、剩余料件、残次品、副产品和受灾保税货物,按照海关对加工贸易边角料、剩余料件、残次品、副产品和受灾保税货物的管理规定办理,海关凭有关单证核销。

第三十六条 经营企业遗失加工贸易手册的,应当及时向海关报告。

海关按照有关规定处理后对遗失的加工贸易手册予以核销。

第三十七条 对经核销结案的加工贸易手册,海关向经营企业签发《核销结案通知书》。

第三十八条 经营企业已经办理担保的,海关在核销结案后按照规定解除担保。

第三十九条 加工贸易货物的手册设立和核销单证自加工贸易手册核销结案之日起留存3年。

第四十条 加工贸易企业出现分立、合并、破产、解散或者其他停止正常生产经营活动情形的,应当及时向海关报告,并且办结海关手续。

加工贸易货物被人民法院或者有关行政执法部门封存的,加工贸易企业应当自加工贸易货物被封存之日起5个工作日内向海关报告。

第五章 附 则

第四十一条 违反本办法,构成走私行为、违反海关监管规定行为或者其他违反《海关法》行为的,由海关依照《海关法》和《中华人民共和国海关行政处罚实施条例》的有关规定予以处理;构成犯罪的,依法追究刑事责任。

第四十二条 本办法中下列用语的含义:

来料加工,是指进口料件由境外企业提供,经营企业不需要付汇进口,按照境外企业的要求进行加工或者装配,只收取加工费,制成品由境外企业销售的经营活动。

进料加工,是指进口料件由经营企业付汇进口,制成品由经营企业外销出口的经营活动。

加工贸易货物,是指加工贸易项下的进口料件、加工成品以及加工过程中产生的边角料、残次品、副产品等。

加工贸易企业,包括经海关注册登记的经营企业和加工企业。

经营企业，是指负责对外签订加工贸易进出口合同的各类进出口企业和外商投资企业，以及经批准获得来料加工经营许可的对外加工装配服务公司。

加工企业，是指接受经营企业委托，负责对进口料件进行加工或者装配，并且具有法人资格的生产企业，以及由经营企业设立的虽不具有法人资格，但是实行相对独立核算并已经办理工商营业证（执照）的工厂。

单位耗料量，是指加工贸易企业在正常生产条件下加工生产单位出口成品所耗用的进口料件的数量，简称单耗。

深加工结转，是指加工贸易企业将保税进口料件加工的产品转至另一加工贸易企业进一步加工后复出口的经营活动。

承揽者，是指与经营企业签订加工合同，承接经营企业委托的外发加工业务的企业或者个人。

外发加工，是指经营企业委托承揽者对加工贸易货物进行加工，在规定期限内将加工后的产品最终复出口的行为。

核销，是指加工贸易经营企业加工复出口或者办理内销等海关手续后，凭规定单证向海关报核，海关按照规定进行核查以后办理解除监管手续的行为。

第四十三条　保税工厂开展加工贸易业务，按照海关对加工贸易保税工厂的管理规定办理。

第四十四条　进料加工保税集团开展加工贸易业务，按照海关对进料加工保税集团的管理规定办理。

第四十五条　实施联网监管的加工贸易企业开展加工贸易业务，按照海关对加工贸易企业实施计算机联网监管的管理规定办理。

第四十六条　加工贸易企业在海关特殊监管区域内开展加工贸易业务，按照海关对海关特殊监管区域的相关管理规定办理。

第四十七条　单耗的申报与核定，按照海关对加工贸易单耗的管理规定办理。

第四十八条　海关对加工贸易货物进口时先征收税款出口后予以退税的管理规定另行制定。

第四十九条　本办法由海关总署负责解释。

第五十条　本办法自公布之日起施行。2004年2月26日以海关总署令第113号发布，并经海关总署令第168号、195号修正的《中华人民共和国海关对加工贸易货物监管办法》同时废止。

关于公布2014年进口许可证管理货物目录的公告

商务部、海关总署、质检总局公告2013年第97号

根据《中华人民共和国对外贸易法》、《中华人民共和国货物进出口管理条例》和《重点旧机电产品进口管理办法》,现发布《2014年进口许可证管理货物目录》,自2014年1月1日起执行。《2013年进口许可证管理货物目录》同时废止。

附件:2014年进口许可证管理货物目录

商务部
海关总署
质检总局
2013年12月31日

附件

2014年进口许可证管理货物目录

重点旧机电产品进口目录			
货物种类	海关商品编号	商品名称及备注	单位
一、化工设备	8419409090	其他蒸馏或精馏设备	台
	8419609010	液化器(将来自级联的UF6气体压缩并冷凝成液态UF6)	台
	8419899010	带加热装置的发酵罐(不发散气溶胶,且容积>20升)	台
二、金属冶炼设备	8454100000	金属冶炼及铸造用转炉	台
	8454309000	其他金属冶炼及铸造用铸造机	台
三、工程机械类	8425319000	其他电动卷扬机及绞盘	台
	8426200000	塔式起重机	台
	8426411000	轮胎式起重机	台
	8426419000	其他带胶轮的自推进起重机械	台
	8426491000	履带式自推进起重机械	台
	8426499000	其他不带胶轮的自推进起重机械	台
	8426910000	供装于公路车辆的其他起重机械	台
	8426990000	其他起重机械	台
	8427201000	集装箱叉车	台
	8427209000	其他机动叉车及有升降装置工作车(包括装有搬运装置的机动工作车)	台
	8427900000	其他叉车及可升降的工作车(工作车指装有升降或搬运装置)	台
	8428101001	无障碍升降机	台
	8428101090	其他载客电梯	台
	8428109000	其他升降机及倒卸式起重机	台
	8428400000	自动梯及自动人行道	台
	8428602900	非单线循环式客运架空索道	台

(续表)

货物种类	海关商品编号	商品名称及备注	单位
四、起重运输设备	8426193000	龙门式起重机	台
	8426194100	门式装卸桥	台
	8426194200	集装箱装卸桥	台
	8427101000	有轨巷道堆垛机	台
	8427102000	无轨巷道堆垛机	台
	8428602100	单线循环式客运架空索道	台
五、造纸设备	8439100000	制造纤维素纸浆的机器	台
	8439200000	纸或纸板的抄造机器	台
	8439300000	纸或纸板的整理机器	台
六、电力、电气设备	8501610000	输出功率≤75KVA 交流发电机	台,千瓦
	8501620000	75KVA＜输出功率≤375KVA 交流发电机	台,千瓦
	8501630000	375KVA＜输出功率≤750KVA 交流发电机	台,千瓦
	8501641000	750KVA＜输出功率≤350MVA 交流发电机	台,千瓦
	8501642000	350MVA＜输出功率≤665MVA 交流发电机	台,千瓦
	8501643000	输出功率＞665MVA 交流发电机	台,千瓦
	8502110000	输出功率≤75KVA 柴油发电机组（包括半柴油发电机组）	台,千瓦
	8502120000	75KVA＜输出功率≤375KVA 柴油发电机组（包括半柴油发电机组）	台,千瓦
	8502131000	375KVA＜输出功率≤2MVA 柴油发电机组（包括半柴油发电机组）	台,千瓦
	8502132000	输出功率＞2MVA 柴油发电机组（包括半柴油发电机组）	台,千瓦
	8502200000	装有点燃式活塞发动机的发电机组（内燃的）	台,千瓦
	8502390000	其他发电机组（风力驱动除外）	台,千瓦
	8515219100	直缝焊管机（电阻焊接式，全自动或半自动的）	台
	8515212001	汽车生产线电阻焊接机	台
	8515212090	其他电阻焊接机器人	台
	8515219900	其他电阻焊接机器（全自动或半自动的）	台
	8515290000	其他电阻焊接机器及装置	台
	8515312000	电弧（包括等离子弧）焊接机器人	台
	8515319100	螺旋焊管机（全自动或半自动的）	台
	8515319900	其他电弧（包括等离子弧）焊接式，电弧（包括等离子弧）焊接机及装置（全自动或半自动）	台
	8515390000	其他电弧（等离子弧）焊接机器及装置（非全自动或半自动的）	台
	8515809010	电子束、激光自动焊接机［将端塞焊接于燃料细棒（或棒）的自动焊接机］	台
	8515809090	其他焊接机器及装置	台

(续表)

重点旧机电产品进口目录			
货物种类	海关商品编号	商品名称及备注	单位
七、食品加工及包装设备	8419810000	加工热饮料，烹调，加热食品的机器	台
	8421220000	过滤或净化饮料的机器及装置（过滤或净化水的装置除外）	台
	8422301001	乳品加工用自动化灌装设备	台
	8422301090	其他饮料及液体食品灌装设备	台
	8434200000	乳品加工机器	台
	8438100010	糕点生产线	台
	8438100090	通心粉，面条的生产加工机器（包括类似产品的加工机）	台
	8438500000	肉类或家禽加工机器	台/千克
八、农业机械类	8433510001	功率≥160马力的联合收割机	台
	8433510090	功率＜160马力的联合收割机	台
	8433599090	其他收割机及脱粒机	台
	8434100000	挤奶机	台
九、印刷机械类	8443120000	办公室用片取进料式胶印机（片尺寸不超过22×36厘米，用品目84.42项下商品进行印刷的机器）	台
	8443140000	卷取进料式凸版印刷机，但不包括苯胺印刷机（用品目84.42项下商品进行印刷的机器）	台
	8443150000	除卷取进料式以外的凸版印刷机，但不包括苯胺印刷机（用品目84.42项下商品进行印刷的机器）	台
	8443160001	苯胺印刷机，线速度≥300米/分钟，幅宽≥800毫米（柔性版印刷机，用品目84.42项下商品进行印刷的机器）	台
	8443160002	机组式柔性版印刷机，线速度≥160m/min，250mm≤幅宽＜800mm（具有烫印或全息或丝网印刷功能单元的）	台
	8443160090	其他苯胺印刷机（柔性版印刷机，用品目84.42项下商品进行印刷的机器）	台
	8443198000	未列名印刷机（网式印刷机除外，用品目84.42项下商品进行印刷的机器）	台
十、纺织机械类	8446304000	织物宽度＞30cm的喷水织机	台
	8447202000	平型纬编机	台
	8451400000	其他洗涤，漂白或染色机器	台
	8453100000	生皮，皮革的处理或加工机器（包括鞣制机）	台
十一、船舶类	8901101010	高速客船（包括主要用于客运的类似船舶）	艘
	8901101090	其他机动巡航船、游览船及各式渡船（包括主要用于客运的类似船舶）	艘
	8903100000	充气的娱乐或运动用快艇（包括充气的划艇及轻舟）	艘
	8903920001	8米＜长度＜90米的汽艇（装有舷外发动机的除外）	艘
	8903920090	其他汽艇（装有舷外发动机的除外）	艘
	8903990001	8米＜长度＜90米的娱乐或运动用其他机动船舶或快艇（包括划艇及轻舟）	艘
	8903990090	娱乐或运动用其他船舶或快艇（包括划艇及轻舟）	艘
	8901109000	非机动巡航船、游览船及各式渡船（以及主要用于客运的类似船舶）	艘
	8901909000	非机动货运船舶及客货兼运船舶	艘

(续表)

\multicolumn{4}{c}{重点旧机电产品进口目录}			
货物种类	海关商品编号	商品名称及备注	单位
十二、矽鼓	8443999010	其他印刷（打印）机、复印机及传真机的感光鼓和含感光鼓的碳粉盒	个
	\multicolumn{3}{c}{消耗臭氧层物质}		
	2903191010	1，1，1-三氯乙烷（甲基氯仿），用于清洗剂的除外	千克
	2903191090	1，1，1-三氯乙烷（甲基氯仿），用于清洗剂的	千克
	2903399020	溴甲烷（甲基溴）	千克
	2903710000	一氯二氟甲烷	千克
	2903720000	二氯三氟乙烷	千克
	2903730000	二氯一氟乙烷	千克
	2903740000	一氯二氟乙烷	千克
	2903750010	1，1，1，2，2-五氟-3，3-二氯丙烷	千克
	2903750020	1，1，2，2，3-五氟-1，3-二氯丙烷	千克
	2903750090	其他二氯五氟丙烷	千克
	2903760010	溴氯二氟甲烷	千克
	2903760020	溴三氟甲烷	千克
	2903771000	三氯氟甲烷	千克
	2903772011	二氯二氟甲烷	千克
	2903772012	三氯三氟乙烷，用于清洗剂除外（CFC-113）	千克
	2903772014	二氯四氟乙烷（CFC-114）	千克
	2903772015	一氯五氟乙烷（CFC-115）	千克
	2903772016	一氯三氟甲烷（CFC-13）	千克
	2903791011	一氟二氯甲烷	千克
	2903791012	1，1，1，2-四氟-2-氯乙烷	千克
	2903791013	三氟一氯乙烷	千克
	2903791014	1-氟-1，1-二氯乙烷	千克
	2903791015	1，1-二氟-1-氯乙烷	千克
	2903791090	其他仅含氟和氯的甲烷、乙烷及丙烷的卤化衍生物	千克
	2903799021	其他仅含溴、氟的甲烷、乙烷和丙烷	千克
	3824710011	二氯二氟甲烷和二氟乙烷的混合物（R-500）	千克
	3824710012	一氯二氟甲烷和二氯二氟甲烷的混合物（R-501）	千克
	3824710013	一氯二氟甲烷和一氯五氟乙烷的混合物（R-502）	千克
	3824710014	三氟甲烷和一氯三氟甲烷的混合物（R-503）	千克
	3824710015	二氟甲烷和一氯五氟乙烷的混合物（R-504）	千克
	3824710016	二氯二氟甲烷和一氟一氯甲烷的混合物（R-505）	千克
	3824710017	一氟一氯甲烷和二氯四氟乙烷的混合物（R-506）	千克
	3824710018	二氯二氟甲烷和二氯四氟乙烷的混合物（R-400）	千克
	3824740011	二氟一氯甲烷、二氟乙烷和一氯四氟乙烷的混合物（R-401）	千克
	3824740012	五氟乙烷、丙烷和二氟一氯甲烷的混合物（R-402）	千克
	3824740013	丙烷、二氟一氯甲烷和八氟丙烷的混合物（R-403）	千克

(续表)

重点旧机电产品进口目录			
货物种类	海关商品编号	商品名称及备注	单位
十二、矽鼓	3824740014	二氟一氯甲烷、二氟乙烷、一氯二氟乙烷和八氟环丁烷的混合物（R-405）	千克
	3824740015	二氟一氯甲烷、2-甲基丙烷（异丁烷）和一氯二氟乙烷的混合物（R-406）	千克
	3824740016	五氟乙烷、三氟乙烷和二氟一氯甲烷的混合物（R-408）	千克
	3824740017	二氟一氯甲烷、一氯四氟乙烷和一氯二氟乙烷的混合物（R-409）	千克
	3824740018	丙烯、二氟一氯甲烷和二氟乙烷的混合物（R-411）	千克
	3824740019	二氟一氯甲烷、八氟丙烷和一氯二氟乙烷的混合物（R-412）	千克
	3824740021	二氟一氯甲烷、一氯四氟乙烷、一氯二氟乙烷和2-甲基丙烷的混合物（R-414）	千克
	3824740022	二氟一氯甲烷和二氟乙烷的混合物（R-415）	千克
	3824740023	四氟乙烷、一氯四氟乙烷和丁烷的混合物（R-416）	千克
	3824740024	丙烷、二氟一氯甲烷和二氟乙烷的混合物（R-418）	千克
	3824740025	二氟一氯甲烷和八氟丙烷的混合物（R-509）	千克
	3824740026	二氟一氯甲烷和一氯二氟乙烷的混合物	千克
	3824740090	其他含甲烷、乙烷或丙烷的氢氯氟烃混合物（不论是否含甲烷、乙烷或丙烷的全氟烃或氢氟烃，但不含全氯氟烃）	千克

公布2014年出口许可证管理货物目录

商务部、海关总署公告2013年第96号

根据《中华人民共和国对外贸易法》和《中华人民共和国货物进出口管理条例》，现公布《2014年出口许可证管理货物目录》，并就有关问题公告如下：

一、2014年实行出口许可证管理的48种货物，分别实行出口配额许可证、出口配额招标和出口许可证管理。

（一）实行出口配额许可证管理的货物是：小麦、玉米、大米、小麦粉、玉米粉、大米粉、棉花、锯材、活牛（对港澳）、活猪（对港澳）、活鸡（对港澳）、煤炭、原油、成品油、稀土、锑及锑制品、钨及钨制品、锡及锡制品、白银、铟及铟制品、钼、磷矿石。

（二）实行出口配额招标的货物是：蔺草及蔺草制品、滑石块（粉）、镁砂、甘草及甘草制品。

（三）实行出口许可证管理的货物是：活牛（对港澳以外市场）、活猪（对港澳以外市场）、活鸡（对港澳以外市场）、冰鲜牛肉、冻牛肉、冰鲜猪肉、冻猪肉、冰鲜鸡肉、冻鸡肉、消耗臭氧层物质、石蜡、部分金属及制品、铂金（以加工贸易方式出口）、汽车（包括成套散件）及其底盘、摩托车（含全地形车）及其发动机和车架、天然砂（含标准砂）、钼制品、柠檬酸、维生素C、青霉素工业盐、硫酸二钠、焦炭、碳化硅、矾土、氟石。

二、对港澳出口的活牛、活猪、活鸡实行全球许可证下的国别（地区）配额许可证管理；对港、澳、台出口天然砂实行出口许可证管理，对标准砂实行全球出口许可证管理。

三、对玉米、大米、煤炭、原油、成品油、棉花、锑及锑制品、钨及钨制品、白银实行国营贸易管理。

四、实行出口配额招标的货物，无论何种贸易方式，各授权发证机构均凭商务部下发的中标企业名单及其中标数量和招标办公室出具的《申领配额招标货物出口许可证证明书》签发出口许可证。

五、以加工贸易方式出口下列货物，按以下规定办理：

（一）除本条第（二）、（三）、（四）、（五）款规定的以外，以加工贸易方式出口属出口配额许可证管理的货物，发证机构凭出口配额、《加工贸易业务批准证》及出口合同（正本复印件）核发出口许可证。

（二）进口用于生产铂金的原料加工复出口铂金（铂或白金），发证机构凭经营企业注册地商务主管部门的《加工贸易业务批准证》、海关加工贸易进口报关单、出口合同（正本复印件）核发出口许可证。

（三）进口原油加工复出口石蜡，进口含白银货物（银粉、未锻造银等及银的半制成品除外）加工复出口白银，发证机构凭经营企业注册地省级商务主管部门的《加工贸易业务批准证》、海关加工贸易进口报关单、出口合同（正本复印件）核发出口许可证。其中，白银《加工贸易业务批准证》凭商务部批件核发，发证机构加验商务部批件。

（四）以加工贸易方式出口甘草及甘草制品，发证机构凭经营企业注册地省级商务主管部门的《加工贸易业务批准证》、中国医药保健品进出口商会的《申领加工贸易货物出口许可证证明书》、海关加工贸易进口报关单和出口合同（正本复印件）核发出口许可证。

（五）进口原油加工复出口成品油，免领成品油出口许可证。关于加工贸易项下润滑油（脂）、润滑油基础油出口，按2008年商务部、发展改革委、海关总署第30号公告的有关规定执行。

（六）本条第（一）、（二）、（三）、（四）款所述出口许可证的有效期，按《加工贸易业务批准证》核定的出口期限核发，但不得超过当年12月31日。如《加工贸易业务批准证》核定的出口期限超过当年12月31日，经营者应在原出口许可证有效期内向发证机构换发新一年出口许可证，发证机构收回原证，在发证系统中对原证进行注销，扣除已使用的数量后，按《加工贸易业务批准证》核定的出口期限重新签发新一年度出口许可证，并在备注栏中注明原证证号。

六、根据国务院《关于边境贸易有关问题的通知》（国发〔1996〕2号）精神，边境小额贸易企业凡出口配额招标的货物、消耗臭氧层物质、汽车（包括成套散件）及其底盘、摩托车（含全地形车）及其发动机和车架，仍按现行有关规定，在商务部授权的发证机构办理出口许可证。边境小额贸易企业出口许可证管理货物中属出口配额许可证管理的，由商务部授权的省（自治区）商务主管部门根据商务部下达的边境小额贸易出口配额签发出口许可证。边境小额贸易企业出口除本条所述以外的其余列入《2014年出口许可证管理货物目录》的货物，一律免领出口许可证。

七、为保证进出口许可证联网核销的实施，对不实行"一批一证"管理的货物，发证机构在签发出口许可证时必须在许可证"备注"栏内填注"非一批一证"。

实行"非一批一证"管理的货物为：

（一）外商投资企业出口货物；

（二）加工贸易方式出口货物；

（三）补偿贸易项下出口货物；

（四）小麦、玉米、大米、小麦粉、玉米粉、大米粉、活牛、活猪、活鸡、牛肉、猪肉、鸡肉、原油、成品油、煤炭、汽车（包括成套散件）及其底盘、摩托车（含全地形车）及其发动机和车架。

"非一批一证"的出口许可证，可在同一口岸多次报关，但不得超过12次。12次报关后，出口许可证即使尚存余额，海关也停止接受报关。

八、消耗臭氧层物质的货样广告品须凭出口许可证出口。

九、企业以一般贸易、加工贸易、边境贸易和捐赠贸易方式出口汽车产品须申领出口许可证；企业以工程承包方式出口汽车产品应申领出口许可证，但不受出口资质管理限制。

十、企业出口在附件中带有▲标注的货物（焦炭、矾土、碳化硅、氟石、锰），凭出口合同申领出口许可证，无需提供批准文件。

十一、我国政府在对外援助项下提供的本目录产品不纳入配额和许可证管理。

本目录自2014年1月1日起执行。《2013年出口许可证管理货物目录》同时废止。

附件：

1. 2014年出口许可证管理货物目录（略——编者注）
2. 2014年边境小额贸易出口许可证管理货物目录（略——编者注）

商务部

海关总署

2013年12月31日

关于公布2014年两用物项和技术进出口许可证管理目录的公告

商务部、海关总署公告2013年第95号

根据《两用物项和技术进出口许可证管理办法》（商务部 海关总署令2005年第29号）和2014年《中华人民共和国进出口税则》，商务部和海关总署对《两用物项和技术进出口许可证管理目录》进行了调整，现将调整后的《两用物项和技术进出口许可证管理目录》（见附件）予以公布。

进口放射性同位素需按《放射性同位素与射线装置安全和防护条例》和《两用物项和技术进出口许可证管理办法》有关规定，报环境保护部审批后，在商务部配额许可证事务局申领两用物项和技术进口许可证。进口经营者持两用物项和技术进口许可证向海关办理进口手续。

本公告自2014年1月1日起正式实施，商务部、海关总署2012年第96号公告公布的

《两用物项和技术进出口许可证管理目录》同时废止。

附件：两用物项和技术进出口许可证管理目录（略——编者注）

商务部
海关总署
2013 年 12 月 30 日

公布 2014 年自动进口许可管理货物目录

商务部、海关总署公告 2013 年第 98 号

根据《中华人民共和国对外贸易法》、《中华人民共和国货物进出口管理条例》和《货物自动进口许可管理办法》，现发布《2014 年自动进口许可管理货物目录》，自 2014 年 1 月 1 日起执行。《2013 年自动进口许可管理货物目录》同时废止。

附件：2014 年自动进口许可管理货物目录

商务部
海关总署
2013 年 12 月 30 日

2014 年自动进口许可管理货物目录

类别	非机电类商品：	商品名称	备注	计量单位
	海关商品编号			
牛肉	0201200010	鲜或冷藏的带骨野牛肉		千克
	0201200090	其他鲜或冷藏的带骨牛肉		千克
	0201300010	鲜或冷藏的去骨野牛肉		千克
	0201300090	其他鲜或冷藏的去骨牛肉		千克
	0202200010	冻藏的带骨野牛肉		千克
	0202200090	其他冻藏的带骨牛肉		千克
	0202300010	冻藏的去骨野牛肉		千克
	0202300090	其他冻藏的去骨牛肉		千克
	0206210000	冻牛舌		千克
	0206220000	冻牛肝		千克
	0206290000	其他冻牛杂碎		千克

(续表)

类别	非机电类商品：海关商品编号	商品名称	备注	计量单位
猪肉及副产品	0203120010	鲜或冷的带骨野猪前腿、后腿及肉块		千克
	0203120090	鲜或冷的带骨猪前腿、后腿及其肉块		千克
	0203190010	其他鲜或冷藏的野猪肉		千克
	0203190090	其他鲜或冷藏的猪肉		千克
	0203219010	其他冻整头及半头野猪肉		千克
	0203219090	其他冻整头及半头猪肉		千克
	0203220010	冻带骨野猪前腿、后腿及肉		千克
	0203220090	冻藏的带骨猪前腿、后腿及其肉块		千克
	0203290010	冻藏的野猪其他肉		千克
	0203290090	其他冻藏猪肉		千克
	0206410000	冻猪肝		千克
	0206490000	其他冻猪杂碎		千克
羊肉	0204100000	鲜或冷藏的整头及半头羔羊肉		千克
	0204210000	鲜或冷藏的整头及半头绵羊肉		千克
	0204220000	鲜或冷藏的带骨绵羊肉		千克
	0204230000	鲜或冷藏的去骨绵羊肉		千克
	0204300000	冻藏的整头及半头羔羊肉		千克
	0204410000	冻藏的整头及半头绵羊肉		千克
	0204420000	冻藏的其他带骨绵羊肉		千克
	0204430000	冻藏的其他去骨绵羊肉		千克
	0204500000	鲜或冷藏、冻藏的山羊肉		千克
	0206900010	冻藏的羊杂碎		千克
肉鸡	0207120000	冻的整只鸡		千克
	0207141100	冻的带骨鸡块	包括鸡胸脯、鸡大腿等	千克
	0207141900	冻的不带骨鸡块	包括鸡胸脯、鸡大腿等	千克
	0207142100	冻的鸡翼	不包括翼尖	千克
	0207142200	冻的鸡爪		千克
	0207142900	冻的其他食用鸡杂碎	包括鸡翼尖、鸡肝等	千克
	0504002100	冷，冻的鸡胗	即鸡胃	千克
鲜奶	0401100000	脂肪含量未超1%未浓缩的乳及奶油（脂肪含量按重量计，本编号货品不得加糖和其他甜物质）		千克
	0401200000	脂肪含量在1%~6%未浓缩的乳及奶油（脂肪含量按重量计，本编号货品不得加糖和其他甜物质）		千克
	0401400000	6%<脂肪含量≤10%的未浓缩的乳及奶油（脂肪含量按重量计，本编号货品不得加糖和其他甜物质）		千克
	0401500000	脂肪含量>10%未浓缩的乳及奶油（脂肪含量按重量计，本编号货品不得加糖和其他甜物质）		千克

(续表)

类别	海关商品编号	商品名称	备注	计量单位
非机电类商品：				
奶粉	0402100000	脂肪含量≤1.5%固体乳及奶油（指粉状、粒状或其他固体状态，浓缩，加糖或其他甜物质）		千克
	0402210000	脂肪含量>1.5%未加糖固体乳及奶油（指粉状、粒状或其他固体状态，浓缩，未加糖或其他甜物质）		千克
	0402290000	脂肪含量>1.5%的加糖固体乳及奶油（指粉状、粒状或其他固体状态，浓缩，加糖或其他甜物质）		千克
	1901101000	供婴幼儿食用的零售包装配方奶粉	按重量计全脱脂可可含量<5%乳制品	千克
大豆	1201100000	种用大豆		千克
	1201901000	非种用黄大豆（不论是否破碎）		千克
	1201902000	非种用黑大豆（不论是否破碎）		千克
	1201903000	非种用青大豆（不论是否破碎）		千克
	1201909000	非种用其他大豆（不论是否破碎）		千克
油菜籽	1205101000	种用低芥子酸油菜籽		千克
	1205109000	其他低芥子酸油菜籽（不论是否破碎）		千克
	1205901000	其他种用油菜籽		千克
	1205909000	其他油菜籽（不论是否破碎）		千克
植物油	1507100000	初榨的豆油	但未经化学改性	千克
	1507900000	精制的豆油及其分离品	包括初榨豆油的分离品，但未经化学改性	千克
	1509100000	初榨油橄榄油	但未经化学改性	千克
	1509900000	精制的油橄榄油及其分离品	包括初榨油橄榄油的分离品，但未经化学改性	千克
	1510000000	其他橄榄油及其分离品	不论是否精制，但未经化学改性，包括掺有税目1509的油或分离品的混合物	千克
	1511100000	初榨的棕榈油	但未经化学改性	千克
	1511901000	棕榈液油	熔点为19℃—24℃，未经化学改性	千克
	1511902001	固态棕榈硬脂（50度≤熔点≤56度）	未经化学改性	千克
	1511909000	其他精制棕榈油	包括棕榈油的分离品，但未经化学改性	千克
	1514110000	初榨的低芥子酸菜子油	但未经化学改性	千克
	1514190000	其他低芥子酸菜子油	包括其分离品，但未经化学改性	千克
	1514911000	初榨的非低芥子酸菜子油	但未经化学改性	千克
	1514919000	初榨的芥子油	但未经化学改性	千克
	1514990000	精制非低芥子酸菜子油、芥子油	包括其分离品，但未经化学改性	千克

(续表)

类别	非机电类商品：海关商品编号	商品名称	备注	计量单位
豆粕	2304001000	提炼豆油所得的油渣饼（豆饼）		千克
	2304009000	提炼豆油所得的其他固体残渣（不论是否研磨或制成团）		千克
烟草	2401101000	未去梗的烤烟		千克
	2401109000	其他未去梗的烟草		千克
	2401201000	部分或全部去梗的烤烟		千克
	2401209000	部分或全部去梗的其他烟草		千克
	2401300000	烟草废料		千克
	2402100000	烟草制的雪茄烟		千支/千克
	2402200000	烟草制的卷烟		千支/千克
	2402900001	烟草代用品制的卷烟		千支/千克
	2402900009	烟草代用品制的雪茄烟		千支/千克
	2403110000	供吸用的本章子目注释所述的水烟料	不论是否含有任何比例的烟草代用品	千克
	2403190000	其他供吸用的烟草	不论是否含有任何比例的烟草代用品	千克
	2403910010	再造烟草		千克
	2403910090	均化烟草		千克
	2403990010	烟草精汁		千克
	4813100000	成小本或管状的卷烟纸		千克
	4813200000	宽度≤5cm 成卷的卷烟纸		千克
	4813900000	其他卷烟纸	不论是否切成一定尺寸，编号 4813 未具体列名的	千克
	5601221000	化学纤维制的卷烟滤嘴		千克
二醋酸纤维丝束	5502001000	二醋酸纤维丝束		千克
铜精矿	2603000010	铜矿砂及其精矿	黄金价值部分	千克
	2603000090	铜矿砂及其精矿	非黄金价值部分	千克
煤	2701110010	无烟煤	不论是否粉化，但未制成型	千克
	2701110090	无烟煤滤料		千克
	2701121000	未制成型的炼焦煤	不论是否粉化	千克
	2701129000	其他烟煤	不论是否粉化，但未制成型	千克
	2701190000	其他煤	不论是否粉化，但未制成型	千克

(续表)

非机电类商品：				
类别	海关商品编号	商品名称	备注	计量单位
铁矿石	2601111000	未烧结铁矿砂及其精矿	平均粒度小于0.8mm的，焙烧黄铁矿除外	千克
	2601112000	未烧结铁矿砂及其精矿	平均粒度不小于0.8mm，但不大于6.3mm的，焙烧黄铁矿除外	千克
	2601119000	平均粒度大于6.3毫米的未烧结铁矿砂及其精矿	焙烧黄铁矿除外	千克
	2601120000	已烧结铁矿砂及其精矿	焙烧黄铁矿除外	千克
	2601200000	焙烧黄铁矿		千克
铝土矿	2606000000	铝矿砂及其精矿		千克
原油	2709000000	石油原油	包括从沥青矿物提取的原油	千克
成品油	2710121001	车用汽油及航空汽油，不含生物柴油	铅含量每升不超过0.013克	千克/升
	2710121002	车用汽油及航空汽油，不含生物柴油	铅含量每升超过0.013克	千克/升
	2710122000	石脑油，不含生物柴油		千克/升
	2710191100	航空煤油，不含生物柴油		千克/升
	2710191200	灯用煤油，不含生物柴油		千克
	2710192200	5—7号燃料油，不含生物柴油		千克/升
	2710192310	车用、普通柴油，不含生物柴油		千克/升
	2710192390	其他柴油，不含生物柴油		千克/升
	2710192910	蜡油，不含生物柴油	350℃以下馏出物体积＜20%，550℃以下馏出物体积＞80%	千克/升
	2710192990	其他燃料油，不含生物柴油		千克/升
氧化铝	2818200000	氧化铝，但人造刚玉除外		千克
化肥	3102210000	硫酸铵		千克
	3102290000	硫酸铵和硝酸铵的复盐及混合物		千克
	3102400000	硝酸铵与碳酸钙等的混合物	包括硝酸铵与其他无效肥及无机物的混合物	千克
	3102500000	硝酸钠		千克
	3102600000	硝酸钙和硝酸铵的复盐及混合物		千克
	3102800000	尿素及硝酸铵混合物的水溶液	包括氨水溶液	千克
	3102901000	氰氨化钙		千克
	3102909000	其他矿物氮肥及化学氮肥	包括上述子目未列名的混合物	千克
	3103101000	重过磷酸钙		千克
	3103109000	其他过磷酸钙		千克
	3103900000	其他矿物磷肥或化学磷肥		千克
	3104202000	纯氯化钾	按重量计氯化钾含量不小于99.5%	千克

(续表)

非机电类商品：				
类别	海关商品编号	商品名称	备注	计量单位
化肥	3104209000	其他氯化钾		千克
	3104300000	硫酸钾		千克
	3104901000	光卤石，钾盐及其他天然粗钾盐		千克
	3104909000	其他矿物钾肥及化学钾肥		千克
	3105100090	制成片状及类似形状或零售包装的31章其他货品	零售包装每包毛重不超过10公斤	千克
	3105400000	磷酸二氢铵	包括磷酸二氢铵与磷酸氢二铵的混合物	千克
	3105510000	含有硝酸盐及磷酸盐的肥料	包括矿物肥料或化学肥料	千克
	3105590000	其他含氮、磷两种元素肥料	包括矿物肥料或化学肥料	千克
	3105600000	含磷、钾两种元素的肥料	包括矿物肥料或化学肥料	千克
	3105900000	其他肥料		千克
钢材	7225110000	取向性硅电钢宽板	宽≥600mm	千克

机电类商品		一、以下商品编码的产品由商务部签发		
类别	海关商品编号	商品名称	备注	计量单位
光盘生产设备	8477101010	用于光盘生产的精密注塑机	加工塑料的	台
	8479899910	用于光盘生产的金属母盘生产设备	具有独立功能的	台
	8479899920	用于光盘生产的粘合机	具有独立功能的	台
	8479899930	用于光盘生产的真空金属溅镀机	具有独立功能的	台
	8479899940	保护胶涂覆机及染料层旋涂机	光盘生产用，具有独立功能的	台
	8480719010	用于光盘生产的专用模具		套/千克
	8521909010	用于光盘生产的金属母盘生产设备	不论是否装有高频调谐放大器	台
	9031499010	光盘质量在线检测仪及离线检测仪		台
烟草机械	8419399020	烟丝烘干机		台
	8478100000	其他的烟草加工及制作机器	本章其他编号未列名的	台
	8478900000	烟草加工及制作机器用的零件		千克
移动通信产品	8517121011	GSM数字式手持无线电话整套散件		台
	8517121019	其他GSM数字式手持无线电话机		台
	8517121021	CDMA数字式手持无线电话整套散件		台
	8517121029	其他CDMA数字式手持无线电话机		台
	8517121090	其他手持式无线电话机	包括车载式无线电话机	台
	8517129000	其他用于蜂窝网络或其他无线网络的电话机		台
	8517611010	GSM式移动通信基地站		台
	8517611020	CDMA式移动通信基地站		台
	8517611090	其他移动通信基地站		台
	8517619000	其他基站		台
	8517621200	数字移动通信交换机		台

(续表)

机电类商品		一、以下商品编码的产品由商务部签发		
类别	海关商品编号	商品名称	备注	计量单位
卫星广播、电视设备及关键部件	8525500000	无线电广播、电视用发送设备		台
	8525601000	无线电广播、电视用卫星地面站设备	装有接收装置的发送设备	台
	8528711000	彩色的卫星电视接收机	在设计上不带有视频显示器或屏幕的	台
	8529109021	卫星电视接收用天线		千克／个
	8529109029	其他无线广播电视用天线	品目8525至8528所列其他装置或设备的，包括天线反射器	千克／个
	8529901011	卫星电视接收用解码器		千克／个
	8529901012	卫星电视接收用收视卡		千克／个
	8529901013	卫星电视接收用器件板卡		千克／个
	8529901014	卫星电视接收用专用零件		千克／个
	8529909011	卫星电视接收用高频调谐器		千克／个
	8543709920	无线广播电视用激励器	具有独立功能	台
汽车产品	8407330000	250＜排气量≤1000cc往复活塞引擎	第87章所列车辆的点燃往复式活塞发动机	台/千瓦
	8407341000	1000＜排气量≤3000cc车辆的往复式活塞引擎	第87章所列车辆的点燃往复式活塞发动机	台/千瓦
	8407342090	其他超3000cc车用往复式活塞引擎	第87章所列车辆用的点燃往复式活塞发动机	台/千瓦
	8408201090	功率≥132.39kw其他用柴油机	指87章车辆用压燃式活塞内燃发动机（132.39kw＝180马力）	台/千瓦
	8408209001	升功率≥40kw的额定功率＜132.39kw的轿车用柴油发动机		台/千瓦
	8408209090	功率＜132.39kw其他用柴油机	指第87章车辆用压燃式活塞内燃发动机	台/千瓦
	8703213001	排量≤1升的带点燃往复式活塞内燃发动机的小轿车		辆
	8703213090	排量≤1升的带点燃往复式活塞内燃发动机小轿车的成套散件		辆
	8703214001	排量≤1升的带点燃往复式活塞内燃发动机的越野车（4轮驱动）		辆
	8703214090	排量≤1升的带点燃往复式活塞内燃发动机的越野车（4轮驱动）的成套散件		辆
	8703215001	排量≤1升的带点燃往复式活塞内燃发动机的小客车	9座及以下	辆
	8703215090	排量≤1升的带点燃往复式活塞内燃发动机的小客车的成套散件	9座及以下	辆

（续表）

机电类商品		一、以下商品编码的产品由商务部签发		
类别	海关商品编号	商品名称	备注	计量单位
汽车产品	8703219001	排量≤1升的带点燃往复式活塞内燃发动机的其他车辆		辆
	8703219090	排量≤1升的带点燃往复式活塞内燃发动机的其他车辆的成套散件		辆
	8703223001	1＜排量≤1.5升带点燃往复式活塞内燃发动机小轿车		辆
	8703223090	1＜排量≤1.5升带点燃往复式活塞内燃发动机小轿车的成套散件		辆
	8703224001	1＜排量≤1.5升带点燃往复活塞内燃发动机四轮驱动越野车		辆
	8703224090	1＜排量≤1.5升带点燃往复活塞内燃发动机四轮驱动越野车的成套散件		辆
	8703225001	1＜排量≤1.5升带点燃往复式活塞内燃发动机小客车	≤9座	辆
	8703225090	1＜排量≤1.5升带点燃往复式活塞内燃发动机小客车的成套散件	≤9座	辆
	8703229001	1＜排量≤1.5升带点燃往复式活塞内燃发动机其他车		辆
	8703229090	1＜排量≤1.5升带点燃往复式活塞内燃发动机其他车的成套散件		辆
	8703234101	1.5＜排量≤2升装点燃往复式活塞内燃发动机小轿车		辆
	8703234190	1.5＜排量≤2升装点燃往复式活塞内燃发动机小轿车的成套散件		辆
	8703234201	1.5＜排量≤2升装点燃往复式活塞内燃发动机越野车	4轮驱动	辆
	8703234290	1.5＜排量≤2升装点燃往复式活塞内燃发动机越野车的成套散件	4轮驱动	辆
	8703234301	1.5＜排量≤2升装点燃往复式活塞内燃发动机小客车	9座及以下的	辆
	8703234390	1.5＜排量≤2升装点燃往复式活塞内燃发动机小客车的成套散件	9座及以下的	辆
	8703234901	1.5＜排量≤2升装点燃往复式活塞内燃发动机的其他载人车辆		辆
	8703234990	1.5＜排量≤2升装点燃往复式活塞内燃发动机的其他载人车辆的成套散件		辆
	8703235101	2＜排量≤2.5升装点燃往复式活塞内燃发动机小轿车		辆

(续表)

类别	机电类商品	一、以下商品编码的产品由商务部签发		计量单位
	海关商品编号	商品名称	备注	
汽车产品	8703235190	2＜排量≤2.5升装点燃往复式活塞内燃发动机小轿车的成套散件		辆
	8703235201	2＜排量≤2.5升装点燃往复式活塞内燃发动机越野车	4轮驱动	辆
	8703235290	2＜排量≤2.5升装点燃往复式活塞内燃发动机越野车的成套散件	4轮驱动	辆
	8703235301	2＜排量≤2.5升装点燃往复式活塞内燃发动机小客车	9座及以下的	辆
	8703235390	2＜排量≤2.5升装点燃往复式活塞内燃发动机的小客车的成套散件	9座及以下的	辆
	8703235901	2＜排量≤2.5升装点燃往复式活塞内燃发动机的其他载人车辆		辆
	8703235990	2＜排量≤2.5升装点燃往复式活塞内燃发动机的其他载人车辆的成套散件		辆
	8703236101	2.5＜排量≤3升装点燃往复式活塞内燃发动机小轿车		辆
	8703236190	2.5＜排量≤3升装点燃往复式活塞内燃发动机小轿车的成套散件		辆
	8703236201	2.5＜排量≤3升装点燃往复式活塞内燃发动机越野车	4轮驱动	辆
	8703236290	2.5＜排量≤3升装点燃往复式活塞内燃发动机越野车的成套散件	4轮驱动	辆
	8703236301	2.5＜排量≤3升装点燃往复式活塞内燃发动机小客车	9座及以下的	辆
	8703236390	2.5＜排量≤3升装点燃往复式活塞内燃发动机小客车的成套散件	9座及以下的	辆
	8703236901	2.5＜排量≤3升装点燃往复式活塞内燃发动机的其他载人车辆	不包括非4轮驱动越野车	辆
	8703236902	2.5＜排量≤3升装点燃往复式活塞内燃发动机的非4轮驱动越野车		辆
	8703236991	2.5＜排量≤3升装点燃往复式活塞内燃发动机的非4轮驱动越野车成套散件		辆
	8703236999	2.5＜排量≤3升装点燃往复式活塞内燃发动机的其他载人车辆的成套散件	不包括非4轮驱动越野车的成套散件	辆
	8703241101	3＜排量≤4升装点燃往复式活塞内燃发动机小轿车		辆
	8703241190	3＜排量≤4升装点燃往复式活塞内燃发动机小轿车的成套散件		辆

(续表)

机电类商品		一、以下商品编码的产品由商务部签发		
类别	海关商品编号	商品名称	备注	计量单位
汽车产品	8703241201	3＜排量≤4升装点燃往复式活塞内燃发动机越野车	4轮驱动	辆
	8703241290	3＜排量≤4升装点燃往复式活塞内燃发动机越野车的成套散件	4轮驱动	辆
	8703241301	3＜排量≤4升装点燃往复式活塞内燃发动机的小客车	9座及以下的	辆
	8703241390	3＜排量≤4升装点燃往复式活塞内燃发动机的小客车的成套散件	9座及以下的	辆
	8703241901	3＜排量≤4升装点燃往复式活塞内燃发动机的其他载人车辆	不包括非4轮驱动越野车	辆
	8703241902	3＜排量≤4升装点燃往复式活塞内燃发动机的非4轮驱动越野车		辆
	8703241991	3＜排量≤4升装点燃往复式活塞内燃发动机的非4轮驱动越野车成套散件		辆
	8703241999	3＜排量≤4升装点燃往复式活塞内燃发动机的其他载人车辆的成套散件	不包括非4轮驱动越野车成套散件	辆
	8703242101	排气量＞4升装点燃往复式活塞内燃发动机小轿车		辆
	8703242190	排气量＞4升装点燃往复式活塞内燃发动机小轿车的成套散件		辆
	8703242201	排气量＞4升装点燃往复式活塞内燃发动机越野车	4轮驱动	辆
	8703242290	排气量＞4升装点燃往复式活塞内燃发动机越野车的成套散件	4轮驱动	辆
	8703242301	排气量＞4升装点燃往复式活塞内燃发动机的小客车	9座及以下的	辆
	8703242390	排气量＞4升装点燃往复式活塞内燃发动机的小客车的成套散件	9座及以下的	辆
	8703242901	排量＞4升装点燃往复式活塞内燃发动机的其他载人车辆	不包括非4轮驱动越野车	辆
	8703242902	排量＞4升装点燃往复式活塞内燃发动机的非4轮驱动越野车		辆
	8703242991	排量＞4升装点燃往复式活塞内燃发动机的非4轮驱动越野车成套散件		辆
	8703242999	排量＞4升装点燃往复式活塞内燃发动机的其他载人车辆的成套散件	不包括非4轮驱动越野车成套散件	辆
	8703311101	排气量≤1升的装有压燃往复式活塞内燃发动机小轿车		辆

（续表）

机电类商品		一、以下商品编码的产品由商务部签发		
类别	海关商品编号	商品名称	备注	计量单位
汽车产品	8703311190	排气量≤1升的装有压燃往复式活塞内燃发动机小轿车的成套散件		辆
	8703311901	排量≤1升的装有压燃往复式活塞内燃发动机的其他载人车辆		辆
	8703311990	排量≤1升的装有压燃往复式活塞内燃发动机的其他载人车辆的成套散件		辆
	8703312101	1升＜排气量≤1.5升装压燃往复式活塞内燃发动机小轿车		辆
	8703312190	1升＜排气量≤1.5升装压燃往复式活塞内燃发动机小轿车的成套散件		辆
	8703312201	1升＜排气量≤1.5升装压燃式活塞内燃发动机越野车	4轮驱动	辆
	8703312290	1升＜排气量≤1.5升装压燃式活塞内燃发动机越野车的成套散件	4轮驱动	辆
	8703312301	1升＜排气量≤1.5升装压燃往复式活塞内燃发动机小客车	9座及以下的	辆
	8703312390	1升＜排气量≤1.5升装压燃往复式活塞内燃发动机小客车的成套散件	9座及以下的	辆
	8703312901	1升＜排量≤1.5升装压燃往复式活塞内燃发动机的其他载人车辆		辆
	8703312990	1升＜排量≤1.5升装压燃往复式活塞内燃发动机的其他载人车辆的成套散件		辆
	8703321101	1.5＜排量≤2升装压燃往复式活塞内燃发动机小轿车		辆
	8703321190	1.5＜排量≤2升装压燃往复式活塞内燃发动机小轿车的成套散件		辆
	8703321201	1.5＜排量≤2升装压燃往复式活塞内燃发动机越野车	4轮驱动	辆
	8703321290	1.5＜排量≤2升装压燃往复式活塞内燃发动机越野车的成套散件	4轮驱动	辆
	8703321301	1.5＜排量≤2升装压燃往复式活塞内燃发动机小客车	9座及以下的	辆
	8703321390	1.5＜排量≤2升装压燃往复式活塞内燃发动机小客车的成套散件	9座及以下的	辆
	8703321901	1.5＜排量≤2升装压燃往复式活塞内燃发动机的其他载人车辆		辆
	8703321990	1.5＜排量≤2升装压燃往复式活塞内燃发动机的其他载人车辆的成套散件		辆

(续表)

机电类商品		一、以下商品编码的产品由商务部签发		
类别	海关商品编号	商品名称	备注	计量单位
汽车产品	8703322101	2＜排量≤2.5升装压燃往复式活塞内燃发动机小轿车		辆
	8703322190	2＜排量≤2.5升装压燃往复式活塞内燃发动机小轿车的成套散件		辆
	8703322201	2＜排量≤2.5升装压燃往复式活塞内燃发动机越野车	4轮驱动	辆
	8703322290	2＜排量≤2.5升装压燃往复式活塞内燃发动机越野车的成套散件	4轮驱动	辆
	8703322301	2＜排量≤2.5升装压燃往复式活塞内燃发动机小客车	9座及以下的	辆
	8703322390	2＜排量≤2.5升装压燃往复式活塞内燃发动机小客车的成套散件	9座及以下的	辆
	8703322901	2＜排量≤2.5升装压燃往复式活塞内燃发动机的其他载人车辆		辆
	8703322990	2＜排量≤2.5升装压燃往复式活塞内燃发动机的其他载人车辆的成套散件		辆
	8703331101	2.5＜排量≤3升装压燃往复式活塞内燃发动机小轿车		辆
	8703331190	2.5＜排量≤3升装压燃往复式活塞内燃发动机小轿车的成套散件		辆
	8703331201	2.5＜排量≤3升装压燃往复式活塞内燃发动机越野车	4轮驱动	辆
	8703331290	2.5＜排量≤3升装压燃往复式活塞内燃发动机越野车的成套散件	4轮驱动	辆
	8703331301	2.5＜排量≤3升装压燃往复式活塞内燃发动机小客车	9座及以下的	辆
	8703331390	2.5＜排量≤3升装压燃往复式活塞内燃发动机小客车的成套散件	9座及以下的	辆
	8703331901	2.5＜排量≤3升装压燃往复式活塞内燃发动机的其他载人车辆		辆
	8703331902	2.5＜排量≤3升装压燃往复式活塞内燃发动机的非4轮驱动越野车		辆
	8703331991	2.5＜排量≤3升装压燃往复式活塞内燃发动机的非4轮驱动越野车成套散件		辆
	8703331999	2.5＜排量≤3升装压燃往复式活塞内燃发动机的其他载人车辆的成套散件	不包括非4轮驱动越野车成套散件	辆
	8703332101	3＜排量≤4升装压燃往复式活塞内燃发动机小轿车		辆

(续表)

机电类商品		一、以下商品编码的产品由商务部签发		
类别	海关商品编号	商品名称	备注	计量单位
汽车产品	8703332190	3＜排量≤4升装压燃往复式活塞内燃发动机小轿车的成套散件		辆
	8703332201	3＜排量≤4升装压燃往复式活塞内燃发动机越野车	4轮驱动	辆
	8703332290	3＜排量≤4升装压燃往复式活塞内燃发动机越野车的成套散件	4轮驱动	辆
	8703332301	3＜排量≤4升装压燃往复式活塞内燃发动机小客车	9座及以下的	辆
	8703332390	3＜排量≤4升装压燃往复式活塞内燃发动机小客车的成套散件	9座及以下的	辆
	8703332901	3＜排量≤4升装压燃往复式活塞内燃发动机的其他载人车辆	不包括非4轮驱动越野车	辆
	8703332902	3＜排量≤4升装压燃往复式活塞内燃发动机的非4轮驱动越野车		辆
	8703332991	3＜排量≤4升装压燃往复式活塞内燃发动机的非4轮驱动越野车成套散件		辆
	8703332999	3＜排量≤4升装压燃往复式活塞内燃发动机的其他载人车辆的成套散件	不包括非4轮驱动越野车成套散件	辆
	8703336101	排量＞4升装压燃往复式活塞内燃发动机小轿车		辆
	8703336190	排量＞4升装压燃往复式活塞内燃发动机小轿车的成套散件		辆
	8703336201	排量＞4升装压燃往复式活塞内燃发动机越野车	4轮驱动	辆
	8703336290	排量＞4升装压燃往复式活塞内燃发动机越野车的成套散件	4轮驱动	辆
	8703336301	排量＞4升装压燃往复式活塞内燃发动机小客车	9座及以下的	辆
	8703336390	排量＞4升装压燃往复式活塞内燃发动机小客车的成套散件	9座及以下的	辆
	8703336901	排量＞4升装压燃往复式活塞内燃发动机其他载人车辆	不包括非4轮驱动越野车	辆
	8703336902	排量＞4升装压燃往复式活塞内燃发动机非4轮驱动越野车		辆
	8703336991	排量＞4升装压燃往复式活塞内燃发动机非4轮驱动越野车成套散件		辆
	8703336999	排量＞4升装压燃往复式活塞内燃发动机其他载人车辆的成套散件	不包括非4轮驱动越野车成套散件	辆

（续表）

机电类商品		一、以下商品编码的产品由商务部签发		
类别	海关商品编号	商品名称	备注	计量单位
汽车产品	8703900001	其他型排气量≤1升的其他载人车辆		辆
	8703900002	其他型1.5升<排气量≤2升的其他载人车辆		辆
	8703900003	其他型2升<排气量≤2.5升的其他载人车辆		辆
	8703900004	其他型2.5升<排气量≤3升的其他载人车辆	不包括编号8703900014所述小轿车和越野车	辆
	8703900005	其他型3升<排气量≤4升的其他载人车辆	不包括编号8703900015所述小轿车和越野车	辆
	8703900006	其他型排气量>4升的其他载人车辆	不包括编号8703900016所述小轿车和越野车	辆
	8703900007	其他型1升<排气量≤1.5升的其他载人车辆		辆
	8703900010	电动汽车和其他无法区分排气量的载人车辆		辆
	8703900014	其他型2.5升<排气量≤3升的小轿车、越野车		辆
	8703900015	其他型3升<排气量≤4升的小轿车、越野车		辆
	8703900016	其他型排气量>4升的小轿车、越野车		辆
	8703900091	其他型排气量>2.5升小轿车、越野车成套散件		辆
	8703900099	其他型载人车辆的成套散件		辆
	8707100000	小型载人机动车辆车身（含驾驶室）	编号8703所列车辆用	台
	8708409101	小轿车用自动换档变速箱（6档及6档以下除外）		个/千克
	8708409191	其他小轿车用自动换档变速箱		个/千克
	8708409910	其他未列名机动车辆用变速箱		个/千克
飞机	8802300000	中型飞机及其他航空器	中型指2吨<空载重量≤15吨	架
	8802401000	15吨<空载重量≤45吨其他大型飞机及其他航空器		架
	8802402000	特大型飞机及其他航空器	特大型指空载重量超过45吨	架

(续表)

机电类商品	一、以下商品编码的产品由商务部签发			
类别	海关商品编号	商品名称	备注	计量单位
船舶	8901101010	高速客船	包括主要用于客运的类似船舶	艘
	8901101090	其他机动巡航船游览船及各式渡船	包括主要用于客运的类似船舶	艘
	8901201100	载重量不超过10万吨的成品油船		艘
	8901202100	载重量不超过15万吨的原油船		艘
	8901203100	容积不超2万立方米液化石油气船		艘
	8901209000	其他油船		艘
	8901902100	可载6 000标准箱及以下的集装箱船		艘
	8901903100	载重2万吨及以下的滚装船		艘
	8901904100	载重量不超过15万吨散货船		艘
	8901908000	其他机动货运船舶及客货兼运船舶		艘
	8901909000	非机动货运船舶及客货兼运船舶		艘
	8902001000	机动捕鱼船	包括加工船及其他加工保藏鱼类产品的船舶	艘
	8905200000	浮动或潜水式钻探或生产平台		座
	8905901000	浮船坞		个
	8905909000	其他不以航行为主要功能的船舶	包括灯船、消防船、起重船	个
游戏机	9504301000	用特定支付方式使其工作的电子游戏机	用硬币、钞票、银行卡、代币或其他支付方式使其工作的	台/千克
	9504309000	用特定支付方式工作的其他游戏用品,保龄球道设备除外	用硬币、钞票、银行卡、代币或其他支付方式使其工作的	台/千克
	9504501100	视频游戏控制器及设备的零件	与电视接收机配套使用的,子目9504.30的货品除外	台/千克
	9504501900	视频游戏控制器及设备	与电视接收机配套使用的,子目9504.30的货品除外	台/千克
	9504509100	其他视频游戏控制器及设备的零件	子目9504.30的货品除外	个/千克
	9504509900	其他视频游戏控制器及设备	子目9504.30的货品除外	台/千克
	9504901000	其他电子游戏机		台/千克
	二、以下商品编码的产品由地方、部门机电产品进出口办公室签发			
汽轮机	8406820000	功率不超过40兆w的其他汽轮机	功率指输出功率	台/千瓦
发动机(非87章车辆用)及关键部件	8407342010	排气量≥5.9升的天然气发动机	第87章所列车辆用的点燃往复式活塞发动机	台/千瓦
	8407909010	转速<3 600r/min汽油发动机	发电机用	台/千瓦
	8407909020	转速<4 650r/min汽油发动机	品目8426、8428—8430所列机械用	台/千瓦
	8407909030	转速<4 650r/min汽油发动机	品目8427所列机械用	台/千瓦
	8408100000	船舶用柴油发动机	指压燃式活塞内燃发动机	台/千瓦
	8408201001	输出功率在441千瓦及以上的柴油发动机	600马力	台/千瓦

（续表）

二、以下商品编码的产品由地方、部门机电产品进出口办公室签发			
类别	海关商品编号	商品名称	备注	计量单位
发动机（非87章车辆用）及关键部件	8408901000	机车用柴油发动机	压燃式活塞内燃发动机	台/千瓦
	8408909210	转速＜4 650r/min 柴油发动机，14＜功率＜132.39kw	税号 8426—8430 所列工程机械用	台/千瓦
	8408909390	功率≥132.39kw 其他用柴油发动机	非87章用压燃式活塞内燃发动机（132.39kw＝180马力）	台/千瓦
	8409919100	电控燃油喷射装置	指专用于或主要用于点燃式活塞内燃发动机的	千克/套
	8409999901	电控柴油喷射装置	指编号 8408 所列的其他发动机用	千克
水轮机及其他动力装置	8411820000	功率＞5 000kw 的其他燃气轮机		台/千瓦
	8412299001	抓桩器（抱桩器）		台
	8412299090	其他液压动力装置		台
	8412390000	其他气压动力装置		台
	8413709960	其他离心泵多重密封泵	两用物项管制	台
化工装置	8417100000	矿砂、金属的焙烧、熔化用炉	含烘箱及黄铁矿的焙烧、溶化或其他热处理用炉及烘箱	台
	8417803000	水泥回转窑		台
	8417805000	垃圾焚烧炉		台
	8417809010	平均温度＞1 000℃的耐腐蚀焚烧炉	为销毁管制化学品或化学弹药用	台
	8417809090	其他非电热的工业用炉及烘箱	包括实验室用炉、烘箱和焚烧炉	台
	8419409010	氢-低温蒸馏塔	温度≤-238℃，压力为0.5-5兆帕，内径≥1米等条件	台
	8419409020	耐腐蚀蒸馏塔	内径大于0.1米，接触表面由特殊耐腐蚀材料制成	台
	8419409090	其他蒸馏或精馏设备		台
	8419500010	热交换器	专用于核反应堆的一次冷却剂回路的	台
	8419500040	冷却气体用热交换器	用耐 UF6 腐蚀材料制成或加以保护的	台
	8419500050	耐腐蚀热交换器	0.15 平方米＜换热面积＜20 平方米	台
	8419609010	液化器	将来自级联的 UF6 气体压缩并冷凝成液态 UF6	台
	8419609090	其他液化空气或其他气体用的机器		台
	8419899010	带加热装置的发酵罐	不发散气溶胶，且容积大于20升	台
	8419899021	凝华器（或冷阱）	从扩散级联中取出 UF6 并可再蒸发转移	台
	8419899023	UF6 冷阱	能承受-20℃或更低的温度	台

（续表）

二、以下商品编码的产品由地方、部门机电产品进出口办公室签发					
类别	海关商品编号	商品名称	备注	计量单位
食品机械	8421291000	压滤机		个
	8422301001	乳品加工用自动化灌装设备		台
	8422301090	其他饮料及液体食品灌装设备		台
	8422303001	全自动无菌灌装生产线用包装机	加工速度≥20 000只/小时	台
	8422303090	其他包装机		台
工程机械	8426192900	其他卸船机		台
	8426193000	龙门式起重机		台
	8426194200	集装箱装卸桥		台
	8426200000	塔式起重机		台
	8426300000	门座式起重机及座式旋臂起重机		台
	8426411000	轮胎式起重机		台
	8426491000	履带式自推进起重机械		台
	8429111000	功率>235.36kw的履带式推土机	包括侧铲推土机，发动机输出功率235.36kw=320马力	台
	8429119000	功率≤235.36kw的履带式推土机	包括侧铲推土机，发动机输出功率235.36kw=320马力	台
	8429209000	其他筑路机及平地机	发动机输出功率≤235.36kw的	台
	8429401100	机重≥18吨的震动式压路机		台
	8429401900	其他机动压路机		台
	8429409000	其他未列名捣固机械及压路机		台
	8429521100	轮胎式挖掘机	上部结构可转360度的	台
	8429521200	履带式挖掘机	上部结构可转360度的	台
	8429521900	其他挖掘机	上部结构可转360度的	台
	8429529000	其他上部结构可转360度的机械	包括机械铲及机铲装载机	台
	8429590000	其他机械铲、挖掘机及机铲装载机		台
	8430311000	自推进采（截）煤机		台
	8430312000	自推进凿岩机		台
	8430313000	自推进隧道掘进机		台
	8479102100	沥青混凝土摊铺机		台
	8479102900	其他摊铺机		台
造纸机械	8439100000	制造纤维素纸浆的机器		台
	8439200000	纸或纸板的抄造机器		台
	8439300000	纸或纸板的整理机器		台
	8441400000	纸浆、纸或纸板制品模制成型机器		台
	8441809000	其他制造纸浆制品、纸制品的机器	包括制造纸板制品的机器	台

(续表)

类别	海关商品编号	商品名称	备注	计量单位
二、以下商品编码的产品由地方、部门机电产品进出口办公室签发				
纺织机械	8443192101	纺织用圆网印花机		台
	8443192190	其他圆网印刷机	用税目84.42项下商品进行印刷的机器	台
	8443192201	纺织用平网印花机		台
	8443192290	其他平网印刷机	用税目84.42项下商品进行印刷的机器	台
	8443192900	其他网式印刷机	用税目84.42项下商品进行印刷的机器	台
	8443198000	未列名印刷机	网式印刷机除外,用税目84.42项下商品进行印刷的机器	台
	8443911101	卷筒料自动给料机,给料线速度≥12m/s		千克/台
	8443911190	其他卷筒料给料机		千克/台
	8443911900	其他印刷用辅助机器	用品目8442项下商品进行印刷的机器附件	千克/台
	8443919001	胶印机用墨量遥控装置	包括墨色控制装置,墨量调节装置、墨斗体等组成部分	千克/个
	8443991000	数字印刷设备用辅助机器	非用税目84.42项下商品进行印刷的机器附件	千克/台
	8445111100	棉纤维型清梳联合机		台
	8445111200	棉纤维型自动抓棉机		台
	8445111900	其他棉纤维型梳理机		台
	8445112000	毛纤维型梳理机		台
	8445122000	毛精梳机		台
	8445203101	全自动转杯纺纱机		台
	8445203190	其他自由端转杯纺纱机		台
	8445204100	环锭棉细纱机		台
	8445401000	自动络筒机		台
	8445909000	其他生产及处理纺织纱线的机器	处理编号8446或8447所列机器用的纺织纱线的机器	台
	8446302000	织物宽度>30cm的剑杆织机		台
	8446303000	织物宽度>30cm的片梭织机		台
	8446304000	织物宽度>30cm的喷水织机		台
	8446305000	织物宽>30cm的喷气织机		台
	8446309000	织物宽>30cm的其他无梭织机		台

(续表)

二、以下商品编码的产品由地方、部门机电产品进出口办公室签发				
类别	海关商品编号	商品名称	备注	计量单位
金属冶炼及加工设备	8454201010	VOD炉（真空脱气炉）		台
	8454201090	其他炉外精炼设备		台
	8454301000	冷室压铸机		台
	8454302200	板坯连铸机		台
	8454302900	其他钢坯连铸机		台
	8455102000	冷轧管机		台
	8455103000	定、减径轧管机		台
	8455109000	其他金属轧管机		台
	8455211000	其他金属板材热轧机		台
	8455212000	型钢轧机		台
	8455213000	金属线材轧机		台
	8455219000	其他金属热轧或冷热联合轧机		台
	8455221000	金属板材冷轧机		台
金属加工机床	8456100010	辐照元件激光切割机	切割燃料包壳以使辐照核材料能溶解，含遥控设备	台
	8456100090	其他用激光或其他光或光子束处理的机床		台
	8456301010	数控放电加工机床	2轴或多轴成形控制的无线型放电加工机床	台
	8456301090	其他数控的放电处理加工机床		台
	8456901000	等离子切割机		台
	8456909000	其他方法处理材料的加工机床	包括电化学法、电子束，离子束等的加工机床	台
	8457101000	立式加工金属的加工中心		台
	8457102000	卧式加工金属的加工中心		台
	8457103000	龙门式加工金属的加工中心		台
	8457109100	铣车复合加工中心		台
	8457109900	其他加工金属的加工中心		台
	8457200000	加工金属的单工位组合机床		台
	8457300000	加工金属的多工位组合机床		台
	8458110010	两用物项管制的切削金属的卧式数控车床	包括车削中心	台
	8458110090	其他切削金属的卧式数控车床	包括车削中心	台
	8458911010	两用物项管制的切削金属立式数控车床	包括车削中心	台
	8458911090	其他切削金属的立式数控车床	包括车削中心	台
	8458912010	其他两用物项管制的切削金属数控车床	包括车削中心	台
	8458912090	其他切削金属的数控车床	包括车削中心	台
	8459210000	切削金属的其他数控钻床	但编号8458的车床除外	台
	8459310000	切削金属的其他数控镗铣机床	但编号8458的车床除外	台

(续表)

二、以下商品编码的产品由地方、部门机电产品进出口办公室签发				
类别	海关商品编号	商品名称	备注	计量单位
金属加工机床	8459401000	切削金属的其他数控镗床	但编号8458的车床除外	台
	8459510000	切削金属的升降台式数控铣床	但编号8458的车床除外	台
	8459611000	切削金属的其他龙门数控铣床		台
	8459619000	切削金属的其他数控铣床	但编号8458的车床及龙门铣床除外	台
	8460110000	加工金属的数控平面磨床	含加工金属陶瓷,任一坐标定位精度至少0.01mm	台
	8460211100	加工金属的数控曲轴磨床	属外圆磨床,含加工金属陶瓷,任一坐标定位精度至少是0.01mm	台
	8460211900	加工金属的其他数控外圆磨床	含加工金属陶瓷,任一坐标定位精度至少是0.01mm	台
	8460212000	加工金属的数控内圆磨床	含加工金属陶瓷,任一坐标定位精度至少是0.01mm	台
	8460219000	加工金属的其他数控磨床	含加工金属陶瓷,任一坐标定位精度至少是0.01mm	台
	8461401100	切削金属的数控齿轮磨床	含加工金属陶瓷	台
	8461401900	切削金属的数控切齿机、数控齿轮精加工机床	含加工金属陶瓷	台
	8462101000	加工金属的数控锻造或冲压机床	包括锻锤,模锻	台
	8462219000	加工金属的数控弯曲、折叠或矫平机床		台
	8462311000	加工金属的数控板带纵剪机	冲剪两用机除外	台
	8462312000	加工金属的数控板带横剪机	冲剪两用机除外	台
	8462319000	加工金属的其他数控剪切机床	冲剪两用机除外	台
	8462411900	其他数控冲床	包括冲剪两用机	台
	8462911000	金属型材挤压机		台
	8462991000	机械压力机		台
电气设备	8501641000	750KVA<输出功率≤350MVA交流发电机		台/千瓦
	8501642000	350MVA<输出功率≤665MVA交流发电机		台/千瓦
	8501643000	输出功率>665MVA交流发电机		台/千瓦
	8502120000	75KVA<输出功率≤375KVA柴油发电机组	包括半柴油发电机组	台/千瓦
	8502131000	375KVA<输出功率≤2MVA柴油发电机组	包括半柴油发电机组	台/千瓦
	8502132000	输出功率>2MVA柴油发电机组	包括半柴油发电机组	台/千瓦
	8515212001	汽车生产线电阻焊接机器人		台
	8515212090	其他电阻焊接机器人		台
	8515219900	其他电阻焊接机器	全自动或半自动的	台

(续表)

二、以下商品编码的产品由地方、部门机电产品进出口办公室签发				
类别	海关商品编号	商品名称	备注	计量单位
电气设备	8515312000	电弧（包括等离子弧）焊接机器人		台
	8515319900	其他电弧（包括等离子弧）焊接机及装置	全自动或半自动的	台
	8517622100	光端机及脉冲编码调制设备（PCM）		台
	8517622200	波分复用光传输设备		台
	8517622910	光通讯加密路由器		台
	8517622990	其他光通讯设备		台
	8517623900	其他有线数字通信设备		台
	8517691090	其他无线通信设备		台
	8525609000	其他装有接收装置的无线电广播、电视发送设备		台
	8526101090	其他导航用雷达设备		台
	8526109002	雷达生命探测仪		台
	8526109099	其他雷达设备		台
	8526919010	制导装置	使300km射程导弹达到≤10km圆公算偏差	台
	8526919090	其他无线电导航设备		台
	8526920000	无线电遥控设备		台
	8530100000	铁道或电车道用电气信号等设备	包括安全或交通管理设备	个
	8530800000	其他用电气信号，安全，交通设备	指道路或内河航道、停车场、港口、机场用	个
铁路机车	8601102000	由外部交流电驱动的铁道机车		辆
	8601109000	由其他外部电力驱动的铁道机车		辆
	8603100000	由外电力驱动铁道用机动客、货车	包括电车道用的，但编号86.04的货品除外	辆
	8604001900	铁道及电车道用其他检验、查道车	不论是否机动	辆
汽车产品	8701200000	半挂车用的公路牵引车		辆
	8702102000	机坪客车	机场专用车	辆
	8702109100	30座及以上大型客车（柴油型）	指装有柴油或半柴油发动机的30座及以上的客运车	辆
	8702109201	20≤座≤23装有压燃式活塞内燃动机的客车		辆
	8702109290	24≤座≤29装有压燃式活塞内燃动机的客车		辆
	8702109300	10≤座≤19装有压燃式活塞内燃动机的客车		辆
	8702902001	20≤座≤23装有非压燃式活塞内燃发动机的客车		辆
	8702902090	24≤座≤29装有非压燃式活塞内燃发动机的客车		辆

(续表)

二、以下商品编码的产品由地方、部门机电产品进出口办公室签发				
类别	海关商品编号	商品名称	备注	计量单位
汽车产品	8702903000	10≤座≤19装有非压燃式活塞内燃发动机的客车		辆
	8702901000	30座及以上大型客车（其他型）	指装有其他发动机的30座及以上的客运车	辆
	8704103000	非公路用电动轮货运自卸车		辆
	8704109000	其他非公路用货运自卸车		辆
	8704210000	柴油型其他小型货车	装有压燃式活塞内燃发动机，小型指车辆总重量≤5吨	辆
	8704223000	柴油型其他中型货车	装有压燃式活塞内燃发动机，中型指5＜车辆总重量＜14吨	辆
	8704224000	柴油型其他重型货车	装有压燃式活塞内燃发动机，重型指14≤车辆总重≤20吨	辆
	8704230090	柴油型的其他超重型货车	装有压燃式活塞内燃发动机，超重型指车辆总重量＞20吨	辆
	8704310000	总重量≤5吨的其他货车	汽油型，装有点燃式活塞内燃发动机	辆
	8704323000	5吨＜总重量≤8吨的其他货车	汽油型，装有点燃式活塞内燃发动机	辆
	8704324000	总重量＞8吨的其他货车	汽油型，装有点燃式活塞内燃发动机	辆
	8704900000	装有其他发动机的货车		辆
	8705102100	起重重量≤50吨全路面起重车		辆
	8705102200	50＜起重重量≤100吨全路面起重车		辆
	8705102300	起重重量＞100吨全路面起重车		辆
	8705109100	起重重量≤50吨其他机动起重车		辆
	8705109200	50＜起重重量≤100吨其他机动起重车		辆
	8705109300	起重重量＞100吨其他机动起重车		辆
	8705200000	机动钻探车		辆
	8705301000	装有云梯的机动救火车		辆
	8705309000	其他机动救火车		辆
	8705400000	机动混凝土搅拌车		辆
	8705901000	无线电通信车		辆
	8705902000	机动放射线检查车		辆
	8705903000	机动环境监测车		辆
	8705904000	机动医疗车		辆
	8705905100	航空电源车（频率为400赫兹）		辆
	8705905900	其他机动电源车	频率为400赫兹航空电源车除外	辆

(续表)

类别	海关商品编号	商品名称	备注	计量单位
\multicolumn{5}{c}{二、以下商品编码的产品由地方、部门机电产品进出口办公室签发}				
汽车产品	8705906000	飞机加油车，调温车，除冰车		辆
	8705907000	道路（包括跑道）扫雪车		辆
	8705908000	石油测井车，压裂车，混沙车		辆
	8705909100	混凝土泵车		辆
	8705909901	跑道除冰车		辆
	8705909990	其他特殊用途的机动车辆	主要用于载人或运货的车辆除外	辆
	8706004000	汽车起重机底盘	装有发动机的	台
	8708999100	其他8701至8704所列车辆用车架		千克/个
	8704230001	固井水泥车、压裂车、混砂车底盘	车辆总重量>35吨，装驾驶室	辆
	8704230002	起重≥55吨汽车起重机用底盘	装有压燃式活塞内燃发动机	辆
	8704230003	车辆总重量≥31吨清障车专用底盘		辆
	8706002100	车辆总重量≥14吨的货车底盘	装有发动机的	台
	8706002200	车辆总重量<14吨的货车底盘	装有发动机的	台
	8706003000	大型客车底盘	装有发动机的	台
	8706009000	其他机动车辆底盘	装有发动机的，编号8701，8703和8705所列车辆用	台
	8707901000	大型客车用车身（含驾驶室）	30座以下客车辆用	台
	8707909000	其他车辆用车身（含驾驶室）	编号8701至8702，8704，8705的车辆用	台
	8708309910	其他机动车辆用制动器	包括助力制动器	千克/个
	8708507291	其他大型客车用驱动桥	装有差速器的，不论是否装有其他传动件	个/千克
	8708507410	柴、汽油型轻型货车用驱动桥	87042100,87042230,87043100,87043230所列总重量≤14吨车辆用，装差速器	个/千克
	8708507510	其他柴、汽油型重型货车用驱动桥	指编号87042240,87042300及87043240所列车辆用	个/千克
	8708507610	特种车用驱动桥	指8705所列车辆用，装差速器，不论是否装有其他传动件	个/千克
	8708507910	未列名机动车辆用驱动桥	装有差速器的，不论是否装有其他传动件	个/千克
	8708508910	未列名机动车辆用非驱动桥		千克/个
飞机	8802110000	空载重量不超过2吨的直升机		架
	8802121000	2吨<空载重量≤7吨的直升机		架
	8802122000	空载重量大于7吨的直升机		架
	8802200010	无人驾驶航空飞行器	空载重量小于2吨	架
	8805290000	其他地面飞行训练器及其零件		千克

(续表)

类别	海关商品编号	商品名称	备注	计量单位
二、以下商品编码的产品由地方、部门机电产品进出口办公室签发			
船舶	8901905000	机动多用途船		艘
	8904000000	拖轮及顶推船		艘
	8905100000	挖泥船		艘
医疗设备	9018110000	心电图记录仪		台/千克
	9018121000	B型超声波诊断仪		台/千克
	9018129100	彩色超声波诊断仪		台/千克
	9018131000	成套的核磁共振成像装置	医疗、外科、牙科或兽医用	台/千克
	9018139000	核磁共振成像装置用零件	医疗、外科、牙科或兽医用	台/千克
	9022120000	X射线断层检查仪		台
	9022130000	其他牙科用X射线应用设备		台
	9022140010	医用直线加速器		台
	9022140090	其他医疗或兽医用X射线应用设备		台
	9022901000	X射线影像增强器		个/千克
	9022909020	闪光X射线发生器	峰值能量≥500千电子伏	个/千克
	9022909030	X射线断层检查仪专用探测器		个/千克

中华人民共和国海关审定进出口货物完税价格办法（2013）

海关总署第213号令

《中华人民共和国海关审定进出口货物完税价格办法》已于2013年12月9日经海关总署署务会议审议通过，现予公布，自2014年2月1日起施行。

署长
2013年12月25日

中华人民共和国海关审定进出口货物完税价格办法

第一章 总 则

第一条 为了正确审查确定进出口货物的完税价格，根据《中华人民共和国海关法》

(以下简称《海关法》)、《中华人民共和国进出口关税条例》的规定，制定本办法。

第二条 海关审查确定进出口货物的完税价格，应当遵循客观、公平、统一的原则。

第三条 海关审查确定进出口货物的完税价格，适用本办法。

内销保税货物完税价格的确定，准许进口的进境旅客行李物品、个人邮递物品以及其他个人自用物品的完税价格的确定，涉嫌走私的进出口货物、物品的计税价格的核定，不适用本办法。

第四条 海关应当按照国家有关规定，妥善保管纳税义务人提供的涉及商业秘密的资料，除法律、行政法规另有规定外，不得对外提供。

纳税义务人可以书面向海关提出为其保守商业秘密的要求，并且具体列明需要保密的内容，但是不得以商业秘密为理由拒绝向海关提供有关资料。

第二章 进口货物的完税价格

第一节 进口货物完税价格确定方法

第五条 进口货物的完税价格，由海关以该货物的成交价格为基础审查确定，并且应当包括货物运抵中华人民共和国境内输入地点起卸前的运输及其相关费用、保险费。

第六条 进口货物的成交价格不符合本章第二节规定的，或者成交价格不能确定的，海关经了解有关情况，并且与纳税义务人进行价格磋商后，依次以下列方法审查确定该货物的完税价格：

（一）相同货物成交价格估价方法；

（二）类似货物成交价格估价方法；

（三）倒扣价格估价方法；

（四）计算价格估价方法；

（五）合理方法。

纳税义务人向海关提供有关资料后，可以提出申请，颠倒前款第三项和第四项的适用次序。

第二节 成交价格估价方法

第七条 进口货物的成交价格，是指卖方向中华人民共和国境内销售该货物时买方为进口该货物向卖方实付、应付的，并且按照本章第三节的规定调整后的价款总额，包括直接支付的价款和间接支付的价款。

第八条 进口货物的成交价格应当符合下列条件：

（一）对买方处置或者使用进口货物不予限制，但是法律、行政法规规定实施的限制、对货物销售地域的限制和对货物价格无实质性影响的限制除外；

（二）进口货物的价格不得受到使该货物成交价格无法确定的条件或者因素的影响；

（三）卖方不得直接或者间接获得因买方销售、处置或者使用进口货物而产生的任何收益，或者虽然有收益但是能够按照本办法第十一条第一款第四项的规定做出调整；

（四）买卖双方之间没有特殊关系，或者虽然有特殊关系但是按照本办法第十七条、第十八条的规定未对成交价格产生影响。

第九条 有下列情形之一的，应当视为对买方处置或者使用进口货物进行了限制：

（一）进口货物只能用于展示或者免费赠送的；

（二）进口货物只能销售给指定第三方的；

（三）进口货物加工为成品后只能销售给卖方或者指定第三方的；

（四）其他经海关审查，认定买方对进口货物的处置或者使用受到限制的。

第十条 有下列情形之一的，应当视为进口货物的价格受到了使该货物成交价格无法确定的条件或者因素的影响：

（一）进口货物的价格是以买方向卖方购买一定数量的其他货物为条件而确定的；

（二）进口货物的价格是以买方向卖方销售其他货物为条件而确定的；

（三）其他经海关审查，认定货物的价格受到使该货物成交价格无法确定的条件或者因素影响的。

第三节 成交价格的调整项目

第十一条 以成交价格为基础审查确定进口货物的完税价格时，未包括在该货物实付、应付价格中的下列费用或者价值应当计入完税价格：

（一）由买方负担的下列费用：

1. 除购货佣金以外的佣金和经纪费；
2. 与该货物视为一体的容器费用；
3. 包装材料费用和包装劳务费用。

（二）与进口货物的生产和向中华人民共和国境内销售有关的，由买方以免费或者以低于成本的方式提供，并且可以按适当比例分摊的下列货物或者服务的价值：

1. 进口货物包含的材料、部件、零件和类似货物；
2. 在生产进口货物过程中使用的工具、模具和类似货物；
3. 在生产进口货物过程中消耗的材料；
4. 在境外进行的为生产进口货物所需的工程设计、技术研发、工艺及制图等相关服务。

（三）买方需向卖方或者有关方直接或者间接支付的特许权使用费，但是符合下列情形之一的除外：

1. 特许权使用费与该货物无关；
2. 特许权使用费的支付不构成该货物向中华人民共和国境内销售的条件。

（四）卖方直接或者间接从买方对该货物进口后销售、处置或者使用所得中获得的收益。

纳税义务人应当向海关提供本条所述费用或者价值的客观量化数据资料。纳税义务人不能提供的，海关与纳税义务人进行价格磋商后，按照本办法第六条列明的方法审查确定完税价格。

第十二条 在根据本办法第十一条第一款第二项确定应当计入进口货物完税价格的货物价值时，应当按照下列方法计算有关费用：

（一）由买方从与其无特殊关系的第三方购买的，应当计入的价值为购入价格；

（二）由买方自行生产或者从有特殊关系的第三方获得的，应当计入的价值为生产成本；

（三）由买方租赁获得的，应当计入的价值为买方承担的租赁成本；

（四）生产进口货物过程中使用的工具、模具和类似货物的价值，应当包括其工程设计、技术研发、工艺及制图等费用。

如果货物在被提供给卖方前已经被买方使用过，应当计入的价值为根据国内公认的会计原则对其进行折旧后的价值。

第十三条 符合下列条件之一的特许权使用费，应当视为与进口货物有关：

（一）特许权使用费是用于支付专利权或者专有技术使用权，且进口货物属于下列情形之一的：

1. 含有专利或者专有技术的；
2. 用专利方法或者专有技术生产的；
3. 为实施专利或者专有技术而专门设计或者制造的。

（二）特许权使用费是用于支付商标权，且进口货物属于下列情形之一的：

1. 附有商标的；
2. 进口后附上商标直接可以销售的；
3. 进口时已含有商标权，经过轻度加工后附上商标即可以销售的。

（三）特许权使用费是用于支付著作权，且进口货物属于下列情形之一的：

1. 含有软件、文字、乐曲、图片、图像或者其他类似内容的进口货物，包括磁带、磁盘、光盘或者其他类似载体的形式；
2. 含有其他享有著作权内容的进口货物。

（四）特许权使用费是用于支付分销权、销售权或者其他类似权利，且进口货物属于下列情形之一的：

1. 进口后可以直接销售的；
2. 经过轻度加工即可以销售的。

第十四条 买方不支付特许权使用费则不能购得进口货物，或者买方不支付特许权使用费则该货物不能以合同议定的条件成交的，应当视为特许权使用费的支付构成进口货物向中华人民共和国境内销售的条件。

第十五条 进口货物的价款中单独列明的下列税收、费用，不计入该货物的完税价格：

（一）厂房、机械或者设备等货物进口后发生的建设、安装、装配、维修或者技术援助费用，但是保修费用除外；

（二）进口货物运抵中华人民共和国境内输入地点起卸后发生的运输及其相关费用、保险费；

（三）进口关税、进口环节海关代征税及其他国内税；

（四）为在境内复制进口货物而支付的费用；

（五）境内外技术培训及境外考察费用。

同时符合下列条件的利息费用不计入完税价格：

（一）利息费用是买方为购买进口货物而融资所产生的；

（二）有书面的融资协议的；
（三）利息费用单独列明的；
（四）纳税义务人可以证明有关利率不高于在融资当时当地此类交易通常应当具有的利率水平，且没有融资安排的相同或者类似进口货物的价格与进口货物的实付、应付价格非常接近的。

第四节 特殊关系

第十六条 有下列情形之一的，应当认为买卖双方存在特殊关系：
（一）买卖双方为同一家族成员的；
（二）买卖双方互为商业上的高级职员或者董事的；
（三）一方直接或者间接地受另一方控制的；
（四）买卖双方都直接或者间接地受第三方控制的；
（五）买卖双方共同直接或者间接地控制第三方的；
（六）一方直接或者间接地拥有、控制或者持有对方5%以上（含5%）公开发行的有表决权的股票或者股份的；
（七）一方是另一方的雇员、高级职员或者董事的；
（八）买卖双方是同一合伙的成员的。

买卖双方在经营上相互有联系，一方是另一方的独家代理、独家经销或者独家受让人，如果符合前款的规定，也应当视为存在特殊关系。

第十七条 买卖双方之间存在特殊关系，但是纳税义务人能证明其成交价格与同时或者大约同时发生的下列任何一款价格相近的，应当视为特殊关系未对进口货物的成交价格产生影响：
（一）向境内无特殊关系的买方出售的相同或者类似进口货物的成交价格；
（二）按照本办法第二十三条的规定所确定的相同或者类似进口货物的完税价格；
（三）按照本办法第二十五条的规定所确定的相同或者类似进口货物的完税价格。

海关在使用上述价格进行比较时，应当考虑商业水平和进口数量的不同，以及买卖双方有无特殊关系造成的费用差异。

第十八条 海关经对与货物销售有关的情况进行审查，认为符合一般商业惯例的，可以确定特殊关系未对进口货物的成交价格产生影响。

第五节 除成交价格估价方法以外的其他估价方法

第十九条 相同货物成交价格估价方法，是指海关以与进口货物同时或者大约同时向中华人民共和国境内销售的相同货物的成交价格为基础，审查确定进口货物的完税价格的估价方法。

第二十条 类似货物成交价格估价方法，是指海关以与进口货物同时或者大约同时向中华人民共和国境内销售的类似货物的成交价格为基础，审查确定进口货物的完税价格的估价方法。

第二十一条 按照相同或者类似货物成交价格估价方法的规定审查确定进口货物的完税价格时，应当使用与该货物具有相同商业水平且进口数量基本一致的相同或者类似货物的成交价格。使用上述价格时，应当以客观量化的数据资料，对该货物与相同或者类似货物之间由于运输距离和运输方式不同而在成本和其他费用方面产生的差异进行调整。

在没有前款所述的相同或者类似货物的成交价格的情况下，可以使用不同商业水平或者不同进口数量的相同或者类似货物的成交价格。使用上述价格时，应当以客观量化的数据资料，对因商业水平、进口数量、运输距离和运输方式不同而在价格、成本和其他费用方面产生的差异做出调整。

第二十二条 按照相同或者类似货物成交价格估价方法审查确定进口货物的完税价格时，应当首先使用同一生产商生产的相同或者类似货物的成交价格。

没有同一生产商生产的相同或者类似货物的成交价格的，可以使用同一生产国或者地区其他生产商生产的相同或者类似货物的成交价格。

如果有多个相同或者类似货物的成交价格，应当以最低的成交价格为基础审查确定进口货物的完税价格。

第二十三条 倒扣价格估价方法，是指海关以进口货物、相同或者类似进口货物在境内的销售价格为基础，扣除境内发生的有关费用后，审查确定进口货物完税价格的估价方法。该销售价格应当同时符合下列条件：

（一）是在该货物进口的同时或者大约同时，将该货物、相同或者类似进口货物在境内销售的价格；

（二）是按照货物进口时的状态销售的价格；

（三）是在境内第一销售环节销售的价格；

（四）是向境内无特殊关系方销售的价格；

（五）按照该价格销售的货物合计销售总量最大。

第二十四条 按照倒扣价格估价方法审查确定进口货物完税价格的，下列各项应当扣除：

（一）同等级或者同种类货物在境内第一销售环节销售时，通常的利润和一般费用（包括直接费用和间接费用）以及通常支付的佣金；

（二）货物运抵境内输入地点起卸后的运输及其相关费用、保险费；

（三）进口关税、进口环节海关代征税及其他国内税。

如果该货物、相同或者类似货物没有按照进口时的状态在境内销售，应纳税义务人要求，可以在符合本办法第二十三条规定的其他条件的情形下，使用经进一步加工后的货物的销售价格审查确定完税价格，但是应当同时扣除加工增值额。

前款所述的加工增值额应当依据与加工成本有关的客观量化数据资料、该行业公认的标准、计算方法及其他的行业惯例计算。

按照本条的规定确定扣除的项目时，应当使用与国内公认的会计原则相一致的原则和方法。

第二十五条 计算价格估价方法，是指海关以下列各项的总和为基础，审查确定进口货物完税价格的估价方法：

（一）生产该货物所使用的料件成本和加工费用；

（二）向境内销售同等级或者同种类货物通常的利润和一般费用（包括直接费用和间接费用）；

（三）该货物运抵境内输入地点起卸前的运输及相关费用、保险费。

按照前款的规定审查确定进口货物的完税价格时，海关在征得境外生产商同意并且提前通知有关国家或者地区政府后，可以在境外核实该企业提供的有关资料。

按照本条第一款的规定确定有关价值或者费用时，应当使用与生产国或者地区公认的会计原则相一致的原则和方法。

第二十六条 合理方法，是指当海关不能根据成交价格估价方法、相同货物成交价格估价方法、类似货物成交价格估价方法、倒扣价格估价方法和计算价格估价方法确定完税价格时，海关根据本办法第二条规定的原则，以客观量化的数据资料为基础审查确定进口货物完税价格的估价方法。

第二十七条 海关在采用合理方法确定进口货物的完税价格时，不得使用以下价格：

（一）境内生产的货物在境内的销售价格；

（二）可供选择的价格中较高的价格；

（三）货物在出口地市场的销售价格；

（四）以本办法第二十五条规定之外的价值或者费用计算的相同或者类似货物的价格；

（五）出口到第三国或者地区的货物的销售价格；

（六）最低限价或者武断、虚构的价格。

第三章 特殊进口货物的完税价格

第二十八条 运往境外修理的机械器具、运输工具或者其他货物，出境时已向海关报明，并且在海关规定的期限内复运进境的，应当以境外修理费和料件费为基础审查确定完税价格。

出境修理货物复运进境超过海关规定期限的，由海关按照本办法第二章的规定审查确定完税价格。

第二十九条 运往境外加工的货物，出境时已向海关报明，并且在海关规定期限内复运进境的，应当以境外加工费和料件费以及该货物复运进境的运输及其相关费用、保险费为基础审查确定完税价格。

出境加工货物复运进境超过海关规定期限的，由海关按照本办法第二章的规定审查确定完税价格。

第三十条 经海关批准的暂时进境货物，应当缴纳税款的，由海关按照本办法第二章的规定审查确定完税价格。经海关批准留购的暂时进境货物，以海关审查确定的留购价格作为完税价格。

第三十一条 租赁方式进口的货物，按照下列方法审查确定完税价格：

（一）以租金方式对外支付的租赁货物，在租赁期间以海关审查确定的租金作为完税价格，利息应当予以计入；

(二)留购的租赁货物以海关审查确定的留购价格作为完税价格;

(三)纳税义务人申请一次性缴纳税款的,可以选择申请按照本办法第六条列明的方法确定完税价格,或者按照海关审查确定的租金总额作为完税价格。

第三十二条 减税或者免税进口的货物应当补税时,应当以海关审查确定的该货物原进口时的价格,扣除折旧部分价值作为完税价格,其计算公式如下:

$$完税价格 = 海关审查确定的该货物原进口时的价格 \times \left(1 - \frac{补税时实际已进口的时间(月)}{监管年限 \times 12}\right)$$

上述计算公式中"补税时实际已进口的时间"按月计算,不足1个月但是超过15日的,按照1个月计算;不超过15日的,不予计算。

第三十三条 易货贸易、寄售、捐赠、赠送等不存在成交价格的进口货物,海关与纳税义务人进行价格磋商后,按照本办法第六条列明的方法审查确定完税价格。

第三十四条 进口载有专供数据处理设备用软件的介质,具有下列情形之一的,应当以介质本身的价值或者成本为基础审查确定完税价格:

(一)介质本身的价值或者成本与所载软件的价值分列;

(二)介质本身的价值或者成本与所载软件的价值虽未分列,但是纳税义务人能够提供介质本身的价值或者成本的证明文件,或者能提供所载软件价值的证明文件。

含有美术、摄影、声音、图像、影视、游戏、电子出版物的介质不适用前款规定。

第四章 进口货物完税价格中的运输及其相关费用、保险费的计算

第三十五条 进口货物的运输及其相关费用,应当按照由买方实际支付或者应当支付的费用计算。如果进口货物的运输及其相关费用无法确定的,海关应当按照该货物进口同期的正常运输成本审查确定。

运输工具作为进口货物,利用自身动力进境的,海关在审查确定完税价格时,不再另行计入运输及其相关费用。

第三十六条 进口货物的保险费,应当按照实际支付的费用计算。如果进口货物的保险费无法确定或者未实际发生,海关应当按照"货价加运费"两者总额的3‰计算保险费,其计算公式如下:

保险费 = (货价 + 运费) ×3‰

第三十七条 邮运进口的货物,应当以邮费作为运输及其相关费用、保险费。

第五章 出口货物的完税价格

第三十八条 出口货物的完税价格由海关以该货物的成交价格为基础审查确定,并且应当包括货物运至中华人民共和国境内输出地点装载前的运输及其相关费用、保险费。

第三十九条 出口货物的成交价格,是指该货物出口销售时,卖方为出口该货物应当向买方直接收取和间接收取的价款总额。

第四十条 下列税收、费用不计入出口货物的完税价格:

(一)出口关税;

(二)在货物价款中单独列明的货物运至中华人民共和国境内输出地点装载后的运输及其相关费用、保险费。

第四十一条 出口货物的成交价格不能确定的,海关经了解有关情况,并且与纳税义务人进行价格磋商后,依次以下列价格审查确定该货物的完税价格:

(一)同时或者大约同时向同一国家或者地区出口的相同货物的成交价格;

(二)同时或者大约同时向同一国家或者地区出口的类似货物的成交价格;

(三)根据境内生产相同或者类似货物的成本、利润和一般费用(包括直接费用和间接费用)、境内发生的运输及其相关费用、保险费计算所得的价格;

(四)按照合理方法估定的价格。

第六章 完税价格的审查确定

第四十二条 纳税义务人向海关申报时,应当按照本办法的有关规定,如实向海关提供发票、合同、提单、装箱清单等单证。

根据海关要求,纳税义务人还应当如实提供与货物买卖有关的支付凭证以及证明申报价格真实、准确的其他商业单证、书面资料和电子数据。

货物买卖中发生本办法第二章第三节所列的价格调整项目的,或者发生本办法三十五条所列的运输及其相关费用的,纳税义务人应当如实向海关申报。

前款规定的价格调整项目或者运输及其相关费用如果需要分摊计算的,纳税义务人应当根据客观量化的标准进行分摊,并且同时向海关提供分摊的依据。

第四十三条 海关为审查申报价格的真实性、准确性,可以行使下列职权进行价格核查:

(一)查阅、复制与进出口货物有关的合同、发票、账册、结付汇凭证、单据、业务函电、录音录像制品和其他反映买卖双方关系及交易活动的商业单证、书面资料和电子数据;

(二)向进出口货物的纳税义务人及与其有资金往来或者有其他业务往来的公民、法人或者其他组织调查与进出口货物价格有关的问题;

(三)对进出口货物进行查验或者提取货样进行检验或者化验;

(四)进入纳税义务人的生产经营场所、货物存放场所,检查与进出口活动有关的货物和生产经营情况;

(五)经直属海关关长或者其授权的隶属海关关长批准,凭《中华人民共和国海关账户查询通知书》(见附件1)及有关海关工作人员的工作证件,可以查询纳税义务人在银行或者其他金融机构开立的单位账户的资金往来情况,并且向银行业监督管理机构通报有关情况;

(六)向税务部门查询了解与进出口货物有关的缴纳国内税情况。

海关在行使前款规定的各项职权时,纳税义务人及有关公民、法人或者其他组织应当如实反映情况,提供有关书面资料和电子数据,不得拒绝、拖延和隐瞒。

第四十四条 海关对申报价格的真实性、准确性有疑问时,或者认为买卖双方之间的特殊关系影响成交价格时，应当制发《中华人民共和国海关价格质疑通知书》（以下简称《价格质疑通知书》，见附件2），将质疑的理由书面告知纳税义务人或者其代理人，纳税义务人或者其代理人应当自收到《价格质疑通知书》之日起5个工作日内，以书面形式提供相关资料或者其他证据，证明其申报价格真实、准确或者双方之间的特殊关系未影响成交价格。

纳税义务人或者其代理人确有正当理由无法在规定时间内提供前款资料的，可以在规定期限届满前以书面形式向海关申请延期。

除特殊情况外，延期不得超过10个工作日。

第四十五条 海关制发《价格质疑通知书》后，有下列情形之一的，海关与纳税义务人进行价格磋商后，按照本办法第六条或者第四十一条列明的方法审查确定进出口货物的完税价格：

（一）纳税义务人或者其代理人在海关规定期限内，未能提供进一步说明的；

（二）纳税义务人或者其代理人提供有关资料、证据后，海关经审核其所提供的资料、证据，仍然有理由怀疑申报价格的真实性、准确性的；

（三）纳税义务人或者其代理人提供有关资料、证据后，海关经审核其所提供的资料、证据，仍然有理由认为买卖双方之间的特殊关系影响成交价格的。

第四十六条 海关经过审查认为进口货物无成交价格的，可以不进行价格质疑，经与纳税义务人进行价格磋商后，按照本办法第六条列明的方法审查确定完税价格。

海关经过审查认为出口货物无成交价格的，可以不进行价格质疑，经与纳税义务人进行价格磋商后，按照本办法第四十一条列明的方法审查确定完税价格。

第四十七条 按照本办法规定需要价格磋商的，海关应当依法向纳税义务人制发《中华人民共和国海关价格磋商通知书》（见附件3）。纳税义务人应当自收到通知之日起5个工作日内与海关进行价格磋商。纳税义务人在海关规定期限内与海关进行价格磋商的，海关应当制作《中华人民共和国海关价格磋商纪录表》（见附件4）。

纳税义务人未在通知规定的时限内与海关进行磋商的，视为其放弃价格磋商的权利，海关可以直接使用本办法第六条或者第四十一条列明的方法审查确定进出口货物的完税价格。

第四十八条 对符合下列情形之一的，经纳税义务人书面申请，海关可以不进行价格质疑以及价格磋商，按照本办法第六条或者第四十一条列明的方法审查确定进出口货物的完税价格：

（一）同一合同项下分批进出口的货物，海关对其中一批货物已经实施估价的；

（二）进出口货物的完税价格在人民币10万元以下或者关税及进口环节海关代征税总额在人民币2万元以下的；

（三）进出口货物属于危险品、鲜活品、易腐品、易失效品、废品、旧品等的。

第四十九条 海关审查确定进出口货物的完税价格期间，纳税义务人可以在依法向海关提供担保后，先行提取货物。

第五十条 海关审查确定进出口货物的完税价格后，纳税义务人可以提出书面申请，要求海关就如何确定其进出口货物的完税价格做出书面说明。海关应当根据要求出具《中华人民共和国海关估价告知书》（见附件5）。

第七章 附 则

第五十一条 本办法中下列用语的含义：

境内，是指中华人民共和国海关关境内。

完税价格，是指海关在计征关税时使用的计税价格。

买方，是指通过履行付款义务，购入货物，并且为此承担风险，享有收益的自然人、法人或者其他组织。其中进口货物的买方是指向中华人民共和国境内购入进口货物的买方。

卖方，是指销售货物的自然人、法人或者其他组织。其中进口货物的卖方是指向中华人民共和国境内销售进口货物的卖方。

向中华人民共和国境内销售，是指将进口货物实际运入中华人民共和国境内，货物的所有权和风险由卖方转移给买方，买方为此向卖方支付价款的行为。

实付、应付价格，是指买方为购买进口货物而直接或者间接支付的价款总额，即作为卖方销售进口货物的条件，由买方向卖方或者为履行卖方义务向第三方已经支付或者将要支付的全部款项。

间接支付，是指买方根据卖方的要求，将货款全部或者部分支付给第三方，或者冲抵买卖双方之间的其他资金往来的付款方式。

购货佣金，是指买方为购买进口货物向自己的采购代理人支付的劳务费用。

经纪费，是指买方为购买进口货物向代表买卖双方利益的经纪人支付的劳务费用。

相同货物，是指与进口货物在同一国家或者地区生产的，在物理性质、质量和信誉等所有方面都相同的货物，但是表面的微小差异允许存在。

类似货物，是指与进口货物在同一国家或者地区生产的，虽然不是在所有方面都相同，但是却具有相似的特征，相似的组成材料，相同的功能，并且在商业中可以互换的货物。

大约同时，是指海关接受货物申报之日的大约同时，最长不应当超过前后 45 日。按照倒扣价格法审查确定进口货物的完税价格时，如果进口货物、相同或者类似货物没有在海关接受进口货物申报之日前后 45 日内在境内销售，可以将在境内销售的时间延长至接受货物申报之日前后 90 日内。

公认的会计原则，是指在有关国家或者地区会计核算工作中普遍遵循的原则性规范和会计核算业务的处理方法。包括对货物价值认定有关的权责发生制原则、配比原则、历史成本原则、划分收益性与资本性支出原则等。

特许权使用费，是指进口货物的买方为取得知识产权权利人及权利人有效授权人关于专利权、商标权、专有技术、著作权、分销权或者销售权的许可或者转让而支付的费用。

技术培训费用，是指基于卖方或者与卖方有关的第三方对买方派出的技术人员进行与进口货物有关的技术指导，进口货物的买方支付的培训师资及人员的教学、食宿、交通、医疗保险等其他费用。

软件，是指《计算机软件保护条例》规定的用于数据处理设备的程序和文档。

专有技术，是指以图纸、模型、技术资料和规范等形式体现的尚未公开的工艺流程、配方、产品设计、质量控制、检测以及营销管理等方面的知识、经验、方法和诀窍等。

轻度加工，是指稀释、混合、分类、简单装配、再包装或者其他类似加工。

同等级或者同种类货物,是指由特定产业或者产业部门生产的一组或者一系列货物中的货物,包括相同货物或者类似货物。

介质,是指磁带、磁盘、光盘。

价格核查,是指海关为确定进出口货物的完税价格,依法行使本办法第四十三条规定的职权,通过审查单证、核实数据、核对实物及相关账册等方法,对进出口货物申报成交价格的真实性、准确性以及买卖双方之间是否存在特殊关系影响成交价格进行的审查。

价格磋商,是指海关在使用除成交价格以外的估价方法时,在保守商业秘密的基础上,与纳税义务人交换彼此掌握的用于确定完税价格的数据资料的行为。

起卸前,是指货物起卸行为开始之前。

装载前,是指货物装载行为开始之前。

第五十二条 纳税义务人对海关确定完税价格有异议的,应当按照海关作出的相关行政决定依法缴纳税款,并且可以依法向上一级海关申请复议。对复议决定不服的,可以依法向人民法院提起行政诉讼。

第五十三条 违反本办法规定,构成走私行为、违反海关监管规定行为或者其他违反《海关法》行为的,由海关依照《海关法》和《中华人民共和国海关行政处罚实施条例》的有关规定予以处理;构成犯罪的,依法追究刑事责任。

第五十四条 本办法由海关总署负责解释。

第五十五条 本办法自2014年2月1日起施行。2006年3月28日海关总署令第148号发布的《中华人民共和国海关审定进出口货物完税价格办法》同时废止。

附件:格式文本(略——编者注)

海关总署关于修改《中华人民共和国海关暂时进出境货物管理办法》的决定

海关总署第212号令

《海关总署关于修改〈中华人民共和国海关暂时进出境货物管理办法〉的决定》已于2013年12月9日经海关总署署务会议审议通过,现予公布,自2014年2月1日起施行。

署长
2013年12月25日

根据财政部、国家发展改革委有关通知,"ATA单证册调整费"正式取消,海关总署决定对《中华人民共和国海关暂时进出境货物管理办法》（2007年3月1日海关总署令第157号公布）作如下修改：

删除该办法第三十四条第二款"发生前款规定情形的，ATA单证册持证人应当按照规定向海关交纳调整费。在我国海关尚未发出《ATA单证册追索通知书》前，如果持证人凭其他国海关出具的货物已经运离我国关境的证明要求予以核销单证册的，海关免予收取调整费"的表述。

《中华人民共和国海关暂时进出境货物管理办法》根据本决定作相应修改，重新公布。

本决定自2014年2月1日起施行。

中华人民共和国海关暂时进出境货物管理办法（2013修改）

第一章 总 则

第一条 为了规范海关对暂时进出境货物的监管，根据《中华人民共和国海关法》（以下简称《海关法》）及有关法律、行政法规的规定，制定本办法。

第二条 经海关批准，暂时进出关境并且在规定的期限内复运出境、进境的货物适用本办法。

第三条 本办法所称暂时进出境货物包括：

（一）在展览会、交易会、会议及类似活动中展示或者使用的货物；
（二）文化、体育交流活动中使用的表演、比赛用品；
（三）进行新闻报道或者摄制电影、电视节目使用的仪器、设备及用品；
（四）开展科研、教学、医疗活动使用的仪器、设备和用品；
（五）在本款第（一）项至第（四）项所列活动中使用的交通工具及特种车辆；
（六）货样；
（七）慈善活动使用的仪器、设备及用品；
（八）供安装、调试、检测、修理设备时使用的仪器及工具；
（九）盛装货物的容器；
（十）旅游用自驾交通工具及其用品；
（十一）工程施工中使用的设备、仪器及用品；
（十二）海关批准的其他暂时进出境货物。

使用货物暂准进口单证册（以下称ATA单证册）暂时进境的货物限于我国加入的有关货物暂准进口的国际公约中规定的货物。

第四条 除我国缔结或者参加的国际条约、协定及国家法律、行政法规和海关总署规章另有规定外，暂时进出境货物可以免于交验许可证件。

第五条 暂时进出境货物除因正常使用而产生的折旧或者损耗外，应当按照原状复运出境、进境。

第六条 暂时进出境货物的进境、出境申请由直属海关或者经直属海关授权的隶属海关核准。

第七条 暂时进出境货物应当在进出境之日起 6 个月内复运出境或者复运进境。

因特殊情况需要延长期限的，ATA 单证册持证人、非 ATA 单证册项下暂时进出境货物收发货人应当向主管地海关提出延期申请，经直属海关批准可以延期，延期最多不超过 3 次，每次延长期限不超过 6 个月。延长期届满应当复运出境、进境或者办理进出口手续。

国家重点工程、国家科研项目使用的暂时进出境货物以及参加展期在 24 个月以上展览会的展览品，在 18 个月延长期届满后仍需要延期的，由主管地直属海关报海关总署审批。

第八条 ATA 单证册项下暂时出境货物，由中国国际商会向海关总署提供总担保。

除另有规定外，非 ATA 单证册项下暂时进出境货物收发货人应当按照海关要求向主管地海关提交相当于税款的保证金或者海关依法认可的其他担保。

在海关指定场所或者海关派专人监管的场所举办展览会的，经主管地直属海关批准，可以就参展的展览品免于向海关提交担保。

第九条 暂时进出境货物因不可抗力的原因受损，无法原状复运出境、进境的，ATA 单证册持证人、非 ATA 单证册项下暂时进出境货物收发货人应当及时向主管地海关报告，可以凭有关部门出具的证明材料办理复运出境、进境手续；因不可抗力的原因灭失或者失去使用价值的，经海关核实后可以视为该货物已经复运出境、进境。

暂时进出境货物因不可抗力以外其他原因灭失或者受损的，ATA 单证册持证人、非 ATA 单证册项下暂时进出境货物收发货人应当按照货物进出口的有关规定办理海关手续。

第十条 异地复运出境、进境的暂时进出境货物，ATA 单证册持证人、非 ATA 单证册项下暂时进出境货物收发货人应当持主管地海关签章的海关单证向复运出境、进境地海关办理手续。货物复运出境、进境后，主管地海关凭复运出境、进境地海关签章的海关单证办理核销结案手续。

第十一条 除本办法另有规定外，海关按照《中华人民共和国行政许可法》及《中华人民共和国海关实施〈中华人民共和国行政许可法〉办法》规定的程序和期限办理暂时进出境货物行政许可事项。

第二章 暂时进出境货物的核准

第十二条 货物暂时进出境申请应当向主管地海关提出。

ATA 单证册持证人向海关提出货物暂时进出境申请时，应当提交真实有效的 ATA 单证册正本、准确的货物清单以及其他相关商业单据或者证明。

非 ATA 单证册项下的暂时进出境货物收发货人向海关提出货物暂时进出境申请时，应当按照海关要求提交《货物暂时进/出境申请书》（格式文本见附件 1）、暂时进出境货物清单、发票、合同或者协议以及其他相关单据。

第十三条 海关就 ATA 单证册项下暂时进出境货物的暂时进出境申请批准同意的，应当在 ATA 单证册上予以签注，否则不予签注。

海关就非 ATA 单证册项下暂时进出境货物的暂时进出境申请作出是否批准的决定后，应当制发《中华人民共和国海关货物暂时进/出境申请批准决定书》（格式文本见附件 2）或者《中华人民共和国海关货物暂时进/出境申请不予批准决定书》（格式文本见附件3）。

第十四条 暂时进出境货物申请延长复运出境、进境期限的，ATA单证册持证人、非ATA单证册项下暂时进出境货物收发货人应当在规定期限届满30日前向货物暂时进出境申请核准地海关提出延期申请，并且提交《货物暂时进/出境延期申请书》（格式文本见附件4）以及相关申请材料。

直属海关受理延期申请的，应当于受理申请之日起20日内制发《中华人民共和国海关货物暂时进/出境延期申请批准决定书》（格式文本见附件5）或者《中华人民共和国海关货物暂时进/出境延期申请不予批准决定书》（格式文本见附件6）。

隶属海关受理延期申请的，应当于受理申请之日起10日内根据法定条件和程序对申请进行全面审查，并且将审查意见和全部申请材料及时报送直属海关。直属海关应当于收到审查意见之日起10日内作出决定并且制发相应的决定书。

属于本办法第七条第三款规定情形的，ATA单证册持证人、非ATA单证册项下暂时进出境货物收发货人应当向主管地直属海关提出申请。直属海关应当于受理延期申请之日起10日内根据法定条件和程序对申请进行全面审查，并且将审查意见和全部申请材料及时报送海关总署。海关总署应当自收到审查意见之日起10日内作出决定。

第三章 暂时进出境货物的监管

第十五条 ATA单证册项下暂时进出境货物申报时，ATA单证册持证人应当向海关提交有效的ATA单证册。

非ATA单证册项下暂时进出境货物申报时，货物收发货人应当填制海关进出口报关单，并且向海关提交货物清单、《中华人民共和国海关货物暂时进/出境申请批准决定书》和其他相关单证。

第十六条 境内展览会的办展人以及出境举办或者参加展览会的办展人、参展人（以下简称办展人、参展人）应当在展览品进境或者出境20日前，向主管地海关提交有关部门备案证明或者批准文件及展览品清单等相关单证办理备案手续。

展览会不属于有关部门行政许可项目的，办展人、参展人应当向主管地海关提交展览会邀请函、展位确认书等其他证明文件以及展览品清单办理备案手续。

第十七条 展览会需要在我国境内两个或者两个以上关区内举办的，进境展览品应当按照转关监管的有关规定办理转关手续。进境展览品由最后展出地海关负责核销，由出境地海关办理复运出境手续。

第十八条 展览会需要延期的，办展人、参展人应当在展期届满前持原批准部门同意延期的批准文件向备案地海关办理有关手续。

展览会不属于有关部门行政许可项目的，办展人、参展人应当在展期届满前持相关证明文件在备案地海关办理有关手续。

第十九条 办展人、参展人应当于进出境展览品办结海关手续后30日内向备案地海关申请展览会结案。

第二十条 下列在境内展览会期间供消耗、散发的用品（以下简称展览用品），由海关根据展览会的性质、参展商的规模、观众人数等情况，对其数量和总值进行核定，在合理范

围内的,按照有关规定免征进口关税和进口环节税:

(一)在展览活动中的小件样品,包括原装进口的或者在展览期间用进口的散装原料制成的食品或者饮料的样品;

(二)为展出的机器或者器件进行操作示范被消耗或者损坏的物料;

(三)布置、装饰临时展台消耗的低值货物;

(四)展览期间免费向观众散发的有关宣传品;

(五)供展览会使用的档案、表格及其他文件。

前款第(一)项所列货物,应当符合以下条件:

(一)由参展人免费提供并且在展览期间专供免费分送给观众使用或者消费的;

(二)单价较低,作广告样品用的;

(三)不适用于商业用途,并且单位容量明显小于最小零售包装容量的;

(四)食品及饮料的样品虽未按照本款第(三)项规定的包装分发,但确实在活动中消耗掉的。

第二十一条 展览用品中的酒精饮料、烟草制品及燃料不适用有关免税的规定。

展览用品属于国家实行许可证件管理的,应当向海关交验相关证件,办理进口手续。

本办法第二十条第一款第(一)项所列展览用品超出限量进口的,超出部分应当依法征税;第一款第(二)项、第(三)项、第(四)项所列展览用品,未使用或者未被消耗完的,应当复运出境,不复运出境的,应当按照规定办理进口手续。

第二十二条 进境展览品在非展出期间应当存放在海关指定的监管场所,未经海关批准,不得移出。因特殊原因确需移出的,应当经主管地直属海关批准。

进境展览品经海关批准同意移出指定监管场所,但是进境时未向海关提交担保的,应当另外提供相应担保。

第二十三条 海关派员进驻展览场所执行监管任务时,展览会主办人或者承办人应当提供办公场所和必需的办公设备,为海关工作人员执行公务提供便利。

第二十四条 为了举办交易会、会议或者类似活动而暂时进出境的货物,按照本办法对展览品监管的有关规定进行监管。

第二十五条 暂时进出境货物确需进出口的,暂时进出境货物收发货人应当在货物复运出境、进境期限届满30日前向主管地海关申请,经主管地直属海关批准后,按照规定办理进出口手续。

第四章 ATA 单证册的管理

第二十六条 中国国际商会是我国 ATA 单证册的出证和担保机构,负责签发出境 ATA 单证册,向海关报送所签发单证册的中文电子文本,协助海关确认 ATA 单证册的真伪,并且向海关承担 ATA 单证册持证人因违反暂时进出境规定而产生的相关税费、罚款。

第二十七条 海关总署在北京海关设立 ATA 核销中心。ATA 核销中心对 ATA 单证册的进出境凭证进行核销、统计以及追索,应成员国担保人的要求,依据有关原始凭证,提供 ATA 单证册项下暂时进出境货物已经进境或者从我国复运出境的证明,并且对全国海关 ATA 单证册的有关核销业务进行协调和管理。

第二十八条 ATA 核销中心在业务活动中统一使用《ATA 单证册追索通知书》、《ATA 单证册核销通知书》、《ATA 单证册缴款通知书》（格式文本见附件 7、8、9）。

第二十九条 海关只接受用中文或者英文填写的 ATA 单证册。

第三十条 进境 ATA 单证册在进境后发生毁坏、灭失等情况的，ATA 单证册持证人应当持原出证机构补发的 ATA 单证册到主管地直属海关进行确认。

补发的 ATA 单证册所填项目应当与原 ATA 单证册相同。

第三十一条 ATA 单证册项下暂时进境货物申请延长期限超过 ATA 单证册有效期的，ATA 单证册持证人应当向原出证机构申请续签 ATA 单证册。续签的 ATA 单证册经主管地直属海关确认后可以替代原 ATA 单证册。

续签的 ATA 单证册只能变更单证册有效期限，其他项目均应当与原单证册一致。续签的 ATA 单证册启用时，原 ATA 单证册失效。

第三十二条 对 ATA 单证册项下的过境、转运、通运货物，海关凭 ATA 单证册中的过境联办理进出境手续。

ATA 单证册持证人需要对 ATA 单证册项下暂时进出境货物转关的，海关凭 ATA 单证册中的过境联办理转关手续。

第三十三条 ATA 单证册项下暂时进境货物未能按照规定复运出境或者过境的，ATA 核销中心应当向中国国际商会提出追索。自提出追索之日起 9 个月内，中国国际商会向海关提供货物已经在规定期限内复运出境或者已经办理进口手续证明的，ATA 核销中心可以撤销追索；9 个月期满后未能提供上述证明的，中国国际商会应当向海关支付税款和罚款。

第三十四条 ATA 单证册项下暂时进境货物复运出境时，因故未经我国海关核销、签注的，ATA 核销中心凭由另一缔约国海关在 ATA 单证上签注的该批货物从该国进境或者复运进境的证明，或者我国海关认可的能够证明该批货物已经实际离开我国境内的其他文件，作为已经从我国复运出境的证明，对 ATA 单证册予以核销。

第五章 附　　则

第三十五条 违反本办法，构成走私行为、违反海关监管规定行为或者其他违反《海关法》行为的，由海关依照《海关法》和《中华人民共和国海关行政处罚实施条例》的有关规定予以处理；构成犯罪的，依法追究刑事责任。

第三十六条 从境外暂时进境的货物转入保税区、出口加工区等海关特殊监管区域和保税监管场所的，不属于复运出境。

第三十七条 海关对用于装载海关监管货物的进出境集装箱以及进出境租赁货物不适用本办法。

享有外交特权和豁免的外国驻华机构或者人员暂时进出境物品不适用本办法。

第三十八条 暂时进出境物品超出自用合理数量的，参照本办法监管。

第三十九条 ATA 单证册持证人、非 ATA 单证册项下暂时进出境货物收发货人、办展人、参展人可以委托代理人代为办理有关海关手续。代理人代为办理的，代理人还应当向海关提供被代理人出具的授权委托书。

第四十条 本办法有关用语的含义：

展览会、交易会、会议及类似活动是指：

（一）贸易、工业、农业、工艺展览会，及交易会、博览会；

（二）因慈善目的而组织的展览会或者会议；

（三）为促进科技、教育、文化、体育交流，开展旅游活动或者民间友谊而组织的展览会或者会议；

（四）国际组织或者国际团体组织代表会议；

（五）政府举办的纪念性代表大会。

在商店或者其他营业场所以销售国外货物为目的而组织的非公共展览会不属于本办法所称展览会、交易会、会议及类似活动。

展览品是指：

（一）展览会展示的货物；

（二）为了示范展览会展出机器或者器具所使用的货物；

（三）设置临时展台的建筑材料及装饰材料；

（四）宣传展示货物的电影片、幻灯片、录像带、录音带、说明书、广告、光盘、显示器材等；

（五）其他用于展览会展示的货物。

主管地海关，是指境内展览会、交易会、会议及类似活动所在地海关或者货物进出境地海关。

第四十一条 本办法规定的海关实施海关行政许可的期限以工作日计算，不含法定节假日。

第四十二条 本办法由海关总署负责解释。

第四十三条 本办法自 2007 年 5 月 1 日起施行。1976 年 9 月 20 日发布的《中华人民共和国海关对出口展览品监管办法》、1986 年 9 月 3 日海关总署发布的《中华人民共和国海关对暂时进口货物监管办法》、1997 年 2 月 14 日海关总署令第 59 号发布的《中华人民共和国海关对进口展览品监管办法》、2001 年 12 月 24 日海关总署令第 93 号发布的《中华人民共和国海关暂准进口单证册项下进出口货物监管办法》同时废止。

关于 2014 年关税实施方案的通知

税委会〔2013〕36 号

海关总署：

《2014 年关税实施方案》已经国务院关税税则委员会第二次全体会议审议通过，并报国务院批准,自 2014 年 1 月 1 日起实施。

特此通知。

附件:2014 年关税实施方案

国务院关税税则委员会
2013 年 12 月 11 日

附件:

2014 年关税实施方案

一、进口关税调整

(一)最惠国税率:

1. 对小麦等 8 类 47 个税目的商品继续实施关税配额管理,税目税率维持不变。对配额外进口的一定数量棉花实施滑准税,并适当调整相关公式参数。对尿素、复合肥、磷酸氢二铵三种化肥的配额税率执行 1% 的税率(见附表 1)。

2. 对感光材料等 47 种商品继续实施从量税或复合税,其中,调整了 1 个冻鸡爪、4 个胶片税目的从量税税率,并调整了广播级磁带录像机等 5 个税目的复合税税率(见附表 2)。

3. 对 10 个非全税目信息技术产品继续实行海关核查管理,税目税率维持不变。

4. 其他最惠国税率维持不变。

(二)暂定税率:

对燃料油等 767 项进口商品实施暂定税率(见附表 3)。

(三)协定税率:

根据我国与有关国家或地区签署的贸易或关税优惠协定,对有关国家或地区实施协定税率(见附表 4):

1. 对原产于韩国、印度、斯里兰卡、孟加拉和老挝的 1 888 个税目商品实施亚太贸易协定税率;

2. 对原产于文莱、印度尼西亚、马来西亚、新加坡、泰国、菲律宾、越南、缅甸、老挝和柬埔寨的部分税目商品实施中国—东盟自由贸易协定税率;

3. 对原产于智利的 7 340 个税目商品实施中国—智利自由贸易协定税率,并进一步下调该协定项下部分税目的税率;

4. 对原产于巴基斯坦的 6 539 个税目商品实施中国—巴基斯坦自由贸易协定税率;

5. 对原产于新西兰的 7 351 个税目商品实施中国—新西兰自由贸易协定税率;

6. 对原产于新加坡的 2 793 个税目商品实施中国—新加坡自由贸易协定税率;

7. 对原产于秘鲁的 7 117 个税目商品实施中国—秘鲁自由贸易协定税率;

8. 对原产于哥斯达黎加的 7 313 个税目商品实施中国—哥斯达黎加自由贸易协定税率;

9. 对原产于香港地区且已制定优惠原产地标准的 1 791 个税目商品实施零关税;

10. 对原产于澳门地区且已制定优惠原产地标准的 1 312 个税目商品实施零关税；

11. 对原产于台湾地区的 621 个税目商品实施海峡两岸经济合作框架协议货物贸易早期收获计划协定税率。

（四）特惠税率：

根据我国与有关国家或地区签署的贸易或关税优惠协定、双边换文情况以及国务院有关决定，对原产于埃塞俄比亚、贝宁、布隆迪、厄立特里亚、吉布提、刚果、几内亚、几内亚比绍、科摩罗、利比里亚、马达加斯加、马里、马拉维、毛里塔尼亚、莫桑比克、卢旺达、塞拉利昂、苏丹、坦桑尼亚、多哥、乌干达、赞比亚、莱索托、乍得、中非、阿富汗、孟加拉国、尼泊尔、东帝汶、也门、萨摩亚、安哥拉、塞内加尔、尼日尔、索马里、老挝、缅甸和柬埔寨等 38 个联合国认定的最不发达国家以及已于 2013 年 2 月自最不发达国家名单中毕业但仍处在过渡期内的瓦努阿图和赤道几内亚，共 40 个国家的部分产品实施特惠税率（见附表 5）。

（五）普通税率：

普通税率维持不变。

二、出口关税调整

（一）"出口税则"的出口税率维持不变；

（二）对生铁等部分出口商品实施暂定税率（见附表 6）。

三、税则税目调整

对部分税则税目进行调整（见附表 7）。调整后，2014 年版税则税目共计 8 277 个。

以上方案自 2014 年 1 月 1 日起实施。

附表：1. 关税配额商品进口税率表（略——编者注）
　　　2. 进口商品从量税及复合税税率表（略——编者注）
　　　3. 进口商品暂定税率表（略——编者注）
　　　4. 进口商品协定税率表（略——编者注）
　　　5. 进口商品特惠税率表（略——编者注）
　　　6. 出口商品税率表（略——编者注）
　　　7. 进出口税则税目调整表（略——编者注）

关于公布 2014 年 1 月 1 日起新增香港澳门享受零关税货物原产地标准及相关事宜的公告

海关总署公告 2013 年第 66 号

根据《内地与香港关于建立更紧密经贸关系的安排》和《内地与澳门关于建立更紧密

经贸关系的安排》及其相关补充协议,现将海关总署制定的《2014 年 1 月 1 日起新增香港享受零关税货物原产地标准表》(见附件1)和《2014 年 1 月 1 日起新增澳门享受零关税货物原产地标准表》(见附件2),以及对部分享受货物贸易优惠措施的香港货物原产地标准的修改(见附件3)有关事宜公告如下:

一、《2014 年 1 月 1 日起新增香港享受零关税货物原产地标准表》和《2014 年 1 月 1 日起新增澳门享受零关税货物原产地标准表》使用简化的货物名称,并自 2014 年 1 月 1 日起执行。新增香港、澳门享受零关税货物的范围与 2013 年《中华人民共和国进出口税则》中相应税号对应的商品范围一致。

二、对海关总署公告 2011 年第 82 号附件 1《享受货物贸易优惠措施的香港货物原产地标准表(2012 年版)》所列的"小包装酿造葡萄酒"(税号 22042100)、"初级形状的其他丙烯共聚物"(税号 39023090)、"初级形状的充油热塑丁苯橡胶"(税号 40021914)、"其他初级形状的合成橡胶"(税号 40029911)及"宝石或半宝石制品"(税号 71162000)等货物的原产地标准进行了修改。修改后的原产地标准自 2014 年 1 月 1 日起执行。

特此公告。

附件:1. 2014 年 1 月 1 日起新增香港享受零关税货物原产地标准表(略——编者注)
2. 2014 年 1 月 1 日起新增澳门享受零关税货物原产地标准表(略——编者注)
3. 香港 CEPA 零关税货物原产地标准修改表(略——编者注)

海关总署
2013 年 11 月 28 日

关于公布《中华人民共和国进出口税则本国子目注释（2013 年新增和调整部分）》的公告

海关总署公告 2013 年第 65 号

《中华人民共和国进出口税则本国子目注释》是海关和有关政府部门、从事与进出口贸易有关工作的企（事）业单位以及个人进行商品归类的法律依据之一。为便利进出口货物的收发货人及其代理人按照《中华人民共和国进出口税则》准确申报,我署根据相关标准更新以及技术发展等情况,新增和调整了部分本国子目注释(详见附件),现予以公告。

特此公告。

附件：中华人民共和国进出口税则本国子目注释（2013年新增和调整部分）（略——编者注）

海关总署
2013年11月27日

关于全面深化区域通关业务改革的公告

海关总署公告2013年第58号

为贯彻落实国家区域发展战略和国务院促进贸易便利化推动进出口稳定发展的决策部署，进一步加大区域通关改革力度，优化海关作业流程，切实提高通关效率，促进区域通关一体化，海关总署决定全面深化区域通关业务改革。现将有关事项公告如下：

一、拓展"属地申报、口岸验放"通关模式

（一）自2013年11月1日起，实行"属地申报、属地放行"。

"属地申报、属地放行"是"属地申报、口岸验放"通关模式的一种方式，是指收发货人为AA类且报关企业为B类（含B类）以上企业（以下简称"AA类企业"）进出口货物时，可自主选择向属地海关申报，并在属地海关办理货物放行手续。

（二）对需查验的进出口货物、因海关规定或国家许可证件管理，须在货物实际进出境地海关（以下简称"口岸海关"）申报并办理验放手续的进出口货物、口岸海关未实现出口运抵报告和进口理货报告电子数据传输的进出口货物，不适用"属地申报、属地放行"方式。

"许可证件"不包括"入（出）境货物通关单"。

（三）对于AA类企业涉嫌走私、侵犯知识产权和违反海关监管规定（以下统称"违法"）并被海关立案调查的，自立案之日起，暂停其适用"属地申报、属地放行"方式的资格。

（四）已与海关联网的口岸海关监管场所，监管场所经营人凭口岸海关电子放行信息为企业办理提货手续；未与海关联网的口岸海关监管场所，监管场所经营人凭口岸海关签章的纸质单证为企业办理提货手续。

二、扩大"属地申报、口岸验放"通关模式适用范围

（一）自2013年11月1日起，B类生产型出口企业（以海关企业分类管理评定记录为准）且一年内无违法记录，适用"属地申报、口岸验放"进口通关模式。自2014年3月1日起，B类生产型企业（以海关企业分类管理评定记录为准）且一年内无违法记录，适用"属地申报、口岸验放"进出口通关模式。

（二）对因海关规定或国家许可证件管理，须在口岸海关申报并办理验放手续的进出口货物，不适用于"属地申报、口岸验放"通关模式。

"许可证件"不包括"入（出）境货物通关单"。

（三）本公告所称 B 类生产型企业，系指根据《中华人民共和国海关企业分类管理办法》（海关总署令第 197 号）有关规定，适用 B 类管理且经海关审核企业类型为生产型的企业。

三、明确适用"属地申报、口岸验放"通关模式企业职责义务

（一）凡企业拟采用"属地申报、口岸验放"通关模式的，需向所在地直属海关提出书面申请（详见附件 1、附件 2），直属海关根据海关对企业分类管理评定标准等对申请企业进行审核，并提出是否同意的书面答复意见（详见附件 3）。

（二）凡适用"属地申报、口岸验放"（包括"属地申报、属地放行"方式）通关模式的企业，须与所在地直属海关签署关企合作备忘录（详见附件 4）。

四、推行公路转关作业无纸化

公路转关作业无纸化是指海关运用信息化技术，改变海关验核企业递交纸质转关申报单/载货清单及随附单证办理公路转关手续的做法，对企业向海关申报的转关单电子数据/载货清单进行无纸审核、放行、核销的转关作业方式。

自 2013 年 12 月 1 日起，在应用安全智能锁、卡口前端设备、卫星定位装置等物联网设备以及卡口控制与联网信息系统的基础上，进出境运输方式为海运、空运、铁路、公路且境内运输方式为"公路运输"的进出口转关货物可实行公路转关作业无纸化。

五、扩大跨境快速通关模式适用范围

自 2014 年 5 月 1 日起，在启用公路舱单的基础上，将跨境快速通关改革范围扩大至广东省内各直属海关。

六、本公告内容自发布之日起实施。

特此公告。

附件：

1. 采用"属地申报、口岸验放"通关模式企业申请书（略——编者注）
2. 采用"属地申报、属地放行"方式企业申请书（略——编者注）
3. 中华人民共和国海关告知书（略——编者注）
4. 关于开展"属地申报、口岸验放"业务的合作备忘录（略——编者注）

海关总署
2013 年 10 月 29 日

关于执行《中西部地区外商投资优势产业目录（2013年修订）》的公告

海关总署公告2013年第50号

经国务院批准，国家发展改革委、商务部联合发布第1号令，公布了《中西部地区外商投资优势产业目录（2013年修订）》（以下简称《中西部外资目录（2013年修订）》，详见附件），规定自2013年6月10日起施行。现就海关执行中的有关问题公告如下：

一、2013年6月10日及以后核准（以项目的核准日期为准）的属于《中西部外资目录（2013年修订）》范围的外商投资项目（包括增资项目），享受鼓励类外商投资项目进口税收优惠政策；相关项目项下进口的自用设备以及按照合同随上述设备进口的技术和配套件、备件，按照《国务院关于调整进口设备税收政策的通知》（国发〔1997〕37号，以下简称《通知》）和海关总署公告2008年第103号的有关规定，免征关税，进口环节增值税照章征收。

二、《中西部外资目录（2013年修订）》实施后，项目确认书中的"项目产业政策审批条目"编码为"P"。例如，山西省第7项应填写为："煤层气和煤炭伴生资源综合开发利用（P1407）"，项目性质仍为"I：外资中西部优势产业、项目"。

三、对2013年6月9日及以前按照《中西部地区外商投资优势产业目录（2008年修订）》（国家发展改革委、商务部令2008年第4号，以下简称《中西部外资目录（2008年修订）》）核准的外商投资项目，相关项目项下进口的自用设备以及按照合同随上述设备进口的技术和配套件、备件，可继续按照《通知》和海关总署公告2008年第103号的有关规定执行。有关项目单位须于2014年6月30日以前（含当日），持投资主管部门出具的《国家鼓励发展的内外资项目确认书》（其中"项目产业政策审批条目"仍按原审批条目及编码填写）等有关资料，向海关申请办理减免税备案手续。逾期，海关不再受理上述减免税备案申请。

四、对于未列入《中西部外资目录（2008年修订）》的外商投资在建项目，凡符合《中西部外资目录（2013年修订）》规定的，可按有关规定向投资主管部门申请补办《国家鼓励发展的内外资项目确认书》。在取得《国家鼓励发展的内外资项目确认书》之后，在建项目进口的自用设备以及按照合同随上述设备进口的技术和配套件、备件，可参照本公告第一条的规定享受进口税收优惠政策，但进口设备已经征税的，税款不予退还。

特此公告。

附件：中西部地区外商投资优势产业目录（2013年修订）（略——编者注）

海关总署

2013年8月20日

海关总署关于修改《中华人民共和国海关最不发达国家特别优惠关税待遇进口货物原产地管理办法》的决定

海关总署第 210 号令

《海关总署关于修改〈中华人民共和国海关最不发达国家特别优惠关税待遇进口货物原产地管理办法〉的决定》已于 2013 年 7 月 1 日经海关总署署务会议审议通过，现予公布，自 2013 年 7 月 1 日起施行。

署长
2013 年 7 月 1 日

为有效执行免关税待遇措施第二步实施方案，海关总署决定对《中华人民共和国海关最不发达国家特别优惠关税待遇进口货物原产地管理办法》（2010 年 6 月 28 日海关总署令第 192 号公布，以下简称《办法》）作如下修改：

一、将《办法》第十一条由"与货物一起申报进口并在《税则》中与该货物一并归类的包装、包装材料和容器的原产地，以及正常配备的附件、备件、工具及介绍说明性材料的原产地，不影响货物原产地的确定。"修改为"货物适用税则归类改变标准的，在确定货物的原产地时，与货物一起申报进口并在《税则》中与该货物一并归类的包装、包装材料和容器的原产地，以及正常配备的附件、备件、工具及介绍说明性材料的原产地，不影响货物原产地的确定。"

二、增加"货物适用从价百分比标准的，在计算货物的增值百分比时，与货物一起申报进口并在《协调制度》中与该货物一并归类的包装、包装材料和容器，以及正常配备的附件、备件、工具及介绍说明性材料的价格应当予以计算。"的规定，作为《办法》第十一条第二款。

三、将《办法》第十四条第一款第（一）项由"由出口受惠国政府指定的原产地证书签发机构（以下简称签证机构）签发，并由该国海关在出口时加盖印章的有效原产地证书（格式见附件）正本以及第二副本。"修改为"由出口受惠国政府指定的原产地证书签发机构（以下简称签证机构）签发，并由该国海关加盖印章的有效原产地证书（格式见附件）正本以及第二副本。"

四、对《办法》第十九条作如下修改：

（一）将第（一）项由"由签证机构在货物出口前或者出口时签发"修改为"由签证机构在货物出口时或者出口后 5 日内签发"。

（二）将第（四）项由"具有出口受惠国海关在出口时加盖的印章；"修改为"具有出口受惠国海关加盖的印章；"。

五、增加"必要时，经受惠国相关主管部门同意，海关总署可派员访问受惠国的出口商或者生产商所在地,对受惠国主管机构的核查程序进行实地考察。"的规定,作为《办法》第二十条第一款的补充内容。

六、增加"'原产材料'是指满足本办法所列原产地规则要求,在生产另一货物的过程中所使用的货物"的规定,列在《办法》第二十六条有关"材料"的解释之后。

七、增加"有下列情形之一的,原产地证书可以在货物出口之日起12个月内予以补发:

(一)由于不可抗力没有在货物出口时或者出口后5日内签发原产地证书的;

(二)授权机构确信已签发原产地证书,但由于不符合本办法第十九条规定,原产地证书在进口时未被接受的。

补发的原产地证书应当注明'补发'字样。本条第一款第(一)项情形下,补发证书自货物实际出口之日起一年内有效;在第一款第(二)项情形下,补发证书的有效期应当与原原产地证书的有效期相一致。"的规定,作为《办法》第二十二条,其他条款次序作相应调整。

《中华人民共和国海关最不发达国家特别优惠关税待遇进口货物原产地管理办法》根据本决定作相应修改,重新公布。

本决定自2013年7月1日起施行。

中华人民共和国海关最不发达国家特别优惠关税待遇进口货物原产地管理办法(2013修改)

第一条 为了正确确定与我国建交的最不发达国家特别优惠关税待遇进口货物的原产地,促进我国与有关国家间的经贸往来,根据《中华人民共和国海关法》、《中华人民共和国进出口货物原产地条例》的规定,制定本办法。

第二条 本办法适用于从与我国建交的最不发达国家(以下称受惠国)进口并享受特别优惠关税待遇货物的原产地管理。

受惠国名单由海关总署另行公告。

第三条 从受惠国直接运输进口的货物,符合下列条件之一的,为该受惠国原产货物,适用《中华人民共和国进出口税则》(以下简称《税则》)中相应的特惠税率:

(一)完全在受惠国获得或者生产的;

(二)非完全在受惠国获得或者生产,但在该受惠国最后完成实质性改变的。

本条第一款第(二)项所称"实质性改变",适用本办法第五条、第六条、第七条规定的标准确定。

第四条 本办法第三条第(一)项所称"完全在受惠国获得或者生产"的货物是指:

(一)在该受惠国出生并饲养的活动物;

(二)在该受惠国从本条第(一)项所指的动物中获得的货物;

(三)在该受惠国收获、采摘或者采集的植物和植物产品;

(四)在该受惠国狩猎或者捕捞获得的货物;

（五）在该受惠国注册或者登记，并合法悬挂该受惠国国旗的船只，在该受惠国根据符合其缔结的相关国际协定可适用的国内法有权开发的境外水域得到的鱼类、甲壳类动物及其他海洋生物；

（六）在该受惠国注册或者登记，并合法悬挂该受惠国国旗的加工船上加工本条第（五）项所列货物获得的货物；

（七）在该受惠国开采或者提取的矿产品及其他天然生成物质，或者从该受惠国根据符合其缔结的相关国际协定可适用的国内法有权开采的境外水域、海床或者海床底土得到或者提取的除鱼类、甲壳类动物及其他海洋生物以外的货物；

（八）在该受惠国收集的该受惠国消费过程中产生的仅适用于原材料回收的废旧物品；

（九）在该受惠国加工制造过程中产生的仅适用于原材料回收的废碎料；

（十）利用本条第（一）项至第（九）项所列货物在该受惠国加工所得的货物。

第五条 在受惠国境内非完全获得或者生产，但符合《与我国建交的最不发达国家产品特定原产地规则》的，应当视为该受惠国原产货物。

《与我国建交的最不发达国家产品特定原产地规则》是本办法的组成部分，由海关总署另行制定并公布。

第六条 除《与我国建交的最不发达国家产品特定原产地规则》另有规定外，在受惠国境内，部分或者完全使用非受惠国原产材料进行制造或者加工，所得货物在《税则》中的四位数级税则归类发生变化的，应当视为原产于受惠国的货物。

第七条 除《与我国建交的最不发达国家产品特定原产地规则》另有规定外，在受惠国境内，部分或者完全使用非受惠国原产材料生产的货物，其增值部分不低于所得货物船上交货价格（FOB）40%的，应当视为原产于该受惠国的货物。

本条第一款所称货物的增值部分应当按照下列方法计算比例：

$$\frac{\text{货物船上交货价格（FOB）} - \text{非原产材料价格}}{\text{货物船上交货价格（FOB）}} \times 100\% \geqslant 40\%$$

"非原产材料价格"，是指非受惠国原产材料的进口成本、运至目的港口或者地点的运费和保险费（CIF）。原产地不明的材料按照最早可以确定的在受惠国境内为该材料实付或者应付的价格，计入非原产材料价格；该原产地不明材料由货物生产商在受惠国境内获得时，从供应商仓库运抵生产商所在地的运费、保费、包装费及任何其他费用均不计入非原产材料价格。

本条规定中货物船上交货价格和非原产材料价格的计算应当符合《海关估价协定》。

第八条 下列微小加工或者处理不影响货物原产地确定：

（一）为在运输或者贮存期间使货物保持良好状态而进行的加工或者处理；

（二）为便于货物装卸而进行的加工或者处理；

（三）为便于货物销售而进行的包装、展示等加工或者处理；

（四）简单的稀释、混合、干燥、装配、分类或者装饰；

（五）动物屠宰。

第九条 属于《税则》归类总规则三所规定的成套货物，其中全部货物均原产于某一受惠国的，该成套货物即为原产于该受惠国；其中部分货物非原产于该受惠国，但是非原产货物的价格按照本办法第七条确定的比例未超过该成套货物价格15%的，该成套货物仍应当视为原产于该受惠国。

第十条 在确定货物的原产地时，货物生产过程中使用，本身不构成货物物质成分、也不成为货物组成部件的下列材料或者物品，其原产地不影响货物原产地的确定：

（一）燃料、能源、催化剂及溶剂；

（二）用于测试或者检验货物的设备、装置及用品；

（三）手套、眼镜、鞋靴、衣服、安全设备及用品；

（四）工具、模具及型模；

（五）用于维护设备和厂房建筑的备件及材料；

（六）在生产中使用或用于运行设备和维护厂房建筑的润滑剂、油（滑）脂、合成材料及其他材料；

（七）在货物生产过程中使用，未构成该货物组成成分，但能够合理表明其参与了该货物生产过程的任何其他货物。

第十一条 货物适用税则归类改变标准的，在确定货物的原产地时，与货物一起申报进口并在《税则》中与该货物一并归类的包装、包装材料和容器的原产地，以及正常配备的附件、备件、工具及介绍说明性材料的原产地，不影响货物原产地的确定。

货物适用从价百分比标准的，在计算货物的增值百分比时，与货物一起申报进口并在《协调制度》中与该货物一并归类的包装、包装材料和容器，以及正常配备的附件、备件、工具及介绍说明性材料的价格应当予以计算。

第十二条 本办法第三条所称"直接运输"，是指申报享受特别优惠关税待遇的进口货物从受惠国直接运输至我国境内，途中未经过中国和该受惠国以外的其他国家或者地区（以下简称"其他国家或者地区"）。

货物经过其他国家或者地区运输至我国境内，不论在运输途中是否转换运输工具或者作临时储存，同时符合下列条件的，应当视为"直接运输"：

（一）未进入其他国家或者地区的贸易或者消费领域；

（二）该货物在经过其他国家或者地区时，未做除装卸或者其他为使货物保持良好状态所必需处理以外的其他处理；

（三）处于该国家或者地区海关的监管之下。

本条第二款规定情况下，相关货物进入其他国家或者地区停留时间最长不得超过3个月。

第十三条 海关有证据证明进口货物有规避本办法嫌疑的，该进口货物不得享受特别优惠关税待遇。

第十四条 货物申报进口时，进口货物收货人或者其代理人应当按照海关的申报规定填制《中华人民共和国海关进口货物报关单》，申明适用特惠税率，并同时提交下列单证：

（一）由出口受惠国政府指定的原产地证书签发机构（以下简称签证机构）签发，并由该国海关加盖印章的有效原产地证书（格式见附件）正本以及第二副本。

未提交有效原产地证书正本以及第二副本的，应当按照《中华人民共和国海关进出口货物优惠原产地管理规定》的规定，就该进口货物是否具备原产资格向海关进行补充申报。

（二）货物的商业发票正本。

（三）货物的运输单证：

1. 货物从受惠国直接运输至我国境内，进口货物收货人或者其代理人应当提交在出口受惠国签发的运输单证；

2. 货物经过其他国家或者地区运输至我国境内，进口货物收货人或者其代理人应当提交在出口受惠国签发的联运提单以及证明符合本办法第十二条第二款规定的相关文件等；

受惠国为内陆国家，因运输原因货物必须从其他国家启运的，进口货物收货人或者其代理人可以提交国际联运始发的其他国家或者地区签发的联运提单、由出口受惠国运输至签发联运提单的国家或者地区的运输单证以及证明符合本办法第十二条第二款规定的相关文件等；

3. 在其他国家或者地区作临时储存的，进口货物收货人或者其代理人应当提交货物全程运输单证，以及临时储存货物的国家或者地区海关出具的证明符合本办法第十二条规定的文件。

第十五条 进口货物收货人或者其代理人按照第十四条规定就该进口货物具备受惠国原产资格向海关进行补充申报的，海关可以根据进口货物收货人或者其代理人的申请，依法选择按照该货物适用的最惠国税率、普通税率或者其他税率收取等值保证金后放行货物，并按照规定办理进口手续，进行海关统计。

第十六条 同时具备下列条件的，进口货物收货人或者其代理人可以自缴纳保证金之日起1年内，向海关申请退还已缴纳的等值保证金：

（一）进口时已就进口货物具备原产资格向海关进行补充申报，申明适用特惠税率；

（二）提交有效原产地证书正本、第二副本及海关要求提供的与货物进口相关的其他文件。

进口货物收货人或者其代理人未在缴纳保证金之日起1年内提出退还保证金申请的，海关应当立即办理保证金转为进口税款手续。海关统计数据同时作相应修改。

第十七条 享受特别优惠关税待遇进口货物适用的原产地证书应当由一份正本和三份副本组成。副本包括第二副本、第三副本和第四副本，其中第二副本为海关认为必要时核查之用，第三副本应当由出口受惠国签证机构留存，第四副本由出口人留存。

第十八条 原产地证书自签发之日起1年内有效。

第十九条 进口货物收货人或者其代理人向海关提交的原产地证书应当同时符合下列条件：

（一）由签证机构在货物出口时或者出口后5日内签发；

（二）符合本办法附件所列格式，以英文填制；

（三）符合与受惠国通知中国海关的印章样本相符等安全要求；

（四）具有出口受惠国海关加盖的印章；

（五）所列的一项或者多项货物为同一批次的进口货物；

（六）具有不重复的原产地证书编号；

（七）注明确定货物具有原产资格的依据；

（八）证书在其有效期内。

第二十条 海关对原产地证书的真实性、相关货物是否原产于相关受惠国或者是否符合本办法其他规定产生怀疑时，海关总署可以直接或者通过中国驻相关受惠国使领馆经济商务参赞处（室）向受惠国海关或者原产地证书签证机构提出核查要求，并要求其在自收到核查要求之日起的 180 日内予以答复。必要时，经受惠国相关主管部门同意，海关总署可派员访问受惠国的出口商或者生产商所在地，对受惠国主管机构的核查程序进行实地考察。

未能在上述期限内收到答复的，该货物不得适用特惠税率。

在等待受惠国原产地证书核查结果期间，依照进口货物收货人或者其代理人的申请，海关可以依法选择按照该货物适用的最惠国税率、普通税率或者其他税率收取等值保证金后放行货物，并按规定办理进口手续、进行海关统计。核查完毕后，海关应当根据核查结果，立即办理退还保证金手续或者办理保证金转为进口税款手续，海关统计数据应当作相应修改。

对国家限制进口或者有违法嫌疑的进口货物，海关在原产地证书核查完毕前不得放行。

第二十一条 原产地证书被盗、遗失或者损毁，并且未经使用的，进口货物收货人或者其代理人可以要求该进口货物的出口人凭原产地证书第四副本向受惠国原签证机构书面申请在原证书正本有效期内签发经核准的原产地证书副本。该副本应当在备注栏注明"原产地证书正本（编号_____日期_____）经核准的真实副本"字样。经核准的原产地证书副本向海关提交后，原产地证书正本失效。

原产地证书正本已经使用的，经核准的原产地证书副本无效。

第二十二条 有下列情形之一的，原产地证书可以在货物出口之日起 12 个月内予以补发：

（一）由于不可抗力没有在货物出口时或者出口后 5 日内签发原产地证书的；

（二）授权机构确信已签发原产地证书，但由于不符合本办法第十九条规定，原产地证书在进口时未被接受的。

补发的原产地证书应当注明"补发"字样。本条第一款第（一）项情形下，补发证书自货物实际出口之日起一年内有效；在第一款第（二）项情形下，补发证书的有效期应当与原原产地证书的有效期相一致。

第二十三条 具有下列情形之一的，进口货物不适用特惠税率：

（一）进口货物的原产地不符合本办法规定的；

（二）货物申报进口时，进口货物收货人或者其代理人没有提交有效的原产地证书正本以及第二副本，也未就进口货物是否具备受惠国原产资格进行补充申报的；

（三）原产地证书所用的签证机构印章与海关备案资料不一致的；

（四）原产地证书所列货物与实际进口货物不符的；

（五）自受惠国海关或者签证机构收到原产地核查请求之日起 180 日内，海关没有收到受惠国海关或者签证机构答复结果，或者该答复结果未包含足以确定原产地证书真实性或者货物真实原产地信息的；

（六）进口货物收货人或者其代理人存在其他不遵守本办法有关规定行为的。

第二十四条 海关对依照本办法规定获得的商业秘密依法负有保密义务。未经进口货物收货人同意，海关不得泄露或者用于其他用途，但是法律、行政法规及相关司法解释另有规定的除外。

第二十五条 违反本办法，构成走私行为、违反海关监管规定行为或者其他违反《海关法》行为的，由海关依照《海关法》和《中华人民共和国海关行政处罚实施条例》的有关规定予以处理；构成犯罪的，依法追究刑事责任。

第二十六条 本办法下列用语的含义：

"受惠国"，是指与中国签有对最不发达国家特别优惠关税待遇换文的国家或者地区；

"材料"，是指在生产另一货物的过程中所使用的货物，包括任何组件、成分、原材料、零件或者部件；

"原产材料"，是指满足本办法所列原产地规则要求，在生产另一货物的过程中所使用的货物；

"生产"，是指货物获得的方法，包括货物的种植、饲养、提取、采摘、采集、开采、收获、捕捞、诱捕、狩猎、制造、加工或者装配；

"海关估价协定"，是指作为《马拉喀什建立世贸组织协定》一部分的《关于履行1994年关税与贸易总协定第7条的协定》。

第二十七条 本办法由海关总署负责解释。

第二十八条 本办法自2010年7月1日起施行。

关于埃塞俄比亚等最不发达国家95%税目产品实施零关税的公告

海关总署公告2013年第34号

我国给予与我建交的最不发达国家95%税目产品零关税待遇的实施方案已经国务院批准。现将有关事宜公告如下：

一、自2013年7月1日起，对进口原产于埃塞俄比亚联邦民主共和国等29个已经完成换文手续的最不发达国家（见附件1）的7 831个税目产品实施本公告所列的特惠税率（95%税目产品零关税待遇的实施方案，见附件2）。

二、自2013年7月1日起至2015年12月31日止，对原产于瓦努阿图共和国（已经完成换文手续，2013年2月从最不发达国家名单毕业）的7 831个税目产品实施本公告所列的特惠税率（见附件2）。

三、对进口原产于赤道几内亚共和国、毛里塔尼亚伊斯兰共和国、塞拉利昂共和国、塞内加尔共和国、索马里联邦共和国、坦桑尼亚联合共和国、乍得共和国、孟加拉国人民共和国、萨摩亚独立国等9个未完成换文手续的最不发达国家继续实施海关总署公告2012年第63号附件6进口商品特惠税率表所列的特惠税率。

四、进口经营单位申报进口原产于本公告第一、二、三款中所列国家并享受特惠税率的货物时，应按照海关有关规定填制报关单，"优惠贸易协定代码"应填报为"13"。

五、进口经营单位申报进口原产于本公告第一、二、三款所列国家并申请享受特惠税率的货物时，应按照《海关总署关于修改〈中华人民共和国海关最不发达国家特别优惠关税待遇进口货物原产地管理办法〉的决定》（海关总署令第210号公布）的规定向海关提交有关单证。

进口经营单位申报进口原产于柬埔寨王国、老挝人民民主共和国和缅甸联邦等3个国家并申请享受《中国—东盟自贸协定》项下特惠税率的货物时，应按照《中华人民共和国海关〈中华人民共和国与东南亚国家联盟全面经济合作框架协议〉项下进出口货物原产地管理办法》（海关总署令第199号公布）的规定向海关提交有关单证。

进口经营单位申报进口原产于老挝人民民主共和国和孟加拉国人民共和国等2国并申请享受《亚太贸易协定》项下特惠税率的货物时，应按照《中华人民共和国海关〈亚太贸易协定〉项下进出口货物原产地管理办法》（海关总署令第177号公布）的规定向海关提交有关单证。

六、本公告附件2中使用了简化的货品名称，其准确的名称应以《中华人民共和国进出口税则》中的商品名称描述为准。

特此公告。

附件：1.完成换文手续的最不发达国家名单（略——编者注）
2.95%税目产品零关税待遇货品清单1（略——编者注）
3.95%税目产品零关税待遇货品清单2（略——编者注）
4.95%税目产品零关税待遇货品清单3（略——编者注）

海关总署
2013年6月28日

中华人民共和国海关对横琴新区监管办法（试行）

海关总署第209号令

《中华人民共和国海关对横琴新区监管办法（试行）》已于2013年6月8日经海关总署署务会议审议通过，现予公布，自2013年8月1日起施行。

署长
2013年6月27日

中华人民共和国海关对横琴新区监管办法（试行）

第一章 总 则

第一条 为了规范海关对横琴新区（以下简称横琴）的管理，根据《中华人民共和国海关法》和其他有关法律、行政法规，制定本办法。

第二条 海关对经横琴进出境、进出横琴的运输工具、货物、物品以及横琴内海关注册登记企业、场所等进行监管和检查适用本办法。

第三条 横琴与澳门之间的口岸设定为"一线"管理；横琴与中华人民共和国关境内的其他地区（以下称区外）之间的通道设定为"二线"管理。海关按照"一线放宽、二线管住、人货分离、分类管理"的原则实行分线管理。

第四条 横琴应当设立符合海关监管要求的环岛巡查、监控设施和海关信息化管理平台；"一线"、"二线"海关监管区和横琴内海关监管场所应当设立符合海关监管要求的设施、设备、场地等。经海关总署验收合格后，横琴方可开展相关业务。

第五条 在横琴内从事进出口业务，享受保税、减免税、入区退税政策以及与之相关的仓储物流和从事报关业务的企业和单位（以下简称企业），应当向海关办理注册登记手续。

企业应当依法设置符合海关监管要求的账簿、报表等，并接受海关稽查。

企业应当建立符合海关监管要求的计算机管理系统，与海关实行电子计算机联网和进行电子数据交换。

第六条 除法律、行政法规和规章另有规定外，海关对进出横琴以及在横琴内存储的保税货物、与生产有关的免税货物以及从区外进入横琴并享受入区退税政策的货物（以下简称退税货物）实行电子账册管理。

第七条 法律、行政法规、规章禁止进境的货物、物品不得从"一线"进入横琴，法律、行政法规、规章禁止出境的货物不得从"二线"以报关方式进入横琴。

横琴内企业不得开展列入《加工贸易禁止类商品目录》商品的加工贸易业务。

第二章 对横琴与境外之间进出货物的监管

第八条 除法律、行政法规和规章另有规定外，海关对横琴与境外之间进出的保税货物、与生产有关的免税货物及退税货物实行备案管理，对横琴与境外之间进出的其他货物按照进出口货物的有关规定办理报关手续。

第九条 除下列货物外，海关对从境外进入横琴与生产有关的货物实行保税或者免税管理：

（一）生活消费类、商业性房地产开发项目等进口货物；

（二）法律、行政法规和规章明确不予保税或免税的货物；

（三）列入财政部、税务总局、海关总署会同有关部门制定的"一线"不予保税、免税的具体货物清单的货物。

第十条 除法律、行政法规和规章另有规定外，从境外进入横琴的实行备案管理的货物，不实行进口配额、许可证件管理。

从横琴运往境外的货物，实行出口配额、许可证件管理。

第三章 对横琴与区外之间进出货物的监管

第十一条 横琴内保税、减免税、退税货物销往区外，应当按照进口货物有关规定办理报关手续；从区外销往横琴的退税货物，应当按照出口货物的有关规定办理报关手续。上述货物应当经海关指定的申报通道进出横琴；办理相关海关手续后，上述货物可以办理集中申报，但不得跨月、跨年申报。

其他货物经由海关指定的无申报通道进出横琴，海关可以实行查验。

横琴内未办结海关手续的海关监管货物需要转入区外其他监管场所的，一律按照转关运输的规定办理海关申报手续。

第十二条 区外与生产有关的货物销往横琴视同出口，海关按规定实行退税，但下列货物除外：

（一）生活消费类、商业性房地产开发项目等采购的区外货物；

（二）法律、行政法规和规章明确不予退税的货物；

（三）列入财政部、税务总局、海关总署会同有关部门制定的"二线"不予退税的具体货物清单的货物。

入区退税货物应当存放在经海关认可的地点。

第十三条 对设在横琴的企业生产、加工并销往区外的保税货物，海关按照货物实际报验状态照章征收进口环节增值税、消费税。

对设在横琴的企业生产、加工并销往区外的保税货物，企业可以申请选择按料件或者按实际报验状态缴纳进口关税。企业没有提出选择性征收关税申请的，海关按照货物实际报验状态照章征收进口关税。企业申请按料件缴纳关税的，按照以下规定办理：

（一）企业应当在手册备案时向海关提出申请；在海关征税前，企业可以变更申请；

（二）海关以货物对应的保税料件征收关税；

（三）对应料件如涉及优惠贸易原产地管理的，企业应当在该料件备案时主动向海关申明并提交有关单证，否则在内销征税时不得适用相应的优惠税率；对应料件如涉及反倾销、反补贴等贸易救济措施，海关按照有关贸易救济措施执行。

第十四条 经横琴运往区外的优惠贸易政策项下货物，符合海关相关原产地管理规定的，可以申请享受优惠税率。

第十五条 从横琴运往区外办理报关手续的货物，实行进口配额、许可证件管理。其中对于同一配额、许可证件项下的货物，海关在进境环节已验核配额、许可证件的，在出区环节不再验核配额、许可证件。

从区外运往横琴办理报关手续的货物，不实行出口配额、许可证件管理。

第四章 对横琴内货物的监管

第十六条 横琴内使用电子账册管理的货物在横琴内不同企业间流转的，双方企业应当及时向海关报送相关电子数据信息。

第十七条 横琴内企业不实行加工贸易银行保证金台账制度，海关对横琴内加工贸易货物不实行单耗标准管理。

办理相关海关手续后，横琴内企业与区外企业之间可以开展加工贸易深加工结转和外发加工业务。

对从事国际服务外包业务的企业，其进出口货物按照有关规定办理。

第十八条 在横琴内销售保税货物，存在以下情形的，应当事先办理相关海关手续，并按照本办法第十三条规定缴纳进口关税和进口环节增值税、消费税：

（一）销售给个人；

（二）销售给区内企业，不再用于生产的；

（三）其他需要征税的情形。

第十九条 横琴内的减免税货物的后续监管按照减免税有关规定实施监管。

第二十条 从区外进入横琴的退税货物，按以下方式监管：

（一）原状或用退税货物加工成成品经"一线"出境的，实行备案管理；

（二）原状或用退税货物加工成成品在区内销售并用于生产的，实行电子账册管理；

（三）原状或用退税货物加工成成品销往区外加工贸易企业以及运往海关特殊监管区域或者保税监管场所的，按照保税货物有关规定办理；

（四）原状或用退税货物加工成成品后属于区内建设生产厂房、仓储设施所需的基建物资的，按照相关部门核定的审批项目及耗用数量核销；

（五）原状或用退税货物加工成成品在区内销售，但不属于本条第（二）项、第（四）项规定情形的，或销往区外但不按照保税货物管理的，按照进口货物的有关规定办理报关手续；

（六）其他情形按照进口货物的有关规定办理报关手续。

第二十一条 对横琴与其他海关特殊监管区域、保税监管场所以及加工贸易企业之间往来的保税货物，海关继续实行保税监管。

第二十二条 横琴内保税、减免税、退税货物因检测维修等情形需临时进出横琴的，须办理相关海关手续，不得在区外用于加工生产和使用，并且应当在规定时间内运回横琴。

第二十三条 对横琴内企业在进口保税料件加工生产过程中产生的边角料、副产品，海关按照加工贸易边角料、副产品的有关规定监管。

第二十四条 有以下情形之一的，横琴内企业应当及时书面报告海关：

（一）海关监管货物遭遇不可抗力等灾害的；

（二）海关监管货物遭遇非不可抗力因素造成损坏、损毁、灭失的；

（三）海关监管货物被行政执法部门或者司法机关采取查封、扣押等强制措施的；

（四）企业分立、合并、破产的。

第二十五条 因不可抗力造成海关监管货物损坏、损毁、灭失的，企业书面报告海关时，应当如实说明情况并提供保险、灾害鉴定部门的有关证明。经海关核实确认后，按照以下规定办理：

（一）货物灭失，或者虽未灭失但完全失去使用价值的，海关予以办理核销手续；

（二）货物损坏、损毁，失去原使用价值但可以再利用的，仍应接受海关监管。

第二十六条 因保管不善等非不可抗力因素造成海关监管货物损坏、损毁、灭失的，按照以下规定办理：

（一）对于从境外进入横琴的保税货物，横琴内企业应当按照有关规定，按照海关审定的货物损毁或灭失前的完税价格，以海关接受损坏、损毁、灭失货物申报之日适用的税率、汇率，依法向海关缴纳进口税款；属于进口配额、许可证件管理的，应当交验相关进口配额、许可证件。

（二）对于从境外进入横琴的减免税货物，横琴内企业应当按照一般贸易进口货物的规定，按照海关审定的货物损毁或灭失前的完税价格，以海关接受损坏、损毁、灭失货物申报之日适用的税率、汇率，依法向海关缴纳进口税款；属于进口配额、许可证件管理的，应当交验相关进口配额、许可证件。

（三）对于从区外进入横琴的退税货物，按照进口货物的有关规定办理报关手续。

第二十七条 进出横琴的下列海关监管货物，办理相关海关手续后，可以由横琴内企业指派专人携带或者自行运输：

（一）价值1万美元及以下的小额货物；

（二）因品质不合格进出横琴退换的货物；

（三）其他已办理相关海关手续的货物。

未办理相关海关手续的，个人不得携带、运输横琴内保税、免税以及退税货物进出横琴。

第五章　对进出横琴运输工具和个人携带物品的监管

第二十八条 经"一线"进出横琴的运输工具按《中华人民共和国海关进出境运输工具监管办法》（海关总署令第196号）和《中华人民共和国海关进出境运输工具舱单管理办法》（海关总署令第172号）的规定进行监管。

海关可以对所有经"二线"进出横琴的运输工具实施检查。经"二线"进出横琴的运输工具不得运输未办理相关海关手续的海关监管货物。

第二十九条 对横琴与境外之间进出的澳门单牌车辆，海关根据国务院授权广东省政府与澳门特区政府签订的相关协定实行监管，车辆经横琴进境后仅限在横琴内行驶。

第三十条 旅客携带的行李物品通关管理办法由海关总署会同有关部门另行制定。

第六章　附　　则

第三十一条 除法律、行政法规和规章另有规定外，经"一线"从境外进入横琴的货物和从横琴运往境外的货物列入海关统计，经"二线"指定申报通道进入横琴的货物和从横琴运往区外的货物列入海关单项统计。

横琴内企业之间转让、转移的货物，以及横琴与其他海关特殊监管区域、保税监管场所之间往来的货物，不列入海关统计。

第三十二条 违反本办法，构成走私行为、违反海关监管规定行为或者其他违反海关法行为的，由海关依照《中华人民共和国海关法》和《中华人民共和国海关行政处罚实施条例》的有关规定予以处理；构成犯罪的，依法追究刑事责任。

第三十三条 本办法由海关总署负责解释。

第三十四条 本办法自2013年8月1日起施行。

中华人民共和国海关对平潭综合实验区监管办法（试行）

海关总署第208号令

《中华人民共和国海关对平潭综合实验区监管办法（试行）》已于2013年6月8日经署务会议审议通过，现予公布，自2013年8月1日起施行。

署长
2013年6月27日

中华人民共和国海关对平潭综合实验区监管办法（试行）

第一章 总 则

第一条 为了规范海关对平潭综合实验区（以下简称平潭）的管理，根据《中华人民共和国海关法》和其他有关法律、行政法规，制定本办法。

第二条 海关对经平潭进出境、进出平潭的运输工具、货物、物品以及平潭内海关注册登记企业、场所等进行监管和检查适用本办法。

第三条 平潭与境外之间的口岸设定为"一线"管理；平潭与中华人民共和国关境内的其他地区（以下称区外）联接的通道设定为"二线"管理。海关按照"一线放宽、二线管住、人货分离、分类管理"的原则实行分线管理。

第四条 平潭应当设立符合海关监管要求的环岛巡查、监控设施和海关信息化管理平台；"一线"、"二线"海关监管区和平潭内海关监管场所应当设立符合海关监管要求的设施、设备、场地等。经海关总署验收合格后，平潭方可开展相关业务。

第五条 在平潭内从事进出口业务,享受保税、减免税、入区退税政策以及与之相关的仓储物流和从事报关业务的企业和单位(以下简称企业),应当向海关办理注册登记手续。

企业应当依法设置符合海关监管要求的账簿、报表等,并接受海关稽查。

企业应当建立符合海关监管要求的计算机管理系统,与海关实行电子计算机联网和进行电子数据交换。

第六条 除法律、行政法规、规章另有规定外,海关对进出平潭以及在平潭内存储的保税货物、与生产有关的免税货物以及从区外进入平潭并享受入区退税政策的货物(以下简称退税货物)实行电子账册管理。

第七条 海关对平潭内设立的台湾小商品交易市场实行监管,具体管理办法由海关总署另行制定。

第八条 法律、行政法规、规章禁止进境的货物、物品不得从"一线"进入平潭,法律、行政法规、规章禁止出境的货物不得从"二线"以报关方式进入平潭。

平潭内企业不得开展列入《加工贸易禁止类商品目录》商品的加工贸易业务。

第二章 对平潭与境外之间进出货物的监管

第九条 除法律、行政法规、规章另有规定外,海关对平潭与境外之间进出的保税货物、与生产有关的免税货物及退税货物实行备案管理,对平潭与境外之间进出的其他货物按照进出口货物的有关规定办理报关手续。

第十条 除下列货物外,海关对从境外进入平潭与生产有关的货物实行保税或者免税管理:

(一)生活消费类、商业性房地产开发项目等进口货物;

(二)法律、行政法规和规章明确不予保税或免税的货物;

(三)列入财政部、税务总局、海关总署会同有关部门制定的"一线"不予保税、免税的具体货物清单的货物。

第十一条 除法律、行政法规和规章另有规定外,从境外进入平潭的实行备案管理的货物,不实行进口配额、许可证件管理。

从平潭运往境外的货物,实行出口配额、许可证件管理。

第三章 对平潭与区外之间进出货物的监管

第十二条 平潭内保税、减免税、退税货物销往区外,应当按照进口货物有关规定办理报关手续;从区外销往平潭的退税货物,应当按照出口货物的有关规定办理报关手续。上述货物应当经海关指定的申报通道进出平潭;办理相关海关手续后,上述货物可以办理集中申报,但不得跨月、跨年申报。

其他货物经由海关指定的无申报通道进出平潭,海关可以实施查验。

平潭内未办结海关手续的海关监管货物需要转入区外其他监管场所的,一律按照转关运输的规定办理海关申报手续。

第十三条 区外与生产有关的货物销往平潭视同出口,海关按规定实行退税,但下列货物除外:

（一）生活消费类、商业性房地产开发项目等采购的区外货物；

（二）法律、行政法规和规章明确不予退税的货物；

（三）列入财政部、税务总局、海关总署会同有关部门制定的"二线"不予退税的具体货物清单的货物。

入区退税货物应当存放在经海关认可的地点。

第十四条 对设在平潭的企业生产、加工并销往区外的保税货物，海关按照货物实际报验状态照章征收进口环节增值税、消费税。

对设在平潭的企业生产、加工并销往区外的保税货物，企业可以申请选择按料件或者按实际报验状态缴纳进口关税。企业没有提出选择性征收关税申请的，海关按照货物实际报验状态照章征收进口关税。企业申请按料件缴纳关税的，按照以下规定办理：

（一）企业应当在手册备案时一并向海关提出申请；在海关征税前，企业可以变更申请；

（二）海关以货物对应的保税料件征收关税；

（三）对应料件如涉及优惠贸易原产地管理的，企业应当在该料件备案时主动向海关申明并提交有关单证，否则在内销征税时不得适用相应的优惠税率；对应料件如涉及反倾销、反补贴等贸易救济措施，海关按照有关贸易救济措施执行。

第十五条 经平潭运往区外的优惠贸易政策项下货物，符合海关相关原产地管理规定的，可以申请享受优惠税率。

第十六条 从平潭运往区外办理报关手续的货物，实行进口配额、许可证件管理。其中对于同一配额、许可证件项下的货物，海关在进境环节已验核配额、许可证件的，在出区环节不再验核配额、许可证件。

从区外运往平潭办理报关手续的货物，不实行出口配额、许可证件管理。

第四章　对平潭内货物的监管

第十七条 平潭内使用电子账册管理的货物在平潭内不同企业间流转的，双方企业应当及时向海关报送相关电子数据信息。

第十八条 平潭内企业不实行加工贸易银行保证金台账制度，海关对平潭内加工贸易货物不实行单耗标准管理。

办理相关海关手续后，平潭内企业与区外企业之间可以开展加工贸易深加工结转和外发加工业务。

对从事国际服务外包业务的企业，其进出口货物按照有关规定办理。

第十九条 在平潭内销售保税货物，存在以下情形的，应当办理相关海关手续，并按照本办法第十四条规定缴纳进口关税和进口环节增值税、消费税：

（一）销售给个人；

（二）销售给区内企业，不再用于生产的；

（三）其他需要征税的情形。

第二十条 平潭内的减免税货物的后续监管按照减免税有关规定实施监管。

第二十一条 从区外进入平潭的退税货物，按以下方式监管：

（一）原状或用退税货物加工成成品经"一线"出境的，实行备案管理；

（二）原状或用退税货物加工成成品在区内销售并用于生产的，实行电子账册管理；

（三）原状或用退税货物加工成成品销往区外加工贸易企业以及运往海关特殊监管区域或者保税监管场所的，按照保税货物有关规定办理；

（四）原状或用退税货物加工成成品后属于区内建设生产厂房、仓储设施所需的基建物资的，按照相关部门核定的审批项目及耗用数量核销；

（五）原状或用退税货物加工成成品在区内销售，但不属于本条第（二）项、第（四）项规定情形的，或销往区外但不按照保税货物管理的，按照进口货物的有关规定办理报关手续；

（六）其他情形按照进口货物的有关规定办理报关手续。

第二十二条 对平潭与其他海关特殊监管区域、保税监管场所以及加工贸易企业之间往来的保税货物，海关继续实行保税监管。

第二十三条 平潭内保税、减免税、退税货物因检测维修等情形需临时进出平潭的，须办理相关海关手续，不得在区外用于加工生产和使用，并且应当在规定时间内运回平潭。

第二十四条 对平潭内企业在进口保税料件加工生产过程中产生的边角料、副产品，海关按照加工贸易边角料、副产品的有关规定监管。

第二十五条 有以下情形之一的，平潭内企业应当及时书面报告海关：

（一）海关监管货物遭遇不可抗力等灾害的；

（二）海关监管货物遭遇非不可抗力因素造成损坏、损毁、灭失的；

（三）海关监管货物被行政执法部门或者司法机关采取查封、扣押等强制措施的；

（四）企业分立、合并、破产的。

第二十六条 因不可抗力造成海关监管货物损坏、损毁、灭失的，企业书面报告海关时，应当如实说明情况并提供保险、灾害鉴定部门的有关证明。经海关核实确认后，按照以下规定办理：

（一）货物灭失，或者虽未灭失但完全失去使用价值的，海关予以办理核销手续；

（二）货物损坏、损毁，失去原使用价值但可以再利用的，仍应接受海关监管。

第二十七条 因保管不善等非不可抗力因素造成海关监管货物损坏、损毁、灭失的，按照以下规定办理：

（一）对于从境外进入平潭的保税货物，平潭内企业应当按照有关规定，按照海关审定的货物损毁或灭失前的完税价格，以海关接受损坏、损毁、灭失货物申报之日适用的税率、汇率，依法向海关缴纳进口税款；属于进口配额、许可证件管理的，应当交验相关进口配额、许可证件。

（二）对于从境外进入平潭的减免税货物，按照《中华人民共和国海关进出口货物减免税管理办法》第四十五条的规定审定补税的完税价格；属于进口配额、许可证件管理的，应当交验相关进口配额、许可证件。

（三）对于从区外进入平潭的退税货物，按照进口货物的有关规定办理报关手续。

第二十八条 进出平潭的下列海关监管货物，办理相关海关手续后，可以由平潭内企业指派专人携带或者自行运输：

（一）价值1万美元及以下的小额货物；

（二）因品质不合格进出平潭退换的货物；

（三）其他已向海关办理相关手续的货物。

未办理海关手续的,个人不得携带、运输平潭内保税、免税以及退税货物进出平潭。

第五章 对进出平潭运输工具和个人携带物品的监管

第二十九条 经"一线"进出平潭的运输工具按《中华人民共和国海关进出境运输工具监管办法》(海关总署令第196号)和《中华人民共和国海关进出境运输工具舱单管理办法》(海关总署令第172号)的规定进行监管。

海关可以对所有经"二线"进出平潭的运输工具实施检查,经"二线"进出平潭的运输工具不得运输未办理相关海关手续的海关监管货物。

第三十条 台湾地区机动车进出境,应当办理海关手续,具体监管办法另行规定。

第三十一条 旅客携带的行李物品通关管理办法由海关总署会同有关部门另行制定。

第六章 附 则

第三十二条 除法律、行政法规和规章另有规定外,经"一线"从境外进入平潭的货物和从平潭运往境外的货物列入海关统计,经"二线"指定申报通道进入平潭的货物和从平潭运往区外的货物列入海关单项统计。

平潭内企业之间转让、转移的货物,以及平潭与其他海关特殊监管区域、保税监管场所之间往来的货物,不列入海关统计。

第三十三条 违反本办法,构成走私行为、违反海关监管规定行为或者其他违反海关法行为的,由海关依照《中华人民共和国海关法》和《中华人民共和国海关行政处罚实施条例》的有关规定予以处理;构成犯罪的,依法追究刑事责任。

第三十四条 本办法由海关总署负责解释。

第三十五条 本办法自2013年8月1日起施行。

关于公布香港、澳门享受零关税货物原产地标准表

海关总署公告2013年第28号

根据《内地与香港关于建立更紧密经贸关系的安排》和《内地与澳门关于建立更紧密经贸关系的安排》(CEPA)及其相关补充协议,海关总署制订了《2013年7月1日起新增香港享受零关税货物原产地标准表》(以下简称《香港标准表》,见附件1)和《2013年7月1日起新增澳门享受零关税货物原产地标准表》(以下简称《澳门标准表》,见附件2),并修改了部分享受货物贸易优惠措施香港货物的原产地标准(见附件3)。现将有关事宜公告如下:

一、《香港标准表》和《澳门标准表》使用了简化的货物名称,其范围与2013年《中华

人民共和国进出口税则》中相应税号的货品一致,自 2013 年 7 月 1 日起执行。

二、本公告对海关总署公告 2011 年第 82 号附件 1《享受货物贸易优惠措施的香港货物原产地标准表(2012 年版)》所列的"天然或养殖珍珠制品"(税号 71161000)的原产地标准进行了修改。修改后的原产地标准(见附件 3)自 2013 年 7 月 1 日起执行。

特此公告。

附件:

1. 2013 年 7 月 1 日起新增香港享受零关税货物原产地标准表(略——编者注)
2. 2013 年 7 月 1 日起新增澳门享受零关税货物原产地标准表(略——编者注)
3. 香港 CEPA 零关税货物原产地标准修改表(略——编者注)

海关总署
2013 年 5 月 28 日

关于公布 2013 年商品归类决定(I)的公告

海关总署公告 2013 年第 26 号

为便于进出口货物的收发货人及其代理人正确确定进出口货物的商品归类,减少商品归类争议,保障海关商品归类执法的统一,根据《中华人民共和国海关进出口货物商品归类管理规定》(海关总署令第 158 号)有关规定,海关总署决定公布 2013 年商品归类决定(I)(详见附件)。

上述归类决定自 2013 年 6 月 1 日起执行。

有关商品归类决定所依据的法律、行政法规以及其他相关规定发生变化的,商品归类决定同时失效。

特此公告。

附件:2013 年商品归类决定(I)

海关总署
2013 年 5 月 17 日

附件

2013年商品归类决定（I）

序号	归类决定编号	商品税则号列	商品名称	英文名称	其他名称	商品描述	归类决定
1	Z2013-0001	1006.3090	泰国原料糯米			该商品最大水份含量14%，50公斤/包，破碎率10%。外形呈细长形，白色不透明。生产工艺为：去杂、烘干、投放磁选、分离分级、碾、抛光、分级、电脑色选机、磁选、金属检测、包装打包。	根据国标GB1354-2009，大米分为籼米（用籼型非糯性稻谷制成）、粳米（用粳型非糯性稻谷制成）和糯米三种。糯米又分为籼糯米和粳糯米。根据归类总规则一及六，该商品应归入税则号列1006.3090。
2	Z2013-0002	1212.9999	甜菊叶			该商品是甜菊的晒干叶片。生产工艺：甜菊整株收割后，经脱叶、去梗、去杂和日晒成干叶即可包装存储。该商品外观颜色鲜绿，气味芬芳，披针形或宽柳叶形，叶长4—11厘米，宽0.7—3.5厘米，水分、杂质含量均在10%以下。	根据归类总规则一及六，该商品应归入税则号列1212.9999。
3	Z2013-0003	2106.9090	安婴儿A+无糖婴儿配方奶粉			该商品主要成分为：玉米糖浆固体53.62%、精炼植物油27.81%、牛奶分离蛋白13.16%、矿物质3.88%以及维生素等。其中牛奶分离蛋白是经物理过滤去除脱脂鲜奶中的乳糖后，经高温灭菌、高压固化及喷雾干燥而获得，主要成分为天然牛奶蛋白（含酪蛋白和乳清蛋白）等。	该商品中的牛奶分离蛋白不属于品目04.01至04.04所列的商品，因此该商品不能归入品目19.01项下。根据归类总规则一及六，该商品应归入税则号列2106.9090。
4	Z2013-0004	2201.1010	依云天然矿泉水	Evian natural mineral water		该商品的检测结果为：溶解性总固体378毫克/升，游离二氧化碳4.32毫克/升，锌未检出（＜0.001毫克/升），硒未检出（＜0.001毫克/升），锶0.41毫克/升，锂0.018毫克/升，碘化物未检出（＜0.05毫克/升），偏硅酸19.3毫克/升。	该商品来自天然，所测指标符合国标（GB8537-2008）的规定，符合品目22.01注释对天然矿泉水的解释。根据归类总规则一及六，该商品应归入税则号列2201.1010。

(续表)

序号	归类决定编号	商品税则号列	商品名称	英文名称	其他名称	商品描述	归类决定
5	Z2013-0005	2202.9000	莱菲得蕃茄饮品	LIFEADEA		该商品配料为：水73.9%、西红柿萃取物10%、梨浓缩液（6倍浓缩）6%、龙舌兰糖浆5%、苹果浓缩液（6倍浓缩）3%、野樱梅浓缩液（10倍浓缩）2%、维生素C 0.1%。其中西红柿提取物是将西红柿的细胞壁打碎后萃取其中的多糖体类物质。加工方法：将各原料投入水中后充分混合，检查、杀菌、包装成袋。该产品规格为：120毫升/袋，直接饮用。	该商品中除含有各种浓缩果汁外，还添加有西红柿萃取物并且添加水量已超出果汁浓缩倍数，不属于税目20.09项下的商品。根据归类总规则一，该商品应归入税则号列2202.9000。
6	Z2013-0006	2308.0000	棉籽壳		棉皮	该商品是棉花籽（又称"棉籽"）的外壳。生产流程：棉花采摘后将棉籽与棉花剥离，再使用剥ণ机将棉籽的棉仁和棉籽壳剥离。该商品没有经过任何化学处理，是纯天然的，可用于作动物饲料、种植食用菌等。	《税则注释》品目23.08注释条文规定，植物产品如果可作为动物饲料，而且在其他品目中又没有具体列名，则应归入该品目。根据归类总规则一，该商品应归入税则号列2308.0000。
7	Z2013-0007	2846.9090	掺钕钒酸钇			该商品为掺钕钒酸钇（0.15% Nd:YVO_4）的晶体毛坯，每个重45.9克、规格为23.10×30.40×19.60立方毫米。生产分两个步骤：1. 原料合成：将偏钒酸铵、硝酸、氧化钕、氧化钇溶于纯净水中，通过液相合成法形成掺钕钒酸钇固体沉淀，离心沉淀后，高温烧结形成固体原料；2. 提拉法生长晶体：用中频感应电流，加热单晶炉中的坩埚熔化原料，利用YVO_4晶体籽晶，控制合适的温场，逐步降温使晶体在籽晶处生长，并最终生长成完整晶体。该商品经简单切割、抛光等工艺后，可直接应用到激光系统中。	根据《税则注释》对品目28.46的解释，该品目包括稀土金属相同阴离子的盐的混合物，该商品属于品目28.46的商品范围。根据归类总规则一，该商品应归入税则号列2846.9090。

（续表）

序号	归类决定编号	商品税则号列	商品名称	英文名称	其他名称	商品描述	归类决定
8	Z2013-0008	2914.6900	辅酶Q10		泛醌10	该商品为黄色至橙色粉末，是一种广泛分布于生物体中的脂溶性有机醌类化合物。分子式为：$C_{59}H_9O_4$。结构式：（略）	该商品属于类维生素，应按分子结构进行归类。根据归类总规则一及六，该商品应归入税则号列2914.6900。
9	Z2013-0009	2914.7000	2,4-二氯-5-氟苯乙酮	2,4-dichloro-5-fluoro acetophenone		该商品为白色结晶体，分子式：$C_8H_5Cl_2FO$，分子量：207.03，CAS号：704-10-9。以2,4-二氯氟苯和乙酰氯等为原料合成而得。可用于合成环丙沙星。	该商品为芳香酮的卤化衍生物，根据归类总规则一及六，应归入税则号列2914.7000。
10	Z2013-0010	2916.2090	3,5,7-三氟金刚烷甲酸（$C_{11}H_{13}O_2F_3$）	3,5,7-trifluoroadamantane-1-carboxylic acid		该商品外观为白色粉末，CAS号：214557-89-8。分子式：$C_{11}H_{13}O_2F_3$，分子量：234。化学成分：3,5,7-三氟金刚烷甲酸含量98%以上。用途：抗肿瘤新药中间体。	该商品属于含有氟取代基的金刚烷甲酸，结构式上有甲酸基团，根据归类总规则一及六，应归入税则号列2916.2090。
11	Z2013-0011	2921.5190	异丙基苯基对苯二胺			该商品分子式：$C_{15}H_{18}N_2$，分子量：226.3，CAS号：101-72-4。N-异丙基-N'-苯基对苯二胺含量≥95%，杂质成分为5%。生产工艺：4-氨基-二苯胺与丙酮缩合、加氢后精制而得。主要作为橡胶添加剂，能改善橡胶的性能，对橡胶有优良的防护作用，延长橡胶的使用年限。	该商品为对苯二胺的氨基的氢原子被烃基取代的衍生物，根据归类总规则一及六，应归入税则号列2921.5190。
12	Z2013-0012	2922.4999	依那普利氢化物		N-[1-(S)-乙氧羰基-3-苯丙基]-L-丙氨酸	该商品化学名称为：N-[1-(S)-乙氧羰基-3-苯丙基]-L-丙氨酸；分子式：$C_{15}H_{21}NO_4$；理化性质：为白色粉末，稍有气味；成分含量：大于98%。主要用于合成抗高血压药马来酸依那普利。包装为25千克纸板桶，常温阴凉处保存。	该商品为氨基酸的酯，根据归类总规则一及六，应归入税则号列2922.4999。

（续表）

序号	归类决定编号	商品税则号列	商品名称	英文名称	其他名称	商品描述	归类决定
13	Z2013-0013	2922.5090	α-（N-甲基-N-苄基）-氨基-3-羟基苯乙酮盐酸盐	BAH		该商品为白色或类白色粉末，含量99%以上。用作医药中间体。结构式：（略）	根据归类总规则一及六，该商品应归入税则号列2922.5090。
14	Z2013-0014	2922.5090	L-苏氨酸			该商品为白色结晶或结晶性粉末，无臭，味稍甜，含量为99%以上，分子式$C_4H_9NO_3$。苏氨酸是维持机体生长发育的必需氨基酸，在机体内能促进磷脂合成和脂肪酸氧化，具有抗脂肪肝的作用，主要用于医药、化学试剂、食品强化剂、饲料添加剂等方面。	从该商品的结构式分析，其含有羟基和羧基两个含氧基及一个氨基，根据归类总规则一及六，应归入税则号列2922.5090。
15	Z2013-0015	2924.1990	雷米普利中间体		N-乙酰基-3-氯丙氨酸甲酯	该商品化学名称为：N-乙酰基-3-氯丙氨酸甲酯，分子式：$C_6H_{10}ClNO_3$，成分含量>98%。外观为白色结晶性粉末，包装为25千克纸板桶。主要用于合成抗高血压药雷米普利。	该商品为无环酰胺的衍生物，根据归类总规则一及六，应归入税则号列2924.1990。
16	Z2013-0016	2930.9090	防灰雾剂（4-甲基-硫代苯磺酸钾盐）	Tss antifoggant stabilizer		该商品为白色固体，成分为100%的4-甲基-硫代苯磺酸钾盐，用做彩色数码相纸生产的照相补加剂。	从该商品的结构式分析，其苯环上磺酸基的一个氧被硫取代，不属于《税则》税目29.04的磺化或复合衍生物。根据归类总规则一及六，该商品应按有机硫化合物归入税则号列2930.9090。
17	Z2013-0017	2931.9090	三（三甲基硅烷）硼酸酯			该商品中各成分含量为：三（三甲基硅烷）硼酸酯99.9%、杂质硼酸0.09%、杂质硼酸酯0.01%。分子式为：$[(CH_3)_3SiO]_3B$。该商品为六甲基二硅氮烷和硼酸通过加热反应脱除氨气制成，用作锂电池电解液添加剂。	该商品含有硅原子与有机基碳原子直接相连的碳硅键，根据归类总规则一及六、第二十九章章注六的规定，应按其他有机—无机化合物归入税则号列2931.9090。

（续表）

序号	归类决定编号	商品税则号列	商品名称	英文名称	其他名称	商品描述	归类决定
18	Z2013-0018	2932.2090	L-丙交酯	L-lactide		该商品为白色晶体，分子式：$C_6H_8O_4$，L-丙交酯含量99.9%以上，其他为水等杂质。其由L-乳酸脱水制得。	该商品为由两分子羟基酸脱水而成的双内酯，根据归类总规则一及六，应归入税则号列2932.2090。
19	Z2013-0019	2932.2090	青蒿素	Artemisinin		该商品为白色粉末，味苦，青蒿素含量99%以上，25公斤/桶。其从中药黄花蒿提取有效成分并精制而得，为抗疟药，可直接使用，也可转化成青蒿琥酯等。	该商品为抗疟原料药，根据归类总规则一及六，应按仅含氧杂原子的杂环化合物（内酯）归入税则号列2932.2090。
20	Z2013-0020	2933.3990	米格列醇	Miglitol		该商品为白色粉末，化学名称：2R-(2α,3β,4α,5β)-1-(2-羟乙基)-2-羟甲基-3,4,5-哌啶三醇，含量99%以上。结构式：（略）	该商品结构中含有哌啶三醇（氢化吡啶环），根据归类总规则一及六，应归入税则号列2933.3990。
21	Z2013-0021	2933.7900	美罗培南双环母核			该商品为白色或类白色粉末，化学性质稳定，无毒无害。美罗培南双环母核是一种不具备抗生素活性的抗生素医药中间体，商品的主要成分美罗培南双环母核：≥98%，水分：≤2%。分子式：$C_{29}H_{27}N_2O_{10}P$。分子结构式：（略）	该商品属于没有抗生素活性的中间体，依据《税则注释》品目29.41的排他条款，该商品不属于品目29.41的商品范畴。根据归类总规则一及六，该商品应按内酰胺类杂环化合物归入税则号列2933.7900。
22	Z2013-0022	2934.9990	还原型辅酶试剂			该商品规格为：100克/瓶，成分：β-烟酰胺腺嘌呤二核苷酸，含量99%，水分1%，白色粉末。生产流程：酵母经沸水提取，醋酸铅酸化沉淀制得粗品，经甲酸型阳离子交换树脂处理精制而得。用途：兑成水剂后作为天门冬氨酸氨基转移酶试剂盒、丙氨酸氨基转移酶试剂盒、尿素检测试剂盒和乳酸脱氢酶试剂盒的组成试剂，分别用于人体血清中天门冬氨酸氨基转移酶、丙氨酸氨基转移酶、尿素和乳酸脱氢酶的检测。	该商品为β-烟酰胺腺嘌呤二核苷酸，用于配制检测试剂，根据归类总规则一及六，应归入税则号列2934.9990。

（续表）

序号	归类决定编号	商品税则号列	商品名称	英文名称	其他名称	商品描述	归类决定
23	Z2013-0023	3004.5000	角鲨烯软胶囊	Squalene soft capsule		该商品以每粒角鲨烯499.5毫克、维生素E 0.5毫克、明胶118.9毫克、甘油47.6毫克、纯化水13.5毫克为原料,经溶胶、配料、压丸、干燥、包装等工艺制成软胶囊。本品脂肪含量为76.4克/100克,用法:0.5克/次,2次/天,早晚空腹服用。包装规格:500粒/瓶、48瓶/箱,用于高胆固醇血症和放、化疗引起的白细胞减少症,也用于改善心脑血管病的缺氧状态等(国药准字号H20046462)。	该商品已注明用法、用量及适应症,并具有治病防病的功能,应属于药品。参照品目30.04的注释,根据归类总规则一及六,该商品应归入税则号列3004.5000。
24	Z2013-0024	3105.5900	复合肥			该商品是由38%氯化铵、10%的硫酸铵、42%的磷酸一铵、7%的碳酸氢铵、3%的石粉加进粉碎机粉碎后,再进入蒸汽加温搅拌,滚筒造粒,冷却灌包而成。用途:直接施于田地。经海关化验鉴定含量为:全氮(N)16.49%,有效磷(P_2O_5)20.26%,全钾(K_2O)0.94%,硫(S)1.04%,有机质2.39%。	在该商品的生产过程中没有专门添加含钾元素的原料,其中所含的微量钾仅作为杂质存在。该商品属于二元复合肥,根据归类总规则一及六,应归入税则号列3105.5900。
25	Z2013-0025	3203.0019	姜黄素		姜黄提取物	该商品为黄色粉末,姜黄素含量85%~95%,加工工艺:以姜黄为原料经磨粉,乙醇二次提取、浓缩、萃取结晶、真空干燥、粉碎、过筛、包装制得。用作食品着色剂和保健品原料。	根据归类总规则一及六,该商品应归入税则号列3203.0019。
26	Z2013-0026	3204.1990	β-胡萝卜素(液体)			该商品为红色浓稠液体,无气味。成分:β-胡萝卜素约30%,葵花籽油(载体)约70%,及少量的生育酚(抗氧化剂)。加工工艺:由维生素A醋酸酯加碳酸钾经皂化和氧化反应、经结晶得到β-胡萝卜素纯品,再按比例加入葵花籽油、生育酚制成。可作为添加剂用于食品、保健品和药品等领域。	根据《税则注释》对品目32.04的解释,该品目包括合成而得的类胡萝卜素及其制品。根据归类总规则一及六,该商品应归入税则号列3204.1990。

(续表)

序号	归类决定编号	商品税则号列	商品名称	英文名称	其他名称	商品描述	归类决定
27	Z2013-0027	3204.1990	β-胡萝卜素干粉			该商品为红色至红褐色颗粒。成分：β-胡萝卜素（主要活性成份）10%、维生素C棕榈酸酯（抗氧剂）1%～5%、维生素E（抗氧剂）1%～4%、蔗糖（甜味剂,赋形剂）15%～30%、明胶（包埋剂）20%～30%、玉米淀粉（赋形剂）15%～30%等。生产工艺：合成的β-胡萝卜素与维生素、蔗糖、淀粉、明胶等经溶解、乳化、喷雾制粒（微胶囊化工艺），干燥得到最终产品。可作为添加剂用于食品、保健品和药品等领域。	根据《税则注释》对品目32.04的解释，该品目包括合成而得的类胡萝卜素及其制品。根据归类总规则一及六，该商品应归入税则号列3204.1990。
28	Z2013-0028	3304.9900	爱贝芙	Atrtcecoll		该商品为一种可注射的植入整形材料，进口规格为0.5毫升/支。该产品成分为：20%聚甲基丙烯酸甲酯（PMMA,直径在32—40微米之间的小微球）,80%胶原蛋白（包裹着小微球）。在使用时,通过注射技术被注入真皮底层之后,注入的胶原蛋白会慢慢被人体吸收并被人体纤维组织替代,而PMMA小微球则不会被吸收,可永久性地存在于人体内,不断的刺激皮下胶原蛋白及其他皮下组织的生长,PMMA微球被结缔组织分别单独包裹,结缔组织的数量通常和注射的胶原蛋白数量相呼应。微球光滑稳定的表面,使得结缔组织在几周内形成完毕,通过这种方法,皮下缺损被自体的结缔组织所填充。主要用于脸部的皱纹、皮下的缺损、嘴唇增厚、乳头充盈、痤疮结疤等。	该商品通过注射对皱纹和其他软组织缺陷起到长久的修正,符合《税则注释》对品目33.04的解释。根据归类总规则一,应归入税则号列3304.9900。

(续表)

序号	归类决定编号	商品税则号列	商品名称	英文名称	其他名称	商品描述	归类决定
29	Z2013-0029	3307.9000	外出小包装湿纸巾			该商品为零售包装,主要组成为:无纺布(占商品重量约26.3%),原液(占商品重量约73.7%)。原液的成分为:纯水95.45%、食用酒精3%、新洁尔灭0.15%、卡松0.1%、丙二醇1%、芦荟提取液0.3%。使用方法:撕开包装袋上的标签,从中抽取无纺布湿巾直接擦拭使用,抽出无纺布湿巾后再把标签重新粘贴闭合。用途:清洁手或其他人体皮肤。	该商品为多组分混合物浸渍的无纺布,用于清洁皮肤。根据总规则一及六,应归入税则号列3307.9000。
30	Z2013-0030	3507.9090	胆固醇酯酶试剂			该商品规格:38.4克/瓶,品牌:AMANO。成分:胆固醇氧化酶蛋白98%,水分2%。白色粉末。生产流程:培养假单胞菌,从其分泌物中提取胆固醇酯酶,经过滤、浓缩、蒸馏提纯而成。用途:兑成水剂后作为高密度脂蛋白胆固醇试剂盒、低密度脂蛋白胆固醇试剂盒的组成试剂,用于人体血清中高密度脂蛋白胆固醇与低密度脂蛋白胆固醇检测。	该商品为胆固醇酯酶,用于配制检测试剂。根据归类总规则一及六,应归入税则号列3507.9090。
31	Z2013-0031	3507.9090	肌氨酸氧化酶试剂			该商品规格为:3.16克/瓶或15.8克/瓶,成分:肌氨酸氧化酶蛋白99%,水分1%,白色粉末。生产流程:培养棒状杆菌,从其分泌物中提取肌氨酸氧化酶,经过滤、浓缩、蒸馏提纯而成。用途:兑成水剂后作为肌酐检测试剂盒(酶法)的组成试剂,用于人体血清中肌酐的检测。	该商品为肌氨酸氧化酶,用于配制检测试剂,根据归类总规则一及六,应归入税则号列3507.9090。

（续表）

序号	归类决定编号	商品税则号列	商品名称	英文名称	其他名称	商品描述	归类决定
32	Z2013-0032	3808.9290	乳糖基纳他霉素			该商品为白色至奶油黄色结晶性粉末，由50%左右的纳他霉素和50%左右的乳糖配制而成。包装规格：10公斤/袋。包装上没有消费使用说明。该商品具有阻止霉菌生长的功效，主要用于食品中作为防腐剂使用。	该商品是由纳他霉素和乳糖制成的抗菌配制品，根据归类总规则一及六应归入税则号列3808.9290。
33	Z2013-0033	3810.9000	硼酸三甲酯和甲醇的混合物			该商品主要成分为硼酸三甲酯和甲醇。硼酸三甲酯含量为65±1%、72±1%、74±1%等多种。该商品以硼酸和甲醇为原料进行酯化反应，经过分馏，得到硼酸三甲酯与甲醇的混合物，通过控制蒸馏塔塔顶温度制得不同含量的产品。该商品用作助焊剂，硼酸三甲酯含量低的产品用于焊接母材为紫铜、黄铜的焊接，硼酸三甲酯含量高的产品用于碳钢的焊接。	该商品为硼酸三甲酯和甲醇的混合物，用作助焊剂，不同硼酸三甲酯含量的产品适用于不同母材的焊接。根据归类总规则一及六，该商品应归入税则号列3810.9000。
34	Z2013-0034	3824.9099	茶多酚		绿茶提取物、儿茶素、绿茶浸膏粉	该商品为浅棕褐色粉末，含95.8%的茶多酚（茶叶中30多种酚类物质的总称）。该商品以茶叶为原料制得，加工工艺：绿茶原料—破碎—纯水提取—离心—浓缩—乙酸乙酯萃取精制—喷雾干燥—粉末过筛—包装。可作为添加剂广泛应用于保健品、食品、饮料、化妆品等领域。	该商品特定提取出茶多酚，茶多酚含量达95.8%，提取过程中已基本去除茶叶中的其他成分，不具备茶的浓缩品特征，因此不归入税目21.01项下。根据归类总规则一及六，该商品应归入税则号列3824.9099。
35	Z2013-0035	3902.1000	改性聚丙烯			该商品为黑色颗粒，具体成分：聚丙烯80%（丙烯单体100%），滑石粉19.5%，炭黑0.5%组成。商品通过物理方法提高刚性，改善其耐热性和提高光泽度，并添加了炭黑调色。	该商品的滑石粉和聚丙烯仅是物理混合，不属于化学改性聚合物的商品范畴，根据归类总规则一、六及三十九章的子目注释一，该商品应归入税则号列3902.1000。

(续表)

序号	归类决定编号	商品税则号列	商品名称	英文名称	其他名称	商品描述	归类决定
36	Z2013-0036	3907.3000	银石色粉体漆			该商品成分为:树脂(缩水甘油封端双酚A环氧氯丙烷共聚物)50%~60%、颜料(铝粉:1%~5%和色素:1%~5%)2%~10%、碳酸钙15%~25%及添加剂3%~6% 规格型号:81972B30K。加工工艺:将树脂、颜料、添加剂和填充剂混合后充分研磨至颗粒达到10—15微米细度,按客户要求包装出厂。该漆用于喷涂投影仪支架。	该商品属于粉状油漆,参照《税则注释》品目32.10注释条文排他条款(三),根据归类总规则一及六,应归入税则号列3907.3000。
37	Z2013-0037	3921.1390	泡沫聚氨酯板			该商品为塑料板状物,有460毫米×250毫米×25毫米、200毫米×185毫米×12毫米两种规格,共三层:第一层是固化聚氨酯、第二层是泡沫聚氨酯(最厚)、第三层黑色突起状的是尼龙丝。该商品为高温浇筑粘连并挤压成型,用于铺设在铁轨下减震。	根据归类总规则三(二),该商品应归入税则号列3921.1390。
38	Z2013-0038	4202.1290	拉杆箱			该商品品牌为FERRAGAMO,型号为F248717034**DB00C9。外观尺寸为:50厘米(长)×30厘米(宽)×75厘米(高),箱体面料为棉料。该拉杆箱底部带有滚轮。	根据归类总规则一及六,该商品应归入税则号列4202.1290。
39	Z2013-0039	4202.9200	棉面料制行李袋	Travel bag		该商品品牌为FERRAGAMO,外观尺寸为50厘米(长)×30厘米(宽)×75厘米(高)。采用棉面料制,无轮子、无肩带、有手柄,用于旅行时携带大量衣物等。(图略)	该商品的外观特征已超出手提包的范畴。因此,根据归类总规则一及六,该商品应归入税则号列4202.9200。

（续表）

序号	归类决定编号	商品税则号列	商品名称	英文名称	其他名称	商品描述	归类决定
40	Z2013-0040	49.11	现代油画（非完全手工制）			该商品的主要制作流程为:电脑制作油画的丝网版→人工通过丝网在油画布上刷蓝色颜料(即:打底稿)→根据产品要求手工上色→画师第二次绘画→晾干,上保护油,封装。	该商品为通过电脑制作丝网版而后在此印制的轮廓上进行手工描绘制成的油画,不符合品目97.01"必须完全用手工绘制"的规定,不应归入品目97.01。该商品为非完全手工绘制的油画,属于其他印刷品,根据归类总规则一,应归入品目49.11项下。
41	Z2013-0041	6307.9000	魔术贴			该商品是一种由预复合的柔软魔术搭扣及由固定胶带(FT)与离型胶带(RT)形成的Y型结构组合而成的侧腰贴。柔软的无纺布的固定胶带使整个侧腰贴更加舒适。新型的超级魔术搭扣可与各种类型的Loop配合,提供更佳的剥离性能。Y型结构为和纸尿裤基材的粘结提供了较强的粘结力并且使在线折边更加容易固定胶带粘接剂提供安全理想的粘接效果,适用于聚乙烯薄膜和无纺布等基材。离型胶带粘接剂则能与聚乙烯(PE)、聚丙烯(PP)无纺材料很好的粘接在一起。本产品为一次性使用产品,固定在纸尿裤上使用,固定后不再拆下,但可以多次粘贴,裁切后不需要再加工。 结构示意图: 1. 白色的无纺布（永久端） 2. 弹性体 3. 白色聚丙烯离型胶带（包括Y型结构） 4. 超级魔术搭扣 5. 带胶部分 6. 白色剥离条（包括波浪边） 7. 覆盖条 (图略)	该商品由几种材料制成,其中纺织物部分起主要作用,根据归类总规则三(二),应作为其他纺织制品归入税则号列6307.9000。

(续表)

序号	归类决定编号	商品税则号列	商品名称	英文名称	其他名称	商品描述	归类决定
42	Z2013-0042	6801.0000	铺路用现代花岗岩石制品			该商品是花园庭院专业路面用石,用花岗岩加工而成。加工工艺:底部机切、表面火烧或者表面机切经手工切削自然面,造型加工,石胶粘网等程序。包含多种形状,如正方形、长方形、扇形等。	该商品的加工程度已超出简单切削的加工范围,并且专用作铺路,根据归类总规则一,应归入税则号列6801.0000。
43	Z2013-0043	6802.9390	现代花岗岩石制品			该商品以花岗岩荒料为原料,切割成石板材尺寸后,送磨光机研磨至表面光滑,再进行两端修边切平,另两端没有修边切平主要应客户的需求而定。规格有三种:60厘米×180厘米×1.7厘米,60厘米×210厘米×1.7厘米,60厘米×240厘米×1.7厘米。为建筑用板材。	该商品已经磨光机研磨,其加工程度已超出简单切削的加工范围,根据归类总规则一,应归入税则号列6802.9390。
44	Z2013-0044	6810.1910	复合橱柜台面			该商品为厨房、卫生间橱柜台面装饰面板及色板,外观为板状,规格型号有3 000毫米×600毫米×40毫米、2 400毫米×600毫米×40毫米、1 200毫米×600毫米×40毫米等。其由人造石英石、聚丙烯(PP)蜂窝板材、聚氯乙烯(PVC)结皮板三层材料构成。人造石英石厚度8毫米,聚丙烯(PP)蜂窝板材厚度27毫米,聚氯乙烯(PVC)结皮板厚度5毫米。人造石英石层为表面层,起平面台板的作用,成份:85%左右的石英砂(粉),13%左右的不饱和树脂等。蜂窝板材为中间层,代替部分人造石英石板材,降低成本,减少重量,增加厚度,提高耐高温抗变形的性能,主要成份为聚丙烯(PP)。聚氯乙烯(PVC)结皮板为底层,起平面板的作用,增加美观性,主要成份为聚氯乙烯(PVC)、碳酸钙等。	该商品的人造石层为表面层,起平面台板的作用,为构成该商品基本特征的材料。根据归类总规则三(二),该商品应归入税则号列6810.1910。

（续表）

序号	归类决定编号	商品税则号列	商品名称	英文名称	其他名称	商品描述	归类决定
45	Z2013-0045	6815.9990	建筑用防水膨润土纺织毯			该商品呈卷状，由土工编织布、人工钠化膨润土和无纺织物三层复合加工而成，主要用作建筑用土工合成防水毯。土工编织布、无纺织物为人工钠化膨润土的载体，起主要作用的是膨润土。无纺织物可以保护产品避免被硬物刺破，增强复合结构稳定性；土工编织布对土体和水面有防护和防冲作用，能有效阻止土壤颗粒通过，从而防止土粒的流失造成土体的破坏；人工钠化膨润土能遇水膨胀、起修补裂缝和漏洞的作用。	该商品为经织物固化的钠化膨润土制品，已超出第二十五章的商品加工范围。该商品中人工钠化膨润土为其基本特征，根据归类总规则三（二），应归入税则号列6815.9990。
46	Z2013-0046	6911.1020	瓷制陶瓷刀			该商品用于厨房加工食品，刀身主要成份为二氧化锆，刀柄主要为塑料，按刀片长度分为3—8寸刀。陶瓷刀的优点为：卫生抗菌、锋利、耐磨、耐酸碱抗腐蚀，不含对人体有害的金属成份，特别适合处理生鱼片、肉片、制作生菜色拉、切削水果等生鲜食物及面包熟肉等食品。	该商品用于厨房加工食品，根据归类总规则一及六，应归入税则号列6911.1020。
47	Z2013-0047	8420.1000	内面胶押出机			该商品用于轮胎内面胶的押出与挤出，主要包括进料口、螺杆、机头、轮筒、电机等部件，品牌：MORITANI。工作原理：经密炼机、开炼机混炼后的橡胶胶料从进料口送入内面胶押出机，电机带螺杆转动，在连续运送物料的过程中，螺杆产生机械摩擦作用和热量以及通过温控给螺杆加热（水经水泵沿着水管进入到电加热器，通过给水加热来达到预先在温控装置上	该商品利用上下轮筒旋转并配合适当的加热将可塑状态的橡胶胶料滚压成胶片，满足《税则注释》关于品目84.20项下"滚压机器"的描述，符合税则税目84.20及其子目条文的描述，根据归类总规则一及六，应将其按其他滚压机器归入税则号列8420.1000。

序号	归类决定编号	商品税则号列	商品名称	英文名称	其他名称	商品描述	归类决定
						设定的温度值,然后热水再经过水管输送到螺杆外的螺套处与之进行热传递,从而使得螺杆温度升高,产生热量)产生的热量将胶料预热均匀、分散、温度升高而更加柔软和富有粘性,并通过螺杆转动将胶料连续均匀的向两轮筒挤出输送,胶料通过两轮筒之间被压延出所需厚度的内面胶(押出内面胶胶片的厚度是通过马达带动涡轮转动,涡轮带动涡杆上下移动,上轮筒固定不动,下轮筒与涡杆相连,涡杆上下移动调整两轮筒间的距离从而控制内面胶的厚度)。胶片的宽度由安装在轮筒上的两刀片控制,两刀片之间的距离为固定距离,当胶片从轮筒处押出来经过刀片时刀片进行切割。内面胶的宽度及厚度决定着轮胎的安全性。押出的片胶经过冷却水槽降温后,由风机吹掉水份后卷曲于台车存放,便于成型工序的连接。	
48	Z2013-0048	8471.7010	SSD固态硬盘			该商品是用固态电子存储(FLASH)芯片阵列而制成的硬盘,由控制单元(控制芯片、缓存芯片等)和存储单元(FLASH芯片)组成,上述部件通常焊接在一块电路板上。控制芯片的作用是负责读取、写入数据;缓存芯片则提供缓存空间,辅助控制芯片进行数据处理;FLASH芯片用于存储数据。固态硬盘的接口规范和定义、功能及使用方法上与普通硬盘的相同,在产品外形和尺寸上也与普通硬盘相似。	该商品为固态硬盘驱动器,作为计算机的硬盘驱动器使用,其符合《税则》税目84.71及其子目条文的描述。根据归类总规则一及六,应将其按硬盘驱动器归入税则号列8471.7010。

(续表)

序号	归类决定编号	商品税则号列	商品名称	英文名称	其他名称	商品描述	归类决定
49	Z2013-0049	8479.8999	覆铜板模压成型机			该商品由模压成型机真空框体,热压模板,液压单元,真空单元,加热系统及PLC控制系统组成。工作原理是用上板架把组装好的半固化片送进模压成型机的模板中间(模压成型机有20个开口,每个开口可以压16张覆铜板),用液压油杠由下而上将每层模板顶合起来,并逐步施加压力至50千克/平方厘米左右,用油泵将250摄氏度的热媒油注入热压模板来融熔半固化片上的胶粘剂,使其更多地渗入到增强材料纤维中去,与此同时用真空泵将密闭的框体抽真空,把纤维间残存气体,水分及胶粘剂上易挥发成分及树脂固化过程中缩合出来的水气排除出去,随着受电脑程序自动控制的加压,加热进行到一定时间,融熔的胶粘剂又会重新固化,与铜箔粘结成一个整体而成为覆铜板。	该商品将铜箔、树脂、胶粘剂压合在一起的设备,符合税则税目84.79及其子目条文的描述,根据归类总规则一及六,应按未列名的具有独立功能的机器归入税则号列8479.8999。
50	Z2013-0050	8479.8999	振子			该商品利用振动反馈实现触觉反馈功能,其由弹簧、共振重量块、磁铁、磁碗、线圈、阻尼橡胶、柔性电路板、不锈钢外罩和引线构成。可安装于手机内,弹簧一端固定于不锈钢外罩内,另一端固定连接于由共振重量块、磁铁、磁碗组成的共振体。当该振子被外加特定频率电压(正弦波形)时,交变电流通过位于磁场中的线圈产生特定频率的交变电磁力,在电磁力和弹簧弹力的共同作用下,共振体产生纵向往复共振,使该振子获得振动效果。	该商品由弹簧、共振重量块、磁铁、磁碗、线圈、阻尼橡胶、柔性电路板、不锈钢外罩和引线构成。利用电磁原理产生振动,用于手机。该商品符合《税则注释》品目84.79的条文中关于独立功能的定义和《税则》税目84.79及其子目条文的描述,根据归类总规则一及六,应将其按其他税目未列名的具有独立功能的装置归入税则号列8479.8999。

(续表)

序号	归类决定编号	商品税则号列	商品名称	英文名称	其他名称	商品描述	归类决定
51	Z2013-0051	8538.9000	薄膜开关（申报商品名）	Membrane Switch Keyboard		该商品是具备多个相互独立的微动开关的组合面板，面板内嵌装有若干LED小灯，并装有带接头数据导线。本身无控制组件，不具备控制功能，只有接通、断开和状态显示功能。该商品与其他金属支架装配后，可组成一个完整的输入输出操作面板。其与通讯控制设备连接后，通过按下、松开表面薄膜按键，可实现所对应电路的接通和断开，使得整机设备实现开关、帮助、查询，以及数字输入功能。面板内嵌装的LED小灯与上述微动开关不直接联系，只是此开关面板的辅助功能。工作原理为：设备主板接收到薄膜开关的通断信号后，判断信号的性质后再将信号反馈到相应的导线上，点亮相应的LED灯。	上述商品为税目85.37项下电气控制装置的零件，包含多个开关（简单的组合在一起）和多个显示所用电气控制装置工作状态的LED灯，已超出税目85.36列名的电路开关，根据十六类类注二关于零件的归类原则，其符合税则税目85.38及其子目条文的描述，根据归类总规则一及六，应将其按85.37项下商品的零件归入税则号列8538.9000。
52	Z2013-0052	8543.7099	液晶快门眼镜		3D眼镜	该商品内部装有红外线接收器、MCU微控制单元、集成电路、电源升压器等集成元器件。工作原理是：3D电视内置红外线发射器发射出电视同步控制信号，3D眼镜通过红外接收器接收到来自电视的同步控制信号，MCU微控制单元对左右LCD镜片进行特定的逻辑控制，保证镜片的切换频率与电视控制逻辑一致，3D电视放映的画面是特殊的，分左右两个画面放映，在放映左画面时，左眼打开，右眼关闭，观众左眼看到左画面，右眼什么都看不到。同样，在放映右画面时，右眼看到右画面，左眼看不到画面，左右眼看到的图片是不完全相同的，就能在大脑里形成一个3D的影像。	该商品是一种电气装置，利用自带的LCD镜片的开闭，实现3D影像观看的功能，该商品功能独立，且在85章其他税目中未列名，符合税则税目85.43及其子目条文的描述，根据归类总规则一及六，应将其按85章其他税目未列名的具有独立功能的电气设备归入税则号列8543.7099。

（续表）

序号	归类决定编号	商品税则号列	商品名称	英文名称	其他名称	商品描述	归类决定
53	Z2013-0053	9031.4990	对刀仪			该商品用于数控加工中心刀具调试、测量，应用冷光源原理，利用相机捕捉到刀具轮廓信息，送到软件系统计算出刀具长度、半径等信息。	该商品利用光学设备进行检测，其工作原理不符合《税则注释》对轮廓投影仪的描述，根据归类总规则一及六，应归入税则号列9031.4990。
54	Z2013-0054	9603.9090	带手柄的可撕式胶粘滚筒		可撕式粘尘纸（带手柄）	该商品由塑料或者铁制手柄和塑料外罩，以及切成一定尺寸的菱形涂胶纸的胶粘滚筒组成。通过控制其在物体表面的滚动，将灰尘、棉絮等粘附在滚筒表面，以达到清洁效果。胶粘滚筒是由菱形单张胶粘纸一张一张缠绕在纸管上组成，每张之间有0.5厘米间隙，纸与纸之间是断开，不连续的，当胶粘滚筒做滚动清洁后，可手工将已吸附了灰尘的胶粘纸撕去。胶粘滚筒的涂胶纸有10张到90张不等；常规宽度有8厘米到16厘米不等。（图略）	根据归类总规则一及四，该商品应归入税则号列9603.9090。

五、外汇

国家外汇管理局关于边境地区
贸易外汇管理有关问题的通知

汇发〔2014〕12号

国家外汇管理局辽宁、内蒙古、吉林、黑龙江、广西、云南、西藏、新疆（省、自治区）分局，各中资外汇指定银行：

为规范和便利边境贸易结算，促进我国与周边国家边境贸易健康发展，现就外汇管理有关事宜通知如下：

一、本通知适用于办理与边境贸易相关的外汇业务。

二、本通知所称"边境贸易"包括边境小额贸易和边民互市。边贸企业，系指在商务主管部门备案登记，有边境小额贸易经营资格的企业。

三、边贸企业和个人以贸易名义办理外汇收支，应当具有真实、合法的边境贸易交易背景，与货物进出口及其金额等情况一致。边境省区外汇指定银行应按照"了解你的客户"、"了解你的业务"和"尽职审查"原则，对边贸企业和个人提交的边境贸易进出口单证的真实性及其与贸易外汇收支的一致性进行审查，并建立健全内控管理制度。

四、边贸企业和个人与境外贸易机构开展边境贸易经营活动，可以使用人民币、毗邻国家货币或者可自由兑换货币计价结算，也可以使用易货的方式结算。

边境贸易中使用人民币结算以及境外贸易机构办理人民币边境贸易结算账户的开立和使用等业务时，相关机构和个人应遵循中国人民银行有关规定。

五、边贸企业边境贸易项下出口收取外币现钞，应当填写《境内收入申报单》，凭商业单据（合同或发票）和出口货物报关单办理现钞结汇或入账手续；上述现钞结汇或现钞入账金额达到规定入境申报金额的，边贸企业还应提供经海关签章的携带现钞入境申报单正本。边贸企业边境贸易项下进口支付外币现钞，按照现行外币现钞管理规定办理。

个人从事边境贸易活动收取的外币现钞或现汇，凭合同、物流公司出具的运输单据等商业单据或出口货物报关单办理结汇或入账手续。上述现钞结汇或现钞入账金额达到规定入境申报金额的，个人还应提供经海关签章的携带现钞入境申报单正本。个人办理登记手续成为个体工商户后，可以开立外汇结算账户，其结汇不受个人结汇年度总额限制，办理现钞入账时应进入其外汇结算账户。个人边境贸易项下进口支付外币现钞，按照现行外币现钞管理规定办理。上述情况，另有规定的除外。

六、境外贸易机构在我国边境省区外汇指定银行开立、使用经常项目外汇账户及毗邻国家货币边境贸易账户，应当按照《国家外汇管理局关于境外机构境内外汇账户管理有关问题的通知》（汇发〔2009〕29号）规定办理。该类账户纳入外汇账户管理信息系统管理。

七、边境省区外汇指定银行及经批准的其他机构根据商业原则开办不可自由兑换的毗邻国家货币收付、兑换等业务，其外币买卖差价可自主确定。对于货币发行国中央银行已经与中国人民银行签订双边本币支付协定的，边贸企业和个人等主体使用毗邻国家货币，应当遵守中国人民银行与毗邻国家中央银行签订的双边本币支付协定。

八、国家外汇管理局各边境省区分局（以下简称边境省区分局）依据《货物贸易外汇管理指引》及其实施细则（汇发〔2012〕38号文印发），按照进出口货物流与收付汇资金流匹配的核查机制，对边贸企业边境贸易外汇收支实施非现场总量核查和监测。边境省区分局应当针对边境贸易业务特点，对边境贸易外汇收支实行专项管理和监测，针对边境贸易企业商业模式差异设置特殊标识，制定差异化管理措施。具体管理措施由边境省区分局在风险可控的基础上制定，报国家外汇管理局备案后实施。

边境省区分局应合理确定辖内边境贸易外汇收支差额并定期对其评估，发现异常应按照边境贸易差异化管理措施进行监测，或视情况对边境贸易差异化管理措施及时进行调整。

九、边境省区分局应当与边境省区商务部门积极合作，规范边境贸易项下进出口代理行为，促进边贸结算健康有序发展。

十、边境省区以外的外汇指定银行、企业和个人等不适用本通知。

十一、对违反本通知规定的外汇指定银行、非银行金融机构、企业和个人，依据《中华人民共和国外汇管理条例》等法规予以处罚。

十二、本通知自2014年4月1日起施行。《国家外汇管理局关于印发〈边境贸易外汇管理办法〉的通知》（汇发〔2003〕113号）同时废止。

各边境省区分局收到本通知后，应当尽快转发所辖口岸中心支局、支局，外汇指定银行和相关单位，各中资外汇指定银行尽快转发所属分支行。执行中如遇问题，请及时向国家外汇管理局反馈。

联系电话：010-68402498

特此通知。

国家外汇管理局
2014年3月5日

国家外汇管理局关于印发
《外债转贷款外汇管理规定》的通知

汇发〔2014〕5号

国家外汇管理局各省、自治区、直辖市分局、外汇管理部，深圳、大连、青岛、厦门、宁波市分局：

为完善外债转贷款的登记和汇兑管理，简化外汇管理程序，国家外汇管理局制定了《外债转贷款外汇管理规定》（见附件1）。现就有关事项通知如下：

一、取消外债转贷款（以下简称转贷款）在外汇局环节的逐笔登记和汇兑审批，实行转贷款债权人集中登记。

二、取消转贷款账户开立核准。转贷款债务人可凭开户申请和转贷款协议直接向银行申请办理开户手续。

三、允许转贷款债权人或转贷款债务人凭转贷款协议等凭证直接到开户银行办理境内相关资金划转。

四、取消政策性转贷款结汇核准。转贷款债务人获得的政策性外债转贷款外汇资金，可凭转贷款协议和结汇申请直接到开户银行办理结汇手续。转贷款债务人获得的商业性外债转贷款外汇资金，不得办理结汇。

五、取消转贷款项下还本付息及购汇核准手续。转贷款债务人凭转贷款协议和还款通知书等凭证直接到银行办理还款手续。

六、在自愿达成协议的前提下，转贷款债权人或债务人（最终债务人除外）可持相关证明等材料代下级债务人直接到银行统一办理结汇和购汇手续。

七、本通知自2014年3月1日起施行。以前相关规定与本通知不一致的，以本通知为准，附件2所列法规同时废止。

八、各分局、外汇管理部收到本通知后，请及时转发所辖中心支局、支局和银行，并抄送当地财政部门，应认真清理外债转贷款业务数据，做好新旧政策的衔接工作。执行中若遇问题，请及时与国家外汇管理局资本项目管理司联系。

特此通知。

附件：
1. 外债转贷款外汇管理规定
2. 废止法规目录

国家外汇管理局
2014年1月21日

附件1

外债转贷款外汇管理规定

为完善外债转贷款的登记和汇兑管理，简化外汇管理程序，国家外汇管理局决定改革外债转贷款外汇管理方式。现就相关事项规定如下。

一、外债转贷款的范围

本规定所称外债转贷款，是指境内机构（以下简称转贷款债权人）从境外借用直接外债后，按照国家相关规定或者根据自身与境外债权人关于资金用途的约定，在对外承担第一性还款责任的前提下，向境内其他机构（以下简称转贷款债务人）继续发放的贷款资金。外债转贷款包括政策性外债转贷款和商业性外债转贷款。境外机构委托境内机构向境内其他机构发放贷款，境内受托机构与境外债权人在法律上仅存在委托代理关系，不承担第一性还款责任或不需要承担境内其他机构信用风险的，不属于外债转贷款。

（一）政策性外债转贷款

政策性外债转贷款包括财政外债转贷款和财政性外债转贷款两类：

1. 财政外债转贷款是指国家财政部门代表中央政府对外谈判和签约，并由国家财政部门作为转贷款债权人（或直接外债的债务人）向下级财政部门或境内其他机构继续发放的贷款。

2. 财政性外债转贷款是指国家财政部门代表中央政府参与对外谈判和签约，并在其委托下根据政府协议等规定，由开展转贷款业务的政策性银行、国有商业银行和股份制商业银行作为转贷款债权人（或直接外债的债务人）向境内其他机构继续发放的贷款。

（二）商业性外债转贷款

商业性外债转贷款是指境内金融机构按照规定直接借用商业性外债后，按照国家外债主管部门的政策要求，使用该笔资金向特定境内机构继续发放的贷款。

二、转贷款债权人和转贷款债务人

（一）转贷款债权人为直接外债的债务人，承担直接外债合同下第一性还款责任。

（二）对转贷款债权人直接承担契约性还款责任的机构，为转贷款一级债务人；如果转贷款一级债务人继续向境内其他机构进行多层转贷的，境内其他机构分别为转贷款二级、三级或最终债务人（以上各级转贷款债务人统称为转贷款债务人）。

三、转贷款债权人集中登记

（一）外债转贷款实行债权人集中登记。转贷款债权人应当到所在地外汇局办理转贷款集中登记手续，转贷款各级债务人不再到外汇局办理外债转贷款逐笔登记手续。

（二）国家财政部门向省级（含副省级）财政部门或其他机构发放转贷款，由省级（含副省级）财政部门或其他机构代国家财政部门办理转贷款债权人集中登记。

四、外债转贷款账户

（一）转贷款债务人根据转贷款协议以自身名义开立外债转贷款专用账户或还本付息专用账户（以下合称为外债转贷款账户），可凭开户申请和转贷款协议直接向注册地或境内异地银行申请办理开户手续。转贷款债务人需在境外开立外债转贷款账户的，须经所在地外汇分局核准。

（二）外债转贷款专用账户的收入范围是：转贷款提款，转贷款下级债务人划入的用于偿还转贷款的资金，用人民币购买的用于偿还转贷款本金、利息、费用、罚息等的外汇，以及用于偿还转贷款的其他自有资金；支出范围是：向境内上级债权人偿还转贷款本金、利息、费用、罚息、退款等，向境内下级债务人划拨转贷款资金，按照转贷款合同约定的用途、用款进度及外汇管理规定办理结汇，按照转贷款合同约定用途办理经常项目支出和经批准的其他资本项目支出等。

外债转贷款还本付息专用账户的收入范围是：用于偿还转贷款的自有外汇资金或购汇资金；支出范围是：偿还转贷款。

（三）同一币种的同一笔外债转贷款，最多可开立两个外债转贷款专用账户或还本付息专用账户。多笔外债转贷款可以共用一个转贷款账户。

转贷款债务人可根据转贷款协议约定和开户银行的要求，适时关闭转贷款账户。

政策性转贷款和商业性转贷款应分户存放。

五、与外债转贷款有关的资金划转和结售汇

（一）转贷款债权人与一级债务人之间，或一级债务人与以下多级债务人之间办理提款、还款（包括本金、利息和费用）等相关资金划拨的，债权人、债务人或其授权机构可凭境内划拨贷款、还款资金的书面通知、转贷款协议或执行协议的原件或复印件，直接到开户银行办理相关资金划转。

（二）根据外债转贷款协议约定和转贷款下级债务人申请，转贷款债权人和多级债务人之间，可以跨级直接办理与提款和还款相关的资金划转手续。

（三）政策性外债转贷款债权人或境外债权人，可以按照转贷款协议约定，跨过债务人直接将资金支付给与转贷款资金用途相符的境内、外货物或服务供应商。

商业性外债转贷款债权人或境外债权人，可以按照转贷款合同的约定，跨过债务人直接将资金支付给与转贷款资金用途相符的境外或海关特殊监管区域内的货物或服务供应商。转贷款资金为人民币的，债权人可以直接支付给境内供应商；转贷款资金为外币的，除另有明确规定外，债权人不得支付给海关特殊监管区域以外的境内供应商。

（四）转贷款债务人可以通过外债转贷款专用账户或还本付息专用账户办理还款，也可以根据转贷款协议约定，直接办理还款。拟用于还款的购汇或自有外汇资金，转贷款债务人可以提前划入外债转贷款账户。未经外汇局核准，已存入外债转贷款账户用于还款的购汇或自有外汇资金，不得再次办理结汇手续。

（五）转贷款债务人获得的来源于政策性外债转贷款的外汇资金，可凭转贷协议和结汇申请直接到开户银行办理结汇手续。境内供应商或承包商从境外债权人或转贷款债权人直接收取的来源于上述转贷款的外汇，在向银行证明外汇资金来源为政策性转贷款且相关交易背景合规、真实后，可在银行办理结汇。

债务人获得的来源于商业性外债转贷款的外汇资金，不得办理结汇。

（六）在自愿达成协议或授权的前提下，转贷款债权人或上一级债务人可在符合结售汇管理规定的前提下，持相关证明材料代下级债务人直接到银行统一办理结汇和购汇手续。

（七）债务人不得以转贷款还本付息的名义重复购汇并办理对外支付。

六、其他事项

（一）承担直接外债还款责任的转贷款债权人，应当遵守国家有关外债管理和登记的各项规定。

（二）政策性外债转贷款项下，经转贷款债权人或债务人授权的机构，可持书面授权书代为办理相关外汇管理手续。

（三）政策性外债转贷款项下，转贷款合同中含有贷款项目下出国培训、考察、参加国际会议和聘请外国专家等相关费用条款的，债务人如需提取外汇现钞，由财政部门根据相关规定审核明确，银行按照经常项目用汇管理相关规定办理。

（四）转贷款债权人、债务人办理外债转贷款债务保值业务，参照外债套期保值业务外汇收支相关规定办理。

（五）转贷款债务人应当遵守审批部门、境外债权人、转贷款协议关于账户开立、资金划转、结售汇、使用等方面的限制性规定。

政策性外债转贷款协议对转贷款账户收支范围、个数及资金划转路径有明确要求且与本规定不一致的，开户银行可凭相关协议直接办理。

（六）境内租赁公司对境内承租人办理融资租赁，外汇管理规定允许租赁公司向承租人收取外币租金的，承租人不需要到外汇局办理债务人逐笔登记手续。境内承租人可持租赁合同等凭证直接到银行办理外币租金的购汇和支付手续。

（七）转贷款债权人（或财政外债转贷款的一级债务人）应于每月初10个工作日内向所在地外汇分局填报《外债转贷款签约（协议变更）及变动情况月报表》（见附1）。

外债转贷款项下直接从境外办理支付的，如用于向境外供货商支付设备价款，或向国内供货商和承包商支付设备价款和劳务费用等，转贷款债权人向外汇局填报附1时应在"备注栏"注明"境外支付"字样。由财政部门统一扣款偿还财政或财政性转贷款的，转贷款债权人根据扣款偿还情况向外汇局填报附1。

（八）办理转贷款业务的银行应建立健全外债转贷款业务内部管理制度。银行应按照本规定及有关外汇管理法规审核转贷款债权人及多级债务人的开销户、提款、结汇、购汇、还本付息及相关外汇划转的真实性与合规性，并留存相关业务资料5年备查。银行为客户办理外债转贷款业务时，需要按本规定审核相关材料的，在初次受理业务时应要求提供完整材料，再次受理同一笔业务的，不应重复要求提供内容相同的证明材料。

银行应于每月初10个工作日内向所在地外汇分支局填报《外债转贷款账户开（销）户、账户收支及汇兑情况月报表》（见附2）。

（九）外汇局应加强对银行的事后监管，定期或不定期的检查外债转贷款业务内部控制制度的执行情况、统计报告制度及业务合规性情况等。外汇局对银行和债务人办理转贷款项下结汇、购汇、开户和还本付息等业务进行管理和监督，对违反本规定的有关行为，外汇局将根据《中华人民共和国外汇管理条例》等规定进行处罚。

（十）本规定施行之日前已办理债务人登记但尚未了结的转贷款项目，均改按本规定要求办理相关手续。

附1　外债转贷款签约（协议变更）及变动情况月报表（略——编者注）
附2　外债转贷款账户开（销）户、账户收支及汇兑情况月报表（略——编者注）

附件2

废止法规目录

1.《财政部 国家外汇管理局关于国际金融组织贷款项目外汇管理若干问题的通知》（财际字〔1999〕188号）

2.《国家外汇管理局关于改进中国进出口银行外债转贷款外汇管理方式的通知》（汇发〔2009〕22号）

3.《财政部 国家外汇管理局关于改进部分地区国际金融组织转贷款项目外汇管理方式的通知》（财际〔2010〕7号）

4.《国家外汇管理局关于进一步推进外国政府和国际金融组织转贷款外汇管理方式改革的通知》（汇发〔2011〕26号）

5.《国家外汇管理局关于完善中国进出口银行外债转贷款外汇管理方式的通知》（汇发〔2011〕36号）

6.《国家外汇管理局综合司关于简化北京地区部分外债管理程序的批复》（汇综复〔2012〕63号）

国家外汇管理局关于进一步改进和调整资本项目外汇管理政策的通知

汇发〔2014〕2号

国家外汇管理局各省、自治区、直辖市分局、外汇管理部，深圳、大连、青岛、厦门、宁波市分局，各中资银行：

为进一步深化资本项目外汇管理改革，简化行政审批程序，促进贸易投资便利化，根据《中华人民共和国外汇管理条例》及相关规定，国家外汇管理局决定进一步改进资本项目外汇管理方式，并调整部分资本项目外汇管理措施。现就有关问题通知如下：

一、简化融资租赁类公司对外债权外汇管理

（一）融资租赁类公司包括银行业监管部门批准设立的金融租赁公司、商务主管部门审批设立的外商投资租赁公司，以及商务部和国家税务总局联合确认的内资融资租赁公司等三类主体（以下统称为融资租赁类公司）。

（二）融资租赁类公司或其项目公司开展对外融资租赁业务时，应在融资租赁对外债权发生后15个工作日内，持以下材料到所在地外汇局办理融资租赁对外债权登记，所在地外汇局应当审核交易的合规性和真实性。

1. 申请书，包括但不限于公司基本情况及租赁项目的基本情况；
2. 主管部门同意设立融资租赁公司或项目公司的批复和工商营业执照；
3. 上年度经审计的财务报告及最近一期财务报表；
4. 租赁合同及租赁物转移的证明材料（如报关单、备案清单、发票等）。

（三）融资租赁类公司开展对外融资租赁业务时，不受现行境内企业境外放款额度限制。

（四）融资租赁类公司可直接到所在地银行开立境外放款专用账户，用于保留对外融资租赁租金收入。

上述外汇资金入账时，银行应审核该收入的资金来源。该账户内的外汇收入需结汇时，融资租赁类公司可直接向银行申请办理。

（五）所在地外汇局应在资本项目信息系统中使用"境外放款"功能登记融资租赁类公司融资租赁对外债权签约信息，采取纸质报表统计提款信息。

融资租赁类公司收到对外融资租赁租金收入时，应按照国际收支的有关申报要求进行申报，在"外汇局批件号/备案表号/业务编号"栏中填写该笔对外债权的业务编号，并应按月向所在地外汇局报送融资租赁对外债权的发生和租金收入等情况。银行应通过资本项目信息系统反馈对外融资租赁租金收入等信息。资本项目信息系统有关模块功能完善后，按新的要求采集相关信息。

二、简化境外投资者受让境内不良资产外汇管理

（一）取消国家外汇管理局对金融资产管理公司对外处置不良资产涉及的外汇收支和汇兑核准的前置管理。

（二）简化境外投资者受让境内不良资产登记手续。有关主管部门批准境内机构向境外投资者转让不良资产后30日内，受让境内不良资产的境外投资者或其境内代理人应持以下材料到主要资产所在地外汇局或其境内代理人所在地外汇局办理境外投资者受让境内不良资产登记手续。

1. 申请书，并填写《境外投资者受让境内不良资产登记表》（见附件）；
2. 有关主管部门批准境内机构对外转让不良资产的核准或备案文件；
3. 境内机构和境外投资者签署的转让合同主要条款复印件（无须提供不良资产及担保

事项逐笔数据）；

  4. 若由境内代理人办理，还需提供代理协议；

  5. 针对前述材料需提供的补充材料。

  （三）取消外汇局对金融资产管理公司处置不良资产收入结汇核准，改由银行直接办理入账或结汇手续。

  出让不良资产的境内机构收到境外投资者的对价款后，可持以下材料直接到银行申请开立外汇账户保留外汇收入，或者申请不良资产外汇收入结汇。

  1. 申请书；

  2. 境外投资者受让不良资产办理登记时取得的资本项目信息系统《协议办理凭证》（复印件）；

  3. 债权转让合同主要条款复印件；

  4. 针对前述材料需提供的补充材料。

  境内机构开立外汇账户保留外汇收入，或者办理不良资产外汇收入结汇手续时，应按照国际收支、外汇账户和结汇的有关申报要求进行申报，并在"外汇局批件号/备案表号/业务编号"栏中填写所对应的境外投资者受让境内不良资产登记的业务编号。

  （四）因回购、出售（让）、清收、转股或其他原因导致境外投资者对登记资产的所有权变更或灭失时，境外投资者或其代理人应在所有权变更或灭失后30个工作日内到登记地外汇局办理境外投资者受让境内不良资产登记变更或注销手续。

  （五）取消外汇局对境外投资者处置不良资产所得收益购付汇核准，改由银行审核办理。

  受让境内不良资产的境外投资者通过清收、再转让等方式取得的收益，可持以下材料直接向银行申请办理对外购付汇手续。

  1. 申请书；

  2. 资本项目信息系统《协议办理凭证》；

  3.《境外投资者受让境内不良资产登记表》复印件；

  4. 关于不良资产处置收益来源的证明文件；

  5. 若由境内代理人办理，还需提供代理协议；

  6. 针对前述材料需提供的补充材料。

  境外投资者办理对外购付汇手续时，应按照国际收支的有关申报要求进行申报，并在"外汇局批件号/备案表号/业务编号"栏中填写境外投资者受让境内不良资产登记的业务编号。

  （六）银行应认真审核境内机构开立外汇账户保留外汇收入、办理不良资产外汇收入结汇和境外投资者办理对外购付汇手续时填写的境外投资者受让境内不良资产登记的业务编号。

  （七）因境外投资者受让境内不良资产导致原有担保的受益人改变为境外投资者的，该担保不纳入对外担保管理。

  境外投资者受让境内不良资产后新发生的对外担保，按照现行对外担保外汇管理规定进行管理。

三、进一步放宽境内机构境外直接投资前期费用管理

（一）境外直接投资前期费用（以下简称前期费用）累计汇出额不超过 300 万美元，且不超过中方投资总额 15% 的，境内机构可凭营业执照和组织机构代码证向所在地外汇局办理前期费用登记。

（二）前期费用累计汇出额超过 300 万美元，或超过中方投资总额 15% 的，境内机构除提交营业执照和组织机构代码证外，还应向所在地外汇局提供其已向境外直接投资主管部门报送的书面申请及境内机构参与投标、并购或合资合作项目的相关真实性证明材料办理前期费用登记。

（三）境内机构自汇出前期费用之日起 6 个月内仍未取得境外直接投资主管部门核准或备案的，应向所在地外汇局报告前期费用使用情况并将剩余资金退回。如确有客观原因，境内机构可向所在地外汇局申请延期，但最长不超过 12 个月。

四、进一步放宽境内企业境外放款管理

（一）放宽境内企业境外放款主体限制。允许境内企业向境外与其具有股权关联关系的企业放款。境内企业凭境外放款协议、最近一期财务审计报告到所在地外汇局办理境外放款额度登记，境内企业累计境外放款额度不得超过其所有者权益的 30%。如确有需要，超过上述比例的，由境内企业所在地外汇分局（外汇管理部）按个案集体审议方式处理。

（二）取消境外放款额度 2 年有效使用期限制。境内企业可根据实际业务需求向所在地外汇局申请境外放款额度期限。

（三）如确有客观原因无法收回境外放款本息，境内企业可向所在地外汇分局（外汇管理部）申请注销该笔境外放款，由境内企业所在地外汇分局（外汇管理部）按个案集体审议方式处理。境外放款还本付息完毕（含债转股、债务豁免、担保履约）或注销境外放款后，不再进行境外放款的，境内企业可向所在地外汇局申请办理境外放款额度注销。

五、简化境内机构利润汇出管理

（一）银行为境内机构办理等值 5 万美元（含）以下利润汇出，原则上可不再审核交易单证；办理等值 5 万美元以上利润汇出，原则上可不再审核其财务审计报告和验资报告，应按真实交易原则审核与本次利润汇出相关的董事会利润分配决议（或合伙人利润分配决议）及其税务备案表原件。每笔利润汇出后，银行应在相关税务备案表原件上加章签注该笔利润实际汇出金额及汇出日期。

（二）取消企业本年度处置利润金额原则上不得超过最近一期财务审计报告中属于外方股东"应付股利"和"未分配利润"合计金额的限制。

六、简化个人财产转移售付汇管理

（一）移民财产转移购付汇核准，由移民原户籍所在地外汇局负责审批。继承财产转移购付汇核准，由被继承人生前户籍所在地外汇局负责审批。取消财产转移总金额超过等值人民币 50 万元报国家外汇管理局备案的要求。

（二）取消移民财产转移分次汇出的要求。申请人向原户籍所在地外汇局办理移民财产转移核准手续后，银行可在核准件审批额度内一次或分次汇出相关资金。

（三）取消继承人从不同被继承人处继承的财产应分别申请、分别汇出的要求。继承人从不同被继承人处继承财产，可选择其中一个被继承人生前户籍所在地外汇局合并提交申请材料，经核准后可在银行一次或分次汇出相关资金。

（四）取消对有关财产权利文件（如房屋产权证、房地产买卖契约或拆迁补偿安置协议、承包或租赁合同或协议、财产转让协议或合同、特许权使用协议或合同等）进行公证的要求；取消对委托代理协议、代理人身份证明进行公证的要求。

七、改进证券公司《证券业务外汇经营许可证》管理

证券公司经营外汇业务应按有关规定向国家外汇管理局领取《证券业务外汇经营许可证》（以下简称《许可证》）。除因公司更名、外汇业务范围调整等情况需按有关规定及时申请换领《许可证》外，自本通知实施之日起，证券公司无需定期更换《许可证》。

已领取《许可证》经营外汇业务的证券公司应当在每年的1月31日之前，向所在地外汇局报送上一年度外汇业务经营情况的书面报告（内容包括：公司经营外汇业务具体情况、外汇业务种类、购结汇及资金汇出入情况、外汇业务合规情况及相关外汇业务资产负债表等）。

本通知自2014年2月10日起实施，以前规定与本通知不符的，以本通知为准。请各分局、外汇管理部尽快将本通知转发至辖内中心支局、支局和辖内银行；各中资银行尽快将本通知转发至分支机构。执行中如遇问题，请及时向国家外汇管理局资本项目管理司反馈。

附件：境外投资者受让境内不良资产登记表（略——编者注）

国家外汇管理局
2014年1月10日

国家外汇管理局关于调整人民币外汇衍生产品业务管理的通知

汇发〔2013〕46号

国家外汇管理局各省、自治区、直辖市分局、外汇管理部，深圳、大连、青岛、厦门、宁波市分局，各政策性银行、国有商业银行、股份制商业银行，中国外汇交易中心：

为促进外汇市场发展，根据《外汇指定银行办理结汇、售汇业务管理暂行办法》等有关法规规定，现就调整人民币外汇衍生产品业务管理有关事宜通知如下：

一、简化外汇掉期和货币掉期业务准入管理

按照《中国人民银行关于扩大外汇指定银行对客户远期结售汇业务和开办人民币与外币掉期业务有关问题的通知》（银发〔2005〕201号）取得（含本通知实施前已取得）对客户远期结售汇业务资格的银行及其分支机构，可自动取得外汇掉期、货币掉期业务资格，无需再次申请备案。

银行及其分支机构新开办对客户外汇掉期、货币掉期业务前，应与国家外汇管理局或其分支局确认结售汇统计等管理事宜。

二、增加货币掉期业务本金交换形式

银行可以为客户符合外汇管理规定的境内外外币债务还本付息，办理合约生效日不实际交换本金、到期日实际交换或不实际交换本金的货币掉期业务，银行间外汇市场货币掉期业务增加相应本金交换形式。上述货币掉期业务形成的外汇敞口，银行可以纳入结售汇综合头寸统一管理。

三、支持银行完善期权业务定价和风险管理

银行按照《国家外汇管理局关于推出人民币对外汇期权交易有关问题的通知》（汇发〔2011〕8号）对客户或在银行间外汇市场开展的差额交割期权业务，参考价可由交易双方按照商业原则协商确定，但应是境内真实、有效的市场汇率。银行可以自主选择合理、适当的方法和参数计量期权Delta头寸，并纳入结售汇综合头寸统一管理。

四、银行对客户办理人民币外汇衍生产品业务，应按照"了解你的客户"、"了解你的业务"和"尽职审查"原则，向适当的客户销售适当的产品，加强对客户风险揭示和自身风险管理，审慎、合规开展业务。

五、中国外汇交易中心应根据本通知规定，相应调整银行间外汇市场有关交易规则及系统，做好技术支持。

六、本通知自2014年1月1日起实施。

国家外汇管理局各分局、外汇管理部接到本通知后，应即转发辖内银行和货币经纪公司。

特此通知。

国家外汇管理局

2013年12月16日

国家外汇管理局关于完善银行贸易融资业务外汇管理有关问题的通知

汇发〔2013〕44号

国家外汇管理局各省、自治区、直辖市分局、外汇管理部，深圳、大连、青岛、厦门、宁波市分局，各中资外汇指定银行：

为加大金融支持实体经济力度，支持守法合规企业正常经营，防范外汇收支风险，现就完善银行贸易融资业务外汇管理有关问题通知如下：

一、企业贸易收支应当真实、合法

企业的贸易（含转口贸易，下同）收付款应当具有真实、合法的进出口或生产经营交易基础，不得虚构贸易背景利用银行信用办理跨境收支业务。

二、银行应完善贸易融资真实性、合规性审查

银行应当遵循"了解你的客户"原则，切实履行贸易融资真实性、合规性审查职责，积极支持实体经济真实贸易融资需求，防止企业虚构贸易背景套取银行融资。

（一）对于企业向银行申请以信用证、托收等方式办理跨境交易项下贸易融资业务的，银行应当根据企业生产经营、财务状况、产品和市场等情况，确认相关贸易背景的真实性、合规性，核实贸易融资金额、期限与相应贸易背景是否匹配。

（二）对于远期（90天以上，包括即期业务展期或叙作其他贸易融资累计期限超过90天，不含90天，下同）贸易融资业务，无论银行是否收取足额或高比例保证金，只要存在以下情况之一的，银行应当基于对客户的了解，加大审查力度；银行如对业务真实性、合规性存有疑问，应当要求企业提供交易相关合同与正本货权凭证，以有效甄别虚构贸易背景的融资行为。

1. 融资业务具有频率高、规模大、交易对手相对集中或为关联企业、贸易收支中外汇与人民币币种错配较为突出等特点；

2. 融资对应商品具有（但不限于）自身价值高或生产的附加值高、体积小易于运输或者包装存储易于标准化等特点；

3. 通过转口贸易、转卖（指经由海关特殊监管区域的货物进口并转售出口）等形式开展对外贸易活动。

（三）银行应当加强贸易融资真实性、合规性尽职调查，制订相关风险防范内控制度，提高识别可疑交易的主动性和敏感性；加强对本银行业务部门和分支机构、网点的监督指导，严禁出现银行基层为完成考核指标而放松审查要求、甚至协助客户规避外汇管理规定的现象。

（四）银行办理日常业务中发现企业涉及本条第（二）项目交易可疑的，应当及时向国家外汇管理局分支局（以下简称外汇局）报告，并积极配合外汇局采取措施防止异常跨境资金流入。

三、完善企业贸易外汇收支分类管理

A类企业存在资金流与货物流严重不匹配或者转口贸易收支规模较大且增长较快、远期贸易融资规模较大且比例偏高、具有跨境融资套利交易典型特征等情况的，外汇局将向其发送《风险提示函》，要求其在10个工作日内说明情况。

企业未及时说明情况或无法做出合理解释的，外汇局依据《货物贸易外汇管理指引实施细则》（汇发〔2012〕38号文件印发）第五十五条等规定，将其列为B类；情节严重的，列为 C 类，实施严格监管。

企业按上款规定列为 B 类后符合相关指标连续 3 个月正常等条件的，外汇局将其恢复为 A 类；不符合恢复 A 类条件的，延长分类监管期 3 个月；6 个月监管期满依然不符合恢复 A 类条件的，视情节严重程度，继续延长分类监管期 1 年，或将 B 类转为 C 类，监管期 1 年。

四、加强对银行贸易融资真实性、合规性的监测核查

外汇局应当加大对银行贸易融资真实性、合规性的监测力度。对于远期贸易融资业务占比较高，并为涉嫌虚构贸易背景跨境套利的企业提供贸易融资服务的银行，外汇局可抽查一定比例的银行业务资料，评估银行对交易真实性、合规性的尽职审查情况，必要时实施现场核查或检查。

银行阻挠或拒不接受外汇局现场核查或检查，或在业务抽查和现场核查、检查过程中发现银行为企业办理贸易融资业务时未充分履行审查职责的，外汇局可向银行进行风险提示，或按照《外汇管理条例》等法规予以处罚。

五、加大处罚力度

银行、企业违反本通知规定的，外汇局按照《外汇管理条例》等法规予以处罚。通过伪造、变造凭证和商业单据或重复使用凭证和商业单据从事虚假贸易，将外汇汇入境内的，以非法流入定性处罚；将外汇收入结汇的，以非法结汇定性处罚；骗购外汇的，以非法套汇定性处罚；将境内外汇汇往境外的，以逃汇定性处罚；构成犯罪的，依法追究刑事责任。

本通知自下发之日起实施。国家外汇管理局各分局、外汇管理部收到本通知后，应尽快转发辖内中心支局、支局、城市商业银行、农村商业银行、外商独资银行、中外合资银行、外国银行分行以及农村合作金融机构。各中资外汇指定银行收到本通知后，应尽快转发所辖分支机构。执行中如遇问题，请及时向国家外汇管理局反馈。

联系电话：010-68402450。

特此通知。

国家外汇管理局
2013 年 12 月 6 日

国家外汇管理局关于改进海关特殊监管区域经常项目外汇管理有关问题的通知

汇发〔2013〕22 号

国家外汇管理局各省、自治区、直辖市分局、外汇管理部，深圳、大连、青岛、厦门、宁波

市分局：

为完善海关特殊监管区域经常项目外汇收支管理，支持外贸升级转型，促进外贸稳定增长，根据《海关特殊监管区域外汇管理办法》（汇发〔2013〕15号），国家外汇管理局决定自2013年6月1日起，进一步改进海关特殊监管区域经常项目外汇管理。现就有关问题通知如下：

一、海关特殊监管区域机构（以下简称区内机构）无须办理《保税监管区域外汇登记证》（以下简称《登记证》）及进行《登记证》年检。已核发的《登记证》不再使用。

新设区内机构办理货物贸易外汇收支、购结汇前，应按照《货物贸易外汇管理指引》及其实施细则（汇发〔2012〕38号文印发，以下简称货物贸易法规），到所在地国家外汇管理局分支局（以下简称外汇局）办理"贸易外汇收支企业名录"（以下简称名录）登记手续。已办理《登记证》的区内机构，按照货物贸易法规规定签署《货物贸易外汇收支业务办理确认书》后自动列入名录。

金融机构不得为不在名录的区内机构直接办理货物贸易外汇收支业务。金融机构应当通过"货物贸易外汇监测系统"查询确认该区内机构为"特殊监管区域内企业"后，按规定为其办理相关外汇收支业务。

二、区内机构可将具有真实、合法交易背景的出口收入存放境外。区内机构将出口收入存放境外应当具备的资格条件、开户登记、存放规模、期限以及调回要求等应按货物贸易法规办理。其他经常项目外汇收入存放境外应按服务贸易外汇管理法规办理。

三、简化区内机构货物贸易付汇管理。区内机构办理货物贸易付汇，参照货物贸易法规提供相应有效凭证和商业单据，无须提供《登记证》，可以在所在地以外的省、市办理异地付汇业务。货物贸易法规规定需提供进出口货物报关单的，保税项下货物贸易可以以进出境货物备案清单替代。金融机构无需办理进境货物备案清单或进口货物报关单电子底账核注、结案等手续。

区内机构办理货物贸易外汇支付手续时，如提供的正本进口货物报关单或进境货物备案清单上的经营单位为其他机构，须提供付汇人与经营单位不一致原因的书面说明及可证实交易真实性及该不一致情况的商业凭证及相关海关监管单证，并留存相关单证备查。金融机构按规定进行合理审查。

四、区内机构可以根据其真实合法的进口付汇需求提前购汇存入其经常项目外汇账户。提前购汇及实际对外支付须在同一家金融机构办理，因合同变更等原因导致区内机构提前购汇后未能对外支付的，区内机构可自主决定结汇或保留在其经常项目外汇账户中。

五、简化区内机构货物贸易结汇管理。区内机构按货物贸易法规凭相关单证在金融机构办理货物贸易收入结汇，金融机构按规定进行合理审查。

六、简化区内机构服务贸易外汇管理。区内机构办理单笔等值5万美元（含）以下的服务贸易外汇收支，金融机构原则上可不审核交易单证，但对于资金性质不明确的外汇收支业务，金融机构可要求区内机构和个人提交交易单证进行合理审查。区内机构办理单笔等值5万美元以上的服务贸易外汇收支，由金融机构按照服务贸易外汇管理法规规定直接审核交易单证后办理。按规定应提交税务凭证的，从其规定。

七、外汇局按照货物贸易法规对区内机构货物贸易外汇收支进行非现场监测，对异常或可疑情况进行现场核查或现场检查，并根据核查和检查结果进行分类管理。

各分局、外汇管理部（以下简称各分局）应参照货物贸易法规制定本地区海关特殊监管区域货物贸易外汇管理风险防范操作性规定（要求见附件）。天津、上海、江苏、广东、重庆、浙江、深圳、青岛、宁波等九省、市分局、外汇管理部应于2013年5月28日前将本地区风险防范操作性规定报总局备案。各分局应积极与地方相关部门沟通协调，取得用于监管需要的海关特殊监管区域货物流数据。

各分局应将通知正文及时转发辖内中心支局（支局）、中资外汇指定银行（含总行）、地方性商业银行、外资银行。执行过程中如遇问题，请及时向国家外汇管理局经常项目管理司反馈。

附件：略

国家外汇管理局
2013年5月22日

国家外汇管理局关于印发《外国投资者境内直接投资外汇管理规定》及配套文件的通知

汇发〔2013〕21号

国家外汇管理局各省、自治区、直辖市分局、外汇管理部，深圳、大连、青岛、厦门、宁波市分局；各中资外汇指定银行：

为促进和便利外国投资者境内直接投资，规范外国投资者境内直接投资外汇管理，国家外汇管理局制定了《外国投资者境内直接投资外汇管理规定》（见附件1）及配套文件。现印发给你们，请遵照执行。

本通知实施后，之前规定与本通知内容不一致的，以本通知为准，附件2所列法规即行废止。

国家外汇管理局各分局、外汇管理部接到本通知后，应及时转发辖内中心支局、支局、城市商业银行、农村商业银行、外资银行、农村合作银行；各中资银行接到通知后，应及时转发所辖各分支机构。执行中如遇问题，请及时向国家外汇管理局反馈。

附件：1. 外国投资者境内直接投资外汇管理规定
2. 废止境内直接投资外汇管理法规目录
3. 境内直接投资业务操作指引

国家外汇管理局
2013年5月11日

附件1

外国投资者境内直接投资外汇管理规定

第一章 总 则

第一条 为促进和便利外国投资者境内直接投资，规范外国投资者境内直接投资外汇管理，根据《中华人民共和国外汇管理条例》等相关法律法规，制定本规定。

第二条 本规定所称外国投资者境内直接投资（以下简称境内直接投资），是指外国投资者（包括境外机构和个人）通过新设、并购等方式在境内设立外商投资企业或项目（以下简称外商投资企业），并取得所有权、控制权、经营管理权等权益的行为。

第三条 境内直接投资实行登记管理。境内直接投资活动所涉机构与个人应在国家外汇管理局及其分支机构（以下简称外汇局）办理登记。银行应依据外汇局登记信息办理境内直接投资相关业务。

第四条 外汇局对境内直接投资登记、账户开立与变动、资金收付及结售汇等实施监督管理。

第二章 登记、账户及结售汇管理

第五条 外国投资者为筹建外商投资企业需汇入前期费用等相关资金的，应在外汇局办理登记。

第六条 外商投资企业依法设立后，应在外汇局办理登记。外国投资者以货币资金、股权、实物资产、无形资产等（含境内合法所得）向外商投资企业出资，或者收购境内企业中方股权支付对价，外商投资企业应就外国投资者出资及权益情况在外汇局办理登记。

外商投资企业后续发生增资、减资、股权转让等资本变动事项的，应在外汇局办理登记变更。外商投资企业注销或转为非外商投资企业的，应在外汇局办理登记注销。

第七条 境内外机构及个人需办理境内直接投资所涉的股权转让、境内再投资等其他相关业务的，应在外汇局办理登记。

第八条 境内直接投资所涉主体办理登记后，可根据实际需要到银行开立前期费用账户、资本金账户及资产变现账户等境内直接投资账户。

境内直接投资账户内资金使用完毕后，银行可为开户主体办理关户。

第九条 外商投资企业资本金结汇及使用应符合外汇管理相关规定。外商投资企业外汇资本金及其结汇所得人民币资金，应在企业经营范围内使用，并符合真实自用原则。

前期费用账户等其他境内直接投资账户资金结汇参照资本金结汇有关规定办理。

第十条 因减资、清算、先行回收投资、利润分配等需向境外汇出资金的，外商投资企业在办理相应登记后，可在银行办理购汇及对外支付。

因受让外国投资者所持外商投资企业股权需向境外汇出资金的，境内股权受让方在外商投资企业办理相应登记后，可在银行办理购汇及对外支付。

第十一条　外汇局根据国家相关规定对外商投资企业实行年检。

第三章　监督管理

第十二条　银行为境内直接投资所涉主体办理账户开立、资金入账、结售汇、境内划转以及对外支付等业务前，应确认其已按本规定在外汇局办理相应登记。

银行应按外汇管理规定对境内直接投资所涉主体提交的材料进行真实性、一致性审核，并通过外汇局指定业务系统办理相关业务。

银行应按外汇管理规定为境内直接投资所涉主体开立相应账户，并将账户开立与变动、资金收付及结售汇等信息按规定及时、完整、准确地向外汇局报送。

第十三条　境内直接投资应按照有关规定办理国际收支统计申报。

第十四条　外汇局通过登记、银行报送、年检及抽样调查等方式对境内直接投资所涉跨境收支、结售汇以及外国投资者权益变动等情况进行统计监测。

第十五条　外汇局对银行办理境内直接投资业务的合规性及相关信息的报送情况实施核查或检查；对境内直接投资中存在异常或可疑情况的机构或个人实施核查或检查。

核查包括非现场核查和现场核查。现场核查的方式包括但不限于：要求被核查主体提交相关书面材料；约见被核查主体法定代表人、负责人或其授权人；现场查阅、复制被核查主体相关资料等。

相关主体应当配合外汇局的监督检查，如实说明情况，提供有关文件、资料，不得拒绝、阻碍和隐瞒。

第十六条　境内直接投资所涉主体违反本规定的，外汇局根据《中华人民共和国外汇管理条例》及相关规定进行处罚。

第四章　附　则

第十七条　外国投资者通过新设、并购等方式在境内设立金融机构的，参照本规定办理登记。

第十八条　香港特别行政区、澳门特别行政区和台湾地区的投资者境内直接投资参照本规定管理。

第十九条　国家外汇管理局负责本规定的解释，并依据本规定制定操作指引。

第二十条　本规定自2013年5月13日起实施。此前规定与本规定不一致的，以本规定为准。

附件 2

废止境内直接投资外汇管理法规目录

1. 关于下发《外商投资企业外汇登记管理暂行办法》的通知（〔96〕汇资函字第 187 号）
2. 关于境外企业承包境内工程外汇管理若干问题的复函（〔98〕汇资函字第 204 号）
3. 国家外汇管理局关于授权分局办理外商投资企业转股、清算外汇业务的通知（汇发〔1999〕397 号）
4. 国家外汇管理局关于外商以人民币再投资外汇管理有关问题的复函（汇复〔2000〕129 号）
5. 国家外汇管理局关于改革外商投资项下资本金结汇管理方式的通知（汇发〔2002〕59 号）
6. 国家外汇管理局关于境内居民购汇支付外国投资者股权转让款的批复（汇复〔2002〕231 号）
7. 国家外汇管理局关于改进外商投资企业外汇年检工作有关事项的通知（汇发〔2004〕7 号）
8. 国家外汇管理局关于改进外商投资企业资本项目结汇审核与外债登记管理工作的通知（汇发〔2004〕42 号）
9. 关于在出口加工区、保税区和上海钻石交易所开展外商直接投资验资询证及外资外汇登记工作的通知（汇发〔2004〕108 号）
10. 国家外汇管理局综合司关于保险中介机构开立外汇资本金账户有关问题的通知（汇综发〔2006〕6 号）
11. 国家外汇管理局综合司关于下发第一批通过商务部备案的外商投资房地产项目名单的通知（汇综发〔2007〕130 号）
12. 国家外汇管理局综合司关于实行网上公布通过商务部备案的外商投资房地产项目名单的通知（汇综发〔2007〕138 号）
13. 国家外汇管理局综合司关于境外自然人购买境内商品房外汇资金结汇有关问题的批复（汇综复〔2007〕86 号）
14. 国家外汇管理局关于直接投资外汇业务信息系统全国推广上线有关问题的通知（汇发〔2008〕16 号）
15. 国家外汇管理局综合司关于直接投资外汇业务信息系统与外汇账户系统操作有关问题的通知（汇综发〔2008〕129 号）
16. 国家外汇管理局综合司关于下放外国投资者竞标土地使用权专用外汇保证金账户、外国投资者产权交易专用外汇保证金账户审批权限的通知（汇综发〔2008〕130 号）
17. 国家外汇管理局综合司关于外商投资创业投资企业资本金结汇进行境内股权投资有关问题的批复（汇综复〔2008〕125 号）
18. 国家外汇管理局综合司关于外商投资房地产企业外汇登记有关问题的通知（汇综发

〔2009〕42号）

19. 国家外汇管理局综合司关于外方股东办理跨境换股涉及的转股收汇外资外汇登记有关问题的批复（汇综复〔2010〕5号）

20. 国家外汇管理局关于印发《境内居民通过境外特殊目的公司融资及返程投资外汇管理操作规程》的通知（汇发〔2011〕19号）

21. 国家外汇管理局综合司关于"三来一补"企业不作价设备转作外商投资企业外国投资者出资所涉验资询证有关问题的批复（汇综复〔2011〕155号）

22. 国家外汇管理局关于外商投资合伙企业外汇管理有关问题的通知（汇发〔2012〕58号）

23. 国家外汇管理局综合司关于外国投资者外汇专用账户内资金结汇缴纳海上合作油气田弃置费有关问题的通知（汇综发〔2012〕126号）

24. 国家外汇管理局综合司关于东软集团股份有限公司外资股东减持股份所涉外汇登记变更有关问题的批复（汇综复〔2012〕34号）

附件3

境内直接投资业务操作指引

境内直接投资业务操作指引说明

1.1 前期费用基本信息登记

1.2 新设外商投资企业基本信息登记

1.3 外国投资者并购境内企业办理外商投资企业基本信息登记

1.4 外商投资企业基本信息登记变更、注销

1.5 接收境内再投资基本信息登记、变更

1.6 开立外汇保证金等其他账户的主体基本信息登记、变更

1.7 外国投资者货币出资确认登记

1.8 外国投资者非货币出资确认登记

1.9 外国投资者收购中方股权出资确认登记

2.1 前期费用外汇账户的开立、入账和使用

2.2 外汇资本金账户的开立、入账和使用

2.3 境内资产变现账户的开立、入账和使用

2.4 境内再投资专用账户的开立、入账和使用

2.5 保证金专用外汇账户的开立、入账和使用

2.6 境内直接投资所涉外汇账户内资金结汇

2.7 外国投资者前期费用外汇账户资金原币划转

2.8 外商投资企业外汇资本金账户资金原币划转

2.9 境内资产变现账户资金原币划转

2.10 境内再投资专用账户资金原币划转

2.11　保证金专用外汇账户资金原币划转
2.12　外国投资者清算、减资所得资金汇出
2.13　境内机构及个人收购外商投资企业外国投资者股权资金汇出
2.14　外国投资者先行回收投资资金汇出

　　附表：境内直接投资基本信息登记业务申请表（一）（略——编者注）
　　　　　境内直接投资基本信息登记业务申请表（二）（略——编者注）
　　　　　境内直接投资出资确认申请表（略——编者注）
境内直接投资业务操作指引说明（略——编者注）

国家外汇管理局关于加强外汇资金流入管理有关问题的通知

汇发〔2013〕20号

国家外汇管理局各省、自治区、直辖市分局、外汇管理部，深圳、大连、青岛、厦门、宁波市分局；各中资外汇指定银行：

　　为支持守法合规企业开展正常经营活动，防范外汇收支风险，现就加强外汇资金流入管理有关问题通知如下：

一、加强银行结售汇综合头寸管理

　　除政策性银行外，银行结售汇综合头寸限额计算公式为："各银行当月结售汇综合头寸下限＝（上月末境内外汇贷款余额－上月末外汇存款余额×参考贷存比）×国际收支调节系数"。其中：中资银行的参考贷存比为75%，外资银行的参考贷存比为100%，国际收支调节系数为0.25；境内外汇贷款余额、外汇存款余额根据中国人民银行《金融机构外汇信贷收支月报》中的数据计算，境内外汇贷款不含境外筹资转贷款。

　　外汇贷存比超过参考贷存比的银行，应在每月初的10个工作日内（初次实施应于2013年6月底前）将综合头寸调整至下限以上；银行综合头寸下限调整后，其上限随之上调相同额度。外汇贷存比低于参考贷存比的银行，原有的头寸限额保持不变，但应把握外汇贷款的合理增长，防止外汇贷存比过度波动。

二、加强对进出口企业货物贸易外汇收支的分类管理

　　外汇局应及时对资金流与货物流严重不匹配或流入量较大的企业发送风险提示函（见附件），要求其在10个工作日内说明情况。企业未及时说明情况或不能提供证明材料并做出合理解释的，外汇局应依据《货物贸易外汇管理指引实施细则》第五十五条等规定，将其列为

B类企业,实施严格监管。此类企业列入B类后,符合相关指标连续3个月正常等条件的,外汇局将其恢复为A类。外汇局通过非现场监测确定首批企业,2013年5月10日前发送风险提示函,5月31日通过货物贸易外汇监测系统向银行发布企业分类信息,6月1日起分类结果生效。

B类企业转口贸易项下外汇收入,应在其进行相应转口贸易对外支付后方可结汇或划转;同一笔转口贸易业务的收支应当在同一家银行办理;新签订的转口贸易合同,其收入和支出的结算货币应当同为外汇或人民币。

三、严格执行外汇管理规定

银行应强化责任意识,提高执行外汇管理规定的自觉性和主动性,不得协助客户规避外汇管理规定;应加强对业务部门和分支机构的指导,保持贸易融资合理增长;应遵循"了解你的客户"原则,加强对虚构贸易背景等行为的甄别,主动报告可疑交易并积极采取措施防止异常跨境资金流入。

四、加大核查检查与处罚力度

外汇局应高度重视异常资金流入风险,强化监测分析与窗口指导;对异常资金流入线索,应主动开展现场核查或检查;对于使用虚假单证进行套利交易的案件,依法从重处罚;对违反外汇管理规定导致违规资金流入的银行、企业等主体,应依法给予罚款、停止经营相关业务、追究负有直接责任的相关人员责任等处罚,并加大公开披露力度。

本通知自2013年6月1日起实施。国家外汇管理局各分局、外汇管理部收到本通知后,应尽快转发辖内中心支局、支局、城市商业银行、农村商业银行、外商独资银行、中外合资银行、外国银行分行以及农村合作金融机构。各中资外汇指定银行收到本通知后,应尽快转发所辖分支机构。执行中如遇问题,请及时向国家外汇管理局反馈。

联系电话:010-68402295,68402450

附件:国家外汇管理局××分(支)局风险提示函(略——编者注)

国家外汇管理局
2013年5月5日

国家外汇管理局关于发布《外债登记管理办法》的通知

汇发〔2013〕19号

国家外汇管理局各省、自治区、直辖市分局、外汇管理部,深圳、大连、青岛、厦门、宁波市分局,各中资外汇指定银行:

为深化外汇管理体制改革，简化行政审批程序，强化外债统计监测，防范外债风险，国家外汇管理局决定改进外债登记管理方式。为此，国家外汇管理局制定了《外债登记管理办法》和《外债登记管理操作指引》，现印发给你们，请遵照执行。

本通知自 2013 年 5 月 13 日起实施。之前规定与本通知内容不一致的，以本通知为准。本通知实施后，附件 3 所列法规即行废止。

国家外汇管理局各分局、外汇管理部接到本通知后，应及时转发辖内中心支局、支局、城市商业银行、农村商业银行、外资银行、农村合作银行；各中资银行接到通知后，应及时转发所辖各分支机构。执行中如遇问题，请及时向国家外汇管理局资本项目管理司反馈。

附件：1. 外债登记管理办法
      2. 外债登记管理操作指引（略——编者注）
      3. 废止法规目录（略——编者注）

国家外汇管理局
2013 年 4 月 28 日

附件 1

外债登记管理办法

第一章 总 则

第一条 为准确、及时、完整统计外债信息，规范外债资金流出入的管理，防范外债风险，根据《中华人民共和国外汇管理条例》（以下简称《外汇管理条例》）和《外债统计监测暂行规定》，制定本办法。

第二条 债务人应按照国家有关规定借用外债，并办理外债登记。

第三条 国家外汇管理局及其分支局（以下简称外汇局）负责外债的登记、账户、使用、偿还以及结售汇等管理、监督和检查，并对外债进行统计和监测。

国家外汇管理局负责全口径外债的统计监测，并定期公布外债情况。

第四条 国家外汇管理局根据国际统计标准，结合我国实际情况，确定外债统计范围和统计方法。

外债统计方法包括债务人登记和抽样调查等。

第五条 国家外汇管理局可根据国际收支变化情况，对外债登记范围和管理方式进行调整。

第二章 外债登记

第六条 外债登记是指债务人按规定借用外债后，应按照规定方式向所在地外汇局登记或报送外债的签约、提款、偿还和结售汇等信息。根据债务人类型实行不同的外债登记方式。

外债借款合同发生变更时,债务人应按照规定到外汇局办理外债签约变更登记。

外债未偿余额为零且债务人不再发生提款时,债务人应按照规定到外汇局办理外债注销登记手续。

第七条 债务人为财政部门,应在每月初10个工作日内逐笔向所在地外汇局报送外债的签约、提款、结汇、购汇、偿还和账户变动等信息。

第八条 债务人为境内银行,应通过外汇局相关系统逐笔报送其借用外债信息。

第九条 债务人为财政部门、银行以外的其他境内债务人(以下简称非银行债务人),应在规定时间内到所在地外汇局办理外债签约逐笔登记或备案手续。

第十条 对于不通过境内银行办理资金收付的,非银行债务人在发生外债提款额、还本付息额和未偿余额变动后,持相关证明材料到所在地外汇局办理备案手续。

第三章 外债账户、资金使用和结售汇管理

第十一条 境内银行借用外债,可直接在境内、外银行开立相关账户,直接办理与其外债相关的提款和偿还等手续。

第十二条 非银行债务人在办理外债签约登记后,可直接向境内银行申请开立外债账户。

非银行债务人可开立用于办理提款和还款的外债专用账户,也可根据实际需要开立专门用于外债还款的还本付息专用账户。

第十三条 根据非银行债务人申请,银行在履行必要的审核程序后,可直接为其开立、关闭外债账户以及办理外债提款、结售汇和偿还等手续。

第十四条 外商投资企业借用的外债资金可以结汇使用。

除另有规定外,境内金融机构和中资企业借用的外债资金不得结汇使用。

第十五条 债务人在办理外债资金结汇时,应遵循实需原则,持规定的证明文件直接到银行办理。

银行应按照有关规定审核证明文件后,为债务人办理结汇手续。

第十六条 债务人借款合同中约定的外债资金用途应当符合外汇管理规定。

短期外债原则上只能用于流动资金,不得用于固定资产投资等中长期用途。

第十七条 债务人购汇偿还外债,应遵循实需原则。

银行应按照有关规定审核证明文件后,为债务人办理购付汇手续。

第四章 外保内贷外汇管理

第十八条 符合规定的债务人向境内金融机构借款时,可以接受境外机构或个人提供的担保(以下简称外保内贷)。

境内债权人应按相关规定向所在地外汇局报送相关数据。

发生境外担保履约的，债务人应到所在地外汇局办理外债登记。

第十九条 外商投资企业办理境内借款接受境外担保的，可直接与境外担保人、债权人签订担保合同。

发生境外担保履约的，其担保履约额应纳入外商投资企业外债规模管理。

第二十条 中资企业办理境内借款接受境外担保的，应事前向所在地外汇局申请外保内贷额度。

中资企业可在外汇局核定的额度内直接签订担保合同。

第五章 对外转让不良资产外汇管理

第二十一条 境内机构对外转让不良资产，应按规定获得批准。

第二十二条 对外转让不良资产获得批准后，境外投资者或其代理人应到外汇局办理对外转让不良资产备案手续。

第二十三条 受让不良资产的境外投资者或其代理人通过清收、再转让等方式取得的收益，经外汇局核准后可汇出。

第六章 罚 则

第二十四条 外债资金非法结汇的，依照《外汇管理条例》第四十一条进行处罚。

第二十五条 有擅自对外借款或在境外发行债券等违反外债管理行为的，依照《外汇管理条例》第四十三条进行处罚。

第二十六条 违反规定，擅自改变外债或外债结汇资金用途的，依照《外汇管理条例》第四十四条进行处罚。

第二十七条 有下列情形之一的，依照《外汇管理条例》第四十八条进行处罚：

（一）未按照规定进行涉及外债国际收支申报的；
（二）未按照规定报送外债统计报表等资料的；
（三）未按照规定提交外债业务有效单证或者提交的单证不真实的；
（四）违反外债账户管理规定的；
（五）违反外债登记管理规定的。

第二十八条 金融机构有下列情形之一的，依照《外汇管理条例》第四十七条进行处罚：

（一）违反规定办理外债资金收付的；
（二）违反规定办理外债项下结汇、售汇业务的。

第二十九条 其他违反本办法的行为，按《外汇管理条例》法律责任有关规定进行处罚。

第七章 附 则

第三十条 银行应按照外汇管理相关规定，将非银行债务人的外债账户、提款、使用、偿还及结售汇等信息报送外汇局。

　　第三十一条　外汇局利用抽样调查等方式，采集境内企业对外贸易中产生的预收货款、延期付款等企业间贸易信贷信息。

　　境内企业与境外企业间发生贸易信贷的，无需按照本办法规定办理外债登记。

　　第三十二条　债务人可按照有关规定签订以锁定外债还本付息风险为目的、与汇率或利率相关的保值交易合同，并直接到银行办理交割。

　　第三十三条　本办法由国家外汇管理局负责解释。

　　第三十四条　本办法自 2013 年 5 月 13 日起实施。

国家外汇管理局关于印发《海关特殊监管区域外汇管理办法》的通知

汇发〔2013〕15 号

国家外汇管理局各省、自治区、直辖市分局、外汇管理部，深圳、大连、青岛、厦门、宁波市分局：

　　为完善海关特殊监管区域外汇管理，促进海关特殊监管区域科学发展，根据《中华人民共和国外汇管理条例》、《国务院关于促进海关特殊监管区域科学发展的指导意见》（国发〔2012〕58 号）等，国家外汇管理局对《保税监管区域外汇管理办法》（汇发〔2007〕52 号）进行全面修订，形成《海关特殊监管区域外汇管理办法》。现印发你们，请贯彻执行。执行中如遇问题，请及时向国家外汇管理局反馈。

　　联系人：刘宏玉　孟德胜
　　电　话：010-68402129　010-68402113

　　附件：海关特殊监管区域外汇管理办法

国家外汇管理局
2013 年 4 月 23 日

附件

海关特殊监管区域外汇管理办法

第一条 为完善海关特殊监管区域外汇管理，促进海关特殊监管区域健康发展，根据《中华人民共和国外汇管理条例》、《国务院关于促进海关特殊监管区域科学发展的指导意见》（国发〔2012〕58号）及其他相关法律、法规，制定本办法。

第二条 本办法所称海关特殊监管区域（以下简称区内）包括保税区、出口加工区、保税物流园区、跨境工业区、保税港区、综合保税区等海关实行封闭监管的特定区域。

第三条 国家外汇管理局及其分支机构（以下简称外汇局）依法对区内机构收汇、付汇、购汇、结汇及外汇账户等（以下简称外汇收支）实施监督和管理。

区内机构包括区内行政管理机关、事业单位、企业及其他经济组织等。

第四条 除国家外汇管理局另有规定外，区内机构外汇收支按照境内海关特殊监管区域外（以下简称境内区外）的外汇管理规定办理。

第五条 区内与境内区外之间货物贸易项下交易，可以以人民币或外币计价结算；服务贸易项下交易应当以人民币计价结算。

区内机构之间的交易，可以以人民币或外币计价结算；区内行政管理机构的各项规费应当以人民币计价结算。

第六条 区内机构采取货物流与资金流不对应的交易方式时，外汇收支应当具有真实、合法的交易基础。银行应当按规定对交易单证的真实性及其与外汇收支的一致性进行合理审查。

第七条 区内与境外之间的资金收付，区内机构应当按规定进行国际收支统计申报；区内与境内区外，以及区内机构之间的资金收付，区内机构、境内区外机构应当按规定填报境内收付款凭证。

第八条 外汇局依法对银行和区内机构的外汇收支进行统计监测，对存在异常或者可疑的情况进行核查或检查。

第九条 保税物流中心（A、B型）、出口监管仓库、保税仓库、钻石交易所等参照适用本办法。

第十条 违反本办法规定办理外汇收支的，外汇局依据《中华人民共和国外汇管理条例》及相关规定予以处罚。

第十一条 本办法由国家外汇管理局负责解释。

第十二条 本办法自2013年6月1日起施行。《国家外汇管理局关于印发〈保税监管区域外汇管理办法〉的通知》（汇发〔2007〕52号）、《国家外汇管理局综合司关于印发〈保税监管区域外汇管理办法操作规程〉的通知》（汇综发〔2007〕166号）、《国家外汇管理局关于上海钻石交易所外汇管理有关问题的批复》（汇复〔2002〕261号）、《关于〈上海钻石交易所外汇管理暂行办法〉的批复》（汇复〔2000〕316号）同时废止。

国家外汇管理局关于修订
《银行间外汇市场做市商指引》的通知

汇发〔2013〕13号

国家外汇管理局各省、自治区、直辖市分局、外汇管理部,深圳、大连、青岛、厦门、宁波市分局,各外汇指定银行:

为进一步完善银行间外汇市场做市商管理,国家外汇管理局对《银行间外汇市场做市商指引》(汇发〔2010〕46号)予以修订,修订后的《银行间外汇市场做市商指引》见附件,请遵照执行。

特此通知。

附件:银行间外汇市场做市商指引

国家外汇管理局
2013年4月12日

附件:

银行间外汇市场做市商指引

第一条 为进一步发展外汇市场,提高我国外汇市场的流动性,完善价格发现机制,根据《中华人民共和国中国人民银行法》、《中华人民共和国外汇管理条例》、《银行间外汇市场管理暂行规定》(银发〔1996〕423号)和《中国人民银行关于加快发展外汇市场有关问题的通知》(银发〔2005〕202号),制定《银行间外汇市场做市商指引》(以下简称《指引》)。

第二条 《指引》所称银行间外汇市场做市商,是指经国家外汇管理局(以下简称外汇局)核准,在我国银行间外汇市场进行人民币与外币交易时,承担向市场会员持续提供买、卖价格义务的银行间外汇市场会员。

第三条 银行间外汇市场做市商分为即期做市商、远期掉期做市商和综合做市商。即期做市商是指在银行间即期竞价和询价外汇市场上做市的银行。远期掉期做市商是指在银行间远期、外汇掉期和货币掉期市场做市的银行。综合做市商是指在即期、远期、外汇掉期和货币掉期等各外汇市场开展做市的银行。

2011年1月1日以前经外汇局备案核准取得银行间外汇市场做市商资格的银行自动承继即期做市商资格。远期掉期做市商和综合做市商资格须另行申请。

第四条 银行间外汇市场即期做市商和远期掉期做市商享有以下权利：

（一）适度扩大结售汇综合头寸区间，实行较灵活的头寸管理；

（二）享有向中国人民银行（以下简称人民银行）申请外汇一级交易商的资格；

（三）具有参与外汇市场新业务试点的优先权。

银行间外汇市场综合做市商除享有上述三项权利外，对于银行间外汇市场新批准交易品种，经外汇局批准交易资格后，可自动获得该交易品种的做市资格；在同等条件下，可优先获得银行间外汇市场清算会员和综合清算会员资格。

第五条 银行间外汇市场做市商应履行以下义务：

（一）在规定的交易时间内，在银行间外汇市场（包括电子交易平台）连续提供人民币对主要交易货币的买、卖双向价格，所报价格应是有效的可成交价格；

（二）在银行间即期竞价和询价外汇市场上，报价不得超过人民银行规定的银行间市场交易汇价的浮动幅度；

（三）在外汇市场诚实交易，不利用非法或其他不当手段操纵市场价格；

（四）严格遵守外汇市场交易和结售汇综合头寸的相关管理规定；

（五）按照外汇局要求定期报告外汇市场运行和做市情况。

第六条 申请银行间外汇市场做市商资格须首先申请相应做市品种的尝试做市资格。申请尝试做市资格应具备以下基本条件：

（一）取得银行间外汇市场会员资格两年（含）以上的银行类金融机构；

（二）单个评选周期内，依据《银行间外汇市场评优办法》在最具做市潜力会员中连续排名前三名；

（三）集中管理结售汇综合头寸，外汇局核定的银行结售汇综合头寸上限在2亿美元（含）以上；

（四）具备健全的外汇业务风险管理系统、内部控制制度、内部资金和结售汇转移定价机制和较强的本外币融资能力；

（五）遵守人民银行和外汇局的有关规定，在提交申请的前两年内，结售汇业务和外汇市场交易没有重大违法、违规记录；

（六）外汇局规定的其他条件。

第七条 银行间外汇市场即期做市商和远期掉期做市商应具备以下基本条件：

（一）在申请做市的交易品种上尝试做市两年以上，具备必要的经验和能力。2011年1月1日以前经外汇局备案核准取得银行间外汇市场做市商资格的银行，在银行间远期、外汇掉期、货币掉期市场开展双边报价交易的时间视为其尝试做市时间；

（二）单个评选周期内，依据《银行间外汇市场评优办法》计算的做市品种客观指标评分和外汇局评分两项综合得分，在全部尝试做市机构中排名前三名，且高于评分最低的做市商；

（三）集中管理结售汇综合头寸，外汇局核定的银行结售汇综合头寸上限5亿美元（含）以上；

（四）具备健全的外汇业务风险管理系统、内部控制制度、内部资金和结售汇转移定价机制和较强的本外币融资能力；

（五）遵守人民银行和外汇局的有关规定，在提交申请的前两年内，结售汇业务和外汇市场交易没有重大违法、违规记录；

（六）外汇局规定的其他条件。

第八条 银行间外汇市场综合做市商应具备以下基本条件：

（一）取得银行间外汇市场即期、远期掉期做市商资格三年（含）以上；

（二）单个评选周期内，依据《银行间外汇市场评优办法》计算的即期和远期掉期客观指标评分和外汇局评分两项综合得分，在全部做市商和尝试做市机构中排名前10名；

（三）单个评选周期内，全行境内代客跨境收支规模在全部银行中连续排名前20名；

（四）外汇局核定的银行结售汇综合头寸上限在10亿美元（含）以上；

（五）具备健全的外汇业务风险管理系统、内部控制制度、内部资金和结售汇转移定价机制和较强的本外币融资能力；

（六）遵守人民银行和外汇局的有关规定，在提交申请的前两年内，结售汇业务和外汇市场交易没有重大违法、违规记录；

（七）有4名以上具有中国外汇交易中心（以下简称交易中心）颁发的银行间外汇市场交易员资格证书的交易员，岗位设置合理，职责明确；

（八）外汇局规定的其他条件。

第九条 符合本《指引》第六条所列条件的市场会员可向外汇局申请即期或远期掉期尝试做市资格，经外汇局备案，交易中心开通相应交易品种的双向报价功能后，开展尝试做市业务。

第十条 符合本《指引》第七条或第八条所列条件并愿意承担我国银行间外汇市场做市义务的市场会员，由其总行或有头寸集中管理权的授权分行向外汇局提出申请，经外汇局备案后成为银行间外汇市场即期、远期掉期或综合做市商。

第十一条 市场会员在提出银行间外汇市场尝试做市机构或做市商申请时应提交以下材料：

（一）承诺严格履行做市商做市义务的申请报告；

（二）符合本《指引》第六、七、八条对应条件的可行性分析报告；

（三）外汇局要求提供的其他材料和文件。

第十二条 外汇局自受理银行外汇市场做市商或尝试做市机构申请之日起于15个工作日内做出备案或不备案的决定，并将该决定抄送人民银行、交易中心。

第十三条 发生外资银行法人化改制资格承继、中英文名称变更等机构变更情况的做市商或尝试做市机构，应及时报外汇局登记备案。

第十四条 外汇局对做市商结售汇综合头寸实行统一核定和调整。

第十五条 外汇局就做市商报价、成交、信息报送和清算等情况进行定期评估和不定期核查，并接受市场会员对不履行本《指引》第五条所列做市义务行为的举报。

第十六条 交易中心应根据外汇局要求和市场反馈，完善银行间外汇市场做市商做市评估指标体系，并定期向外汇局报送做市商评估指标情况。

第十七条 外汇局对违反本《指引》机构和个人，依据《中华人民共和国外汇管理条例》予以处罚。

第十八条 外汇局对出现下列情况的综合做市商、即期和远期掉期做市商及尝试做市机

构,做市资格下调一级;自要求其停办做市业务之日起两年内不受理其此类业务新申请:

(一)单个评选周期内,依据《银行间外汇市场评优办法》计算的尝试做市机构做市品种客观指标评分和外汇局评分两项综合得分,在全部尝试做市机构中排名后三名,且低于评分最低的做市商;

(二)单个评选周期内,依据《银行间外汇市场评优办法》计算的即期、远期掉期做市商做市品种客观指标评分和外汇局评分两项综合得分,在全部做市商排名后三名,且低于评分最高的尝试做市机构;

(三)单个评选周期内,综合做市商不符合本《指引》第八条所列条件;

(四)因存在可能危及其正常做市的风险,被外汇局要求停办做市业务,在规定时间内整改仍未达到相关要求的。

第十九条 外汇局对做市商相关指标予以监测,并可约谈可能被要求停办做市业务的市场会员。

第二十条 放弃做市商或尝试做市机构资格的市场会员应提前15个工作日向外汇局申请,经外汇局备案后,转为普通市场会员。

第二十一条 银行间外汇市场新批准交易品种做市办法由外汇局另行规定。

第二十二条 本《指引》由外汇局负责解释。

本《指引》中所称"单个评选周期"以2013年为起始时间,每两个年度为一个周期。

第二十三条 本《指引》自发布之日起施行,《银行间外汇市场做市商指引》(汇发〔2010〕46号)同时废止。

六、金融

优先股试点管理办法

中国证券监督管理委员会令第 97 号

《优先股试点管理办法》已经 2013 年 12 月 9 日中国证券监督管理委员会第 16 次主席办公会会议审议通过，现予公布，自公布之日起施行。

中国证券监督管理委员会主席：肖钢
2014 年 3 月 21 日

优先股试点管理办法

第一章 总 则

第一条 为规范优先股发行和交易行为，保护投资者合法权益，根据《公司法》、《证券法》、《国务院关于开展优先股试点的指导意见》及相关法律法规，制定本办法。

第二条 本办法所称优先股是指依照《公司法》，在一般规定的普通种类股份之外，另行规定的其他种类股份，其股份持有人优先于普通股股东分配公司利润和剩余财产，但参与公司决策管理等权利受到限制。

第三条 上市公司可以发行优先股，非上市公众公司可以非公开发行优先股。

第四条 优先股试点应当符合《公司法》、《证券法》、《国务院关于开展优先股试点的指导意见》和本办法的相关规定，并遵循公开、公平、公正的原则，禁止欺诈、内幕交易和操纵市场的行为。

第五条 证券公司及其他证券服务机构参与优先股试点，应当遵守法律法规及中国证券监督管理委员会（以下简称中国证监会）相关规定，遵循行业公认的业务标准和行为规范，诚实守信、勤勉尽责。

第六条 试点期间不允许发行在股息分配和剩余财产分配上具有不同优先顺序的优先股,但允许发行在其他条款上具有不同设置的优先股。

同一公司既发行强制分红优先股,又发行不含强制分红条款优先股的,不属于发行在股息分配上具有不同优先顺序的优先股。

第七条 相同条款的优先股应当具有同等权利。同次发行的相同条款优先股,每股发行的条件、价格和票面股息率应当相同;任何单位或者个人认购的股份,每股应当支付相同价额。

第二章 优先股股东权利的行使

第八条 发行优先股的公司除按《国务院关于开展优先股试点的指导意见》制定章程有关条款外,还应当按本办法在章程中明确优先股股东的有关权利和义务。

第九条 优先股股东按照约定的股息率分配股息后,有权同普通股股东一起参加剩余利润分配的,公司章程应明确优先股股东参与剩余利润分配的比例、条件等事项。

第十条 出现以下情况之一的,公司召开股东大会会议应通知优先股股东,并遵循《公司法》及公司章程通知普通股股东的规定程序。优先股股东有权出席股东大会会议,就以下事项与普通股股东分类表决,其所持每一优先股有一表决权,但公司持有的本公司优先股没有表决权:

(一)修改公司章程中与优先股相关的内容;

(二)一次或累计减少公司注册资本超过百分之十;

(三)公司合并、分立、解散或变更公司形式;

(四)发行优先股;

(五)公司章程规定的其他情形。

上述事项的决议,除须经出席会议的普通股股东(含表决权恢复的优先股股东)所持表决权的三分之二以上通过之外,还须经出席会议的优先股股东(不含表决权恢复的优先股股东)所持表决权的三分之二以上通过。

第十一条 公司股东大会可授权公司董事会按公司章程的约定向优先股支付股息。公司累计三个会计年度或连续两个会计年度未按约定支付优先股股息的,股东大会批准当年不按约定分配利润的方案次日起,优先股股东有权出席股东大会与普通股股东共同表决,每股优先股股份享有公司章程规定的一定比例表决权。

对于股息可累积到下一会计年度的优先股,表决权恢复直至公司全额支付所欠股息。对于股息不可累积的优先股,表决权恢复直至公司全额支付当年股息。公司章程可规定优先股表决权恢复的其他情形。

第十二条 优先股股东有权查阅公司章程、股东名册、公司债券存根、股东大会会议记录、董事会会议决议、监事会会议决议、财务会计报告。

第十三条 发行人回购优先股包括发行人要求赎回优先股和投资者要求回售优先股两种情况,并应在公司章程和招股文件中规定其具体条件。发行人要求赎回优先股的,必须完全支付所欠股息,但商业银行发行优先股补充资本的除外。优先股回购后相应减记发行在外的优先股股份总数。

第十四条 公司董事、监事、高级管理人员应当向公司申报所持有的本公司优先股及其变动情况，在任职期间每年转让的股份不得超过其所持本公司优先股股份总数的百分之二十五。公司章程可以对公司董事、监事、高级管理人员转让其所持有的本公司优先股股份作出其他限制性规定。

第十五条 除《国务院关于开展优先股试点的指导意见》规定的事项外，计算股东人数和持股比例时应分别计算普通股和优先股。

第十六条 公司章程中规定优先股采用固定股息率的，可以在优先股存续期内采取相同的固定股息率，或明确每年的固定股息率，各年度的股息率可以不同；公司章程中规定优先股采用浮动股息率的，应当明确优先股存续期内票面股息率的计算方法。

第三章　上市公司发行优先股

第一节　一般规定

第十七条 上市公司应当与控股股东或实际控制人的人员、资产、财务分开，机构、业务独立。

第十八条 上市公司内部控制制度健全，能够有效保证公司运行效率、合法合规和财务报告的可靠性，内部控制的有效性应当不存在重大缺陷。

第十九条 上市公司发行优先股，最近三个会计年度实现的年均可分配利润应当不少于优先股一年的股息。

第二十条 上市公司最近三年现金分红情况应当符合公司章程及中国证监会的有关监管规定。

第二十一条 上市公司报告期不存在重大会计违规事项。公开发行优先股，最近三年财务报表被注册会计师出具的审计报告应当为标准审计报告或带强调事项段的无保留意见的审计报告；非公开发行优先股，最近一年财务报表被注册会计师出具的审计报告为非标准审计报告的，所涉及事项对公司无重大不利影响或者在发行前重大不利影响已经消除。

第二十二条 上市公司发行优先股募集资金应有明确用途，与公司业务范围、经营规模相匹配，募集资金用途符合国家产业政策和有关环境保护、土地管理等法律和行政法规的规定。

除金融类企业外，本次募集资金使用项目不得为持有交易性金融资产和可供出售的金融资产、借予他人等财务性投资，不得直接或间接投资于以买卖有价证券为主要业务的公司。

第二十三条 上市公司已发行的优先股不得超过公司普通股股份总数的百分之五十，且筹资金额不得超过发行前净资产的百分之五十，已回购、转换的优先股不纳入计算。

第二十四条 上市公司同一次发行的优先股，条款应当相同。每次优先股发行完毕前，不得再次发行优先股。

第二十五条 上市公司存在下列情形之一的，不得发行优先股：

（一）本次发行申请文件有虚假记载、误导性陈述或重大遗漏；

（二）最近十二个月内受到过中国证监会的行政处罚；
（三）因涉嫌犯罪正被司法机关立案侦查或涉嫌违法违规正被中国证监会立案调查；
（四）上市公司的权益被控股股东或实际控制人严重损害且尚未消除；
（五）上市公司及其附属公司违规对外提供担保且尚未解除；
（六）存在可能严重影响公司持续经营的担保、诉讼、仲裁、市场重大质疑或其他重大事项；
（七）其董事和高级管理人员不符合法律、行政法规和规章规定的任职资格；
（八）严重损害投资者合法权益和社会公共利益的其他情形。

第二节 公开发行的特别规定

第二十六条 上市公司公开发行优先股，应当符合以下情形之一：
（一）其普通股为上证 50 指数成份股；
（二）以公开发行优先股作为支付手段收购或吸收合并其他上市公司；
（三）以减少注册资本为目的回购普通股的，可以公开发行优先股作为支付手段，或者在回购方案实施完毕后，可公开发行不超过回购减资总额的优先股。

中国证监会核准公开发行优先股后不再符合本条第（一）项情形的，上市公司仍可实施本次发行。

第二十七条 上市公司最近三个会计年度应当连续盈利。扣除非经常性损益后的净利润与扣除前的净利润相比，以孰低者作为计算依据。

第二十八条 上市公司公开发行优先股应当在公司章程中规定以下事项：
（一）采取固定股息率；
（二）在有可分配税后利润的情况下必须向优先股股东分配股息；
（三）未向优先股股东足额派发股息的差额部分应当累积到下一会计年度；
（四）优先股股东按照约定的股息率分配股息后，不再同普通股股东一起参加剩余利润分配。

商业银行发行优先股补充资本的，可就第（二）项和第（三）项事项另行约定。

第二十九条 上市公司公开发行优先股的，可以向原股东优先配售。

第三十条 除本办法第二十五条的规定外，上市公司最近三十六个月内因违反工商、税收、土地、环保、海关法律、行政法规或规章，受到行政处罚且情节严重的，不得公开发行优先股。

第三十一条 上市公司公开发行优先股，公司及其控股股东或实际控制人最近十二个月内应当不存在违反向投资者作出的公开承诺的行为。

第三节 其他规定

第三十二条 优先股每股票面金额为一百元。

优先股发行价格和票面股息率应当公允、合理，不得损害股东或其他利益相关方的合法利益，发行价格不得低于优先股票面金额。

公开发行优先股的价格或票面股息率以市场询价或证监会认可的其他公开方式确定。非公开发行优先股的票面股息率不得高于最近两个会计年度的年均加权平均净资产收益率。

第三十三条 上市公司不得发行可转换为普通股的优先股。但商业银行可根据商业银行资本监管规定，非公开发行触发事件发生时强制转换为普通股的优先股，并遵守有关规定。

第三十四条 上市公司非公开发行优先股仅向本办法规定的合格投资者发行，每次发行对象不得超过二百人，且相同条款优先股的发行对象累计不得超过二百人。

发行对象为境外战略投资者的，还应当符合国务院相关部门的规定。

第四节 发行程序

第三十五条 上市公司申请发行优先股，董事会应当按照中国证监会有关信息披露规定，公开披露本次优先股发行预案，并依法就以下事项作出决议，提请股东大会批准。

（一）本次优先股的发行方案；

（二）非公开发行优先股且发行对象确定的，上市公司与相应发行对象签订的附条件生效的优先股认购合同。认购合同应当载明发行对象拟认购优先股的数量、认购价格或定价原则、票面股息率或其确定原则，以及其他必要条款。认购合同应当约定发行对象不得以竞价方式参与认购，且本次发行一经上市公司董事会、股东大会批准并经中国证监会核准，该合同即应生效；

（三）非公开发行优先股且发行对象尚未确定的，决议应包括发行对象的范围和资格、定价原则、发行数量或数量区间。

上市公司的控股股东、实际控制人或其控制的关联人参与认购本次非公开发行优先股的，按照前款第（二）项执行。

第三十六条 上市公司独立董事应当就上市公司本次发行对公司各类股东权益的影响发表专项意见，并与董事会决议一同披露。

第三十七条 上市公司股东大会就发行优先股进行审议，应当就下列事项逐项进行表决：

（一）本次发行优先股的种类和数量；

（二）发行方式、发行对象及向原股东配售的安排；

（三）票面金额、发行价格或其确定原则；

（四）优先股股东参与分配利润的方式，包括：票面股息率或其确定原则、股息发放的条件、股息支付方式、股息是否累积、是否可以参与剩余利润分配等；

（五）回购条款，包括回购的条件、期间、价格及其确定原则、回购选择权的行使主体等（如有）；

（六）募集资金用途；

（七）公司与发行对象签订的附条件生效的优先股认购合同（如有）；

（八）决议的有效期；

（九）公司章程关于优先股股东和普通股股东利润分配、剩余财产分配、优先股表决权恢复等相关政策条款的修订方案；

（十）对董事会办理本次发行具体事宜的授权；

（十一）其他事项。

上述决议，须经出席会议的普通股股东（含表决权恢复的优先股股东）所持表决权的三分之二以上通过。已发行优先股的，还须经出席会议的优先股股东（不含表决权恢复的优先股股东）所持表决权的三分之二以上通过。上市公司向公司特定股东及其关联人发行优先股的，股东大会就发行方案进行表决时，关联股东应当回避。

第三十八条 上市公司就发行优先股事项召开股东大会，应当提供网络投票，还可以通过中国证监会认可的其他方式为股东参加股东大会提供便利。

第三十九条 上市公司申请发行优先股应当由保荐人保荐并向中国证监会申报，其申请、审核、核准、发行等相关程序参照《上市公司证券发行管理办法》和《证券发行与承销管理办法》的规定。发审委会议按照《中国证券监督管理委员会发行审核委员会办法》规定的特别程序，审核发行申请。

第四十条 上市公司发行优先股，可以申请一次核准，分次发行，不同次发行的优先股除票面股息率外，其他条款应当相同。自中国证监会核准发行之日起，公司应在六个月内实施首次发行，剩余数量应当在二十四个月内发行完毕。超过核准文件时限的，须申请中国证监会重新核准。首次发行数量应当不少于总发行数量的百分之五十，剩余各次发行的数量由公司自行确定，每次发行完毕后五个工作日内报中国证监会备案。

第四章　非上市公众公司非公开发行优先股

第四十一条 非上市公众公司非公开发行优先股应符合下列条件：

（一）合法规范经营；

（二）公司治理机制健全；

（三）依法履行信息披露义务。

第四十二条 非上市公众公司非公开发行优先股应当遵守本办法第二十三条、第二十四条、第二十五条、第三十二条、第三十三条的规定。

第四十三条 非上市公众公司非公开发行优先股仅向本办法规定的合格投资者发行，每次发行对象不得超过二百人，且相同条款优先股的发行对象累计不得超过二百人。

第四十四条 非上市公众公司拟发行优先股的，董事会应依法就具体方案、本次发行对公司各类股东权益的影响、发行优先股的目的、募集资金的用途及其他必须明确的事项作出决议，并提请股东大会批准。

董事会决议确定具体发行对象的，董事会决议应当确定具体的发行对象名称及其认购价格或定价原则、认购数量或数量区间等；同时应在召开董事会前与相应发行对象签订附条件生效的股份认购合同。董事会决议未确定具体发行对象的，董事会决议应当明确发行对象的范围和资格、定价原则等。

第四十五条 非上市公众公司股东大会就发行优先股进行审议，表决事项参照本办法第三十七条执行。发行优先股决议，须经出席会议的普通股股东（含表决权恢复的优先股股东）所持表决权的三分之二以上通过。已发行优先股的，还须经出席会议的优先股股东（不含表决权恢复的优先股股东）所持表决权的三分之二以上通过。非上市公众公司向公司特定股东及其关联人发行优先股的，股东大会就发行方案进行表决时，关联股东应当回避，公司普通股股东（不含表决权恢复的优先股股东）人数少于二百人的除外。

第四十六条 非上市公众公司发行优先股的申请、审核（豁免）、发行等相关程序应按照《非上市公众公司监督管理办法》等相关规定办理。

第五章 交易转让及登记结算

第四十七条 优先股发行后可以申请上市交易或转让，不设限售期。

公开发行的优先股可以在证券交易所上市交易。上市公司非公开发行的优先股可以在证券交易所转让，非上市公众公司非公开发行的优先股可以在全国中小企业股份转让系统转让，转让范围仅限合格投资者。交易或转让的具体办法由证券交易所或全国中小企业股份转让系统另行制定。

第四十八条 优先股交易或转让环节的投资者适当性标准应当与发行环节保持一致；非公开发行的相同条款优先股经交易或转让后，投资者不得超过二百人。

第四十九条 中国证券登记结算公司为优先股提供登记、存管、清算、交收等服务。

第六章 信息披露

第五十条 公司应当按照中国证监会有关信息披露规则编制募集优先股说明书或其他信息披露文件，依法履行信息披露义务。上市公司相关信息披露程序和要求参照《上市公司证券发行管理办法》和《上市公司非公开发行股票实施细则》及有关监管指引的规定。非上市公众公司非公开发行优先股的信息披露程序和要求参照《非上市公众公司监督管理办法》及有关监管指引的规定。

第五十一条 发行优先股的公司披露定期报告时，应当以专门章节披露已发行优先股情况、持有公司优先股股份最多的前十名股东的名单和持股数额、优先股股东的利润分配情况、优先股的回购情况、优先股股东表决权恢复及行使情况、优先股会计处理情况及其他与优先股有关的情况，具体内容与格式由中国证监会规定。

第五十二条 发行优先股的上市公司，发生表决权恢复、回购普通股等事项，以及其他可能对其普通股或优先股交易或转让价格产生较大影响事项的，上市公司应当按照《证券法》第六十七条以及中国证监会的相关规定，履行临时报告、公告等信息披露义务。

第五十三条 发行优先股的非上市公众公司按照《非上市公众公司监督管理办法》及有关监管指引的规定履行日常信息披露义务。

第七章 回购与并购重组

第五十四条 上市公司可以非公开发行优先股作为支付手段，向公司特定股东回购普通股。上市公司回购普通股的价格应当公允、合理，不得损害股东或其他利益相关方的合法利益。

第五十五条 上市公司以减少注册资本为目的回购普通股公开发行优先股的，以及以非公开发行优先股为支付手段向公司特定股东回购普通股的，除应当符合优先股发行条件和程序，还应符合以下规定：

（一）上市公司回购普通股应当由董事会依法作出决议并提交股东大会批准；

（二）上市公司股东大会就回购普通股作出的决议，应当包括下列事项：回购普通股的价格区间，回购普通股的数量和比例，回购普通股的期限，决议的有效期，对董事会办理本次回购股份事宜的具体授权，其他相关事项。以发行优先股作为支付手段的，应当包括拟用于支付的优先股总金额以及支付比例；回购方案实施完毕之日起一年内公开发行优先股的，应当包括回购的资金总额以及资金来源；

（三）上市公司股东大会就回购普通股作出决议，必须经出席会议的普通股股东（含表决权恢复的优先股股东）所持表决权的三分之二以上通过；

（四）上市公司应当在股东大会作出回购普通股决议后的次日公告该决议；

（五）依法通知债权人；

本办法未做规定的应当符合中国证监会有关上市公司回购的其他规定。

第五十六条 上市公司收购要约适用于被收购公司的所有股东，但可以针对优先股股东和普通股股东提出不同的收购条件。

第五十七条 上市公司可以按照《上市公司重大资产重组管理办法》规定的条件发行优先股购买资产，同时应当遵守本办法第三十三条，以及第三十五条至第三十八条的规定，依法披露有关信息、履行相应程序。

第五十八条 上市公司发行优先股作为支付手段购买资产的，可以同时募集配套资金。

第五十九条 非上市公众公司发行优先股的方案涉及重大资产重组的，应当符合中国证监会有关重大资产重组的规定。

第八章 监管措施和法律责任

第六十条 公司及其控股股东或实际控制人，公司董事、监事、高级管理人员以及其他直接责任人员，相关市场中介机构及责任人员，以及优先股试点的其他市场参与者违反本办法规定的，依照《公司法》、《证券法》和中国证监会的有关规定处理；涉嫌犯罪的，依法移送司法机关，追究其刑事责任。

第六十一条 上市公司、非上市公众公司违反本办法规定，存在未按规定制定有关章程条款、不按照约定召集股东大会恢复优先股股东表决权等损害优先股股东和中小股东权益等行为的，中国证监会应当责令改正，对上市公司、非上市公众公司和其直接负责的主管人员和其他直接责任人员，可以采取相应的行政监管措施以及警告、三万元以下罚款等行政处罚。

第六十二条 上市公司违反本办法第二十二条第二款规定的，中国证监会可以责令改正，并在三十六个月内不受理该公司的公开发行证券申请。

第六十三条 上市公司、非上市公众公司向本办法规定的合格投资者以外的投资者非公开发行优先股，中国证监会应当责令改正，并可以自确认之日起在三十六个月内不受理该公司的发行优先股申请。

第六十四条 承销机构在承销非公开发行的优先股时,将优先股配售给不符合本办法合格投资者规定的对象的,中国证监会可以责令改正,并在三十六个月内不接受其参与证券承销。

第九章　附　　则

第六十五条 本办法所称合格投资者包括:

(一)经有关金融监管部门批准设立的金融机构,包括商业银行、证券公司、基金管理公司、信托公司和保险公司等;

(二)上述金融机构面向投资者发行的理财产品,包括但不限于银行理财产品、信托产品、投连险产品、基金产品、证券公司资产管理产品等;

(三)实收资本或实收股本总额不低于人民币五百万元的企业法人;

(四)实缴出资总额不低于人民币五百万元的合伙企业;

(五)合格境外机构投资者(QFII)、人民币合格境外机构投资者(RQFII)、符合国务院相关部门规定的境外战略投资者;

(六)除发行人董事、高级管理人员及其配偶以外的,名下各类证券账户、资金账户、资产管理账户的资产总额不低于人民币五百万元的个人投资者;

(七)经中国证监会认可的其他合格投资者。

第六十六条 非上市公众公司首次公开发行普通股并同时非公开发行优先股的,其优先股的发行与信息披露应符合本办法中关于上市公司非公开发行优先股的有关规定。

第六十七条 注册在境内的境外上市公司在境外发行优先股,应当符合境外募集股份及上市的有关规定。

注册在境内的境外上市公司在境内发行优先股,参照执行本办法关于非上市公众公司发行优先股的规定,以及《非上市公众公司监督管理办法》等相关规定,其优先股可以在全国中小企业股份转让系统进行转让。

第六十八条 本办法下列用语含义如下:

(一)强制分红:公司在有可分配税后利润的情况下必须向优先股股东分配股息;

(二)可分配税后利润:发行人股东依法享有的未分配利润;

(三)加权平均净资产收益率:按照《公开发行证券的公司信息披露编报规则第9号——净资产收益率和每股收益的计算及披露》计算的加权平均净资产收益率;

(四)上证50指数:中证指数有限公司发布的上证50指数。

第六十九条 本办法中计算合格投资者人数时,同一资产管理机构以其管理的两只以上产品认购或受让优先股的,视为一人。

第七十条 本办法自公布之日起施行。

金融租赁公司管理办法

中国银监会令 2014 年第 3 号

《金融租赁公司管理办法》已经中国银监会 2013 年第 24 次主席会议通过。现予公布,自公布之日起施行。

主席:尚福林

2014 年 3 月 13 日

金融租赁公司管理办法

第一章 总 则

第一条 为促进融资租赁业务发展,规范金融租赁公司的经营行为,根据《中华人民共和国银行业监督管理法》、《中华人民共和国公司法》等法律法规,制定本办法。

第二条 本办法所称金融租赁公司,是指经银监会批准,以经营融资租赁业务为主的非银行金融机构。

金融租赁公司名称中应当标明"金融租赁"字样。未经银监会批准,任何单位不得在其名称中使用"金融租赁"字样。

第三条 本办法所称融资租赁,是指出租人根据承租人对租赁物和供货人的选择或认可,将其从供货人处取得的租赁物按合同约定出租给承租人占有、使用,向承租人收取租金的交易活动。

第四条 适用于融资租赁交易的租赁物为固定资产,银监会另有规定的除外。

第五条 本办法所称售后回租业务,是指承租人将自有物件出卖给出租人,同时与出租人签订融资租赁合同,再将该物件从出租人处租回的融资租赁形式。售后回租业务是承租人和供货人为同一人的融资租赁方式。

第六条 银监会及其派出机构依法对金融租赁公司实施监督管理。

第二章 机构设立、变更与终止

第七条 申请设立金融租赁公司,应当具备以下条件:

(一)有符合《中华人民共和国公司法》和银监会规定的公司章程;

(二)有符合规定条件的发起人;

(三)注册资本为一次性实缴货币资本,最低限额为 1 亿元人民币或等值的可自由兑换

货币;

(四)有符合任职资格条件的董事、高级管理人员,并且从业人员中具有金融或融资租赁工作经历3年以上的人员应当不低于总人数的50%;

(五)建立了有效的公司治理、内部控制和风险管理体系;

(六)建立了与业务经营和监管要求相适应的信息科技架构,具有支撑业务经营的必要、安全且合规的信息系统,具备保障业务持续运营的技术与措施;

(七)有与业务经营相适应的营业场所、安全防范措施和其他设施;

(八)银监会规定的其他审慎性条件。

第八条 金融租赁公司的发起人包括在中国境内外注册的具有独立法人资格的商业银行,在中国境内注册的、主营业务为制造适合融资租赁交易产品的大型企业,在中国境外注册的融资租赁公司以及银监会认可的其他发起人。

银监会认可的其他发起人是指除符合本办法第九条至第十一条规定的发起人以外的其他境内法人机构和境外金融机构。

第九条 在中国境内外注册的具有独立法人资格的商业银行作为金融租赁公司发起人,应当具备以下条件:

(一)满足所在国家或地区监管当局的审慎监管要求;

(二)具有良好的公司治理结构、内部控制机制和健全的风险管理体系;

(三)最近1年年末总资产不低于800亿元人民币或等值的可自由兑换货币;

(四)财务状况良好,最近2个会计年度连续盈利;

(五)为拟设金融租赁公司确定了明确的发展战略和清晰的盈利模式;

(六)遵守注册地法律法规,最近2年内未发生重大案件或重大违法违规行为;

(七)境外商业银行作为发起人的,其所在国家或地区金融监管当局已经与银监会建立良好的监督管理合作机制;

(八)入股资金为自有资金,不得以委托资金、债务资金等非自有资金入股;

(九)承诺5年内不转让所持有的金融租赁公司股权、不将所持有的金融租赁公司股权进行质押或设立信托,并在拟设公司章程中载明;

(十)银监会规定的其他审慎性条件。

第十条 在中国境内注册的、主营业务为制造适合融资租赁交易产品的大型企业作为金融租赁公司发起人,应当具备以下条件:

(一)有良好的公司治理结构或有效的组织管理方式;

(二)最近1年的营业收入不低于50亿元人民币或等值的可自由兑换货币;

(三)财务状况良好,最近2个会计年度连续盈利;

(四)最近1年年末净资产不低于总资产的30%;

(五)最近1年主营业务销售收入占全部营业收入的80%以上;

(六)为拟设金融租赁公司确定了明确的发展战略和清晰的盈利模式;

(七)有良好的社会声誉、诚信记录和纳税记录;

(八)遵守国家法律法规,最近2年内未发生重大案件或重大违法违规行为;

(九)入股资金为自有资金,不得以委托资金、债务资金等非自有资金入股;

（十）承诺 5 年内不转让所持有的金融租赁公司股权、不将所持有的金融租赁公司股权进行质押或设立信托，并在拟设公司章程中载明；

（十一）银监会规定的其他审慎性条件。

第十一条 在中国境外注册的具有独立法人资格的融资租赁公司作为金融租赁公司发起人，应当具备以下条件：

（一）具有良好的公司治理结构、内部控制机制和健全的风险管理体系；

（二）最近 1 年年末总资产不低于 100 亿元人民币或等值的可自由兑换货币；

（三）财务状况良好，最近 2 个会计年度连续盈利；

（四）遵守注册地法律法规，最近 2 年内未发生重大案件或重大违法违规行为；

（五）所在国家或地区经济状况良好；

（六）入股资金为自有资金，不得以委托资金、债务资金等非自有资金入股；

（七）承诺 5 年内不转让所持有的金融租赁公司股权、不将所持有的金融租赁公司股权进行质押或设立信托，并在拟设公司章程中载明；

（八）银监会规定的其他审慎性条件。

第十二条 金融租赁公司至少应当有一名符合第九条至第十一条规定的发起人，且其出资比例不低于拟设金融租赁公司全部股本的 30%。

第十三条 其他境内法人机构作为金融租赁公司发起人，应当具备以下条件：

（一）有良好的公司治理结构或有效的组织管理方式；

（二）有良好的社会声誉、诚信记录和纳税记录；

（三）经营管理良好，最近 2 年内无重大违法违规经营记录；

（四）财务状况良好，且最近 2 个会计年度连续盈利；

（五）入股资金为自有资金，不得以委托资金、债务资金等非自有资金入股；

（六）承诺 5 年内不转让所持有的金融租赁公司股权，不将所持有的金融租赁公司股权进行质押或设立信托，并在公司章程中载明；

（七）银监会规定的其他审慎性条件；

其他境内法人机构为非金融机构的，最近 1 年年末净资产不得低于总资产的 30%；

其他境内法人机构为金融机构的，应当符合与该类金融机构有关的法律、法规、相关监管规定要求。

第十四条 其他境外金融机构作为金融租赁公司发起人，应当具备以下条件：

（一）满足所在国家或地区监管当局的审慎监管要求；

（二）具有良好的公司治理结构、内部控制机制和健全的风险管理体系；

（三）最近 1 年年末总资产原则上不低于 10 亿美元或等值的可自由兑换货币；

（四）财务状况良好，最近 2 个会计年度连续盈利；

（五）入股资金为自有资金，不得以委托资金、债务资金等非自有资金入股；

（六）承诺 5 年内不转让所持有的金融租赁公司股权、不将所持有的金融租赁公司股权进行质押或设立信托，并在公司章程中载明；

（七）所在国家或地区金融监管当局已经与银监会建立良好的监督管理合作机制；

（八）具有有效的反洗钱措施；

（九）所在国家或地区经济状况良好；

（十）银监会规定的其他审慎性条件。

第十五条 有以下情形之一的企业不得作为金融租赁公司的发起人：

（一）公司治理结构与机制存在明显缺陷；

（二）关联企业众多、股权关系复杂且不透明、关联交易频繁且异常；

（三）核心主业不突出且其经营范围涉及行业过多；

（四）现金流量波动受经济景气影响较大；

（五）资产负债率、财务杠杆率高于行业平均水平；

（六）其他对金融租赁公司产生重大不利影响的情况。

第十六条 金融租赁公司发起人应当在金融租赁公司章程中约定，在金融租赁公司出现支付困难时，给予流动性支持；当经营损失侵蚀资本时，及时补足资本金。

第十七条 金融租赁公司根据业务发展的需要，经银监会批准，可以设立分公司、子公司。设立分公司、子公司的具体条件由银监会另行制定。

第十八条 金融租赁公司董事和高级管理人员实行任职资格核准制度。

第十九条 金融租赁公司有下列变更事项之一的，须报经银监会或其派出机构批准。

（一）变更公司名称；

（二）变更组织形式；

（三）调整业务范围；

（四）变更注册资本；

（五）变更股权或调整股权结构；

（六）修改公司章程；

（七）变更公司住所或营业场所；

（八）变更董事和高级管理人员；

（九）合并或分立；

（十）银监会规定的其他变更事项。

第二十条 金融租赁公司变更股权及调整股权结构，拟投资入股的出资人需符合本办法第八条至第十六条规定的新设金融租赁公司发起人条件。

第二十一条 金融租赁公司有以下情况之一的，经银监会批准可以解散：

（一）公司章程规定的营业期限届满或者公司章程规定的其他解散事由出现；

（二）股东决定或股东（大）会决议解散；

（三）因公司合并或者分立需要解散；

（四）依法被吊销营业执照、责令关闭或者被撤销；

（五）其他法定事由。

第二十二条 金融租赁公司有以下情形之一的，经银监会批准，可以向法院申请破产：

（一）不能支付到期债务，自愿或债权人要求申请破产的；

（二）因解散或被撤销而清算，清算组发现财产不足以清偿债务，应当申请破产的。

第二十三条 金融租赁公司不能清偿到期债务，并且资产不足以清偿全部债务或者明显缺乏清偿能力的，银监会可以向人民法院提出对该金融租赁公司进行重整或者破产清算的申请。

第二十四条 金融租赁公司因解散、依法被撤销或被宣告破产而终止的，其清算事宜，按照国家有关法律法规办理。

第二十五条 金融租赁公司设立、变更、终止和董事及高管人员任职资格核准的行政许可程序，按照银监会相关规定执行。

第三章 业务范围

第二十六条 经银监会批准，金融租赁公司可以经营下列部分或全部本外币业务：

（一）融资租赁业务；

（二）转让和受让融资租赁资产；

（三）固定收益类证券投资业务；

（四）接受承租人的租赁保证金；

（五）吸收非银行股东3个月（含）以上定期存款；

（六）同业拆借；

（七）向金融机构借款；

（八）境外借款；

（九）租赁物变卖及处理业务；

（十）经济咨询。

第二十七条 经银监会批准，经营状况良好、符合条件的金融租赁公司可以开办下列部分或全部本外币业务：

（一）发行债券；

（二）在境内保税地区设立项目公司开展融资租赁业务；

（三）资产证券化；

（四）为控股子公司、项目公司对外融资提供担保；

（五）银监会批准的其他业务。

金融租赁公司开办前款所列业务的具体条件和程序，按照有关规定执行。

第二十八条 金融租赁公司业务经营中涉及外汇管理事项的，需遵守国家外汇管理有关规定。

第四章 经营规则

第二十九条 金融租赁公司应当建立以股东或股东（大）会、董事会、监事（会）、高级管理层等为主体的组织架构，明确职责划分，保证相互之间独立运行、有效制衡，形成科学高效的决策、激励和约束机制。

第三十条 金融租赁公司应当按照全面、审慎、有效、独立原则，建立健全内部控制制度，防范、控制和化解风险，保障公司安全稳健运行。

第三十一条 金融租赁公司应当根据其组织架构、业务规模和复杂程度建立全面的风险管理体系，对信用风险、流动性风险、市场风险、操作风险等各类风险进行有效的识别、计量、监测和控制，同时还应当及时识别和管理与融资租赁业务相关的特定风险。

第三十二条 金融租赁公司应当合法取得租赁物的所有权。

第三十三条 租赁物属于国家法律法规规定所有权转移必须到登记部门进行登记的财产类别，金融租赁公司应当进行相关登记。租赁物不属于需要登记的财产类别，金融租赁公司应当采取有效措施保障对租赁物的合法权益。

第三十四条 售后回租业务的租赁物必须由承租人真实拥有并有权处分。金融租赁公司不得接受已设置任何抵押、权属存在争议或已被司法机关查封、扣押的财产或所有权存在瑕疵的财产作为售后回租业务的租赁物。

第三十五条 金融租赁公司应当在签订融资租赁合同或明确融资租赁业务意向的前提下，按照承租人要求购置租赁物。特殊情况下需提前购置租赁物的，应当与自身现有业务领域或业务规划保持一致，且与自身风险管理能力和专业化经营水平相符。

第三十六条 金融租赁公司应当建立健全租赁物价值评估和定价体系，根据租赁物的价值、其他成本和合理利润等确定租金水平。

售后回租业务中，金融租赁公司对租赁物的买入价格应当有合理的、不违反会计准则的定价依据作为参考，不得低值高买。

第三十七条 金融租赁公司应当重视租赁物的风险缓释作用，密切监测租赁物价值对融资租赁债权的风险覆盖水平，制定有效的风险应对措施。

第三十八条 金融租赁公司应当加强租赁物未担保余值的估值管理，定期评估未担保余值，并开展减值测试。当租赁物未担保余值出现减值迹象时，应当按照会计准则要求计提减值准备。

第三十九条 金融租赁公司应当加强未担保余值风险的限额管理，根据业务规模、业务性质、复杂程度和市场状况，对未担保余值比例较高的融资租赁资产设定风险限额。

第四十条 金融租赁公司应当加强对租赁期限届满返还或因承租人违约而取回的租赁物的风险管理，建立完善的租赁物处置制度和程序，降低租赁物持有期风险。

第四十一条 金融租赁公司应当严格按照会计准则等相关规定，真实反映融资租赁资产转让和受让业务的实质和风险状况。

第四十二条 金融租赁公司应当建立健全集中度风险管理体系，有效防范和分散经营风险。

第四十三条 金融租赁公司应当建立严格的关联交易管理制度，其关联交易应当按照商业原则，以不优于非关联方同类交易的条件进行。

第四十四条 金融租赁公司与其设立的控股子公司、项目公司之间的交易，不适用本办法对关联交易的监管要求。

第四十五条 金融租赁公司的重大关联交易应当经董事会批准。

重大关联交易是指金融租赁公司与一个关联方之间单笔交易金额占金融租赁公司资本净额5%以上，或金融租赁公司与一个关联方发生交易后金融租赁公司与该关联方的交易余额占金融租赁公司资本净额10%以上的交易。

第四十六条 金融租赁公司所开展的固定收益类证券投资业务，不得超过资本净额的 20%。

第四十七条 金融租赁公司开办资产证券化业务，可以参照信贷资产证券化相关规定。

第五章 监督管理

第四十八条 金融租赁公司应当遵守以下监管指标的规定：

（一）资本充足率。金融租赁公司资本净额与风险加权资产的比例不得低于银监会的最低监管要求。

（二）单一客户融资集中度。金融租赁公司对单一承租人的全部融资租赁业务余额不得超过资本净额的 30%。

（三）单一集团客户融资集中度。金融租赁公司对单一集团的全部融资租赁业务余额不得超过资本净额的 50%。

（四）单一客户关联度。金融租赁公司对一个关联方的全部融资租赁业务余额不得超过资本净额的 30%。

（五）全部关联度。金融租赁公司对全部关联方的全部融资租赁业务余额不得超过资本净额的 50%。

（六）单一股东关联度。对单一股东及其全部关联方的融资余额不得超过该股东在金融租赁公司的出资额，且应同时满足本办法对单一客户关联度的规定。

（七）同业拆借比例。金融租赁公司同业拆入资金余额不得超过资本净额的 100%。

经银监会认可，特定行业的单一客户融资集中度和单一集团客户融资集中度要求可以适当调整。

银监会根据监管需要可以对上述指标做出适当调整。

第四十九条 金融租赁公司应当按照银监会的相关规定构建资本管理体系，合理评估资本充足状况，建立审慎、规范的资本补充、约束机制。

第五十条 金融租赁公司应当按照监管规定建立资产质量分类制度。

第五十一条 金融租赁公司应当按照相关规定建立准备金制度，在准确分类的基础上及时足额计提资产减值损失准备，增强风险抵御能力。未提足准备的，不得进行利润分配。

第五十二条 金融租赁公司应当建立健全内部审计制度，审查评价并改善经营活动、风险状况、内部控制和公司治理效果，促进合法经营和稳健发展。

第五十三条 金融租赁公司应当执行国家统一的会计准则和制度，真实记录并全面反映财务状况和经营成果等信息。

第五十四条 金融租赁公司应当按规定报送会计报表及银监会及其派出机构要求的其他报表，并对所报报表、资料的真实性、准确性和完整性负责。

第五十五条 金融租赁公司应当建立定期外部审计制度，并在每个会计年度结束后的 4 个月内，将经法定代表人签名确认的年度审计报告报送银监会或其派出机构。

第五十六条 金融租赁公司违反本办法有关规定的，银监会及其派出机构应当依法责令限期整改；逾期未整改的，或者其行为严重危及该金融租赁公司的稳健运行、损害客户合法权益的，可以区别情形，依照《中华人民共和国银行业监督管理法》等法律法规，采取暂停业务、限制股东权利等监管措施。

第五十七条 金融租赁公司已经或者可能发生信用危机，严重影响客户合法权益的，银监会依法对其实行托管或者督促其重组，问题严重的，有权予以撤销。

第五十八条 凡违反本办法有关规定的，银监会及其派出机构依照《中华人民共和国银行业监督管理法》等有关法律法规进行处罚。金融租赁公司对处罚决定不服的，可以依法申请行政复议或者向人民法院提起行政诉讼。

第六章 附 则

第五十九条 除特别说明外，本办法中各项财务指标要求均为合并会计报表口径。

第六十条 本办法由银监会负责解释。

第六十一条 本办法自公布之日起施行，原《金融租赁公司管理办法》（中国银行业监督管理委员会令2007年第1号）同时废止。

关于印发修订《企业会计准则第2号——长期股权投资》的通知

财会〔2014〕14号

国务院有关部委、有关直属机构，各省、自治区、直辖市、计划单列市财政厅（局），新疆生产建设兵团财务局，财政部驻各省、自治区、直辖市、计划单列市财政监察专员办事处，有关中央管理企业：

为了适应社会主义市场经济发展需要，提高企业财务报表质量和会计信息透明度，根据《企业会计准则——基本准则》，我部对《企业会计准则第2号——长期股权投资》进行了修订，现予印发，自2014年7月1日起在所有执行企业会计准则的企业范围内施行，鼓励在境外上市的企业提前执行。我部于2006年2月15日发布的《〈企业会计准则第1号——存货〉等38项具体准则》（财会〔2006〕3号）中的《企业会计准则第2号——长期股权投资》同时废止。

执行中有何问题，请及时反馈我部。

附件：企业会计准则第2号——长期股权投资（略——编者注）

财政部
2014年3月13日

中国保险监督管理委员会关于修改
《中国保险监督管理委员会行政许可实施办法》的决定

保监会令 2014 年第 2 号

现发布《中国保险监督管理委员会关于修改〈中国保险监督管理委员会行政许可实施办法〉的决定》，自发布之日起施行。

主席　项俊波
2014 年 2 月 14 日

中国保险监督管理委员会决定对《中国保险监督管理委员会行政许可实施办法》作如下修改：

将第二十三条修改为："中国保监会或者派出机构作出准予行政许可决定，需要颁发保险许可证件的，应当按照相关规定向申请人颁发保险许可证件。"

本决定自发布之日起施行。

《中国保险监督管理委员会行政许可实施办法》根据本决定作相应的修改，重新发布。

中国保险监督管理委员会行政许可实施办法

第一条　为了规范中国保险监督管理委员会（以下简称中国保监会）及中国保监会派出机构（以下简称派出机构）行政许可的实施，提高保险监管效率，维护公民、保险机构、其他法人和组织的合法权益，根据《中华人民共和国行政许可法》、《中华人民共和国保险法》，制定本办法。

第二条　本办法所称行政许可，是指中国保监会或者派出机构，根据法律、行政法规和国务院决定的授权，对公民、保险机构、其他法人或者组织的申请，依法审查，准予其从事特定活动的行为。

第三条　中国保监会及其派出机构实施行政许可，应当依照法定的权限、范围、条件和程序，遵循公开、公平、公正和便民的原则，提高办事效率，提供优质服务。

第四条　中国保监会可以制定规章，授权派出机构实施行政许可。派出机构在规章的授权范围内，以自己的名义实施行政许可。

中国保监会可以制定规范性文件，委托派出机构实施行政许可。派出机构根据中国保监会的委托，实施行政许可，应当以中国保监会的名义，中国保监会对该行为的后果承担法律责任。

第五条 中国保监会制定规章和规范性文件不得设定行政许可。派出机构制定规范性文件，不得设定行政许可，也不得对实施行政许可作出具体规定。

第六条 中国保监会的规章和规范性文件，可以在法律、行政法规和国务院决定设定的行政许可事项范围内，对实施该行政许可作出具体规定，但应当遵循下列要求：

（一）不得增设违反法律、行政法规和国务院决定的其他条件；

（二）明确列举行政许可的条件；

（三）明确列举需要申请人提供的材料；

（四）不得列举与申请行政许可事项无直接关系的条件和材料。

第七条 中国保监会制定本办法第六条规定的规范性文件，应当予以公布，并及时在中国保监会文告或者全国发行的报纸上刊登。

第八条 保险行业特定资格的考试，由中国保监会统一实施，公开举行。派出机构不得另行增设考试。

中国保监会应当事先公布资格考试的条件、办法、考试科目以及考试大纲。通过考试、符合其他法定条件的，中国保监会应当发给加盖中国保监会印章的资格证明。

保险行业特定资格的许可程序，中国保监会另有规定的，从其规定。

第九条 中国保监会或者派出机构实施行政许可，需要申请人采用格式文本的，应当向申请人提供行政许可申请书的格式文本。

中国保监会应当在机关网站上，公布行政许可事项以及行政许可申请书的格式文本，方便申请人查询下载。

第十条 中国保监会办公厅和派出机构办公室是统一受理行政许可申请的机构（以下简称受理机构）。受理机构履行下列职责：

（一）统一受理属于中国保监会或者派出机构职权范围内的行政许可申请；

（二）对申请材料是否齐全进行初步审查，并可以就是否受理提出建议；

（三）受理社会公众对保险行政许可有关问题的咨询；

（四）督办行政许可事项的处理；

（五）统一送达保险行政许可决定、保险行政许可证件。

第十一条 中国保监会及其派出机构应当在机关网站上公布受理机构的地址和联系方式。

第十二条 受理机构应当配备专职工作人员，在固定的办公场所内，统一受理行政许可申请。

第十三条 受理机构应当在受理行政许可申请的办公场所内，陈列下列材料，供公众查阅：

（一）实施行政许可的依据；

（二）实施行政许可事项的条件、程序和期限等规定；

（三）需要申请人提交的全部材料的目录；

（四）格式申请书的示范文本。

申请人要求对前款规定的公示内容予以说明的，受理机构应当说明、解释，提供准确、可靠的信息。

第十四条　受理机构对申请人提出的行政许可申请,应当根据下列情况分别作出处理:

(一)申请事项依法不需要取得行政许可的,应当即时告知申请人不予受理;

(二)申请事项依法不属于中国保监会或者派出机构职权范围的,应当即时作出不予受理的决定,并告知申请人向有关行政机关申请;

(三)申请材料存在可以当场更正的错误的,应当允许申请人当场更正,并要求申请人在更正处签名确认;

(四)申请材料不齐全或者不符合法定形式的,应当当场或者在五日内制作补正材料通知书,告知申请人需要补正的全部内容;

(五)申请事项属于中国保监会或者派出机构职权范围,申请材料齐全、符合法定形式,或者申请人按照要求提交全部补正申请材料的,应当受理行政许可申请。

受理机构不能当场作出是否受理决定的,收到申请人的申请材料后,应当向申请人出具收文回执和列明材料名称的清单。

第十五条　受理机构作出受理或者不予受理的决定,应当出具加盖行政许可专用印章和注明日期的书面凭证。

受理机构应当将收到完整材料之日作为受理凭证上的注明日期。

第十六条　受理机构应当在补正材料通知书、受理决定或者不予受理决定的作出之日,告知申请人领取有关书面凭证。

申请人拒绝领取的,受理机构可以邮寄送达。

第十七条　中国保监会及其派出机构应当对申请人提交的申请材料进行审查。

中国保监会及其派出机构对行政许可申请进行审查时,发现行政许可事项直接关系他人重大利益的,应当告知该利害关系人。申请人、利害关系人有权进行陈述和申辩。中国保监会及其派出机构应当听取申请人、利害关系人的意见。

第十八条　申请人在行政许可申请受理之后、行政许可决定作出之前,提交补充申请材料的,行政许可的期限应当自受理机构收到补充申请材料之日起重新计算。

第十九条　申请人在行政许可申请受理之后、行政许可决定作出之前,撤回行政许可申请的,应当向受理机构提交书面申请,中国保监会或者派出机构应当及时终止对行政许可申请的审查,并将行政许可申请材料退回申请人。

第二十条　中国保监会授权或者委托派出机构对申请人提出的行政许可申请进行初审的,应当同时授权或者委托派出机构统一受理行政许可申请,统一送达行政许可决定和行政许可证件。

派出机构应当在法定期限内完成初步审查,将初审意见和申请材料提交中国保监会。中国保监会不得另行要求申请人提供申请材料。

第二十一条　中国保监会授权或者委托派出机构实施行政许可,不得延长行政许可的法定期限。

第二十二条　申请人的申请符合法定条件、标准的,中国保监会或者派出机构应当作出准予行政许可的书面决定。中国保监会或者派出机构依法作出不予行政许可的书面决定的,应当说明理由,并告知申请人享有依法申请行政复议或者提起行政诉讼的权利。

中国保监会或者派出机构应当在法定期限内作出准予或者不予行政许可的决定。

第二十三条 中国保监会或者派出机构作出准予行政许可决定，需要颁发保险许可证件的，应当按照相关规定向申请人颁发保险许可证件。

第二十四条 中国保监会或者派出机构的行政许可决定、保险许可证件，由受理机构统一送达。

受理机构应当在行政许可的决定作出之日起 10 日内，送达申请人。中国保监会或者派出机构作出准予行政许可的决定，需要颁发保险许可证件的，受理机构应当在决定作出之日起 10 日内将保险许可证件送达申请人。

上述期间不包括在途时间。

第二十五条 受理机构送达行政许可决定、保险许可证件，应当直接送达，直接送达有困难的，可以邮寄送达。

受理机构直接送达的，必须有送达回证，由申请人在送达回证上记明收到日期、签名或者盖章。受理机构邮寄送达的，必须保留邮寄凭证。邮寄凭证上注明的收件日期为送达日期。

第二十六条 受理机构无法直接送达或者邮寄送达行政许可决定的，可以公告送达。

受理机构应当通过机关网站或者报纸，公告送达。自发出公告之日起，经过 60 日，即视为送达。

第二十七条 中国保监会及其派出机构作出的准予行政许可决定，应当在中国保监会文告或者机关网站上公开。

第二十八条 被许可人要求变更行政许可事项的，应当向作出行政许可决定的机关提出申请；符合法定条件的，中国保监会或者派出机构应当依法办理变更手续。

中国保监会及其派出机构应当在法定期限内，办理变更手续。

第二十九条 中国保监会制定实施行政许可的规章或者规范性文件，涉及重大公共利益的，应当向社会公告，并举行听证。

第三十条 行政许可直接涉及申请人与他人之间重大利益关系的，中国保监会或者派出机构在作出行政许可决定前，应当告知申请人、利害关系人享有要求听证的权利；申请人、利害关系人在被告知听证权利之日起 5 日内提出听证申请的，中国保监会或者派出机构应当在 20 日内组织听证。

第三十一条 中国保监会及其派出机构应当逐步建立健全监督制度，通过核查反映被许可人从事行政许可事项活动的有关材料，履行监督责任。

中国保监会及其派出机构对被许可人从事行政许可事项的活动进行监督检查时，应当将监督检查的情况和处理结果填写记录单，由监督检查人员签字后归档。公众有权查阅该记录单。

第三十二条 中国保监会及其派出机构应当按照监管职责分工，对被许可人实施有效监督。

派出机构应当对辖区内的被许可人实施有效监督。

被许可人异地从事保险违法行为的，由违法行为发生地的派出机构进行查处。负责查处的派出机构应当将被许可人的违法事实、处理结果抄告作出行政许可决定的行政机关和被许可人所在地的派出机构。

第三十三条 中国保监会应当加强对派出机构实施行政许可的监督检查，及时纠正行政许可实施中的违法行为。

第三十四条 有下列情形之一的，中国保监会或者派出机构可以依法变更或者撤回已经生效的行政许可：

（一）行政许可所依据的法律、法规修改或者废止的；

（二）中国保监会的规章或者规范性文件调整行政许可的条件或者标准的；

（三）准予行政许可所依据的客观情况发生重大变化的；

（四）准予行政许可的行为对公共利益或者保险业发展有重大损害的；

（五）被申请人的资格、条件发生重大变化，不符合行政许可的法定条件或者标准的。

第三十五条 有下列情形之一的，保监会或者派出机构应当依法办理行政许可的注销手续：

（一）行政许可有效期届满未延续的；

（二）赋予公民保险行业特定资格，该公民死亡或者丧失行为能力的；

（三）被许可的法人或者组织依法终止的；

（四）行政许可被撤销、撤回或者行政许可资格被依法吊销的；

（五）因不可抗力导致行政许可事项无法实施的。

第三十六条 本办法规定的实施行政许可的期限以工作日计算，不含法定节假日。

第三十七条 本办法自2004年7月1日起施行。

附件：行政许可事项活动记录单（略——编者注）

商业银行服务价格管理办法

中国银监会、国家发展改革委令2014年第1号

为规范商业银行服务价格管理活动，保护商业银行服务对象的合法权益，促进商业银行健康可持续发展，中国银监会、国家发展改革委制定了《商业银行服务价格管理办法》，现予公布。

中国银行业监督管理委员会主席　尚福林
国家发展和改革委员会主任　徐绍史
2014年2月14日

商业银行服务价格管理办法

第一章 总 则

第一条 为规范商业银行服务价格管理活动，保护客户合法权益，促进商业银行健康发展，根据《中华人民共和国银行业监督管理法》、《中华人民共和国商业银行法》、《中华人民共和国价格法》等法律法规，制定本办法。

第二条 依据《中华人民共和国商业银行法》和《中华人民共和国外资银行管理条例》设立的商业银行，适用本办法有关规定。

经中国银行业监督管理委员会依法批准设立的其他银行业金融机构，适用本办法有关规定。

第三条 本办法所称商业银行服务，是指商业银行向客户提供的各类服务。本办法所称客户，是指商业银行的服务对象，包括自然人、法人和其他组织。

本办法所称服务价格，是指商业银行提供服务时收取的费用。

第四条 商业银行服务价格行为应当严格遵守国家法律、法规、规章和有关监管规定，遵循公开、公平、诚实、信用的原则，接受社会监督。

第五条 商业银行应当建立科学有效的服务价格管理体系，加强内部控制，充分披露服务价格信息，保障客户获得服务价格信息和自主选择服务的权利。

第六条 根据服务的性质、特点和市场竞争状况，商业银行服务价格分别实行政府指导价、政府定价和市场调节价。

第七条 中国银行业监督管理委员会和国务院价格主管部门依照有关法律、法规及本办法的规定对商业银行服务价格管理活动进行监督管理。

第二章 政府指导价、政府定价的制定和调整

第八条 对客户普遍使用、与国民经济发展和人民生活关系重大的银行基础服务，实行政府指导价或政府定价。

第九条 国务院价格主管部门会同中国银行业监督管理委员会，根据商业银行服务成本、服务价格对个人或企事业单位的影响程度、市场竞争状况，制定和调整商业银行政府指导价、政府定价项目及标准。

第十条 制定和调整政府指导价、政府定价，按照以下程序执行：

（一）组织商业银行等相关机构进行成本调查；

（二）征求相关客户、商业银行和有关方面的意见；

（三）做出制定或调整相关服务价格的决定，向社会公布。

第三章 市场调节价的制定和调整

第十一条 除实行政府指导价、政府定价的服务价格以外，商业银行服务价格实行市场

调节价。

第十二条 实行市场调节价的商业银行服务价格，应当由商业银行总行制定和调整。分支机构不得自行制定和调整服务价格。

商业银行分支机构因地区性明显差异需要实行差别化服务价格的，应当由总行统一制定服务价格，并由总行按照本办法规定统一进行公示。

外国银行分行根据其总行（或地区总部）的授权制定和调整服务价格，按照本办法规定进行公示。

第十三条 商业银行制定和调整市场调节价，按照以下程序执行：

（一）制定相关服务价格的定价策略和定价原则；
（二）综合测算相关服务项目的成本和收入情况；
（三）进行价格决策；
（四）形成统一的业务说明和宣传材料；
（五）在各类相关营业场所的醒目位置公示；
（六）设有商业银行网站的，应当在网站主页醒目位置公示。

第十四条 商业银行制定和调整实行市场调节价的服务价格，应当合理测算各项服务支出，充分考虑市场因素进行综合决策。

第十五条 商业银行总行向有关部门报送的本机构服务价格工作报告，包括以下内容：

（一）服务价格管理的组织架构和服务价格管理总体情况；
（二）服务收费项目设置、调整情况和相应的收入变化情况；
（三）免费服务项目设置情况、调整情况、相应的收入变化情况，在服务价格方面承担社会责任的情况；
（四）服务项目的收入结构和评估情况；
（五）服务价格的信息披露情况，包括信息公示的方式和渠道；
（六）与服务价格相关的投诉数量、分类和处理情况；
（七）对客户反馈意见的解释说明情况和意见采纳情况；
（八）附表：本行服务的分类、具体项目、价格水平等情况；
（九）与服务价格相关的其他情况。

第十六条 商业银行按照市场化原则接受相关单位的委托，办理代收水、电、燃气、通讯、有线电视、交通违章罚款等费用以及代付工资、社会保险金、住房公积金等代收代付业务，应当按照"谁委托、谁付费"的原则收取委托业务相关手续费，不得向委托方以外的其他单位和个人收取费用。

第十七条 客户因商业银行调整服务价格或变更服务合同，要求终止或变更银行服务的，商业银行应当根据客户要求、相关服务合同或其他已签署的法律文件采取合理有效的措施，依法及时终止或变更相关银行服务和对应的服务合同。

第十八条 商业银行向客户收取的服务费用，应当对应明确的服务内容。

第四章　服务价格信息披露

第十九条 商业银行应当按规定进行服务价格信息披露。

商业银行应当在其营业场所醒目位置，设有网站的应当在其网站主页醒目位置，及时、准确公示实行政府指导价、政府定价和市场调节价的服务项目、服务内容、服务价格、适用对象、政府指导价或政府定价的文件文号、生效日期、咨询（投诉）的联系方式等。公示的各类服务价格项目应当统一编号。

第二十条 商业银行应当采取以下措施保护客户相关权益：

（一）在营业场所的醒目位置提供相关服务价格目录或说明手册等，供客户免费查阅，有条件的商业银行可采用电子显示屏、多媒体终端、电脑查询等方式披露服务价格信息；

（二）设有商业银行网站的，应当在网站主页醒目位置公示服务价格目录或说明手册等，供客户免费查阅；

（三）使用电子银行等自助渠道提供服务的，应当在收取服务费用之前，提示客户相关服务价格，并保证客户对相关服务的选择权；

（四）明确界定各分支机构同城业务覆盖的区域范围，通过营业场所公示、宣传手册、网站公示等方式告知客户，并提供24小时查询渠道。同城业务覆盖的区域范围应当不小于地级市行政区划，同一直辖市、省会城市、计划单列市应当列入同城范畴。

第二十一条 商业银行应当提醒客户提供真实有效的联系信息并在相关信息变更后及时通知银行，以便商业银行调整服务价格时按照合同约定方式及时告知客户。

第二十二条 商业银行关于服务价格信息的公示涉及优惠措施的，应当明确标注优惠措施的生效和终止日期。

第二十三条 商业银行提高实行市场调节价的服务价格，应当至少于实行前3个月按照本办法规定进行公示，必要时应当采用书面、电话、短信、电子邮件、合同约定的其他形式等多种方式通知相关客户。

商业银行设立新的实行市场调节价的服务收费项目，应当至少于实行前3个月按照本办法规定进行公示。

第二十四条 商业银行接受其他单位委托开展代理业务收费时，应当将委托方名称、服务项目、收费金额、咨询（投诉）的联系方式等信息告知客户，并在提供给客户的确认单据中明确标注上述信息。

第二十五条 商业银行应当严格执行服务价格信息披露的有关规定，在为客户提供服务之前，应当告知相关服务项目、服务价格、优惠措施（含生效和终止日期），客户确认接受该服务价格后，方可提供相关服务；客户在使用服务前明确表示不接受相关服务价格的，不得强制或变相强制客户接受服务。

第二十六条 对于需要签署服务章程、协议等合同文件的银行服务项目，商业银行应当在相应的合同文件中以通俗易懂、清晰醒目的方式明示服务项目或服务内容、服务价格、优惠措施及其生效和终止日期、与价格相关的例外条款和限制性条款、咨询（投诉）的联系方式等信息。

第五章 内部管理

第二十七条 商业银行应当按照审慎经营原则，建立健全服务价格管理制度和内部控制机制，建立清晰的服务价格制定、调整和信息披露流程，严格执行内部授权管理。

第二十八条 商业银行服务价格管理制度应当严格遵守国家法律法规，明确价格行为违规的问责机制和内部处罚措施。

第二十九条 商业银行应当指定一个部门牵头负责服务价格管理工作，建立服务价格内部审批制度，适时对服务价格管理进行评估和检查，及时纠正相关问题，并组织开展服务价格相关宣传、解释、投诉处理等工作。

第三十条 商业银行应当建立服务价格投诉管理制度，明确客户投诉登记、调查、处理、报告等事项的管理流程、负责部门和处理期限，确保对客户投诉及时进行调查处理。

第三十一条 商业银行应当设立统一的投诉电话、书面投诉联系方式等渠道，并在营业场所和网站醒目位置进行公示，以便及时受理客户对服务价格的相关投诉。

第三十二条 商业银行应当认真处理和及时答复客户投诉。

商业银行应当建立相应的投诉自查机制，对投诉管理制度的落实情况、投诉处理情况进行定期或不定期自查。

第三十三条 除国家法律、法规、委托代理合同有相关规定和要求的情况以外，商业银行应当拒绝任何单位和个人利用银行渠道直接向客户收取任何费用。

第六章 服务价格监督管理

第三十四条 商业银行违反本办法规定，有下列行为之一的，由中国银行业监督管理委员会、国务院价格主管部门按照各自法定职责，依据《中华人民共和国银行业监督管理法》、《中华人民共和国价格法》、《价格违法行为行政处罚规定》等法律法规处理：

（一）擅自制定属于政府指导价、政府定价范围的服务价格的；

（二）超出政府指导价浮动幅度的；

（三）提前或推迟执行政府指导价、政府定价的；

（四）擅自对明令禁止收费的服务项目继续收费的；

（五）未按照规定程序制定和调整市场调节价的；

（六）商业银行分支机构擅自制定或调整市场调节价的；

（七）未按照规定进行服务价格信息披露的；

（八）未按照规定开展服务价格相关内部管理工作的；

（九）其他违反本办法规定的行为。

第三十五条 鼓励有关单位和个人对商业银行服务价格违法行为进行监督。有关单位和个人发现商业银行服务价格行为存在侵害其合法权益问题的，可依照法律、法规规定采取相关法律措施或投诉。

第三十六条 行业协会等自律组织应当在规范商业银行服务价格行为方面充分发挥自律协调作用。

第七章 附 则

第三十七条 本办法自 2014 年 8 月 1 日起施行。《商业银行服务价格管理暂行办法》

(中国银行业监督管理委员会国家发展和改革委员会令 2003 年第 3 号)同时废止。

第三十八条 本办法生效后,此前有关商业银行服务价格或收费的规定与本办法规定不一致的,按照本办法执行。

中国保监会关于加强和改进保险资金运用比例监管的通知

保监发〔2014〕13 号

各保险集团(控股)公司、保险公司、保险资产管理公司:

为进一步推进保险资金运用体制的市场化改革,加强和改进保险资金运用比例监管,根据《保险资金运用管理暂行办法》等相关规定,我会系统梳理了现有的比例监管政策,并在整合和资产分类的基础上,形成了多层次比例监管框架。现就有关事项通知如下:

一、保险资产分类及定义

保险公司投资资产(不含独立账户资产)划分为流动性资产、固定收益类资产、权益类资产、不动产类资产和其他金融资产等五大类资产。(具体品种详见附件)

(一)流动性资产。流动性资产是指库存现金和可以随时用于支付的存款,以及期限短、流动性强、易于转换为确定金额现金,且价值变动风险较小的资产。

(二)固定收益类资产。固定收益类资产是指具有明确存续到期时间、按照预定的利率和形式偿付利息和本金等特征的资产,以及主要价值依赖于上述资产价值变动的资产。

(三)权益类资产。权益类资产包括上市权益类资产和未上市权益类资产。

上市权益类资产是指在证券交易所或符合国家法律法规规定的金融资产交易场所(统称交易所)公开上市交易的、代表企业股权或者其他剩余收益权的权属证明,以及主要价值依赖于上述资产价值变动的资产。

未上市权益类资产是指依法设立和注册登记,且未在交易所公开上市的企业股权或者其他剩余收益权,以及主要价值依赖于上述资产价值变动的资产。

(四)不动产类资产。不动产类资产指购买或投资的土地、建筑物及其他依附于土地上的定着物等,以及主要价值依赖于上述资产价值变动的资产。

(五)其他金融资产。其他金融资产是指风险收益特征、流动性状况等与上述各资产类别存在明显差异,且没有归入上述大类的其他可投资资产。

二、设立大类资产监管比例

为防范系统性风险,针对保险公司配置大类资产制定保险资金运用上限比例。

(一)投资权益类资产的账面余额,合计不高于本公司上季末总资产的 30%,且重大股权投资的账面余额,不高于本公司上季末净资产。账面余额不包括保险公司以自有资金投资的保险类企业股权。

(二)投资不动产类资产的账面余额,合计不高于本公司上季末总资产的30%。账面余额不包括保险公司购置的自用性不动产。

保险公司购置自用性不动产的账面余额,不高于本公司上季末净资产的50%。

(三)投资其他金融资产的账面余额,合计不高于本公司上季末总资产的25%。

(四)境外投资余额,合计不高于本公司上季末总资产的15%。

三、设立集中度风险监管比例

为防范集中度风险,针对保险公司投资单一资产和单一交易对手制定保险资金运用集中度上限比例。

(一)投资单一固定收益类资产、权益类资产、不动产类资产、其他金融资产的账面余额,均不高于本公司上季末总资产的5%。投资境内的中央政府债券、准政府债券、银行存款,重大股权投资和以自有资金投资保险类企业股权,购置自用性不动产,以及集团内购买保险资产管理产品等除外。

投资上市公司股票,有权参与上市公司的财务和经营政策决策,或能够对上市公司实施控制的,纳入股权投资管理,遵循保险资金投资股权的有关规定。

单一资产投资是指投资大类资产中的单一具体投资品种。投资品种分期发行,投资单一资产的账面余额为各分期投资余额合计。

(二)投资单一法人主体的余额,合计不高于本公司上季末总资产的20%。投资境内的中央政府债券、准政府债券和以自有资金投资保险类企业股权等除外。

单一法人主体是指保险公司进行投资而与其形成直接债权或直接股权关系的具有法人资格的单一融资主体。

四、设立风险监测比例

为防范资产的流动性、高波动性等风险,针对流动性状况、融资规模和类别资产等制定监测比例,主要用于风险预警。保险公司存在以下情形的,应当向中国保监会报告,并列入重点监测:

(一)流动性监测。投资流动性资产与剩余期限在1年以上的政府债券、准政府债券的账面余额合计占本公司上季末总资产的比例低于5%,财产保险公司投资上述资产的账面余额合计占本公司上季末总资产的比例低于7%,未开展保险经营业务的保险集团(控股)公司除外。其他流动性风险指标,执行中国保监会相关规定。

(二)融资杠杆监测。同业拆借、债券回购等融入资金余额合计占本公司上季末总资产的比例高于20%。

(三)类别资产监测。投资境内的具有国内信用评级机构评定的AA级(含)以下长期信用评级的债券,账面余额合计占本公司上季末总资产的比例高于10%,或投资权益类资产的账面余额合计占本公司上季末总资产的比例高于20%,或投资不动产类资产的账面余额合计占本公司上季末总资产的比例高于20%,或投资其他金融资产的账面余额合计占本公司上季末总资产的比例高于15%，或境外投资的账面余额合计占本公司上季末总资产的比例高于10%。

集团内购买的单一保险资产管理产品，账面余额占本公司上季末总资产的比例高于5%。

中国保监会将根据情况，制定资产负债匹配风险、市场风险、信用风险等风险监测比例。

五、内控比例管理

保险公司应当根据本通知及有关规定，按照资产负债管理和资产配置要求，制定分散投资管理制度和风险控制措施，严格控制大类资产投资比例、高风险（类）资产投资比例、行业和单一品种以及单一交易对手投资比例等。同时，还应当制定流动性风险、信用风险、市场风险等风险预警监测比例。保险公司应当密切监控相关风险敞口，确保其在自身风险承受能力和资本覆盖能力之内。

保险公司应当制定流动性风险管理方案，包括流动性风险管理体系和治理结构，管理策略和重要政策，识别、计量和监测流动性风险的主要方法和程序，流动性风险状况评价指标，压力测试和应急预案等，切实防范流动性风险。

六、监督管理

（一）关于监管比例

违反监管比例有关规定的，中国保监会责令限期改正。

因突发事件等客观原因，造成投资比例超过监管比例的，保险公司不得增加相关投资，且于该事项发生后5个工作日内向中国保监会报告，并在中国保监会规定期限内调整投资比例。

（二）关于监测比例

对于超出或不符合监测比例有关规定的，保险公司应当于该事项发生后5个工作日内向中国保监会报告。中国保监会认定需要披露的，保险公司应当披露相关信息，具体规定由中国保监会另行制定。

对于不按规定履行相关报告或披露义务的，中国保监会采取对高管人员进行监管谈话，列示保险公司不良记录，以及其他进一步监管措施。

（三）关于内控比例

保险公司制定投资内部风险控制比例，经董事会或董事会授权机构审定后5个工作日内向中国保监会报告，并于每年3月31日前，在上年度资产配置执行情况报告中，向中国保监会报告比例实际执行情况。

（四）关于信息登记

保险公司投资商业银行理财产品、银行业金融机构信贷资产支持证券、信托公司集合资金信托计划、证券公司专项资产管理计划以及保险资产管理公司发行的基础设施投资计划、不动产投资计划、项目资产支持计划和资产管理产品等金融产品，应当于实际支付投资款项后5个工作日内，向中国保监会指定的信息登记平台报送投资合同及产品信息，产品信息至少包括产品名称、发行人、发行规模、发行期限、发行利率、增信措施、基础资产等内容。

（五）特别监管措施

存在重大经营问题、重大投资风险的，中国保监会采取包括但不限于增加信息披露内容、提高信息披露频率等措施。

偿付能力状况不符合中国保监会要求的，中国保监会依法采取限制保险资金运用形式、比例等措施。

未按照本通知及有关规定运用保险资金的，中国保监会依法责令限期改正并处以罚款；情节严重的，可以责令调整负责人及有关管理人员，可以限制其业务范围、责令停止接受新业务或者吊销业务许可证。

（六）调整机制

中国保监会根据保险资金运用实际情况，对保险资产的分类、定义、品种以及相关比例等开展年度审议并进行动态审慎调整。

七、说明事项

（一）本通知所称总资产应当扣除债券回购融入资金余额和独立账户资产金额。

独立账户资产包括寿险投资连结保险产品、变额年金产品、健康保障委托管理产品、养老保障委托管理产品和非寿险非预定收益投资型保险产品等资产。保险集团（控股）公司总资产应当为集团母公司总资产。保险公司应当按照合同约定配置独立账户的资产范围和投资比例。

（二）保险公司应当合并计算投资境内和境外的大类资产监管比例。

（三）保险集团（控股）公司开展股权投资和境外投资，另有规定的从其规定。

本通知自发布之日起施行，原有保险资金运用监管比例以及创新试点业务适用的投资比例取消。本通知发布之前，保险公司执行原保险资金运用监管规定，形成的投资比例与本通知监管比例规定不一致的，应当及时向中国保监会报告。保险公司开展境内、境外衍生产品交易，仍执行现行有关规定。

附件：大类资产可投资品种（略——编者注）

中国保监会

2014 年 1 月 23 日

商业银行流动性风险管理办法（试行）

中国银监会令 2014 年第 2 号

《商业银行流动性风险管理办法（试行）》已经中国银监会 2013 年第 18 次主席会议通过。现予公布，自 2014 年 3 月 1 日起施行。

主席　尚福林

2014 年 1 月 17 日

商业银行流动性风险管理办法（试行）

第一章 总 则

第一条 为加强商业银行流动性风险管理，维护银行体系安全稳健运行，根据《中华人民共和国银行业监督管理法》、《中华人民共和国商业银行法》、《中华人民共和国外资银行管理条例》等法律法规，制定本办法。

第二条 本办法适用于在中华人民共和国境内设立的商业银行，包括中资商业银行、外商独资银行、中外合资银行。

第三条 本办法所称流动性风险，是指商业银行无法以合理成本及时获得充足资金，用于偿付到期债务、履行其他支付义务和满足正常业务开展的其他资金需求的风险。

第四条 商业银行应当按照本办法建立健全流动性风险管理体系，对法人和集团层面、各附属机构、各分支机构、各业务条线的流动性风险进行有效识别、计量、监测和控制，确保其流动性需求能够及时以合理成本得到满足。

第五条 中国银行业监督管理委员会（以下简称银监会）依法对商业银行的流动性风险及其管理体系实施监督管理。

第二章 流动性风险管理

第六条 商业银行应当在法人和集团层面建立与其业务规模、性质和复杂程度相适应的流动性风险管理体系。

流动性风险管理体系应当包括以下基本要素：

（一）有效的流动性风险管理治理结构。

（二）完善的流动性风险管理策略、政策和程序。

（三）有效的流动性风险识别、计量、监测和控制。

（四）完备的管理信息系统。

第一节 流动性风险管理治理结构

第七条 商业银行应当建立有效的流动性风险管理治理结构，明确董事会及其专门委员会、监事会（监事）、高级管理层以及相关部门在流动性风险管理中的职责和报告路线，建立适当的考核及问责机制。

第八条 商业银行董事会应当承担流动性风险管理的最终责任，履行以下职责：

（一）审核批准流动性风险偏好、流动性风险管理策略、重要的政策和程序。流动性风险偏好应当至少每年审议一次。

（二）监督高级管理层对流动性风险实施有效管理和控制。

（三）持续关注流动性风险状况，定期获得流动性风险报告，及时了解流动性风险水平、管理状况及其重大变化。

（四）审批流动性风险信息披露内容，确保披露信息的真实性和准确性。

（五）其他有关职责。

董事会可以授权其下设的专门委员会履行其部分职责。

第九条 商业银行高级管理层应当履行以下职责：

（一）制定、定期评估并监督执行流动性风险偏好、流动性风险管理策略、政策和程序。

（二）确定流动性风险管理组织架构，明确各部门职责分工，确保商业银行具有足够的资源，独立、有效地开展流动性风险管理工作。

（三）确保流动性风险偏好、流动性风险管理策略、政策和程序在商业银行内部得到有效沟通和传达。

（四）建立完备的管理信息系统，支持流动性风险的识别、计量、监测和控制。

（五）充分了解并定期评估流动性风险水平及其管理状况，及时了解流动性风险的重大变化，并向董事会定期报告。

（六）其他有关职责。

第十条 商业银行应当指定专门部门负责流动性风险管理，其流动性风险管理职能应当与业务经营职能保持相对独立，并且具备履行流动性风险管理职能所需要的人力、物力资源。

商业银行负责流动性风险管理的部门应当具备以下职能：

（一）拟定流动性风险管理策略、政策和程序，提交高级管理层和董事会审核批准。

（二）识别、计量和监测流动性风险。持续监控优质流动性资产状况；监测流动性风险限额遵守情况，及时报告超限额情况；组织开展流动性风险压力测试；组织流动性风险应急计划的测试和评估。

（三）识别、评估新产品、新业务和新机构中所包含的流动性风险，审核相关操作和风险管理程序。

（四）定期提交独立的流动性风险报告，及时向高级管理层和董事会报告流动性风险水平、管理状况及其重大变化。

（五）拟定流动性风险信息披露内容，提交高级管理层和董事会审批。

（六）其他有关职责。

第十一条 商业银行应当在内部定价以及考核激励等相关制度中充分考虑流动性风险因素，在考核分支机构或主要业务条线经风险调整的收益时应当纳入流动性风险成本，防止因过度追求业务扩张和短期利润而放松流动性风险管理。

第十二条 商业银行监事会（监事）应当对董事会和高级管理层在流动性风险管理中的履职情况进行监督评价，至少每年向股东大会（股东）报告一次。

第十三条 商业银行应当按照银监会关于内部控制的有关要求，建立完善的流动性风险管理内部控制体系，作为银行整体内部控制体系的有机组成部分。

第十四条 商业银行应当将流动性风险管理纳入内部审计范畴，定期审查和评价流动性风险管理的充分性和有效性。

内部审计应当涵盖流动性风险管理的所有环节，包括但不限于：

（一）流动性风险管理治理结构、策略、政策和程序能否确保有效识别、计量、监测和控制流动性风险。

（二）流动性风险管理政策和程序是否得到有效执行。

（三）现金流分析和压力测试的各项假设条件是否合理。

（四）流动性风险限额管理是否有效。

（五）流动性风险管理信息系统是否完备。

（六）流动性风险报告是否准确、及时、全面。

第十五条 流动性风险管理的内部审计报告应当提交董事会和监事会。董事会应当针对内部审计发现的问题，督促高级管理层及时采取整改措施。内部审计部门应当跟踪检查整改措施的实施情况，并及时向董事会提交有关报告。

商业银行境外分支机构或附属机构采用相对独立的本地流动性风险管理模式的，应当对其流动性风险管理单独进行审计。

第二节 流动性风险管理策略、政策和程序

第十六条 商业银行应当根据其经营战略、业务特点、财务实力、融资能力、总体风险偏好及市场影响力等因素确定流动性风险偏好。

商业银行的流动性风险偏好应当明确其在正常和压力情景下愿意并能够承受的流动性风险水平。

第十七条 商业银行应当根据其流动性风险偏好制定书面的流动性风险管理策略、政策和程序。流动性风险管理策略、政策和程序应当涵盖表内外各项业务以及境内外所有可能对其流动性风险产生重大影响的业务部门、分支机构和附属机构，并包括正常和压力情景下的流动性风险管理。

第十八条 商业银行的流动性风险管理策略应当明确其流动性风险管理的总体目标、管理模式以及主要政策和程序。

流动性风险管理政策和程序包括但不限于：

（一）流动性风险识别、计量和监测，包括现金流测算和分析。

（二）流动性风险限额管理。

（三）融资管理。

（四）日间流动性风险管理。

（五）压力测试。

（六）应急计划。

（七）优质流动性资产管理。

（八）跨机构、跨境以及重要币种的流动性风险管理。

（九）对影响流动性风险的潜在因素以及其他类别风险对流动性风险的影响进行持续监测和分析。

第十九条 商业银行在引入新产品、新业务和建立新机构之前，应当在可行性研究中充分评估其可能对流动性风险产生的影响，完善相应的风险管理政策和程序，并获得负责流动性风险管理部门的同意。

第二十条 商业银行应当综合考虑业务发展、技术更新及市场变化等因素,至少每年对流动性风险偏好、流动性风险管理策略、政策和程序进行一次评估,必要时进行修订。

第三节 流动性风险识别、计量、监测和控制

第二十一条 商业银行应当根据业务规模、性质、复杂程度及风险状况,运用适当方法和模型,对其在正常和压力情景下未来不同时间段的资产负债期限错配、融资来源的多元化和稳定程度、优质流动性资产、重要币种流动性风险及市场流动性等进行分析和监测。

商业银行在运用上述方法和模型时应当使用合理的假设条件,定期对各项假设条件进行评估,必要时进行修正,并保留书面记录。

第二十二条 商业银行应当建立现金流测算和分析框架,有效计量、监测和控制正常和压力情景下未来不同时间段的现金流缺口。

现金流测算和分析应当涵盖资产和负债的未来现金流以及或有资产和或有负债的潜在现金流,并充分考虑支付结算、代理和托管等业务对现金流的影响。

商业银行应当对重要币种的现金流单独进行测算和分析。

第二十三条 商业银行应当根据业务规模、性质、复杂程度及风险状况,监测可能引发流动性风险的特定情景或事件,采用适当的预警指标,前瞻性地分析其对流动性风险的影响。可参考的情景或事件包括但不限于:

(一)资产快速增长,负债波动性显著增加。
(二)资产或负债集中度上升。
(三)负债平均期限下降。
(四)批发或零售存款大量流失。
(五)批发或零售融资成本上升。
(六)难以继续获得长期或短期融资。
(七)期限或货币错配程度增加。
(八)多次接近内部限额或监管标准。
(九)表外业务、复杂产品和交易对流动性的需求增加。
(十)银行资产质量、盈利水平和总体财务状况恶化。
(十一)交易对手要求追加额外抵(质)押品或拒绝进行新交易。
(十二)代理行降低或取消授信额度。
(十三)信用评级下调。
(十四)股票价格下跌。
(十五)出现重大声誉风险事件。

第二十四条 商业银行应当对流动性风险实施限额管理,根据其业务规模、性质、复杂程度、流动性风险偏好和外部市场发展变化情况,设定流动性风险限额。流动性风险限额包括但不限于现金流缺口限额、负债集中度限额、集团内部交易和融资限额。

商业银行应当制定流动性风险限额管理的政策和程序,建立流动性风险限额设定、调整的授权制度、审批流程和超限额审批程序,至少每年对流动性风险限额进行一次评估,必要

时进行调整。

商业银行应当对流动性风险限额遵守情况进行监控，超限额情况应当及时报告。对未经批准的超限额情况应当按照限额管理的政策和程序进行处理。对超限额情况的处理应当保留书面记录。

第二十五条　商业银行应当建立并完善融资策略，提高融资来源的多元化和稳定程度。

商业银行的融资管理应当符合以下要求：

（一）分析正常和压力情景下未来不同时间段的融资需求和来源。

（二）加强负债品种、期限、交易对手、币种、融资抵（质）押品和融资市场等的集中度管理，适当设置集中度限额。

（三）加强融资渠道管理，积极维护与主要融资交易对手的关系，保持在市场上的适当活跃程度，并定期评估市场融资和资产变现能力。

（四）密切监测主要金融市场的交易量和价格等变动情况，评估市场流动性对商业银行融资能力的影响。

第二十六条　商业银行应当加强融资抵（质）押品管理，确保其能够满足正常和压力情景下日间和不同期限融资交易的抵（质）押品需求，并且能够及时履行向相关交易对手返售抵（质）押品的义务。

商业银行应当区分有变现障碍资产和无变现障碍资产，对可以用作抵（质）押品的无变现障碍资产的种类、数量、币种、所处地域和机构、托管账户，以及中央银行或金融市场对其接受程度进行监测分析，定期评估其资产价值及融资能力，并充分考虑其在融资中的操作性要求和时间要求。

商业银行应当在考虑抵（质）押品的融资能力、价格敏感度、压力情景下的折扣率等因素的基础上提高抵（质）押品的多元化程度。

第二十七条　商业银行应当加强日间流动性风险管理，确保具有充足的日间流动性头寸和相关融资安排，及时满足正常和压力情景下的日间支付需求。

第二十八条　商业银行应当建立流动性风险压力测试制度，分析其承受短期和中长期压力情景的能力。

流动性风险压力测试应当符合以下要求：

（一）合理审慎设定并定期审核压力情景，充分考虑影响商业银行自身的特定冲击、影响整个市场的系统性冲击和两者相结合的情景，以及轻度、中度、严重等不同压力程度。

（二）合理审慎设定在压力情景下商业银行满足流动性需求并持续经营的最短期限，在影响整个市场的系统性冲击情景下该期限应当不少于 30 天。

（三）充分考虑各类风险与流动性风险的内在关联性和市场流动性对商业银行流动性风险的影响。

（四）定期在法人和集团层面实施压力测试；当存在流动性转移限制等情况时，应当对有关分支机构或附属机构单独实施压力测试。

（五）压力测试频率应当与商业银行的规模、风险水平及市场影响力相适应；常规压力测试应当至少每季度进行一次，出现市场剧烈波动等情况时，应当增加压力测试频率。

（六）在可能情况下，应当参考以往出现的影响银行或市场的流动性冲击，对压力测试结果实施事后检验；压力测试结果和事后检验应当有书面记录。

（七）在确定流动性风险偏好、流动性风险管理策略、政策和程序，以及制定业务发展和财务计划时，应当充分考虑压力测试结果，必要时应当根据压力测试结果对上述内容进行调整。

董事会和高级管理层应当对压力测试的情景设定、程序和结果进行审核，不断完善流动性风险压力测试。

第二十九条 商业银行应当根据其业务规模、性质、复杂程度、风险水平、组织架构及市场影响力，充分考虑压力测试结果，制定有效的流动性风险应急计划，确保其可以应对紧急情况下的流动性需求。商业银行应当至少每年对应急计划进行一次测试和评估，必要时进行修订。

流动性风险应急计划应当符合以下要求：

（一）设定触发应急计划的各种情景。

（二）列明应急资金来源，合理估计可能的筹资规模和所需时间，充分考虑跨境、跨机构的流动性转移限制，确保应急资金来源的可靠性和充分性。

（三）规定应急程序和措施，至少包括资产方应急措施、负债方应急措施、加强内外部沟通和其他减少因信息不对称而给商业银行带来不利影响的措施。

（四）明确董事会、高级管理层及各部门实施应急程序和措施的权限与职责。

（五）区分法人和集团层面应急计划，并视需要针对重要币种和境外主要业务区域制定专门的应急计划。对于存在流动性转移限制的分支机构或附属机构，应当制定专门的应急计划。

第三十条 商业银行应当持有充足的优质流动性资产，确保其在压力情景下能够及时满足流动性需求。优质流动性资产应当为无变现障碍资产，可以包括在压力情景下能够通过出售或抵（质）押方式获取资金的流动性资产。

商业银行应当根据其流动性风险偏好，考虑压力情景的严重程度和持续时间、现金流缺口、优质流动性资产变现能力等因素，按照审慎原则确定优质流动性资产的规模和构成。

第三十一条 商业银行应当对流动性风险实施并表管理，既要考虑银行集团的整体流动性风险水平，又要考虑附属机构的流动性风险状况及其对银行集团的影响。

商业银行应当设立集团内部的交易和融资限额，分析银行集团内部负债集中度可能对流动性风险产生的影响，防止分支机构或附属机构过度依赖集团内部融资，降低集团内部的风险传递。

商业银行应当充分了解境外分支机构、附属机构及其业务所在国家或地区与流动性风险管理相关的法律、法规和监管要求，充分考虑流动性转移限制和金融市场发展差异程度等因素对流动性风险并表管理的影响。

第三十二条 商业银行应当按照本外币合计和重要币种分别进行流动性风险识别、计量、监测和控制。

第三十三条 商业银行应当审慎评估信用风险、市场风险、操作风险和声誉风险等其他类别风险对流动性风险的影响。

第四节 管理信息系统

第三十四条 商业银行应当建立完备的管理信息系统，准确、及时、全面计量、监测和报告流动性风险状况。

管理信息系统应当至少实现以下功能：

（一）每日计算各个设定时间段的现金流入、流出及缺口。

（二）及时计算流动性风险监管和监测指标，并在必要时加大监测频率。

（三）支持流动性风险限额的监测和控制。

（四）支持对大额资金流动的实时监控。

（五）支持对优质流动性资产及其他无变现障碍资产种类、数量、币种、所处地域和机构、托管账户等信息的监测。

（六）支持对融资抵（质）押品种类、数量、币种、所处地域和机构、托管账户等信息的监测。

（七）支持在不同假设情景下实施压力测试。

第三十五条 商业银行应当建立规范的流动性风险报告制度，明确各项流动性风险报告的内容、形式、频率和报送范围，确保董事会、高级管理层和其他管理人员及时了解流动性风险水平及其管理状况。

第三章 流动性风险监管

第一节 流动性风险监管指标

第三十六条 流动性风险监管指标包括流动性覆盖率、存贷比和流动性比例。

商业银行应当持续达到本办法规定的流动性风险监管指标最低监管标准。

第三十七条 流动性覆盖率旨在确保商业银行具有充足的合格优质流动性资产，能够在银监会规定的流动性压力情景下，通过变现这些资产满足未来至少30天的流动性需求。

流动性覆盖率的计算公式为：

$$流动性覆盖率 = \frac{合格优质流动性资产}{未来30天现金净流出量} \times 100\%$$

合格优质流动性资产是指满足本办法附件2相关条件的现金类资产，以及能够在无损失或极小损失的情况下在金融市场快速变现的各类资产。

未来30天现金净流出量是指在本办法附件2相关压力情景下，未来30天的预期现金流出总量与预期现金流入总量的差额。

商业银行的流动性覆盖率应当不低于100%。除本办法第五十五条第三款规定的情形外，商业银行的流动性覆盖率应当不低于最低监管标准。

第三十八条 存贷比的计算公式为：

$$存贷比 = \frac{贷款余额}{存款余额} \times 100\%$$

商业银行的存贷比应当不高于75%。

第三十九条 流动性比例的计算公式为：

$$\text{流动性比例} = \frac{\text{流动性资产余额}}{\text{流动性负债余额}} \times 100\%$$

商业银行的流动性比例应当不低于25%。

第四十条 商业银行应当在法人和集团层面，分别计算未并表和并表的流动性风险监管指标，并表范围按照银监会关于商业银行资本监管的相关规定执行。

在计算并表流动性覆盖率时，若集团内部存在跨境或跨机构的流动性转移限制，相关附属机构满足自身流动性覆盖率最低监管标准之外的合格优质流动性资产，不能计入集团的合格优质流动性资产。

第二节 流动性风险监测

第四十一条 银监会应当从商业银行资产负债期限错配情况、融资来源的多元化和稳定程度、无变现障碍资产、重要币种流动性风险状况以及市场流动性等方面，定期对商业银行和银行体系的流动性风险进行分析和监测。

银监会应当充分考虑单一的流动性风险监管指标或监测工具在反映商业银行流动性风险方面的局限性，综合运用多种方法和工具对流动性风险进行分析和监测。

第四十二条 银监会应当定期监测商业银行的所有表内外项目在不同时间段的合同期限错配情况，并分析其对流动性风险的影响。合同期限错配情况的分析和监测可以涵盖隔夜、7天、14天、1个月、2个月、3个月、6个月、9个月、1年、2年、3年、5年和5年以上等多个时间段。相关参考指标包括但不限于各个时间段的流动性缺口和流动性缺口率。

第四十三条 银监会应当定期监测商业银行融资来源的多元化和稳定程度，并分析其对流动性风险的影响。银监会应当按照重要性原则，分析商业银行的表内外负债在融资工具、交易对手和币种等方面的集中度。对负债集中度的分析应当涵盖多个时间段。相关参考指标包括但不限于核心负债比例、同业市场负债比例、最大十户存款比例和最大十家同业融入比例。

第四十四条 银监会应当定期监测商业银行无变现障碍资产的种类、金额和所在地。相关参考指标包括但不限于超额备付金率、本办法第三十条所规定的优质流动性资产以及向中央银行或市场融资时可以用作抵（质）押品的其他资产。

第四十五条 银监会应当根据商业银行的外汇业务规模、货币错配情况和市场影响力等因素决定是否对其重要币种的流动性风险进行单独监测。相关参考指标包括但不限于重要币种的流动性覆盖率。

第四十六条 银监会应当密切跟踪研究宏观经济形势和金融市场变化对银行体系流动性的影响，分析、监测金融市场的整体流动性状况。银监会发现市场流动性紧张、融资成本提高、优质流动性资产变现能力下降或丧失、流动性转移受限等情况时，应当及时分析其对商业银行融资能力的影响。

银监会用于分析、监测市场流动性的相关参考指标包括但不限于银行间市场相关利率及成交量、国库定期存款招标利率、票据转贴现利率及证券市场相关指数。

第四十七条 除本办法列出的流动性风险监管指标和监测参考指标外，银监会还可以根据商业银行的业务规模、性质、复杂程度、管理模式和流动性风险特点，参考其内部流动性风险管理指标或运用其他流动性风险监测工具，实施流动性风险分析和监测。

第三节　流动性风险监管方法和手段

第四十八条　银监会应当通过非现场监管、现场检查以及与商业银行的董事、高级管理人员进行监督管理谈话等方式，运用流动性风险监管指标和监测工具，在法人和集团层面对商业银行的流动性风险水平及其管理状况实施监督管理，并尽早采取措施应对潜在流动性风险。

第四十九条　商业银行应当按照规定向银监会报送与流动性风险有关的财务会计、统计报表和其他报告。委托社会中介机构对其流动性风险水平及流动性风险管理体系进行审计的，还应当报送相关的外部审计报告。流动性风险监管指标应当按月报送。

银监会可以根据商业银行的业务规模、性质、复杂程度、管理模式和流动性风险特点，确定商业银行报送流动性风险报表和报告的内容和频率。

第五十条　商业银行应当于每年4月底前向银监会报送上一年度的流动性风险管理报告，包括流动性风险偏好、流动性风险管理策略、主要政策和程序、内部风险管理指标和限额、应急计划及其测试情况等主要内容。

商业银行对流动性风险偏好、流动性风险管理策略、政策和程序进行重大调整的，应当在1个月内向银监会书面报告调整情况。

第五十一条　商业银行应当按照规定向银监会定期报送流动性风险压力测试报告，包括压力测试的情景、方法、过程和结果。商业银行根据压力测试结果对流动性风险偏好、流动性风险管理策略、政策和程序进行重大调整的，应当及时向银监会报告相关情况。

第五十二条　商业银行应当及时向银监会报告下列可能对其流动性风险水平或管理状况产生不利影响的重大事项和拟采取的应对措施：

（一）本机构信用评级大幅下调。

（二）本机构大规模出售资产以补充流动性。

（三）本机构重要融资渠道即将受限或失效。

（四）本机构发生挤兑事件。

（五）母公司或集团内其他机构的经营状况、流动性状况和信用评级等发生重大不利变化。

（六）市场流动性状况发生重大不利变化。

（七）跨境或跨机构的流动性转移政策出现不利于流动性风险管理的重大调整。

（八）母公司、集团经营活动所在国家或地区的政治、经济状况发生重大不利变化。

（九）其他可能对其流动性风险水平或管理状况产生不利影响的重大事件。

外商独资银行、中外合资银行境内本外币资产低于境内本外币负债、集团内跨境资金净流出比例超过25%，以及外国银行分行跨境资金净流出比例超过50%的，应当在2个工作日内向银监会报告。

第五十三条　银监会应当根据对商业银行流动性风险水平及其管理状况的评估结果，确定流动性风险现场检查的内容、范围和频率。

第五十四条　商业银行应当按照规定定期披露流动性风险水平及其管理状况的相关信

息，包括但不限于：

（一）流动性风险管理治理结构，包括但不限于董事会及其专门委员会、高级管理层及相关部门的职责和作用。

（二）流动性风险管理策略和政策。

（三）识别、计量、监测、控制流动性风险的主要方法。

（四）主要流动性风险管理指标及简要分析。

（五）影响流动性风险的主要因素。

（六）压力测试情况。

第五十五条　对于未遵守流动性风险监管指标最低监管标准的商业银行，银监会应当要求其限期整改，并视情形按照《中华人民共和国银行业监督管理法》第三十七条、第四十六条规定采取监管措施或者实施行政处罚。本条第三款规定的情形除外。

如果商业银行流动性覆盖率已经或即将降至最低监管标准以下，应当立即向银监会报告。

当商业银行在压力状况下流动性覆盖率低于最低监管标准时，银监会应当考虑当前和未来国内外经济金融状况，分析影响单家银行和金融市场整体流动性的因素，根据商业银行流动性覆盖率降至最低监管标准以下的原因、严重程度、持续时间和频率等采取相应措施。

第五十六条　对于流动性风险管理存在缺陷的商业银行，银监会应当要求其限期整改。对于逾期未整改或者流动性风险管理存在严重缺陷的商业银行，银监会有权采取下列措施：

（一）与商业银行董事会、高级管理层进行监督管理谈话。

（二）要求商业银行进行更严格的压力测试、提交更有效的应急计划。

（三）要求商业银行增加流动性风险管理报告的频率和内容。

（四）增加对商业银行流动性风险现场检查的内容、范围和频率。

（五）限制商业银行开展收购或其他大规模业务扩张活动。

（六）要求商业银行降低流动性风险水平。

（七）提高商业银行流动性风险监管指标的最低监管标准。

（八）提高商业银行的资本充足率要求。

（九）《中华人民共和国银行业监督管理法》以及其他法律、行政法规和部门规章规定的有关措施。

对于母公司或集团内其他机构出现流动性困难的商业银行，银监会可以对其与母公司或集团内其他机构之间的资金往来提出限制性要求。

根据外商独资银行、中外合资银行、外国银行分行的流动性风险状况，银监会可以对其境内资产负债比例或跨境资金净流出比例提出限制性要求。

第五十七条　对于未按照规定提供流动性风险报表或报告、未按照规定进行信息披露或提供虚假报表、报告的商业银行，银监会可以视情形按照《中华人民共和国银行业监督管理法》第四十六条、第四十七条规定实施行政处罚。

第五十八条　银监会应当与境内外相关部门加强协调合作，共同建立信息沟通机制和流动性风险应急处置联动机制，并制定商业银行流动性风险监管应急预案。

发生影响单家机构或市场的重大流动性事件时，银监会应当与境内外相关部门加强协调合作，适时启动流动性风险监管应急预案，降低其对金融体系及宏观经济的负面冲击。

第四章 附 则

第五十九条 农村合作银行、村镇银行、农村信用社和外国银行分行参照本办法执行。

农村合作银行、村镇银行、农村信用社、外国银行分行以及资产规模小于2 000亿元人民币的商业银行不适用流动性覆盖率监管要求。

第六十条 本办法所称流动性转移限制是指由于法律、监管、税收、外汇管制以及货币不可自由兑换等原因，导致资金或融资抵（质）押品在跨境或跨机构转移时受到限制。

第六十一条 本办法所称无变现障碍资产是指未在任何交易中用作抵（质）押品、信用增级或者被指定用于支付运营费用，在清算、出售、转移、转让时不存在法律、监管、合同或操作障碍的资产。

第六十二条 本办法所称重要币种是指以该货币计价的负债占商业银行负债总额5%以上的货币。

第六十三条 本办法中"以上"包含本数。

第六十四条 商业银行的流动性覆盖率应当在2018年底前达到100%。在过渡期内，应当在2014年底、2015年底、2016年底及2017年底前分别达到60%、70%、80%、90%。在过渡期内，鼓励有条件的商业银行提前达标；对于流动性覆盖率已达到100%的银行，鼓励其流动性覆盖率继续保持在100%之上。

第六十五条 本办法由银监会负责解释。

第六十六条 本办法自2014年3月1日起施行。《商业银行流动性风险管理指引》（银监发〔2009〕87号）同时废止。本办法实施前发布的有关规章及规范性文件如与本办法不一致的，按照本办法执行。

附件1：关于流动性风险管理方法的说明（略——编者注）

附件2：关于流动性覆盖率的说明（略——编者注）

附件3：关于流动性风险监测参考指标的说明（略——编者注）

附件4：于外资银行流动性风险相关指标的说明（略——编者注）

关于下放境外会计师事务所在中国内地临时执行审计业务审批项目有关政策衔接问题的通知

财会〔2013〕25号

各省、自治区、直辖市财政厅（局）、深圳市财政委员会，财政部驻各省、自治区、直辖市、计划单列市财政监察专员办事处：

为了认真贯彻落实党的十八届三中全会精神，进一步简政放权，根据《国务院关于取消和下放一批行政审批项目的决定》（国发〔2013〕44号），现就下放境外会计师事务所在中国内地临时执行审计业务（以下简称临时执业）审批有关政策衔接问题通知如下：

《境外会计师事务所在中国内地临时执行审计业务暂行规定》（财会〔2011〕4号）和《关于适当简化港澳会计师事务所来内地临时执行审计业务申请材料的通知》（财会〔2012〕16号）继续执行，同时作出以下调整和补充规定：

一、境外会计师事务所在中国内地临时执业应当向临时执业所在地的省级财政部门提出书面申请。境外会计师事务所需在中国内地两个或两个以上省、自治区、直辖市临时执业的，可自行选择向其中一个省级财政部门提出申请。

二、境外会计师事务所申请办理临时执业许可证，应当按照要求提交申请材料，并说明过去5年申请临时执业许可证的情况。申请材料以中文填写，有关证明文件为外文的，应当按照审批机关的要求提供中文翻译件。

三、省级财政部门办理境外会计师事务所临时执业审批，应当自作出批准决定之日起15个工作日内将批准文件报送财政部，并抄送临时执业业务所涉及的其他有关的省级财政部门。

四、境外会计师事务所在临时执业许可证有效期内发生变更事项的，应当自变更之日起20个工作日内向原审批机关报告。省级财政部门应当自办理变更手续之日起15个工作日内将变更情况报告财政部，并抄送其他有关的省级财政部门。

五、省级财政部门应当在每年6月30日之前向财政部报告上年度临时执业审批和管理情况。

六、在本通知发布之前已取得临时执业许可证的境外会计师事务所，在临时执业许可证有效期内应当继续向原审批机关报备变更情况和临时执业业务报告表。

七、在接受境外会计师事务所临时执业过程中，境内相关机构及个人应当遵守国家保密法律法规的要求，对可能涉及国家秘密的资料和信息，提请保密主管部门进行审查，不得将涉及国家秘密的资料提供给境外会计师事务所使用或携带出境。

八、境外会计师事务所在中国内地临时执业应当遵守中国保密法律法规，不得将境内相关机构的会计档案携带出境，不得将依法获取的有关资料和信息提供给除临时执业境外委托方之外的任何第三方。境外监管机构与财政部签署监管合作协议或备忘录的，有关监管措施、审计工作底稿保存等事项按照协议或备忘录的约定执行。

本通知自2014年1月1日起施行。

财政部

2013年12月27日

同业存单管理暂行办法

中国人民银行公告〔2013〕第 20 号

为规范同业存单业务，拓展银行业存款类金融机构的融资渠道，促进货币市场发展，中国人民银行制定了《同业存单管理暂行办法》，现予公布，自 2013 年 12 月 9 日起施行。

中国人民银行
2013 年 12 月 7 日

同业存单管理暂行办法

第一条 为规范同业存单业务，拓展银行业存款类金融机构的融资渠道，促进货币市场发展，根据《中华人民共和国中国人民银行法》及相关法律法规，制定本办法。

第二条 本办法所称同业存单是指由银行业存款类金融机构法人（以下简称存款类金融机构）在全国银行间市场上发行的记账式定期存款凭证，是一种货币市场工具。

前款所称存款类金融机构包括政策性银行、商业银行、农村合作金融机构以及中国人民银行认可的其他金融机构。

第三条 存款类金融机构发行同业存单应当具备以下条件：

（一）是市场利率定价自律机制成员单位；

（二）已制定本机构同业存单管理办法；

（三）中国人民银行要求的其他条件。

第四条 同业存单的投资和交易主体为全国银行间同业拆借市场成员、基金管理公司及基金类产品。

第五条 存款类金融机构发行同业存单，应当于每年首只同业存单发行前，向中国人民银行备案年度发行计划。

第六条 存款类金融机构可以在当年发行备案额度内，自行确定每期同业存单的发行金额、期限，但单期发行金额不得低于 5 000 万元人民币。发行备案额度实行余额管理，发行人年度内任何时点的同业存单余额均不得超过当年备案额度。

第七条 同业存单发行采取电子化的方式，在全国银行间市场上公开发行或定向发行。全国银行间同业拆借中心（以下简称同业拆借中心）提供同业存单的发行、交易和信息服务。

第八条 同业存单的发行利率、发行价格等以市场化方式确定。其中，固定利率存单期限原则上不超过 1 年，为 1 个月、3 个月、6 个月、9 个月和 1 年，参考同期限上海银行间同业拆借利率定价。浮动利率存单以上海银行间同业拆借利率为浮动利率基准计息，期限原则上在 1 年以上，包括 1 年、2 年和 3 年。

第九条 同业存单在银行间市场清算所股份有限公司登记、托管、结算。

第十条 公开发行的同业存单可以进行交易流通，并可以作为回购交易的标的物。

定向发行的同业存单只能在该只同业存单初始投资人范围内流通转让。

同业存单二级市场交易通过同业拆借中心的电子交易系统进行。

第十一条 发行人不得认购或变相认购自己发行的同业存单。

第十二条 建立同业存单市场做市商制度。同业存单做市商由市场利率定价自律机制核心成员担任，根据同业存单市场的发展变化，中国人民银行将适时调整做市商范围。做市商应当通过同业拆借中心交易系统连续报出相应同业存单的买、卖双边价格，并按其报价与其他市场参与者达成交易。

第十三条 同业存单发行人应当按照发行文件的约定，按期兑付同业存单本息，不得擅自变更兑付日期。

第十四条 存款类金融机构发行同业存单应当在中国货币网和银行间市场清算所股份有限公司官方网站上披露相关信息。信息披露应当遵循诚实信用原则，不得有虚假记载、误导性陈述或重大遗漏。

第十五条 发行人应当于每年首只同业存单发行前，向市场披露该年度的发行计划。若在该年度内发生重大或实质性变化的，发行人应当及时重新披露更新后的发行计划。

第十六条 发行人应当于每期同业存单发行前和发行后分别披露该期同业存单的发行要素公告和发行情况公告。

第十七条 同业存单存续期间，发生任何影响发行人履行债务的重大事件的，发行人应当及时进行披露。

第十八条 同业存单在会计上单独设立科目进行管理核算；在统计上单独设立存单发行及投资统计指标进行反映。

第十九条 中国人民银行依据本办法及其他相关规定，对同业存单的发行与交易实施监督管理。

同业拆借中心和银行间市场清算所股份有限公司每月分别汇总同业存单发行、交易情况和登记、托管、结算、兑付情况，报送中国人民银行。

第二十条 本办法由中国人民银行负责解释。

第二十一条 本办法自2013年12月9日起施行。

关于跨境人民币直接投资有关问题的公告

商务部公告2013年第87号

为推进跨境人民币直接投资便利化，完善监管措施，现就跨境人民币直接投资的有关问题公告如下：

一、本公告所称"跨境人民币直接投资"是指境外投资者（含港澳台投资者，下同）以合法获得的境外人民币来华开展新设企业、增资、参股或并购境内企业等外商直接投资活动。境外投资者依照国家现行外商投资法律、行政法规、规章和有关政策办理跨境人民币直接投资的有关手续。

二、跨境人民币直接投资及所投资外商投资企业的再投资应当符合外商投资法律法规及有关规定的要求，遵守国家外商投资产业政策、外资并购安全审查、反垄断审查的有关规定。

三、外商投资企业不得使用跨境人民币直接投资的资金在中国境内直接或间接投资于有价证券和金融衍生品（战略投资上市公司除外），以及用于委托贷款。

四、商务主管部门在跨境人民币直接投资批复中应写明"境外人民币出资"字样、人民币出资金额及本公告第三条要求，并将批复文件及时抄送同级人民银行、海关、税务、工商、外汇等部门。

五、境外投资者申请将原出资币种由外币变更为人民币的，无需办理合同或章程变更审批，可按照外商投资法律、行政法规和有关规定要求，到有关部门和银行办理登记、开立账户、资金汇兑等手续。

六、境外投资者以从中国境内所投资的外商投资企业获得但未汇出境外的人民币利润以及转股、减资、清算、先行回收投资所得人民币开展直接投资的，仍按照有关规定执行。

七、以上措施自 2014 年 1 月 1 日起实施。《商务部关于跨境人民币直接投资有关问题的通知》（商资函〔2011〕889 号）和《商务部办公厅关于商务系统实施跨境人民币直接投资管理相关问题的通知》（商办资函〔2011〕1171 号）自本公告实施之日起停止执行；此前商务部关于跨境人民币直接投资的规定与本公告不符的，以本公告为准。

商务部
2013 年 12 月 3 日

消费金融公司试点管理办法

中国银监会令 2013 年第 2 号

《消费金融公司试点管理办法》已经中国银监会 2013 年第 18 次主席会议通过。现予公布，自 2014 年 1 月 1 日起施行。

中国银监会主席　尚福林
2013 年 11 月 14 日

消费金融公司试点管理办法

第一章 总 则

第一条 为促进消费金融业务发展，规范消费金融公司的经营行为，根据《中华人民共和国银行业监督管理法》、《中华人民共和国公司法》等法律法规，制定本办法。

第二条 本办法所称消费金融公司，是指经银监会批准，在中华人民共和国境内设立的，不吸收公众存款，以小额、分散为原则，为中国境内居民个人提供以消费为目的的贷款的非银行金融机构。

第三条 本办法所称消费贷款是指消费金融公司向借款人发放的以消费（不包括购买房屋和汽车）为目的的贷款。

第四条 消费金融公司名称中应当标明"消费金融"字样。未经银监会批准，任何机构不得在名称中使用"消费金融"字样。

第五条 银行业监督管理机构依法对消费金融公司及其业务活动实施监督管理。

第二章 设立、变更与终止

第六条 申请设立消费金融公司应当具备下列条件：

（一）有符合《中华人民共和国公司法》和银监会规定的公司章程；

（二）有符合规定条件的出资人；

（三）有符合本办法规定的最低限额的注册资本；

（四）有符合任职资格条件的董事、高级管理人员和熟悉消费金融业务的合格从业人员；

（五）建立了有效的公司治理、内部控制和风险管理制度，具备与业务经营相适应的管理信息系统；

（六）有与业务经营相适应的营业场所、安全防范措施和其他设施；

（七）银监会规定的其他审慎性条件。

第七条 消费金融公司的出资人应当为中国境内外依法设立的企业法人，并分为主要出资人和一般出资人。主要出资人是指出资数额最多并且出资额不低于拟设消费金融公司全部股本30%的出资人，一般出资人是指除主要出资人以外的其他出资人。

前款所称主要出资人须为境内外金融机构或主营业务为提供适合消费贷款业务产品的境内非金融企业。

第八条 金融机构作为消费金融公司主要出资人，应当具备下列条件：

（一）具有5年以上消费金融领域的从业经验；

（二）最近1年年末总资产不低于600亿元人民币或等值的可自由兑换货币（合并会计报表口径）；

（三）财务状况良好，最近2个会计年度连续盈利（合并会计报表口径）；

（四）信誉良好，最近2年内无重大违法违规经营记录；

（五）入股资金来源真实合法，不得以借贷资金入股，不得以他人委托资金入股；

（六）承诺5年内不转让所持有的消费金融公司股权（银行业监督管理机构依法责令转让的除外），并在拟设公司章程中载明；

（七）具有良好的公司治理结构、内部控制机制和健全的风险管理制度；

（八）满足住所地国家（地区）监管当局的审慎监管指标要求；

（九）境外金融机构应当在中国境内设立代表处2年以上，或已设有分支机构，对中国市场有充分的分析和研究，所在国家或地区金融监管当局已经与银监会建立良好的监督管理合作机制；

（十）银监会规定的其他审慎性条件。

金融机构作为消费金融公司一般出资人，除应当具备第（三）、（四）、（五）、（六）、（七）、（八）、（九）项规定的条件外，还应当具备注册资本不低于3亿元人民币或等值的可自由兑换货币的条件。

第九条 非金融企业作为消费金融公司主要出资人，应当具备下列条件：

（一）最近1年营业收入不低于300亿元人民币或等值的可自由兑换货币（合并会计报表口径）；

（二）最近1年年末净资产不低于资产总额的30%（合并会计报表口径）；

（三）财务状况良好，最近2个会计年度连续盈利（合并会计报表口径）；

（四）信誉良好，最近2年内无重大违法违规经营记录；

（五）入股资金来源真实合法，不得以借贷资金入股，不得以他人委托资金入股；

（六）承诺5年内不转让所持有的消费金融公司股权（银行业监督管理机构依法责令转让的除外），并在拟设公司章程中载明；

（七）银监会规定的其他审慎性条件。

非金融企业作为消费金融公司一般出资人，应当具备第（二）、（三）、（四）、（五）、（六）项规定的条件。

第十条 消费金融公司主要出资人可以在消费金融公司章程中约定，在消费金融公司出现支付困难时，给予流动性支持；当经营失败导致损失侵蚀资本时，及时补足资本金。

第十一条 消费金融公司至少应当有1名具备5年以上消费金融业务管理和风险控制经验，并且出资比例不低于拟设消费金融公司全部股本15%的出资人。

第十二条 消费金融公司的注册资本应当为一次性实缴货币资本，最低限额为3亿元人民币或等值的可自由兑换货币。

银监会根据消费金融业务的发展情况及审慎监管需要，可以调整注册资本的最低限额。

第十三条 消费金融公司根据业务发展的需要，经银监会批准，可以设立分支机构。设立分支机构的具体条件由银监会另行制定。

第十四条 消费金融公司董事和高级管理人员实行任职资格核准制度。

第十五条 消费金融公司有下列变更事项之一的，应当报经银行业监督管理机构批准：

（一）变更公司名称；

（二）变更注册资本；

（三）变更股权或调整股权结构；

（四）变更公司住所或营业场所；
（五）修改公司章程；
（六）变更董事和高级管理人员；
（七）调整业务范围；
（八）改变组织形式；
（九）合并或分立；
（十）银监会规定的其他变更事项。

第十六条 消费金融公司有下列情况之一的，经银监会批准后可以解散：
（一）公司章程规定的营业期限届满或者公司章程规定的其他解散事由出现；
（二）公司章程规定的权力机构决议解散；
（三）因公司合并或者分立需要解散；
（四）其他法定事由。

第十七条 消费金融公司因解散、依法被撤销或被宣告破产而终止的，其清算事宜按照国家有关法律法规办理。

第十八条 消费金融公司设立、变更、终止和董事及高级管理人员任职资格核准的行政许可程序，按照银监会相关规定执行。

第十九条 消费金融公司设立、变更及业务经营过程中涉及外汇管理事项的，应当遵守国家外汇管理有关规定。

第三章 业务范围及经营规则

第二十条 经银监会批准，消费金融公司可以经营下列部分或者全部人民币业务：
（一）发放个人消费贷款；
（二）接受股东境内子公司及境内股东的存款；
（三）向境内金融机构借款；
（四）经批准发行金融债券；
（五）境内同业拆借；
（六）与消费金融相关的咨询、代理业务；
（七）代理销售与消费贷款相关的保险产品；
（八）固定收益类证券投资业务；
（九）经银监会批准的其他业务。

第二十一条 消费金融公司向个人发放消费贷款不应超过客户风险承受能力且借款人贷款余额最高不得超过人民币20万元。

第四章 监督管理

第二十二条 消费金融公司应当按照银监会有关规定，建立健全公司治理架构和内部控制制度，制定业务经营规则，建立全面有效的风险管理体系。

第二十三条 消费金融公司应当遵守下列监管指标要求：
（一）资本充足率不低于银监会有关监管要求；
（二）同业拆入资金余额不高于资本净额的100%；
（三）资产损失准备充足率不低于100%；
（四）投资余额不高于资本净额的20%。
有关监管指标的计算方法遵照银监会非现场监管报表指标体系的有关规定。银监会视审慎监管需要可以对上述指标做出适当调整。

第二十四条 消费金融公司应当按照有关规定建立审慎的资产损失准备制度，及时足额计提资产损失准备。未提足准备的，不得进行利润分配。

第二十五条 消费金融公司应当建立消费贷款利率的风险定价机制，根据资金成本、风险成本、资本回报要求及市场价格等因素，在法律法规允许的范围内，制定消费贷款的利率水平，确保定价能够全面覆盖风险。

第二十六条 消费金融公司应当建立有效的风险管理体系和可靠的业务操作流程，充分识别虚假的申请信息，防止欺诈行为。

第二十七条 消费金融公司如有业务外包需要，应当制定与业务外包相关的政策和管理制度，包括业务外包的决策程序、对外包方的评价和管理、控制业务信息保密性和安全性的措施和应急计划等。

消费金融公司签署业务外包协议前应当向银行业监督管理机构报告业务外包的主要风险及相应的风险规避措施等。

消费金融公司不得将与贷款决策和风险控制核心技术密切相关的业务外包。

第二十八条 消费金融公司应当按规定编制并报送会计报表及银行业监督管理机构要求的其他报表。

第二十九条 消费金融公司应当建立定期外部审计制度，并在每个会计年度结束后的4个月内，将经法定代表人签名确认的年度审计报告报送银行业监督管理机构。

第三十条 消费金融公司应当接受依法进行的监督检查，不得拒绝、阻碍。银行业监督管理机构在必要时可以委托会计师事务所对消费金融公司的经营状况、财务状况、风险状况、内部控制制度及执行情况等进行审计。

第三十一条 消费金融公司对借款人所提供的个人信息负有保密义务，不得随意对外泄露。

第三十二条 借款人未按合同约定归还贷款本息的，消费金融公司应当采取合法的方式进行催收，不得采用威胁、恐吓、骚扰等不正当手段。

第三十三条 消费金融公司应当按照法律法规和银监会有关监管要求做好金融消费者权益保护工作，业务办理应当遵循公开透明原则，充分履行告知义务，使借款人明确了解贷款金额、期限、价格、还款方式等内容，并在合同中载明。

第三十四条 消费金融公司违反本办法规定的，银行业监督管理机构可以责令限期整改；逾期未整改的，或者其行为严重危及消费金融公司的稳健运行、损害客户合法权益的，银行业监督管理机构可以区别情形，依照《中华人民共和国银行业监督管理法》等法律法规，采取暂停业务、限制股东权利等监管措施。

第三十五条　消费金融公司已经或者可能发生信用危机、严重影响客户合法权益的,银监会可以依法对其实行接管或者促成机构重组。消费金融公司有违法经营、经营管理不善等情形,不予撤销将严重危害金融秩序、损害公众利益的,银监会有权予以撤销。

第五章　附　　则

第三十六条　香港、澳门和台湾地区的出资人设立消费金融公司适用境外出资人的条件。

第三十七条　本办法中"以上"均含本数或本级。

第三十八条　本办法由银监会负责解释。

第三十九条　本办法自2014年1月1日起施行,原《消费金融公司试点管理办法》(中国银监会令2009年第3号)同时废止。

中国保险监督管理委员会关于修改《保险公估机构监管规定》的决定

保监会令2013年第10号

中国保险监督管理委员会决定对《保险公估机构监管规定》作如下修改:

一、将第十一条修改为:"保险公估机构及其分支机构的名称中应当包含'保险公估'字样,且字号不得与现有的保险公估机构相同,中国保监会另有规定除外。"

二、删去第三十三条第二款。

三、删去第四十二条至第四十五条。

四、删去第六十三条第(三)项、第(四)项。

五、删去第七十三条第(一)项、第(二)项。

本决定自2013年12月1日起施行。

《保险公估机构监管规定》根据本决定作相应的修改,重新发布。

主席　项俊波
2013年9月29日

保险公估机构监管规定

第一章 总 则

第一条 为了规范保险公估机构的经营行为,保护保险活动当事人的合法权益,维护市场秩序,促进保险业健康发展,根据《中华人民共和国保险法》(以下简称《保险法》)等法律、行政法规,制定本规定。

第二条 本规定所称保险公估机构是指接受委托,专门从事保险标的或者保险事故评估、勘验、鉴定、估损理算等业务,并按约定收取报酬的机构。

在中华人民共和国境内设立保险公估机构,应当符合中国保险监督管理委员会(以下简称中国保监会)规定的资格条件,取得经营保险公估业务许可证(以下简称许可证)。

第三条 保险公估机构应当遵守法律、行政法规和中国保监会有关规定,遵循独立、客观、公平、公正的原则。

第四条 保险公估机构依法从事保险公估业务受法律保护,任何单位和个人不得干涉。

第五条 保险公估机构在办理保险公估业务过程中因过错给保险公司或者被保险人造成损害的,应当依法承担赔偿责任。

第六条 中国保监会根据国务院授权,对保险公估机构履行监管职责。

中国保监会派出机构,在中国保监会授权范围内履行监管职责。

第二章 市 场 准 入

第一节 机 构 设 立

第七条 保险公估机构应当采取下列组织形式:
(一)有限责任公司;
(二)股份有限公司;
(三)合伙企业。

第八条 设立保险公估机构,应当具备下列条件:
(一)股东、发起人或者合伙人信誉良好,最近3年无重大违法记录;
(二)注册资本或者出资达到法律、行政法规和本规定的最低限额;
(三)公司章程或者合伙协议符合有关规定;
(四)董事长、执行董事和高级管理人员符合本规定的任职资格条件;
(五)具备健全的组织机构和管理制度;
(六)有与业务规模相适应的固定住所;
(七)有与开展业务相适应的业务、财务等计算机软硬件设施;
(八)法律、行政法规和中国保监会规定的其他条件。

第九条 保险公估机构的注册资本或者出资不得少于人民币200万元,且必须为实缴货币资本。

第十条　依据法律、行政法规规定不能投资企业的单位或者个人，不得成为保险公估机构的发起人、股东或者合伙人。

保险公司员工投资保险公估机构的，应当书面告知所在保险公司；保险公司、保险中介公司的董事、高级管理人员投资保险公估机构的，应当根据《中华人民共和国公司法》（以下简称《公司法》）有关规定取得股东会或者股东大会的同意。

第十一条　保险公估机构及其分支机构的名称中应当包含"保险公估"字样，且字号不得与现有的保险公估机构相同，中国保监会另有规定除外。

第十二条　申请设立保险公估机构，全体股东、全体发起人或者全体合伙人应当指定代表或者共同委托代理人，向中国保监会办理申请事宜。

第十三条　保险公估机构可以申请设立分公司、营业部。保险公估机构申请设立分支机构应当具备下列条件：

（一）内控制度健全；

（二）注册资本或者出资达到本规定的要求；

（三）现有机构运转正常，且申请前1年内无重大违法行为；

（四）拟任主要负责人符合本规定的任职资格条件；

（五）拟设分支机构具备符合要求的营业场所和与经营业务有关的其他设施。

第十四条　保险公估机构以本规定注册资本或者出资最低限额设立的，可以申请设立3家保险公估分支机构；此后，每申请增设一家分支机构，应当至少增加注册资本或者出资人民币20万元。

申请设立保险公估分支机构，保险公估机构的注册资本或者出资已达到前款规定增资后额度的，可以不再增加注册资本或者出资。

保险公估机构注册资本或者出资达到人民币2 000万元的，设立分支机构可以不再增加注册资本或者出资。

第十五条　中国保监会收到保险公估机构设立申请后，可以对申请人进行风险提示，就申请设立事宜进行谈话，询问、了解拟设机构的市场发展战略、业务发展计划、内控制度建设、人员结构等有关事项。

中国保监会可以根据实际需要组织现场验收。

第十六条　中国保监会依法批准设立保险公估机构、保险公估分支机构的，应当向申请人颁发许可证。

申请人收到许可证后，应当按照有关规定办理工商登记，领取营业执照后方可开业。

保险公估机构及其分支机构自取得许可证之日起90日内，无正当理由未向工商行政管理机关办理登记的，其许可证自动失效。

第十七条　依法设立的保险公估机构、保险公估分支机构，应当自领取营业执照之日起20日内，书面报告中国保监会。

第十八条　保险公估机构有下列情形之一的，应当自变更决议作出之日起5日内，书面报告中国保监会：

（一）变更名称或者分支机构名称；

（二）变更住所或者分支机构营业场所；

（三）发起人、主要股东或者出资人变更姓名或者名称；
（四）变更主要股东或者出资人；
（五）股权结构或者出资比例重大变更；
（六）变更注册资本或者出资；
（七）修改公司章程或者合伙协议；
（八）分立、合并、解散或者变更组织形式；
（九）撤销分支机构。

第十九条 保险公估机构及其分支机构变更事项涉及许可证记载内容的，应当交回原许可证，领取新许可证，并按照《保险许可证管理办法》有关规定进行公告。

第二十条 保险公估机构许可证的有效期为3年，保险公估机构应当在有效期届满30日前，向中国保监会申请延续。

保险公估机构申请延续许可证有效期的，中国保监会在许可证有效期届满前对保险公估机构前3年的经营情况进行全面审查和综合评价，并作出是否批准延续许可证有效期的决定。决定不予延续的，应当书面说明理由。

保险公估机构应当自收到决定之日起10日内向中国保监会缴回原证；准予延续有效期的，应当领取新许可证。

第二节 任职资格

第二十一条 本规定所称保险公估机构高级管理人员是指下列人员：
（一）公司制保险公估机构的总经理、副总经理或者具有相同职权的管理人员；
（二）合伙制保险公估机构执行合伙企业事务的合伙人或者具有相同职权的管理人员；
（三）保险公估分支机构的主要负责人。

第二十二条 保险公估机构拟任董事长、执行董事和高级管理人员应当具备下列条件，并报经中国保监会核准：
（一）大学专科以上学历；
（二）持有中国保监会规定的资格证书；
（三）从事经济工作2年以上；
（四）具有履行职责所需的经营管理能力，熟悉保险法律、行政法规及中国保监会的相关规定；
（五）诚实守信，品行良好。

从事金融或者评估工作10年以上，可以不受前款第（一）项限制；担任金融、评估机构高级管理人员5年以上或者企业管理职务10年以上，可以不受前款第（二）项限制。

第二十三条 有《公司法》第一百四十七条规定的情形或者下列情形之一的，不得担任保险公估机构董事长、执行董事和高级管理人员：
（一）担任因违法被吊销许可证的保险公司、保险中介机构的董事、监事或者高级管理人员，并对被吊销许可证负有个人责任或者直接领导责任的，自许可证被吊销之日起未逾3年；

（二）因违法行为或者违纪行为被金融监管机构取消任职资格的金融机构的董事、监事或者高级管理人员，自被取消任职资格之日起未逾5年；

（三）被金融监管机构决定在一定期限内禁止进入金融行业的，期限未满；

（四）因违法行为或者违纪行为被吊销执业资格的资产评估机构、验证机构等机构的专业人员，自被吊销执业资格之日起未逾5年；

（五）受金融监管机构警告或者罚款未逾2年；

（六）正在接受司法机关、纪检监察部门或者金融监管机构调查；

（七）中国保监会规定的其他情形。

第二十四条　未经股东会或者股东大会同意，保险公估公司的董事和高级管理人员不得在存在利益冲突的机构中兼任职务。

保险公估机构的合伙人不得自营或者同他人合作经营与本机构相竞争的业务。

第二十五条　保险公估机构向中国保监会提出董事长、执行董事和高级管理人员任职资格核准申请的，应当如实填写申请表、提交相关材料。

中国保监会可以对保险公估机构拟任董事长、执行董事和高级管理人员进行考察或者谈话。

第二十六条　保险公估机构的董事长、执行董事和高级管理人员在保险公估机构及其分支机构内部调任、兼任同级或者下级职务，无须重新核准任职资格。

保险公估机构决定免除董事长、执行董事和高级管理人员职务或者同意其辞职的，其任职资格自决定作出之日起自动失效。

保险公估机构任免董事长、执行董事和高级管理人员，应当自决定作出之日起5日内，书面报告中国保监会。

第二十七条　保险公估机构的董事长、执行董事和高级管理人员因涉嫌经济犯罪被起诉的，保险公估机构应当自其被起诉之日起5日内和结案之日起5日内，书面报告中国保监会。

第二十八条　保险公估机构在特殊情况下任命临时负责人的，应当自任命决定作出之日起5日内，书面报告中国保监会。临时负责人任职时间最长不得超过3个月。

第三章　经营规则

第一节　一般规定

第二十九条　保险公估机构及其分支机构应当将许可证置于住所或者营业场所显著位置。

第三十条　保险公估机构可以经营下列业务：

（一）保险标的承保前和承保后的检验、估价及风险评估；

（二）保险标的出险后的查勘、检验、估损理算及出险保险标的残值处理；

（三）风险管理咨询；

（四）中国保监会批准的其他业务。

第三十一条　保险公估机构及其分支机构可以在中华人民共和国境内从事保险公估活动。

第三十二条　保险公估机构及其分支机构的从业人员应当符合中国保监会规定的条件，持有中国保监会规定的资格证书。

本规定所称保险公估从业人员是指保险公估机构及其分支机构中从事保险标的承保前检验、估价及风险评估的人员，或者从事保险标的出险后的查勘、检验、估损理算等业务的人员。

第三十三条　保险公估机构及其分支机构应当对本机构的从业人员进行保险法律和业务知识培训及职业道德教育。

第三十四条　保险公估机构及其分支机构应当建立专门账簿，记载保险公估业务收支情况。

保险公估机构及其分支机构应当建立完整规范的业务档案，业务档案应当包括下列内容：

（一）保险公估业务所涉及的主要情况，包括保险人、投保人、被保险人和受益人的名称或者姓名，保险标的、事故类型、估损金额等；

（二）报酬金额和收取情况；

（三）其他重要业务信息。

保险公估机构的记录应当完整、真实。

第三十五条　保险公估机构及其从业人员享有下列权利：

（一）根据执行业务的需要，要求委托人及其他相关当事人提供有关保险公估的文件、资料和其他必要协助；

（二）客观、公正从事保险公估活动，在当事人不提供协助或者要求出具虚假保险公估报告时，中止执行业务或者终止履行合同；

（三）法律、行政法规和中国保监会规定的其他权利。

第三十六条　保险公估机构及其从业人员应当履行下列义务：

（一）遵守法律、行政法规及中国保监会规定，接受行业管理，维护行业声誉；

（二）遵守评估准则、职业道德和有关标准；

（三）对使用的有关文件、证明、资料的真伪进行查验；

（四）法律、行政法规和中国保监会规定的其他义务。

第三十七条　保险公估机构、保险公估分支机构及其从业人员与保险公估活动当事人一方有利害关系的，应当告知其他当事人。

公估活动当事人有权要求与自身或者其他评估当事人有利害关系的保险公估机构或者保险公估从业人员回避。

第三十八条　保险公估从业人员开展保险公估业务的行为，由所属保险公估机构承担责任。

第三十九条　保险公估机构及其分支机构从事保险公估业务，应当与委托人签订书面委托合同，依法约定双方的权利义务及其他事项。委托合同不得违反法律、行政法规及中国保监会有关规定。

第四十条　保险公估机构及其分支机构在开展业务过程中，应当制作规范的客户告知书，并在开展业务时向客户出示。

客户告知书应当至少包括保险公估机构及其分支机构的名称、营业场所、联系方式、业务范围等基本事项。

保险公估机构及其董事、高级管理人员与公估业务相关的保险公司、保险中介机构存在关联关系的，应当在客户告知书中说明。

第四十一条　保险公估机构、保险公估分支机构及其从业人员在开展公估业务过程中，应当勤勉尽职，保险公估报告不得存在重大遗漏。

保险公估报告中涉及赔款金额的，应当指明该赔款金额所依据的相应保险条款。

第二节　禁止行为

第四十二条　保险公估机构及其分支机构不得伪造、变造、出租、出借、转让许可证。

第四十三条　保险公估从业人员不得以个人名义招揽、从事保险公估业务或者同时在两个以上保险公估机构中执业。

第四十四条　保险公估机构、保险公估分支机构及其从业人员在开展公估业务过程中，不得有下列欺骗投保人、被保险人、受益人或者保险公司的行为：

（一）向保险合同当事人出具虚假或者不公正的保险公估报告；

（二）隐瞒或者虚构与保险合同有关的重要情况；

（三）冒用其他机构名义或者允许其他机构以本机构名义执业；

（四）从业人员冒用他人名义或者允许他人以本人名义执业，或者代他人签署保险公估报告；

（五）串通投保人、被保险人或者受益人，骗取保险金；

（六）通过编造未曾发生的保险事故或者故意夸大已经发生保险事故的损失程度等进行虚假理赔；

（七）其他欺骗投保人、被保险人、受益人或者保险公司的行为。

第四十五条　保险公估机构、保险公估分支机构及其从业人员在开展公估业务过程中，不得有下列行为：

（一）虚假广告、虚假宣传；

（二）以捏造、散布虚假事实，利用行政处罚结果诋毁等方式损害其他保险中介机构的商业信誉，或者以其他不正当竞争行为扰乱市场秩序；

（三）利用行政权力、股东优势地位或者职业便利以及其他不正当手段强迫、引诱、限制投保人订立保险公估合同、接受保险公估结果或者限制其他保险中介机构正当的经营活动；

（四）给予或者承诺给予保险公司及其工作人员、投保人、被保险人或者受益人合同约定以外的其他利益；

（五）利用业务便利为其他机构或者个人牟取不正当利益；

（六）利用执行保险公估业务之便牟取其他非法利益；

（七）泄露在经营过程中知悉的投保人、被保险人、受益人或者保险公司的商业秘密及个人隐私；

（八）虚开发票、夸大公估费。

第四十六条 保险公估机构及其分支机构不得与非法从事保险业务或者保险中介业务的机构或者个人发生保险公估业务往来。

第四章 市场退出

第四十七条 保险公估机构有下列情形之一的，中国保监会不予延续许可证有效期：

（一）许可证有效期届满，没有申请延续；

（二）不再符合本规定除第八条第一项以外关于机构设立的条件；

（三）内部管理混乱，无法正常经营；

（四）存在重大违法行为，未得到有效整改；

（五）未按规定缴纳监管费。

第四十八条 保险公估机构因许可证有效期届满，中国保监会依法不予延续有效期，或者许可证依法被撤回、撤销、吊销的，应当依法组织清算或者对保险公估业务进行结算，向中国保监会提交清算报告或者结算报告。

第四十九条 保险公估机构解散的，应当自解散决议做出之日起10日内向中国保监会报告，并提交下列材料一式两份：

（一）解散申请书；

（二）股东大会、股东会或者全体合伙人的解散决议；

（三）清算组织及其负责人情况和清算方案；

（四）中国保监会规定的其他材料。

清算结束后，保险公估机构应当向中国保监会提交清算报告。

第五十条 保险公估机构解散，在清算中发现已不能清偿到期债务，并且资产不足以清偿全部债务或者明显缺乏清偿能力的，应当依法提出破产申请，其财产清算与债权债务处理，按照法定破产程序进行。

第五十一条 保险公估机构被依法吊销营业执照、被撤销、责令关闭或者被人民法院依法宣告破产的，应当依法成立清算组，依照法定程序组织清算，并向中国保监会提交清算报告。

第五十二条 保险公估机构因下列情形之一退出市场的，中国保监会依法注销许可证，并予以公告：

（一）许可证有效期届满，中国保监会依法不予延续；

（二）许可证依法被撤回、撤销或者吊销；

（三）保险公估机构解散、被依法吊销营业执照、被撤销、责令关闭或者被依法宣告破产；

（四）法律、行政法规规定的其他情形。

被注销许可证的保险公估机构应当及时交回许可证原件。

第五十三条 保险公估分支机构有下列情形之一的，中国保监会依法注销许可证，并予以公告：

（一）所属保险公估机构许可证被依法注销；
（二）被所属保险公估机构撤销；
（三）被依法责令关闭、吊销营业执照；
（四）许可证依法被撤回、撤销或者吊销；
（五）法律、行政法规规定应当注销许可证的其他情形。
被注销许可证的保险公估分支机构应当及时交回许可证原件。

第五章 监督检查

第五十四条 保险公估机构及其分支机构应当依照中国保监会有关规定及时、准确、完整地报送报表、报告、文件和资料，并根据中国保监会要求提交相关的电子文本。

保险公估机构及其分支机构报送的报表、报告和资料应当由法定代表人、执行合伙企业事务的合伙人、主要负责人或者其授权人签字，并加盖机构印章。

第五十五条 保险公估机构及其分支机构应当妥善保管业务档案、会计账簿、业务台账以及佣金收入的原始凭证等有关资料，保管期限自保险合同终止之日起计算，保险期间在1年以下的不得少于5年，保险期间超过1年的不得少于10年。

第五十六条 保险公估机构应当按规定将监管费交付到中国保监会指定账户。

第五十七条 保险公估机构应当在每一会计年度结束后3个月内聘请会计师事务所对本机构资产、负债、利润等财务状况进行审计，并向中国保监会报送相关审计报告。

中国保监会根据需要，可以要求保险公估机构或者保险公估分支机构提交专项外部审计报告。

第五十八条 中国保监会根据监管需要，可以对保险公估机构的董事长、执行董事或者高级管理人员进行监管谈话，要求其就经营活动中的重大事项作出说明。

第五十九条 中国保监会依法对保险公估机构及其分支机构进行现场检查，包括但不限于下列内容：

（一）机构设立、变更是否依法获得批准或者履行报告义务；
（二）资本金或者出资是否真实、足额；
（三）业务经营状况是否合法；
（四）财务状况是否良好；
（五）向中国保监会提交的报告、报表及资料是否及时、完整、真实；
（六）内控制度是否完善，执行是否有效；
（七）任用董事长、执行董事和高级管理人员是否符合规定；
（八）是否有效履行从业人员管理职责；
（九）对外公告是否及时、真实；
（十）计算机配置状况和信息系统运行状况是否良好。

第六十条 保险公估机构或者保险公估分支机构因下列原因接受中国保监会调查的，在被调查期间中国保监会有权责令其停止部分或者全部业务：

（一）涉嫌严重违反保险法律、行政法规；

(二)经营活动存在重大风险;

(三)不能正常开展业务活动。

第六十一条 保险公估机构及其分支机构应当按照下列要求配合中国保监会的现场检查工作,不得拒绝、妨碍中国保监会依法进行监督检查:

(一)按要求提供有关文件、资料,不得拖延、转移或者藏匿;

(二)相关管理人员、财务人员及从业人员应当按要求到场说明情况、回答问题。

第六十二条 保险公估机构及其分支机构有下列情形之一的,中国保监会可以将其列为重点检查对象:

(一)业务或者财务出现异动;

(二)不按时提交报告、报表或者提供虚假的报告、报表、文件和资料;

(三)涉嫌重大违法行为或者受到中国保监会行政处罚;

(四)中国保监会认为需要重点检查的其他情形。

第六十三条 中国保监会可以在现场检查中,委托会计师事务所等社会中介机构提供相关服务;委托上述中介机构提供服务的,应当签订书面委托协议。

中国保监会应当将委托事项告知被检查的保险公估机构及其分支机构。

第六十四条 保险公估机构及其分支机构认为检查人员违反法律、行政法规及中国保监会有关规定的,可以向中国保监会举报或者投诉。

保险公估机构及其分支机构有权对中国保监会的行政处理措施提起行政复议或者行政诉讼。

第六章 法 律 责 任

第六十五条 行政许可申请人隐瞒有关情况或者提供虚假材料申请设立保险公估机构或者申请其他行政许可的,中国保监会不予受理或者不予批准,并给予警告,申请人在1年内不得再次申请该行政许可。

第六十六条 被许可人通过欺骗、贿赂等不正当手段设立保险公估机构或者取得中国保监会行政许可的,由中国保监会依法予以撤销,对被许可人给予警告,并处1万元罚款,申请人在3年内不得再次申请该行政许可。

第六十七条 未经批准擅自设立保险公估机构或者保险公估分支机构,或者未取得许可证,擅自以保险公估机构名义从事保险公估业务的,由中国保监会责令改正,给予警告,没有违法所得的,并处1万元罚款,有违法所得的,并处违法所得3倍罚款,但最高不得超过3万元。

第六十八条 伪造、变造、出租、出借或者转让许可证的,由中国保监会责令改正,给予警告,没有违法所得的,并处1万元罚款,有违法所得的,并处违法所得3倍罚款,但最高不得超过3万元。

第六十九条 保险公估机构有下列情形之一的,由中国保监会责令改正,给予警告,并处1万元罚款:

(一)编制或者提供虚假的报告、报表、文件或者资料的;

（二）拒绝、妨碍依法监督检查的；

（三）聘任不具有任职资格、从业资格人员的。

第七十条 保险公估机构、保险公估分支机构及其从业人员违反本规定第三十六条、第三十七条、第四十一条、第四十三条的，由中国保监会责令改正，给予警告，没有违法所得的，处 1 万元以下罚款，有违法所得的，处违法所得 3 倍以下罚款，但最高不得超过 3 万元。

第七十一条 保险公估机构、保险公估分支机构及其从业人员有本规定第四十四条、第四十五条所列情形之一的，由中国保监会责令改正，给予警告，没有违法所得的，处 1 万元以下罚款，有违法所得的，处违法所得 3 倍以下罚款，但最高不得超过 3 万元。

第七十二条 保险公估机构及其分支机构有下列情形之一的，由中国保监会责令改正，给予警告，处 1 万元以下罚款：

（一）未按规定缴纳监管费；

（二）未按规定在住所或者营业场所放置许可证；

（三）未按规定办理许可证变更登记或者未按期申请延续许可证有效期；

（四）未按规定交回许可证；

（五）未按规定建立和保管专门账簿、业务档案；

（六）未按规定履行告知义务；

（七）未按规定进行公告；

（八）临时负责人任期超过规定期限；

（九）发生第十八条所列事项未按规定报告；

（十）未按规定报送有关报告、报表、文件或者资料；

（十一）与非法从事保险业务或者保险中介业务的单位或者个人发生保险公估业务往来。

第七十三条 保险公估机构及其分支机构违反本规定的，中国保监会除依照本章规定对该机构给予处罚外，对其直接负责的主管人员和其他直接责任人给予警告，并处 1 万元以下罚款。

第七十四条 保险公估机构及其分支机构的董事、高级管理人员或者从业人员，离开该机构后被发现在该机构工作期间违反有关保险监督管理规定的，应当依法追究其责任。

第七十五条 中国保监会发现保险公估机构及其分支机构涉嫌逃避缴纳税款、非法集资、传销、洗钱等，需要由其他机关管辖的，应当向其他机关举报或者移送。

违反本规定，涉嫌构成犯罪的，中国保监会应当向司法机关举报或者移送。

第七章 附 则

第七十六条 本规定所称保险中介机构是指保险代理机构、保险经纪机构和保险公估机构及其分支机构。

第七十七条 经中国保监会批准设立的外资保险公估机构适用本规定。我国参加的有关国际条约和中国保监会另有规定的，适用其规定。

第七十八条 本规定要求提交的各种表格格式由中国保监会制定。

第七十九条 本规定中有关期限，除以年、月表示的以外，均以工作日计算，不含法定节假日。

本规定所称"以上"、"以下"包括本数。

第八十条 本规定自 2009 年 10 月 1 日起施行，中国保监会 2001 年 11 月 16 日颁布的《保险公估机构管理规定》（保监会令 2001 年第 3 号）同时废止。

第八十一条 本规定施行前依法设立的保险公估机构继续保留，不完全具备本规定条件的，具体适用办法由中国保监会另行规定。

中国银监会关于中国（上海）自由贸易试验区银行业监管有关问题的通知

银监发〔2013〕40 号

各银监局，各政策性银行、国有商业银行、股份制商业银行、金融资产管理公司，邮政储蓄银行，银监会直接监管的信托公司、企业集团财务公司、金融租赁公司：

根据党中央、国务院关于建设中国（上海）自由贸易试验区的决定，经国务院同意，现就自贸区内银行业监管有关问题通知如下：

一、支持中资银行入区发展。允许全国性中资商业银行、政策性银行、上海本地银行在区内新设分行或专营机构。允许将区内现有银行网点升格为分行或支行。在区内增设或升格的银行分支机构不受年度新增网点计划限制。

二、支持区内设立非银行金融公司。支持区内符合条件的大型企业集团设立企业集团财务公司；支持符合条件的发起人在区内申设汽车金融公司、消费金融公司；支持上海辖内信托公司迁址区内发展；支持全国性金融资产管理公司在区内设立分公司；支持金融租赁公司在区内设立专业子公司。

三、支持外资银行入区经营。允许符合条件的外资银行在区内设立子行、分行、专营机构和中外合资银行。允许区内外资银行支行升格为分行。研究推进适当缩短区内外资银行代表处升格为分行、以及外资银行分行从事人民币业务的年限要求。

四、支持民间资本进入区内银行业。支持符合条件的民营资本在区内设立自担风险的民营银行、金融租赁公司和消费金融公司等金融机构。支持符合条件的民营资本参股与中、外资金融机构在区内设立中外合资银行。

五、鼓励开展跨境投融资服务。支持区内银行业金融机构发展跨境融资业务，包括但不限于大宗商品贸易融资、全供应链贸易融资、离岸船舶融资、现代服务业金融支持、外保内贷、商业票据等。支持区内银行业金融机构推进跨境投资金融服务，包括但不限于跨境并购贷款和项目贷款、内保外贷、跨境资产管理和财富管理业务、房地产信托投资基金等。

六、支持区内开展离岸业务。允许符合条件的中资银行在区内开展离岸银行业务。

七、简化准入方式。将区内银行分行级以下（不含分行）的机构、高管和部分业务准入事项由事前审批改为事后报告。设立区内银行业准入事项绿色快速通道，建立准入事项限时办理制度，提高准入效率。

八、完善监管服务体系。支持探索建立符合区内银行业实际的相对独立的银行业监管体制，贴近市场提供监管服务，有效防控风险。建立健全区内银行业特色监测报表体系，探索完善符合区内银行业风险特征的监控指标。优化调整存贷比、流动性等指标的计算口径和监管要求。

2013年9月28日

证券公司参与股指期货、国债期货交易指引

中国证券监督管理委员会公告〔2013〕34号

现公布《证券公司参与股指期货、国债期货交易指引》，自公布之日起施行。

中国证监会
2013年8月21日

证券公司参与股指期货、国债期货交易指引

第一条 为规范证券公司参与股指期货、国债期货交易行为，防范风险，根据《证券法》、《证券公司监督管理条例》、《期货交易管理条例》等法律法规和《证券公司风险控制指标管理办法》（证监会令第55号）的规定，制定本指引。

第二条 证券公司以自有资金或受托管理资金参与股指期货、国债期货交易（以下简称证券公司参与股指期货、国债期货交易），适用本指引。

不具备证券自营业务资格的证券公司，其自有资金只能以套期保值为目的，参与国债期货交易。

第三条 证券公司参与股指期货、国债期货交易，应当制定参与股指期货、国债期货交易的相关制度，包括投资决策流程、投资目的、投资规模及风险控制等事项。有关制度应当向公司住所地证监局报备。

第四条 证券公司参与股指期货、国债期货交易，应当具备熟悉股指期货、国债期货的专业人员、健全的风险管理及内部控制制度、有效的动态风险监控系统，确保参与股指期货、国债期货交易的风险可测、可控、可承受。

第五条 证券公司应当采用有效的风险管理工具，对参与股指期货、国债期货交易的风险进行识别、计量、预警，并将股指期货、国债期货交易纳入风险控制指标动态监控系统进行实时监控，确保各项风险控制指标在任一时点都符合规定标准。有关动态监控系统数据接口应当向公司住所地证监局开放。

证券公司应当建立健全股指期货、国债期货的压力测试机制，及时根据市场变化情况对股指期货、国债期货交易情况进行压力测试，并建立相应的应急措施。

第六条 证券公司参与股指期货、国债期货交易时，应当制定详细的投资策略或套期保值方案。证券公司以套期保值为目的参与股指期货、国债期货交易的，应当在套期保值方案中明确套期保值工具、对象、规模、期限以及有效性等内容。

证券公司负责风险管理的部门应当对投资策略或套期保值的可行性、有效性进行充分验证、及时评估、实时监控并督促证券自营、证券资产管理部门及时调整风险敞口，确保投资策略或套期保值的可行性、有效性。

第七条 证券公司参与股指期货、国债期货交易，应当充分了解股票、债券等现货市场在交易机制、价格连续性、市场透明度、产品流动性等方面的特点，并审慎评估其对股指期货、国债期货投资策略的影响。

证券公司应当熟悉股指期货、国债期货有关交割规则，对实物交割的品种，应当充分评估交割风险，做好应急预案。

证券公司应当通过制度、流程、信息系统等方式，确保参与股指期货、国债期货交易业务的前、中、后台相关部门、相关岗位之间相互制衡、相互监督，不相容职务应当分离。

证券公司不得进行内幕交易、市场操纵、利益输送等违法违规行为及不正当交易活动。

第八条 证券公司以自有资金参与股指期货、国债期货交易的，应当符合以下要求：

（一）证券公司应当按照中国金融期货交易所（以下简称中金所）有关规定申请交易编码。

（二）证券公司应当根据《证券公司风险控制指标管理办法》等规定，对已被股指期货、国债期货合约占用的交易保证金按100%比例扣减净资本。

（三）证券公司应当对已进行风险对冲的股指期货、国债期货分别按投资规模的5%计算风险资本准备（5%为基准标准，不同类别公司按规定实施不同的风险资本准备计算比例，下同）；对未进行风险对冲的股指期货、国债期货分别按投资规模的20%计算风险资本准备。

其中股指期货、国债期货交易满足《企业会计准则第24号——套期保值》有关套期保值高度有效要求的，可认为已进行风险对冲。

（四）证券公司自营权益类证券及证券衍生品（包括股指期货、国债期货等）的合计额不得超过净资本的100%，其中股指期货以股指期货合约价值总额的15%计算，国债期货以国债期货合约价值总额的5%计算。

第九条 证券公司以受托管理资金参与股指期货、国债期货交易的，应当符合以下要求：

（一）证券公司应当按照中金所有关规定申请交易编码。

（二）证券公司应当选择适当的客户开展参与股指期货、国债期货交易的资产管理业务，审慎进行股指期货、国债期货投资。在与客户签订资产管理合同前，证券公司应当按照规定程序了解客户的情况，审慎评估客户的诚信状况、客户对产品的认知水平和风险承受能力，向客户进行充分的风险揭示，并将风险揭示书交客户签字确认。

（三）证券公司应当在资产管理合同中明确约定参与股指期货、国债期货交易的目的、比例限制、估值方法、信息披露、风险控制、责任承担等事项。

证券公司应当在资产管理合同中明确约定股指期货、国债期货保证金的流动性应急处理机制，包括应急触发条件、保证金补充机制、损失责任承担等。

（四）本指引实施前，证券公司已签署的资产管理合同未约定可参与股指期货、国债期货交易的，原则上不得投资股指期货、国债期货。拟变更合同投资股指期货、国债期货的，应当按照资产管理合同约定的方式及有关规定取得客户、资产托管机构的同意并履行有关报批或报备手续。

（五）证券公司定向资产管理业务参与股指期货、国债期货交易的，应当按合同约定的方式向客户充分披露资产管理业务参与股指期货、国债期货交易的有关情况，包括投资目的、持仓情况、损益情况等，并在定向资产管理业务年度报告中披露相应内容。

（六）证券公司应当在集合资产管理报告中充分披露集合资产管理计划参与股指期货、国债期货交易的有关情况，包括投资目的、持仓情况、损益情况等，并充分说明投资股指期货、国债期货对集合资产管理计划总体风险的影响以及是否符合既定的投资目的。

第十条　证券公司、资产托管机构应当根据中金所的相关规定，确定资产管理业务参与股指期货、国债期货交易的交易结算模式，明确交易执行、资金划拨、资金清算、会计核算、保证金存管等业务中的权利和义务，建立资金安全保障机制。

第十一条　证券公司参与股指期货、国债期货交易的交易编码须在申请后3个工作日内向公司住所地证监局备案。

证券公司集合资产管理计划、定向资产管理合同终止的，应当在清算结束后3个交易日内申请注销股指期货、国债期货交易编码，并在5个工作日内向公司住所地证监局报告。

第十二条　因证券期货市场波动、资产管理计划规模变动等证券公司之外的原因致使股指期货、国债期货投资比例不符合规定的，证券公司应当在10个交易日内调整完毕，同时在该情形发生之日起2个工作日内向公司住所地证监局报告。

第十三条　证券公司参与股指期货、国债期货交易不符合以上规定或者导致风险控制指标不符合规定标准的，中国证监会或有关证监局将依法采取相应监管措施。

第十四条　证券公司参与其他经中国证监会认可的交易所上市期货产品交易的，参照本指引执行，中国证监会另有规定的除外。

本指引自公布之日起施行。《证券公司参与股指期货交易指引》（证监会公告〔2010〕14号）同时废止。

基金管理公司固有资金运用管理暂行规定

中国证券监督管理委员会公告〔2013〕33号

现公布《基金管理公司固有资金运用管理暂行规定》，自公布之日起施行。

中国证监会
2013年8月2日

基金管理公司固有资金运用管理暂行规定

第一条 为了规范公开募集基金的基金管理公司（以下简称基金管理公司）固有资金运用行为，防范固有资金投资风险，维护基金份额持有人的合法权益，促进基金业持续健康发展，根据《证券投资基金法》、《证券投资基金管理公司管理办法》等法律法规，制定本规定。

第二条 在中国境内依法设立的基金管理公司运用固有资金的活动适用本规定。

第三条 本规定所称固有资金运用，是指基金管理公司运用以本外币计价的资本金、公积金、未分配利润及其他自有资金进行投资以及用于本公司资产管理业务开展所需的资金支出行为。

第四条 固有资金运用应当遵循谨慎稳健、分散风险的原则，确保固有资金的安全性、流动性，不得影响基金管理公司的正常运营。

第五条 固有资金运用应当遵循合法、公平的原则，避免与基金管理公司及其子公司管理的投资组合之间发生利益冲突，禁止任何形式的利益输送行为，不得损害基金份额持有人和其他客户的合法权益。

第六条 鼓励基金管理公司运用固有资金按照规定购买本公司管理的公开募集的证券投资基金（以下简称基金）、特定客户资产管理计划或者其子公司管理的投资组合，建立与基金份额持有人、其他客户的利益绑定机制，与基金份额持有人、其他客户共担风险、共享收益。

第七条 中国证券监督管理委员会（以下简称中国证监会）及其派出机构依法对基金管理公司固有资金运用活动进行监督管理。

中国证券投资基金业协会对基金管理公司固有资金运用活动实行自律管理。

第八条 基金管理公司固有资金可以进行金融资产投资以及进行与经营资产管理业务相关的股权投资，其中持有现金、银行存款、国债、基金等高流动性资产的比例不得低于50%。

固有资金进行金融资产投资的，不得投资于上市交易的股票、期货及其他衍生品。

固有资金从事境外投资的，应当符合中国证监会以及其他相关部门的规定。

第九条 基金管理公司运用固有资金投资本公司管理的基金的，应当遵守基金合同、招募说明书等的约定，并遵守下列规定：

（一）持有基金份额的期限不少于6个月，但持有货币市场基金等现金管理工具基金或者公司出现风险事件确需赎回基金份额弥补资金缺口的不受此限，持有发起式基金份额的期限另有规定的从其规定；

（二）按照基金合同、招募说明书的约定费率进行认购、申购和赎回，不享有比其他投资人更优惠的费率，并不得进行盘后交易；

（三）认购基金份额的，在基金合同生效公告中载明所认购的基金份额、认购日期、适用费率等情况；

（四）申购、赎回或者买卖基金份额的，在基金季度报告中载明申购、赎回或者买卖基金的日期、金额、适用费率等情况。

第十条　基金管理公司运用固有资金投资本公司管理的基金的，依法可以作为基金份额持有人向基金份额持有人大会提出议案，但对涉及本公司利益的表决事项应当回避。

第十一条　基金管理公司固有资金投资本公司及子公司管理的单个特定客户资产管理计划的份额与本公司及子公司员工投资的份额合计不得超过该计划总份额的50%。

第十二条　基金管理公司运用固有资金投资设立子公司，应当符合中国证监会的相关规定。

运用固有资金进行股权投资，基金管理公司应当事前向中国证监会及公司所在地中国证监会派出机构报告。投资入股按照规定需要履行审批程序的，还应当报经有关主管部门批准。

第十三条　基金管理公司可以用固有资金为本公司管理的特定投资组合提供保本承诺或者资金垫付以及为子公司管理的特定投资组合提供担保，但保本承诺总额、资金垫付总额或者担保总额合计不得超过上一会计年度本公司经审计的净资产规模。

第十四条　基金管理公司应当建立健全公司治理，加强对固有资金运用的授权管理，在公司章程和相关制度中明确规定股东（大）会、董事会和经营管理层在固有资金运用方面的职责和授权范围。

第十五条　基金管理公司应当制定固有资金运用的内部控制制度，对固有资金运用的评估论证、决策、执行、风险控制、稽核、信息披露等事项作出规定。

第十六条　基金管理公司运用固有资金投资，应当建立防火墙制度，指定专门的部门负责，确保固有资金投资与本公司及子公司的资产管理业务在人员、信息、账户、资金、会计核算上严格分离，投资决策及操作应当独立于本公司及子公司管理的投资组合的投资决策及操作，不得利用本公司及子公司管理的投资组合的未公开信息获取利益。

第十七条　基金管理公司运用固有资金投资，应当加强对关联交易的管理，不得违反规定将本公司及子公司管理的投资组合作为交易对手，不得自行或者通过第三方与本公司及子公司的投资组合进行显失公平的交易。

第十八条　基金管理公司运用固有资金，应当在公司监察稽核季度报告、年度报告中列明投资时间、投资标的、金额、费率及提供保本承诺、资金垫付、担保等信息，并对是否合规、是否存在利益冲突、是否存在显失公平的关联交易等进行说明，还应当在公司年度报告中对固有资金运用情况进行总结，评估本年度固有资金运用效果及存在的风险。

第十九条　基金管理公司的净资产低于4 000万元人民币，或者现金、银行存款、国债、基金等可运用的高流动性资产低于2 000万元人民币且低于公司上一会计年度营业支出的，基金管理公司应当暂停继续运用固有资金进行投资，其固有资金应当主要用于日常经营管理活动。

第二十条 基金管理公司违反本规定的，中国证监会责令改正，并可以对基金管理公司及其直接负责的主管人员和其他直接责任人员，采取监管谈话、出具警示函、暂停履行职务、认定为不适当人选等行政监管措施。依法应予行政处罚的，依照有关规定进行行政处罚；涉嫌犯罪的，依法移送司法机关，追究刑事责任。

第二十一条 基金管理公司风险准备金的运用管理由中国证监会另行规定。

第二十二条 本规定自公布之日起施行。《关于基金管理公司运用固有资金进行基金投资有关事项的通知》（证监基金字〔2005〕96号）同时废止。

中国银监会关于印发商业银行公司治理指引的通知

银监发〔2013〕34号

各银监局，国家开发银行，各国有商业银行、股份制商业银行、金融资产管理公司，邮储银行，银监会直接监管的信托公司、企业集团财务公司、金融租赁公司：

现将《商业银行公司治理指引》印发给你们，请遵照执行。

银监会
2013年7月19日

商业银行公司治理指引

第一章 总 则

第一条 为完善商业银行公司治理，促进商业银行稳健经营和健康发展，保护存款人和其他利益相关者的合法权益，根据《中华人民共和国公司法》（以下简称《公司法》）、《中华人民共和国银行业监督管理法》、《中华人民共和国商业银行法》和其他相关法律法规，制定本指引。

第二条 中华人民共和国境内经银行业监督管理机构批准设立的商业银行适用本指引。

第三条 本指引所称的商业银行公司治理是指股东大会、董事会、监事会、高级管理层、股东及其他利益相关者之间的相互关系，包括组织架构、职责边界、履职要求等治理制衡机制，以及决策、执行、监督、激励约束等治理运行机制。

第四条 商业银行公司治理应当遵循各治理主体独立运作、有效制衡、相互合作、协调运转的原则，建立合理的激励、约束机制，科学、高效地决策、执行和监督。

第五条 商业银行董事会、监事会、高级管理层应当由具备良好专业背景、业务技能、职业操守和从业经验的人员组成，并在以下方面得到充分体现：

（一）确保商业银行依法合规经营；

（二）确保商业银行培育审慎的风险文化；

（三）确保商业银行履行良好的社会责任；

（四）确保商业银行保护金融消费者的合法权益。

第六条 各治理主体及其成员依法享有权利和承担义务，共同维护商业银行整体利益，不得损害商业银行利益或将自身利益置于商业银行利益之上。

第七条 商业银行良好公司治理应当包括但不限于以下内容：

（一）健全的组织架构；

（二）清晰的职责边界；

（三）科学的发展战略、价值准则与良好的社会责任；

（四）有效的风险管理与内部控制；

（五）合理的激励约束机制；

（六）完善的信息披露制度。

第八条 商业银行章程是商业银行公司治理的基本文件，对股东大会、董事会、监事会、高级管理层的组成、职责和议事规则等作出制度安排，并载明有关法律法规要求在章程中明确规定的其他事项。

商业银行应当制定章程并根据自身发展及相关法律法规要求及时修改完善。

第二章 公司治理组织架构

第一节 股东和股东大会

第九条 股东应当依法对商业银行履行诚信义务，确保提交的股东资格资料真实、完整、有效。主要股东应当真实、准确、完整地向董事会披露关联方情况，并承诺当关联关系发生变化时及时向董事会报告。

本指引所称主要股东是指能够直接、间接、共同持有或控制商业银行百分之五以上股份或表决权以及对商业银行决策有重大影响的股东。

第十条 股东特别是主要股东应当严格按照法律法规及商业银行章程行使出资人权利，不得谋取不当利益，不得干预董事会、高级管理层根据章程享有的决策权和管理权，不得越过董事会和高级管理层直接干预商业银行经营管理，不得损害商业银行利益和其他利益相关者的合法权益。

第十一条 股东特别是主要股东应当支持商业银行董事会制定合理的资本规划，使商业银行资本持续满足监管要求。当商业银行资本不能满足监管要求时，应当制定资本补充计划使资本充足率在限期内达到监管要求，并通过增加核心资本等方式补充资本，主要股东不得阻碍其他股东对商业银行补充资本或合格的新股东进入。

第十二条 商业银行应当在章程中规定，主要股东应当以书面形式向商业银行作出资本补充的长期承诺，并作为商业银行资本规划的一部分。

第十三条 股东获得本行授信的条件不得优于其他客户同类授信的条件。

第十四条 商业银行应当制定关联交易管理制度，并在章程中规定以下事项：

（一）商业银行不得接受本行股票为质押权标的；

（二）股东以本行股票为自己或他人担保的，应当严格遵守法律法规和监管部门的要求，并事前告知本行董事会；非上市银行股东特别是主要股东转让本行股份的，应当事前告知本行董事会；

（三）股东在本行借款余额超过其持有经审计的上一年度股权净值，不得将本行股票进行质押；

（四）股东特别是主要股东在本行授信逾期时，应当对其在股东大会和派出董事在董事会上的表决权进行限制。

第十五条 股东应当严格按照法律法规及商业银行章程规定的程序提名董事、监事候选人。

商业银行应当在章程中规定，同一股东及其关联人不得同时提名董事和监事人选；同一股东及其关联人提名的董事（监事）人选已担任董事（监事）职务，在其任职期届满或更换前，该股东不得再提名监事（董事）候选人；同一股东及其关联人提名的董事原则上不得超过董事会成员总数的三分之一。国家另有规定的除外。

第十六条 股东大会依据《公司法》等法律法规和商业银行章程行使职权。

第十七条 股东大会会议包括年度会议和临时会议。

股东大会年会应当由董事会在每一会计年度结束后六个月内召集和召开。因特殊情况需延期召开的，应当向银行业监督管理机构报告，并说明延期召开的事由。

股东大会会议应当实行律师见证制度，并由律师出具法律意见书。法律意见书应当对股东大会召开程序、出席股东大会的股东资格、股东大会决议内容等事项的合法性发表意见。

股东大会的会议议程和议案应当由董事会依法、公正、合理地进行安排，确保股东大会能够对每个议案进行充分的讨论。

第十八条 股东大会议事规则由商业银行董事会负责拟定，并经股东大会审议通过后执行。

股东大会议事规则包括会议通知、召开方式、文件准备、表决形式、提案机制、会议记录及其签署、关联股东的回避等。

第二节 董 事 会

第十九条 董事会对股东大会负责，对商业银行经营和管理承担最终责任。除依据《公司法》等法律法规和商业银行章程履行职责外，还应当重点关注以下事项：

（一）制定商业银行经营发展战略并监督战略实施；

（二）制定商业银行风险容忍度、风险管理和内部控制政策；

（三）制定资本规划，承担资本管理最终责任；

（四）定期评估并完善商业银行公司治理；

（五）负责商业银行信息披露，并对商业银行会计和财务报告的真实性、准确性、完整性和及时性承担最终责任；

（六）监督并确保高级管理层有效履行管理职责；

（七）维护存款人和其他利益相关者合法权益；

（八）建立商业银行与股东特别是主要股东之间利益冲突的识别、审查和管理机制等。

第二十条　商业银行应当根据自身规模和业务状况，确定合理的董事会人数及构成。

第二十一条　董事会由执行董事和非执行董事（含独立董事）组成。

执行董事是指在商业银行担任除董事职务外的其他高级经营管理职务的董事。

非执行董事是指在商业银行不担任经营管理职务的董事。

独立董事是指不在商业银行担任除董事以外的其他职务，并与所聘商业银行及其主要股东不存在任何可能影响其进行独立、客观判断关系的董事。

第二十二条　董事会应当根据商业银行情况单独或合并设立其专门委员会，如战略委员会、审计委员会、风险管理委员会、关联交易控制委员会、提名委员会、薪酬委员会等。

战略委员会主要负责制定商业银行经营管理目标和长期发展战略，监督、检查年度经营计划、投资方案的执行情况。

审计委员会主要负责检查商业银行风险及合规状况、会计政策、财务报告程序和财务状况；负责商业银行年度审计工作，提出外部审计机构的聘请与更换建议，并就审计后的财务报告信息真实性、准确性、完整性和及时性作出判断性报告，提交董事会审议。

风险管理委员会主要负责监督高级管理层关于信用风险、流动性风险、市场风险、操作风险、合规风险和声誉风险等风险的控制情况，对商业银行风险政策、管理状况及风险承受能力进行定期评估，提出完善商业银行风险管理和内部控制的意见。

关联交易控制委员会主要负责关联交易的管理、审查和批准，控制关联交易风险。

提名委员会主要负责拟定董事和高级管理层成员的选任程序和标准，对董事和高级管理层成员的任职资格进行初步审核，并向董事会提出建议。

薪酬委员会主要负责审议全行薪酬管理制度和政策，拟定董事和高级管理层成员的薪酬方案，向董事会提出薪酬方案建议，并监督方案实施。

第二十三条　董事会专门委员会向董事会提供专业意见或根据董事会授权就专业事项进行决策。

各相关专门委员会应当定期与高级管理层及部门交流商业银行经营和风险状况，并提出意见和建议。

第二十四条　各专门委员会成员应当是具有与专门委员会职责相适应的专业知识和工作经验的董事。各专门委员会负责人原则上不宜兼任。

审计委员会、关联交易控制委员会、提名委员会、薪酬委员会原则上应当由独立董事担任负责人，其中审计委员会、关联交易控制委员会中独立董事应当占适当比例。

审计委员会成员应当具有财务、审计和会计等某一方面的专业知识和工作经验。风险管理委员会负责人应当具有对各类风险进行判断与管理的经验。

第二十五条　董事会设董事长一人，可以设副董事长。董事长和副董事长由董事会以全体董事的过半数选举产生。商业银行董事长和行长应当分设。

第二十六条 董事会例会每季度至少应当召开一次。董事会临时会议的召开程序由商业银行章程规定。

第二十七条 董事会应当制定内容完备的董事会议事规则并在章程中予以明确，包括会议通知、召开方式、文件准备、表决形式、提案机制、会议记录及其签署、董事会授权规则等，并报股东大会审议通过。

董事会议事规则中应当包括各项议案的提案机制和程序，明确各治理主体在提案中的权利和义务。在会议记录中明确记载各项议案的提案方。

第二十八条 董事会各专门委员会议事规则和工作程序由董事会制定。各专门委员会应当制定年度工作计划并定期召开会议。

第二十九条 董事会会议应当有商业银行全体董事过半数出席方可举行。董事会作出决议，必须经商业银行全体董事过半数通过。

董事会会议可以采用会议表决（包括视频会议）和通讯表决两种表决方式，实行一人一票。采用通讯表决形式的，至少在表决前三日内应当将通讯表决事项及相关背景资料送达全体董事。

商业银行章程或董事会议事规则应当对董事会采取通讯表决的条件和程序进行规定。董事会会议采取通讯表决方式时应当说明理由。

商业银行章程应当规定，利润分配方案、重大投资、重大资产处置方案、聘任或解聘高级管理人员、资本补充方案、重大股权变动以及财务重组等重大事项不得采取通讯表决方式，应当由董事会三分之二以上董事通过方可有效。

第三十条 董事会召开董事会会议，应当事先通知监事会派员列席。

董事会在履行职责时，应当充分考虑外部审计机构的意见。

第三十一条 银行业监督管理机构对商业银行的监管意见及商业银行整改情况应当在董事会上予以通报。

第三节 监 事 会

第三十二条 监事会是商业银行的内部监督机构，对股东大会负责，除依据《公司法》等法律法规和商业银行章程履行职责外，还应当重点关注以下事项：

（一）监督董事会确立稳健的经营理念、价值准则和制定符合本行实际的发展战略；

（二）定期对董事会制定的发展战略的科学性、合理性和有效性进行评估，形成评估报告；

（三）对本行经营决策、风险管理和内部控制等进行监督检查并督促整改；

（四）对董事的选聘程序进行监督；

（五）对董事、监事和高级管理人员履职情况进行综合评价；

（六）对全行薪酬管理制度和政策及高级管理人员薪酬方案的科学性、合理性进行监督；

（七）定期与银行业监督管理机构沟通商业银行情况等。

第三十三条 监事会由职工代表出任的监事、股东大会选举的外部监事和股东监事组成。

外部监事与商业银行及其主要股东之间不得存在影响其独立判断的关系。

第三十四条 监事会可根据情况设立提名委员会和监督委员会。

提名委员会负责拟订监事的选任程序和标准，对监事候选人的任职资格进行初步审核，并向监事会提出建议；对董事的选聘程序进行监督；对董事、监事和高级管理人员履职情况进行综合评价并向监事会报告；对全行薪酬管理制度和政策及高级管理人员薪酬方案的科学性、合理性进行监督。

提名委员会原则上应当由外部监事担任负责人。

监督委员会负责拟订对本行财务活动的监督方案并实施相关检查，监督董事会确立稳健的经营理念、价值准则和制定符合本行实际的发展战略，对本行经营决策、风险管理和内部控制等进行监督检查。

第三十五条 监事长（监事会主席）应当由专职人员担任，且至少应当具有财务、审计、金融、法律等某一方面专业知识和工作经验。

第三十六条 监事会应当制定内容完备的监事会议事规则并在章程中予以明确，包括会议通知、召开方式、文件准备、表决形式、提案机制、会议记录及其签署等。监事会例会每季度至少应当召开一次。监事会临时会议召开程序由商业银行章程规定。

第三十七条 监事会在履职过程中有权要求董事会和高级管理层提供信息披露、审计等方面的必要信息。监事会认为必要时，可以指派监事列席高级管理层会议。

第三十八条 监事会可以独立聘请外部机构就相关工作提供专业协助。

第四节 高级管理层

第三十九条 高级管理层由商业银行总行行长、副行长、财务负责人及监管部门认定的其他高级管理人员组成。

第四十条 高级管理层根据商业银行章程及董事会授权开展经营管理活动，确保银行经营与董事会所制定批准的发展战略、风险偏好及其他各项政策相一致。

高级管理层对董事会负责，同时接受监事会监督。高级管理层依法在其职权范围内的经营管理活动不受干预。

第四十一条 高级管理层应当建立向董事会及其专门委员会、监事会及其专门委员会的信息报告制度，明确报告信息的种类、内容、时间和方式等，确保董事、监事能够及时、准确地获取各类信息。

第四十二条 高级管理层应当建立和完善各项会议制度，并制定相应议事规则。

第四十三条 行长依照法律、法规、商业银行章程及董事会授权，行使有关职权。

第三章 董事、监事、高级管理人员

第一节 董 事

第四十四条 商业银行应当制定规范、公开的董事选任程序，经股东大会批准后实施。

第四十五条 商业银行应当在章程中规定，董事提名及选举的一般程序为：

（一）在商业银行章程规定的董事会人数范围内，按照拟选任人数，可以由董事会提名委员会提出董事候选人名单；单独或者合计持有商业银行发行的有表决权股份总数百分之三以上股东亦可以向董事会提出董事候选人；

（二）董事会提名委员会对董事候选人的任职资格和条件进行初步审核，合格人选提交董事会审议；经董事会审议通过后，以书面提案方式向股东大会提出董事候选人；

（三）董事候选人应当在股东大会召开之前作出书面承诺，同意接受提名，承诺公开披露的资料真实、完整并保证当选后切实履行董事义务；

（四）董事会应当在股东大会召开前依照法律法规和商业银行章程规定向股东披露董事候选人详细资料，保证股东在投票时对候选人有足够的了解；

（五）股东大会对每位董事候选人逐一进行表决；

（六）遇有临时增补董事，由董事会提名委员会或符合提名条件的股东提出并提交董事会审议，股东大会予以选举或更换。

第四十六条 独立董事提名及选举程序应当遵循以下原则：

（一）商业银行应当在章程中规定，董事会提名委员会、单独或者合计持有商业银行发行的有表决权股份总数百分之一以上股东可以向董事会提出独立董事候选人，已经提名董事的股东不得再提名独立董事；

（二）被提名的独立董事候选人应当由董事会提名委员会进行资质审查，审查重点包括独立性、专业知识、经验和能力等；

（三）独立董事的选聘应当主要遵循市场原则。

第四十七条 董事应当符合银行业监督管理机构规定的任职条件，并应当通过银行业监督管理机构的任职资格审查。

董事任期由商业银行章程规定，但每届任期不得超过三年。董事任期届满，连选可以连任。独立董事在同一家商业银行任职时间累计不得超过六年。

董事任期届满未及时改选，或者董事在任期内辞职影响银行正常经营或导致董事会成员低于法定人数的，在改选出的董事就任前，原董事仍应当依照法律法规的规定，履行董事职责。

第四十八条 董事依法有权了解商业银行的各项业务经营情况和财务状况，并对其他董事和高级管理层成员履行职责情况实施监督。

第四十九条 董事对商业银行负有忠实和勤勉义务。

董事应当按照相关法律法规及商业银行章程的要求，认真履行职责。

第五十条 商业银行应当在章程中规定，独立董事不得在超过两家商业银行同时任职。

第五十一条 董事应当投入足够的时间履行职责，每年至少亲自出席三分之二以上的董事会会议；因故不能出席的，可以书面委托同类别其他董事代为出席。

董事在董事会会议上应当独立、专业、客观地发表意见。

第五十二条 董事个人直接或者间接与商业银行已有或者计划中的合同、交易、安排有关联关系时，应当将关联关系的性质和程度及时告知董事会关联交易控制委员会，并在审议相关事项时做必要的回避。

第五十三条 非执行董事应当依法合规地积极履行股东与商业银行之间的沟通职责，重点关注股东与商业银行关联交易情况并支持商业银行制定资本补充规划。

第五十四条 独立董事履行职责时应当独立对董事会审议事项发表客观、公正的意见,并重点关注以下事项:

(一)重大关联交易的合法性和公允性;

(二)利润分配方案;

(三)高级管理人员的聘任和解聘;

(四)可能造成商业银行重大损失的事项;

(五)可能损害存款人、中小股东和其他利益相关者合法权益的事项;

(六)外部审计师的聘任等。

第五十五条 商业银行应当在章程中规定,独立董事每年在商业银行工作的时间不得少于十五个工作日。

担任审计委员会、关联交易控制委员会及风险管理委员会负责人的董事每年在商业银行工作的时间不得少于二十五个工作日。

第五十六条 董事应当按要求参加培训,了解董事的权利和义务,熟悉有关法律法规,掌握应具备的相关知识。

第五十七条 商业银行应当规定董事在商业银行的最低工作时间,并建立董事履职档案,完整记录董事参加董事会会议次数、独立发表意见和建议及被采纳情况等,作为对董事评价的依据。

第二节 监 事

第五十八条 监事应当依照法律法规及商业银行章程规定,忠实履行监督职责。

第五十九条 股东监事和外部监事的提名及选举程序参照董事和独立董事的提名及选举程序。

股东监事和外部监事由股东大会选举、罢免和更换;职工代表出任的监事由银行职工民主选举、罢免和更换。

第六十条 监事任期每届三年,任期届满,连选可以连任。外部监事在同一家商业银行的任职时间累计不得超过六年。

第六十一条 监事应当积极参加监事会组织的监督检查活动,有权依法进行独立调查、取证,实事求是提出问题和监督意见。

第六十二条 监事连续两次未能亲自出席、也不委托其他监事代为出席监事会会议,或每年未能亲自出席至少三分之二的监事会会议的,视为不能履职,监事会应当建议股东大会或股东会、职工代表大会等予以罢免。

股东监事和外部监事每年在商业银行工作的时间不得少于十五个工作日。

职工监事享有参与制定涉及员工切身利益的规章制度的权利,并应当积极参与制度执行情况的监督检查。

第六十三条 监事可以列席董事会会议,对董事会决议事项提出质询或者建议,但不享有表决权。列席董事会会议的监事应当将会议情况报告监事会。

第六十四条 监事的薪酬应当由股东大会审议确定,董事会不得干预监事薪酬标准。

第三节 高级管理人员

第六十五条 高级管理人员应当通过银行业监督管理机构的任职资格审查。

第六十六条 高级管理人员应当遵循诚信原则,审慎、勤勉地履行职责,不得为自己或他人谋取属于本行的商业机会,不得接受与本行交易有关的利益。

第六十七条 高级管理人员应当按照董事会要求,及时、准确、完整地向董事会报告有关本行经营业绩、重要合同、财务状况、风险状况和经营前景等情况。

第六十八条 高级管理人员应当接受监事会监督,定期向监事会提供有关本行经营业绩、重要合同、财务状况、风险状况和经营前景等情况,不得阻挠、妨碍监事会依照职权进行的检查、监督等活动。

第六十九条 高级管理人员对董事会违反规定干预经营管理活动的行为,有权请求监事会提出异议,并向银行业监督管理机构报告。

第四章 发展战略、价值准则和社会责任

第七十条 商业银行应当兼顾股东、存款人和其他利益相关者合法权益,制定清晰的发展战略和良好的价值准则,并确保在全行得到有效贯彻。

第七十一条 商业银行发展战略应当重点涵盖中长期发展规划、战略目标、经营理念、市场定位、资本管理和风险管理等方面的内容。

商业银行在关注总体发展战略基础上,应重点关注人才战略和信息科技战略等配套战略。

第七十二条 商业银行发展战略由董事会负责制定并向股东大会报告。董事会在制定发展战略时应当充分考虑商业银行所处的宏观经济形势、市场环境、风险承受能力和自身比较优势等因素,明确市场定位,突出差异化和特色化,不断提高商业银行核心竞争力。

第七十三条 董事会在制定资本管理战略时应当充分考虑商业银行风险及其发展趋势、风险管理水平及承受能力、资本结构、资本质量、资本补充渠道以及长期补充资本的能力等因素,并督促高级管理层具体执行。

第七十四条 商业银行应当制定中长期信息科技战略,建立健全组织架构和技术成熟、运行安全稳定、应用丰富灵活、管理科学高效的信息科技体系,确保信息科技建设对商业银行经营和风险管控的有效支持。

第七十五条 商业银行应当建立健全人才招聘、培养、评估、激励、使用和规划的科学机制,逐步实现人力资源配置市场化,推动商业银行实现可持续发展。

第七十六条 商业银行董事会应当定期对发展战略进行评估与审议,确保商业银行发展战略与经营情况和市场环境变化相适应。

监事会应当对商业银行发展战略的制定与实施进行监督。

高级管理层应当在商业银行发展战略框架下制定科学合理的年度经营管理目标与计划。

第七十七条 商业银行应当树立具有社会责任感的价值准则、企业文化和经营理念,以

此激励全体员工更好地履职。

第七十八条 商业银行董事会负责制定董事会自身和高级管理层应当遵循的职业规范与价值准则。

高级管理层负责制定全行各部门管理人员和业务人员的职业规范，明确具体的问责条款，建立相应处理机制。

第七十九条 商业银行应当鼓励员工通过合法渠道对有关违法、违规和违反职业道德的行为予以报告，并充分保护员工合法权益。

第八十条 商业银行应当在经济、环境和社会公益事业等方面履行社会责任，并在制定发展战略时予以体现，同时定期向公众披露社会责任报告。

商业银行应当保护和节约资源，促进社会可持续发展。

第八十一条 商业银行应当遵守公平、安全、有序的行业竞争秩序，提升专业化经营水平，不断改进金融服务，保护金融消费者合法权益，持续为股东、员工、客户和社会公众创造价值。

第五章 风险管理与内部控制

第一节 风险管理

第八十二条 商业银行董事会对银行风险管理承担最终责任。

商业银行董事会应当根据银行风险状况、发展规模和速度，建立全面的风险管理战略、政策和程序，判断银行面临的主要风险，确定适当的风险容忍度和风险偏好，督促高级管理层有效地识别、计量、监测、控制并及时处置商业银行面临的各种风险。

第八十三条 商业银行董事会及其风险管理委员会应当定期听取高级管理层关于商业银行风险状况的专题报告，对商业银行风险水平、风险管理状况、风险承受能力进行评估，并提出全面风险管理意见。

第八十四条 商业银行应当建立独立的风险管理部门，并确保该部门具备足够的职权、资源以及与董事会进行直接沟通的渠道。

商业银行应当在人员数量和资质、薪酬和其他激励政策、信息科技系统访问权限、专门的信息系统建设以及商业银行内部信息渠道等方面给予风险管理部门足够的支持。

第八十五条 商业银行风险管理部门应当承担但不限于以下职责：

（一）对各项业务及各类风险进行持续、统一的监测、分析与报告；

（二）持续监控风险并测算与风险相关的资本需求，及时向高级管理层和董事会报告；

（三）了解银行股东特别是主要股东的风险状况、集团架构对商业银行风险状况的影响和传导，定期进行压力测试，并制定应急预案；

（四）评估业务和产品创新、进入新市场以及市场环境发生显著变化时，给商业银行带来的风险。

第八十六条 商业银行可以设立独立于操作和经营条线的首席风险官。

首席风险官负责商业银行的全面风险管理，并可以直接向董事会及其风险管理委员会报告。

首席风险官应当具有完整、可靠、独立的信息来源，具备判断商业银行整体风险状况的能力，及时提出改进方案。

首席风险官的聘任和解聘由董事会负责并及时向公众披露。

第八十七条 商业银行应当在集团层面和单体层面分别对风险进行持续识别和监控，风险管理的复杂程度应当与自身风险状况变化和外部风险环境改变相一致。

商业银行应当强化并表管理，董事会和高级管理层应当做好商业银行整体及其子公司的全面风险管理的设计和实施工作，指导子公司做好风险管理工作，并在集团内部建立必要的防火墙制度。

第八十八条 商业银行被集团控股或作为子公司时，董事会和高级管理层应当及时提示与要求集团或母公司，在制定全公司全面发展战略和风险政策时充分考虑商业银行的特殊性。

第二节 内 部 控 制

第八十九条 商业银行董事会应当持续关注商业银行内部控制状况，建立良好的内部控制文化，监督高级管理层制定相关政策、程序和措施，对风险进行全过程管理。

第九十条 商业银行应当建立健全内部控制责任制，确保董事会、监事会和高级管理层充分认识自身对内部控制所承担的责任。

董事会、高级管理层对内部控制的有效性分级负责，并对内部控制失效造成的重大损失承担责任。

监事会负责监督董事会、高级管理层完善内部控制体系和制度，履行内部控制监督职责。

第九十一条 商业银行应当有效建立各部门之间的横向信息传递机制，以及董事会、监事会、高级管理层和各职能部门之间的纵向信息传递机制，确保董事会、监事会、高级管理层及时了解银行经营和风险状况，同时确保内部控制政策及信息向相关部门和员工的有效传递与实施。

第九十二条 商业银行应当设立相对独立的内部控制监督与评价部门，该部门应当对内部控制制度建设和执行情况进行有效监督与评价，并可以直接向董事会、监事会和高级管理层报告。

第九十三条 商业银行应当建立独立垂直的内部审计管理体系和与之相适应的内部审计报告制度和报告路线。

商业银行可以设立首席审计官。首席审计官和内部审计部门应当定期向董事会及其审计委员会和监事会报告审计工作情况，及时报送项目审计报告，并通报高级管理层。

首席审计官和审计部门负责人的聘任和解聘应当由董事会负责。

第九十四条 商业银行应当建立外聘审计机构制度。

商业银行应当外聘审计机构进行财务审计，对商业银行的公司治理、内部控制及经营管理状况进行定期评估。商业银行应将相关审计报告和管理建议书及时报送银行业监督管理机构。

第九十五条 董事会、监事会和高级管理层应当有效利用内部审计部门、外部审计机构和内部控制部门的工作成果，及时采取相应纠正措施。

第六章 激励约束机制

第一节 董事和监事履职评价

第九十六条 商业银行应当建立健全对董事和监事的履职评价体系，明确董事和监事的履职标准，建立并完善董事和监事履职与诚信档案。

第九十七条 商业银行对董事和监事的履职评价应当包括董事和监事自评、董事会评价和监事会评价及外部评价等多个维度。

第九十八条 监事会负责对商业银行董事和监事履职的综合评价，向银行业监督管理机构报告最终评价结果并通报股东大会。

第九十九条 董事会、监事会应当分别根据董事和监事的履职情况提出董事和监事合理的薪酬安排并报股东大会审议通过。

第一百条 董事和监事除履职评价的自评环节外，不得参与本人履职评价和薪酬的决定过程。

第一百零一条 董事和监事违反法律法规或者商业银行章程，给商业银行造成损失的，在依照法律法规进行处理的同时，商业银行应当按规定进行问责。

第一百零二条 对于不能按照规定履职的董事和监事，商业银行董事会和监事会应当及时提出处理意见并采取相应措施。

第一百零三条 商业银行进行董事和监事履职评价时，应当充分考虑外部审计机构的意见。

第二节 高级管理人员薪酬机制

第一百零四条 商业银行应当建立与银行发展战略、风险管理、整体效益、岗位职责、社会责任、企业文化相联系的科学合理的高级管理人员薪酬机制。

第一百零五条 商业银行应当建立公正透明的高级管理人员绩效考核标准、程序等激励约束机制。绩效考核的标准应当体现保护存款人和其他利益相关者合法权益的原则，确保银行短期利益与长期发展相一致。

第一百零六条 高级管理人员不得参与本人绩效考核标准和薪酬的决定过程。

第一百零七条 商业银行出现以下情形之一的，应当严格限定高级管理人员绩效考核结果及其薪酬：

（一）主要监管指标没有达到监管要求的；

（二）资产质量或盈利水平明显恶化的；

（三）出现其他重大风险的。

第一百零八条 高级管理人员违反法律、法规或者商业银行章程，给商业银行造成损失的，在依照法律法规进行处理的同时，商业银行应当按规定进行问责。

第三节　员工绩效考核机制

第一百零九条　商业银行的绩效考核机制应当充分体现兼顾收益与风险、长期与短期激励相协调，人才培养和风险控制相适应的原则，并有利于本行战略目标实施和竞争力提升。

第一百一十条　商业银行应当建立科学的绩效考核指标体系，并分解落实到具体部门和岗位，作为绩效薪酬发放的依据。

商业银行绩效考核指标应当包括经济效益指标、风险管理指标和社会责任指标等。

第一百一十一条　商业银行薪酬支付期限应当与相应业务的风险持续时期保持一致，引入绩效薪酬延期支付和追索扣回制度，并提高主要高级管理人员绩效薪酬延期支付比例。

第一百一十二条　商业银行可以根据国家有关规定制定本行中长期激励计划。

第一百一十三条　商业银行内部审计部门应当每年对绩效考核及薪酬机制和执行情况进行专项审计，审计结果向董事会和监事会报告，并报送银行业监督管理机构。

外部审计机构应当将商业银行薪酬制度的设计和执行情况纳入审计范围。

第七章　信息披露

第一百一十四条　商业银行应当建立本行的信息披露管理制度，按照有关法律法规、会计制度和监管规定进行信息披露。

第一百一十五条　商业银行应当遵循真实性、准确性、完整性和及时性原则，规范披露信息，不得存在虚假报告、误导和重大遗漏等。

商业银行的信息披露应当使用通俗易懂的语言。

第一百一十六条　商业银行董事会负责本行的信息披露，信息披露文件包括定期报告、临时报告以及其他相关资料。

第一百一十七条　商业银行年度披露的信息应当包括：基本信息、财务会计报告、风险管理信息、公司治理信息、年度重大事项等。商业银行半年度、季度定期报告应当参照年度报告要求披露。

第一百一十八条　商业银行披露的基本信息应当包括但不限于以下内容：法定名称、注册资本、注册地、成立时间、经营范围、法定代表人、主要股东及其持股情况、客服和投诉电话、各分支机构营业场所等。

第一百一十九条　商业银行披露的财务会计报告由会计报表、会计报表附注等组成。

商业银行披露的年度财务会计报告须经具有相应资质的会计师事务所审计。

第一百二十条　商业银行披露的风险管理信息应当包括但不限于以下内容：

（一）信用风险、流动性风险、市场风险、操作风险、声誉风险和国别风险等各类风险状况；

（二）风险控制情况，包括董事会、高级管理层对风险的监控能力，风险管理的政策和程序，风险计量、监测和管理信息系统，内部控制和全面审计情况等；

（三）采用的风险评估及计量方法。

商业银行应当与外部审计机构就风险管理信息披露的充分性进行讨论。

第一百二十一条 商业银行披露的公司治理信息应当包括：

（一）年度内召开股东大会情况；

（二）董事会构成及其工作情况；

（三）独立董事工作情况；

（四）监事会构成及其工作情况；

（五）外部监事工作情况；

（六）高级管理层构成及其基本情况；

（七）商业银行薪酬制度及当年董事、监事和高级管理人员薪酬；

（八）商业银行部门设置和分支机构设置情况；

（九）银行对本行公司治理的整体评价；

（十）银行业监督管理机构规定的其他信息。

第一百二十二条 商业银行披露的年度重大事项应当包括但不限于以下内容：

（一）最大十名股东及报告期内变动情况；

（二）增加或减少注册资本、分立或合并事项；

（三）其他重要信息。

第一百二十三条 商业银行发生以下事项之一的，应当自事项发生之日起十个工作日内编制临时信息披露报告，并通过公开渠道发布，因特殊原因不能按时披露的，应当提前向银行业监督管理机构提出申请：

（一）控股股东或者实际控制人发生变更的；

（二）更换董事长或者行长的；

（三）当年董事会累计变更人数超过董事会成员人数三分之一的；

（四）商业银行名称、注册资本或者注册地发生变更的；

（五）经营范围发生重大变化的；

（六）合并或分立的；

（七）重大投资、重大资产处置事项；

（八）重大诉讼或者重大仲裁事项；

（九）聘任、更换或者提前解聘会计师事务所的；

（十）银行业监督管理机构规定的其他事项。

第一百二十四条 商业银行应当通过年报、互联网站等方式披露信息，方便股东和其他利益相关者及时获取所披露的信息。上市银行在信息披露方面应同时满足证券监督管理机构的相关规定。

第一百二十五条 商业银行董事、高级管理人员应当对年度报告签署书面确认意见；监事会应当提出书面审核意见，说明报告的编制和审核程序是否符合法律法规和监管规定，报告的内容是否能够真实、准确、完整地反映商业银行的实际情况。

董事、监事、高级管理人员对定期报告内容的真实性、准确性、完整性无法保证或者存在异议的，应当陈述理由和发表意见，上市银行应当按照相关规定予以披露。

第一百二十六条 商业银行监事会应当对董事、高级管理人员履行信息披露职责的行为进行监督；关注公司信息披露情况，发现存在违法违规问题的，应当进行调查和提出处理建议，并将相关情况及时向银行业监督管理机构报告。

第八章 监 督 管 理

第一百二十七条 银行业监督管理机构应当将商业银行公司治理纳入法人监管体系中，并根据本指引全面评估商业银行公司治理的健全性和有效性，提出监管意见，督促商业银行持续加以完善。

第一百二十八条 银行业监督管理机构通过非现场监管和现场检查等实施对商业银行公司治理的持续监管，具体方式包括风险提示、现场检查、监管通报、约见会谈、与内外部审计师会谈、任职资格审查和任前谈话、与政府部门及其他监管当局进行协作等。

第一百二十九条 银行业监督管理机构可以派员列席商业银行董事会、监事会和年度经营管理工作会等会议。商业银行召开上述会议时，应当至少提前三个工作日通知银行业监督管理机构。

商业银行应当将股东大会、董事会和监事会的会议记录和决议等文件及时报送银行业监督管理机构备案。

银行业监督管理机构应当对商业银行董事和监事的履职评价进行监督。

第一百三十条 银行业监督管理机构应当就公司治理监督检查评估结果与商业银行董事会、监事会、高级管理层进行充分沟通，并视情况将评价结果在银行董事会、监事会会议上通报。

第一百三十一条 对不能满足本指引及其他相关法律法规关于公司治理要求的商业银行，银行业监督管理机构可以要求其制定整改计划，并视情况采取相应的监管措施。

第九章 附 则

第一百三十二条 有限责任公司制商业银行应当参照本指引关于股东大会、监事会和监事的规定在银行章程中对股东会、监事的权利和责任作出规定。

本指引关于董事长、副董事长、董事（包括独立董事）提名和选举的相关规定不适用于独资银行。

第一百三十三条 本指引中"以上"均含本数。

第一百三十四条 中国银行业监督管理委员会负责监管的其他金融机构参照执行本指引，并应当符合本指引所阐述的原则。

第一百三十五条 本指引由中国银行业监督管理委员会负责解释。

第一百三十六条 本指引自发布之日起施行。本指引施行前颁布的《国有商业银行公司治理及相关监管指引》（银监发〔2006〕22号）、《外资银行法人机构公司治理指引》（银监发〔2005〕21号）和《中国银监会办公厅关于进一步完善中小商业银行公司治理的指导意见》（银监办发〔2009〕15号）同时废止，《股份制商业银行公司治理指引》（中国人民银行公告〔2002〕第15号）不再适用。

银行卡收单业务管理办法

中国人民银行公告〔2013〕第 9 号

为规范银行卡收单业务管理,保障各参与方合法权益,防范支付风险,促进银行卡业务健康有序发展,中国人民银行制定了《银行卡收单业务管理办法》,现予发布实施。

中国人民银行

2013 年 7 月 5 日

银行卡收单业务管理办法

第一章 总 则

第一条 为规范银行卡收单业务,保障各参与方合法权益,防范支付风险,促进银行卡业务健康有序发展,根据《中华人民共和国中国人民银行法》、《非金融机构支付服务管理办法》等规定,制定本办法。

第二条 本办法所称银行卡收单业务,是指收单机构与特约商户签订银行卡受理协议,在特约商户按约定受理银行卡并与持卡人达成交易后,为特约商户提供交易资金结算服务的行为。

第三条 收单机构在中华人民共和国境内从事银行卡收单业务,适用本办法。

本办法所称收单机构,包括从事银行卡收单业务的银行业金融机构,获得银行卡收单业务许可、为实体特约商户提供银行卡受理并完成资金结算服务的支付机构,以及获得网络支付业务许可、为网络特约商户提供银行卡受理并完成资金结算服务的支付机构。

第四条 收单机构应当依法维护当事人的合法权益,保障信息安全和交易安全。

第五条 收单机构应当遵守反洗钱法律法规要求,履行反洗钱和反恐怖融资义务。

第六条 收单机构为境外特约商户提供银行卡收单服务,适用本办法,并应同时符合业务开办国家(地区)的监管要求。

第二章 特约商户管理

第七条 收单机构拓展特约商户,应当遵循"了解你的客户"原则,确保所拓展特约商户是依法设立、从事合法经营活动的商户,并承担特约商户收单业务管理责任。

第八条 商户及其法定代表人或负责人在中国人民银行指定的风险信息管理系统中存在不良信息的,收单机构应当谨慎或拒绝为该商户提供银行卡收单服务。

第九条 收单机构应当对特约商户实行实名制管理，严格审核特约商户的营业执照等证明文件，以及法定代表人或负责人有效身份证件等申请材料。特约商户为自然人的，收单机构应当审核其有效身份证件。

特约商户使用单位银行结算账户作为收单银行结算账户的，收单机构还应当审核其合法拥有该账户的证明文件。

第十条 收单机构应当制定特约商户资质审核流程和标准，明确资质审核权限。负责特约商户拓展和资质审核的岗位人员不得兼岗。

第十一条 收单机构应当与特约商户签订银行卡受理协议，就可受理的银行卡种类、开通的交易类型、收单银行结算账户的设置和变更、资金结算周期、结算手续费标准、差错和争议处理等事项，明确双方的权利、义务和违约责任。

第十二条 收单机构在银行卡受理协议中，应当要求特约商户履行以下基本义务：

（一）基于真实的商品或服务交易背景受理银行卡，并遵守相应银行卡品牌的受理要求，不得歧视和拒绝同一银行卡品牌的不同发卡银行的持卡人；

（二）按规定使用受理终端（网络支付接口）和收单银行结算账户，不得利用其从事或协助他人从事非法活动；

（三）妥善处理交易数据信息、保存交易凭证，保障交易信息安全；

（四）不得因持卡人使用银行卡而向持卡人收取或变相收取附加费用，或降低服务水平。

第十三条 收单机构应当在提供收单服务前对特约商户开展业务培训，并根据特约商户的经营特点和风险等级，定期开展后续培训，保存培训记录。

第十四条 对特约商户申请材料、资质审核材料、受理协议、培训和检查记录、信息变更、终止合作等档案资料，收单机构应当至少保存至收单服务终止后5年。

第十五条 收单机构应当建立特约商户信息管理系统，记录特约商户名称和经营地址、特约商户身份资料信息、特约商户类别、结算手续费标准、收单银行结算账户信息、开通的交易类型和开通时间、受理终端（网络支付接口）类型和安装地址等信息，并及时进行更新。其中网络支付接口的安装地址为特约商户的办公地址和从事经营活动的网络地址。

第十六条 收单机构应当对实体特约商户收单业务进行本地化经营和管理，通过在特约商户及其分支机构所在省（区、市）域内的收单机构或其分支机构提供收单服务，不得跨省（区、市）域开展收单业务。

对于连锁式经营或集团化管理的特约商户，收单机构或经其授权的特约商户所在地的分支机构可与特约商户签订总对总银行卡受理协议，并按照前款规定落实本地化服务和管理责任。

第十七条 收单机构应当按照有关规定向特约商户收取结算手续费，不得变相向持卡人转嫁结算手续费，不得采取不正当竞争手段损害他人合法权益。

第十八条 收单机构与特约商户终止银行卡受理协议的，应当及时收回受理终端或关闭网络支付接口，进行账务清理，妥善处理后续事项。

第三章 业务与风险管理

第十九条 收单机构应当综合考虑特约商户的区域和行业特征、经营规模、财务和资信状况等因素，对实体特约商户、网络特约商户分别进行风险评级。

对于风险等级较高的特约商户，收单机构应当对其开通的受理卡种和交易类型进行限制，并采取强化交易监测、设置交易限额、延迟结算、增加检查频率、建立特约商户风险准备金等风险管理措施。

第二十条 收单机构应当建立特约商户检查制度，明确检查频率、检查内容、检查记录等管理要求，落实检查责任。

对于实体特约商户，收单机构应当进行现场检查；对于网络特约商户，收单机构应当采取有效的检查措施和技术手段对其经营内容和交易情况进行检查。

第二十一条 收单机构应当针对风险较高的交易类型制定专门的风险管理制度。对无卡、无密交易，以及预授权、消费撤销、退货等交易类型，收单机构应当强化风险管理措施。

第二十二条 收单机构应当建立收单交易风险监测系统，对可疑交易及时核查并采取有效措施。

第二十三条 收单机构应当建立覆盖受理终端（网络支付接口）审批、使用、撤销等各环节的风险管理制度，明确受理终端（网络支付接口）的使用范围、交易类型、交易限额、审批权限，以及相关密钥的管理要求。

第二十四条 收单机构为特约商户提供的受理终端（网络支付接口）应当符合国家、金融行业技术标准和相关信息安全管理要求。

第二十五条 收单机构应当根据特约商户受理银行卡交易的真实场景，按照相关银行卡清算机构和发卡银行的业务规则和管理要求，正确选用交易类型，准确标识交易信息并完整发送，确保交易信息的完整性、真实性和可追溯性。

交易信息至少应包括：直接提供商品或服务的商户名称、类别和代码，受理终端（网络支付接口）类型和代码，交易时间和地点（网络特约商户的网络地址），交易金额，交易类型和渠道，交易发起方式等。网络特约商户的交易信息还应当包括商品订单号和网络交易平台名称。

特约商户和受理终端（网络支付接口）的编码应当具有唯一性。

第二十六条 收单机构将交易信息直接发送发卡银行的，应当在发卡银行遵守与相关银行卡清算机构的协议约定下，与其签订合作协议，明确交易信息和资金安全、持卡人和商户权益保护等方面的权利、义务和违约责任。

第二十七条 收单机构应当对发送的收单交易信息采用加密和数据校验措施。

第二十八条 收单机构不得以任何形式存储银行卡磁道信息或芯片信息、卡片验证码、卡片有效期、个人标识码等敏感信息，并应采取有效措施防止特约商户和外包服务机构存储银行卡敏感信息。

因特殊业务需要，收单机构确需存储银行卡敏感信息的，应当经持卡人本人同意、确保存储的信息仅用于持卡人指定用途，并承担相应信息安全管理责任。

第二十九条 收单机构应当建立特约商户收单银行结算账户设置和变更审核制度，严格审核设置和变更申请材料的真实性、有效性。

特约商户的收单银行结算账户应当为其同名单位银行结算账户，或其指定的、与其存在合法资金管理关系的单位银行结算账户。特约商户为个体工商户和自然人的，可使用其同名个人银行结算账户作为收单银行结算账户。

第三十条 收单机构应按协议约定及时将交易资金结算到特约商户的收单银行结算账户，资金结算时限最迟不得超过持卡人确认可直接向特约商户付款的支付指令生效之日起30个自然日，因涉嫌违法违规等风险交易需延迟结算的除外。

第三十一条 收单机构应当建立资金结算风险管理制度，不得挪用特约商户待结算资金。

第三十二条 收单机构应当根据交易发生时的原交易信息发起银行卡交易差错处理、退货交易，将资金退至持卡人原银行卡账户。若持卡人原银行卡账户已撤销的，应当退至持卡人指定的本人其他银行账户。

第三十三条 收单机构应当及时调查核实、妥善处理并如实反馈发卡银行的调单、协查要求和银行卡清算机构发出的风险提示。

第三十四条 收单机构发现特约商户发生疑似银行卡套现、洗钱、欺诈、移机、留存或泄露持卡人账户信息等风险事件的，应当对特约商户采取延迟资金结算、暂停银行卡交易或收回受理终端（关闭网络支付接口）等措施，并承担因未采取措施导致的风险损失责任；发现涉嫌违法犯罪活动的，应当及时向公安机关报案。

第三十五条 收单机构应当自主完成特约商户资质审核、受理协议签订、收单业务交易处理、资金结算、风险监测、受理终端主密钥生成和管理、差错和争议处理等业务活动。

第三十六条 收单机构应当在收单业务外包前制定收单业务外包管理办法，明确外包的业务范围、外包服务机构的准入标准及管理要求、外包业务风险管理和应急预案等内容。收单机构作为收单业务主体的管理责任和风险承担责任不因外包关系而转移。

第三十七条 收单机构同时提供收单外包服务的，应当对收单业务和外包服务业务分别进行管理。

第三十八条 收单机构应当制定突发事件应急预案，建立灾难备份系统，确保收单业务的连续性和收单业务系统安全运行。

第四章 监督管理

第三十九条 中国人民银行依法对收单机构进行监督和管理。

第四十条 银行业金融机构开办、终止收单业务，应当向中国人民银行及其分支机构报告。

第四十一条 收单机构应当加入中国支付清算协会，接受行业协会自律管理。中国支付清算协会应当根据本办法，制定银行卡收单业务行业自律规范，向中国人民银行备案后组织实施。

第四十二条 中国人民银行及其分支机构可以采取如下措施，对收单机构进行现场检查：

（一）进入与收单活动相关的经营场所进行检查；

（二）查阅、复制与检查事项有关的文件、资料；

（三）询问有关工作人员，要求其对有关事项进行说明；

（四）检查有关系统和设施，复制有关数据资料。

第四十三条 收单机构应当配合中国人民银行及其分支机构依法开展的现场检查及非现场监管，及时报送收单业务统计信息和管理信息，并按照规定将收单业务发展和管理情况的年度专项报告于次年3月31日前报送中国人民银行及其分支机构。报告内容至少应包括收单机构组织架构、收单业务运营状况、创新业务、外包业务、风险管理等情况及下一年度业务发展规划。

收单机构开展跨境或境外收单业务的，专项报告内容还应包括跨境或境外收单业务模式、清算安排及结算币种、合作方基本情况、业务管理制度、业务开办国家（地区）监管要求等。

第四十四条 支付机构拟成立分支机构开展收单业务的，应当提前向法人所在地中国人民银行分支机构及拟成立分支机构所在地中国人民银行分支机构备案。

第四十五条 收单机构布放新型受理终端、开展收单创新业务、与境外机构合作开展跨境银行卡收单业务等，应当至少提前30日向中国人民银行及其分支机构备案。

第四十六条 收单机构应当在收单业务外包前，将收单业务外包管理办法和所选择的外包服务机构相关情况，向中国人民银行及其分支机构报告。

第四十七条 收单机构或其外包服务机构、特约商户发生涉嫌银行卡违法犯罪案件或重大风险事件的，收单机构应当于2个工作日内向中国人民银行及其分支机构报告。

第五章 罚 则

第四十八条 支付机构从事收单业务有下列情形之一的，由中国人民银行分支机构按照《非金融机构支付服务管理办法》第四十二条的规定责令其限期改正，并给予警告或处1万元以上3万元以下罚款：

（一）未按规定建立并落实特约商户实名制、资质审核、风险评级、收单银行结算账户管理、档案管理、外包业务管理、交易和信息安全管理等制度的；

（二）未按规定建立特约商户培训、检查制度和交易风险监测系统，发现特约商户疑似或涉嫌违法违规行为未采取有效措施的；

（三）未按规定对高风险交易实行分类管理、落实风险防范措施的；

（四）未按规定建立受理终端（网络支付接口）管理制度，或未能采取有效管理措施造成特约商户违规使用受理终端（网络支付接口）的；

（五）未按规定收取特约商户结算手续费的；

（六）未按规定落实收单业务本地化经营和管理责任的。

第四十九条 支付机构从事收单业务有下列情形之一的，由中国人民银行分支机构按照《非金融机构支付服务管理办法》第四十三条的规定责令其限期改正，并处3万元罚款；情节严重的，中国人民银行注销其《支付业务许可证》；涉嫌犯罪的，依法移送公安机关：

（一）未按规定设置、发送收单交易信息的；

（二）无故未按约定时限为特约商户办理资金结算，或截留、挪用特约商户或持卡人待结算资金的；

（三）对发卡银行的调单、协查和银行卡清算机构发出的风险提示，未尽调查等处理职责，或导致发生风险事件并造成持卡人或发卡银行资金损失的；

（四）对外包业务疏于管理，造成他人利益损失的；

（五）支付机构或其特约商户、外包服务机构发生账户信息泄露事件的。

第五十条 银行业金融机构从事收单业务，有第四十八条、第四十九条所列行为之一的，由中国人民银行给予通报批评，并可建议银行业金融机构对直接负责的董事、高级管理人员和其他直接责任人员给予纪律处分；情节严重或拒不改正的，中国人民银行可以责成银行卡清算机构停止为其服务，并向中国银行业监督管理委员会及其分支机构建议采取下列处罚措施：

（一）责令银行业金融机构限期整改、暂停收单业务或注销金融业务经营许可证；

（二）取消银行业金融机构直接负责的董事、高级管理人员和其他直接责任人员的任职资格。

第六章 附 则

第五十一条 本办法相关用语含义如下：

特约商户，是指与收单机构签订银行卡受理协议、按约定受理银行卡并委托收单机构为其完成交易资金结算的企事业单位、个体工商户或其他组织，以及按照国家工商行政管理机关有关规定，开展网络商品交易等经营活动的自然人。实体特约商户，是指通过实体经营场所提供商品或服务的特约商户。网络特约商户，是指基于公共网络信息系统提供商品或服务的特约商户。

受理终端，是指通过银行卡信息（磁条、芯片或银行卡账户信息）读取、采集或录入装置生成银行卡交易指令，能够保证银行卡交易信息处理安全的各类实体支付终端。

网络支付接口，是指收单机构与网络特约商户基于约定的业务规则，用于网络支付数据交换的规范和技术实现。

银行卡清算机构，是指经中国人民银行批准，通过设立银行卡清算标准和规则，运营银行卡业务系统，为发卡机构和收单机构提供银行卡交易处理，协助完成资金结算服务的机构。

第五十二条 中国人民银行分支机构可根据本办法，结合辖区实际制订实施细则，向中国人民银行备案后组织实施。

第五十三条 本办法由中国人民银行负责解释。

第五十四条 本办法自发布之日起施行。中国人民银行此前发布的银行卡收单业务有关规定，与本办法不一致的，以本办法为准。

中国银监会、国家林业局关于林权抵押贷款的实施意见

银监发〔2013〕32号

各银监局，各省、自治区、直辖市、计划单列市林业厅（局），各政策性银行、国有商业银行、股份制商业银行，邮储银行，各省级农村信用联社：

为改善农村金融服务，支持林业发展，规范林权抵押贷款业务，完善林权登记管理和服务，有效防范信贷风险，特制定如下实施意见。

一、银行业金融机构要积极开展林权抵押贷款业务，可以接受借款人以其本人或第三人合法拥有的林权作抵押担保发放贷款。可抵押林权具体包括用材林、经济林、薪炭林的林木所有权和使用权及相应林地使用权；用材林、经济林、薪炭林的采伐迹地、火烧迹地的林地使用权；国家规定可以抵押的其他森林、林木所有权、使用权和林地使用权。

二、银行业金融机构应遵循依法合规、公平诚信、风险可控、惠农利民的原则，积极探索创新业务品种，加大对林业发展的有效信贷投入。林权抵押贷款要重点满足农民等主体的林业生产经营、森林资源培育和开发、林下经济发展、林产品加工的资金需求，以及借款人其他生产、生活相关的资金需求。

三、银行业金融机构要根据自身实际，结合林权抵押贷款特点，优化审贷程序，对符合条件的客户提供优质服务。

四、银行业金融机构应完善内部控制机制，实行贷款全流程管理，全面了解客户和项目信息，建立有效的风险管理制度和岗位制衡、考核、问责机制。

五、银行业金融机构应根据林权抵押贷款的特点，规定贷款审批各个环节的操作规则和标准要求，做到贷前实地查看、准确测定，贷时审贷分离、独立审批，贷后现场检查、跟踪记录，切实有效防范林权抵押贷款风险。

六、各级林业主管部门应完善配套服务体系，规范和健全林权抵押登记、评估、流转和林权收储等机制，协调配合银行业金融机构做好林权抵押贷款业务和其他林业金融服务。

七、银行业金融机构受理借款人贷款申请后，要认真履行尽职调查职责，对贷款申请内容和相关情况的真实性、准确性、完整性进行调查核实，形成调查评价意见。尤其要注重调查借款人及其生产经营状况、用于抵押的林权是否合法、权属是否清晰、抵押人是否有权处分等方面。

八、申请办理林权抵押贷款时，银行业金融机构应要求借款人提交林权证原件。银行业金融机构不应接受未依法办理林权登记、权属不清或存在争议的森林、林木和林地作为抵押财产，也不应接受国家规定不得抵押的其他财产作为抵押财产。

九、银行业金融机构不应接受无法处置变现的林权作为抵押财产，包括水源涵养林、水土保持林、防风固沙林、农田和牧场防护林、护岸林、护路林等防护林所有权、使用权及相应的林地使用权，以及国防林、实验林、母树林、环境保护林、风景林，名胜古迹和革命纪念地的林木，自然保护区的森林等特种用途林所有权、使用权及相应的林地使用权。

十、以农村集体经济组织统一经营管理的林权进行抵押的，银行业金融机构应要求抵押人提供依法经本集体经济组织三分之二以上成员同意或者三分之二以上村民代表同意的决议，以及该林权所在地乡（镇）人民政府同意抵押的书面证明；林业专业合作社办理林权抵押的，银行业金融机构应要求抵押人提供理事会通过的决议书；有限责任公司、股份有限公司办理林权抵押的，银行业金融机构应要求抵押人提供经股东会、股东大会或董事会通过的决议或决议书。

十一、以共有林权抵押的，银行业金融机构应要求抵押人提供其他共有人的书面同意意见书；以承包经营方式取得的林权进行抵押的，银行业金融机构应要求抵押人提供承包合同；以其他方式承包经营或流转取得的林权进行抵押的，银行业金融机构应要求抵押人提供承包合同或流转合同和发包方同意抵押意见书。

十二、银行业金融机构要根据抵押目的与借款人、抵押人商定抵押财产的具体范围，并在书面抵押合同中予以明确。以森林或林木资产抵押的，可以要求其林地使用权同时抵押，但不得改变林地的性质和用途。

十三、银行业金融机构要根据借款人的生产经营周期、信用状况和贷款用途等因素合理协商确定林权抵押贷款的期限，贷款期限不应超过林地使用权的剩余期限。贷款资金用于林业生产的，贷款期限要与林业生产周期相适应。

十四、银行业金融机构开展林权抵押贷款业务，要建立抵押财产价值评估制度，对抵押林权进行价值评估。对于贷款金额在30万元以上（含30万元）的林权抵押贷款项目，抵押林权价值评估应坚持保本微利原则、按照有关规定执行；具备专业评估能力的银行业金融机构，也可以自行评估。对于贷款金额在30万元以下的林权抵押贷款项目，银行业金融机构要参照当地市场价格自行评估，不得向借款人收取评估费。

十五、对以已取得林木采伐许可证且尚未实施采伐的林权抵押的，银行业金融机构要明确要求抵押人将已发放的林木采伐许可证原件提交银行业金融机构保管，双方向核发林木采伐许可证的林业主管部门进行备案登记。林权抵押期间，未经抵押权人书面同意，抵押人不得进行林木采伐。

十六、银行业金融机构要在抵押借款合同中明确要求借款人在林权抵押贷款合同签订后，及时向属地县级以上林权登记机关申请办理抵押登记。

十七、银行业金融机构要在抵押借款合同中明确，抵押财产价值减少时，抵押权人有权要求恢复抵押财产的价值，或者要求借款人提供与减少的价值相应的担保。借款人不恢复财产也不提供其他担保的，抵押权人有权要求借款人提前清偿债务。

十八、县级以上地方人民政府林业主管部门负责办理林权抵押登记。具体程序按照国务院林业主管部门有关规定执行。

十九、林权登记机关在受理林权抵押登记申请时，应要求申请人提供林权抵押登记申请书、借款人（抵押人）和抵押权人的身份证明、抵押借款合同、林权证及林权权利人同意抵押意见书、抵押林权价值评估报告（拟抵押林权需要评估的）以及其他材料。林权登记机关应对林权证的真实性、合法性进行确认。

二十、林权登记机关受理抵押登记申请后，对经审核符合登记条件的，登记机关应在10个工作日内办理完毕。对不符合抵押登记条件的，书面通知申请人不予登记并退回申请材料。办理抵押登记不得收取任何费用。

二十一、林权登记机关在办理抵押登记时，应在抵押林权的林权证的"注记"栏内载明抵押登记的主要内容，发给抵押权人《林权抵押登记证明书》等证明文件，并在抵押合同上签注编号、日期，经办人签字、加盖公章。

二十二、变更抵押林权种类、数额或者抵押担保范围的，银行业金融机构要及时要求借款人和抵押人共同持变更合同、《林权抵押登记证明书》和其他证明文件，向原林权登记机关申请办理变更抵押登记。林权登记机关审查核实后应及时给予办理。

二十三、抵押合同期满、借款人还清全部贷款本息或者抵押人与抵押权人同意提前解除抵押合同的，双方向原登记机关办理注销抵押登记。

二十四、各级林业登记机关要做好已抵押林权的登记管理工作，将林权抵押登记事项如实记载于林权登记簿，以备查阅。对于已全部抵押的林权，不得重复办理抵押登记。除取得抵押权人书面同意外，不予办理林权变更登记。

二十五、银行业金融机构要依照信贷管理规定完善林权抵押贷款风险评价机制，采用定量和定性分析方法，全面、动态地进行贷款风险评估，有效地对贷款资金使用、借款人信用及担保变化情况等进行跟踪检查和监控分析，确保贷款安全。

二十六、银行业金融机构要严格履行对抵押财产的贷后管理责任，对抵押财产定期进行监测，做好林权抵押贷款及抵押财产信息的跟踪记录，同时督促抵押人在林权抵押期间继续管理和培育好森林、林木，维护抵押财产安全。

二十七、银行业金融机构要建立风险预警和补救机制，发现借款人可能发生违约风险时，要根据合同约定停止或收回贷款。抵押财产发生自然灾害、市场价值明显下降等情况时，要及时采取补救和控制风险措施。

二十八、各级林业主管部门要会同有关部门积极推进森林保险工作。鼓励抵押人对抵押财产办理森林保险。抵押期间，抵押财产发生毁损、灭失或者被征收等情形时，银行业金融机构可以根据合同约定就获得的保险金、赔偿金或者补偿金等优先受偿或提存。

二十九、贷款需要展期的，贷款人应在对贷款用途、额度、期限与借款人经营状况、还款能力的匹配程度，以及抵押财产状况进行评估的基础上，决定是否展期。

三十、贷款到期后，借款人未清偿债务或出现抵押合同规定的行使抵押权的其他情形时，可通过竞价交易、协议转让、林木采伐或诉讼等途径处置已抵押的林权。通过竞价交易方式处置的，银行业金融机构要与抵押人协商将已抵押林权转让给最高应价者，所得价款由银行业金融机构优先受偿；通过协议转让方式处置的，银行业金融机构要与抵押人协商将所得价款由银行业金融机构优先受偿；通过林木采伐方式处置的，银行业金融机构要与抵押人协商依法向县级以上地方人民政府林业主管部门提出林木采伐申请。

三十一、银行业金融机构因处置抵押财产需要采伐林木的，采伐审批机关要按国家相关规定优先予以办理林木采伐许可证，满足借款人还贷需要。林权抵押期间，未经抵押权人书面同意，采伐审批机关不得批准或发放林木采伐许可证。

三十二、有条件的县级以上地方人民政府林业主管部门要建立林权管理服务机构。林权管理服务机构要为开展林权抵押贷款、处置抵押林权提供快捷便利服务，并适当减免抵押权人相关交易费用。

三十三、各级林业主管部门要为银行业金融机构对抵押林权的核实查证工作提供便利。林权登记机关依法向银行业金融机构提供林权登记信息时，不得收取任何费用。

三十四、各级林业主管部门要积极协调各级地方人民政府出台必要的引导政策，对用于林业生产发展的林权抵押贷款业务，要协调财政部门按照国家有关规定给予贴息，适当进行风险补偿。

中国银监会
国家林业局
2013年7月5日

关于修改《证券公司客户资产管理业务管理办法》的决定

中国证券监督管理委员会令第93号

《关于修改〈证券公司客户资产管理业务管理办法〉的决定》已经2013年6月3日中国证券监督管理委员会第4次主席办公会议审议通过，现予公布，自公布之日起施行。

中国证券监督管理委员会主席：肖钢
2013年6月26日

一、第一条修改为"为规范证券公司客户资产管理活动，保护投资者的合法权益，维护证券市场秩序，根据《中华人民共和国证券法》、《中华人民共和国证券投资基金法》、《证券公司监督管理条例》和其他相关法律、行政法规，制定本办法。"

二、第十三条修改为"证券公司为多个客户办理集合资产管理业务，应当设立集合资产管理计划，与客户签订集合资产管理合同，将客户资产交由取得基金托管业务资格的资产托管机构托管，通过专门账户为客户提供资产管理服务。"

三、删除第十四条。

四、第十五条改为第十四条，修改为"证券公司为客户办理特定目的的专项资产管理业务，应当签订专项资产管理合同，针对客户的特殊要求和基础资产的具体情况，设定特定投资目标，通过专门账户为客户提供资产管理服务。

"证券公司应当充分了解并向客户披露基础资产所有人或融资主体的诚信合规状况、基础资产的权属情况、有无担保安排及具体情况、投资目标的风险收益特征等相关重大事项。

"证券公司可以通过设立综合性的集合资产管理计划办理专项资产管理业务。"

五、第二十条改为第十九条,修改为"证券公司开展客户资产管理业务,应当依据法律、行政法规和本办法的规定,与客户签订书面资产管理合同,就双方的权利义务和相关事宜做出明确约定。资产管理合同应当包括《中华人民共和国证券投资基金法》第九十三条、第九十四条规定的必备内容。"

六、删除第二十一条。

七、第二十四条改为第二十二条,修改为"证券公司办理集合资产管理业务,只能接受货币资金形式的资产。"

八、第二十八条改为第二十六条,修改为"证券公司可以自行推广集合资产管理计划,也可以委托其他证券公司、商业银行或者中国证监会认可的其他机构代为推广。

"集合资产管理计划应当面向合格投资者推广,合格投资者累计不得超过200人。合格投资者是指具备相应风险识别能力和承担所投资集合资产管理计划风险能力且符合下列条件之一的单位和个人:

(一)个人或者家庭金融资产合计不低于100万元人民币;

(二)公司、企业等机构净资产不低于1 000万元人民币。

依法设立并受监管的各类集合投资产品视为单一合格投资者。"

九、删除第三十一条。

十、第三十二条改为第二十九条,修改为"证券公司将其管理的客户资产投资于本公司及与本公司有关联方关系的公司发行的证券或承销期内承销的证券,或者从事其他重大关联交易的,应当遵循客户利益优先原则,事先取得客户的同意,事后告知资产托管机构和客户,同时向证券交易所报告,并采取切实有效措施,防范利益冲突,保护客户合法权益。"

十一、第四十二条改为第三十九条,修改为"证券公司及其他推广机构应当采取有效措施,并通过证券公司、中国证券业协会、中国证监会电子化信息披露平台或者中国证监会认可的其他信息披露平台,客观准确披露资产管理计划批准或者备案信息、风险收益特征、投诉电话等,使客户详尽了解资产管理计划的特性、风险等情况及客户的权利、义务,但不得通过广播、电视、报刊、互联网及其他公共媒体推广资产管理计划。"

十二、第四十七条改为第四十四条,修改为"证券公司办理集合资产管理业务,应当将集合资产管理计划资产交由取得基金托管业务资格的资产托管机构托管。

"证券公司、资产托管机构应当为集合资产管理计划单独开立证券账户、资金账户等相关账户。证券账户名称应当注明证券公司、集合资产管理计划名称等内容。"

十三、第五十八条改为第五十五条,修改为"中国证监会及其派出机构对证券公司、资产托管机构从事客户资产管理业务的情况,进行定期或者不定期的检查,证券公司和资产托管机构应当予以配合。"

十四、第五十九条改为第五十六条,修改为"证券公司、资产托管机构、推广机构的高级管理人员、直接负责的主管人员和其他直接责任人员违反本办法规定的,中国证监会及其派出机构根据不同情况,对其采取监管谈话、责令停止职权、认定为不适当人选等行政监管措施。

"证券公司、资产托管机构、推广机构及其高级管理人员、直接负责的主管人员和其他直接责任人员从事客户资产管理业务,损害客户合法权益的,应当依法承担民事责任。"

十五、第六十条改为第五十七条,修改为"证券公司、资产托管机构、推广机构违反本办法规定的，根据不同情况，依法采取责令改正、责令增加内部合规检查的次数、责令处分有关人员、暂停业务等行政监管措施。"

十六、第六十一条改为第五十八条，修改为"证券公司、资产托管机构、推广机构及其高级管理人员、直接负责的主管人员和其他直接责任人员违反法律、法规规定的，按照《中华人民共和国证券法》、《中华人民共和国证券投资基金法》、《证券公司监督管理条例》的有关规定，进行行政处罚。"

十七、第六十二条改为第五十九条，修改为"证券公司、资产托管机构、推广机构及其高级管理人员、直接负责的主管人员和其他直接责任人员涉嫌犯罪的，依法移送司法机关，追究刑事责任。"

十八、删除第六十三条。

本决定自公布之日起施行。

《证券公司客户资产管理业务管理办法》根据本决定作相应修改并对条文顺序作相应调整，重新公布。

关于修改《证券公司集合资产管理业务实施细则》的决定

中国证券监督管理委员会公告〔2013〕28 号

现公布《关于修改〈证券公司集合资产管理业务实施细则〉的决定》，自公布之日起施行。

中国证监会
2013 年 6 月 26 日

一、第一条修改为"为了规范证券公司集合资产管理业务活动，根据《中华人民共和国证券法》、《中华人民共和国证券投资基金法》、《证券公司监督管理条例》、《证券公司客户资产管理业务管理办法》（证监会令第 93 号，以下简称《管理办法》），制定本细则。"

二、第五条修改为"证券公司从事集合资产管理业务，应当为合格投资者提供服务，设立集合资产管理计划（以下简称集合计划或计划），并担任计划管理人。

"集合计划应当符合下列条件：

（一）募集资金规模在 50 亿元人民币以下；

（二）单个客户参与金额不低于 100 万元人民币；

（三）客户人数在 200 人以下。"

三、第六条修改为"集合计划资产独立于证券公司、资产托管机构和份额登记机构的自有资产。证券公司、资产托管机构和份额登记机构不得将集合计划资产归入其自有资产。

"证券公司、资产托管机构和份额登记机构破产或者清算时,集合计划资产不属于其破产财产或者清算财产。"

四、第七条修改为"证券公司、推广机构和份额登记机构不得将集合计划销售结算资金归入其自有资产。证券公司、推广机构和份额登记机构破产或者清算时,集合计划销售结算资金不属于其破产财产或者清算财产。任何单位和个人不得以任何形式挪用集合计划销售结算资金。

"集合计划销售结算资金是指由证券公司及其推广机构归集的,在客户结算账户、集合计划份额登记机构指定的专用账户和集合计划资产托管账户之间划转的份额参与、退出、现金分红等资金。"

五、删除第十四条。

六、第十五条改为第十四条,修改为"集合计划募集的资金可以投资中国境内依法发行的股票、债券、股指期货、商品期货等证券期货交易所交易的投资品种;央行票据、短期融资券、中期票据、利率远期、利率互换等银行间市场交易的投资品种;证券投资基金、证券公司专项资产管理计划、商业银行理财计划、集合资金信托计划等金融监管部门批准或备案发行的金融产品;以及中国证监会认可的其他投资品种。

"集合计划可以参与融资融券交易,也可以将其持有的证券作为融券标的证券出借给证券金融公司。

"证券公司可以依法设立集合计划在境内募集资金,投资于中国证监会认可的境外金融产品。"

七、第二十一条改为第二十条,修改为"不得向合格投资者之外的单位和个人募集资金,不得通过报刊、电台、电视台、互联网等公众传播媒体或者讲座、报告会、分析会等方式向不特定对象宣传推介。禁止通过签订保本保底补充协议等方式,或者采用虚假宣传、夸大预期收益和商业贿赂等不正当手段推广集合计划。"

八、第二十八条改为第二十七条,修改为"集合计划成立应当具备下列条件:

(一)推广过程符合法律、行政法规和中国证监会的规定;

(二)募集金额不低于 3 000 万元人民币;

(三)客户不少于 2 人;

(四)符合集合资产管理合同及计划说明书的约定;

(五)中国证监会规定的其他条件。"

九、第二十九条改为第二十八条,修改为"证券公司应当将集合计划资产交由取得基金托管业务资格的资产托管机构托管。

"资产托管机构应当按照中国证监会的规定和集合资产管理合同的约定,履行安全保管集合计划资产、办理资金收付事项、监督证券公司投资行为等职责。"

十、第三十一条改为第三十条,修改为"证券公司可以自身或者委托证券登记结算机构担任集合计划的份额登记机构,并约定份额登记相关事项。

"证券公司、资产托管机构、证券登记结算机构、代理推广机构应当按照相关协议,办理参与、转换、退出集合计划的份额登记、资金结算等事宜。

"集合计划份额登记机构已接入基金注册登记数据中央交换平台的,应当每日通过该平台完成数据备份;尚未接入基金注册登记数据中央交换平台的,应当每月通过证券期货行业数据中心规定的方式进行数据备份。"

十一、第三十五条改为第三十四条,修改为"集合计划申购新股,可以不设申购上限,但是申报的金额不得超过集合计划的现金总额,申报的数量不得超过拟发行股票公司本次发行股票的总量。"

本决定自公布之日起施行。

《证券公司集合资产管理业务实施细则》根据本决定作相应修改并对条文顺序作相应调整,重新公布。

保险机构投资设立基金管理公司试点办法

中国证券监督管理委员会公告〔2013〕27号

现公布《保险机构投资设立基金管理公司试点办法》,自2013年6月18日起施行。

附件:
  1. 保险机构投资设立基金管理公司试点办法
  2.《保险机构投资设立基金管理公司试点办法》起草说明(略——编者注)

中国证监会
中国保监会
2013年6月7日

附件1

保险机构投资设立基金管理公司试点办法

第一章 总 则

第一条 为保证保险机构投资设立基金管理公司试点工作顺利进行,根据《中华人民共和国公司法》、《中华人民共和国证券投资基金法》以及《中华人民共和国保险法》等法律法规,制定本办法。

第二条 本办法所称保险机构,是指在中华人民共和国境内,经中国保险监督管理委员会(以下简称中国保监会)批准设立的保险公司、保险集团(控股)公司、保险资产管理公司和其他保险机构。

第三条 本办法所称基金管理公司,是指在中华人民共和国境内,经中国证券监督管理委员会(以下简称中国证监会)批准设立,由保险机构作为主要股东,从事基金管理业务的企业法人。

第四条 中国保监会、中国证监会按照各自监管职责,对保险机构投资设立基金管理公司及其有关业务活动进行监督管理。

第二章 申请程序

第五条 申请投资设立基金管理公司的保险机构,应当符合中国保监会有关股权投资的规定,向中国保监会报送申请材料。中国保监会从保险资金投资风险防范的角度,审查保险机构投资基金管理公司的资格,并依法出具保险机构投资基金管理公司的监管意见。

第六条 获准投资设立基金管理公司的保险机构,应当按照中国证监会有关规定,向中国证监会报送申请材料。中国证监会依法进行审核并作出批准或者不予批准的决定。

第七条 保险机构投资设立基金管理公司,可以采用发起设立或收购股权等方式。

第八条 保险机构投资设立基金管理公司,应当全面分析发展战略、投资成本、管理能力、经济效益等因素,审慎决策,稳健运作。保险机构收购基金管理公司股权,应当综合考虑收购目标的公司治理、管理团队、资产规模、经营业绩、市场地位和发展能力等条件。

第九条 保险机构转让其持有的基金管理公司股权,应当符合有关法律法规、本办法和公司章程的规定,充分考虑基金管理公司的稳定经营、长远发展及基金份额持有人的利益。

第三章 风险控制

第十条 保险机构及其投资设立的基金管理公司,应当建立良好的公司治理,严格按照"法人分业"原则,建立保险机构与其投资设立的基金管理公司之间的风险隔离制度。风险隔离制度至少应当包括以下内容:

(一)保险机构根据保险资金性质或来源,单独建账,独立核算;

(二)有效隔离保险机构与其投资设立基金管理公司的经营业务和经营场地,经营管理人员不得相互兼职;

(三)严格隔离保险机构与其投资设立基金管理公司的财务管理,保证账簿分设,会计核算独立;

(四)严格隔离保险机构与其投资设立基金管理公司的投资运作和信息传递,保险机构不得要求基金管理公司提供有关投资、研究等非公开信息和资料,防范不正当关联交易,禁止任何形式的利益输送。

第十一条 保险机构投资其投资设立的基金管理公司发行的基金产品,应当遵守中国保监会有关投资品种和投资比例等方面的规定,并应当公平对待其他基金管理公司的基金产品。

第十二条 保险机构为其投资设立的基金管理公司提供融资支持，应当符合相关法律法规及监管部门的规定。

第十三条 保险机构不得与其投资设立的基金管理公司，在全国银行间市场、交易所市场和其他市场，以优于非关联第三方同类交易的条件进行交易。

第十四条 保险机构与其投资设立的基金管理公司之间的关联交易规则，由中国保监会和中国证监会另行制定。

第十五条 保险机构与其投资设立的基金管理公司，不得违反国家规定相互提供客户信息资料，业务往来不得损害客户正当合法权益。保险机构与其投资设立的基金管理公司，应当分别按照中国保监会和中国证监会的有关规定，披露有关信息。

第四章 监督管理

第十六条 中国保监会制定保险机构投资设立基金管理公司的监管规定，并实施并表监管。

第十七条 中国证监会依法对保险机构投资设立的基金管理公司实施监督管理，督促基金管理公司合法运用基金财产，维护基金份额持有人的合法权益。

第十八条 中国保监会和中国证监会建立监管信息共享制度和互通处置机制，加强对保险机构设立基金管理公司的协同监管。

第五章 附 则

第十九条 中国保监会和中国证监会共同选定试点保险机构，并根据试点情况和市场发展需要，共同商定试点工作安排。

第二十条 本办法由中国证监会和中国保监会共同解释。

第二十一条 本办法自2013年6月18日起施行。

保险机构销售证券投资基金管理暂行规定

中国证券监督管理委员会公告〔2013〕25号

现公布《保险机构销售证券投资基金管理暂行规定》，自公布之日起施行。

中国证监会
中国保监会
2013年6月3日

保险机构销售证券投资基金管理暂行规定

第一章 总 则

第一条 为了规范保险机构参与公开募集证券投资基金（以下简称基金）销售业务，根据《保险法》、《证券投资基金法》、《证券投资基金销售管理办法》（证监会令第 91 号）等法律法规，制定本规定。

第二条 本规定所称保险机构，是指在中华人民共和国境内经中国保险监督管理委员会（以下简称中国保监会）批准设立的保险公司、保险经纪公司和保险代理公司。

第三条 中国证券监督管理委员会（以下简称中国证监会）和中国保监会及各自派出机构负责保险机构销售基金的综合协调和监督管理工作。

第四条 保险机构办理基金销售业务的相关要求，本规定未明确的，适用《证券投资基金销售管理办法》和其他有关法律法规的规定。

第二章 销售业务资格申请

第五条 保险公司申请基金销售业务资格应当具备下列条件：
（一）符合《证券投资基金销售管理办法》第九条规定的条件；
（二）有专门负责基金销售业务的部门；
（三）注册资本不低于 5 亿元人民币；
（四）偿付能力充足率符合中国保监会的有关规定；
（五）没有因违法违规行为正在被监管机构调查或者正处于整改期间，最近 3 年内没有受到重大行政处罚或者刑事处罚；
（六）没有发生已经影响或者可能影响公司正常运作的重大变更或者诉讼、仲裁等重大事项；
（七）公司负责基金销售业务的部门取得基金从业资格的人员不低于该部门员工人数的 1/2，负责基金销售业务的部门管理人员取得基金从业资格，熟悉基金销售业务，并具备从事基金业务 2 年以上或者在其他金融相关机构 5 年以上的工作经历；公司主要分支机构基金销售业务负责人均已取得基金从业资格；
（八）取得基金从业资格的人员不少于 30 人。

第六条 保险经纪公司和保险代理公司申请基金销售业务资格应当具备下列条件：
（一）符合《证券投资基金销售管理办法》第九条规定的条件；
（二）有专门负责基金销售业务的部门；
（三）注册资本不低于 5 000 万元人民币，且必须为实缴货币资本；
（四）公司负责基金销售业务的高级管理人员已取得基金从业资格，熟悉基金销售业务，并具备从事基金业务 2 年以上或者在其他金融相关机构 5 年以上的工作经历；
（五）没有因违法违规行为正在被监管机构调查或者正处于整改期间，最近 3 年内没有受到重大行政处罚或者刑事处罚；

（六）没有发生已经影响或者可能影响公司正常运作的重大变更或者诉讼、仲裁等重大事项；

（七）公司负责基金销售业务的部门取得基金从业资格的人员不低于该部门员工人数的1/2，负责基金销售业务的部门管理人员取得基金从业资格，熟悉基金销售业务，并具备从事基金业务2年以上或者在其他金融相关机构5年以上的工作经历；公司主要分支机构基金销售业务负责人均已取得基金从业资格；

（八）取得基金从业资格的人员不少于10人。

第七条 申请基金销售业务资格的保险机构，应当按照中国证监会的规定提交申请材料。中国证监会依照《行政许可法》的规定，受理基金销售业务资格的申请并进行审查，做出决定。

中国证监会在审核保险机构基金销售业务资格申请时，应当征求中国保监会的意见。

第三章 销售业务规范

第八条 保险机构未取得基金销售业务资格，不得办理基金的销售或者相关业务。取得基金销售业务资格的保险机构不得委托其他机构代为办理基金销售业务。基金管理公司不得委托没有取得基金销售业务资格的保险机构办理基金的销售或者相关业务。

取得基金销售业务资格的保险机构，应当将机构的基本信息报中国证监会、中国保监会备案，将参与基金销售业务的分支机构（网点）基本信息报分支机构（网点）所在地中国证监会、中国保监会派出机构备案，并予以定期更新。

第九条 保险机构办理基金销售业务，应当与基金管理公司签订书面销售协议，明确双方的权利和义务。未经签订书面销售协议，保险机构不得办理基金销售业务。

保险机构选择合作基金管理公司时，应当充分考虑其投资管理能力、内部控制情况、经营管理能力和诚信状况等。

基金管理公司选择合作保险机构时，应当充分考虑其内部控制情况、经营管理能力、销售能力和诚信状况等。

第十条 保险机构使用的基金销售业务信息管理平台应当符合中国证监会对基金销售业务信息管理平台的有关要求。

第十一条 保险机构在销售基金和相关产品的过程中，应当坚持基金投资人利益优先原则，注重根据基金投资人的风险承受能力销售不同风险等级的产品，把合适的产品销售给合适的投资人。

第十二条 保险机构销售基金应当符合中国证监会对基金销售结算资金管理的有关要求，其归集的基金销售结算资金应当与保险机构自有资产进行有效隔离。

保险机构销售基金时应当采用非现金交易方式，禁止保险机构或者销售人员接受基金投资人用于基金投资的现金。

第十三条 保险机构及基金销售人员在办理基金销售业务时应当向基金投资人明示基金产品与保险产品的不同风险特征，不得采取抽奖、回扣或者送实物、保险、基金份额等方式销售基金，避免误导基金投资人。

第十四条 保险机构应当按照基金合同、招募说明书和基金销售服务协议的约定向基金投资人收取销售费用，不得向基金投资人收取额外费用；未经招募说明书载明并公告，不得对不同投资人适用不同费率。

第十五条 保险机构应当按照法律法规和基金招募说明书规定的时间办理基金销售业务，对于基金投资人交易时间外的申请均作为下一交易日交易处理。保险机构应当在交易被拒绝或者确认失败时主动通知基金投资人。

第十六条 保险机构应当按照中国证监会对基金宣传推介材料管理的有关要求，加强对宣传推介材料的管理。

第四章 销售人员管理

第十七条 符合以下条件的保险机构销售人员，可以在保险机构授权范围内，从事基金销售业务：

（一）符合中国保监会关于保险销售从业人员资质条件的相关规定；

（二）具有本规定第十八条规定的基金销售业务资格；

（三）最近1年未受过行政处罚或者刑事处罚；

（四）具有在保险机构2年以上工作经历。

第十八条 保险机构的基金销售人员应当通过以下方式获取基金销售从业资质：

（一）通过证券业从业人员资格考试中的"证券市场基础知识"和"证券投资基金"两科考试；

（二）通过基金销售人员从业考试即"证券投资基金销售基础知识"一科，获得基金销售人员从业考试成绩合格证。

符合上述两项情形之一的人员，经所在保险机构向中国证券投资基金业协会注册后，可以获得基金销售业务资格。任何销售人员未经所在保险机构向中国证券投资基金业协会注册，不得办理基金销售和相关业务。

第十九条 保险机构的基金销售人员只能在一个保险机构从事基金销售业务，不得在其他机构兼职从事基金销售业务。

保险机构的基金销售人员在开展基金宣传推介、基金理财业务咨询等活动时，应当通过适当的方式向基金投资人出示基金销售业务资格及其他证明文件。

第二十条 保险机构应当按照中国证券投资基金业协会的有关规定开展基金销售人员从业资格管理工作。基金销售人员离职时，保险机构应当向中国证券投资基金业协会办理注销手续。

保险机构和基金管理公司应当加强对基金销售人员的培训，确保基金销售人员熟悉所销售产品的特性，全面客观地介绍产品的风险收益特征。

第二十一条 保险机构的基金销售人员在保险机构授权范围内办理基金销售业务的，由保险机构承担责任；保险机构的基金销售人员没有代理权、超越代理权或者代理权终止后以保险机构名义销售基金，基金投资人有理由相信其有代理权的，由保险机构承担责任。

第二十二条 保险机构的基金销售人员从事基金销售活动，不得有以下情形：

（一）在销售活动中为自己或者他人牟取不正当利益；

（二）同意或者默许他人以其本人或者所在机构的名义从事基金销售业务；

（三）违规接受投资者全权委托，直接代理客户进行基金认购、申购、赎回等交易；

（四）违规对投资者做出盈亏承诺，与投资者以口头或者书面形式约定利益分成、亏损分担；

（五）挪用投资者的交易资金或者基金份额；

（六）散布虚假信息，扰乱市场秩序；

（七）诋毁其他基金、基金销售机构或者基金销售人员；

（八）以账外暗中给予他人财物、利益，或者接受他人给予的财物、利益等形式进行商业贿赂。

第五章 监督管理

第二十三条 保险机构基金销售业务可能存在违反本规定的情形时，中国证监会、中国保监会及其派出机构可以进行现场检查，并依法对违法违规行为采取监管措施，追究相应责任，并给予相应处罚。

中国证监会、中国保监会及其派出机构对保险机构销售基金业务可以进行联合现场检查。

第二十四条 保险机构、基金管理公司及其分支机构或者其从业人员违反本规定，由中国证监会、中国保监会及其派出机构依照法律、行政法规、规章进行处罚；涉嫌犯罪的，依法移送司法机关追究刑事责任。

保险机构在办理基金销售业务过程中，出现应当吊销其基金销售业务资格情形的，由中国证监会依照法律、行政法规、规章的规定执行。

保险机构基金销售人员在办理基金销售业务过程中，出现应当吊销其基金销售业务资格情形的，由中国证券投资基金业协会注销其注册。

第二十五条 中国证监会、中国保监会及其派出机构应当加强对保险机构基金销售业务监管的沟通交流，定期沟通和交流保险机构基金销售业务监管信息，及时向对方通报保险机构基金销售业务现场检查及处罚情况。

第六章 附 则

第二十六条 本规定由中国证监会和中国保监会共同解释。

第二十七条 本规定自公布之日起施行。

最高人民法院关于适用
《中华人民共和国保险法》若干问题的解释（二）

法释〔2013〕14 号

《最高人民法院关于适用〈中华人民共和国保险法〉若干问题的解释（二）》已于 2013 年 5 月 6 日由最高人民法院审判委员会第 1577 次会议通过，现予公布，自 2013 年 6 月 8 日起施行。

最高人民法院
2013 年 5 月 31 日

最高人民法院关于适用
《中华人民共和国保险法》若干问题的解释（二）

为正确审理保险合同纠纷案件，切实维护当事人的合法权益，根据《中华人民共和国保险法》《中华人民共和国合同法》《中华人民共和国民事诉讼法》等法律规定，结合审判实践，就保险法中关于保险合同一般规定部分有关法律适用问题解释如下：

第一条 财产保险中，不同投保人就同一保险标的分别投保，保险事故发生后，被保险人在其保险利益范围内依据保险合同主张保险赔偿的，人民法院应予支持。

第二条 人身保险中，因投保人对被保险人不具有保险利益导致保险合同无效，投保人主张保险人退还扣减相应手续费后的保险费的，人民法院应予支持。

第三条 投保人或者投保人的代理人订立保险合同时没有亲自签字或者盖章，而由保险人或者保险人的代理人代为签字或者盖章的，对投保人不生效。但投保人已经交纳保险费的，视为其对代签字或者盖章行为的追认。

保险人或者保险人的代理人代为填写保险单证后经投保人签字或者盖章确认的，代为填写的内容视为投保人的真实意思表示。但有证据证明保险人或者保险人的代理人存在保险法第一百一十六条、第一百三十一条相关规定情形的除外。

第四条 保险人接受了投保人提交的投保单并收取了保险费，尚未作出是否承保的意思表示，发生保险事故，被保险人或者受益人请求保险人按照保险合同承担赔偿或者给付保险金责任，符合承保条件的，人民法院应予支持；不符合承保条件的，保险人不承担保险责任，但应当退还已经收取的保险费。

保险人主张不符合承保条件的，应承担举证责任。

第五条 保险合同订立时，投保人明知的与保险标的或者被保险人有关的情况，属于保险法第十六条第一款规定的投保人"应当如实告知"的内容。

第六条 投保人的告知义务限于保险人询问的范围和内容。当事人对询问范围及内容有争议的，保险人负举证责任。

保险人以投保人违反了对投保单询问表中所列概括性条款的如实告知义务为由请求解除合同的，人民法院不予支持。但该概括性条款有具体内容的除外。

第七条 保险人在保险合同成立后知道或者应当知道投保人未履行如实告知义务，仍然收取保险费，又依照保险法第十六条第二款的规定主张解除合同的，人民法院不予支持。

第八条 保险人未行使合同解除权，直接以存在保险法第十六条第四款、第五款规定的情形为由拒绝赔偿的，人民法院不予支持。但当事人就拒绝赔偿事宜及保险合同存续另行达成一致的情况除外。

第九条 保险人提供的格式合同文本中的责任免除条款、免赔额、免赔率、比例赔付或者给付等免除或者减轻保险人责任的条款，可以认定为保险法第十七条第二款规定的"免除保险人责任的条款"。

保险人因投保人、被保险人违反法定或者约定义务，享有解除合同权利的条款，不属于保险法第十七条第二款规定的"免除保险人责任的条款"。

第十条 保险人将法律、行政法规中的禁止性规定情形作为保险合同免责条款的免责事由，保险人对该条款作出提示后，投保人、被保险人或者受益人以保险人未履行明确说明义务为由主张该条款不生效的，人民法院不予支持。

第十一条 保险合同订立时，保险人在投保单或者保险单等其他保险凭证上，对保险合同中免除保险人责任的条款，以足以引起投保人注意的文字、字体、符号或者其他明显标志作出提示的，人民法院应当认定其履行了保险法第十七条第二款规定的提示义务。

保险人对保险合同中有关免除保险人责任条款的概念、内容及其法律后果以书面或者口头形式向投保人作出常人能够理解的解释说明的，人民法院应当认定保险人履行了保险法第十七条第二款规定的明确说明义务。

第十二条 通过网络、电话等方式订立的保险合同，保险人以网页、音频、视频等形式对免除保险人责任条款予以提示和明确说明的，人民法院可以认定其履行了提示和明确说明义务。

第十三条 保险人对其履行了明确说明义务负举证责任。

投保人对保险人履行了符合本解释第十一条第二款要求的明确说明义务在相关文书上签字、盖章或者以其他形式予以确认的，应当认定保险人履行了该项义务。但另有证据证明保险人未履行明确说明义务的除外。

第十四条 保险合同中记载的内容不一致的，按照下列规则认定：

（一）投保单与保险单或者其他保险凭证不一致的，以投保单为准。但不一致的情形系经保险人说明并经投保人同意的，以投保人签收的保险单或者其他保险凭证载明的内容为准；

（二）非格式条款与格式条款不一致的，以非格式条款为准；

（三）保险凭证记载的时间不同的，以形成时间在后的为准；

（四）保险凭证存在手写和打印两种方式的，以双方签字、盖章的手写部分的内容为准。

第十五条　保险法第二十三条规定的三十日核定期间，应自保险人初次收到索赔请求及投保人、被保险人或者受益人提供的有关证明和资料之日起算。

保险人主张扣除投保人、被保险人或者受益人补充提供有关证明和资料期间的，人民法院应予支持。扣除期间自保险人根据保险法第二十二条规定作出的通知到达投保人、被保险人或者受益人之日起，至投保人、被保险人或者受益人按照通知要求补充提供的有关证明和资料到达保险人之日止。

第十六条　保险人应以自己的名义行使保险代位求偿权。

根据保险法第六十条第一款的规定，保险人代位求偿权的诉讼时效期间应自其取得代位求偿权之日起算。

第十七条　保险人在其提供的保险合同格式条款中对非保险术语所作的解释符合专业意义，或者虽不符合专业意义，但有利于投保人、被保险人或者受益人的，人民法院应予认可。

第十八条　行政管理部门依据法律规定制作的交通事故认定书、火灾事故认定书等，人民法院应当依法审查并确认其相应的证明力，但有相反证据能够推翻的除外。

第十九条　保险事故发生后，被保险人或者受益人起诉保险人，保险人以被保险人或者受益人未要求第三者承担责任为由抗辩不承担保险责任的，人民法院不予支持。

财产保险事故发生后，被保险人就其所受损失从第三者取得赔偿后的不足部分提起诉讼，请求保险人赔偿的，人民法院应予依法受理。

第二十条　保险公司依法设立并取得营业执照的分支机构属于《中华人民共和国民事诉讼法》第四十八条规定的其他组织，可以作为保险合同纠纷案件的当事人参加诉讼。

第二十一条　本解释施行后尚未终审的保险合同纠纷案件，适用本解释；本解释施行前已经终审，当事人申请再审或者按照审判监督程序决定再审的案件，不适用本解释。

国务院关于修改《中华人民共和国外资保险公司管理条例》的决定

中华人民共和国国务院令第 636 号

现公布《国务院关于修改〈中华人民共和国外资保险公司管理条例〉的决定》，自 2013 年 8 月 1 日起施行。

总理　李克强
2013 年 5 月 30 日

国务院决定对《中华人民共和国外资保险公司管理条例》作如下修改：

第七条第一款修改为："合资保险公司、独资保险公司的注册资本最低限额为2亿元人民币或者等值的自由兑换货币；其注册资本最低限额必须为实缴货币资本。"第二款修改为："外国保险公司分公司应当由其总公司无偿拨给不少于2亿元人民币或者等值的自由兑换货币的营运资金。"

本决定自2013年8月1日起施行。

《中华人民共和国外资保险公司管理条例》根据本决定作相应修改，重新公布。

中国保监会关于进一步贯彻落实
《农业保险条例》做好农业保险工作的通知

保监发〔2013〕45号

各保监局，各财产保险公司，中国财产再保险股份有限公司，中国保险行业协会：

近年来，在党中央国务院的高度重视下，农业保险实现了快速健康发展。国家政策支持力度不断加大，农业保险覆盖面和渗透度大幅提升，服务"三农"的功能作用较好发挥。伴随着城镇化的深入推进，我国农业农村发展正在进入新的阶段，保障国家粮食安全和重要农产品有效供给的任务更加艰巨。农业保险必须顺应阶段变化，遵循发展规律，提升创新能力和服务水平，巩固和发展大好形势，落实国家强农惠农富农政策，促进农业增产和农民增收。

2013年3月1日，《农业保险条例》（以下简称《条例》）正式施行，标志着农业保险事业进入了新的阶段。为进一步贯彻落实《条例》，做好农业保险工作，现就有关要求通知如下：

一、统一思想，提高认识，增强农业保险发展责任感和使命感

2013年是《条例》实施的第一年。贯彻落实好《条例》、做好农业保险工作，事关国家政策，事关农民利益，事关行业形象，意义非常重大。各保监局、各公司要统一思想，充分认识贯彻落实《条例》、做好农业保险工作的重要意义。

（一）充分认识《条例》对促进农业保险事业健康发展的重要意义。《条例》确定了农业保险发展目标，确立了"政府引导、市场运作、自主自愿和协同推进"的基本原则，明确了政府对农业保险的政策支持，强化了农业保险顶层设计，将对促进农业保险健康发展带来深远的影响。

（二）充分认识《条例》对促进农业保险规范经营的重要意义。《条例》以法律的形式肯定了农业保险试点的成功经验，建立了农业保险经营的基本规范，确立了经营主体基本行为准则，明确了相关政府部门和监管机构的职责，对规范农业保险活动有着重要的意义。

（三）充分认识《条例》对保护投保农户权益的重要意义。《条例》明确了农业保险活动参与方的权利义务，通过对农业保险合同和保险机构经营规则的细化，进一步强化了对投保农户合法权益的保护。

各保监局、各公司要增强工作责任感和历史使命感，站在新起点、找准新问题、提出新思路，做到"知农时、懂农事、察农情、体农心"，认真贯彻好《条例》，切实落实好国家强农惠农富农政策。

二、认真学习领会好《条例》精神，切实抓好贯彻落实

（一）加强学习培训，提高合规意识。各保监局、各公司要深刻领会《条例》精神，认真学习《条例》、《中国保监会关于加强农业保险条款和费率管理的通知》（保监发〔2013〕25号）、《中国保险会关于加强农业保险业务经营资格管理的通知》（保监发〔2013〕26号）等各项要求和规定。各保险公司要制定培训计划，加强全系统、特别是基层机构对《条例》及配套制度的学习和培训，要强调执行力，坚决将《条例》的各项要求贯彻到农业保险活动中。

（二）完善制度建设，做好衔接工作。各保险公司要根据《条例》要求，对内控管理、条款费率、承保核保理赔规范等制度进行全面梳理，对不符合《条例》规定的，要及时修改，不断完善制度建设，确保《条例》顺利实施。

（三）加大宣传力度，营造良好环境。各保监局、各保险公司要通过电视、报纸、互联网等媒体，开展形式多样、为农民所喜闻乐见的宣传活动。宣传工作要走向田间地头和农业生产第一线，要注重实效。保险行业协会要组织行业力量，强化行业、主流媒体和社会各界对《条例》的认识，为《条例》的贯彻落实创造良好的社会环境和舆论氛围。

三、努力扩大农业保险覆盖面

（一）加强沟通协调，积极争取政策支持。各保监局、各保险公司要主动加强与地方政府及发改、财政、农业、林业、民政等部门的沟通联系，调动各参与方的积极性，积极争取地方政府落实国家保费补贴政策，增加地方补贴品种，加大地方财政补贴力度。

（二）进一步扩大农业保险覆盖面。深入贯彻落实中央一号文件精神，坚持以关系国计民生和国家粮食安全的农产品保险、主要畜产品保险和森林保险为发展重点，努力扩大保险覆盖面。积极推动农作物制种、渔业、农机、农房保险和重点国有林区森林保险的保费补贴试点工作，拓展保险服务"三农"的新领域。

（三）深入贯彻落实国家区域发展政策和产业发展政策。加大粮食主产区、中西部地区和农业生产大县农业保险的推广力度，配合国家种业、海洋渔业发展战略以及"菜篮子"工程建设有关要求，开发相关险种，积极推进试点，切实将国家政策贯彻落实到位。

四、开辟农业保险服务新领域

（一）切实提高农业保险保障水平。鼓励各公司结合各地实际，逐步提高农业保险保障水平。各保监局要加强指导，支持保险公司开展地方特色农产品和支柱农产品保险试点。

（二）鼓励产品创新，满足不同层次的保险保障需求。鼓励各公司积极研究开发天气指数保险、价格指数保险、产量保险、收入保险、农产品质量保险、农村小额信贷保证保险等新型产品，不断满足农民日益增长的风险保障需要。对新型产品，保监会将开辟绿色通道，优先接受报备。

（三）推动农业保险产品科学化和通俗化。中国保险行业协会要推动农业保险示范条款的制定工作，牵头开发保障适度、保费低廉、保单通俗的农业保险产品。要加强数据积累，适时引入风险费率区划等课题成果，科学厘定条款费率。

（四）完善农业保险基层服务体系建设。各公司要完善考核办法，将资源投入向农业保险业务一线倾斜。要结合公司实际及不同地区特点，完善农业保险服务网络，将服务网点建设向农业生产和农民生活第一线延伸。

五、提高农业保险风险防范水平

（一）完善风险预警机制。各公司要加强与气象、农业、林业、民政、水利、畜牧兽医等部门的合作，建立信息交流和信息共享机制，对风险隐患做到早分析、早预警，将风险防范端口前移。

（二）加强农业保险风险分散机制建设。各公司要按照国家财政部门的相关规定，足额计提巨灾风险准备金，提高风险防范能力。要认真做好农业保险再保险安排，充分利用国内、国际两个再保险市场，转移、分散农业大灾风险。

（三）做好防灾减灾工作。各公司要加大对农业保险防灾减灾工作的投入，健全制度，落实责任，完善灾害应急处置预案。积极研发各类防灾减灾手段，加大新科技、新技术的应用，提高灾害应对能力。要积极配合民政、农业、林业等部门开展防灾减灾工作，发挥合力，提高农民防灾减灾意识和抵御风险的能力。

（四）加强农业保险理赔管理，提高农户对理赔服务的满意度。各公司要完善内控制度，进一步规范农业保险经营行为，确保依法合规经营。要按照"主动、迅速、科学、合理"的原则加强农业保险理赔管理工作，提高理赔服务水平，确保赔款及时、足额支付给受灾农户。

六、加大监管力度，维护农民合法权益

（一）各公司要严格遵守各项监管要求和财经纪律。不得有通过虚假承保、虚假理赔等手段套取国家财政补贴的行为，不得有不严格执行已报备的保险条款和保险费率的行为，不得有平均赔付、封顶赔付、拖赔和无理拒赔等损害投保农户合法权益的行为。

（二）各保监局要以规范农业保险市场秩序和维护投保农户合法权益为重点，不断加强对农业保险业务的监管。要将"五公开、三到户"落实情况、承保理赔环节是否遵守相关要求、是否存在侵害投保农户合法权益的行为以及农业保险条款费率执行情况作为监管重点，加大农业保险业务的现场检查和非现场监管力度，认真查处农业保险经营中的违法违规行为。要积极回应、处理涉农保险的信访投诉，坚决维护投保农户的合法权益。

各保监局、各公司要高度重视2013年的农业保险工作，加强领导，落实责任，完善制度，加大力度，做好做实农业保险这一民心工程、民生工程。要注重对工作经验和典型案例的总结，关注农业保险发展过程中的新问题、新情况、新成果，并及时将信息报保监会财产保险监管部。

中国保监会
2013 年 5 月 29 日

关于进一步明确保险专业中介机构
市场准入有关问题的通知

保监发〔2013〕44 号

各保监局：

为贯彻落实《关于修改〈保险经纪机构监管规定〉的决定》（保监会令 2013 年第 6 号）、《关于修改〈保险专业代理机构监管规定〉的决定》（保监会令 2013 年第 7 号）（以下简称两个《决定》），现将有关事项通知如下：

一、两个《决定》颁布前设立的保险专业代理（经纪）公司，注册资本金不足人民币 5 000 万元的，只能在注册地所在省（自治区、直辖市）申请设立分支机构。

二、两个《决定》颁布前设立的保险专业代理（经纪）公司，注册资本金不足人民币 5 000 万元，且已经在注册地以外的省（自治区、直辖市）设立了分支机构的，可在该省（自治区、直辖市）继续申请设立分支机构。

三、汽车生产、销售、维修和运输等相关汽车企业，为实行代理保险业务专业化经营、投资设立保险专业代理公司的，注册资本金应不低于人民币 1 000 万元，经营区域仅限于注册地所在省（自治区、直辖市），且公司名称应当包含"汽车保险销售"或"汽车保险代理"字样。

四、保险专业代理（经纪）公司开展互联网保险业务，注册资本金应不低于人民币 5 000 万元，两个《决定》颁布前已经依法开展互联网保险业务的除外。

五、铁路、旅游、交通运输、银行、邮政等企业为实行代理保险业务专业化经营、投资设立保险专业代理公司的，可参照本通知第三项规定执行。

各保监局要严格按照《保险经纪机构监管规定》、《保险专业代理机构监管规定》、《保险公估机构监管规定》，继续全面受理和审批保险经纪机构、保险专业代理机构、保险公估机构的设立申请，认真做好保险中介市场准入行政许可工作，做到及时受理、依法审批、提高效率。

相关文件与本通知不符的，以本通知为准。

中国保监会
2013 年 5 月 16 日

保监会关于印发《保险公司业务范围分级管理办法》的通知

保监发〔2013〕41号

各保监局，各保险公司：

为规范保险公司业务范围管理，建立健全保险市场准入和退出机制，促进保险行业专业化、差异化发展，根据《保险法》、《外资保险公司管理条例》、《保险公司管理规定》等有关法律、行政法规和规章，我会制定了《保险公司业务范围分级管理办法》，现印发给你们，请遵照执行。

中国保监会
2013年5月2日

保险公司业务范围分级管理办法

第一章 总 则

第一条 为规范保险公司业务范围管理，建立健全保险市场准入和退出机制，促进保险行业专业化、差异化发展，引导保险公司集约化、精细化经营，根据《保险法》、《外资保险公司管理条例》、《保险公司管理规定》等有关法律、行政法规和规章，制定本办法。

第二条 本办法所称保险公司，是指经中国保险监督管理委员会（以下简称"中国保监会"）批准设立，并依法登记注册的保险公司。

第三条 本办法所称业务范围，是指保险公司的原保险业务，不包括再保险业务、保险资金运用业务和代理销售其他保险公司的产品。

中国保监会根据有关法律、行政法规和规章，对保险公司业务范围实施监督管理。

第二章 分类方式

第四条 根据保险业务属性和风险特征，保险公司业务范围分为基础类业务和扩展类业务两级。

第五条 财产保险公司基础类业务包括以下五项：

（一）机动车保险，包括机动车交通事故责任强制保险和机动车商业保险；

（二）企业/家庭财产保险及工程保险（特殊风险保险除外）；

（三）责任保险；

（四）船舶/货运保险；

（五）短期健康/意外伤害保险。

第六条 财产保险公司扩展类业务包括以下四项：

（一）农业保险；

（二）特殊风险保险，包括航空航天保险、海洋开发保险、石油天然气保险、核保险；

（三）信用保证保险；

（四）投资型保险。

第七条 人身保险公司基础类业务包括以下五项：

（一）普通型保险，包括人寿保险和年金保险；

（二）健康保险；

（三）意外伤害保险；

（四）分红型保险；

（五）万能型保险。

第八条 人身保险公司扩展类业务包括以下两项：

（一）投资连结型保险；

（二）变额年金。

第三章 准 入

第九条 新设保险公司，只能申请基础类业务。

第十条 新设财产保险公司申请基础类业务时，应当符合以下条件：

（一）以人民币两亿元的最低注册资本设立的，只能申请一项基础类业务；

（二）每增加一项基础类业务，应当增加不少于人民币两亿元的注册资本；

（三）法律、行政法规及中国保监会规定的其他条件。

第十一条 新设人身保险公司申请基础类业务时，应当符合以下条件：

（一）以人民币两亿元的最低注册资本设立的，只能申请第一项至第三项中的一项；

（二）每增加前三项中的一项，应当增加不少于人民币两亿元的注册资本；

（三）申请前三项以及第四项、第五项之一的，注册资本不低于人民币十亿元；

（四）申请全部基础类业务的，注册资本不低于人民币十五亿元；

（五）申请第四项、第五项的，必须同时申请前三项；

（六）申请第二项、第四项、第五项的，应当具有专项内控制度、专业人员、服务能力、信息系统和再保险方案；

（七）法律、行政法规及中国保监会规定的其他条件。

第四章 变 更

第十二条 保险公司变更业务范围，应当经中国保监会批准。

第十三条 保险公司获得基础类前三项业务经营资质后，方可申请增加扩展类业务，且每次不得超过一项,两次申请的间隔不少于六个月。

第十四条 财产保险公司申请农业保险业务的,应当符合以下条件:

(一)持续经营三个以上完整的会计年度;

(二)最近三年年末平均净资产不低于人民币十亿元;

(三)上一年度末及最近四个季度偿付能力充足率不低于150%;

(四)最近三年内无重大违法违规记录;

(五)法律、行政法规及中国保监会规定的其他条件。

保险公司申请开办农业保险业务,须在完成业务范围变更后,再依法向中国保监会提交开办申请。

第十五条 财产保险公司申请特殊风险保险业务的,应当符合以下条件:

(一)持续经营三个以上完整的会计年度;

(二)最近三年年末平均净资产不低于人民币十亿元;

(三)上一年度末及最近四个季度偿付能力充足率不低于150%;

(四)公司治理结构健全,内部管理有效,各项风险控制指标符合规定,上一季度分类监管评价结果为A类或B类;

(五)有专项内控制度、专业人员、服务能力、信息系统和再保险方案;

(六)最近三年内无重大违法违规记录;

(七)法律、行政法规及中国保监会规定的其他条件。

第十六条 财产保险公司申请信用保证保险业务的,应当符合以下条件:

(一)持续经营三个以上完整的会计年度;

(二)最近三年年末平均净资产不低于人民币二十亿元;

(三)上一年度末及最近四个季度偿付能力充足率不低于150%;

(四)公司治理结构健全,内部管理有效,各项风险控制指标符合规定,上一季度分类监管评价结果为A类或B类;

(五)有专项内控制度、专业人员、服务能力、信息系统和再保险方案;

(六)最近三年内无重大违法违规记录;

(七)法律、行政法规及中国保监会规定的其他条件。

第十七条 财产保险公司申请投资型保险业务的,应当符合以下条件:

(一)持续经营三个以上完整的会计年度;

(二)最近三年年末平均净资产不低于人民币三十亿元,最近三个会计年度总体净盈利;

(三)上一年度末及最近四个季度偿付能力充足率不低于150%;

(四)公司治理结构健全,内部管理有效,各项风险控制指标符合规定,上一季度分类监管评价结果为A类或B类;

(五)有专项内控制度、专业人员、服务能力、信息系统和再保险方案;

(六)有独立的资金运用管理部门,建立了完善的资金运用管理制度、风险控制管理制度;

(七)最近三年内无重大违法违规记录;

(八)法律、行政法规及中国保监会规定的其他条件。

第十八条 人身保险公司申请投资连结型保险业务的,应当符合以下条件:
(一)持续经营三个以上完整的会计年度;
(二)最近三年年末平均净资产不低于人民币二十亿元;
(三)上一年度末及最近四个季度偿付能力充足率不低于150%;
(四)公司治理结构健全,内部管理有效,各项风险控制指标符合规定,上一季度分类监管评价结果为 A 类或 B 类;
(五)有专项内控制度、专业人员、服务能力、信息系统和再保险方案;
(六)最近三年内无重大违法违规记录;
(七)法律、行政法规及中国保监会规定的其他条件。

第十九条 人身保险公司申请变额年金业务的,应当符合以下条件:
(一)持续经营六个以上完整的会计年度;
(二)获准经营投资连结型保险业务满三年;
(三)最近三年年末平均净资产不低于人民币三十亿元;
(四)上一年度末及最近四个季度偿付能力充足率不低于150%;
(五)公司治理结构健全,内部管理有效,各项风险控制指标符合规定,上一季度分类监管评价结果为 A 类或 B 类;
(六)有专项内控制度、专业人员、服务能力、信息系统和再保险方案;
(七)有稳定的投资管理团队和稳定的过往投资业绩;
(八)最近三年内无重大违法违规记录;
(九)法律、行政法规及中国保监会规定的其他条件。

第二十条 保险公司偿付能力不足或发生重大违法违规行为,中国保监会可以依法责令其停止接受新业务或限制其业务范围。

第二十一条 中国保监会责令保险公司停止接受新业务、限制业务范围以及保险公司主动申请减少业务范围的,保险公司应当妥善处理存续业务,继续履行承保责任,或依照《保险公司保险业务转让管理暂行办法》将该项业务转让给符合资质的保险公司。

第五章 材料申报

第二十二条 申请人提交申请材料必须真实、准确、完整。

第二十三条 新设保险公司申请健康保险业务、分红型保险业务、万能型保险业务的,应当提供关于专项内控制度、专业人员、服务能力、信息系统和再保险方案的证明材料。

第二十四条 保险公司变更业务范围,应当向中国保监会提出书面申请,并提交以下材料:
(一)股东大会决议或股东会决议;
(二)变更业务范围的可行性报告;
(三)关于专项内控制度、专业人员、服务能力、信息系统和再保险方案的证明材料;
(四)财产保险公司申请投资型保险业务的,还应当提供关于独立的资金运用管理部门、资金运用管理制度、风险控制管理制度的证明材料;

（五）人身保险公司申请投资连结型保险业务、变额年金业务的，还应当提供关于投资管理团队和过往投资业绩的证明材料；

（六）中国保监会规定的其他材料。

第六章 附 则

第二十五条 保险集团（控股）公司、保险资产管理公司、专属财产保险公司、相互保险公司、保险互助社以及专业性保险公司不适用本办法，中国保监会另有规定的除外。

第二十六条 专业性保险公司经营主营业务以外的其他业务，适用本办法。

第二十七条 保险公司违反本办法，违规经营业务的，由中国保监会依法予以处罚。

第二十八条 本办法由中国保监会负责解释。

第二十九条 本办法自发布之日起施行。

中国保险监督管理委员会关于修改《保险经纪机构监管规定》的决定

保监会令 2013 年第 6 号

现发布《中国保险监督管理委员会关于修改〈保险经纪机构监管规定〉的决定》，自发布之日起施行。

主席 项俊波

2013 年 4 月 27 日

中国保险监督管理委员会决定对《保险经纪机构监管规定》作如下修改：

一、第八条修改为："设立保险经纪公司，其注册资本的最低限额为人民币 5 000 万元，中国保监会另有规定的除外。

保险经纪公司的注册资本必须为实缴货币资本。"

二、删去第十三条。

本决定自发布之日起施行。

《保险经纪机构监管规定》根据本决定作相应的修改，重新发布。

保险经纪机构监管规定

第一章 总 则

第一条 为了规范保险经纪机构的经营行为,保护被保险人的合法权益,维护市场秩序,促进保险业健康发展,根据《中华人民共和国保险法》(以下简称《保险法》)等法律、行政法规,制定本规定。

第二条 本规定所称保险经纪机构是指基于投保人的利益,为投保人与保险公司订立保险合同提供中介服务,并按约定收取佣金的机构,包括保险经纪公司及其分支机构。

在中华人民共和国境内设立保险经纪机构,应当符合中国保险监督管理委员会(以下简称中国保监会)规定的资格条件,取得经营保险经纪业务许可证(以下简称许可证)。

第三条 保险经纪机构应当遵守法律、行政法规和中国保监会有关规定,遵循自愿、诚实信用和公平竞争的原则。

第四条 保险经纪机构因过错给投保人和被保险人造成损失的,应当依法承担赔偿责任。

第五条 中国保监会根据《保险法》和国务院授权,对保险经纪机构履行监管职责。

中国保监会派出机构,在中国保监会授权范围内履行监管职责。

第二章 市场准入

第一节 机构设立

第六条 除中国保监会另有规定外,保险经纪机构应当采取下列组织形式:

(一)有限责任公司;

(二)股份有限公司。

第七条 设立保险经纪公司,应当具备下列条件:

(一)股东、发起人信誉良好,最近3年无重大违法记录;

(二)注册资本达到《中华人民共和国公司法》(以下简称《公司法》)和本规定的最低限额;

(三)公司章程符合有关规定;

(四)董事长、执行董事和高级管理人员符合本规定的任职资格条件;

(五)具备健全的组织机构和管理制度;

(六)有与业务规模相适应的固定住所;

(七)有与开展业务相适应的业务、财务等计算机软硬件设施;

(八)法律、行政法规和中国保监会规定的其他条件。

第八条 设立保险经纪公司,其注册资本的最低限额为人民币5 000万元,中国保监会另有规定的除外。

保险经纪公司的注册资本必须为实缴货币资本。

第九条 依据法律、行政法规规定不能投资企业的单位或者个人，不得成为保险经纪公司的发起人或者股东。

保险公司员工投资保险经纪公司的，应当书面告知所在保险公司；保险公司、保险中介机构的董事或者高级管理人员投资保险经纪公司的，应当根据《公司法》有关规定取得股东会或者股东大会的同意。

第十条 保险经纪机构的名称中应当包含"保险经纪"字样，且字号不得与现有的保险中介机构相同，中国保监会另有规定除外。

第十一条 申请设立保险经纪公司，全体股东、全体发起人应当指定代表或者共同委托代理人，向中国保监会办理申请事宜。

第十二条 保险经纪公司的分支机构包括分公司、营业部。保险经纪公司申请设立分支机构应当具备下列条件：

（一）内控制度健全；

（二）注册资本达到本规定的要求；

（三）现有机构运转正常，且申请前1年内无重大违法行为；

（四）拟任主要负责人符合本规定的任职资格条件；

（五）拟设分支机构具备符合要求的营业场所和与经营业务有关的其他设施。

第十三条 中国保监会收到保险经纪机构设立申请后，可以对申请人进行风险提示，就申请设立事宜进行谈话，询问、了解拟设机构的市场发展战略、业务发展计划、内控制度建设、人员结构等有关事项。

中国保监会可以根据实际需要组织现场验收。

第十四条 中国保监会依法批准设立保险经纪机构的，应当向申请人颁发许可证。

申请人收到许可证后，应当按照有关规定办理工商登记，领取营业执照后方可开业。

保险经纪机构自取得许可证之日起90日内，无正当理由未向工商行政管理机关办理登记的，其许可证自动失效。

第十五条 依法设立的保险经纪机构应当自领取营业执照之日起20日内，书面报告中国保监会。

第十六条 保险经纪公司分立、合并或者变更组织形式的，应当经中国保监会批准。

第十七条 保险经纪机构有下列情形之一的，应当自事项发生之日起5日内，书面报告中国保监会：

（一）变更名称或者分支机构名称；

（二）变更住所或者分支机构营业场所；

（三）发起人、主要股东变更姓名或者名称；

（四）变更主要股东；

（五）变更注册资本；

（六）股权结构重大变更；

（七）修改公司章程；

（八）撤销分支机构。

第十八条 保险经纪机构变更事项涉及许可证记载内容的，应当交回原许可证，领取新许可证，并按照《保险许可证管理办法》有关规定进行公告。

第十九条 保险经纪公司许可证的有效期为3年，保险经纪公司应当在有效期届满30日前，向中国保监会申请延续。

保险经纪公司申请延续许可证有效期的，中国保监会在许可证有效期届满前对保险经纪公司前3年的经营情况进行全面审查和综合评价，并作出是否批准延续许可证有效期的决定。决定不予延续的，应当书面说明理由。

保险经纪公司应当自收到决定之日起10日内向中国保监会缴回原证；准予延续有效期的，应当领取新许可证。

第二节 任职资格

第二十条 本规定所称保险经纪机构高级管理人员是指下列人员：

（一）保险经纪公司的总经理、副总经理或者具有相同职权的管理人员；

（二）保险经纪公司分支机构的主要负责人。

第二十一条 保险经纪机构拟任董事长、执行董事和高级管理人员应当具备下列条件，并报经中国保监会核准：

（一）大学专科以上学历；

（二）持有中国保监会规定的资格证书；

（三）从事经济工作2年以上；

（四）具有履行职责所需的经营管理能力，熟悉保险法律、行政法规及中国保监会的相关规定；

（五）诚实守信，品行良好。

从事金融工作10年以上，可以不受前款第（一）项的限制；担任金融机构高级管理人员5年以上或者企业管理职务10年以上，可以不受前款第（二）项的限制。

第二十二条 有《公司法》第一百四十七条规定的情形或者下列情形之一的人员，不得担任保险经纪机构董事长、执行董事或者高级管理人员：

（一）担任因违法被吊销许可证的保险公司或者保险中介机构的董事、监事或者高级管理人员，并对被吊销许可证负有个人责任或者直接领导责任的，自许可证被吊销之日起未逾3年；

（二）因违法行为或者违纪行为被金融监管机构取消任职资格的金融机构的董事、监事或者高级管理人员，自被取消任职资格之日起未逾5年；

（三）被金融监管机构决定在一定期限内禁止进入金融行业的，期限未满；

（四）受金融监管机构警告或者罚款未逾2年；

（五）正在接受司法机关、纪检监察部门或者金融监管机构调查；

（六）中国保监会规定的其他情形。

第二十三条 非经股东会或者股东大会批准，保险经纪公司的董事和高级管理人员不得在存在利益冲突的机构中兼任职务。

第二十四条 保险经纪机构向中国保监会提出董事长、执行董事和高级管理人员任职资格核准申请的,应当如实填写申请表、提交相关材料。

中国保监会可以对保险经纪机构拟任董事长、执行董事和高级管理人员进行考察或者谈话。

第二十五条 保险经纪机构董事长、执行董事和高级管理人员在保险经纪机构内部调任、兼任同级或者下级职务,无须重新核准任职资格。

保险经纪机构决定免除董事长、执行董事和高级管理人员职务或者同意其辞职的,其任职资格自决定作出之日起自动失效。

保险经纪机构任免董事长、执行董事和高级管理人员,应当自决定作出之日起5日内,书面报告中国保监会。

第二十六条 保险经纪机构的董事长、执行董事和高级管理人员因涉嫌经济犯罪被起诉的,保险经纪机构应当自其被起诉之日起5日内和结案之日起5日内,书面报告中国保监会。

第二十七条 保险经纪机构在特殊情况下任命临时负责人的,应当自任命决定作出之日起5日内,书面报告中国保监会。临时负责人任职时间最长不得超过3个月。

第三章 经营规则

第一节 一般规定

第二十八条 保险经纪机构应当将许可证置于住所或者营业场所显著位置。

第二十九条 保险经纪机构可以经营下列保险经纪业务:

(一)为投保人拟订投保方案、选择保险公司以及办理投保手续;

(二)协助被保险人或者受益人进行索赔;

(三)再保险经纪业务;

(四)为委托人提供防灾、防损或者风险评估、风险管理咨询服务;

(五)中国保监会批准的其他业务。

第三十条 保险经纪机构可以在中华人民共和国境内从事保险经纪活动。

第三十一条 保险经纪机构从业人员应当符合中国保监会规定的条件,持有中国保监会规定的资格证书。

本规定所称保险经纪从业人员是指保险经纪机构中,为投保人或者被保险人拟订投保方案、办理投保手续、协助索赔的人员,或者为委托人提供防灾防损、风险评估、风险管理咨询服务、从事再保险经纪等业务的人员。

第三十二条 保险经纪机构应当对本机构的从业人员进行保险法律和业务知识培训及职业道德教育。

保险经纪从业人员上岗前接受培训的时间不得少于80小时,上岗后每人每年接受培训和教育的时间累计不得少于36小时,其中接受法律知识培训及职业道德教育的时间不得少于12小时。

第三十三条 保险经纪机构应当建立专门账簿,记载保险经纪业务收支情况。

保险经纪机构应当开立独立的客户资金专用账户。下列款项只能存放于客户资金专用账户：

（一）投保人、被保险人支付给保险公司的保险费；

（二）为投保人、被保险人和受益人代领的退保金、保险金。

第三十四条 保险经纪机构应当建立完整规范的业务档案，业务档案至少应当包括下列内容：

（一）通过本机构签订保单的主要情况，包括保险人、投保人、被保险人名称或者姓名，产品名称，保险金额，保险费，缴费方式等；

（二）佣金金额和收取情况；

（三）保险费交付保险公司的情况，保险金或者退保金的代领以及交付投保人、被保险人或者受益人的情况；

（四）其他重要业务信息。

保险经纪机构的记录应当真实、完整。

第三十五条 保险经纪机构从事保险经纪业务，应当与委托人签订书面委托合同，依法约定双方的权利义务及其他事项。委托合同不得违反法律、行政法规及中国保监会有关规定。

保险经纪机构应当按照与保险合同当事人的约定收取佣金。

第三十六条 保险经纪机构在开展业务过程中，应当制作规范的客户告知书。客户告知书至少应当包括保险经纪机构的名称、营业场所、业务范围、联系方式等基本事项。

保险经纪机构及其董事、高级管理人员与经纪业务相关的保险公司、保险中介机构存在关联关系的，应当在客户告知书中说明。

保险经纪从业人员开展业务，应当向客户出示客户告知书，并按客户要求说明佣金的收取方式和比例。

保险经纪机构应当向客户说明保险产品的承保公司，应当对推荐的同类产品进行全面、公平的分析。

第三十七条 保险经纪机构应当向投保人明确提示保险合同中责任免除或者除外责任、退保及其他费用扣除、现金价值、犹豫期等条款。

第三十八条 保险经纪机构应当自办理工商登记之日起20日内投保职业责任保险或者缴存保证金。

保险经纪机构应当自投保职业责任保险或者缴存保证金之日起10日内，将职业责任保险保单复印件或者保证金存款协议复印件、保证金入账原始凭证复印件报送中国保监会。

第三十九条 保险经纪公司投保职业责任保险的，应当确保该保险持续有效。

保险经纪公司投保的职业责任保险对一次事故的赔偿限额不得低于人民币500万元，一年期保单的累积赔偿限额不得低于人民币1 000万元，同时不得低于保险经纪机构上年营业收入的2倍。

职业责任保险累计赔偿限额达到人民币5 000万元的，可以不再增加职业责任保险的赔偿额度。

第四十条 保险经纪公司缴存保证金的，应当按注册资本的5%缴存，保险经纪公司增加注册资本的,应当相应增加保证金数额;保险经纪公司保证金缴存额达到人民币 100 万元的,可以不再增加保证金。

保险经纪公司的保证金应当以银行存款形式或者中国保监会认可的其他形式缴存。

保证金以银行存款形式缴存的,应当专户存储到商业银行。保证金存款协议中应当约定:"未经中国保监会书面批准,保险经纪公司不得擅自动用或者处置保证金。银行未尽审查义务的,应当在被动用保证金额度内对保险经纪公司的债务承担连带责任。"

第四十一条 保险经纪公司不得动用保证金。但有下列情形之一的除外:

(一)注册资本减少;

(二)许可证被注销;

(三)投保符合条件的职业责任保险;

(四)中国保监会规定的其他情形。

第二节 禁止行为

第四十二条 保险经纪机构不得伪造、变造、出租、出借、转让许可证。

第四十三条 保险经纪机构的经营范围不得超出本规定第二十九条规定的范围。

第四十四条 保险经纪机构从事保险经纪业务不得超出承保公司的业务范围和经营区域;从事保险经纪业务涉及异地共保、异地承保和统括保单,中国保监会另有规定的,从其规定。

第四十五条 保险经纪机构及其从业人员在开展经纪业务过程中,不得有下列欺骗投保人、被保险人、受益人或者保险公司的行为:

(一)隐瞒或者虚构与保险合同有关的重要情况;

(二)误导性销售;

(三)伪造、擅自变更保险合同,销售假保险单证,或者为保险合同当事人提供虚假证明材料;

(四)阻碍投保人履行如实告知义务或者诱导其不履行如实告知义务;

(五)未取得投保人、被保险人的委托或者超出受托范围,擅自订立或者变更保险合同;

(六)虚构保险经纪业务或者编造退保,套取佣金;

(七)串通投保人、被保险人或者受益人骗取保险金;

(八)其他欺骗投保人、被保险人、受益人或者保险公司的行为。

第四十六条 保险经纪机构及其从业人员在开展经纪业务过程中,不得有下列行为:

(一)利用行政权力、股东优势地位或者职业便利以及其他不正当手段强迫、引诱或者限制投保人订立保险合同或者限制其他保险中介机构正当的经营活动;

(二)挪用、截留、侵占保险费、退保金或者保险金;

(三)给予或者承诺给予保险公司及其工作人员、投保人、被保险人或者受益人合同约定以外的利益;

(四)利用业务便利为其他机构或者个人牟取不正当利益;

(五)泄露在经营过程中知悉的投保人、被保险人、受益人或者保险公司的商业秘密和个人隐私。

第四十七条 保险经纪机构不得以捏造、散布虚假事实等方式损害竞争对手的商业信誉，不得以虚假广告、虚假宣传或者其他不正当竞争行为扰乱保险市场秩序。

第四十八条 保险经纪机构不得与非法从事保险业务或者保险中介业务的机构或者个人发生保险经纪业务往来。

第四十九条 保险经纪机构不得以缴纳费用或者购买保险产品作为招聘业务人员的条件，不得承诺不合理的高额回报，不得以直接或者间接发展人员的数量或者销售业绩作为从业人员计酬的主要依据。

第四章 市场退出

第五十条 保险经纪公司有下列情形之一的，中国保监会不予延续许可证有效期：

（一）许可证有效期届满，没有申请延续；

（二）不再符合本规定除第七条第一项以外关于公司设立的条件；

（三）内部管理混乱，无法正常经营；

（四）存在重大违法行为，未得到有效整改；

（五）未按规定缴纳监管费。

第五十一条 保险经纪公司因许可证有效期届满，中国保监会依法不予延续有效期，或者许可证依法被撤回、撤销、吊销的，应当依法组织清算或者对保险经纪业务进行结算，向中国保监会提交清算报告或者结算报告。

第五十二条 保险经纪公司因分立、合并需要解散，或者根据股东会、股东大会决议解散，或者公司章程规定的解散事由出现的，应当经中国保监会批准后解散。

第五十三条 保险经纪公司申请解散的，应当自解散决议做出之日起10日内向中国保监会提交下列材料一式两份：

（一）解散申请书；

（二）股东大会或者股东会的解散决议；

（三）清算组织及其负责人和清算方案；

（四）中国保监会规定的其他材料。

清算结束后，保险经纪公司应当向中国保监会提交清算报告。

第五十四条 保险经纪公司解散，在清算中发现已不能清偿到期债务，并且资产不足以清偿全部债务或者明显缺乏清偿能力的，应当依法提出破产申请，其财产清算与债权债务处理，按照法定破产程序进行。

第五十五条 保险经纪公司被依法吊销营业执照、被撤销、责令关闭或者被人民法院依法宣告破产的，应当依法成立清算组，依照法定程序组织清算，并向中国保监会提交清算报告。

第五十六条 保险经纪公司因下列情形之一退出市场的，中国保监会依法注销许可证，并予以公告：

（一）许可证有效期届满，中国保监会依法不予延续；

（二）许可证依法被撤回、撤销或者吊销；

（三）保险经纪公司解散、被依法吊销营业执照、被撤销、责令关闭或者被依法宣告破产；

（四）法律、行政法规规定的其他情形。

被注销许可证的保险经纪公司应当及时交回许可证原件。

第五十七条 保险经纪公司分支机构有下列情形之一的，中国保监会依法注销许可证，并予以公告：

（一）所属保险经纪公司许可证被依法注销；

（二）被所属保险经纪公司撤销；

（三）被依法责令关闭、吊销营业执照；

（四）许可证依法被撤回、撤销或者吊销；

（五）法律、行政法规规定应当注销许可证的其他情形。

被注销许可证的分支机构应当及时交回许可证原件。

第五章 监督检查

第五十八条 保险经纪机构应当依照中国保监会有关规定及时、准确、完整地报送报表、报告、文件和资料，并根据中国保监会要求提交相关的电子文本。

保险经纪机构报送的报表、报告和资料应当由法定代表人、主要负责人或者其授权人签字，并加盖机构印章。

第五十九条 保险经纪机构应当妥善保管业务档案、会计账簿、业务台账以及佣金收入的原始凭证等有关资料，保管期限自保险合同终止之日起计算，保险期间在1年以下的不得少于5年，保险期间超过1年的不得少于10年。

第六十条 保险经纪公司应当按规定将监管费交付到中国保监会指定账户。

第六十一条 保险经纪公司应当在每一会计年度结束后3个月内聘请会计师事务所对本公司的资产、负债、利润等财务状况进行审计，并向中国保监会报送相关审计报告。

中国保监会根据需要，可以要求保险经纪公司提交专项外部审计报告。

第六十二条 中国保监会根据监管需要，可以对保险经纪机构董事长、执行董事或者高级管理人员进行监管谈话，要求其就经营活动中的重大事项作出说明。

第六十三条 中国保监会依法对保险经纪机构进行现场检查，包括但不限于下列内容：

（一）机构设立、变更是否依法获得批准或者履行报告义务；

（二）资本金是否真实、足额；

（三）保证金提取和动用是否符合规定；

（四）职业责任保险是否符合规定；

（五）业务经营是否合法；

（六）财务状况是否良好；

（七）向中国保监会提交的报告、报表及资料是否及时、完整和真实；

（八）内控制度是否完善，执行是否有效；

（九）任用董事长、执行董事和高级管理人员是否符合规定；

（十）是否有效履行从业人员管理职责；

（十一）对外公告是否及时、真实；

（十二）计算机配置状况和信息系统运行状况是否良好。

第六十四条 保险经纪机构因下列原因接受中国保监会调查的，在被调查期间中国保监会有权责令其停止部分或者全部业务：

（一）涉嫌严重违反保险法律、行政法规及本规定；

（二）经营活动存在重大风险；

（三）不能正常开展业务活动。

第六十五条 保险经纪机构应当按照下列要求配合中国保监会的现场检查工作，不得拒绝、妨碍中国保监会依法进行监督检查：

（一）按要求提供有关文件、资料，不得拖延、转移或者藏匿；

（二）相关管理人员、财务人员及从业人员应当按要求到场说明情况、回答问题。

第六十六条 保险经纪机构有下列情形之一的，中国保监会可以将其列为重点检查对象：

（一）业务或者财务出现异动；

（二）不按时提交报告、报表或者提供虚假的报告、报表、文件和资料；

（三）涉嫌重大违法行为或者受到中国保监会行政处罚；

（四）中国保监会认为需要重点检查的其他情形。

第六十七条 中国保监会可以在现场检查中，委托会计师事务所等社会中介机构提供相关服务；委托上述中介机构提供服务的，应当签订书面委托协议。

中国保监会应当将委托事项告知被检查的保险经纪机构。

第六十八条 保险经纪机构认为检查人员违反法律、行政法规及中国保监会有关规定的，可以向中国保监会举报或者投诉。

保险经纪机构有权对中国保监会的行政处理措施提起行政复议或者行政诉讼。

第六章 法律责任

第六十九条 未经批准，擅自设立保险经纪公司或者未取得许可证，非法从事保险经纪业务的，由中国保监会予以取缔，没收违法所得，并处违法所得1倍以上5倍以下罚款；没有违法所得或者违法所得不足5万元的，处5万元以上30万元以下罚款。

第七十条 行政许可申请人隐瞒有关情况或者提供虚假材料申请设立保险经纪机构或者申请其他行政许可的，中国保监会不予受理或者不予批准，并给予警告，申请人在1年内不得再次申请该行政许可。

第七十一条 被许可人通过欺骗、贿赂等不正当手段设立保险经纪机构或者取得中国保监会行政许可的，由中国保监会依法予以撤销，对被许可人给予警告，并处1万元罚款；申请人在3年内不得再次申请该行政许可。

第七十二条 保险经纪公司未经批准设立分支机构或者变更组织形式的，由中国保监会责令改正,处1万元以上5万元以下罚款;对该机构直接负责的主管人员和其他责任人员,给予警告,并处1万元以上3万元以下罚款。

第七十三条 保险经纪公司未经批准合并、分立、解散,或者发生第十七条所列事项未按规定报告的,由中国保监会责令改正,给予警告,没有违法所得的,处1万元以下罚款,有违法所得的,处违法所得3倍以下罚款,但最高不得超过3万元;对该机构直接负责的主管人员和其他责任人员,给予警告,处1万元以下罚款。

第七十四条 保险经纪机构聘任不具有任职资格、从业资格的人员的,由中国保监会责令改正,处2万元以上10万元以下罚款;对该机构直接负责的主管人员和其他责任人员,给予警告,并处1万元以上5万元以下罚款。

第七十五条 保险经纪机构出租、出借或者转让许可证的,由中国保监会责令改正,处1万元以上10万元以下罚款;情节严重的,责令停业整顿或者吊销许可证;对该机构直接负责的主管人员和其他责任人员,给予警告,并处1万元以上5万元以下罚款。

第七十六条 保险经纪机构有下列情形之一的,由中国保监会责令改正,处2万元以上10万元以下罚款;情节严重的,责令停业整顿或者吊销许可证;对该机构直接负责的主管人员和其他责任人员,给予警告,并处1万元以上10万元以下罚款:

(一)未按规定缴存保证金或者未经批准动用保证金;
(二)未按规定投保职业责任保险或者未保持职业责任保险的有效性和连续性;
(三)未按规定设立专门账簿记载业务收支情况。

第七十七条 保险经纪机构超出核准的业务范围从事业务活动的,或者与非法从事保险业务或者保险中介业务的单位或者个人发生保险经纪业务往来的,由中国保监会责令改正,给予警告,没有违法所得的,处1万元以下罚款,有违法所得的,处违法所得3倍以下罚款,但最高不得超过3万元。

第七十八条 保险经纪机构违反本规定第三十六条,未按规定制作、出示客户告知书的,由中国保监会责令改正,给予警告,处1万元以下罚款;对该机构直接负责的主管人员和其他责任人员,给予警告,处1万元以下罚款。

第七十九条 保险经纪机构及其从业人员有本规定第四十五条、第四十六条所列情形之一的,由中国保监会责令改正,处5万元以上30万元以下罚款;情节严重的,吊销许可证;对该机构直接负责的主管人员和其他责任人员,给予警告,并处3万元以上10万元以下罚款。

第八十条 保险经纪机构及其从业人员在开展保险经纪业务过程中,索取、收受保险公司及其工作人员给予的合同约定之外的酬金、其他财物的,或者利用执行保险经纪业务之便牟取其他非法利益的,由中国保监会给予警告,处1万元以下罚款。

第八十一条 保险经纪机构违反本规定第四十七条的,由中国保监会给予警告,没有违法所得的,处1万元以下罚款,有违法所得的,处违法所得3倍以下罚款,但最高不得超过3万元;对该机构直接负责的主管人员和其他责任人员,给予警告,处1万元以下罚款。

第八十二条 保险经纪机构有违反本规定第四十九条的,由中国保监会给予警告,并处1万元罚款;对该机构直接负责的主管人员和其他责任人员,给予警告,处1万元以下罚款。

第八十三条 保险经纪机构未按本规定报送或者保管有关报告、报表、文件或者资料的，或者未按照规定提供有关信息、资料的，由中国保监会责令限期改正；逾期不改正的，处 1 万元以上 10 万元以下罚款；对该机构直接负责的主管人员和其他责任人员，给予警告，并处 1 万元以上 5 万元以下罚款。

第八十四条 保险经纪机构有下列情形之一的，由中国保监会责令改正，处 10 万元以上 50 万元以下罚款；情节严重的，可以限制其业务范围、责令停止接受新业务或者吊销许可证；对该机构直接负责的主管人员和其他责任人员，给予警告，并处 5 万元以上 10 万元以下罚款：

（一）编制或者提供虚假的报告、报表、文件或者资料；

（二）拒绝、妨碍依法监督检查。

第八十五条 保险经纪机构有下列情形之一的，由中国保监会责令改正，给予警告，没有违法所得的，处 1 万元以下罚款，有违法所得的，处违法所得 3 倍以下罚款，但最高不得超过 3 万元；对该机构直接负责的主管人员和其他责任人员，给予警告，处 1 万元以下罚款：

（一）未按规定缴纳监管费；

（二）未按规定在住所或者营业场所放置许可证；

（三）未按规定办理许可证变更登记或者未按期申请延续许可证有效期；

（四）未按规定交回许可证；

（五）未按规定进行公告；

（六）未按规定管理业务档案；

（七）未按规定使用独立的客户资金专用账户；

（八）临时负责人实际任期超过规定期限。

第八十六条 违反保险法第一百六十六条至一百七十二条规定，情节严重的，中国保监会可以对其直接负责的主管人员和其他直接责任人员撤销任职资格或者从业资格。

第八十七条 违反法律和行政法规的规定，情节严重的，中国保监会可以禁止有关责任人员一定期限直至终身进入保险业。

第八十八条 保险经纪机构的董事、高级管理人员或者从业人员，离职后被发现在原工作期间违反保险监督管理规定的，应当依法追究其责任。

第八十九条 中国保监会发现保险经纪机构涉嫌逃避缴纳税款、非法集资、传销、洗钱等，需要由其他机关管辖的，应当向其他机关举报或者移送。

违反本规定，涉嫌构成犯罪的，中国保监会应当向司法机关举报或者移送。

第七章 附 则

第九十条 本规定所称保险中介机构是指保险代理机构、保险经纪机构和保险公估机构及其分支机构。

第九十一条 经中国保监会批准设立的外资保险经纪机构适用本规定，我国参加的有关国际条约和中国保监会另有规定的，适用其规定。

合伙制保险经纪机构的设立和管理参照本规定，中国保监会另有规定的，适用其规定。

第九十二条 本规定要求提交的各种表格格式由中国保监会制定。

第九十三条 本规定中有关期限,除以年、月表示的以外,均以工作日计算,不含法定节假日。

本规定所称"以上"、"以下"均含本数。

第九十四条 本规定自 2009 年 10 月 1 日起施行,中国保监会 2004 年 12 月 15 日颁布的《保险经纪机构管理规定》(保监会令 2004 年第 15 号)同时废止。

第九十五条 本规定施行前依法设立的保险经纪公司继续保留,不完全具备本规定条件的,具体适用办法由中国保监会另行规定。

中国保险监督管理委员会关于修改《保险专业代理机构监管规定》的决定

保监会令 2013 年第 7 号

现发布《中国保险监督管理委员会关于修改〈保险专业代理机构监管规定〉的决定》,自发布之日起施行。

主席 项俊波

2013 年 4 月 27 日

中国保险监督管理委员会决定对《保险专业代理机构监管规定》作如下修改:

一、第七条第一款修改为:"设立保险专业代理公司,其注册资本的最低限额为人民币 5000 万元,中国保监会另有规定的除外。"

二、删去第十二条。

本决定自发布之日起施行。

《保险专业代理机构监管规定》根据本决定作相应的修改,重新发布。

保险专业代理机构监管规定

第一章 总 则

第一条 为了规范保险专业代理机构的经营行为,保护被保险人的合法权益,维护市场秩序，促进保险业健康发展，根据《中华人民共和国保险法》（以下简称《保险法》）等法律、行政法规，制定本规定。

第二条 本规定所称保险专业代理机构是指根据保险公司的委托，向保险公司收取佣金，在保险公司授权的范围内专门代为办理保险业务的机构，包括保险专业代理公司及其分支机构。

在中华人民共和国境内设立保险专业代理机构，应当符合中国保险监督管理委员会（以下简称中国保监会）规定的资格条件，取得经营保险代理业务许可证（以下简称许可证）。

第三条 保险专业代理机构应当遵守法律、行政法规和中国保监会有关规定，遵循自愿、诚实信用和公平竞争的原则。

第四条 中国保监会根据《保险法》和国务院授权，对保险专业代理机构履行监管职责。

中国保监会派出机构，在中国保监会授权范围内履行监管职责。

第二章 市场准入

第一节 机构设立

第五条 除中国保监会另有规定外，保险专业代理机构应当采取下列组织形式：

（一）有限责任公司；

（二）股份有限公司。

第六条 设立保险专业代理公司，应当具备下列条件：

（一）股东、发起人信誉良好，最近3年无重大违法记录；

（二）注册资本达到《中华人民共和国公司法》（以下简称《公司法》）和本规定的最低限额；

（三）公司章程符合有关规定；

（四）董事长、执行董事、高级管理人员符合本规定的任职资格条件；

（五）具备健全的组织机构和管理制度；

（六）有与业务规模相适应的固定住所；

（七）有与开展业务相适应的业务、财务等计算机软硬件设施；

（八）法律、行政法规和中国保监会规定的其他条件。

第七条 设立保险专业代理公司，其注册资本的最低限额为人民币5 000万元，中国保监会另有规定的除外。

保险专业代理公司的注册资本必须为实缴货币资本。

第八条 依据法律、行政法规规定不能投资企业的单位或者个人，不得成为保险专业代理公司的发起人或者股东。

保险公司员工投资保险专业代理公司的，应当书面告知所在保险公司；保险公司、保险中介机构的董事或者高级管理人员投资保险专业代理公司的，应当根据《公司法》有关规定取得股东会或者股东大会的同意。

第九条 保险专业代理机构的名称中应当包含"保险代理"或者"保险销售"字样,且字号不得与现有的保险中介机构相同,中国保监会另有规定除外。

第十条 申请设立保险专业代理公司,全体股东或者全体发起人应当指定代表或者共同委托代理人,向中国保监会办理申请事宜。

第十一条 保险专业代理公司分支机构包括分公司、营业部。保险专业代理公司申请设立分支机构应当具备下列条件:

(一)内控制度健全;

(二)注册资本达到本规定的要求;

(三)现有机构运转正常,且申请前1年内无重大违法行为;

(四)拟任主要负责人符合本规定的任职资格条件;

(五)拟设分支机构具备符合要求的营业场所和与经营业务有关的其他设施。

第十二条 中国保监会收到保险专业代理机构设立申请后,可以对申请人进行风险提示,就申请设立事宜进行谈话,询问、了解拟设机构的市场发展战略、业务发展计划、内控制度建设、人员结构等有关事项。

中国保监会可以根据实际需要组织现场验收。

第十三条 中国保监会依法批准设立保险专业代理机构的,应当向申请人颁发许可证。

申请人收到许可证后,应当按照有关规定办理工商登记,领取营业执照后方可开业。

保险专业代理机构自取得许可证之日起90日内,无正当理由未向工商行政管理机关办理登记的,其许可证自动失效。

第十四条 依法设立的保险专业代理机构,应当自领取营业执照之日起20日内,书面报告中国保监会。

第十五条 保险专业代理公司分立、合并或者变更组织形式的,应当经中国保监会批准。

第十六条 保险专业代理机构有下列情形之一的,应当自事项发生之日起5日内,书面报告中国保监会:

(一)变更名称或者分支机构名称;

(二)变更住所或者分支机构营业场所;

(三)发起人、主要股东变更姓名或者名称;

(四)变更主要股东;

(五)变更注册资本;

(六)股权结构重大变更;

(七)修改公司章程;

(八)撤销分支机构。

第十七条 保险专业代理机构变更事项涉及许可证记载内容的,应当交回原许可证,领取新许可证,并按照《保险许可证管理办法》有关规定进行公告。

第十八条 保险专业代理公司许可证的有效期为3年,保险专业代理公司应当在有效期届满30日前,向中国保监会申请延续。

保险专业代理公司申请延续许可证有效期的,中国保监会在许可证有效期届满前对保险专业代理公司前3年的经营情况进行全面审查和综合评价，并作出是否批准延续许可证有效期的决定。决定不予延续的，应当书面说明理由。

保险专业代理公司应当自收到决定之日起10日内向中国保监会缴回原证；准予延续有效期的，应当领取新许可证。

第二节 任职资格

第十九条 本规定所称保险专业代理机构高级管理人员是指下列人员：

（一）保险专业代理公司的总经理、副总经理或者具有相同职权的管理人员；

（二）保险专业代理公司分支机构的主要负责人。

第二十条 保险专业代理机构拟任董事长、执行董事和高级管理人员应当具备下列条件，并报经中国保监会核准：

（一）大学专科以上学历；

（二）持有中国保监会规定的资格证书；

（三）从事经济工作2年以上；

（四）具有履行职责所需的经营管理能力，熟悉保险法律、行政法规及中国保监会的相关规定；

（五）诚实守信，品行良好。

从事金融工作10年以上，可以不受前款第（一）项的限制；担任金融机构高级管理人员5年以上或者企业管理职务10年以上，可以不受前款第（二）项的限制。

第二十一条 有《公司法》第一百四十七条规定的情形或者下列情形之一的，不得担任保险专业代理机构董事长、执行董事或者高级管理人员：

（一）担任因违法被吊销许可证的保险公司或者保险中介机构的董事、监事或者高级管理人员，并对被吊销许可证负有个人责任或者直接领导责任的，自许可证被吊销之日起未逾3年；

（二）因违法行为或者违纪行为被金融监管机构取消任职资格的金融机构的董事、监事或者高级管理人员，自被取消任职资格之日起未逾5年；

（三）被金融监管机构决定在一定期限内禁止进入金融行业的，期限未满；

（四）受金融监管机构警告或者罚款未逾2年；

（五）正在接受司法机关、纪检监察部门或者金融监管机构调查；

（六）中国保监会规定的其他情形。

第二十二条 未经股东会或者股东大会同意，保险专业代理机构的董事和高级管理人员不得在存在利益冲突的机构中兼任职务。

第二十三条 保险专业代理机构向中国保监会提出董事长、执行董事和高级管理人员任职资格核准申请的，应当如实填写申请表、提交相关材料。

中国保监会可以对保险专业代理机构拟任董事长、执行董事和高级管理人员进行考察或者谈话。

第二十四条 保险专业代理机构董事长、执行董事和高级管理人员在保险专业代理机构内部调任、兼任同级或者下级职务，无须重新核准任职资格。

保险专业代理机构免除董事长、执行董事、高级管理人员职务或者同意其辞职的，其任职资格自动失效。

保险专业代理机构任免董事长、执行董事和高级管理人员，应当自决定作出之日起5日内，书面报告中国保监会。

第二十五条 保险专业代理机构的董事长、执行董事和高级管理人员因涉嫌经济犯罪被起诉的，保险专业代理机构应当自其被起诉之日起5日内和结案之日起5日内，书面报告中国保监会。

第二十六条 保险专业代理机构在特殊情况下任命临时负责人的，应当自任命决定作出之日起5日内，书面报告中国保监会。临时负责人任职时间最长不得超过3个月。

第三章 经 营 规 则

第一节 一 般 规 定

第二十七条 保险专业代理机构应当将许可证置于住所或者营业场所显著位置。

第二十八条 保险专业代理机构可以经营下列保险代理业务：

（一）代理销售保险产品；

（二）代理收取保险费；

（三）代理相关保险业务的损失勘查和理赔；

（四）中国保监会批准的其他业务。

第二十九条 保险专业代理公司在注册地以外的省、自治区或者直辖市开展保险代理活动，应当设立分支机构。

保险专业代理公司分支机构的经营区域不得超出其所在地的省、自治区或者直辖市。

第三十条 保险专业代理机构从业人员应当符合中国保监会规定的条件，持有中国保监会规定的资格证书。

本规定所称保险代理从业人员是指在保险代理机构中，从事销售保险产品或者进行相关损失查勘、理赔等业务的人员。

第三十一条 保险专业代理机构应当对本机构的从业人员进行保险法律和业务知识培训及职业道德教育。

保险代理从业人员上岗前接受培训的时间不得少于80小时，上岗后每人每年接受培训和教育的时间累计不得少于36小时，其中接受法律知识培训及职业道德教育的时间不得少于12小时。

第三十二条 保险专业代理机构应当建立专门账簿，记载保险代理业务收支情况。

保险专业代理机构代收保险费的，应当开立独立的代收保险费账户进行结算。

第三十三条 保险专业代理机构应当建立完整规范的业务档案，业务档案应当至少包括下列内容：

（一）代理销售保单的基本情况，包括保险人、投保人、被保险人名称或者姓名，代理保险产品名称，保险金额，保险费，缴费方式等；

（二）保险费代收和交付被代理保险公司的情况；

（三）保险代理佣金金额和收取情况；

（四）其他重要业务信息。

保险专业代理机构的记录应当真实、完整。

第三十四条 保险专业代理机构应当妥善管理和使用被代理保险公司提供的各种单证、材料；代理关系终止后，应当在30日内将剩余的单证及材料交付被代理保险公司。

第三十五条 保险专业代理机构从事保险代理业务，应当与被代理保险公司签订书面委托代理合同，依法约定双方的权利义务及其他事项。委托代理合同不得违反法律、行政法规及中国保监会有关规定。

第三十六条 保险专业代理机构应当制作规范的客户告知书，并在开展业务时向客户出示。

客户告知书至少应当包括保险专业代理机构以及被代理保险公司的名称、营业场所、业务范围、联系方式等基本事项。

保险专业代理机构及其董事、高级管理人员与被代理保险公司或者相关中介机构存在关联关系的，应当在客户告知书中说明。

第三十七条 保险专业代理机构应当向投保人明确提示保险合同中免除责任或者除外责任、退保及其他费用扣除、现金价值、犹豫期等条款。

第三十八条 保险专业代理公司应当自办理工商登记之日起20日内投保职业责任保险或者缴存保证金。

保险专业代理公司应当自投保职业责任保险或者缴存保证金之日起10日内，将职业责任保险保单复印件或者保证金存款协议复印件、保证金入账原始凭证复印件报送中国保监会。

第三十九条 保险专业代理公司投保职业责任保险的，应当确保该保险持续有效。

保险专业代理公司投保的职业责任保险保单对一次事故的赔偿限额不得低于人民币100万元，一年期保单的累计赔偿限额不得低于人民币500万元，同时不得低于保险专业代理机构上年营业收入的2倍。

职业责任保险累计赔偿限额达到人民币5 000万元的，可以不再增加职业责任保险的赔偿额度。

第四十条 保险专业代理公司缴存保证金的，应当按注册资本的5%缴存；保险专业代理公司增加注册资本的，应当相应增加保证金数额；保险专业代理公司保证金缴存额达到人民币100万元的，可以不再增加保证金。

保险专业代理公司的保证金应当以银行存款形式或者中国保监会认可的其他形式缴存。

保证金以银行存款形式缴存的，应当专户存储到商业银行。保证金存款协议中应当约定："未经中国保监会书面批准，保险专业代理公司不得擅自动用或者处置保证金。银行未尽审查义务的，应当在被动用保证金额度内对保险专业代理公司的债务承担连带责任。"

第四十一条 保险专业代理公司不得动用保证金，但有下列情形之一的除外：

（一）注册资本减少；

(二) 许可证被注销；
(三) 投保符合条件的职业责任保险；
(四) 中国保监会规定的其他情形。

第二节 禁 止 行 为

第四十二条 保险专业代理机构不得伪造、变造、出租、出借、转让许可证。

第四十三条 保险专业代理机构的经营范围不得超出本规定第二十八条规定的范围。

第四十四条 保险专业代理机构从事保险代理业务不得超出被代理保险公司的业务范围和经营区域；从事保险代理业务涉及异地共保、异地承保和统括保单，中国保监会另有规定的，从其规定。

第四十五条 保险专业代理机构及其从业人员在开展保险代理业务过程中，不得有下列欺骗投保人、被保险人、受益人或者保险公司的行为：

(一) 隐瞒或者虚构与保险合同有关的重要情况；

(二) 误导性销售；

(三) 伪造、擅自变更保险合同，销售假保险单证，或者为保险合同当事人提供虚假证明材料；

(四) 阻碍投保人履行如实告知义务或者诱导其不履行如实告知义务；

(五) 虚构保险代理业务或者编造退保，套取保险佣金；

(六) 虚假理赔；

(七) 串通投保人、被保险人或者受益人骗取保险金；

(八) 其他欺骗投保人、被保险人、受益人或者保险公司的行为。

第四十六条 保险专业代理机构及其从业人员在开展保险代理业务过程中，不得有下列行为：

(一) 利用行政权力、股东优势地位或者职业便利以及其他不正当手段，强迫、引诱或者限制投保人订立保险合同或者限制其他保险中介机构正当的经营活动；

(二) 挪用、截留、侵占保险费、退保金或者保险金；

(三) 给予或者承诺给予保险公司及其工作人员、投保人、被保险人或者受益人合同约定以外的利益；

(四) 利用业务便利为其他机构或者个人牟取不正当利益；

(五) 泄露在经营过程中知悉的投保人、被保险人、受益人或者保险公司的商业秘密和个人隐私。

第四十七条 保险专业代理机构不得以捏造、散布虚假事实等方式损害竞争对手的商业信誉，不得以虚假广告、虚假宣传或者其他不正当竞争行为扰乱保险市场秩序。

第四十八条 保险专业代理机构不得与非法从事保险业务或者保险中介业务的机构或者个人发生保险代理业务往来。

第四十九条 保险专业代理机构不得坐扣保险佣金。

第五十条 保险专业代理机构不得代替投保人签订保险合同。

第五十一条 保险专业代理机构不得以缴纳费用或者购买保险产品作为招聘业务人员的条件，不得承诺不合理的高额回报，不得以直接或者间接发展人员的数量或者销售业绩作为从业人员计酬的主要依据。

第四章 市场退出

第五十二条 保险专业代理公司有下列情形之一的，中国保监会不予延续许可证有效期：

（一）许可证有效期届满，没有申请延续；

（二）不再符合本规定除第六条第一项以外关于公司设立的条件；

（三）内部管理混乱，无法正常经营；

（四）存在重大违法行为，未得到有效整改；

（五）未按规定缴纳监管费。

第五十三条 保险专业代理公司因许可证有效期届满，中国保监会依法不予延续有效期，或者许可证依法被撤回、撤销、吊销的，应当依法组织清算或者对保险代理业务进行结算，向中国保监会提交清算报告或者结算报告。

第五十四条 保险专业代理公司因分立、合并需要解散，或者根据股东会、股东大会决议解散，或者公司章程规定的解散事由出现的，应当经中国保监会批准后解散。

第五十五条 保险专业代理公司申请解散的，应当自解散决议做出之日起10日内向中国保监会提交下列材料一式两份：

（一）解散申请书；

（二）股东大会或者股东会的解散决议；

（三）清算组织及其负责人情况和清算方案；

（四）中国保监会规定的其他材料。

清算结束后，保险专业代理公司应当向中国保监会提交清算报告。

第五十六条 保险专业代理公司解散，在清算中发现已不能清偿到期债务，并且资产不足以清偿全部债务或者明显缺乏清偿能力的，应当依法提出破产申请，其财产清算与债权债务处理，按照法定破产程序进行。

第五十七条 保险专业代理公司被依法吊销营业执照、被撤销、责令关闭或者被人民法院依法宣告破产的，应当依法成立清算组，依照法定程序组织清算，并向中国保监会提交清算报告。

第五十八条 保险专业代理公司因下列情形之一退出市场的，中国保监会依法注销许可证，并予以公告：

（一）许可证有效期届满，中国保监会依法不予延续；

（二）许可证依法被撤回、撤销或者吊销；

（三）保险专业代理公司解散、被依法吊销营业执照、被撤销、责令关闭或者被依法宣告破产；

（四）法律、行政法规规定的其他情形。

被注销许可证的保险专业代理公司应当及时交回许可证原件。

第五十九条 保险专业代理公司分支机构有下列情形之一的,中国保监会依法注销许可证,并予以公告：

（一）所属保险专业代理公司许可证被依法注销；

（二）被所属保险专业代理公司撤销；

（三）被依法责令关闭、吊销营业执照；

（四）许可证依法被撤回、撤销或者吊销；

（五）法律、行政法规规定应当注销许可证的其他情形。

被注销许可证的分支机构应当及时交回许可证原件。

第五章 监督检查

第六十条 保险专业代理机构应当依照中国保监会有关规定及时、准确、完整地报送有关报告、报表、文件和资料,并根据中国保监会要求提交相关的电子文本。

保险专业代理机构报送的报表、报告和资料应当由法定代表人、主要负责人或者其授权人签字,并加盖机构印章。

第六十一条 保险专业代理机构应当妥善保管业务档案、会计账簿、业务台账以及佣金收入的原始凭证等有关资料,保管期限自保险合同终止之日起计算,保险期间在1年以下的不得少于5年,保险期间超过1年的不得少于10年。

第六十二条 保险专业代理机构应当按规定将监管费交付到中国保监会指定账户。

第六十三条 保险专业代理公司应当在每一会计年度结束后3个月内聘请会计师事务所对本公司的资产、负债、利润等财务状况进行审计,并向中国保监会报送相关审计报告。

中国保监会根据需要,可以要求保险专业代理公司提交专项外部审计报告。

第六十四条 中国保监会根据监管需要,可以对保险专业代理机构的董事长、执行董事或者高级管理人员进行监管谈话,要求其就经营活动中的重大事项作出说明。

第六十五条 中国保监会依法对保险专业代理机构进行现场检查,包括但不限于下列内容：

（一）机构设立、变更是否依法获得批准或者履行报告义务；

（二）资本金是否真实、足额；

（三）保证金提取和动用是否符合规定；

（四）职业责任保险是否符合规定；

（五）业务经营是否合法；

（六）财务状况是否良好；

（七）向中国保监会提交的报告、报表及资料是否及时、完整和真实；

（八）内控制度是否完善,执行是否有效；

（九）任用董事长、执行董事和高级管理人员是否符合规定；

（十）是否有效履行从业人员管理职责；

（十一）对外公告是否及时、真实；

（十二）计算机配置状况和信息系统运行状况是否良好。

第六十六条 保险专业代理机构因下列原因接受中国保监会调查的，在被调查期间中国保监会有权责令其停止部分或者全部业务：

（一）涉嫌严重违反保险法律、行政法规；

（二）经营活动存在重大风险；

（三）不能正常开展业务活动。

第六十七条 保险专业代理机构应当按照下列要求配合中国保监会的现场检查工作，不得拒绝、妨碍中国保监会依法进行监督检查：

（一）按要求提供有关文件、资料，不得拖延、转移或者藏匿；

（二）相关管理人员、财务人员及从业人员应当按要求到场说明情况，回答问题。

第六十八条 保险专业代理机构有下列情形之一的，中国保监会可以将其列为重点检查对象：

（一）业务或者财务出现异动；

（二）不按时提交报告、报表或者提供虚假的报告、报表、文件和资料；

（三）涉嫌重大违法行为或者受到中国保监会行政处罚；

（四）中国保监会认为需要重点检查的其他情形。

第六十九条 中国保监会可以在现场检查中，委托会计师事务所等社会中介机构提供相关服务；委托上述中介机构提供服务的，应当签订书面委托协议。

中国保监会应当将委托事项告知被检查的保险专业代理机构。

第七十条 保险专业代理机构认为检查人员违反法律、行政法规及中国保监会有关规定的，可以向中国保监会举报或者投诉。

保险专业代理机构有权对中国保监会的行政处理措施提起行政复议或者行政诉讼。

第六章 法律责任

第七十一条 未经批准，擅自设立保险专业代理公司，或者未取得许可证，非法从事保险代理业务的，由中国保监会予以取缔，没收违法所得，并处违法所得1倍以上5倍以下罚款，没有违法所得或者违法所得不足5万元的，处5万元以上30万元以下罚款。

第七十二条 行政许可申请人隐瞒有关情况或者提供虚假材料申请设立保险专业代理机构或者申请其他行政许可的，中国保监会不予受理或者不予批准，并给予警告，申请人在1年内不得再次申请该行政许可。

第七十三条 被许可人通过欺骗、贿赂等不正当手段设立保险专业代理机构或者取得中国保监会行政许可的，由中国保监会依法予以撤销，对被许可人给予警告，并处1万元罚款；申请人在3年内不得再次申请该行政许可。

第七十四条 保险专业代理公司未经批准设立分支机构或者变更组织形式的，由中国保监会责令改正，处1万元以上5万元以下罚款；对该机构直接负责的主管人员和其他责任人员，给予警告，并处1万元以上3万元以下罚款。

第七十五条 保险专业代理机构未经批准合并、分立、解散，或者发生第十六条所列事项未按规定报告的，由中国保监会责令改正，给予警告，没有违法所得的，处1万元以下罚款，有违法所得的，处违法所得三倍以下的罚款，但最高不得超过3万元；对该机构直接负责的主管人员和其他责任人员，给予警告，处1万元以下罚款。

第七十六条　保险专业代理机构聘任不具有任职资格、从业资格的人员的，由中国保监会责令改正，处2万元以上10万元以下罚款；对该机构直接负责的主管人员和其他责任人员，给予警告，并处1万元以上5万元以下罚款。

第七十七条　保险专业代理机构出租、出借或者转让许可证的，由中国保监会责令改正，处1万元以上10万元以下罚款；情节严重的，责令停业整顿或者吊销许可证；对该机构直接负责的主管人员和其他责任人员，给予警告，并处1万元以上5万元以下罚款。

第七十八条　保险专业代理机构有下列情形之一的，由中国保监会责令改正，给予警告，没有违法所得的，处1万元以下罚款，有违法所得的，处违法所得三倍以下的罚款，但最高不得超过3万元：

（一）超出核准的业务范围、经营区域从事业务活动；

（二）超出被代理保险公司的业务范围、经营区域从事业务活动；

（三）与非法从事保险业务或者保险中介业务的单位或者个人发生保险代理业务；

（四）未按规定管理、使用保险公司交付的各种单证、材料。

第七十九条　保险专业代理机构有下列情形之一的，由中国保监会责令改正，处2万元以上10万元以下罚款；情节严重的，责令停业整顿或者吊销许可证；对该机构直接负责的主管人员和其他责任人员，给予警告，并处1万元以上10万元以下罚款：

（一）未按规定缴存保证金或者未经批准动用保证金；

（二）未按规定投保职业责任保险或者未保持职业责任保险的有效性和连续性；

（三）未按规定设立专门账簿记载业务收支情况。

第八十条　保险专业代理机构违反本规定第三十六条，未按规定制作、出示客户告知书的，由中国保监会责令改正，给予警告，处1万元以下罚款；对该机构直接负责的主管人员和其他责任人员，给予警告，处1万元以下罚款。

第八十一条　保险专业代理机构及其从业人员有本规定第四十五条、第四十六条所列情形之一的，由中国保监会责令改正，处5万元以上30万元以下罚款；情节严重的，吊销许可证；对该机构直接负责的主管人员和其他责任人员，给予警告，并处3万元以上10万元以下罚款。

第八十二条　保险专业代理机构及其从业人员在开展保险代理业务过程中利用执行保险代理业务之便牟取非法利益的，由中国保监会给予警告，处1万元以下罚款。

第八十三条　保险专业代理机构违反本规定第四十七条的，由中国保监会给予警告，没有违法所得的，处1万元以下罚款，有违法所得的，处违法所得三倍以下的罚款，但最高不得超过3万元；对该机构直接负责的主管人员和其他责任人员，给予警告，处1万元以下罚款。

第八十四条　保险专业代理机构有违反本规定第五十一条的，由中国保监会给予警告，并处1万元罚款；对该机构直接负责的主管人员和其他责任人员，给予警告，处1万元以下罚款。

第八十五条 保险专业代理机构未按本规定报送或者保管有关报告、报表、文件或者资料的，或者未按规定提供有关信息、资料的，由中国保监会责令限期改正；逾期不改正的，处 1 万元以上 10 万元以下罚款；对该机构直接负责的主管人员和其他责任人员，给予警告，并处 1 万元以上 5 万元以下罚款。

第八十六条 保险专业代理机构有下列情形之一的，由中国保监会责令改正，处 10 万元以上 50 万元以下罚款；情节严重的，可以限制其业务范围、责令停止接受新业务或者吊销许可证；对该机构直接负责的主管人员和其他责任人员，给予警告，并处 5 万元以上 10 万元以下罚款：

（一）编制或者提供虚假的报告、报表、文件或者资料；

（二）拒绝、妨碍依法监督检查。

第八十七条 保险专业代理机构有下列情形之一的，由中国保监会责令改正，给予警告，没有违法所得的，处 1 万元以下罚款，有违法所得的，处违法所得三倍以下的罚款，但最高不得超过 3 万元；对该机构直接负责的主管人员和其他责任人员，给予警告，处 1 万元以下罚款：

（一）未按规定缴纳监管费；

（二）未按规定在住所或者营业场所放置许可证；

（三）未按规定交回许可证；

（四）未按规定办理许可证变更登记或者未按期申请延续许可证；

（五）未按规定管理业务档案；

（六）未按规定使用独立账户代收保险费；

（七）临时负责人实际任期超过规定期限；

（八）未按规定进行公告；

（九）从代收保险费中坐扣代理佣金；

（十）代投保人签订保险合同。

第八十八条 违反《保险法》第一百六十六条至一百七十二条规定，情节严重的，中国保监会可以对其直接负责的主管人员和其他直接责任人员撤销任职资格或者从业资格。

第八十九条 违反法律和行政法规的规定，情节严重的，中国保监会可以禁止有关责任人员一定期限直至终身进入保险业。

第九十条 保险专业代理机构的董事、高级管理人员或者从业人员，离职后被发现原工作期间违反保险监督管理规定的，应当依法追究其责任。

第九十一条 中国保监会发现保险专业代理机构涉嫌逃避缴纳税款、非法集资、传销、洗钱等，需要由其他机关管辖的，应当向其他机关举报或者移送。

违反本规定，涉嫌构成犯罪的，中国保监会应当向司法机关举报或者移送。

第七章 附 则

第九十二条 本规定所称保险中介机构是指保险代理机构、保险经纪机构和保险公估机构及其分支机构。

第九十三条 经中国保监会批准设立的外资保险专业代理机构适用本规定,我国参加的有关国际条约和中国保监会另有规定的,适用其规定。

合伙制保险专业代理机构的设立和管理参照本规定,中国保监会另有规定的,适用其规定。

第九十四条 本规定要求提交的各种表格格式由中国保监会制定。

第九十五条 本规定中有关期限,除以年、月表示的以外,均以工作日计算,不含法定节假日。

本规定所称"以上"、"以下"均含本数。

第九十六条 本规定自2009年10月1日起施行,中国保监会2004年12月1日颁布的《保险代理机构管理规定》(保监会令2004年第14号)同时废止。

第九十七条 本规定施行前依法设立的保险专业代理机构继续保留,不完全具备本规定条件的,具体适用办法由中国保监会另行规定。

中国保监会关于印发《人身保险电话销售业务管理办法》的通知

保监发〔2013〕40号

各保监局,各人寿保险公司、健康保险公司、养老保险公司:

为进一步规范人身保险电话销售业务,切实维护保险消费者权益,我会制定了《人身保险电话销售业务管理办法》。现予以印发,并将有关事项通知如下,请遵照执行。

一、本办法实施前已经开展电话销售业务的人寿保险公司、健康保险公司和养老保险公司(以下简称"保险公司"),应按照本办法相关要求在6个月内完成改建。

(一)改建申请

已经设立电话销售中心的保险公司,应根据本办法有关规定对电话销售中心进行改建,并向电话销售中心所在地保监局提出改建申请,向呼入地保监局报告。改建申请材料应包括:

1. 改建申请书,应明确机构名称、专用号码、所在地、销售区域等;
2. 改建报告,应说明改建机构是否符合本办法第十一条各项标准;
3. 改建机构负责人的简历及有关证明等。

通过与其他机构合作开展人身保险电话销售业务的保险公司,应根据本办法相关规定对合作机构资质进行审核,并向合作机构呼出地保监局备案,向呼入地保监局报告。备案材料参见本办法第十七条。

（二）改建审批和备案

关于电话销售中心改建的，保监局自收到完整申请材料之日起20个工作日以内，作出批准或者不予批准的书面决定。批准改建的，颁发专属机构经营保险业务许可证；不予批准改建的，应当书面通知申请人并说明理由。

关于保险公司委托保险代理机构开展电话销售业务备案的，保监局收到备案材料后可视情况对备案项目进行检查，对不符合有关条件的及时提出整改意见。

二、为统一监管标准、提升监管效率，各保监局应根据本办法修订完善现有关于人身保险电话销售业务的规范性文件。

中国保监会

2013年4月25日

人身保险电话销售业务管理办法

第一章 总 则

第一条 为规范人身保险电话销售业务，保护消费者合法权益，维护良好的市场秩序，鼓励新兴渠道专业化发展，依据《中华人民共和国保险法》、《保险公司管理规定》、《人身保险业务基本服务规定》等法律、法规，制定本办法。

第二条 人身保险公司（以下简称"保险公司"）直接或委托具有保险代理资格的机构（以下简称"保险代理机构"）在中华人民共和国境内开展电话销售业务，适用本办法。

第三条 本办法所指的电话销售业务，是指保险公司主动呼出或接受客户呼入，通过电话销售中心或委托保险代理机构销售保险产品的业务。

第二章 市场准入

第四条 保险公司应设立电话销售中心或委托保险代理机构开展电话销售业务，其他单位和个人不得经营或变相经营电话销售业务。

保险销售从业人员个人不得随机拨打电话约访陌生客户，或者假借公司电话销售中心名义约访客户。

第五条 保险公司开展电话销售业务，应符合以下条件：

（一）上一年度及提交申请前连续两个季度偿付能力均达到充足；

（二）最近2年内无受金融监管机构重大行政处罚的记录，不存在因涉嫌重大违法违规行为正在受到中国保监会立案调查的情形；

（三）对拟设立电话销售中心的可行性已进行充分论证，包括业务发展规划、电话销售系统建设规划等，并具备电话销售业务管理制度；

（四）有符合任职资格条件的筹建负责人；

（五）中国保监会规定的其他条件。

第六条 保险公司总公司和省级分公司可以向拟设地保监会派出机构（以下简称"保监局"）申请设立电话销售中心。电话销售中心是保险公司直接经营电话销售业务的专属机构。

总公司申请设立的电话销售中心，可以在总公司经营区域内开展电话销售业务；省级分公司申请设立的电话销售中心，可以在省级分公司经营区域内开展电话销售业务。

第七条 设立电话销售中心，应当提交下列材料：

（一）设立申请书，应包括机构名称、拟设立地、销售区域等；

（二）偿付能力符合条件的说明；

（三）电话销售中心设立的可行性论证报告，包括拟设机构3年业务发展规划、电话销售系统建设规划、电话销售业务管控体系及主要制度等；

（四）受到行政处罚或者立案调查情况的说明；

（五）拟设机构筹建负责人的简历及相关证明材料；

（六）中国保监会规定提交的其他材料。

第八条 保险公司申请设立的电话销售中心，名称至少应当包含"申请人名称"和"电话销售中心"两个要素。

第九条 保险公司电话销售中心负责人属于保险公司高级管理人员，应当在任职前取得中国保监会核准的任职资格。

保险公司电话销售中心负责人应当具有下列条件：

（一）大学本科以上学历或者学士以上学位；

（二）从事金融工作3年以上或者从事经济工作5年以上；

（三）具有1年以上电话销售业务管理经验或2年以上金融业务管理经验；

（四）《保险公司董事、监事和高级管理人员任职资格管理规定》规定的其他条件。

第十条 电话销售中心所在地保监局应当自收到完整申请材料之日起30日内对设立申请进行审查。对符合本规定第五条的，向申请人发出筹建通知；对不符合本规定第五条的，作出不予批准决定，并书面说明理由。

申请人应当自收到筹建通知之日起6个月内完成电话销售中心的筹建工作，筹建期间不计算在行政许可的期限内。筹建期间届满未完成筹建工作的，应当根据本办法重新提出设立申请。筹建机构在筹建期间不得从事任何保险经营活动。

第十一条 保险公司电话销售中心开业应当符合以下标准：

（一）营业场所权属清晰，安全、消防等设施符合要求，使用面积、使用期限、功能布局等满足经营需要。营业场所连续使用时间原则上不短于两年；

（二）具备专业、完备的电话销售系统，通过该系统实现电话呼出、电话呼入、录音质检、实时监听、客户信息管理、销售活动管理、号码禁拨管理等功能；

（三）拟任高级管理人员或者主要负责人符合任职条件；

（四）筹建期间未开办保险业务；

（五）中国保监会规定的其他条件。

第十二条 保险公司电话销售中心筹建工作完成后，申请人应向拟设地保监局提交开业

验收报告,并提交以下材料:

(一) 筹建工作完成情况报告,其中说明筹建电话销售中心是否符合本办法第十一条所规定的开业标准;

(二) 拟任电话销售中心负责人的简历及有关证明;

(三) 电话销售系统建设报告,包括计算机配置、应用系统、网络建设情况等;

(四) 拟设机构营业场所所有权或者使用权证明;

(五) 消防证明或者已采取必要措施确保消防安全的书面承诺;

(六) 中国保监会规定提交的其他材料。

第十三条 电话销售中心所在地保监局应当自收到完整的开业验收报告之日起30日内,进行开业验收,并作出批准或者不予批准的决定。验收合格批准设立的,颁发专属机构经营保险业务许可证;验收不合格不予批准设立的,应当书面通知申请人并说明理由。

第十四条 经批准设立的电话销售中心,应向受话地保监局报告,并持批准文件以及经营保险业务许可证,向工商行政管理部门办理登记注册手续,领取营业执照后方可营业。

第十五条 保险公司委托保险代理机构开展电话销售业务,应对保险代理机构资质进行审核。拟合作的保险代理机构应符合下列条件:

(一) 配备专业、完备的电话销售系统,通过该系统实现自动拨号、电话呼出、录音质检、实时监听、客户信息管理、销售活动管理、号码禁拨管理等功能;

(二) 建立必要的组织机构和完善的电销业务管理制度;

(三) 具有合法的运营场所,安全、消防设施符合要求;

(四) 中国保监会规定的其他条件。

第十六条 保险公司委托保险代理机构开展电话销售业务,应提前向保险代理机构呼出地保监局备案,并告知受话地保监局。保险代理机构呼出地保监局视情况对备案项目进行检查,对不符合有关条件的及时提出整改意见。

第十七条 保险公司就开展电话销售代理业务申请备案,应当提交下列材料:

(一) 保险公司委托保险代理机构开展电话销售业务的项目书,包括拟委托的保险代理机构名称、合作方式、管理模式、销售区域、3年业务发展规划和市场分析等;

(二) 偿付能力符合条件的说明;

(三) 受到行政处罚或者立案调查情况的说明;

(四) 委托代理合同复印件;

(五) 保险代理机构资质证明,包括经营保险代理业务许可证、营业场所合法性报告、电话销售系统建设报告、电话销售业务运营管理制度等;

(六) 中国保监会规定提交的其他材料。

第十八条 保险公司开展电话销售业务,销售区域应当符合保险公司的经营区域。保险公司委托保险代理机构开展电话销售业务,销售区域应同时符合保险公司和保险代理机构的经营区域。

第十九条 保险公司开展电话销售的产品范围限于普通型人身保险产品,但连续经营电话销售业务两年以上,期间未受到金融监管机构重大行政处罚的,可以通过电话销售分红型人身保险产品。产品选择应充分考虑电话销售的特殊性,简明易懂,便于投保。

第二十条 保险公司设立电话销售中心开展电话销售业务，应设置全国统一的专用号码。保险公司委托保险代理机构开展电话销售业务的，应对保险代理机构进行号码审查，确保其使用统一的专用号码。

保险公司和保险代理机构开展电话销售业务，应保持电话销售号码的稳定性，专用号码使用年限不得少于1年。

第二十一条 保险公司开展电话销售业务，应在保险公司及保险代理机构官方网站显著位置开辟信息披露专栏。披露内容应至少包括：

（一）保险公司及保险代理机构用于开展电话销售业务的统一专用号码；

（二）通过电话销售的产品信息，包括产品名称（宣传名称）、条款、产品说明书（如有）等；

（三）委托开展电话销售业务的保险代理机构名称、合作期限、销售区域等；

（四）消费者投诉维权途径。

第二十二条 保险公司电话销售中心负责人和营业场所变更，应报电话销售中心所在地保监局批准；电话销售中心名称和电话销售号码变更，应向机构所在地保监局备案。

保险公司委托保险代理机构开展电话销售业务，保险代理机构营业场所、电话号码发生变更，应向合作项目所在地保监局备案。

第二十三条 保险公司撤销电话销售中心，应参照保险公司撤销分支机构办理。

保险公司终止委托保险代理机构电话销售的，应在终止合作前15个工作日向电话销售中心所在地保监局备案，并提交妥善的后续业务处理方案。

第三章 销售行为

第二十四条 保险公司开展电话销售业务，应建立严格的客户信息管理制度，遵守个人信息保护相关法律法规，通过合法途径获取客户信息，有序开发、规范使用现有客户资源，确保客户资料和信息采集、处理、使用的安全性和合法性。

第二十五条 保险公司及保险代理机构应建立健全电话销售禁拨管理制度。

（一）应通过电话销售系统对销售时间进行管理，根据不同地区、不同人群的生活习惯设置禁止拨打时间。除客户主动要求外，每日21时至次日9时不得呼出销售。

（二）应通过电话销售系统建立禁止拨打名单。对于明确拒绝再次接受电话销售的客户，应录入禁止拨打名单，并设定不少于6个月的禁止拨打时限。

（三）应建立因禁拨管理不当对客户造成骚扰的责任追究机制。

第二十六条 保险公司应加强对电话销售人员的培训：

（一）应对电话销售人员统一进行岗前和岗中的培训教育，培训内容应至少包括业务知识、法律知识及职业道德等；

（二）应按照有关规定，对销售分红型人身保险产品的电话销售人员进行专门培训；

（三）应由保险公司总公司统一设计制作电话销售人员培训材料，保险代理机构、电话销售中心不得擅自修改培训材料内容；

（四）应建立健全电话销售人员销售资质认证体系、销售品质考核制度和培训档案管理制度。

第二十七条 保险公司应加强对电话销售人员的销售行为管理，不得允许电话销售人员规避电话销售系统向客户销售保险产品。

第二十八条 保险公司应针对不同电话销售模式和保险产品制定规范的销售用语。电话销售人员销售保险产品须正确使用电话销售用语，禁止不当阐述。

电话销售用语由保险公司总公司统一制定并存档备查，保险代理机构、电话销售中心未经总公司同意不得更改。

第二十九条 保险公司制定电话销售用语，应至少包括以下内容：

（一）电话销售人员工号、所属保险公司或代理机构名称；

（二）产品名称、承保公司名称、产品信息披露方式、保险责任、责任免除、保险金额、保险期间、缴费期间、退保损失、新型产品保单利益不确定性等；

（三）缴费方式、保单生效时间、投保意愿确认方式、保单形式、保单送达方式等；

（四）犹豫期、客户服务电话、保单查询方式等。

保险公司委托代理机构开展电话销售业务，电话销售用语除包括以上内容外，还应明确告知保险代理性质。

第三十条 保险公司可以通过签署投保单和电话录音两种方式确认投保人的投保意愿。

保险公司通过电话录音确认投保人投保意愿的，须同时满足以下条件：

（一）投保人与被保险人为同一人，年届18周岁至60周岁间；

（二）所售产品应为普通型人身保险产品，且免于体检；

（三）销售用语应包含"您是否同意通过电话录音确认投保"的内容，并取得投保人肯定答复。

第三十一条 保险公司可以在风险可控的前提下使用移动支付设备、网上银行、支付平台等新技术提升收付费效率。保险公司通过银行转账方式或其他电子支付方式收取保险费的，应通过书面或电话录音的方式取得客户授权。

保险公司以电话录音方式确认客户转账授权的，应符合以下条件：

（一）客户明确表示同意通过其名下账户支付保险费用；

（二）销售用语明确告知首期保费支付时间及续期保费支付时间、频率等内容；

（三）保费扣划成功后，通过电话或短信等方式通知投保人。

第三十二条 保险公司通过电话销售保险产品，可以向投保人提供纸质保单或电子保单。

保险公司向投保人提供电子保单的，应符合以下条件：

（一）通过有效途径确认投保人收到保单；

（二）在官方网站上设置保单查询功能；

（三）在保险期间内根据投保人要求及时提供纸质保单。

第三十三条 保险公司应建立健全电话销售质量检测体系，符合以下基本要求：

（一）具备完善的质检制度，应包括质检流程、质检标准、对质检发现问题件的整改处理以及人员责任追究等内容；

（二）配备专职质检人员，质检人员应与销售人员岗位分离；

（三）应通过信息系统进行质检，并通过权限划分、模块划分、系统分离等方式实现质检系统与销售系统分离；

（四）质检记录应通过质监系统生成，保存期限不少于保险期间。

鼓励保险公司通过技术手段实现系统信息化质检，如语音识别、关键字、音调时长等新技术进行系统化质检。

第三十四条　保险公司通过不同销售模式开展电话销售业务的，应按照统一标准进行质检，质检比例不得低于以下标准：

（一）对保险期间在 1 年以上的成交件录音按不低于 30% 的比例在犹豫期内全程质检；

（二）对保险期间在 1 年期以内的成交件录音按不低于 20% 的比例在保单期限内全程质检。

第三十五条　保险公司开展电话销售业务，应将电话通话过程全程录音，并对成交件录音备份存档。电话录音及其他投保文件的保存时限自保险合同终止之日起计算，保险期间在一年以下的不得少于五年，保险期间超过一年的不得少于十年。

保险公司对客户信息和电话录音内容负有保密义务，不得用于其他商业用途。

第三十六条　保险公司应加强电话销售信息数据管理工作，确保信息数据的安全性、完整性、准确性和时效性，并做好数据备份。

保险公司设立电话销售中心开展电话销售业务的，应实现电话销售系统与保险公司核心业务系统无缝对接。保险公司委托保险代理机构开展电话销售业务的，应强化数据传输管理，确保主要业务数据、销售录音、客户信息等数据传送的及时性和安全性。

第三十七条　保险公司直接或委托保险代理机构通过电话赠送保险的，参照电话销售业务进行规范和管理。

电话赠险人员属于电话销售人员，电话赠险号码应与电话销售号码一致。保险公司不得委托没有取得经营保险代理业务许可证的机构开展电话赠险业务。保险公司应对电话赠险业务进行抽样质检，抽检比例不低于 1%。

第三十八条　保险公司电话销售业务涉及投保单、保险合同、转账授权书等纸质文件递送的，应在投保人同意投保之日起 7 个工作日内送达。如遇客观原因无法按时送达的，应通过电话、短信等方式通知投保人。

第三十九条　保险公司电话销售业务，犹豫期起算日期应以确认投保人收悉保单之日或保单生效之日中较晚者为准。

第四十条　保险公司至少应为客户提供电话和柜面两个渠道受理保全及理赔申请，鼓励保险公司探索高效便捷的服务渠道。保险公司通过电话接受客户保全及理赔申请的，应全程录音并在保单期限内存档备查。

第四十一条　保险公司应建立健全投诉受理和处理制度，至少为客户提供电话和柜面两个投诉渠道，并配备必要的人员和设备。

保险公司委托代理机构开展电话销售业务，应制定统一规范的投诉处理程序，明确职责、分工合作，确保妥善处理投诉纠纷事件。

第四十二条　保险公司接到客户投诉后，应于 2 个工作日内向投诉人说明办理流程，于 10 个工作日内向投诉人反馈处理结果。投诉处理过程应通过书面记录、录音等方式详细记录并存档备查。

投诉事项涉及电话销售行为的，保险公司应在投诉处理过程中调听电话销售录音。因自身原因不能提供有效电话销售录音的，保险公司应按照有利于投保人的原则处理客户诉求。

第四十三条 保险公司应根据电话销售业务流程和特点，改造和完善现有服务支持体系，确保投保人享有不低于其他渠道的服务水平。

第四章 监督管理

第四十四条 中国保监会委托各保监局对电话销售业务进行监管。

呼出地保监局依法对保险公司在辖内设立电话销售中心进行审批，对保险公司委托代理机构开展电销业务的项目进行备案，并履行日常监管职责。

受话地保监局对电话销售业务实行属地监管，依法查处电话销售业务中出现的违法违规行为。

第四十五条 保监局应根据《保险公司管理规定》和《保险公司董事、监事和高级管理人员任职资格管理规定》有关规定对保险公司电话销售中心及其负责人进行监督管理。

第四十六条 保险公司应加强对保险代理机构及其电话销售人员的销售行为管理，并对该机构在授权范围内的代理行为依法承担责任。

第四十七条 保险公司及保险代理机构存在违反本办法第二十五条相关规定，对客户构成滋扰的，中国保监会有权依据监管需要采取通报、监管谈话、下发监管函或其他必要的监管措施。

第五章 附 则

第四十八条 本办法自印发之日起实施，《关于促进寿险公司电话销售业务规范发展的通知》（保监发〔2008〕38号）和《关于进一步规范人身保险电话销售和电话约访行为的通知》（保监发〔2010〕99号）同时废止。

国家发展改革委办公厅关于进一步改进企业债券发行审核工作的通知

发改办财金〔2013〕957号

各省、自治区、直辖市及计划单列市、新疆生产建设兵团发展改革委：

为进一步改进企业债券发行审核工作，更好地发挥企业债券融资在我国经济"稳增长、调结构、转方式"中的导向作用，我委将对企业债券发行申请，按照"加快和简化审核类"、

"从严审核类"以及"适当控制规模和节奏类"三种情况进行分类管理,有保有控,支持重点,防范风险,处理好推进改革、提高效率和防范风险之间的关系。现通知如下:

一、加快和简化审核类

对于以下两类发债申请,加快审核,并适当简化审核程序。

(一)项目属于当前国家重点支持范围的发债申请

1. 国家重大在建续建项目。重点支持企业发债用于国家审批或核准的国家重大铁路、交通、通讯、能源、原材料、水利项目建设。支持电网改造、洁净煤发电、发展智能电网,加强能源通道建设,促进北煤南运、西煤东运、西气东输、油气骨干管网工程、液化天然气储存接收设施和西电东送,加快推进国家快速铁路网、城际铁路网建设,国家级高速公路剩余路段、瓶颈路段和内河水运建设项目。

2. 关系全局的重点结构调整或促进区域协调发展的项目。支持国家重大技术装备自主化项目。支持国家大飞机项目和重点航空航天工程;支持飞机租赁业通过试点发行项目收益债券,购汇买飞机并将租赁收入封闭还债。支持国家重大自主创新和结构调整项目,推动战略性新兴产业健康发展。支持国家钢铁产业结构调整试点。发展新一代信息技术,加强网络基础设施建设,大力发展高端装备制造、节能环保、生物、新能源汽车、新材料、新能源、海水综合利用、现代物流等产业。重点支持太阳能光伏和风电应用。支持列入《战略性新兴产业重点产品和服务指导目录》、《重点产业布局和调整中长期发展规划》等专项规划或国家区域规划涉及的项目通过债券方式融资。

3. 节能减排和环境综合整治、生态保护项目。支持城镇污水垃圾处理设施建设,历史遗留重金属污染和无主尾矿库隐患综合治理,荒漠化、石漠化、水土流失治理、草原生态保护建设,京津风沙源区、石漠化地区等重点区域综合治理。支持太湖、三峡库区、丹江口库区等重点流(海)域水污染防治和环境保护治理。支持京津冀、长三角、珠三角等重点区域以及直辖市和省会城市开展微细颗粒物(PM2.5)等项目监测及相应的大气污染防治、燃煤城市清洁能源改造等。鼓励节能、节水、节地、节材和资源综合利用,大力发展循环经济。

4. 公共租赁住房、廉租房、棚户区改造、经济适用房和限价商品房等保障性安居工程项目,重点支持纳入目标任务的保障性住房建设项目。城镇基础设施建设项目。大宗农产品及鲜活农产品的储藏、运输及交易等流通项目。

5. 小微企业增信集合债券和中小企业集合债券。

(二)信用等级较高,偿债措施较为完善及列入信用建设试点的发债申请

1. 主体或债券信用等级为 AAA 级的债券。

2. 由资信状况良好的担保公司(指担保公司主体评级在 AA + 及以上)提供无条件不可撤销保证担保的债券。

3. 使用有效资产进行抵质押担保,且债项级别在 AA + 及以上的债券。

4. 资产负债率低于 30%,信用安排较为完善且主体信用级别在 AA + 及以上的无担保债券。

5. 由重点推荐的证券公司、评级公司等中介机构提供发行服务,且主体信用级别在 AA 及以上的债券(中介机构重点推荐办法另行制定)。

6. 全信用记录债券，即发行人法人代表、相关管理人员等同意披露个人信用记录且签署信用承诺书的债券。

7. 同意列入地方政府负债总规模监测的信用建设试点城市平台公司发行的债券。信用建设试点城市指向省级信用体系建设领导小组申请试点获批复，并向我委进行备案的城市。

8. 地方政府所属区域城投公司申请发行的首只企业债券，且发行人资产负债率低于50%的债券。

二、从严审核类

对于以下两类发债申请，要从严审核，有效防范市场风险。

（一）募集资金用于产能过剩、高污染、高耗能等国家产业政策限制领域的发债申请

（二）企业信用等级较低，负债率高，债券余额较大或运作不规范、资产不实、偿债措施较弱的发债申请

1. 资产负债率较高（城投类企业65%以上，一般生产经营性企业75%以上）且债项级别在AA+以下的债券。

2. 企业及所在地地方政府或为其提供承销服务的券商有不尽职或不诚信记录。

3. 连续发债两次以上且资产负债率高于65%的城投类企业。

4. 企业资产不实，运营不规范，偿债保障措施较弱的发债申请。

三、适当控制规模和节奏类

除符合"加快和简化审核类"、"从严审核类"两类条件的债券外，其他均为适当控制规模和节奏类，要根据国家宏观调控政策和债券市场发展情况，合理控制总体发行规模，适当把握审核和发行节奏。

我委将根据国家产业政策和发行审核工作实际，不定期对上述分类范围进行更新调整，并及时通知各地发展改革部门。请你委根据有关审核制度安排，做好企业债券发行转报工作。

国家发展改革委办公厅
2013 年 4 月 19 日

中国保监会关于规范有限合伙式股权投资企业投资入股保险公司有关问题的通知

保监发〔2013〕36 号

各保险公司、保险资产管理公司，各保监局：

为进一步落实《中国保监会关于鼓励和支持民间投资健康发展的实施意见》（保监发〔2012〕54号），引导民间资本合理有序地进入保险行业，根据《中华人民共和国保险法》、《保险公司管理规定》等有关规定，现就有限合伙制股权投资企业投资入股中资保险公司有关问题通知如下：

第一条 有限合伙制股权投资企业投资入股保险公司，应当符合以下条件：

（一）被投资的保险公司存在控股股东或者实际控制人，且股权结构合理，公司治理良好稳定。

（二）如实披露资金来源和合伙人背景情况，包括名称或者姓名、国籍、经营范围或者职业、出资额等。

（三）负责执行有限合伙企业事务的普通合伙人，应当具有良好的诚信和纳税记录，无重大违法违规记录，并承诺资金来源不违反反洗钱的有关规定，且对股权投资企业投资入股保险公司承担相关责任。

（四）在单个保险公司中，单个有限合伙制股权投资企业的出资或者持股比例不得超过5%，有限合伙制股权投资企业的出资或者持股比例合计不得超过15%。

（五）有限合伙制股权投资企业不得成为保险公司的第一大股东、控股股东或者实际控制人，不得参与保险公司经营管理。

（六）有限合伙制股权投资企业设有存续期限的，应当在存续期限届满前转让所持保险公司股权。

（七）中国保监会规定的其他条件。

第二条 有限合伙制股权投资企业投资入股保险公司，应当向中国保监会提出书面申请，并提交以下材料：

（一）基本情况，包括营业执照复印件、经营范围、组织管理架构、在行业中所处地位、投资资金来源、对外投资、自身及关联机构投资入股该保险公司以及其他金融机构的情况；

（二）经会计师事务所审计的上一年度财务会计报告；

（三）最近三年的纳税证明和由征信机构出具的征信记录；

（四）合伙人、合伙企业与保险公司其他投资人之间关联关系的情况说明，不存在关联关系的应当提交无关联关系情况的声明；

（五）股权认购或转让协议书，及合伙企业同意投资的证明材料；

（六）最近三年无重大违法违规记录的声明；

（七）中国保监会规定的其他材料。

第三条 本通知自发布之日起实施。

中国保监会

2013年4月17日

中国保监会关于《保险公司股权管理办法》第四条有关问题的通知

保监发〔2013〕29号

各保险公司、保险资产管理公司，各保监局：

为优化保险公司股权结构，加强保险公司股权监管，现就《保险公司股权管理办法》第四条有关问题通知如下：

第一条 根据坚持战略投资、优化治理结构、避免同业竞争、维护稳健发展的原则，经中国保监会批准，对符合本通知规定条件的保险公司单个股东（包括关联方），出资或者持股比例可以超过20%，但不得超过51%。

第二条 保险公司出资或者持股比例超过20%（不含20%）的股东，除满足《保险公司股权管理办法》第十五条关于主要股东的要求外，还应满足以下条件：

（一）最近一年年末总资产不少于100亿元人民币；

（二）净资产不低于总资产的30%；

（三）包括对保险公司投资在内的对外长期股权投资不超过净资产；

（四）投资该保险公司已满三年（含三年）；

（五）无违反《保险法》、《保险公司管理规定》、《保险公司股权管理办法》、《保险公司控股股东管理办法》等有关保险公司股东行为规范的行为。

第三条 保险公司成立不满三年的，单个股东（包括关联方）出资或者持股比例不得超过20%。

第四条 保险公司股东自出资或者持股比例超过20%（不含20%）之日起三年内，不得进行股权转让，通过法院拍卖等依法进行的强制股权转让和经中国保监会特别批准的股权转让除外。

第五条 保险公司出资或者持股比例超过20%（不含20%）的股东，自以下情况发生之日起15日内，应书面报告中国保监会：

（一）法定代表人或者主要负责人变更；

（二）控股股东或者实际控制人变更；

（三）财务状况发生重大变化，出现不能满足本通知第二条要求的情形；

（四）合并、分立、解散、破产、关闭等重大变更；

（五）中国保监会规定的其他情形。

第六条 关联方对保险公司出资或者持股比例超过20%（不含20%）的，其中出资或者持股比例最高的股东应当符合本通知第二条的要求。

第七条 本通知从发布之日起施行。

中国保监会

2013年4月9日

中国保监会关于加强农业保险业务经营资格管理的通知

保监发〔2013〕26号

各保监局、各财产保险公司：

为加强农业保险业务经营资格管理，根据《中华人民共和国保险法》、《农业保险条例》的相关规定，现将有关事项通知如下：

一、保险公司经营农业保险业务，应经保监会批准。未经批准，不得经营农业保险业务。

二、申请农业保险业务经营资格，应由保险公司总公司向保监会提出申请。

保险公司向保监会提交申请时，应列明拟开办的省（自治区、直辖市）。

三、保险公司申请农业保险业务经营资格，应当具备下列条件：

（一）保监会核定的业务范围内含农业保险业务；

（二）偿付能力充足，上一年度末及最近四个季度末偿付能力充足率均在150%以上；

（三）总公司具有经股东会或董事会认可的农业保险发展规划；

（四）有相对完善的基层农业保险服务网络。原则上在拟开办农业保险业务的县级区域应具备与业务规模相匹配的基层服务网络；

（五）总公司及拟开办区域的分支机构有专门的农业保险经营部门并配备相应的专业人员；

（六）有较完善的农业保险内控制度以及统计信息系统；

（七）农业保险业务能够实现与其他保险业务分开管理，信息系统支持单独核算农业保险业务损益；

（八）有较稳健的农业再保险和大灾风险安排以及风险应对预案；

（九）已在部分省（自治区、直辖市）开办农业保险业务的公司，如拟在其他省（自治区、直辖市）开办农业保险业务，其系统内上一年度农业保险业务应未受过监管机关行政处罚；

（十）保监会规定的其他条件。

专业性农业保险公司申请农业保险业务经营资格，不受第（二）款限制，但上一年度末偿付能力充足率不得低于100%。

申请财政给予保险费补贴的农业保险业务经营资格，还应符合财政部门保费补贴管理办法的相关规定。

四、保险公司申请农业保险业务经营资格时，应提交以下材料：

（一）上一年度末经审计的偿付能力报告及最近四个季度末偿付能力报告；

（二）经股东会或董事会认可的农业保险发展规划；

（三）农业保险基础工作情况。包括农业保险内控制度、统计信息系统、农业保险经营部门设置情况及专业人员配备情况；

（四）拟开办区域农业保险基层服务网络情况。包括在拟开办区域的分支机构数量和经

营情况、专业人才情况、软硬件设施以及县以下的农业保险服务网络建设方案;

（五）农业保险风险分散情况。包括拟开办险种的农业再保险和大灾风险安排以及风险应对预案等情况;

（六）保监会规定的其他材料。

五、保监会收到保险公司经营资格申请后,将在审核公司提交材料的基础上,并征求相关保监局意见后,决定是否批准。

保险公司只能在保监会批准的区域内经营农业保险业务。

六、已开办农业保险业务的保险机构有下列行为之一,情节严重的,保监会将按照《中华人民共和国保险法》、《农业保险条例》等法律法规的规定,采取限制其业务范围、责令停止接受新业务或者取消农业保险业务经营资格等措施:

（一）拒不依法履行保险合同约定的赔偿或者给付保险金义务的;

（二）故意编造未曾发生的保险事故、虚构保险合同或者故意夸大已经发生的保险事故的损失程度进行虚假理赔,骗取保险金或者牟取其他不正当利益的;

（三）挪用、截留、侵占保险费的;

（四）以不正当竞争行为扰乱保险市场秩序的;

（五）未按照规定申请批准农业保险保险条款、保险费率,或未按照规定使用经批准或者备案的农业保险条款、保险费率的;

（六）未按照规定提取或者结转各项责任准备金的;

（七）未按照规定办理再保险的。

七、保险公司与地方政府联办或保险公司为地方政府代办农业保险业务的,应由总公司将协议文件报保监会备案,或由保监会委托派出机构备案。

八、除专业性农业保险公司外,本通知下发前已开办农业保险业务的保险公司,应按照本通知的要求向保监会申请农业保险业务经营资格。2013 年 7 月 1 日前未向保监会提交申请或申请未获保监会批准的,不得再接受农业保险新单业务。

九、农业互助保险等保险组织的经营资格事宜另行规定。

十、本通知自下发之日起施行。

中国保监会
2013 年 4 月 7 日

证券投资基金托管业务管理办法

中国证券监督管理委员会、中国银行业监督管理委员会令第 92 号

《证券投资基金托管业务管理办法》已经 2013 年 2 月 17 日中国证券监督管理委员会第

28 次主席办公会议审议通过,现予公布,自公布之日起施行。

中国证券监督管理委员会主席:肖　钢
中国银行业监督管理委员会主席:尚福林
2013 年 4 月 2 日

证券投资基金托管业务管理办法

第一章　总　　则

第一条　为了规范证券投资基金托管业务,维护证券投资基金托管业务竞争秩序,保护基金份额持有人及相关当事人合法权益,促进证券投资基金健康发展,根据《证券投资基金法》、《银行业监督管理法》及其他相关法律、行政法规,制定本办法。

第二条　本办法所称证券投资基金(以下简称基金)托管,是指由依法设立并取得基金托管资格的商业银行或者其他金融机构担任托管人,按照法律法规的规定及基金合同的约定,对基金履行安全保管基金财产、办理清算交割、复核审查资产净值、开展投资监督、召集基金份额持有人大会等职责的行为。

第三条　商业银行从事基金托管业务,应当经中国证券监督管理委员会(以下简称中国证监会)和中国银行业监督管理委员会(以下简称中国银监会)核准,依法取得基金托管资格。其他金融机构从事基金托管业务,应当经中国证监会核准,依法取得基金托管资格。

未取得基金托管资格的机构,不得从事基金托管业务。

第四条　基金托管人应当遵守法律法规的规定以及基金合同和基金托管协议的约定,恪守职业道德和行为规范,诚实信用、谨慎勤勉,为基金份额持有人利益履行基金托管职责。

第五条　基金托管人的基金托管部门高级管理人员和其他从业人员应当忠实、勤勉地履行职责,不得从事损害基金财产和基金份额持有人利益的证券交易及其他活动。

第六条　中国证监会、中国银监会依照法律法规和审慎监管原则,对基金托管人及其基金托管业务活动实施监督管理。

第七条　中国证券投资基金业协会依据法律法规和自律规则,对基金托管人及其基金托管业务活动进行自律管理。

第二章　基金托管机构

第八条　申请基金托管资格的商业银行(以下简称申请人),应当具备下列条件:

(一)最近 3 个会计年度的年末净资产均不低于 20 亿元人民币,资本充足率等风险控制指标符合监管部门的有关规定;

(二)设有专门的基金托管部门,部门设置能够保证托管业务运营的完整与独立;

（三）基金托管部门拟任高级管理人员符合法定条件，取得基金从业资格的人员不低于该部门员工人数的1/2；拟从事基金清算、核算、投资监督、信息披露、内部稽核监控等业务的执业人员不少于8人，并具有基金从业资格，其中，核算、监督等核心业务岗位人员应当具备2年以上托管业务从业经验；

（四）有安全保管基金财产、确保基金财产完整与独立的条件；

（五）有安全高效的清算、交割系统；

（六）基金托管部门有满足营业需要的固定场所、配备独立的安全监控系统；

（七）基金托管部门配备独立的托管业务技术系统，包括网络系统、应用系统、安全防护系统、数据备份系统；

（八）有完善的内部稽核监控制度和风险控制制度；

（九）最近3年无重大违法违规记录；

（十）法律、行政法规规定的和经国务院批准的中国证监会、中国银监会规定的其他条件。

第九条 申请人应当具有健全的清算、交割业务制度，清算、交割系统应当符合下列规定：

（一）系统内证券交易结算资金及时汇划到账；

（二）从交易所、证券登记结算机构等相关机构安全接收交易结算数据；

（三）与基金管理人、基金注册登记机构、证券登记结算机构等相关业务机构的系统安全对接；

（四）依法执行基金管理人的投资指令，及时办理清算、交割事宜。

第十条 申请人的基金托管营业场所、安全防范设施、与基金托管业务有关的其他设施和相关制度，应当符合下列规定：

（一）基金托管部门的营业场所相对独立，配备门禁系统；

（二）能够接触基金交易数据的业务岗位有单独的办公场所，无关人员不得随意进入；

（三）有完善的基金交易数据保密制度；

（四）有安全的基金托管业务数据备份系统；

（五）有基金托管业务的应急处理方案，具备应急处理能力。

第十一条 申请人应当向中国证监会报送下列申请材料，同时抄报中国银监会：

（一）申请书；

（二）具有证券业务资格的会计师事务所出具的净资产和资本充足率专项验资报告；

（三）设立专门基金托管部门的证明文件，确保部门业务运营完整与独立的说明和承诺；

（四）内部机构设置和岗位职责规定；

（五）基金托管部门拟任高级管理人员和执业人员基本情况，包括拟任高级管理人员任职材料，拟任执业人员名单、履历、基金从业资格证明复印件、专业培训及岗位配备情况；

（六）关于安全保管基金财产有关条件的报告；

（七）关于基金清算、交割系统的运行测试报告；

（八）办公场所平面图、安全监控系统设计方案和安装调试情况报告；

（九）基金托管业务备份系统设计方案和应急处理方案、应急处理能力测试报告；

（十）相关业务规章制度，包括业务管理、操作规程、基金会计核算、基金清算、信息披露、内部稽核监控、内控与风险管理、信息系统管理、从业人员管理、保密与档案管理、重大可疑情况报告、应急处理及其他履行基金托管人职责所需的规章制度；

（十一）开办基金托管业务的商业计划书；

（十二）中国证监会、中国银监会规定的其他材料。

第十二条 中国证监会应当自收到申请材料之日起 5 个工作日内作出是否受理的决定。申请材料齐全、符合法定形式的，向申请人出具书面受理凭证；申请材料不齐全或者不符合法定形式的，应当一次告知申请人需要补正的全部内容。

第十三条 中国证监会应当自受理申请材料之日起 20 个工作日内作出行政许可决定。中国证监会作出予以核准决定的，应当会签中国银监会；作出不予核准决定的，应当说明理由并告知申请人，行政许可程序终止。

中国银监会应当自收到会签件之日起 20 个工作日内，作出行政许可决定。中国银监会作出予以核准决定的，中国证监会和中国银监会共同签发批准文件，并由中国证监会颁发基金托管业务许可证；中国银监会作出不予核准决定的，应当说明理由并告知申请人，行政许可程序终止。

第十四条 中国证监会、中国银监会在作出核准决定前，可以采取下列方式进行审查：

（一）以专家评审、核查等方式审查申请材料的内容；

（二）联合对商业银行拟设立基金托管部门的筹建情况进行现场检查，现场检查由两名以上工作人员进行，现场检查的时间不计算在本办法第十三条规定的期限内。

第十五条 取得基金托管资格的商业银行为基金托管人。基金托管人应当及时办理基金托管部门高级管理人员的任职手续。

第三章 托管职责的履行

第十六条 基金托管人在与基金管理人订立基金合同、基金招募说明书、基金托管协议等法律文件前，应当从保护基金份额持有人角度，对涉及投资范围与投资限制、基金费用、收益分配、会计估值、信息披露等方面的条款进行评估，确保相关约定合规清晰、风险揭示充分、会计估值科学公允。在基金托管协议中，还应当对基金托管人与基金管理人之间的业务监督与协作等职责进行详细约定。

第十七条 基金托管人应当安全保管基金财产，按照相关规定和基金托管协议约定履行下列职责：

（一）为所托管的不同基金财产分别设置资金账户、证券账户等投资交易必需的相关账户，确保基金财产的独立与完整；

（二）建立与基金管理人的对账机制，定期核对资金头寸、证券账目、资产净值等数据，及时核查认购与申购资金的到账、赎回资金的支付以及投资资金的支付与到账情况，并对基金的会计凭证、交易记录、合同协议等重要文件档案保存 15 年以上；

（三）对基金财产投资信息和相关资料负保密义务，除法律、行政法规和其他有关规定、监管机构及审计要求外，不得向任何机构或者个人泄露相关信息和资料。

第十八条 基金托管人应当与相关证券登记结算机构签订结算协议，依法承担作为市场结算参与人的相关职责。

基金托管人与基金管理人应当签订结算协议或者在基金托管协议中约定结算条款，明确双方在基金清算交收及相关风险控制方面的职责。基金清算交收过程中，出现基金财产中资金或证券不足以交收的，基金托管人应当及时通知基金管理人，督促基金管理人积极采取措施、最大程度控制违约交收风险与相关损失，并报告中国证监会。

第十九条 基金托管人与基金管理人应当按照《企业会计准则》及中国证监会的有关规定进行估值核算，对各类金融工具的估值方法予以定期评估。基金托管人发现基金份额净值计价出现错误的，应当提示基金管理人立即纠正，并采取合理措施防止损失进一步扩大。基金托管人发现基金份额净值计价出现重大错误或者估值出现重大偏离的，应当提示基金管理人依法履行披露和报告义务。

第二十条 基金托管人应当按照法律法规的规定以及基金合同的约定办理与基金托管业务有关的信息披露事项，包括但不限于：披露基金托管协议，对基金定期报告等信息披露文件中有关基金财务报告等信息及时进行复核审查并出具意见，在基金年度报告和半年度报告中出具托管人报告，就基金托管部门负责人变动等重大事项发布临时公告。

第二十一条 基金托管人应当根据基金合同及托管协议约定，制定基金投资监督标准与监督流程，对基金合同生效之后所托管基金的投资范围、投资比例、投资风格、投资限制、关联方交易等进行严格监督，及时提示基金管理人违规风险。

当发现基金管理人发出但未执行的投资指令或者已经生效的投资指令违反法律、行政法规和其他有关规定，或者基金合同约定，应当依法履行通知基金管理人等程序，并及时报告中国证监会，持续跟进基金管理人的后续处理，督促基金管理人依法履行披露义务。基金管理人的上述违规失信行为给基金财产或者基金份额持有人造成损害的，基金托管人应当督促基金管理人及时予以赔偿。

第二十二条 基金托管人应当对所托管基金履行法律法规、基金合同有关收益分配约定情况进行定期复核，发现基金收益分配有违规失信行为的，应当及时通知基金管理人，并报告中国证监会。

第二十三条 对于转换基金运作方式、更换基金管理人等需召开基金份额持有人大会审议的事项，基金托管人应当积极配合基金管理人召集基金份额持有人大会；基金管理人未按规定召集或者不能召集的，基金托管人应当按照规定召集基金份额持有人大会，并依法履行对外披露与报告义务。

第二十四条 基金托管人在取得基金托管资格后，不得长期不开展基金托管业务；在从事基金托管业务过程中，不得进行不正当竞争，不得利用非法手段垄断市场，不得违反基金托管协议约定将部分或者全部托管的基金财产委托他人托管。

第二十五条 基金托管人应当按照市场化原则，综合考虑基金托管规模、产品类别、服务内容、业务处理难易程度等因素，与基金管理人协商确定基金托管费用的计算方式和方法。

基金托管费用的计提方式和计算方法应当在基金合同、基金招募说明书中明确列示。

第四章 托管业务内部控制

第二十六条 基金托管人应当按照相关法律法规，针对基金托管业务建立科学合理、控制严密、运行高效的内部控制体系，保持托管业务内部控制制度健全、执行有效。

基金托管人应当每年聘请具有证券业务资格的会计师事务所，或者由托管人内部审计部门组织，针对基金托管法定业务和增值业务的内部控制制度建设与实施情况，开展相关审查与评估，出具评估报告。

第二十七条 基金托管人应当建立突发事件处理预案制度，对发生严重影响基金份额持有人利益、可能引发系统性风险或者严重影响社会稳定的突发事件，按照预案妥善处理。

第二十八条 基金托管人应当健全从业人员管理制度，完善信息管理及保密制度，加强对基金托管部门从业人员执业行为及投资基金等相关活动的管理。

基金托管部门的从业人员不得利用未公开信息为自己或者他人谋取利益。

第二十九条 基金托管人应当根据托管业务发展及其风险控制的需要，不断完善托管业务信息技术系统，配置足够的托管业务人员，规范岗位职责，加强职业培训，保证托管服务质量。

第三十条 基金托管人应当依法采取措施，确保基金托管和基金销售业务相互独立，切实保障基金财产的完整与独立。

第三十一条 基金托管人根据业务发展的需要，按照法律法规规定和基金托管协议约定委托符合条件的境外资产托管人开展境外资产托管业务的，应当对境外资产托管人进行尽职调查，制定遴选标准与程序，健全相关的业务风险管理和应急处理制度，加强对境外资产托管人的监督与约束。

第三十二条 基金托管人在法定托管职责之外依法开展基金服务外包等增值业务的，应当设立专门的团队与业务系统，与原有基金托管业务团队之间建立必要的业务隔离，有效防范潜在的利益冲突。

第五章 监督管理与法律责任

第三十三条 申请人在申请基金托管资格时，隐瞒有关情况或者提供虚假申请材料的，中国证监会、中国银监会不予受理或者不予核准，并给予警告；申请人在3年内不得再次申请基金托管资格。

申请人以欺骗、贿赂等不正当手段取得基金托管资格的，中国证监会商中国银监会取消基金托管资格，给予警告、罚款，由中国证监会注销基金托管业务许可证；中国银监会可以区别不同情形，责令申请人对直接负责的主管人员和其他直接责任人员给予纪律处分，或者对其给予警告、罚款，或者禁止其一定期限直至终身从事银行业工作；申请人在3年内不得再次申请基金托管资格；涉嫌犯罪的依法移送司法机关，追究刑事责任。

第三十四条 未取得基金托管资格擅自从事基金托管业务的，责令停止，没收违法所得，并处违法所得一倍以上五倍以下罚款；没有违法所得或者违法所得不足一百万元的，并处十万元以上一百万元以下罚款；对直接负责的主管人员和其他直接责任人员给予警告，并处三万元以上三十万元以下罚款。

第三十五条 基金托管人应当根据中国证监会的要求，履行下列信息报送义务：

（一）基金投资运作监督报告；

（二）基金托管业务运营情况报告；

（三）基金托管业务内部控制年度评估报告；

（四）中国证监会根据审慎监管原则要求报送的其他材料。

第三十六条 当基金托管人发生下列情形之一的，应当自发生之日起5日内向中国证监会报告：

（一）基金托管部门的设置发生重大变更；

（二）托管人或者其基金托管部门的名称、住所发生变更；

（三）基金托管部门的高级管理人员发生变更；

（四）托管人及基金托管部门的高级管理人员受到刑事、行政处罚，或者被监管机构、司法机关调查；

（五）涉及托管业务的重大诉讼或者仲裁；

（六）与基金托管业务相关的其他重大事项。

第三十七条 中国证监会可以根据日常监管情况，对基金托管人的基金托管部门进行现场检查，并采取下列措施：

（一）要求提供与检查事项有关的文件、会议记录、报表、凭证和其他资料，查阅、复制与检查事项有关的文件；

（二）询问相关工作人员，要求其对有关检查事项做出说明；

（三）检查基金托管业务系统；

（四）中国证监会规定的其他措施。

中国证监会进行现场检查后，应当向被检查的基金托管人出具检查结论。基金托管人及有关人员应当配合中国证监会进行检查，不得以任何理由拒绝、拖延提供有关材料，或者提供不真实、不准确、不完整的资料。

第三十八条 基金托管人在开展基金托管业务过程中违反本办法规定，中国证监会应当责令限期整改，整改期间可以暂停其办理新的基金托管业务；对直接负责的基金托管业务主管人员和其他直接责任人员，可以采取监管谈话、出具警示函等行政监管措施。

第三十九条 对有下列情形之一的基金托管人，中国证监会商中国银监会可以依法取消其基金托管资格，依法给予罚款；对直接负责的主管人员和其他直接责任人员，中国证监会依法给予罚款，可以并处暂停或者撤销基金从业资格，中国银监会可以并处禁止一定期限直至终身从事银行业工作：

（一）连续3年没有开展基金托管业务的；

（二）未能在规定时间内通过整改验收的；

（三）违反法律法规，情节严重的；

（四）法律法规规定的其他情形。

第六章 附 则

第四十条 本办法适用于境内法人商业银行及境内依法设立的其他金融机构。

第四十一条 非银行金融机构申请基金托管资格的条件与程序由中国证监会另行规定。

第四十二条 本办法自 2013 年 4 月 2 日起施行。2004 年 11 月 29 日中国证监会、中国银监会联合公布的《证券投资基金托管资格管理办法》同时废止。

关于进一步完善证券公司缴纳证券投资者保护基金有关事项的补充规定

中国证券监督管理委员会公告〔2013〕22 号

现公布《关于进一步完善证券公司缴纳证券投资者保护基金有关事项的补充规定》，自公布之日起施行。

中国证监会
2013 年 4 月 2 日

关于进一步完善证券公司缴纳证券投资者保护基金有关事项的补充规定

根据《证券投资者保护基金管理办法》（证监会令第 27 号）、《证券公司缴纳证券投资者保护基金实施办法（试行）》（证监发〔2007〕50 号）等有关规定，现就证券公司缴纳证券投资者保护基金（以下简称保护基金）有关事项补充规定如下：

一、中国证券投资者保护基金有限责任公司负责按年根据证券公司分类结果等，确定不同级别证券公司缴纳保护基金的具体比例，报证监会批准后，发布实施。

二、保护基金规模在 200 亿以上时，AAA、AA、A、BBB、BB、B、CCC、CC、C、D 等 10 级证券公司，分别按照其营业收入的 0.5%、0.75%、1%、1.5%、1.75%、2%、2.5%、2.75%、3%、3.5% 的比例缴纳保护基金。

对于连续三年（含缴纳当年）评定等级为 A 类并且缴纳当年评定为 AA 级以上（含）的证券公司，按照其营业收入的 0.5% 的比例缴纳保护基金；对于连续三年（含缴纳当年）评定等级为 A 类并且缴纳当年评定为 A 级的证券公司，按照其营业收入的 0.75% 的比例缴纳保护基金。

三、保护基金规模在200亿以上，且上一年度证券公司亏损面在10%~30%（含）之间时，A类、B类、C类、D类证券公司，分别按照其营业收入的0.5%、0.75%、1%、1.25%的比例缴纳保护基金。

四、保护基金规模在200亿以上，且上一年度证券公司亏损面超过30%时，所有证券公司按照0.5%的最低比例缴纳保护基金。

五、保护基金规模在200亿（含）以下时，AAA、AA、A、BBB、BB、B、CCC、CC、C、D等10级证券公司，分别按照其营业收入的0.5%、1%、1.5%、2%、2.5%、3%、3.5%、4%、4.5%、5%的比例缴纳保护基金。

六、证券公司亏损面的认定以证监会CISP系统查询平台提供的数据为准。

七、进出口

关于印发鼓励进口技术和产品目录（2014年版）的通知

发改产业〔2014〕426号

各省、自治区、直辖市及计划单列市发展改革委、财政厅（局）、商务主管部门，新疆生产建设兵团发展改革委、财务局、商务局：

　　为积极扩大先进技术、关键装备及零部件、紧缺资源性产品的进口，支持重点行业发展，更好的发挥进口贴息政策对促进技术创新和结构调整的积极作用，现印发《鼓励进口技术和产品目录（2014年版）》，自发布之日起实施。

　　国家发展改革委、财政部、商务部《关于发布鼓励进口技术和产品目录（2011年版）的通知》（发改产业〔2011〕937号）所附《鼓励进口技术和产品目录（2011年版）》同时废止。国家发展改革委会同财政部、商务部将根据情况需要，适时对目录进行调整。

　　附件：鼓励进口技术和产品目录（2014年版）（略——编者注）

国家发展改革委
财政部
商务部
2014年3月13日

关于调整重大技术装备进口税收政策的通知

财关税〔2014〕2号

各省、自治区、直辖市、计划单列市财政厅（局）、发展改革委、工业和信息化主管部门、国家税务局，新疆生产建设兵团财务局、发展改革委，海关总署广东分署、各直属海关，财政部驻各省、自治区、直辖市、计划单列市财政监察专员办事处：

为贯彻落实国务院关于装备制造业振兴规划有关决定，提高我国装备制造业的核心竞争力及自主创新能力，推动产业结构调整和升级，促进国民经济可持续发展，2009年8月，财政部会同国家发展改革委、工业和信息化部、海关总署、国家税务总局、国家能源局出台了重大技术装备进口税收政策。根据近年来国内装备制造业及其配套产业的发展情况，在广泛听取产业主管部门、行业协会及相关企业等方面意见的基础上，决定对重大技术装备进口税收政策有关规定和目录进行调整。现通知如下：

一、《重大技术装备进口税收政策规定》（见附件1）自2014年3月1日起执行。

二、《国家支持发展的重大技术装备和产品目录（2014年修订）》（见附件2）和《重大技术装备和产品进口关键零部件及原材料商品目录（2014年修订）》（见附件3）自2014年3月1日起执行，符合规定条件的国内企业为生产本通知附件2所列装备或产品而确有必要进口本通知附件3所列商品，免征关税和进口环节增值税。

三、《进口不予免税的重大技术装备和产品目录（2014年修订）》（见附件4，以下简称《不免目录》）自2014年3月1日起执行。对2014年3月1日（含3月1日）以后批准的按照或比照《国务院关于调整进口设备税收政策的通知》（国发〔1997〕37号）规定享受进口税收优惠政策的下列项目和企业，进口本通知附件4所列自用设备以及按照合同随上述设备进口的技术及配套件、备件，一律照章征收进口税收：

（一）国家鼓励发展的国内投资项目和外商投资项目；

（二）外国政府贷款和国际金融组织贷款项目；

（三）由外商提供不作价进口设备的加工贸易企业；

（四）中西部地区外商投资优势产业项目；

（五）《海关总署关于进一步鼓励外商投资有关进口税收政策的通知》（署税〔1999〕791号）规定的外商投资企业和外商投资设立的研究中心利用自有资金进行技术改造项目。

为保证《不免目录》调整前已批准的上述项目顺利实施，对2014年3月1日前（不含3月1日）批准的上述项目和企业在2014年9月1日前（不含9月1日）进口本通知附件4所列设备，继续按照《财政部 工业和信息化部 海关总署 国家税务总局关于调整重大技术装备进口税收政策有关目录的通知》（财关税〔2012〕14号）附件3、《财政部 工业和信息化部 海关总署 国家税务总局关于调整重大技术装备进口税收政策有关目录的通知》（财关税〔2013〕14号）附件3、《财政部 国家发展改革委 海关总署 国家税务总局关于调整〈国内投资项目不予免税的进口商品目录〉的公告》（2012年第83号）执行。对于有关进口设备按照调整前有关目录审核不符合免税条件，而按照调整后的《不免目录》审核符合免税条件的，自2014年3月1日起按照调整后的《不免目录》执行。货物已经征税进口的，不再予以退税。

自2014年9月1日起对上述项目和企业进口本通知《不免目录》中设备，一律照章征收进口税收。为保证政策执行的统一性，对有关项目和企业进口商品需对照《不免目录》和《国内投资项目不予免税的进口商品目录（2012年调整）》审核征免税的，《不免目录》与《国内投资项目不予免税的进口商品目录（2012年调整）》所列商品名称相同，或仅在《不免目录》中列名的商品，一律以《不免目录》所列商品及其技术规格指标为准。

四、根据国内产业发展情况，自 2014 年 3 月 1 日起，将国家支持发展的油气钻探设备、半潜式钻井平台、液化天然气运输船、深水物探船、接触网多功能综合作业车、湿式电除尘器等装备纳入到重大技术装备进口税收政策支持范围（见附件 2）。

自 2014 年 3 月 1 日起，取消直流供电牵引设备、火灾自动报警及气体灭火系统、联锁系统、燃煤电站烟气脱硝成套设备等装备进口免税政策；调整三代核电机组核岛设备、二代改进型核电机组核岛设备与常规岛设备、清筛机、混凝土泵车、城市轨道交通装备等装备的进口免税零部件及原材料目录（见附件 3）。

五、2014 年新申请享受重大技术装备进口税收政策的企业或项目业主，应在 2014 年 3 月 1 日至 3 月 31 日提交申请文件，逾期不予受理，具体申请程序和要求按照本通知附件 1 执行。

省级工业和信息化主管部门应按照规定程序和要求对上述领域的地方制造企业申请材料进行初审，并在 2014 年 4 月 15 日前将申请文件及初审意见汇总上报工业和信息化部，逾期不予受理。自 2014 年 3 月 1 日起，新申请企业提交的申请文件经初审符合要求的，企业凭受理部门出具的证明文件向海关申请凭税款担保先予办理有关零部件及原材料放行手续。

工业和信息化部、国家发展改革委、国家能源局应在 2014 年 5 月 15 日前将制造企业或项目业主资格认定及相关因素核定结果报送财政部，逾期不予受理。

六、申请享受 2015 年度以及以后重大技术装备进口税收政策的企业或项目业主，应按照按本通知附件 1 有关规定在上一年度 11 月 1 日至 30 日提交申请文件。

七、2013 年已获得免税资格的制造企业、承担城市轨道交通自主化依托项目业主、承担核电装备自主化依托项目业主，在 2014 年 3 月 1 日前（不含 3 月 1 日）继续申请免税进口关键零部件及原材料的，按照财关税〔2012〕14 号、财关税〔2013〕14 号文件有关规定及目录执行；自 2014 年 3 月 1 日起，2013 年已获得免税资格的企业及业主继续申请免税进口关键零部件及原材料的，按照本通知有关规定及目录执行。

八、2013 年已享受重大技术装备进口税收优惠政策的制造企业和项目业主，应在 2014 年 3 月 1 日至 3 月 31 日按照本通知附件 1 有关要求向财政部和海关总署报送享受政策落实情况报告，逾期未提交报告的企业或项目业主视为放弃享受政策。

九、自 2014 年 3 月 1 日起，下列文件予以废止：

1.《财政部 发展改革委 工业和信息化部 海关总署 国家税务总局 国家能源局关于调整重大技术装备进口税收政策的通知》（财关税〔2009〕55 号）

2.《财政部 工业和信息化部 海关总署 国家税务总局关于调整重大技术装备进口税收政策有关目录的通知》（财关税〔2012〕14 号）

3.《财政部 工业和信息化部 海关总署 国家税务总局关于调整重大技术装备进口税收政策有关目录的通知》（财关税〔2013〕14 号）

附件：
    1. 重大技术装备进口税收政策规定（略——编者注）
    2. 国家支持发展的重大技术装备和产品目录（2014 年修订）（略——编者注）

3. 重大技术装备和产品进口关键零部件及原材料商品目录（2014年修订）（略——编者注）

4. 进口不予免税的重大技术装备和产品目录（2014年修订）（略——编者注）

财政部
国家发展改革委
工业和信息化部
海关总署
国家税务总局
国家能源局
2014年2月18日

进口饲料和饲料添加剂登记管理办法

中华人民共和国农业部令2014年第2号

《进口饲料和饲料添加剂登记管理办法》业经2013年12月27日农业部第11次常务会议审议通过，现予公布，自2014年7月1日起施行。农业部2000年8月17日公布、2004年7月1日修订的《进口饲料和饲料添加剂登记管理办法》同时废止。

部长　韩长赋
2014年1月13日

进口饲料和饲料添加剂登记管理办法

第一条　为加强进口饲料、饲料添加剂监督管理，保障动物产品质量安全，根据《饲料和饲料添加剂管理条例》，制定本办法。

第二条　本办法所称饲料，是指经工业化加工、制作的供动物食用的产品，包括单一饲料、添加剂预混合饲料、浓缩饲料、配合饲料和精料补充料。

本办法所称饲料添加剂，是指在饲料加工、制作、使用过程中添加的少量或者微量物质，包括营养性饲料添加剂和一般饲料添加剂。

第三条　境外企业首次向中国出口饲料、饲料添加剂，应当向农业部申请进口登记，取得饲料、饲料添加剂进口登记证；未取得进口登记证的，不得在中国境内销售、使用。

第四条 境外企业申请进口登记，应当委托中国境内代理机构办理。

第五条 申请进口登记的饲料、饲料添加剂，应当符合生产地和中国的相关法律法规、技术规范的要求。

生产地未批准生产、使用或者禁止生产、使用的饲料、饲料添加剂，不予登记。

第六条 申请饲料、饲料添加剂进口登记，应当向农业部提交真实、完整、规范的申请资料（中英文对照，一式两份）和样品。

第七条 申请资料包括：

（一）饲料、饲料添加剂进口登记申请表；

（二）委托书和境内代理机构资质证明：境外企业委托其常驻中国代表机构代理登记的，应当提供委托书原件和《外国企业常驻中国代表机构登记证》复印件；委托境内其他机构代理登记的，应当提供委托书原件和代理机构法人营业执照复印件；

（三）生产地批准生产、使用的证明，生产地以外其他国家、地区的登记资料，产品推广应用情况；

（四）进口饲料的产品名称、组成成分、理化性质、适用范围、使用方法；进口饲料添加剂的产品名称、主要成分、理化性质、产品来源、使用目的、适用范围、使用方法；

（五）生产工艺、质量标准、检测方法和检验报告；

（六）生产地使用的标签、商标和中文标签式样；

（七）微生物产品或者发酵制品，还应当提供权威机构出具的菌株保藏证明。

向中国出口本办法第十三条规定的饲料、饲料添加剂的，还应当提交以下申请资料：

（一）有效组分的化学结构鉴定报告或动物、植物、微生物的分类鉴定报告；

（二）农业部指定的试验机构出具的产品有效性评价试验报告、安全性评价试验报告（包括靶动物耐受性评价报告、毒理学安全评价报告、代谢和残留评价报告等）；申请饲料添加剂进口登记的，还应当提供该饲料添加剂在养殖产品中的残留可能对人体健康造成影响的分析评价报告；

（三）稳定性试验报告、环境影响报告；

（四）在饲料产品中有最高限量要求的，还应当提供最高限量值和有效组分在饲料产品中的检测方法。

第八条 产品样品应当符合以下要求：

（一）每个产品提供3个批次、每个批次2份的样品，每份样品不少于检测需要量的5倍；

（二）必要时提供相关的标准品或者化学对照品。

第九条 农业部自受理申请之日起10个工作日内对申请资料进行审查；审查合格的，通知申请人将样品交由农业部指定的检验机构进行复核检测。

第十条 复核检测包括质量标准复核和样品检测。检测方法有国家标准和行业标准的，优先采用国家标准或者行业标准；没有国家标准和行业标准的，采用申请人提供的检测方法；必要时，检验机构可以根据实际情况对检测方法进行调整。

检验机构应当在3个月内完成复核检测工作，并将复核检测报告报送农业部，同时抄送申请人。

第十一条 境外企业对复核检测结果有异议的，应当自收到复核检测报告之日起15个工作日内申请复检。

第十二条　复核检测合格的，农业部在 10 个工作日内核发饲料、饲料添加剂进口登记证，并予以公告。

第十三条　申请进口登记的饲料、饲料添加剂有下列情形之一的，由农业部依照新饲料、新饲料添加剂的评审程序组织评审：

（一）向中国出口中国境内尚未使用但生产地已经批准生产和使用的饲料、饲料添加剂的；

（二）饲料添加剂扩大适用范围的；

（三）饲料添加剂含量规格低于饲料添加剂安全使用规范要求的，但由饲料添加剂与载体或者稀释剂按照一定比例配制的除外；

（四）饲料添加剂生产工艺发生重大变化的；

（五）农业部已核发新饲料、新饲料添加剂证书的产品，自获证之日起超过 3 年未投入生产的；

（六）存在质量安全风险的其他情形。

第十四条　饲料、饲料添加剂进口登记证有效期为 5 年。

饲料、饲料添加剂进口登记证有效期满需要继续向中国出口饲料、饲料添加剂的，应当在有效期届满 6 个月前申请续展。

第十五条　申请续展应当提供以下资料：

（一）进口饲料、饲料添加剂续展登记申请表；

（二）进口登记证复印件；

（三）委托书和境内代理机构资质证明；

（四）生产地批准生产、使用的证明；

（五）质量标准、检测方法和检验报告；

（六）生产地使用的标签、商标和中文标签式样。

第十六条　有下列情形之一的，申请续展时还应当提交样品进行复核检测：

（一）根据相关法律法规、技术规范，需要对产品质量安全检测项目进行调整的；

（二）产品检测方法发生改变的；

（三）监督抽查中有不合格记录的。

第十七条　进口登记证有效期内，进口饲料、饲料添加剂的生产场所迁址，或者产品质量标准、生产工艺、适用范围等发生变化的，应当重新申请登记。

第十八条　进口饲料、饲料添加剂在进口登记证有效期内有下列情形之一的，应当申请变更登记：

（一）产品的中文或外文商品名称改变的；

（二）申请企业名称改变的；

（三）生产厂家名称改变的；

（四）生产地址名称改变的。

第十九条　申请变更登记应当提供以下资料：

（一）进口饲料、饲料添加剂变更登记申请表；

（二）委托书和境内代理机构资质证明；

（三）进口登记证原件；

（四）变更说明及相关证明文件。

农业部在受理变更登记申请后10个工作日内作出是否准予变更的决定。

第二十条 从事进口饲料、饲料添加剂登记工作的相关单位和人员，应当对申请人提交的需要保密的技术资料保密。

第二十一条 境外企业应当依法在中国境内设立销售机构或者委托符合条件的中国境内代理机构销售进口饲料、饲料添加剂。

境外企业不得直接在中国境内销售进口饲料、饲料添加剂。

第二十二条 境外企业应当在取得饲料、饲料添加剂进口登记证之日起6个月内，在中国境内设立销售机构或者委托销售代理机构并报农业部备案。

前款规定的销售机构或者销售代理机构发生变更的，应当在1个月内报农业部重新备案。

第二十三条 进口饲料、饲料添加剂应当包装，包装应当符合中国有关安全、卫生的规定，并附具符合规定的中文标签。

第二十四条 进口饲料、饲料添加剂在使用过程中被证实对养殖动物、人体健康或环境有害的，由农业部公告禁用并撤销进口登记证。

饲料、饲料添加剂进口登记证有效期内，生产地禁止使用该饲料、饲料添加剂产品或者撤销其生产、使用许可的，境外企业应当立即向农业部报告，由农业部撤销进口登记证并公告。

第二十五条 境外企业发现其向中国出口的饲料、饲料添加剂对养殖动物、人体健康有害或者存在其他安全隐患的，应当立即通知其在中国境内的销售机构或者销售代理机构，并向农业部报告。

境外企业在中国境内的销售机构或者销售代理机构应当主动召回前款规定的产品，记录召回情况，并向销售地饲料管理部门报告。

召回的产品应当在县级以上地方人民政府饲料管理部门监督下予以无害化处理或者销毁。

第二十六条 农业部和县级以上地方人民政府饲料管理部门，应当根据需要定期或者不定期组织实施进口饲料、饲料添加剂监督抽查；进口饲料、饲料添加剂监督抽查检测工作由农业部或者省、自治区、直辖市人民政府饲料管理部门指定的具有相应技术条件的机构承担。

进口饲料、饲料添加剂监督抽查检测，依据进口登记过程中复核检测确定的质量标准进行。

第二十七条 农业部和省级人民政府饲料管理部门应当及时公布监督抽查结果，并可以公布具有不良记录的境外企业及其销售机构、销售代理机构名单。

第二十八条 从事进口饲料、饲料添加剂登记工作的相关人员，不履行本办法规定的职责或者滥用职权、玩忽职守、徇私舞弊的，依法给予处分；构成犯罪的，依法追究刑事责任。

第二十九条 提供虚假资料、样品或者采取其他欺骗手段申请进口登记的，农业部对该申请不予受理或者不予批准，1年内不再受理该境外企业和登记代理机构的进口登记申请。

提供虚假资料、样品或者采取其他欺骗方式取得饲料、饲料添加剂进口登记证的，由农业部撤销进口登记证，对登记代理机构处 5 万元以上 10 万元以下罚款，3 年内不再受理该境外企业和登记代理机构的进口登记申请。

第三十条 其他违反本办法的行为，依照《饲料和饲料添加剂管理条例》的有关规定处罚。

第三十一条 本办法自 2014 年 7 月 1 日起施行。农业部 2000 年 8 月 17 日公布、2004 年 7 月 1 日修订的《进口饲料和饲料添加剂登记管理办法》同时废止。

关于中国（上海）自由贸易试验区有关进口税收政策的通知

财关税〔2013〕75号

上海市财政局、上海海关、上海市国家税务局：

为贯彻落实《中国（上海）自由贸易试验区总体方案》中的相关政策，现就中国（上海）自由贸易试验区有关进口税收政策通知如下：

一、对试验区内注册的国内租赁公司或其设立的项目子公司，经国家有关部门批准从境外购买空载重量在 25 吨以上并租赁给国内航空公司使用的飞机，享受《财政部 国家税务总局关于调整进口飞机有关增值税政策的通知》（财关税〔2013〕53号）和《海关总署关于调整进口飞机进口环节增值税有关问题的通知》（署税发〔2013〕90号）规定的增值税优惠政策。

二、对设在试验区内的企业生产、加工并经"二线"销往内地的货物照章征收进口环节增值税、消费税。根据企业申请，试行对该内销货物按其对应进口料件或按实际报验状态征收关税的政策。

三、在现行政策框架下，对试验区内生产企业和生产性服务业企业进口所需的机器、设备等货物予以免税，但生活性服务业等企业进口的货物以及法律、行政法规和相关规定明确不予免税的货物除外。

四、在严格执行货物进口税收政策的前提下，允许在特定区域设立保税展示交易平台。

除上述进口税收政策外，中国（上海）自由贸易试验区所属的上海外高桥保税区、上海外高桥保税物流园区、洋山保税港区和上海浦东机场综合保税区分别执行现行相应海关特殊监管区域的税收政策。

本通知自中国（上海）自由贸易试验区挂牌成立之日起执行。

财政部
海关总署
国家税务总局
2013 年 10 月 15 日

关于平潭综合实验区有关进口税收政策的通知

财关税〔2013〕62号

福建省财政厅、福州海关、福建省国家税务局：

为贯彻落实《平潭综合实验区总体发展规划》中的相关政策，现就平潭综合实验区有关进口货物税收政策通知如下：

一、有关进口税收政策

平潭综合实验区的有关进口税收政策，除法律、法规和现行政策另有规定外，按照下列规定办理：

1. 对从境外进入平潭与生产有关的下列货物实行备案管理，给予免税：平潭综合实验区内（以下简称区内）生产性的基础设施建设项目所需的机器、设备和建设生产厂房、仓储设施所需的基建物资；区内生产企业运营所需的机器、设备、模具及其维修用零配件；区内从事研发设计、检测维修、物流、服务外包等企业进口所需的机器、设备等货物。在"一线"不予免税的货物清单具体见本通知第二条。

2. 对从境外进入平潭与生产有关的下列货物实行备案管理，给予保税：区内企业为加工出口产品所需的原材料、零部件、元器件、包装物料及消耗性材料；区内物流企业进口用于流转的货物。在"一线"不予保税的货物清单具体见本通知第三条。

3. 货物从平潭进入内地按有关规定办理进口报关手续，按实际报验状态征税，在"一线"已完税的生活消费类等货物除外。

4. 平潭企业将免税、保税的货物（包括用免税、保税的料件生产的货物）销售给个人的，应按进口货物的有关规定补齐相应的进口税款。

5. 对设在平潭的企业生产、加工并经"二线"销往内地的货物照章征收进口环节增值税、消费税。根据企业申请，试行对该内销货物按其对应进口料件或按实际报验状态征收关税政策，经实际操作并不断完善后再正式实施。

二、在"一线"不予免税的货物清单

在"一线"不予免税的货物包括：

1. 法律、行政法规和相关规定明确不予免税的货物。
2. 国家规定禁止进口的商品。
3. 商业性房地产开发项目进口的货物，即兴建宾馆饭店、写字楼、别墅、公寓、住宅、商业购物场所、娱乐服务业场馆、餐饮业店馆以及其他商业性房地产项目进口的建设物资、设备（如电梯、空调、水泥、钢材、大理石、灯具等建筑材料和装饰装修材料）。
4. 生活消费类货物，具体如下：

序号	商品名称	税则号列	备注
1	活动物；动物产品	第一章至第四章全部税号	
2	食用蔬菜、根及块茎	第七章全部税号	
3	食用水果及坚果；柑橘属水果或甜瓜的果皮	第八章全部税号	
4	咖啡、茶、马黛茶及调味香料；谷物	第九章全部税号；第十章全部税号	
5	制粉工业产品；麦芽；淀粉；菊粉；面筋	第十一章全部税号	
6	含油子仁及果实；杂项子仁及果实	1201—1208；1211—1213	
7	动、植物油、脂及其分解产品；精致的食用油脂	1501—1517	
8	食品；饮料、酒及醋；烟草、烟草及烟草代用品的制品	第十六章至第二十二章全部税号；第二十四章全部税号；25010011	
9	成品油	2710	
10	药品	第三十章全部税号	
11	精油及香膏；芳香料制品及化妆品	3301；3303—3307	
12	肥皂、洗涤剂等	第三十四章全部税号	
13	烟火制品；火柴	36041000；3605	
14	塑料浴缸、淋浴盘等；塑料制的餐具、厨房用具等	3922；3924—3926	
15	硫化橡胶制的卫生及医疗用品	4014	
16	衣箱、提箱、小手袋等；皮革或再生皮革制的衣服及衣着附件	4202—4203	
17	毛皮制的衣服、衣着附件及其他制品；人造毛皮及其制品	4303—4304	
18	木制的画框、相框、镜框等；木制餐具及厨房用具；衣架	4414；4419；44211000	
19	软木制品	4503—4504	
20	稻草、秸秆、针茅或其他编结材料制品等	第四十六章全部税号	
21	卫生纸、面巾纸等	4803；4817—4820	
22	书籍、报纸等	32159010；第四十九章全部税号	
23	羊毛、棉花、毛条	5101；51031010；52010000；52030000；51051000、51052100、51052900	
24	地毯及纺织材料的其他铺地制品；特种机织物；簇绒织物等	第五十七章全部税号；第五十八章全部税号	
25	针织物及钩编织物；针织或钩编的服装及衣着附件；非针织物或非钩编的服装及衣着附件	第六十章至六十二章全部税号	
26	其他纺织制成品等	6301—6304；6306—6309	
27	鞋、帽、伞、杖、鞭及其零件；已加工的羽毛及其制品；人造花；人发制品	第六十四章全部税号；6504—6507；第六十六章至六十七章全部税号	
28	陶瓷产品	6910—6912	
29	玻璃制品	7013；70200091、70200099	

（续表）

序号	商品名称	税则号列	备注
30	天然或养殖珍珠、宝石或半宝石、贵金属、包贵金属及其制品；	第七十一章中除7112之外的其他全部税号	
31	钢铁制品	7323—7324	
32	铜制品	7418、74199950	
33	铝制品	7615	
34	家用工具；厨房或餐桌用具；非电动的贱金属铃、钟等	82055100；8210；82119100；8213；8214；8215；83013000；8306	
35	空调器；家用型冷藏箱；家用洗碟机；家用型洗衣机；家用型缝纫机等家用器具	84151010—84158300、84181010—84182990、84183021、84183029、84184021、84184029、84185000、84212110、84213910、84219910、84221100、84231000、84248910、8450、84511000、84521010—84521099、84529011—84529019	
36	微型计算机及外设；电子计算器	84433110、84433190、84433211、84433212、84433213、84433219；8470、84713000、84714140、84714940、84715040、84716050、84716060、84716071、84716072、84716090、84717090、85235110、85235120、85258013、85284100、85285110、85285190、85286100	税号84716090仅指IC卡读入器；税号84717090仅指移动硬盘；税号85258013仅指计算机用网络摄像头。
37	家用电动器具；手提式电灯；电话机；音响设备；录像机；放像机；磁带；数据存储器件等；摄像机；电视机	8509—8510；85121000；8513；85161010—85162100、85162920、85162931—85162939、85163100、85164000—85167990、85171100—85171220、85171800、85176299、85176910、85176990、85181000—85185000、8519；8521；8523；85258012、85258013、85258022、85258029、85258032—85258039；8527；85284910、85284990、85285910、85285990、85286910、85286990、85287110—85287300	税号85176990仅指可视电话
38	车辆	8701—8703；8711—8712；8715；87161000	
39	航空器	8801；88021100—88024020；8804	
40	船舶	8901；8903	
41	相机或摄录一体机镜头；望远镜；照相机	85258022—85258029；90021131、90021139；90051000；90064000、90065100、90065300、90065990	
42	钟表	9101—9103、9105—9106	
43	乐器	9201—9208	

（续表）

序号	商品名称	税则号列	备注
44	座具；其他家具；弹簧床垫、寝具等；灯具；活动房屋	94012010—94018090；94032000、94034000—94038990；9404；94051000—94052000、94053000；9406	
45	玩具、游戏品、运动用品	第九十五章全部税号	
46	画笔、毛笔及化妆用的类似笔；旅行用具；纽扣；圆珠笔；铅笔；打火机等	96033010—96033090；9605；9606；9608；9609；9613—9617；9619	
47	艺术品、收藏品及古物	第九十七章全部税号	

5. 20种不予减免税的商品中未列入上述生活消费类货物清单的其他商品。

6. 其他与生产无关的货物。

三、在"一线"不予保税的货物清单

在"一线"不予保税的货物包括：

1. 法律、行政法规和相关规定明确不予保税的货物。

2. 国家规定禁止进口的商品。

3. 商业性房地产开发项目进口的货物，即兴建宾馆饭店、写字楼、别墅、公寓、住宅、商业购物场所、娱乐服务业场馆、餐饮业店馆以及其他商业性房地产项目进口的建设物资、设备（如电梯、空调、水泥、钢材、大理石、灯具等建筑材料和装饰装修材料）。

4. 区内个人、企业和行政管理机构自用的生活消费类用品（具体商品范围同第二条中的"4"和"5"）。

5. 列入加工贸易禁止类目录的商品。

6. 其他与生产无关的货物。

四、其他有关事项

根据政策执行的实际情况，并在保持政策相对稳定的前提下，由财政部会同有关部门适时调整在"一线"不予免税的货物清单和在"一线"不予保税的货物清单。

本通知自平潭综合实验区相关监管设施验收合格、正式开关运行之日起执行。

特此通知。

财政部
海关总署
国家税务总局
2013年9月3日

关于调整进口飞机有关增值税政策的通知

财关税〔2013〕53号

海关总署、民航局：

经国务院批准，自2013年8月30日起，对按此前规定所有减按4%征收进口环节增值税的空载重量在25吨以上的进口飞机，调整为按5%征收进口环节增值税。同时，停止执行《财政部 国家税务总局关于调整国内航空公司进口飞机有关增值税政策的通知》（财关税〔2004〕43号）。

财政部
国家税务总局
2013年8月29日

质检总局关于发布《出入境检验检疫企业信用管理办法》的公告

国家质量监督检验检疫总局公告2013年第93号

为推进社会信用体系建设，规范出入境检验检疫企业信用管理，增强企业诚信意识，促进对外贸易健康发展，根据出入境检验检疫相关法律法规和国务院关于加强诚信体系建设的有关要求，质检总局制定了《出入境检验检疫企业信用管理办法》，现予发布（见附件），自2014年1月1日起执行。

质检总局
2013年7月16日

出入境检验检疫企业信用管理办法

第一章 总 则

第一条 为推进社会信用体系建设，规范出入境检验检疫企业信用管理，增强企业诚信意识，促进对外贸易健康发展，根据出入境检验检疫相关法律法规的规定，制定本办法。

第二条 本办法所称信用管理是指出入境检验检疫机构对企业的信用信息开展的记录、处理、使用和公开等活动。

第三条 企业信用信息包括企业基本信息、企业守法信息、企业质量管理能力信息、产品质量信息、检验检疫监管信息、社会对企业信用评价信息以及其他相关信息。

（一）企业基本信息包括企业名称、组织机构代码、法定代表人、地址、备案/注册登记号等信息。

（二）企业守法信息包括企业遵守检验检疫法律法规及相关违法、违规等情况。

（三）企业质量管理能力信息包括企业质量管理体系的建立及运行等情况。

（四）产品质量信息包括企业产品检验检疫合格率、国外通报、退运、召回、索赔等情况。

（五）检验检疫监管信息包括企业遵守检验检疫相关管理规定、执行技术规范和标准等情况。

（六）社会对企业信用评价信息包括政府管理部门情况通报、媒体报道及社会公众举报投诉等情况。

第四条 本办法适用于出入境检验检疫机构依法实施监督管理的对象，包括：

（一）出口企业、进口企业（如进口食品境外出口商、代理商及境内进口商、出口食品生产企业及出口商、进口化妆品境内收货人、出口化妆品生产企业及发货人等）；

（二）代理报检企业、出入境快件运营企业、检疫处理单位；

（三）口岸食品生产经营单位、监管场库、检验鉴定机构；

（四）其他需实施信用管理的检验检疫监督管理对象。

第五条 国家质量监督检验检疫总局（以下简称国家质检总局）主管全国出入境检验检疫企业信用管理工作。国家质检总局设在各地的出入境检验检疫机构（以下简称检验检疫机构）负责所辖地区出入境检验检疫企业信用管理工作的组织实施及管理工作。

第六条 出入境检验检疫企业信用管理遵循依法实施、客观公正、统一标准、科学分类、动态管理的原则。

第七条 检验检疫机构建立统一的信用管理平台，通过信用管理平台对企业信用信息进行记录、处理、使用和公开形成的数据，共同构成企业的质量信用档案。

第八条 信用信息采集条目和信用等级评定规则由国家质检总局统一制定并对外公布。

第二章 信用信息采集

第九条 信用信息采集是指检验检疫机构对企业信用信息进行记录的过程。

第十条 本办法第三条第（一）项信息由检验检疫机构在企业办理备案/注册登记手续时采集；第（二）至（五）项信息由检验检疫机构依照信用信息采集条目的规定采集；第（六）项信息由检验检疫机构征询地方政府、相关部门或核实媒体报道、社会公众举报投诉后，依照信用信息采集条目的规定采集。

第十一条 企业基本信息发生变化的，企业应当向检验检疫机构申请变更。企业其他信用信息发生变化的，检验检疫机构应当在变化后的15个工作日内，将经过审核批准的信息予以更新。

第三章　信用等级评定

第一节　一般规定

第十二条　信用等级评定是指检验检疫机构对记录的企业信用信息进行汇总审核并赋予企业相应信用等级的过程。

第十三条　企业信用等级分为AA、A、B、C、D五级。

AA级企业：信用风险极小。严格遵守法律法规，高度重视企业信用，严格履行承诺，具有健全的质量管理体系，产品或服务质量长期稳定，具有较强的社会责任感和信用示范引领作用。

A级企业：信用风险很小。遵守法律法规，重视企业信用管理工作，严格履行承诺，具有较健全的质量管理体系，产品或服务质量稳定。

B级企业：信用风险较小。遵守法律法规，较好履行承诺，具有较健全的质量管理体系，产品或服务质量基本稳定。

C级企业：信用风险较大。有一定的产品或服务质量保证能力，履行承诺能力一般，产品或服务质量不稳定或者有违法违规行为，但尚未造成重大危害或损失。

D级企业：信用风险很大。存在严重违法违规行为，或者因企业产品质量给社会、消费者及进出口贸易造成重大危害和损失。

第二节　A、B、C、D级的评定

第十四条　A、B、C、D级的评定，一般以一年为一个评定周期。因信用管理工作的需要，检验检疫机构也可按照企业类型、产品类型等属性对企业另行设置评定周期。

检验检疫机构应在每年的10月份完成企业当年度评定周期的信用评定。同一企业适用多个评定周期的，按照最短的评定周期参加信用评定。

有下列情况的，不参加本周期的评定：

（一）纳入信用管理的时间不足一个评定周期的；

（二）本评定周期内无检验检疫相关业务的。

第十五条　A、B、C、D级的评定根据信用分值和信用等级评定规则综合评定。

信用分值是企业初始信用分值减去信用信息记分所得的分值。初始信用分值是企业在信用等级评定周期开始时的分值，统一为100分。

第十六条　信用分值在89分以上，且符合信用等级评定规则（A级）的，评为A级。

第十七条　信用分值在77分以上、89分以下的，评为B级。

信用分值在89分以上，但不符合信用等级评定规则（A级）的，评为B级。

第十八条　信用分值在65分以上、77分以下的，评为C级。

第十九条　信用分值在65分以下的，评为D级。

存在信用等级评定规则（D级）规定情形的，直接评为D级。

第三节 AA级的评定

第二十条 信用AA级企业应当符合以下条件：

（一）当前信用等级为A级，且适用A级管理1年以上；

（二）积极支持配合检验检疫工作，进出口货物质量或服务长期稳定，连续3年内未发生过质量安全问题、质量索赔和争议；

（三）上一年度报检差错率1%以下；

（四）在商务、人民银行、海关、税务、工商、外汇等相关部门1年内没有失信或违法违规记录。

第二十一条 AA级企业的评定，由企业提出申请，企业所在地检验检疫机构受理，直属检验检疫局审核，国家质检总局核准并统一对外公布。

第二十二条 AA级企业按照本办法第十四条的规定参加周期评定，并按以下规定向所在地检验检疫机构提交材料：

（一）本评定周期内的产品、服务质量情况；

（二）本评定周期内企业经营管理状况报告。

在周期评定中发现企业不再符合AA级条件的，按照本办法第三章第二节的规定管理。对在日常监管中发现企业不再符合AA级条件的，按照本办法第五章的规定管理。对不再符合AA级条件的企业，直属检验检疫局应即时取消相应资质并报国家质检总局，国家质检总局定期更新AA级企业名单。

第四章 信用信息的使用和公开

第二十三条 检验检疫机构按"守信便利，失信惩戒"的原则，将企业信用等级作为开展检验检疫监督管理工作的基础，对不同信用等级的企业分别实施相应的检验检疫监管措施。

（一）对AA级企业大力支持，在享受A级企业鼓励政策的基础上，可优先办理进出口货物报检、查验和放行手续；优先安排办理预约报检手续；优先办理备案、注册等手续；优先安排检验检疫优惠政策的先行先试。

（二）对A级企业积极鼓励，给予享受检验检疫鼓励政策，优先推荐实施一类管理、绿色通道、直通放行等检验检疫措施。

（三）对B级企业积极引导，在日常监管、报检、检验检疫、放行等环节可结合相关规定实施相应的鼓励措施。

（四）对C级企业加强监管，在日常监管、报检、检验检疫、放行等环节可结合相关规定实施较严格的管理措施。

（五）对D级企业重点监管，实行限制性管理措施，依据相关法律、法规、规章、规范性文件的规定重新评定企业已取得的相关资质。

第二十四条 检验检疫机构可针对不同的信用等级制定和完善符合实际管理需要的监管

措施。

第二十五条 除法律法规另有规定外，检验检疫机构可以公布履职过程形成的企业信用信息。检验检疫机构公布企业信用信息应符合法律、法规和规章的规定。以下信息不得向社会公布和披露：

（一）涉及国家秘密、商业秘密和个人隐私的信息；

（二）来源于其他行政机关、司法机关和仲裁机构，且还未对社会公开的信息；

（三）法律、法规和规章明确规定不得公开的信息。

检验检疫机构应当建立信用信息发布的保密审查机制和管理制度，采取必要的信息安全措施，保障信息安全。

第二十六条 检验检疫机构可根据社会信用体系建设的需要，与地方政府以及商务、人民银行、海关、税务、工商、外汇等部门建立合作机制。

第五章 动态管理

第一节 一般规定

第二十七条 动态管理是指在评定周期内，检验检疫机构对企业的失信行为采取的即时管理措施。

动态管理的措施包括布控、即时降级和列入严重失信企业名单（黑名单）等。

第二十八条 "布控"指检验检疫机构对在一个评定周期内失信计分累计12分以上，但尚未达到即时降级程度的企业，采取加严监管的措施。

布控的期限应不少于30天、不多于90天。检验检疫机构可以根据情况设定具体的布控期限。企业在布控期限内未再次发生失信行为的，期满后布控措施自动取消，否则顺延。

第二十九条 "即时降级"指检验检疫机构对在一个评定周期内失信计分累计24分以上，但尚未达到列入严重失信企业名单的企业，根据设定规则在评定周期内予以信用等级调整并加严监管的措施。

被即时降级的企业应同时采取布控措施。

第三十条 "列入严重失信企业名单"指检验检疫机构对在一个评定周期内因严重违法违规行为受行政处罚计分累计36分以上的企业，采取向社会公布并加严监管的措施。

列入严重失信企业名单的企业，直接降为信用D级，同时采取布控措施。

第三十一条 检验检疫机构应当对实施动态管理的企业实施限制性的管理措施。

第二节 严重失信企业的管理

第三十二条 检验检疫机构对符合本办法第三十条规定的企业，按照以下程序进行严重失信企业的审核认定：

（一）各地检验检疫机构负责对辖区内企业违法违规事实材料的收集。

（二）对拟列入严重失信企业名单的企业，由企业所在地检验检疫机构报直属检验检疫局审核，上报直属检验检疫局前，应至少提前20日书面告知当事企业。

（三）企业如有异议，自接到书面告知材料之日起 10 日内，向告知的检验检疫机构提交书面申辩材料。

（四）企业所在地检验检疫机构对申辩材料进行评议，自受理申辩材料之日起 10 日内将评议意见告知企业。

（五）各直属检验检疫局对拟列入严重失信企业名单的企业进行审核，并于每月 10 日前上报国家质检总局，由国家质检总局核准并对外公布。

第三十三条　列入严重失信企业名单的企业，依法整改并符合法定要求后，可向所在地检验检疫机构申请从严重失信企业名单中删除。自检验检疫机构受理申请之日起，企业在 6 个月内未发生违法违规行为的，由企业所在地检验检疫机构确认、经直属检验检疫局审核后报国家质检总局，将其从严重失信企业名单中删除，但其列入严重失信企业名单的记录将永久保存。

第六章　监督管理

第三十四条　企业弄虚作假、伪造信用信息，影响信用等级评定结果的，按照本办法第五章的有关规定处理。

第三十五条　检验检疫机构工作人员因失职渎职、徇私舞弊、滥用职权等行为，影响企业信用等级评定结果的，依法追究行政责任。

第三十六条　企业认为其信用信息不准确的，可以向所在地检验检疫机构提出变更或撤销的申请。对信息确有错误的，相关检验检疫机构应当及时予以更正。

第七章　附　则

第三十七条　本办法所称"以上"包含本数，"以下"不含本数。

第三十八条　本办法由国家质检总局负责解释。

第三十九条　本办法自 2014 年 1 月 1 日起施行。《出入境检验检疫企业信用管理工作规范（试行）》（国质检通函〔2009〕118 号）同时废止。

关于横琴开发有关进口税收政策的通知

财关税〔2013〕17 号

广东省财政厅，海关总署广东分署、拱北海关，广东省国家税务局：

为贯彻落实《国务院关于横琴开发有关政策的批复》（国函〔2011〕85 号）精神，现就横琴开发有关进口货物税收政策通知如下：

一、有关进口税收政策

横琴开发的有关进口税收政策,除法律、法规和现行政策另有规定外,按照下列规定办理:

1. 对从境外进入横琴与生产有关的下列货物实行备案管理,给予免税:横琴区内(以下简称区内)生产性的基础设施建设项目所需的机器、设备和建设生产厂房、仓储设施所需的基建物资;区内生产企业运营所需的机器、设备、模具及其维修用零配件;区内从事研发设计、检测维修、物流、服务外包等企业进口所需的机器、设备等货物。在"一线"不予免税的货物清单具体见本通知第二条。

2. 对从境外进入横琴与生产有关的下列货物实行备案管理,给予保税:区内企业为加工出口产品所需的原材料、零部件、元器件、包装物料及消耗性材料;区内物流企业进口用于流转的货物。在"一线"不予保税的货物清单具体见本通知第三条。

3. 货物从横琴进入内地按有关规定办理进口报关手续,按实际报验状态征税,在"一线"已完税的生活消费类等货物除外。

4. 横琴企业将免税、保税的货物(包括用免税、保税的料件生产的货物)销售给个人的,应按进口货物的有关规定补齐相应的进口税款。

5. 对设在横琴的企业生产、加工并经"二线"销往内地的货物照章征收进口环节增值税、消费税。根据企业申请,试行对该内销货物按其对应进口料件或按实际报验状态征收关税政策,经实际操作并不断完善后再正式实施。

二、在"一线"不予免税的货物清单

在"一线"不予免税的货物包括:

1. 法律、行政法规和相关规定明确不予免税的货物。

2. 国家规定禁止进口的商品。

3. 商业性房地产开发项目进口的货物,即兴建宾馆饭店、写字楼、别墅、公寓、住宅、商业购物场所、娱乐服务业场馆、餐饮业店馆以及其他商业性房地产项目进口的建设物资、设备(如电梯、空调、水泥、钢材、大理石、灯具等建筑材料和装饰装修材料)。

4. 生活消费类货物,具体如下:

序号	商品名称	税则号列	备注
1	活动物;动物产品	第一章至第四章全部税号	
2	食用蔬菜、根及块茎	第七章全部税号	
3	食用水果及坚果;柑橘属水果或甜瓜的果皮	第八章全部税号	
4	咖啡、茶、马黛茶及调味香料;谷物	第九章全部税号;第十章全部税号	
5	制粉工业产品;麦芽;淀粉;菊粉;面筋	第十一章全部税号	
6	含油子仁及果实;杂项子仁及果实	1201—1208;1211—1213	
7	动、植物油、脂及其分解产品;精致的食用油脂	1501—1517	

(续表)

序号	商品名称	税则号列	备注
8	食品；饮料、酒及醋；烟草、烟草及烟草代用品的制品	第十六章至第二十二章全部税号；第二十四章全部税号；25010011	
9	成品油	2710	
10	药品	第三十章全部税号	
11	精油及香膏；芳香料制品及化妆品	3301；3303—3307	
12	肥皂、洗涤剂等	第三十四章全部税号	
13	烟火制品；火柴	36041000；3605	
14	塑料浴缸、淋浴盘等；塑料制的餐具、厨房用具等	3922；3924—3926	
15	硫化橡胶制的卫生及医疗用品	4014	
16	衣箱、提箱、小手袋等；皮革或再生皮革制的衣服及衣着附件	4202—4203	
17	毛皮制的衣服、衣着附件及其他制品；人造毛皮及其制品	4303—4304	
18	木制的画框、相框、镜框等；木制餐具及厨房用具；衣架	4414；4419；44211000	
19	软木制品	4503—4504	
20	稻草、秸秆、针茅或其他编结材料制品等	第四十六章全部税号	
21	卫生纸、面巾纸等	4803；4817—4820	
22	书籍、报纸等	32159010；第四十九章全部税号	
23	羊毛、棉花、毛条	5101；51031010；52010000；52030000；51051000、51052100、51052900	
24	地毯及纺织材料的其他铺地制品；特种机织物；簇绒织物等	第五十七章全部税号；第五十八章全部税号	
25	针织物及钩编织物；针织或钩编的服装及衣着附件；非针织物或非钩编的服装及衣着附件	第六十章至六十二章全部税号	
26	其他纺织制成品等	6301—6304；6306—6309	
27	鞋、帽、伞、杖、鞭及其零件；已加工的羽毛及其制品；人造花；人发制品	第六十四章全部税号；6504—6507；第六十六章至六十七章全部税号	
28	陶瓷产品	6910—6912	
29	玻璃制品	7013；70200091；70200099	
30	天然或养殖珍珠、宝石或半宝石、贵金属、包贵金属及其制品；	第七十一章中除7112之外的其他全部税号	
31	钢铁制品	7323—7324	
32	铜制品	7418；74199950	
33	铝制品	7615	
34	家用工具；厨房或餐桌用具；非电动的贱金属铃、钟等	82055100；8210；82119100；8213；8214；8215；83013000；8306	

（续表）

序号	商品名称	税则号列	备注
35	空调器；家用型冷藏箱；家用洗碟机；家用型洗衣机；家用型缝纫机等家用器具	84151010—84158300；84181010—84182990、84183021、84183029、84184021、84184029、84185000；84212110、84213910、84219910；84221100、84231000、84248910；8450；84511000；84521010—84521099；84529011—84529019	
36	微型计算机及外设；电子计算器	84433110、84433190、84433211、84433212、84433213、84433219；8470；84713000、84714140、84714940、84715040、84716050、84716060、84716071、84716072、84716090、84717090、85235110、85235120；85258013、85284100、85285110、85285190、85286100	税号84716090仅指IC卡读入器；税号84717090仅指移动硬盘；税号85258013仅指计算机用网络摄像头。
37	家用电动器具；手提式电灯；电话机；音响设备；录像机；放像机；磁带；数据存储器件等；摄像机；电视机	8509—8510；85121000；8513；85161010—85162100、85162920、85162931—85162939、85163100、85164000—85167990；85171100—85171220、85171800、85176299、85176910、85176990、85181000—85185000；8519；8521；8523；85258012—85258013、85258022—85258029、85258032—85258039；8527；85284910、85284990、85285910、85285990、85286910、85286990、85287110—85287300	税号85176990仅指可视电话
38	车辆	8701—8703；8711—8712；8715；87161000	
39	航空器	8801；88021100—88024020；8804	
40	船舶	8901；8903	
41	相机或摄录一体机镜头；望远镜；照相机	85258022—85258029；90021131、90021139；90051000；90064000、90065100、90065300、90065990	
42	钟表	9101—9103、9105—9106	
43	乐器	9201—9208	
44	座具；其他家具；弹簧床垫、寝具等；灯具；活动房屋	94012010—94018090；94032000、94034000—94038990；9404；94051000—94052000、94053000；9406	
45	玩具、游戏品、运动用品	第九十五章全部税号	
46	画笔、毛笔及化妆用的类似笔；旅行用具；纽扣；圆珠笔；铅笔；打火机等	96033010—96033090；9605；9606；9608；9609；9613—9617；9619	
47	艺术品、收藏品及古物	第九十七章全部税号	

5. 20 种不予减免税的商品中未列入上述生活消费类货物清单的其他商品。

6. 其他与生产无关的货物。

三、在"一线"不予保税的货物清单

在"一线"不予保税的货物包括：

1. 法律、行政法规和相关规定明确不予保税的货物。

2. 国家规定禁止进口的商品。

3. 商业性房地产开发项目进口的货物，即兴建宾馆饭店、写字楼、别墅、公寓、住宅、商业购物场所、娱乐服务业场馆、餐饮业店馆以及其他商业性房地产项目进口的建设物资、设备（如电梯、空调、水泥、钢材、大理石、灯具等建筑材料和装饰装修材料）。

4. 区内个人、企业和行政管理机构自用的生活消费类用品（具体商品范围同第二条中的"4"和"5"）。

5. 列入加工贸易禁止类目录的商品。

6. 其他与生产无关的货物。

四、其他有关事项

根据政策执行的实际情况，并在保持政策相对稳定的前提下，由财政部会同有关部门适时调整在"一线"不予免税的货物清单和在"一线"不予保税的货物清单。

本通知自横琴相关监管设施验收合格、正式开关运行之日起执行。

特此通知。

财政部
海关总署
国家税务总局
2013 年 5 月 20 日

八、财税

国家税务总局关于《中华人民共和国政府和厄瓜多尔共和国政府对所得避免双重征税和防止偷漏税的协定》及议定书生效执行的公告

国家税务总局公告 2014 年第 16 号

《中华人民共和国政府和厄瓜多尔共和国政府对所得避免双重征税和防止偷漏税的协定》（以下简称协定）及议定书于 2013 年 1 月 21 日在基多签署。中厄双方分别于 2013 年 3 月 15 日和 2014 年 2 月 5 日相互通知已完成该协定及议定书生效所必需的各自国内法律程序。根据协定第二十八条的规定，该协定及议定书自 2014 年 3 月 6 日起生效，并适用于 2015 年 1 月 1 日或以后取得的所得。

上述协定及议定书文本已在国家税务总局网站发布。

特此公告。

国家税务总局
2014 年 3 月 10 日

国家税务总局关于《中华人民共和国政府和比利时王国政府对所得避免双重征税和防止偷漏税的协定》及议定书生效执行的公告

国家税务总局公告 2014 年第 8 号

《中华人民共和国政府和比利时王国政府对所得避免双重征税和防止偷漏税的协定》（以

下简称协定）及议定书已于 2009 年 10 月 7 日在布鲁塞尔正式签署，双方分别于 2011 年 6 月 3 日和 2013 年 11 月 28 日相互通知已完成该协定及议定书生效所必需的各自国内法律程序。根据协定第二十八条的规定，该协定及议定书自 2013 年 12 月 29 日起生效，并适用于 2014 年 1 月 1 日或以后取得的所得。

上述协定及议定书文本已在国家税务总局网站发布。

特此公告。

国家税务总局
2014 年 1 月 21 日

国家税务总局关于《中华人民共和国政府和大不列颠及北爱尔兰联合王国政府对所得和财产收益避免双重征税和防止偷漏税的协定》及议定书生效执行的公告

国家税务总局公告 2014 年第 4 号

《中华人民共和国政府和大不列颠及北爱尔兰联合王国政府对所得和财产收益避免双重征税和防止偷漏税的协定》（以下简称协定）于 2011 年 6 月 27 日在伦敦签署；《关于修订〈中华人民共和国政府和大不列颠及北爱尔兰联合王国政府对所得和财产收益避免双重征税和防止偷漏税的协定〉的议定书》（以下简称议定书）于 2013 年 2 月 27 日在北京签署。中英双方分别于 2013 年 4 月 12 日和 2013 年 12 月 13 日相互通知已完成该协定和议定书生效所必需的各自国内法律程序。根据协定第二十八条的规定，该协定和议定书自 2013 年 12 月 13 日起生效，并适用于：

一、在中国，2014 年 1 月 1 日或以后开始的纳税年度产生的利润、所得和财产收益；

二、在英国，2014 年 4 月 6 日或以后开始的申报年度的所得税和财产收益税，以及 2014 年 4 月 1 日或以后开始的财政年度的公司税。

上述协定和议定书文本已在国家税务总局网站发布。

特此公告。

国家税务总局
2014 年 1 月 13 日

关于国家大学科技园税收政策的通知

财税〔2013〕118 号

各省、自治区、直辖市、计划单列市财政厅（局）、国家税务局、地方税务局，新疆生产建设兵团财务局：

为贯彻落实《国务院关于印发实施〈国家中长期科学和技术发展规划纲要（2006—2020年）〉若干配套政策的通知》（国发〔2006〕6 号）、《中共中央 国务院关于深化科技体制改革 加快国家创新体系建设的意见》（中发〔2012〕6 号）和《国务院关于进一步支持小微企业健康发展的意见》（国发〔2012〕14 号）等有关文件精神，经国务院批准，现就符合条件的国家大学科技园有关税收政策通知如下：

一、国家大学科技园（以下简称科技园）是以具有较强科研实力的大学为依托，将大学的综合智力资源优势与其他社会优势资源相组合，为高等学校科技成果转化、高新技术企业孵化、创新创业人才培养、产学研结合提供支撑的平台和服务的机构。自 2013 年 1 月 1 日至 2015 年 12 月 31 日，对符合条件的科技园自用以及无偿或通过出租等方式提供给孵化企业使用的房产、土地，免征房产税和城镇土地使用税；对其向孵化企业出租场地、房屋以及提供孵化服务的收入，免征营业税。营业税改征增值税（以下简称营改增）后的营业税优惠政策处理问题由营改增试点过渡政策另行规定。

二、符合非营利组织条件的科技园的收入，按照企业所得税法及其实施条例和有关税收政策规定享受企业所得税优惠政策。

三、享受本通知规定的房产税、城镇土地使用税以及营业税优惠政策的科技园，应同时符合以下条件：

（一）科技园的成立和运行符合国务院科技和教育行政主管部门公布的认定和管理办法，经国务院科技和教育行政管理部门认定，并取得国家大学科技园资格。

（二）科技园应将面向孵化企业出租场地、房屋以及提供孵化服务的业务收入在财务上单独核算。

（三）科技园提供给孵化企业使用的场地面积（含公共服务场地）应占科技园可自主支配场地面积的 60% 以上（含 60%），孵化企业数量应占科技园内企业总数量的 75% 以上（含 75%）。

公共服务场地是指科技园提供给孵化企业共享的活动场所，包括公共餐厅、接待室、会议室、展示室、活动室、技术检测室和图书馆等非盈利性配套服务场地。

四、本通知所称"孵化企业"应当同时符合以下条件：

（一）企业注册地及主要研发、办公场所必须在科技园工作场地内。

（二）属新注册企业或申请进入科技园前企业成立时间不超过 3 年。

（三）企业在科技园的孵化时间不超过 42 个月。海外高层次创业人才或从事生物医药、集成电路设计等特殊领域的创业企业，孵化时间不超过 60 个月。

（四）符合《中小企业划型标准规定》所规定的小型、微型企业划型标准。

（五）迁入的企业，上年营业收入不超过500万元。

（六）单一在孵企业使用的孵化场地面积不大于1 000平方米。从事航空航天、现代农业等特殊领域的单一在孵企业，不大于3 000平方米。

（七）企业产品（服务）属于科学技术部、财政部、国家税务总局印发的《国家重点支持的高新技术领域》规定的范围，且研究开发费用总额占销售收入总额的比例不低于4%。

五、本通知所称"孵化服务"是指为孵化企业提供的属于营业税"服务业"税目中"代理业"、"租赁业"和"其他服务业"中的咨询和技术服务范围内的服务。

六、国务院科技和教育行政主管部门负责组织对科技园是否符合本通知规定的各项条件定期进行审核确认，并出具相应的证明材料，列明纳税人用于孵化的房产和土地的地址、范围、面积等具体信息。

七、本通知规定的房产税、城镇土地使用税和营业税优惠政策按照备案类减免税管理，纳税人应向主管税务机关提出备案申请。凡纳税人骗取本通知规定的税收优惠政策的，除根据现行规定进行处罚外，自发生上述违法违规行为年度起取消其享受本通知规定的税收优惠政策的资格，2年内不得再次申请。

各主管税务机关要严格执行税收政策，按照税收减免管理办法的有关规定为符合条件的科技园办理税收减免，加强对科技园的日常税收管理和服务。同时，要密切关注税收政策的执行情况，对发现的问题及时逐级向财政部、国家税务总局反映。

请遵照执行。

财政部
国家税务总局
2013年12月31日

关于动漫产业增值税和营业税政策的通知

财税〔2013〕98号

各省、自治区、直辖市、计划单列市财政厅（局）、国家税务局、地方税务局，新疆生产建设兵团财务局：

为促进我国动漫产业发展，经国务院批准现就扶持动漫产业发展的增值税、营业税政策通知如下：

一、关于增值税政策

对属于增值税一般纳税人的动漫企业销售其自主开发生产的动漫软件，按17%的税率征收增值税后,对其增值税实际税负超过3%的部分,实行即征即退政策。动漫软件出口免征增值税。上述动漫软件,按照《财政部、国家税务总局关于软件产品增值税政策的通知》(财税〔2011〕100号)中软件产品相关规定执行。

二、关于营业税政策

注册在河北、山西、内蒙古、辽宁(含大连)、吉林、黑龙江、江西、山东(含青岛)、河南、湖南、广西、海南、重庆、四川、贵州、云南、西藏、陕西、甘肃、青海、宁夏、新疆的动漫企业,为开发动漫产品提供的动漫脚本编撰、形象设计、背景设计、动画设计、分镜、动画制作、摄制、描线、上色、画面合成、配音、配乐、音效合成、剪辑、字幕制作、压缩转码(面向网络动漫、手机动漫格式适配)服务,以及在境内转让动漫版权(包括动漫品牌、形象或者内容的授权及再授权),减按3%税率征收营业税。

动漫企业和自主开发、生产动漫产品的认定标准和认定程序,按照《文化部 财政部 国家税务总局关于印发〈动漫企业认定管理办法(试行)〉的通知》(文市发〔2008〕51号)的规定执行。

三、被认定为动漫企业营业税改征增值税试点纳税人,为开发动漫产品提供的相关服务以及在境内转让动漫版权适用的增值税优惠政策另行规定。

四、本通知第一条执行时间自2013年1月1日至2017年12月31日,第二条执行时间自2013年1月1日至2013年7月31日。《财政部 国家税务总局关于扶持动漫产业发展增值税营业税政策的通知》(财税〔2011〕119号)相应废止。

财政部
国家税务总局
2013年11月28日

（一）所得税

国家税务总局、国家发展改革委关于落实节能服务企业合同能源管理项目企业所得税优惠政策有关征收管理问题的公告

国家税务总局、国家发展改革委公告 2013 年第 77 号

为鼓励企业采用合同能源管理模式开展节能服务，规范合同能源管理项目企业所得税管理，根据《中华人民共和国企业所得税法》及其实施条例（以下简称企业所得税法）、《国务院办公厅转发发展改革委等部门关于加快推行合同能源管理促进节能服务产业发展意见的通知》（国办发〔2010〕25 号）、《财政部 国家税务总局关于促进节能服务产业发展增值税、营业税和企业所得税政策问题的通知》（财税〔2010〕110 号）和《国家税务总局关于进一步做好税收促进节能减排工作的通知》（国税函〔2010〕180 号）的有关规定，现就落实合同能源管理项目企业所得税优惠政策有关征收管理问题公告如下：

一、对实施节能效益分享型合同能源管理项目（以下简称项目）的节能服务企业，凡实行查账征收所得税的居民企业并符合企业所得税法和本公告有关规定的，该项目可享受财税〔2010〕110 号规定的企业所得税"三免三减半"优惠政策。如节能服务企业的分享型合同约定的效益分享期短于 6 年的，按实际分享期享受优惠。

二、节能服务企业享受"三免三减半"项目的优惠期限，应连续计算。对在优惠期限内转让所享受优惠的项目给其他符合条件的节能服务企业，受让企业承续经营该项目的，可自项目受让之日起，在剩余期限内享受规定的优惠；优惠期限届满后转让的，受让企业不得就该项目重复享受优惠。

三、节能服务企业投资项目所发生的支出，应按税法规定作资本化或费用化处理。形成的固定资产或无形资产，应按合同约定的效益分享期计提折旧或摊销。

节能服务企业应分别核算各项目的成本费用支出额。对在合同约定的效益分享期内发生的期间费用划分不清的，应合理进行分摊，期间费用的分摊应按照项目投资额和销售（营业）收入额两个因素计算分摊比例，两个因素的权重各为 50%。

四、节能服务企业、节能效益分享型能源管理合同和合同能源管理项目应符合财税〔2010〕110 号第二条第（三）项所规定的条件。

五、享受企业所得税优惠政策的项目应属于《财政部 国家税务总局 国家发展改革委关于公布环境保护节能节水项目企业所得税优惠目录（试行）的通知》（财税〔2009〕166 号）规定的节能减排技术改造项目，包括余热余压利用、绿色照明等节能效益分享型合同能源管理项目。

六、合同能源管理项目优惠实行事前备案管理。节能服务企业享受合同能源管理项目企业所得税优惠的，应向主管税务机关备案。涉及多个项目优惠的，应按各项目分别进行备案。节能服务企业应在项目取得第一笔收入的次年4个月内，完成项目享受优惠备案。办理备案手续时需提供以下资料：

（一）减免税备案申请；

（二）能源管理合同复印件；

（三）国家发展改革委、财政部公布的第三方机构出具的《合同能源管理项目情况确认表》（附件1），或者政府节能主管部门出具的合同能源管理项目确认意见；

（四）《合同能源管理项目应纳税所得额计算表》（附件2）；

（五）项目第一笔收入的发票复印件；

（六）合同能源管理项目发生转让的，受让节能服务企业除提供上述材料外，还需提供项目转让合同、项目原享受优惠的备案文件。

七、企业享受优惠条件发生变化的，应当自发生变化之日起15日内向主管税务机关书面报告。如不再符合享受优惠条件的，应停止享受优惠，并依法缴纳企业所得税。对节能服务企业采取虚假手段获取税收优惠的、享受优惠条件发生变化而未及时向主管税务机关报告的以及未按本公告规定报送备案资料而自行减免税的，主管税务机关应按照税收征管法等有关规定进行处理。税务部门应设立节能服务企业项目管理台账和统计制度，并会同节能主管部门建立监管机制。

八、合同能源管理项目确认由国家发展改革委、财政部公布的第三方节能量审核机构负责，并出具《合同能源管理项目情况确认表》，或者由政府节能主管部门出具合同能源管理项目确认意见。第三方机构在合同能源管理项目确认过程中应严格按照国家有关要求认真审核把关，确保审核结果客观、真实。对在审核过程中把关不严、弄虚作假的第三方机构，一经查实，将取消其审核资质，并按相关法律规定追究责任。

九、本公告自2013年1月1日起施行。本公告发布前，已按有关规定享受税收优惠政策的，仍按原规定继续执行；尚未享受的，按本公告规定执行。

特此公告。

附件：

1. 合同能源管理项目情况确认表（略——编者注）
2. 合同能源管理项目应纳税所得额计算表（略——编者注）

国家税务总局
国家发展改革委
2013年12月17日

关于中国（上海）自由贸易试验区内企业以非货币性资产对外投资等资产重组行为有关企业所得税政策问题的通知

财税〔2013〕91号

各省、自治区、直辖市、计划单列市财政厅（局）、国家税务局、地方税务局，新疆生产建设兵团财务局：

根据《国务院关于印发中国（上海）自由贸易试验区总体方案的通知》（国发〔2013〕38号）有关规定，现就中国（上海）自由贸易试验区（简称试验区）非货币性资产投资资产评估增值企业所得税政策通知如下：

一、注册在试验区内的企业，因非货币性资产对外投资等资产重组行为产生资产评估增值，据此确认的非货币性资产转让所得，可在不超过5年期限内，分期均匀计入相应年度的应纳税所得额，按规定计算缴纳企业所得税。

二、企业以非货币性资产对外投资，应于投资协议生效且完成资产实际交割并办理股权登记手续时，确认非货币性资产转让收入的实现。

企业以非货币性资产对外投资，应对非货币性资产进行评估并按评估后的公允价值扣除计税基础后的余额，计算确认非货币性资产转让所得。

三、企业以非货币性资产对外投资，其取得股权的计税基础应以非货币性资产的原计税基础为基础，加上每年计入的非货币性资产转让所得，逐年进行调整。

被投资企业取得非货币性资产的计税基础，可以非货币性资产的公允价值确定。

四、企业在对外投资5年内转让上述股权或投资收回的，应停止执行递延纳税政策，并将递延期内尚未计入的非货币性资产转让所得，在转让股权或投资收回当年的企业所得税年度汇算清缴时，一次性计算缴纳企业所得税；企业在计算股权转让所得时，可按本通知第三条第一款规定将股权的计税基础一次调整到位。

企业在对外投资5年内注销的，应停止执行递延纳税政策，并将递延期内尚未计入的非货币性资产转让所得，在歇业当年的企业所得税年度汇算清缴时，一次性计算缴纳企业所得税。

五、企业应于投资协议生效且完成资产实际交割并办理股权登记手续30日内，持相关资料向主管税务机关办理递延纳税备案登记手续。

主管税务机关应对报送资料进行审核，在规定时间内将备案登记结果回复企业。

六、企业应在确认收入实现的当年，以项目为单位，做好相应台账，准确记录应予确认的非货币性资产转让所得，并在相应年度的企业所得税汇算清缴时对当年计入额及分年结转额的情况做出说明。

主管税务机关应在备案登记结果回复企业的同时，将相关信息纳入系统管理，并及时做好企业申报信息与备案信息的比对工作。

七、主管税务机关在组织开展企业所得税汇算清缴后续管理工作时，应将企业递延纳税的执行情况纳入后续管理体系，并视风险高低情况，适时纳入纳税服务提醒平台或风险监控平台进行管理。

八、本通知所称注册在试验区内的企业，是指在试验区注册并在区内经营，实行查账征收的居民企业。

本通知所称非货币性资产对外投资等资产重组行为，是指以非货币性资产出资设立或注入公司，限于以非货币性资产出资设立新公司和符合《财政部 国家税务总局关于企业重组业务企业所得税处理若干问题的通知》（财税〔2009〕59号）第一条规定的股权收购、资产收购。

九、本通知自印发之日起执行。

财政部
国家税务总局
2013年11月15日

国家税务总局关于技术转让所得减免企业所得税有关问题的公告

国家税务总局公告2013年第62号

为加强技术转让所得减免企业所得税的征收管理，现将《国家税务总局关于技术转让所得减免企业所得税有关问题的通知》（国税函〔2009〕212号）中技术转让收入计算的有关问题，公告如下：

一、可以计入技术转让收入的技术咨询、技术服务、技术培训收入，是指转让方为使受让方掌握所转让的技术投入使用、实现产业化而提供的必要的技术咨询、技术服务、技术培训所产生的收入，并应同时符合以下条件：

（一）在技术转让合同中约定的与该技术转让相关的技术咨询、技术服务、技术培训；

（二）技术咨询、技术服务、技术培训收入与该技术转让项目收入一并收取价款。

二、本公告自2013年11月1日起施行。此前已进行企业所得税处理的相关业务，不作纳税调整。

国家税务总局
2013年10月21日

国家税务总局关于执行软件企业所得税优惠政策有关问题的公告

国家税务总局公告 2013 年第 43 号

根据《中华人民共和国企业所得税法》及其实施条例、《国务院关于印发进一步鼓励软件产业和集成电路产业发展若干政策的通知》（国发〔2011〕4 号）、《财政部 国家税务总局关于进一步鼓励软件产业和集成电路产业发展企业所得税政策的通知》（财税〔2012〕27 号）、《国家税务总局关于软件和集成电路企业认定管理有关问题的公告》（国家税务总局公告 2012 年第 19 号）以及《软件企业认定管理办法》（工信部联软〔2013〕64 号）的规定，经商财政部，现将贯彻落实软件企业所得税优惠政策有关问题公告如下：

一、软件企业所得税优惠政策适用于经认定并实行查账征收方式的软件企业。所称经认定，是指经国家规定的软件企业认定机构按照软件企业认定管理的有关规定进行认定并取得软件企业认定证书。

二、软件企业的收入总额，是指《企业所得税法》第六条规定的收入总额。

三、软件企业的获利年度，是指软件企业开始生产经营后，第一个应纳税所得额大于零的纳税年度，包括对企业所得税实行核定征收方式的纳税年度。

软件企业享受定期减免税优惠的期限应当连续计算，不得因中间发生亏损或其他原因而间断。

四、除国家另有政策规定（包括对国家自主创新示范区的规定）外，软件企业研发费用的计算口径按照《国家税务总局关于印发〈企业研究开发费用税前扣除管理办法（试行）〉的通知》（国税发〔2008〕116 号）规定执行。

五、2010 年 12 月 31 日以前依法在中国境内成立但尚未认定的软件企业，仍按照《财政部 国家税务总局关于企业所得税若干优惠政策的通知》（财税〔2008〕1 号）第一条的规定以及《软件企业认定标准及管理办法（试行）》（信部联产〔2000〕968 号）的认定条件，办理相关手续，并继续享受到期满为止。优惠期间内，亦按照信部联产〔2000〕968 号的认定条件进行年审。

六、本公告自 2011 年 1 月 1 日起执行。其中，2011 年 1 月 1 日以后依法在中国境内成立的软件企业认定管理的衔接问题仍按照国家税务总局公告 2012 年第 19 号的规定执行；2010 年 12 月 31 日以前依法在中国境内成立的软件企业的政策及认定管理衔接问题按本公告第五条的规定执行。集成电路生产企业、集成电路设计企业认定和优惠管理涉及的上述事项按本公告执行。

特此公告。

国家税务总局
2013 年 7 月 25 日

国家税务总局关于企业混合性投资业务企业所得税处理问题的公告

国家税务总局公告 2013 年第 41 号

根据《中华人民共和国企业所得税法》及其实施条例（以下简称税法）的规定，现就企业混合性投资业务企业所得税处理问题公告如下：

一、企业混合性投资业务，是指兼具权益和债权双重特性的投资业务。同时符合下列条件的混合性投资业务，按本公告进行企业所得税处理：

（一）被投资企业接受投资后，需要按投资合同或协议约定的利率定期支付利息（或定期支付保底利息、固定利润、固定股息，下同）；

（二）有明确的投资期限或特定的投资条件，并在投资期满或者满足特定投资条件后，被投资企业需要赎回投资或偿还本金；

（三）投资企业对被投资企业净资产不拥有所有权；

（四）投资企业不具有选举权和被选举权；

（五）投资企业不参与被投资企业日常生产经营活动。

二、符合本公告第一条规定的混合性投资业务，按下列规定进行企业所得税处理：

（一）对于被投资企业支付的利息，投资企业应于被投资企业应付利息的日期，确认收入的实现并计入当期应纳税所得额；被投资企业应于应付利息的日期，确认利息支出，并按税法和《国家税务总局关于企业所得税若干问题的公告》（2011 年第 34 号）第一条的规定，进行税前扣除。

（二）对于被投资企业赎回的投资，投资双方应于赎回时将赎价与投资成本之间的差额确认为债务重组损益，分别计入当期应纳税所得额。

三、本公告自 2013 年 9 月 1 日起执行。此前发生的已进行税务处理的混合性投资业务，不再进行纳税调整。

特此公告。

国家税务总局
2013 年 7 月 15 日

国家税务总局关于电网企业电网新建项目享受所得税优惠政策问题的公告

国家税务总局公告 2013 年第 26 号

经研究,现将居民企业电网新建项目享受企业所得税优惠政策的有关问题公告如下:

一、根据《中华人民共和国企业所得税法》及其实施条例的有关规定,居民企业从事符合《公共基础设施项目企业所得税优惠目录(2008 年版)》规定条件和标准的电网(输变电设施)的新建项目,可依法享受"三免三减半"的企业所得税优惠政策。基于企业电网新建项目的核算特点,暂以资产比例法,即以企业新增输变电固定资产原值占企业总输变电固定资产原值的比例,合理计算电网新建项目的应纳税所得额,并据此享受"三免三减半"的企业所得税优惠政策。电网企业新建项目享受优惠的具体计算方法如下:

(一)对于企业能独立核算收入的 330KV 以上跨省及长度超过 200KM 的交流输变电新建项目和 500KV 以上直流输变电新建项目,应在项目投运后,按该项目营业收入、营业成本等单独计算其应纳税所得额;该项目应分摊的期间费用,可按照企业期间费用与分摊比例计算确定,计算公式为:

应分摊的期间费用 = 企业期间费用 × 分摊比例

第一年分摊比例 = 该项目输变电资产原值 / [(当年企业期初总输变电资产原值 + 当年企业期末总输变电资产原值)/2] × (当年取得第一笔生产经营收入至当年底的月份数/12)

第二年及以后年度分摊比例 = 该项目输变电资产原值 / [(当年企业期初总输变电资产原值 + 当年企业期末总输变电资产原值)/2]

(二)对于企业符合优惠条件但不能独立核算收入的其他新建输变电项目,可先依照企业所得税法及相关规定计算出企业的应纳税所得额,再按照项目投运后的新增输变电固定资产原值占企业总输变电固定资产原值的比例,计算得出该新建项目减免的应纳税所得额。享受减免的应纳税所得额计算公式为:

当年减免的应纳税所得额 = 当年企业应纳税所得额 × 减免比例

减免比例 = [当年新增输变电资产原值 / (当年企业期初总输变电资产原值 + 当年企业期末总输变电资产原值)/2] × 1/2 + (符合税法规定、享受到第二年和第三年输变电资产原值之和) / [(当年企业期初总输变电资产原值 + 当年企业期末总输变电资产原值)/2] + [(符合税法规定、享受到第四年至第六年输变电资产原值之和) / (当年企业期初总输变电资产原值 + 当年企业期末总输变电资产原值)/2] × 1/2

二、依照本公告规定享受有关企业所得税优惠的电网企业,应对其符合税法规定的电网新增输变电资产按年建立台账,并将相关资产的竣工决算报告和相关项目政府核准文件的复印件于次年 3 月 31 日前报当地主管税务机关备案。

三、本公告自 2013 年 1 月 1 日起施行。居民企业符合条件的 2013 年 1 月 1 日前的电网新建项目,已经享受企业所得税优惠的不再调整;未享受企业所得税优惠的可依照本公告的规定享受剩余年限的企业所得税优惠政策。

特此公告。

国家税务总局
2013 年 5 月 24 日

国家税务总局关于苏州工业园区有限合伙制创业投资企业法人合伙人企业所得税政策试点有关征收管理问题的公告

国家税务总局公告 2013 年第 25 号

为进一步贯彻落实国家鼓励科技创新的税收优惠政策，加强征收管理工作，根据《财政部 国家税务总局关于苏州工业园区有限合伙制创业投资企业法人合伙人企业所得税试点政策的通知》（财税〔2012〕67 号）以及相关规定，制定本公告。

一、注册在苏州工业园区内的有限合伙制创业投资企业的法人合伙人（以下简称法人合伙人），是指依照《中华人民共和国企业所得税法》及其实施条例以及相关规定，实行查账征收企业所得税的法人居民企业。

二、符合财税〔2012〕67 号文件第三条规定条件的有限合伙制创业投资企业（以下简称创业投资企业）以股权投资方式投资于未上市中小高新技术企业，在试点期间内满 2 年（24 个月）的，其法人合伙人可按规定享受优惠政策。

三、法人合伙人按照财税〔2012〕67 号文件第二条规定计算其投资额的 70% 抵扣从该创业投资企业分得的应纳税所得额。如果法人合伙人在苏州工业园区内投资于多个符合条件的创业投资企业，可合并计算其可抵扣的投资额和分得的应纳税所得额。当年不足抵扣的，可结转以后纳税年度继续抵扣；当年抵扣后有结余的，应按照企业所得税法的规定计算缴纳企业所得税。

四、创业投资企业应纳税所得额的确定及分配，按照《财政部 国家税务总局关于合伙企业合伙人所得税问题的通知》（财税〔2008〕159 号）相关规定执行。

五、创业投资企业应在年度终了后 3 个月内（2012 年度可在年度终了后 5 个月内），按有关规定向苏州工业园区主管税务机关报送有关纳税申报的资料。

凡其法人合伙人符合享受优惠条件的创业投资企业，须同时报送《国家税务总局关于实施创业投资企业所得税优惠问题的通知》（国税发〔2009〕87 号）第四条规定的备案资料、《有限合伙制创业投资企业法人合伙人应纳税所得额抵扣情况明细表》和创业投资企业的验资报告。

苏州工业园区主管税务机关受理后，负责审核该年度创业投资企业的应纳税所得额、法人合伙人的分配比例、法人合伙人分得的应纳税所得额、法人合伙人可抵扣的投资额等项目,并在《有限合伙制创业投资企业法人合伙人应纳税所得额抵扣情况明细表》盖章确认后,一份交还创业投资企业,两份由创业投资企业转交法人合伙人(其中一份由法人合伙人转交当地主管税务机关),一份由苏州工业园区主管税务机关留存。

六、法人合伙人向其所在地主管税务机关申请享受投资抵扣应纳税所得额时,除需按照国税发〔2009〕87号文件第四条的规定报送备案资料外,还需提交苏州工业园区主管税务机关受理盖章后的《有限合伙制创业投资企业法人合伙人应纳税所得额抵扣情况明细表》以及该创业投资企业的验资报告。

法人合伙人所在地主管税务机关对相关备案资料有疑义的,可向苏州工业园区主管税务机关函证或在苏州工业园区税务机关网站查询,苏州工业园区税务机关应及时回复法人合伙人所在地主管税务机关的函询。

七、苏州工业园区税务机关在执行政策过程中,须做好政策效应评估工作。各地税务机关在执行中发现问题,应及时向国家税务总局(所得税司)反馈。

八、本公告自2012年1月1日起施行。

特此公告。

附件:有限合伙制创业投资企业法人合伙人应纳税所得额抵扣情况明细表(略——编者注)

国家税务总局
2013年5月24日

国家税务总局关于非居民企业派遣人员在中国境内提供劳务征收企业所得税有关问题的公告

国家税务总局公告2013年第19号

根据《中华人民共和国企业所得税法》及其实施条例、中国政府对外签署的避免双重征税协定(含与香港、澳门特别行政区签署的税收安排,以下统称税收协定)以及《国家税务总局关于印发〈中华人民共和国政府和新加坡共和国政府关于对所得避免双重征税和防止偷漏税的协定及议定书条文解释〉的通知》(国税发〔2010〕75号)等规定,现就非居民企业派遣人员在中国境内提供劳务征收企业所得税有关问题公告如下:

一、非居民企业(以下统称"派遣企业")派遣人员在中国境内提供劳务,如果派遣企业对被派遣人员工作结果承担部分或全部责任和风险,通常考核评估被派遣人员的工作业绩,应视为派遣企业在中国境内设立机构、场所提供劳务;如果派遣企业属于税收协定缔约对方企业,且提供劳务的机构、场所具有相对的固定性和持久性,该机构、场所构成在中国境内设立的常设机构。

在做出上述判断时,应结合下列因素予以确定:

(一)接收劳务的境内企业(以下统称"接收企业")向派遣企业支付管理费、服务费性质的款项;

(二)接收企业向派遣企业支付的款项金额超出派遣企业代垫、代付被派遣人员的工资、薪金、社会保险费及其他费用;

(三)派遣企业并未将接收企业支付的相关费用全部发放给被派遣人员,而是保留了一定数额的款项;

(四)派遣企业负担的被派遣人员的工资、薪金未全额在中国缴纳个人所得税;

(五)派遣企业确定被派遣人员的数量、任职资格、薪酬标准及其在中国境内的工作地点。

二、如果派遣企业仅为在接收企业行使股东权利、保障其合法股东权益而派遣人员在中国境内提供劳务的,包括被派遣人员为派遣企业提供对接收企业投资的有关建议、代表派遣企业参加接收企业股东大会或董事会议等活动,均不因该活动在接收企业营业场所进行而认定为派遣企业在中国境内设立机构、场所或常设机构。

三、符合第一条规定的派遣企业和接收企业应按照《非居民承包工程作业和提供劳务税收管理暂行办法》(国家税务总局令第19号)规定办理税务登记和备案、税款申报及其他涉税事宜。

四、符合第一条规定的派遣企业应依法准确计算其取得的所得并据实申报缴纳企业所得税;不能如实申报的,税务机关有权按照相关规定核定其应纳税所得额。

五、主管税务机关应加强对派遣行为的税收管理,重点审核下列与派遣行为有关的资料,以及派遣安排的经济实质和执行情况,确定非居民企业所得税纳税义务:

(一)派遣企业、接收企业和被派遣人员之间的合同协议或约定;

(二)派遣企业或接收企业对被派遣人员的管理规定,包括被派遣人员的工作职责、工作内容、工作考核、风险承担等方面的具体规定;

(三)接收企业向派遣企业支付款项及相关账务处理情况,被派遣人员个人所得税申报缴纳资料;

(四)接收企业是否存在通过抵消交易、放弃债权、关联交易或其他形式隐蔽性支付与派遣行为相关费用的情形。

六、主管税务机关根据企业所得税法及本公告规定确定派遣企业纳税义务时,应与被派遣人员提供劳务涉及的个人所得税、营业税的主管税务机关加强协调沟通,交换被派遣人员提供劳务的相关信息,确保税收政策的准确执行。

七、各地在执行本公告规定对非居民企业派遣人员提供劳务进行税务处理时,应严格按照有关规定为派遣企业或接收企业及时办理对外支付相关手续。

八、本公告自2013年6月1日起施行。本公告施行前发生但未作税务处理的事项,依据本公告执行。

特此公告。

国家税务总局
2013年4月19日

（二）增值税

关于利用石脑油和燃料油生产乙烯芳烃类产品有关增值税政策的通知

财税〔2014〕17号

各省、自治区、直辖市、计划单列市财政厅（局）、国家税务局：

为解决因石脑油、燃料油征收消费税形成的增值税进项税额无法抵扣的问题，经国务院批准，决定对外购（含进口，下同）石脑油、燃料油生产乙烯、芳烃类化工产品的企业实行增值税退税政策。现将有关事项通知如下：

一、自2014年3月1日起，对外购用于生产乙烯、芳烃类化工产品（以下称特定化工产品）的石脑油、燃料油（以下称2类油品），且使用2类油品生产特定化工产品的产量占本企业用石脑油、燃料油生产各类产品总量的50%（含）以上的企业，其外购2类油品的价格中消费税部分对应的增值税额，予以退还。

予以退还的增值税额 = 已缴纳消费税的2类油品数量 × 2类油品消费税单位税额 × 17%

二、对符合本通知第一条规定条件的企业，在2014年2月28日前形成的增值税期末留抵税额，可在不超过其购进2类油品的价格中消费税部分对应的增值税额的规模下，申请一次性退还。

2类油品的价格中消费税部分对应的增值税额，根据国家对2类油品开征消费税以来企业购进的已缴纳消费税的2类油品数量和消费税单位税额计算。

增值税期末留抵税额，根据主管税务机关认可的增值税纳税申报表的金额计算。

三、退还增值税的申请和审批

符合本通知第一条规定条件的企业，应于每月纳税申报期结束后10个工作日内向主管税务机关申请退税。

企业申请退税时，应提交下列资料：购进合同、进口协议、增值税专用发票、进口货物报关单、海关进口增值税专用缴款书、外购的2类油品已缴纳消费税的证明材料等购进2类油品相关的资料。

主管税务机关接到企业申请后，应认真审核企业提供的相关资料和申请退还的增值税额的正确与否。审核无误后，由县（区、市）级主管税务机关审批。

四、企业收到退税款项的当月，应将退税额从增值税进项税额中转出，未按规定转出的，按《中华人民共和国税收征收管理法》有关规定承担相应法律责任。

五、退还的增值税税额由中央和地方按照现行增值税分享比例共同负担。

六、各地财政、税务机关应密切跟踪政策执行情况,对发现的问题,及时向财政部和国家税务总局反馈。

财政部
国家税务总局
2014 年 2 月 17 日

国家税务总局关于营业税改征增值税试点有关文化事业建设费登记与申报事项的公告

国家税务总局公告 2013 年第 64 号

根据《财政部 国家税务总局关于营业税改征增值税试点有关文化事业建设费征收管理问题的通知》(财综〔2013〕88 号),现将文化事业建设费登记与申报有关事项公告如下:

一、登记事项

凡应缴纳和扣缴文化事业建设费的单位和个人(以下简称缴纳人、扣缴人),须按以下规定填写《文化事业建设费登记表》(附件 1),向主管税务机关申报办理文化事业建设费登记事项。

(一)缴纳人、扣缴人在办理税务登记或扣缴税款登记的同时,办理文化事业建设费登记。

(二)本公告发布之日前已经办理税务登记或扣缴税款登记,但未办理文化事业建设费登记的缴纳人、扣缴人,应在本公告发布后,首次申报缴纳文化事业建设费前,补办登记事项。

(三)不经常发生文化事业建设费应缴纳行为或按规定不需要办理税务登记、扣缴税款登记的缴纳人、扣缴人,可以在首次文化事业建设费应缴纳行为发生后,办理登记事项。

二、申报事项

(一)缴纳人、扣缴人应在申报期内分别向主管税务机关报送《文化事业建设费申报表》(附件 2)、《文化事业建设费代扣代缴报告表》(附件 3,以下简称申报表)。申报数据实行电子信息采集的缴纳人、扣缴人,其纸质申报表按照各省税务机关的要求报送。

(二)缴纳人计算缴纳文化事业建设费时,允许从提供相关应税服务所取得的全部含税价款和价外费用中减除有关价款的,应根据取得的合法有效凭证逐一填列《应税服务扣除项目清单》(附件 4),作为申报表附列资料,向主管税务机关同时报送。

缴纳人应将合法有效凭证的复印件加盖财务印章后编号并装订成册,作为备查资料并妥善保管,以备税务机关检查审核。

（三）文化事业建设费的申报期限与缴纳人、扣缴人的增值税申报期限相同。

三、本公告自 2014 年 1 月 1 日起施行。《国家税务总局关于营业税改征增值税试点文化事业建设费缴费信息登记有关事项的公告》（国家税务总局公告 2012 年第 50 号）、《国家税务总局关于营业税改征增值税试点文化事业建设费申报有关事项的公告》（国家税务总局公告 2012 年第 51 号）、《国家税务总局关于营业税改征增值税试点中文化事业建设费征收有关事项的公告》（国家税务总局公告 2013 年第 35 号）同时废止。

特此公告。

附件：

1. 《文化事业建设费登记表》及填表说明（略——编者注）
2. 《文化事业建设费申报表》及填表说明（略——编者注）
3. 《文化事业建设费代扣代缴报告表》及填表说明（略——编者注）
4. 《应税服务减除项目清单》及填表说明（略——编者注）

国家税务总局
2013 年 11 月 11 日

关于重新印发《总分机构试点纳税人增值税计算缴纳暂行办法》的通知

财税〔2013〕74 号

各省、自治区、直辖市、计划单列市财政厅（局）、国家税务局、地方税务局，新疆生产建设兵团财务局：

根据营业税改征增值税试点政策和现行增值税有关规定，现将修订后的《总分机构试点纳税人增值税计算缴纳暂行办法》（见附件）印发你们，请遵照执行。

附件：总分机构试点纳税人增值税计算缴纳暂行办法

财政部
国家税务总局
2013 年 10 月 24 日

附件：

总分机构试点纳税人增值税计算缴纳暂行办法

一、经财政部和国家税务总局批准的总机构试点纳税人及其分支机构，按照本办法的规定计算缴纳增值税。

二、总机构应当汇总计算总机构及其分支机构发生《应税服务范围注释》所列业务的应交增值税，抵减分支机构发生《应税服务范围注释》所列业务已缴纳的增值税税款（包括预缴和补缴的增值税税款）后，在总机构所在地解缴入库。总机构销售货物、提供加工修理修配劳务，按照增值税暂行条例及相关规定就地申报缴纳增值税。

三、总机构汇总的应征增值税销售额，为总机构及其分支机构发生《应税服务范围注释》所列业务的应征增值税销售额。

四、总机构汇总的销项税额，按照本办法第三条规定的应征增值税销售额和增值税适用税率计算。

五、总机构汇总的进项税额，是指总机构及其分支机构因发生《应税服务范围注释》所列业务而购进货物或者接受加工修理修配劳务和应税服务，支付或者负担的增值税税额。总机构及其分支机构用于发生《应税服务范围注释》所列业务之外的进项税额不得汇总。

六、分支机构发生《应税服务范围注释》所列业务，按照应征增值税销售额和预征率计算缴纳增值税。计算公式如下：

应预缴的增值税 = 应征增值税销售额 × 预征率

预征率由财政部和国家税务总局规定，并适时予以调整。

分支机构销售货物、提供加工修理修配劳务，按照增值税暂行条例及相关规定就地申报缴纳增值税。

七、分支机构发生《应税服务范围注释》所列业务当期已预缴的增值税税款，在总机构当期增值税应纳税额中抵减不完的，可以结转下期继续抵减。

八、每年的第一个纳税申报期结束后，对上一年度总分机构汇总纳税情况进行清算。总机构和分支机构年度清算应交增值税，按照各自销售收入占比和总机构汇总的上一年度应交增值税税额计算。分支机构预缴的增值税超过其年度清算应交增值税的，通过暂停以后纳税申报期预缴增值税的方式予以解决。分支机构预缴的增值税小于其年度清算应交增值税的，差额部分在以后纳税申报期由分支机构在预缴增值税时一并就地补缴入库。

九、总机构及其分支机构的其他增值税涉税事项，按照营业税改征增值税试点政策及其他增值税有关政策执行。

十、总分机构试点纳税人增值税具体管理办法由国家税务总局另行制定。

关于光伏发电增值税政策的通知

财税〔2013〕66 号

各省、自治区、直辖市、计划单列市财政厅（局）、国家税务局：

　　为鼓励利用太阳能发电，促进相关产业健康发展，根据国务院批示精神，现将光伏发电增值税政策通知如下：

　　自 2013 年 10 月 1 日至 2015 年 12 月 31 日，对纳税人销售自产的利用太阳能生产的电力产品，实行增值税即征即退 50% 的政策。

　　请遵照执行。

财政部
国家税务总局
2013 年 9 月 23 日

国家税务总局关于发布《营业税改征增值税跨境应税服务增值税免税管理办法（试行）》的公告

国家税务总局公告 2013 年第 52 号

　　为规范跨境应税服务的税收管理，根据增值税现行有关规定，国家税务总局制定了《营业税改征增值税跨境应税服务增值税免税管理办法（试行）》，现予以发布。

　　特此公告。

国家税务总局
2013 年 9 月 13 日

营业税改征增值税跨境应税服务增值税免税管理办法（试行）

　　第一条　境内的单位和个人（以下称纳税人）提供跨境应税服务（以下称跨境服务），

适用本办法。

第二条 下列跨境服务免征增值税：

（一）工程、矿产资源在境外的工程勘察勘探服务。

（二）会议展览地点在境外的会议展览服务。

为客户参加在境外举办的会议、展览而提供的组织安排服务，属于会议展览地点在境外的会议展览服务。

（三）存储地点在境外的仓储服务。

（四）标的物在境外使用的有形动产租赁服务。

（五）在境外提供的广播影视节目（作品）发行、播映服务。

在境外提供的广播影视节目（作品）发行服务，是指向境外单位或者个人发行广播影视节目（作品）、转让体育赛事等文体活动的报道权或者播映权，且该广播影视节目（作品）、体育赛事等文体活动在境外播映或者报道。

在境外提供的广播影视节目（作品）播映服务，是指在境外的影院、剧院、录像厅及其他场所播映广播影视节目（作品）。

通过境内的电台、电视台、卫星通信、互联网、有线电视等无线或者有线装置向境外播映广播影视节目（作品），不属于在境外提供的广播影视节目（作品）播映服务。

（六）以水路运输方式提供国际运输服务但未取得《国际船舶运输经营许可证》的；以陆路运输方式提供国际运输服务但未取得《道路运输经营许可证》或者《国际汽车运输行车许可证》，或者《道路运输经营许可证》的经营范围未包括"国际运输"的；以航空运输方式提供国际运输服务但未取得《公共航空运输企业经营许可证》，或者其经营范围未包括"国际航空客货邮运输业务"的。

（七）以陆路运输方式提供至香港、澳门的交通运输服务，但未取得《道路运输经营许可证》，或者未具有持《道路运输证》的直通港澳运输车辆的；以水路运输方式提供至台湾的交通运输服务，但未取得《台湾海峡两岸间水路运输许可证》，或者未具有持《台湾海峡两岸间船舶营运证》的船舶的；以水路运输方式提供至香港、澳门的交通运输服务，但未具有获得港澳线路运营许可的船舶的；以航空运输方式提供往返香港、澳门、台湾的交通运输服务或者在香港、澳门、台湾提供交通运输服务，但未取得《公共航空运输企业经营许可证》，或者其经营范围未包括"国际、国内（含港澳）航空客货邮运输业务"的。

（八）适用简易计税方法的下列应税服务：

1. 国际运输服务；

2. 往返香港、澳门、台湾的交通运输服务以及在香港、澳门、台湾提供的交通运输服务；

3. 向境外单位提供的研发服务和设计服务，对境内不动产提供的设计服务除外。

（九）向境外单位提供的下列应税服务：

1. 研发和技术服务（研发服务和工程勘察勘探服务除外）、信息技术服务、文化创意服务（设计服务、广告服务和会议展览服务除外）、物流辅助服务（仓储服务除外）、鉴证咨询服务、广播影视节目（作品）的制作服务、远洋运输期租服务、远洋运输程租服务、航空运输湿租服务。

境外单位从事国际运输和港澳台运输业务经停我国机场、码头、车站、领空、内河、海域时，纳税人向上述境外单位提供的航空地面服务、港口码头服务、货运客运站场服务、打捞救助服务、装卸搬运服务，属于向境外单位提供的物流辅助服务。

合同标的物在境内的合同能源管理服务，对境内不动产提供的鉴证咨询服务，以及提供服务时货物实体在境内的鉴证咨询服务，不属于本款规定的向境外单位提供的应税服务。

2. 广告投放地在境外的广告服务。

广告投放地在境外的广告服务，是指为在境外发布的广告所提供的广告服务。

第三条 纳税人向国内海关特殊监管区域内的单位或者个人提供的应税服务，不属于跨境服务，应照章征收增值税。

第四条 纳税人提供本办法第二条所列跨境服务，必须与服务接受方签订跨境服务书面合同。否则，不予免征增值税。

第五条 纳税人向境外单位有偿提供跨境服务，该服务的全部收入应从境外取得。否则，不予免征增值税。

第六条 纳税人提供跨境服务免征增值税的，应单独核算跨境服务的销售额，准确计算不得抵扣的进项税额，其免税收入不得开具增值税专用发票。

第七条 纳税人提供跨境服务申请免税的，应到主管税务机关办理跨境服务免税备案手续，同时提交以下资料：

（一）《跨境应税服务免税备案表》（见附件）；

（二）跨境服务合同原件及复印件；

（三）提供本办法第二条第（一）项至第（五）项以及第（九）项第2目跨境服务，应提交服务地点在境外的证明材料原件及复印件；

（四）提供本办法第二条第（六）项、（七）项以及第（八）项第1目、第2目跨境服务的，应提交实际发生国际运输业务或者港澳台运输业务的证明材料；

（五）向境外单位提供跨境服务，应提交服务接受方机构所在地在境外的证明材料；

（六）税务机关要求的其他资料。

跨境服务合同原件为外文的，应提供中文翻译件并由法定代表人（负责人）签字或者单位盖章。

境外资料无法提供原件的，可只提供复印件，注明"复印件与原件一致"字样，并由法定代表人（负责人）签字或者单位盖章；境外资料原件为外文的，应提供中文翻译件并由法定代表人（负责人）签字或者单位盖章。

主管税务机关对提交的境外证明材料有疑义的，可以要求纳税人提供境外公证部门出具的证明材料。

第八条 纳税人办理跨境服务免税备案手续时，主管税务机关应当根据以下情况分别做出处理：

（一）报送的材料不符合规定的，应当及时告知纳税人补正；

（二）报送的材料齐全、符合规定形式的，或者纳税人按照税务机关的要求补正报送全部材料的，应当受理纳税人的备案，将有关资料原件退还纳税人。

（三）报送的材料或者按照税务机关的要求补正报送的材料不符合本办法第七条规定的，应当对纳税人的本次跨境服务免税备案不予受理，并将所有报送材料退还纳税人。

第九条 纳税人提供跨境服务，未按规定办理跨境服务免税备案手续的，一律不得免征增值税。

第十条 原签订的跨境服务合同发生变更或者跨境服务的有关情况发生变化，变化后仍属于本办法第二条规定的免税跨境服务范围的，纳税人应向主管税务机关重新办理跨境服务免税备案手续。

第十一条 纳税人应当完整保存本办法第七条要求的各项资料。

第十二条 税务机关应当定期或者不定期对纳税人的跨境服务增值税纳税情况进行检查，发现问题的，按照现行有关规定处理。

第十三条 本办法自2013年8月1日起执行。此前，纳税人提供符合本办法第二条规定的跨境服务，已进行免税申报的，按照本办法规定补办备案手续；未进行免税申报的，按照本办法规定办理跨境服务备案手续后，可以申请退税或者抵减以后的应纳税额；已开具增值税专用发票的，应将全部联次追回后方可办理跨境服务免税备案手续。此前，纳税人提供的跨境服务不符合本办法第二条规定的，应照章征收增值税。

附件：跨境应税服务免税备案表（略——编者注）

国家税务总局关于在全国开展营业税改征增值税试点有关征收管理问题的公告

国家税务总局公告2013年第39号

为了贯彻落实《财政部 国家税务总局关于在全国开展交通运输业和部分现代服务业营业税改征增值税试点税收政策的通知》（财税〔2013〕37号）精神，保障营业税改征增值税（以下简称营改增）改革试点的顺利实施，现将征收管理有关问题公告如下：

一、关于纳税人发票使用问题

（一）自本地区营改增试点实施之日起，增值税纳税人不得开具公路、内河货物运输业统一发票。

增值税一般纳税人（以下简称一般纳税人）提供货物运输服务的，使用货物运输业增值税专用发票（以下简称货运专票）和普通发票；提供货物运输服务之外其他增值税应税项目的，统一使用增值税专用发票（以下简称专用发票）和增值税普通发票。

小规模纳税人提供货物运输服务，服务接受方索取货运专票的，可向主管税务机关申请代开，填写《代开货物运输业增值税专用发票缴纳税款申报单》（附件1）。代开货运专票按照代开专用发票的有关规定执行。

（二）提供港口码头服务、货运客运场站服务、装卸搬运服务、旅客运输服务的一般纳税人，可以选择使用定额普通发票。

（三）从事国际货物运输代理业务的一般纳税人，应使用六联专用发票或五联增值税普通发票，其中第四联用作购付汇联；从事国际货物运输代理业务的小规模纳税人，应使用普通发票，其中第四联用作购付汇联。

（四）纳税人于本地区试点实施之日前提供改征增值税的营业税应税服务并开具营业税发票后，如发生服务中止、折让、开票有误等情形，且不符合发票作废条件的，应于2014年3月31日前向原主管税务机关申请开具营业税红字发票，不得开具红字专用发票和红字货运专票。需重新开具发票的，应于2014年3月31日前向原主管税务机关申请开具营业税发票，不得开具专用发票或货运专票。

二、关于税控系统使用问题

（一）自本地区营改增试点实施之日起，一般纳税人提供货物运输服务、开具货运专票的，使用货物运输业增值税专用发票税控系统（以下简称货运专票税控系统）；提供货物运输服务之外的其他增值税应税服务、开具专用发票和增值税普通发票的，使用增值税防伪税控系统（以下简称防伪税控系统）。

（二）自2013年8月1日起，一般纳税人从事机动车（旧机动车除外）零售业务开具机动车销售统一发票，应使用机动车销售统一发票税控系统（以下简称机动车发票税控系统）。

（三）试点纳税人使用的防伪税控系统专用设备为金税盘和报税盘，纳税人应当使用金税盘开具发票，使用报税盘领购发票、抄报税；货运专票税控系统和机动车发票税控系统专用设备为税控盘和报税盘，纳税人应当使用税控盘开具发票，使用报税盘领购发票、抄报税。

货运专票税控系统及专用设备管理，按照现行防伪税控系统有关规定执行。各省国税机关可对现有相关文书作适当调整。

（四）北京市小规模纳税人自2012年9月1日起使用金税盘或税控盘开具普通发票，使用报税盘领购发票、抄报税的办法继续执行。

三、关于增值税专用发票（增值税税控系统）最高开票限额审批问题

增值税专用发票（增值税税控系统）实行最高开票限额管理。最高开票限额，是指单份专用发票或货运专票开具的销售额合计数不得达到的上限额度。

最高开票限额由一般纳税人申请，区县税务机关依法审批。一般纳税人申请最高开票限额时，需填报《增值税专用发票最高开票限额申请单》（附件2）。主管税务机关受理纳税人申请以后，根据需要进行实地查验。实地查验的范围和方法由各省国税机关确定。

税务机关应根据纳税人实际生产经营和销售情况进行审批，保证纳税人生产经营的正常需要。

四、关于货运专票开具问题

（一）一般纳税人提供应税货物运输服务，使用货运专票；提供其他增值税应税项目、免税项目或非增值税应税项目的，不得使用货运专票。

（二）货运专票中"承运人及纳税人识别号"栏填写提供货物运输服务、开具货运专票的一般纳税人信息;"实际受票方及纳税人识别号"栏填写实际负担运输费用、抵扣进项税额的一般纳税人信息;"费用项目及金额"栏填写应税货物运输服务明细项目及不含增值税的销售额;"合计金额"栏填写应税货物运输服务项目不含增值税的销售额合计;"税率"栏填写增值税税率;"税额"栏填写按照应税货物运输服务项目不含增值税的销售额和适用税率计算得出的增值税额;"价税合计(大写)(小写)"栏填写不含增值税的销售额和增值税额的合计;"机器编号"栏填写货运专票税控系统税控盘编号。

(三)税务机关在代开货运专票时,货运专票税控系统在货运专票左上角自动打印"代开"字样;"税率"栏填写小规模纳税人增值税征收率;"税额"栏填写按照应税货物运输服务项目不含增值税的销售额和小规模纳税人增值税征收率计算得出的增值税额;"备注"栏填写税收完税凭证号码;其他栏次内容与本条第(二)项相同。

(四)提供货物运输服务,开具货运专票后,如发生应税服务中止、折让、开票有误以及发票抵扣联、发票联均无法认证等情形,且不符合发票作废条件,需要开具红字货运专票的,实际受票方或承运人可向主管税务机关填报《开具红字货物运输业增值税专用发票申请单》(附件3),经主管税务机关核对并出具《开具红字货物运输业增值税专用发票通知单》(附件4,以下简称《通知单》)。实际受票方应暂依《通知单》所列增值税税额从当期进项税额中转出,未抵扣增值税进项税额的可列入当期进项税额,待取得承运人开具的红字货运专票后,与留存的《通知单》一并作为记账凭证。认证结果为"无法认证"、"纳税人识别号认证不符"、"发票代码、号码认证不符"以及所购服务不属于增值税扣税项目范围的,不列入进项税额,不作进项税额转出。承运人可凭《通知单》在货运专票税控系统中以销项负数开具红字货运专票。《通知单》暂不通过系统开具,但其他事项按照现行红字专用发票有关规定执行。

五、关于货运专票管理问题

(一)货运专票暂不纳入失控发票快速反应机制管理。

(二)货运专票的认证结果类型包括"认证相符"、"无法认证"、"认证不符"、"密文有误"和"重复认证"等类型(暂无失控发票类型),稽核结果类型包括"相符"、"不符"、"缺联"、"重号"、"属于作废"和"滞留"等类型。认证、稽核异常货运专票的处理按照专用发票的有关规定执行。

(三)稽核异常的货运专票的核查工作,按照《增值税专用发票审核检查操作规程(试行)》的有关规定执行。

(四)丢失货运专票的处理,按照专用发票的有关规定执行,承运方主管税务机关出具《丢失货物运输业增值税专用发票已报税证明单》(附件5)。[①]

六、本公告自2013年8月1日起实施,《国家税务总局关于修订〈增值税专用发票使用规定〉的通知》(国税发〔2006〕156号)第五条、《国家税务总局关于营业税改征增值税试点有关税收征收管理问题的公告》(国家税务总局公告2011年第77号)、《国家税务总局关于北京等8省市营业税改征增值税试点有关税收征收管理问题的公告》(国家税务总局公告

[①] 本法规中的第五条第(四)项已被2014年3月24日发布的国家税务总局《关于简化增值税发票领用和使用程序有关问题的公告》废止。

2012年第42号）同时废止。

特此公告。

附件：
1. 代开货物运输业增值税专用发票缴纳税款申报单（略——编者注）
2. 增值税专用发票最高开票限额申请表（略——编者注）
3. 开具红字货物运输业增值税专用发票申请单（略——编者注）
4. 开具红字货物运输业增值税专用发票通知单（略——编者注）
5. 丢失货物运输业增值税专用发票已报税证明单（略——编者注）

国家税务总局
2013年7月10日

国家税务总局关于进一步做好土地增值税征管工作的通知

税总发〔2013〕67号

各省、自治区、直辖市和计划单列市地方税务局：

近年来，不少地区采取措施加强土地增值税征管工作，取得了一定成效，但从总体看，土地增值税征收管理工作仍需进一步规范，特别是在土地增值税清算工作、严格审核扣除项目、减少核定征收项目等方面还需要进一步加强管理。为进一步加强土地增值税征收管理，经研究，现提出以下要求：

一、提高认识，加强组织领导。

土地增值税是房地产宏观调控的重要措施，做好土地增值税征管和清算工作是贯彻依法治税要求的重要体现，各地要充分认识加强土地增值税征管工作的意义，加强组织领导，按照深化征管改革的总体要求，全面加强土地增值税征管。

各地方税务局主要领导要高度重视土地增值税工作，把此项工作列入议事日程和绩效考核内容；分管局领导要亲自抓，把土地增值税征管作为财产行为税征管的重点，切实抓紧抓好；分管处室要认真总结近年来土地增值税征管工作经验，分析存在问题，提出本地区加强征管行之有效的办法；主管税务机关要加强房地产开发项目的全流程监管，形成动态监控机制，把预征、清算和清算后管理的各项工作做扎实；房地产税收专业管理局要充分发挥专业化管理的优势，通过相关税种联动、多税种间信息比对，强化土地增值税监管，集中力量做好清算工作。

二、深入工作，着力抓好土地增值税清算。

土地增值税征管是系统性工作，各环节紧密联系，预征是土地增值税工作的基础，清算是落实土地增值税功能的关键,对房地产开发项目的全流程监管是夯实税源的保障。2013年要着力抓好清算这一关键环节。一是要加强纳税服务和税收宣传,把清算的相关政策和规定宣传好、解读好,让纳税人熟悉政策,在达到清算条件后能够自行做好清算申报,使清算申报做到全覆盖、无死角。二是要对近几年积压未清算的项目进行全面清理,制定工作计划,督促企业限期自行清算,对拒不清算的要严肃处理。三是要严格执行核定征收规定,不得擅自扩大核定征收的范围,对不符合核定征收条件的,坚决不得核定征收,对符合条件、确需核定的,要根据实际情况从严确定核定征收率,不搞一刀切。四是清算审核时要严格依照政策和规定执行,不得擅自扩大扣除项目范围。

三、狠抓落实,强化督导检查。

要把督导检查作为强化土地增值税征管工作的抓手,狠抓落实,对照要求、认真部署、细化方案、层层督导,确保将加强土地增值税征管工作的各项要求落到实处。税务总局在已经对15个省市进行督导的基础上,2013年7月起还将对辽宁、黑龙江、河北、天津、四川、重庆等省市进行督导(工作方案另行下发)。

请各地于8月底前将2013年土地增值税征管工作情况、清算进度和下阶段清算安排报送国家税务总局(财产行为税司)。

特此通知。

国家税务总局
2013年6月20日

国家税务总局关于油气田企业开发煤层气页岩气增值税有关问题的公告

国家税务总局公告2013年第27号

现将油气田企业开发煤层气、页岩气增值税有关问题公告如下:

油气田企业从事煤层气、页岩气生产,以及为生产煤层气、页岩气提供生产性劳务,按照《油气田企业增值税管理办法》(财税〔2009〕8号文件印发)缴纳增值税。

本公告自2013年7月1日起施行。

特此公告。

国家税务总局
2013年5月30日

国家税务总局关于营业税改征增值税总分机构试点纳税人增值税纳税申报有关事项的公告

国家税务总局公告2013年第22号

根据《财政部 国家税务总局关于印发〈总分机构试点纳税人增值税计算缴纳暂行办法〉的通知》（财税〔2012〕84号）、《国家税务总局关于北京等8省市营业税改征增值税试点增值税纳税申报有关事项的公告》（国家税务总局公告2012年第43号）有关规定，现将营业税改征增值税试点期间总分机构试点纳税人增值税纳税申报有关事项公告如下：

一、经财政部和国家税务总局批准，适用财税〔2012〕84号文件，计算缴纳增值税的总机构试点纳税人（以下简称总机构）及其试点地区分支机构，应按照本公告规定进行增值税纳税申报。

二、关于总机构纳税申报事项

（一）总机构按规定汇总计算的总机构及其分支机构应征增值税销售额、销项税额、进项税额，填报在《增值税纳税申报表（适用于增值税一般纳税人）》（以下简称申报表主表）及附列资料对应栏次。

（二）按规定可以从总机构汇总计算的增值税应纳税额中抵减的分支机构已纳增值税税额、营业税税额，总机构汇总后填报在申报表主表第28栏"分次预缴税额"中。当期不足抵减部分，可结转下期继续抵减，即：当期分支机构已纳增值税税额、营业税税额大于总机构汇总计算的增值税应纳税额时，在第28栏"分次预缴税额"中只填报可抵减部分。

（三）总机构应设立相应台账，记录税款抵减情况，以备查阅。

三、关于试点地区分支机构纳税申报事项

（一）试点地区分支机构将按预征率计算缴纳增值税的销售额填报在申报表主表第5栏"按简易征收办法征税销售额"中，按预征率计算的增值税应纳税额填报在申报表主表第21栏"简易征收办法计算的应纳税额"中。

（二）调整《增值税纳税申报表附列资料（一）》（附件）内容，在"简易计税方法征税"栏目中增设"预征率%"栏，用于试点地区分支机构预征增值税销售额、应纳税额的填报。

（三）试点地区分支机构销售货物和提供加工修理修配劳务，按增值税暂行条例及相关规定就地申报缴纳增值税的销售额、销项税额，按原有关规定填报在申报表主表及附列资料对应栏次。

（四）试点地区分支机构抄报税、认证等事项仍按现行规定执行。当期进项税额应填报在申报表主表及附列资料对应栏次，其中由总机构汇总的进项税额，需在《增值税纳税申报表附列资料（二）》第17栏"简易计税方法征税项目用"中填报转出。

四、各地税务机关应做好总分机构试点纳税人增值税纳税申报的宣传和辅导工作。

五、本公告自2013年6月1日起施行。调整后的《增值税纳税申报表附列资料（一）》同时适用于营业税改征增值税试点地区增值税一般纳税人，国家税务总局公告2012年第43

号附件 1 中的《增值税纳税申报表附列资料（一）》同时废止。

特此公告。

附件：增值税纳税申报表附列资料（一）（略——编者注）

国家税务总局
2013 年 5 月 7 日

国家税务总局关于旅店业和饮食业纳税人销售非现场消费食品增值税有关问题的公告

国家税务总局公告 2013 年第 17 号

现将旅店业和饮食业纳税人销售非现场消费食品增值税有关问题公告如下：

旅店业和饮食业纳税人销售非现场消费的食品，属于不经常发生增值税应税行为，根据《中华人民共和国增值税暂行条例实施细则》（财政部 国家税务总局令第 50 号）第二十九条的规定，可以选择按小规模纳税人缴纳增值税。

本公告自 2013 年 5 月 1 日起施行。

特此公告。

国家税务总局
2013 年 4 月 22 日

关于享受资源综合利用增值税优惠政策的纳税人执行污染物排放标准有关问题的通知

财税〔2013〕23 号

各省、自治区、直辖市、计划单列市财政厅（局）、国家税务局，新疆生产建设兵团财务局：

为进一步提高资源综合利用增值税优惠政策的实施效果，促进环境保护，现对享受资源综合利用增值税优惠政策的纳税人执行污染物排放标准有关问题明确如下：

一、纳税人享受资源综合利用产品及劳务增值税退税、免税政策的，其污染物排放必须达到相应的污染物排放标准。

资源综合利用产品及劳务增值税退税、免税政策，是指《财政部 国家税务总局关于有机肥产品免征增值税的通知》（财税〔2008〕56号）、《财政部 国家税务总局关于资源综合利用及其他产品增值税政策的通知》（财税〔2008〕156号）、《财政部 国家税务总局关于调整完善资源综合利用产品及劳务增值税政策的通知》（财税〔2011〕115号）规定的退税、免税政策。

相应的污染物排放标准，是指污染物排放地的环境保护部门根据纳税人排放污染物的类型，所确定的应予执行的国家或地方污染物排放标准。达到污染物排放标准，是指符合污染物排放标准规定的全部项目。

二、纳税人在办理资源综合利用产品及劳务增值税退税、免税事宜时，应同时提交污染物排放地环境保护部门确定的该纳税人应予执行的污染物排放标准，以及污染物排放地环境保护部门在此前6个月以内出具的该纳税人的污染物排放符合上述标准的证明材料。已开展环保核查的行业，应以环境保护部门发布的符合环保法律法规要求的企业名单公告作为证明材料。

三、对未达到相应的污染物排放标准的纳税人，自发生违规排放行为之日起，取消其享受资源综合利用产品及劳务增值税退税、免税政策的资格，且三年内不得再次申请。纳税人自发生违规排放行为之日起已申请并办理退税、免税的，应予追缴。

发生违规排放行为之日，是指已经污染物排放地环境保护部门查证确认的，纳税人发生未达到应予执行的污染物排放标准行为的当日。

四、《财政部 国家税务总局关于资源综合利用及其他产品增值税政策的通知》（财税〔2008〕156号）第二条所述的污水处理修改为：污水处理是指将污水（包括城镇污水和工业废水）处理后达到《城镇污水处理厂污染物排放标准》（GB18918-2002），或达到相应的国家或地方水污染物排放标准中的直接排放限值的业务。

"城镇污水"是指城镇居民生活污水，机关、学校、医院、商业服务机构及各种公共设施排水，以及允许排入城镇污水收集系统的工业废水和初期雨水。

"工业废水"是指工业生产过程中产生的，不允许排入城镇污水收集系统的废水和废液。

本条所述的《城镇污水处理厂污染物排放标准》（GB18918-2002）如在执行过程中有更新、替换，按最新标准执行。

五、本通知自2013年4月1日起执行，《财政部 国家税务总局关于调整完善资源综合利用产品及劳务增值税政策的通知》（财税〔2011〕115号）第九条第（三）项相应废止。

《财政部 国家税务总局关于调整完善资源综合利用产品及劳务增值税政策的通知》（财税〔2011〕115号）第四条、第五条第（一）项的规定在本通知生效之前的执行过程中涉及污染物排放的，按本通知第一条、第二条有关规定执行。

财政部
国家税务总局
2013年4月1日

(三) 进出口退（免）税

国家税务总局关于外贸综合服务企业出口货物退（免）税有关问题的公告

国家税务总局公告 2014 年第 13 号

为进一步发挥外贸综合服务企业提供出口服务的优势，支持中小企业更加有效地开拓国际市场，经商财政部、商务部同意，现将有关出口货物的退（免）税事项公告如下：

一、外贸综合服务企业以自营方式出口国内生产企业与境外单位或个人签约的出口货物，同时具备以下情形的，可由外贸综合服务企业按自营出口的规定申报退（免）税：

（一）出口货物为生产企业自产货物；

（二）生产企业已将出口货物销售给外贸综合服务企业；

（三）生产企业与境外单位或个人已经签订出口合同，并约定货物由外贸综合服务企业出口至境外单位或个人，货款由境外单位或个人支付给外贸综合服务企业；

（四）外贸综合服务企业以自营方式出口。

上述出口货物不适用《国家税务总局 商务部关于进一步规范外贸出口经营秩序切实加强出口货物退（免）税管理的通知》（国税发〔2006〕24号）第二条第（三）项规定、《财政部 国家税务总局关于出口货物劳务增值税和消费税政策的通知》（财税〔2012〕39号）第七条第（一）项第7目之（3）的规定。

二、外贸综合服务企业申报本公告第一条规定的出口货物退（免）税时，应在《外贸企业出口退税进货明细申报表》第15栏（业务类型）、《外贸企业出口退税出口明细申报表》第19栏〔退（免）税业务类型〕填写"WMZHFW"。

三、外贸综合服务企业应加强风险控制，严格审查生产企业的经营情况和生产能力，确保申报出口退（免）税货物的国内采购及出口的真实性。外贸综合服务企业如发生虚开增值税扣税凭证（包括接受虚开增值税扣税凭证，善意取得的除外）、骗取出口退税等涉税违法行为的，应作为责任主体按规定接受处理。

四、主管税务机关应按规定受理外贸综合服务企业的出口退（免）税申报，并加强对外贸综合服务企业的预警监控、审核、评估分析，如发现涉嫌骗取出口退税疑点的，应按现行规定进行处理。

五、本公告的外贸综合服务企业是指：为国内中小型生产企业出口提供物流、报关、信保、融资、收汇、退税等服务的外贸企业。

六、本公告自2014年4月1日起施行。外贸综合服务企业出口本公告第一条范围外的货物，继续按现行退（免）税规定执行。

特此公告。

国家税务总局
2014年2月27日

国家税务总局关于调整出口退（免）税申报办法的公告

国家税务总局公告2013年第61号

为减少出口退（免）税申报的差错率和疑点，进一步提高申报和审批效率，加快出口退税进度，税务总局决定调整出口退（免）税申报办法，现公告如下：

一、企业出口货物劳务及适用增值税零税率的应税服务（以下简称出口货物劳务及服务），在正式申报出口退（免）税之前，应按现行申报办法向主管税务机关进行预申报，在主管税务机关确认申报凭证的内容与对应的管理部门电子信息无误后，方可提供规定的申报退（免）税凭证、资料及正式申报电子数据，向主管税务机关进行正式申报。

二、税务机关受理企业出口退（免）税预申报后，应及时审核并向企业反馈审核结果。如果审核发现申报退（免）税的凭证没有对应的管理部门电子信息或凭证的内容与电子信息不符的，企业应按下列方法处理：

（一）属于凭证信息录入错误的，应更正后再次进行预申报；

（二）属于未在"中国电子口岸出口退税子系统"中进行出口货物报关单确认操作或未按规定进行增值税专用发票认证操作的，应进行上述操作后，再次进行预申报；

（三）除上述原因外，可填写《出口企业信息查询申请表》（见附件1），将缺失对应凭证管理部门电子信息或凭证的内容与电子信息不符的数据和原始凭证报送至主管税务机关，由主管税务机关协助查找相关信息。

三、生产企业应根据免抵退税正式申报的出口销售额（不包括本公告生效前已按原办法申报的单证不齐或者信息不齐的出口销售额）计算免抵退税不得免征和抵扣税额，并填报在当期《增值税纳税申报表附列资料（二）》"免抵退税办法出口货物不得抵扣进项税额"栏（第18栏）、《免抵退税申报汇总表》"免抵退税不得免征和抵扣税额"栏（第25栏）。

生产企业在本公告生效前已按原办法申报单证不齐或者信息不齐的出口货物劳务及服务，在本公告生效后应及时收齐有关单证、进行预申报，并在单证齐全、信息通过预申报核对无误后进行免抵退税正式申报。正式申报时，只计算免抵退税额，不计算免抵退税不得免征和抵扣税额。

四、在退（免）税申报期截止之日前，如果企业出口的货物劳务及服务申报退（免）税的凭证仍没有对应管理部门电子信息或凭证的内容与电子信息比对不符,无法完成预申报的,企业应在退(免)税申报期截止之日前,向主管税务机关报送以下资料:

(一)《出口退(免)税凭证无相关电子信息申报表》(见附件2)及其电子数据;

(二)退(免)税申报凭证及资料。

经主管税务机关核实,企业报送的退(免)税凭证资料齐全,且《出口退(免)税凭证无相关电子信息申报表》及其电子数据与凭证内容一致的,企业退(免)税正式申报时间不受退(免)税申报期截止之日限制。未按上述规定在退(免)税申报期截止之日前向主管税务机关报送退(免)税凭证资料的,企业在退(免)税申报期限截止之日后不得进行退(免)税申报,应按规定进行免税申报或纳税申报。

五、符合《财政部 国家税务总局关于出口货物劳务增值税和消费税政策的通知》(财税〔2012〕39号)第九条第(四)项规定的生产企业,不适用本公告,其免抵退税申报仍按原办法执行。

六、本公告自2014年1月1日起施行。《国家税务总局关于发布〈出口货物劳务增值税和消费税管理办法〉的公告》(国家税务总局公告2012年第24号)、《国家税务总局关于〈出口货物劳务增值税和消费税管理办法〉有关问题的公告》(国家税务总局公告2013年第12号)、《国家税务总局关于出口企业申报出口货物退(免)税提供收汇资料有关问题的公告》(国家税务总局公告2013年第30号)等文件与本公告相冲突的内容同时废止。

附件:

1. 出口企业信息查询申请表(略——编者注)
2. 出口退(免)税凭证无相关电子信息申报表(略——编者注)

国家税务总局
2013年10月15日

国家税务总局关于出口企业申报出口货物退(免)税提供收汇资料有关问题的公告

国家税务总局公告2013年第30号

为了准确计算、审核办理出口退(免)税,核实出口业务的真实性,防范骗取出口退税违法行为的发生,根据《国务院关于调低出口退税率加强出口退税管理的通知》(国发明电〔1995〕3号)、《国家外汇管理局 海关总署 国家税务总局关于货物贸易外汇管理制度改革的公告》(国家外汇管理局公告2012年第1号)的有关规定,现将出口企业申报出口货物退

(免) 税提供收汇资料的有关问题公告如下：

一、出口企业申报退（免）税的出口货物，须在退（免）税申报期截止之日内收汇（跨境贸易人民币结算的为收取人民币，下同），并按本公告的规定提供收汇资料；未在退（免）税申报期截止之日内收汇的出口货物，除本公告第五条所列不能收汇或不能在出口货物退（免）税申报期的截止之日内收汇的出口货物外，适用增值税免税政策。

二、有下列情形之一的出口企业，在申报退（免）税时，对已收汇的出口货物，应填报《出口货物收汇申报表》（附件1），并提供该货物银行结汇水单等出口收汇凭证（跨境贸易人民币结算的为收取人民币的收款凭证，原件和盖有企业公章的复印件，下同）；对暂未收汇的出口货物，生产企业应在《生产企业出口货物免、抵、退税申报明细表》的"单证不齐标志"栏（第20栏）中填写"W"，暂不参与免抵退税计算，待收汇并填报《出口货物收汇申报表》后，方可参与免抵退税计算；对不能收汇或不能在出口货物退（免）税申报期的截止之日内收汇的属于本公告第五条所列的出口货物，按本公告第五条的规定办理：

（一）被外汇管理部门列为B、C类企业的；

（二）被外汇管理部门列为重点监测企业的；

（三）被人民银行列为跨境贸易人民币重点监管企业的；

（四）被海关列为C、D类企业的；

（五）被税务机关评定为D级纳税信用等级的；

（六）因虚开增值税专用发票或其他增值税扣税凭证、增值税偷税、骗取国家出口退税款等原因，被税务机关给予行政处罚的；

（七）因违反进、出口管理，收、付汇管理等方面的规定，被海关、外汇管理、人民银行、商务等部门给予行政处罚的；

（八）向主管税务机关申报的不能收汇的原因为虚假的；

（九）向主管税务机关提供的出口货物收汇凭证是冒用的。

前款第（一）至第（五）项情形的执行时间［以申报退（免）税时间为准，本款下同］为主管税务机关通知之日起至情形存续期结束；前款第（六）至第（九）项情形的执行时间为主管税务机关通知之日起24个月内；出口企业并存上述若干情形的，执行时间的截止时间为情形中的最晚截止时间。

三、自2014年5月1日起，出口企业上一年度收汇率低于70%［外汇管理局、人民银行提供的企业上一年度出口收汇金额，加上企业申报并经主管税务机关审核确认的不能收汇金额合计，占企业申报退（免）税的上一年度出口货物出口额的比例］的，该出口企业当年5月至次年4月申报的退（免）税，按本公告第二条的规定执行。

四、本公告第二条、第三条所列出口企业以外的其他出口企业申报的出口货物退（免）税，可不提供出口收汇凭证，本条第二款规定的情形除外；对不能收汇或不能在出口货物退（免）税申报期的截止之日内收汇的属于本公告第五条所列的货物，按本公告第五条的规定办理。

主管税务机关在出口退（免）税审核中，发现前款出口企业申报退（免）税的出口货物存在需要进一步核实出口业务真实性的，出口企业在接到主管税务机关通知后，应填报《生产企业出口业务自查表》或《外贸企业出口业务自查表》、《出口货物收汇申报表》或

《出口货物不能收汇申报表》(附件2)及相关证明材料。主管税务机关对企业报送的申报表和相关资料,按有关规定核查无误后,方可办理该笔出口货物退(免)税。

五、出口货物由于本公告附件3所列原因,不能收汇或不能在出口货物退(免)税申报期的截止之日内收汇的,如按会计制度规定须冲减出口销售收入的,在冲减销售收入后,属于本公告第二条所列出口企业应在申报退(免)税时,属于本公告第四条所列出口企业应在退(免)税申报期截止之日内,向主管税务机关报送《出口货物不能收汇申报表》,提供附件3所列原因对应的有关证明材料,经主管税务机关审核确认后,可视同收汇处理。

六、合同约定全部收汇的最终日期在出口退(免)税申报期限截止之日后的,出口企业应在合同约定最终收汇日期次月的增值税纳税申报期内,向主管税务机关提供收汇凭证,不能提供的,对应的出口货物适用增值税免税政策。

七、本公告规定的适用增值税免税政策的出口货物,出口企业应在退(免)税申报期截止之日的次月或在确定免税的次月的增值税纳税申报期,按规定向主管税务机关申报免税,前期已申报退(免)税的,出口企业应用负数申报冲减原退(免)税申报数据,并按现行会计制度的有关规定进行相应调整,出口企业当期免抵退税额(外贸企业为退税额,本条下同)不足冲减的,应补缴差额部分的税款。出口企业如果未按上述规定申报冲减的,一经主管税务机关发现,除按规定补缴已办理的免抵退税额,对出口货物增值税实行免税或征税外,还应接受主管税务机关按《中华人民共和国税收征收管理法》做出的处罚。

八、主管税务机关发现出口企业申报出口货物退(免)税提供的收汇资料存在以下情形的,除按《中华人民共和国税收征收管理法》相应的规定处罚外,相应的出口货物适用增值税征税政策,属于偷骗税的,由稽查部门查处:

(一)不能收汇的原因或证明材料为虚假的;

(二)收汇凭证是冒用的。

九、主管税务机关发现出口企业出口货物的收汇情况存在非进口商付汇等疑点的,对该笔收汇对应的出口货物暂不办理出口退(免)税;已办理退(免)税的,主管税务机关可按照所涉及的退税额对该企业其他已审核通过的等额的应退税款暂缓办理出口退(免)税,无其他应退税款或应退税款小于所涉及退税额的,可由出口企业提供差额部分的担保。待税务机关核实排除相应疑点后,方可办理退(免)税或解除担保。

十、省级国家税务局应设立评估指标、预警值,按照人民银行、外汇管理局提供的出口收汇数据,对出口企业的货物流、资金流进行定期评估、预警,凡发现出口企业申报退(免)税的出口货物结汇数据异常的,应进行核查,发现违规的,应按相应规定处理;属于偷骗税的,由稽查部门查处。

十一、本公告的出口货物,不包括《财政部 国家税务总局关于出口货物劳务增值税和消费税政策的通知》(财税〔2012〕39号)第一条第(二)项(第2目除外)、第(三)项所列的视同出口货物以及易货贸易出口货物、委托出口货物,暂不包括边境小额贸易出口货物;本公告的出口企业,不包括委托出口的企业。

十二、本公告自2013年8月1日起执行。

特此公告。

附件：
1. 出口货物收汇申报表（略——编者注）
2. 出口货物不能收汇申报表（略——编者注）
3. 出口货物不能收汇的原因及证明材料（略——编者注）

国家税务总局
2013年6月9日

(四）营业税

国家税务总局关于金融商品转让业务有关营业税问题的公告

国家税务总局公告 2013 年第 63 号

现对纳税人从事金融商品转让业务有关营业税问题公告如下：

纳税人从事金融商品转让业务，不再按股票、债券、外汇、其他四大类来划分，统一归为"金融商品"，不同品种金融商品买卖出现的正负差，在同一个纳税期内可以相抵，按盈亏相抵后的余额为营业额计算缴纳营业税。若相抵后仍出现负差的，可结转下一个纳税期相抵，但在年末时仍出现负差的，不得转入下一个会计年度。

本公告自 2013 年 12 月 1 日起施行。《国家税务总局关于印发〈金融保险业营业税申报管理办法〉的通知》（国税发〔2002〕9 号）第四章第十四条中"金融商品转让业务，按股票、债券、外汇、其他四大类来划分。同一大类不同品种金融商品买卖出现的正负差，在同一个纳税期内可以相抵，相抵后仍出现负差的，可结转下一个纳税期相抵，但年末时仍出现负差的，不得转入下一个会计年度"内容同时废止。

特此公告。

国家税务总局
2013 年 11 月 6 日

国家税务总局关于纳税人投资政府土地改造项目有关营业税问题的公告

国家税务总局公告 2013 年第 15 号

现就纳税人投资政府土地改造项目有关营业税问题公告如下：

一些纳税人（以下称投资方）与地方政府合作，投资政府土地改造项目（包括企业搬迁、危房拆除、土地平整等土地整理工作）。其中，土地拆迁、安置及补偿工作由地方政府指定其他纳税人进行，投资方负责按计划支付土地整理所需资金；同时，投资方作为建设方与规划设计单位、施工单位签订合同，协助地方政府完成土地规划设计、场地平整、地块周边绿化等工作，并直接向规划设计单位和施工单位支付设计费和工程款。当该地块符合国家土地出让条件时，地方政府将该地块进行挂牌出让，若成交价低于投资方投入的所有资金，亏损由投资方自行承担；若成交价超过投资方投入的所有资金，则所获收益归投资方。在上述过程中，投资方的行为属于投资行为，不属于营业税征税范围，其取得的投资收益不征收营业税；规划设计单位、施工单位提供规划设计劳务和建筑业劳务取得的收入，应照章征收营业税。

本公告自2013年5月1日起施行。本公告生效前，纳税人未缴纳税款的，按照本公告规定执行；纳税人已缴纳税款的，税务机关应按照本公告规定予以退税。

特此公告。

国家税务总局
2013年4月15日

（五）消费税

国家税务总局关于消费税有关政策问题补充规定的公告

国家税务总局公告 2013 年第 50 号

现对《国家税务总局关于消费税有关政策问题的公告》（国家税务总局公告 2012 年第 47 号）有关问题补充规定如下：

一、国家税务总局公告 2012 年第 47 号第一条和第二条所称"其他原料"是指除原油以外可用于生产加工成品油的各种原料。

二、纳税人生产加工符合国家税务总局公告 2012 年第 47 号第一条第（一）项规定的产品，无论以何种名称对外销售或用于非连续生产应征消费税产品，均应按规定缴纳消费税。

三、国家税务总局公告 2012 年第 47 号第一条第（二）项所称"本条第（一）项规定以外的产品"是指产品名称虽不属于成品油消费税税目列举的范围，但外观形态与应税成品油相同或相近，且主要原料可用于生产加工应税成品油的产品。

前款所称产品不包括：

（一）环境保护部发布《中国现有化学物质名录》中列明分子式的产品和纳税人取得环境保护部颁发的《新化学物质环境管理登记证》中列名的产品；

（二）纳税人取得省级（含）以上质量技术监督部门颁发的《全国工业产品生产许可证》中除产品名称注明为"石油产品"外的各明细产品。

本条第一款规定的产品，如根据国家标准、行业标准或其他方法可以确认属于应征消费税的产品，适用本公告第二条规定。

四、国家税务总局公告 2012 年第 47 号第二条所称"纳税人以原油或其他原料生产加工的产品"是指常温常压状态下呈暗褐色或黑色的液态或半固态产品。

其他呈液态状产品以沥青名称对外销售或用于非连续生产应征消费税产品，适用国家税务总局公告 2012 年第 47 号第一条和本公告第三条规定。

沥青产品的行业标准，包括石油化工以及交通、建筑、电力等行业适用的行业性标准。

五、国家税务总局公告 2012 年第 47 号所称"相关产品质量检验证明"是指经国家认证认可监督管理委员会或省级质量技术监督部门依法授予实验室资质认定的检测机构出具的相关产品达到国家或行业标准的检验证明，且该检测机构对相关产品的检测能力在其资质认定证书附表规定的范围之内。

纳税人委托检测机构对相关产品进行检验的项目应为该产品国家或行业标准中列明的全部项目。在向主管税务机关提交检验证明备案时，应一并提供受检产品的国家或行业标准以及检测机构具备检测资质和该产品检测能力的证明材料，包括资质认定证书及检测能力附表复印件等。

本省（自治区、直辖市、计划单列市，以下简称省市）范围内的检测机构对相关产品不能检验的，纳税人可委托其他省市符合条件的检测机构对产品进行检验，并按前款规定提供产品检验证明和检测机构资质能力证明等材料。

六、对国家税务总局公告2012年第47号和本公告规定可不提供检验证明或已提供检验证明而不缴纳消费税的产品，税务机关可根据需要组织进行抽检，核实纳税人实际生产加工的产品是否符合不征收消费税的规定。

七、纳税人发生下列情形之一且未缴纳消费税的，主管税务机关应依法补征税款并予以相应处理：

（一）应提供而未提供检验证明；

（二）虽提供检验证明，但实际生产加工的产品不符合检验证明所依据的国家或行业标准。

八、下列产品准予按规定从消费税应纳税额中扣除其原料已纳的消费税税款，但可享受原料所含消费税退税政策的产品除外：

（一）按国家税务总局公告2012年第47号和本公告规定视同石脑油、燃料油缴纳消费税的产品；

（二）以外购或委托加工收回本条第（一）项规定的产品为原料生产的应税消费品；

（三）按国家税务总局公告2012年第47号第三条第（二）项规定缴纳消费税的产品。

九、纳税人生产、销售或受托加工本公告第八条第（一）项规定的产品，应在向购货方或委托方开具的增值税专用发票品名后注明"视同石脑油（或燃料油）"或"视同石脑油（或燃料油）加工"。购货方或委托方以该产品为原料生产应税消费品，需凭上述凭证按规定办理原料已纳消费税税款的扣除手续。

十、各地税务机关应加强消费税的日常管理和纳税评估，加大对纳税人不同名称产品销量异常变动情况的监管，并可根据需要对视同石脑油、燃料油征收消费税的产品，制定具体管理办法。

十一、本公告自2013年1月1日起施行。本公告施行前，纳税人向主管税务机关提交备案的产品检验证明，如所检项目为该产品国家或行业标准中列明的全部项目，可不做调整，如所检项目仅为部分项目，需补充提供其他项目的检验证明备案，对不提供全部项目检验证明的，视同不符合该产品的国家或行业标准；对已缴纳消费税的产品，根据本公告规定不属于消费税征税范围的，纳税人可按规定申请退税或抵减以后期间的应纳消费税。

特此公告。

国家税务总局
2013年9月9日

国家税务总局、海关总署关于石脑油 燃料油生产乙烯 芳烃类化工产品消费税退税问题的公告

国家税务总局、海关总署公告 2013 年第 29 号

根据《财政部 中国人民银行 国家税务总局关于延续执行部分石脑油 燃料油消费税政策的通知》（财税〔2011〕87 号）、《财政部 中国人民银行 海关总署 国家税务总局关于完善石脑油 燃料油生产乙烯 芳烃类化工产品消费税退税政策的通知》（财税〔2013〕2 号）和《国家税务总局关于发布〈用于生产乙烯、芳烃类化工产品的石脑油、燃料油退（免）消费税暂行办法〉的公告》（国家税务总局公告 2012 年第 36 号），现就用于生产乙烯、芳烃类化工产品的石脑油、燃料油消费税退税问题公告如下：

一、用石脑油、燃料油生产乙烯、芳烃类化工产品的企业（以下简称使用企业），符合下列条件的，可提请消费税退税资格备案：

（一）营业执照登记的经营范围包含生产乙烯、芳烃类化工产品；

（二）持有省级（含）以上安全生产监督管理部门颁发的危险化学品《安全生产许可证》。如使用企业处于试生产阶段，应提供省级以上安全生产监督管理部门出具的试生产备案意见书；

（三）拥有生产乙烯、芳烃类化工产品的生产装置或设备，乙烯生产企业必须具备（蒸汽）裂解装置，芳烃生产企业必须具备芳烃抽提装置；

（四）用石脑油、燃料油生产乙烯、芳烃类化工产品的产量占本企业用石脑油、燃料油生产全部产品总量的 50% 以上（含）；

（五）书面承诺接受税务机关和海关对产品的抽检；

（六）国家税务总局和海关总署规定的其他情形。

二、使用企业提请消费税退税资格备案，按下列规定提交《石脑油、燃料油消费税退税资格备案表》（附件 1）和国家税务总局 2012 年第 36 号公告发布的《用于生产乙烯、芳烃类化工产品的石脑油、燃料油退（免）消费税暂行办法》（以下简称《暂行办法》）第七条规定的备案资料：

（一）仅以自营或委托方式进口石脑油、燃料油生产乙烯、芳烃类化工产品的，应向进口地海关提请资格备案，涉及多个进口地的，应分别向各进口地海关提请资格备案；

（二）仅以国产石脑油、燃料油生产乙烯、芳烃类化工产品的，应向主管税务机关提请资格备案；

（三）既以国产又以进口石脑油、燃料油生产乙烯、芳烃类化工产品的，应分别向主管税务机关和进口地海关提请资格备案，涉及多个进口地的，应分别向各进口地海关提请资格备案。

三、石脑油、燃料油生产企业（以下简称生产企业）销售含税石脑油、燃料油，应根据购买方企业的需要提供该油品所对应的消费税完税凭证复印件，并填制《生产企业销售含税

石脑油、燃料油完税情况明细表》（附件2），于次月纳税申报期报送至主管税务机关。主管税务机关及时将此表信息录入相关系统，供使用企业主管税务机关退税核对。

生产企业销售石脑油、燃料油发生消费税欠税（包括办理消费税缓缴手续）的，未交税油品对应的增值税专用发票信息不得填写在《生产企业销售含税石脑油、燃料油完税情况明细表》中。

四、使用企业取得生产企业消费税完税凭证复印件后，应填写《使用企业外购石脑油、燃料油凭证明细表》（附件3）。

使用企业未取得生产企业消费税完税凭证复印件的，其外购油品的增值税专用发票信息不得填写在《使用企业外购石脑油、燃料油凭证明细表》中。

五、使用企业从非生产企业购进国产含税石脑油、燃料油的，应向主管税务机关提供该油品对应的增值税专用发票和消费税完税凭证复印件。经主管税务机关核实确已缴纳消费税的，使用企业应将该油品对应的增值税专用发票和消费税完税凭证等信息填写在《使用企业外购石脑油、燃料油凭证明细表》中。

上述供油企业（含生产企业和非生产企业）主管税务机关应协助使用企业主管税务机关，做好对该油品是否已缴纳消费税的核实工作。

六、使用企业应区分不同情形，按以下规定报送退税资料：

（一）仅以进口石脑油、燃料油生产乙烯、芳烃类化工产品的，应每月向进口地海关报送以下资料：

1.《使用企业外购石脑油、燃料油凭证明细表》；

2.《石脑油、燃料油生产、外购、耗用、库存月度统计表》（附件4）；

3.《乙烯、芳烃生产装置投入产出流量计统计表》（附件5）；

4. 进口货物报关单、海关进口消费税专用缴款书、自动进口许可证等材料复印件。

上述企业在申请退还进口消费税时，应向进口地海关提供《用于生产乙烯、芳烃类化工产品的石脑油、燃料油进口消费税退税申请表》（附件6）。

既以国产又以进口石脑油、燃料油生产乙烯、芳烃类化工产品的使用企业，按照本公告规定经主管税务机关对进口石脑油、燃料油退税提出核对意见后，也应向进口地海关提供《用于生产乙烯、芳烃类化工产品的石脑油、燃料油进口消费税退税申请表》。

（二）仅以国产石脑油、燃料油或既以国产又以进口石脑油、燃料油生产乙烯、芳烃类化工产品的，应向主管税务机关报送以下资料：

1. 在每月纳税申报期报送的资料：

（1）《使用企业外购石脑油、燃料油凭证明细表》；

（2）《石脑油、燃料油生产、外购、耗用、库存月度统计表》；

（3）《乙烯、芳烃生产装置投入产出流量计统计表》；

（4）《使用企业外购石脑油、燃料油凭证明细表》中"外购含税油品"项"消费税完税凭证号码"所对应的消费税完税凭证的复印件；

（5）当期外购石脑油、燃料油取得的已认证普通版增值税专用发票复印件；

（6）进口货物报关单、海关进口消费税专用缴款书、自动进口许可证等材料复印件。

2. 申请退还消费税的，在当月纳税申报期结束后应报送以下资料：

(1)《用于生产乙烯、芳烃类化工产品的石脑油、燃料油消费税应退税额计算表》（附件7）；

(2) 使用企业初次向主管税务机关申请进口消费税退税的，如前期已向海关申请办理过退税事项，应提供上月进口地海关受理的《石脑油、燃料油生产、外购、耗用、库存月度统计表》。

七、主管税务机关和进口地海关受理使用企业退税申请后，应及时完成以下工作：

(一) 主管税务机关核对、退税工作

1. 消费税退税资料的核对

(1)《石脑油、燃料油生产、外购、耗用、库存月度统计表》中填报的乙烯类、芳烃类产品的本年累计产量占全部产品（本企业用石脑油、燃料油生产全部产品总量）的比例是否达到50%；

(2)《使用企业外购石脑油、燃料油凭证明细表》中"外购免税油品"和"外购含税油品"项的"汉字防伪版增值税专用发票"的"石脑油数量"、"燃料油数量"与主管税务机关采集认证的汉字防伪版增值税专用发票的货物名称、数量比对是否相符；

(3)《使用企业外购石脑油、燃料油凭证明细表》中"外购免税油品"和"外购含税油品"项的"普通版增值税专用发票"的"发票代码"、"发票号码"、"销货方纳税人识别号"与主管税务机关采集认证的普通版增值税专用发票信息比对是否相符。"石脑油数量、燃料油数量"与普通版增值税专用发票复印件的货物名称、数量比对是否相符；

(4)《使用企业外购石脑油、燃料油凭证明细表》中"外购含税油品"项的"销货方纳税人识别号"、"消费税完税凭证号码"与使用企业提供的生产企业消费税完税凭证复印件信息比对是否相符。使用企业从非生产企业购进油品的，《使用企业外购石脑油、燃料油凭证明细表》中"外购含税油品"项的增值税专用发票、消费税完税凭证信息与税务机关核实情况是否一致；

(5)《使用企业外购石脑油、燃料油凭证明细表》中"外购含税油品"的"发票代码"、"发票号码"、"石脑油数量"、"燃料油数量"、"消费税完税凭证号码"与《生产企业销售含税石脑油、燃料油完税情况明细表》信息比对是否相符；

(6)《使用企业外购石脑油、燃料油凭证明细表》中"外购含税油品"项"海关进口消费税专用缴款书"的"缴款书号码、税款金额、数量"与使用企业提供进口货物报关单、海关进口消费税专用缴款书、自动进口许可证等材料复印件信息比对是否相符；

(7) 当期申报的《石脑油、燃料油生产、外购、耗用、库存月度统计表》"外购数量统计"项的进口石脑油、燃料油的期初库存油品数量的本期数和累计数与前一期进口地海关办理退税的期末数据是否一致；

(8)《石脑油、燃料油生产、外购、耗用、库存月度统计表》、《乙烯、芳烃生产装置投入产出流量计统计表》、《使用企业外购石脑油、燃料油凭证明细表》、《用于生产乙烯、芳烃类化工产品的石脑油、燃料油消费税应退税额计算表》表内、表间数据逻辑关系是否准确。

2. 消费税退税资料核对相符的，在《用于生产乙烯、芳烃类化工产品的石脑油、燃料油消费税应退税额计算表》中填写国产油品的本期应退税数量和本期应退税额，并签署意见；在《退（抵）税申请审批表（通用）》签署意见；根据国产石脑油、燃料油的本期应退税额开具收入退还书（预算科目：101020121）；转交当地国库部门。

3. 使用企业申请进口石脑油、燃料油退税的，主管税务机关在《用于生产乙烯、芳烃类化工产品的石脑油、燃料油消费税应退税额计算表》中填写进口油品的本期应退税数量和本期应退税额，并于签署"表书信息比对相符，表内、表间数据关系计算准确"的意见后，及时将该表及其他相关资料直接转交进口地海关；如涉及2个或2个以上进口地海关的，将以上退税资料直接转交海关总署（关税征管司）。

（二）进口地海关核对、退税工作

1. 消费税退税资料的核对

（1）对税务机关出具初核意见的退税资料进行复核；

（2）《使用企业外购石脑油、燃料油凭证明细表》中"外购含税油品"项"海关进口消费税专用缴款书"的"缴款书号码、税款金额、数量"及所对应的进口货物报关单、海关进口消费税专用缴款书、自动进口许可证等复印件信息与海关记录的相关信息比对是否相符；

（3）《石脑油、燃料油生产、外购、耗用、库存月度统计表》、《乙烯、芳烃生产装置投入产出流量计统计表》、《使用企业外购石脑油、燃料油凭证明细表》、《用于生产乙烯、芳烃类化工产品的石脑油、燃料油消费税应退税额计算表》涉及进口油品的表内、表间数据关系计算是否准确。

2. 消费税退税资料核对相符的，进口地海关在《用于生产乙烯、芳烃类化工产品的石脑油、燃料油进口消费税退税申请表》签署意见，开具收入退还书（预算科目：101020221），转交当地国库部门。

（三）消费税退税核对不符的，主管税务机关和进口地海关应及时告知使用企业并退还其退税资料。

八、生产企业、使用企业应建立石脑油、燃料油移送使用台账。分别记录自产、外购（分别登记外购含税国产、进口数量和外购国产免税数量）、移送使用石脑油、燃料油数量。

九、使用企业2011年1月1日至9月30日期间购进并用于乙烯、芳烃类化工产品生产的已税石脑油、燃料油，可申请办理消费税退税。

十、本公告自2013年7月1日起施行。此前已办理退税的，不予调整，未办理退税的，按本公告规定执行。国家税务总局2012年第36号公告第一条第三款、《暂行办法》第六条、第十二条、第十三条、第十五条、第二十二条、第二十六条第二款以及《暂行办法》的附件1、附件2、附件3、附件4、附件5同时废止。

特此公告。

附件：

1. 石脑油、燃料油消费税退税资格备案表（略——编者注）
2. 生产企业销售含税石脑油、燃料油完税情况明细表（略——编者注）
3. 使用企业外购石脑油、燃料油凭证明细表（略——编者注）
4. 石脑油、燃料油生产、外购、耗用、库存月度统计表（略——编者注）
5. 乙烯、芳烃生产装置投入产出流量计统计表（略——编者注）

6. 用于生产乙烯、芳烃类化工产品的石脑油、燃料油进口消费税退税申请表（略——编者注）

7. 用于生产乙烯、芳烃类化工产品的石脑油、燃料油消费税应退税额计算表（略——编者注）

国家税务总局

海关总署

2013 年 5 月 29 日

九、知识产权

国家知识产权局关于修改《专利审查指南》的决定

国家知识产权局令第 68 号

《国家知识产权局关于修改〈专利审查指南〉的决定》已经局务会审议通过，现予公布，自 2014 年 5 月 1 日起施行。

局长　申长雨
2014 年 3 月 12 日

国家知识产权局决定对《专利审查指南》作如下修改：

一、第一部分第三章第 4.2 节的修改

在《专利审查指南》第一部分第三章第 4.2 节第三段之后新增一段，内容如下：

就包括图形用户界面的产品外观设计而言，应当提交整体产品外观设计视图。图形用户界面为动态图案的，申请人应当至少提交一个状态的上述整体产品外观设计视图，对其余状态可仅提交关键帧的视图，所提交的视图应当能唯一确定动态图案中动画的变化趋势。

本节其他内容无修改。

二、第一部分第三章第 4.3 节的修改

在《专利审查指南》第一部分第三章第 4.3 节第三段第（6）项之后新增一项，内容如下：

（7）对于包括图形用户界面的产品外观设计专利申请，必要时说明图形用户界面的用途、图形用户界面在产品中的区域、人机交互方式以及变化状态等。

本节其他内容无修改。

三、第一部分第三章第 7.2 节的修改

删除《专利审查指南》第一部分第三章第 7.2 节第三段最后一句"产品的图案应当是固定的、可见的，而不应是时有时无的或者需要在特定的条件下才能看见的。"

四、第一部分第三章第 7.4 节的修改

将《专利审查指南》第一部分第三章第 7.4 节第一段第（11）项修改为：

（11）游戏界面以及与人机交互无关或者与实现产品功能无关的产品显示装置所显示的图案，例如，电子屏幕壁纸、开关机画面、网站网页的图文排版。

本节其他内容无修改。

五、第四部分第五章第 6.1 节的修改

在《专利审查指南》第四部分第五章第 6.1 节第二段第（4）项之后新增一项，内容如下：

（5）对于包括图形用户界面的产品外观设计，如果涉案专利其余部分的设计为惯常设计，其图形用户界面对整体视觉效果更具有显著的影响。

本节其他内容无修改。

本决定自 2014 年 5 月 1 日起施行。

国务院办公厅关于印发 2013 年全国打击侵犯知识产权和制售假冒伪劣商品工作要点的通知

国办发〔2013〕36 号

各省、自治区、直辖市人民政府，国务院各部委、各直属机构：

《2013 年全国打击侵犯知识产权和制售假冒伪劣商品工作要点》已经国务院同意，现印发给你们，请认真贯彻执行。

国务院办公厅
2013 年 5 月 17 日

2013 年全国打击侵犯知识产权和制售假冒伪劣商品工作要点

2013 年全国打击侵犯知识产权和制售假冒伪劣商品工作的重点任务是，围绕严重侵害人

民群众切身利益和影响创新驱动发展的突出问题，继续深入开展专项整治，积极探索治本之策，为促进科学发展、构建和谐社会提供有力保障。

一、打击制售假冒伪劣商品违法行为

（一）开展农资打假专项整治。继续开展放心农资下乡进村、红盾护农、农资打假下乡等专项行动，加强种子、苗木、农药、肥料、兽药、饲料和饲料添加剂、农机等重点农资产品专项治理。严把市场准入关，加大经常性市场检查和生产经营企业整顿力度。对农资批发零售市场、种子苗木交易市场和集散地、邮寄快递渠道等进行重点监督检查，严厉打击制售假冒伪劣农资行为。

（二）整治假冒伪劣食品药品。严厉打击非法添加或使用非食品原料、饲喂不合格饲料、滥用农兽药、超范围超限量使用食品添加剂、肉类掺假售假等违法行为。坚决取缔生产假冒伪劣食品药品的"黑窝点"，打击通过互联网、邮寄快递等渠道销售假药的违法行为，查处药品生产经营企业恶意制假售假、偷工减料、非法接受委托加工等违法行为。建设中药材追溯体系，治理中药材和中药饮片制假售假、掺杂使假、增重染色、以劣充好等问题。

（三）开展生产流通环节治理整顿。深入开展生产源头专项治理，全面开展质量安全风险排查活动，打击各类质量违法行为。围绕农资、食品、建材、汽车配件等重点产品继续开展"质检利剑"行动。强化流通领域商品质量监管，针对消费者反映集中的家用电器、手机、儿童用品、玩具和电动工具质量以及假冒有机产品的突出问题，开展专项整治，加大日常监督检查和质量监测力度。狠抓城乡结合部等重点区域的执法打假。整顿报废汽车市场。打击虚假违法广告。整治过度包装。规范特许经营市场秩序。

（四）开展进出口环节治理整顿。以食品、药品、汽车配件和对非洲出口商品以及邮寄快递渠道为重点，打击进出口侵权货物违法行为。打击假冒检验检疫证书行为。做好进出口农产品风险分析，严控劣质农产品进出口。以婴幼儿护肤用品等为重点，做好化妆品质量安全风险监测。

（五）规范网络商品交易秩序。全面推进网络经营主体数据库建设，对网络交易平台落实自然人实名登记情况开展检查，完善网络交易监管平台功能，推进实现对网络交易行为及有关服务行为的动态监管。打击虚构、冒用合法市场主体名义从事网络商品交易或利用网络销售假冒伪劣商品违法行为。

二、打击侵犯知识产权违法行为

（六）打击侵犯商标权违法行为。以驰名商标、涉外商标为重点，打击侵犯商标权违法行为。综合运用排查、提前审理、并案集中审理等措施，遏制违反诚实信用原则、恶意攀附他人商标声誉或占用公共资源等抢注商标行为。开展打击"傍名牌"专项执法行动。

（七）打击侵犯著作权违法行为。继续开展打击网络侵权盗版专项治理"剑网行动"，针对网络文学、音乐、视频、游戏、动漫、软件等侵权盗版行为开展专项治理。加强对重点视频网站、网络销售平台的监管工作。开展印刷复制发行监管专项行动。以教材教辅出版物、工具书、畅销书、音像制品为重点，加大出版物市场监管力度。打击假冒他人署名书画作品以及含有著作权的标准类作品的侵权盗版行为。

（八）打击侵犯专利权违法行为。集中开展知识产权执法维权"护航"专项行动，加大对涉及民生、重大项目及涉外等领域专利侵权行为的打击力度。做好专利侵权调处和假冒专利查处工作。加强重要展会的执法维权工作。

（九）打击其他领域侵权违法行为。依法重点打击以盗窃、利诱、胁迫等不正当手段侵犯商业秘密的违法行为。依法加大对侵犯植物新品种权、地理标志、集成电路布图设计等知识产权违法行为的打击力度。

（十）加强文化市场监督管理。结合暑假、国庆等重点时段，开展网吧、娱乐、演出、艺术品市场监管专项督查行动。发布违法互联网文化活动"黑名单"，整治网络音乐、网络游戏市场。加强对互联网视听节目服务网站的监管，重点打击非法视听节目网站。

（十一）做好软件正版化工作。巩固中央和省级政府软件正版化工作成效，完成市县两级政府软件正版化检查整改工作，一并抓好同级党委、人大、政协等机关的软件正版化检查整改工作。以中央企业和国有大型金融机构为重点，推进企业使用正版软件工作。加大新出厂计算机预装正版操作系统工作力度。发挥正版软件采购网作用，积极推进正版软件区域联合采购。督促软件开发商、供应商规范对政府采购的定价行为，明确授权模式，改善售后服务。加强软件正版化工作长效机制建设，制定政府机关使用正版软件管理办法，出台政府机关办公通用软件资产配置标准。

三、保持刑事司法打击高压态势

（十二）加强侵权假冒犯罪案件侦办工作。以危害创新发展、危害扩大内需和就业、危害人民群众生命健康、危害生产生活安全、危害粮食安全和农民利益的犯罪行为为重点，大力侦办侵权假冒犯罪案件。

（十三）加强刑事犯罪案件检察工作。依法及时批捕、起诉涉嫌侵权假冒犯罪案件。加强对行政执法机关移送涉嫌犯罪案件的监督，强化立案监督和审判监督。加大对职务犯罪的查办力度，坚决打掉侵权假冒犯罪的"保护伞"。

（十四）加强案件审判工作。重点针对基础前沿研究、战略性新兴产业、现代信息技术产业和文化创意、动漫游戏、网络、软件、数据库等新兴文化产业等领域，以及假冒商标、"傍名牌"、侵犯商业秘密等不正当竞争行为，加强相关案件审理工作。

四、推进长效机制建设

（十五）健全法律法规体系。推进商标法、著作权法、专利法、种子法、食品安全法和反不正当竞争法修订工作。加快修订商标法实施条例和专利代理条例。明确行政执法机关在查办侵权假冒案件过程中收集的物证、书证、视听资料、电子数据等证据材料作为刑事诉讼证据使用的规范。深入开展打击侵权假冒相关检验鉴定技术方法研究，探索建立成果共享机制，推进成果转化应用。

（十六）积极推进行政执法与刑事司法衔接。加强统筹协调，建立完善联席会议、案件咨询、走访检查、统计通报、监督考核等制度，规范线索通报、案件移送、案件受理和证据转换等业务流程，采取专线互联、定期拷贝等方式，完善网上移送、受理和监督机制。2013年年底前完成打击侵权假冒领域行政执法与刑事司法衔接信息共享平台建设任务。

（十七）健全考核与监督机制。完善打击侵权假冒绩效考核体系，推动地方政府将打击侵权假冒工作逐级纳入考核，强化各级领导干部责任意识。建立健全考评制度，做好2013年度打击侵权假冒综合治理考核工作。加大行政监察和问责力度。开展案件移送和办理专项督查，指导和督促下级机关依法移送、受理、办理案件，纠正有法不依、执法不严、违法不究等问题，强化层级监督。

（十八）推动案件信息公开。将侵权假冒行政处罚案件纳入政府信息公开范围，将案件信息公开情况纳入打击侵权假冒统计通报内容。抓紧出台行政执法机关依法公开侵权假冒行政处罚案件信息的意见，2013年下半年有关行政执法机关要出台本系统公开相关案件信息的实施细则，并及时公布打击侵权假冒案件相关信息。2013年年底前组织一次全面督查，检查案件信息公开情况。

（十九）加快诚信体系建设。编制社会信用体系建设规划纲要。加快质量信用征信体系建设，逐步完善全国企业质量信用档案、产品质量信用信息平台，加快推进国家重点产品质量安全追溯物联网应用示范工程建设，推动质量信用信息社会共享。推进企业信用分级分类监管。公布违法违规的生产经营企业及其法人代表、相关责任人的"黑名单"，探索建立行业禁入制度。引导行业协会做好行业信用评价。举办"诚信兴商宣传月"、"质量月"等活动。

五、加强基础工作

（二十）深入开展宣传教育。加大正面宣传力度，及时报道打击侵权假冒工作进展和成效，营造良好舆论氛围。加强互联网管理和舆论引导，积极推动舆论监督，主动回应社会关切，曝光大案要案。结合国际舆论关注点，有针对性地开展对外宣传。利用中国打击侵权假冒工作网站等平台，加强政府与企业、消费者的互动交流。加强与知识产权权利人的沟通。举办"知识产权宣传周"活动。发布中国知识产权保护状况白皮书。制作发布打击侵权假冒公益广告。落实"六五"普法规划，深入开展知识产权保护法制宣传教育活动。

（二十一）加强执法能力建设。加大基层执法体系和现场快速检测能力建设，充实必要的人员、装备和设备。加强执法打假举报投诉处置指挥平台建设。做好侵权假冒商品环境无害化销毁工作，加强分类处理指导，保障销毁经费。加强对律师开展侵权假冒犯罪案件辩护代理工作的指导，规范执业行为，提供优质服务。

（二十二）积极开展国际合作。加强与美、日、欧发达国家和有关新兴市场国家的执法信息交流和执法协作，打击跨境侵权假冒违法犯罪行为。健全知识产权海外维权机制，鼓励和支持企业海外维权。进一步做好涉外知识产权应对工作。

最高人民法院关于修改《最高人民法院关于审理专利纠纷案件适用法律问题的若干规定》的决定

法释〔2013〕9号

《最高人民法院关于修改〈最高人民法院关于审理专利纠纷案件适用法律问题的若干规定〉的决定》已于2013年2月25日由最高人民法院审判委员会第1570次会议通过,现予公布,自2013年4月15日起施行。

最高人民法院
2013年4月1日

根据最高人民法院审判委员会第1570次会议决定,对《最高人民法院关于审理专利纠纷案件适用法律问题的若干规定》作如下修改:

第二条规定增加一款:"最高人民法院根据实际情况,可以指定基层人民法院管辖第一审专利纠纷案件。"

十、环境保护

国务院关于印发大气污染防治行动计划的通知

国发〔2013〕37号

各省、自治区、直辖市人民政府，国务院各部委、各直属机构：

现将《大气污染防治行动计划》印发给你们，请认真贯彻执行。

国务院
2013年9月10日

大气污染防治行动计划

大气环境保护事关人民群众根本利益，事关经济持续健康发展，事关全面建成小康社会，事关实现中华民族伟大复兴中国梦。当前，我国大气污染形势严峻，以可吸入颗粒物（PM10）、细颗粒物（PM2.5）为特征污染物的区域性大气环境问题日益突出，损害人民群众身体健康，影响社会和谐稳定。随着我国工业化、城镇化的深入推进，能源资源消耗持续增加，大气污染防治压力继续加大。为切实改善空气质量，制定本行动计划。

总体要求：以邓小平理论、"三个代表"重要思想、科学发展观为指导，以保障人民群众身体健康为出发点，大力推进生态文明建设，坚持政府调控与市场调节相结合、全面推进与重点突破相配合、区域协作与属地管理相协调、总量减排与质量改善相同步，形成政府统领、企业施治、市场驱动、公众参与的大气污染防治新机制，实施分区域、分阶段治理，推动产业结构优化、科技创新能力增强、经济增长质量提高，实现环境效益、经济效益与社会效益多赢，为建设美丽中国而奋斗。

奋斗目标：经过五年努力，全国空气质量总体改善，重污染天气较大幅度减少；京津冀、长三角、珠三角等区域空气质量明显好转。力争再用五年或更长时间，逐步消除重污染天气，全国空气质量明显改善。

具体指标：到 2017 年，全国地级及以上城市可吸入颗粒物浓度比 2012 年下降 10% 以上，优良天数逐年提高；京津冀、长三角、珠三角等区域细颗粒物浓度分别下降 25%、20%、15% 左右，其中北京市细颗粒物年均浓度控制在 60 微克/立方米左右。

一、加大综合治理力度，减少多污染物排放

（一）加强工业企业大气污染综合治理。全面整治燃煤小锅炉。加快推进集中供热、"煤改气"、"煤改电"工程建设，到 2017 年，除必要保留的以外，地级及以上城市建成区基本淘汰每小时 10 蒸吨及以下的燃煤锅炉，禁止新建每小时 20 蒸吨以下的燃煤锅炉；其他地区原则上不再新建每小时 10 蒸吨以下的燃煤锅炉。在供热供气管网不能覆盖的地区，改用电、新能源或洁净煤，推广应用高效节能环保型锅炉。在化工、造纸、印染、制革、制药等产业集聚区，通过集中建设热电联产机组逐步淘汰分散燃煤锅炉。

加快重点行业脱硫、脱硝、除尘改造工程建设。所有燃煤电厂、钢铁企业的烧结机和球团生产设备、石油炼制企业的催化裂化装置、有色金属冶炼企业都要安装脱硫设施，每小时 20 蒸吨及以上的燃煤锅炉要实施脱硫。除循环流化床锅炉以外的燃煤机组均应安装脱硝设施，新型干法水泥窑要实施低氮燃烧技术改造并安装脱硝设施。燃煤锅炉和工业窑炉现有除尘设施要实施升级改造。

推进挥发性有机物污染治理。在石化、有机化工、表面涂装、包装印刷等行业实施挥发性有机物综合整治，在石化行业开展"泄漏检测与修复"技术改造。限时完成加油站、储油库、油罐车的油气回收治理，在原油成品油码头积极开展油气回收治理。完善涂料、胶粘剂等产品挥发性有机物限值标准，推广使用水性涂料，鼓励生产、销售和使用低毒、低挥发性有机溶剂。

京津冀、长三角、珠三角等区域要于 2015 年底前基本完成燃煤电厂、燃煤锅炉和工业窑炉的污染治理设施建设与改造，完成石化企业有机废气综合治理。

（二）深化面源污染治理。综合整治城市扬尘。加强施工扬尘监管，积极推进绿色施工，建设工程施工现场应全封闭设置围挡墙，严禁敞开式作业，施工现场道路应进行地面硬化。渣土运输车辆应采取密闭措施，并逐步安装卫星定位系统。推行道路机械化清扫等低尘作业方式。大型煤堆、料堆要实现封闭储存或建设防风抑尘设施。推进城市及周边绿化和防风防沙林建设，扩大城市建成区绿地规模。

开展餐饮油烟污染治理。城区餐饮服务经营场所应安装高效油烟净化设施，推广使用高效净化型家用吸油烟机。

（三）强化移动源污染防治。加强城市交通管理。优化城市功能和布局规划，推广智能交通管理，缓解城市交通拥堵。实施公交优先战略，提高公共交通出行比例，加强步行、自行车交通系统建设。根据城市发展规划，合理控制机动车保有量，北京、上海、广州等特大城市要严格限制机动车保有量。通过鼓励绿色出行、增加使用成本等措施，降低机动车使用强度。

提升燃油品质。加快石油炼制企业升级改造，力争在 2013 年底前，全国供应符合国家第四阶段标准的车用汽油，在 2014 年底前，全国供应符合国家第四阶段标准的车用柴油，在 2015 年底前，京津冀、长三角、珠三角等区域内重点城市全面供应符合国家第五阶段标准的车用汽、柴油，在2017年底前，全国供应符合国家第五阶段标准的车用汽、柴油。加强油品质量监督检查，严厉打击非法生产、销售不合格油品行为。

加快淘汰黄标车和老旧车辆。采取划定禁行区域、经济补偿等方式，逐步淘汰黄标车和老旧车辆。到2015年，淘汰2005年底前注册营运的黄标车，基本淘汰京津冀、长三角、珠三角等区域内的500万辆黄标车。到2017年，基本淘汰全国范围的黄标车。

加强机动车环保管理。环保、工业和信息化、质检、工商等部门联合加强新生产车辆环保监管，严厉打击生产、销售环保不达标车辆的违法行为；加强在用机动车年度检验，对不达标车辆不得发放环保合格标志，不得上路行驶。加快柴油车车用尿素供应体系建设。研究缩短公交车、出租车强制报废年限。鼓励出租车每年更换高效尾气净化装置。开展工程机械等非道路移动机械和船舶的污染控制。

加快推进低速汽车升级换代。不断提高低速汽车（三轮汽车、低速货车）节能环保要求，减少污染排放，促进相关产业和产品技术升级换代。自2017年起，新生产的低速货车执行与轻型载货车同等的节能与排放标准。

大力推广新能源汽车。公交、环卫等行业和政府机关要率先使用新能源汽车，采取直接上牌、财政补贴等措施鼓励个人购买。北京、上海、广州等城市每年新增或更新的公交车中新能源和清洁燃料车的比例达到60%以上。

二、调整优化产业结构，推动产业转型升级

（四）严控"两高"行业新增产能。修订高耗能、高污染和资源性行业准入条件，明确资源能源节约和污染物排放等指标。有条件的地区要制定符合当地功能定位、严于国家要求的产业准入目录。严格控制"两高"行业新增产能，新、改、扩建项目要实行产能等量或减量置换。

（五）加快淘汰落后产能。结合产业发展实际和环境质量状况，进一步提高环保、能耗、安全、质量等标准，分区域明确落后产能淘汰任务，倒逼产业转型升级。

按照《部分工业行业淘汰落后生产工艺装备和产品指导目录（2010年本）》、《产业结构调整指导目录（2011年本）（修正）》的要求，采取经济、技术、法律和必要的行政手段，提前一年完成钢铁、水泥、电解铝、平板玻璃等21个重点行业的"十二五"落后产能淘汰任务。2015年再淘汰炼铁1500万吨、炼钢1500万吨、水泥（熟料及粉磨能力）1亿吨、平板玻璃2000万重量箱。对未按期完成淘汰任务的地区，严格控制国家安排的投资项目，暂停对该地区重点行业建设项目办理审批、核准和备案手续。2016年、2017年，各地区要制定范围更宽、标准更高的落后产能淘汰政策，再淘汰一批落后产能。

对布局分散、装备水平低、环保设施差的小型工业企业进行全面排查，制定综合整改方案，实施分类治理。

（六）压缩过剩产能。加大环保、能耗、安全执法处罚力度，建立以节能环保标准促进"两高"行业过剩产能退出的机制。制定财政、土地、金融等扶持政策，支持产能过剩"两高"行业企业退出、转型发展。发挥优强企业对行业发展的主导作用，通过跨地区、跨所有制企业兼并重组，推动过剩产能压缩。严禁核准产能严重过剩行业新增产能项目。

（七）坚决停建产能严重过剩行业违规在建项目。认真清理产能严重过剩行业违规在建

项目,对未批先建、边批边建、越权核准的违规项目,尚未开工建设的,不准开工;正在建设的,要停止建设。地方人民政府要加强组织领导和监督检查,坚决遏制产能严重过剩行业盲目扩张。

三、加快企业技术改造,提高科技创新能力

(八)强化科技研发和推广。加强灰霾、臭氧的形成机理、来源解析、迁移规律和监测预警等研究,为污染治理提供科学支撑。加强大气污染与人群健康关系的研究。支持企业技术中心、国家重点实验室、国家工程实验室建设,推进大型大气光化学模拟仓、大型气溶胶模拟仓等科技基础设施建设。

加强脱硫、脱硝、高效除尘、挥发性有机物控制、柴油机(车)排放净化、环境监测,以及新能源汽车、智能电网等方面的技术研发,推进技术成果转化应用。加强大气污染治理先进技术、管理经验等方面的国际交流与合作。

(九)全面推行清洁生产。对钢铁、水泥、化工、石化、有色金属冶炼等重点行业进行清洁生产审核,针对节能减排关键领域和薄弱环节,采用先进适用的技术、工艺和装备,实施清洁生产技术改造;到2017年,重点行业排污强度比2012年下降30%以上。推进非有机溶剂型涂料和农药等产品创新,减少生产和使用过程中挥发性有机物排放。积极开发缓释肥料新品种,减少化肥施用过程中氨的排放。

(十)大力发展循环经济。鼓励产业集聚发展,实施园区循环化改造,推进能源梯级利用、水资源循环利用、废物交换利用、土地节约集约利用,促进企业循环式生产、园区循环式发展、产业循环式组合,构建循环型工业体系。推动水泥、钢铁等工业窑炉、高炉实施废物协同处置。大力发展机电产品再制造,推进资源再生利用产业发展。到2017年,单位工业增加值能耗比2012年降低20%左右,在50%以上的各类国家级园区和30%以上的各类省级园区实施循环化改造,主要有色金属品种以及钢铁的循环再生比重达到40%左右。

(十一)大力培育节能环保产业。着力把大气污染治理的政策要求有效转化为节能环保产业发展的市场需求,促进重大环保技术装备、产品的创新开发与产业化应用。扩大国内消费市场,积极支持新业态、新模式,培育一批具有国际竞争力的大型节能环保企业,大幅增加大气污染治理装备、产品、服务产业产值,有效推动节能环保、新能源等战略性新兴产业发展。鼓励外商投资节能环保产业。

四、加快调整能源结构,增加清洁能源供应

(十二)控制煤炭消费总量。制定国家煤炭消费总量中长期控制目标,实行目标责任管理。到2017年,煤炭占能源消费总量比重降低到65%以下。京津冀、长三角、珠三角等区域力争实现煤炭消费总量负增长,通过逐步提高接受外输电比例、增加天然气供应、加大非化石能源利用强度等措施替代燃煤。

京津冀、长三角、珠三角等区域新建项目禁止配套建设自备燃煤电站。耗煤项目要实行煤炭减量替代。除热电联产外,禁止审批新建燃煤发电项目;现有多台燃煤机组装机容量合计达到30万千瓦以上的,可按照煤炭等量替代的原则建设为大容量燃煤机组。

(十三)加快清洁能源替代利用。加大天然气、煤制天然气、煤层气供应。到2015年,

新增天然气干线管输能力1 500亿立方米以上，覆盖京津冀、长三角、珠三角等区域。优化天然气使用方式，新增天然气应优先保障居民生活或用于替代燃煤；鼓励发展天然气分布式能源等高效利用项目，限制发展天然气化工项目；有序发展天然气调峰电站，原则上不再新建天然气发电项目。

制定煤制天然气发展规划，在满足最严格的环保要求和保障水资源供应的前提下，加快煤制天然气产业化和规模化步伐。

积极有序发展水电，开发利用地热能、风能、太阳能、生物质能，安全高效发展核电。到2017年，运行核电机组装机容量达到5 000万千瓦，非化石能源消费比重提高到13%。

京津冀区域城市建成区、长三角城市群、珠三角区域要加快现有工业企业燃煤设施天然气替代步伐；到2017年，基本完成燃煤锅炉、工业窑炉、自备燃煤电站的天然气替代改造任务。

（十四）推进煤炭清洁利用。提高煤炭洗选比例，新建煤矿应同步建设煤炭洗选设施，现有煤矿要加快建设与改造；到2017年，原煤入选率达到70%以上。禁止进口高灰份、高硫份的劣质煤炭，研究出台煤炭质量管理办法。限制高硫石油焦的进口。

扩大城市高污染燃料禁燃区范围，逐步由城市建成区扩展到近郊。结合城中村、城乡结合部、棚户区改造，通过政策补偿和实施峰谷电价、季节性电价、阶梯电价、调峰电价等措施，逐步推行以天然气或电替代煤炭。鼓励北方农村地区建设洁净煤配送中心，推广使用洁净煤和型煤。

（十五）提高能源使用效率。严格落实节能评估审查制度。新建高耗能项目单位产品（产值）能耗要达到国内先进水平，用能设备达到一级能效标准。京津冀、长三角、珠三角等区域，新建高耗能项目单位产品（产值）能耗要达到国际先进水平。

积极发展绿色建筑，政府投资的公共建筑、保障性住房等要率先执行绿色建筑标准。新建建筑要严格执行强制性节能标准，推广使用太阳能热水系统、地源热泵、空气源热泵、光伏建筑一体化、"热—电—冷"三联供等技术和装备。

推进供热计量改革，加快北方采暖地区既有居住建筑供热计量和节能改造；新建建筑和完成供热计量改造的既有建筑逐步实行供热计量收费。加快热力管网建设与改造。

五、严格节能环保准入，优化产业空间布局

（十六）调整产业布局。按照主体功能区规划要求，合理确定重点产业发展布局、结构和规模，重大项目原则上布局在优化开发区和重点开发区。所有新、改、扩建项目，必须全部进行环境影响评价；未通过环境影响评价审批的，一律不准开工建设；违规建设的，要依法进行处罚。加强产业政策在产业转移过程中的引导与约束作用，严格限制在生态脆弱或环境敏感地区建设"两高"行业项目。加强对各类产业发展规划的环境影响评价。

在东部、中部和西部地区实施差别化的产业政策，对京津冀、长三角、珠三角等区域提出更高的节能环保要求。强化环境监管，严禁落后产能转移。

（十七）强化节能环保指标约束。提高节能环保准入门槛，健全重点行业准入条件，公布符合准入条件的企业名单并实施动态管理。严格实施污染物排放总量控制，将二氧化硫、氮氧化物、烟粉尘和挥发性有机物排放是否符合总量控制要求作为建设项目环境影响评价审

批的前置条件。

京津冀、长三角、珠三角区域以及辽宁中部、山东、武汉及其周边、长株潭、成渝、海峡西岸、山西中北部、陕西关中、甘宁、乌鲁木齐城市群等"三区十群"中的47个城市,新建火电、钢铁、石化、水泥、有色、化工等企业以及燃煤锅炉项目要执行大气污染物特别排放限值。各地区可根据环境质量改善的需要,扩大特别排放限值实施的范围。

对未通过能评、环评审查的项目,有关部门不得审批、核准、备案,不得提供土地,不得批准开工建设,不得发放生产许可证、安全生产许可证、排污许可证,金融机构不得提供任何形式的新增授信支持,有关单位不得供电、供水。

(十八)优化空间格局。科学制定并严格实施城市规划,强化城市空间管制要求和绿地控制要求,规范各类产业园区和城市新城、新区设立和布局,禁止随意调整和修改城市规划,形成有利于大气污染物扩散的城市和区域空间格局。研究开展城市环境总体规划试点工作。

结合化解过剩产能、节能减排和企业兼并重组,有序推进位于城市主城区的钢铁、石化、化工、有色金属冶炼、水泥、平板玻璃等重污染企业环保搬迁、改造,到2017年基本完成。

六、发挥市场机制作用,完善环境经济政策

(十九)发挥市场机制调节作用。本着"谁污染、谁负责,多排放、多负担,节能减排得收益、获补偿"的原则,积极推行激励与约束并举的节能减排新机制。

分行业、分地区对水、电等资源类产品制定企业消耗定额。建立企业"领跑者"制度,对能效、排污强度达到更高标准的先进企业给予鼓励。

全面落实"合同能源管理"的财税优惠政策,完善促进环境服务业发展的扶持政策,推行污染治理设施投资、建设、运行一体化特许经营。完善绿色信贷和绿色证券政策,将企业环境信息纳入征信系统。严格限制环境违法企业贷款和上市融资。推进排污权有偿使用和交易试点。

(二十)完善价格税收政策。根据脱硝成本,结合调整销售电价,完善脱硝电价政策。现有火电机组采用新技术进行除尘设施改造的,要给予价格政策支持。实行阶梯式电价。

推进天然气价格形成机制改革,理顺天然气与可替代能源的比价关系。

按照合理补偿成本、优质优价和污染者付费的原则合理确定成品油价格,完善对部分困难群体和公益性行业成品油价格改革补贴政策。

加大排污费征收力度,做到应收尽收。适时提高排污收费标准,将挥发性有机物纳入排污费征收范围。

研究将部分"两高"行业产品纳入消费税征收范围。完善"两高"行业产品出口退税政策和资源综合利用税收政策。积极推进煤炭等资源税从价计征改革。符合税收法律法规规定,使用专用设备或建设环境保护项目的企业以及高新技术企业,可以享受企业所得税优惠。

(二十一)拓宽投融资渠道。深化节能环保投融资体制改革,鼓励民间资本和社会资本进入大气污染防治领域。引导银行业金融机构加大对大气污染防治项目的信贷支持。探索排污权抵押融资模式,拓展节能环保设施融资、租赁业务。

地方人民政府要对涉及民生的"煤改气"项目、黄标车和老旧车辆淘汰、轻型载货车替代低速货车等加大政策支持力度,对重点行业清洁生产示范工程给予引导性资金支持。要将空气质量监测站点建设及其运行和监管经费纳入各级财政预算予以保障。

在环境执法到位、价格机制理顺的基础上,中央财政统筹整合主要污染物减排等专项,设立大气污染防治专项资金,对重点区域按治理成效实施"以奖代补";中央基本建设投资也要加大对重点区域大气污染防治的支持力度。

七、健全法律法规体系,严格依法监督管理

(二十二)完善法律法规标准。加快大气污染防治法修订步伐,重点健全总量控制、排污许可、应急预警、法律责任等方面的制度,研究增加对恶意排污、造成重大污染危害的企业及其相关负责人追究刑事责任的内容,加大对违法行为的处罚力度。建立健全环境公益诉讼制度。研究起草环境税法草案,加快修改环境保护法,尽快出台机动车污染防治条例和排污许可证管理条例。各地区可结合实际,出台地方性大气污染防治法规、规章。

加快制(修)订重点行业排放标准以及汽车燃料消耗量标准、油品标准、供热计量标准等,完善行业污染防治技术政策和清洁生产评价指标体系。

(二十三)提高环境监管能力。完善国家监察、地方监管、单位负责的环境监管体制,加强对地方人民政府执行环境法律法规和政策的监督。加大环境监测、信息、应急、监察等能力建设力度,达到标准化建设要求。

建设城市站、背景站、区域站统一布局的国家空气质量监测网络,加强监测数据质量管理,客观反映空气质量状况。加强重点污染源在线监控体系建设,推进环境卫星应用。建设国家、省、市三级机动车排污监管平台。到2015年,地级及以上城市全部建成细颗粒物监测点和国家直管的监测点。

(二十四)加大环保执法力度。推进联合执法、区域执法、交叉执法等执法机制创新,明确重点,加大力度,严厉打击环境违法行为。对偷排偷放、屡查屡犯的违法企业,要依法停产关闭。对涉嫌环境犯罪的,要依法追究刑事责任。落实执法责任,对监督缺位、执法不力、徇私枉法等行为,监察机关要依法追究有关部门和人员的责任。

(二十五)实行环境信息公开。国家每月公布空气质量最差的10个城市和最好的10个城市的名单。各省(区、市)要公布本行政区域内地级及以上城市空气质量排名。地级及以上城市要在当地主要媒体及时发布空气质量监测信息。

各级环保部门和企业要主动公开新建项目环境影响评价、企业污染物排放、治污设施运行情况等环境信息,接受社会监督。涉及群众利益的建设项目,应充分听取公众意见。建立重污染行业企业环境信息强制公开制度。

八、建立区域协作机制,统筹区域环境治理

(二十六)建立区域协作机制。建立京津冀、长三角区域大气污染防治协作机制,由区域内省级人民政府和国务院有关部门参加,协调解决区域突出环境问题,组织实施环评会商、联合执法、信息共享、预警应急等大气污染防治措施,通报区域大气污染防治工作进展,研究确定阶段性工作要求、工作重点和主要任务。

(二十七)分解目标任务。国务院与各省(区、市)人民政府签订大气污染防治目标责任书,将目标任务分解落实到地方人民政府和企业。将重点区域的细颗粒物指标、非重点地区的可吸入颗粒物指标作为经济社会发展的约束性指标,构建以环境质量改善为核心的目标责任考核体系。

国务院制定考核办法,每年初对各省(区、市)上年度治理任务完成情况进行考核;2015年进行中期评估,并依据评估情况调整治理任务;2017年对行动计划实施情况进行终期考核。考核和评估结果经国务院同意后,向社会公布,并交由干部主管部门,按照《关于建立促进科学发展的党政领导班子和领导干部考核评价机制的意见》、《地方党政领导班子和领导干部综合考核评价办法(试行)》、《关于开展政府绩效管理试点工作的意见》等规定,作为对领导班子和领导干部综合考核评价的重要依据。

(二十八)实行严格责任追究。对未通过年度考核的,由环保部门会同组织部门、监察机关等部门约谈省级人民政府及其相关部门有关负责人,提出整改意见,予以督促。

对因工作不力、履职缺位等导致未能有效应对重污染天气的,以及干预、伪造监测数据和没有完成年度目标任务的,监察机关要依法依纪追究有关单位和人员的责任,环保部门要对有关地区和企业实施建设项目环评限批,取消国家授予的环境保护荣誉称号。

九、建立监测预警应急体系,妥善应对重污染天气

(二十九)建立监测预警体系。环保部门要加强与气象部门的合作,建立重污染天气监测预警体系。到2014年,京津冀、长三角、珠三角区域要完成区域、省、市级重污染天气监测预警系统建设;其他省(区、市)、副省级市、省会城市于2015年底前完成。要做好重污染天气过程的趋势分析,完善会商研判机制,提高监测预警的准确度,及时发布监测预警信息。

(三十)制定完善应急预案。空气质量未达到规定标准的城市应制定和完善重污染天气应急预案并向社会公布;要落实责任主体,明确应急组织机构及其职责、预警预报及响应程序、应急处置及保障措施等内容,按不同污染等级确定企业限产停产、机动车和扬尘管控、中小学校停课以及可行的气象干预等应对措施。开展重污染天气应急演练。

京津冀、长三角、珠三角等区域要建立健全区域、省、市联动的重污染天气应急响应体系。区域内各省(区、市)的应急预案,应于2013年底前报环境保护部备案。

(三十一)及时采取应急措施。将重污染天气应急响应纳入地方人民政府突发事件应急管理体系,实行政府主要负责人负责制。要依据重污染天气的预警等级,迅速启动应急预案,引导公众做好卫生防护。

十、明确政府企业和社会的责任,动员全民参与环境保护

(三十二)明确地方政府统领责任。地方各级人民政府对本行政区域内的大气环境质量负总责,要根据国家的总体部署及控制目标,制定本地区的实施细则,确定工作重点任务和年度控制指标,完善政策措施,并向社会公开;要不断加大监管力度,确保任务明确、项目清晰、资金保障。

（三十三）加强部门协调联动。各有关部门要密切配合、协调力量、统一行动，形成大气污染防治的强大合力。环境保护部要加强指导、协调和监督，有关部门要制定有利于大气污染防治的投资、财政、税收、金融、价格、贸易、科技等政策，依法做好各自领域的相关工作。

（三十四）强化企业施治。企业是大气污染治理的责任主体，要按照环保规范要求，加强内部管理，增加资金投入，采用先进的生产工艺和治理技术，确保达标排放，甚至达到"零排放"；要自觉履行环境保护的社会责任，接受社会监督。

（三十五）广泛动员社会参与。环境治理，人人有责。要积极开展多种形式的宣传教育，普及大气污染防治的科学知识。加强大气环境管理专业人才培养。倡导文明、节约、绿色的消费方式和生活习惯，引导公众从自身做起、从点滴做起、从身边的小事做起，在全社会树立起"同呼吸、共奋斗"的行为准则，共同改善空气质量。

我国仍然处于社会主义初级阶段，大气污染防治任务繁重艰巨，要坚定信心、综合治理、突出重点、逐步推进，重在落实、务求实效。各地区、各有关部门和企业要按照本行动计划的要求，紧密结合实际，狠抓贯彻落实，确保空气质量改善目标如期实现。

国务院关于加快发展节能环保产业的意见

国发〔2013〕30号

各省、自治区、直辖市人民政府，国务院各部委、各直属机构：

资源环境制约是当前我国经济社会发展面临的突出矛盾。解决节能环保问题，是扩内需、稳增长、调结构，打造中国经济升级版的一项重要而紧迫的任务。加快发展节能环保产业，对拉动投资和消费，形成新的经济增长点，推动产业升级和发展方式转变，促进节能减排和民生改善，实现经济可持续发展和确保2020年全面建成小康社会，具有十分重要的意义。为加快发展节能环保产业，现提出以下意见：

一、总体要求

（一）指导思想。牢固树立生态文明理念，立足当前、着眼长远，围绕提高产业技术水平和竞争力，以企业为主体、以市场为导向、以工程为依托，强化政府引导，完善政策机制，培育规范市场，着力加强技术创新，大力提高技术装备、产品、服务水平，促进节能环保产业快速发展，释放市场潜在需求，形成新的增长点，为扩内需、稳增长、调结构，增强创新能力，改善环境质量，保障改善民生和加快生态文明建设作出贡献。

（二）基本原则。

创新引领，服务提升。加快技术创新步伐，突破关键核心技术和共性技术，缩小与国际先进水平的差距，提升技术装备和产品的供给能力。推行合同能源管理、特许经营、综合环境服务等市场化新型节能环保服务业态。

需求牵引，工程带动。营造绿色消费政策环境，推广节能环保产品，加快实施节能、循环经济和环境保护重点工程，释放节能环保产品、设备、服务的消费和投资需求，形成对节能环保产业发展的有力拉动。

法规驱动，政策激励。健全节能环保法规和标准，强化监督管理，完善政策机制，加强行业自律，规范市场秩序，形成促进节能环保产业快速健康发展的激励和约束机制。

市场主导，政府引导。充分发挥市场配置资源的基础性作用，以市场需求为导向，用改革的办法激发各类市场主体的积极性。针对产业发展的薄弱环节和瓶颈制约，有效发挥政府规划引导、政策激励和调控作用。

（三）主要目标。

产业技术水平显著提升。企业技术创新和科技成果集成、转化能力大幅提高，能源高效和分质梯级利用、污染物防治和安全处置、资源回收和循环利用等关键核心技术研发取得重点突破，装备和产品的质量、性能显著改善，形成一大批拥有知识产权和国际竞争力的重大装备和产品，部分关键共性技术达到国际先进水平。

国产设备和产品基本满足市场需求。通过引进消化吸收和再创新，努力提高产品技术水平，促进我国节能环保关键材料以及重要设备和产品在工业、农业、服务业、居民生活各领域的广泛应用，为实现节能环保目标提供有力的技术保障。用能单位广泛采用"节能医生"诊断、合同能源管理、能源管理师制度等节能服务新机制改善能源管理，城镇污水、垃圾处理和脱硫、脱硝设施运营基本实现专业化、市场化、社会化，综合环境服务得到大力发展。建设一批技术先进、配套健全、发展规范的节能环保产业示范基地，形成以大型骨干企业为龙头、广大中小企业配套的产业良性发展格局。

辐射带动作用得到充分发挥。完善激励约束机制，建立统一开放、公平竞争、规范有序的市场秩序。节能环保产业产值年均增速在15%以上，到2015年，总产值达到4.5万亿元，成为国民经济新的支柱产业。通过推广节能环保产品，有效拉动消费需求；通过增强工程技术能力，拉动节能环保社会投资增长，有力支撑传统产业改造升级和经济发展方式加快转变。

二、围绕重点领域，促进节能环保产业发展水平全面提升

当前，要围绕市场应用广、节能减排潜力大、需求拉动效应明显的重点领域，加快相关技术装备的研发、推广和产业化，带动节能环保产业发展水平全面提升。

（一）加快节能技术装备升级换代，推动重点领域节能增效。

推广高效锅炉。发展一批高效锅炉制造基地，培育一批高效锅炉大型骨干生产企业。重点提高锅炉自动化控制、主辅机匹配优化、燃料品种适应、低温烟气余热深度回收、小型燃煤锅炉高效燃烧等技术水平，加大高效锅炉应用推广力度。

扩大高效电动机应用。推动高效电动机产业加快发展，建设15—20个高效电机及其控制系统产业化基地。大力发展三相异步电动机、稀土永磁无铁芯电机等高效电机产品，提高高效电机设计、匹配和关键材料、装备，以及高压变频、无功补偿等控制系统的技术水平。

发展蓄热式燃烧技术装备。建设一批以高效燃烧、换热及冷却技术为特色的制造基地，加快重大技术、装备的产业化示范和规模化应用。重点是综合采用优化炉膛结构、利用预热、强化辐射传热等节能技术集成，提高加热炉燃烧效率；在预混合蓄热结合、蓄热体材料研发、蓄热式燃烧器小型化方面力争取得突破。

加快新能源汽车技术攻关和示范推广。加快实施节能与新能源汽车技术创新工程，大力加强动力电池技术创新，重点解决动力电池系统安全性、可靠性和轻量化问题，加强驱动电机及核心材料、电控等关键零部件研发和产业化，加快完善配套产业和充电设施，示范推广纯电动汽车和插电式混合动力汽车、空气动力车辆等。

推动半导体照明产业化。整合现有资源，提高产业集中度，培育10—15家掌握核心技术、拥有知识产权和知名品牌的龙头企业，建设一批产业链完善的产业集聚区，关键生产设备、重要原材料实现本地化配套。加快核心材料、装备和关键技术的研发，着力解决散热、模块化、标准化等重大技术问题。

（二）提升环保技术装备水平，治理突出环境问题。

示范推广大气治理技术装备。加快大气治理重点技术装备的产业化发展和推广应用。大力发展脱硝催化剂制备和再生、资源化脱硫技术装备，推进耐高温、耐腐蚀纤维及滤料的开发应用，加快发展选择性催化还原技术和选择性非催化还原技术及其装备，以及高效率、高容量、低阻力微粒过滤器等汽车尾气净化技术装备，实施产业化示范工程。

开发新型水处理技术装备。推动形成一批水处理技术装备产业化基地。重点发展高通量、持久耐用的膜材料和组件，大型臭氧发生器，地下水高效除氟、砷、硫酸盐技术，高浓度难降解工业废水成套处理装备，污泥减量化、无害化、资源化技术装备。

推动垃圾处理技术装备成套化。采取开展示范应用、发布推荐目录、完善工程标准等多种手段，大力推广垃圾处理先进技术和装备。重点发展大型垃圾焚烧设施炉排及其传动系统、循环流化床预处理工艺技术、焚烧烟气净化技术和垃圾渗滤液处理技术等，重点推广300吨/日以上生活垃圾焚烧炉及烟气净化成套装备。

攻克污染土壤修复技术。重点研发污染土壤原位稳定剂、异位固定剂，受污染土壤生物修复技术、安全处理处置和资源化利用技术，实施产业化示范工程，加快推广应用。

加强环境监测仪器设备的开发应用。提高细颗粒物（PM2.5）等监测仪器设备的稳定性，完善监测数据系统，提升设备生产质量控制水平。开发大气、水、重金属在线监测仪器设备，培育发展一批掌握核心技术、产品质量可靠、市场认可度高的骨干企业。加快大气、水等环境质量在线实时监测站点及网络建设，配备技术先进、可靠性高的环境监测仪器设备。

（三）发展资源循环利用技术装备，提高资源产出率。

提升再制造技术装备水平。提升再制造产业创新能力，推广纳米电刷镀、激光熔覆成形等产品再制造技术。研发无损拆解、表面预处理、零部件疲劳剩余寿命评估等再制造技术装备。重点支持建立10—15个国家级再制造产业聚集区和一批重大示范项目，大幅度提高基于表面工程技术的装备应用率。

建设"城市矿产"示范基地。推动再生资源清洁化回收、规模化利用和产业化发展。推广大型废钢破碎剪切、报废汽车和废旧电器破碎分选等技术。提高稀贵金属精细分离提纯、塑料改性和混合废塑料高效分拣、废电池全组分回收利用等装备水平。支持建设50个"城市矿产"示范基地，加快再生资源回收体系建设，形成再生资源加工利用能力8 000万吨以上。

深化废弃物综合利用。推动资源综合利用示范基地建设，鼓励产业聚集，培育龙头企业。积极发展尾矿提取有价元素、煤矸石生产超细纤维等高值化利用关键共性技术及成套装备。开发利用产业废物生产新型建材等大型化、精细化、成套化技术装备。加大废旧电池、荧光灯回收利用技术研发。支持大宗固体废物综合利用，提高资源综合利用产品的技术含量和附加值。推动粮棉主产区秸秆综合利用。加快建设餐厨废弃物无害化处理和资源化利用设施。

推动海水淡化技术创新。培育一批集研发、孵化、生产、集成、检验检测和工程技术服务于一体的海水淡化产业基地。示范推广膜法、热法和耦合法海水淡化技术以及电水联产海水淡化模式，完善膜组件、高压泵、能量回收装置等关键部件及系统集成技术。

（四）创新发展模式，壮大节能环保服务业。

发展节能服务产业。落实财政奖励、税收优惠和会计制度，支持重点用能单位采用合同能源管理方式实施节能改造，开展能源审计和"节能医生"诊断，打造"一站式"合同能源管理综合服务平台，专业化节能服务公司的数量、规模和效益快速增长。积极探索节能量交易等市场化节能机制。

扩大环保服务产业。在城镇污水处理、生活垃圾处理、烟气脱硫脱硝、工业污染治理等重点领域，鼓励发展包括系统设计、设备成套、工程施工、调试运行、维护管理的环保服务总承包和环境治理特许经营模式，专业化、社会化服务占全行业的比例大幅提高。加快发展生态环境修复、环境风险与损害评价、排污权交易、绿色认证、环境污染责任保险等新兴环保服务业。

培育再制造服务产业。支持专业化公司利用表面修复、激光等技术为工矿企业设备的高值易损部件提供个性化再制造服务，建立再制造旧件回收、产品营销、溯源等信息化管理系统。推动构建废弃物逆向物流交易平台。

三、发挥政府带动作用，引领社会资金投入节能环保工程建设

（一）加强节能技术改造。发挥财政资金的引导带动作用，采取补助、奖励、贴息等方式，推动企业实施锅炉（窑炉）和换热设备等重点用能装备节能改造，全面推动电机系统节能、能量系统优化、余热余压利用、节约和替代石油、交通运输节能、绿色照明、流通零售领域节能等节能重点工程，提高传统行业的工程技术节能能力，加快节能技术装备的推广应用。开展数据中心节能改造，降低数据中心、超算中心服务器、大型计算机冷却耗能。

（二）实施污染治理重点工程。落实企业污染治理主体责任，加强大气污染治理，开展多污染物协同防治，督促推动重点行业企业加大投入，积极采用先进环保工艺、技术和装备，加快脱硫脱硝除尘改造，炼油行业加快工艺技术改造，提高油品标准，限期淘汰黄标车、老旧汽车。启动实施安全饮水、地表水保护、地下水保护、海洋保护等清洁水行动，加快重点流域、清水廊道、规模化畜禽养殖场等重点水污染防治工程建设，推动重点高耗水行业节水改造。实施土壤环境保护工程，以重金属和有机污染物为重点，选择典型区域开展土壤污染治理与修复试点示范。加大重点行业清洁生产推行力度，支持企业采用源头减量、减毒、减排以及过程控制等先进成熟清洁生产技术，实施汞污染削减、铅污染削减、高毒农药

替代工程。

（三）推进园区循环化改造。引导企业和地方政府加大资金投入，推进园区（开发区）循环化改造，推动各类园区建设废物交换利用、能量分质梯级利用、水分类利用和循环使用、公共服务平台等基础设施，实现园区内项目、企业、产业有效组合和循环链接，打造园区的"升级版"。推动一批国家级和省级开发区提高主要资源产出率、土地产出率、资源循环利用率，基本实现"零排放"。

（四）加快城镇环境基础设施建设。以地方政府和企业投入为主，中央财政适当支持，加快污水垃圾处理设施和配套管网地下工程建设，推进建筑中水利用和城镇污水再生利用。探索城市垃圾处理新出路，实施协同资源化处理城市废弃物示范工程。到2015年，所有设市城市和县城具备污水集中处理能力和生活垃圾无害化处理能力，城镇污水处理规模达到2亿立方米/日以上；城镇生活垃圾无害化处理能力达到87万吨/日以上，生活垃圾焚烧处理设施能力达到无害化处理总能力的35%以上。加强城镇园林绿化建设，提升城镇绿地功能，降减热岛效应。推动生态园林城市建设。

（五）开展绿色建筑行动。到2015年，新增绿色建筑面积10亿平方米以上，城镇新建建筑中二星级及以上绿色建筑比例超过20%；建设绿色生态城（区）。提高新建建筑节能标准，推动政府投资建筑、保障性住房及大型公共建筑率先执行绿色建筑标准，新建建筑全面实行供热按户计量；推进既有居住建筑供热计量和节能改造；实施供热管网改造2万公里；在各级机关和教科文卫系统创建节约型公共机构2000家，完成公共机构办公建筑节能改造6000万平方米，带动绿色建筑建设改造投资和相关产业发展。大力发展绿色建材，推广应用散装水泥、预拌混凝土、预拌砂浆，推动建筑工业化。积极推进太阳能发电等新能源和可再生能源建筑规模化应用，扩大新能源产业国内市场需求。

四、推广节能环保产品，扩大市场消费需求

（一）扩大节能产品市场消费。继续实施并研究调整节能产品惠民政策，实施能效"领跑者"计划，推动超高效节能产品市场消费。强化能效标识和节能产品认证制度实施力度，引导消费者购买高效节能产品。继续采取补贴方式，推广高效节能照明、高效电机等产品。研究完善峰谷电价、季节性电价政策，通过合理价差引导群众改变生活模式，推动节能产品的应用。在北京、上海、广州等城市扩大公共服务领域新能源汽车示范推广范围，每年新增或更新的公交车中新能源汽车的比例达到60%以上，开展私人购买新能源汽车和新能源出租车、物流车补贴试点。到2015年，终端用能产品能效水平提高15%以上，高效节能产品市场占有率提高到50%以上。

（二）拉动环保产品及再生产品消费。研究扩大环保产品消费的政策措施，完善环保产品和环境标志产品认证制度，推广油烟净化器、汽车尾气净化器、室内空气净化器、家庭厨余垃圾处理器、浓缩洗衣粉等产品，满足消费者需求。放开液化石油气（LPG）市场管控，扩大农村居民使用量。开展再制造"以旧换再"工作，对交回旧件并购买"以旧换再"再制造推广试点产品的消费者，给予一定比例补贴，近期重点推广再制造发动机、电动机等。落实相关支持政策，推动粉煤灰、煤矸石、建筑垃圾、秸秆等资源综合利用产品应用。

（三）推进政府采购节能环保产品。完善政府强制采购和优先采购制度，提高采购节能环保产品的能效水平和环保标准,扩大政府采购节能环保产品范围,不断提高节能环保产品采购比例,发挥示范带动作用。政府普通公务用车要优先采购1.8升(含)以下燃油经济性达到要求的小排量汽车和新能源汽车,择优选用纯电动汽车,研究对硒鼓、墨盒、再生纸等再生产品以及汽车零部件再制造产品的政府采购支持措施。鼓励政府机关、事业单位采取购买服务的方式,提高能源、水等资源利用效率,降低使用成本。抓紧研究制定政府机关及公共机构购买新能源汽车的实施方案。

五、加强技术创新,提高节能环保产业市场竞争力

(一)支持企业技术创新能力建设。强化企业技术创新主体地位,鼓励企业加大研发投入,支持企业牵头承担节能环保国家科技计划项目。国家重点建设的节能环保技术研究中心和实验室优先在骨干企业布局。发展一批由骨干企业主导、产学研用紧密结合的产业技术创新战略联盟等平台。支持区域节能环保科技服务平台建设。

(二)加快掌握重大关键核心技术。充分发挥国家科技重大专项、科技计划专项资金等的作用,加大节能环保关键共性技术攻关力度,加快突破能源高效和分质梯级利用、污染物防治和安全处置、资源回收和循环利用、二氧化碳热泵、低品位余热利用、供热锅炉模块化等关键技术和装备。瞄准未来技术发展制高点,提前部署碳捕集、利用和封存技术装备。

(三)促进科技成果产业化转化。选择节能环保产业发展基础好的地区,建设一批产业集聚、优势突出、产学研用有机结合、引领示范作用显著的节能环保产业示范基地,支持成套装备及配套设备、关键共性技术和先进制造技术的生产制造和推广应用。加强知识产权保护,推进知识产权投融资机制建设,鼓励设立中小企业公共服务平台、出台扶持政策,支持中小型节能环保企业开展技术创新和产业化发展。筛选一批技术先进、经济适用的节能环保装备设备,扩大推广应用。

(四)推动国际合作和人才队伍建设。鼓励企业、科研机构开展国际科技交流与合作,支持企业节能环保创新人才队伍建设。依托"千人计划"和海外高层次创新创业人才基地建设,加快吸引海外高层次人才来华创新创业。依托重大人才工程,大力培养节能环保科技创新、工程技术等高端人才。

六、强化约束激励,营造有利的市场和政策环境

(一)健全法规标准。加快制(修)订节能环保标准,逐步提高终端用能产品能效标准和重点行业单位产品能耗限额标准,按照改善环境质量的需要,完善环境质量标准和污染物排放标准体系,提高污染物排放控制要求,扩大监控污染物范围,强化总量控制和有毒有害污染物排放控制,充分发挥标准对产业发展的催生促进作用,推动传统产业升级改造。完善节能环保法律法规,推动加快制定固定资产投资项目节能评估和审查法,制定节能技术推广管理办法。严格节能环保执法,严肃查处各类违法违规行为,做好行政执法与刑事司法的衔接,依法加大对环境污染犯罪的惩处力度。认真落实执法责任追究制。加强对节能环保标准、认证标识、政策措施等落实情况的监督检查。加快建立节能减排监测、评估体系和技术服务平台。

(二)强化目标责任。完善节能减排统计、监测、考核体系,健全节能减排预警机制,强化节能减排目标进度考核，建立健全行业节能减排工作评价制度。将考核结果作为领导班子和领导干部综合考核评价的重要内容，纳入政府绩效管理，落实奖惩措施，实行问责制。完善节能评估和审查制度，发挥能评对控制能耗总量和增量的重要作用。落实万家企业节能量目标，加大对重点耗能企业节能的评价考核力度。落实节能减排目标责任制，形成促进节能环保产业发展的倒逼机制。

（三）加大财政投入。加大中央预算内投资和中央财政节能减排专项资金对节能环保产业的投入，继续安排国有资本经营预算支出支持重点企业实施节能环保项目。地方各级人民政府要提高认识，加大对节能环保重大工程和技术装备研发推广的投入力度，解决突出问题。要进一步转变政府职能，完善财政支持方式和资金管理办法，简化审批程序，强化监管，充分调动各方面积极性，推动节能环保产业积极有序发展。

（四）拓展投融资渠道。大力发展绿色信贷，按照风险可控、商业可持续的原则，加大对节能环保项目的支持力度。积极创新金融产品和服务，按照现有政策规定，探索将特许经营权等纳入贷款抵（质）押担保物范围。支持绿色信贷和金融创新，建立绿色银行评级制度。支持融资性担保机构加大对符合产业政策、资质好、管理规范的节能环保企业的担保力度。支持符合条件的节能环保企业发行企业债券、中小企业集合债券、短期融资券、中期票据等债务融资工具。选择资质条件较好的节能环保企业，开展非公开发行企业债券试点。稳步发展碳汇交易。鼓励和引导民间投资和外资进入节能环保领域。

（五）完善价格、收费和土地政策。加快制定实施鼓励余热余压余能发电及背压热电、可再生能源发展的上网和价格政策。完善电力峰谷分时电价政策，扩大应用面并逐步扩大峰谷价差。对超过产品能耗（电耗）限额标准的企业和产品，实行惩罚性电价。严格落实燃煤电厂脱硫、脱硝电价政策和居民用电阶梯价格，推行居民用水用气阶梯价格。

深化市政公用事业市场化改革，完善供热计量价格和收费管理办法，完善污水处理费和垃圾处理费政策，将污泥处理费用纳入污水处理成本，完善对自备水源用户征收污水处理费的制度。改进垃圾处理费征收方式，合理确定收费载体和标准，提高收缴率和资金使用效率。对城镇污水垃圾处理设施、"城市矿产"示范基地、集中资源化处理中心等国家支持的节能环保重点工程用地，在土地利用年度计划安排中给予重点保障。严格落实并不断完善现有节能、节水、环境保护、资源综合利用的税收优惠政策。

（六）推行市场化机制。建立主要终端用能产品能效"领跑者"制度，明确实施时限。推进节能发电调度。强化电力需求侧管理，开展城市综合试点。研究制定强制回收产品和包装物目录，建立生产者责任延伸制度，推动生产者落实废弃产品回收、处理等责任。采取政府建网、企业建厂等方式，鼓励城镇污水垃圾处理设施市场化建设和运营。深化排污权有偿使用和交易试点，建立完善排污权有偿使用和交易政策体系，研究制定排污权交易初始价格和交易价格政策。开展碳排放权交易试点。健全污染者付费制度，完善矿产资源补偿制度，加快建立生态补偿机制。

（七）支持节能环保产业"走出去"和"引进来"。鼓励有条件的企业承揽境外各类环保工程、服务项目。结合受援国需要和我国援助能力，加大环境保护、清洁能源、应对气候变化等领域的对外援助力度，支持开展相关技术、产品和服务合作。培育建设一批国家科技兴贸创新基地。鼓励节能环保企业参加各类双边或国际节能环保论坛、展览及贸易投资促进活动等，充分利用相关平台进行交流推介，开展国际合作，增强"走出去"的能力。引导外资投向节能环保产业，丰富外商投资方式，拓宽外商投资渠道，不断完善外商投资软环境。继续支持引进先进的节能环保核心关键技术和设备。国家支持节能环保产业发展的政策同等适用于符合条件的外商投资企业。

（八）开展生态文明先行先试。在做好生态文明建设顶层设计和总体部署的同时，总结有效做法和成功经验，开展生态文明先行示范区建设。根据不同区域特点，在全国选择有代表性的100个地区开展生态文明先行示范区建设，探索符合我国国情的生态文明建设模式。稳步扩大节能减排财政政策综合示范范围，结合新型城镇化建设，选择部分城市为平台，整合节能减排和新能源发展相关财政政策，围绕产业低碳化、交通清洁化、建筑绿色化、服务集约化、主要污染物减量化、可再生能源利用规模化等挖掘内需潜力，系统推进节能减排，带动经济转型升级，为跨区域、跨流域节能减排探索积累经验。通过先行先试，带动节能环保和循环经济工程投资和绿色消费，全面推动资源节约和环境保护，发挥典型带动和辐射效应，形成节能减排、生态文明的综合能力。

（九）加强节能环保宣传教育。加强生态文明理念和资源环境国情教育，把节能环保、生态文明纳入社会主义核心价值观宣传教育体系以及基础教育、高等教育、职业教育体系。加强舆论监督和引导，宣传先进事例，曝光反面典型，普及节能环保知识和方法，倡导绿色消费新风尚，形成文明、节约、绿色、低碳的生产方式、消费模式和生活习惯。

各地区、各部门要按照本意见的要求，进一步深化对加快发展节能环保产业重要意义的认识，切实加强组织领导和协调配合，明确任务分工，落实工作责任，扎实开展工作，确保各项任务措施落到实处，务求尽快取得实效。

（此件有删减）

国务院
2013年8月1日

国家发展改革委关于推动碳捕集、利用和封存试验示范的通知

发改气候〔2013〕849号

各省、自治区、直辖市及计划单列市发展改革委，科技部、工业和信息化部、财政部、国土资源部、环境保护部、国资委、国家能源局、国家标准委、有关中央管理企业、有关行业协会：

推动碳捕集、利用和封存试验示范是"十二五"控制温室气体排放工作的一项重点任务。国务院印发的《"十二五"控制温室气体排放工作方案》（国发〔2011〕41号）明确要求，在火电、煤化工、水泥和钢铁行业中开展碳捕集试验项目，建设二氧化碳捕集、驱油、封存一体化示范工程，并对相关人才建设、资金保障和政策支持等方面做出安排。为贯彻和落实相关工作任务，根据国务院办公厅印发的《"十二五"控制温室气体排放工作方案重点工作部门分工》（国办函〔2012〕68号），现就有关事项及工作安排通知如下：

一、目的、意义和工作思路

碳捕集、利用和封存是一项具有大规模温室气体减排潜力的技术。发展碳捕集、利用和封存，是在我国能源结构以煤为主的现实情况下，有效控制温室气体排放的一项重要举措，并有助于实现煤、石油等高碳资源的低碳化、集约化利用，促进电力、煤化工、油气等高排放行业的转型和升级，带动其他相关产业的发展，对我国中长期应对气候变化、推进低碳发展具有重要意义。目前，碳捕集、利用和封存各环节的技术研发已取得显著进展，但仍然存在成本和能耗高、长期安全性和可靠性有待验证等问题，开展试验示范既有助于通过实践来解决该技术发展中存在的各种问题，也是该技术走向规模化和商业化应用、发挥其大规模温室气体减排潜力的必经环节。

各地区、各部门应按照"十二五"规划纲要中应对气候变化工作的整体要求，围绕贯彻《"十二五"控制温室气体排放工作方案》关于推动碳捕集、利用和封存试验示范的相关工作任务，按照"立足国情、着眼长远、积极引导、有序推进"的思路，加强对碳捕集、利用和封存的试验示范的支持和引导，切实推动碳捕集、利用和封存的健康有序发展。

二、主要工作任务

近期将从以下几个方面来推动碳捕集、利用和封存的试验示范工作：

（一）结合碳捕集和封存各工艺环节实际情况开展相关试验示范项目。鼓励在煤化工、油气等行业开展针对高纯度二氧化碳排放源进行捕集的示范项目，在火电厂开展燃烧前、燃烧后、富氧燃烧等各种二氧化碳捕集技术路线的试验示范项目，加强不同二氧化碳捕集工艺路线间的技术和经济比较，不断解决相关技术实现产业化应用面临的各种实际问题。加强对二氧化碳天然气藏（田）的开采的管理，严格限制以利用为目的二氧化碳气藏（田）开发，逐步关停现有气田，推动捕集所获的二氧化碳实现多方式、多渠道的资源化利用，提高试验示范项目经济效益。在二氧化碳排放集中地区加强二氧化碳封存潜力评价与选址工作。建立不同行业间的协调合作机制，加强二氧化碳捕集点（供应方）与封存地（需求方）的匹配和衔接。支持利用二氧化碳强化采油（气）并在此基础上实现封存，视情开展一些小规模、探索性的二氧化碳陆上及海底咸水层封存试验。推动二氧化碳分离、运输等环节相关技术及工程的试验示范。

（二）开展碳捕集、利用和封存示范项目和基地建设。优先支持符合国情、成本较低、规模适度、有行业、地区特色和自有知识产权、近期有较大推广价值的半流程及全流程示范项目，加强对中长期较大规模，涉及捕集、驱油（气）和封存的一体化示范项目的引导。组织建立碳捕集、利用和封存重点示范项目清单和项目库，结合实际循序渐进地开展相关项目申报、筛选和支持工作，完善项目审批和管理机制，支持建立一批有代表性的示范项目、创新平台和示范基地，引导建立若干包含不同技术路线、跨行业合作的、具备工业规模和产业化应用潜力的全流程示范系统。

（三）探索建立相关政策激励机制。研究探索有助于推动碳捕集、利用和封存试验示范的引导和激励机制，落实现行有关税收扶持政策。不断拓宽资金渠道，鼓励企业自筹资金和多方面融资，逐步探索对企业投资碳捕集、利用和封存试验示范项目在信贷、价格、土地使用等方面配套支持。加快形成政府鼓励引导、企业投入、多方面参与的碳捕集、利用和封存试验示范资金保障体系，着力带动相关产业的发展。

（四）加强碳捕集、利用和封存发展的战略研究和规划制定。加强对碳捕集、利用和封存在我国中、长期发展潜力、障碍、风险和影响的评估，进一步明确其在我国未来控制温室气体排放和能源中长期发展战略中的地位和作用。探索碳捕集、利用和封存与应对气候变化、能源开发、节能环保、循环经济等相关领域中长期规划的衔接与结合。在摸清电力、煤炭及煤化工、石油石化、天然气、钢铁、水泥等行业温室气体排放的基本情况及深入分析这些行业开展碳捕集、利用和封存试验示范可行性和潜力的基础上，进一步明确政策需求和导向，引导相关行业在中长期规划中充分考虑二氧化碳捕集、利用和封存的要求和部署。

（五）推动碳捕集、利用和封存相关标准规范的制定。结合我国碳捕集、利用和封存发展实际，研究制订涉及该技术工业规模应用以及产业化、商业化推广的工程规范和标准。加强对碳捕集、利用和封存的效果、安全和环境影响评价，强化长期安全、环境风险的评估和管控，构建并完善相关安全标准和环境监管规范体系。积极参与和引导碳捕集、利用和封存国际标准和规范的制定。

（六）加强能力建设和国际合作。加强对碳捕集、利用和封存的人才培养、项目管理等方面的能力建设。加强与碳捕集、利用和封存技术相关的信息传播和知识普及，加深公众对该技术的认识理解。加强与主要发达国家和发展中国家政府的合作，深化与国际金融组织和其他相关国际机构的合作，有效整合、利用国际资金、国际经验和国际资源。

三、工作组织和要求

推动碳捕集、利用和封存试验示范是一项长期工作，需要加强组织和领导。国家发展改革委将牵头会同其他有关部门和相关机构，协调开展工作，力争尽快形成中央、地方、行业、企业、研究机构共同参与的良好局面。

国家发展改革委会同其他相关部门，组织开展推动碳捕集、利用和封存试验示范的研究战略规划、制定政策法规、征集申报项目、提高公众意识、加强能力建设、扩大国际合作等方面的工作。各相关部门加强协调配合，发挥各自优势，积极参与推动碳捕集、利用和封存试验示范。由国家发展改革委牵头，建立跨部门的工作协调机制，整合公共资源，形成政策合力。

地方发展改革委应从应对气候变化、控制温室气体排放、推动产业改造升级的高度出发，重视开展碳捕集、利用和封存的试验示范工作。抓紧摸清本地区相关行业、企业现状、潜力和政策需求，会同财政、能源、工业、科技、环保、国土资源等相关领域主管单位，加大对本地区企业开展试验示范项目的支持力度。低碳试点地区要先行先试，重点结合本地区能源结构和高排放行业发展实际情况，探索鼓励碳捕集、利用和封存试验示范的政策机制。

火电、煤化工、钢铁、水泥、油气等重点行业和企业应根据自身实际情况，从积极控制温室气体排放、履行企业社会责任、提高企业技术竞争力出发，积极加大对碳捕集、利用和封存的试验示范项目的投入，积累项目建设、运行和管理经验。研究机构应积极参与试验示范过程中有关技术问题的解决以及相关标准、政策的制定，积极参与推动公众正确认识该技术。鼓励相关企业、研究机构和公众提出有利于推动碳捕集、利用和封存健康有序发展的意见建议。

特此通知。

国家发展改革委
2013 年 4 月 27 日

十一、土地

国土资源部办公厅关于下放部分建设项目用地预审权限的通知

国土资厅发〔2013〕44号

各省、自治区、直辖市国土资源主管部门，新疆生产建设兵团国土资源局，解放军土地管理局，各派驻地方的国家土地督察局，部有关直属单位，机关各司局：

为了落实国务院关于职能转变、简政放权的决定，现就建设项目用地预审权限下放有关事项通知如下：

一、坚决落实国务院关于取消和下放部分行政审批项目等事项的决定

今年以来，国务院取消和下放了一批行政审批事项，《国务院关于取消和下放一批行政审批项目等事项的决定》（国发〔2013〕19号，以下简称《决定》）涉及国家发展改革委下放12类企业投资项目的核准权限，取消13类企业投资项目的核准事项，调整管理方式为备案。对《决定》下放核准权限的12类项目，按照建设项目用地预审"同级审查"的原则，由省级或相应的地方国土资源主管部门办理。

二、下放备案类项目用地预审权限

按照投资管理权限规定原相应需报部用地预审的备案类项目（含《决定》包括的核准类调整为备案类的项目），由省级国土资源主管部门预审。各地要严格依据有关法律法规和《建设项目用地预审管理办法》（国土资源部令第42号）等规定，规范程序，严格把关，加强监督监管。

三、进一步做好零星分散建设项目用地预审工作

国土资源部令第42号文件规定，应当由国土资源部负责预审的输电线塔基、钻探井位、通讯基站等小面积零星分散建设项目用地，由省级国土资源管理部门预审，并报国土资源部备案。各地要合理界定零星分散建设项目范围，切实负责，进一步做好用地预审服务。

国土资源部
2013年10月8日

十二、其他

机电产品国际招标投标实施办法(试行)

商务部令 2014 年第 1 号

《机电产品国际招标投标实施办法(试行)》已于 2013 年 12 月 9 日经中华人民共和国商务部 2013 年第 10 次部务会议审议通过,现予公布,自 2014 年 4 月 1 日起施行。原《机电产品国际招标投标实施办法》(商务部 2004 年第 13 号令)同时废止。

部长:高虎城
2014 年 2 月 21 日

机电产品国际招标投标实施办法(试行)

目 录

第一章 总 则
第二章 招标范围
第三章 招标
第四章 投标
第五章 开标和评标
第六章 评标结果公示和中标
第七章 投诉与处理
第八章 法律责任
第九章 附 则

第一章 总 则

第一条 为了规范机电产品国际招标投标活动,保护国家利益、社会公共利益和招标投标活动当事人的合法权益，提高经济效益，保证项目质量，根据《中华人民共和国招标投标法》（以下简称招标投标法）、《中华人民共和国招标投标法实施条例》（以下简称招标投标法实施条例）等法律、行政法规以及国务院对有关部门实施招标投标活动行政监督的职责分工，制定本办法。

第二条 在中华人民共和国境内进行机电产品国际招标投标活动，适用本办法。

本办法所称机电产品国际招标投标活动，是指中华人民共和国境内的招标人根据采购机电产品的条件和要求，在全球范围内以招标方式邀请潜在投标人参加投标，并按照规定程序从投标人中确定中标人的一种采购行为。

本办法所称机电产品，是指机械设备、电气设备、交通运输工具、电子产品、电器产品、仪器仪表、金属制品等及其零部件、元器件。机电产品的具体范围见附件1。

第三条 机电产品国际招标投标活动应当遵循公开、公平、公正、诚实信用和择优原则。机电产品国际招标投标活动不受地区或者部门的限制。

第四条 商务部负责管理和协调全国机电产品的国际招标投标工作，制定相关规定；根据国家有关规定，负责调整、公布机电产品国际招标范围；负责监督管理全国机电产品国际招标代理机构（以下简称招标机构）；负责利用国际组织和外国政府贷款、援助资金（以下简称国外贷款、援助资金）项目机电产品国际招标投标活动的行政监督；负责组建和管理机电产品国际招标评标专家库；负责建设和管理机电产品国际招标投标电子公共服务和行政监督平台。

各省、自治区、直辖市、计划单列市、新疆生产建设兵团、沿海开放城市及经济特区商务主管部门、国务院有关部门机电产品进出口管理机构负责本地区、本部门的机电产品国际招标投标活动的行政监督和协调；负责本地区、本部门所属招标机构的监督和管理；负责本地区、本部门机电产品国际招标评标专家的日常管理。

各级机电产品进出口管理机构（以下简称主管部门）及其工作人员应当依法履行职责，不得以任何方式非法干涉招标投标活动。主管部门的工作人员对监督检查过程中知悉的国家秘密、商业秘密，应当依法予以保密。

第五条 商务部委托专门网站为机电产品国际招标投标活动提供公共服务和行政监督的平台（以下简称招标网）。机电产品国际招标投标应当在招标网上完成招标项目建档、招标过程文件存档和备案、资格预审公告发布、招标公告发布、评审专家抽取、评标结果公示、异议投诉、中标结果公告等招标投标活动的相关程序，但涉及国家秘密的招标项目除外。

招标网承办单位应当在商务部委托的范围内提供网络服务，应当遵守法律、行政法规以及本办法的规定，不得损害国家利益、社会公共利益和招投标活动当事人的合法权益，不得泄露应当保密的信息，不得拒绝或者拖延办理委托范围内事项，不得利用委托范围内事项向有关当事人收取费用。

第二章 招标范围

第六条 通过招标方式采购原产地为中国关境外的机电产品，属于下列情形的必须进行国际招标：

（一）关系社会公共利益、公众安全的基础设施、公用事业等项目中进行国际采购的机电产品；

（二）全部或者部分使用国有资金投资项目中进行国际采购的机电产品；

（三）全部或者部分使用国家融资项目中进行国际采购的机电产品；

（四）使用国外贷款、援助资金项目中进行国际采购的机电产品；

（五）政府采购项目中进行国际采购的机电产品；

（六）其他依照法律、行政法规的规定需要国际招标采购的机电产品。

已经明确采购产品的原产地在中国关境内的，可以不进行国际招标。必须通过国际招标方式采购的，任何单位和个人不得将前款项目化整为零或者以国内招标等其他任何方式规避国际招标。

商务部制定、调整并公布本条第一项所列项目包含主要产品的国际招标范围。

第七条 有下列情形之一的，可以不进行国际招标：

（一）国（境）外赠送或无偿援助的机电产品；

（二）采购供生产企业及科研机构研究并发用的样品样机；

（三）单项合同估算价在国务院规定的必须进行招标的标准以下的；

（四）采购旧机电产品；

（五）采购供生产配套、维修用零件、部件；

（六）采购供生产企业生产需要的专用模具；

（七）根据法律、行政法规的规定，其他不适宜进行国际招标采购的机电产品。

招标人不得为适用前款规定弄虚作假规避招标。

第八条 鼓励采购人采用国际招标方式采购不属于依法必须进行国际招标项目范围内的机电产品。

第三章 招　　标

第九条 招标人应当在所招标项目确立、资金到位或资金来源落实并具备招标所需的技术资料和其他条件后开展国际招标活动。

按照国家有关规定需要履行项目审批、核准手续的依法必须进行招标的项目，其招标范围、招标方式、招标组织形式应当先获得项目审批、核准部门的审批、核准。

第十条 国有资金占控股或者主导地位的依法必须进行机电产品国际招标的项目，应当公开招标；但有下列情形之一的，可以邀请招标：

（一）技术复杂、有特殊要求或者受自然环境限制，只有少量潜在投标人可供选择；

（二）采用公开招标方式的费用占项目合同金额的比例过大。

有前款第二项所列情形，属于本办法第九条第二款规定的项目，招标人应当在招标前向相应的主管部门提交项目审批、核准部门审批、核准邀请招标方式的文件；其他项目采用邀请招标方式应当由招标人申请相应的主管部门作出认定。

第十一条 招标人采用委托招标的，有权自行选择招标机构为其办理招标事宜。任何单位和个人不得以任何方式为招标人指定招标机构。

招标人自行办理招标事宜的，应当具有与招标项目规模和复杂程度相适应的技术、经济等方面专业人员，具备编制国际招标文件（中、英文）和组织评标的能力。依法必须进行招标的项目，招标人自行办理招标事宜的，应当向相应主管部门备案。

第十二条 招标机构应当具备从事招标代理业务的营业场所和相应资金；具备能够编制招标文件（中、英文）和组织评标的相应专业力量；拥有一定数量的取得招标职业资格的专业人员。

招标机构从事机电产品国际招标代理业务，应当在招标网免费注册，注册时应当在招标网在线填写机电产品国际招标机构登记表。

招标机构应当在招标人委托的范围内开展招标代理业务，任何单位和个人不得非法干涉。招标机构从事机电产品国际招标业务的人员应当为与本机构依法存在劳动合同关系的员工。招标机构可以依法跨区域开展业务，任何地区和部门不得以登记备案等方式加以限制。

招标机构代理招标业务，应当遵守招标投标法、招标投标法实施条例和本办法关于招标人的规定；在招标活动中，不得弄虚作假，损害国家利益、社会公共利益和招标人、投标人的合法权益。

招标人应当与被委托的招标机构签订书面委托合同，载明委托事项和代理权限，合同约定的收费标准应当符合国家有关规定。

招标机构不得接受招标人违法的委托内容和要求；不得在所代理的招标项目中投标或者代理投标，也不得为所代理的招标项目的投标人提供咨询。

招标机构管理办法由商务部另行制定。

第十三条 发布资格预审公告、招标公告或发出投标邀请书前，招标人或招标机构应当在招标网上进行项目建档，建档内容包括项目名称、招标人名称及性质、招标方式、招标组织形式、招标机构名称、资金来源及性质、委托招标金额、项目审批或核准部门、主管部门等。

第十四条 招标人采用公开招标方式的，应当发布招标公告。

招标人采用邀请招标方式的，应当向3个以上具备承担招标项目能力、资信良好的特定法人或者其他组织发出投标邀请书。

第十五条 资格预审公告、招标公告或者投标邀请书应当载明下列内容：

（一）招标项目名称、资金到位或资金来源落实情况；

（二）招标人或招标机构名称、地址和联系方式；

（三）招标产品名称、数量、简要技术规格；

（四）获取资格预审文件或者招标文件的地点、时间、方式和费用；

（五）提交资格预审申请文件或者投标文件的地点和截止时间；

（六）开标地点和时间；

（七）对资格预审申请人或者投标人的资格要求。

第十六条 招标人不得以招标投标法实施条例第三十二条规定的情形限制、排斥潜在投标人或者投标人。

第十七条 公开招标的项目，招标人可以对潜在投标人进行资格预审。资格预审按照招标投标法实施条例的有关规定执行。国有资金占控股或者主导地位的依法必须进行招标的项目，资格审查委员会及其成员应当遵守本办法有关评标委员会及其成员的规定。

第十八条 编制依法必须进行机电产品国际招标的项目的资格预审文件和招标文件,应当使用机电产品国际招标标准文本。

第十九条 招标人根据所采购机电产品的特点和需要编制招标文件。招标文件主要包括下列内容:

(一)招标公告或投标邀请书;

(二)投标人须知及投标资料表;

(三)招标产品的名称、数量、技术要求及其他要求;

(四)评标方法和标准;

(五)合同条款;

(六)合同格式;

(七)投标文件格式及其他材料要求:

1. 投标书;

2. 开标一览表;

3. 投标分项报价表;

4. 产品说明一览表;

5. 技术规格响应/偏离表;

6. 商务条款响应/偏离表;

7. 投标保证金银行保函;

8. 单位负责人授权书;

9. 资格证明文件;

10. 履约保证金银行保函;

11. 预付款银行保函;

12. 信用证样本;

13. 要求投标人提供的其他材料。

第二十条 招标文件中应当明确评标方法和标准。机电产品国际招标的评标一般采用最低评标价法。技术含量高、工艺或技术方案复杂的大型或成套设备招标项目可采用综合评价法进行评标。所有评标方法和标准应当作为招标文件不可分割的一部分并对潜在投标人公开。招标文件中没有规定的评标方法和标准不得作为评标依据。

最低评标价法,是指在投标满足招标文件商务、技术等实质性要求的前提下,按照招标文件中规定的价格评价因素和方法进行评价,确定各投标人的评标价格,并按投标人评标价格由低到高的顺序确定中标候选人的评标方法。

综合评价法,是指在投标满足招标文件实质性要求的前提下,按照招标文件中规定的各项评价因素和方法对投标进行综合评价后,按投标人综合评价的结果由优到劣的顺序确定中标候选人的评标方法。

综合评价法应当由评价内容、评价标准、评价程序及推荐中标候选人原则等组成。综合评价法应当根据招标项目的具体需求,设定商务、技术、价格、服务及其他评价内容的标准,并对每一项评价内容赋予相应的权重。

机电产品国际招标投标综合评价法实施规范由商务部另行制定。

第二十一条 招标文件的技术、商务等条款应当清晰、明确、无歧义，不得设立歧视性条款或不合理的要求排斥潜在投标人。招标文件编制内容原则上应当满足3个以上潜在投标人能够参与竞争。招标文件的编制应当符合下列规定：

（一）对招标文件中的重要条款（参数）应当加注星号（"＊"），并注明如不满足任一带星号（"＊"）的条款（参数）将被视为不满足招标文件实质性要求，并导致投标被否决。

构成投标被否决的评标依据除重要条款（参数）不满足外，还可以包括超过一般条款（参数）中允许偏离的最大范围、最多项数。

采用最低评标价法评标的，评标依据中应当包括：一般商务和技术条款（参数）在允许偏离范围和条款数内进行评标价格调整的计算方法，每个一般技术条款（参数）的偏离加价一般为该设备投标价格的0.5%，最高不得超过该设备投标价格的1%，投标文件中没有单独列出该设备分项报价的，评标价格调整时按投标总价计算；交货期、付款条件等商务条款的偏离加价计算方法在招标文件中可以另行规定。

采用综合评价法的，应当集中列明招标文件中所有加注星号（"＊"）的重要条款（参数）。

（二）招标文件应当明确规定在实质性响应招标文件要求的前提下投标文件分项报价允许缺漏项的最大范围或比重，并注明如缺漏项超过允许的最大范围或比重，该投标将被视为实质性不满足招标文件要求，并将导致投标被否决。

（三）招标文件应当明确规定投标文件中投标人应当小签的相应内容，其中投标文件的报价部分、重要商务和技术条款（参数）响应等相应内容应当逐页小签。

（四）招标文件应当明确规定允许的投标货币和报价方式，并注明该条款是否为重要商务条款。招标文件应当明确规定不接受选择性报价或者附加条件的报价。

（五）招标人设有最高投标限价的，应当在招标文件中明确最高投标限价或者最高投标限价的计算方法。招标人不得规定最低投标限价。

（六）招标文件应当明确规定评标依据以及对投标人的业绩、财务、资信等商务条款和技术参数要求，不得使用模糊的、无明确界定的术语或指标作为重要商务或技术条款（参数）或以此作为价格调整的依据。招标文件对投标人资质提出要求的，应当列明所要求资质的名称及其认定机构和提交证明文件的形式，并要求相应资质在规定的期限内真实有效。

（七）招标人可以在招标文件中将有关行政监督部门公布的信用信息作为对投标人的资格要求的依据。

（八）招标文件内容应当符合国家有关安全、卫生、环保、质量、能耗、标准、社会责任等法律法规的规定。

（九）招标文件允许联合体投标的，应当明确规定对联合体牵头人和联合体各成员的资格条件及其他相应要求。

（十）招标文件允许投标人提供备选方案的，应当明确规定投标人在投标文件中只能提供一个备选方案并注明主选方案，且备选方案的投标价格不得高于主选方案。

（十一）招标文件应当明确计算评标总价时关境内、外产品的计算方法，并应当明确指定到货地点。除国外贷款、援助资金项目外，评标总价应当包含货物到达招标人指定到货地点之前的所有成本及费用。其中：

关境外产品为：CIF 价 + 进口环节税 + 国内运输、保险费等（采用 CIP、DDP 等其他报价方式的，参照此方法计算评标总价）；其中投标截止时间前已经进口的产品为：销售价（含进口环节税、销售环节增值税）+ 国内运输、保险费等。关境内制造的产品为：出厂价（含增值税）+ 消费税（如适用）+ 国内运输、保险费等。有价格调整的，计算评标总价时，应当包含偏离加价。

（十二）招标文件应当明确投标文件的大写金额和小写金额不一致的，以大写金额为准；投标总价金额与按分项报价汇总金额不一致的，以分项报价金额计算结果为准；分项报价金额小数点有明显错位的，应以投标总价为准，并修改分项报价；应当明确招标文件、投标文件和评标报告使用语言的种类；使用两种以上语言的，应当明确当出现表述内容不一致时以何种语言文本为准。

第二十二条 招标文件应当载明投标有效期，以保证招标人有足够的时间完成组织评标、定标以及签订合同。投标有效期从招标文件规定的提交投标文件的截止之日起算。

第二十三条 招标人在招标文件中要求投标人提交投标保证金的，投标保证金不得超过招标项目估算价的 2%。投标保证金有效期应当与投标有效期一致。

依法必须进行招标的项目的境内投标单位，以现金或者支票形式提交的投标保证金应当从其基本账户转出。

投标保证金可以是银行出具的银行保函或不可撤销信用证、转账支票、银行即期汇票，也可以是招标文件要求的其他合法担保形式。

联合体投标的，应当以联合体共同投标协议中约定的投标保证金缴纳方式予以提交，可以是联合体中的一方或者共同提交投标保证金，以一方名义提交投标保证金的，对联合体各方均具有约束力。

招标人不得挪用投标保证金。

第二十四条 招标人或招标机构应当在资格预审文件或招标文件开始发售之日前将资格预审文件或招标文件发售稿上传招标网存档。

第二十五条 依法必须进行招标的项目的资格预审公告和招标公告应当在符合法律规定的媒体和招标网上发布。

第二十六条 招标人应当确定投标人编制投标文件所需的合理时间。依法必须进行招标的项目，自招标文件开始发售之日起至投标截止之日止，不得少于 20 日。

招标文件的发售期不得少于 5 个工作日。

招标人发售的纸质招标文件和电子介质的招标文件具有同等法律效力，除另有约定的，出现不一致时以纸质招标文件为准。

第二十七条 招标公告规定未领购招标文件不得参加投标的，招标文件发售期截止后，购买招标文件的潜在投标人少于 3 个的，招标人可以依照本办法重新招标。重新招标后潜在投标人或投标人仍少于 3 个的，可以依照本办法第四十六条第二款有关规定执行。

第二十八条 开标前，招标人、招标机构和有关工作人员不得向他人透露已获取招标文件的潜在投标人的名称、数量以及可能影响公平竞争的有关招标投标的其他信息。

第二十九条 招标人可以对已发出的资格预审文件或者招标文件进行必要的澄清或者修改。澄清或者修改的内容可能影响资格预审申请文件或者投标文件编制的，招标人或招标机构应当在提交资格预审文件截止时间至少 3 日前，或者投标截止时间至少 15 日前，以书面形式通知所有获取资格预审文件或者招标文件的潜在投标人，并上传招标网存档；不足 3 日或者 15 日的，招标人或招标机构应当顺延提交资格预审申请文件或者投标文件的截止时间。该澄清或者修改内容为资格预审文件或者招标文件的组成部分。澄清或者修改的内容涉及到与资格预审公告或者招标公告内容不一致的，应当在原资格预审公告或者招标公告发布的媒体和招标网上发布变更公告。

因异议或投诉处理而导致对资格预审文件或者招标文件澄清或者修改的，应当按照前款规定执行。

第三十条 招标人顺延投标截止时间的，至少应当在招标文件要求提交投标文件的截止时间 3 日前，将变更时间书面通知所有获取招标文件的潜在投标人，并在招标网上发布变更公告。

第三十一条 除不可抗力原因外，招标文件或者资格预审文件发出后，不予退还；招标人在发布招标公告、发出投标邀请书后或者发出招标文件或资格预审文件后不得终止招标。

招标人终止招标的，应当及时发布公告，或者以书面形式通知被邀请的或者已经获取资格预审文件、招标文件的潜在投标人。已经发售资格预审文件、招标文件或者已经收取投标保证金的，招标人应当及时退还所收取的资格预审文件、招标文件的费用，以及所收取的投标保证金及银行同期存款利息。

第四章 投 标

第三十二条 投标人是响应招标、参加投标竞争的法人或其他组织。

与招标人存在利害关系可能影响招标公正性的法人或其他组织不得参加投标；接受委托参与项目前期咨询和招标文件编制的法人或其他组织不得参加受托项目的投标，也不得为该项目的投标人编制投标文件或者提供咨询。

单位负责人为同一人或者存在控股、管理关系的不同单位，不得参加同一招标项目包投标，共同组成联合体投标的除外。

违反前三款规定的，相关投标均无效。

第三十三条 投标人应当根据招标文件要求编制投标文件，并根据自己的商务能力、技术水平对招标文件提出的要求和条件在投标文件中作出真实的响应。投标文件的所有内容在投标有效期内应当有效。

第三十四条 投标人对加注星号（"＊"）的重要技术条款（参数）应当在投标文件中提供技术支持资料。

技术支持资料以制造商公开发布的印刷资料、检测机构出具的检测报告或招标文件中允许的其他形式为准，凡不符合上述要求的，应当视为无效技术支持资料。

第三十五条 投标人应当提供在开标日前 3 个月内由其开立基本账户的银行开具的银行资信证明的原件或复印件。

第三十六条 潜在投标人或者其他利害关系人对资格预审文件有异议的，应当在提交资格预审申请文件截止时间 2 日前向招标人或招标机构提出，并将异议内容上传招标网；对招标文件有异议的，应当在投标截止时间 10 日前向招标人或招标机构提出，并将异议内容上传招标网。招标人或招标机构应当自收到异议之日起 3 日内作出答复,并将答复内容上传招标网;作出答复前,应当暂停招标投标活动。

第三十七条 招标人编制的资格预审文件、招标文件的内容违反法律、行政法规的强制性规定,违反公开、公平、公正和诚实信用原则,影响资格预审结果或者潜在投标人投标的,依法必须进行招标的项目的招标人应当在修改资格预审文件或者招标文件后重新招标。

第三十八条 投标人在招标文件要求的投标截止时间前,应当在招标网免费注册,注册时应当在招标网在线填写招投标注册登记表,并将由投标人加盖公章的招投标注册登记表及工商营业执照(复印件)提交至招标网;境外投标人提交所在地登记证明材料(复印件),投标人无印章的,提交由单位负责人签字的招投标注册登记表。投标截止时间前,投标人未在招标网完成注册的不得参加投标,有特殊原因的除外。

第三十九条 投标人在招标文件要求的投标截止时间前,应当将投标文件送达招标文件规定的投标地点。投标人可以在规定的投标截止时间前书面通知招标人,对已提交的投标文件进行补充、修改或撤回。补充、修改的内容应当作为投标文件的组成部分。投标人不得在投标截止时间后对投标文件进行补充、修改。

第四十条 投标人应当按照招标文件要求对投标文件进行包装和密封。投标人在投标截止时间前提交价格变更等相关内容的投标声明的,应与开标一览表一并或者单独密封,并加施明显标记,以便在开标时一并唱出。

第四十一条 未通过资格预审的申请人提交的投标文件,以及逾期送达或者不按照招标文件要求密封的投标文件,招标人应当拒收。

招标人或招标机构应当如实记载投标文件的送达时间和密封情况,并存档备查。

第四十二条 招标文件允许联合体投标的,两个以上法人或者其他组织可以组成一个联合体,以一个投标人的身份共同投标。

联合体各方均应当具备承担招标项目的相应能力;国家有关规定或者招标文件对投标人资格条件有规定的,联合体各方均应当具备规定的相应资格条件。由同一专业的单位组成的联合体,按照资质等级较低的单位确定资质等级。

联合体各方应当签订共同投标协议,明确约定各方拟承担的工作和责任,并将共同投标协议连同投标文件一并提交招标人。联合体中标的,联合体各方应当共同与招标人签订合同,就中标项目向招标人承担连带责任。

联合体各方在同一招标项目包中以自己名义单独投标或者参加其他联合体投标的,相关投标均无效。

第四十三条 投标人应当按照招标文件的要求,在提交投标文件截止时间前将投标保证金提交给招标人或招标机构。

投标人在投标截止时间前撤回已提交的投标文件,招标人或招标机构已收取投标保证金的,应当自收到投标人书面撤回通知之日起 5 日内退还。

投标截止后投标人撤销投标文件的,招标人可以不退还投标保证金。招标人主动要求延长投标有效期但投标人拒绝的,招标人应当退还投标保证金。

第四十四条 投标人发生合并、分立、破产等重大变化的,应当及时书面告知招标人。投标人不再具备资格预审文件、招标文件规定的资格条件或者其投标影响招标公正性的,其投标无效。

第四十五条 禁止招标投标法实施条例第三十九条、第四十条、第四十一条、第四十二条所规定的投标人相互串通投标、招标人与投标人串通投标、投标人以他人名义投标或者以其他方式弄虚作假的行为。

第五章 开标和评标

第四十六条 开标应当在招标文件确定的提交投标文件截止时间的同一时间公开进行；开标地点应当为招标文件中预先确定的地点。开标由招标人或招标机构主持，邀请所有投标人参加。

投标人少于3个的，不得开标，招标人应当依照本办法重新招标；开标后认定投标人少于3个的应当停止评标，招标人应当依照本办法重新招标。重新招标后投标人仍少于3个的，可以进入两家或一家开标评标；按国家有关规定需要履行审批、核准手续的依法必须进行招标的项目，报项目审批、核准部门审批、核准后可以不再进行招标。

认定投标人数量时，两家以上投标人的投标产品为同一家制造商或集成商生产的，按一家投标人认定。对两家以上集成商或代理商使用相同制造商产品作为其项目包的一部分，且相同产品的价格总和均超过该项目包各自投标总价60%的，按一家投标人认定。

对于国外贷款、援助资金项目，资金提供方规定当投标截止时间到达时，投标人少于3个可直接进入开标程序的，可以适用其规定。

第四十七条 开标时，由投标人或者其推选的代表检查投标文件的密封情况，也可以由招标人委托的公证机构检查并公证；经确认无误后，由工作人员当众拆封，宣读投标人名称、投标价格和投标文件的其他主要内容。

招标人在招标文件要求提交投标文件的截止时间前收到的所有投标文件，开标时都应当当众予以拆封、宣读。

投标人的开标一览表、投标声明（价格变更或其他声明）都应当在开标时一并唱出，否则在评标时不予认可。投标总价中不应当包含招标文件要求以外的产品或服务的价格。

第四十八条 投标人对开标有异议的，应当在开标现场提出，招标人或招标机构应当当场作出答复，并制作记录。

第四十九条 招标人或招标机构应当在开标时制作开标记录，并在开标后3个工作日内上传招标网存档。

第五十条 评标由招标人依照本办法组建的评标委员会负责。依法必须进行招标的项目，其评标委员会由招标人的代表和从事相关领域工作满8年并具有高级职称或者具有同等专业水平的技术、经济等相关领域专家组成，成员人数为5人以上单数，其中技术、经济等方面专家人数不得少于成员总数的2/3。

第五十一条 依法必须进行招标的项目，机电产品国际招标评标所需专家原则上由招标人或招标机构在招标网上从国家、地方两级专家库内相关专业类别中采用随机抽取的方式产生。任何单位和个人不得以明示、暗示等任何方式指定或者变相指定参加评标委员会的专家成员。但技术复杂、专业性强或者国家有特殊要求，采取随机抽取方式确定的专家难以保证其胜任评标工作的特殊招标项目，报相应主管部门后，可以由招标人直接确定评标专家。

抽取评标所需的评标专家的时间不得早于开标时间3个工作日；同一项目包评标中，来自同一法人单位的评标专家不得超过评标委员会总人数的1/3。

随机抽取专家人数为实际所需专家人数。一次招标金额在1 000万美元以上的国际招标项目包，所需专家的1/2以上应当从国家级专家库中抽取。

抽取工作应当使用招标网评标专家随机抽取自动通知系统。除专家不能参加和应当回避的情形外，不得废弃随机抽取的专家。

机电产品国际招标评标专家及专家库管理办法由商务部另行制定。

第五十二条 与投标人或其制造商有利害关系的人不得进入相关项目的评标委员会，评标专家不得参加与自己有利害关系的项目评标，且应当主动回避；已经进入的应当更换。主管部门的工作人员不得担任本机构负责监督项目的评标委员会成员。

依法必须进行招标的项目的招标人非因招标投标法、招标投标法实施条例和本办法规定的事由，不得更换依法确定的评标委员会成员。更换评标委员会的专家成员应当依照本办法第五十一条规定进行。

第五十三条 评标委员会成员名单在中标结果确定前应当保密，如有泄密，除追究当事人责任外，还应当报相应主管部门后及时更换。

评标前，任何人不得向评标专家透露其即将参与的评标项目招标人、投标人的有关情况及其他应当保密的信息。

招标人和招标机构应当采取必要的措施保证评标在严格保密的情况下进行。任何单位和个人不得非法干预、影响评标的过程和结果。

泄密影响中标结果的，中标无效。

第五十四条 招标人应当向评标委员会提供评标所必需的信息，但不得向评标委员会成员明示或者暗示其倾向或者排斥特定投标人。

招标人应当根据项目规模和技术复杂程度等因素合理确定评标时间。超过1/3的评标委员会成员认为评标时间不够的，招标人应当适当延长。

评标过程中，评标委员会成员有回避事由、擅离职守或者因健康等原因不能继续评标的，应当于评标当日报相应主管部门后按照所缺专家的人数重新随机抽取，及时更换。被更换的评标委员会成员作出的评审结论无效，由更换后的评标委员会成员重新进行评审。

第五十五条 评标委员会应当在开标当日开始进行评标。有特殊原因当天不能评标的，应当将投标文件封存，并在开标后48小时内开始进行评标。评标委员会成员应当依照招标投标法、招标投标法实施条例和本办法的规定，按照招标文件规定的评标方法和标准，独立、客观、公正地对投标文件提出评审意见。招标文件没有规定的评标方法和标准不得作为评标的依据。

评标委员会成员不得私下接触投标人，不得收受投标人给予的财物或者其他好处，不得向招标人征询确定中标人的意向，不得接受任何单位或者个人明示或者暗示提出的倾向或者排斥特定投标人的要求，不得有其他不客观、不公正履行职务的行为。

第五十六条 采用最低评标价法评标的，在商务、技术条款均实质性满足招标文件要求时，评标价格最低者为排名第一的中标候选人；采用综合评价法评标的，在商务、技术条款均实质性满足招标文件要求时，综合评价最优者为排名第一的中标候选人。

第五十七条 在商务评议过程中，有下列情形之一者，应予否决投标：

（一）投标人或其制造商与招标人有利害关系可能影响招标公正性的；

（二）投标人参与项目前期咨询或招标文件编制的；

（三）不同投标人单位负责人为同一人或者存在控股、管理关系的；

（四）投标文件未按招标文件的要求签署的；

（五）投标联合体没有提交共同投标协议的；

（六）投标人的投标书、资格证明材料未提供，或不符合国家规定或者招标文件要求的；

（七）同一投标人提交两个以上不同的投标方案或者投标报价的，但招标文件要求提交备选方案的除外；

（八）投标人未按招标文件要求提交投标保证金或保证金金额不足、保函有效期不足、投标保证金形式或出具投标保函的银行不符合招标文件要求的；

（九）投标文件不满足招标文件加注星号（"*"）的重要商务条款要求的；

（十）投标报价高于招标文件设定的最高投标限价的；

（十一）投标有效期不足的；

（十二）投标人有串通投标、弄虚作假、行贿等违法行为的；

（十三）存在招标文件中规定的否决投标的其他商务条款的。

前款所列材料在开标后不得澄清、后补；招标文件要求提供原件的，应当提供原件，否则将否决其投标。

第五十八条 对经资格预审合格、且商务评议合格的投标人不能再因其资格不合格否决其投标，但在招标周期内该投标人的资格发生了实质性变化不再满足原有资格要求的除外。

第五十九条 技术评议过程中，有下列情形之一者，应予否决投标：

（一）投标文件不满足招标文件技术规格中加注星号（"*"）的重要条款（参数）要求，或加注星号（"*"）的重要条款（参数）无符合招标文件要求的技术资料支持的；

（二）投标文件技术规格中一般参数超出允许偏离的最大范围或最多项数的；

（三）投标文件技术规格中的响应与事实不符或虚假投标的；

（四）投标人复制招标文件的技术规格相关部分内容作为其投标文件中一部分的；

（五）存在招标文件中规定的否决投标的其他技术条款的。

第六十条 采用最低评标价法评标的，价格评议按下列原则进行：

（一）按招标文件中的评标依据进行评标。计算评标价格时，对需要进行价格调整的部分，要依据招标文件和投标文件的内容加以调整并说明。投标总价中包含的招标文件要求以外的产品或服务，在评标时不予核减；

（二）除国外贷款、援助资金项目外，计算评标总价时，以货物到达招标人指定到货地点为依据；

（三）招标文件允许以多种货币投标的，在进行价格评标时，应当以开标当日中国银行总行首次发布的外币对人民币的现汇卖出价进行投标货币对评标货币的转换以计算评标价格。

第六十一条 采用综合评价法评标时，按下列原则进行：

（一）评标办法应当充分考虑每个评价指标所有可能的投标响应，且每一种可能的投标响应应当对应一个明确的评价值，不得对应多个评价值或评价值区间，采用两步评价方法的除外。

对于总体设计、总体方案等难以量化比较的评价内容，可以采取两步评价方法：第一步，评标委员会成员独立确定投标人该项评价内容的优劣等级，根据优劣等级对应的评价值算术平均后确定该投标人该项评价内容的平均等级；第二步，评标委员会成员根据投标人的平均等级，在对应的分值区间内给出评价值。

（二）价格评价应当符合低价优先、经济节约的原则，并明确规定评议价格最低的有效投标人将获得价格评价的最高评价值，价格评价的最大可能评价值和最小可能评价值应当分别为价格最高评价值和零评价值。

（三）评标委员会应当根据综合评价值对各投标人进行排名。综合评价值相同的，依照价格、技术、商务、服务及其他评价内容的优先次序，根据分项评价值进行排名。

第六十二条 招标文件允许备选方案的，评标委员会对有备选方案的投标人进行评审时，应当以主选方案为准进行评标。备选方案应当实质性响应招标文件要求。凡提供两个以上备选方案或者未按要求注明主选方案的，该投标应当被否决。凡备选方案的投标价格高于主选方案的，该备选方案将不予采纳。

第六十三条 投标人应当根据招标文件要求和产品技术要求列出供货产品清单和分项报价。投标人投标报价缺漏项超出招标文件允许的范围或比重的，为实质性偏离招标文件要求，评标委员会应当否决其投标。缺漏项在招标文件允许的范围或比重内的，评标时应当要求投标人确认缺漏项是否包含在投标价中，确认包含的，将其他有效投标中该项的最高价计入其评标总价，并依据此评标总价对其一般商务和技术条款（参数）偏离进行价格调整；确认不包含的，评标委员会应当否决其投标；签订合同时以投标价为准。

第六十四条 投标文件中有含义不明确的内容、明显文字或者计算错误，评标委员会认为需要投标人作出必要澄清、说明的，应当书面通知该投标人。投标人的澄清、说明应当采用书面形式在评标委员会规定的时间内提交，并不得超出投标文件的范围或者改变投标文件的实质性内容。

投标人的投标文件不响应招标文件加注星号（"＊"）的重要商务和技术条款（参数），或加注星号（"＊"）的重要技术条款（参数）未提供符合招标文件要求的技术支持资料的，评标委员会不得要求其进行澄清或后补。

评标委员会不得暗示或者诱导投标人作出澄清、说明，不得接受投标人主动提出的澄清、说明。

第六十五条 评标委员会经评审，认为所有投标都不符合招标文件要求的，可以否决所有投标。

依法必须进行招标的项目的所有投标被否决的，招标人应当依照本办法重新招标。

第六十六条 评标完成后，评标委员会应当向招标人提交书面评标报告和中标候选人名单。中标候选人应当不超过3个，并标明排序。

评标委员会的每位成员应当分别填写评标委员会成员评标意见表（见附件2），评标意见表是评标报告必不可少的一部分。评标报告应由评标委员会全体成员签字。对评标结果有不同意见的评标委员会成员应当以书面形式说明其不同意见和理由，评标报告应当注明该不同意见。评标委员会成员拒绝在评标报告上签字又不说明其不同意见和理由的，视为同意评标结果。

专家受聘承担的具体项目评审工作结束后，招标人或者招标机构应当在招标网对专家的能力、水平、履行职责等方面进行评价，评价结果分为优秀、称职和不称职。

第六章　评标结果公示和中标

第六十七条　依法必须进行招标的项目，招标人或招标机构应当依据评标报告填写《评标结果公示表》，并自收到评标委员会提交的书面评标报告之日起 3 日内在招标网上进行评标结果公示。评标结果应当一次性公示，公示期不得少于 3 日。

采用最低评标价法评标的，《评标结果公示表》中的内容包括"中标候选人排名"、"投标人及制造商名称"、"评标价格"和"评议情况"等。每个投标人的评议情况应当按商务、技术和价格评议三个方面在《评标结果公示表》中分别填写，填写的内容应当明确说明招标文件的要求和投标人的响应内容。对一般商务和技术条款（参数）偏离进行价格调整的，在评标结果公示时，招标人或招标机构应当明确公示价格调整的依据、计算方法、投标文件偏离内容及相应的调整金额。

采用综合评价法评标的，《评标结果公示表》中的内容包括"中标候选人排名"、"投标人及制造商名称"、"综合评价值"、"商务、技术、价格、服务及其他等大类评价项目的评价值"和"评议情况"等。每个投标人的评议情况应当明确说明招标文件的要求和投标人的响应内容。

使用国外贷款、援助资金的项目，招标人或招标机构应当自收到评标委员会提交的书面评标报告之日起 3 日内向资金提供方报送评标报告，并自获其出具不反对意见之日起 3 日内在招标网上进行评标结果公示。资金提供方对评标报告有反对意见的，招标人或招标机构应当及时将资金提供方的意见报相应的主管部门，并依照本办法重新招标或者重新评标。

第六十八条　评标结果进行公示后，各方当事人可以通过招标网查看评标结果公示的内容。招标人或招标机构应当应投标人的要求解释公示内容。

第六十九条　投标人或者其他利害关系人对依法必须进行招标的项目的评标结果有异议的，应当于公示期内向招标人或招标机构提出，并将异议内容上传招标网。招标人或招标机构应当在收到异议之日起 3 日内作出答复，并将答复内容上传招标网；作出答复前，应当暂停招标投标活动。

异议答复应当对异议问题逐项说明，但不得涉及其他投标人的投标秘密。未在评标报告中体现的不满足招标文件要求的其他方面的偏离不能作为答复异议的依据。

经原评标委员会按照招标文件规定的方法和标准审查确认，变更原评标结果的，变更后的评标结果应当依照本办法进行公示。

第七十条　招标人根据评标委员会提出的书面评标报告和推荐的中标候选人确定中标人。招标人也可以授权评标委员会直接确定中标人。国有资金占控股或者主导地位的依法必须进行招标的项目，以及使用国外贷款、援助资金的项目，招标人应当确定排名第一的中标候选人为中标人。排名第一的中标候选人放弃中标、因不可抗力不能履行合同、不按招标文件要求提交履约保证金,或者被查实存在影响中标结果的违法行为等情形,不符合中标条件的,招标人可以按照评标委员会提出的中标候选人名单排序依次确定其他中标候选人为中标人,也可以重新招标。

第七十一条　评标结果公示无异议的,公示期结束后该评标结果自动生效并进行中标结果公告;评标结果公示有异议,但是异议答复后 10 日内无投诉的,异议答复 10 日后按照异议处理结果进行公告;评标结果公示有投诉的,相应主管部门做出投诉处理决定后,按照投诉处理决定进行公告。

第七十二条　依法必须进行招标的项目,中标人确定后,招标人应当在中标结果公告后 20 日内向中标人发出中标通知书,并在中标结果公告后 15 日内将评标情况的报告(见附件 3)提交至相应的主管部门。中标通知书也可以由招标人委托其招标机构发出。

使用国外贷款、援助资金的项目,异议或投诉的结果与报送资金提供方的评标报告不一致的,招标人或招标机构应当按照异议或投诉的结果修改评标报告,并将修改后的评标报告报送资金提供方,获其不反对意见后向中标人发出中标通知书。

第七十三条　中标结果公告后 15 日内,招标人或招标机构应当在招标网完成该项目包招标投标情况及其相关数据的存档。存档的内容应当与招标投标实际情况一致。

第七十四条　中标候选人的经营、财务状况发生较大变化或者存在违法行为,招标人认为可能影响其履约能力的,应当在发出中标通知书前由原评标委员会按照招标文件规定的方法和标准审查确认。

第七十五条　中标通知书对招标人和中标人具有法律效力。中标通知书发出后,招标人改变中标结果的,或者中标人放弃中标项目的,应当依法承担法律责任。

第七十六条　招标人和中标人应当自中标通知书发出之日起 30 日内,依照招标投标法、招标投标法实施条例和本办法的规定签订书面合同,合同的标的、价款、质量、履行期限等主要条款应当与招标文件和中标人的投标文件的内容一致。招标人或中标人不得拒绝或拖延与另一方签订合同。招标人和中标人不得再行订立背离合同实质性内容的其他协议。

招标人最迟应当在书面合同签订后 5 日内向中标人和未中标的投标人退还投标保证金及银行同期存款利息。

第七十七条　招标文件要求中标人提交履约保证金的,中标人应当按照招标文件的要求提交。履约保证金不得超过中标合同金额的 10%。

第七十八条　中标产品来自境外的,由招标人按照国家有关规定办理进口手续。

第七十九条　中标人应当按照合同约定履行义务,完成中标项目。中标人不得向他人转让中标项目,也不得将中标项目肢解后分别向他人转让。

第八十条　依法必须进行招标的项目,在国际招标过程中,因招标人的采购计划发生重大变更等原因,经项目主管部门批准,报相应的主管部门后,招标人可以重新组织招标。

第八十一条　招标人或招标机构应当按照有关规定妥善保存招标委托协议、资格预审公告、招标公告、资格预审文件、招标文件、资格预审申请文件、投标文件、异议及答复等相关资料,以及与评标相关的评标报告、专家评标意见、综合评价法评价原始记录表等资料,并对评标情况和资料严格保密。

第七章 投诉与处理

第八十二条 投标人或者其他利害关系人认为招标投标活动不符合法律、行政法规及本办法规定的，可以自知道或者应当知道之日起 10 日内向相应主管部门投诉。就本办法第三十六条规定事项进行投诉的，潜在投标人或者其他利害关系人应当在自领购资格预审文件或招标文件 10 日内向相应的主管部门提出；就本办法第四十八条规定事项进行投诉的，投标人或者其他利害关系人应当在自开标 10 日内向相应的主管部门提出；就本办法第六十九条规定事项进行投诉的，投标人或者其他利害关系人应当在自评标结果公示结束 10 日内向相应的主管部门提出。

就本办法第三十六条、第四十八条、第六十九条规定事项投诉的，应当先向招标人提出异议，异议答复期间不计算在前款规定的期限内。就异议事项投诉的，招标人或招标机构应当在该项目被网上投诉后 3 日内，将异议相关材料提交相应的主管部门。

第八十三条 投诉人应当于投诉期内在招标网上填写《投诉书》（见附件 4）（就异议事项进行投诉的，应当提供异议和异议答复情况及相关证明材料），并将由投诉人单位负责人或单位负责人授权的人签字并盖章的《投诉书》、单位负责人证明文件及相关材料在投诉期内送达相应的主管部门。境外投诉人所在企业无印章的，以单位负责人或单位负责人授权的人签字为准。

投诉应当有明确的请求和必要的证明材料。投诉有关材料是外文的，投诉人应当同时提供其中文译本，并以中文译本为准。

投诉人应保证其提出投诉内容及相应证明材料的真实性及来源的合法性，并承担相应的法律责任。

第八十四条 主管部门应当自收到书面投诉书之日起 3 个工作日内决定是否受理投诉，并将是否受理的决定在招标网上告知投诉人。主管部门应当自受理投诉之日起 30 个工作日内作出书面处理决定（见附件 5），并将书面处理决定在招标网上告知投诉人；需要检验、检测、鉴定、专家评审的，以及监察机关依法对与招标投标活动有关的监察对象实施调查并可能影响投诉处理决定的，所需时间不计算在内。使用国外贷款、援助资金的项目，需征求资金提供方意见的，所需时间不计算在内。

主管部门在处理投诉时，有权查阅、复制有关文件、资料，调查有关情况，相关单位和人员应当予以配合。必要时，主管部门可以责令暂停招标投标活动。

主管部门在处理投诉期间，招标人或招标机构应当就投诉的事项协助调查。

第八十五条 有下列情形之一的投诉，不予受理：

（一）就本办法第三十六条、第四十八条、第六十九条规定事项投诉，其投诉内容在提起投诉前未按本办法的规定提出异议的；

（二）投诉人不是投标人或者其他利害关系人的；

（三）《投诉书》未按本办法有关规定签字或盖章，或者未提供单位负责人证明文件的；

（四）没有明确请求的，或者未按本办法提供相应证明材料的；

（五）涉及招标评标过程具体细节、其他投标人的商业秘密或其他投标人的投标文件具体内容但未能说明内容真实性和来源合法性的；

（六）未在规定期限内在招标网上提出的；

（七）未在规定期限内将投诉书及相关证明材料送达相应主管部门的。

第八十六条 在评标结果投诉处理过程中，发现招标文件重要商务或技术条款（参数）出现内容错误、前后矛盾或与国家相关法律法规不一致的情形，影响评标结果公正性的，当次招标无效，主管部门将在招标网上予以公布。

第八十七条 招标人对投诉的内容无法提供充分解释和说明的，主管部门可以自行组织或者责成招标人、招标机构组织专家就投诉的内容进行评审。

就本办法第三十六条规定事项投诉的，招标人或招标机构应当从专家库中随机抽取3人以上单数评审专家。评审专家不得作为同一项目包的评标专家。

就本办法第六十九条规定事项投诉的，招标人或招标机构应当从国家级专家库中随机抽取评审专家，国家级专家不足时，可由地方级专家库中补充，但国家级专家不得少于2/3。评审专家不得包含参与该项目包评标的专家，并且专家人数不得少于评标专家人数。

第八十八条 投诉人拒绝配合主管部门依法进行调查的，被投诉人不提交相关证据、依据和其他有关材料的，主管部门按照现有可获得的材料对相关投诉依法作出处理。

第八十九条 投诉处理决定作出前，经主管部门同意，投诉人可以撤回投诉。投诉人申请撤回投诉的，应当以书面形式提交给主管部门，并同时在网上提出撤回投诉申请。已经查实投诉内容成立的，投诉人撤回投诉的行为不影响投诉处理决定。投诉人撤回投诉的，不得以同一的事实和理由再次进行投诉。

第九十条 主管部门经审查，对投诉事项可作出下列处理决定：

（一）投诉内容未经查实前，投诉人撤回投诉的，终止投诉处理；

（二）投诉缺乏事实根据或者法律依据的，以及投诉人捏造事实、伪造材料或者以非法手段取得证明材料进行投诉的，驳回投诉；

（三）投诉情况属实，招标投标活动确实存在不符合法律、行政法规和本办法规定的，依法作出招标无效、投标无效、中标无效、修改资格预审文件或者招标文件等决定。

第九十一条 商务部在招标网设立信息发布栏，包括下列内容：

（一）投诉汇总统计，包括年度内受到投诉的项目、招标人、招标机构名称和投诉处理结果等；

（二）招标机构代理项目投诉情况统计，包括年度内项目投诉数量、投诉率及投诉处理结果等；

（三）投标人及其他利害关系人投诉情况统计，包括年度内项目投诉数量、投诉率及不予受理投诉、驳回投诉、不良投诉（本办法第九十六条第四项的投诉行为）等；

（四）违法统计，包括年度内在招标投标活动过程中违反相关法律、行政法规和本办法的当事人、项目名称、违法情况和处罚结果。

第九十二条 主管部门应当建立投诉处理档案，并妥善保存。

第八章 法律责任

第九十三条 招标人对依法必须进行招标的项目不招标或化整为零以及以其他任何方式

规避国际招标的，由相应主管部门责令限期改正，可以处项目合同金额 0.5% 以上 1% 以下的罚款；对全部或者部分使用国有资金的项目，可以通告项目主管机构暂停项目执行或者暂停资金拨付；对单位直接负责的主管人员和其他直接责任人员依法给予处分。

第九十四条 招标人有下列行为之一的，依照招标投标法、招标投标法实施条例的有关规定处罚：

（一）依法应当公开招标而采用邀请招标的；

（二）以不合理的条件限制、排斥潜在投标人的，对潜在投标人实行歧视待遇的，强制要求投标人组成联合体共同投标的，或者限制投标人之间竞争的；

（三）招标文件、资格预审文件的发售、澄清、修改的时限，或者确定的提交资格预审申请文件、投标文件的时限不符合规定的；

（四）不按照规定组建评标委员会，或者确定、更换评标委员会成员违反规定的；

（五）接受未通过资格预审的单位或者个人参加投标，或者接受应当拒收的投标文件的；

（六）违反规定，在确定中标人前与投标人就投标价格、投标方案等实质性内容进行谈判的；

（七）不按照规定确定中标人的；

（八）不按照规定对异议作出答复，继续进行招标投标活动的；

（九）无正当理由不发出中标通知书，或者中标通知书发出后无正当理由改变中标结果的；

（十）无正当理由不与中标人订立合同，或者在订立合同时向中标人提出附加条件的；

（十一）不按照招标文件和中标人的投标文件与中标人订立合同，或者与中标人订立背离合同实质性内容的协议的；

（十二）向他人透露已获取招标文件的潜在投标人的名称、数量或者可能影响公平竞争的有关招标投标的其他情况的，或者泄露标底的。

第九十五条 招标人有下列行为之一的，给予警告，并处 3 万元以下罚款；该行为影响到评标结果的公正性的，当次招标无效：

（一）与投标人相互串通、虚假招标投标的；

（二）以不正当手段干扰招标投标活动的；

（三）不履行与中标人订立的合同的；

（四）除本办法第九十四条第十二项所列行为外，其他泄露应当保密的与招标投标活动有关的情况、材料或信息的；

（五）对主管部门的投诉处理决定拒不执行的；

（六）其他违反招标投标法、招标投标法实施条例和本办法的行为。

第九十六条 投标人有下列行为之一的，依照招标投标法、招标投标法实施条例的有关规定处罚：

（一）与其他投标人或者与招标人相互串通投标的；

（二）以向招标人或者评标委员会成员行贿的手段谋取中标的；

（三）以他人名义投标或者以其他方式弄虚作假，骗取中标的；

（四）捏造事实、伪造材料或者以非法手段取得证明材料进行投诉的。

有前款所列行为的投标人不得参与该项目的重新招标。

第九十七条 投标人有下列行为之一的，当次投标无效，并给予警告，并处 3 万元以下罚款：

（一）虚假招标投标的；

（二）以不正当手段干扰招标、评标工作的；

（三）投标文件及澄清资料与事实不符，弄虚作假的；

（四）在投诉处理过程中，提供虚假证明材料的；

（五）中标通知书发出之前与招标人签订合同的；

（六）中标的投标人不按照其投标文件和招标文件与招标人签订合同的或提供的产品不符合投标文件的；

（七）其他违反招标投标法、招标投标法实施条例和本办法的行为。

有前款所列行为的投标人不得参与该项目的重新招标。

第九十八条 中标人有下列行为之一的，依照招标投标法、招标投标法实施条例的有关规定处罚：

（一）无正当理由不与招标人订立合同的，或者在签订合同时向招标人提出附加条件的；

（二）不按照招标文件要求提交履约保证金的；

（三）不履行与招标人订立的合同的。

有前款所列行为的投标人不得参与该项目的重新招标。

第九十九条 招标机构有下列行为之一的，依照招标投标法、招标投标法实施条例的有关规定处罚：

（一）与招标人、投标人串通损害国家利益、社会公共利益或者他人合法权益的；

（二）在所代理的招标项目中投标、代理投标或者向该项目投标人提供咨询的；

（三）参加受托编制标底项目的投标或者为该项目的投标人编制投标文件、提供咨询的；

（四）泄露应当保密的与招标投标活动有关的情况和资料的。

第一百条 招标机构有下列行为之一的，给予警告，并处 3 万元以下罚款；该行为影响到整个招标公正性的，当次招标无效：

（一）与招标人、投标人相互串通、搞虚假招标投标的；

（二）在进行机电产品国际招标机构登记时填写虚假信息或提供虚假证明材料的；

（三）无故废弃随机抽取的评审专家的；

（四）不按照规定及时向主管部门报送材料或者向主管部门提供虚假材料的；

（五）未在规定的时间内将招标投标情况及其相关数据上传招标网，或者在招标网上发布、公示或存档的内容与招标公告、招标文件、投标文件、评标报告等相应书面内容存在实质性不符的；

（六）不按照本办法规定对异议作出答复的，或者在投诉处理的过程中未按照主管部门要求予以配合的；

（七）因招标机构的过失，投诉处理结果为招标无效或中标无效，6 个月内累计 2 次，或一年内累计 3 次的；

（八）不按照本办法规定发出中标通知书或者擅自变更中标结果的；

（九）其他违反招标投标法、招标投标法实施条例和本办法的行为。

第一百零一条 评标委员会成员有下列行为之一的，依照招标投标法、招标投标法实施条例的有关规定处罚：

（一）应当回避而不回避的；

（二）擅离职守的；

（三）不按照招标文件规定的评标方法和标准评标的；

（四）私下接触投标人的；

（五）向招标人征询确定中标人的意向或者接受任何单位或者个人明示或者暗示提出的倾向或者排斥特定投标人的要求的；

（六）暗示或者诱导投标人作出澄清、说明或者接受投标人主动提出的澄清、说明的；

（七）对依法应当否决的投标不提出否决意见的；

（八）向他人透露对投标文件的评审和比较、中标候选人的推荐以及与评标有关的其他情况的。

第一百零二条 评标委员会成员有下列行为之一的，将被从专家库名单中除名，同时在招标网上予以公告：

（一）弄虚作假，谋取私利的；

（二）在评标时拒绝出具明确书面意见的；

（三）除本办法第一百零一条第八项所列行为外，其他泄露应当保密的与招标投标活动有关的情况和资料的；

（四）与投标人、招标人、招标机构串通的；

（五）专家1年内2次被评价为不称职的；

（六）专家无正当理由拒绝参加评标的；

（七）其他不客观公正地履行职责的行为，或违反招标投标法、招标投标法实施条例和本办法的行为。

前款所列行为影响中标结果的，中标无效。

第一百零三条 除评标委员会成员之外的其他评审专家有本办法第一百零一条和第一百零二条所列行为之一的，将被从专家库名单中除名，同时在招标网上予以公告。

第一百零四条 招标网承办单位有下列行为之一的，商务部予以警告并责令改正；情节严重的或拒不改正的，商务部可以中止或终止其委托服务协议；给招标投标活动当事人造成损失的，应当承担赔偿责任；构成犯罪的，依法追究刑事责任：

（一）超出商务部委托范围从事与委托事项相关活动的；

（二）利用承办商务部委托范围内事项向有关当事人收取费用的；

（三）无正当理由拒绝或者延误潜在投标人于投标截止时间前在招标网免费注册的；

（四）泄露应当保密的与招标投标活动有关情况和资料的；

（五）在委托范围内，利用有关当事人的信息非法获取利益的；

（六）擅自修改招标人、投标人或招标机构上传资料的；

（七）与招标人、投标人、招标机构相互串通、搞虚假招标投标的；

（八）其他违反招标投标法、招标投标法实施条例及本办法的。

第一百零五条 主管部门在处理投诉过程中，发现被投诉人单位直接负责的主管人员和其他直接责任人员有违法、违规或者违纪行为的，应当建议其行政主管机关、纪检监察部门给予处分；情节严重构成犯罪的，移送司法机关处理。

第一百零六条 主管部门不依法履行职责，对违反招标投标法、招标投标法实施条例和本办法规定的行为不依法查处，或者不按照规定处理投诉、不依法公告对招标投标当事人违法行为的行政处理决定的，对直接负责的主管人员和其他直接责任人员依法给予处分。

主管部门工作人员在招标投标活动监督过程中徇私舞弊、滥用职权、玩忽职守，构成犯罪的，依法追究刑事责任。

第一百零七条 出让或者出租资格、资质证书供他人投标的，依照法律、行政法规的规定给予行政处罚；构成犯罪的，依法追究刑事责任。

第一百零八条 依法必须进行招标的项目的招标投标活动违反招标投标法、招标投标法实施条例和本办法的规定，对中标结果造成实质性影响，且不能采取补救措施予以纠正的，招标、投标、中标无效，应当依照本办法重新招标或者重新评标。

重新评标应当由招标人依照本办法组建新的评标委员会负责。前一次参与评标的专家不得参与重新招标或者重新评标。依法必须进行招标的项目，重新评标的结果应当依照本办法进行公示。

除法律、行政法规和本办法规定外，招标人不得擅自决定重新招标或重新评标。

第一百零九条 本章规定的行政处罚，由相应的主管部门决定。招标投标法、招标投标法实施条例已对实施行政处罚的机关作出规定的除外。

第九章　附　　则

第一百一十条 不属于工程建设项目，但属于固定资产投资项目的机电产品国际招标投标活动，按照本办法执行。

第一百一十一条 与机电产品有关的设计、方案、技术等国际招标投标，可参照本办法执行。

第一百一十二条 使用国外贷款、援助资金进行机电产品国际招标的，应当按照本办法的有关规定执行。贷款方、资金提供方对招标投标的具体条件和程序有不同规定的，可以适用其规定，但违背中华人民共和国的国家安全或社会公共利益的除外。

第一百一十三条 机电产品国际招标投标活动采用电子招标投标方式的，应当按照本办法和国家有关电子招标投标的规定执行。

第一百一十四条 本办法所称"单位负责人"，是指单位法定代表人或者法律、行政法规规定代表单位行使职权的主要负责人。

第一百一十五条 本办法所称"日"为日历日，期限的最后一日是国家法定节假日的，顺延到节假日后的次日为期限的最后一日。

第一百一十六条 本办法中 CIF、CIP、DDP 等贸易术语，应当根据国际商会（ICC）现行最新版本的《国际贸易术语解释通则》的规定解释。

第一百一十七条 本办法由商务部负责解释。

第一百一十八条 本办法自 2014 年 4 月 1 日起施行。《机电产品国际招标投标实施办法》（商务部 2004 年第 13 号令）同时废止。

附件：
    1. 机电产品范围（略——编者注）
    2. 评标委员会成员评标意见表（略——编者注）
    3. 评标情况的报告（略——编者注）
    4. 投诉书（略——编者注）
    5. 投诉处理决定书（略——编者注）

国务院关于废止和修改部分行政法规的决定

国务院令第 648 号

现公布《国务院关于废止和修改部分行政法规的决定》，自 2014 年 3 月 1 日起施行。

总理　李克强
2014 年 2 月 19 日

为了运用法治方式推进政府职能转变，进一步放宽市场主体准入条件，激发社会投资活力，依据 2013 年 12 月 28 日第十二届全国人民代表大会常务委员会第六次会议通过的修改公司法的决定，落实《注册资本登记制度改革方案》关于注册资本实缴登记改为认缴登记、年度检验验照制度改为年度报告公示制度，以及完善信用约束机制的内容，国务院对涉及的行政法规进行了清理。经过清理，国务院决定：

一、对 2 部行政法规予以废止。（附件 1）
二、对 8 部行政法规的部分条款予以修改。（附件 2）
本决定自 2014 年 3 月 1 日起施行。

附件：
    1. 国务院决定废止的行政法规
    2. 国务院决定修改的行政法规

附件 1

国务院决定废止的行政法规

一、《中外合资经营企业合营各方出资的若干规定》（1987 年 12 月 30 日国务院批准，

1988年1月1日对外经济贸易部、国家工商行政管理局发布）

二、《〈中外合资经营企业合营各方出资的若干规定〉的补充规定》（1997年9月2日国务院批准，1997年9月29日对外贸易经济合作部、国家工商行政管理局发布）

附件2

国务院决定修改的行政法规

一、对《中华人民共和国公司登记管理条例》作出修改

（一）删去第九条第五项；将第九项改为第八项，修改为："有限责任公司股东或者股份有限公司发起人的姓名或者名称。"

（二）删去第十三条中的"和实收资本"。

（三）第十四条修改为："股东的出资方式应当符合《公司法》第二十七条的规定，但股东不得以劳务、信用、自然人姓名、商誉、特许经营权或者设定担保的财产等作价出资。"

（四）删去第二十条第二款第四项、第五项和第三款。

（五）删去第二十一条第二款第四项、第五项；将第三款修改为："以募集方式设立股份有限公司的，还应当提交创立大会的会议记录以及依法设立的验资机构出具的验资证明；以募集方式设立股份有限公司公开发行股票的，还应当提交国务院证券监督管理机构的核准文件。"

（六）删去第三十一条第一款、第二款、第三款、第五款；增加一款作为第一款："公司增加注册资本的，应当自变更决议或者决定作出之日起30日内申请变更登记。"

（七）删去第三十二条。

（八）第三十五条改为第三十四条，第一款修改为："有限责任公司变更股东的，应当自变更之日起30日内申请变更登记，并应当提交新股东的主体资格证明或者自然人身份证明。"

（九）第五十七条改为第五十六条，修改为："公司登记机关应当将公司登记、备案信息通过企业信用信息公示系统向社会公示。"

（十）删去第九章。

（十一）第十章改为第九章，标题修改为："年度报告公示、证照和档案管理"。

（十二）增加一条作为第五十八条："公司应当于每年1月1日至6月30日，通过企业信用信息公示系统向公司登记机关报送上一年度年度报告，并向社会公示。

"年度报告公示的内容以及监督检查办法由国务院制定。"

（十三）第六十三条改为第五十九条，增加一款作为第二款："国家推行电子营业执照。电子营业执照与纸质营业执照具有同等法律效力。"

（十四）第六十七条改为第六十三条，修改为："营业执照正本、副本样式，电子营业执照标准以及公司登记的有关重要文书格式或者表式，由国家工商行政管理总局统一制定。"

（十五）删去第七十六条。

二、对《中华人民共和国企业法人登记管理条例》作出修改

（一）第八章的标题修改为："公示和证照管理"。

（二）第二十三条修改为："登记主管机关应当将企业法人登记、备案信息通过企业信用信息公示系统向社会公示。"

（三）第二十四条修改为："企业法人应当于每年 1 月 1 日至 6 月 30 日，通过企业信用信息公示系统向登记主管机关报送上一年度年度报告，并向社会公示。

"年度报告公示的内容以及监督检查办法由国务院制定。"

（四）第二十五条第三款修改为："《企业法人营业执照》、《企业法人营业执照》副本，不得伪造、涂改、出租、出借、转让或者出卖。"增加一款作为第四款："国家推行电子营业执照。电子营业执照与纸质营业执照具有同等法律效力。"

（五）删去第二十六条中的"年度检验"和"年检费"。

（六）第三十条第一款第三项修改为："不按照规定办理注销登记的"。第四项修改为："伪造、涂改、出租、出借、转让或者出卖《企业法人营业执照》、《企业法人营业执照》副本的"。

三、对《中华人民共和国中外合资经营企业法实施条例》作出修改

第十三条第四项修改为："合营企业的投资总额，注册资本，合营各方的出资额、出资比例、出资方式、出资缴付期限、股权转让的规定，利润分配和亏损分担的比例"。

四、对《中华人民共和国中外合作经营企业法实施细则》作出修改

第十三条第四项修改为："合作企业的投资总额，注册资本，合作各方认缴出资额、投资或者提供合作条件的方式、期限"。

五、对《中华人民共和国外资企业法实施细则》作出修改

（一）第十五条第三项修改为："投资总额、注册资本、认缴出资额、出资方式、出资期限"。

（二）第二十条第二款修改为："外资企业的注册资本与投资总额的比例应当符合中国有关规定。"

（三）删去第二十七条第二款。

（四）第三十条修改为："外国投资者缴付出资的期限应当在设立外资企业申请书和外资企业章程中载明。"

（五）删去第三十一条。

（六）删去第三十二条。

六、对《中华人民共和国合伙企业登记管理办法》作出修改

（一）第六章的标题修改为："公示和证照管理"。

（二）增加一条作为第三十一条："企业登记机关应当将合伙企业登记、备案信息通过企业信用信息公示系统向社会公示。"

（三）第三十一条改为第三十二条，修改为："合伙企业应当于每年 1 月 1 日至 6 月 30

日,通过企业信用信息公示系统向企业登记机关报送上一年度年度报告,并向社会公示。

"年度报告公示的内容以及监督检查办法由国务院制定。"

(四)第三十二条改为第三十三条,增加一款作为第二款:"国家推行电子营业执照。电子营业执照与纸质营业执照具有同等法律效力。"

(五)删去第四十二条。

(六)删去第四十三条。

七、对《个体工商户条例》作出修改

(一)第九条中增加一款作为第三款:"国家推行电子营业执照。电子营业执照与纸质营业执照具有同等法律效力。"

(二)第十四条修改为:"个体工商户应当于每年1月1日至6月30日,向登记机关报送年度报告。

"个体工商户应当对其年度报告的真实性、合法性负责。

"个体工商户年度报告办法由国务院工商行政管理部门制定。"

(三)增加一条作为第十五条:"登记机关将未按照规定履行年度报告义务的个体工商户载入经营异常名录,并在企业信用信息公示系统上向社会公示。"

(四)增加一条作为第十六条:"登记机关接收个体工商户年度报告和抽查不得收取任何费用。"

(五)删去第二十三条。

八、对《农民专业合作社登记管理条例》作出修改

(一)第十七条中增加一款作为第三款:"国家推行电子营业执照。电子营业执照与纸质营业执照具有同等法律效力。"

(二)第十九条修改为:"农民专业合作社的登记文书格式,营业执照的正本、副本样式以及电子营业执照标准,由国务院工商行政管理部门制定。"

(三)增加一条作为第三十二条:"建立农民专业合作社年度报告制度。农民专业合作社年度报告办法由国务院工商行政管理部门制定。"

此外,对相关行政法规的条文顺序作了相应调整。

关于公布取消和下放行政审批项目的通知

财法〔2014〕1号

各省、自治区、直辖市、计划单列市财政厅(局),新疆生产建设兵团财务局,部内各单位,

财政部驻各省、自治区、直辖市、计划单列市财政监察专员办事处：

《国务院关于取消和下放一批行政审批项目的决定》（国发〔2014〕5号）决定取消和下放财政部3项行政审批项目，现予公布。

各地区、各单位要认真贯彻落实国务院决定精神，抓紧做好取消和下放管理层级行政审批项目的落实和衔接工作，加快配套改革和相关制度建设，切实加强事中事后监管，确保后续监管措施及时落实到位。

财政部
2014年2月19日

附件：

财政部取消和下放管理层级的行政审批项目目录

序号	项目名称	审批部门	其他共同审批部门	设定依据	处理决定
1	财政部负责的会计从业资格认定	财政部	无	《中华人民共和国会计法》《会计从业资格管理办法》（财政部令2005年第26号）	下放至省级人民政府财政部门
2	金融资产管理公司债权转股权方案和协议审核	财政部	国务院国资委	《国家经贸委、中国人民银行关于实施债权转股权若干问题的意见》（国经贸产业〔1999〕727号）《金融资产管理公司条例》（国务院令第297号）《国务院关于第六批取消和调整行政审批项目的决定》（国发〔2012〕52号）	取消
3	1994年前签订合同或立项的房地产项目首次免征土地增值税审批	财政部	税务总局	财政部、税务总局《关于对一九九四年一月一日前签订开发及转让合同的房地产征免土地增值税的通知》（财法字〔1995〕7号）	取消

国家税务总局关于公开行政审批事项等相关工作的公告

国家税务总局公告 2014 年第 10 号

为深入推进行政审批制度改革，根据《国务院办公厅关于公开国务院各部门行政审批事项等相关工作的通知》（国办发〔2014〕5 号）要求，国家税务总局决定向社会公开目前保留的行政审批事项清单，接受社会监督，并听取社会各界对进一步取消和下放行政审批事项的意见。现就有关事项公告如下：

一、本次公开的行政审批事项，是国家税务总局、国家税务局或者既可由国家税务局、也可由地方税务局实施的审批事项，但不包括只由地方税务局实施的审批事项。

二、税务机关要按照本公告的规定，不得在公开的清单外实施其他行政审批，不得对已经取消和下放的审批项目以其他名目搞变相审批，坚决杜绝随意新设、边减边增、明减暗增、明放暗收等现象。对违反规定的将严肃追究相关单位和人员责任。同时，对国务院和国家税务总局此前决定取消和下放的行政审批事项要落实到位，及时清理修改有关税务规章和税收规范性文件，切实加强事中事后监管。

三、税务机关要按照行政审批制度改革精神，认真收集并研究清单公开后各方面提出的意见，进一步梳理目前保留的行政审批事项，对取消或下放后有利于激发市场主体创造活力、增强经济发展内生动力的行政审批事项，进一步加大取消或下放力度。要改革管理方式，向"负面清单"管理方向迈进，清单之外的事项由市场主体依法自主决定、由社会自律管理。

四、国家税务总局收集社会各界对进一步取消和下放行政审批项目意见的具体方式是：国家税务总局办公厅信访处，联系电话：010－63969874；国家税务总局门户网站公众参与板块下的意见征集栏目。各省国家税务局和地方税务局也要向社会公告收集意见的具体方式。

本公告自发布之日起施行。

特此公告。

附件：税务总局行政审批事项公开目录（略——编者注）

国家税务总局
2014 年 2 月 13 日

国务院关于取消和下放一批行政审批项目的决定

国发〔2014〕5号

各省、自治区、直辖市人民政府，国务院各部委、各直属机构：

经研究论证，国务院决定，再取消和下放64项行政审批项目和18个子项。另建议取消和下放6项依据有关法律设立的行政审批项目，国务院将依照法定程序提请全国人民代表大会常务委员会修订相关法律规定。

各地区、各部门要抓紧做好取消和下放管理层级行政审批项目的落实和衔接工作，并切实加强事中事后监管。要继续大力推进行政审批制度改革，使简政放权成为持续的改革行动。要健全监督制约机制，加强对行政审批权运行的监督，不断提高政府管理科学化、规范化水平。

附件：国务院决定取消和下放管理层级的行政审批项目目录（64项，另有18个子项）

国务院
2014年1月28日

附件

国务院决定取消和下放管理层级的行政审批项目目录

序号	项目名称	审批部门	其他共同审批部门	设定依据	处理决定	备注
1	利用互联网实施远程高等学历教育的教育网校审批	教育部	无	《国务院对确需保留的行政审批项目设定行政许可的决定》（国务院令第412号）	取消	
2	国家重点学科审批	教育部	无	《教育部关于加强国家重点学科建设的意见》（教研〔2006〕2号）《教育部关于印发〈国家重点学科建设与管理暂行办法〉的通知》（教研〔2006〕3号）	取消	

（续表）

序号	项目名称	审批部门	其他共同审批部门	设定依据	处理决定	备注
3	电信业务资费标准审批	工业和信息化部	无	《中华人民共和国电信条例》（国务院令第291号）《国家计委 信息产业部关于印发〈电信资费审批备案程序规定（试行）〉的通知》（计价格〔2002〕1489号）	取消	
4	基础电信和跨地区增值电信业务经营许可证备案核准	工业和信息化部	无	《国务院对确需保留的行政审批项目设定行政许可的决定》（国务院令第412号）《电信业务经营许可管理办法》（工业和信息化部令2009年第5号）	取消	原由省、自治区、直辖市电信管理机构实施
5	民用爆炸物品安全生产许可	工业和信息化部	无	《安全生产许可证条例》（国务院令第397号）《民用爆炸物品安全管理条例》（国务院令第466号）	下放至省级人民政府民用爆炸物品行业主管部门	
6	计算机信息系统集成企业资质认定	工业和信息化部	无	《国务院对确需保留的行政审批项目设定行政许可的决定》（国务院令第412号）	取消	
7	计算机信息系统集成项目经理人员资质评定	工业和信息化部	无	原信息产业部《关于发布〈计算机信息系统集成项目经理资质管理办法（试行）〉的通知》（信部规〔2002〕382号）	取消	
8	信息系统工程监理单位资质认证和监理工程师资格认定	工业和信息化部	无	《国务院对确需保留的行政审批项目设定行政许可的决定》（国务院令第412号）	取消	
9	外国组织或者人员运用电子监测设备在我国境内进行电波参数测试审批	工业和信息化部	无	《中华人民共和国无线电管理条例》（国务院令第128号）	取消	今后禁止开展此类活动
10	核材料国内运输免检通行许可	公安部	无	《国务院对确需保留的行政审批项目设定行政许可的决定》（国务院令第412号）	取消	通过其他方式管理

（续表）

序号	项目名称	审批部门	其他共同审批部门	设定依据	处理决定	备注
11	司法部所属院校设置和调整专业目录外的专业审批	司法部	无	《国务院办公厅关于保留部分非行政许可审批项目的通知》（国办发〔2004〕62号）	取消	
12	财政部负责的会计从业资格认定	财政部	无	《中华人民共和国会计法》《会计从业资格管理办法》（财政部令2005年第26号）	下放至省级人民政府财政部门	
13	金融资产管理公司债权转股权方案和协议审核	财政部	国务院国资委	《国家经贸委、中国人民银行关于实施债权转股权若干问题的意见》（国经贸产业〔1999〕727号）《金融资产管理公司条例》（国务院令第297号）《国务院关于第六批取消和调整行政审批项目的决定》（国发〔2012〕52号）	取消	
14	1994年前签订合同或立项的房地产项目首次免征土地增值税审批	财政部	税务总局	财政部、税务总局《关于对一九九四年一月一日前签订开发及转让合同的房地产征免土地增值税的通知》（财法字〔1995〕7号）	取消	
15	建设项目施工和地质勘查需要临时使用国有土地或者农民集体所有土地审批	国土资源部	无	《中华人民共和国土地管理法》	取消	仅取消国土资源部该审批事项，县级以上地方人民政府土地行政主管部门此项审批依然保留
16	中外合作勘查、开采矿产资源前置性审查	国土资源部	无	《矿产资源勘查区块登记管理办法》（国务院令第240号）《矿产资源开采登记管理办法》（国务院令第241号）	取消	

（续表）

序号	项目名称	审批部门	其他共同审批部门	设定依据	处理决定	备注
17	地质调查备案核准	国土资源部	无	《矿产资源勘查区块登记管理办法》（国务院令第240号）	取消	
18	土地开垦区内开发未确定使用权的国有土地从事生产审查	国土资源部	无	《中华人民共和国土地管理法》《中华人民共和国土地管理法实施条例》（国务院令第256号）	下放至省级人民政府土地行政主管部门	
19	在国家地质公园地质遗迹保护区外的园区进行矿产资源勘查、开发和工程建设活动审批	国土资源部	无	《国土资源部关于发布〈国家地质公园规划编制技术要求〉的通知》（国土资发〔2010〕89号）	取消	仅取消国土资源部该审批事项，地方政府此项审批依然保留
20	矿业权投放计划审批	国土资源部	无	《国土资源部关于开展煤炭矿业权审批管理改革试点的通知》（国土资发〔2010〕143号）《国土资源部关于加快推进整装勘查实现找矿重大突破的通知》（国土资发〔2012〕140号）	取消	
21	省级土地整治规划审核	国土资源部	无	《国土资源部、财政部关于加快编制和实施土地整治规划大力推进高标准基本农田建设的通知》（国土资发〔2012〕63号）	取消	
22	中国温泉之乡（城、都）命名审批	国土资源部	无	《国土资源部办公厅关于申报中国温泉之乡（城、都）的通知》（国土资厅发〔2010〕49号）	取消	
23	煤炭矿业权审批管理改革试点省煤炭矿业权审批项目备案核准	国土资源部	无	《国土资源部关于开展煤炭矿业权审批管理改革试点的通知》（国土资发〔2010〕143号）	取消	
24	进入环境保护部门管理的国家级自然保护区实验区参观、旅游审批	环境保护部	无	《中华人民共和国自然保护区条例》（国务院令第167号）	取消	

（续表）

序号	项目名称	审批部门	其他共同审批部门	设定依据	处理决定	备注
25	环境保护（污染治理）设施运营单位甲级资质认定	环境保护部	无	《国务院对确需保留的行政审批项目设定行政许可的决定》（国务院令第412号）《环境污染治理设施运营资质许可管理办法》（环境保护部令2012年第20号）《国务院关于第六批取消和调整行政审批项目的决定》（国发〔2012〕52号）	取消	
26	雇用外国籍船员在中国籍船舶上任职审批	交通运输部	无	《中华人民共和国船舶登记条例》（国务院令第155号）	取消	
27	生产建设项目水土保持监测单位资质认定	水利部	无	《中华人民共和国水土保持法》《生产建设项目水土保持监测资质管理办法》（水利部令2011年第45号）	取消	
28	占用农业灌溉水源、灌排工程设施审批	水利部	无	《国务院对确需保留的行政审批项目设定行政许可的决定》（国务院令第412号）	取消	仅取消水利部审批权，地方各级人民政府水行政主管部门审批权仍然保留
29	在草原上修建直接为草原保护和畜牧业生产服务的工程设施使用七十公顷以上草原审批	农业部	无	《中华人民共和国草原法》《草原征占用审核审批管理办法》（农业部令2006年第58号）	下放至省级人民政府农业主管部门	
30	兽药安全性评价单位资格认定	农业部	无	《兽药管理条例》（国务院令第404号）	取消	
31	商业银行、信用社代理乡镇国库业务审批	中国人民银行	无	《国务院对确需保留的行政审批项目设定行政许可的决定》（国务院令第412号）	取消	中国人民银行及其分支行实施的此项审批均取消

（续表）

序号	项目名称	审批部门	其他共同审批部门	设定依据	处理决定	备注
32	研制、仿制、引进、销售、购买和使用印制人民币所特有的防伪材料、防伪技术、防伪工艺和专用设备审批	中国人民银行	无	《中华人民共和国人民币管理条例》（国务院令第280号）	取消	有关事项由中国人民银行指定中国印钞造币总公司独家实施
33	对外提供印制人民币的特殊材料、技术、工艺、专用设备审批	中国人民银行	无	《中华人民共和国人民币管理条例》（国务院令第280号）	取消	有关事项由中国人民银行指定中国印钞造币总公司独家实施
34	扣缴税款登记核准	税务总局	无	《中华人民共和国税收征收管理法实施细则》（国务院令第362号）	取消	各级主管税务机关实施的此项审批均取消
35	房地产开发企业计税成本对象确定核准	税务总局	无	《国家税务总局关于印发〈房地产开发经营业务企业所得税处理办法〉的通知》（国税发〔2009〕31号）	取消	各级主管税务机关实施的此项审批均取消
36	非居民企业股权转让选择特殊性税务处理核准	税务总局	无	《国家税务总局关于加强非居民企业股权转让所得企业所得税管理的通知》（国税函〔2009〕698号）	取消	各级主管税务机关实施的此项审批均取消
37	奥林匹克标志备案核准	工商总局	无	《奥林匹克标志保护条例》（国务院令第345号）	取消	
38	奥林匹克标志使用许可合同备案核准	工商总局	无	《奥林匹克标志保护条例》（国务院令第345号）	取消	
39	世界博览会标志备案核准	工商总局	无	《世界博览会标志保护条例》（国务院令第422号）	取消	
40	出版物总发行单位设立审批	新闻出版广电总局	无	《出版管理条例》（国务院令第343号公布，第594号修订）	取消	
41	从事出版物总发行业务的单位变更《出版物经营许可证》登记事项，或者兼并、合并、分立审批	新闻出版广电总局	无	《出版管理条例》（国务院令第343号公布，第594号修订）	取消	

(续表)

序号	项目名称	审批部门	其他共同审批部门	设定依据	处理决定	备注
42	运动员交流协议批准	体育总局	无	《全国运动员注册与交流管理办法（试行）》（体竞字〔2003〕82号）	取消	
43	经营第一类中的药品类易制毒化学品审批	食品药品监管总局	无	《易制毒化学品管理条例》（国务院令第445号）	下放至省级人民政府食品药品监管部门	
44	蛋白同化制剂、肽类激素进口准许证核发	食品药品监管总局	无	《反兴奋剂条例》（国务院令第398号）	下放至省级人民政府食品药品监管部门	
45	营造林工程监理员职业资格审核	国家林业局	无	《中华人民共和国劳动法》《劳动和社会保障部办公厅关于加强职业技能鉴定质量管理有关工作的通知》（劳社厅发〔2003〕18号）《劳动和社会保障部办公厅关于印发第八批林木种苗工等65个国家职业标准的通知》（劳社厅发〔2004〕1号）	下放至省级人民政府林业主管部门	
46	外资银行营业性机构停业后申请复业审批	银监会	无	《中华人民共和国外资银行管理条例》（国务院令第478号）	取消	
47	外国银行分行动用生息资产审批	银监会	无	《国务院对确需保留的行政审批项目设定行政许可的决定》（国务院令第412号）《中华人民共和国外资银行管理条例实施细则》（银监会令2006年第6号）	取消	
48	外资金融机构由总行或联行转入信贷资产审批	银监会	无	《国务院对确需保留的行政审批项目设定行政许可的决定》（国务院令第412号）	取消	
49	证券公司借入次级债审批	证监会	无	《证券公司监督管理条例》（国务院令第522号）	取消	

十二、其他　683

（续表）

序号	项目名称	审批部门	其他共同审批部门	设定依据	处理决定	备注
50	境外期货业务持证企业年度外汇风险敞口核准	证监会	无	《国务院对确需保留的行政审批项目设定行政许可的决定》（国务院令第412号）	取消	
51	证券公司专项投资审批	证监会	无	《证券公司监督管理条例》（国务院令第522号）	取消	
52	保险公估从业人员资格核准	保监会	无	《国务院对确需保留的行政审批项目设定行政许可的决定》（国务院令第412号）	取消	
53	保险从业人员资格核准	保监会	无	《国务院对确需保留的行政审批项目设定行政许可的决定》（国务院令第412号）《国务院关于第六批取消和调整行政审批项目的决定》（国发〔2012〕52号）	取消	《国务院关于第六批取消和调整行政审批项目的决定》（国发〔2012〕52号）已将此项审批下放至保监会派出机构，此次予以取消
54	国内通用航空企业承担境外通用航空业务审批	中国民航局	无	《国务院关于通用航空管理的暂行规定》（国发〔1986〕2号）	取消	
55	境内航空公司之间、境内航空公司与境外航空公司之间的代号共享等商务合作审批	中国民航局	无	《国务院对确需保留的行政审批项目设定行政许可的决定》（国务院令第412号）	取消	
56	飞行签派员训练机构审批	中国民航局	无	《国务院对确需保留的行政审批项目设定行政许可的决定》（国务院令第412号）	下放至民航地区管理局	
57	民用航空器部件修理人员资格认定	中国民航局	无	《国务院对确需保留的行政审批项目设定行政许可的决定》（国务院令第412号）《国务院关于第六批取消和调整行政审批项目的决定》（国发〔2012〕52号）	取消	《国务院关于第六批取消和调整行政审批项目的决定》（国发〔2012〕52号）已取消此项审批中的部分事项，此次全部取消

（续表）

序号	项目名称	审批部门	其他共同审批部门	设定依据	处理决定	备注
58	国外（境外）民用航空器维修人员资格认定	中国民航局	无	《国务院对确需保留的行政审批项目设定行政许可的决定》（国务院令第412号）	取消	中国民航局及其地区管理局实施的此项审批均取消
59	民用航空器外国驾驶员、领航员、飞行机械员、飞行通信员执照认可	中国民航局	无	《国务院对确需保留的行政审批项目设定行政许可的决定》（国务院令第412号）	下放至民航地区管理局	
60	空勤人员和空中交通管制员体检合格认定	中国民航局	无	《中华人民共和国民用航空法》	下放至民航地区管理局	
61	特殊经济区域区内机构结汇、购付汇核准与外汇登记	国家外汇局	无	《国务院对确需保留的行政审批项目设定行政许可的决定》（国务院令第412号）《国务院关于第六批取消和调整行政审批项目的决定》（国发〔2012〕52号）	取消	原由国家外汇局分支局实施，《国务院关于第六批取消和调整行政审批项目的决定》（国发〔2012〕52号）已取消此项审批中的部分事项，此次全部取消
62	金融机构的外方投资者收益汇出或者购汇汇出核准	国家外汇局	无	《国务院对确需保留的行政审批项目设定行政许可的决定》（国务院令第412号）《国务院关于第六批取消和调整行政审批项目的决定》（国发〔2012〕52号）	取消	原由国家外汇局分支局实施，《国务院关于第六批取消和调整行政审批项目的决定》（国发〔2012〕52号）已取消此项审批中的部分事项，此次全部取消
63	境内机构非贸易购付汇真实性审核	国家外汇局	无	《国务院对确需保留的行政审批项目设定行政许可的决定》（国务院令第412号）	取消	原由国家外汇局分支局实施

十二、其他 685

（续表）

序号	项目名称	审批部门	其他共同审批部门	设定依据	处理决定	备注
64	机构外汇资金境内划转核准	国家外汇局	无	《国务院对确需保留的行政审批项目设定行政许可的决定》（国务院令第412号）《国务院关于第六批取消和调整行政审批项目的决定》（国发〔2012〕52号）	取消	原由国家外汇局分支局实施，《国务院关于第六批取消和调整行政审批项目的决定》（国发〔2012〕52号）已取消此项审批中的部分事项，此次全部取消
65	高等学校设置和调整第二学士学位专业审批	教育部	无	《国务院对确需保留的行政审批项目设定行政许可的决定》（国务院令第412号）	取消	此为"高等学校设置、调整管理权限范围外的本科专业、第二学士学位专业和国家控制的其他专业审批"项目的子项
66	高等教育自学考试专科专业审批	教育部	无	《国务院关于发布〈高等教育自学考试暂行条例〉的通知》（国发〔1988〕15号）	下放至省级人民政府教育行政部门	此为"省级自学考试机构开考高等教育自学考试专业审批"项目的子项
67	医疗使用的I类放射源单位、制备正电子发射计算机断层扫描（PET）用放射性药物（自用）单位的辐射安全许可证核发	环境保护部	无	《放射性同位素与射线装置安全和防护条例》（国务院令第449号）	下放至省级人民政府环境保护主管部门	此为"生产放射性同位素、销售和使用I类放射源和I类射线装置单位许可证核发"项目的子项
68	省际普通货物水路运输许可	交通运输部	无	《国内水路运输管理条例》（国务院令第625号）	下放至省级人民政府交通运输主管部门	此为"国内水路运输、水路运输业务经营审批"项目的子项

（续表）

序号	项目名称	审批部门	其他共同审批部门	设定依据	处理决定	备注
69	有关作业单位防治船舶及其有关作业活动污染海洋环境应急预案审批	交通运输部	无	《防治船舶污染海洋环境管理条例》（国务院令第561号）	取消	此为"船舶所有人、经营人或者管理人以及有关作业单位防治船舶及其有关作业活动污染海洋环境应急预案审批"项目的子项
70	水运工程监理乙级企业资质认定	交通运输部	无	《建设工程质量管理条例》（国务院令第279号）《公路水运工程监理企业资质管理规定》（交通部令2004年第5号）	下放至省级人民政府交通运输主管部门	此2项为"水运工程监理企业资质认定"项目的子项
71	水运机电工程专项监理企业资质认定					
72	向国外申请农业植物新品种权审批	农业部	无	《中华人民共和国植物新品种保护条例》（国务院令第213号公布，第635号修订）	下放至省级人民政府农业主管部门	此为"向国外申请农业植物新品种权及向外国人转让申请权或者品种权审批"项目的子项
73	食用菌菌种进出口审批	农业部	无	《中华人民共和国种子法》《食用菌菌种管理办法》（农业部令2006年第62号）	下放至省级人民政府农业主管部门	此2项为"向境外提供种质资源和进出口农作物种子、草种、食用菌菌种审批"项目的子项
74	草种进出口审批			《中华人民共和国种子法》《草种管理办法》（农业部令2006年第56号）		

（续表）

序号	项目名称	审批部门	其他共同审批部门	设定依据	处理决定	备注
75	中央在京直属企业所属远洋渔业船员注册	农业部	无	《中华人民共和国船员条例》（国务院令第494号）《中华人民共和国海洋渔业船员发证规定》（农业部令2006年第61号）	取消	此3项为"中央在京直属企业所属远洋渔业船舶渔业船员注册、适任证书核发及服务机构、一级培训机构资格认定"项目的子项
76	渔业船员一级培训机构资格认定		无	《中华人民共和国船员条例》（国务院令第494号）	取消	
77	渔业船员服务机构资格认定		无	《中华人民共和国船员条例》（国务院令第494号）	取消	
78	食用菌菌种质量检验机构资格认定	农业部	无	《中华人民共和国种子法》《食用菌菌种管理办法》（农业部令2006年第62号）	下放至省级人民政府农业主管部门	此2项为"农作物种子、草种、食用菌菌种质量检验机构及检验员资格认定"项目的子项
79	草种质量检验机构资格认定		无	《中华人民共和国种子法》《草种管理办法》（农业部令2006年第56号）		
80	特种设备改造单位许可	质检总局	无	《中华人民共和国特种设备安全法》《特种设备安全监察条例》（国务院令第373号公布，第549号修订）	下放至省级人民政府质量技术监督部门	此为"特种设备生产单位许可"项目的子项
81	特种设备安全管理类人员资格认定	质检总局	无	《中华人民共和国特种设备安全法》《特种设备安全监察条例》（国务院令第373号公布，第549号修订）《国务院对确需保留的行政审批项目设定行政许可的决定》（国务院令第412号）	下放至省级人民政府质量技术监督部门	此2项为"特种设备安全管理人员、检验、检测人员和作业人员（限于氧舱维护管理人员、客运索道作业人员、大型游乐设施管理安装人员）资格认定"项目的子项
82	特种设备安全操作类作业人员资格认定		无			

国家税务总局关于贯彻落实《国务院关于取消和下放一批行政审批项目的决定》的通知

税总发〔2014〕6号

各省、自治区、直辖市和计划单列市国家税务局、地方税务局,局内各单位:

2013年11月8日,国务院发布了《国务院关于取消和下放一批行政审批项目的决定》(国发〔2013〕44号,以下简称《决定》),公布取消和下放7项税务行政审批项目。

各单位要认真贯彻落实《决定》,做好取消下放税务行政审批项目的落实和衔接工作,加快制定后续管理办法,做到放管结合,对无需出台后续管理办法的项目,要加强指导、跟踪管理,保证基层税务机关和纳税人准确适用。要对取消和下放税务行政审批项目的落实情况开展督促检查,防止变相审批和明放暗不放。要继续推进行政审批制度改革,公开税务行政审批目录清单,继续推行审批事项办税服务厅集中受理、内部流转、限时办结,大力推进网上审批,推行"阳光"审批,加强对行政审批权的监督,努力营造统一有序、公平竞争的税收环境,不断提高税务管理科学化、法治化水平。

附件:国务院决定取消和下放管理层级的行政审批项目目录(涉税7项)

国家税务总局
2014年1月13日

附件

国务院决定取消和下放管理层级的行政审批项目目录(涉税7项)

序号	项目名称	审批部门	其他共同审批部门	设定依据	处理决定	备注
1	城镇土地使用税困难减免审批	税务总局	无	《中华人民共和国城镇土地使用税暂行条例》(国务院令第17号)	下放至省级及以下税务机关	

(续表)

序号	项目名称	审批部门	其他共同审批部门	设定依据	处理决定	备注
2	境外注册的中资控股企业依据实际管理机构标准判定为中国居民企业审批	税务总局	无	《国家税务总局关于境外注册中资控股企业依据实际管理机构标准认定为居民企业有关问题的通知》(国税发〔2009〕82号)	下放至省级及以下税务机关	
3	企业因国务院决定事项形成的资产损失税前扣除审批	税务总局	无	《国家税务总局关于发布〈企业资产损失所得税税前扣除管理办法〉的公告》(国家税务总局2011年第25号)	取消	
4	资源综合利用产品增值税优惠政策中资源综合利用数据核准	税务总局	无	《财政部 国家税务总局关于调整完善资源综合利用产品及劳务增值税政策的通知》(财税〔2011〕115号)	取消	原由各级主管税务机关实施
5	营业税差额纳税试点物流企业确认	税务总局	国家发展改革委	《国家税务总局关于试点物流企业有关税收政策问题的通知》(国税发〔2005〕208号)	取消	
6	可用于调和为汽油、柴油的石脑油、溶剂油计划及调整计划核准	税务总局	无	《国家税务总局关于印发〈汽油、柴油消费税管理办法(试行)〉的通知》(国税发〔2005〕133号)	取消	
7	对办理税务登记(开业、变更、验证和换证)核准	税务总局	无	《中华人民共和国税收征收管理法》《中华人民共和国税收征收管理法实施细则》(国务院令第362号)	取消	原由各级主管税务机关实施

全国人大常委会关于修改《中华人民共和国海洋环境保护法》等七部法律的决定

中华人民共和国主席令第8号

《全国人民代表大会常务委员会关于修改〈中华人民共和国海洋环境保护法〉等七部法律的决定》已由中华人民共和国第十二届全国人民代表大会常务委员会第六次会议于2013年12月28日通过，现予公布。

《全国人民代表大会常务委员会关于修改〈中华人民共和国海洋环境保护法〉等七部法律的决定》对《中华人民共和国海洋环境保护法》、《中华人民共和国药品管理法》、《中华人民共和国计量法》、《中华人民共和国渔业法》、《中华人民共和国海关法》、《中华人民共和国烟草专卖法》所作的修改，自公布之日起施行；对《中华人民共和国公司法》所作的修改，自 2014 年 3 月 1 日起施行。

中华人民共和国主席　习近平
2013 年 12 月 28 日

第十二届全国人民代表大会常务委员会第六次会议决定：

一、对《中华人民共和国海洋环境保护法》作出修改

（一）将第四十三条修改为："海岸工程建设项目的单位，必须在建设项目可行性研究阶段，对海洋环境进行科学调查，根据自然条件和社会条件，合理选址，编报环境影响报告书。环境影响报告书报环境保护行政主管部门审查批准。

"环境保护行政主管部门在批准环境影响报告书之前，必须征求海洋、海事、渔业行政主管部门和军队环境保护部门的意见。"

（二）将第五十四条修改为："勘探开发海洋石油，必须按有关规定编制溢油应急计划，报国家海洋行政主管部门的海区派出机构备案。"

（三）删去第八十条中的"审核和"。

二、对《中华人民共和国药品管理法》作出修改

将第十三条修改为："经省、自治区、直辖市人民政府药品监督管理部门批准，药品生产企业可以接受委托生产药品。"

三、对《中华人民共和国计量法》作出修改

（一）删去第十条第二款中的"并向国务院计量行政部门备案"。

（二）将第十四条中的"国务院计量行政部门"修改为"省、自治区、直辖市人民政府计量行政部门"。

四、对《中华人民共和国渔业法》作出修改

将第二十三条第二款修改为："到中华人民共和国与有关国家缔结的协定确定的共同管理的渔区或者公海从事捕捞作业的捕捞许可证，由国务院渔业行政主管部门批准发放。海洋大型拖网、围网作业的捕捞许可证，由省、自治区、直辖市人民政府渔业行政主管部门批准发放。其他作业的捕捞许可证，由县级以上地方人民政府渔业行政主管部门批准发放；但是，批准发放海洋作业的捕捞许可证不得超过国家下达的船网工具控制指标，具体办法由省、自治区、直辖市人民政府规定。"

五、对《中华人民共和国海关法》作出修改

（一）将第十一条第一款修改为："进出口货物收发货人、报关企业办理报关手续，必须依法经海关注册登记。未依法经海关注册登记，不得从事报关业务。"

（二）将第二十条第一款修改为："进出境船舶和航空器兼营境内客、货运输，应当符合海关监管要求。"

（三）将第二十六条修改为："海关接受申报后，报关单证及其内容不得修改或者撤销，但符合海关规定情形的除外。"

（四）将第八十六条第八项修改为："（八）进出境运输工具，不符合海关监管要求或者未向海关办理手续，擅自兼营或者改营境内运输的"。

（五）删去第八十八条中的"和未取得报关从业资格"。

（六）将第八十九条修改为："报关企业非法代理他人报关或者超出其业务范围进行报关活动的，由海关责令改正，处以罚款；情节严重的，撤销其报关注册登记。

"报关人员非法代理他人报关或者超出其业务范围进行报关活动的，由海关责令改正，处以罚款。"

（七）将第九十条修改为："进出口货物收发货人、报关企业向海关工作人员行贿的，由海关撤销其报关注册登记，并处以罚款；构成犯罪的，依法追究刑事责任，并不得重新注册登记为报关企业。

"报关人员向海关工作人员行贿的，处以罚款；构成犯罪的，依法追究刑事责任。"

六、对《中华人民共和国烟草专卖法》作出修改

删去第八条中的"经全国或者省级烟草品种审定委员会审定批准后"。

七、对《中华人民共和国公司法》作出修改

（一）删去第七条第二款中的"实收资本"。

（二）将第二十三条第二项修改为："（二）有符合公司章程规定的全体股东认缴的出资额"。

（三）将第二十六条修改为："有限责任公司的注册资本为在公司登记机关登记的全体股东认缴的出资额。

"法律、行政法规以及国务院决定对有限责任公司注册资本实缴、注册资本最低限额另有规定的，从其规定。"

（四）删去第二十七条第三款。

（五）删去第二十九条。

（六）将第三十条改为第二十九条，修改为："股东认足公司章程规定的出资后，由全体股东指定的代表或者共同委托的代理人向公司登记机关报送公司登记申请书、公司章程等文件，申请设立登记。"

（七）删去第三十三条第三款中的"及其出资额"。

（八）删去第五十九条第一款。

（九）将第七十七条改为第七十六条，并将第二项修改为："（二）有符合公司章程规定的全体发起人认购的股本总额或者募集的实收股本总额"。

（十）将第八十一条改为第八十条，并将第一款修改为："股份有限公司采取发起设立方式设立的，注册资本为在公司登记机关登记的全体发起人认购的股本总额。在发起人认购的股份缴足前，不得向他人募集股份。"

第三款修改为："法律、行政法规以及国务院决定对股份有限公司注册资本实缴、注册资本最低限额另有规定的，从其规定。"

（十一）将第八十四条改为第八十三条，并将第一款修改为："以发起设立方式设立股份有限公司的，发起人应当书面认足公司章程规定其认购的股份，并按照公司章程规定缴纳出资。以非货币财产出资的，应当依法办理其财产权的转移手续。"

第三款修改为："发起人认足公司章程规定的出资后，应当选举董事会和监事会，由董事会向公司登记机关报送公司章程以及法律、行政法规规定的其他文件，申请设立登记。"

（十二）删去第一百七十八条第三款。

此外，对条文顺序作相应调整。

本决定对《中华人民共和国海洋环境保护法》、《中华人民共和国药品管理法》、《中华人民共和国计量法》、《中华人民共和国渔业法》、《中华人民共和国海关法》、《中华人民共和国烟草专卖法》所作的修改，自公布之日起施行；对《中华人民共和国公司法》所作的修改，自2014年3月1日起施行。

《中华人民共和国海洋环境保护法》、《中华人民共和国药品管理法》、《中华人民共和国计量法》、《中华人民共和国渔业法》、《中华人民共和国海关法》、《中华人民共和国烟草专卖法》、《中华人民共和国公司法》根据本决定作相应修改，重新公布。

关于废止和修改部分规章规范性文件的决定

中华人民共和国国家发展和改革委员会令第5号

根据《全国人大常委会关于修改〈中华人民共和国文物保护法〉等十二部法律的决定（2013）》（主席令第5号）和《国务院关于废止和修改部分行政法规的决定》（国务院令第588号）、《国务院关于取消和下放一批行政审批项目等事项的决定》（国发〔2013〕19号），经商国务院相关部门同意，现决定：

一、对1件规范性文件予以废止。（附件1）

二、对2件规章、2件规范性文件的部分条款予以修改。（附件2）

附件：
1. 决定废止的规范性文件（略——编者注）
2. 决定修改的规章和规范性文件（略——编者注）

主任　徐绍史
2013 年 12 月 16 日

国务院关于修改部分行政法规的决定

中华人民共和国国务院令第 645 号

《国务院关于修改部分行政法规的决定》已经 2013 年 12 月 4 日国务院第 32 次常务会议通过，现予公布，自公布之日起施行。

总理　李克强
2013 年 12 月 7 日

为了依法推进行政审批制度改革和政府职能转变，发挥好地方政府贴近基层的优势，促进和保障政府管理由事前审批更多地转为事中事后监管，进一步激发市场、社会的创造活力，根据 2013 年 7 月 13 日国务院公布的《国务院关于取消和下放 50 项行政审批项目等事项的决定》和 2013 年 11 月 8 日国务院公布的《国务院关于取消和下放一批行政审批项目的决定》，国务院对取消和下放的 125 项行政审批项目涉及的行政法规进行了清理。经过清理，国务院决定：对 16 部行政法规的部分条款予以修改。

一、将《中华人民共和国城镇土地使用税暂行条例》第七条中的"由省、自治区、直辖市税务机关审核后，报国家税务局批准"修改为"由县以上地方税务机关批准"。

二、删去《外国商会管理暂行规定》第七条。

第九条改为第七条，修改为："成立外国商会，应当向中华人民共和国民政部（以下称登记管理机关）提出书面申请，依法办理登记。登记管理机关应当自收到本规定第八条规定的全部文件之日起 60 日内作出是否准予登记的决定，准予登记的，签发登记证书；不予登记的，书面说明理由。外国商会经核准登记并签发登记证书，即为成立。"

第十一条改为第十条，修改为："外国商会应当于每年 1 月向登记管理机关提交上一年度的活动情况报告。

"中国国际贸易促进委员会应当为外国商会设立、开展活动和联系中国有关主管机关提供咨询和服务。"

第十二条改为第十一条，修改为："外国商会需要修改其章程，更换会长、副会长以及常务干事或者改变办公地址时，应当依照本规定第七条、第八条规定的程序办理变更登记。"

第十四条改为第十三条，并删去第一款中的"并报审查机关备案"。

三、将《中华人民共和国水生野生动物保护实施条例》第十六条修改为："外国人在中国境内进行有关水生野生动物科学考察、标本采集、拍摄电影、录像等活动的，必须经国家重点保护的水生野生动物所在地的省、自治区、直辖市人民政府渔业行政主管部门批准。"

四、将《食盐专营办法》第五条第二款修改为："食盐定点生产企业由省、自治区、直辖市人民政府盐业主管机构审批。"

第六条中的"国务院盐业主管机构"修改为"省、自治区、直辖市人民政府盐业主管机构"。

删去第十八条第一款中的"国务院盐业主管机构或者其授权的"。

五、将《广播电视管理条例》第十三条第一款修改为："广播电台、电视台变更台名、台标、节目设置范围或者节目套数的，应当经国务院广播电视行政部门批准。但是，县级、设区的市级人民政府广播电视行政部门设立的广播电台、电视台变更台标的，应当经所在地省、自治区、直辖市人民政府广播电视行政部门批准。"

第四十五条修改为："举办国际性广播电视节目交流、交易活动，应当经国务院广播电视行政部门批准，并由指定的单位承办。举办国内区域性广播电视节目交流、交易活动，应当经举办地的省、自治区、直辖市人民政府广播电视行政部门批准，并由指定的单位承办。"

六、删去《饲料和饲料添加剂管理条例》第十五条第一款；第二款改为第一款，并将其中的"申请设立其他饲料生产企业"修改为"申请设立饲料、饲料添加剂生产企业"。

删去第十六条中的"国务院农业行政主管部门核发的"。

七、将《音像制品管理条例》第二十一条第一款修改为："申请设立音像复制单位，由所在地省、自治区、直辖市人民政府出版行政主管部门审批。省、自治区、直辖市人民政府出版行政主管部门应当自受理申请之日起20日内作出批准或者不批准的决定，并通知申请人。批准的，发给《复制经营许可证》，由申请人持《复制经营许可证》到工商行政管理部门登记，依法领取营业执照；不批准的，应当说明理由。"

八、将《中华人民共和国文物保护法实施条例》第二十七条修改为："从事考古发掘的单位提交考古发掘报告后，经省、自治区、直辖市人民政府文物行政主管部门批准，可以保留少量出土文物作为科研标本，并应当于提交发掘报告之日起6个月内将其他出土文物移交给由省、自治区、直辖市人民政府文物行政主管部门指定的国有的博物馆、图书馆或者其他国有文物收藏单位收藏。"

第三十五条修改为："为制作出版物、音像制品等拍摄馆藏三级文物的，应当报设区的市级人民政府文物行政主管部门批准；拍摄馆藏一级文物和馆藏二级文物的，应当报省、自治区、直辖市人民政府文物行政主管部门批准。"

第四十条修改为："设立文物商店，应当向省、自治区、直辖市人民政府文物行政主管部门提出申请。省、自治区、直辖市人民政府文物行政主管部门应当自收到申请之日起30个工作日内作出批准或者不批准的决定。决定批准的，发给批准文件；决定不批准的，应当书面通知当事人并说明理由。"

九、将《中华人民共和国进出口关税条例》第三十九条中的"经海关总署批准"修改为"经海关批准"。

十、删去《危险废物经营许可证管理办法》第七条第二款；第五款改为第四款，并删去其中的"第四款"。

十一、将《著作权集体管理条例》第十五条修改为："著作权集体管理组织修改章程，应当依法经国务院民政部门核准后，由国务院著作权管理部门予以公告。"

十二、将《麻醉药品和精神药品管理条例》第二十六条第一款中的"国务院药品监督管理部门批准"修改为"企业所在地省、自治区、直辖市人民政府药品监督管理部门批准。审批情况由负责审批的药品监督管理部门在批准后5日内通报医疗机构所在地省、自治区、直辖市人民政府药品监督管理部门"。

十三、删去《大中型水利水电工程建设征地补偿和移民安置条例》第五十一条第二款。

十四、将《中华人民共和国船员条例》第十三条中的"签发相应的批准文书"修改为"出具相应的证明文件"。

第七十条修改为："引航员的培训和任职资格依照本条例有关船员培训和任职资格的规定执行。具体办法由国务院交通主管部门制订。"

十五、删去《防治船舶污染海洋环境管理条例》第十三条第一款中的"并通过海事管理机构的专项验收"。

第二十四条第二款中的"由国家海事管理机构认定的评估机构"修改为"委托有关技术机构"。

删去第四十七条。

十六、将《危险化学品安全管理条例》第六条第五项中的"铁路主管部门负责危险化学品铁路运输的安全管理，负责危险化学品铁路运输承运人、托运人的资质审批及其运输工具的安全管理"修改为"铁路监管部门负责危险化学品铁路运输及其运输工具的安全管理"。

第五十三条第二款中的"应当经国家海事管理机构认定的机构进行评估"修改为"货物所有人或者代理人应当委托相关技术机构进行评估"。

此外，对相关行政法规的条文顺序作了相应调整。

本决定自公布之日起施行。

征信机构管理办法

中国人民银行令〔2013〕第1号

根据《中华人民共和国中国人民银行法》、《征信业管理条例》等法律法规，中国人民银行制定了《征信机构管理办法》，经 2013 年 9 月 18 日第 14 次行长办公会议通过，现予发布，自 2013 年 12 月 20 日起施行。

行长：周小川
2013 年 11 月 15 日

征信机构管理办法

第一章 总 则

第一条 为加强对征信机构的监督管理，促进征信业健康发展，根据《中华人民共和国中国人民银行法》、《中华人民共和国公司法》、《征信业管理条例》等法律法规，制定本办法。

第二条 本办法所称征信机构，是指依法设立、主要经营征信业务的机构。

第三条 中国人民银行依法履行对征信机构的监督管理职责。中国人民银行分支机构在总行的授权范围内，履行对辖区内征信机构的监督管理职责。

第四条 征信机构应当遵守法律、行政法规和中国人民银行的规定，诚信经营，不得损害国家利益、社会公共利益，不得侵犯他人合法权益。

第二章 机构的设立、变更与终止

第五条 设立个人征信机构应当经中国人民银行批准。

第六条 设立个人征信机构，除应当符合《征信业管理条例》第六条规定外，还应当具备以下条件：

（一）有健全的组织机构；

（二）有完善的业务操作、信息安全管理、合规性管理等内控制度；

（三）个人信用信息系统符合国家信息安全保护等级二级或二级以上标准。

《征信业管理条例》第六条第一项所称主要股东是指出资额占公司资本总额 5% 以上或者持股占公司股份 5% 以上的股东。

第七条 申请设立个人征信机构，应当向中国人民银行提交下列材料：

（一）个人征信机构设立申请表；

（二）征信业务可行性研究报告，包括发展规划、经营策略等；

（三）公司章程；

（四）股东关联关系和实际控制人说明；

（五）主要股东最近 3 年无重大违法违规行为的声明以及主要股东的信用报告；

（六）拟任董事、监事和高级管理人员任职资格证明；

（七）组织机构设置以及人员基本构成说明；

（八）已经建立的内控制度，包括业务操作、安全管理、合规性管理等；

（九）具有国家信息安全等级保护测评资质的机构出具的个人信用信息系统安全测评报告，关于信息安全保障措施的说明和相关安全保障制度；

（十）营业场所所有权或者使用权证明文件；

（十一）工商行政管理部门出具的企业名称预先核准通知书复印件。

中国人民银行可以通过实地调查、面谈等方式对申请材料进行核实。

第八条 中国人民银行在受理个人征信机构设立申请后公示申请人的下列事项：

（一）拟设立征信机构的名称、营业场所、业务范围；

（二）拟设立征信机构的资本；

（三）拟设立征信机构的主要股东名单及其出资额或者所持股份；

（四）拟任征信机构的董事、监事和高级管理人员名单。

第九条 中国人民银行自受理个人征信机构设立申请之日起 60 日内对申请事项进行审查，并根据有利于征信业公平竞争和健康发展的审慎性原则作出批准或者不予批准的决定。决定批准的，依法颁发个人征信业务经营许可证；决定不予批准的，应当作出书面决定。

第十条 经批准设立的个人征信机构，凭个人征信业务经营许可证向公司登记机关办理登记，领取营业执照；个人征信机构应当自公司登记机关准予登记之日起 20 日内，向中国人民银行提交营业执照复印件。

第十一条 个人征信机构拟合并或者分立的，应当向中国人民银行提出申请，说明申请和理由，并提交相关证明材料。

中国人民银行自受理申请之日起 20 日内，作出批准或者不予批准的书面决定。

第十二条 个人征信机构拟变更资本、主要股东的，应当向中国人民银行提出申请，说明变更事项和变更理由，并提交相关证明材料。

中国人民银行自受理申请之日起 20 日内，作出批准或者不予批准的书面决定。

第十三条 个人征信机构拟设立分支机构的，应当符合以下条件：

（一）对拟设立分支机构的可行性已经进行充分论证；

（二）最近 3 年无受到重大行政处罚的记录。

第十四条 个人征信机构申请设立分支机构，应当向中国人民银行提交下列材料：

（一）个人征信机构分支机构设立申请表；

（二）个人征信机构上一年度经审计的财务会计报告；

（三）设立分支机构的可行性论证报告，包括拟设立分支机构的 3 年业务发展规划、市场分析和经营方针等；

（四）针对设立分支机构所作出的内控制度安排和风险防范措施；

（五）个人征信机构最近 3 年未受重大行政处罚的声明；

（六）拟任职的分支机构高级管理人员履历材料。

中国人民银行自受理申请之日起 20 日内，作出批准或者不予批准的书面决定。

第十五条 个人征信机构变更机构名称、营业场所、法定代表人的，应当向中国人民银行申请变更个人征信业务经营许可证记载事项。

个人征信机构应当在个人征信业务经营许可证记载事项变更后，向公司登记机关申办变更登记，并自公司登记机关准予变更之日起 20 日内，向中国人民银行备案。

第十六条 个人征信业务经营许可证应当在个人征信机构营业场所的显著位置公示。

第十七条 个人征信机构应当妥善保管个人征信业务经营许可证，不得涂改、倒卖、出租、出借、转让。

第十八条 个人征信业务经营许可证有效期为 3 年。有效期届满需要续展的，应当在有效期届满 60 日前向中国人民银行提出申请，换发个人征信业务经营许可证。

有效期届满不再续展的，个人征信机构应当在个人征信业务经营许可证有效期届满 60 日前向中国人民银行报告，并依照本办法第二十条的规定，妥善处理信息数据库，办理个人征信业务经营许可证注销手续；个人征信机构在个人征信业务经营许可证有效期届满 60 日前未提出续展申请的，中国人民银行可以在个人征信业务经营许可证有效期届满之日注销其个人征信业务经营许可证，并依照《征信业管理条例》第十二条的规定处理信息数据库。

第十九条 设立企业征信机构，应当符合《中华人民共和国公司法》规定的公司设立条件，自公司登记机关准予登记之日起 30 日内向所在地的中国人民银行省会（首府）城市中心支行以上分支机构办理备案，并提交下列材料：

（一）企业征信机构备案表；

（二）营业执照复印件；

（三）股权结构说明，包括资本、股东名单及其出资额或者所持股份；

（四）组织机构设置以及人员基本构成说明；

（五）业务范围和业务规则基本情况报告；

（六）业务系统的基本情况，包括企业信用信息系统建设情况报告和具有国家信息安全等级保护测评资质的机构出具的企业信用信息系统安全测评报告；

（七）信息安全和风险防范措施，包括已经建立的内控制度和安全管理制度。

企业征信机构备案事项发生变更的，应当自变更之日起 30 日内向备案机关办理变更备案。

第二十条 个人征信机构因解散或者被依法宣告破产等原因拟终止征信业务的，应当在拟终止之日前 60 日向中国人民银行报告退出方案，并依照《征信业管理条例》第十二条第一款规定处理信息数据库。

个人征信机构终止征信业务的，应当自终止之日起 20 日内，在中国人民银行指定的媒体上公告，并办理个人征信业务经营许可证注销手续，将许可证缴回中国人民银行；逾期不缴回的，中国人民银行应当依法收缴。

第二十一条 企业征信机构因解散或者被依法宣告破产等原因拟终止征信业务的，应当在拟终止之日前 60 日向中国人民银行报告退出方案，并依照《征信业管理条例》第十二条第一款规定处理信息数据库。

第三章 高级任职人员管理

第二十二条 个人征信机构的董事、监事、高级管理人员，应当在任职前取得中国人民银行核准的任职资格。

第二十三条 取得个人征信机构董事、监事和高级管理人员任职资格，应当具备以下条件：

（一）正直诚实，品行良好；

（二）具有大专以上学历；

（三）从事征信工作3年以上或者从事金融、法律、会计、经济工作5年以上；

（四）具有履行职责所需的管理能力；

（五）熟悉与征信业务相关的法律法规和专业知识。

第二十四条 有下列情形之一的，不得担任个人征信机构董事、监事和高级管理人员：

（一）因贪污、贿赂、侵占财产、挪用财产或者破坏社会主义市场经济秩序，被判处刑罚，或者因犯罪被剥夺政治权利，执行期满未逾5年的；

（二）最近3年有重大违法违规记录的。

本办法所称重大违法违规记录，是指除前款第一项所列之外的犯罪记录或者重大行政处罚记录。

第二十五条 个人征信机构向中国人民银行申请核准董事、监事和高级管理人员的任职资格，应当提交下列材料：

（一）董事、监事和高级管理人员任职资格申请表；

（二）拟任职的董事、监事和高级管理人员的个人履历材料；

（三）拟任职的董事、监事和高级管理人员的学历证书复印件；

（四）拟任职的董事、监事和高级管理人员最近3年无重大违法违规记录的声明；

（五）拟任职的董事、监事和高级管理人员的个人信用报告。

个人征信机构应当如实提交前款规定的材料，个人征信机构以及拟任职的董事、监事和高级管理人员应当对材料的真实性、完整性负责。中国人民银行根据需要对材料的真实性进行核实，并对申请任职资格的董事、监事和高级管理人员进行考察或者谈话。

第二十六条 中国人民银行依法对个人征信机构董事、监事和高级管理人员的任职资格进行审查，作出核准或者不予核准的书面决定。

第二十七条 企业征信机构的董事、监事、高级管理人员，应当由任职的征信机构自任命之日起20日内向所在地的中国人民银行省会（首府）城市中心支行以上分支机构备案，并提交下列材料：

（一）董事、监事、高级管理人员备案表；

（二）董事、监事、高级管理人员的个人履历材料；

（三）董事、监事、高级管理人员的学历证书复印件；

（四）董事、监事、高级管理人员的备案材料真实性声明。

企业征信机构的董事、监事、高级管理人员发生变更的，应当自变更之日起20日内向备案机构办理变更备案。

第四章 监督管理

第二十八条 个人征信机构应当在每年第一季度末，向中国人民银行报告上一年度征信业务开展情况。

企业征信机构应当在每年第一季度末,向备案机构报告上一年度征信业务开展情况。

报告内容应当包括信用信息采集、征信产品开发、信用信息服务、异议处理以及信用信息系统建设情况,信息安全保障情况等。

第二十九条 个人征信机构应当按规定向中国人民银行报送征信业务统计报表、财务会计报告、审计报告等资料。

企业征信机构应当按规定向备案机构报送征信业务统计报表、财务会计报告、审计报告等资料。

征信机构应当对报送的报表和资料的真实性、准确性、完整性负责。

第三十条 征信机构应当按照国家信息安全保护等级测评标准,对信用信息系统的安全情况进行测评。

征信机构信用信息系统安全保护等级为二级的,应当每两年进行测评;信用信息系统安全保护等级为三级以及以上的,应当每年进行测评。

个人征信机构应当自具有国家信息安全等级保护测评资质的机构出具测评报告之日起20日内,将测评报告报送中国人民银行,企业征信机构应当将测评报告报送备案机构。

第三十一条 征信机构有下列情形之一的,中国人民银行及其分支机构可以将其列为重点监管对象:

(一)上一年度发生严重违法违规行为的;

(二)出现可能发生信息泄露征兆的;

(三)出现财务状况异常或者严重亏损的;

(四)被大量投诉的;

(五)未按本办法第二十八条、第二十九条、第三十条规定报送相关材料的;

(六)中国人民银行认为需要重点监管的其他情形。

征信机构被列为重点监管对象的,中国人民银行及其分支机构可以酌情缩短征信机构报告征信业务开展情况、进行信用信息系统安全情况测评的周期,并采取相应的监管措施,督促征信机构整改。

整改后第一款中所列情形消除的,中国人民银行及其分支机构可不再将其列为重点监管对象。

第三十二条 中国人民银行及其分支机构可以根据监管需要,约谈征信机构董事、监事和高级管理人员,要求其就征信业务经营、风险控制、内部管理等有关重大事项作出说明。

第五章 罚 则

第三十三条 申请设立个人征信机构的申请人隐瞒有关情况或者提供虚假材料的,中国人民银行依照《中华人民共和国行政许可法》的相关规定进行处罚。

第三十四条 个人征信机构的个人信用信息系统未达到国家信息安全保护等级二级或者二级以上要求的,中国人民银行可以责令整顿;情节严重或者拒不整顿的,中国人民银行依照《征信业管理条例》第三十八条的规定,吊销其个人征信业务经营许可证。

第三十五条 申请个人征信机构的董事、监事、高级管理人员任职资格的申请人隐瞒有关情况或者提供虚假材料的，中国人民银行不予受理或者不予核准其任职资格，并给予警告；已经核准的，取消其任职资格。

禁止上述申请人 3 年内再次申请任职资格。

第三十六条 个人征信机构任命未取得任职资格董事、监事、高级管理人员的，由中国人民银行责令改正并给予警告；情节严重的，处 1 万元以上 3 万元以下罚款。

企业征信机构任命董事、监事、高级管理人员未及时备案或者变更备案，以及在备案中提供虚假材料的，由中国人民银行分支机构责令改正并给予警告；情节严重的，处 1 万元以上 3 万元以下罚款。

第三十七条 征信机构违反本办法第二十九条、第三十条规定的，由中国人民银行及其分支机构责令改正；情节严重的，处 1 万元以上 3 万元以下罚款；涉嫌犯罪的，依法移交司法机关追究其刑事责任。

第六章 附 则

第三十八条 本办法由中国人民银行负责解释。

第三十九条 本办法自 2013 年 12 月 20 日起施行。

国务院关于修改《国际收支统计申报办法》的决定

中华人民共和国国务院令第 642 号

现公布《国务院关于修改〈国际收支统计申报办法〉的决定》，自 2014 年 1 月 1 日起施行。

总理 李克强
2013 年 11 月 9 日

国务院决定对《国际收支统计申报办法》作如下修改：

一、第二条修改为："国际收支统计申报范围为中国居民与非中国居民之间发生的一切经济交易以及中国居民对外金融资产、负债状况。"

二、第七条修改为："中国居民和在中国境内发生经济交易的非中国居民应当按照规定及时、准确、完整地申报国际收支信息。"

三、第九条、第十条合并，作为第九条，修改为："中国境内提供登记结算、托管等服务的机构和自营或者代理客户进行对外证券、期货、期权等交易的交易商，应当向国家外汇管理局或其分支局申报对外交易及相应的收支和分红派息情况。"

四、第十一条改为第十条，修改为："中国境内各类金融机构应当直接向国家外汇管理局或其分支局申报其自营对外业务情况，包括其对外金融资产、负债及其变动情况，相应的利润、利息收支情况，以及对外金融服务收支和其他收支情况；并履行与中国居民和非中国居民通过其进行国际收支统计申报活动有关的义务。"

五、第十三条改为第十二条，修改为："中国境内的外商投资企业、在境外有直接投资的企业及其他有对外金融资产、负债的非金融机构，必须直接向国家外汇管理局或其分支局申报其对外金融资产、负债及其变动情况和相应的利润、股息、利息收支情况。"

六、增加一条，作为第十三条："拥有对外金融资产、负债的中国居民个人，应当按照国家外汇管理局的规定申报其对外金融资产、负债的有关情况。"

七、第十五条修改为："国家外汇管理局或其分支局有权对中国居民和非中国居民申报的内容进行检查、核对，申报人及有关机构和个人应当提供检查、核对所需的资料和便利。"

八、第十六条增加一款，作为第二款："银行、交易商以及提供登记结算、托管等服务的机构应当对其在办理业务过程中知悉的申报者申报的具体数据严格保密。"

九、第十七条、第十八条合并，作为第十七条，修改为："中国居民、非中国居民未按照规定进行国际收支统计申报的，由国家外汇管理局或其分支局依照《中华人民共和国外汇管理条例》第四十八条的规定给予处罚。"

十、第十九条改为第十八条，修改为："国际收支统计人员违反本办法第十六条规定的，依法给予处分。

"国家外汇管理局或其分支局，银行、交易商以及提供登记结算、托管等服务的机构违反本办法第十六条规定的，依法追究法律责任。"

此外，对条文顺序和个别文字作相应调整和修改。

本决定自 2014 年 1 月 1 日起施行。

《国际收支统计申报办法》根据本决定作相应修改，重新公布。

国际收支统计申报办法

第一条 为完善国际收支统计，根据《中华人民共和国统计法》，制定本办法。

第二条 国际收支统计申报范围为中国居民与非中国居民之间发生的一切经济交易以及中国居民对外金融资产、负债状况。

第三条 本办法所称中国居民，是指：

（一）在中国境内居留 1 年以上的自然人，外国及香港、澳门、台湾地区在境内的留学生、就医人员、外国驻华使馆领馆外籍工作人员及其家属除外；

（二）中国短期出国人员（在境外居留时间不满 1 年）、在境外留学人员、就医人员及中国驻外使馆领馆工作人员及其家属；

（三）在中国境内依法成立的企业事业法人（含外商投资企业及外资金融机构）及境外

法人的驻华机构（不含国际组织驻华机构、外国驻华使馆领馆）；

（四）中国国家机关（含中国驻外使馆领馆）、团体、部队。

第四条 本办法适用于中国境内所有地区，包括在中国境内设立的保税区和保税仓库等。

第五条 国家外汇管理局按照《中华人民共和国统计法》规定的程序，负责组织实施国际收支统计申报，并进行监督、检查；统计、汇总并公布国际收支状况和国际投资状况；制定、修改本办法的实施细则；制发国际收支统计申报单及报表。政府有关部门应当协助国际收支统计申报工作。

第六条 国际收支统计申报实行交易主体申报的原则，采取间接申报与直接申报、逐笔申报与定期申报相结合的办法。

第七条 中国居民和在中国境内发生经济交易的非中国居民应当按照规定及时、准确、完整地申报国际收支信息。

第八条 中国居民通过境内金融机构与非中国居民进行交易的，应当通过该金融机构向国家外汇管理局或其分支局申报交易内容。

第九条 中国境内提供登记结算、托管等服务的机构和自营或者代理客户进行对外证券、期货、期权等交易的交易商，应当向国家外汇管理局或其分支局申报对外交易及相应的收支和分红派息情况。

第十条 中国境内各类金融机构应当直接向国家外汇管理局或其分支局申报其自营对外业务情况，包括其对外金融资产、负债及其变动情况，相应的利润、利息收支情况，以及对外金融服务收支和其他收支情况；并履行与中国居民和非中国居民通过其进行国际收支统计申报活动有关的义务。

第十一条 在中国境外开立账户的中国非金融机构，应当直接向国家外汇管理局或其分支局申报其通过境外账户与非中国居民发生的交易及账户余额。

第十二条 中国境内的外商投资企业、在境外有直接投资的企业及其他有对外金融资产、负债的非金融机构，必须直接向国家外汇管理局或其分支局申报其对外金融资产、负债及其变动情况和相应的利润、股息、利息收支情况。

第十三条 拥有对外金融资产、负债的中国居民个人，应当按照国家外汇管理局的规定申报其对外金融资产、负债的有关情况。

第十四条 国家外汇管理局或其分支局可以就国际收支情况进行抽样调查或者普查。

第十五条 国家外汇管理局或其分支局有权对中国居民和非中国居民申报的内容进行检查、核对，申报人及有关机构和个人应当提供检查、核对所需的资料和便利。

第十六条 国家外汇管理局及其分支局应当对申报者申报的具体数据严格保密，只将其用于国际收支统计。除法律另有规定外，国际收支统计人员不得以任何形式向任何机构和个人提供申报者申报的具体数据。

银行、交易商以及提供登记结算、托管等服务的机构应当对其在办理业务过程中知悉的申报者申报的具体数据严格保密。

第十七条 中国居民、非中国居民未按照规定进行国际收支统计申报的，由国家外汇管理局或其分支局依照《中华人民共和国外汇管理条例》第四十八条的规定给予处罚。

第十八条 国际收支统计人员违反本办法第十六条规定的，依法给予处分。

国家外汇管理局或其分支局，银行、交易商以及提供登记结算、托管等服务的机构违反本办法第十六条规定的，依法追究法律责任。

第十九条 国家外汇管理局根据本办法制定《国际收支统计申报办法实施细则》。

第二十条 本办法自1996年1月1日起施行。

国务院关于取消和下放一批行政审批项目的决定

国发〔2013〕44号

各省、自治区、直辖市人民政府，国务院各部委、各直属机构：

经研究论证，国务院决定，再取消和下放68项行政审批项目（其中有2项属于保密项目，按规定另行通知）。另建议取消和下放7项依据有关法律设立的行政审批项目，国务院将依照法定程序提请全国人民代表大会常务委员会修订相关法律规定。《国务院关于取消和下放一批行政审批项目等事项的决定》（国发〔2013〕19号）中提出的涉及法律的16项行政审批项目，国务院已按照法定程序提请全国人民代表大会常务委员会修改了相关法律，现一并予以公布。

各地区、各部门要抓紧做好取消和下放管理层级行政审批项目的落实和衔接工作，加快配套改革和相关制度建设，在有序推进"放"的同时，加强后续监管，切实做到放、管结合。要按照深化行政体制改革、加快转变政府职能的要求，继续坚定不移推进行政审批制度改革，清理行政审批项目，加大简政放权力度。要健全监督制约机制，加强对行政审批权运行的监督，依法及时公开项目核准和行政审批信息，努力营造公平竞争、打破分割、优胜劣汰的市场环境，不断提高政府管理科学化、规范化水平。

附件：国务院决定取消和下放管理层级的行政审批项目目录（共计82项）

国务院
2013年11月8日

附件

国务院决定取消和下放管理层级的行政审批项目目录
（共计82项）

序号	项目名称	审批部门	其他共同审批部门	设定依据	处理决定	备注
1	地方粮库划转中央直属粮食储备库（站）审批	国家发展改革委	国家粮食局	《国务院办公厅关于保留部分非行政许可审批项目的通知》（国办发〔2004〕62号）《国务院关于第六批取消和调整行政审批项目的决定》（国发〔2012〕52号）	取消	
2	煤炭生产许可证核发	国家发展改革委或地方人民政府煤炭管理部门	无	《中华人民共和国煤炭法》	取消	
3	设立煤炭经营企业审批	国家发展改革委或省级人民政府指定的部门	无	《中华人民共和国煤炭法》	取消	
4	国际金融组织贷款和外国政府贷款项目国际招标国内中标机电设备进口零部件免征关税审核	国家发展改革委	财政部	《国务院办公厅关于保留部分非行政许可审批项目的通知》（国办发〔2004〕62号）	取消	
5	省级人民政府自行审批、调整的高等职业学校使用超出规定命名范围的学校名称审批	教育部	无	《国务院办公厅关于国务院授权省、自治区、直辖市人民政府审批设立高等职业学校有关问题的通知》（国办发〔2000〕3号）《国务院对确需保留的行政审批项目设定行政许可的决定》（国务院令第412号）	取消	
6	民办学校聘任校长核准	教育部	无	《中华人民共和国民办教育促进法》	取消	
7	制盐项目核准	工业和信息化部	无	《国务院关于投资体制改革的决定》（国发〔2004〕20号）	取消	

（续表）

序号	项目名称	审批部门	其他共同审批部门	设定依据	处理决定	备注
8	食盐定点生产企业审批	工业和信息化部	无	《食盐专营办法》（国务院令第197号）	下放至省级人民政府盐业行政主管部门	
9	无线广播电视发射设备生产资质审批	工业和信息化部	无	《关于进一步加强无线广播电视发射设备管理的通知》（广发技字〔2002〕585号）	取消	
10	通信建设项目招标代理机构资质认定	工业和信息化部	无	《中华人民共和国招标投标法》《国务院办公厅印发国务院有关部门实施招标投标活动行政监督的职责分工意见的通知》（国办发〔2000〕34号）	取消	
11	法律规定自批准之日起即具有法人资格的社会团体及其设立分支机构、代表机构备案	民政部	无	《社会团体登记管理条例》（国务院令第250号）	取消	
12	中央国有资本经营预算节能减排资金审批	财政部	无	《中央国有资本经营预算节能减排资金管理暂行办法》（财企〔2008〕438号）	取消	
13	会计师事务所设立审批	财政部	无	《中华人民共和国注册会计师法》	下放至省级人民政府财政部门	
14	中介机构从事会计代理记账业务审批	财政部	无	《中华人民共和国会计法》	下放至省级人民政府财政部门	
15	境外会计师事务所来内地临时办理审计业务审批	财政部	无	《中华人民共和国注册会计师法》	下放至省级人民政府财政部门	
16	有突出贡献的中青年科学、技术管理专家审定	人力资源社会保障部	无	《国务院办公厅关于保留部分非行政许可审批项目的通知》（国办发〔2004〕62号）	取消	
17	国家出资从事区域性矿产地质调查的地区申请暂停受理新的探矿权备案核准	国土资源部	无	《国土资源部关于进一步规范探矿权管理有关问题的通知》（国土资发〔2009〕200号）	取消	

(续表)

序号	项目名称	审批部门	其他共同审批部门	设定依据	处理决定	备注
18	整装勘查实施方案审批	国土资源部	无	《国土资源部关于加快推进整装勘查实现找矿重大突破的通知》（国土资发〔2012〕140号）	取消	
19	由国务院环境保护行政主管部门负责的危险废物经营许可	环境保护部	无	《中华人民共和国固体废物污染环境防治法》《危险废物经营许可证管理办法》（国务院令第408号）	下放至省级人民政府环境保护行政主管部门	
20	采用不符合工程建设强制性标准的新技术、新材料核准	住房城乡建设部	无	《建设工程勘察设计管理条例》（国务院令第293号）《"采用不符合工程建设强制性标准的新技术、新工艺、新材料核准"行政许可实施细则》（建标〔2005〕124号）	取消	
21	外商投资道路运输业立项审批	交通运输部	无	《外商投资道路运输业管理规定》（交通部、对外贸易经济合作部令2001年第9号）	下放至省级人民政府交通运输行政主管部门	
22	船员资格临时特免证明签发	交通运输部	无	《中华人民共和国船员条例》（国务院令第494号）	取消	
23	港口、码头、装卸站以及从事船舶修造、打捞、拆解等作业活动的单位防治船舶污染能力专项验收	交通运输部	无	《防治船舶污染海洋环境管理条例》（国务院令第561号）	取消	
24	船舶货物污染危害性评估机构认定	交通运输部	无	《防治船舶污染海洋环境管理条例》（国务院令第561号）	取消	
25	船舶化学品安全运输条件评估机构认定	交通运输部	无	《危险化学品安全管理条例》（国务院令第591号）	取消	
26	船舶污染事故技术鉴定机构认定	交通运输部	无	《防治船舶污染海洋环境管理条例》（国务院令第561号）	取消	
27	引航员注册审批	交通运输部	无	《中华人民共和国船员条例》（国务院令第494号）	取消	
28	大中型水利工程移民安置规划编制和移民安置监督评估专业技术人员资格认定	水利部	无	《大中型水利水电工程建设征地补偿和移民安置条例》（国务院令第471号）	取消	

(续表)

序号	项目名称	审批部门	其他共同审批部门	设定依据	处理决定	备注
29	采集农业主管部门管理的国家一级保护野生植物审批	农业部	无	《中华人民共和国野生植物保护条例》（国务院令第204号）《农业野生植物保护办法》（农业部令2002年第21号）	下放至省级人民政府农业（草原、渔业）行政主管部门	
30	重大动物疫病病料采集审批	农业部	无	《重大动物疫情应急条例》（国务院令第450号）《病原微生物实验室生物安全管理条例》（国务院令第424号）	下放至省级人民政府兽医行政主管部门	
31	设立饲料添加剂、添加剂预混合饲料生产企业审批	农业部	无	《饲料和饲料添加剂管理条例》（国务院令第609号）	下放至省级人民政府饲料管理部门	
32	进入渔业部门管理的国家级自然保护区核心区从事科学研究观测、调查活动审批	农业部	无	《中华人民共和国自然保护区条例》（国务院令第167号）	下放至省级人民政府渔业行政主管部门	
33	执业兽医资格认定	农业部	无	《中华人民共和国动物防疫法》	下放至省级人民政府兽医行政主管部门	
34	钨、锑生产企业出口供货资格审批	商务部	无	《钨品、锑品出口供货企业资格认证暂行办法》（国家经济贸易委员会、对外贸易经济合作部令2001年第21号）	取消	
35	在华外国商会审批	商务部	无	《外国商会管理暂行规定》（国务院令第36号）	取消	
36	援外项目有关事项审批	商务部	无	《国务院办公厅关于保留部分非行政许可审批项目的通知》（国办发〔2004〕62号）	取消	
37	国家边销茶储备库（点）审批	商务部	无	《国务院办公厅关于保留部分非行政许可审批项目的通知》（国办发〔2004〕62号）	取消	

(续表)

序号	项目名称	审批部门	其他共同审批部门	设定依据	处理决定	备注
38	机电产品国际招标机构资格审批	商务部	无	《中华人民共和国招标投标法》《国务院办公厅印发国务院有关部门实施招标投标活动行政监督的职责分工意见的通知》（国办发〔2000〕34号）	取消	
39	美术品进出口经营活动审批	文化部	无	《国务院对确需保留的行政审批项目设定行政许可的决定》（国务院令第412号）	下放至省级人民政府文化行政主管部门	
40	港、澳投资者在内地投资设立合资、合作、独资经营的演出经纪机构审批	文化部	无	《营业性演出管理条例》（国务院令第528号）	下放至省级人民政府文化行政主管部门	
41	港、澳投资者在内地投资设立合资、合作、独资经营的演出场所经营单位审批	文化部	无	《营业性演出管理条例》（国务院令第528号）	下放至省级人民政府文化行政主管部门	
42	台湾地区投资者在内地投资设立合资、合作经营的演出经纪机构审批	文化部	无	《营业性演出管理条例》（国务院令第528号）	下放至省级人民政府文化行政主管部门	
43	台湾地区投资者在内地投资设立合资、合作经营的演出场所经营单位审批	文化部	无	《营业性演出管理条例》（国务院令第528号）	下放至省级人民政府文化行政主管部门	
44	加工贸易备案（变更）、外发加工、深加工结转、余料结转、核销、放弃核准	海关总署	无	《中华人民共和国海关法》《中华人民共和国海关对加工贸易货物监管办法》（海关总署令第113号）《中华人民共和国海关关于加工贸易边角料、剩余料件、残次品、副产品和受灾保税货物的管理办法》（海关总署令第111号）	取消	原由海关总署各直属海关实施
45	进境货物直接退运核准	海关总署	无	《国务院对确需保留的行政审批项目设定行政许可的决定》（国务院令第412号）	取消	原由海关总署各直属海关实施

（续表）

序号	项目名称	审批部门	其他共同审批部门	设定依据	处理决定	备注
46	减征、免征关税及进口环节海关代征税审批	海关总署	无	《中华人民共和国进出口关税条例》（国务院令第392号）	下放至直属海关	
47	减免进口货物滞报金审批	海关总署	无	《国务院办公厅关于保留部分非行政许可审批项目的通知》（国办发〔2004〕62号）	下放至直属海关	
48	关税及进口环节海关代征税延期缴纳审批	海关总署	无	《中华人民共和国进出口关税条例》（国务院令第392号）	下放至直属海关	
49	城镇土地使用税困难减免审批	税务总局	无	《中华人民共和国城镇土地使用税暂行条例》（国务院令第17号）	下放至省级及以下税务机关	
50	境外注册的中资控股企业依据实际管理机构标准判定为中国居民企业审批	税务总局	无	《国家税务总局关于境外注册中资控股企业依据实际管理机构标准认定为居民企业有关问题的通知》（国税发〔2009〕82号）	下放至省级及以下税务机关	
51	企业因国务院决定事项形成的资产损失税前扣除审批	税务总局	无	《国家税务总局关于发布〈企业资产损失所得税税前扣除管理办法〉的公告》（国家税务总局公告2011年第25号）	取消	
52	资源综合利用产品增值税优惠政策中资源综合利用数据核准	税务总局	无	《财政部 国家税务总局关于调整完善资源综合利用产品及劳务增值税政策的通知》（财税〔2011〕115号）	取消	原由各级主管税务机关实施
53	营业税差额纳税试点物流企业确认	税务总局	国家发展改革委	《国家税务总局关于试点物流企业有关税收政策问题的通知》（国税发〔2005〕208号）	取消	
54	可用于调和为汽油、柴油的石脑油、溶剂油计划及调整计划核准	税务总局	无	《国家税务总局关于印发〈汽油、柴油消费税管理办法（试行）〉的通知》（国税发〔2005〕133号）	取消	
55	对办理税务登记（开业、变更、验证和换证）核准	税务总局	无	《中华人民共和国税收征收管理法》《中华人民共和国税收征收管理法实施细则》（国务院令第362号）	取消	原由各级主管税务机关实施

(续表)

序号	项目名称	审批部门	其他共同审批部门	设定依据	处理决定	备注
56	出入境快件运营企业从事报检业务注册登记	出入境检验检疫机构	无	《中华人民共和国进出口商品检验法》《中华人民共和国进出口商品检验法实施条例》（国务院令第447号）	取消	
57	出入境检验检疫代理报检企业注册登记	出入境检验检疫机构	无	《中华人民共和国进出口商品检验法》《中华人民共和国进出口商品检验法实施条例》（国务院令第447号）	取消	
58	人工短轮伐期用材林生长量和工艺成熟具体标准审批	国家林业局	无	《国家林业局关于调整人工用材林采伐管理政策的通知》（林资发〔2002〕191号）	取消	
59	出口非正常来源的陆生野生动物及其产品审批	国家林业局	无	《林业部关于妥善处理非正常来源陆生野生动物及其产品的通知》（林护通字〔1992〕118号）	取消	
60	国家林业局林业科技成果推广计划项目审批	国家林业局	无	《国家林业局林业科技成果推广计划管理办法（试行）》（林科发〔2006〕252号）	取消	
61	进口原木加工锯材出口试点企业备案核准	国家林业局	商务部、海关总署	《进口原木加工锯材出口试点管理办法》（林计发〔2001〕560号）	取消	
62	林木种子检验员考核评定	国家林业局	无	《中华人民共和国种子法》	下放至省级人民政府林业行政主管部门	
63	向国外申请专利专项资金资助中第三方检索机构认定	国家知识产权局	无	《财政部关于印发〈资助向国外申请专利专项资金管理办法〉的通知》（财建〔2012〕147号）	下放至省级及计划单列市人民政府专利管理部门	
64	在华外国人集体进行宗教活动临时地点审批	国家宗教局	无	《国务院对确需保留的行政审批项目设定行政许可的决定》（国务院令第412号）	下放至省级人民政府宗教事务管理部门	

(续表)

序号	项目名称	审批部门	其他共同审批部门	设定依据	处理决定	备注
65	地震安全性评价人员执业资格核准	中国地震局	无	《国务院对确需保留的行政审批项目设定行政许可的决定》（国务院令第412号）	取消	原由中国地震局和省级地震主管机构实施
66	铁路基建大中型项目工程施工、监理、物资采购招标计划审批	国家铁路局	无	《国务院办公厅关于保留部分非行政许可审批项目的通知》（国办发〔2004〕62号）	取消	
67	民用航空运输凭证印刷企业资格认定	中国民航局	无	《国务院对确需保留的行政审批项目设定行政许可的决定》（国务院令第412号）	取消	
68	民用航空器驾驶员Ⅱ、Ⅲ类运行许可	中国民航局	无	《国务院对确需保留的行政审批项目设定行政许可的决定》（国务院令第412号）	取消	原由民航地区管理局实施
69	境外机构和团体拍摄文物（二、三级文物除外）审批	国家文物局	无	《国务院对确需保留的行政审批项目设定行政许可的决定》（国务院令第412号）《国务院关于第六批取消和调整行政审批项目的决定》（国发〔2012〕52号）	取消	
70	考古发掘单位保留少量出土文物留作科研标本许可	国家文物局	无	《中华人民共和国文物保护法》《中华人民共和国文物保护法实施条例》（国务院令第377号）	下放至省级人民政府文物行政主管部门	
71	国家文物局直属文物收藏单位处理不够入藏标准、无保存价值的文物或标本审批	国家文物局	无	《国务院对确需保留的行政审批项目设定行政许可的决定》（国务院令第412号）	取消	
72	由政府出资修缮的非国有全国重点文物保护单位的转让、抵押或者改变用途审批	国家文物局	无	《中华人民共和国文物保护法》	取消	原由各级文物行政主管部门实施
73	粮油质量监督检验机构资质认定	国家粮食局	无	《中华人民共和国产品质量法》《中华人民共和国标准化法实施条例》（国务院令第53号）《粮食流通管理条例》（国务院令第407号）《国务院关于加强食品安全工作的决定》（国发〔2012〕20号）	取消	

(续表)

序号	项目名称	审批部门	其他共同审批部门	设定依据	处理决定	备注
74	基金托管部门高级管理人员选任或改任审核	证监会	无	《中华人民共和国证券投资基金法》	取消	
75	基金份额持有人大会决定事项核准	证监会	无	《中华人民共和国证券投资基金法》	取消	
76	全国性社会团体分支机构、代表机构设立登记	民政部	无	《社会团体登记管理条例》（国务院令第250号）	取消	此3项为"全国性社会团体及其分支机构、代表机构（成立）设立、变更、注销登记及修改章程核准"的子项
77	全国性社会团体分支机构、代表机构变更登记	民政部	无		取消	
78	全国性社会团体分支机构、代表机构注销登记	民政部	无		取消	
79	农作物种子检验员资格考核评定	农业部	无	《中华人民共和国种子法》《农作物种子检验员考核管理办法》（农业部令2005年第49号）	下放至省级人民政府农业行政主管部门	此3项为"农作物种子、草种、食用菌菌种质量检验机构及检验员资格认定"的子项
80	食用菌菌种检验员资格认定	农业部	无	《中华人民共和国种子法》《食用菌菌种管理办法》（农业部令2006年第62号）	下放至省级人民政府农业行政主管部门	
81	草种检验员资格认定	农业部	无	《中华人民共和国种子法》《草种管理办法》（农业部令2006年第56号）	下放至省级人民政府草原行政主管部门	
82	区域性批发企业需就近向其他省、自治区、直辖市行政区域内的取得麻醉药品和第一类精神药品使用资格的医疗机构销售麻醉药品和第一类精神药品的审批	食品药品监管总局	无	《麻醉药品和精神药品管理条例》（国务院令第442号）	下放至省级人民政府食品药品监管部门	此项为"麻醉药品和精神药品经营审批"的子项，其他子项已经由省级及以下人民政府食品药品监管部门审批

商品现货市场交易特别规定（试行）

商务部、中国人民银行、证券监督管理委员会令 2013 年第 3 号

《商品现货市场交易特别规定（试行）》已经 2013 年 8 月 15 日商务部第 7 次部务会议审议通过，并经中国人民银行、证监会同意，现予发布，自 2014 年 1 月 1 日起施行。

部　长　高虎城
行　长　周小川
主　席　肖　钢
2013 年 11 月 8 日

商品现货市场交易特别规定（试行）

第一章　总　则

第一条　为规范商品现货市场交易活动，维护市场秩序，防范市场风险，保护交易各方的合法权益，促进商品现货市场健康发展，加快推行现代流通方式，根据国家有关法律法规以及《国务院关于清理整顿各类交易场所切实防范金融风险的决定》（国发〔2011〕38 号），制定本规定。

第二条　中华人民共和国境内的商品现货市场交易活动，应当遵守本规定。国家另有规定的，依照其规定。

第三条　本规定所称商品现货市场，是指依法设立的，由买卖双方进行公开的、经常性的或定期性的商品现货交易活动，具有信息、物流等配套服务功能的场所或互联网交易平台。

本规定所称商品现货市场经营者（以下简称市场经营者），是指依法设立商品现货市场，制定市场相关业务规则和规章制度，并为商品现货交易活动提供场所及相关配套服务的法人、其他经济组织和个人。

第四条　从事商品现货市场交易活动，应当遵循公开、公平、公正和诚实信用的原则。

第五条　商务部负责全国商品现货市场的规划、信息、统计等行业管理工作，促进商品现货市场健康发展。

中国人民银行依据职责负责商品现货市场交易涉及的金融监管以及非金融机构支付业务的监管工作。

第六条　商品现货市场行业协会应当制定行业规范和行业标准，加强行业自律，组织业务培训，建立高管诚信档案，受理投诉和调解纠纷等。

第二章 交易对象和交易方式

第七条 商品现货市场交易对象包括：

（一）实物商品；

（二）以实物商品为标的的仓单、可转让提单等提货凭证；

（三）省级人民政府依法规定的其他交易对象。

第八条 商品现货市场交易的实物商品，应当执行国家有关质量担保责任的法律法规，并符合现行有效的质量标准。

第九条 商品现货市场交易可以采用下列方式：

（一）协议交易；

（二）单向竞价交易；

（三）省级人民政府依法规定的其他交易方式。

本规定所称协议交易，是指买卖双方以实物商品交收为目的，采用协商等方式达成一致，约定立即交收或者在一定期限内交收的交易方式。

本规定所称单向竞价交易，是指一个买方（卖方）向市场提出申请，市场预先公告交易对象，多个卖方（买方）按照规定加价或者减价，在约定交易时间内达成一致并成交的交易方式。

第十条 市场经营者不得开展法律法规以及《国务院关于清理整顿各类交易场所切实防范金融风险的决定》禁止的交易活动，不得以集中交易方式进行标准化合约交易。

现货合同的转让、变更，应当按照法律法规的相关规定办理。

第三章 商品现货市场经营规范

第十一条 市场经营者应当履行下列职责：

（一）提供交易的场所、设施及相关服务；

（二）按照本规定确定的交易方式和交易对象，建立健全交易、交收、结算、仓储、信息发布、风险控制、市场管理等业务规则与各项规章制度；

（三）法律法规规定的其他职责。

第十二条 市场经营者应当公开业务规则和规章制度。制定、修改和变更业务规则和规章制度，应当在合理时间内提前公示。

第十三条 商品现货市场应当制定应急预案。出现异常情况时，应当及时采取有效措施，防止出现市场风险。

第十四条 市场经营者应当采取合同约束、系统控制、强化内部管理等措施，加强资金管理力度。

市场经营者不得以任何形式侵占或挪用交易者的资金。

第十五条 鼓励商品现货市场创新流通方式，降低交易成本；建设节能环保、绿色低碳市场。

第十六条 鼓励商品现货市场采用现代信息化技术，建立互联网交易平台，开展电子商务。

第十七条 市场经营者应当建立完善商品信息发布制度，公布交易商品的名称、数量、质量、规格、产地等相关信息，保证信息的真实、准确，不得发布虚假信息。

第十八条 采用现代信息化技术开展交易活动的，市场经营者应当实时记录商品仓储、交易、交收、结算、支付等相关信息，采取措施保证相关信息的完整和安全，并保存五年以上。

第十九条 市场经营者不得擅自篡改、销毁相关信息和资料。

第四章 监督管理

第二十条 县级以上人民政府商务主管部门负责本行政区域内的商品现货市场的行业管理，并按照要求及时报送行业发展规划和其他具体措施。

中国人民银行分支机构依据职责负责辖区内商品现货市场交易涉及的金融机构和支付机构的监督管理工作。

国务院期货监督管理机构派出机构负责商品现货市场非法期货交易活动的认定等工作。

第二十一条 市场经营者应当根据相关部门的要求报送有关经营信息与资料。

第二十二条 县级以上人民政府商务主管部门应当根据本地实际情况，建立完善各项工作制度。必要时应及时将有关情况报告上级商务主管部门和本级人民政府。

第五章 法律责任

第二十三条 市场经营者违反第十一条、第十二条、第十三条、第十四条、第十七条、第十八条、第十九条、第二十一条规定，由县级以上商务主管部门会同有关部门责令改正。逾期不改的，处一万元以上三万元以下罚款。

第二十四条 市场经营者违反第八条、第十条规定和《期货交易管理条例》的，依法予以处理。

第二十五条 有关行政管理部门工作人员在市场监督管理工作中，玩忽职守、滥用职权、徇私舞弊的，依法给予行政处分；构成犯罪的，依法追究刑事责任。

第六章 附 则

第二十六条 本规定自2014年1月1日起施行。

文化部关于实施中国（上海）自由贸易试验区文化市场管理政策的通知

文市发〔2013〕47号

上海市文化广播影视管理局：

为贯彻落实《国务院关于印发中国（上海）自由贸易试验区总体方案的通知》（国发〔2013〕38号）有关规定，现将中国（上海）自由贸易试验区（以下简称"试验区"）内文化市场管理有关政策调整如下：

一、允许在试验区内设立外资经营的演出经纪机构、演出场所经营单位，为上海市提供服务

（一）在试验区内设立合资、合作、独资经营演出经纪机构的，应当向上海市文化主管部门提出申请。上海市文化主管部门自收到申请之日起20日内作出决定。

（二）在试验区内设立合资、合作、独资经营演出场所经营单位的，应当自领取工商营业执照之日起20日内，持上述证照以及消防、卫生部门的批准文件，到上海市文化主管部门备案，领取演出场所经营单位备案证明。

（三）合资、合作、独资经营的演出经纪机构，在上海市内举办营业性演出活动，应当向上海市文化主管部门提出申请。举办国内文艺表演团体或者演员参加的营业性演出，自受理申请之日起3日内作出决定；举办涉外或者涉港澳台营业性演出，自受理申请之日起20日内作出决定。

（四）合资、合作、独资经营的演出场所经营单位，在本场所内举办营业性演出活动，应当向上海市文化主管部门提出申请。举办国内文艺表演团体或者演员参加的营业性演出，自受理申请之日起3日内作出决定；举办涉外或者涉港澳台营业性演出，自受理申请之日起20日内作出决定。

二、允许在试验区内设立外资经营的娱乐场所

在试验区内设立合资、合作、独资经营娱乐场所的，应当符合《娱乐场所管理条例》、《娱乐场所管理办法》等法规规章规定的设立条件，向上海市文化主管部门提出申请。上海市文化主管部门自受理申请之日起20日内作出决定。

三、允许外资企业在试验区内从事游戏游艺设备的生产和销售，通过文化主管部门内容审查的游戏游艺设备可面向国内市场销售

（一）在试验区内注册的外资企业，在国内销售其生产的游戏游艺设备，应当向上海市文化主管部门提出内容审查申请。上海市文化主管部门自受理申请之日起20日内作出决定，通过内容审查的报文化部备案并公示。

（二）面向国内销售的游戏游艺设备，不得含有《娱乐场所管理条例》第十三条禁止的内容，游戏游艺设备外观、内容、游戏方法说明应当使用我国通用文字。

（三）报文化部备案公布的内容应当包括：游戏游艺设备内容审查批准文件、生产企业名称、设备名称、基本功能和游戏规则、能反映设备外观的图片等基本信息。

四、本通知调整的行政审批事项，适用于在试验区内投资、设立企业的香港特别行政区、澳门特别行政区、台湾地区投资者和在国外居住的中国公民。

特此通知。

文化部
2013 年 9 月 29 日

最高人民法院关于适用《中华人民共和国企业破产法》若干问题的规定（二）

法释〔2013〕22 号

《最高人民法院关于适用〈中华人民共和国企业破产法〉若干问题的规定（二）》已于 2013 年 7 月 29 日由最高人民法院审判委员会第 1586 次会议通过，现予公布，自 2013 年 9 月 16 日起施行。

最高人民法院
2013 年 9 月 5 日

根据《中华人民共和国企业破产法》、《中华人民共和国物权法》、《中华人民共和国合同法》等相关法律，结合审判实践，就人民法院审理企业破产案件中认定债务人财产相关的法律适用问题，制定本规定。

第一条 除债务人所有的货币、实物外，债务人依法享有的可以用货币估价并可以依法转让的债权、股权、知识产权、用益物权等财产和财产权益，人民法院均应认定为债务人财产。

第二条 下列财产不应认定为债务人财产：

（一）债务人基于仓储、保管、承揽、代销、借用、寄存、租赁等合同或者其他法律关系占有、使用的他人财产；

（二）债务人在所有权保留买卖中尚未取得所有权的财产；

（三）所有权专属于国家且不得转让的财产；

（四）其他依照法律、行政法规不属于债务人的财产。

第三条 债务人已依法设定担保物权的特定财产，人民法院应当认定为债务人财产。

对债务人的特定财产在担保物权消灭或者实现担保物权后的剩余部分，在破产程序中可用以清偿破产费用、共益债务和其他破产债权。

第四条 债务人对按份享有所有权的共有财产的相关份额，或者共同享有所有权的共有财产的相应财产权利，以及依法分割共有财产所得部分，人民法院均应认定为债务人财产。

人民法院宣告债务人破产清算，属于共有财产分割的法定事由。人民法院裁定债务人重整或者和解的，共有财产的分割应当依据物权法第九十九条的规定进行；基于重整或者和解的需要必须分割共有财产，管理人请求分割的，人民法院应予准许。

因分割共有财产导致其他共有人损害产生的债务，其他共有人请求作为共益债务清偿的，人民法院应予支持。

第五条 破产申请受理后，有关债务人财产的执行程序未依照企业破产法第十九条的规定中止的，采取执行措施的相关单位应当依法予以纠正。依法执行回转的财产，人民法院应当认定为债务人财产。

第六条 破产申请受理后，对于可能因有关利益相关人的行为或者其他原因，影响破产程序依法进行的，受理破产申请的人民法院可以根据管理人的申请或者依职权，对债务人的全部或者部分财产采取保全措施。

第七条 对债务人财产已采取保全措施的相关单位，在知悉人民法院已裁定受理有关债务人的破产申请后，应当依照企业破产法第十九条的规定及时解除对债务人财产的保全措施。

第八条 人民法院受理破产申请后至破产宣告前裁定驳回破产申请，或者依据企业破产法第一百零八条的规定裁定终结破产程序的，应当及时通知原已采取保全措施并已依法解除保全措施的单位按照原保全顺位恢复相关保全措施。

在已依法解除保全的单位恢复保全措施或者表示不再恢复之前，受理破产申请的人民法院不得解除对债务人财产的保全措施。

第九条 管理人依据企业破产法第三十一条和第三十二条的规定提起诉讼，请求撤销涉及债务人财产的相关行为并由相对人返还债务人财产的，人民法院应予支持。

管理人因过错未依法行使撤销权导致债务人财产不当减损，债权人提起诉讼主张管理人对其损失承担相应赔偿责任的，人民法院应予支持。

第十条 债务人经过行政清理程序转入破产程序的，企业破产法第三十一条和第三十二条规定的可撤销行为的起算点，为行政监管机构作出撤销决定之日。

债务人经过强制清算程序转入破产程序的，企业破产法第三十一条和第三十二条规定的可撤销行为的起算点，为人民法院裁定受理强制清算申请之日。

第十一条 人民法院根据管理人的请求撤销涉及债务人财产的以明显不合理价格进行的交易的，买卖双方应当依法返还从对方获取的财产或者价款。

因撤销该交易，对于债务人应返还受让人已支付价款所产生的债务，受让人请求作为共益债务清偿的，人民法院应予支持。

第十二条 破产申请受理前一年内债务人提前清偿的未到期债务，在破产申请受理前已经到期，管理人请求撤销该清偿行为的，人民法院不予支持。但是，该清偿行为发生在破产申请受理前六个月内且债务人有企业破产法第二条第一款规定情形的除外。

第十三条　破产申请受理后，管理人未依据企业破产法第三十一条的规定请求撤销债务人无偿转让财产、以明显不合理价格交易、放弃债权行为的，债权人依据合同法第七十四条等规定提起诉讼，请求撤销债务人上述行为并将因此追回的财产归入债务人财产的，人民法院应予受理。

相对人以债权人行使撤销权的范围超出债权人的债权抗辩的，人民法院不予支持。

第十四条　债务人对以自有财产设定担保物权的债权进行的个别清偿，管理人依据企业破产法第三十二条的规定请求撤销的，人民法院不予支持。但是，债务清偿时担保财产的价值低于债权额的除外。

第十五条　债务人经诉讼、仲裁、执行程序对债权人进行的个别清偿，管理人依据企业破产法第三十二条的规定请求撤销的，人民法院不予支持。但是，债务人与债权人恶意串通损害其他债权人利益的除外。

第十六条　债务人对债权人进行的以下个别清偿，管理人依据企业破产法第三十二条的规定请求撤销的，人民法院不予支持：

（一）债务人为维系基本生产需要而支付水费、电费等的；

（二）债务人支付劳动报酬、人身损害赔偿金的；

（三）使债务人财产受益的其他个别清偿。

第十七条　管理人依据企业破产法第三十三条的规定提起诉讼，主张被隐匿、转移财产的实际占有人返还债务人财产，或者主张债务人虚构债务或者承认不真实债务的行为无效并返还债务人财产的，人民法院应予支持。

第十八条　管理人代表债务人依据企业破产法第一百二十八条的规定，以债务人的法定代表人和其他直接责任人员对所涉债务人财产的相关行为存在故意或者重大过失，造成债务人财产损失为由提起诉讼，主张上述责任人员承担相应赔偿责任的，人民法院应予支持。

第十九条　债务人对外享有债权的诉讼时效，自人民法院受理破产申请之日起中断。

债务人无正当理由未对其到期债权及时行使权利，导致其对外债权在破产申请受理前一年内超过诉讼时效期间的，人民法院受理破产申请之日起重新计算上述债权的诉讼时效期间。

第二十条　管理人代表债务人提起诉讼，主张出资人向债务人依法缴付未履行的出资或者返还抽逃的出资本息，出资人以认缴出资尚未届至公司章程规定的缴纳期限或者违反出资义务已经超过诉讼时效为由抗辩的，人民法院不予支持。

管理人依据公司法的相关规定代表债务人提起诉讼，主张公司的发起人和负有监督股东履行出资义务的董事、高级管理人员，或者协助抽逃出资的其他股东、董事、高级管理人员、实际控制人等，对股东违反出资义务或者抽逃出资承担相应责任，并将财产归入债务人财产的，人民法院应予支持。

第二十一条　破产申请受理前，债权人就债务人财产提起下列诉讼，破产申请受理时案件尚未审结的，人民法院应当中止审理：

（一）主张次债务人代替债务人直接向其偿还债务的；

（二）主张债务人的出资人、发起人和负有监督股东履行出资义务的董事、高级管理人员，或者协助抽逃出资的其他股东、董事、高级管理人员、实际控制人等直接向其承担出资不实或者抽逃出资责任的；

（三）以债务人的股东与债务人法人人格严重混同为由，主张债务人的股东直接向其偿还债务人对其所负债务的；

（四）其他就债务人财产提起的个别清偿诉讼。

债务人破产宣告后，人民法院应当依照企业破产法第四十四条的规定判决驳回债权人的诉讼请求。但是，债权人一审中变更其诉讼请求为追收的相关财产归入债务人财产的除外。

债务人破产宣告前，人民法院依据企业破产法第十二条或者第一百零八条的规定裁定驳回破产申请或者终结破产程序的，上述中止审理的案件应当依法恢复审理。

第二十二条 破产申请受理前，债权人就债务人财产向人民法院提起本规定第二十一条第一款所列诉讼，人民法院已经作出生效民事判决书或者调解书但尚未执行完毕的，破产申请受理后，相关执行行为应当依据企业破产法第十九条的规定中止，债权人应当依法向管理人申报相关债权。

第二十三条 破产申请受理后，债权人就债务人财产向人民法院提起本规定第二十一条第一款所列诉讼的，人民法院不予受理。

债权人通过债权人会议或者债权人委员会，要求管理人依法向次债务人、债务人的出资人等追收债务人财产，管理人无正当理由拒绝追收，债权人会议依据企业破产法第二十二条的规定，申请人民法院更换管理人的，人民法院应予支持。

管理人不予追收，个别债权人代表全体债权人提起相关诉讼，主张次债务人或者债务人的出资人等向债务人清偿或者返还债务人财产，或者依法申请合并破产的，人民法院应予受理。

第二十四条 债务人有企业破产法第二条第一款规定的情形时，债务人的董事、监事和高级管理人员利用职权获取的以下收入，人民法院应当认定为企业破产法第三十六条规定的非正常收入：

（一）绩效奖金；

（二）普遍拖欠职工工资情况下获取的工资性收入；

（三）其他非正常收入。

债务人的董事、监事和高级管理人员拒不向管理人返还上述债务人财产，管理人主张上述人员予以返还的，人民法院应予支持。

债务人的董事、监事和高级管理人员因返还第一款第（一）项、第（三）项非正常收入形成的债权，可以作为普通破产债权清偿。因返还第一款第（二）项非正常收入形成的债权，依据企业破产法第一百一十三条第三款的规定，按照该企业职工平均工资计算的部分作为拖欠职工工资清偿；高出该企业职工平均工资计算的部分，可以作为普通破产债权清偿。

第二十五条 管理人拟通过清偿债务或者提供担保取回质物、留置物，或者与质权人、留置权人协议以质物、留置物折价清偿债务等方式，进行对债权人利益有重大影响的财产处分行为的，应当及时报告债权人委员会。未设立债权人委员会的，管理人应当及时报告人民法院。

第二十六条 权利人依据企业破产法第三十八条的规定行使取回权，应当在破产财产变价方案或者和解协议、重整计划草案提交债权人会议表决前向管理人提出。权利人在上述期限后主张取回相关财产的,应当承担延迟行使取回权增加的相关费用。

第二十七条 权利人依据企业破产法第三十八条的规定向管理人主张取回相关财产,管理人不予认可,权利人以债务人为被告向人民法院提起诉讼请求行使取回权的,人民法院应予受理。

权利人依据人民法院或者仲裁机关的相关生效法律文书向管理人主张取回所涉争议财产,管理人以生效法律文书错误为由拒绝其行使取回权的,人民法院不予支持。

第二十八条 权利人行使取回权时未依法向管理人支付相关的加工费、保管费、托运费、委托费、代销费等费用,管理人拒绝其取回相关财产的,人民法院应予支持。

第二十九条 对债务人占有的权属不清的鲜活易腐等不易保管的财产或者不及时变现价值将严重贬损的财产,管理人及时变价并提存变价款后,有关权利人就该变价款行使取回权的,人民法院应予支持。

第三十条 债务人占有的他人财产被违法转让给第三人,依据物权法第一百零六条的规定第三人已善意取得财产所有权,原权利人无法取回该财产的,人民法院应当按照以下规定处理:

(一)转让行为发生在破产申请受理前的,原权利人因财产损失形成的债权,作为普通破产债权清偿;

(二)转让行为发生在破产申请受理后的,因管理人或者相关人员执行职务导致原权利人损害产生的债务,作为共益债务清偿。

第三十一条 债务人占有的他人财产被违法转让给第三人,第三人已向债务人支付了转让价款,但依据物权法第一百零六条的规定未取得财产所有权,原权利人依法追回转让财产的,对因第三人已支付对价而产生的债务,人民法院应当按照以下规定处理:

(一)转让行为发生在破产申请受理前的,作为普通破产债权清偿;

(二)转让行为发生在破产申请受理后的,作为共益债务清偿。

第三十二条 债务人占有的他人财产毁损、灭失,因此获得的保险金、赔偿金、代偿物尚未交付给债务人,或者代偿物虽已交付给债务人但能与债务人财产予以区分的,权利人主张取回就此获得的保险金、赔偿金、代偿物的,人民法院应予支持。

保险金、赔偿金已经交付给债务人,或者代偿物已经交付给债务人且不能与债务人财产予以区分的,人民法院应当按照以下规定处理:

(一)财产毁损、灭失发生在破产申请受理前的,权利人因财产损失形成的债权,作为普通破产债权清偿;

(二)财产毁损、灭失发生在破产申请受理后的,因管理人或者相关人员执行职务导致权利人损害产生的债务,作为共益债务清偿。

债务人占有的他人财产毁损、灭失,没有获得相应的保险金、赔偿金、代偿物,或者保险金、赔偿物、代偿物不足以弥补其损失的部分,人民法院应当按照本条第二款的规定处理。

第三十三条 管理人或者相关人员在执行职务过程中,因故意或者重大过失不当转让他人财产或者造成他人财产毁损、灭失,导致他人损害产生的债务作为共益债务,由债务人财产随时清偿不足弥补损失，权利人向管理人或者相关人员主张承担补充赔偿责任的，人民法院应予支持。

上述债务作为共益债务由债务人财产随时清偿后，债权人以管理人或者相关人员执行职务不当导致债务人财产减少给其造成损失为由提起诉讼，主张管理人或者相关人员承担相应赔偿责任的，人民法院应予支持。

第三十四条　买卖合同双方当事人在合同中约定标的物所有权保留，在标的物所有权未依法转移给买受人前，一方当事人破产的，该买卖合同属于双方均未履行完毕的合同，管理人有权依据企业破产法第十八条的规定决定解除或者继续履行合同。

第三十五条　出卖人破产，其管理人决定继续履行所有权保留买卖合同的，买受人应当按照原买卖合同的约定支付价款或者履行其他义务。

买受人未依约支付价款或者履行完毕其他义务，或者将标的物出卖、出质或者作出其他不当处分，给出卖人造成损害，出卖人管理人依法主张取回标的物的，人民法院应予支持。但是，买受人已经支付标的物总价款百分之七十五以上或者第三人善意取得标的物所有权或者其他物权的除外。

因本条第二款规定未能取回标的物，出卖人管理人依法主张买受人继续支付价款、履行完毕其他义务，以及承担相应赔偿责任的，人民法院应予支持。

第三十六条　出卖人破产，其管理人决定解除所有权保留买卖合同，并依据企业破产法第十七条的规定要求买受人向其交付买卖标的物的，人民法院应予支持。

买受人以其不存在未依约支付价款或者履行完毕其他义务，或者将标的物出卖、出质或者作出其他不当处分情形抗辩的，人民法院不予支持。

买受人依法履行合同义务并依据本条第一款将买卖标的物交付出卖人管理人后，买受人已支付价款损失形成的债权作为共益债务清偿。但是，买受人违反合同约定，出卖人管理人主张上述债权作为普通破产债权清偿的，人民法院应予支持。

第三十七条　买受人破产，其管理人决定继续履行所有权保留买卖合同的，原买卖合同中约定的买受人支付价款或者履行其他义务的期限在破产申请受理时视为到期，买受人管理人应当及时向出卖人支付价款或者履行其他义务。

买受人管理人无正当理由未及时支付价款或者履行完毕其他义务，或者将标的物出卖、出质或者作出其他不当处分，给出卖人造成损害，出卖人依据合同法第一百三十四条等规定主张取回标的物的，人民法院应予支持。但是，买受人已支付标的物总价款百分之七十五以上或者第三人善意取得标的物所有权或者其他物权的除外。

因本条第二款规定未能取回标的物，出卖人依法主张买受人继续支付价款、履行完毕其他义务，以及承担相应赔偿责任的，人民法院应予支持。对因买受人未支付价款或者未履行完毕其他义务，以及买受人管理人将标的物出卖、出质或者作出其他不当处分导致出卖人损害产生的债务，出卖人主张作为共益债务清偿的，人民法院应予支持。

第三十八条　买受人破产，其管理人决定解除所有权保留买卖合同，出卖人依据企业破产法第三十八条的规定主张取回买卖标的物的，人民法院应予支持。

出卖人取回买卖标的物，买受人管理人主张出卖人返还已支付价款的，人民法院应予支持。取回的标的物价值明显减少给出卖人造成损失的，出卖人可从买受人已支付价款中优先予以抵扣后，将剩余部分返还给买受人；对买受人已支付价款不足以弥补出卖人标的物价值减损损失形成的债权，出卖人主张作为共益债务清偿的，人民法院应予支持。

第三十九条　出卖人依据企业破产法第三十九条的规定，通过通知承运人或者实际占有人中止运输、返还货物、变更到达地，或者将货物交给其他收货人等方式，对在运途中标的物主张了取回权但未能实现，或者在货物未达管理人前已向管理人主张取回在运途中标的物，在买卖标的物到达管理人后，出卖人向管理人主张取回的，管理人应予准许。

出卖人对在运途中标的物未及时行使取回权，在买卖标的物到达管理人后向管理人行使在运途中标的物取回权的，管理人不应准许。

第四十条　债务人重整期间，权利人要求取回债务人合法占有的权利人的财产，不符合双方事先约定条件的，人民法院不予支持。但是，因管理人或者自行管理的债务人违反约定，可能导致取回物被转让、毁损、灭失或者价值明显减少的除外。

第四十一条　债权人依据企业破产法第四十条的规定行使抵销权，应当向管理人提出抵销主张。

管理人不得主动抵销债务人与债权人的互负债务，但抵销使债务人财产受益的除外。

第四十二条　管理人收到债权人提出的主张债务抵销的通知后，经审查无异议的，抵销自管理人收到通知之日起生效。

管理人对抵销主张有异议的，应当在约定的异议期限内或者自收到主张债务抵销的通知之日起三个月内向人民法院提起诉讼。无正当理由逾期提起的，人民法院不予支持。

人民法院判决驳回管理人提起的抵销无效诉讼请求的，该抵销自管理人收到主张债务抵销的通知之日起生效。

第四十三条　债权人主张抵销，管理人以下列理由提出异议的，人民法院不予支持：

（一）破产申请受理时，债务人对债权人负有的债务尚未到期；

（二）破产申请受理时，债权人对债务人负有的债务尚未到期；

（三）双方互负债务标的物种类、品质不同。

第四十四条　破产申请受理前六个月内，债务人有企业破产法第二条第一款规定的情形，债务人与个别债权人以抵销方式对个别债权人清偿，其抵销的债权债务属于企业破产法第四十条第（二）、（三）项规定的情形之一，管理人在破产申请受理之日起三个月内向人民法院提起诉讼，主张该抵销无效的，人民法院应予支持。

第四十五条　企业破产法第四十条所列不得抵销情形的债权人，主张以其对债务人特定财产享有优先受偿权的债权，与债务人对其不享有优先受偿权的债权抵销，债务人管理人以抵销存在企业破产法第四十条规定的情形提出异议的，人民法院不予支持。但是，用以抵销的债权大于债权人享有优先受偿权财产价值的除外。

第四十六条　债务人的股东主张以下列债务与债务人对其负有的债务抵销，债务人管理人提出异议的，人民法院应予支持：

（一）债务人股东因欠缴债务人的出资或者抽逃出资对债务人所负的债务；

（二）债务人股东滥用股东权利或者关联关系损害公司利益对债务人所负的债务。

第四十七条　人民法院受理破产申请后，当事人提起的有关债务人的民事诉讼案件，应当依据企业破产法第二十一条的规定，由受理破产申请的人民法院管辖。

受理破产申请的人民法院管辖的有关债务人的第一审民事案件，可以依据民事诉讼法第三十八条的规定，由上级人民法院提审，或者报请上级人民法院批准后交下级人民法院审理。

受理破产申请的人民法院，如对有关债务人的海事纠纷、专利纠纷、证券市场因虚假陈述引发的民事赔偿纠纷等案件不能行使管辖权的，可以依据民事诉讼法第三十七条的规定，由上级人民法院指定管辖。

第四十八条 本规定施行前本院发布的有关企业破产的司法解释，与本规定相抵触的，自本规定施行之日起不再适用。

关于废止和修改部分规章和规范性文件的决定

国家发展和改革委员会令第4号

为落实我委切实转变职能、转变作风（大调研、大讨论、大转变）学习推进活动关于深化规范性文件"立改废"要求，经商国务院相关部门同意，决定废止《关于发布〈煤炭生产许可证管理办法实施细则〉的通知》等7件规章和《电力网和火力发电厂省煤节电工作条例》等108件规范性文件（见附件1），修改《关于编制资源枯竭城市转型规划的指导意见》等5件规范性文件（见附件2）。

附件：
1. 决定废止的规章和规范性文件目录（略——编者注）
2. 决定修改的规范性文件目录（略——编者注）

主任：徐绍史
2013年8月20日

国务院关于印发"宽带中国"战略及实施方案的通知

国发〔2013〕31号

各省、自治区、直辖市人民政府，国务院各部委、各直属机构：

现将《"宽带中国"战略及实施方案》印发给你们,请认真贯彻执行。

国务院
2013年8月1日

"宽带中国"战略及实施方案

宽带网络是新时期我国经济社会发展的战略性公共基础设施,发展宽带网络对拉动有效投资和促进信息消费、推进发展方式转变和小康社会建设具有重要支撑作用。从全球范围看,宽带网络正推动新一轮信息化发展浪潮,众多国家纷纷将发展宽带网络作为战略部署的优先行动领域,作为抢占新时期国际经济、科技和产业竞争制高点的重要举措。近年来,我国宽带网络覆盖范围不断扩大,传输和接入能力不断增强,宽带技术创新取得显著进展,完整产业链初步形成,应用服务水平不断提升,电子商务、软件外包、云计算和物联网等新兴业态蓬勃发展,网络信息安全保障逐步加强,但我国宽带网络仍然存在公共基础设施定位不明确、区域和城乡发展不平衡、应用服务不够丰富、技术原创能力不足、发展环境不完善等问题,亟须得到解决。

根据《2006—2020年国家信息化发展战略》、《国务院关于大力推进信息化发展和切实保障信息安全的若干意见》(国发〔2012〕23号)和《"十二五"国家战略性新兴产业发展规划》的总体要求,特制定《"宽带中国"战略及实施方案》,旨在加强战略引导和系统部署,推动我国宽带基础设施快速健康发展。

一、指导思想、基本原则和发展目标

(一)指导思想。

以邓小平理论、"三个代表"重要思想、科学发展观为指导,围绕加快转变经济发展方式和全面建成小康社会的总体要求,将宽带网络作为国家战略性公共基础设施,加强顶层设计和规划引导,统筹关键核心技术研发、标准制定、信息安全和应急通信保障体系建设,促进网络建设、应用普及、服务创新和产业支撑的协同,综合利用有线、无线技术推动电信网、广播电视网和互联网融合发展,加快构建宽带、融合、安全、泛在的下一代国家信息基础设施,全面支撑经济发展和服务社会民生。

(二)基本原则。

坚持政府引导与市场调节相结合。坚持市场配置资源的基础性作用,发挥政府战略引领作用,完善政策措施。系统研究解决网络建设、内容服务、应用创新、产业发展等环节体制机制问题,营造良好环境,促进市场公平竞争和资源有效利用。

坚持统筹规划与分步推进相结合。从战略性、全局性和系统性出发,适度超前,明确宽带发展的总体目标、路线图和时间表。遵循客观发展规律,因地制宜,统筹城乡和区域宽带协调发展,统筹军民宽带网络融合发展。

坚持网络建设与应用服务相结合。统筹有线、无线技术手段协同发展，协调推进宽带接入网、骨干网和国际出入口能力建设，形成适度超前的宽带网络发展格局。促进网络能力提升与应用服务创新相结合，深化宽带在各行业、各领域的集成应用，推动信息消费，培育新服务、新市场、新业态。

坚持网络升级与产业创新相结合。加强宽带网络发展与产业支撑能力建设的协同，加快建立以企业为主体、市场为导向、产学研用紧密结合的技术创新体系，促进国内外优势资源的整合利用，提升自主创新能力，实现产业链上下游协调发展，提高产业配套能力。

坚持宽带普及与保障安全相结合。强化安全意识，同步推进网络信息安全和应急通信保障能力建设，不断增强基础网络、核心系统、关键资源的安全掌控能力以及应急服务能力，实现网络安全可控、业务安全可管、应急保障可靠。

（三）发展目标。

到 2015 年，初步建成适应经济社会发展需要的下一代国家信息基础设施。基本实现城市光纤到楼入户、农村宽带进乡入村，固定宽带家庭普及率达到 50%，第三代移动通信及其长期演进技术（3G/LTE）用户普及率达到 32.5%，行政村通宽带（有线或无线接入方式，下同）比例达到 95%，学校、图书馆、医院等公益机构基本实现宽带接入。城市和农村家庭宽带接入能力基本达到 20 兆比特每秒（Mbps）和 4Mbps，部分发达城市达到 100Mbps。宽带应用水平大幅提升，移动互联网广泛渗透。网络与信息安全保障能力明显增强。

到 2020 年，我国宽带网络基础设施发展水平与发达国家之间的差距大幅缩小，国民充分享受宽带带来的经济增长、服务便利和发展机遇。宽带网络全面覆盖城乡，固定宽带家庭普及率达到 70%，3G/LTE 用户普及率达到 85%，行政村通宽带比例超过 98%。城市和农村家庭宽带接入能力分别达到 50Mbps 和 12Mbps，发达城市部分家庭用户可达 1 吉比特每秒（Gbps）。宽带应用深度融入生产生活，移动互联网全面普及。技术创新和产业竞争力达到国际先进水平，形成较为健全的网络与信息安全保障体系。

二、技术路线和发展时间表

遵循宽带技术演进规律，充分利用现有网络基础，围绕经济社会发展总体要求和宽带发展目标，加强和完善总体布局，系统解决宽带网络接入速度、覆盖范围、应用普及等关键问题，强化产业发展和安全保障，不断提高宽带发展整体水平，全面提升支撑经济社会可持续发展的能力。

（一）技术路线。

统筹接入网、城域网和骨干网建设，综合利用有线技术和无线技术，结合基于互联网协议第 6 版（IPv6）的下一代互联网规模商用部署要求，分阶段系统推进宽带网络发展。

按照高速接入、广泛覆盖、多种手段、因地制宜的思路，推进接入网建设。城市地区利用光纤到户、光纤到楼等技术方式进行接入网建设和改造，并结合 3G/LTE 与无线局域网技术，实现宽带网络无缝覆盖。农村地区因地制宜，灵活采取有线、无线等技术方式进行接入网建设。

按照高速传送、综合承载、智能感知、安全可控的思路，推进城域网建设。逐步推动高速传输、分组化传送和大容量路由交换技术在城域网应用，扩大城域网带宽，提高流量承载能力;推进网络智能化改造,提升城域网的多业务承载、感知和安全管控水平。

按照优化架构、提升容量、智能调度、高效可靠的思路,推进骨干网建设。优化骨干网络架构,完善国际网络布局,全面推广超高速波分复用系统和集群路由器技术,提升骨干网络容量和智能调度能力,保障网络高速高效和安全可靠运行。

(二)发展时间表。

1. 全面提速阶段(至2013年底)。重点加强光纤网络和3G网络建设,提高宽带网络接入速率,改善和提升用户上网体验。

城市地区着力推进光纤化成片改造,农村地区灵活采用有线和无线方式加快行政村宽带接入网建设,提高接入速度和网络使用性价比。进一步提升城市3G网络质量,扩大农村3G网络覆盖范围,做好时分双工模式移动通信长期演讲技术(TD-LTE)扩大规模试验工作。加快下一代广播电视网建设,推进"光进铜退"和网络双向化改造,促进互联互通。同步推进城域网扩容升级。以网间互联为重点优化互联网骨干网。推动网站升级改造,提高网站接入速率。

到2013年底,固定宽带用户超过2.1亿户,城市和农村家庭固定宽带普及率分别达到55%和20%。3G/LTE用户超过3.3亿户,用户普及率达到25%。行政村通宽带比例达到90%。城市地区宽带用户中20Mbps宽带接入能力覆盖比例达到80%,农村地区宽带用户中4Mbps宽带接入能力覆盖比例达到85%。城乡无线宽带网络覆盖水平明显提升,无线局域网基本实现城市重要公共区域热点覆盖。全国有线电视网络互联互通平台覆盖有线电视网络用户比例达到60%。

2. 推广普及阶段(2014—2015年)。重点在继续推进宽带网络提速的同时,加快扩大宽带网络覆盖范围和规模,深化应用普及。

城市地区加快扩大光纤到户网络覆盖范围和规模,农村地区积极采用无线技术加快宽带网络向行政村延伸,有条件的农村地区推进光纤到村。持续扩大3G覆盖范围和深度,推动TD-LTE规模商用。继续推进下一代广播电视网建设,进一步扩大下一代广播电视网覆盖范围,加速互联互通。全面优化国家骨干网络。加强光通信、宽带无线通信、下一代互联网、下一代广播电视网、云计算等重点领域新技术研发,在部分重点领域取得原始创新成果。

到2015年,固定宽带用户超过2.7亿户,城市和农村家庭固定宽带普及率分别达到65%和30%。3G/LTE用户超过4.5亿户,用户普及率达到32.5%。行政村通宽带比例达到95%。城市家庭宽带接入能力基本达到20Mbps,部分发达城市达到100Mbps,农村家庭宽带接入能力达到4Mbps。3G网络基本覆盖城乡,LTE实现规模商用,无线局域网全面实现公共区域热点覆盖,服务质量全面提升。互联网网民规模达到8.5亿,应用能力和服务水平显著提高。全国有线电视网络互联互通平台覆盖有线电视网络用户比例达到80%。互联网骨干网间互通质量、互联网服务提供商接入带宽和质量满足业务发展需求。在宽带无线通信、云计算等重点领域掌握一批拥有自主知识产权的核心关键技术。宽带技术标准体系逐步完善,国际标准话语权明显提高。

3. 优化升级阶段(2016—2020年)。重点推进宽带网络优化和技术演进升级,宽带网络服务质量、应用水平和宽带产业支撑能力达到世界先进水平。

到2020年,基本建成覆盖城乡、服务便捷、高速畅通、技术先进的宽带网络基础设施。

固定宽带用户达到 4 亿户,家庭普及率达到 70%,光纤网络覆盖城市家庭。3G/LTE 用户超过 12 亿户,用户普及率达到 85%。行政村通宽带比例超过 98%,并采用多种技术方式向有条件的自然村延伸。城市和农村家庭宽带接入能力分别达到 50Mbps 和 12Mbps,50% 的城市家庭用户达到 100Mbps,发达城市部分家庭用户可达 1Gbps,LTE 基本覆盖城乡。互联网网民规模达到 11 亿,宽带应用服务水平和应用能力大幅提升。全国有线电视网络互联互通平台覆盖有线电视网络用户比例超过 95%。全面突破制约宽带产业发展的高端基础产业瓶颈,宽带技术研发达到国际先进水平,建成结构完善、具有国际竞争力的宽带产业链,形成一批世界领先的创新型企业。

"宽带中国"发展目标与发展时间表				
指标	单位	2013 年	2015 年	2020 年
1. 宽带用户规模				
固定宽带接入用户	亿户	2.1	2.7	4.0
其中:光纤到户(FTTH)用户	亿户	0.3	0.7	—
其中:城市宽带用户	亿户	1.6	2.0	—
农村宽带用户	亿户	0.5	0.7	—
3G/LTE 用户	亿户	3.3	4.5	12
2. 宽带普及水平				
固定宽带家庭普及率	%	40	50	70
其中:城市家庭普及率	%	55	65	—
农村家庭普及率	%	20	30	—
3G/LTE 用户普及率	%	25	32.5	85
3. 宽带网络能力				
城市宽带接入能力	Mbps	20(80% 用户)	20	50
其中:发达城市	Mbps		100(部分城市)	1 000(部分用户)
农村宽带接入能力	Mbps	4(85% 用户)	4	12
大型企事业单位接入带宽	Mbps		大于 100	大于 1 000
互联网国际出口带宽	Gbps	2 500	6 500	—
FTTH 覆盖家庭	亿个	1.3	2.0	3.0
3G/LTE 基站规模	万个	95	120	—
行政村通宽带比例	%	90	95	>98
全国有线电视网络互联互通平台覆盖有线电视网络用户比例	%	60	80	>95
4. 宽带信息应用				
网民数量	亿人	7.0	8.5	11.0
其中:农村网民	亿人	1.8	2.0	—
互联网数据量(网页总字节)	太字节	7 800	15 000	—
电子商务交易额	万亿元	10	18	—

三、重点任务

(一)推进区域宽带网络协调发展。

东部地区。支持东部地区先行先试开展网络升级和应用创新。积极利用光纤和新一代移动通信技术、下一代广播电视网技术,全面提升宽带网络速度与性能,着力缩小与发达国家差距;加快部署基于 IPv6 的下一代互联网;鼓励东部地区结合本地经济社会发展需要,积极开展区域试点示范,创新宽带应用服务,培育发展新业务、新业态。

中西部地区。给予政策倾斜,支持中西部地区宽带网络建设,增加光缆路由,提升骨干网络容量,扩大接入网络覆盖范围,与东部地区同步部署应用新一代移动通信技术、下一代广播电视网技术和下一代互联网。加快中西部地区信息内容和网站的建设,推进具有民族特色的信息资源开发和宽带应用服务。创造有利环境,引导大型云计算数据中心落户中西部条件适宜的地区。

农村地区。将宽带纳入电信普遍服务范围,重点解决宽带村村通问题。因地制宜采用光纤、铜线、同轴电缆、3G/LTE、微波、卫星等多种技术手段加快宽带网络从乡镇向行政村、自然村延伸。在人口较为密集的农村地区,积极推动光纤等有线方式到村。在人口较为稀少、分散的农村地区,灵活采用各类无线技术实现宽带网络覆盖。加快研发和推广适合农民需求的低成本智能终端。加强各类涉农信息资源的深度开发,完善农村信息化业务平台和服务中心,提高综合网络信息服务水平。

专栏 1　"宽带乡村"工程

根据农村经济发展水平和地理自然条件,灵活选择接入技术,分类分阶段推进宽带网络向行政村和有条件的自然村延伸。较发达地区在完成行政村通宽带的基础上推进光纤到行政村、宽带到自然村;欠发达地区重点解决行政村宽带覆盖。对建设成本过高的边远地区、山区以及海岛等,可以采用移动、卫星等无线宽带技术解决信息孤岛问题;对幅员宽广、居住分散的牧区,推进无线宽带覆盖;对新规划建设的成片新农村、农牧民安居工程,积极推进光纤到楼和光纤到户建设。

(二)加快宽带网络优化升级。

骨干网。加快互联网骨干节点升级,推进下一代广播电视网宽带骨干网建设,提升网络流量疏通能力,全面支持 IPv6。优化互联网骨干网间互联架构,扩容网间带宽,保障连接性能。增加国际海陆缆通达方向,完善国际业务节点布局,提升国际互联带宽和流量转接能力。升级国家骨干传输网,提升业务承载能力,增强网络安全可靠性。

接入网和城域网。积极利用各类社会资本,统筹有线、无线技术加快宽带接入网建设。以多种方式推进光纤向用户端延伸,加快下一代广播电视网宽带接入网络的建设,逐步建成以光纤为主、同轴电缆和双绞线等接入资源有效利用的固定宽带接入网络。加大无线宽带网络建设力度,扩大 3G 网络覆盖范围,提高覆盖质量,协调推进 TD-LTE 商用发展,加快无线局域网重要公共区域热点覆盖,加快推进地面广播电视数字化进程。推进城域网优化和扩容。加快接入网、城域网 IPv6 升级改造。规划用地红线内的通信管道等通信设施与住宅区、住宅建筑同步建设,并预先铺设入户光纤,预留设备间,所需投资纳入相应建设项目概算。探索宽带基础设施共建共享的合作新模式。

应用基础设施。统筹互联网数据中心建设,利用云计算和绿色节能技术进行升级改造,提高能效和集约化水平。扩大内容分发网络容量和覆盖范围,提升服务能力和安全管理水平。增加网站接入带宽,优化空间布局,实现互联网信息源高速接入。同步推动政府、学校、企事业单位外网网站系统及商业网站系统的 IPv6 升级改造。

> **专栏 2　宽带网络优化提速工程**
>
> 　　光纤城市建设。支持城市新建区域以光纤到户方式为主部署宽带网络，已建区域采用多种方式加快"光进铜退"改造，推进政府、学校、医疗卫生、科技园区、商务楼宇、宾馆酒店等单位的光纤宽带接入部署，提高接入速率。
> 　　无线宽带网络建设。支持城市地区以 3G/LTE 网络为主，辅以无线局域网建设无线宽带城市，持续扩大农村地区无线宽带网络的覆盖范围，加大高速公路、高速铁路的无线网络优化力度。
> 　　下一代广播电视宽带网建设。采用超高速智能光纤和同轴光缆传输技术建设下一代广播电视宽带网，通过光纤到小区、光纤到自然村、光纤到楼等方式，结合同轴电缆入户，充分利用广播电视网海量下行带宽、室内多信息点分布的优势，满足不同用户对弹性接入带宽的需要，加快实现宽带网络优化提速，促进宽带普及。
> 　　互联网骨干网优化。推进网络结构扁平化，扩展骨干链路带宽，提升承载能力。优化骨干网间直联点布局，探索交换中心发展模式，加强对网间互联质量和交换中心的监测，保障骨干网间互联质量，提高互联网服务提供商的接入速度。
> 　　骨干传输网优化。适度超前建设超高速大容量光传输系统，持续提升骨干传输网络容量。适时引入和推广智能光传输网技术，提高资源调度的智能化水平。增加西部地区光缆路由密度，推进光缆网向格状网演进，提高国家干线网络安全性能。

（三）提高宽带网络应用水平。

经济发展。不断拓展和深化宽带在生产经营中的应用，加快企业宽带联网和基于网络的流程再造与业务创新，利用信息技术改造提升传统产业，实现网络化、智能化、集约化、绿色化发展，促进产业优化升级。不断创新宽带应用模式，培育新市场新业态，加快电子商务、现代物流、网络金融等现代服务业发展，壮大云计算、物联网、移动互联网、智能终端等新一代信息技术产业。行业专用通信要充分利用公众网络资源，满足宽带化发展需求，逐步减少专用通信网数量。

社会民生。着力深化宽带网络在教育、医疗、就业、社保等民生领域的应用。加快学校宽带网络覆盖，积极发展在线教育，实现优质教育资源共享。推动医疗卫生机构宽带联网，加速发展远程医疗和网络化医疗应用，促进医疗服务均等化。加快就业和社会保障信息服务体系建设，实现管理服务的全覆盖，推进社会保障卡应用，加快跨区域就业和社会保障信息互联互通。加强对信息化基础薄弱地区和特殊群体的宽带网络覆盖和服务支撑。

文化建设。加快文化馆（站）、图书馆、博物馆等公益性文化机构和重大文化工程的宽带联网，优化公共文化信息服务体系，大力发展公共数字文化。提升宽带网络对文化事业和文化创意产业的支撑能力，促进宽带网络和文化发展融合，发展数字文化产业等新型文化业态，增强文化传播能力，提高公共文化服务效能和文化产业规模化、集约化水平，推动文化大发展大繁荣。

国防建设。依托公众网络增强军用网络设施的安全可靠、应急响应和动态恢复能力。利用关键技术研发成果，提升军用网络的技术水平和能力。为军队遂行日常战备、训练演习和非战争军事行动适当预置接入和信道资源。完善公众网络和军用网络资源共享共用、应急组织调度的领导机制和联动工作机制。

应用普及。大力推进信息技术在教育教学中的应用，推进优质教育资源普遍共享，加强网络文明与网络安全教育，引导学生形成良好的用网习惯和正确的网络世界观。设立农村公共宽带互联网服务中心，开展宽带上网及应用技能培训。面向中小企业开展宽带应用技能培训及电子商务、网上营销等指导,鼓励企业利用宽带开展业务和商业模式创新。研发推广特殊人群专用信息终端和应用工具。

专栏3　中小企业宽带应用示范工程
支持中小企业宽带上网,推动企业将互联网融入其生产经营流程。支持建设面向中小企业的第三方电子商务平台,鼓励开展在线销售、采购、客户关系管理等活动。

专栏4　贫困学校和特殊教育机构宽带应用示范工程
支持灵活选用不同宽带接入技术,因地制宜为农村地区(尤其是贫困地区和少数民族地区)中小学和残疾人特殊教育机构建设宽带网络设施,开发简便易用的上网终端,丰富特色应用,加大信息助教、助残和扶贫力度,缩小数字鸿沟。

专栏5　数字文化宽带应用示范工程
建设可智能适配不同宽带接入网络和终端的广播影视、文化馆、图书馆、博物馆等数字文化内容平台,提高数字文化内容平台的宽带联网和互联互通水平,结合宽带网络能力提升创新数字文化服务业态,丰富各类数字文化应用,开发数字文化应用智能终端,开展各类数字文化宽带应用示范,促进宽带网络和文化发展融合,增强文化传播能力。

(四)促进宽带网络产业链不断完善。

关键技术研发。推进实施新一代宽带无线移动通信网、下一代互联网等专项和863计划、科技支撑计划等。加强更高速光纤宽带接入、超高速大容量光传输、超大容量路由交换、数字家庭、大规模资源管理调度和数据处理、新一代万维网(Web)、新型人机交互、绿色节能、量子通信等领域关键技术研发,着力突破宽带网络关键核心技术,加速形成自主知识产权。进一步完善宽带网络标准体系,积极参与相关国际标准和规范的研究制定。

重大产品产业化。在光通信、新一代移动通信、下一代互联网、下一代广播电视网、移动互联网、云计算、数字家庭等重点领域,加大对关键设备核心芯片、高端光电子器件、操作系统等高端产品研发及产业化的支持力度。支持宽带网络核心设备研制、产业化及示范应用,着力突破产业瓶颈,提升自主发展能力。鼓励组建重点领域技术产业联盟,完善产业链上下游协作,推动产业协同创新。

智能终端研制。充分发挥无线和有线宽带网络能力,面向教育、医疗卫生、交通、家居、节能环保、公共安全等重点领域,积极发展物美价廉的移动终端、互联网电视、平板电脑等多种形态的上网终端产品。推动移动互联网操作系统、核心芯片、关键器件等的研发创新。加快3G、TD-LTE及其他技术制式的多模智能终端研发与推广应用。

支撑平台建设。充分整合现有资源,在宽带网络相关技术领域,推动国家工程中心、实验室等产业创新能力平台建设。研究制定宽带网络发展评测指标体系,构建覆盖全国的宽带网络信息测试与采集系统,实现宽带网络性能常态化监测。

专栏6 宽带核心设备研制产业化工程
光纤宽带接入核心设备研制与示范。突破大容量、高带宽、长距离的新一代光纤接入网关键技术，研制光接入网设备核心器件芯片，推动智能光分配网络和海量数据管理系统的成熟与产业化，开发测试平台，开展示范应用。 　　骨干光传输和路由交换设备研制和试点。研制下一代光网络体系架构、超高速波分复用传输和智能组网、分组光传送网、高精度时间同步、超大容量路由交换等核心设备，突破相关核心芯片和高端光电器件技术，实现产业化。完善相关国际国内标准，开展技术试验和试点应用。 　　宽带接入智能终端研发和产业化。面向智能手机、智能电视、智能机顶盒、平板电脑等多类型终端和数字家庭网关，组织开展自主操作系统和配套应用的规模商用。突破智能终端处理器芯片、新一代Web、多模态人机交互、多模智能终端和多屏智能切换等关键技术。

专栏7　"宽带中国"地图建设工程
建立宽带发展监测体系和评价指标体系，建设覆盖全国的宽带发展测评系统，实现对网络覆盖、接入带宽、用户规模、主要网站接入速率等信息的动态监测，建立宽带发展状况报告和宽带地图发布机制。

（五）增强宽带网络安全保障能力。

技术支撑能力。加强宽带网络信息安全与应急通信关键技术研究，提高基础软硬件产品、专用安全产品、应急通信装备的可控水平，支持技术产品研发，完善相关产业链，提高宽带网络信息安全与应急通信技术支撑能力。

安全防护体系。加快形成与宽带网络发展相适应的安全保障能力，构建下一代网络信息安全防护体系，提高对网络和信息安全事件的监测、发现、预警、研判和应急处置能力，完善网络和重要信息系统的安全风险评估评测机制和手段，提升网络基础设施攻击防范、应急响应和灾难备份恢复能力。

应急通信系统。提高宽带网络基础设施的可靠性和抗毁性，逐步实现宽带网络的应急优先服务，提升宽带网络的应急通信保障能力。加强基于宽带技术的应急通信装备配备，加快应急通信系统的宽带化改造。

安全管理机制。引导和规范新技术、新应用安全发展，构建安全评测评估体系，提高主动安全管理能力。加强信息保护体系建设，制定和完善个人隐私信息保护、打击网络犯罪等方面法律法规，推动行业自律和公众监督，加强用户安全宣传教育，构建全方位的社会化治理体系，着力打造安全、健康、诚信的网络环境。

四、政策措施

（一）加强组织领导。

建立"宽带中国"战略实施部际协调机制，加强统筹和配合，协调解决重大问题，务实推进战略的贯彻实施。各部门要充分整合、有效利用现有资源和政策，抓紧制定出台配套政策，确保各项任务措施落到实处。地方各级人民政府要将宽带发展纳入地区经济社会和城镇化发展规划，加强组织领导，结合实际适度超前部署，加大资金投入和政策支持力度，避免重复建设，推进本地区宽带快速健康发展。

（二）完善制度环境。

完善法律法规。加快推动出台相关法律法规，明确宽带网络作为国家公共基础设施的法律地位，强化宽带网络设施保护。依法保护个人信息，营造安全可信的网络环境，促进宽带应用发展。

健全监管体系。全面推进三网融合，加快电信和广电业务双向进入，建立和完善适应三网融合需要的网络信息安全和文化安全监管机制。健全宽带网络监管制度，加强监管能力建设，推进监管队伍向地市延伸。

推动开放竞争。逐步开放宽带接入网业务，鼓励民间资本参与宽带网络设施建设和业务运营，推动形成多种主体相互竞争、优势互补、共同发展的市场格局。规范宽带市场竞争行为，保障住宅小区及机场、高速公路、地铁等公共服务区域的公平进入。加强国家骨干网网间通信质量监管，建立网间互联带宽扩容长效机制，完善骨干网网间结算办法，保障网间互联高效畅通和骨干网公平竞争。通过产业联盟、行业协会等各种渠道，引导宽带网络设备制造和信息服务企业加强行业自律，建立竞争机制，共同维护竞争秩序。

深化应用创新。构建和完善宏观调控、社会管理和公共服务等基础信息资源体系，加快建立公益性信息资源开发应用长效机制，推进农业、科技、教育、文化、卫生、人口、就业和社会保障、国土资源等领域信息资源的公益性利用，建立跨地区、跨部门、跨层级的开放共享机制。

（三）规范建设秩序。

严格落实宽带网络建设规划和规范。按照城乡规划法、土地管理法和城市通信工程规划规范等法律法规和规范规定，将宽带网络建设纳入各地城乡规划、土地利用总体规划。切实执行住宅小区和住宅建筑宽带网络设施的工程设计、施工及验收规范。做好宽带网络与高速公路、铁路、机场等交通设施规划和建设的衔接。

保障宽带网络设施建设与通行。政府机关、企事业单位和公共机构等所属公共设施，市政设施、公路、铁路、机场、地铁等公共设施应向宽带网络设施建设开放，并提供通行便利。对因征地拆迁、城乡建设等造成的光缆、管道、基站、机房等宽带网络设施迁移和毁损，严格按照有关标准予以补偿。

深化网络设施共建共享。在城市地下管线规划、控制性详细规划中，统筹安排通信工程综合管道网和相关设施，加强宽带网络设施与城市其他通信管线、居住区、公共建筑等管线的协调。深化光缆、管道、基站等电信基础设施的共建共享，创新合作模式，探索应用新技术，促进资源节约。

（四）加大财税扶持。

加大财政资金支持。完善电信普遍服务补偿机制，形成支持农村和中西部地区宽带发展的长效机制。充分利用中央各类专项资金，引导地方相关资金投向宽带网络研发及产业化，以及农村和老少边穷地区的宽带网络发展。对西部地区符合条件的国家级开发区宽带建设项目贷款予以贴息支持。

加强税收优惠扶持。将西部地区宽带网络建设和运营纳入《西部地区鼓励类产业目录》，扶持西部地区宽带发展。结合电信行业特点，在营业税改增值税改革中，制定增值税相关政策与征管制度，完善电信业增值税抵扣机制，支持宽带网络建设。

完善投融资政策。将宽带业务纳入《中西部地区外商投资优势产业目录》。推进专利等知识产权质押融资工作，加大对宽带应用服务企业的融资支持力度，积极支持符合条件的宽带应用服务企业在海内外资本市场直接融资。完善基础电信企业经营业绩考核机制，进一步优化基础电信企业经济增加值考核指标，引导宽带网络投资更多地投向西部和农村地区。

（五）优化频谱规划。

明确国家无线频谱路线图。尽快研究确定国家宽带无线发展各阶段的频谱需求，梳理无线频谱分布和利用状况。加快研究频谱规划方案，制定频谱中长期规划，明确无线频谱综合利用的时间表和路线图。

促进频谱资源高效利用。支持动态频谱分配等高效利用频谱资源新技术的开发运用，支持消除干扰技术和设备的研发和利用，促进不同无线业务类型频率的共用共享，提高频率资源整体利用率。

加强公共频段上无线设备的监管。统筹无线局域网等无线通信网络的部署，鼓励无线设备共建共享，避免频率干扰，提高频谱资源使用效益。加强无线电发射设备研制、生产、进口、销售、使用等环节的监管，维护空中电波秩序。

（六）加强人才培养。

优先保障人才发展投入。争取国家重大人才工程加大对宽带人才队伍建设的支持力度，加强宽带领域专业技术人才继续教育。依托重大科研、工程、产业攻关等项目开展人才培养工作，重视发挥企业作用，在实践中聚集和培养人才。

加大高层次人才引进和培养。加强宽带重点领域创新型人才引进，将所需人才纳入国家海外高层次人才引进计划，大力吸引海外高层次人才在华创新创业。鼓励采用合作办学、定向培养、继续教育等多种形式，创新宽带相关专业人才培养模式，建立科研机构、高校创新人才向企业流动的机制。

（七）深化国际合作。

加强网络基础资源国际合作。探索建立适应互联网域名、网址和网际协议地址（IP 地址）资源全球化发展要求的地区和国家间的协调与合作机制。加强无线频谱、卫星轨道等资源分配使用的国际协作。借鉴国外先进经验，推动开展资源技术联合研究，提高资源利用效率。加强互联网骨干网的国际互联合作，进一步提升我国互联网骨干网企业的国际地位。

深化网络空间国际合作。加强国际交流，推动双边、多边协调和对话，建立多层次的沟通交流平台，提升参与网络空间国际治理和规则制定的话语权。加强网络空间规则、资源、安全等国际合作，积极参与国际社会互联网公共政策与规则的制定，推动国际互联网健康发展。

加大知识产权国际合作。完善知识产权保护制度，强化数字内容和互联网应用的知识产权保护，加强打击互联网领域侵权盗版行为的国际合作。加强宽带相关技术和产品的专利布局、专利预警、海外维权和争端解决，提升企业依法应对知识产权纠纷的能力。

国务院关于废止和修改部分行政法规的决定

中华人民共和国国务院令第 638 号

《国务院关于废止和修改部分行政法规的决定》已经 2013 年 5 月 31 日国务院第 10 次常务会议通过，现予公布，自公布之日起施行。

总理　李克强
2013 年 7 月 18 日

为了依法推进行政审批制度改革和政府职能转变，进一步激发市场、社会的创造活力，发挥好地方政府贴近基层的优势，促进和保障政府管理由事前审批更多地转为事中事后监管，国务院对有关的行政法规进行了清理。经过清理，现决定：

一、废止《煤炭生产许可证管理办法》（1994 年 12 月 20 日国务院公布）。

二、对 25 件行政法规的部分条款予以修改。

本决定自公布之日起施行。

附件：国务院决定修改的行政法规

附件

国务院决定修改的行政法规

一、将《中华人民共和国对外合作开采海洋石油资源条例》第七条修改为："中国海洋石油总公司就对外合作开采石油的海区、面积、区块，通过组织招标，确定合作开采海洋石油资源的外国企业，签订合作开采石油合同或者其他合作合同，并向中华人民共和国商务部报送合同有关情况。"

二、将《实验动物管理条例》第二十三条修改为："实验动物工作单位从国外进口实验动物原种，必须向该单位所在地省、自治区、直辖市人民政府科技行政管理部门指定的保种、育种和质量监控单位登记。"

第二十四条第一款修改为："出口实验动物，必须报实验动物工作单位所在地省、自治区、直辖市人民政府科技行政管理部门审批。经批准后，方可办理出口手续。"

三、删去《卫星电视广播地面接收设施管理规定》第四条。

第五条改为第四条，并修改为："工业产品生产许可证主管部门许可的生产企业，应当将卫星地面接收设施销售给依法设立的安装服务机构。其他任何单位和个人不得销售。"

第十一条改为第十条，并将第一款修改为："违反本规定，擅自生产卫星地面接收设施或者生产企业未按照规定销售给依法设立的安装服务机构的,由工业产品生产许可证主管部门责令停止生产、销售。"

四、将《中华人民共和国对外合作开采陆上石油资源条例》第八条修改为:"中方石油公司在国务院批准的对外合作开采陆上石油资源的区域内,按划分的合作区块,通过招标或者谈判,确定合作开采陆上石油资源的外国企业,签订合作开采石油合同或者其他合作合同,并向中华人民共和国商务部报送合同有关情况。"

五、将《传统工艺美术保护条例》第十二条修改为:"符合下列条件并长期从事传统工艺美术制作的人员,由相关行业协会组织评审,可以授予中国工艺美术大师称号:

"(一)成就卓越,在国内外享有声誉的;

"(二)技艺精湛,自成流派的。"

删去第十三条。

六、将《中华人民共和国烟草专卖法实施条例》第二十四条修改为:"卷烟、雪茄烟和有包装的烟丝,应当使用注册商标。"

删去第四十七条。

七、将《国家科学技术奖励条例》第七条修改为:"社会力量设立的面向社会的科学技术奖,在奖励活动中不得收取任何费用。"

删去第二十三条。

八、删去《中华人民共和国国际海运条例》第九条、第十条。

第十三条改为第十一条,并删去其中的"国际船舶代理经营者"。

第十四条改为第十二条,并删去其中的"国际船舶代理经营者"。

第十五条改为第十三条,并删去其中的"国际船舶代理经营者"。

删去第二十四条。

第三十四条改为第三十一条,并删去第一款。

第四十四条改为第四十一条,并修改为:"未办理登记手续,擅自经营国际船舶管理业务的,由经营业务所在地的省、自治区、直辖市人民政府交通主管部门责令停止经营;有违法所得的,没收违法所得;违法所得5万元以上的,处违法所得2倍以上5倍以下的罚款;没有违法所得或者违法所得不足5万元的,处2万元以上10万元以下的罚款。"

第四十七条改为第四十四条,并删去其中的"国际船舶代理经营者"。

第五十二条改为第四十九条,并删去第一款。

第五十五条改为第五十二条,并删去第二项中的"国际船舶代理经营者"。

九、删去《出版管理条例》第三十五条第四款。

十、将《中华人民共和国税收征收管理法实施细则》第二十三条修改为:"生产、经营规模小又确无建账能力的纳税人,可以聘请经批准从事会计代理记账业务的专业机构或者财会人员代为建账和办理账务。"

删去第三十条第一款中的"经税务机关批准"。

十一、删去《中华人民共和国中外合作办学条例》第二十五条第二款。

第四十三条第二款修改为:"中外合作办学机构住所、法定代表人的变更,应当经审批机关核准,并办理相应的变更手续。中外合作办学机构校长或者主要行政负责人的变更,应当及时办理变更手续。"

十二、将《粮食流通管理条例》第十九条修改为:"建立粮食销售出库质量检验制度。粮食储存企业对超过正常储存年限的陈粮,在出库前应当经过粮食质量检验机构进行质量鉴定,凡已陈化变质、不符合食用卫生标准的粮食,严禁流入口粮市场。陈化粮判定标准,由国家粮食行政管理部门会同有关部门制定,陈化粮销售、处理和监管的具体办法,依照国家有关规定执行。"

第四十五条第二款修改为:"倒卖陈化粮或者不按照规定使用陈化粮的,由工商行政管理部门没收非法倒卖的粮食,并处非法倒卖粮食价值20%以下的罚款;情节严重的,由工商行政管理部门并处非法倒卖粮食价值1倍以上5倍以下的罚款,吊销营业执照;构成犯罪的,依法追究刑事责任。"

十三、删去《营业性演出管理条例》第九条第一款中的"和演出经纪机构"。

第十二条第三款修改为:"依照本条规定设立演出经纪机构、演出场所经营单位的,应当依照本条例第十一条第三款的规定办理审批手续。"

第十六条第一款修改为:"举办外国的文艺表演团体、个人参加的营业性演出,演出举办单位应当向演出所在地省、自治区、直辖市人民政府文化主管部门提出申请。"

十四、将《大中型水利水电工程建设征地补偿和移民安置条例》第五十一条第一款修改为:"国家对移民安置实行全过程监督评估。签订移民安置协议的地方人民政府和项目法人应当采取招标的方式,共同委托移民安置监督评估单位对移民搬迁进度、移民安置质量、移民资金的拨付和使用情况以及移民生活水平的恢复情况进行监督评估;被委托方应当将监督评估的情况及时向委托方报告。"

十五、删去《期货交易管理条例》第四十三条第一款。

十六、将《中华人民共和国船员条例》第三十九条修改为:"从事代理海洋船舶船员办理申请培训、考试、申领证书(包括外国海洋船舶船员证书)等有关手续,代理海洋船舶船员用人单位管理船员事务,提供海洋船舶配员等海洋船舶船员服务业务的机构,应当符合下列条件:

"(一)在中华人民共和国境内依法设立的法人;

"(二)有2名以上具有高级船员任职资历的管理人员;

"(三)有符合国务院交通主管部门规定的船员服务管理制度;

"(四)具有与所从事业务相适应的服务能力。"

第四十条第一款修改为:"从事海洋船舶船员服务业务的机构,应当向海事管理机构提交书面申请,并附送符合本条例第三十九条规定条件的证明材料。"

第四十一条第一款中的"船员服务机构"修改为"从事内河船舶、海洋船舶船员服务业务的机构(以下简称船员服务机构)"。

第四十七条中的"船员服务业务许可"修改为"海洋船舶船员服务业务许可"。

第六十三条中的"船员服务"修改为"海洋船舶船员服务"。

第六十七条中的"船员服务机构"修改为"海洋船舶船员服务机构"。

十七、将《中华人民共和国水文条例》第二十七条修改为:"编制重要规划、进行重点项目建设和水资源管理等使用的水文监测资料应当完整、可靠、一致。"

删去第四十一条第二项。

十八、将《全民健身条例》第三十二条中的"县级以上人民政府体育主管部门"修改为"县级以上地方人民政府体育主管部门"。

十九、将《防治船舶污染海洋环境管理条例》第二十九条修改为:"船舶修造、水上拆解的地点应当符合环境功能区划和海洋功能区划。"

删去第五十三条第三款。

二十、将《外国企业常驻代表机构登记管理条例》第五条第一款修改为:"省、自治区、直辖市人民政府工商行政管理部门是代表机构的登记和管理机关(以下简称登记机关)。"

二十一、将《乡镇煤矿管理条例》第四条、第十四条中的"煤炭生产许可证"修改为"安全生产许可证"。

二十二、将《煤矿安全监察条例》第三十七条、第四十三条中的"煤炭生产许可证"修改为"安全生产许可证"。

删去第四十七条中的"煤炭生产许可证"。

二十三、将《安全生产许可证条例》第四条修改为:"省、自治区、直辖市人民政府建设主管部门负责建筑施工企业安全生产许可证的颁发和管理,并接受国务院建设主管部门的指导和监督。"

删去第七条第二款中的"在申请领取煤炭生产许可证前"。

二十四、删去《中华人民共和国进出口商品检验法实施条例》第十二条第二款、第三款、第四款。

删去第二十二条第一款、第二款中的"经国家质检总局指定的"。

删去第三十三条、第三十四条。

第三十九条改为第三十七条,并删去其中的"人员资格"。

第四十三条改为第四十一条,并删去第一款中的"办理原产地证明的申请人应当依法取得出入境检验检疫机构的注册登记。"

第四十八条改为第四十六条,并删去第一款、第三款中的"情节严重的,并撤销其报检注册登记、报检从业注册"。

第五十二条改为第五十条,并删去其中的"化妆品"。

第五十八条改为第五十六条,修改为:"代理报检企业、出入境快件运营企业违反国家有关规定,扰乱报检秩序的,由出入境检验检疫机构责令改正,没收违法所得,可以处10万元以下罚款,国家质检总局或者出入境检验检疫机构可以暂停其6个月以内代理报检业务。"

二十五、删去《国务院关于预防煤矿生产安全事故的特别规定》第五条第一款、第六条第一款、第八条第二款第十四项、第十一条第一款中的"煤炭生产许可证"。

删去第八条第二款第十三项中的"和煤炭生产许可证"。

此外,对相关行政法规的条文顺序作了相应调整。

国务院关于取消和下放50项行政审批项目等事项的决定

国发〔2013〕27号

各省、自治区、直辖市人民政府，国务院各部委、各直属机构：

经研究论证，国务院决定，再取消和下放一批行政审批项目等事项，共计50项。其中，取消和下放29项、部分取消和下放13项、取消和下放评比达标项目3项；取消涉密事项1项（按规定另行通知）；有4项拟取消和下放的行政审批项目是依据有关法律设立的，国务院将依照法定程序提请全国人民代表大会常务委员会修订相关法律规定。

各地区、各部门要认真做好取消和下放管理层级行政审批项目等事项的落实和衔接工作，切实加强后续监管。要按照深化行政体制改革、加快转变政府职能的要求，继续坚定不移推进行政审批制度改革，清理行政审批事项，加大简政放权力度。

附件：
1. 国务院决定取消和下放管理层级的行政审批项目目录（共计29项）
2. 国务院决定部分取消和下放管理层级的行政审批项目目录（共计13项）
3. 国务院决定取消和下放管理层级的评比、达标项目目录（共计3项）

国务院
2013年7月13日

附件1

国务院决定取消和下放管理层级的行政审批项目目录

（共计29项，其中取消21项，下放8项）

序号	项目名称	实施机关	设定依据	处理决定
1	香港特别行政区、澳门特别行政区、台湾地区投资者在内地设置独资医院审批	国家卫生计生委	《医疗机构管理条例》（国务院令第149号）《香港和澳门服务提供者在内地设立独资医院管理暂行办法》（卫医政发〔2010〕109号）《台湾服务提供者在大陆设立独资医院管理暂行办法》（卫医政发〔2010〕110号）	下放省级卫生和计划生育部门

（续表）

序号	项目名称	实施机关	设定依据	处理决定
2	外国医疗团体来华短期行医审批	国家卫生计生委	《外国医师来华短期行医暂行管理办法》（卫生部令第24号）	下放设区的市级卫生和计划生育部门
3	从事出版物全国连锁经营业务的单位变更《出版物经营许可证》登记事项，或者兼并、合并、分立审批	新闻出版广电总局	《国务院对确需保留的行政审批项目设定行政许可的决定》（国务院令第412号）《出版管理条例》（国务院令第594号）	取消
4	著作权集体管理组织章程修改审批	新闻出版广电总局	《著作权集体管理条例》（国务院令第429号）	取消
5	期刊变更登记地审批	新闻出版广电总局	《国务院对确需保留的行政审批项目设定行政许可的决定》（国务院令第412号）	取消
6	影视互济专项资金使用审批	新闻出版广电总局	《国务院办公厅关于保留部分非行政许可审批项目的通知》（国办发〔2004〕62号）	取消
7	军队协助拍摄电影片军事预算审批	新闻出版广电总局	《国务院办公厅关于保留部分非行政许可审批项目的通知》（国办发〔2004〕62号）	取消
8	广播电视传输网络公司股权性融资审批	新闻出版广电总局	《国务院办公厅关于保留部分非行政许可审批项目的通知》（国办发〔2004〕62号）	取消
9	电影洗印单位接受委托洗印加工境外电影底片、样片和电影片拷贝审批	新闻出版广电总局	《电影管理条例》（国务院令第342号）	取消
10	音像复制单位设立审批	新闻出版广电总局	《音像制品管理条例》（国务院令第595号）	下放省级新闻出版广电行政部门
11	电子出版物复制单位设立审批	新闻出版广电总局	《国务院对确需保留的行政审批项目设定行政许可的决定》（国务院令第412号）	下放省级新闻出版广电行政部门
12	音像复制单位变更业务范围或兼并、合并、分立审批	新闻出版广电总局	《音像制品管理条例》（国务院令第595号）	下放省级新闻出版广电行政部门
13	电子出版物复制单位变更业务范围或兼并、合并、分立审批	新闻出版广电总局	《音像制品管理条例》（国务院令第595号）《国务院对确需保留的行政审批项目设定行政许可的决定》（国务院令第412号）	下放省级新闻出版广电行政部门
14	药品生产质量管理规范认证	食品药品监管总局	《中华人民共和国药品管理法实施条例》（国务院令第360号）	逐步下放省级食品药品监管部门
15	电力、煤炭、油气企业的发展建设规划和专项发展建设规划审批	国家能源局	《国务院办公厅关于保留部分非行政许可审批项目的通知》（国办发〔2004〕62号）	取消

(续表)

序号	项目名称	实施机关	设定依据	处理决定
16	水电站大坝运行安全信息化验收和安全监测系统检查验收	国家能源局	《水电站大坝运行安全管理规定》（电监会令第3号）	取消
17	电力二次系统安全防护规范和方案审批	国家能源局	《电力二次系统安全防护规定》（电监会令第5号）	取消
18	电力行业信息系统安全保护、网络与信息安全应急预案审批	国家能源局	《信息安全等级保护管理办法》（公通字〔2007〕43号）《国务院办公厅关于印发国家网络与信息安全事件应急预案的通知》（国办函〔2008〕168号）原电监会《电力行业网络与信息安全应急预案》（电监信息〔2007〕36号）	取消
19	电力业务许可证核发	国家能源局	《电力监管条例》（国务院令第432号）	与供电营业区的设立、变更审批及供电营业许可证核发整合为一项行政许可，下放区域能源监管机构
20	电力安全生产标准化达标评级审批	国家能源局	《国务院办公厅关于继续深化"安全生产年"活动的通知》（国办发〔2011〕11号）原电监会《关于深入开展电力安全生产标准化工作的指导意见》（电监安全〔2011〕21号）	取消
21	海洋倾倒废弃物检验单位资质认定	国家海洋局	《国务院对确需保留的行政审批项目设定行政许可的决定》（国务院令第412号）	取消
22	国家级海洋自然保护区实验区内开展参观、旅游活动审批	国家海洋局	《中华人民共和国自然保护区条例》（国务院令第167号）	取消
23	开行客货直通列车、办理军事运输和特殊货物运输审批	原铁道部	《国务院对确需保留的行政审批项目设定行政许可的决定》（国务院令第412号）	取消
24	设置或拓宽铁路道口人行过道审批	铁路管理机构、地方政府	《铁路运输安全保护条例》（国务院令第430号）	取消
25	铁路超限超长超重集重承运人资质许可	原铁道部、铁路管理机构	《铁路运输安全保护条例》（国务院令第430号）	取消
26	铁路计算机信息系统安全保护措施审批	铁路公安机关	《国务院办公厅关于保留部分非行政许可审批项目的通知》（国办发〔2004〕62号）	取消

(续表)

序号	项目名称	实施机关	设定依据	处理决定
27	铁路工程及设备报废审批	原铁道部	《国务院办公厅关于保留部分非行政许可审批项目的通知》（国办发〔2004〕62号）	取消
28	铁路日常清产核资项目审批	原铁道部	《国务院办公厅关于保留部分非行政许可审批项目的通知》（国办发〔2004〕62号）	取消
29	印制铁路客货运输票据审批	原铁道部	《国务院办公厅关于保留部分非行政许可审批项目的通知》（国办发〔2004〕62号）	取消

附件2

国务院决定部分取消和下放管理层级的行政审批项目目录

（共计13项，其中取消6项，下放7项）

序号	项目名称	实施机关	设定依据	处理决定	备注
1	除利用新材料、新工艺技术和新杀菌原理生产消毒剂和消毒器械之外的消毒剂和消毒器械的审批	国家卫生计生委	《国务院对确需保留的行政审批项目设定行政许可的决定》（国务院令第412号）	取消	属于"生产消毒剂、消毒器械卫生许可"项目子项
2	化学品毒性鉴定机构资质认定	国家卫生计生委	《职业卫生技术服务机构管理办法》（卫生部令第31号）《中央编办关于职业卫生监管部门职责分工的通知》（中央编办发〔2010〕104号）	取消	属于"化学品毒性鉴定、放射防护器材和含放射性产品检测等技术服务机构资质认定"项目子项
3	除利用新材料、新工艺和新化学物质生产的涉及饮用水卫生安全产品的审批	国家卫生计生委	《国务院对确需保留的行政审批项目设定行政许可的决定》（国务院令第412号）	下放省级卫生和计划生育部门	属于"涉及饮用水卫生安全的产品卫生许可"项目子项
4	出版物总发行单位设立从事发行业务的分支机构审批	新闻出版广电总局	《出版管理条例》（国务院令第594号）	取消	属于"出版物总发行单位设立审批"项目子项

(续表)

序号	项目名称	实施机关	设定依据	处理决定	备注
5	中外合作摄制电影片所需进口设备、器材、胶片、道具审批	新闻出版广电总局	《电影管理条例》（国务院令第342号）	取消	属于"中外合作摄制电影片审批及其进口设备、器材、胶片、道具审批"项目子项
6	一般题材电影剧本审查	新闻出版广电总局	《电影管理条例》（国务院令第342号）	取消	属于"电影剧本审查"项目子项
7	地方对等交流互办单一国家电影展映活动审批	新闻出版广电总局	《电影管理条例》（国务院令第342号）	下放省级新闻出版广电行政部门	属于"举办中外电影展、国际电影节审批，提供电影片参加境外电影展、电影节审批"项目子项
8	国外人员参与制作的国产电视剧审查	新闻出版广电总局	《国务院对确需保留的行政审批项目设定行政许可的决定》（国务院令第412号）	下放省级新闻出版广电行政部门	属于"国产电视剧片审查"项目子项
9	地市级、县级广播电台、电视台变更台标审批	新闻出版广电总局	《广播电视管理条例》（国务院令第228号）	下放省级新闻出版广电行政部门	属于"广播电台、电视台变更台名、台标、节目设置范围或节目套数审批"项目子项
10	药品再注册以及不改变药品内在质量的补充申请行政许可	食品药品监管总局	《中华人民共和国药品管理法实施条例》（国务院令第360号）	逐步下放省级食品药品监管部门	属于"国产药品注册"项目子项
11	国产第三类医疗器械不改变产品内在质量的变更申请行政许可	食品药品监管总局	《医疗器械监督管理条例》（国务院令第276号）	逐步下放省级食品药品监管部门	属于"国产医疗器械注册"项目子项
12	首次进口非特殊用途化妆品行政许可	食品药品监管总局	《化妆品卫生监督条例》（国务院批准，卫生部令第3号）	逐步下放省级食品药品监管部门	属于"首次进口的化妆品审批"项目子项
13	发电厂整体安全性评价审批	国家能源局	《电力监管条例》（国务院令第432号）	取消	属于"发电厂整体安全性评价和发电机组并网运行安全性评价"项目子项

附件 3

国务院决定取消和下放
管理层级的评比、达标项目目录

（共计 3 项，其中取消 1 项，下放 2 项）

序号	项目名称	主办单位	处理决定
1	全国卫生县城、全国卫生乡镇评审	全国爱国卫生运动委员会	下放省级爱国卫生运动委员会
2	全国计划生育优质服务先进单位评审	国家卫生计生委	下放省级卫生和计划生育部门
3	全国计划生育家庭妇女创业之星、全国十佳自强女孩评选等达标、评比、评估和相关检查活动	国家卫生计生委	取消

中华人民共和国外国人入境出境管理条例

中华人民共和国国务院令第 637 号

《中华人民共和国外国人入境出境管理条例》已经 2013 年 7 月 3 日国务院第 15 次常务会议通过，现予公布，自 2013 年 9 月 1 日起施行。

总理　李克强

2013 年 7 月 12 日

中华人民共和国外国人入境出境管理条例

第一章　总　　则

第一条　为了规范签证的签发和外国人在中国境内停留居留的服务和管理，根据《中华人民共和国出境入境管理法》（以下简称出境入境管理法）制定本条例。

第二条 国家建立外国人入境出境服务和管理工作协调机制，加强外国人入境出境服务和管理工作的统筹、协调与配合。

省、自治区、直辖市人民政府可以根据需要建立外国人入境出境服务和管理工作协调机制，加强信息交流与协调配合，做好本行政区域的外国人入境出境服务和管理工作。

第三条 公安部应当会同国务院有关部门建立外国人入境出境服务和管理信息平台，实现有关信息的共享。

第四条 在签证签发管理和外国人在中国境内停留居留管理工作中，外交部、公安部等国务院部门应当在部门门户网站、受理出境入境证件申请的地点等场所，提供外国人入境出境管理法律法规和其他需要外国人知悉的信息。

第二章 签证的类别和签发

第五条 外交签证、礼遇签证、公务签证的签发范围和签发办法由外交部规定。

第六条 普通签证分为以下类别，并在签证上标明相应的汉语拼音字母：

（一）C字签证，发给执行乘务、航空、航运任务的国际列车乘务员、国际航空器机组人员、国际航行船舶的船员及船员随行家属和从事国际道路运输的汽车驾驶员。

（二）D字签证，发给入境永久居留的人员。

（三）F字签证，发给入境从事交流、访问、考察等活动的人员。

（四）G字签证，发给经中国过境的人员。

（五）J1字签证，发给外国常驻中国新闻机构的外国常驻记者；J2字签证，发给入境进行短期采访报道的外国记者。

（六）L字签证，发给入境旅游的人员；以团体形式入境旅游的，可以签发团体L字签证。

（七）M字签证，发给入境进行商业贸易活动的人员。

（八）Q1字签证，发给因家庭团聚申请入境居留的中国公民的家庭成员和具有中国永久居留资格的外国人的家庭成员，以及因寄养等原因申请入境居留的人员；Q2字签证，发给申请入境短期探亲的居住在中国境内的中国公民的亲属和具有中国永久居留资格的外国人的亲属。

（九）R字签证，发给国家需要的外国高层次人才和急需紧缺专门人才。

（十）S1字签证，发给申请入境长期探亲的因工作、学习等事由在中国境内居留的外国人的配偶、父母、未满18周岁的子女、配偶的父母，以及因其他私人事务需要在中国境内居留的人员；S2字签证，发给申请入境短期探亲的因工作、学习等事由在中国境内停留居留的外国人的家庭成员，以及因其他私人事务需要在中国境内停留的人员。

（十一）X1字签证，发给申请在中国境内长期学习的人员；X2字签证，发给申请在中国境内短期学习的人员。

（十二）Z字签证，发给申请在中国境内工作的人员。

第七条 外国人申请办理签证，应当填写申请表，提交本人的护照或者其他国际旅行证件以及符合规定的照片和申请事由的相关材料。

（一）申请 C 字签证，应当提交外国运输公司出具的担保函件或者中国境内有关单位出具的邀请函件。

（二）申请 D 字签证，应当提交公安部签发的外国人永久居留身份确认表。

（三）申请 F 字签证，应当提交中国境内的邀请方出具的邀请函件。

（四）申请 G 字签证，应当提交前往国家（地区）的已确定日期、座位的联程机（车、船）票。

（五）申请 J1 字及 J2 字签证，应当按照中国有关外国常驻新闻机构和外国记者采访的规定履行审批手续并提交相应的申请材料。

（六）申请 L 字签证，应当按照要求提交旅行计划行程安排等材料；以团体形式入境旅游的，还应当提交旅行社出具的邀请函件。

（七）申请 M 字签证，应当按照要求提交中国境内商业贸易合作方出具的邀请函件。

（八）申请 Q1 字签证，因家庭团聚申请入境居留的，应当提交居住在中国境内的中国公民、具有永久居留资格的外国人出具的邀请函件和家庭成员关系证明，因寄养等原因申请入境的，应当提交委托书等证明材料；申请 Q2 字签证，应当提交居住在中国境内的中国公民、具有永久居留资格的外国人出具的邀请函件等证明材料。

（九）申请 R 字签证，应当符合中国政府有关主管部门确定的外国高层次人才和急需紧缺专门人才的引进条件和要求，并按照规定提交相应的证明材料。

（十）申请 S1 字及 S2 字签证，应当按照要求提交因工作、学习等事由在中国境内停留居留的外国人出具的邀请函件、家庭成员关系证明，或者入境处理私人事务所需的证明材料。

（十一）申请 X1 字签证应当按照规定提交招收单位出具的录取通知书和主管部门出具的证明材料；申请 X2 字签证，应当按照规定提交招收单位出具的录取通知书等证明材料。

（十二）申请 Z 字签证，应当按照规定提交工作许可等证明材料。

签证机关可以根据具体情况要求外国人提交其他申请材料。

第八条 外国人有下列情形之一的，应当按照驻外签证机关要求接受面谈：

（一）申请入境居留的；

（二）个人身份信息、入境事由需要进一步核实的；

（三）曾有不准入境、被限期出境记录的；

（四）有必要进行面谈的其他情形。

驻外签证机关签发签证需要向中国境内有关部门、单位核实有关信息的，中国境内有关部门、单位应当予以配合。

第九条 签证机关经审查认为符合签发条件的，签发相应类别签证。对入境后需要办理居留证件的，签证机关应当在签证上注明入境后办理居留证件的时限。

第三章 停留居留管理

第十条 外国人持签证入境后，按照国家规定可以变更停留事由、给予入境便利的，或者因使用新护照、持团体签证入境后由于客观原因需要分团停留的，可以向停留地县级以上地方人民政府公安机关出入境管理机构申请换发签证。

第十一条 在中国境内的外国人所持签证遗失、损毁、被盗抢的，应当及时向停留地县级以上地方人民政府公安机关出入境管理机构申请补发签证。

第十二条 外国人申请签证的延期、换发、补发和申请办理停留证件，应当填写申请表，提交本人的护照或者其他国际旅行证件以及符合规定的照片和申请事由的相关材料。

第十三条 外国人申请签证延期、换发、补发和申请办理停留证件符合受理规定的，公安机关出入境管理机构应当出具有效期不超过 7 日的受理回执，并在受理回执有效期内作出是否签发的决定。

外国人申请签证延期、换发、补发和申请办理停留证件的手续或者材料不符合规定的，公安机关出入境管理机构应当一次性告知申请人需要履行的手续和补正的申请材料。

申请人所持护照或者其他国际旅行证件因办理证件被收存期间，可以凭受理回执在中国境内合法停留。

第十四条 公安机关出入境管理机构作出的延长签证停留期限决定，仅对本次入境有效，不影响签证的入境次数和入境有效期，并且累计延长的停留期限不得超过原签证注明的停留期限。

签证停留期限延长后，外国人应当按照原签证规定的事由和延长的期限停留。

第十五条 居留证件分为以下种类：

（一）工作类居留证件，发给在中国境内工作的人员；

（二）学习类居留证件，发给在中国境内长期学习的人员；

（三）记者类居留证件，发给外国常驻中国新闻机构的外国常驻记者；

（四）团聚类居留证件，发给因家庭团聚需要在中国境内居留的中国公民的家庭成员和具有中国永久居留资格的外国人的家庭成员，以及因寄养等原因需要在中国境内居留的人员；

（五）私人事务类居留证件，发给入境长期探亲的因工作、学习等事由在中国境内居留的外国人的配偶、父母、未满 18 周岁的子女、配偶的父母，以及因其他私人事务需要在中国境内居留的人员。

第十六条 外国人申请办理外国人居留证件，应当提交本人护照或者其他国际旅行证件以及符合规定的照片和申请事由的相关材料，本人到居留地县级以上地方人民政府公安机关出入境管理机构办理相关手续，并留存指纹等人体生物识别信息。

（一）工作类居留证件，应当提交工作许可等证明材料；属于国家需要的外国高层次人才和急需紧缺专门人才的，应当按照规定提交有关证明材料。

（二）学习类居留证件，应当按照规定提交招收单位出具的注明学习期限的函件等证明材料。

（三）记者类居留证件，应当提交有关主管部门出具的函件和核发的记者证。

（四）团聚类居留证件，因家庭团聚需要在中国境内居留的，应当提交家庭成员关系证明和与申请事由相关的证明材料；因寄养等原因需要在中国境内居留的，应当提交委托书等证明材料。

（五）私人事务类居留证件，长期探亲的，应当按照要求提交亲属关系证明、被探望人的居留证件等证明材料；入境处理私人事务的，应当提交因处理私人事务需要在中国境内居留的相关证明材料。

外国人申请有效期1年以上的居留证件的，应当按照规定提交健康证明。健康证明自开具之日起6个月内有效。

第十七条 外国人申请办理居留证件的延期、换发、补发，应当填写申请表，提交本人的护照或者其他国际旅行证件以及符合规定的照片和申请事由的相关材料。

第十八条 外国人申请居留证件或者申请居留证件的延期、换发、补发符合受理规定的，公安机关出入境管理机构应当出具有效期不超过15日的受理回执，并在受理回执有效期内作出是否签发的决定。

外国人申请居留证件或者申请居留证件的延期、换发、补发的手续或者材料不符合规定的，公安机关出入境管理机构应当一次性告知申请人需要履行的手续和补正的申请材料。

申请人所持护照或者其他国际旅行证件因办理证件被收存期间，可以凭受理回执在中国境内合法居留。

第十九条 外国人申请签证和居留证件的延期、换发、补发，申请办理停留证件，有下列情形之一的，可以由邀请单位或者个人、申请人的亲属、有关专门服务机构代为申请：

（一）未满16周岁或者已满60周岁以及因疾病等原因行动不便的；

（二）非首次入境且在中国境内停留居留记录良好的；

（三）邀请单位或者个人对外国人在中国境内期间所需费用提供保证措施的。

外国人申请居留证件，属于国家需要的外国高层次人才和急需紧缺专门人才以及前款第一项规定情形的，可以由邀请单位或者个人、申请人的亲属、有关专门服务机构代为申请。

第二十条 公安机关出入境管理机构可以通过面谈、电话询问、实地调查等方式核实申请事由的真实性，申请人以及出具邀请函件、证明材料的单位或者个人应当予以配合。

第二十一条 公安机关出入境管理机构对有下列情形之一的外国人，不予批准签证和居留证件的延期、换发、补发，不予签发停留证件：

（一）不能按照规定提供申请材料的；

（二）在申请过程中弄虚作假的；

（三）违反中国有关法律、行政法规规定，不适合在中国境内停留居留的；

（四）不宜批准签证和居留证件的延期、换发、补发或者签发停留证件的其他情形。

第二十二条 持学习类居留证件的外国人需要在校外勤工助学或者实习的，应当经所在学校同意后，向公安机关出入境管理机构申请居留证件加注勤工助学或者实习地点、期限等信息。

持学习类居留证件的外国人所持居留证件未加注前款规定信息的，不得在校外勤工助学或者实习。

第二十三条 在中国境内的外国人因证件遗失、损毁、被盗抢等原因未持有效护照或者国际旅行证件，无法在本国驻中国有关机构补办的，可以向停留居留地县级以上地方人民政府公安机关出入境管理机构申请办理出境手续。

第二十四条 所持出入境证件注明停留区域的外国人、出入境边防检查机关批准临时入境且限定停留区域的外国人，应当在限定的区域内停留。

第二十五条 外国人在中国境内有下列情形之一的,属于非法居留:
(一)超过签证、停留居留证件规定的停留居留期限停留居留的;
(二)免办签证入境的外国人超过免签期限停留且未办理停留居留证件的;
(三)外国人超出限定的停留居留区域活动的;
(四)其他非法居留的情形。

第二十六条 聘用外国人工作或者招收外国留学生的单位,发现有下列情形之一的,应当及时向所在地县级以上地方人民政府公安机关出入境管理机构报告:
(一)聘用的外国人离职或者变更工作地域的;
(二)招收的外国留学生毕业、结业、肄业、退学,离开原招收单位的;
(三)聘用的外国人、招收的外国留学生违反出境入境管理规定的;
(四)聘用的外国人、招收的外国留学生出现死亡、失踪等情形的。

第二十七条 金融、教育、医疗、电信等单位在办理业务时需要核实外国人身份信息的,可以向公安机关出入境管理机构申请核实。

第二十八条 外国人因外交、公务事由在中国境内停留居留证件的签发管理,按照外交部的规定执行。

第四章 调查和遣返

第二十九条 公安机关根据实际需要可以设置遣返场所。

依照出境入境管理法第六十条的规定对外国人实施拘留审查的,应当在24小时内将被拘留审查的外国人送到拘留所或者遣返场所。

由于天气、当事人健康状况等原因无法立即执行遣送出境、驱逐出境的,应当凭相关法律文书将外国人羁押在拘留所或者遣返场所。

第三十条 依照出境入境管理法第六十一条的规定,对外国人限制活动范围的,应当出具限制活动范围决定书。被限制活动范围的外国人,应当在指定的时间到公安机关报到;未经决定机关批准,不得变更生活居所或者离开限定的区域。

第三十一条 依照出境入境管理法第六十二条的规定,对外国人实施遣送出境的,作出遣送出境决定的机关应当依法确定被遣送出境的外国人不准入境的具体期限。

第三十二条 外国人被遣送出境所需的费用由本人承担。本人无力承担的,属于非法就业的,由非法聘用的单位、个人承担;属于其他情形的,由对外国人在中国境内停留居留提供保证措施的单位或者个人承担。

遣送外国人出境,由县级以上地方人民政府公安机关或者出入境边防检查机关实施。

第三十三条 外国人被决定限期出境的,作出决定的机关应当在注销或者收缴其原出境入境证件后,为其补办停留手续并限定出境的期限。限定出境期限最长不得超过15日。

第三十四条 外国人有下列情形之一的,其所持签证、停留居留证件由签发机关宣布作废:
(一)签证、停留居留证件损毁、遗失、被盗抢的;
(二)被决定限期出境、遣送出境、驱逐出境,其所持签证、停留居留证件未被收缴或

者注销的;

（三）原居留事由变更，未在规定期限内向公安机关出入境管理机构申报，经公安机关公告后仍未申报的;

（四）有出境入境管理法第二十一条、第三十一条规定的不予签发签证、居留证件情形的。

签发机关对签证、停留居留证件依法宣布作废的，可以当场宣布作废或者公告宣布作废。

第三十五条 外国人所持签证、停留居留证件有下列情形之一的，由公安机关注销或者收缴:

（一）被签发机关宣布作废或者被他人冒用的;

（二）通过伪造、变造、骗取或者其他方式非法获取的;

（三）持有人被决定限期出境、遣送出境、驱逐出境的。

作出注销或者收缴决定的机关应当及时通知签发机关。

第五章 附 则

第三十六条 本条例下列用语的含义:

（一）签证的入境次数，是指持证人在签证入境有效期内可以入境的次数。

（二）签证的入境有效期，是指持证人所持签证入境的有效时间范围。非经签发机关注明，签证自签发之日起生效，于有效期满当日北京时间24时失效。

（三）签证的停留期限，是指持证人每次入境后被准许停留的时限，自入境次日开始计算。

（四）短期，是指在中国境内停留不超过180日（含180日）。

（五）长期、常驻，是指在中国境内居留超过180日。

本条例规定的公安机关出入境管理机构审批期限和受理回执有效期以工作日计算，不含法定节假日。

第三十七条 经外交部批准，驻外签证机关可以委托当地有关机构承办外国人签证申请的接件、录入、咨询等服务性事务。

第三十八条 签证的式样由外交部会同公安部规定。停留居留证件的式样由公安部规定。

第三十九条 本条例自2013年9月1日起施行。1986年12月3日国务院批准，1986年12月27日公安部、外交部公布，1994年7月13日、2010年4月24日国务院修订的《中华人民共和国外国人入境出境管理法实施细则》同时废止。

国家税务总局关于贯彻落实《国务院关于取消和下放一批行政审批项目等事项的决定》的通知

税总发〔2013〕73号

各省、自治区、直辖市、计划单列市国家税务局、地方税务局，局内各单位：

2013年5月15日，国务院发布了《国务院关于取消和下放一批行政审批项目等事项的决定》（国发〔2013〕19号，以下简称《决定》）。为贯彻落实《决定》的要求，深入推进税务行政审批制度改革，切实转变税务系统职能，现就有关事项通知如下。

一、充分认识深化行政审批制度改革的重大意义

各级税务机关要进一步提高对深化行政审批制度改革重要性的认识。改革仍是我国目前最大的红利，行政审批制度是改革的切入点和突破口，改革行政审批制度对发挥市场在资源配置中的基础性作用，激发市场、企业和社会活力，增强经济发展内生动力，打造中国经济升级版具有重要意义。税务部门要在思想和行动上与中央精神保持高度一致，通过改革行政审批制度给经济注入活力、增强动力，为税收事业发展做出贡献；同时，做好行政审批制度改革也是对税务部门改进服务、加强管理的检验，必须高度重视，认真落实，不走过场。

二、认真落实取消税务行政审批事项的各项要求

《决定》取消了"对纳税人申报方式的核准"和"印制有本单位名称发票的审批"以及"对办理税务登记（开业、变更、验证和换证）的核准"等3项税务行政审批项目（其中"对办理税务登记的核准"项目是依据《税收征管法》设立的，国务院已依法提请全国人大常委会，6月29日已完成该法修订程序，但取消该项目名称有待国务院公布）。对国务院决定取消的税务行政审批项目，任何一级税务机关都不得截留，必须原原本本、认认真真地贯彻落实到位。要把落实取消税务行政审批项目的情况，作为税收执法检查和执法监察的重点内容进行监督检查，对落实不好的要坚决予以纠正，严肃追究责任，确保执行到位。要对取消行政审批项目涉及的有关税收规章和税收规范性文件进行全面清理，该修改的修改，该废止的废止，防止行政审批事项取消后，由于与该审批事项相关的依据未作相应修改或废止，造成实际执行不到位、取消未落实。要深入研究加强后续管理问题。研究制定取消的行政审批项目后续管理和服务措施，调整征管信息系统的相关征管流程，防止出现"管理真空"，切实转变管理理念和管理方式，避免陷入一放就乱、一乱就收、一收就死的怪圈。

三、坚定不移推进税务部门行政审批制度改革

各级税务机关要根据深化行政体制改革、加快转变政府职能的新形势和新要求，继续坚定不移地推进税务部门行政审批制度改革。要以深化税务行政审批制度改革为突破口，继续简政放权，坚决摒弃将加强管理简单地等同于行政审批的片面思维，切实将税务管理的重点和方法从事前审批转入到事中监控和事后监管上来。税收规章和规章以下的税收规范性文件均不得设定行政审批;对行政审批项目实行目录化管理,凡不在目录上的事项一律不得实行审批;各级税务机关如有自行设立的税务行政审批项目(包括审批、审核、批准、认可、认定、同意、核准、登记、事前核准性备案、发证、告知、注册、验证、验收、年审、年检等各种批准形式),要立即进行彻底清理。对核准、备案等事项,要细化标准,对外公开,方便纳税人自主办理,不得变相搞审批。着力推动管理理念、管理职能、管理方式和管理作风的转变,加快建设职能科学、结构优化、廉洁高效、人民满意的服务型税务机关。

要坚持管放结合,真正下决心把不该管、管不了、也管不好的还权于企业、回归到市场、交还给社会、下放在基层,激发各方面活力;在放权的同时必须加强监管,把该管的、能管的坚决管住管好管到位。要坚持优化服务,把深化行政审批制度改革与为纳税人提供优质服务结合起来,贯穿于职能转变的全过程,切实提高为纳税人服务的水平。要健全监督制约机制,加强对包括行政审批权在内的税收执法权和行政管理权的监督制约,确保严格按照法定权限和程序行使权力、履行职责,不断提高税务管理科学化、规范化水平。

附件:国务院决定取消的行政审批项目目录(涉税2项)

国家税务总局
2013年7月11日

附件

国务院决定取消的行政审批项目目录

(涉税2项)

序号	项目名称	实施机关	设定依据	处理决定	备注
1	对纳税人申报方式的核准	税务机关	《中华人民共和国税收征收管理法实施细则》(国务院令第362号)	取消	
2	印制有本单位名称发票的审批	税务总局	《中华人民共和国发票管理办法》(国务院令第587号)	取消	

全国人民代表大会常务委员会关于修改
《中华人民共和国文物保护法》等十二部法律的决定

中华人民共和国主席令第5号

《全国人民代表大会常务委员会关于修改〈中华人民共和国文物保护法〉等十二部法律的决定》已由中华人民共和国第十二届全国人民代表大会常务委员会第三次会议于2013年6月29日通过，现予公布，自公布之日起施行。

中华人民共和国主席　习近平
2013年6月29日

第十二届全国人民代表大会常务委员会第三次会议决定：

一、对《中华人民共和国文物保护法》作出修改

（一）将第二十五条第二款修改为："非国有不可移动文物转让、抵押或者改变用途的，应当根据其级别报相应的文物行政部门备案。"

（二）将第五十六条第二款修改为："拍卖企业拍卖的文物，在拍卖前应当经省、自治区、直辖市人民政府文物行政部门审核，并报国务院文物行政部门备案。"

二、对《中华人民共和国草原法》作出修改

（一）将第五十五条修改为："除抢险救灾和牧民搬迁的机动车辆外，禁止机动车辆离开道路在草原上行驶，破坏草原植被；因从事地质勘探、科学考察等活动确需离开道路在草原上行驶的，应当事先向所在地县级人民政府草原行政主管部门报告行驶区域和行驶路线，并按照报告的行驶区域和行驶路线在草原上行驶。"

（二）将第七十条修改为："非抢险救灾和牧民搬迁的机动车辆离开道路在草原上行驶，或者从事地质勘探、科学考察等活动，未事先向所在地县级人民政府草原行政主管部门报告或者未按照报告的行驶区域和行驶路线在草原上行驶，破坏草原植被的，由县级人民政府草原行政主管部门责令停止违法行为，限期恢复植被，可以并处草原被破坏前三年平均产值三倍以上九倍以下的罚款；给草原所有者或者使用者造成损失的，依法承担赔偿责任。"

三、对《中华人民共和国海关法》作出修改

将第二十八条第二款修改为："海关在特殊情况下对进出口货物予以免验，具体办法由海关总署制定。"

四、对《中华人民共和国进出口商品检验法》作出修改

将第二十一条修改为："为进出口货物的收发货人办理报检手续的代理人办理报检手续时应当向商检机构提交授权委托书。"

五、对《中华人民共和国税收征收管理法》作出修改

将第十五条第一款修改为："企业，企业在外地设立的分支机构和从事生产、经营的场所，个体工商户和从事生产、经营的事业单位（以下统称从事生产、经营的纳税人）自领取

营业执照之日起三十日内,持有关证件,向税务机关申报办理税务登记。税务机关应当于收到申报的当日办理登记并发给税务登记证件。"

六、对《中华人民共和国固体废物污染环境防治法》作出修改

将第四十四条第二款修改为:"禁止擅自关闭、闲置或者拆除生活垃圾处置的设施、场所;确有必要关闭、闲置或者拆除的,必须经所在地的市、县人民政府环境卫生行政主管部门和环境保护行政主管部门核准,并采取措施,防止污染环境。"

七、对《中华人民共和国煤炭法》作出修改

(一)将第二十二条修改为:"煤矿投入生产前,煤矿企业应当依照有关安全生产的法律、行政法规的规定取得安全生产许可证。未取得安全生产许可证的,不得从事煤炭生产。"

(二)删去第二十三条、第二十四条、第二十五条、第二十六条、第二十七条、第四十六条、第四十七条、第四十八条、第六十七条、第六十八条。

(三)将第六十九条改为第五十九条,并将"吊销其煤炭生产许可证"修改为"责令停止生产"。

(四)将第七十条改为第六十条,并删去"吊销其煤炭生产许可证"。

(五)删去第七十一条。

(六)将第七十二条改为第六十一条,并删去"可以依法吊销煤炭生产许可证或者取消煤炭经营资格"。

(七)删去第七十七条。

煤炭法的有关条文序号根据本决定作相应调整。

八、对《中华人民共和国动物防疫法》作出修改

将第五十四条第一款修改为:"国家实行执业兽医资格考试制度。具有兽医相关专业大学专科以上学历的,可以申请参加执业兽医资格考试;考试合格的,由省、自治区、直辖市人民政府兽医主管部门颁发执业兽医资格证书;从事动物诊疗的,还应当向当地县级人民政府兽医主管部门申请注册。执业兽医资格考试和注册办法由国务院兽医主管部门商国务院人事行政部门制定。"

九、对《中华人民共和国证券法》作出修改

将第一百二十九条第一款修改为:"证券公司设立、收购或者撤销分支机构,变更业务范围,增加注册资本且股权结构发生重大调整,减少注册资本,变更持有百分之五以上股权的股东、实际控制人,变更公司章程中的重要条款,合并、分立、停业、解散、破产,必须经国务院证券监督管理机构批准。"

十、对《中华人民共和国种子法》作出修改

删去第四十五条第三项。

增加一款,作为第二款:"农作物种子检验员应当经省级以上人民政府农业行政主管部门考核合格;林木种子检验员应当经省、自治区、直辖市人民政府林业行政主管部门考核合格。"

十一、对《中华人民共和国民办教育促进法》作出修改

将第二十三条修改为:"民办学校参照同级同类公办学校校长任职的条件聘任校长,年龄可以适当放宽。"

十二、对《中华人民共和国传染病防治法》作出修改

（一）将第三条第五款修改为："国务院卫生行政部门根据传染病暴发、流行情况和危害程度，可以决定增加、减少或者调整乙类、丙类传染病病种并予以公布。"

（二）第四条增加一款，作为第二款："需要解除依照前款规定采取的甲类传染病预防、控制措施的，由国务院卫生行政部门报经国务院批准后予以公布。"

本决定自公布之日起施行。

《中华人民共和国文物保护法》、《中华人民共和国草原法》、《中华人民共和国海关法》、《中华人民共和国进出口商品检验法》、《中华人民共和国税收征收管理法》、《中华人民共和国固体废物污染环境防治法》、《中华人民共和国煤炭法》、《中华人民共和国动物防疫法》、《中华人民共和国证券法》、《中华人民共和国种子法》、《中华人民共和国民办教育促进法》、《中华人民共和国传染病防治法》根据本决定作相应修改，重新公布。

质检总局关于公布现行有效规范性文件和废止部分规范性文件的公告

国家质量监督检验检疫总局公告 2013 年第 75 号

为全面建设法治质检，提升质检系统依法行政的水平，按照《国家质量监督检验检疫总局规范性文件管理办法》的要求，国家质检总局对规范性文件进行了清理。本次共清理规范性文件 1 117 件，清理结果为，截至 2012 年 12 月底，质检总局现行有效规范性文件有 1 059 件，决定废止规范性文件 58 件。现予以公布（见附件），决定废止的规范性文件自公布之日起废止。

依法制定并发布的规程和行政管理中的目录属于规范性文件，根据实际工作需求继续有效。

未列入有效规范性文件目录的文件不作为规范性文件执行。

附件：
1. 国家质量监督检验检疫总局现行有效规范性文件目录（略——编者注）
2. 国家质量监督检验检疫总局决定废止的规范性文件目录（略——编者注）

质检总局
2013 年 6 月 8 日

国家发展改革委办公厅关于做好第一批取消和下放投资审批事项后续工作的通知

发改办投资〔2013〕1226号

各司、局、室:

2013年5月15日,《国务院关于取消和下放一批行政审批项目等事项的决定》(国发〔2013〕19号)印发生效,取消和下放了117项行政审批项目等事项,其中,取消了13类企业投资项目的核准事项,下放了12类企业投资项目的核准权限。为落实国务院决定,做好工作衔接,现将有关事项通知如下:

一、各有关单位要坚决落实国务院决定,做好第一批取消和下放投资审批事项的后续工作,切实加强后续监管。

二、对于2013年5月15日之前我委已经受理的项目申请报告,区分不同情况,按以下要求作出处理:

(一)对于已取消核准的项目,请主办司局以办公厅名义按规定程序退回原报单位。

(二)对于下放核准权限的项目,分两类情况进行处理:

1. 已经具备核准条件的,本着为企业提供便利、避免重复申报的原则,请主办司局在征得地方意见后尽快办理核准手续;

2. 尚不具备核准条件的,请主办司局以办公厅名义按规定程序退文,由地方按规定核准。

特此通知。

国家发展改革委办公厅
2013年5月24日

国务院关于取消和下放一批行政审批项目等事项的决定

国发〔2013〕19号

各省、自治区、直辖市人民政府,国务院各部委、各直属机构:

第十二届全国人民代表大会第一次会议批准的《国务院机构改革和职能转变方案》明确提出,要减少和下放投资审批事项,减少和下放生产经营活动审批事项,减少资质资格许可和认定,取消不合法不合理的行政事业性收费和政府性基金项目。经研究论证,国务院决定,取消和下放一批行政审批项目等事项,共计117项。其中,取消行政审批项目71项,下放管理层级行政审批项目20项,取消评比达标表彰项目10项,取消行政事业性收费项目3项;取消或下放管理层级的机关内部事项和涉密事项13项(按规定另行通知)。另有16项拟取消或下放的行政审批项目是依据有关法律设立的,国务院将依照法定程序提请全国人民代表大会常务委员会修订相关法律规定。

各地区、各部门要认真做好取消和下放管理层级行政审批项目等事项的落实和衔接工作,切实加强后续监管。要按照深化行政体制改革、加快转变政府职能的要求,继续坚定不移推进行政审批制度改革,清理行政审批等事项,加大简政放权力度。要健全监督制约机制,加强对行政审批权运行的监督,不断提高政府管理科学化、规范化水平。

附件:
1. 国务院决定取消和下放管理层级的行政审批项目目录(共计91项,略——编者注)
2. 国务院决定取消的评比、达标、表彰项目目录(共计10项,略——编者注)
3. 国务院决定取消的行政事业性收费项目目录(共计3项,略——编者注)

国务院
2013年5月15日

公布商务部现行有效规章目录及规范性文件目录

商务部公告2013年第23号

现将商务部现行有效规章目录及现行有效规范性文件目录予以公布。

附件:
1. 商务部现行有效规章(截至2013年1月1日)目录(略——编者注)
2. 商务部现行有效规范性文件(截至2013年1月1日)目录(略——编者注)

中华人民共和国商务部
2013年5月6日

公布《零售企业服务管理规范》等 50 项国内贸易行业标准

商务部公告 2013 年第 21 号

《零售企业服务管理规范》等 50 项国内贸易行业标准已经商务部审核，现予公布。

2012 年第 93 号公告发布的 SB/T 10834-2012《废旧轮胎回收体系建设标准》行业标准名称更改为《废轮胎回收体系建设规范》。

附件：50 项国内贸易行业标准编号、名称及实施日期（略——编者注）

中华人民共和国商务部
2013 年 4 月 16 日

附　录

中国利用外资法律法规中英文名称与北大法宝引证码对照表

序号	法规名称	发文字号	发布日期	实施日期	法宝引证码	法宝英文标题	法宝英文引证码
001	保监会关于印发《保险公司业务范围分级管理办法》的通知	保监发〔2013〕41号	20130502	20130502	CLI.4.200758	Notice of the China Insurance Regulatory Commission on Issuing the Measures for the Hierarchical Management of Business Scope of Insurance Companies	CLI.4.200758(EN)
002	保险机构投资设立基金管理公司试点办法	中国证券监督管理委员会公告〔2013〕27号	20130607	20130618	CLI.4.205652	Measures for the Pilot Program of Establishing Fund Management Companies by Insurance Institutions	CLI.4.205652(EN)
003	保险机构销售证券投资基金管理暂行规定	中国证券监督管理委员会公告〔2013〕25号	20130603	20130603	CLI.4.202332		
004	船舶行业规范条件	中华人民共和国工业和信息化部公告2013年第55号	20131104	20131201	CLI.4.212859		
005	工商总局关于同意中国（上海）自由贸易试验区试行新的营业执照方案的批复	工商外企字〔2013〕148号	20130926	20130926	CLI.4.210893		
006	工业和信息化部关于印发《内燃机再制造推进计划》的通知	工信部节〔2013〕406号	20131012	20131012	CLI.4.213299		

序号	法规名称	发文字号	发布日期	实施日期	法宝引证码	法宝英文标题	法宝英文引证码
007	工业和信息化部关于印发信息化和工业化深度融合专项行动计划（2013—2018年）的通知	工信部信〔2013〕317号	20130823	20130823	CLI.4.209451		
008	公司注册资本登记管理规定	国家工商行政管理总局令第64号	20140220	20140301	CLI.4.219770	Provisions on the Administration of Registration of the Registered Capital of Companies (2014)	CLI.4.219770(EN)
009	关于埃塞俄比亚等最不发达国家95%税目产品实施零关税的公告	海关总署公告2013年第34号	20130628	20130701	CLI.4.206040	Announcement on the Implementation Plan on Granting Zero Tariff Treatment to Commodities under 95% of Tax Items of the Least Developed Countries that Have Diplomatic Relations with China	CLI.4.206040(EN)
010	关于重新印发《总分机构试点纳税人增值税计算缴纳暂行办法》的通知	财税〔2013〕74号	20131024	20131024	CLI.4.212467	Notice of the Ministry of Finance and the State Administration of Taxation on Reissuing the Interim Measures for the Calculation and Payment of Value-Added Tax on Head Offices and Their Branches as Pilot Taxpayers	CLI.4.212467(EN)
011	关于动漫产业增值税和营业税政策的通知	财税〔2013〕98号	20131128	20130101	CLI.4.214647	Notice of the Ministry of Finance and the State Administration of Taxation on Value-added Tax and Business Tax Policies for the Animation Sector	CLI.4.214647(EN)
012	关于废止和修改部分规章规范性文件的决定	中华人民共和国国家发展和改革委员会令第5号	20131216	20131216	CLI.4.220349		
013	关于废止和修改部分规章和规范性文件的决定	国家发展和改革委员会令第4号	20130820	20130820	CLI.4.210449		
014	关于公布2014年进口许可证管理货物目录的公告	商务部、海关总署、质检总局公告2013年第97号	20131231	20140101	CLI.4.215528	Announcement on Issuing the Catalogue of Goods Subject to Import License Administration in 2014	CLI.4.215528(EN)
015	关于公布2014年两用物项和技术进出口许可证管理目录的公告	商务部、海关总署公告2013年第95号	20131230	20140101	CLI.4.215581		

序号	法规名称	发文字号	发布日期	实施日期	法宝引证码	法宝英文标题	法宝英文引证码
016	关于公布2013年商品归类决定（I）的公告	海关总署公告2013年第26号	20130517	20130601	CLI.4.201718	Announcement on Issuing the Decision on Commodity Classification for 2013 (I)	CLI.4.201718(EN)
017	关于公布2014年1月1日起新增香港澳门享受零关税货物原产地标准及相关事宜的公告	海关总署公告2013年第66号	20131128	20140101	CLI.4.213820		
018	关于公布取消和下放行政审批项目的通知	财法〔2014〕1号	20140219	20140219	CLI.4.218982		
019	关于公布香港、澳门享受零关税货物原产地标准表	海关总署公告2013年第28号	20130528	20130701	CLI.4.201792	Announcement on Issuing the Table of Criteria of Place of Origin of Goods Entitled to Zero Tariffs in Hong Kong and Macau and other Matters	CLI.4.201792(EN)
020	关于公布《中华人民共和国进出口税则本国子目注释（2013年新增和调整部分）》的公告	海关总署公告2013年第65号	20131127	20131127	CLI.4.213818	Announcement on Issuing Domestic Subheading Annotations for the Import and Export Tariff of the People's Republic of China (2013 Addition and Adjustment)	CLI.4.213818(EN)
021	关于光伏发电增值税政策的通知	财税〔2013〕66号	20130923	20131001	CLI.4.210870	Notice of the Ministry of Finance and the State Administration of Taxation on the Value-added Tax Policy for Photovoltaic Power Generation	CLI.4.210870(EN)
022	关于国家大学科技园税收政策的通知	财税〔2013〕118号	20131231	20131231	CLI.4.216553		
023	关于横琴开发有关进口税收政策的通知	财关税〔2013〕17号	20130520	20130520	CLI.4.201790	Notice of the Ministry of Finance, the General Administration of Customs, the State Administration of Taxation on Relevant Import Tax Policies regarding the Development of Hengqin	CLI.4.201790(EN)
024	关于简化典当行备案工作流程的通知	商流通司函〔2013〕172号	20130930	20130930	CLI.4.211007		

序号	法规名称	发文字号	发布日期	实施日期	法宝引证码	法宝英文标题	法宝英文引证码
025	关于进一步明确保险专业中介机构市场准入有关问题的通知	保监发〔2013〕44号	20130516	20130516	CLI.4.201479	Notice of the China Insurance Regulatory Commission on Further Clarifying Certain Issues concerning the Market Access of Professional Insurance Intermediary Institutions	CLI.4.201479(EN)
026	关于进一步完善证券公司缴纳证券投资者保护基金有关事项的补充规定	中国证券监督管理委员会公告〔2013〕22号	20130402	20130402	CLI.4.199865	Supplementary Provisions on Issues concerning Further Improving the Contributions of Securities Companies to the Securities Investor Protection Fund	CLI.4.199865(EN)
027	关于跨境人民币直接投资有关问题的公告	商务部公告2013年第87号	20131203	20140101	CLI.4.214622		
028	关于利用石脑油和燃料油生产乙烯芳烃类产品有关增值税政策的通知	财税〔2014〕17号	20140217	20140301	CLI.4.220507		
029	关于2014年关税实施方案的通知	税委会〔2013〕36号	20131211	20140101	CLI.4.214576		
030	关于平潭综合实验区有关进口税收政策的通知	财关税〔2013〕62号	20130903	20130903	CLI.4.209988	Notice of the Ministry of Finance, the General Administration of Customs, and the State Administration of Taxation on Import Tax Policies for Pingtan Comprehensive Experimental Zone	CLI.4.209988(EN)
031	关于全面深化区域通关业务改革的公告	海关总署公告2013年第58号	20131029	20131029	CLI.4.212127		
032	关于调整进口飞机有关增值税政策的通知	财关税〔2013〕53号	20130829	20130830	CLI.4.209245	Notice of the Ministry of Finance and the State Administration of Taxation on Adjusting the Value-Added Tax Polices for Imported Planes	CLI.4.209245(EN)
033	关于调整重大技术装备进口税收政策的通知	财关税〔2014〕2号	20140218	20140301	CLI.4.219664		
034	关于下放境外会计师事务所在中国内地临时执行审计业务审批项目有关政策衔接问题的通知	财会〔2013〕25号	20131227	20140101	CLI.4.215648		

序号	法规名称	发文字号	发布日期	实施日期	法宝引证码	法宝英文标题	法宝英文引证码
035	关于享受资源综合利用增值税优惠政策的纳税人执行污染物排放标准有关问题的通知	财税〔2013〕23号	20130401	20130401	CLI.4.199558	Notice of the Ministry of Finance and the State Administration of Taxation on the Relevant Issues concerning the Implementation of the Standard for Pollutant Discharge by Taxpayers that Enjoy the Value-Added Tax Preferential Policy for Comprehensive Utilization of Resources	CLI.4.199558(EN)
036	关于修改《快递业务经营许可管理办法》的决定	中华人民共和国交通运输部令2013年第4号	20130412	20130412	CLI.4.200599 CLI.4.200600	Decision of the Ministry of Transport on Amending the Measures for the Administration of Express Delivery Business Licensing (2013)	CLI.4.200599(EN) CLI.4.200600(EN)
037	关于修改《证券公司集合资产管理业务实施细则》的决定	中国证券监督管理委员会公告〔2013〕28号	20130626	20130626	CLI.4.205901 CLI.4.205902	Decision of the China Securities Regulatory Commission on Amending the Detailed Rules for the Implementation of the Collective Asset Management Business of Securities Companies	CLI.4.205901(EN) CLI.4.205902(EN)
038	关于修改《证券公司客户资产管理业务管理办法》的决定	中国证券监督管理委员会令第93号	20130626	20130626	CLI.4.205906 CLI.4.205907	Decision of the China Securities Regulatory Commission on Amending the Measures for the Administration of the Customer Asset Management Business of Securities Companies (2013)	CLI.4.205906(EN) CLI.4.205907(EN)
039	关于修改《中华人民共和国国际海运条例实施细则》的决定	中华人民共和国交通运输部令2013年第9号	20130829	20130829	CLI.4.209946 CLI.4.209948	Decision of the Ministry of Transport on Amending the Detailed Rules for the Implementation of the Regulation of the People's Republic of China on International Maritime Transportation	CLI.4.209946(EN)
040	关于印发鼓励进口技术和产品目录(2014年版)的通知	发改产业〔2014〕426号	20140313	20140313	CLI.4.221334		

序号	法规名称	发文字号	发布日期	实施日期	法宝引证码	法宝英文标题	法宝英文引证码
041	关于印发《国家工商行政管理总局关于支持中国（上海）自由贸易试验区建设的若干意见》的通知	工商外企字〔2013〕147号	20130926	20130926	CLI.4.210895	Notice of the State Administration for Industry and Commerce on Issuing the Several Opinions of the State Administration for Industry and Commerce on Supporting the Construction of China (Shanghai) Pilot Free Trade Zone	CLI.4.210895(EN)
042	关于印发全国物流园区发展规划的通知	发改经贸〔2013〕1949号	20130930	20130930	CLI.4.211460		
043	关于印发修订《企业会计准则第2号——长期股权投资》的通知	财会〔2014〕14号	20140313	20140701	CLI.4.221264		
044	关于执行《中华人民共和国海关加工贸易货物监管办法》有关问题的公告	海关总署公告2014年第21号	20140324	20140324	CLI.4.221759		
045	关于执行《中西部地区外商投资优势产业目录（2013年修订）》的公告	海关总署公告2013年第50号	20130820	20130620	CLI.4.209297	Announcement on Issues concerning the Customs Implementation of the Catalogue of Foreign Investment in Central and Western China (2013 Revision)	CLI.4.209297(EN) CLI.4.206043(EN)
046	关于中国（上海）自由贸易试验区内企业以非货币性资产对外投资等资产重组行为有关企业所得税政策问题的通知	财税〔2013〕91号	20131115	20131115	CLI.4.213713	Notice of the Ministry of Finance and the State Administration of Taxation on Enterprise Income Tax Policies for External Investment with Non-Monetary Assets and Other Asset Restructuring Activities of Enterprises in China (Shanghai) Pilot Free Trade Zone	CLI.4.213713(EN)
047	关于中国（上海）自由贸易试验区有关进口税收政策的通知	财关税〔2013〕75号	20131015	20130929	CLI.4.211717	Notice of the Ministry of Finance, the General Administration of Customs and the State Administration of Taxation on Import Tax Policies for China (Shanghai) Pilot Free Trade Zone	CLI.4.211717(EN)
048	国家发展改革委办公厅关于进一步改进企业债券发行审核工作的通知	发改办财金〔2013〕957号	20130419	20130419	CLI.4.201530		

序号	法规名称	发文字号	发布日期	实施日期	法宝引证码	法宝英文标题	法宝英文引证码
049	国家发展改革委办公厅关于做好第一批取消和下放投资审批事项后续工作的通知	发改办投资〔2013〕1226号	20130524	20130524	CLI.4.202245	Notice of the General Office of the National Development and Reform Commission on Effectively Conducting the Follow-Up Work concerning the First Batch of Investment Approval Items to Be Cancelled and Delegated to Lower Levels	CLI.4.202245(EN)
050	国家发展改革委关于推动碳捕集、利用和封存试验示范的通知	发改气候〔2013〕849号	20130427	20130427	CLI.4.200901		
051	国家发展改革委关于印发黑龙江和内蒙古东北部地区沿边开发开放规划的通知	发改地区〔2013〕1532号	20130809	20130809	CLI.4.210342		
052	国家发展改革委关于印发2013年促进中部地区崛起工作要点的通知	发改地区〔2013〕993号	20130528	20130528	CLI.4.205797		
053	国家发展改革委关于印发2012年西部大开发工作进展情况和2013年工作安排的通知	发改西部〔2013〕1529号	20130808	20130808	CLI.4.208886		
054	国家发展改革委关于印发2012年振兴东北地区等老工业基地工作进展情况和2013年工作要点的通知	发改东北〔2013〕1242号	20130626	20130626	CLI.4.206873		
055	国家发展改革委关于印发苏南现代化建设示范区规划的通知	发改地区〔2013〕814号	20130425	20130425	CLI.4.200579		
056	国家发展改革委关于云南省普洱市建设国家绿色经济试验示范区发展规划的批复	发改环资〔2014〕434号	20140312	20140312	CLI.4.222947		

序号	法规名称	发文字号	发布日期	实施日期	法宝引证码	法宝英文标题	法宝英文引证码
057	国家发展改革委贯彻落实主体功能区战略推进主体功能区建设若干政策的意见	发改规划〔2013〕1154号	20130618	20130618	CLI.4.205750		
058	国家发展改革委、中国科学院关于印发科技助推西部地区转型发展行动计划（2013—2020年）的通知	发改西部〔2013〕1280号	20130702	20130702	CLI.4.206864		
059	国家工商行政管理总局关于修改《中华人民共和国企业法人登记管理条例施行细则》、《外商投资合伙企业登记管理规定》、《个人独资企业登记管理办法》、《个体工商户登记管理办法》等规章的决定	国家工商行政管理总局令第63号	20140220	20140301	CLI.4.219764 CLI.4.219767 CLI.4.219768 CLI.4.219769 CLI.4.219789	Decision of the State Administration for Industry and Commerce on Amending the Detailed Rules for the Implementation of the Regulation of the People's Republic of China on the Administration of Registration of Enterprise Legal Persons, the Provisions on the Administration of Registration of Foreign-Funded Partnership Enterprises, the Measures for the Administration of Registration of Sole Proprietorship Enterprises and the Measures for the Administration of Registration of Individual Industrial and Commercial Households	CLI.4.219764(EN)
060	国家税务总局关于出口企业申报出口货物退（免）税提供收汇资料有关问题的公告	国家税务总局公告2013年第30号	20130609	20130801	CLI.4.205491	Announcement on Issues Concerning Providing Information on Receipt of Foreign Exchange in Export Enterprise Declarations for Tax Rebates (Exemptions) for Exported Goods	CLI.4.205491(EN)
061	国家税务总局关于电网企业电网新建项目享受所得税优惠政策问题的公告	国家税务总局公告2013年第26号	20130524	20130101	CLI.4.202292		
062	国家税务总局关于调整出口退（免）税申报办法的公告	国家税务总局公告2013年第61号	20131015	20140101	CLI.4.211961	Announcement of the State Administration of Taxation on Adjusting the Measures for Declaration of Export Tax Refund (Exemption)	CLI.4.211961(EN)

序号	法规名称	发文字号	发布日期	实施日期	法宝引证码	法宝英文标题	法宝英文引证码
063	国家税务总局关于发布《营业税改征增值税跨境应税服务增值税免税管理办法（试行）》的公告	国家税务总局公告2013年第52号	20130913	20130801	CLI.4.210203	Announcement of the State Administration of Taxation on Issuing the Measures for the Exemption of Value-Added Tax from Cross-Border Taxable Services in the Collection of Value-Added Tax in Lieu of Business Tax (for Trial Implementation)	CLI.4.210203(EN)
064	国家税务总局关于非居民企业派遣人员在中国境内提供劳务征收企业所得税有关问题的公告	国家税务总局公告2013年第19号	20130419	20130601	CLI.4.200598	Announcement of the State Administration of Taxation on Relevant Issues concerning Levying Enterprise Income Tax on the Services Provided within China by the Personnel Dispatched by Non-resident Enterprises	CLI.4.200598(EN)
065	国家税务总局关于公开行政审批事项等相关工作的公告	国家税务总局公告2014年第10号	20140213	20140213	CLI.4.218784	Announcement of the State Administration of Taxation on Publishing Relevant Work concerning Administrative and Approval Items	CLI.4.218784(EN)
066	国家税务总局关于贯彻落实《国务院关于取消和下放一批行政审批项目的决定》的通知	税总发〔2014〕6号	20140113	20140113	CLI.4.217289	Notice of the State Administration of Taxation on Implementing the Decision of the State Council on a Group of Administrative Approval Items to Be Cancelled or Delegated to Lower Levels	CLI.4.217289(EN)
067	国家税务总局关于贯彻落实《国务院关于取消和下放一批行政审批项目等事项的决定》的通知	税总发〔2013〕73号	20130711	20130711	CLI.4.206802	Notice of the State Administration of Taxation on Effectively Implementing the Decision of the State Council on Matters concerning a Group of Administrative Approval Items to Be Cancelled and Delegated to Lower Levels	CLI.4.206802(EN)
068	国家税务总局关于技术转让所得减免企业所得税有关问题的公告	国家税务总局公告2013年第62号	20131021	20131101	CLI.4.211963		
069	国家税务总局关于金融商品转让业务有关营业税问题的公告	国家税务总局公告2013年第63号	20131106	20131201	CLI.4.212972	Announcement of the State Administration of Taxation on Issues concerning the Business Tax on the Transfer of Financial Commodities	CLI.4.212972(EN)

序号	法规名称	发文字号	发布日期	实施日期	法宝引证码	法宝英文标题	法宝英文引证码
070	国家税务总局关于进一步做好土地增值税征管工作的通知	税总发〔2013〕67号	20130620	20130620	CLI.4.205960	Notice of the State Administration of Taxation on Further Improving the Collection of Land Value-added Taxes	CLI.4.205960(EN)
071	国家税务总局关于旅店业和饮食业纳税人销售非现场消费食品增值税有关问题的公告	国家税务总局公告2013年第17号	20130422	20130501	CLI.4.200487	Announcement of the State Administration of Taxation on Issues concerning Value-Added Tax on Off-trade Sales of Food by Taxpayers of the Hotel Industry and Catering Industry	CLI.4.200487(EN)
072	国家税务总局关于纳税人投资政府土地改造项目有关营业税问题的公告	国家税务总局公告2013年第15号	20130415	20130501	CLI.4.199775	Announcement of the State Administration of Taxation on Issues concerning the Business Tax on Taxpayers' Investments in Government Land Reclamation Projects	CLI.4.199775(EN)
073	国家税务总局关于企业混合性投资业务企业所得税处理问题的公告	国家税务总局公告2013年第41号	20130715	20130901	CLI.4.207544	Announcement of the State Administration of Taxation on Issues concerning the Enterprise Income Tax Treatment for Mixed Corporate Investment Business	CLI.4.207544(EN)
074	国家税务总局关于苏州工业园区有限合伙制创业投资企业法人合伙人企业所得税政策试点有关征收管理问题的公告	国家税务总局公告2013年第25号	20130524	20120101	CLI.4.202080	Announcement of the State Administration of Taxation on Issues concerning the Pilot Implementation of Polices for the Administration over the Collection of Enterprise Income Tax of the Corporate Partners of Start-up Investment Enterprises in the Form of Limited Partnerships in the Suzhou Industrial Park	CLI.4.202080(EN)
075	国家税务总局关于外贸综合服务企业出口货物退(免)税有关问题的公告	国家税务总局公告2014年第13号	20140227	20140401	CLI.4.220177	Announcement of the State Administration of Taxation on Issues concerning the Refund (Exemption) of Taxes on Goods Exported by Foreign Trade Comprehensive Service Enterprises	CLI.4.220177(EN)
076	国家税务总局关于消费税有关政策问题补充规定的公告	国家税务总局公告2013年第50号	20130909	20130101	CLI.4.210201	Announcement of the State Administration of Taxation on the Supplementary Provisions on the Relevant Policies concerning Consumption Tax (2013)	CLI.4.210201(EN)

序号	法规名称	发文字号	发布日期	实施日期	法宝引证码	法宝英文标题	法宝英文引证码
077	国家税务总局关于营业税改征增值税试点有关文化事业建设费登记与申报事项的公告	国家税务总局公告2013年第64号	20131111	20140101	CLI.4.213116	Announcement of the State Administration of Taxation on Matters concerning the Registration and Declaration of Construction Fees for Cultural Undertakings in the Pilot Program of Levying Value-added Tax in Lieu of Business Tax	CLI.4.213116(EN)
078	国家税务总局关于营业税改征增值税总分机构试点纳税人增值税纳税申报有关事项的公告	国家税务总局公告2013年第22号	20130507	20130601	CLI.4.201045	Announcement of the State Administration of Taxation on Relevant Matters concerning the Filing of Value-Added Tax Returns by Head Offices and Branches as Pilot Taxpayers during the Implementation of the Pilot Program of Levying Value-Added Tax in Lieu of Business Tax	CLI.4.201045(EN)
079	国家税务总局关于油气田企业开发煤层气页岩气增值税有关问题的公告	国家税务总局公告2013年第27号	20130530	20130701	CLI.4.202291	Notice of the State Administration of Taxation on Issues concerning Value-Added Tax on the Exploitation of Coal Bed Methane and Shale Gas by Oil-Gas Field Enterprises	CLI.4.202291(EN)
080	国家税务总局关于在全国开展营业税改征增值税试点有关征收管理问题的公告	国家税务总局公告2013年第39号	20130710	20130801	CLI.4.206803	Announcement on Issues concerning the Administration of Tax Collection Related to the Implementation of the Nationwide Pilot Program of Levying Value-added Tax in Lieu of Business Tax	CLI.4.206803(EN)
081	国家税务总局关于执行软件企业所得税优惠政策有关问题的公告	国家税务总局公告2013年第43号	20130725	20110101	CLI.4.208120	Announcement of the State Administration of Taxation on Issues concerning the Implementation of Preferential Income Tax Policies for Software Enterprises	CLI.4.208120(EN)
082	国家税务总局关于《中华人民共和国政府和比利时王国政府对所得避免双重征税和防止偷漏税的协定》及议定书生效执行的公告	国家税务总局公告2014年第8号	20140121	20140121	CLI.4.218155	Announcement of the State Administration of Taxation on the Entry into Force and Implementation of the Agreement between the Government of the People's Republic of China and the Government of the Kingdom of Belgium for the Avoidance of Double Taxation and the Prevention of Fiscal Evasion with Respect to Taxes on Income and the Protocol Thereto	CLI.4.218155(EN)

序号	法规名称	发文字号	发布日期	实施日期	法宝引证码	法宝英文标题	法宝英文引证码
083	国家税务总局关于《中华人民共和国政府和大不列颠及北爱尔兰联合王国政府对所得和财产收益避免双重征税和防止偷漏税的协定》及议定书生效执行的公告	国家税务总局公告2014年第4号	20140113	20140113	CLI.4.216966	Announcement of the State Administration of Taxation on the Entry into Force and Implementation of the Agreement between the Government of the People's Republic of China and the Government of the United Kingdom of Great Britain and Northern Ireland for the Avoidance of Double Taxation and the Prevention of Fiscal Evasion with Respect to Taxes on Income and Capital Gains and the Protocol thereto	CLI.4.216966(EN)
084	国家税务总局关于《中华人民共和国政府和厄瓜多尔共和国政府对所得避免双重征税和防止偷漏税的协定》及议定书生效执行的公告	国家税务总局公告2014年第16号	20140310	20140310	CLI.4.221440	Announcement of the State Administration of Taxation on the Entry into Force and Implementation of the Agreement between the Government of the People's Republic of China and the Government of the Public of Ecuador for the Avoidance of Double Taxation and the Prevention of Fiscal Evasion with Respect to Taxes on Income and the Protocol Thereto	CLI.4.221440(EN)
085	国家税务总局、国家发展改革委关于落实节能服务企业合同能源管理项目企业所得税优惠政策有关征收管理问题的公告	国家税务总局、国家发展改革委公告2013年第77号	20131217	20130101	CLI.4.215605	Announcement of the State Administration of Taxation and the National Development and Reform Commission on Issues concerning the Administration of Tax Collection during the Implementation of Preferential Enterprise Income Tax Policies on Contract-based Energy Management Projects of Energy Conservation Service Enterprises	CLI.4.215605(EN)
086	国家税务总局、海关总署关于石脑油燃料油生产乙烯芳烃类化工产品消费税退税问题的公告	国家税务总局、海关总署公告2013年第29号	20130529	20130701	CLI.4.205492	Announcement on Issues concerning the Refund of Consumption Taxes on Naphtha and Fuel Oil Used for the Production of Ethylene and Arene Chemical Products	CLI.4.205492(EN)

序号	法规名称	发文字号	发布日期	实施日期	法宝引证码	法宝英文标题	法宝英文引证码
087	国家外汇管理局关于边境地区贸易外汇管理有关问题的通知	汇发〔2014〕12号	20140305	20140401	CLI.4.221651		
088	国家外汇管理局关于发布《外债登记管理办法》的通知	汇发〔2013〕19号	20130428	20130513	CLI.4.200475		
089	国家外汇管理局关于改进海关特殊监管区域经常项目外汇管理有关问题的通知	汇发〔2013〕22号	20130522	20130522	CLI.4.201597	Notice of the State Administration of Foreign Exchange on Issues concerning Improving the Administration of Foreign Exchange under the Current Account in Special Customs Supervision Areas	CLI.4.201597(EN)
090	国家外汇管理局关于加强外汇资金流入管理有关问题的通知	汇发〔2013〕20号	20130505	20130601	CLI.4.200536	Notice of the State Administration of Foreign Exchange on Issues concerning Strengthening the Administration of Foreign Exchange Capital Inflows	CLI.4.200536(EN)
091	国家外汇管理局关于进一步改进和调整资本项目外汇管理政策的通知	汇发〔2014〕2号	20140110	20140210	CLI.4.217669	Notice of the State Administration of Foreign Exchange on Further Improving and Adjusting Policies for Foreign Exchange Administration under Capital Accounts	CLI.4.217669(EN)
092	国家外汇管理局关于调整人民币外汇衍生产品业务管理的通知	汇发〔2013〕46号	20131216	20140101	CLI.4.214797		
093	国家外汇管理局关于完善银行贸易融资业务外汇管理有关问题的通知	汇发〔2013〕44号	20131206	20131206	CLI.4.214156	Notice of the State Administration of Foreign Exchange on Issues concerning Improving the Foreign Exchange Administration of Trade Financing Business of Banks	CLI.4.214156(EN)
094	国家外汇管理局关于修订《银行间外汇市场做市商指引》的通知	汇发〔2013〕13号	20130412	20130412	CLI.4.199645	Notice of the State Administration of Foreign Exchange on Amending the Guidelines for Inter-bank Foreign Exchange Market Makers (2013)	CLI.4.199645(EN)

序号	法规名称	发文字号	发布日期	实施日期	法宝引证码	法宝英文标题	法宝英文引证码
095	国家外汇管理局关于印发《海关特殊监管区域外汇管理办法》的通知	汇发〔2013〕15号	20130423	20130601	CLI.4.200476	Notice of the State Administration of Foreign Exchange on Issuing the Measures for the Foreign Exchange Administration in the Special Customs Supervision Areas (2013 Revision)	CLI.4.200476(EN)
096	国家外汇管理局关于印发《外国投资者境内直接投资外汇管理规定》及配套文件的通知	汇发〔2013〕21号	20130511	20130513	CLI.4.200957	Notice of the State Administration of Foreign Exchange on Issuing the Provisions on the Foreign Exchange Administration of Domestic Direct Investment of Foreign Investors and the Supporting Documents	CLI.4.200957(EN)
097	国家外汇管理局关于印发《外债转贷款外汇管理规定》的通知	汇发〔2014〕5号	20140121	20140301	CLI.4.218672		
098	国家知识产权局关于修改《专利审查指南》的决定	国家知识产权局令第68号	20140312	20140501	CLI.4.221022	Decision of the State Intellectual Property Office on Amending the Guidelines for Patent Examination (2014)	CLI.4.221022(EN)
099	国内水路运输管理规定	交通运输部令2014年第2号	20140103	20140301	CLI.4.218280	Provisions on the Administration of Domestic Water Transport	CLI.4.218280(EN)
100	国土资源部办公厅关于下放部分建设项目用地预审权限的通知	国土资厅发〔2013〕44号	20131008	20131008	CLI.4.211305	Notice of the General Office of the Ministry of Land and Resources on Delegating to the Preliminary Examination Power of the Use of Land for Some Construction Projects	CLI.4.211305(EN)
101	国务院办公厅关于金融支持经济结构调整和转型升级的指导意见	国办发〔2013〕67号	20130701	20130701	CLI.2.206236		
102	国务院办公厅关于印发2013年全国打击侵犯知识产权和制售假冒伪劣商品工作要点的通知	国办发〔2013〕36号	20130517	20130517	CLI.4.201618	Notice of the General Office of the State Council on Issuing the 2013 Major Tasks for the Nationwide Crackdown on IPR Infringements and on the Production and Sale of Counterfeit and Shoddy Commodities	CLI.4.201618(EN)

序号	法规名称	发文字号	发布日期	实施日期	法宝引证码	法宝英文标题	法宝英文引证码
103	国务院办公厅关于印发深化流通体制改革加快流通产业发展重点工作部门分工方案的通知	国办函〔2013〕69号	20130530	20130530	CLI.2.202230	Notice of the General Office of the State Council on Issuing the Program for the Division of Work for Key Departments Engaged in Deepening Distribution System Reforms and Accelerating the Development of the Distribution Industry	CLI.2.202230(EN)
104	国务院关于促进光伏产业健康发展的若干意见	国发〔2013〕24号	20130704	20130704	CLI.2.206613		
105	国务院关于促进健康服务业发展的若干意见	国发〔2013〕40号	20130928	20130928	CLI.2.211365		
106	国务院关于发布政府核准的投资项目目录(2013年本)的通知	国发〔2013〕47号	20131202	20131202	CLI.2.214539	Notice of the State Council on Issuing the Catalogue of Investment Projects Subject to the Approval of Government (2013)	CLI.2.214539(EN)
107	国务院关于废止和修改部分行政法规的决定	国务院令第648号	20140219	20140301	CLI.2.219761	Decision of the State Council on Repealing and Amending Some Administrative Regulations (2014)	CLI.2.219761(EN)
108	国务院关于废止和修改部分行政法规的决定	中华人民共和国国务院令第638号	20130718	20130718	CLI.2.207501	Decision of the State Council on Repealing and Amending Some Administrative Regulations (2013)	CLI.2.207501(EN)
109	国务院关于赣闽粤原中央苏区振兴发展规划的批复	国函〔2014〕32号	20140311	20140311	CLI.2.221021		
110	国务院关于加快发展节能环保产业的意见	国发〔2013〕30号	20130801	20130801	CLI.2.208211		
111	国务院关于加快发展养老服务业的若干意见	国发〔2013〕35号	20130906	20130906	CLI.2.209884		
112	国务院关于晋陕豫黄河金三角区域合作规划的批复	国函〔2014〕40号	20140331	20140331	CLI.2.223240		
113	国务院关于取消和下放50项行政审批项目等事项的决定	国发〔2013〕27号	20130713	20130713	CLI.2.207073	Decision of the State Council on Matters concerning 50 Administrative Approval Items to Be Cancelled and Delegated to Lower Levels	CLI.2.207073(EN)
114	国务院关于取消和下放一批行政审批项目的决定	国发〔2013〕44号	20131108	20131108	CLI.2.214319		

序号	法规名称	发文字号	发布日期	实施日期	法宝引证码	法宝英文标题	法宝英文引证码
115	国务院关于取消和下放一批行政审批项目的决定	国发〔2014〕5号	20140128	20140128	CLI.2.218691		
116	国务院关于取消和下放一批行政审批项目等事项的决定	国发〔2013〕19号	20130515	20130515	CLI.2.201184	Decision of the State Council on Matters Concerning Administrative Approval Items to Be Cancelled and Delegated to Lower Levels	CLI.2.201184(EN)
117	国务院关于修改部分行政法规的决定	中华人民共和国国务院令第645号	20131207	20131207	CLI.2.214755		
118	国务院关于修改《国际收支统计申报办法》的决定	中华人民共和国国务院令第642号	20131109	20140101	CLI.2.213330 CLI.2.213331	Decision of the State Council on Amending the Measures for the Statistical Declaration of Balance of Payments (2013)	CLI.2.213330(EN) CLI.2.213331(EN)
119	国务院关于修改《中华人民共和国外资保险公司管理条例》的决定	中华人民共和国国务院令第636号	20130530	20130801	CLI.2.202348 CLI.2.202350	Decision of the State Council on Amending the Regulation of the People's Republic of China on the Administration of Foreign-Funded Insurance Companies (2013)	CLI.2.202348(EN) CLI.2.202350(EN)
120	国务院关于印发船舶工业加快结构调整促进转型升级实施方案（2013—2015年）的通知	国发〔2013〕29号	20130731	20130731	CLI.2.207859	Notice of the State Council on Issuing the Implementation Plans on Accelerating Structural Adjustment and Promoting Transformation and Upgrading of the Shipbuilding Industry (2013—2015)	CLI.2.207859(EN)
121	国务院关于印发大气污染防治行动计划的通知	国发〔2013〕37号	20130910	20130910	CLI.2.209772		
122	国务院关于印发"宽带中国"战略及实施方案的通知	国发〔2013〕31号	20130801	20130801	CLI.2.208525		
123	国务院关于印发中国（上海）自由贸易试验区总体方案的通知	国发〔2013〕38号	20130918	20130918	CLI.2.210726	Notice of the State Council on Issuing the Framework Plan for China (Shanghai) Pilot Free Trade Zone	CLI.2.210726(EN)
124	国务院关于印发注册资本登记制度改革方案的通知	国发〔2014〕7号	20140207	20140207	CLI.2.218783		

序号	法规名称	发文字号	发布日期	实施日期	法宝引证码	法宝英文标题	法宝英文引证码
125	国务院关于在中国(上海)自由贸易试验区内暂时调整有关行政法规和国务院文件规定的行政审批或者准入特别管理措施的决定	国发〔2013〕51号	20131221	20131221	CLI.2.215902		
126	国务院关于支持福建省深入实施生态省战略加快生态文明先行示范区建设的若干意见	国发〔2014〕12号	20140310	20140310	CLI.2.222846		
127	海关总署关于修改部分规章的决定	海关总署第218号令	20140313	20140313	CLI.4.221385		
128	海关总署关于修改《中华人民共和国海关暂时进出境货物管理办法》的决定	海关总署第212号令	20131225	20140201	CLI.4.215620 CLI.4.215621		
129	海关总署关于修改《中华人民共和国海关最不发达国家特别优惠关税待遇进口货物原产地管理办法》的决定	海关总署第210号令	20130701	20130701	CLI.4.206043 CLI.4.206044	Decision of the General Administration of Customs on Amending the Measures of the Customs of the People's Republic of China for the Administration of the Origin of Imported Goods under the Special Preferential Tariff Treatment to the Least Developed Countries(2013)	CLI.4.206043(EN)
130	机电产品国际招标投标实施办法(试行)	商务部令2014年第1号	20140221	20140401	CLI.4.219896	Implementation Measures for International Competitive Bidding for Mechanical and Electrical Products (for Trial Implementation)	CLI.4.219896(EN)
131	基金管理公司固有资金运用管理暂行规定	中国证券监督管理委员会公告〔2013〕33号	20130802	20130802	CLI.4.208218	Interim Provisions on the Administration of Fund Management Companies in Using Their Own Capital	CLI.4.208218(EN)
132	交通运输部、商务部关于修改《外商投资道路运输业管理规定》的决定(2014)	交通运输部令2014年第4号	20140111	20140111	CLI.4.218276 CLI.4.218279	Decision of the Ministry of Transport and the Ministry of Commerce on Amending the Provisions on the Administration of Foreign Investment in the Road Transport Industry (2014)	CLI.4.218276(EN) CLI.4.218279(EN)

序号	法规名称	发文字号	发布日期	实施日期	法宝引证码	法宝英文标题	法宝英文引证码
133	金融租赁公司管理办法	中国银监会令2014年第3号	20140313	20140313	CLI.4.220995		
134	进口饲料和饲料添加剂登记管理办法(2014)	中华人民共和国农业部令2014年第2号	20140113	20140701	CLI.4.217218	Measures for the Administration of Registration for Imported Feed and Feed Additives	CLI.4.217218(EN)
135	公布《零售企业服务管理规范》等50项国内贸易行业标准	商务部公告2013年第21号	20130416	20130416	CLI.4.200478	Announcement of the Management Rules on Services of Retail Enterprises and other 49 domestic trade industry standards	CLI.4.200478(EN)
136	《内地与澳门关于建立更紧密经贸关系的安排》补充协议十		20130830	20130830	CLI.4.212113	Supplement X to the Mainland and Macao Closer Economic Partnership Arrangement	CLI.4.212113(EN)
137	《内地与香港关于建立更紧密经贸关系的安排》补充协议十		20130829	20130829	CLI.4.209136	Supplement x to the Mainland and Hong Kong Closer Economic Partnership Arrangement	CLI.4.209136(EN)
138	公布2014年出口许可证管理货物目录	商务部、海关总署公告2013年第96号	20131231	20140101	CLI.4.215526		
139	公布2014年自动进口许可管理货物目录	商务部、海关总署公告2013年第98号	20131230	20140101	CLI.4.215569		
140	全国人大常委会关于修改《中华人民共和国海洋环境保护法》等七部法律的决定	中华人民共和国主席令第8号	20131228	20131228	CLI.1.215348 CLI.1.218755 CLI.1.216781 CLI.1.218756 CLI.1.218762 CLI.1.218763 CLI.1.218768 CLI.1.218774	Decision of the Standing Committee of the National People's Congress on Amending Seven Laws Including the Marine Environment Protection Law of the People's Republic of China (2013)	CLI.1.215348(EN) CLI.1.218755(EN) CLI.1.216781(EN) CLI.1.218756(EN) CLI.1.218774(EN)
141	全国人民代表大会常务委员会关于修改《中华人民共和国商标法》的决定	中华人民共和国主席令第6号	20130830	20140501	CLI.1.209236 CLI.1.209237	Decision of the Standing Committee of the National People's Congress on Amending the Trademark Law of the People's Republic of China (2013)	CLI.1.209236(EN) CLI.1.209237(EN)

序号	法规名称	发文字号	发布日期	实施日期	法宝引证码	法宝英文标题	法宝英文引证码
142	全国人民代表大会常务委员会关于修改《中华人民共和国文物保护法》等十二部法律的决定	中华人民共和国主席令第5号	20130629	20130629	CLI.1.205890 CLI.1.206062 CLI.1.206064 CLI.1.206065 CLI.1.206068 CLI.1.206069 CLI.1.206070 CLI.1.206071 CLI.1.206072 CLI.1.206074 CLI.1.206075 CLI.1.206076 CLI.1.206078	Decision of the Standing Committee of the National People's Congress on Amending the Cultural Relics Protection Law of the People's Republic of China and Other Eleven Laws	CLI.1.206062(EN) CLI.1.206064(EN) CLI.1.206065(EN) CLI.1.206068(EN) CLI.1.206069(EN) CLI.1.206070(EN) CLI.1.206071(EN) CLI.1.206072(EN) CLI.1.206074(EN) CLI.1.206075(EN) CLI.1.206076(EN) CLI.1.206078(EN)
143	商品现货市场交易特别规定（试行）	商务部令2013年第3号	20131108	20140101	CLI.4.213369	Special Provisions on Trading in Commodities on the Spot Market (for Trial Implementation)	CLI.4.213369(EN)
144	商务部现行有效规章目录及规范性文件目录	商务部公告2013年第23号	20130506	20130506	CLI.4.200965		
145	商业银行服务价格管理办法	中国银监会、国家发展改革委令2014年第1号	20140214	20140801	CLI.4.218689	Measures for the Administration of the Service Prices of Commercial Banks	CLI.4.218689(EN)
146	商业银行流动性风险管理办法（试行）	中国银监会令2014年第2号	20140117	20140301	CLI.4.218941	Measures for the Liquidity Risk Management of Commercial Banks (for Trial Implementation)	CLI.4.218941(EN)
147	同业存单管理暂行办法	中国人民银行公告〔2013〕第20号	20131207	20131209	CLI.4.214154		
148	文化部关于实施中国（上海）自由贸易试验区文化市场管理政策的通知	文市发〔2013〕47号	20130929	20130929	CLI.4.210917	Notice of the Ministry of Culture on Implementing Policies for the Administration of the Cultural Market in China (Shanghai) Pilot Free Trade Zone	CLI.4.210917(EN)
149	文化部关于印发《对港澳文化交流重点项目扶持办法（试行）》的通知	文港澳台发〔2013〕34号	20130715	20130715	CLI.4.207487		
150	消费金融公司试点管理办法	中国银监会令2013年第2号	20131114	20140101	CLI.4.213309		
151	养老机构管理办法	中华人民共和国民政部令第49号	20130628	20130701	CLI.4.205904		

序号	法规名称	发文字号	发布日期	实施日期	法宝引证码	法宝英文标题	法宝英文引证码
152	养老机构设立许可办法	中华人民共和国民政部令第48号	20130628	20130701	CLI.4.205903		
153	页岩气产业政策	国家能源局公告2013年第5号	20131022	20131022	CLI.4.211964	Policy for the Shale Gas Industry	CLI.4.211964(EN)
154	医疗器械监督管理条例	国务院令第650号	20140307	20140601	CLI.2.222051		
155	银行卡收单业务管理办法	中国人民银行公告〔2013〕第9号	20130705	20130705	CLI.4.206421		
156	优先股试点管理办法	中国证券监督管理委员会令第97号	20140321	20140321	CLI.4.221521		
157	征信机构管理办法	中国人民银行令〔2013〕第1号	20131115	20131220	CLI.4.213908		
158	证券公司参与股指期货、国债期货交易指引	中国证券监督管理委员会公告〔2013〕34号	20130821	20130821	CLI.4.208878		
159	证券投资基金托管业务管理办法	中国证券监督管理委员会、中国银行业监督管理委员会令第92号	20130402	20071008	CLI.4.198867		
160	质检总局关于发布《出入境检验检疫企业信用管理办法》的公告	国家质量监督检验检疫总局公告2013年第93号	20130716	20140101	CLI.4.207360	Announcement on Issuing the Measures for the Administration of Credit of Entry-exit Inspection and Quarantine Enterprises	CLI.4.207360(EN)
161	质检总局关于公布现行有效规范性文件和废止部分规范性文件的公告	2013年第75号	20130608	20130608	CLI.4.205238		
162	中国保监会关于《保险公司股权管理办法》第四条有关问题的通知	保监发〔2013〕29号	20130409	20130409	CLI.4.199595	Notice of the China Insurance Regulatory Commission on Issues Relating to Article Four of the Administrative Measures for Equities of Insurance Companies	CLI.4.199595(EN)

序号	法规名称	发文字号	发布日期	实施日期	法宝引证码	法宝英文标题	法宝英文引证码
163	中国保监会关于规范有限合伙式股权投资企业投资入股保险公司有关问题的通知	保监发〔2013〕36号	20130417	20130417	CLI.4.200212	Notice of the China Insurance Regulatory Commission on Relevant Issues concerning Regulating the Investment and Shareholding of Limited Partnership Equity Investment Enterprises in Insurance Companies	CLI.4.200212(EN)
164	中国保监会关于加强和改进保险资金运用比例监管的通知	保监发〔2014〕13号	20140123	20140123	CLI.4.218939		
165	中国保监会关于加强农业保险业务经营资格管理的通知	保监发〔2013〕26号	20130407	20130407	CLI.4.199506	Notice of the China Insurance Regulatory Commission on Strengthening the Administration of the Operational Qualification of the Agricultural Insurance Business	CLI.4.199506(EN)
166	中国保监会关于进一步贯彻落实《农业保险条例》做好农业保险工作的通知	保监发〔2013〕45号	20130529	20130529	CLI.4.202201		
167	中国保监会关于印发《人身保险电话销售业务管理办法》的通知	保监发〔2013〕40号	20130425	20130425	CLI.4.200452	Notice of the China Insurance Regulatory Commission on Issuing the Administrative Measures for Personal Insurance Telesales Business	CLI.4.200452(EN)
168	中国保险监督管理委员会关于修改《保险公估机构监管规定》的决定	保监会令2013年第10号	20130929	20131201	CLI.4.211609	Decision of the China Insurance Regulatory Commission on Amending the Provisions on the Supervision of Insurance Assessment Institutions (2013)	CLI.4.211609(EN)
169	中国保险监督管理委员会关于修改《保险经纪机构监管规定》的决定	保监会令2013年第6号	20130427	20130427	CLI.4.200896	Decision of the China Insurance Regulatory Commission on Amending the Provisions on the Supervision and Administration of Insurance Brokerage Institutions (2013)	CLI.4.200896(EN)
170	中国保险监督管理委员会关于修改《保险专业代理机构监管规定》的决定	保监会令2013年第7号	20130427	20130427	CLI.4.200898	Decision of the China Insurance Regulatory Commission on Amending the Provisions on the Supervision and Administration of Specialized Insurance Agencies (2013)	CLI.4.200898(EN)

序号	法规名称	发文字号	发布日期	实施日期	法宝引证码	法宝英文标题	法宝英文引证码
171	中国保险监督管理委员会关于修改《中国保险监督管理委员会行政许可实施办法》的决定	保监会令2014年第2号	20140214	20140214	CLI.4.220050		
172	中国银监会关于印发商业银行公司治理指引的通知	银监发〔2013〕34号	20130719	20130719	CLI.4.207581	Notice of the China Banking Regulatory Commission on Issuing the Guidelines on the Corporate Governance of Commercial Banks	CLI.4.207581(EN)
173	中国银监会关于中国（上海）自由贸易试验区银行业监管有关问题的通知	银监发〔2013〕40号	20130928	20130928	CLI.4.210865	Notice of the China Banking Regulatory Commission on Issues concerning Banking Supervision in China (Shanghai) Pilot Free Trade Zone	CLI.4.210865(EN)
174	中国银监会、国家林业局关于林权抵押贷款的实施意见	银监发〔2013〕32号	20130705	20130705	CLI.4.206975		
175	中华人民共和国公司法（2013年修订）	中华人民共和国主席令第8号	20131228	20060101	CLI.1.218774	Company Law of the People's Republic of China (2013 Amendment)	CLI.1.218774(EN)
176	中华人民共和国海关报关单位注册登记管理规定	海关总署第221号令	20140313	20140313	CLI.4.221146	Provisions of the Customs of the People's Republic of China on the Administration of Registration of Customs Declaration Entities	CLI.4.221146(EN)
177	中华人民共和国海关对横琴新区监管办法（试行）	海关总署第209号令	20130627	20130801	CLI.4.206073	Measures of the Customs of the People's Republic of China for the Supervision and Administration of Hengqin New Area(for Trial Implementation)	CLI.4.206073(EN)
178	中华人民共和国海关对平潭综合实验区监管办法（试行）	海关总署第208号令	20130627	20130801	CLI.4.206705	Measures of the Customs of the People's Republic of China for the Supervision and Administration of Pingtan Comprehensive Experimental Zone (for Trial Implementation)	CLI.4.206705(EN)
179	中华人民共和国海关加工贸易货物监管办法	海关总署第219号令	20140312	20140312	CLI.4.221144	Measures of the Customs of the People's Republic of China for the Supervision and Administration of Processing Trade Goods	CLI.4.221144(EN)

序号	法规名称	发文字号	发布日期	实施日期	法宝引证码	法宝英文标题	法宝英文引证码
180	中华人民共和国海关进口货物直接退运管理办法	海关总署第217号令	20140312	20140312	CLI.4.221147		
181	中华人民共和国海关审定进出口货物完税价格办法(2013)	海关总署第213号令	20131225	20140201	CLI.4.215619	Measures of the Customs of the People's Republic of China for the Determination of the Customs Value of Imported and Exported Goods (2013)	CLI.4.215619(EN)
182	中华人民共和国旅游法	中华人民共和国主席令第3号	20130425	20131001	CLI.1.200257	Tourism Law of the People's Republic of China	CLI.1.200257(EN)
183	中华人民共和国外国人入境出境管理条例	中华人民共和国国务院令第637号	20130712	20130901	CLI.2.207072	Regulation of the People's Republic of China on the Administration of the Entry and Exit of Foreign Nationals	CLI.2.207072(EN)
184	中西部地区外商投资优势产业目录(2013年修订)	国家发展和改革委员会、商务部令第1号	20130509	20130610	CLI.4.201178	Catalogue of Priority Industries for Foreign Investment in Central and Western China (2013 Revision)	CLI.4.201178(EN)
185	最高人民法院关于适用《中华人民共和国保险法》若干问题的解释(二)	法释〔2013〕14号	20130531	20130608	CLI.3.202336	Interpretation II of the Supreme People's Court on Several Issues concerning the Application of the Insurance Law of the People's Republic of China	CLI.3.202336(EN)
186	最高人民法院关于适用《中华人民共和国企业破产法》若干问题的规定(二)	法释〔2013〕22号	20130905	20130916	CLI.3.209869		
187	最高人民法院关于修改关于适用《中华人民共和国公司法》若干问题的规定的决定(2014)	法释〔2014〕2号	20140220	20140301	CLI.3.219130 CLI.3.219133 CLI.3.219132 CLI.3.219131	Decision of the Supreme People's Court on Amending the Provisions on Several Issues concerning the Application of the Company Law of the People's Republic of China (2014)	CLI.3.219130(EN)
188	最高人民法院关于修改《最高人民法院关于审理专利纠纷案件适用法律问题的若干规定》的决定	法释〔2013〕9号	20130401	20130415	CLI.3.199493	Decision of the Supreme People's Court on Modifying Several Provisions of the Supreme People's Court on Issues concerning Applicable Laws to the Trial of Patent Controversies (2013)	CLI.3.199493(EN)

"北大法宝"法律专业数据库介绍

"北大法宝"法律专业数据库1985年诞生于北大法律系，是国内最早的法律信息检索系统，作为国家科委的重点科技项目，曾荣获省部级科技进步奖。"北大法宝"旗下拥有法律法规、司法案例、法学期刊、法律英文译本、法宝视频等多个检索系统，内容涵盖法律法规规章、司法解释、地方法规规章、司法案例、仲裁裁决、中外条约、合同范本、法律文书、法学论文、法学期刊、专题参考、视频课件及英文法规案例译本等中国法律信息的各个方面。"北大法宝"率先进行法律信息的数据挖掘和知识发现，独创了法规条文、法规条文和案例、法规条文和论文等法律信息间的"法条联想Clink"功能。不仅能直接印证法规案例中引用的法律法规和司法解释及其条款，还可链接与本法规或某一条相关的所有法律、法规、司法解释、条文释义、法学期刊、案例和裁判文书等相关资料。经过多年的发展，"北大法宝"法律专业数据库以其内容全面、质量权威、技术领先等优势，已成为中国法律信息第一品牌。

2010年，"北大法宝"法律专业数据库全新推出了"北大法宝V5版"在线服务，新版内容结构更加清晰，知识体系趋于完整，检索界面简洁化，开发更多特色功能，提供检索、分组筛选、关联、个性化服务等最新技术研发成果。其中，对海量数据分组筛选功能的应用解决了信息日益膨胀导致内容关键词搜索结果过多，无法快速获取的难题。2012年"北大法宝"隆重推出法规编注库，展示历次官方发布的法律法规全文，以及北大法宝自制的编注版、对照版、北大法宝整理版，查看新旧法律法规的条条对照和官方未发布的修改后的法律法规现行版本，并且日常不断更新。同时，"北大法宝"针对国内法律文献引用领域对法律数据库引证码研究的空白及对法律数据库和网络资源引证不规范的现状，借鉴美国通行引注标准——《蓝皮书：统一注释体系》的模式，自主研发了"北大法宝引证码"，这是在法律一次文献引证领域首次实践，希冀以此能推动业内对法律信息引证码体系的重视，建立法律数据库引证码规范，开创法律信息检索领域引证趋势。

"北大法宝引证码"主要用于引证和检索，现已在"北大法宝"法律法规、司法案例、法学期刊、法学文献、英文译本、港澳台、条约、案例报道等十四个数据库中应用。凡使用《中国利用外资法律法规文件汇编》的读者，在"北大法宝"数据库网站http：//www.pkulaw.cn点击"法宝引证码"链接，即可免费获得书中所引用的中文法规文件资料全文。

下面对法律法规、司法案例、法学期刊、法学文献和英文译本库中"北大法宝引证码"的编写规则进行说明。

"北大法宝引证码"的统一标识为CLI，即"Chinalawinfo"的简写，意即中国法律信息编码。中文部分编写体例为"CLI．文件类型代码．文件编码"，英文部分编写体例为"CLI．文件类型代码．文件编码（EN）"，其中文件编码具有唯一性。

法律法规、司法案例、法学期刊、法学文献和英文译本的引证码编写规范分述如下。

一、法律法规

1. 文件类型代码

法律：1

行政法规：2

司法解释：3

部门规章：4

团体规定：5

行业规定：6

军事法规：7

军事规章：8

军事规范性文件：9

地方性法规：10

地方政府规章：11

地方规范性文件：12

地方司法文件：13

2. 例如：《中华人民共和国保险法》（2009年2月28日修订）

北大法宝引证码为：CLI. 1. 113980

二、司法案例

1. 文件类型代码：C（Cases）
2. 例如：郑筱萸受贿、玩忽职守案

北大法宝引证码为：CLI. C. 99328

三、法学期刊、法学文献、法学年鉴

1. 文件类型代码：A（Articles）
2. 例如：陈兴良：《四要件：没有构成要件的犯罪构成》

北大法宝引证码为：CLI. A. 1143788

四、英文译本

1. 文件类型代码与中文部分相同，编码后加（EN）；
2. 例如：Law of the Application of Law for Foreign-related Civil Relations of the People's Republic of China《中华人民共和国涉外民事关系法律适用法》（2010.10.28）

北大法宝引证码为：CLI. 1. 139684（EN）

其他各库"北大法宝引证码"具体说明，请详见：http://pkulaw.cn/fbm